U0901304

2012年版

进出口税则

商品及品目注释

下　册
（54-97章）

海关总署关税征管司

中国海关出版社

第五十四章　化学纤维长丝；化学纤维纺织材料制扁条及类似品

注释：

一、本协调制度所称“化学纤维”，是指通过下列任一方法加工制得的有机聚合物的短纤或长丝：

（一）将有机单体物质加以聚合而制成的聚合物，例如，聚酰胺、聚酯、聚烯烃、聚氨基甲酸酯；或通过上述加工得到的聚合物经化学改性制得（例如，聚乙酸乙烯酯水解制得的聚乙烯醇）；或

（二）将天然有机聚合物（例如，纤维素）溶解或化学处理制成聚合物，例如，铜铵纤维或粘胶纤维；或将天然有机聚合物（例如，纤维素、酪蛋白及其他蛋白质或藻酸）经化学改性制成聚合物，例如，醋酸纤维素纤维或藻酸盐纤维。

对于化学纤维，所称“合成”，是指（一）款所述的纤维；所称“人造”，是指（二）款所述的纤维。品目 54.04 或 54.05 的扁条及类似品不视作化学纤维。

对于纺织材料，所称“化学纤维”、“合成纤维”及“人造纤维”，其含义应与上述解释相同。

二、品目 54.02 及 54.03 不适用于第五十五章的合成纤维或人造纤维的长丝丝束。

总　注　释

参阅本章总注释时应注意第十一类的总注释。

根据第五十四章注释一的规定，第五十四章及第五十五章或本协调制度其他章所称的“化学纤维”，是指通过下列任一方法加工制得的有机聚合物的短纤或长丝：

（一）将有机单体物质加以聚合或将所得到的聚合物经化学改性（参见第三十九章的总注释）而制得的（合成纤维）；或

（二）将天然有机聚合物经溶解或化学处理制得，或将天然有机聚合物经过化学改性而制得（人造纤维）。

一、合成纤维

制造这类纤维的基本原料，一般是从煤或石油的蒸馏产品或天然气体中制得。首先，将聚合所得的物质熔化或用适当的溶剂溶解，然后通过喷丝头（喷嘴）喷入空气或适当的凝结浴中，冷却后或溶剂挥发后即凝固成丝，也可沉淀于溶液中成为长丝。

在此阶段，这类纤维的性质一般不适于直接用于纺织加工，它们必须经过牵伸工序，使分子沿着纤丝的方向取向，从而大大增强了纤维的某些技术特性（例如，强度）。

主要的合成纤维有：

（一）聚丙烯腈纤维：在高分子组成中，按重量计丙烯腈单元至少为 85%的线型高分子纤维。

（二）变性聚丙烯腈纤维：在高分子组成中，按重量计丙烯腈单元至少为 35%，但不超过 85%的线型高分子纤维。

（三）聚丙烯纤维：由丙烯酸饱和烃线型高分子组成的纤维，在这些高分子组成中，每隔一个碳原子就在全同立构位置上带有一个侧甲基而无其他取代物的单元按重量计至少为 85%的。

（四）尼龙和其他聚酰胺：由合成线型高分子组成的纤维，在高分子组成中，与环基或无环基连接的重复酰胺键至少为 85%或通过酰胺键直接将两个芳族环连接的芳族基至少为 85%，而且可以有多达 50%的酰胺基替代了亚氨基。

所称“尼龙或其他聚酰胺”，包括了芳族聚酰胺（参见本类注释十二）。

（五）聚酯：在高分子组成中，按重量计二醇与对苯二甲酸构成的酯至少为85%的线型高分子纤维。

（六）聚乙烯：在高分子组成中，按重量计乙烯单元至少为85%的线型高分子纤维。

（七）聚氨基甲酸酯：由多官能异氰酸酯与多羟基化合物（例如，蓖麻油、1,4-丁二醇、聚醚多元醇、聚酯多元醇）聚合而成的纤维。

其他合成纤维包括：含氯纤维、含氟纤维、聚碳酰胺纤维、三乙烯以及乙烯醇纤维。

如果纤维的成分是由第三十九章所述的某种共聚物或某种均聚物的混合物（例如，某种乙烯和丙烯的共聚物）组成，在纤维归类时必须考虑其所含每种成分所占的比例。除聚酰胺以外，这些比例都是按重量计算的。

二、人造纤维

制造这类纤维的基本原料，是将天然材料经溶解、化学处理或化学改性提取的有机聚合物。

主要的人造纤维有：

（一）纤维素纤维，即：

1. 粘胶人造丝。用氢氧化钠处理纤维素（一般为亚硫酸木浆），所得的碱纤维素经二硫化碳处理后成为纤维素黄酸钠；将纤维素黄酸钠用稀氢氧化钠溶液溶解后再成为一种浓稠液体，称为粘胶液。

粘胶液经净化及熟成后从喷丝头喷入酸凝结酸浴，从而形成再生纤维素长丝。粘胶人造丝还包括莫代尔纤维，即将再生纤维素经变性粘胶工艺加工所得的纤维。

2. 铜铵人造丝。用铜铵溶液溶解纤维素（一般为棉短绒或化学木浆），再将所得的粘胶溶液喷入凝结浴中，沉淀的纤维素即形成长丝。

3. 醋酸纤维素（包括三醋酯纤维）。从至少74%的羟基已乙烯化的醋酸纤维素所得的纤维。用醋酐、醋酸及硫酸的混合液处理纤维素（棉短绒或化学木浆），所得的初级醋酸纤维素经变性成为可溶物质，然后溶解于如丙酮等挥发性溶液中，最后抽丝（一般在暖空气中进行）；当溶液蒸发后就形成了醋酸纤维素单丝。

（二）动物质或植物质蛋白质纤维，它们包括：

1. 乳酪蛋白溶解于碱中（一般为氢氧化钠）所得的产品。溶液熟成后喷入凝结酸浴中。最后，将所得的单丝用甲醛、鞣酸、铬盐或其他化合物加以处理使之硬化。

2. 用同样方法处理花生、大豆、玉米等的蛋白质所得的其他纤维。

（三）藻酸纤维。各种海藻经过化学处理后产生粘性溶液，一般为藻酸钠溶液；将这种溶液喷入凝结浴中成为某种金属藻酸盐。它们包括：

1. 藻酸钙铬纤维，非易燃品。

2. 藻酸钙纤维。它们在弱碱性肥皂溶液中极易溶解，因此不适于一般纺织用途，通常在某些生产工序中作临时线用。

本章包括化学纤维长丝、纱线及其织物，含根据第十一类注释二的规定可视同化学纤维纱线和机织物归类的混纺纱线和织物。本章还包括品目54.04或54.05的单丝和其他产品及其机织物。

本章包括长丝丝束，但符合第五十五章注释定义的除外。它们一般用于生产香烟滤嘴，而第五十五章的长丝丝束则用于生产短纤维。

本章不包括：

（一）品目33.06的清洁牙缝用的纱线（牙线），单独零售包装。

（二）第四十章的产品，特别是品目40.07的线及绳。

（三）第五十五章的产品，特别是短纤维、短纤纱线及其机织物和化纤长丝的废料（包括落绵、废纱及回收纤维）。

（四）品目 68.15 的碳纤维及其制品。

（五）品目 70.19 的玻璃纤维及其制品。

54.01　化学纤维长丝纺制的缝纫线，不论是否供零售用：

10　—　合成纤维长丝纺制

20　—　人造纤维长丝纺制

本品目包括符合第十一类总注释第一部分第（二）款 4 项规定形状及条件的化纤长丝缝纫线。

但本章不包括符合绳等定义的纱线〔参见第十一类总注释第一部分第（二）款 2 项〕（品目 56.07）。

缝纫线，不论是否供零售用或经第十一类总注释第一部分第（二）款 1 项所述的方法加工，均归入本品目。

本品目还不包括单纱及单丝，不论是否用作缝纫线（酌情归入品目 54.02、54.03、54.04 或 54.05）。

54.02　合成纤维长丝纱线（缝纫线除外），非供零售用，包括细度在 67 分特以下的合成纤维单丝(+)：

—　尼龙或其他聚酰胺纺制的高强力纱：

11　——　芳香族聚酰胺纺制

19　——　其他

20　—　聚酯高强力纱

—　变形纱线：

31　——　尼龙或其他聚酰胺纺制，每根单纱细度不超过 50 特

32　——　尼龙或其他聚酰胺纺制，每根单纱细度超过 50 特

33　——　聚酯纺制

34　——　聚丙烯纺制

39　——　其他

—　其他单纱，未加捻或捻度每米不超过 50 转：

44　——　弹性纱线

45　——　其他，尼龙或其他聚酰胺纱线

46　——　其他，部分定向聚酯纱线

47　——　其他，聚酯纱线

48　——　其他，聚丙烯纱线

49　——　其他

—　其他单纱，捻度每米超过 50 转：

51　——　尼龙或其他聚酰胺纱线

52　——　聚酯纱线

59　——　其他

—　其他纱线（多股纱线或缆线）：

61　——　尼龙或其他聚酰胺纺制

62　——　聚酯纺制

69　——　其他

本品目包括合成纤维长丝纱线（缝纫线除外）。这种纱线包括：

一、单丝（单纤丝），细度在 67 分特以下的。

二、复丝，一般从喷丝头喷出时就将数根单丝（从二根到数百根）并在一起而得的。这类纱线可

以加捻或未加捻（单纱、多股纱线或缆线）。因此，这类纱线包括：

（一）由数根单丝不加捻并排缫成的单纱，还包括第五十五章不包括的那部分长丝丝束。

（二）从喷丝头喷出后就立即加捻的或在以后的加捻工序中加捻的长丝单纱。

（三）将上述单纱合并而制得的多股纱线或缆线，包括用品目 54.04 的单丝制成的纱线〔参见第十一类总注释第一部分第（二）款 1 项〕。

但如果上述纱线构成了品目 56.07 的绳子或制成品目 54.06 的供零售用纱线，就不归入本品目〔参见第十一类总注释第一部分第（二）款的 2 及 3 项〕。

除了可以制成非供零售用的其他常见形状以外，本品目的某些纱线可以绕成无芯形状的（丝饼状等）。

除了以上所列不包括的货品之外，本品目还不包括：

（一）品目 54.04 的合成纤维单丝、合成纺织材料制扁条及类似品。

（二）品目 55.01 的长度超过 2 米的合成纤维长丝丝束。

（三）品目 55.03 的长度不超过 2 米的合成纤维长丝丝束。

（四）品目 55.06 的化纤条（裂丝束）。

（五）含金属纱线，包括与任何比例的金属线混纺或用金属包覆的纱线（品目 56.05）。

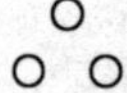

子目注释：

子目 5402.31 至 5402.39

变形纱线是指用机械或物理方法（例如，加捻、退捻、假捻、压缩、起皱纹、热定形或几种这类方法结合起来）进行变形加工，使得每根纤维都为卷曲、绉缩、起圈等形状的纱线。这些变形可以通过拉力部分或全部拉直，可是一但松弛下来，它们又回到原来形状。

变形纱线具有高膨体性或极高的延伸性的特点。两者的高弹性使其特别适于生产弹力衣着（例如，紧身衣、长筒袜、内衣），而膨体纱线使织物柔软及手感温暖。

变形纱线可通过其长丝的特别加捻特征、小线圈或不够平行定向与非变形长丝（直丝）纱线区别开来。

子目 5402.46

本子目包括由分子部分定向的纤维构成的纱线。这些纱线一般是扁平形状，不直接用于纺制织物，而必须首先经过拉伸或拉伸-变形工序。这类纱线亦称为预定向丝（POY）。

54.03　人造纤维长丝纱线（缝纫线除外），非供零售用，包括细度在 67 分特以下的人造纤维单丝：

10　—　粘胶纤维纺制的高强力纱

　　—　其他单纱：

31　——　粘胶纤维纺制，未加捻或捻度每米不超过 120 转

32　——　粘胶纤维纺制，捻度每米超过 120 转

33　——　醋酸纤维纺制

39　——　其他

　　—　其他纱线（多股纱线或缆线）：

41　——　粘胶纤维纺制

42　——　醋酸纤维纺制

49　——　其他

品目 54.02 的注释在必要的地方作修改后，可适用于本品目的产品。

54.04 截面尺寸不超过1毫米，细度在67分特及以上的合成纤维单丝；表观宽度不超过5毫米的合成纤维纺织材料制扁条及类似品（例如，人造草）：

— 单丝：

11 —— 弹性单丝

12 —— 其他，聚丙烯单丝

19 —— 其他

90 — 其他

本品目包括：

一、合成纤维单丝。它们是喷成单丝的长丝。本品目仅包括细度在67分特及以上或截面尺寸不超过1毫米的单丝，本品目的单丝可以是任何截面形状的，除挤压法以外，也可以是用层压法或熔合法制得的。

二、合成纤维纺织材料制的扁条及类似品。本品目的扁条是扁平状的，其宽度不超过5毫米，直接挤压成形，或用宽条或薄片切割成形。

本品目还包括表观宽度（即折叠、扁平、压缩或搓捻后的宽度）不超过5毫米的下列产品：

（一）沿长度折叠的扁条。

（二）扁平管，不论是否沿长度折叠。

（三）压缩或搓捻的扁条及以上（一）和（二）两款所述的产品。

如果产品的宽度（或表观宽度）不一致，应根据其平均宽度进行归类。

本品目还包括多股的或绞花的扁条及类似品。

所有这些产品一般是长条的，但即使切成短条的，不论是否供零售用，仍应归入本品目。根据其各自不同的特点，这些纱线用于制刷子、运动球拍、钓鱼线、外科缝线、家具布、带子、女帽、编带等。

本品目不包括：

（一）消毒的合成纤维单丝（品目30.06）。

（二）截面任一尺寸超过1毫米的合成纤维单丝，或是表观宽度（即折叠、扁平、压缩或搓捻后的宽度）超过5毫米的扁条及扁平管（包括沿长度折叠的扁条及扁平管），不论是否压缩或搓捻（例如，人造草）（第三十九章）。

（三）品目54.02的细度低于67分特的合成纤维单丝。

（四）第五十六章的扁条及类似品。

（五）带鱼钩或以其他方式制成钓鱼线的合成纤维单丝（品目95.07）。

（六）供制刷用的成束或成簇的材料（品目96.03）。

54.05 截面尺寸不超过1毫米，细度在67分特及以上的人造纤维单丝；表观宽度不超过5毫米的人造纤维纺织材料制扁条及类似品（例如，人造草）

品目54.04的注释在必要的地方稍加修改后，可适用于本品目的产品。

54.06 化学纤维长丝纱线（缝纫线除外），供零售用

本品目包括供零售用的化学纤维长丝纱线（缝纫线除外），即制成符合第十一类总注释第一部分第（二）款3项所述形状及条件的纱线。

54.07　合成纤维长丝纱线的机织物，包括品目 54.04 所列材料的机织物：

10　—　尼龙或其他聚酰胺高强力纱、聚酯高强力纱纺制的机织物
20　—　扁条及类似品的机织物
30　—　第十一类注释九所列的机织物
—　其他机织物，按重量计尼龙或其他聚酰胺长丝含量在 85%及以上：
41　——　未漂白或漂白
42　——　染色
43　——　色织
44　——　印花
—　其他机织物，按重量计聚酯变形长丝含量在 85%及以上：
51　——　未漂白或漂白
52　——　染色
53　——　色织
54　——　印花
—　其他机织物，按重量计聚酯长丝含量在 85%及以上：
61　——　按重量计聚酯非变形长丝含量在 85%及以上
69　——　其他
—　其他机织物，按重量计其他合成纤维长丝含量在 85%及以上：
71　——　未漂白或漂白
72　——　染色
73　——　色织
74　——　印花
—　其他机织物，按重量计其他合成纤维长丝含量在 85%以下，主要或仅与棉混纺：
81　——　未漂白或漂白
82　——　染色
83　——　色织
84　——　印花
—　其他机织物：
91　——　未漂白或漂白
92　——　染色
93　——　色织
94　——　印花

本品目包括用品目 54.04 的合成纤维长丝纱线、单丝或扁条纺制的机织物〔参见第十一类总注释第一部分第（三）款〕。本品目包括各式各样的服装面料、里料、窗帘布料、家具布、帐篷织物、降落伞织物等。

本品目不包括：

（一）经过药物浸涂或供零售用的绷带（品目 30.05）。

（二）用截面尺寸超过 1 毫米的合成纤维单丝或表观宽度超过 5 毫米的合成纤维纺织材料制扁条或类似品织造的机织物（品目 46.01）。

（三）合成纤维短纤机织物（品目 55.12 至 55.15）。

（四）品目 59.02 的帘子布。

（五）品目 59.11 的技术上用的机织物。

54.08　人造纤维长丝纱线的机织物，包括品目 54.05 所列材料的机织物：

10　—　粘胶纤维高强力纱的机织物

—　其他机织物，按重量计人造纤维长丝、扁条或类似品含量在 85%及以上：

21　——　未漂白或漂白

22　——　染色

23　——　色织

24　——　印花

—　其他机织物：

31　——　未漂白或漂白

32　——　染色

33　——　色织

34　——　印花

本品目包括用品目 54.05 的人造纤维长丝纱线、单丝或扁条纺制的机织物〔参见第十一类总注释第一部分第（三）款〕。本品目包括各式各样的服装面料、里料、窗帘布料、家具布、帐篷织物、降落伞织物等。

本品目不包括:

（一）经过药物浸涂或供零售用的绷带（品目 30.05）。

（二）用截面尺寸超过 1 毫米的人造纤维单丝或表观宽度超过 5 毫米的人造纤维纺织材料制扁条或类似品织造的机织物（品目 46.01）。

（三）人造纤维短纤机织物（品目 55.16）。

（四）品目 59.02 的帘子布。

（五）品目 59.11 的技术上用的机织物。

第五十五章　化学纤维短纤

注释：

品目 55.01 和 55.02 仅适用于每根与丝束长度相等的平行化学纤维长丝丝束。前述丝束应同时符合下列规格：

一、丝束长度超过 2 米；

二、捻度每米少于 5 转；

三、每根长丝细度在 67 分特以下；

四、合成纤维长丝丝束，须经拉伸处理，即本身不能被拉伸至超过本身长度的一倍；

五、丝束总细度大于 20000 分特。

丝束长度不超过 2 米的归入品目 55.03 或 55.04。

总　注　释

参阅本章总注释时应注意第十一类的总注释。

本章包括短纤（即切段纤维）状或某些长丝丝束状的第五十四章总注释所述的化学纤维，也包括这些纤维或丝束在各个加工阶段所得的产品，含纱线和机织物。本章还包括根据第十一类注释二的规定可视同化学纤维短纤产品归类的混纺产品。

化学纤维短纤通常是有大量孔眼（有时多达数千个）的喷丝头挤压喷出而得；喷出的长丝收集起来成为丝束。这些丝束可直接拉伸并切成短段，或经过不同的加工工序（洗涤、漂白、染色等）后再进行拉伸并切成短段。纤维的长度通常切成 25～180 毫米之间，具体长度视化学纤维的种类、所需生产的纱线类型以及准备与之混纺的其他纺织纤维的性质而定。

化学纤维长丝或短纤的废料（包括落绵、废纱及回收纤维）也归入本章。

本章不包括：

（一）品目 56.01 的长度不超过 5 毫米的纺织纤维（纤维屑）。

（二）品目 25.24 的石棉，以及品目 68.12 或 68.13 的石棉制品和其他产品。

（三）品目 68.15 的碳素纤维及其制品。

（四）品目 70.19 的玻璃纤维及其制品。

55.01　合成纤维长丝丝束：

10　—　尼龙或其他聚酰胺制

20　—　聚酯制

30　—　聚丙烯腈或变性聚丙烯腈制

40　—　聚丙烯制

90　—　其他

本品目包括符合下列规格的用本章总注释所述方式生产的合成纤维长丝丝束（参见本章注释）：

一、丝束长度必须超过 2 米。

二、丝束必须未经搓捻或捻度每米少于 5 转。

三、每根长丝细度必须在 67 分特以下。

四、丝束必须经拉伸处理，即本身不能被拉伸至超过本身长度的一倍。

五、丝束的总细度必须大于20000分特。

以上第四款的规定旨在保证丝束处于可即供切成短纤的状态。合成纤维长丝挤出后往往定向不足，必须加以拉伸以影响其分子的定向，使其具有所要的性能。经过拉伸的丝束还保留着某种程度的弹性，但一般远未拉伸至本身长度的一倍时就断裂了。另一方面，未经拉伸处理的丝束可以拉伸至本身长度的3～4倍才断裂。

本品目的丝束一般用下列方法之一生产合成纤维短纤纱线：

（一）切成短纤，然后经通常与棉花或羊毛相同的工序加工成梳条、粗纱及纱线。

（二）经“丝束成条”工序制成纤维条（参见品目55.06的注释），然后纺成纱线。

本品目不包括：

（一）符合以上一、二、三款的规定，总细度不超过20000分特的合成纤维长丝条，以及各种细度的未拉伸长丝（品目54.02）。

（二）未经搓捻或捻度每米少于5转的合成纤维长丝条（每根长丝细度在67分特及以上），不论是否拉伸及总细度的大小（每根单丝截面尺寸均不超过1毫米的归入品目54.04，其他归入第三十九章）。

（三）符合以上二、三款的规定，但长度未超过2米的合成纤维长丝丝束，不论是否拉伸及总细度的大小（品目55.03）。

55.02　人造纤维长丝丝束

除本章注释第四款所列的以外，品目55.01的注释在必要的地方稍加修改后也适用于本品目的产品。

55.03　合成纤维短纤，未梳或未经其他纺前加工：

　　—　尼龙或其他聚酰胺制：
11　——　芳香族聚酰胺制
19　——　其他
20　—　聚酯制
30　—　聚丙烯腈或变性聚丙烯腈制
40　—　聚丙烯制
90　—　其他

本品目的纤维是用本章总注释所述方法制造的。

合成纤维短纤一般经压缩打成大包，其中纤维长短一致，可与品目55.05的废料区分开来。

本品目也包括长度不超过2米，每根单丝细度小于67分特的合成纤维长丝丝束。长度超过2米的合成纤维长丝丝束不归入本品目（品目54.02或55.01）。

已梳的或经其他纺前加工的合成纤维短纤也不归入本品目（品目55.06）。

55.04　人造纤维短纤，未梳或未经其他纺前加工：

10　—　粘胶纤维制
90　—　其他

品目55.03的注释在必要的地方稍加修改后，可适用于本品目的产品。

55.05　化学纤维废料（包括落绵、废纱及回收纤维）：

10　—　　合成纤维的

20　—　　人造纤维的

本品目包括化学纤维废料（长丝及短纤，参见第五十四章的总注释），它们是：

一、废纤（回花），例如，在长丝成形和加工过程中所得的相当长的废纤维；从粗梳、精梳及其他对短纤进行纺前加工所得的短小废纤维（例如，纤维卷、梳条或粗纱的落绵、小碎片）。

二、废纱（硬回丝），即在纺纱、并纱、卷绕、机织、针织等工序中收集的断裂、打结或缠乱的废纱线。

三、回收纤维，即将废碎化纤布或纱线撕松成为原状的纤维。

这类废料不论是否漂白或染色，只要未经粗梳、精梳或其他纺前加工的，均归入本品目。

本品目不包括：

（一）絮胎（品目30.05或56.01）。

（二）经粗梳、精梳或其他纺前加工的废纤（品目55.06或55.07）。

（三）纺织纤维屑、粉末及球结（品目56.01）。

（四）新的或旧的碎织物（第六十三章）。

55.06　合成纤维短纤，已梳或经其他纺前加工：

10　—　　尼龙或其他聚酰胺制

20　—　　聚酯制

30　—　　聚丙烯腈或变性聚丙烯腈制

90　—　　其他

本品目包括经粗梳、精梳或其他纺前加工的合成纤维短纤（含合成纤维短纤或长丝的废料）。

在粗梳过程中，短纤及废纤通过机器使纤维大致平行排列，形成较宽的纤维网或纤维卷状，然后一般是压缩成梳条（未加捻的蓬松纤维条）。

在精梳过程中，粗梳条子通过机器进一步使纤维几乎完全平行排列，对于废料粗梳条子，则除去较短纤维（落绵）。精梳条子通常绕成卷或球，称为“化纤条”。

化纤条也可用所谓“丝束成条”法直接从长丝丝束制成。

丝束喂入专门的机器，将长丝牵切而不打乱纤维的连续性或平行排列。例如，可以把丝束通过不同转速的滚筒，这些滚筒所造成的一种张力可拉断这些长丝；或使用带齿滚筒用直接压力切断长丝；或用机械刀具对角切断丝束。在通过机器时丝束被拉成条子。这些工序避免了必须把丝束切成短纤的工序，省去了粗梳甚至通常所需的粗梳和精梳加工。

将不论是经粗梳、精梳制成的或是通过“丝束成条”工艺制成的条子拉成粗纱，即稍加搓捻的平行纤维细股，然后以一次工序纺成纱线。

本品目不包括絮胎（品目30.05或56.01）。

55.07　人造纤维短纤，已梳或经其他纺前加工

品目55.06的注释在必要的地方稍加修改后，可适用于本品目的产品。

55.08　化学纤维短纤纺制的缝纫线，不论是否供零售用：

10　—　　合成纤维短纤纺制

20　—　　人造纤维短纤纺制

本品目包括符合第十一类总注释第一部分第（二）款4项规定形状和条件的缝纫线。

然而，本品目不包括符合绳等定义的缝纫线〔参见第十一类总注释第一部分第（二）款2项〕（品目56.07）。

缝纫线，不论是否供零售用或经第十一类总注释第一部分第（二）款1项所述的方法加工，均归入本品目。

55.09　合成纤维短纤纺制的纱线（缝纫线除外），非供零售用：

—　　按重量计尼龙或其他聚酰胺短纤含量在85%及以上：

11　——　单纱

12　——　多股纱线或缆线

—　　按重量计聚酯短纤含量在85%及以上：

21　——　单纱

22　——　多股纱线或缆线

—　　按重量计聚丙烯腈或变性聚丙烯腈短纤含量在85%及以上：

31　——　单纱

32　——　多股纱线或缆线

—　　其他纱线，按重量计合成纤维短纤含量在85%及以上：

41　——　单纱

42　——　多股纱线或缆线

—　　其他聚酯短纤纺制的纱线：

51　——　主要或仅与人造纤维短纤混纺

52　——　主要或仅与羊毛或动物细毛混纺

53　——　主要或仅与棉混纺

59　——　其他

—　　其他聚丙烯腈或变性聚丙烯腈短纤纺制的纱线：

61　——　主要或仅与羊毛或动物细毛混纺

62　——　主要或仅与棉混纺

69　——　其他

—　　其他纱线：

91　——　主要或仅与羊毛或动物细毛混纺

92　——　主要或仅与棉混纺

99　——　其他

本品目包括用品目55.06的合成纤维短纤粗纱纺成的纱线（缝纫线除外），不论是单纱或多股纱线。

但本品目不包括供零售用的合成纤维短纤纱线（品目55.11）和符合绳、索等定义的纱线（品目56.07）〔参见第十一类总注释第一部分第（二）款2、3两项〕。

本品目包括经第十一类总注释第一部分第（二）款1项所述方法加工的纱线。

55.10　人造纤维短纤纺制的纱线（缝纫线除外），非供零售用：

— 按重量计人造纤维短纤含量在85%及以上：
11 — — 单纱
12 — — 多股纱线或缆线
20 — 其他纱线，主要或仅与羊毛或动物细毛混纺
30 — 其他纱线，主要或仅与棉混纺
90 — 其他

品目55.09的注释在必要的地方稍加修改后，可适用于本品目的产品。

55.11 化学纤维短纤纺制的纱线（缝纫线除外），供零售用：
10 — 按重量计合成纤维短纤含量在85%及以上
20 — 按重量计合成纤维短纤含量在85%以下
30 — 人造纤维短纤纺制

本品目包括供零售用的化纤短纤纱线（缝纫线除外），即符合第十一类总注释第一部分第（二）款3项所规定的形状或条件的纱线。

55.12 合成纤维短纤纺制的机织物，按重量计合成纤维短纤含量在85%及以上：
— 按重量计聚酯短纤含量在85%及以上：
11 — — 未漂白或漂白
19 — — 其他
— 按重量计聚丙烯腈或变性聚丙烯腈短纤含量在85%及以上：
21 — — 未漂白或漂白
29 — — 其他
— 其他：
91 — — 未漂白或漂白
99 — — 其他

本品目包括按重量计合成纤维短纤含量在85%及以上的机织物〔参见第十一类总注释第一部分第（三）款的定义〕。这类织物包括各式各样的服装面料、窗帘布料或其他家具布以及桌布料、毯料、毛巾料等。

经过药物浸涂或供零售用的绷带不归入本品目（品目30.05）。

55.13 合成纤维短纤纺制的机织物，按重量计合成纤维短纤含量在85%以下，主要或仅与棉混纺，每平方米重量不超过170克：
— 未漂白或漂白：
11 — — 聚酯短纤纺制的平纹机织物
12 — — 聚酯短纤纺制的三线或四线斜纹机织物，包括双面斜纹机织物
13 — — 其他聚酯短纤纺制的机织物
19 — — 其他机织物
— 染色：
21 — — 聚酯短纤纺制的平纹机织物
23 — — 其他聚酯短纤纺制的机织物

29 —— 其他机织物
— 色织：
31 —— 聚酯短纤纺制的平纹机织物
39 —— 其他机织物
— 印花：
41 —— 聚酯短纤纺制的平纹机织物
49 —— 其他机织物

本品目包括符合第十一类总注释第一部分第（三）款规定的机织物。

本品目也包括根据第十一类注释二的规定可视同合成纤维短纤织物归类并且符合下列规格的上述织物〔参见第十一类总注释第一部分第（一）款〕：

一、按重量计合成纤维短纤含量在85%以下；

二、主要或仅与棉混纺；

三、每平方米重量不超过170克。

经过药物浸涂或供零售用的绷带不归入本品目（品目30.05）。

55.14 合成纤维短纤纺制的机织物，按重量计合成纤维短纤含量在85%以下，主要或仅与棉混纺，每平方米重量超过170克：

— 未漂白或漂白：
11 —— 聚酯短纤纺制的平纹机织物
12 —— 聚酯短纤纺制的三线或四线斜纹机织物，包括双面斜纹机织物
19 —— 其他机织物
— 染色：
21 —— 聚酯短纤纺制的平纹机织物
22 —— 聚酯短纤纺制的三线或四线斜纹机织物，包括双面斜纹机织物
23 —— 其他聚酯短纤纺制的机织物
29 —— 其他机织物
30 — 色织
— 印花：
41 —— 聚酯短纤纺制的平纹机织物
42 —— 聚酯短纤纺制的三线或四线斜纹机织物，包括双面斜纹机织物
43 —— 其他聚酯短纤纺制的机织物
49 —— 其他机织物

品目55.13的注释在必要的地方稍加修改后，可适用于本品目的产品。

55.15 合成纤维短纤纺制的其他机织物：

— 聚酯短纤纺制：
11 —— 主要或仅与粘胶纤维短纤混纺
12 —— 主要或仅与化学纤维长丝混纺
13 —— 主要或仅与羊毛或动物细毛混纺
19 —— 其他
— 聚丙烯腈或变性聚丙烯腈短纤纺制：

21　——　主要或仅与化学纤维长丝混纺
22　——　主要或仅与羊毛或动物细毛混纺
29　——　其他
　　—　　其他机织物：
91　——　主要或仅与化学纤维长丝混纺
99　——　其他

本品目包括用合成纤维短纤纱线纺制的机织物〔参见第十一类总注释第一部分第（三）款的定义〕。但应注意到，本品目仅包括第十一类注释二所规定的混纺机织物，但不包括本章本品目以前的品目所列货品和本类第二部分具体列名的货品（通常归入第五十八章或第五十九章）。

经过药物浸涂或供零售用的绷带不归入本品目（品目30.05）。

55.16　人造纤维短纤纺制的机织物：

　　—　　按重量计人造纤维短纤含量在85％及以上：
11　——　未漂白或漂白
12　——　染色
13　——　色织
14　——　印花
　　—　　按重量计人造纤维短纤含量在85％以下，主要或仅与化学纤维长丝混纺：
21　——　未漂白或漂白
22　——　染色
23　——　色织
24　——　印花
　　—　　按重量计人造纤维短纤含量在85％以下，主要或仅与羊毛或动物细毛混纺：
31　——　未漂白或漂白
32　——　染色
33　——　色织
34　——　印花
　　—　　按重量计人造纤维短纤含量在85％以下，主要或仅与棉混纺：
41　——　未漂白或漂白
42　——　染色
43　——　色织
44　——　印花
　　—　　其他：
91　——　未漂白或漂白
92　——　染色
93　——　色织
94　——　印花

本品目包括用人造纤维短纤纱线纺制的机织物〔参见第十一类总注释第一部分第（三）款的定义〕。这些织物包括各式各样的服装面料、窗帘布料或其他家具布，以及桌布料、毯料、毛巾料等。

经过药物浸涂或供零售用的绷带不归入本品目（品目30.05）。

第五十六章 絮胎、毡呢及无纺织物；特种纱线；线、绳、索、缆及其制品

注释：

一、本章不包括：

（一）用各种物质或制剂（例如，第三十三章的香水或化妆品、品目 34.01 的肥皂或洗涤剂、品目 34.05 的光洁剂及类似制剂、品目 38.09 的织物柔软剂）浸渍、涂布、包覆的絮胎、毡呢或无纺织物，其中的纺织材料仅作为承载介质；

（二）品目 58.11 的纺织产品；

（三）以毡呢或无纺织物为底的砂布及类似品（品目 68.05）；

（四）以毡呢或无纺织物为底的粘聚或复制云母（品目 68.14）；

（五）以毡呢或无纺织物为底的金属箔（通常归入第十四类或第十五类）；或

（六）品目 96.19 的卫生巾（护垫）及止血塞、婴儿尿布及尿布衬里和类似品。

二、所称"毡呢"，包括针刺机制毡呢以及纤维本身通过缝编工序增强了抱合力的纺织纤维网状织物。

三、品目 56.02 及 56.03 分别包括用各种性质（紧密结构或泡沫状）的塑料或橡胶浸渍、涂布、包覆或层压的毡呢及无纺织物。

品目 56.03 还包括用塑料或橡胶作粘合材料的无纺织物。

但品目 56.02 及 56.03 不包括：

（一）用塑料或橡胶浸渍、涂布、包覆或层压，按重量计纺织材料含量在 50%及以下的毡呢或者完全嵌入塑料或橡胶之内的毡呢（第三十九章或第四十章）；

（二）完全嵌入塑料或橡胶之内的无纺织物，以及用肉眼可辨别出两面都用塑料或橡胶涂布、包覆的无纺织物，涂布或包覆所引起的颜色变化可不予考虑（第三十九章或第四十章）；或

（三）与毡呢或无纺织物混制的泡沫塑料或海绵橡胶板、片或扁条，纺织材料仅在其中起增强作用（第三十九章或第四十章）。

四、品目 56.04 不包括用肉眼无法辨别出是否经过浸渍、涂布或包覆的纺织纱线或品目 54.04 或 54.05 的扁条及类似品（通常归入第五十章至第五十五章）；运用本条规定，可不考虑浸渍、涂布或包覆所引起的颜色变化。

总 注 释

本章包括一些具有专门特性的纺织品，例如，絮胎、毡呢、无纺织物、特种纱线、绳、索及其某些制品。

56.01 纺织材料絮胎及其制品；长度不超过 5 毫米的纺织纤维（纤维屑）、纤维粉末及球结：

— 絮胎；其他絮胎制品：

21 — — 棉制

22 — — 化学纤维制

29 — — 其他

30 — 纤维屑、纤维粉末及球结

一、纺织材料絮胎及其制品

本品目所列的絮胎是把粗梳纺织纤维网或气流成网法纺织纤维网数层相叠，然后压紧以增强纤维的抱合力制得。絮胎有时略加针刺以增强纤维的抱合力，在某些情况下，针刺能使絮胎固定在机织物或其他织物的衬布上。

絮胎呈极为蓬松的柔韧海绵状，厚度均匀，其中的纤维很易分离，一般由棉纤维组成（脱脂棉或其他棉的絮胎）或由人造纤维短纤组成。低级絮胎是由粗梳废料或扯松的废碎料制成，通常含有一定比例的球结或废纱。

絮胎不论是否漂白、染色或印花均归入本品目。本品目还包括用少量粘结物质喷于表面以提高表面纤维抱合力的絮胎。如与无纺织物相比，这类絮胎的内层纤维则是很易分离的。

但应注意，用粘结物质处理并使之渗入其内层的絮胎，即使其内层纤维是很易分离的，也应作为无纺织物归入品目 56.03。

略加针刺固定在内部或外层纺织衬料上的絮胎，以及一面或两面用纸、纺织品或其他材料包覆（用线缝或胶粘）的絮胎，只要其未构成品目 58.11 的产品而仍具有絮胎的基本特征，仍应归入本品目。

絮胎主要用于衬垫（例如，用于制垫肩、衣服衬里、首饰盒垫等，用于家具及烫衣机），用作包装材料或用于卫生方面。

本品目还包括成匹或裁成一定长度的絮片以及本协调制度其他品目未列名的絮胎制品（参见以下不包括的货品）。

归入本品目的絮胎制品包括：

（一）用纱线螺旋形花纹覆面的成卷窗帘、门帘及类似防风帘，但不包括全部用纺织物包覆的产品（品目 63.07）。

（二）装饰用絮胎制品，但具有第九十五章所列物品特征的除外。

不归入本品目的絮胎制品如下：

（一）经过药物浸涂的或制成零售包装的医疗、外科、牙科或兽医用的絮胎及其制品（品目 30.05）。

（二）用各种物质或制剂〔例如，香水或化妆品（第三十三章）、肥皂或洗涤剂（品目 34.01）、光洁剂及类似制剂（品目 34.05）、织物柔软剂（品目 38.09）〕浸渍、涂布或包覆的絮胎，其中的纺织材料仅作为承载介质。

（三）纤维素絮纸及其制品（一般归入第四十八章）。

（四）理发师用的梳条形粗梳棉（例如，理发师“絮胎”）（品目 52.03）。

（五）通过绗缝或其他方法用一层或几层纺织材料与胎料组合而成的被褥状纺织产品，但品目 58.10 的刺绣品除外（品目 58.11）。

（六）服装用衬垫（品目 61.17 或 62.17）。

（七）人造花、叶或果实及其零件（品目 67.02）。

（八）演戏用的假发、假胡须及品目 67.04 的其他制品。

（九）节日（包括狂欢节）用品或其他娱乐用品、圣诞树装饰品及第九十五章的其他物品（例如，玩偶头发）。

（十）品目 96.19 的卫生巾（护垫）及止血塞、婴儿尿布及尿布衬里和类似品。

二、长度不超过 5 毫米的纺织纤维（纤维屑）及纤维粉末

“纺织纤维屑”由长度不超过 5 毫米的纺织纤维（蚕丝、羊毛、棉、化学纤维等）构成。它是从各种整理工序中，尤其是丝绒的剪绒过程中获得的废料，也可从纺织丝束或纤维切割工序中获得。纤维粉末是从废料中获得的，或是把纺织纤维磨成粉末获得。纺织纤维屑及粉末即使经漂白、染色，或

纤维经人工卷曲，仍归入本品目。

这些产品具有广泛的用途（例如，与其他纤维混合纺成纱线、制仿麂皮、作墙纸的涂料或装饰品、作为香粉或“化妆品”的底料）。

但加香料的纺织纤维屑及粉末不归入本品目（品目 33.07）。

切勿将本品目的纤维屑与用碎布料制成的用于填塞被褥或靠垫等的毛屑相混淆，后者应归入第五十章至第五十五章中适当的“废料”品目中。

三、球结

它们是由蚕丝、羊毛、棉花、化纤短纤等制的尺寸规则的小圆球（有时为椭圆球），一般夹于两个圆盘间轧制而成。它们可以漂白或染色，用于纺制仿手纺纱等的花式纱线。

56.02　毡呢，不论是否浸渍、涂布、包覆或层压：

10　—　针刺机制毡呢及纤维缝编织物

**　　—　其他毡呢，未浸渍、涂布、包覆或层压：**

21　——　羊毛或动物细毛制

29　——　其他纺织材料制

90　—　其他

毡呢通常是把数层纺织纤维（通常是粗梳纤维网片或气流成网法纤维网片）相互叠层制得。层叠网片先要经湿润处理（一般用蒸汽或热肥皂水处理），然后施以重压及摩擦或打呢，使纤维相互连结，成为厚度均匀的呢片。毡呢远比絮胎结实，其纤维很难分离，而且明显不同于绒缩机织物（一般归入第五十章至第五十五章）。

毡呢通常用羊毛或其他动物毛作原料，也有用这些动物毛与其他天然纤维（例如，植物纤维、马毛）或化纤的混合纤维作原料。

毡呢可用于制衣、帽、鞋、鞋底、钢琴音锤、装饰制品及花哨物品等，也可作各种专门的技术用途，例如，作隔热或隔音材料等。

本品目还包括用以下方法之一制的针刺机制毡呢：

一、用凹口针在无底布的纺织纤维短纤（天然纤维或化学纤维）网片上进行针刺；

二、将这类纺织纤维针刺穿过纺织底布或其他材料底基而得。针刺后纤维把底布（基）基本掩盖起来。

针刺工艺使不毡合性植物纤维（例如，黄麻）或化纤也可制成毡呢。

针刺工艺仅是辅助其他粘合方法的针刺纤维网，应作为无纺织物归类（品目 56.03）。

本品目还包括那些基本特征是由一层纺织纤维网组成的缝编织物，其纤维抱合力是由于引用了纤维网本身的纤维而不是由于使用了纺织纱线而得以提高的。由于用针引着纤维穿过纤维网，因而在织物表面形成一排排的链式针迹。这类织物有些可以有一层长毛绒面（不论是否割绒），也可用纺织底布、其他材料的底布予以加强。至于缝编针织工艺，详见第六十章的总注释。

本品目包括成匹毡呢或从大幅毡呢裁剪下来但未经其他加工的长方形（包括正方形）毡呢（例如，某种抹布或毯子），不论是否折叠或包装（例如，作零售包装），但协调制度中其他品目已具体列名的货品除外。

毡呢可以经染色、印花、浸渍、涂布、包覆、层压或加强（例如，用纺织线或金属丝加强）。只要仍具有毡呢产品的基本特征，毡呢可以在一面或两面用纸、纸板、纺织物等覆盖（例如，缝上或粘上）。

但本品目不包括归入第三十九章或第四十章的下列产品：

（一）用塑料或橡胶浸渍、涂布、包覆或层压并且按重量计所含纺织材料在50%及以下的毡呢，或者完全嵌入塑料或橡胶中的毡呢；

（二）泡沫塑料或海绵橡胶与毡呢合制的板、片或带，其中纺织材料仅起增强作用的（参见第三十九章总注释的“塑料与纺织品的复合制品”部分及品目40.08的注释第一款）。

本品目包括通过正常毡合方法制成后再用焦油或类似物质浸渍制成的油毛毡。

本品目也不包括：

1. 用各种物质或制剂〔例如，香水或化妆品（第三十三章）、肥皂或洗涤剂（品目34.01）、光洁剂及类似制剂（品目34.05）、织物柔软剂（品目38.09）〕浸渍、涂布、包覆的毡呢，其中纺织材料仅作为承载介质。

2. 马鞍座布及鞍垫（品目42.01）。

3. 第五十七章的毡呢地毯及其他毡呢的铺地制品。

4. 品目58.02的簇绒毡呢。

5. 刺绣毡呢，成匹、成条或成小块图案的毡呢刺绣品（品目58.10）。

6. 通过绗缝或其他方法用一层或几层纺织材料与胎料组合而成的被褥状纺织产品，但品目58.10的刺绣品除外（品目58.11）。

7. 以毡呢为底料经涂布或覆面的铺地制品，不论是否剪切成形（品目59.04）。

8. 用橡胶、皮革或其他材料涂布、包覆或层压制得的作针布用的毡呢，以及专门作技术用途的其他类似织物（品目59.11）。

9. 用研磨粉或粒盖面的毡呢（品目68.05）或用粘聚或复制云母盖面的毡呢（品目68.14）。

10. 由全部被沥青或类似材料包覆的数层纺织纤维制成的建筑用板（品目68.07）。

11. 用毡呢衬背的金属箔（通常归入第十四类或第十五类）。

56.03　无纺织物，不论是否浸渍、涂布、包覆或层压：

—　化学纤维长丝制：

11　——　每平方米重量不超过25克

12　——　每平方米重量超过25克，但不超过70克

13　——　每平方米重量超过70克，但不超过150克

14　——　每平方米重量超过150克

—　其他：

91　——　每平方米重量不超过25克

92　——　每平方米重量超过25克，但不超过70克

93　——　每平方米重量超过70克，但不超过150克

94　——　每平方米重量超过150克

无纺织物是将纺织纤维定向或随意取向粘合而成的片状或网状织物。所用纤维可以是天然纤维或化学纤维，也可以是短纤（天然纤维或化学纤维）或化学长丝，还可以原地成网。

无纺织物有各种生产方法，其生产过程通常分为三个阶段：成网阶段、粘合阶段及整理阶段。

一、成网阶段

有四种基本方法：

（一）用粗梳或气流成网方法将纤维形成薄片。这些纤维可以是平行排列的、十字交叉的或随意取向的（干法成网工艺）；

（二）将喷出的长丝定向、冷却并直接成网，或者将喷出的长丝凝固、洗涤并直接制成湿网（射流喷网工艺)；

(三)将纤维悬浮或分散于水中，所得带毛的水倒于筛网上，将水漏去后纤维形成网状(湿法成网工艺)；

(四)用各种特殊的工艺，使纤维的生产、成网，通常还包括粘合都在同时进行(原地成网法)。

二、粘合阶段

成网后可按整张网的厚度或宽度将纤维粘合(连续法)或者将纤维点状或补片状粘合(断续法)。

粘合工艺可分为三种类型：

(一)化学粘合，其纤维是利用粘合剂粘合的。可以用橡胶、树胶、淀粉胶、动物胶或塑料等溶液或乳液胶剂加以浸渍，或以塑料粉、溶剂等通过热处理加以粘合。粘合纤维也可用于化学粘合。

(二)热粘合，其纤维是通过受热(或超声波)粘合的，即将纤维网经过烘炉或通过加热滚筒之间(面粘合)或通过加热的凹凸轧花辊(点粘合)加以粘合。粘合纤维还能用于热粘合。

(三)机械粘合，纤维网是通过本身纤维的物理缠结得到加强的。机械粘合可以通过高压气体或喷出水流完成，也可通过针刺法(但不是缝编法)完成。但作为无纺织物归类的针刺产品，其范围仅限于：

——以长丝为主的纤维网；

——以其他粘合方法为主，针刺为辅所制得的短纤网。

以上各种粘合工艺也常结合进行。

三、整理阶段

无纺织物可以染色、印花、浸渍、涂布、包覆或层压。用纺织物或其他任何材料薄片通过胶粘、缝合或其他任何工艺盖于无纺织物的一面或两面，只要其具有无纺织物的基本特征，仍应归入本品目。

本品目主要包括由涂有橡胶、塑料及其混合物胶粘剂的无纺织物所构成的粘胶带。

本品目还包括某种用焦油或类似物质粘合纺织纤维制成的“油毛毡”以及某些有同样方法制得并含有少量软木碎的名为“油毛毡”的产品。

但本品目不包括归入第三十九章或第四十章的下列产品：

(一)完全嵌入塑料或橡胶之内的无纺织物以及用肉眼可辨别出两面都用塑料或橡胶涂布、包覆的无纺织物，涂布或包覆所引起的颜色变化可不予考虑。

(二)泡沫塑料或海绵橡胶与无纺织物合制的板、片或带，其中纺织材料仅起增强作用的(参见第三十九章总注释的“塑料与纺织品的复合制品”部分及品目40.08的注释第一款)。

由于生产或粘合工艺、纤维或长丝的密集度以及纤维网的层数等不同，无纺织物在厚度及特点方面(柔韧性、弹性、耐撕裂性、吸湿性、稳定性等)有所不同。有些无纺织物近似于纸、纸板、纤维素絮纸、油鞣革及品目56.01的絮胎。无纺织物与纸、纸板或纤维素絮纸的区别在于无纺织物的纺织纤维在生产过程中未被溶化掉。

最后，根据整张网或薄片的厚度和宽度将纺织纤维或长丝粘合起来这一特点也有助于将无纺织物与品目56.01的某类絮胎区分开来(参见该品目的注释)。

某些无纺织物和其他纺织物一样能够洗涤或绞扭。

本品目包括成匹的无纺织物或从大幅无纺织物裁剪下来但未经其他加工的长方形(包括正方形)无纺织物，不论是否折叠或包装(例如，作零售包装)，但协调制度的其他品目具体列名的货品除外。本品包括层压塑料用的盖面纤维网(面网)；供制造一次性婴儿尿布或卫生巾的表层垫片；供制造防护衣或衣服衬里的织物；液体或空气的过滤片、填塞片、隔音片、道路建设或其他土木工程用的过滤片或分隔片；制造油毛毡的底布；簇绒地毡的基底布或第二层底布等；手帕、床上用或餐桌上用织物制品等。

本品目也不包括:

（一）经过药物浸涂或制成零售包装的绷带（品目 30.05）。

（二）用各种物质或制剂〔例如，香水或化妆品（第三十三章）、肥皂或洗涤剂（品目 34.01）、光洁剂及类似制剂（品目 34.05）、织物柔软剂（品目 38.09）〕浸渍、涂布、包覆的无纺织物，其中的纺织材料仅作为承载介质。

（三）针刺机制毡呢（品目 56.02）。

（四）第五十七章的无纺织物制的地毯及其他铺地制品。

（五）品目 58.02 的簇绒无纺织物。

（六）包扎匹头用带（品目 58.06）。

（七）成匹、成条或成小块图案的无纺织物刺绣品（品目 58.10）。

（八）通过绗缝或其他方法用一层或几层纺织材料与无纺织物胎料组合而成的被褥状纺织产品，但品目 58.10 的刺绣品除外（品目 58.11）。

（九）品目 59.11 的专门技术用途的无纺织物。

（十）用研磨粉或粒盖面的无纺织物（品目 68.05）或用粘聚或复制云母盖面的无纺织物（品目 68.14）。

（十一）用毡呢衬背的金属箔（通常归入第十四类或第十五类）。

56.04　用纺织材料包覆的橡胶线及绳；用橡胶或塑料浸渍、涂布、包覆或套裹的纺织纱线及品目 54.04 或 54.05 的扁条及类似品：

10　—　用纺织材料包覆的橡胶线及绳

90　—　其他

一、用纺织材料包覆的橡胶线及绳

本组产品包括用纺织材料包覆（例如，狭辫螺旋包覆或编结包覆）的任何截面的橡胶线（单股）及橡胶线制的橡胶绳（多股）。

二、用橡胶或塑料浸渍、涂布、包覆或套裹的纺织纱线及品目 54.04 或 54.05 的扁条及类似品

本组包括用橡胶或塑料浸渍、涂布、包覆或套裹的纺织纱线及品目 54.04 或 54.05 的扁条及类似品，但是对于浸渍、涂布或包覆的纱线等，用肉眼应能辨出其经过浸渍、涂布或包覆的（仅颜色起变化不计在内）。

浸渍纺织纱线包括为提高其对橡胶的粘附力而对纺织纱线进行了表面处理的浸渍纱线，这些纱线在后来制造轮胎、机器带或带料及管子等物品过程中与橡胶组合成为物品。

本组包括的产品中有用塑料厚裹纺织纱线制成的仿肠线，根据其各自不同的特性分别用于制造运动球拍、钓鱼线、带子、缏条、家具布、外科缝线等以及用塑料套裹纺织纱线制成的晒衣绳。

本品目不包括:

（一）用橡胶粘合平行纺织纱线制成的织物（品目 59.06）。

（二）带鱼钩的或用其他方式制成钓鱼线的仿肠线（品目 95.07）。

56.05　含金属纱线，不论是否螺旋花线，由纺织纱线或品目 54.04 或 54.05 的扁条及类似品与金属线、扁条或粉末混合制得或用金属包覆制得

本品目包括：

一、由混有金属线或扁条的任何纺织材料（包括单丝、扁条及类似品和纸纱线）纺成的纱线，不论是经搓捻、并捻或是经螺旋辫结的，也不论其所含金属的比例。螺旋花线是用金属线或带螺旋绕裹于未与金属捻合的纺织纱芯上制得，该类纱线通常用贵金属或镀层金属制得。

二、用金属以任何工艺包覆的各种纺织材料纱线（包括单丝、扁条及类似品和纸纱线）。本类包括通过电淀积法敷涂金属的纱线，或在纱线上涂一层胶粘剂（例如，明胶），随后喷上金属粉末（例如，铝粉或青铜粉）制得的含金属纱线。

本品目包括以金属箔（一般是铝箔）为芯制成的产品，或者以涂上金属粉末的塑料膜为芯（在两层塑料膜之间用胶粘剂将金属粉末夹在中间）制成的产品。

本品目还包括用上述纱线制成的多股纱线或缆线（例如，用两条或多条上述含金属纱搓捻而得的糖果用花式线绳）和按同一方法制成并用于类似用途的某些其他形状的纱线，即用金属线或带将两股或多股平行排列的含金属纱线捆扎在一起的纱线，以及用本品目的纱线螺旋辫结单根纱线或多根纱线制成的纱线。

含金属纱线可经螺旋辫结。它们用于制造装饰带、花边、某些织物、花式线绳等。

本品目不包括：

（一）由纺织材料及其有抗静电作用的金属纤维混合构成的纱线（酌情归入第五十章至第五十五章）。

（二）用金属线加强的纱线（品目 56.07）。

（三）具有装饰带性质的绳、丝带及其他物品（品目 58.08）。

（四）金、银、铜、铝或其他金属的丝或带（第十四类及第十五类）。

56.06　粗松螺旋花线，品目 54.04 或 54.05 的扁条及类似品制的螺旋花线（品目 56.05 的货品及马毛粗松螺旋花线除外）；绳绒线（包括植绒绳绒线）；纵行起圈纱线

一、粗松螺旋花线，品目 54.04 或 54.05 的扁条及类似品制的螺旋花线（品目 56.05 的纱线及马毛粗松螺旋花线除外）

这些产品通常以一根或数根纺织纱线为芯，用一根或数根其他纱线螺旋卷绕于该纱芯上制成。最常见的是纱芯完全用线包裹的，但有些纱芯是用线螺旋间隔绕裹的。最后一种产品外观有点象第五十章至第五十五章的某些多股纱线、缆线或花式纱线，但可根据粗松螺旋花线的纱芯本身未与包覆线一并搓捻这一特点，将该两类纱线区别开来。

本品目的粗松螺旋花线的纱芯通常是棉的、其他植物纤维的或化学纤维的，其包覆线通常是较细及较有光泽的（例如，蚕丝、丝光棉或化纤）。

用其他材料作纱芯的粗松螺旋花线如具有纺织品的基本特征仍可归入本品目。

粗松螺旋花线用作装饰线，还大量用于制造装饰带。但有的还适于作其他用途，例如，作钮门线、绣花线或捆扎线。

本品目不包括：

（一）马毛粗松螺旋花线（品目 51.10）。

（二）用纺织材料螺旋绕裹的橡胶线（品目 56.04）。

（三）含金属螺旋花线（品目 56.05）。

（四）品目 58.08 的棉芯丝线及类似绳线和其他纺织螺旋花线。

（五）金属丝螺旋花线，例如：

1. 生产帽架用的铁或钢丝（女帽钢丝）及做人造花或头发曲卷器用的铁或钢丝条（品目 72.17）。
2. 绝缘电线（品目 85.44）。

二、绳绒线（包括植绒绳绒线）

绳绒线一般由两股或两股以上的纺织纱线绞捻在一起，并夹住短纱线头所构成，纺织纱线与短纱线头几乎成直角；纱线在针织机上形成的线圈有时会保留下来。它看起来总是整条线上都簇满绒毛。绳绒线通常是在特种织机（例如，环锭捻丝机和拉舍尔经编机）上直接纺制而成，或将特殊纱罗织物割开制成；对于后一种工序，绳绒线是把纱罗织物沿其每一组经线的任一边割开以后，其经线（底线和绞线）构成干线，而纬线形成绒毛。

本品目也包括把纺织短绒附着在纺织纱线的纱芯上制得的绳绒线。在这一工序中，先把纱芯通过一胶水槽，再通过一个箱，在箱里的高压静电场作用下使纺织短绒射线状地附着在纱芯上。

绳绒线主要用于织造绳绒织物（品目 58.01）或多种物品，如室内装饰品、床上用品、地毯、装饰带和服饰用品等。

三、纵行起圈纱线

纵行起圈纱线是用圆筒针织机纺制的空心纱线，扁平时宽度为 1.5～2 毫米。这种纱线用于制造流苏及其他纺织附件，还可用于普通经纬织机上纺制机织物。

56.07 线、绳、索、缆，不论是否编织或编结而成，也不论是否用橡胶或塑料浸渍、涂布、包覆或套裹(+)：

— 西沙尔麻或其他纺织用龙舌兰类纤维纺制：

21 — — 包扎用绳

29 — — 其他

— 聚乙烯或聚丙烯纺制：

41 — — 包扎用绳

49 — — 其他

50 — 其他合成纤维纺制

90 — 其他

本品目包括搓捻、编织或编结的线、绳、索、缆。

一、非编织或编结的线、绳、索、缆

第十一类总注释第一部分第（二）款 1 项及 2 项（尤其是表格）已说明了单纱、多股纱线或缆线在什么情况下可以视为本品目的线、绳、索、缆。

以金属线加强的纺织纱线一律归入本品目，它不同于品目 56.05 的含金属纱线，本品目的金属线通常较粗，仅用作加强用途而无装饰用途。

本类还包括用通过搓捻几乎完全裂成长丝的裂膜条制得的线、绳、索、缆。

二、编织或编结的线、绳、索、缆

这些货品在任何情况下均应归入本品目，不论其每公尺的重量多少。本品通常是管状编带，所用的材料一般比品目 58.08 的编带所用材料粗糙。但本品目的编织货品不同于品目 58.08 的编带的原因，主要不是因为所用纱线的属性，而更多地由于本品是紧密编织的，其紧密结构使之适用于作线、绳、索、缆。再者，本品一般是不染色的。

用于制造线、绳、索、缆最重要的纤维是大麻、黄麻、西沙尔麻、棉、椰壳纤维及合成纤维。

只有用金属线编织或加强的纸纱线制的线、绳、索、缆才归入本品目。

线、绳、索、缆可用作捆扎绳，或用于打包、牵引、装货等，其截面一般是圆的，但有些（例如，某种传动缆）截面为方形、梯形或三角形。它们通常不经漂白，但可以染色、浸渍以使其防腐，或用不同颜色的股线组成，或用橡胶或塑料浸渍、涂布、包覆或套裹。

这些产品不论是否切成一定长度均归入本品目。

本品目不包括：

（一）品目 56.05 的糖果店、花店等用的花式线、绳。

（二）品目 56.06 的粗松螺旋花线、绳绒线及纵行起圈纱线。

（三）品目 56.09 的物品。

（四）品目 58.08 的棉芯丝线及类似绳线和其他纺织螺旋花线。

（五）在工业上用作包装或润滑材料的绳、编带及类似品，不论是否涂布、浸渍或以金属加强的（品目 59.11）。

（六）品目 63.10 的废碎线、绳、索、缆。

（七）涂有研磨料的线、绳等（品目 68.05）。

（八）体操用品（品目 95.06）。

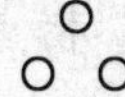

子目注释：

子目 5607.21

本子目包括用反手捻法将西沙尔麻或其他纺织用龙舌兰类纤维纺制的单股绳，其最小绳破断力应按以下公式计算：$R=\frac{17400}{n}-18$

〔R 代表最小绳破断力，单位为十牛顿（daN）；n 代表每千克绳子的连续长度〕。

例如，150 号绳（每千克 150 米）的最小绳破断力为 98 十牛顿，200 号绳（每千克 200 米）为 69 十牛顿，300 号绳（每千克 300 米）为 40 十牛顿。

子目 5607.41

本子目包括用反手捻法将聚乙烯或丙烯纤维纺制的单股绳，已作防日晒老化处理并符合下列要求的：

一、最小绳破断力应按以下公式计算：$R=\frac{32400}{n}$

〔R 代表最小绳破断力，单位为十牛顿（daN）；n 代表每千克绳子的连续长度〕；

二、平均最小打结破断力应按以下公式计算：

$$R'=0.58R$$

（R’代表平均最小打结破断力，单位为十牛顿）。

例如，330 号绳（每千克 330 米）的最小绳破断力为 98 十牛顿，平均最小打结破断力为 57 十牛顿。

56.08　线、绳或索结制的网料；纺织材料制成的渔网及其他网：

—　化学纤维材料制：

11　——　制成的渔网

19　——　其他

90　—　其他

一、线、绳或索结制的网料

这些物品仅是一段段的网料，即手工或机械织造的网眼结织物，它们不同于用品目 56.07 的线、绳或索制成的品目 58.04 的网眼织物。

二、纺织材料制成的渔网及其他网

本组所列制成的物品有别于以上一组的产品。它可以用纱线制成，其网眼可以通过结制而成或用其他方式制成。

制成的网可直接编制成形或用网料拼合而成，不论是否可即供使用。网上带有拉手、环、网坠、浮子、绳或其他附件并不影响本组货品的归类。

本品目所列制成的网仅限于协调制度其他品目未列名的网。本品目包括渔网、伪装网、舞台布景网、安全网、购物网袋及类似网兜（例如，网球网兜或足球网兜）、吊床网布、气球及飞艇用网、防昆虫网等。

本品目的产品即使经过浸渍（例如，使之防大气老化或防水）仍归入本品目。

本品目不包括：

（一）针织或钩编织成的成匹网料（品目 60.02 至 60.06）。

（二）发网（品目 65.05）。

（三）运动用网（例如，球门网及网球网）、捞鱼网及归入第九十五章的其他网。

56.09　用纱线、品目 54.04 或 54.05 的扁条及类似品或线、绳、索、缆制成的其他品目未列名物品

本品目包括用第五十章至第五十六章的纱线制成的物品，用品目 54.04 或 54.05 的扁条及类似品制成的物品，以及用品目 56.07 的线、绳、索、缆制成的物品，但协调制度其他品目已具体列名的物品除外。

本品目包括裁成段并在一端或两端制成套环的纱线、绳索；或装有端头、环、钩等（例如，鞋带、晒衣绳、拖缆）的纱线、绳索等；船艇碰垫、卸货垫、绳梯、装货吊索及将一束纱线对折，然后把折叠一端扎起制成的刷碗“布”等。

本品目不包括：

（一）辔头、缰绳、笼头、挽具等（品目 42.01）。

（二）裁切成段并带有结、圈、金属或玻璃小眼的绳子，用于提花机或其他机器的（品目 59.11）。

（三）应归入其他适当品目的纺织物及其制品（例如，用编带制成的鞋带应归入品目 63.07）。

（四）凉鞋用的绳制鞋底（品目 64.06）。

（五）第九十五章的体操用品及其他制品。

第五十七章　地毯及纺织材料的其他铺地制品

注释：

一、本章所称“地毯及纺织材料的其他铺地制品”，是指使用时以纺织材料作面的铺地制品，也包括具有纺织材料铺地制品特征但作其他用途的物品。

二、本章不包括铺地制品衬垫。

总　注　释

本章包括使用时以纺织材料作面的地毯及纺织材料的其他铺地制品，也包括具有纺织材料铺地制品特征（例如，具有铺地制品的厚度、硬挺性及强度）但作其他用途（例如，挂在墙上、铺在桌面上或作其他装饰用途）的物品。

归入本章的上述产品可以是制成的（即直接制成一定尺寸、镶边、加衬、加穗、拼合等），呈小方地毯、床边地毯、炉边地毯形状的，或是呈供布置房间、走廊、过道或楼梯的毯料形状，不论是大段供剪裁的或是制成的。

本品还可以经浸渍（例如，用胶乳浸渍）或用机织物、无纺织物、海绵橡胶或泡沫塑料衬背。

本章不包括：

（一）铺地制品衬垫，即置于地板与地毯之间的粗糙织物或毡呢衬垫（按其构成材料归类）。

（二）列诺伦及其他以织物为底布加以涂布或盖面的铺地制品（品目 59.04）。

57.01　结织栽绒地毯及纺织材料的其他结织栽绒铺地制品，不论是否制成的：

10　—　羊毛或动物细毛制

90　—　其他纺织材料制

结织栽绒地毯及纺织材料的其他结织栽绒铺地制品是用绒纬至少在一根紧经上绕一圈打结或绞扭，而所嵌入的紧地纬将绒纬固定不动而成。这种打结或绞扭方式是本品目物品的特征。

最通常的打结方法是：

一、吉奥德或土耳其结：绒纬置于两根相邻的经纱之上，其两端环绕这两根经纱向内绕上一个圈（见图1），然后竖立形成地毯绒面。

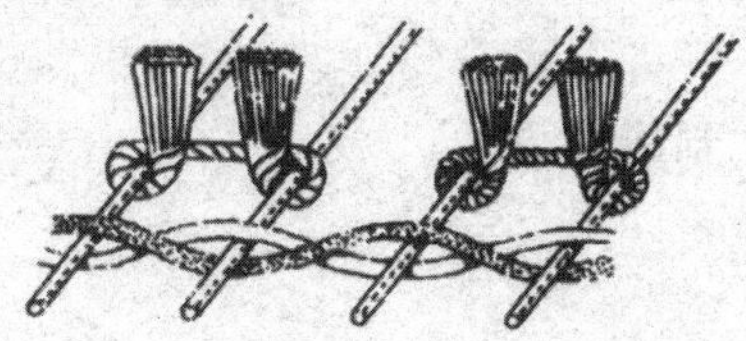

图1

二、森纳或波斯结：绒纬在一根经纱绕上一圈，然后穿过相邻的另一根经纱下面（见图2），两端绒头竖立形成地毯绒面。

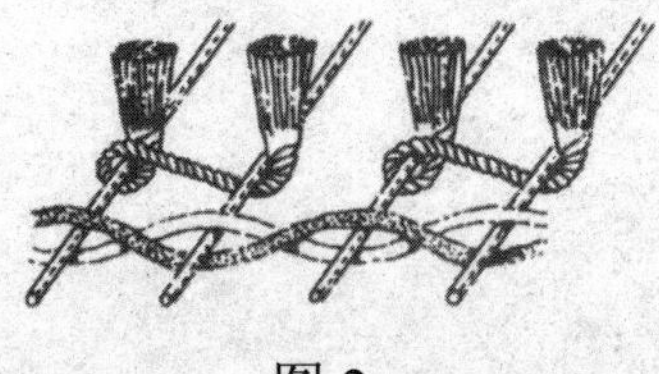

图2

在吉奥德结和森纳结的结构中，绒纬也可以穿过四根经纱。

三、单经结：每根绒纬绕着一根经纱打结或绞扭；每根绒纬都绕经纱一圈半（见图3），两端绒头竖立形成地毯绒面。

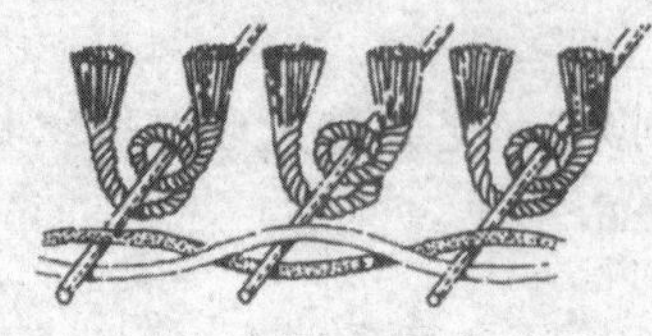

图3

这样就在整个地毯上横向布满一连串紧密相邻但又各自独立的栽绒结，把地毯的底布遮盖起来。

本品目也包括把绒纬结织于疏松的机织底布上而制成的某些地毯。

大部分的结织栽绒地毯是按一定尺寸手工织成，用不同颜色的绒纬组成图案，可即供使用。但也有用机械织机制成的，比起手织地毯，其组织更为均匀，织边也更为齐整。绒纬通常是羊毛或蚕丝的，有时也用马海毛或喀什米尔山羊毛（开士米）。手织地毯的底布一般用棉花、羊毛或其他动物毛制成，而机织地毯的底布则多用棉花、亚麻、大麻或黄麻制成。

本品目的产品通常供覆盖地板用，但有时也作其他装饰用途（例如，挂于墙上或盖在桌上）（参见本章总注释）。

边缘带有流苏（结织过程中产生的或以后加上的）或根据用途以其他方法整理的地毯仍归入本品目。

这些产品主要产自东方（伊朗、土耳其、土耳其斯坦、阿富汗、巴基斯坦、中国、印度）或北非（阿尔及利亚、突尼斯、摩洛哥、埃及）。

本品目不包括把绒纬简单地圈在经纱下面而未绕经纱一圈所制成的地毯（见图4及图5）（品目57.02）。

57.02　机织地毯及纺织材料的其他机织铺地制品，未簇绒或未植绒，不论是否制成的，包括“开来姆”、“苏麦克”、“卡拉马尼”及类似的手织地毯：

10　—　“开来姆”、“苏麦克”、“卡拉马尼”及类似的手织地毯

20　—　椰壳纤维制的铺地制品

—　其他起绒结构的铺地制品，未制成的：

31　——　羊毛或动物细毛制

32　——　化学纤维制

39　——　其他纺织材料制

—　其他起绒结构的铺地制品，制成的：

41　——　羊毛或动物细毛制

42　——　化学纤维制

49　——　其他纺织材料制

50　—　其他非起绒结构的铺地制品，未制成的

—　其他非起绒结构的铺地制品，制成的：

91　——　羊毛或动物细毛制

92　——　化学纤维制

99　——　其他纺织材料制

本品目的地毯及纺织材料的其他铺地制品包括：

一、威尔顿机织绒头地毯及类似地毯。这些地毯具有坚实厚重的底布，表面覆盖着一层绒面（即由竖立的相邻纱线或绒头形成的正面）或一层毛圈。

这种地毯的表面是用附加经纱组成的，在织造过程中暂时插入了金属棒或丝，使附加经线得以在织物的正面形成毛圈。这些毛圈经割绒后即成为绒头地毯（例如，威尔顿地毯，见图4）；在这类地毯结构中，绒头是简单地圈在纬线之下的。如若相反，毛圈不加割绒，则形成具有绒圈的地毯，例如，布鲁塞尔毛圈地毯（见图4及图5）。

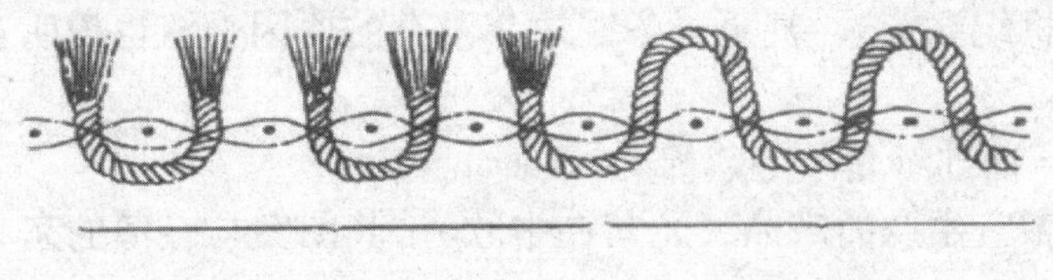

已割绒　　　　未割绒

图4

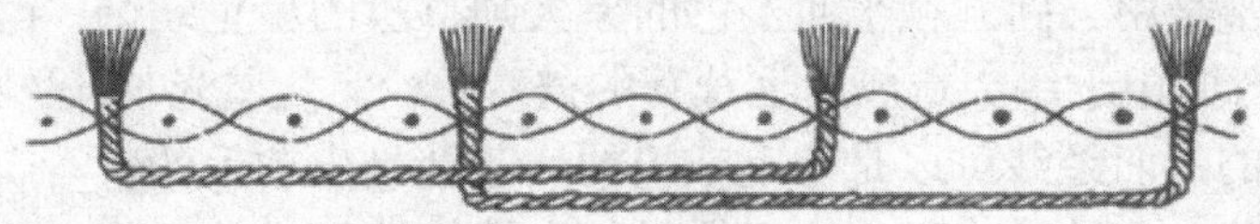

图5

这种地毯可以是素色的或带图案的，图案是用特种织机（例如，提花织机）织成的。该织机配有特殊装置，能用两种至五种不同颜色的纱线织出图案。

威尔顿机织绒头地毯也可以使用一根共同绒纬来织两块织物，织成后割绒即得两条绒头地毯（威尔顿双层绒头地毯）。

绒纬通常是纯羊毛的或是羊毛与尼龙混纺的，但也有棉的、聚酰胺纤维的、丙烯腈纤维的、粘胶纤维的或这些纤维混纺的，而底布通常是棉的、黄麻的或聚丙烯纤维的。

二、阿克斯明斯特地毯。这种地毯是机织的，它是在纺织过程中根据预定的色彩图案，插入连续的纬向横列绒头而制成。

三、绳绒地毯。这种地毯的主要特征在于它的绒面是由于使用了绳绒线而产生的（参见品目56.06的注释）。绳绒线可在普通织法中作为附加纬线；有时短绳绒线是作为特加非连续经线插入，由底布将其固定。

四、单层机织地毯。这种地毯没有线圈或绒头，但由于它厚实，明显用作铺地制品，故能与第五十章至第五十五章的纺织物区别开来。

这种地毯包括基德明斯特地毯，即所谓的"比利时"地毯，一种重经组织织物，其花纹由于两层织物的间隔交替而产生。除这种精细的家用地毯以外，本品目还包括用黄麻、椰壳纤维、毛发、纸纱等织成（通常为平纹、斜纹或人字斜纹）的粗地毯或地毯料（例如，粗毛地毯），以及用黄麻纱做经纱，下脚布条首尾相接做纬纱织成的碎布地毯。

五、门蹭垫及蹭垫料。该货品主要由简单圈于底布经线下面的硬挺绒头所构成，绒头通常是用椰壳纤维或西沙尔麻制的；为了适于其预定用途，它们的尺寸较小。

六、毛巾布垫及类似浴室垫。

应注意到，某些地毯的织法与品目58.01的许多起绒织物或绳绒织物的织法相类似，只是由于地毯主要供覆盖地板之用，因而可通过其质地较为厚实，所用材料较为粗糙以及底布由于一般附加一根经纱（衬垫经纱）而较为硬挺将两类货品区分开来。

七、"开来姆"、"苏麦克"、"卡拉马尼"及类似的手织地毯。开来姆地毯（或基里姆地毯），也称卡拉马尼地毯，是用品目 58.05 的注释第一部分所述手织装饰毯的同样生产方法织造而得的，因此，其组织结构与上述装饰毯差不多，一般在经位置线间有相同的间隙。不过就图案来看，开来姆地毯通常没有花卉或簇叶的图案，仅有直线图案。尽管仍可分得出正反面，但由于差别细微，所以正反两面都可使用。

开来姆地毯有时将两块长条缝合在一起制成，加工后的图案掩饰了缝合线，这就是为什么仅在其很短的边缘上只有一条镶边（机织端头），甚至一条镶边都没有的原因。这也说明它包括了外加的镶边。

一般来说，经纱是羊毛的，而纬纱是羊毛或棉的。

本品目还包括按照开来姆工艺生产的产品（尤其在中欧），其图案与轻薄的东方开来姆地毯装饰性图案的类形相同。

苏麦克地毯是以开来姆地毯相同的方式织制的，但与后者有下列不同：

——当构成图案的一根或两根纬线全部完成后，沿整幅地毯的宽度插入一根附助纬纱，以避免经纱出现间隙；

——至于图样，其背景通常是用三到五颗平面多色的象大勋章般的星星装饰；镶边一般由一条宽的主带和两至三条辅带构成。背面由于纱头造成的毛茸茸的外观，纱头几厘米长，是断纬后留下来的。

苏麦克地毯的纬纱是羊毛的，而经纱可以是羊毛或棉的，甚至是山羊毛的。

类似的地毯主要有西里地毯，一种以苏麦克地毯的类似方法织造而成的产品。其图案基本上是正到反或底到面的 S 形主题花纹的，其中以动物图案点缀整个表面。西里地毯的经纱及纬纱均是羊毛制的（经线鲜有棉制的）。

本品目不包括编结材料制的衬垫及垫料（第四十六章）。

57.03　簇绒地毯及纺织材料的其他簇绒铺地制品，不论是否制成的：

10　—　羊毛或动物细毛制

20　—　尼龙或其他聚酰胺制

30　—　其他化学纤维制

90　—　其他纺织材料制

本品目包括用簇绒机生产的簇绒地毯及纺织材料的其他簇绒铺地制品，即用一套针和钩的设备把纺织纱线插入一幅预先织好的底布上（通常为机织物或无纺织物）以产生毛圈；假如该设备上装有割绒装置，则可直接制成簇绒。形成绒头的纱线通常是用橡胶或塑料涂层的方法加以固定。一般在涂层干燥以前用稀松机织材料（例如，黄麻）辅助衬背，或者用海绵橡胶衬底。

本品目也包括由簇绒机或手工制作的簇绒地毯及其他簇绒织物铺地制品。

本品目的产品不同于品目 58.02 的簇绒纺织物，例如，本品目产品的硬挺性、厚度及强度都适于作铺地制品。

57.04　毡呢地毯及纺织材料的其他毡呢铺地制品，未簇绒或未植绒，不论是否制成的：

10　—　最大表面面积不超过 0.3 平方米

90　—　其他

本品目包括毡呢地毯及纺织材料的其他毡呢铺地制品。所称"毡呢"，其解释参见品目 56.02 的注释。

本品目包括：

一、毡呢瓦，通常用羊毛或其他动物毛制成。

二、针刺机制毡呢制的纺织材料铺地制品，一般在背面用橡胶或塑料涂布或浸渍以提高产品强度或使其具有防滑性能。

57.05　其他地毯及纺织材料的其他铺地制品，不论是否制成的

本品目包括本章未列名的地毯及纺织材料铺地制品。

本品目包括：

一、粘绒地毯，即将绒面粘合于底基上或者直接将粘合剂作为底基粘合起来构成的地毯。粘合时可以用胶粘合、加热粘合或两者结合粘合，也可以用超声波焊接粘合。绒毛可以粘在单一的底基面上，或粘在两层底基表面之间，后者是为了将其分成两条地毯。

二、无纺地毯，即将一层粗梳的纺织纤维通过有槽滚筒之间碾压卷曲毛圈，然后用橡胶、塑料等厚层涂布作为底基将毛圈加以固定，或者用类似的胶粘剂将毛圈粘于底布上制成的地毯。

三、"植绒"地毯，即把纺织纤维垂直植于涂有橡胶、塑料等的纺织底布上制成的地毯。

四、针织地毯及地毯料。这些地毯一般具有割绒地毯的外观，有时则象裘皮。

第五十八章 特种机织物；簇绒织物；花边；装饰毯；装饰带；刺绣品

注释：

一、本章不适用于经浸渍、涂布、包覆或层压的第五十九章注释一所述的纺织物或第五十九章的其他货品。

二、品目 58.01 也包括因未将浮纱割断而使表面无竖绒的纬起绒织物。

三、品目 58.03 所称“纱罗”，是指经线全部或部分由地经纱和绞经纱构成的织物，其中绞经纱绕地经纱半圈、一圈或几圈而形成圈状，纬纱从圈中穿过。

四、品目 58.04 不适用于品目 56.08 的线、绳、索结制的网状织物。

五、品目 58.06 所称“狭幅机织物”，是指：

（一）幅宽不超过 30 厘米的机织物，不论是否织成或从宽幅料剪成，但两侧必须有织成的、胶粘的或用其他方法制成的布边；

（二）压平宽度不超过 30 厘米的圆筒机织物；以及

（三）折边的斜裁滚条布，其未折边时的宽度不超过 30 厘米。

流苏状的狭幅机织物归入品目 58.08。

六、品目 58.10 所称“刺绣品”，除了一般纺织材料绣线绣制的刺绣品外，还包括在可见底布上用金属线或玻璃线刺绣的刺绣品，也包括用珠片、饰珠、纺织材料或其他材料制的装饰用花纹图案所缝绣的贴花织物。该品目不包括手工针绣嵌花装饰毯（品目 58.05）。

七、除品目 58.09 的产品外，本章还包括金属线制的用于衣着、装饰及类似用途的物品。

总 注 释

除品目 58.09 以外，本章所包括的种类繁多的各种纺织产品在品目范围内是不论其由何种纺织原料构成的。某些上述产品只有在未达到第十一类总注释第二部分所述“制成的”程度，方可归入本章，而其他的一些产品则不论是否制成的均可归入本章。

应注意到，根据第五十九章的注释，第五十八章不包括用品目 58.03 的纱罗、品目 58.06 的狭幅织物及品目 58.08 的成匹编带及装饰带经浸渍、涂布、包覆或层压的产品（通常归入第三十九章、第四十章或第五十九章），然而经同样处理的本章其他物品只要并未因而具有第三十九章或第四十章产品的特征，仍应归入本章。

58.01 起绒机织物及绳绒织物，但品目 58.02 或 58.06 的织物除外(+)：

10 — 羊毛或动物细毛制
— 棉制：
21 — — 不割绒的纬起绒织物
22 — — 割绒的灯芯绒
23 — — 其他纬起绒织物
26 — — 绳绒织物
27 — — 经起绒织物
— 化学纤维制：

31　——　不割绒的纬起绒织物
32　——　割绒的灯芯绒
33　——　其他纬起绒织物
36　——　绳绒织物
37　——　经起绒织物
90　—　　其他纺织材料制

一、起绒机织物，但品目 58.02 的织物除外

起绒机织物由至少三组纱线构成：紧经和紧纬构成底布，而另一组经纱或纬纱形成绒面。绒面可以是绒头，也可以是毛圈构成，可以布满织物的整个表面或部分表面；一般只是单面，但有时为双面。

经起绒织物（丝绒、长毛绒、绒头织物等）是通过将起绒杆沿纬纱方向插入，将绒经拉起而制成。拉起的毛圈可以在织造的过程割绒，也可以过后再割绒，偶尔也有对毛圈不割开的，即不割绒的起绒织物。毛圈或绒头由纬纱将其固定于原位。

经起绒织物也可以用一组共同的绒经织成面对面的两块织物；然后通过割绒而得到两块已割绒经起绒织物。

已割绒的纬起绒织物（平绒、灯芯绒等）通常是由纬纱间隔穿于经纱之下，然后浮于两根或多根经纱面层之上所形成的绒头织物。织成后对浮于表面的部分加以割绒，割后的纱头立起形成绒面。将起绒杆沿经纱平行方向插入，拉起绒纬并于织造过程中割绒，可得类似产品。绒头由经纱将其固定于原位。

因未将浮纱割断而使表面无竖绒的纬起绒织物仍归入本品目（参见本章注释二）。

二、绳绒织物

绳绒织物与品目 57.02 的绳绒地毯极为相似；就象绳绒地毯一样，其绒面（一般为双面）由绳绒纱线形成。本品一般是在织造底布时，通过在经纱中附加或插入一组不同长度和颜色的绳绒纬纱制成。

起绒织物及绳绒织物可用各种不同材料制成，但最常见的绒面材料是蚕丝、羊毛、动物细毛、棉花及化学纤维。

以上各种织物有素面的、棱纹的或花式的，还有织造后拷花的；花式起绒织物包括由于表面部分起绒、部分为割绒或部分为毛圈而形成变化多端的图案的产品（西塞莱天鹅绒）。本品目还包括仿裘皮的起绒机织物（例如，仿阿斯特拉罕羔羊皮、仿喀拉科尔羔羊皮或仿豹皮），但不包括通过缝合或粘附等方法制成绒面的仿毛皮（品目 43.04）。

必须注意，本品目的许多织物与品目 57.02 的地毯生产方法相同；但却很容易与地毯相区别，因为它主要供装饰或衣着之用，而不是作铺地制品用，所以用料精细，底布非常柔软。

本品目不包括：

（一）珠皮呢、珠皮大衣呢及其他外观与起绒织物相似的织物，这些机织物用特种纱线（例如，结子花式线）织成或将普通织物经过处理（例如，刮绒或拉绒）制成（一般归入第五十章至第五十五章）。

（二）品目 58.02 的毛巾织物及类似的毛圈机织物和簇绒织物。

（三）符合狭幅织物定义的起绒等织物（品目 58.06）。

（四）具有割绒或毛圈绒面的针织物或缝编织物（酌情归入品目 60.01 或 56.02）。

（五）第十一类总注释第二部分所述的制成的起绒等织物。

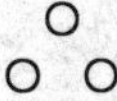

子目注释：

子目 5801.22 及 5801.32

对于子目5801.22及5801.32的已割绒灯芯绒可按以下经向截面图示将其与其他已割绒的纬起绒织物区别开来:

灯芯绒

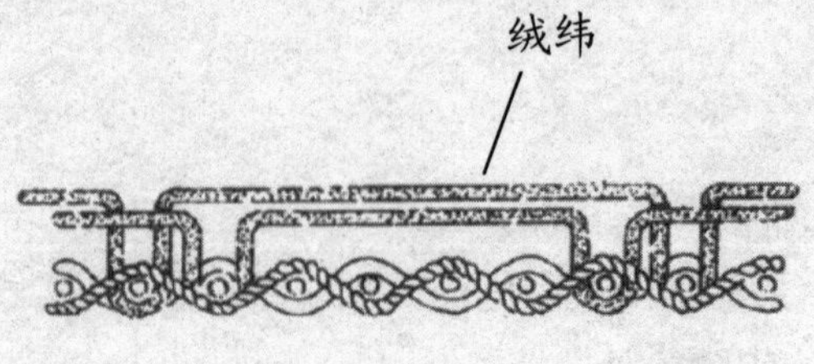

未割绒

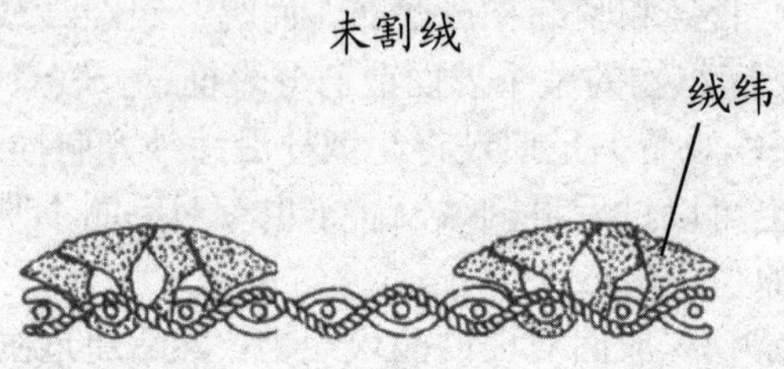

已割绒

平绒

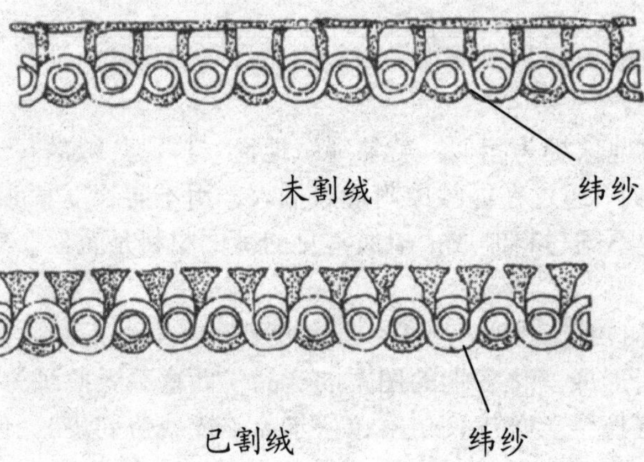

58.02 毛巾织物及类似的毛圈机织物，但品目58.06的狭幅织物除外；簇绒织物，但品目57.03的产品除外：

— 棉制毛巾织物及类似的毛圈机织物：

11 — — 未漂白

19 — — 其他

20 — 其他纺织材料制的毛巾织物及类似的毛圈机织物

30 — 簇绒织物

一、毛巾织物及类似的毛圈机织物

这类织物是具有毛圈的织物，可用于制毛巾、家庭浴衣、海滨浴衣、睡衣、盥洗手套等。它们有一组紧纬及两组一紧一松的经纱，松的一组在织物表面构成毛圈。两组经线的比例可以有所不同，但通常地经与绒经的组数相等。

毛圈通常看起来是捻过的，一般露于织物的两面，但有时只有一面；毛圈有时可以割开。毛圈可均匀地覆盖织物的整个表面，或构成条纹、格子、菱形或更为复杂的图案。

但本品目不包括仅在一面有绒面，其所有毛圈都被割开的织物（品目58.01）。

本品目不包括：

（一）针织或钩编的毛圈织物（品目60.01）。

（二）沿无纬纱线所示划线裁切等简单加工即可成为多条带毛边制成品的成匹织物（品目63.02）。

二、簇绒织物

这些织物是通过一组针与钩的设备将纱线插入已织成的纺织底布（机织物、针织物或钩编织物、毡呢、无纺织物等）上形成毛圈，如果钩上带有割绒装置，则可直接将毛圈割开成为簇绒织物。

本品目产品有别于品目57.03的簇绒地毯及铺地制品，例如，本品的硬挺性、厚度及强度都不如地毯，不适于作铺地制品。

此外，这些织物不同于品目60.01的起绒织物，前者是以织物背面看上去有一行行的纵向绗缝针迹为特征，而后者则在织物背面具有一行行的链式针迹。

58.03 纱罗，但品目58.06的狭幅织物除外

纱罗（有时称为纱罗组织）的定义，参见本章注释三。

在素纱罗组织中，其几根绞经纱左右交替绕着每根地经纱，每次从纬纱上面穿过时，却在地经纱下面穿过；地经纱总是在纬纱的一边，它与纬纱绝不交织，而两者都由绞经纱所固定。

把绞经纱相互斜绕（例如，所谓钩花纱罗、马尔利纱罗），用两根或多根纬纱一起穿过地经纱和绞经纱所构成的线圈，或者对每根绞经纱使用两根或多根地经纱以及对每根地经纱使用两根或多根绞经纱等方法，都可获得不同的纱罗组织。

本品目还包括：

一、浮纹纱罗，即在织造过程中附加一根纱线（浮纹纱），以使纱罗织物上产生图案效果。

二、部分为纱罗组织而部分为其他组织构成的机织物，不论这两部分的比例如何，这类织物通常有经向条纹、格子或其他各种图案的效果。

纱罗通常织得疏松，因而很轻；主要用作窗帘布；某些纱罗还沿经纱切成狭条，用以制绳绒线。

不同品种的纱罗，其外观差别很大，在织造过程中织成的图案也是五花八门的，切不可将它们与第五十章至第五十五章的挖花织物和其他织物以及本章的手工或机制花边、刺绣品、网眼薄纱及其他网眼织物相混淆。

本品目不适用于素色的平纹疏松机织物，例如，主要用作绷带及纱布的机织物，这些通常也称为纱罗，但应归入品目30.05（如果经药物浸涂或制成零售包装供医疗、外科、牙科或兽医用的）或者归入第五十章至第五十五章。

本品目也不包括筛布（品目59.11）。

58.04 网眼薄纱及其他网眼织物，但不包括机织物、针织物或钩编织物；成卷、成条或成小块图案的花边，但品目60.02至60.06的织物除外(+)：

10 — 网眼薄纱及其他网眼织物

— 机制花边：

21 — — 化学纤维制

29 — — 其他纺织材料制

30 — 手工制花边

一、网眼薄纱及其他网眼织物

这类产品用于制窗帘、床罩及类似家用装饰布、面纱、女式服装、刺绣品等，它们一般是蚕丝、化纤、棉花或亚麻制成。

（一）网眼薄纱及其他珠罗纱织物，由经纱与纬纱构成，其纬纱在每根经纱上都绕一下，成斜角线从一边织到另一边，一半纬纱向着一个方向而另一半纬纱向着另一个方向（见图1）。这些纬纱与经纱一起形成一个网眼；网眼可以成规则六角形、正方形或菱形（纽维乐网眼织物）。另一种是六角形网眼的薄纱（梅希林网眼薄纱），由数根经纱和一系列仅纵向绕于两根并列经纱之间的底线构成（见图2）。

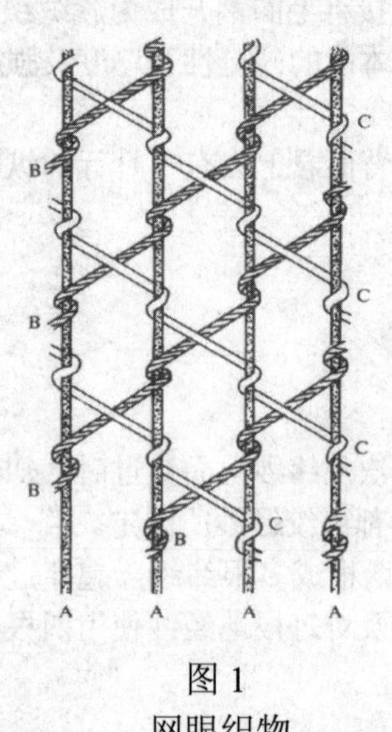

图1

网眼织物

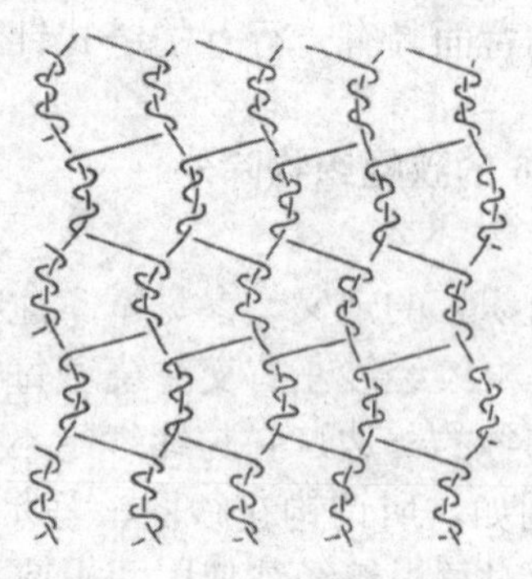

图2

梅希林网眼织物

A－经纱　B及C－纬纱

（二）波比诺特网眼薄纱，是一种由三组纱线构成的特种网眼薄纱：第一组是同普通网眼薄纱一样的垂直并列经纱；第二组是图案纱（所称图案纱是因其形成图案），该组纱交替沿着垂直的经纱走向并不时从一根经纱走向通常是相邻的另一根垂直经纱，因而构成点缀着三角网眼的不规则四边形或其他形状的网眼；第三组是绞经纱，它绕着垂直的经线并把图案纱固定于垂直的经线上（见图3），将多个上述三角形网眼紧密地聚集在一起就产生了图案中的不透明部分。

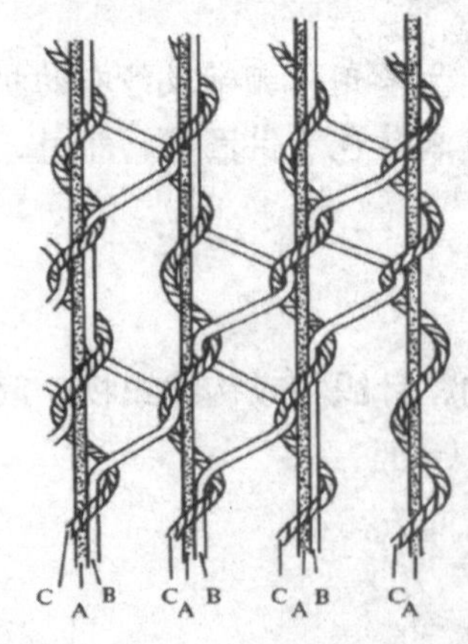

图3

波比诺特网眼薄纱

A. 经纱　B. 图案纱　C. 绞经纱

（三）网眼织物具有三组纱线：平行经纱、网眼纱及接结纱（例如，方形网眼织物）。每根网眼纱交替沿着不同经纱走向，从一根经纱转到另一根经纱，从而形成方形网眼。接结纱在某些地方将网眼纱结扎于经纱之上，将织物固定下来（见图4）。

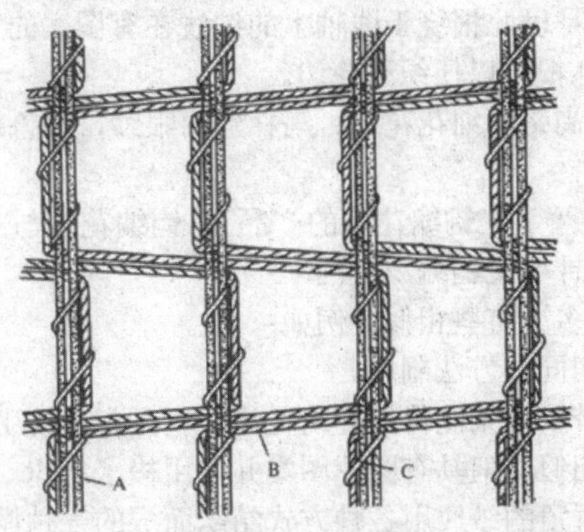

图4

素色方形网眼织物

A. 经纱　B. 网眼纱　C. 接结纱

（四）打结网眼织物，具有一致的方形或菱形网眼，在网眼各角打结，因而纱线不能拉开。本品可以用手工或用机器织制。

本品目不包括：

（一）第五十章至第五十五章的疏松机织物及品目58.03的纱罗。

（二）品目56.08的网或网料。

（三）筛布（品目59.11）。

（四）第六十章的针织物或钩编织物。

（五）第十一类总注释第二部分所述的制成的网眼薄纱及其他网眼织物。

二、花边

花边是一种观赏或装饰用的透孔织物，其中图案体（较为复杂的）是由纱线相互绞扭形成，图案体之间通过通常为规则尺寸及形状并形成明显透孔底布的网眼相连接，或者通过本身就具有花样效果的花式链圈（连接狭条）相连接。图案体与透孔底布或狭条通常是同时产生的，但有时图案体是单独织成后，随后再将它们连接起来。

花边的主要特征是图案体不是在一个原有的底布上加工而成的。因此，本品目所称“花边”，不适用于具有类似外观而且有时确也称为花边的产品（例如，方网眼花边），这类产品是通过对原有的网眼薄纱或网眼底布的网眼填孔或装饰制成，或者通过在底布上加缝刺绣制成，不论其底布是否事后全部或部分去掉。这类产品应作为刺绣品归入品目58.10。经过刺绣的真正花边及用加缝刺绣工艺镶饰的花边也应归入品目58.10。

本品目也不包括以手工或机器针织而成的任何透孔织物（第六十章）；这些织物通常能从特别是不透孔部分其特有的圈距加以区分。

与网眼薄纱、纱罗或其他疏松机织物不同，花边没有明显的经纱和纬纱，它织造时常常使用单根纱线。如果不止使用一根纱线时，该纱线仍起同样作用。

花边有手织的，也有机织的。

手织花边的主要品种有：

（一）针绣花边，即用针在绘有图案的普通纸或羊皮纸上绣制而成的花边。花边按着图案的轮廓，其组成纱线浮在纸上而不穿透纸张，其骨架纱线，即那些形成最初花边轮廓的线，通过十字刺绣临时附在图案上，以便针绣加工。

针绣花边包括阿朗松细嵌花针绣花边、阿根坦针绣花边、威尼斯针绣花边等。

（二）线轴编织花边（枕垫花边）是以几根绕于线轴上的纱线在有图案的“枕”或“垫”上相互扭绞制得，“枕”或“垫”上暂时插上几根针以便织造花边。

线轴编织花边包括瓦朗西安花边、尚蒂利细花花边、马林丝网眼纱，勃鲁琪斯花边、细网眼凸纹枕垫花边、布维花边等。

（三）钩编花边（例如，名为爱尔兰手工钩编花边的产品）。钩编花边与上述各品种不同，在织制时并非置于图案或架座上；它是用钩针手工钩编织成的。

（四）其他各种花边，其品种相互多少有些相似，例如：

1．轮形花纹花边，用与针绣花边相同的方法制成。

2．带子编结品，即某些部分是用带子缠条制得的针绣花边；它是在一枕上制成或机械制成。

3．梭织花边，其织法与钩编花边相似，但具有圆形图案并使用梭子结织。

4．流苏花边，把一系列与芯线成直角的纱线用各种方式结织而成的一种厚实花边。

除了线轴编织梭结花边外，机制花边在外观上与手工花边相类似，但纱线的交织方式不同，机制花边比手工花边更为均匀一致。

下列形状的手工或机制花边均归入本品目：

1．成匹或成任何长度条状；或

2．成小块图案状，即成单独的小块，专供贴于或缝于其他物品上的，例如，睡衣、女式衬裙、罩衫或其他衣着、手帕、台布或其他家具布。

这些货品不论是否直接用花边机制成匹头，或从大幅花边上剪裁下来或将几块单独的花边缝合而成，均归入本品目。

本品目不包括花边制品；这类货品根据其基本特征归类，一般归入第六十二章或第六十三章（例如，品目 62.14 的花边黑丝披巾，品目 62.17 的妇女衣着上的花边覆肩及衣领，以及品目 63.04 的花边台布）。

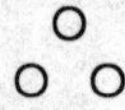

子目注释：

子目 5804.21、5804.29 及 5804.30

机制仿手工花边在整个外观上类似于手工花边，但可在以下标准的基础上加以区别：

机制花边经常织成较宽的段幅，而在整理工序中才裁切成条的。因此，裁切成条的花边边缘几乎都保留了透孔织物在织机上未裁切时条与条之间的全部或部分线圈组织。这些线圈组织可在花边外侧找到。通常所见的是它们在边线上形成凹角，如不破坏花边的边缘是很难接触到这些线圈组织。这些线圈组织的存在是机制花边的一个明显标志。

通过检查花边的装饰性图案，从其浮线轮廓线及填圈线的走向也可加以区别。对于手工制花边，这些线可以沿任何方向走线，而且还可倒回到其原来的方向上。而对于机制花边，这样的反向针法是不可能的；这些线可以斜向左边或右边，但都必须随着织物不断前进的方向。

将线填入图案不透孔部分的方法是我们必须记住的手工制花边与机制花边第三个区分标准。只有手工制花边有以下组织：

—— 对于针绣花边，连锁组织，即月牙形组织或锁钮门组织。

—— 对于线轴编织花边，布纹组织或棱条组织。

布纹组织与平纹组织完全相同。而在棱条组织中，作为经纱的线分成两组添纱，相互之间形成近乎 90 度角；纬纱跨其表面，交替地跨过第一组（上层经纱）的一根经纱，紧接着插入第二组经线之下。

机制花边最广泛应用的填充方法如下：

—— 布纹组织，其特点为作为纬纱的线不必从图案的一边走向另一边。在某些情况下，它仅穿过部分图案，而另一根纱线接上第一根走完整个图案；

—— 采用与织造完整的波比诺特网眼薄纱相类似的织造方法（直纱、图案纱及绞经纱）；

—— 在地网中插入一根纱，与经纱一同形成平纹组织。以上的两种方法都是图案始，地网尽，但本方法并非如此。

以下情况也可供区别手工制花边和机制花边时参考。在某些情况下，也只有借助于这些情况才能进行区别，特别是区别手工制还是机制线轴编织花边：

1. 手工制花边的疵点或不足是网眼不规则，外观极少相似，而机制花边由于是用机械设备生产的，其网眼个个规则整齐。

2. 手工制花边常见的饰边毛圈是由构成地网的纱线形成的，而有时机制花边也加有这些饰边毛圈。但机制花边的饰边毛圈附得极不牢固，无需损毁花边本身就能将其扯下。这对手工制花边来说是不可能的。

3. 根据包装和发货方式也可区别手工制花边和机制花边。手工制花边的长度一般最长不过 20 米，每批货中的各件通常是图案各不相同。而机制花边总是较长，最长可达 500 米，每批货中总是有几件图案相同。

另外有一种“混合”型花边，也称带子花边、小花纹狭花边、吕克瑟伊花边、刺绣网眼花边。生产这种花边首先要用一条机制带子（编带）。将这条带子平放在描迹上，沿着图案的线路走向，遇到转角带子折叠以继续跟随描迹；带子重叠之处缝在一起；裁切的编带端部在原地细致地缝起。然后用针织成线圈及填圈组织。

除了根据编带的折叠、裁切方式及按上述方法缝制等情况以外，有时还可通过图案凹边上这些编带的褶裥来确定这种花边。

这种花边应作为手工制花边归类。

58.05 “哥白林”、“弗朗德”、“奥步生”、“波威”及类似式样的手织装饰毯，以及手工针绣嵌花装饰毯（例如，小针脚或十字绣），不论是否制成的

本品目包括手织的或在底布（通常为帆布）上手工针绣的装饰毯。本品的基本特征是具有完整、独立图案的成幅毯，图案通常具有图画性质。

一、手织装饰毯

手织装饰毯是用织机把经纱绷紧，然后用不同颜色的纬纱与其交织，将其覆盖，从而产生图案并成为机织物。

同一般普通经纬织物所用的工艺相反，它的各色纬线的长度是按照所产生的图案来决定的，因而总的来说，这些纬线的长度并不超过整幅织物的宽度；这样经纱就被一根根依次排列下来的各色纬纱所覆盖。纬纱的松线露于图案的背面。这一织法造成经线上未经交织的间隙通常用线缝合加固。

这类毯包括“哥白林”、“弗朗德”、“奥步生”或“波威”型装饰毯。

用于仿制手织装饰毯的机织（如用提花机或类似织机织成的）装饰毯是普通的经纬织物，其中各色纬线是从一边织到另一边的，应作为机织物或制成品归入有关品目。

二、手工针绣嵌花装饰毯

手工针绣嵌花装饰毯（又称针绣装饰毯）的特征是用织物作底布（通常为方格网眼帆布），在底布上用针绣法把大量五颜六色的纱线按设计图案绣上制成。

手工针绣嵌花装饰毯有时还再次进一步进行刺绣加工，加工后的物品仍应归入本品目而不作为刺绣品归类。

与品目58.10的大多数刺绣品相反，本品的底布（通常为帆布）可能除了边缘以外，全部都被针绣纱线所覆盖。根据针绣方式的不同，针迹也有各种名称：小针脚、粗针脚、十字绣、双十字绣、象景针脚等。

装饰毯主要作装饰用途，挂于墙上或铺于椅子软垫面上等。一般用蚕丝、羊毛、化纤，甚至含金属纱线制成。

缝边、镶边、衬里等的装饰毯仍应归入本品目，但制成的物品，例如，晚会手提包、软垫、拖鞋等一律不归入本品目。

本品目也不包括：

（一）“开来姆”、“苏麦克”、“卡拉马尼”及类似的小地毯（品目57.02）。

（二）用于织制装饰毯的由机织物和纱线组成的成套物品（品目63.08）。

（三）超过一百年的装饰毯（第九十七章）。

58.06 狭幅机织物，但品目58.07的货品除外；用粘合剂粘合制成的有经纱而无纬纱的狭幅织物（包扎匹头用带）：

10 — 起绒机织物（包括毛巾织物及类似的毛圈织物）及绳绒织物

20 — 按重量计弹性纱线或橡胶线含量在5%及以上的其他机织物

— 其他机织物：

31 — — 棉制

32 — — 化学纤维制

39 — — 其他纺织材料制

40 — 用粘合剂粘合制成的有经纱而无纬纱的织物（包扎匹头用带）

一、狭幅机织物

根据本章注释五规定，本品目包括以下狭幅机织物：

（一）幅宽不超过30厘米的狭条经纬织物，两边都有扁平或管状布边的。这些物品是用特种织带机织成的，通常几条带子同时织出；有时带子一边或两边织成波浪形。

（二）幅宽不超过30厘米的狭条，从宽幅经纬织物剪（撕）成〔纵剪（撕）或横剪（撕）〕并且两边都有假边，或一边是正常织边而另一边是假边。假边是用防止剪（撕）下的织物脱散，可以于裁剪（撕开）前在宽幅织物上织进一行纱罗组织，或将边简单折起，也可用胶将边粘合，或对某些化纤条带将边熔融。还可以在织物裁剪成狭条前就进行处理，形成假边，以防止狭条剪边脱纱。在这种情况下，狭幅织物间的假边并不需要特别明显。从织物剪（撕）下来的条带若无上述真边或假边，不得归入本品目，而应按普通机织物归类〔关于斜裁滚条布，参见以下第（四）款〕。

（三）压平宽度不超过30厘米的无缝管筒经纬织物。但把狭条两边缝合、粘合或其他方法结合而形成管状的织物不归入本品目。

（四）由从经纬织物横向裁下的狭条构成的斜裁滚条布，未折边时的宽度不超过30厘米的。由于本品是从宽幅织物上裁下来的，因而没有布边，不论是真边还是假边。

上述产品包括带子和带状织物，以及某种具有丝带特征的织物。

带子通常是用蚕丝、羊毛、棉花或化纤制成，不论是否含有弹性纱线或橡胶线。可用于内衣、女式衣着，也可用于制造帽子及花式衣领，用作勋章绶带、装饰性捆扎材料及用于其他装饰用途等。

本品目也包括用金属线制成的狭幅机织物，但它们必须明显用于衣着、装饰或类似用途（参见本章注释七）。

归入本品目的丝带是窄条带子；带状织物是厚实的狭幅织物，通常用棉花、亚麻、大麻或黄麻制成，可用于鞍具、挽具，也可用于制带子、带料、腰带或椅座等。

本品目还包括百叶窗用的带状织物，多条窄带按一定间隔将两条带子连接起来构成，整个织物由一次连续的织造工序制得。

本品目包括的货品，通常是用与第五十章至第五十五章或品目 58.01（丝绒）的织物相同的织法织成；所不同的是以上（一）至（四）款所列的各项指标。

这些产品即使经过波纹（云纹）、拷花、印花等处理仍应归入本品目。

二、包扎匹头用带

本品目也包括幅宽通常从几毫米到 1 厘米，用粘合剂粘制成的有经纱（并线、单丝或纺织纤维）而无纬纱的狭幅织物（包扎匹头用带）。本品主要用于捆扎包裹，有的用于制女帽帽缏。

本品有时在一定间隔的地方印上商标名称，但这并不影响它的商品归类。

本品目不包括：

（一）经过药物浸涂或制成零售形状或包装的绷带（品目 30.05）。

（二）带有织造流苏的狭幅机织物、编结丝带及编带（品目 58.08）。

（三）其他品目具体列名的狭幅织物，例如，具有以下特征的狭幅织物：

1. 成条的机织标签、徽章及类似品（品目 58.07 或 58.10）。

2. 灯芯、炉芯、打火机芯、烛芯或类似品（品目 59.08）。

3. 纺织材料制的水龙软管及类似管子（品目 59.09）。

4. 品目 59.10 的传动带或输送带。

（四）第五十九章的浸渍、涂布、包覆或层压的狭幅机织物，特别是用橡胶浸渍的用于包覆纺锤（织轴）的狭幅丝绒织物（品目 59.11）。

（五）第十一类总注释第二部分所指的制成的狭幅织物〔以上第一部分第（二）款所列的除外〕。

（六）拉链（品目 96.07）及间隔装于带子上的贱金属钩眼钮扣或揿钮，只要这些钩眼钮扣或揿钮构成货品的基本特征的（酌情分别归入品目 83.08 或 96.06）。

（七）打字机色带（品目 96.12）。

58.07　非绣制的纺织材料制标签、徽章及类似品，成匹、成条或裁成一定形状或尺寸：

10　—　机织

90　—　其他

本品目包括符合下列条件的货品：

一、任何纺织材料制的标签（包括针织标签）。本品用作衣着、家用亚麻布、褥垫、帐篷、布玩具或其他货品的标签。本品是标有专门题词或花纹的有使用价值的标签。这类标签主要包括印有厂商商号、商标或印有其构成的纺织原料性质（“蚕丝”、“人造丝”等）的商业标签，以及个人（寄宿生、士兵等）用以识别本人私人财产的标签；后一种标签有时标明个人名称的缩写或图记，有时还留有一栏空白之处以备手工填写。

二、任何纺织材料制的徽章及类似品（包括针织的在内）。本品包括通常缝在衣着外面的徽章、“肩章”等（运动、军事、地区或国家的徽章等、标有青年团体名称的徽章、标有船名等的水手帽徽等）。

上述物品只有符合下列条件，才能归入本品目：

（一）必须是非刺绣品。归入本品目的物品上的文字或花纹图案一般是织造的（挖花织法）或印制的。

（二）必须是成匹、成条（最常见的形状）或切成一定尺寸或形状成为独立件的，但不得经其他任何方式加工为制成品。

本品目不包括经刺绣的标签、徽章或类似品（品目 58.10）或除切成一定尺寸或形状以外经过其他方式加工为制成品的产品（品目 61.17、62.17 或 63.07）。

58.08 成匹的编带；非绣制的成匹装饰带，但针织或钩编的除外；流苏、绒球及类似品：

10 — 成匹的编带

90 — 其他

一、成匹的编带；非绣制的成匹的装饰带，但针织或钩编的除外

除了编带以外，本品目的这一部分还包括各种用于衣着装饰（例如，女式外套、军队制服、教士法衣、舞台戏服）或家具装饰（包括船舶或车辆上的装饰）用的成段产品。

只要本品仍具有匹头的特征，它可以装有纯粹作为配件的钩子、扣子、金属眼、环以及类似品；本品也可以用亮片、小珠及类似配件进行装饰，但不得通过加缝刺绣缝上的。否则应作为刺绣品归入品目 58.10。

归入本品目的产品包括：

（一）扁平或管状编带

本品是用纱线或第五十四章的单丝、扁条及类似品对角线交织而成的。

在扁平编带中，其纱线采取“Z”字形或其他更为复杂的方式成斜角从一边走到另一边。而在管状编带中，其纱线即采取螺旋形方式走向。所有两种编带的纱线都是一半朝一个方向，而另一半则朝另一个方向，按通常相当简单的固定图案进行交织。有些编带中有额外的纱线沿着织物的长度交织进去，以增强带边，或是按任何有序序列产生花纹效果。

编带是由编带机或锭子机等专用机器制成的。

编带品种包括系带（例如，靴带或鞋带）、空心绳、饰带、装饰线、编织丝带等。管状编带可以有一条纺织纱芯。

编带用于某电线些衣着物品的镶边或装饰（例如，饰边及拷边）或装饰物品（例如，装饰窗帘钩），制造某种鞋带，作电线护套、带风帽的防寒短上衣及运动服系带、晨衣带等。

这类编带不同于品目 56.07 的编织品或编结品，它们编得较为松散，结构亦不够紧密。

然而，本品目不包括其他品目具体列名的编带，特别是下列货品：

1. 由塑料或其他编结材料单丝或扁条制成的编带，单丝截面尺寸超过 1 毫米或扁条宽度超过 5 毫米的（品目 46.01）。

2. 品目 56.07 的线、绳、索、缆及编织的仿肠线。

3. 编织的灯芯、炉芯、打火机芯、烛芯及类似品（品目 59.08）。

4. 水龙软管及类似的管子（品目 59.09）。

5. 品目 59.10 的传动带或输送带。

6. 品目 59.11 的专门技术用途的物品（例如，工业上用作垫料或润滑材料的编带）。

7. 拉链（品目 96.07）及间隔装于带子上的贱金属钩眼钮扣或揿钮，只要这些钩眼钮扣或揿钮构成货品的基本特征的（酌情分别归入品目 83.08 或 96.06）。

（二）棉芯丝绳及类似绳

本品是类似于粗松螺旋花线的嵌芯产品，但芯线更粗，由在螺旋编织加工过程中加捻的一束线或纺织粗纱组成。常用本身已经嵌花的纱线进行螺旋编织。本品只有呈长条状的才归入本品目，它们用于装饰制成品，也用于制晨衣腰带、窗帘拉绳等。

本组不包括纺织材料包覆的金属线，例如：

1. 制造帽骨架的钢丝、铁丝（女帽钢丝）及做人造花茎或卷发器的钢、铁丝（品目 72.17）。

2. 绝缘电线（品目 85.44）。

（三）边缘织有流苏（线圈状或裁切而成）的狭幅织物

本品用织带机生产，其边饰是巧妙处理纬线获得或者利用名为洛快汀的松驰粗糙经线获得。

在第一种方法中，纬线并不与外面两根经线组成布边，而是延伸于经线之外形成线圈；这些线圈是把两股或多股纬线绕于织机中与经线平行的钢丝上，待织物织成后即将钢丝退出而得。

在第二种方法中，松弛粗糙经线间隔地被某些纬线并入布边，而钢丝则在未并入部分把纱线拉出织物之外，从而形成线圈。

用这些方式所生产的线圈，其圈脚可以较宽，其间隔可以规则，也可以不规则。有时本品经裁剪而形成流苏毛边，然后可加以打结或饰以穗缨、绒球等。

这些狭幅织物主要是用作家具布或衣着物品的镶边或装饰。

圈形边、荷叶边及锯齿边的带子不归入本品目（品目 58.06）。

（四）其他成匹的装饰带。本品目也包括适于衣着、家具布等装饰用的各种成匹狭幅产品。

本品通常是用上述带子或其他产品生产的，可以对一件产品进行缝纫或其他方式加工制成，也可以把两件或多件产品以装饰方式加以拼合组成（例如，饰边的带子、丝带或镶边带；纵向间隔地缀以流苏或其他装饰物的带子，但贴花刺绣的除外）。

本品目不包括品目 60.02 至 60.06 的针织或钩编的装饰品。

二、流苏、绒球及类似品

本品与以上第一部分的产品不同，是一些分开的独立物品，包括各种尺寸、形状的流苏以及装饰绳的花式端头等，例如：

（一）用纺织线包裹的芯子（木或其他材料制），线头有时悬挂着。许多品种可以用花边或成排小穗子装饰。

（二）折叠或捆扎的成束纺织线，其线头松散悬挂着。

（三）用纺织材料包覆的橄榄形或坚果形芯子（木或纸等制），有时芯子中间是空的，可作拉环用。

（四）绒球，即中间扎在一起，绒头向四面蓬松的短线。

所有这些物品都可以备有一个线圈以便悬挂等用；本品主要供布置装饰用途，但偶尔也有用于衣服上。本品具有明显的装饰性能。

除以上专门列出的以外，本品目不包括独立的物品。

用本品目的编带及装饰带制成的玫瑰花结应归入品目 62.17 或 63.07。用同样材料制成的盘花钮扣、肩章或勋带应归入品目 62.17；用这些材料制成的鞋带、胸衣饰带等，其端头经过加固或其他方式处理以防止散线的，以及用这些材料制成的剑柄带结，都应归入品目 63.07。

用于制造本品目的纺织材料种类繁多，有蚕丝、羊毛、动物细毛、棉花、亚麻、化纤及含金属纱线。

除了已提到的不归入本品目的货品以外，本品目还不包括仅简单织成带条，符合狭幅织物定义的丝带及其他装饰带（品目 58.06）。

58.09　其他品目未列名的金属线机织物及品目 56.05 所列含金属纱线的机织物，用于衣着、装饰及类似用途

本品目包括用品目 56.05 的含金属纱线织成的机织物〔其定义参见第十一类总注释第一部分第

（三）款〕以及用第十四类或第十五类的金属线织成的机织物，但这类织物必须用作衣料或用于装饰及类似用途，而且其他品目，尤其是本品目以前的本章各品目未具体列名的。

金属线或含金属纱线与其他纺织纱线混合织成的织物，如果金属线或含金属纱线的重量超过所含任何一种其他纺织材料的重量，就应归入本品目。对此，含金属纱线应作为一种单一的纺织材料对待，其重量应以所含的纺织纤维及金属两者重量的总计作为其重量〔参见第十一类总注释第一部分第（一）款〕。

本品目不包括不用作衣料或不用于装饰及类似用途的机织物，例如，钢铁丝、铜丝、铝丝、贵金属丝等制的网布或机织物（品目71.15、73.14、74.19、76.16等）。

58.10 成匹、成条或成小块图案的刺绣品(+)：

10 — 不见底布的刺绣品

— 其他刺绣品：

91 — — 棉制

92 — — 化学纤维制

99 — — 其他纺织材料制

刺绣品是用绣线在网眼薄纱、网眼织物、丝绒、带子、针织物或钩编织物、花边或机织物、毡呢或无纺织物的原有底布上进行加工，使底布上产生一种装饰性效果。绣线一般是纺织材料，但本品目也包括绣线是使用其他材料（例如，金属丝、玻璃纤维或酒椰纤维）的物品。底布通常成为整个刺绣品的一部分，但在某种情况下，刺绣完成后便将底布去掉（例如，用化学方法去掉或剪去），仅留下刺绣图案。某些刺绣品不使用绣线而使用条子或编带。

由于刺绣品从生产工序一开始就须有一幅织好的底布，因而不同于花边，而且切勿将花边与刺绣完成后就去掉底布的刺绣品相混淆。同时，也切勿将刺绣品与在织造过程中通过浮纹线产生图案的机织品相混淆（小花薄洋纱及其他浮纹织物）。本注释的下文列出了区分刺绣品及这些其他产品的特征。

刺绣品有手工制的，也有机制的。手工制的刺绣品尺寸相对较小，而另一方面机制刺绣品则通常是长幅的。

归入本品目的刺绣品主要有下列三种：

一、不见底布的刺绣品

本品是一种把底布去掉（例如，用化学方法去掉或剪掉）的刺绣品。因此，其材料全部用刺绣图案构成。

由于它没有底布，某些这类机绣品很易与品目58.04的花边相混淆，但可通过以下几点加以区别：

（一）花边是由单根连续纱线织成或两根或多根起同样作用的连续纱线交织而成，花边的两面一般看上去是一样的；而机绣品所用两组纱线作用不同，一组是绣线，另一组是在织物底面的梭子线，梭子线通常较绣线细。因而，刺绣品的正反两面看上去不同，正面显出某种程度的凸起，而反面则是平的。

（二）刺绣品剪去的底布通常露出未经完全剪去的底布小纱头。

二、刺绣后保留底布的刺绣品

这是一种绣线通常并不覆盖整个底布，而是仅覆盖图案表面或图案边缘的刺绣品。所用针法各有不同，有运行针、链式针、回针或锁式针、人字针、“波氏”针、小点针、线圈针、锁眼针等。整个图案一般仅在织物的正面才能看到。刺绣品的许多品种带有小孔或透孔，这些孔是由于裁剪、用打眼锥在底布上扎洞或者从底布抽掉某些经纱或（及）纬线，然后以刺绣针脚对织物进行整理或修饰造成的。这就增加了刺绣品的轻巧性，还可以拱托出其主要部分，例如，网眼刺绣品及抽纱刺绣品。

仅经过简单抽纱加工的材料不归入本品目。

在某种刺绣品中，预定的图案首先是勾出轮廓或者用填充线进行填充，使刺绣图案的浮雕效果更为明显。

有些品种的机绣品，特别是缎纹针刺绣品及某些刺绣的薄纱织物，看起来非常类似于归入第五十章至第五十五章的浮纹薄纱织物及其他浮纹织物（例如，小花薄洋纱）。但两者可以从生产方法所产生的下述特点加以区分。浮纹织物，由于其图案是在织造过程中运用浮纹线所产生，在一排图案中的每个图案总是刚好位于底布的同一纬线或同一经线之间；刺绣织物恰恰相反，底布在未刺绣图案之前就已经织好。为了刺绣图案，刺绣机要将底布绷紧，而底布绷紧后的位置绝不可能恰到好处，使机器的针能把所有刺绣图案的相应部分绣在底布的同一纬线或经线之间。而且机针常常穿过底布的线，这是在浮纹织机中绝不会发生的。

这些区分浮纹织物同刺绣织物的特征，可以在磨损图案的边缘上看出。

三、贴花刺绣品

本品是在纺织物或毡呢底布上用刺绣针或普通针缝上下列物品构成：

（一）珠子、珠片或类似的装饰附件；这些附件一般是用玻璃、明胶、金属或木头制成，缝上后可在底布上产生一种图样或一种多处点缀的图案。

（二）纺织品或其他材料的装饰性花纹图案。这些花纹图案通常是用一种具有不同于底布组织结构的纺织物（包括花边）剪成各种图样，缝于底布之上构成；在某种情况下，在有花纹图案覆盖的位置将底布去掉。

（三）用编带、绳绒线或其他装饰带等在底布上形成的一种图案。

以下形状的上述各项刺绣品仍归入本品目：

1. 各种幅宽成匹或成条的。这些成匹或成条的刺绣品可以绣有一系列相同的图案，不论是否可供日后分割以供制成品使用（例如，成条的衣着物品刺绣标签，或刺绣品制成一定间距，供将来裁开制护胸的）。

2. 成小块图案的，即绣有图案的独立刺绣品，除了作为刺绣件加于或贴于内衣、衣着物品或装饰品等上别无其他作用的。本品可以裁成任何形状、衬底或用其他方式拼合。它们包括像章、徽章、肩章、首字母、数字、星徽、国徽或运动徽章等。

本品目不包括：

（一）在非纺织材料上的刺绣品（例如，在皮革、柳条制品、塑料、纸板上的刺绣品）。

（二）手工针绣嵌花装饰毯（品目 58.05）。

（三）用于刺绣台布、餐巾或类似品的由机织物和纱线组成的成套货品（品目 63.08）。

（四）第十一类总注释第二部分所述的制成的刺绣品（小块图案状的除外），不论是否可即供使用的制成品，以及已经完工可即供使用的带刺绣的物品，其刺绣工作是直接在无需进一步加工的成形物品上进行的。这些范围广泛的物品是作为制成品归类的（例如，第六十一章、第六十二章、第六十三章或第六十五章），它们包括手帕、围涎、袖口、衣领、紧身围腰、服装、托盘巾、铺台中心的花式垫布、壁炉台罩、台布及窗帘。

（五）不见底布的玻璃纱线刺绣品（品目 70.19）。

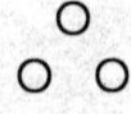

子目注释：

子目 5810.10

本子目不包括图案刺绣哔叽织物。

58.11 用一层或几层纺织材料与胎料经绗缝或其他方法组合制成的被褥状纺织品，但品目 58.10 的

刺绣品除外

本品目包括由以下材料组成的成匹纺织产品：

一、一层通常为针织物、机织物或无纺织物及一层胎料（通常为絮网状的纺织纤维，以及毡呢、纤维素絮胎、泡沫塑料、海绵橡胶等）；或

二、两层织物（通常为针织物、机织物、无纺织物或这些织物的混合品）夹着一层胎料。

各层材料通常是以并排直线或装饰图案式地缝合（包括缝编）起来，但缝合应主要起绗缝作用，所构成的图案并不使产品具有刺绣品的特征。本品也可用打结、用粘合剂粘合、用热粘合或用其他方式结合在一起，但产品须有被褥效果，即具有类似于缝合或缝编被褥的鼓胀蓬松效果。

本品目的产品可经浸渍、涂布或包覆，或者用于生产本品目产品的织物可经浸渍、涂布或包覆。

这些材料通常用于生产绗缝外套、被褥、床罩、褥垫、衣服、窗帘、座垫、台布内垫等。

本品目不包括：

（一）不论是用缝线或热封方法将塑料片夹胎芯制成的产品（第三十九章）。

（二）缝合而成的带胎芯纺织产品，其缝线组成的图案具有刺绣品的特征的（品目 58.10）。

（三）本类所列制成的物品（参见本类注释七）。

（四）第九十四章的夹有胎芯或装有材料的床上用品或类似品。

第五十九章　浸渍、涂布、包覆或层压的纺织物；工业用纺织制品

注释：

一、除条文另有规定的以外，本章所称“纺织物”，仅适用于第五十章至第五十五章、品目 58.03 及 58.06 的机织物、品目 58.08 的成匹编带和装饰带及品目 60.02 至 60.06 的针织物或钩编织物。

二、品目 59.03 适用于：

（一）用塑料浸渍、涂布、包覆或层压的纺织物，不论每平方米重量多少以及塑料的性质如何（紧密结构或泡沫状的），但下列各项除外：

1. 用肉眼无法辨别出是否经过浸渍、涂布、包覆或层压的织物（通常归入第五十章至第五十五章、第五十八章或第六十章），但由于浸渍、涂布、包覆或层压所引起的颜色变化可不予考虑；

2. 温度在 15～30℃时，用手工将其绕于直径 7 毫米的圆柱体上会发生断裂的产品（通常归入第三十九章）；

3. 纺织物完全嵌入塑料内或在其两面均用塑料完全包覆或涂布，而这种包覆或涂布用肉眼是能够辨别出的产品（但由于包覆或涂布所引起的颜色变化可不予考虑）（第三十九章）；

4. 用塑料部分涂布或包覆并由此而形成图案的织物（通常归入第五十章至第五十五章、第五十八章或第六十章）；

5. 与纺织物混制而其中纺织物仅起增强作用的泡沫塑料板、片或带（第三十九章）；或

6. 品目 58.11 的纺织品。

（二）由品目 56.04 的用塑料浸渍、涂布、包覆或套裹的纱线、扁条或类似品制成的织物。

三、品目 59.05 所称“糊墙织物”，是指以纺织材料作面，固定在一衬背上或在背面进行处理（浸渍或涂布以便于裱糊），适于装饰墙壁或天花板，且宽度不小于 45 厘米的成卷产品。

但本品目不适用于以纺织纤维屑或粉末直接粘于纸上（品目 48.14）或布底上（通常归入品目 59.07）的糊墙物品。

四、品目 59.06 所称“用橡胶处理的纺织物”是指：

（一）用橡胶浸渍、涂布、包覆或层压的纺织物：

1. 每平方米重量不超过 1500 克；或

2. 每平方米重量超过 1500 克，按重量计纺织材料含量在 50％以上；

（二）由品目 56.04 的用橡胶浸渍、涂布、包覆或套裹的纱线、扁条或类似品制成的织物；以及

（三）平行纺织纱线经橡胶粘合的织物，不论每平方米重量多少。

但本品目不包括与纺织物混制而其中纺织物仅起增强作用的海绵橡胶板、片或带（第四十章），也不包括品目 58.11 的纺织品。

五、品目 59.07 不适用于：

（一）用肉眼无法辨别出是否经过浸渍、涂布或包覆的织物（通常归入第五十章至第五十五章、第五十八章或第六十章），但由于浸渍、涂布或包覆所引起的颜色变化可不予考虑；

（二）绘有图画的织物（作为舞台、摄影布景或类似品的已绘制的画布除外）；

（三）用短线、粉末、软木粉或类似品部分覆面并由此而形成图案的织物，但仿绒织物仍归入本品目；

（四）以淀粉或类似物质为基本成分的普通浆料上浆整理的织物；

（五）以纺织物为底的木饰面板（品目 44.08）；

（六）以纺织物为底的砂布及类似品（品目 68.05）；

（七）以纺织物为底的粘聚或复制云母片（品目 68.14）；或

（八）以纺织物为底的金属箔（通常归入第十四类或第十五类）。

六、品目 59.10 不适用于：

（一）厚度小于 3 毫米的纺织材料制传动带料或输送带料；或

（二）用橡胶浸渍、涂布、包覆或层压的织物制成的或用橡胶浸渍、涂布、包覆或套裹的纱线或绳制成的传动带料及输送带料（品目 40.10）。

七、品目 59.11 适用于下列不能归入第十一类其他品目的货品：

（一）下列成匹的、裁成一定长度或仅裁成矩形（包括正方形）的纺织产品（具有品目 59.08 至 59.10 所列产品特征的产品除外）：

1．用橡胶、皮革或其他材料涂布、包覆或层压的作针布用的纺织物、毡呢及毡呢衬里机织物，以及其他专门技术用途的类似织物，包括用橡胶浸渍的用于包覆纺锤（织轴）的狭幅丝绒织物；

2．筛布；

3．用于榨油机器或类似机器的纺织材料制或人发制滤布；

4．用多股经纱或纬纱平织而成的纺织物，不论是否毡化、浸渍或涂布，通常用于机械或其他专门技术用途；

5．专门技术用途的增强纺织物；

6．工业上用作填塞或润滑材料的线绳、编带及类似品，不论是否涂布、浸渍或用金属加强。

（二）专门技术用途的纺织制品（品目 59.08 至 59.10 的货品除外），例如，造纸机器或类似机器（如制浆机或制石棉水泥的机器）用的环状或装有连接装置的纺织物或毡呢、密封垫、垫圈、抛光盘及其他机器零件。

59.01　用胶或淀粉物质涂布的纺织物，作书籍封面及类似用途的；描图布；制成的油画布；作帽里的硬衬布及类似硬挺纺织物：

10　—　用胶或淀粉物质涂布的纺织物，作书籍封面及类似用途的

90　—　其他

一、用胶或淀粉物质涂布的纺织物，作书籍封面及类似用途的

本品一般为平纹机织物，通常用棉花、亚麻或化学纤维织成，表面施涂一层厚胶或厚淀粉物质，用于制造书籍封面、小匣、眼镜盒或刀具盒、刀鞘等。

本品有未经漂白的，也有漂白的、染色或印花的，表面通常拷花、打褶、充皮（糙面）、压花或作其他加工。

以塑料浸渍或涂布并供类似用途的织物（例如，某些人造革）不归入本品目（品目 59.03）。

二、描图布

描图布是精细紧密的机织物，通常用棉花或亚麻织成，经过处理（例如，用天然树脂溶液处理）后织物表面光滑，稍为透明，适于供建筑师、制图员等描图之用。

三、制成的油画布

制成的油画布通常是由亚麻、大麻或棉花制成的，上浆后其一面涂有混入其他物质（例如，氧化锌）的亚麻子油混合剂。它通常制成一定尺寸的块状，适于绷在画架上。本品即使以木板或纸板衬背仍归入本品目。

四、作帽里的硬衬布及类似硬挺纺织物

本品是用轻质的疏松纺织物浸以粘合剂及填充料（例如，混有高岭土的胶或淀粉物质）制得的硬挺纺织物。某种硬衬布或类似织物是把两层这类硬挺织物粘合在一起而制得。这些织物主要用于制造品目 65.07 的帽里。

用塑料浸渍或涂布的类似用途织物不归入本品目（品目 59.03）。

本品目不包括第十一类总注释第二部分所列制成的以上一、二及四款所述的产品。

59.02　尼龙或其他聚酰胺、聚酯或粘胶纤维高强力纱制的帘子布：

10　—　尼龙或其他聚酰胺制

20　—　聚酯制

90　—　其他

本品目包括帘子布，不论是否以橡胶或塑料浸泡或浸渍。

这些织物用于制造轮胎，由一组并列的长丝经线，在特定的距离以纬线加以固定组成。经线总是由尼龙或其他聚酰胺、聚酯或粘胶纤维高强力纱线组成，而大间隔分布的纬线仅用于将经线固定下来，因而可由其他纱线组成。至于高强力纱线的定义，参见第十一类的注释六。

本品目不包括用于制造轮胎的其他机织物及不符合第十一类注释六所列规格的纱线织成的织物（酌情归入第五十四章或品目 59.03 或 59.06）。

59.03　用塑料浸渍、涂布、包覆或层压的纺织物，但品目 59.02 的货品除外：

10　—　用聚氯乙烯浸渍、涂布、包覆或层压的

20　—　用聚氨基甲酸酯浸渍、涂布、包覆或层压的

90　—　其他

本品目包括用塑料（例如，聚氯乙烯）浸渍、涂布、包覆或层压的纺织物。

这类产品不论每平方米重量多少或所含塑料的性质如何（紧密结构或泡沫状的），但必须符合下列条件：

一、对于浸渍、涂布或包覆的织物，其浸渍、涂布或包覆能够用肉眼辨别的，但由于前述加工引起的颜色变化不计在内。

不能用肉眼辨别或只能从这些加工引起的颜色变化才能辨别其经过浸渍、涂布或包覆的纺织物，通常归入第五十章至第五十五章、第五十八章或第六十章。这类织物有，例如，用某些物质浸渍后，具有防皱、防蛀、防缩或防水性能的织物（防水华达呢及府绸等）。用塑料部分涂布或部分包覆以产生图案的纺织物也归入第五十章至第五十五章、第五十八章或第六十章。

二、产品是非刚性的，即在温度 15～30℃之间，用手工将织物绕于直径 7 毫米的圆柱体上而不断裂的。

三、纺织物并非完全嵌入塑料或并非在其两面均用塑料涂布或包覆的。

不符合以上二、三两款所述条件的产品，通常归入第三十九章。然而，用塑料两面涂布或包覆而肉眼又无法辨别或者肉眼只能通过涂布或包覆所引起的变化进行辨别的纺织物，通常归入第五十章至第五十五章、第五十八章或第六十章。与泡沫塑料板、片、条组合制得的纺织物，其中纺织物仅起增强作用的也归入第三十九章（参见第三十九章总注释的“塑料与纺织品的复合制品”部分），但品目 58.11 的纺织产品除外。

本品目的层压织物不应与用塑料粘合剂将各层简单粘合而成的织物相混淆。这些织物在其截面上看不到塑料，通常归入第五十章至第五十五章。

归入本品目的许多纺织物，其塑料材料通常着色，并成为产品的表面层，该层有光滑的，也有仿皮革纹理等压花的（例如，人造革）。

本品目也包括通过浸渍以提高其对橡胶粘附力的浸泡织物（品目 59.02 的织物除外）以及可见微粒的热塑材料喷于表面的纺织物，这种纺织物在加热或加压时能粘合其他织物或材料。

本品目还包括用品目 56.04 的塑料浸渍、涂布、包覆或套裹的纱线、扁条或类似品制成的纺织物。

本品目的织物可供各种用途，包括用作装饰材料，用于制造手提包及旅行容器、服装、拖鞋、玩具、电器用品等，还用于书籍装订和用作胶粘带等。

本品目也不包括：

（一）品目 58.11 的被褥状纺织产品。

（二）用塑料涂布或包覆，供作铺地制品用的纺织物（品目 59.04）。

（三）具有糊墙品特征的浸渍、涂布纺织物（品目 59.05）。

（四）用塑料浸渍、涂布、包覆或层压的纺织物制成品，符合第十一类总注释第二部分规定的。

59.04　列诺伦（亚麻油地毡），不论是否剪切成形；以织物为底布经涂布或覆面的铺地制品，不论是否剪切成形：

10　—　列诺伦（亚麻油地毡）

90　—　其他

一、列诺伦（亚麻油地毡）

列诺伦是通过在一层纺织底布（通常为黄麻帆布，但有时为棉布等）的一面涂上由氧化亚麻子油和树脂、胶及填充料（通常是软木粉，但有时是锯屑或木粉）组成的稠实浆料制成；大多数情况下，浆料里加有色料。列诺伦有单色的，也有带花纹图案的；对于后一种情况，图案可以印制，也可以通过用不同颜色的浆料制成嵌花列诺伦。

如果浆料仅加软木粉而不加色料，所制得的材料即为软木地毯。这种材料切勿与品目 45.04 的以纺织物为底基的压制软木地毯或其他压制软木制品相混淆。这些制品不是用上述的列诺伦混合浆料制成的，故一般较为粗糙，不够柔韧。

列诺伦制成各种不同的厚度，可用作铺地制品，也可用于覆盖墙壁、架子等。

本品目还包括用不含色料的列诺伦浆料覆面的纺织物（主要是棉机织物）。这些产品看上去像软木，用于制造鞋靴的内底。

二、以织物为底布加以涂布或覆面的铺地制品

这些铺地制品是相当坚硬耐磨的材料，通过在纺织底布（包括毡呢）的一面施以涂层，将地布完全掩盖起来制成。所用的混合浆料通常由油与白垩组成，浆料涂布后再涂油漆。本品也可以由一层厚塑料层（例如，聚氯乙烯层）组成，甚至仅直接在纺织底布上涂上几层油漆组成。

在很多情况下，本品目的产品也在背后涂布以增强产品强度。本品不论是成卷或裁切成形可即供使用的，均归入本品目。

本品目不包括无底布的成板块状的列诺伦混合料及铺地制品。这些货品应按其构成材料归类（第三十九章、第四十章、第四十五章等）。

本品目也不包括鞋内底（品目 64.06）。

59.05　糊墙织物

本品目包括符合第五十九章注释三所列定义的糊墙织物，换言之，包括以纺织材料做面，固定在一任何材料（例如，纸）的衬背上或在背面上进行加工（浸渍或涂布以便于裱糊），适于装饰墙壁或天花板，且宽度不小于 45 厘米的成卷产品。

本品目包括：

一、平行排列纱线、机织物、毡呢、针织物或钩编织物（包括缝编织物）固定在一任何材料衬背上所构成的产品。

二、用平行排列纱线、机织物或花边作面通过一塑料薄层粘于任何材料制的底基之上构成的产品。

三、用链式针法将平行排列的纱线（面层）缝于一层薄薄的无纺织物（中层）之上，然后粘于任何材料制的底基之上构成的产品。

四、用链式针法将纺织纤维网（面层）缝于相互重叠的纱线（中层）之上，然后粘于任何材料制的底基之上构成的产品。

五、表面覆盖纺织纤维屑的无纺织物（仿麂皮织物）粘于任何材料制的底基之上构成的产品。

六、以手绘图案装饰的机织物固定于任何材料制的底基之上构成的产品。

本品目的糊墙织物，其纺织品表面可以着色、印花或进行其他方式装饰，其底基表面可以是全部覆盖，也可以是部分覆盖。

本品目不包括：

（一）第三十九章注释九规定的塑料糊墙品（品目 39.18）。

（二）用纺织纤维屑或粉末直接饰面的纸制或塑面纸底糊墙品（品目 48.14）。

（三）纺织纤维屑覆面的机织物，不论是否附加底基或浸渍、涂布以便于裱糊的（品目 59.07）。

59.06　用橡胶处理的纺织物，但品目 59.02 的货品除外：

10　—　　宽度不超过 20 厘米的胶粘带

　　—　　其他：

91　——　针织或钩编的

99　——　其他

本品目包括：

一、用橡胶浸渍、涂布、包覆或层压的纺织物，包括浸泡织物（品目 59.02 的货品除外），其重量为：

（一）每平方米不超过 1500 克的，不论纺织材料及橡胶的比例多少；或

（二）每平方米超过 1500 克的，按重量计纺织材料含量在 50%以上。

这些用橡胶处理的织物主要用于制防水衣着、放射性特种防护外套、充气物品、野营设备、卫生用品等。

某些家具布仅在其一面薄薄地涂上一层胶乳，不一定能防水，但仍归入本品目。

这些织物不应与用橡胶粘合剂层层粘合的织物相混淆，后者用于汽车车身或鞋靴等。这些织物的截面显示不出橡胶层，因而通常归入第五十章至第五十五章。

二、用品目 56.04 的橡胶浸渍、涂布、包覆或套裹的纱线、扁条或类似品制成的织物。

三、用平行纺织纱线与橡胶胶合或轧合的无纬织物，不论其每平方米的重量多少。本品用于制造轮胎、橡胶管、传动带或输送带及带料等。

四、以纺织物作底布的橡胶粘带，包括电气绝缘带，不论是否预先用橡胶处理的，以及橡胶粘胶布。

本品目不包括：

（一）经过药物浸涂或制成零售形状或包装供医疗、外科、牙科或兽医用的橡皮胶布（品目 30.05）。

（二）上述第一款第（二）项所述的用橡胶处理的织物，但按重量计纺织材料含量不超过 50%

的（品目 40.05 或 40.08）。

（三）含有纺织物的海绵橡胶板、片及带，其中纺织物仅起增强作用的（品目 40.08）。区分这些产品与品目 59.06 所列类似产品的标准，参见品目 40.08 注释条文中“本品目因此包括”下的第一项。

（四）传动带或输送带及带料，通常由包以硫化橡胶的几层纺织物（不论是否经橡胶处理）组成（品目 40.10）。

（五）以橡胶衬背以提高其柔韧性及对地板的附着力的地毯、列诺伦及其他铺地制品（酌情归入第五十七章或品目 59.04）。

（六）品目 58.11 的被褥状纺织产品。

（七）用橡胶将几层织物粘合后加压硫化而成的纺织物（不论是否用毡呢衬里），用于制造品目 59.11 的针布、印刷橡胶毯及专门技术用途的其他类似织物，包括品目 59.11 的用橡胶浸渍并用于包覆纺锤（织轴）的狭幅丝绒织物。

（八）用橡胶处理的织物制成的物品，符合第十一类总注释第二部分规定的（一般归入第六十一章至第六十三章）。

59.07　用其他材料浸渍、涂布或包覆的纺织物；作舞台、摄影布景或类似用途的已绘制画布

一、用其他材料浸渍、涂布或包覆的纺织物

本组包括用肉眼可以辨别出经浸渍、涂布或包覆的纺织物（品目 59.01 至 59.06 的货品除外）；辨认时，由于浸渍、涂布或包覆所引起的颜色变化可不予考虑。

本品目不包括不能用肉眼辨别或仅能从浸渍等加工引起的颜色变化才能辨别其经过浸渍、涂布或包覆的纺织物，以及用淀粉或类似物质作为基本成分的普通浆料整理的织物（参见本章注释五）。这些织物通常归入第五十章至第五十五章、第五十八章或第六十章。例如，用胶料、淀粉及类似浆料浸渍的织物（例如，蝉翼纱、平纹细布），或用其他物质使之防皱、防蛀、防缩或防水的织物（例如，防水华达呢或防水府绸）。

本品目包括的织物有：

（一）涂焦油、沥青或类似产品的织物，用于制造油苫布及打包布。

（二）涂蜡织物。

（三）用天然树脂和樟脑作为基本成分的混合剂料涂布或浸渍的轻薄织物，或用油浸渍或涂布使之成为不透水的轻薄织物（有时称为“蜡光塔夫绸”）。

（四）用油或干性油作为基料的制剂涂布或浸渍的其他织物。

本组包括油布，即通常用棉花或亚麻织成，并在其一面或两面涂上一层主要由氧化亚麻子油、填充料及色料组成的浆料的一种织物。

本组还包括打包布，即用大麻、黄麻、棉花、亚麻或化学纤维组成，并厚厚地涂上一层以干性油与灯烟混合物为基料的涂料使之能防水的结实粗糙织物。

（五）涂硅酸盐使之不易燃的织物（例如，防火屏幕）。

（六）用一种均匀的油漆或金属粉整幅涂布的织物。

（七）表面用胶水（橡胶水或其他胶水）、塑料、橡胶或其他材料涂布后喷洒上薄薄一层下列其他材料的织物：

1．纺织纤维屑或粉末，用以生产仿麂皮织物（用较长的纺织纤维以类似的方法生产具有品目 43.04 人造毛皮特征的织物，不归入本品目）。用纺织纤维屑或粉末盖面以生产仿起绒织物（例如，灯芯绒）的织物仍应归入本品目。

2．软木粉（例如，制糊墙品）。

3．玻璃粉末或小颗粒（例如，制电影银幕用的“微圆珠”）。

4．云母粉屑。

（八）用凡士林作为基料的胶粘剂或用其他胶粘剂浸渍的织物，用于玻璃封装、屋顶防漏、水沟修缮等。

本品目不包括用油漆或盖面料（例如，用纺织纤维粉末，参见本章注释五）产生图案的织物（一般归入品目 59.05 或第五十章至第五十五章、第五十八章或第六十章）。

本品目也不包括：

（一）制成零售形状或包装，供医疗、外科或兽医用的油绸及其他类似油布；膏药及敷料；制成零售形状或包装，涂有膏药的骨折绷带（品目 30.05）。

（二）感光纺织物（品目 37.01 至 37.04）。

（三）以纺织物衬背的贴面薄板（品目 44.08）。

（四）浸渍、涂布或包覆织物的制成品，符合第十一类总注释第二部分规定的。

（五）制成的油画布（品目 59.01）。

（六）品目 59.04 的列诺伦及其他产品。

（七）以纺织物衬背的天然或人造研磨粉、粒（品目 68.05）。

（八）用一层沥青或类似材料将一层纺织基布整幅包裹或两面覆盖组成的屋顶面板（品目 68.07）。

（九）以纺织物为底的金属箔（通常归入第十四类或第十五类）。

二、作舞台、摄影布景或类似用途的已绘制画布

本组包括画有室内或室外景色或具有装饰效果的油画布及类似的纺织材料，供舞台布景、肖像背景或电影摄影布景等用。本品可以裁切成形，也可以成卷或装配在木框架或金属框架上。

59.08　用纺织材料机织、编结或针织而成的灯芯、炉芯、打火机芯、烛芯或类似品；煤气灯纱筒及纱罩，不论是否浸渍

一、纺织材料制成的芯子

本品目包括的芯子通常是长条棉制扁、圆、管状纺织物，机织、针织或编结的。本品的尺寸及形状各异，从适于作烛芯或机械打火机芯的小芯子到供油灯、炉子用的大芯子不等。

本品不论是否切成一定尺寸或配有便于插入的铁丝或金属包头，均归入本品目。

本品目不包括：

（一）特细长蜡烛（品目 34.06）。

（二）安全导火线及导爆索（品目 36.03）。

（三）仅将纺织纱线、绳、索等简单加捻或拼合而成的芯子。这类芯子仍作为纱线归入第五十章至第五十五章或作为绳、索等归入品目 56.07。

（四）玻璃纤维芯（品目 70.19）。

二、煤气灯纱筒

煤气灯纱筒是一种通常用苎麻、棉花或粘胶人造丝针织而成的细网眼狭幅圆筒织物，不论其是否经用化学品浸渍（主要用硝酸钍及硝酸铈浸渍）均归入本品目。

三、煤气灯纱罩

归入本品目的煤气灯纱罩可以是半制成品（例如，短圆筒状或袋状织物，不论是否用以上第二款所述的化学品浸渍）或是制成品，即经过燃烧去除了织物底料，使硝酸盐转变成氧化物后，仍保持原

来织物形状的，纱罩以胶棉浸渍以保证其使用前的稳定性。本品不论是否含有石棉线或配有框架，均归入本品目。

59.09 纺织材料制的水龙软管及类似的管子，不论有无其他材料作衬里、护套或附件

本品目包括水龙软管，例如，消防水龙管及类似用于输送液体的纺织材料软管。本品通常是由棉花、亚麻、大麻或化学纤维织成或缝成管状的厚重紧密织物，不论是否用油、焦油或化学制剂涂布或浸渍的。

纺织材料制的软管，即使内部用橡胶或塑料涂布、以金属作护套（例如，用一螺旋形金属丝作护套）或装上非纺织物的附件（例如，两管相接的紧固件、喷嘴等），仍归入本品目。

内部用纺织材料加强或外部套上一层薄织物的硫化橡胶管应归入品目 40.09。

59.10 纺织材料制的传动带或输送带及带料，不论是否用塑料浸渍、涂布、包覆或层压，也不论是否用金属或其他材料加强

这些传动带或输送带及带料是用于传送动力或输送货品的。它们通常用羊毛、棉花、化学纤维等经机织或编结制成，有各种幅宽，可由两层或多层这些材料经机织或粘合而成；有时它们织成有短毛圈面或滚绳饰边的产品。本品可以用亚麻子油、松焦油等浸渍，也可以用清漆、铅丹等涂布，以防由于大气条件、酸烟等引起的腐蚀作用。

本品目也包括用合成纤维，尤其是聚酰胺纤维织制后以塑料涂布、包覆或层压的带子及带料。

本品还可以用金属或皮革的条或线进行加强。

根据本章注释六的规定，厚度在 3 毫米以下的带料不归入本品目，而应归入第五十章至第五十五章，或作为狭幅织物（品目 58.06)、编带（品目 58.08）等归类。但传动带或输送带（即切成一定长度尺寸，两端首尾相接或装有扣件以便连接的)，不论其材料厚度多少，一律归入本品目。

本品目还包括用纺织材料的绳、索制成的可即供使用的传动带，这些传动带可以是环形的，也可以是两端装有扣件的。

本品目也不包括：

（一）与有关机器或设备一同报验的传动带或输送带及带料，不论是否已实际装于机上（应与机器或设备一同归类 —— 例如，第十六类）。

（二）用橡胶浸渍、涂布、包覆或层压的纺织物制成的或用橡胶浸渍、涂布、包覆或套裹的纱线或绳制成的带子及带料〔品目 40.10，参见本章注释六（二)〕。

59.11 本章注释七所规定的作专门技术用途的纺织产品及制品(+)：

10 — 用橡胶、皮革或其他材料涂布、包覆或层压的作针布用的纺织物、毡呢及毡呢衬里机织物，以及作专门技术用途的类似织物，包括用橡胶浸渍的、用于包覆纺锤（织轴）的狭幅丝绒织物

20 — 筛布，不论是否制成的

— 环状或装有连接装置的纺织物及毡呢，用于造纸机器或类似机器（例如，制浆机或制石棉水泥的机器)：

31 — — 每平方米重量在 650 克以下

32 — — 每平方米重量在 650 克及以上

40 — 用于榨油机器或类似机器的滤布，包括人发制滤布

90 — 其他

本品目的纺织产品及制品必须明显具有用于各种类型的机器、设备、装置及器具或作为工具或工具零件的特征。

本品目尤其适用于其他品目不包括而协调制度的有关条文规定〔例如，第十六类注释一（五）的规定〕又具体说明归入品目 59.11 的纺织制品。但必须注意，第十七类货品的某些纺织材料制零件及附件，例如，安全带、机动客车车厢用的成形衬里和隔热板（品目 87.08）以及机动客车用的地毯（第五十七章）不归入本品目。

一、作专门技术用途的纺织物及其他纺织产品，成匹、裁成一定长度或仅裁成矩形（包括正方形）的

本品只要不具有品目 59.08 至 59.10 产品的特征，均应归入本品目而不归入第十一类的任何其他品目，不论其是成匹的、裁成一定长度的或是仅裁成矩形（包括正方形）的。

本组仅包括本章注释七（一）所规定的纺织物及其他纺织产品，包括下列的（一）至（六）项：

（一）用橡胶、皮革或其他材料（例如，塑料）涂布、包覆或层压的纺织物、毡呢及毡衬机织物（用作针布）及其他专门技术用途的类似织物，包括用橡胶浸渍的用于包覆纺锤（织轴）的狭幅丝绒织物。

（二）筛布。本品为多孔织物（例如，具有纱罗组织或平纹组织），其网眼的大小和形状（通常是正方形）都是高度精确而不致在使用中变形。本品主要用于筛滤（例如，细粉、研磨粉、塑料粉、牲口饲料等）及网板印刷。筛布一般由紧捻的未脱胶蚕丝纱线或合成纤维长丝纱线制成。

（三）滤布（例如，机织滤布及针刺滤布），不论是否浸渍，用于榨油或类似过滤用途（例如，用于榨糖业或酿造业），也用于气体清洁或工业粉尘回收系统的类似技术用途。本品目包括滤油布和某些羊毛或其他动物毛制的重厚织物，以及某种未漂白的合成纤维（例如，尼龙）织物，它较前者薄，但组织紧密并具有特殊的刚性。本品目也包括人发制的滤布。

（四）用多股经纱或多股纬纱织成的平幅机织物，不论是否缩绒、浸渍或涂布，供机器或其他专门技术用途。

（五）用金属加强的供专门技术用途的纺织物，金属丝（裸金属丝、用纺织纱线与之搓捻或螺旋缠绕的金属丝等）可以在织造过程中掺入（尤其是作经线掺入）或夹于各层材料之间。

但用金属加强的毡呢不归入本品目（品目 56.02）。

（六）工业上作填塞或润滑材料的绳索、编带及类似品；这些产品通常是方形截面并用油脂、石墨、滑石等浸涂，有时还用金属加强。未经涂布或浸渍的绳索等如能明显地确认为工业上作填塞或润滑材料的产品，仍应归入本品目。

二、作专门技术用途的纺织制品

所有作专门技术用途的纺织制品（品目 59.08 至 59.10 的货品除外）均应归入本品目而不归入第十一类的其他品目〔参见本章注释七（二）〕，例如：

（一）制成（裁切成形、缝合成件等）的任何以上第一部分所列的织物，例如，由几块织物组合而成的榨油机用滤布；裁切成形后用带子滚边或装有金属小眼的针布；以及装于框架上用于网板印刷的织物。

（二）环状或装有连接装置的纺织物及毡呢，用于造纸机器或类似机器（例如，制浆机或制石棉水泥的机器）（不包括品目 59.10 的机器带）。

（三）由相连的单丝螺旋纱线构成的制品，其用途与以上第（二）款所述的造纸机器或类似机器上用的纺织物及毡呢相似。

（四）泵、电动机等用的垫片、膜片；以及垫圈（品目 84.84 的货品除外）。

（五）擦鞋机或其他机器的圆盘、套筒及垫子。

（六）榨油机的纺织袋。

（七）切成一定长度并带有结、线圈、金属环眼或玻璃环眼的绳子，供提花机或其他织机用。

（八）织机皮结。

（九）真空吸尘器用袋、空气过滤装置用的滤袋、发动机用滤油器等。

本品目的纺织制品可以装有其他材料制的附件，但本身必须仍具有纺织制品的基本特征。

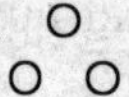

子目注释：

子目 5911.90

由相连的单丝螺旋纱线构成的制品，其用途与造纸机器或类似机器上用的纺织物及毡呢相似，这些制品应归入本子目而不归入子目 5911.31 或 5911.32。

第六十章 针织物及钩编织物

注释：

一、本章不包括：

（一）品目 58.04 的钩编花边；

（二）品目 58.07 的针织或钩编的标签、徽章及类似品；或

（三）第五十九章的经浸渍、涂布、包覆或层压的针织物及钩编织物。但经浸渍、涂布、包覆或层压的起绒针织物及起绒钩编织物仍归入品目 60.01。

二、本章还包括用金属线制的用于衣着、装饰或类似用途的织物。

三、本协调制度所称“针织物”，包括由纺织纱线用链式针法构成的缝编织物。

总 注 释

本章所包括的纺织物，其生产方式不同于以经纱和纬纱交织而成的机织物，而是通过一系列相互串联的线圈制成的。这些货品大体上包括：

一、针织物（纬编针织物及经编针织物）。

（一）纬编针织物是由一根连续卷绕的纱线构成，该纱线形成一行行的线圈，方向一致地横向布满整幅织物，各排相邻线圈相互串联而形成网眼组织。这些织物的组织结构较松，有一定的间隙，较易地朝各个方向拉伸；当一根纱线断后，往往产生“抽丝”现象。

（二）经编针织物是由几根沿纵向（即沿织物长度）走向的经纱构成，每根经纱组成的线圈都交替着和左右两排线圈相互串联。经编针织物的线圈通常看起来是横向布满织物的。某些经编针织物，其经纱分为两组，以相反的方向成对角线地来回穿梭于织物之间。这些织物就不会出现“抽丝”现象。如果在一幅经编针织物上裁下一小方块织物，其任何一边均不能轻易地扯出纱线；从该样品中要扯出纱线只能从经纱方向扯出（与线圈横列成直角的方向）。

经编针织物还包括：

1．缝编织物，但本品必须由纺织纱线构成链式线圈。

缝编工艺使用的机器与经编针织机相类似，通过尖头开口式导纱钩针（滑动式刺针）及综丝进行工作。这些导纱钩针能在纺织纤维网、纱线层（一层或多层）或底布（例如，一层机织物或塑料片）上利用织物的纱线形式线圈结构。在有些情况下，线圈结构可形成或缝固绒头（不论是否割线）。但绗缝的被褥状产品除外（品目 58.11）。

2．经编机织成的织物，其经纱由一连串钩编线圈组成，该线圈能把纬纱定位，有时还构成一种花纹。

所述以上第（一）及（二）款的织物组织可以是简单的或较为复杂的；在某些情况下，本品产生类似花边的透孔效果，但仍归入本品目。它一般可通过其特有的圈距（特别是在紧密部分）与花边区分开来。

二、钩编织物，由手工通过钩针把一根连续长线钩成一系列的线圈，线圈与线圈相穿，按照线圈的不同编组方式而形成的素色织物或者具有紧密或透孔结构图案的装饰性织物。某些透孔织物是由一连串呈四方形、六角形或其他装饰性花纹形状的线圈所组成。

本章所列产品可以人工使用两支或多支织针或一根钩针织成，也可以用装有特殊形状小型钩针

（钩针或弹簧针、织袜舌针及管针）的平型针织机或圆型针织机针织而成。

本章各品目包括针织物或钩编织物，不论其使用第十一类所列哪一种纺织材料制成，也不论是否加有弹性纱或橡胶线制成的。本品目还包括明显用作衣料、家具布或类似用途的细金属线针织物或钩编织物。

本章包括成匹（包括圆筒织物匹头）或简单裁成矩形（包括正方形）的针织物或钩编织物。这些织物包括平纹织物和棱纹织物，以及缝合或粘合的双层织物。

所有这些织物可以染色、印花或色织而成。品目 60.02 至 60.06 的织物有时是起绒的，织物的织法因而被遮盖。

本章不包括：

（一）从织物的纤维网上将纺织纤维拉起而制成的缝编织物（品目 56.02）。

（二）品目 56.08 的网子及网料。

（三）针织地毯（品目 57.05）。

（四）网眼织物及钩编花边（品目 58.04）。

（五）将成匹织物裁剪成矩形（包括正方形）后经过进一步加工（例如，缝边）的制成品、现成的可即供使用的制成品（例如，围巾），以及针织或钩编成一定形状，不论报验时是单件还是若干件相连成幅的物品（特别是第六十一章、第六十二章及第六十三章的制成品）。

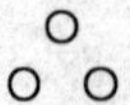

子目注释：

子目 6005.21 至 6005.44 及 6006.21 至 6006.44

未漂白、漂白、染色、色织或印花的针织物或钩编织物

第十一类子目注释一（四）至（八）的规定，在必要的地方稍加修改后，可适用于未漂白、漂白、染色、色织或印花的针织物或钩编织物。

全部或部分用各种不同印色纱线或同一颜色不同深浅的印色纱线织成的织物，视为色织物而不视为染色织物或印花织物。

60.01　针织或钩编的起绒织物，包括“长毛绒”织物及毛圈织物：

10　—　“长毛绒”织物

—　毛圈绒头织物：

21　——　棉制

22　——　化学纤维制

29　——　其他纺织材料制

—　其他：

91　——　棉制

92　——　化学纤维制

99　——　其他纺织材料制

本品目的产品与品目 58.01 的机织物不同，是通过针织而成的，其生产方法主要有：

一、圆筒针织工艺生产的针织物，织物中通过一根外加的纱线形成突出的线圈，然后割开线圈形成绒毛，由此产生与丝绒相似的表面；

二、特殊经纱针织机以一根共用的绒头纱线针织成两幅面对面的织物；通过切割将两幅织物分开，形成两幅割绒针织物；

三、将粗梳条的纺织纤维插入针织底布的线圈里而形成的织物（“长毛绒”织物）；

四、纺织纱线形成线圈的织物（“仿毛圈织物”）（参见总注释）。这些织物在其背面有一行行的链式针迹，不同于品目 58.02 的起绒织物。起绒织物是以背面看上去有一行行的纵向绗缝针迹为特征的。

经过浸渍、涂布、包覆或层压的针织或钩编的起绒织物仍归入本品目。

本品目不包括：

（一）品目 43.04 的人造毛皮。

（二）起绒机织物（品目 58.01）。

（三）簇绒针织物或钩编织物（品目 58.02）。

60.02　宽度不超过 30 厘米，按重量计弹性纱线或橡胶线含量在 5%及以上的针织物或钩编织物，但品目 60.01 的货品除外：

40　—　按重量计弹性纱线含量在 5%及以上，但不含橡胶线

90　—　其他

本品目包括宽度不超过 30 厘米，按重量计弹性纱线或橡胶线含量在 5%及以上的针织物或钩编织物，但品目 60.01 的起绒织物除外。

弹性纱线的定义参见第十一类注释十三。本注释所述的变形纱线的定义，参见在品目 54.02 注释最后的子目注释。

本品目也不包括：

（一）经过药物浸涂或供零售用的绷带（品目 30.05）。

（二）纵行起圈纱线（品目 56.06）。

（三）品目 58.07 的针织或钩编的商标、徽章及类似品。

（四）品目 58.10 的刺绣品。

（五）第五十九章的织物（例如，品目 59.03 或 59.07 的经浸渍、涂布、包覆或层压织物，品目 59.06 的用橡胶处理的织物）。

（六）符合第十一类注释七规定的制成品（同样参见本类总注释的第二部分）。

60.03　宽度不超过 30 厘米的针织或钩编织物，但品目 60.01 或 60.02 的货品除外：

10　—　羊毛或动物细毛制

20　—　棉制

30　—　合成纤维制

40　—　人造纤维制

90　—　其他

本品目包括宽度不超过 30 厘米的针织物或钩编织物，不含弹性纱线或橡胶线，或者按重量计上述纱线含量在 5%以下，但品目 60.01 的起绒织物除外。

本品目也不包括：

（一）经过药物浸涂或供零售用的绷带（品目 30.05）。

（二）纵行起圈纱线（品目 56.06）。

（三）品目 58.07 的针织或钩编的商标、徽章及类似品。

（四）品目 58.10 的刺绣品。

（五）第五十九章的织物（例如，品目 59.03 或 59.07 的经浸渍、涂布、包覆或层压织物，品目 59.06 的用橡胶处理的织物，以及品目 59.08 的芯子或煤气灯纱筒）。

（六）符合第十一类注释七规定的制成品（同样参见本类总注释的第二部分）。

60.04　宽度超过 30 厘米，按重量计弹性纱线或橡胶线含量在 5%及以上的针织物或钩编织物，但品目 60.01 的货品除外：

10　—　按重量计弹性纱线含量在 5%及以上，但不含橡胶线

90　—　其他

本品目包括宽度超过30厘米，按重量计弹性纱线或橡胶线含量在5%及以上的针织物或钩编织物，但品目 60.01 的起绒织物除外。

弹性纱线的定义参见第十一类注释十三。本注释所述的变形纱线的定义，参见在品目 54.02 注释最后的子目注释。

本品目也不包括：

（一）经过药物浸涂或供零售用的绷带（品目 30.05）。

（二）品目 58.07 的针织或钩编的商标、徽章及类似品。

（三）品目 58.10 的刺绣品。

（四）第五十九章的织物（例如，品目 59.03 或 59.07 的经浸渍、涂布、包覆或层压织物，品目 59.06 的用橡胶处理的织物）。

（五）符合第十一类注释七规定的制成品（同样参见本类总注释的第二部分）。

60.05　经编针织物（包括由镶边针织机织成的），但品目 60.01 至 60.04 的货品除外：

—　棉制：

21　——　未漂白或漂白

22　——　染色

23　——　色织

24　——　印花

—　合成纤维制：

31　——　未漂白或漂白

32　——　染色

33　——　色织

34　——　印花

—　人造纤维制：

41　——　未漂白或漂白

42　——　染色

43　——　色织

44　——　印花

90　—　其他

本品目包括宽度超过 30 厘米的经编针织物，不含弹性纱线或橡胶线，或者按重量计上述纱线含量在 5%以下，但品目 60.01 的起绒织物除外。关于经编针织物（包括由花边针织机织成的）的生产过程，详见第六十章总注释的第一部分第（二）款。

经编针织物具有多种形式。除了不透孔的传统织物（例如，制服装用的经编织物）以外，还包括透孔织物。这些织物由经编机（特别是拉歇尔经编机）织成，常与网眼织物或花边相似（但切不可与后者相混淆：参见品目 58.04 的注释），一般用于制作窗帘。与机制花边一样，这种针织或钩编的仿花边经常织成较宽的缎幅，而在整理工序才裁切成条的。这种中等长度的条状织物只要其边缘直而平行，并且其宽度超过 30 厘米，应归入本品目。

本品目也不包括：

（一）经过药物浸涂或供零售用的绷带（品目 30.05）。

（二）品目 58.07 的针织或钩编的商标、徽章及类似品。

（三）品目 58.10 的刺绣品。

（四）第五十九章的织物（例如，品目 59.03 或 59.07 的经浸渍、涂布、包覆或层压织物，品目 59.06 的用橡胶处理的织物，以及品目 59.08 的芯子或煤气灯纱筒）。

（五）符合第十一类注释七规定的制成品（同样参见本类总注释的第二部分）。

60.06 其他针织或钩编织物：

10 — 羊毛或动物细毛制
— 棉制：
21 — — 未漂白或漂白
22 — — 染色
23 — — 色织
24 — — 印花
— 合成纤维制：
31 — — 未漂白或漂白
32 — — 染色
33 — — 色织
34 — — 印花
— 人造纤维制：
41 — — 未漂白或漂白
42 — — 染色
43 — — 色织
44 — — 印花
90 — 其他

本品目包括本章其他品目未包括的针织或钩编织物。

例如，本品目包括宽度超过 30 厘米的纬编针织或钩编织物，不含弹性纱线或橡胶线，或者按重量计上述纱线含量在 5% 以下。本章注释对“纬编针织物”及“钩编织物”的含义作了解释（分别参见总注释的第一部分第（一）款及第二部分）。

本品目也不包括：

（一）经过药物浸涂或供零售用的绷带（品目 30.05）。

（二）品目 58.07 的针织或钩编的商标、徽章及类似品。

（三）品目 58.10 的刺绣品。

（四）第五十九章的织物（例如，品目 59.03 或 59.07 的经浸渍、涂布、包覆或层压织物，品目 59.06 的用橡胶处理的织物，以及品目 59.08 的芯子或煤气灯纱筒）。

（五）符合第十一类注释七规定的制成品（同样参见本类总注释的第二部分）。

第六十一章　针织或钩编的服装及衣着附件

注释：

一、本章仅适用于制成的针织品或钩编织品。

二、本章不包括：

（一）品目 62.12 的货品；

（二）品目 63.09 的旧衣着或其他旧物品；或

（三）矫形器具、外科手术带、疝气带及类似品（品目 90.21）。

三、品目 61.03 及 61.04 所称：

（一）"西服套装"，是指面料用相同的织物制成的两件套或三件套的下列成套服装：

—— 一件人体上半身穿着的外套或短上衣，除袖子外，其面料应由四片或四片以上组成；也可附带一件马甲（西服背心），这件马甲（西服背心）的前片面料应与套装其他各件的面料相同，后片面料则应与外套或短上衣的衬里料相同；以及

—— 一件人体下半身穿着的服装，即不带背带或护胸的长裤、马裤、短裤（游泳裤除外）、裙子或裙裤。

西服套装各件面料质地、颜色及构成必须相同，其款式也必须相同，尺寸大小还须相互般配，但可以用不同织物滚边（在缝口上缝入长条织物）。

如果数件人体下半身穿着的服装同时报验（例如，两条长裤、长裤与短裤、裙子或裙裤与长裤），构成西服套装下装的应是一条长裤，而对于女式西服套装，应是裙子或裙裤，其他服装应分别归类。

所称"西服套装"，包括不论是否完全符合上述条件的下列配套服装：

—— 常礼服，由一件后襟下垂并下端开圆弧形叉的素色短上衣和一条条纹长裤组成；

—— 晚礼服（燕尾服），一般用黑色织物制成，上衣前襟较短且不闭合，背后有燕尾；

—— 无燕尾套装夜礼服，其中上衣款式与普通上衣相似（可以更为显露衬衣前胸），但有光滑丝质或仿丝质的翻领。

（二）"便服套装"，是指面料相同并作零售包装的下列成套服装（西服套装及品目 61.07、61.08 或 61.09 的物品除外）：

—— 一件人体上半身穿着的服装，但套头 衫及背心除外，因为套头衫可在两件套服装中作为内衣，背心也可作为内衣；以及

—— 一件或两件不同的人体下半身穿着的服装，即长裤、护胸背带工装裤、马裤、短裤（游泳裤除外）、裙子或裙裤。

便服套装各件面料质地、款式、颜色及构成必须相同；尺寸大小也须相互般配。所称"便服套装"，不包括品目 61.12 的运动服及滑雪服。

四、品目 61.05 及 61.06 不包括在腰围以下有口袋的服装、带有罗纹腰带及以其他方式收紧下摆的服装或其织物至少在 10 厘米 × 10 厘米的面积内沿各方向的直线长度上平均每厘米少于 10 针的服装。品目 61.05 不包括无袖服装。

五、品目 61.09 不包括带有束带、罗纹腰带或其他方式收紧下摆的服装。

六、对于品目 61.11：

（一）所称"婴儿服装及衣着附件"，是指用于身高不超过 86 厘米幼儿的服装；

（二）既可归入品目 61.11，也可归入本章其他品目的物品，应归入品目 61.11。

七、品目 61.12 所称"滑雪服"，是指从整个外观和织物质地来看，主要在滑雪（速度滑雪或高山滑雪）时穿着的下列服装或成套服装：

（一）“滑雪连身服”，即上下身连在一起的单件服装；除袖子和领子外，滑雪连身服可有口袋或脚带；或

（二）“滑雪套装”，即由两件或三件构成一套并作零售包装的下列服装：

—— 一件用一条拉链扣合的带风帽的厚夹克、防风衣、防风短上衣或类似的服装，可以附带一件背心（滑雪背心）；以及

—— 一条不论是否过腰的长裤、一条马裤或一条护胸背带工装裤。

“滑雪套装”也可由一件类似以上（一）款所述的连身服和一件可套在连身服外面的有胎料背心组成。

“滑雪套装”各件颜色可以不同，但面料质地、款式及构成必须相同；尺寸大小也须相互般配。

八、既可归入品目 61.13，也可归入本章其他品目的服装，除品目 61.11 所列的仍归入该品目外，其余的应一律归入品目 61.13。

九、本章的服装，凡门襟为左压右的，应视为男式；右压左的，应视为女式。但本规定不适用于其式样已明显为男式或女式的服装。

无法区别是男式还是女式的服装，应按女式服装归入有关品目。

十、本章物品可用金属线制成。

总 注 释

本章包括针织或钩编的男、女式服装（含童装）以及制成的针织或钩编衣着附件，还包括服装及衣着附件的针织或钩编制成的部分品。但不包括针织或钩编的乳罩、束腰带、紧身胸衣、吊裤带、吊袜带、束袜带和类似品及其零件（品目 62.12）。

本章物品不因带有其他材料（例如，机织物、毛皮、羽毛、皮革、塑料或金属）的零件或附件而影响其归类。但如果这些材料超出了仅是装饰的范围，则应按有关章注释的规定（特别是第四十三章注释四及第六十七章注释二第（二）款中有关带裘皮及羽毛制品的规定）归类，若无适当规定可循，则应按照归类总规则进行归类。

电热物品仍归入本章。

根据本章注释九，对于服装，凡门襟扣或搭上时为左压右的，应视为男式；凡门襟扣或搭上时为右压左的，则应视为女式。

上述规定不适用于其式样已明显为男式或女式的服装。无法区别是男式还是女式的服装，应按女式服装归入有关品目。

衬衣及仿男式女衬衣是指人体上身穿着并从领口处全开襟或半开襟的长袖或短袖衣服，其腰身以上可缝有口袋，有一衣领。

按照第十一类注释十四的规定，不同品目所列的服装即使成套零售包装，仍应分别归入各自相应的品目。但在品目中具体列名的成套服装除外（例如，西服套装、睡衣裤及游泳服）。必须注意，第十一类注释十四所称的“服装”，是指品目 61.01 至 61.14 的服装。

本章还适用于各品目所列物品的未制成品或不完整品，其中包括用于制造上述物品的已成形针织或钩编织物，即只要这些产品具备了相应物品的基本特征，就可与制成品归入同一品目。但服装或衣着附件的钩编零件（品目 62.12 的物品除外）应归入品目 61.17。

针织或钩编成形的服装和衣着附件以及它们的零件，不论报验时是单件还是若干件相连成幅的，均视为制成的物品〔第十一类注释七（二）及（七）款〕。

本章还不包括：

（一）品目 39.26、40.15、42.03 或 68.12 的服装及衣着附件。

（二）经过某些加工（例如，缝边或形成领口）的针织物片或钩编织物片，准备用于制衣，但还未加工成服装或服装零件的（品目 63.07）。

（三）品目 63.09 的旧衣着及其他旧物品。

（四）玩偶服装（品目 95.03）。

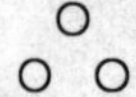

子目注释：

品目 58.11 的成匹被褥状纺织产品所制物品的归类

根据第十一类子目注释二的规定，用品目 58.11 的成匹被褥状纺织产品所制的物品应归入本章各品目的子目中，这类物品应以构成其面料的纺织材料所具有的基本特征来确定归类。例如，一件男式夹有胎料的带风帽的防寒短上衣，面料为 60% 的棉及 40% 的聚酯混纺针织物，该衣服应归入子目 6101.20。必须注意，即使面料本身归入品目 59.03、59.06 或 59.07，有关服装也不应归入品目 61.13。

61.01 针织或钩编的男式大衣、短大衣、斗篷、短斗篷、带风帽的防寒短上衣（包括滑雪短上衣）、防风衣、防风短上衣及类似品，但品目 61.03 的货品除外：

20 — 棉制

30 — 化学纤维制

90 — 其他纺织材料制

本品目包括穿着在其他衣服外面用以挡风御寒等的针织或钩编男式服装。

这些服装有：

大衣、雨衣、短大衣、斗篷（包括雨披）、短斗篷、带风帽的防寒短上衣（包括滑雪短上衣）、防风衣、防风短上衣及类似品（例如，中大衣、厚重长大衣、带头兜斗篷、粗呢大衣、有腰带的双排钮大衣、华达呢大衣、风雪大衣、有胎料背心）。

本品目不包括：

（一）品目 61.03 的服装。

（二）用品目 59.03、59.06 或 59.07 的针织或钩编织物制成的服装（品目 61.13）。

61.02 针织或钩编的女式大衣、短大衣、斗篷、短斗篷、带风帽的防寒短上衣（包括滑雪短上衣）、防风衣、防风短上衣及类似品，但品目 61.04 的货品除外：

10 — 羊毛或动物细毛制

20 — 棉制

30 — 化学纤维制

90 — 其他纺织材料制

品目 61.01 的注释在必要的地方稍加修改后，可适用于本品目的物品。

61.03 针织或钩编的男式西服套装、便服套装、上衣、长裤、护胸背带工装裤、马裤及短裤（游泳裤除外）：

10 — 西服套装

— 便服套装：

22 — — 棉制

23 — — 合成纤维制

29 — — 其他纺织材料制

— 上衣：
31 — — 羊毛或动物细毛制
32 — — 棉制
33 — — 合成纤维制
39 — — 其他纺织材料制
— 长裤、护胸背带工装裤、马裤及短裤：
41 — — 羊毛或动物细毛制
42 — — 棉制
43 — — 合成纤维制
49 — — 其他纺织材料制

本品目仅包括针织或钩编的男式西服套装、便服套装、上衣、长裤、马裤、短裤（游泳裤除外）及护胸背带工装裤。

一、运用本章注释三（一）时必须注意：

（一）人体上半身穿着的“西服套装的外套或短上衣”前部全开襟，无扣或有扣（拉链除外），长度不超过大腿中部，不适于套在其他外套、上衣之上。

（二）构成西服套装的外套或短上衣的面料“片”（至少前后身各两片）必须纵向缝合。所称“片”，不包括袖子、贴边或领子的布料。

（三）套装也可包括一件“马甲（西服背心）”，该马甲（西服背心）的前片面料应与套装其他各件的面料相同，后片面料则应与外套或短上衣的衬里料相同。

“西服套装”各件面料质地、颜色及构成必须相同，其款式也必须相同，尺寸大小还须相互般配，但可以用不同织物滚边（在缝口上缝入长条织物）。

如果数件人体下半身穿着的衣服同时报验（例如，两条长裤或长裤与短裤），构成西服套装下装的应是一条长裤，其他衣服应分别归类。

本章注释三（一）所称“相同的织物”，是指同一幅的同样织物，该织物必须是：

—— 相同质地，即它必须是采用同样的夹纱结合工艺（同样的线圈规格）制得，织物所用纱线的结构及规格（例如，分特数）也必须相同；

—— 相同颜色（甚至连颜色的深浅和布局都得相同）；它包括色织布和印花布；

—— 相同构成，即所用的纺织材料的比例（例如，按重量计羊毛含量为 100%，合成纤维含量51%或含棉量 49%）必须相同。

二、“男式便服套装”，是指几件料子相同并作零售包装的下列成套服装（西服套装及品目 61.07、61.08 或 61.09 所列物品除外）：

—— 一件上半身穿着的衣服，但套头衫及背心除外，因为套头衫可在两件套服装中作为内衣，背心也可作为内衣；以及

—— 一件或两件不同的下半身穿着的衣服，即长裤、护胸背带工装裤、马裤或短裤（游泳裤除外）。

普通套装各件的面料质地、款式、颜色及构成必须相同，尺寸大小也须相互般配。所称“便服套装”，不包括品目 61.12 的田径服及滑雪服〔参见本章注释三（2）〕。

除此之外：

三、“上衣”应具有与本章注释三（一）及以上第一款所述的西服外套及短上衣相同的特征，但其面料除袖子、贴边或领子外，可由三片或三片以上布料（其中两片为前襟）纵向缝合而成。本品目不包品目 61.01 或 61.02 的带风帽防寒短上衣、防风衣、滑雪短上衣及类似服装。

四、“长裤”，是指两条裤腿一般长至或超过脚踝的服装；该服装一般穿至腰部。带有背带的这类

服装仍应视为具有长裤的基本特征。

五、“护胸背带工装裤”，是指以下图1～5所示类型的服装及未过膝的类似服装。

六、“短裤”，是指未过膝的裤子。

本品目不包括：

（一）单独报验的马甲（西服背心）（品目61.10）。

（二）运动服、滑雪服及游泳服（品目61.12）。

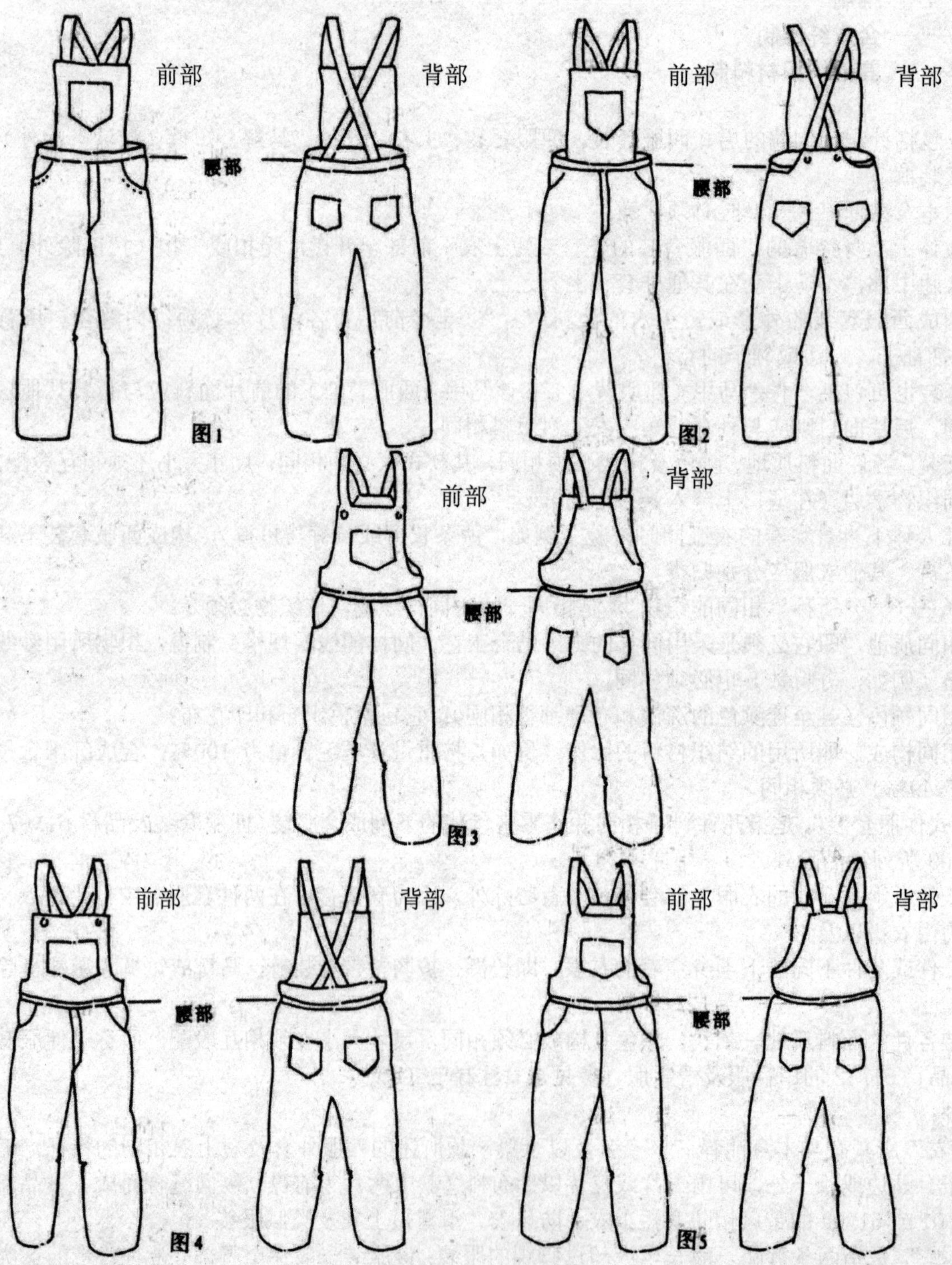

61.04 针织或钩编的女式西服套装、便服套装、上衣、连衣裙、裙子、裙裤、长裤、护胸背带工装裤、马裤及短裤（游泳服除外）：

— 西服套装：

13 — — 合成纤维制

19 — — 其他纺织材料制

— 便服套装：

22 — — 棉制

23 — — 合成纤维制

29 — — 其他纺织材料制

— 上衣：

31 — — 羊毛或动物细毛制

32 — — 棉制

33 — — 合成纤维制

39 — — 其他纺织材料制

— 连衣裙：

41 — — 羊毛或动物细毛制

42 — — 棉制

43 — — 合成纤维制

44 — — 人造纤维制

49 — — 其他纺织材料制

— 裙子及裙裤：

51 — — 羊毛或动物细毛制

52 — — 棉制

53 — — 合成纤维制

59 — — 其他纺织材料制

— 长裤、护胸背带工装裤、马裤及短裤：

61 — — 羊毛或动物细毛制

62 — — 棉制

63 — — 合成纤维制

69 — — 其他纺织材料制

品目61.03的注释在必要的地方稍加修改后，可适用于本品目的物品。

女式西服套装各件，面料质地、颜色、构成必须相同，其款式也必须相同，尺寸大小还需相互般配，但可用不同织物滚边（缝口上缝入长条织物）。

如果数件人体下半身穿着的服装同时报验（例如，一条裙子或裙裤与长裤），构成女式套装下装的应是一条裙子或裙裤，其他服装应分别归类。

然而，本品目所称“女式便服套装”，是指几件料子相同并作零售包装的下列成套服装（西服套装及品目61.07、61.08或61.09所列物品除外）：

—— 一件上半身穿着的衣服，但套头衫及背心除外，因为套头衫可在两件套装中作为内衣，背心也可作为内衣；以及

—— 一件或两件不同的下半身穿着的衣服，例如，长裤、护胸背带工装裤、马裤、短裤（游泳

服除外)，不论是否有吊带或护胸的裙子或裙裤。

便服套装各件的面料质地、款式、颜色及构成必须相同，尺寸大小也须相互般配。所称“便服套装”，不包括品目 61.12 的田径服及滑雪服〔参见本章注释三（二)〕。

本品目也不包括衬裙及长衬裙（品目 61.08）。

61.05　针织或钩编的男衬衫:

10　—　　棉制

20　—　　化学纤维制

90　—　　其他纺织材料制

本品目包括针织或钩编的男衬衣（例如，活络领衬衣、礼服衬衣、运动衫及普通衬衣)，但不包括品目 61.07 的长睡衣及品目 61.09 的 T 恤衫、汗衫及其他内衣背心。

本品目不包括无袖的衣服，也不包括在腰围以下有口袋的衣服、带有罗纹腰带或以其他方式收紧下摆的衣服，以及其织物至少在 10×10 厘米的面积内沿各方向直线长度上平均每厘米少于 10 针的衣服（参见本章注释四）。

按照本章注释四不作为男衬衣归入本品目的服装一般归类如下:

——　在腰围以下有口袋的衣服应作为上衣归入品目 61.03 或作为开襟衫归入品目 61.10。

——　带有罗纹腰带或以其他方式收紧下摆的衣服以及其织物至少在 10×10 厘米面积内沿各方向的直线长度上平均每厘米少于 10 针的衣服应归入品目 61.01 或 61.10。

——　男式无袖服装，应归入品目 61.09、61.10 或 61.14。

61.06　针织或钩编的女衬衫:

10　—　　棉制

20　—　　化学纤维制

90　—　　其他纺织材料制

本品目包括针织或钩编的女式衣服，例如，罩衫、衬衣及仿男式女衬衣。

本品目不包括在腰围以下有口袋的衣服、带有罗纹腰带或以其他方式收紧下摆的衣服以及其织物至少在 10×10 厘米的面积内沿各方向的直线长度上平均每厘米少于 10 针的衣服（参见本章注释四）。

按照本章注释四不作为女式罩衫、衬衣或仿男式女衬衣归入本品目的服装一般归类如下:

——　在腰围以下有口袋的衣服应作为上衣归入品目 61.04 或作为开襟衫归入品目 61.10。

——　带有罗纹腰带或以其他方式收紧下摆的衣服以及其织物至少在 10×10 厘米的面积内沿各方向的直线长度上平均每厘米少于 10 针的衣服应归入品目 61.02 或 61.10。

本品目还不包括:

（一）T 恤衫、汗衫及其他内衣背心（品目 61.09）。

（二）用品目 59.03、59.06 或 59.07 的织物制成的服装（品目 61.13）。

（三）品目 61.14 的工作罩衫及类似的防护服。

61.07　针织或钩编的男式内裤、三角裤、长睡衣、睡衣裤、浴衣、晨衣及类似品:

　　—　　内裤及三角裤:

11　——　棉制

12　——　化学纤维制

19　——　其他纺织材料制

— 长睡衣及睡衣裤：
21 — — 棉制
22 — — 化学纤维制
29 — — 其他纺织材料制
— 其他：
91 — — 棉制
99 — — 其他纺织材料制

本品目包括两类不同的针织或钩编男式衣服，即内裤、三角裤及类似品，以及长睡衣、睡衣裤、浴衣（包括海滨浴衣）、晨衣及类似品。

本品目不包括汗衫及其他内衣背心（品目 61.09）。

61.08 针织或钩编的女式长衬裙、衬裙、三角裤、短衬裤、睡衣、睡衣裤、浴衣、晨衣及类似品：

— 长衬裙及衬裙：
11 — — 化学纤维制
19 — — 其他纺织材料制
— 三角裤及短衬裤：
21 — — 棉制
22 — — 化学纤维制
29 — — 其他纺织材料制
— 睡衣及睡衣裤：
31 — — 棉制
32 — — 化学纤维制
39 — — 其他纺织材料制
— 其他：
91 — — 棉制
92 — — 化学纤维制
99 — — 其他纺织材料制

本品目包括两类不同的针织或钩编女式衣服，即长衬裙、衬裙、三角裤、短衬裤及类似品，以及睡衣、睡衣裤、长睡衣、浴衣（包括海滨浴衣）、晨衣及类似品。

本品目不包括汗衫及其他内衣背心（品目 61.09）。

61.09 针织或钩编的 T 恤衫、汗衫及其他内衣背心：

10 — 棉制
90 — 其他纺织材料制

所称“T 恤衫”，是指针织或钩编的内衣类轻质服装，用棉花或化学纤维织成的非起绒、割绒或毛圈组织织物制成，有单色或多色，不论是否带衣兜，有紧身长袖或短袖，无领、无扣、领口无门襟而且开口有高有低（圆形、方形、船形或 V 形领口）。这类服装除花边以外，可以印制、针织或用其他方法加上广告、图画或文字进行装饰，其下摆通常缝边。

本品目也包括汗衫及其他内衣背心。

必须注意，以上所列的本品目物品无男女式之分。

根据本章注释五，带有束带、罗纹腰带或其他方式收紧下摆的服装不归入本品目。

本品目也不包括：

（一）品目 61.05 的男衬衣。

（二）品目 61.06 的女式罩衫及仿男式女衬衣。

61.10　针织或钩编的套头衫、开襟衫、马甲（背心）及类似品(+)：

　　—　羊毛或动物细毛制：
11　——　羊毛制
12　——　喀什米尔山羊细毛制
19　——　其他
20　—　棉制
30　—　化学纤维制
90　—　其他纺织材料制

本品目包括上半身穿着但不论男女式的针织或钩编物品〔卫生衫、套头衫、开襟衫、马甲（背心）及类似品〕。附带有保护配件（例如，缝在袖子上的肘垫）并用于某些运动（例如，足球守门员球衣）的物品仍归入本品目。

本品目还包括不与品目 61.03 或 61.04 的男女式西服套装配套并一起报验的马甲（西服背心）。

本品目不包括归入品目 61.01 或 61.02 的有胎料背心。

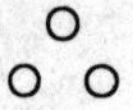

子目注释：

子目 6110.12

子目 5102.11 注释的规定在必要的地方稍加修改后，可适用于本子目的产品。

61.11　针织或钩编的婴儿服装及衣着附件：

20　—　棉制
30　—　合成纤维制
90　—　其他纺织材料制

根据本章注释六第（一）款的规定，所称“婴儿服装及衣着附件”，是指身高不超过 86 厘米的幼儿穿着的衣物。

本品目包括有：游戏服、小丑服、背心连裤童装外衣、婴儿围涎、分指手套、连指手套、露指手套、紧身衣裤及没有用粘、缝或其他方法将外底固定在鞋面上的婴儿连袜鞋。

必须注意，既可归入品目 61.11，也可归入本章其他品目的物品，应归入品目 61.11〔参见本章注释六（二）〕。

本品目不包括：

（一）针织或钩编的婴儿软帽（品目 65.05）。

（二）婴儿尿布及尿布衬里（品目 96.19）。

（三）协调制度其他章中列名更为具体的婴儿衣着附件。

61.12　针织或钩编的运动服、滑雪服及游泳服：

　　—　运动服：

11 — — 棉制
12 — — 合成纤维制
19 — — 其他纺织材料制
20 — 滑雪服
— 男式游泳服：
31 — — 合成纤维制
39 — — 其他纺织材料制
— 女式游泳服：
41 — — 合成纤维制
49 — — 其他纺织材料制

本品目包括：

一、运动服，为两件套的无衬里针织物（有时其内表面是起绒的）。这类服装的整个外观及织物特征清楚表明是专门或主要在进行运动时穿着的。

两件套运动服为：

—— 一件到腰或稍为过腰的长袖上衣，袖口处以罗纹带或松紧带、拉链或其他方式收紧，下摆一般也以类似方式或束带收紧，如果前身开襟或半开襟，则一般以拉链闭合。这类服装可带或不带风帽、衣领及口袋。

—— 另一件是一条紧身或松身的裤子，不论是否开口袋，裤腰以松紧带、束带或其他方式收紧，腰围处因不开口，故没有钮扣或其他扣紧装置。但裤脚一般长至脚踝，裤脚可以罗纹带或松紧带、拉链或其他方式收紧，带有或不带有脚带。

二、"滑雪服"，即从整个外观及织物质地来看，可确定为主要在滑雪（速度滑雪或高山滑雪）时穿着的下列单件或成套服装：

（一）"滑雪连身服"，即上下身连在一起的单件服装，除袖子及衣领外，也可有口袋或脚带；或者

（二）"滑雪套装"，即由两件或三件构成一套并作零售包装的下列服装：

—— 一件用拉链扣合的带风帽的厚夹克、防风衣、防风短上衣及类似的服装，也可附带一件背心（滑雪背心）；以及

—— 一条不论是否过腰的长裤，或者一条马裤或护胸背带工装裤。

"滑雪套装"也可由一件类似以上第（一）款所述的连身服和一件可套在连身服外面的有胎料背心组成。

"滑雪套装"各件颜色可以不同，但料子质地、款式及构成必须相同；尺寸大小也须相互般配（参见本章注释七）。

三、游泳服（针织或钩编的单件或两件套游泳衣及游泳裤，不论是否弹性）。

61.13　用品目 59.03、59.06 或 59.07 的针织物或钩编织物制成的服装

本品目包括不论是男式或女式的所有用品目 59.03、59.06 或 59.07 所列针织物或钩编织物制成的服装，但品目 61.11 的婴儿服装除外。

本品目包括雨衣、油布雨衣、不带呼吸装置的潜水服及防辐射服。

必须注意，既可归入本品目，也可归入本章其他品目的服装，除品目 61.11 所列的仍归入该品目外，其余的应一律归入本品目（参见本章注释八）。

本品目还不包括：

（一）用品目 58.11 的成匹被褥状纺织产品制成的服装（一般归入品目 61.01 或 61.02），参见本章总注释末的子目注释。

（二）针织或钩编的分指手套、连指手套及露指手套（品目 61.16）以及其他针织或钩编的衣着附件（品目 61.17）。

61.14　针织或钩编的其他服装：

20　—　棉制

30　—　化学纤维制

90　—　其他纺织材料制

本品目包括在本品目以前本章各品目未具体列名的针织或钩编服装。

本品目主要包括：

一、围裙、连身工作服、工作罩服及技工、工人或外科医生等穿着的其他防护性衣服。

二、教士或牧师的服装（例如，僧侣袍、黑色法衣、带风兜教士法衣、天主教士服、白色宽袖法衣）。

三、专职人员或学者穿着的袍服。

四、飞行员穿着的特种服装（例如，飞行员电热服）。

五、某些运动、舞蹈或体操所需穿着的特殊衣着（例如，击剑服、骑师绸服、芭蕾舞裙、舞蹈练功紧身衣），无论是否附带有保护配件，例如，肘部、膝部或腹股沟部位的保护垫或填充物。但是，体育运动及比赛用保护用具（例如，击剑面罩及护胸和冰球裤等）不归入本品目（品目 95.06）。

61.15　针织或钩编的连裤袜、紧身裤袜、长统袜、短袜及其他袜类，包括渐紧压袜类（例如，用以治疗静脉曲张的长统袜）和无外绱鞋底的鞋类(+)：

10　—　渐紧压袜类（例如，用以治疗静脉曲张的长统袜）

—　其他连裤袜及紧身裤袜：

21　——　每根单丝细度在 67 分特以下的合成纤维制

22　——　每根单丝细度在 67 分特及以上的合成纤维制

29　——　其他纺织材料制

30　—　其他女式长统袜或中统袜，每根单丝细度在 67 分特以下

—　其他：

94　——　羊毛或动物细毛制

95　——　棉制

96　——　合成纤维制

99　——　其他纺织材料制

本品目包括不论是男式或女式的下列针织或钩编货品：

一、从脚、腿一直到腰部、供下半身穿着的连裤袜及紧身裤袜，包括不覆盖脚部的。

二、长统袜及短袜（包括翻口短袜）。

三、主要用于防寒的里袜。

四、渐紧压袜类（例如，用以治疗静脉曲张的长统袜）。

五、保护长统袜脚部或趾部不受磨损的袜套。

六、没有用粘、缝或其他方法将外底固定在鞋面上的鞋类，但婴儿连袜鞋除外。

本品目还包括用针织物或钩编织物制的未完成的长统袜、短袜等，只要其已具备制成品的基本特征。

本品目不包括：

（一）婴儿穿着的长统袜、短袜及没有用粘、缝或其他方法将外底固定在鞋面上的连袜鞋（品目61.11）。

（二）非针织或非钩编的长统袜、短袜等（一般归入品目62.17）。

（三）用粘、缝或其他方法将外底固定在鞋面上的针织鞋靴（第六十四章）。

（四）护腿及裹腿（包括不覆盖脚部的"登山袜"）（品目64.06）。

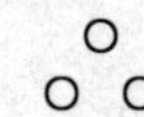

子目注释：

子目6115.10

子目6115.10所称"渐紧压袜类"，是指穿着这种袜子后，脚踝部的压力最大，压力沿着袜的长度向上至大腿递减，从而促进血液循环的一种袜子。

61.16 针织或钩编的分指手套、连指手套及露指手套：

10 — 用塑料或橡胶浸渍、涂布或包覆的

— 其他：

91 —— 羊毛或动物细毛制

92 —— 棉制

93 —— 合成纤维制

99 —— 其他纺织材料制

本品目包括不论是男式或女式的各种手套，例如，普通的分指短手套、露出部分手指的露指手套、仅把拇指分开的连指手套、防护手套及其他戴至前臂甚至上臂的长手套。

本品目还包括未完成的针织或钩编手套，只要其已具备制成品的基本特征。

本品目不包括：

（一）衬有或覆有毛皮或人造毛皮的针织或钩编分指手套、连指手套及露指手套（毛皮或人造毛皮仅起装饰作用的除外）（品目43.03或43.04）。

（二）婴儿戴的分指手套、连指手套及露指手套（品目61.11）。

（三）非针织或非钩编的纺织材料制的分指手套、连指手套及露指手套（品目62.16）。

（四）供按摩或盥洗用的"摩擦手套"（品目63.02）。

61.17 其他制成的针织或钩编的衣着附件；服装或衣着附件的针织或钩编的零件：

10 — 披巾、头巾、围巾、披纱、面纱及类似品

80 — 其他附件

90 — 零件

本品目包括在本章其他各品目或协调制度其他各章未具体列名的针织或钩编衣着附件，还包括服装或衣着附件的针织或钩编零件（品目62.12所列物品的零件除外）。

本品目主要包括：

一、披巾、头巾、围巾、披纱、面纱及类似品。

二、领带及领结。

三、吸汗垫布、垫肩或其他衬垫。

四、不论是否弹性的各式腰带（包括子弹带）及肩带（例如，军队或教会中使用的肩带），这类物品即使带有贵金属制的搭扣或其他配件、饰有珍珠、宝石或半宝石（天然、合成或再造的），仍归入本品目。

五、手笼，包括仅用毛皮或人造毛皮饰边的。

六、衣袖护套。

七、护膝布，但品目 95.06 体育运动用的除外。

八、非裁切成形的标签、徽章、纹章、军衔符号及类似品（品目 58.10 的小块图案刺绣品除外）（通过裁切制成的此类物品归入品目 58.07）。

九、单独报验的雨衣及类似服装的可拆卸衬里。

十、服装的口袋、袖子、领子、领围、褶裥、各种服饰（例如，玫瑰花结、蝴蝶结、褶裥饰边、褶边及荷叶边）、女服大身、襞饰、袖口、覆肩、卜头及类似品。

十一、手帕。

十二、头带，用于御寒、防止头发散乱等。

本品目不包括：

（一）品目 61.11 的针织或钩编婴儿衣着的附件。

（二）胸罩、束腰带、紧身胸衣、吊裤带、吊袜带、束袜带和类似品及其零件（品目 62.12）。

（三）作业用带（例如，窗户清洁工或电工用的工作带）或非作为服饰的玫瑰花结（品目 63.07）。

（四）针织或钩编的帽子（品目 65.05）及帽子配件（品目 65.07）。

（五）羽毛饰物（品目 67.01）。

（六）品目 67.02 的人造花、叶或果实形状的装饰带。

（七）带有揿钮、钩扣及洞眼的针织带（酌情归入品目 60.01、60.02、60.03、83.08 或 96.06）。

（八）拉链（品目 96.07）。

第六十二章 非针织或非钩编的服装及衣着附件

注释：

一、本章仅适用于除絮胎以外任何纺织物的制成品，但不适用于针织品或钩编织品（品目 62.12 的除外）。

二、本章不包括：

（一）品目 63.09 的旧衣着或其他旧物品；或

（二）矫形器具、外科手术带、疝气带及类似品（品目 90.21）。

三、品目 62.03 及 62.04 所称：

（一）“西服套装”，是指面料用完全相同织物制成的两件套或三件套的下列成套服装：

—— 一件人体上半身穿着的外套或短上衣，除袖子外，应由四片或四片以上面料组成；也可附带一件马甲（西服背心），这件马甲（西服背心）的前片面料应与套装其他各件的面料相同，后片面料则应与外套或短上衣的衬里料相同；以及

—— 一件人体下半身穿着的服装，即不带背带或护胸的长裤、马裤、短裤（游泳裤除外）、裙子或裙裤。

西服套装各件面料质地、颜色及构成必须完全相同，其款式、尺寸大小也须相互般配。但套装的各件可以有不同织物的滚边（缝入夹缝中的成条织物）。

如果数件人体下半身穿着的服装同时报验（例如，两条长裤、长裤与短裤、裙子或裙裤与长裤），构成西服套装下装的应是一条长裤，而对于女式西服套装，应是裙子或裙裤，其他服装应分别归类。

所称“西服套装”，包括不论是否完全符合上述条件的下列配套服装：

—— 常礼服，由一件后襟下垂并下端开圆弧形叉的素色短上衣和一条条纹长裤组成；

—— 晚礼服（燕尾服），一般用黑色织物制成，上衣前襟较短且不闭合，背后有燕尾；

—— 无燕尾套装夜礼服，其中上衣款式与普通上衣相似（可以更为显露衬衣前胸），但有光滑丝质或仿丝质的翻领。

（二）“便服套装”，是指面料相同并作零售包装的下列成套服装（西服套装及品目 62.07 或 62.08 的物品除外）：

—— 一件人体上半身穿着的服装，但背心除外，因为背心可作为内衣；以及

—— 一件或两件不同的人体下半身穿着的服装，即长裤、护胸背带工装裤、马裤、短裤（游泳裤除外）、裙子或裙裤。

便服套装各件面料质地、款式、颜色及构成必须相同；尺寸大小也须相互般配。所称“便服套装”，不包括品目 62.11 的运动服及滑雪服。

四、对于品目 62.09：

（一）所称“婴儿服装及衣着附件”，是指用于身高不超过 86 厘米幼儿的服装；

（二）既可归入品目 62.09，也可归入本章其他品目的物品，应归入品目 62.09；

五、既可归入品目 62.10，也可归入本章其他品目的服装，除品目 62.09 所列的仍归入该品目外，其余的应一律归入品目 62.10。

六、品目 62.11 所称“滑雪服”，是指从整个外观和织物质地来看，主要在滑雪（速度滑雪和高山滑雪）时穿着的下列服装或成套服装：

（一）“滑雪连身服”，即上下身连在一起的单件服装；除袖子和领子外，滑雪连身服可有口袋或脚带；或

（二）“滑雪套装”，即由两件或三件构成一套并作零售包装的下列服装：

—— 一件用一条拉链扣合的带风帽的厚夹克、防风衣、防风短上衣或类似的服装，可以附带一件背心（滑雪背心）；以及

—— 一条不论是否过腰的长裤、一条马裤或一条护胸背带工装裤。

"滑雪套装"也可由一件类似以上（一）款所述的连身服和一件可套在连身服外面的有胎料背心组成。

"滑雪套装"各件颜色可以不同，但面料质地、款式及构成必须相同；尺寸大小也须相互般配。

七、正方形或近似正方形的围巾及围巾式样的物品，如果每边均不超过60厘米，应作为手帕归类（品目62.13）。任何一边超过60厘米的手帕，应归入品目62.14。

八、本章的服装，凡门襟为左压右的，应视为男式；右压左的，应视为女式。但本规定不适用于其式样已明显为男式或女式的服装。

无法区别是男式还是女式的服装，应按女式服装归入有关品目。

九、本章物品可用金属线制成。

总　注　释

本章包括用第五十章至第五十六章、第五十八章及第五十九章的织物（含毡呢及无纺织物，但絮胎除外）制成的男式或女式服装（包括童装）、衣着附件及其零件。除品目62.12的物品以外，本章不包括针织或钩编材料制成的服装、衣着附件及零件。

本章物品不因带有其他材料（例如，针织物或钩编织物、毛皮、羽毛、皮革、塑料或金属）的零件或附件而影响其归类。但如果这些材料在物品中不是仅起装饰作用的，则应按有关章的注释规定（特别是第四十三章注释四及第六十七章注释二（二）中有关毛皮及羽毛制规定）归类；倘无适当规定可循，则应按照归类总规则进行归类。

电热物品仍应归入本章。

根据本章注释八，对于服装，凡门襟扣或搭上时为左压右的，应视为男式；凡门襟扣或搭上时为右压左的，则应视为女式。

上述规定不适用于其式样已明显为男式或女式的服装。无法区别是男式还是女式的服装，应按女式服装归入有关品目。

衬衣及仿男式女衬衣是指人体上身穿着并从领口处全开襟或半开襟的长袖或短袖衣服；罩衫也是上半身穿着的，但可以无袖，领口处也可以不开襟。

按照第十一类注释十四的规定，不同品目所列的服装即使成套零售包装，仍应分别归入各自相应的品目。但在品目中具体列名的成套服装除外（例如，西服套装、睡衣裤及游泳服）。必须注意，第十一类注释十四所称的"服装"是指品目62.01至62.11的服装。

本章还适用于各品目所列物品的未制成品或不完整品，其中包括用于制造上述物品的成形纺织物及制造品目62.12所列物品及其零件的成形针织物或钩编织物，即只要这些产品具备了相应物品的基本特征，就可与制成品归入同一品目。但服装或衣着附件的非针织或非钩编零件（品目62.12的物品除外）应归入品目62.17。

本章还不包括：

（一）品目39.26、40.15、42.03或68.12的服装及衣着附件。

（二）经过某些加工（例如，缝边或形成领口）的纺织物片，准备用于制衣，但还未加工成服装或服装零件（品目63.07）。

（三）品目63.09的旧衣着及其他旧物品。

（四）玩偶服装（品目95.03）。

子目注释：

品目 58.11 的成匹被褥状纺织产品所制物品的归类

根据第十一类子目注释二的规定，用品目 58.11 的成匹被褥状纺织产品所制的物品应归入本章各品目的子目中。这类物品应以构成其面料的纺织材料所具有的基本特征来确定归类。例如，一件男式夹有胎料的带风帽的防寒短上衣，面料为 60％的棉及 40％的聚酯混纺针织物，该衣服应归入子目 6201.92。必须注意，即使面料本身归入品目 59.03、59.06 或 59.07，有关服装也不应归入品目 62.10。

62.01 男式大衣、短大衣、斗篷、短斗篷、带风帽的防寒短上衣（包括滑雪短上衣）、防风衣、防风短上衣及类似品，但品目 62.03 的货品除外：

— 大衣、雨衣、短大衣、斗篷、短斗篷及类似品：

11 — — 羊毛或动物细毛制

12 — — 棉制

13 — — 化学纤维制

19 — — 其他纺织材料制

— 其他：

91 — — 羊毛或动物细毛制

92 — — 棉制

93 — — 化学纤维制

99 — — 其他纺织材料制

品目 61.01 的注释在必要的地方修改后，可适用于本品目的物品。

但本品目不包括用品目 56.02、56.03、59.03、59.06 或 59.07 的织物制成的服装（品目 62.10）。

62.02 女式大衣、短大衣、斗篷、短斗篷、带风帽的防寒短上衣（包括滑雪短上衣）、防风衣、防风短上衣及类似品，但品目 62.04 的货品除外：

— 大衣、雨衣、短大衣、斗篷、短斗篷及类似品：

11 — — 羊毛或动物细毛制

12 — — 棉制

13 — — 化学纤维制

19 — — 其他纺织材料制

— 其他：

91 — — 羊毛或动物细毛制

92 — — 棉制

93 — — 化学纤维制

99 — — 其他纺织材料制

品目 61.02 的注释在必要的地方修改后，可适用于本品目的物品。

但本品目不包括用品目 56.02、56.03、59.03、59.06 或 59.07 的织物制成的服装（品目 62.10）。

62.03 男式西服套装、便服套装、上衣、长裤、护胸背带工装裤、马裤及短裤（游泳裤除外）：

— 西服套装：

11 — — 羊毛或动物细毛制

12 — — 合成纤维制

19 —— 其他纺织材料制
— 便服套装：
22 —— 棉制
23 —— 合成纤维制
29 —— 其他纺织材料制
— 上衣：
31 —— 羊毛或动物细毛制
32 —— 棉制
33 —— 合成纤维制
39 —— 其他纺织材料制
— 长裤、护胸背带工装裤、马裤及短裤：
41 —— 羊毛或动物细毛制
42 —— 棉制
43 —— 合成纤维制
49 —— 其他纺织材料制

品目 61.03 的注释在必要的地方修改后，可适用于本品目的物品。

但本品目不包括用品目 56.02、56.03、59.03、59.06 或 59.07 的织物制成的服装（品目 62.10）。

62.04 女式西服套装、便服套装、上衣、连衣裙、裙子、裙裤、长裤、护胸背带工装裤、马裤及短裤（游泳服除外）：
— 西服套装：
11 —— 羊毛或动物细毛制
12 —— 棉制
13 —— 合成纤维制
19 —— 其他纺织材料制
— 便服套装：
21 —— 羊毛或动物细毛制
22 —— 棉制
23 —— 合成纤维制
29 —— 其他纺织材料制
— 上衣：
31 —— 羊毛或动物细毛制
32 —— 棉制
33 —— 合成纤维制
39 —— 其他纺织材料制
— 连衣裙：
41 —— 羊毛或动物细毛制
42 —— 棉制
43 —— 合成纤维制
44 —— 人造纤维制
49 —— 其他纺织材料制

— 裙子及裙裤:
51 — — 羊毛或动物细毛制
52 — — 棉制
53 — — 合成纤维制
59 — — 其他纺织材料制
— 长裤、护胸背带工装裤、马裤及短裤:
61 — — 羊毛或动物细毛制
62 — — 棉制
63 — — 合成纤维制
69 — — 其他纺织材料制

品目61.04的注释在必要的地方修改后,可适用于本品目的物品。

但本品目不包括用品目56.02、56.03、59.03、59.06或59.07的织物制成的服装(品目62.10)。

62.05 男衬衫:
20 — 棉制
30 — 化学纤维制
90 — 其他纺织材料制

除品目62.07的长睡衣、汗衫及其他内衣背心,本品目包括非针织或非钩编的男衬衣(例如,活络领衬衣、礼服衬衣、运动衫及普通衬衣)。

本品目不包括具有品目62.01的防风衣、防风短上衣等特征(通常收紧下摆)或具有品目62.03的短上衣特征(通常在腰围以下有口袋)的服装,也不包括无袖服装。

62.06 女衬衫:
10 — 丝或绢丝制
20 — 羊毛或动物细毛制
30 — 棉制
40 — 化学纤维制
90 — 其他纺织材料制

本品目包括非针织或非钩编的女式衣服,例如,罩衫、衬衣及仿男式女衬衣。

本品目不包括在腰围以下有口袋的衣服、带有罗纹腰带的衣服及以其他方式收紧下摆的衣服。

本品目还不包括:

(一)汗衫及其他内衣背心(品目62.08)。

(二)用品目56.02、56.03、59.03、59.06或59.07的织物制成的服装(品目62.10)。

(三)品目62.11的工作罩衫及类似的防护服。

62.07 男式汗衫及其他内衣背心、内裤、三角裤、长睡衣、睡衣裤、浴衣、晨衣及类似品:
— 内裤及三角裤:
11 — — 棉制
19 — — 其他纺织材料制
— 长睡衣及睡衣裤:

21　——　棉制
22　——　化学纤维制
29　——　其他纺织材料制
　　—　其他：
91　——　棉制
99　——　其他纺织材料制

本品目包括非针织或非钩编的男式内衣裤（汗衫及其他内衣背心、内裤、三角裤及类似品）。

本品目也包括通常在室内穿着的长睡衣、睡衣裤、浴衣（包括海滨浴衣）、晨衣及类似品。

必须注意，针织或钩编的此类物品，应视具体情况归入品目 61.07 或 61.09。

62.08　女式汗衫及其他内衣背心、长衬裙、衬裙、三角裤、短衬裤、睡衣、睡衣裤、浴衣、晨衣及类似品：

　　—　长衬裙及衬裙：
11　——　化学纤维制
19　——　其他纺织材料制
　　—　睡衣及睡衣裤：
21　——　棉制
22　——　化学纤维制
29　——　其他纺织材料制
　　—　其他：
91　——　棉制
92　——　化学纤维制
99　——　其他纺织材料制

本品目包括非针织或非钩编的女式内衣（汗衫及其他内衣背心、长衬裙、衬裙、三角裤、短衬裤及类似品。

本品目也包括通常在室内穿着的女式睡衣、睡衣裤、长睡衣、浴衣（包括海滨浴衣）、晨衣及类似品。

必须注意，针织或钩编的此类物品应视具体情况归入品目 61.08 或 61.09。

本品目也不包括乳罩、束腰带、紧身胸衣及类似品（品目 62.12）。

62.09　婴儿服装及衣着附件：

20　—　棉制
30　—　合成纤维制
90　—　其他纺织材料制

根据本章注释四第（一）款的规定，所称“婴儿服装及衣着附件”，是指用于身高不超过 86 厘米幼儿的物品。

本品目主要包括非针织或非钩编的游戏服、小丑服、背心连裤童装外衣、婴儿围涎、分指手套、连指手套、露指手套，紧身衣裤及没有用粘、缝或其他方法将外底固定在鞋面上的婴儿连袜鞋。

必须注意，既可归入品目 62.09，也可归入本章其他品目的物品，应归入品目 62.09〔参见本章注释四（二）〕。

本品目不包括：

（一）婴儿软帽（品目 65.05）。

（二）婴儿尿布及尿布衬里（品目 96.19）。

（三）协调制度其他章中列名更为具体的婴儿衣着附件。

62.10 用品目 56.02、56.03、59.03、59.06 或 59.07 的织物制成的服装：

10 — 用品目 56.02 或 56.03 的织物制成的服装

20 — 子目 6201.11 至 6201.19 所列类型的其他服装

30 — 子目 6202.11 至 6202.19 所列类型的其他服装

40 — 其他男式服装

50 — 其他女式服装

本品目包括不论是男式或女式的所有用毡呢或无纺织物（不论是否浸渍、涂布、包覆或层压的）或品目 59.03、59.06 或 59.07 所列纺织物（针织物或钩编织物除外）制成的服装，但品目 62.09 的婴儿服装除外。

本品目包括雨衣、油布雨衣、不带呼吸装置的潜水服及防辐射服。

必须注意，既可归入本品目，也可归入本章其他品目的服装，除品目 62.09 所列的仍归入该品目外，其余的应一律归入本品目（参见本章注释五）。

本品目不包括：

（一）用纸、纤维素絮纸或纤维素纤维网纸制成的服装（品目 48.18）。

（二）用品目 58.11 的成匹被褥状绗缝纺织产品制成的服装（一般归入品目 62.01 或 62.02），参见本章总注释末的子目注释。

（三）衣着附件（例如，品目 62.16 的分指手套、连指手套及露指手套）。

62.11 运动服、滑雪服及游泳服；其他服装：

— 游泳服：

11 — — 男式

12 — — 女式

20 — 滑雪服

— 其他男式服装：

32 — — 棉制

33 — — 化学纤维制

39 — — 其他纺织材料制

— 其他女式服装：

42 — — 棉制

43 — — 化学纤维制

49 — — 其他纺织材料制

品目 61.12 有关运动服、滑雪服及游泳服的注释及品目 61.14 有关其他服装的注释在必要的地方修改后，可适用于本品目的物品。但本品目的运动服可以有衬里。

但必须注意，本品目不同于品目 61.14，它还包括单独报验的非针织或非钩编的马甲（西服背心）。

本品目还包括其在规则间距上以漏织的纬纱形成分隔线的成匹织物，只要沿此线裁切而不需作进一步加工即可制成缠腰布；单条的缠布也归入本品目。

62.12 胸罩、束腰带、紧身胸衣、吊裤带、吊袜带、束袜带和类似品及其零件，不论是否针织或钩编的：

10 — 胸罩

20 — 束腰带及腹带

30 — 束腰胸衣

90 — 其他

本品目包括用以保持体形的服装或作为某些其他衣着的支撑物及其零件。这类物品可用包括针织物或钩编织物在内的任何纺织材料制成（不论是否具有弹性）。

本品目主要包括：

一、各种胸罩。

二、束腰带及腹带。

三、束腰胸衣（由束腰带或紧身褡短裤及胸罩组成）。

四、紧身胸衣及紧身胸衣束带。本品一般用柔软金属或塑料撑条加强，以系带或钩扣束紧。

五、吊袜带、卫生带、悬带、吊带护裆、吊裤带、背带、束袜带、衬衫袖箍及臂箍。

六、男用紧身带（包括连有内裤的）。

七、非品目 90.21 矫形器具的产妇、孕妇用护带或矫正带及类似品（参见品目 90.21 的注释）。

所有上述物品可以饰边（丝带、花边等），也可带有非纺织材料（例如，金属、橡胶、塑料或皮革）制的配件及附件。

本品目还包括以增加或减少线圈数量或大小而直接织成形，并且用于制造本品目物品的针织品或钩编织品及其零件，即使其报验时以若干件相连成幅的。

本品目不包括完全以橡胶制成的紧身胸衣及带子（品目 40.15）。

62.13 手帕：

20 — 棉制

90 — 其他纺织材料制

归入本品目的手帕应是正方形或近似正方形的，其任一边长均不超过 60 厘米（参见本章注释七）。本品可以是普通的手帕，也可以是作为包头、围脖或腰饰的方巾。这些手帕及领巾经折边、卷边、滚边或带有通常由突出的经线或纬线构成的流苏，有直边或荷叶边。流苏饰边的制品，其边长应包括流苏的长度。

完全用网眼织手制成的手帕也归入本品目。

本品目还包括由若干具有手帕或领巾特征的方巾构成的织物，方巾织在一起相连成幅，只要简单地沿着漏织的经线或纬线形成的分隔线裁剪，不需作进一步加工就可成为流苏饰边的单件手帕或领巾。

经过“抽纱”工艺加工而使半制品具有手帕或领巾特征，仅需经简单裁剪成需要的尺寸及形状即成为制品似织物也归入本品目。

本品目不包括：

（一）纸、纤维素絮纸或纤维素纤维网纸制的手帕（品目 48.18）。

（二）简单裁剪成正方形或长方形的无纺织物（品目 56.03）。

（三）未经整边或未用流苏饰边，仅简单裁剪成正方形并经刺绣的织物（品目58.10）。

（四）虽具手帕或领巾特征，但任一边长超过60厘米的物品，以及非正方形或非近似正方形的领巾（品目62.14）。

62.14 披巾、领巾、围巾、披纱、面纱及类似品：

10 — 丝或绢丝制

20 — 羊毛或动物细毛制

30 — 合成纤维制

40 — 人造纤维制

90 — 其他纺织材料制

本品目包括：

一、披巾，通常是正方形、三角形或圆形，其大小足以围裹头部及肩部；

二、领巾及围巾，通常是正方形或长方形，用以围裹颈部；

三、披纱，通常为网眼织物制的轻质披巾或领巾，妇女用以围裹头部及肩部；

四、面纱，一般用轻薄、透明或网状的材料制成，但也有用网眼织物制成的物品，不论穿戴后具有装饰性或实用性（例如，婚礼、葬礼、圣餐等场合所用的面纱和类似品，以及附于帽上或透挡面部的面纱）。

本类物品一般均经折边、卷边、滚边或用流苏饰边。

本品目还包括在规则间距上有一段退织纱线的成匹织物，只要简单地沿这段退织纱线裁剪，即可制得归入本品目的流苏饰边的物品。

本品目不包括：

（一）简单裁切成正方形或长方形的无纺织物（品目56.03）。

（二）未经整边或未流苏饰边，仅简单裁剪成披巾、领巾等形状并经刺绣的织物（品目58.10）。

（三）针织或钩编的披巾、领巾等（品目61.17）。

（四）具有方领巾性质并任一边长均不超过60厘米的物品（品目62.13）。

（五）军队或教会中佩带的饰带（品目62.17）。

62.15 领带及领结：

10 — 丝或绢丝制

20 — 化学纤维制

90 — 其他纺织材料制

本品目包括一般为男性佩带的领带（含旧式领带、宽领带）及领结（包括带有塑料、金属等配件以便于佩戴在衣领上的）。

裁剪成形供制造领带、领结用的织物也归入本品目内，但仅简单地沿对角线裁剪成条状领带材料的除外。

本品目不包括：

（一）针织或钩编的领带及领结（品目61.17）。

（二）品目62.17的胸片、衬衫胸饰及类似品。

62.16 分指手套、连指手套及露指手套

本品目包括用非针织或非钩编的其他纺织物（包括网眼织物）所制的分指手套、连指手套及露指手套。

品目 61.16 的注释在必要的地方修改后，可适用于本品目的物品。

本品目还包括工业上或其他方面用于防护的手套。

但本品目不包括：

（一）有衬里或无衬里的丝瓜络摩擦手套（品目 46.02）。

（二）用纸、纤维素絮纸或纤维素纤维网纸制的分指手套、连指手套及露指手套（品目 48.18）。

62.17　其他制成的衣着附件；服装或衣着附件的零件，但品目 62.12 的货品除外：

10　—　附件

90　—　零件

本品目包括本章其他品目及协调制度其他章未具体列名的纺织材料制成的非针织或非钩编衣着附件，还包括非针织或非钩编的服装或衣着附件的零件，但品目 62.12 所列物品的零件除外。

本品目主要包括：

一、吸汗垫布，通常用经橡胶处理的织物或橡胶包覆的纺织材料制成，但完全以塑料或橡胶制成的吸汗垫布除外（分别归入品目 39.26 及 40.15）。

二、垫肩及其他衬垫，这类物品通常是将絮胎、毡呢或织物边脚料覆以织物制成，但用不覆纺织材料的橡胶（一般为海绵橡胶）制成的垫肩及其分衬垫除外（品目 40.15）。

三、用织物或金属线机织物制成的各种腰带（包括子弹带）及饰带（例如，军队或教会中佩带的），不论是否弹性或经橡胶处理的。这类物品即使带有贵金属制搭扣或其他配件、饰有珍珠、宝石或半宝石（天然、合成或再造的），仍归入本品目。

四、手笼，包括仅用毛皮或人造毛皮饰边的。

五、衣袖护套。

六、水兵领。

七、肩章、臂章等。

八、不是通过裁切成形或裁切成一定尺寸而制成的标签、徽章、纹章、军衔符号及类似品（品目 58.10 的小块图案刺绣品除外，另外通过裁切制成的此类物品归入品目 58.07）。

九、挂剑带、勋带等。

十、单独报验的雨衣及类似服装的可拆卸衬里。

十一、服装口袋、袖子、领子、领圈、褶裥、各种服饰（例如，玫瑰花结、蝴蝶结、褶裥饰边、褶边及荷叶边）、**女服大身、襞饰、袖口、覆肩、卜头及类似品。**

十二、长统袜、短袜、袜套（包括网眼织物制的）**及没有用粘、缝或其他方法将外底固定在鞋面上的鞋靴**（婴儿连袜鞋除外）。

某些制成的装饰品（例如，绒球、流苏、成小块图案的花边或刺绣品），就象成匹的装饰带一样，均归入第五十八章。

本品目的物品通常用花边或刺绣品制成，不论这些物品是直接制成形的，或是以品目 58.04 或 58.10 的网眼织物或刺绣织物制成的，仍应归入本品目。

本品目不包括：

（一）品目 62.09 的婴儿衣着附件。

（二）作业用带（例如，窗户清洁工或电工用的工作带）或不作为服饰的玫瑰花结（品目 63.07）。

（三）羽毛饰物（品目 67.01）。

（四）品目 67.02 的人造花、叶或果实形状的装饰带。

（五）带有揿钮、钩扣及洞眼的带子（酌情归入品目 58.06、83.08 或 96.06）。

（六）拉链（品目 96.07）。

第六十三章　其他纺织制成品；成套物品；旧衣着及旧纺织品；碎织物

注释：

一、第一分章仅适用于各种纺织物制成的物品。

二、第一分章不包括：

（一）第五十六章至第六十二章的货品；或

（二）品目 63.09 的旧衣着或其他旧物品。

三、品目 63.09 仅适用于下列货品：

（一）纺织材料制品：

1．衣着和衣着附件及其零件；

2．毯子及旅行毯；

3．床上、餐桌、盥洗及厨房用的织物制品；

4．装饰用织物制品，但品目 57.01 至 57.05 的地毯及品目 58.05 的装饰毯除外。

（二）用石棉以外其他任何材料制成的鞋帽类。

上述物品只有同时符合下列两个条件才能归入本品目：

1．必须明显看得出穿用过；以及

2．必须以散装、捆装、袋装或类似的大包装形式报验。

总　注　释

本章包括：

一、用任何纺织物（机织物或针织物、毡呢、无纺织物等）制成而且在第十一类其他章或协调制度其他章未具体列名的第一分章（品目 63.01 至 63.07）所列的纺织品。所称“制成的纺织品”，是指符合第十一类注释七定义的制成的物品（参见第十一类总注释第二部分）。

本分章包括网眼薄纱或其他网眼织物、花边或刺绣品制成的物品，不论其是直接制成形的或是用品目 58.04 或 58.10 的网眼薄纱或其他网眼织物、花边织物或刺绣织物制成的。

本分章的物品不因带有毛皮、金属（包括贵金属）、皮革、塑料等制的小饰件或附件而影响其归类；但如果这些材料超出了仅是装饰或附件的范围，则应根据具体情况，按照有关类、章的注释或归类总规则的规定进行归类。

本分章的物品不因带有毛皮、金属（包括贵金属）、皮革、塑料等制的小饰件或附件而影响其归类；但如果这些材料超出了仅是装饰或附件的范围，则应根据具体情况，按照有关类、章的注释（归类总规则一），或归类总规则的其他规定进行归类。

本分章特别不包括：

（一）品目 56.01 的絮胎制品。

（二）品目 56.03 的简单裁切成正方形或长方形的无纺织物（例如，一次性使用的床单）。

（三）品目 56.08 的成品网。

（四）品目 58.04 或 58.10 的成小块图案的花边或刺绣品。

（五）第六十一章或第六十二章的服装及衣着附件。

二、第二分章（品目 63.08）的某些零售包装成套货品，由机织物及纱线组成，不论是否带配件，用于缝绣在小地毯、装饰毯、绣花台布、餐巾或类似纺织品上；

三、第三分章（品目 63.09 或 63.10）所列符合本章注释三定义的旧衣着及其他旧物品，以及新、旧碎织物及废绳等。

第一分章　其他纺织制成品

63.01　毯子及旅行毯：

10 —　电暖毯

20 —　羊毛或动物细毛制的毯子（电暖毯除外）及旅行毯

30 —　棉制的毯子（电暖毯除外）及旅行毯

40 —　合成纤维制的毯子（电暖毯除外）及旅行毯

90 —　其他毯子及旅行毯

毯子及旅行毯是供御寒用的，一般用羊毛、动物毛、棉或化学纤维制成的厚重织物，表面通常有丰厚毛绒。本品目也包括供儿童摇床及童车用的毯子。

旅行毯通常有流苏缘饰（由突出的经纱或纬纱构成），但毯子的边缘通常以缝边或包边加固。

本品目包括成匹织物。这类织物只须沿着漏织纬纱形成的分隔线裁剪即可得到具有成品毯子或旅行毯特征的单件物品。

本品目还包括电暖毯。

本品目不包括：

（一）供动物用的特殊形状毯子（品目 42.01）。

（二）床单及床罩（品目 63.04）。

（三）品目 94.04 的带絮胎或其他填充物的床褥。

63.02　床上、餐桌、盥洗及厨房用的织物制品：

10 —　针织或钩编的床上用织物制品

—　其他印花的床上用织物制品：

21 — — 棉制

22 — — 化学纤维制

29 — — 其他纺织材料制

—　其他床上用织物制品：

31 — — 棉制

32 — — 化学纤维制

39 — — 其他纺织材料制

40 —　针织或钩编的餐桌用织物制品

—　其他餐桌用织物制品：

51 — — 棉制

53 — — 化学纤维制

59 — — 其他纺织材料制

60 —　盥洗及厨房用棉制毛巾织物或类似的毛圈织物的制品

—　其他：

91 — — 棉制

93 —— 化学纤维制
99 —— 其他纺织材料制

本品目的物品通常是用棉花或亚麻制成的，但也有用大麻、苎麻或化学纤维等制成的；一般均可洗涤。它们包括：

一、床上用织物制品，例如，床单、短枕套、长枕套、鸭绒被套及床垫罩。

二、餐桌用织物制品，例如，桌布、桌垫、狭长台布、托盘垫布、台子中心的花饰垫布、餐巾、茶巾、餐巾袋、小垫布、杯垫。

必须注意，某些上述物品（例如用花边、丝绒或锦缎等材料制成的台子中心的花饰垫布）不作为餐桌用织物制品，它们一般归入品目63.04。

三、盥洗用织物制品，例如，洗手或洗脸毛巾（包括环状揩手巾）、浴巾、沙滩巾、方巾及盥洗用手套。

四、厨房用织物制品，例如，擦盘巾及玻璃器皿揩巾。但用粗厚织物制成的擦地板布、擦盘子布、洗碗布、抹布及类似的清洁用布不属于“厨房用织物制品”的范畴，因而不归入本品目（品目63.07）。

除上述四种物品以外，本品目还包括成匹的织物，这些织物只须沿着漏织纬纱形成的分隔线裁剪即可成为单条的流苏饰边的物品（例如，毛巾）。

63.03 窗帘（包括帷帘）及帐幔；帘帷或床帷：

— 针织或钩编的：
12 —— 合成纤维制
19 —— 其他纺织材料制
— 其他：
91 —— 棉制
92 —— 合成纤维制
99 —— 其他纺织材料制

本品目包括：

一、窗帘（包括帷帘），所称“窗帘”，包括轻质透明或半透明的物品，以及厚织物制成的物品，用作窗户、凹舞台等的帘幕。

二、帐幔，这类物品通常为不透明的各种卷帘状遮帘（例如，在列车车厢上用的遮帘）。

三、短帷幔（或门窗帘帷），由条状织物构成，装在窗子上以遮蔽帘子顶端，以及围附在床边供遮蔽和装饰用的床帷。

本品目还包括织成长幅的材料，该材料明显地仅需稍为加工即可成为本品目的制成品（例如，一边加有褶裥的长幅织物，该织物仅需简单地裁剪成需要的长度并经缝边即可成为帘幕）。

本品目不包括室外用的遮阳蓬（品目63.06）。

63.04 其他装饰用织物制品，但品目94.04的货品除外：

— 床罩：
11 —— 针织或钩编的
19 —— 其他
— 其他：
91 —— 针织或钩编的
92 —— 非针织或非钩编的，棉制

93　— —　非针织或非钩编的，合成纤维制

99　— —　非针织或非钩编的，其他纺织材料制

本品目包括除以上各品目及品目94.04所列货品以外的纺织材料制装饰物品，包括家庭、公共场所、剧院、教堂等用的物品，以及用于船舶、列车车厢、航空器、篷车式挂车、汽车等的类似品。

这些物品有：壁布、仪式典礼（例如，婚礼或葬礼）上用的纺织饰物；蚊帐；床罩（不包括品目94.04的床罩）；垫子套、家具套、椅榻防污套；装饰性台布（具有铺地制品特征的除外——参见第五十七章注释一）；壁炉台装饰布；帘幕圈环；挂布（品目63.03的物品除外）。

本品目不包括灯罩（品目94.05）。

63.05　货物包装用袋(+)：

10　—　黄麻或品目53.03的其他韧皮纺织纤维制

20　—　棉制

—　化学纤维材料制：

32　— —　散装货物储运软袋

33　— —　其他，聚乙烯、聚丙烯扁条或类似材料制

39　— —　其他

90　—　其他纺织材料制

本品目包括通常在货物的运输、储存或销售中使用的纺织包装袋。

这些具有不同尺寸及形状的物品主要包括散装货物储运袋，包装煤炭、谷物、面粉、土豆、咖啡用的袋子和其他类似包袋，邮袋和邮寄货样用的小袋子。本品目也包括袋泡茶袋等物品。

本品目不包括用作货物包装的打包布，其布边虽经粗疏地缝合，但仍不构成制成品或半成品的包装袋（品目63.07）。

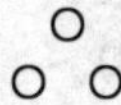

子目注释：

子目6305.32

散装货物储运软袋通常是用聚丙烯或聚乙烯机织物制成，其容量一般在250～3000千克之间。它们可以在袋子上端的四个角上装有吊带，还可以在袋子的顶部和底部设有便于装卸的开启装置。这些袋子一般用于包装、储存、运输及搬运流动性大的干货。

63.06　油苫布、天篷及遮阳篷；帐篷；风帆；野营用品：

—　油苫布、天篷及遮阳篷：

12　— —　合成纤维制

19　— —　其他纺织材料制

—　帐篷：

22　— —　合成纤维制

29　— —　其他纺织材料制

30　—　风帆

40　—　充气褥垫

90　—　其他

本品目包括一系列通常用结实紧密的帆布制成的纺织品。

一、油苫布，用以保护露天堆放或装在船舶、货车上的货物免受恶劣天气影响，一般用涂布或无涂布的化学纤维织物制成或者用厚实帆布（大麻、黄麻、亚麻或棉制的）制成。油苫布具有防水性能，帆布制的还有焦油或化学品处理，使之具有防水或防腐性能。本品一般为矩形片状，四周经缝边并可配有洞眼、绳索、带子等。特殊形状的油苫布（例如，用以遮盖干草堆、小船舱面、卡车等的），如果是平展的也归入本品目。

但本品切勿与用油苫布为材料制成汽车、机器等的特定形状的活动罩套相混淆，也不应与用轻质材料为原料仿照油苫布制品的加工方法制成的扁平防护罩相混淆（品目63.07）。

二、风帆，供游艇、赛艇、捕鱼帆船、小型客帆船或其他船艇以及滑行车用。本品是将结实的纺织材料（例如，化学纤维高强力纱制成的织物）裁剪成特定形状后，经缝边制得，通常配有洞眼或其他维系风帆用的索具。

三、天篷、遮阳篷（供商店、咖啡馆等用）。本品通常用结实的素色或条纹帆布安装在卷轴或折叠装置上制成，用以遮挡阳光。本类物品即使配有杠架（例如，某些遮阳篷）仍应归入本品目。

四、帐篷，即用从轻质到相当厚重的各种化学纤维、棉或混纺织物（不论是否涂布、包覆或层压）或用帆布制成的遮蔽物。本品通常具有单层或双层的顶及边或壁（单层或双层帐篷），从而构成与外界相隔的空间。本品目包括各种规格及形状的帐篷，例如，大帐篷、军用帐篷、野营帐篷（包括背包式帐篷）、马戏团帐篷或沙滩帐篷。这类物品不论在报验时是否配有支柱、桩钉、牵索或其他配件均归入本品目。

类似帐篷结构的大篷车车篷也可视为帐篷对待。它们一般用化学纤维织物或厚帆布制成，具有三面篷壁和一面篷顶，用以增加大篷车的居住空间。

本品目不包括品目66.01的伞形帐篷。

五、野营用品。本组包括帆布桶、水袋、盥洗盆；铺地布；充气床垫、充气枕、充气座垫（品目40.16的物品除外）；吊床（品目56.08的物品除外）。

本品目不包括：

（一）背包、背囊及类似容器（品目42.02）。

（二）装有衬垫的睡袋及填充褥垫、枕头及座垫（品目94.04）。

（三）儿童用的室内或室外玩具帐篷（品目95.03）。

63.07 其他制成品，包括服装裁剪样：

10 — 擦地布、擦碗布、抹布及类似擦拭用布

20 — 救生衣及安全带

90 — 其他

本品目包括第十一类其他品目或协调制度其他章未具体列名的用任何纺织材料制成的物品。

本品目主要包括：

一、擦地布、擦碗布、抹布及类似擦拭用布（不论是否浸有清洁剂，但品目34.01或34.05的物品除外）。

二、救生衣及安全带。

三、服装裁剪样，通常以硬帆布制成，也有将各部分裁样粗略缝合成服装样子的。

四、旗帜（含三角旗及横幅），包括娱乐、节日庆典及其他方面用的旗布。

五、家用洗衣袋、鞋囊、袜袋、手帕袋、拖鞋袋、睡衣裤套及类似物品。

六、服装袋（轻便衣橱），但品目42.02所列的物品除外。

七、汽车、机器、手提箱、网球拍等用的罩套。

八、扁平防护罩（品目63.06的油苫布及铺地布除外）。

九、织物制的咖啡过滤袋、冰袋等。

十、擦鞋垫（品目34.05的物品除外）。

十一、充气软垫（品目63.06的野营用品除外）。

十二、茶壶保暖罩。

十三、针垫。

十四、鞋靴、妇女紧身胸衣等的端头经嵌套的绑带，但端头经嵌套的纺织纱线或绳索构成的带子除外（品目56.09）。

十五、虽用于缚缠腰部，但不具有品目62.17腰带特征的带子，例如，各种职业用带（如电工、飞行员、跳伞人员等用的带子）；以及网状运送带和类似品（具有鞍具或挽具特征的带子除外——品目42.01）。

十六、便携式婴儿床、轻便摇篮及类似的携带幼儿用品。

但婴儿座具（例如，用于挂在轿车座背上的）不归入本品目（品目94.01）。

十七、雨伞或阳伞的罩套。

十八、用织物做扇面，任何材料做骨架制成的扇子及手携式面罩，以及单独报验的织物蒙面。但以贵金属为骨架制成的扇子及手携式面罩应归入品目71.13。

十九、用作货物包装的打包布，打包后其各边粗疏缝合，但不构成品目63.05的成品或半成品包装袋。

二十、裁剪成矩形的奶酪包布，其经纱的线头经打结以防止松散（在裁剪成形供使用前需经进一步加工的成匹奶酪包布应作为布匹归类）。

二十一、雨伞、阳伞、手杖等的饰件；系于剑柄的带结及类似品。

二十二、外科医生在手术时所戴的织物面罩。

二十三、由多层无纺织物构成但不可更换过滤层的防尘、隔味口罩，不论是否经活性碳处理或中间夹有一层合成纤维。

二十四、非作服饰用的玫瑰花结（例如，作为比赛获胜奖励的大红花）。

二十五、经过某些加工（例如，缝边或形成领口）的纺织物片，准备用于制衣，但还未加工成服装或服装零件的。

二十六、第九十章注释一第（二）款所述的关节（例如，膝、踝、肘或腕）或肌肉（例如，大腿肌肉）承托物品，但归入第十一类其他品目的货品除外。

二十七、无纺织物制品，已裁剪成特定形状，一面涂有粘合剂，其上面贴有一层保护粘合面用的纸或其他材料，用以贴于乳房下部，以塑造胸形。

除上述制成品以外，本品目还包括符合第十一类注释七制成品定义，但又不归入第十一类其他品目的成段织物制品，例如，门窗用的织物制挡风帘（包括填有絮胎的挡风帘）。

本品目不包括本章或第五十六章至第六十二章各品目已具体列名的纺织品，也不包括下列物品：

（一）各种动物用的鞍具及挽具（品目42.01）。

（二）旅行用品（旅行箱、背囊等）、购物袋、盥洗品盒等以及所有品目42.02的类似容器。

（三）印刷品（第四十九章）。

（四）品目58.07、61.17或62.17的标签、徽章及类似物品。

（五）针织的束发带（品目61.17）。

（六）品目63.05的包装用袋。

（七）第六十四章的鞋靴、鞋靴零件（包括活动鞋垫）及其他物品（绑腿、鞋罩、护腿等）。

（八）第六十五章的帽类及其零、配件。

（九）雨伞及阳伞（品目 66.01）。

（十）人造花、叶或果实及其部分品，以及以这类货品制成的物品（品目 67.02）。

（十一）充气舟、筏及其他船艇（品目 89.03）。

（十二）量尺（品目 90.17）。

（十三）表带（品目 91.13）。

（十四）第九十五章的玩具及游戏、娱乐用品等。

（十五）拖把（品目 96.03）、手筛（品目 96.04）及粉扑（与 96.16）。

（十六）品目 96.19 的卫生巾（护垫）及止血塞、婴儿尿布及尿布衬里和类似品。

第二分章　成套物品

63.08　由机织物及纱线构成的零售包装成套物品，不论是否带附件，用以制作小地毯、装饰毯、绣花台布、餐巾或类似的纺织物品

本品目的成套物品是供手工针绣、制毯等用的。

它们至少由一幅机织物（例如，不论是否印有刺绣图样的网形粗布）与不论是否裁成一定长度的纱线（绣花丝线、毯绒纱线等）组成。这些物品也可以带有如针、钩之类的附件。

上述机织物可呈任何形状，还可经过某些加工（例如，用于制造手工针绣嵌花装饰毯的镶边网形粗布）。但必须注意，这类机织物应保持原材料特征，仍需进一步加工，不得是无需作任何加工即可使用的“制成品”（例如，准备用一些刺绣图案装饰的缝边台布）。

还须注意，归入本品目的成套物品报验时必须是零售包装的。

本品目不包括不论是否裁剪成形、用于制造服装的成套机织物；这类物品应归入其各自所属的适当品目中。

第三分章　旧衣着及旧纺织品；碎织物

63.09　旧衣物

归入本品目的以下第（一）及（二）项所列物品必须同时符合本注释下列一、二两款所述条件。如不符合该两款条件，则应归入其所属的适当品目中。

一、必须明显看得出穿用过的，不论其在使用前是否要经清洗或缝补。

织造、印染等过程产生有疵点的新衣物及在商店弄脏的衣服不归入本品目。

二、必须以散装（例如，装于铁路货车中）、捆装、袋装或类似大包装形式报验的，或者以没有外包装的大捆装或凌乱地塞装在板条箱内报验的。

这类物品通常是以大宗货物形式成交，一般供转手销售，其包装往往不象新衣物那样认真仔细。

本品目仅包括符合以上两项条件的下列限定货品：

（一）用第十一类纺织材料制成的下列物品：衣着及衣着附件（例如，服装、披巾、领巾、长统袜、短袜、手套及衣领），毯子及旅行毯，家用织物制品（例如，床单及台布），以及装饰织物（例如，帘幕及桌罩），本品目也包括衣着及衣着附件的零件。

但本品目不包括第五十七章或品目 58.05 的装饰品（地毯及其他纺织铺地制品，例如，“开来姆”、“苏麦克”、“卡拉马尼”和其他类似的手织地毯及装饰毯），即使是明显看得出已经用旧的，不论其为何种包装；也不包括第九十四章，特别品目 94.04 的物品（弹簧床垫；装有弹簧或内部填塞、衬垫的寝具及类似用品，例如，褥垫、棉被、羽绒被、靠垫、坐垫、枕头），不论其新旧程度及包装如何。

（二）除石棉以外，用其他任何材料（例如，皮革、橡胶、纺织材料、植物茎秆或塑料）制成的各种鞋靴及帽类。

所有其他旧物品（例如，包装、油苫布、帐篷及野营用品）均不归入本品目，而应按新物品的相应品目进行归类。

63.10　新或旧的破、碎织物，线、绳、索、缆的废、碎料以及线、绳、索、缆或纺织材料的破旧制品(+)：

10　—　　经分拣的

90　—　　其他

一、碎纺织物（包括针织物、钩编织物、毡呢或无纺织物）。这类物品包括不能再清洁或修补的旧损、脏污、破碎的装饰物、衣着或其他旧纺织品，以及新织物的小碎料（例如，裁缝时剪裁下的碎料）。

二、用过或未用过的废线、绳、索或缆（例如，在线、绳、索、缆及其制品的制造过程中产生的废料），以及旧线、绳、索或缆和这类材料的破旧制品。

归入本品目的这些产品必须是旧损、脏污、破碎或小片状的。它们一般只适于供回收（例如，拉松）其纤维（一般供再纺），以及用于制造纸张或塑料、抛光材料（例如，抛光轮）或者作为工业生产上用的揩布（例如，机器揩布）。

所有其他的纺织废碎料及下脚料均不归入本品目。这些其他废碎料及下脚料主要有：在生产针织物或钩编织物过程中产生的缠结纱、拆散破旧针织品或钩编织品而得的缠结纱；任何其他纺织纱线或纤维的废料或下脚料（包括从旧褥垫、坐垫、床罩等的填塞料所得的）；以及回收纤维。这些产品应归入第五十章至第五十五章的有关“废料”或“回收纤维”的品目中。

本品目也不包括在织造、印染过程中产生有疵点但不符合以上条件的织物，这些织物应按相应的新织物归入有关品目。

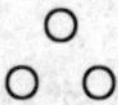

子目注释：

子目 6310.10

品目 63.10 所称“经分拣的”产品，是指已根据某些标准进行分类的产品，或已按不同种类的纺织产品（例如，同一性质或同一纺织材料的货品、同一纺织材料的绳、同一颜色的新的裁剪碎料）分类的产品。

第十二类　鞋、帽、伞、杖、鞭及其零件；已加工的羽毛及其制品；人造花；人发制品

第六十四章　鞋靴、护腿和类似品及其零件

注释：

一、本章不包括：

（一）易损材料（例如，纸、塑料薄膜）制的无外绱鞋底的一次性鞋靴罩或套。这些产品应按其构成材料归类；

（二）纺织材料制的鞋靴，没有用粘、缝或其他方法将外底固定或安装在鞋面上的（第十一类）；

（三）品目 63.09 的旧鞋靴；

（四）石棉制品（品目 68.12）；

（五）矫形鞋靴或其他矫形器具及其零件（品目 90.21）；或

（六）玩具鞋及装有冰刀或轮子的滑冰鞋；护胫或类似的运动防护服装（第九十五章）。

二、品目 64.06 所称"零件"，不包括鞋钉、护鞋铁掌、鞋眼、鞋钩、鞋扣、饰物、编带、鞋带、绒球或其他装饰带（应分别归入相应品目）及品目 96.06 的钮扣或其他货品。

三、本章所称：

（一）"橡胶"及"塑料"，包括能用肉眼辨出其外表有一层橡胶或塑料的机织物或其他纺织产品；运用本款时，橡胶或塑料仅引起颜色变化的不计在内；以及

（二）"皮革"，是指品目 41.07 及 41.12 至 41.14 的货品。

四、除本章注释三另有规定的以外：

（一）鞋面的材料应以占表面面积最大的那种材料为准，计算表面面积可不考虑附件及加固件，例如，护踝、裹边、饰物、扣子、拉襻、鞋眼或类似附属件；

（二）外底的主要材料应以与地面接触最广的那种材料为准，计算接触面时可不考虑鞋底钉、铁掌或类似附属件。

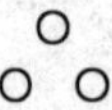

子目注释：

子目 6402.12、6402.19、6403.12、6403.19 及 6404.11 所称"运动鞋靴"，仅适用于：

一、带有或可装鞋底钉、止滑柱、夹钳、马蹄掌或类似品的体育专用鞋靴；

二、滑冰靴、滑雪靴及越野滑雪用鞋靴、滑雪板靴、角力靴、拳击靴及赛车鞋。

总　注　释

除某些货品（尤其是本总注释末所列货品）以外，本章包括品目 64.01 至 64.05 所列的各种类型的鞋靴（包括套鞋），不论其形状及尺寸如何或其式样是否适于专门用途，也不论其制造方法如何和用何种材料制成。

本章所称的“鞋靴”，不包括用易损材料（纸、塑料薄膜等）制成的无外绱鞋底的一次性鞋靴罩或套。这些产品应按其构成材料归类。

一、鞋靴的范围，从鞋面仅由数条长短可调的条、带构成的凉鞋到长靴（鞋面盖过小腿及大腿，并可带有搭扣带等以便将靴统扣于腰间，防止滑下）不等。本章包括：

（一）供日常室内或室外穿着的平跟鞋或高跟鞋。

（二）短统靴、中统靴、高统靴及长靴。

（三）各种类型的凉鞋、布面便鞋（帆布做面，植物编结材料做底的鞋）、网球鞋、旅游鞋、洗浴用拖鞋及其他便鞋。

（四）带有或可装鞋底钉、止滑柱、夹钳、马蹄掌或类似品的体育专用运动鞋靴、滑冰靴、滑雪靴及越野滑雪用鞋靴、滑雪板靴、角力靴、拳击靴及赛车靴（参见本章子目注释）。

但装有冰刀或轮子的滑冰鞋不归入本品目（品目 95.06）。

（五）舞蹈鞋。

（六）居室用鞋靴（例如，卧室用拖鞋）。

（七）整件成形的鞋靴，特别是用橡胶或塑料模注而成或用一块木头雕刻而成的鞋靴。

（八）其他专门用于防油、防脂、防化学品或保暖的鞋靴。

（九）套穿在其他鞋靴之上的套鞋，某些鞋靴是无跟的。

（十）带有外绱鞋底的一次性鞋靴，一般仅适于一次性使用。

二、本章包括的鞋靴可用除石棉以外的任何材料制成（橡胶、皮革、塑料、木材、软木，包括毡呢及无纺织物在内的纺织品、毛皮、编织材料等），还可带有任何比例的第七十一章所列材料。

但在本章范围内，鞋靴要按构成其外底及鞋面的材料分别归入品目 64.01 至 64.05。

三、品目 64.01 至 64.05 所称“外底”，是指鞋靴穿着时与地面接触的部分（附加后跟除外）。归类时应以与地面接触最广的那种外底材料为准。在确定外底的材料时，不考虑部分鞋靴底部所附的配件或加固件〔参见本章注释四（二）〕。这些配件或加固件包括防滑钉、马蹄掌、鞋钉、护掌或类似附属件〔包括一层薄的植绒织物（例如，用于形成一种图案）或适用于鞋底但不嵌入鞋底的可拆卸纺织材料〕。

至于整件成形的无外绱鞋底的鞋靴（例如，木鞋），其外底可不分开，这种鞋靴应考虑按其鞋底表面的材料归类。

四、本章鞋靴归类时必须考虑鞋面的构成材料。鞋面是鞋（靴）底部之上的部分。然而，塑料模制鞋底的某些鞋靴或北美印第安式鞋是用一种材料整件制成鞋底及全部或部分鞋面的，因而其外底及鞋面之间的界线难以区分。在这种情况下，鞋面应包括鞋子覆盖脚侧及脚背的那部分。不同种类的鞋靴，鞋面的大小相差甚远，有的包裹整只脚，甚至整条腿，包括大腿（例如，渔人靴），有的仅有几条带子（例如，凉鞋）。

如果鞋面由两种及两种以上材料构成的，应按占表面面积最大的那种材料归类。计算面积时可不考虑附件及加固件，例如，护踝、防护性或装饰性的条或边、其他饰物（例如，穗缨、绒球或编带）、扣子、拉襻、鞋眼、鞋带或拉链。任何作衬里的材料对归类没有影响。

五、必须注意，本章所称的“橡胶”及“塑料”，包括能用肉眼辨出其外表有一层橡胶或塑料的机织物或其他纺织产品，但橡胶或塑料仅引起颜色变化的不计在内。

六、除以上第五款另有规定的以外，本章所称的“纺织材料制”，包括第五十章至第六十章的纤维、纱线、织物、毡呢、无纺织物、线、绳、索、缆等。

七、本章所称的“皮革”，是指品目 41.07 及 41.12 至 41.14 的货品。

八、未过脚踝的靴或鞋的下部，由外底装于不完整或未制成的鞋面构成，应作为鞋靴而不是作为鞋靴零件归类。这些物品可以仅给鞋围子加装饰边和加一紧固装置即告完成。

本章不包括：

（一）纺织材料制的鞋靴，没有用粘、缝或其他方法将外底固定或安装在鞋面上的（第十一类）。

（二）明显穿用旧的鞋靴，报验时呈散装、大包装、大袋装或类似包装的（品目 63.09）。

（三）石棉鞋靴（品目 68.12）。

（四）矫形鞋靴（品目 90.21）。

（五）玩具鞋及装有冰刀或轮子的滑冰鞋、护胫或类似的运动防护物品（第九十五章）。

64.01　橡胶或塑料制外底及鞋面的防水鞋靴，其鞋面不是用缝、铆、钉、旋、塞或类似方法固定在鞋底上的：

10　—　装有金属防护鞋头的鞋靴

—　其他鞋靴：

92　——　中、短统靴（过踝但未到膝）

99　——　其他

本品目包括外底及鞋面（参见总注释第三、四两款）用橡胶（定义见第四十章注释一）、塑料或能用肉眼辨出其外表有一层橡胶或塑料的纺织材料〔参见本章注释三（一）〕制成的防水鞋靴，但其鞋面不应以本品目所不允许的方法固定在鞋底上。

本品目包括其结构能防止水或其他液体渗透的鞋靴，其品种主要有某种雪靴、高统橡皮套鞋、其他套鞋及滑雪靴。

这些鞋靴即使一部分用本品目所述的某种材料制成而另一部分则用本品目所述的另一种材料制成〔例如，鞋底用橡胶制成，而鞋面则用肉眼可辨其有一塑料外层的机织物制成（运用本款时，仅塑料引起的颜色变化不计在内）〕，仍应归入本品目。

本品目主要包括用以下方法制得的鞋靴：

一、压模法

该方法是将一型芯置入一个装有预成型坯或粒料的鞋模之中，型芯有时用袜状纺织材料包裹，加工后纺织材料形成鞋靴的衬里。

鞋模封合后置于压机的压模板之间进行高温加热。

由于受热，预成型坯或粒料产生了一定粘性，完全充满了型芯及模壁之间的空间，多余的材料自气孔溢出。材料随之硬化（橡胶）或胶凝（聚氯乙烯）。

模压完成后，将鞋从鞋模取出，抽出型芯即可。

二、注射模型法

该方法类似于压模法，所不同的是压模法使用预成型坯或粒料，而注射模型法使用一种以橡胶或聚氯乙烯为基料的混合物，混合物须预热成为粘性体以便注入鞋模。

三、中空模塑法

该方法将浆状的聚氯乙烯或聚苯乙烯注入鞋模，多余的材料自气孔溢出，模内材料胶凝形成一层完整外壳。

四、旋转注塑法

该方法类似于中空模塑法，所不同的是浆状材料在密闭鞋模中旋转成型。

五、浸渍成型法

该方法将热的模浸入浆状材料中（该方法很少用于制鞋工业）。

六、硫化定型法

该方法需要将原料（通常为橡胶或热塑性塑料）和硫磺粉调好并通过压机将其制成平面薄片。把薄片切成（有时压成）各种形状的外底及鞋面零件（例如，鞋头面、后帮、鞋头段等）并稍为加热使其具有粘性。然后通过鞋楦按鞋靴形状将各部分零件粘合成型。粘合成型的鞋靴在鞋楦上进行压制，使各部分零件相互粘牢。产品最后进行硫化。这种方法制成的鞋靴在商业上称为“组合鞋”。

七、粘合硫化法

该方法可一次过将橡胶外底及鞋跟与预制鞋面模制并硫化成型。鞋底与鞋面用粘合剂牢固地粘着，粘合剂在硫化过程中变硬。

八、高频熔接法

该方法不用粘合剂，而是通过加热、加压将材料粘着。

九、胶合法

该方法将事先模制好的或片状材料切成的鞋底用粘合剂与鞋面胶合在一起并加压，然后将产品放干。尽管加压时温度可以升高，但鞋底形状已定，与粘合前无异，其物理性能也决不因此而有丝毫改变。

64.02　橡胶或塑料制外底及鞋面的其他鞋靴：

—　运动鞋靴：

12　——　滑雪靴、越野滑雪鞋靴及滑雪板靴

19　——　其他

20　—　用栓塞方法将鞋面条带装配在鞋底上的鞋

—　其他鞋靴：

91　——　短统靴（过踝）

99　——　其他

本品目包括橡胶或塑料制外底及鞋面的鞋靴，但品目64.01的鞋靴除外。

上述鞋靴即使一部分用本品目所述的某种材料制成而另一部分则用本品目所述的另一种材料制成〔例如，鞋底用橡胶制成，而鞋面则用肉眼可辨其有一塑料外层的机织物制成（运用本款时，仅塑料引起的颜色变化不计在内）〕，仍应归入本品目。

本品目主要包括：

一、数个模制部件用铆钉或类似紧固件铰合而成的滑雪靴。

二、无后帮的拖鞋，其鞋面是整件制成或组合（缝合除外）而成，并且缝于鞋底之上的。

三、条、带交叉于脚背，后帮或后帮带用任何方法附于鞋底的凉鞋。

四、以栓塞方法将鞋皮带塞入鞋底上的孔眼内，使之附于鞋底的皮带型凉鞋。

五、无后跟的木底鞋，鞋面是整件成形的，通常以铆钉将其附于鞋底。

六、整件成形的非防水鞋靴（例如，浴室拖鞋）。

64.03　橡胶、塑料、皮革或再生皮革制外底，皮革制鞋面的鞋靴：

—　运动鞋靴：

12　——　滑雪靴、越野滑雪鞋靴及滑雪板靴

19　——　其他

20　—　皮革制外底，由交叉于脚背并绕大脚趾的皮革条带构成鞋面的鞋

40　—　装有金属防护鞋头的其他鞋靴

—　皮革制外底的其他鞋靴：

51　——　短统靴（过踝）

59 — — 其他

— 其他鞋靴：

91 — — 短统靴（过踝）

99 — — 其他

本品目包括鞋面（参见总注释第四部分）用皮革制成，而鞋底（参见总注释第三部分）用下列材料制成的鞋靴：

一、橡胶（定义参见第四十章注释一）。

二、塑料。

三、能用肉眼辨出其外表有一层橡胶或塑料的机织物或其他纺织产品，但橡胶或塑料仅引起颜色变化的不计在内〔参见本章注释三（一）及总注释第五部分〕。

四、皮革〔参见本章注释三（二）〕。

五、再生皮革（根据第四十一章注释三，再生皮革仅限于以皮革、皮革纤维为基料制成的材料）。

64.04 橡胶、塑料、皮革或再生皮革制外底，用纺织材料制鞋面的鞋靴：

— 橡胶或塑料制外底的鞋靴：

11 — — 运动鞋靴；网球鞋、篮球鞋、体操鞋、训练鞋及类似鞋

19 — — 其他

20 — 皮革或再生皮革制外底的鞋靴

本品目包括鞋面（参见总注释第四部分）用纺织材料制成，而鞋底（参见总注释第三部分）用品目 64.03 所列鞋靴的鞋底相同材料制成的鞋靴（参见品目 64.03 的注释）。

64.05 其他鞋靴：

10 — 皮革或再生皮革制鞋面的

20 — 纺织材料制鞋面的

90 — 其他

除本章注释一及四另有规定的以外，本品目包括用本章以上各品目未列名的一种材料或多种材料制成外绱鞋底及鞋面的所有鞋靴。

本品目主要包括：

一、外底用橡胶或塑料制成而鞋面用橡胶、塑料、皮革、纺织材料以外其他材料制成的鞋靴。

二、外底用皮革或再生皮革制成而鞋面用皮革或纺织材料以外其他材料制成的鞋靴。

三、外底用木、软木、绳或索、纸板、毛皮、纺织物、毡呢、无纺织物、列判诺伦、酒椰纤维、秸秆、丝瓜络等制成的鞋靴。这种鞋靴的鞋面可用任何材料制成。

本品目不包括既未构成鞋靴，也不具有品目 64.01 至 64.05 所列鞋靴基本特征的鞋靴零件组合件（例如，鞋面，不论是否已和内底组合）（品目 64.06）。

64.06 鞋靴零件（包括鞋面，不论是否带有除外底以外的其他鞋底）；活动式鞋内底、跟垫及类似品；护腿、裹腿和类似品及其零件：

10 — 鞋面及其零件，但硬衬除外

20 — 橡胶或塑料制的外底及鞋跟

90 — 其他

一、鞋靴零件（包括鞋面，不论是否带有除外底以外其他鞋底）；活动式鞋内底、跟垫及类似品

本品目包括：

（一）鞋靴的各种零件；这些零件可以用除石棉以外的任何材料制成。

鞋靴零件根据鞋靴的类型或款式不同而形状各异。它们包括：

1. 鞋面零件（鞋头面、鞋头、后帮、靴统、衬里及木屐带），包括切割成鞋面大致形状的制鞋用皮革料件。

2. 硬衬。它可插于后侧帮及衬里之间或鞋头及衬里之间，使鞋靴的这些部分结实硬挺。

3. 内底、中底及外底，包括半底；还包括粘于内底表面的内底片。

4. 拱座或鞋底中腰及中腰件（通常为木、皮革、纤维板或塑料制），装于鞋底形成鞋靴的弯拱形。

5. 各种类型的木、橡胶等制的鞋跟，包括粘上、钉上及旋上式的；鞋跟零件（例如，后跟面）。

6. 用于运动鞋靴的饰钉、鞋底钉等。

7. 既未构成鞋靴，也不具有品目 64.01 至 64.05 所列鞋靴基本特征的鞋靴零件组合件（例如，鞋面，不论是否已和内底组合）。

（二）可在鞋靴内穿用的下列配件（除石棉以外任何材料制成）：活动式鞋内底、护鞋掌（橡胶或涂橡胶织物等制）以及活动式内跟垫。

二、护腿、裹腿和类似品及其零件

这些物品专门用于遮裹全部或部分腿部，有时还遮裹部分足部（例如，脚踝及脚背）。然而它们并不包覆整个足部，故与短袜及长统袜不同。

除石棉以外，它们可用任何材料制成（皮革、帆布、毡呢、针织物或钩编织物等）。

它们包括护腿、裹腿、鞋罩、绑腿、无脚部的“登山袜统”、暖腿套及类似品。

某些上述物品有一条扣带或松紧带，以便扣于脚心上。

本品目还包括明显作为上述物品的零件。

*
* *

本品目也不包括：

（一）一定长度的皮革或再生皮革（品目 42.05）、塑料（第三十九章）或橡胶（第四十章）制的鞋贴边。

（二）护膝及护踝（例如，用松紧带制成，专门用于支撑有病关节的）；这些物品应根据其构成材料归入相应的品目。

（三）婴儿穿着的一件过套裤（紧身裤）；这些衣着穿至腰间，紧裹腿部，有时还把脚整个包住（第六十一章或第六十二章）。

（四）石棉制的鞋靴零件及附件（品目 68.12）。

（五）为专人定做的脚弓支撑用的鞋内底，以及矫形器具（品目 90.21）。

（六）用于体育活动的板球护垫、护胫、护膝及其他防护物品（品目 95.06）。

（七）鞋栓、鞋钉、鞋眼、鞋钩、鞋扣、护掌、编带、绒球、鞋带（分别归入适当品目）、钮扣、揿钮、按扣（品目 96.06）及拉链（品目 96.07）。

第六十五章　帽类及其零件

注释：

一、本章不包括：

（一）品目 63.09 的旧帽类；

（二）石棉制帽类（品目 68.12）；或

（三）第九十五章的玩偶帽、其他玩具帽或狂欢节用品。

二、品目 65.02 不包括缝制的帽坯，但仅将条带缝成螺旋形的除外。

总　注　释

除下列不包括的物品以外，本章包括帽型、帽坯、帽身及帽兜，以及各种各样的帽子，不论其用何种材料制成及用途如何（日用、戏剧用、化妆用、防护用等）。

本章还包括任何材料制成的发网及某些帽类专用的配件。

本章的帽类可带有各种材料（包括第七十一章所列材料）制成的各式各样的装饰物。

本章不包括：

（一）动物用的帽类（品目 42.01）。

（二）披巾、围巾、薄头罩、面纱及类似品（品目 61.17 或 62.14）。

（三）明显穿戴过的帽类，报验时呈散装、大包装、大袋装或类似包装的（品目 63.09）。

（四）假发及类似品（品目 67.04）。

（五）石棉制的帽类（品目 68.12）。

（六）玩偶帽、其他玩具帽及狂欢节用品（第九十五章）。

（七）未装于帽上的各种帽子装饰物（扣子、别针、徽章、羽毛、人造花等）（归入适当的品目）。

65.01　毡呢制的帽坯、帽身及帽兜，未楦制成形，也未加帽边；毡呢制的圆帽片及制帽用的毡呢筒（包括裁开的毡呢筒）

一、毡呢制的帽坯、帽身及帽兜，未楦制成形，也未加帽边。

绒毛毡呢帽坯、帽身及帽兜通常用家兔、野兔、麝鼠、海狸鼠或河狸的软毛制得，毛毡呢帽坯等则通常用羊毛或骆马、骆驼（包括单峰驼）等的毛发制得。有时还将以上材料混合或将这些材料与化学纤维混和后制成帽坯等。

绒毛经过适当处理后，通过吸力使绒毛均匀地分布在一锥形帽模上，而羊毛则是将粗梳纤维绕于一双圆锥形体上（后者是在其最宽部位剪开，即得两个锥形帽坯），经喷撒热水或蒸气后，帽坯从锥形体上摘下。这时的帽坯仍为松散毡合状态（通常不作为国际贸易商品）。它们经过一系列的硬化及收缩工序后成为完全毡合并近似锥形的帽身。

本品目还包括帽身，帽身顶部经拉伸形成圆帽顶，有时各边为平行相对的，但更为常见的是各边向下倾斜的，并有一帽边。后者可与楦制的帽兜区别，因为将其竖起放在一平面上，帽边也不会与帽顶几乎成直角地向外伸出（参见品目 65.05）。本品目的某些未经楦制的帽身、帽兜等有时称为半“开普林”（名为全“开普林”帽的物品需经楦制工序并归入品目 65.05）。

经过擦光、染色或硬挺整理工序不影响有关物品归入本品目。

本品目包括某些名为“西米斯”或头巾毡的很轻、很薄的帽兜。它用于装在硬质帽骨架上。

二、本品目也包括：

（一）毡呢制的圆帽片，首先将其制成宽底锥形，然后拉成直径约 60 厘米的扁平圆片状。这些毡呢圆片通常切割成形，而后缝成帽子形状。军帽或其他制服帽即用这种毡呢缝制而成的。

（二）制帽用的毡呢筒，采用类似于制绒毛毡呢圆锥帽坯的方法通过吸力将其制成圆筒状（高约 40～50 厘米，圆周约 100 厘米），通常用于制女帽。不论其为圆筒状或裁开为矩形，均归入本品目。裁成矩形的毡呢要进一步裁剪成形，以用作帽饰或缝制成帽子。

65.02　编结的帽坯或用任何材料的条带拼制而成的帽坯，未楦制成形，也未加帽边、衬里或装饰物

本品目包括用下列方法制成的帽坯，未楦制成形，也未加帽边、衬里或装饰物的：

一、直接用任何材料的纤维或条带（主要是秸秆、芦苇、棕榈纤维、酒椰纤维、西沙尔麻、纸条、塑料条或木片条）编结而成的。这些材料可采用各种编结方法，包括将一组纤维或条带从帽顶的中心向外射出，与其他纤维或条带交织后螺旋盘绕的“织法”。随着自帽顶中心的距离增大，这种“织法”需要追加向外射出的纤维或条带。或

二、除本章注释二另有规定的以外，用宽度一般不超过 5 厘米的各种材料条带（例如，毡呢或其他纺织物、单丝或塑料制的扁条或其他条带）拼制而成的，通常从帽顶开始将条带螺旋形缝合在一起，其后一圈条带搭着前一圈条带，或将缏条螺旋排列，缏条齿边相互啮合，然后用线将其缝起。

由于采用了条带编结或拼制的方法，本品目的帽坯不同于品目 65.01 的物品，其帽顶与帽边之间通常有一明显的界线，且有时相互几乎成直角。尽管上述帽坯有时直接戴用（例如，在海滩及乡村戴用），但由于未楦制成形，也未加帽边，因而凡未加衬里或饰物的帽坯均应归入本品目。

本品目的帽坯通常不同于已楦制的帽坯，后者由于楦制，其帽顶一般为椭圆形（参见品目 65.04 的注释）。

染色、漂白、修剪或固定缏条突出的边缘等加工以及在漂白、染色等加工后仅为恢复其原形（例如，圆帽口）进行的简单工序不影响产品归入本品目。

但应当注意，本品目所列未楦制的帽坯如果加有衬里或装饰物时，则作为帽子归入品目 65.04 项下。

【65.03】

65.04　编结帽或用任何材料的条带拼制而成的帽类，不论有无衬里或装饰物

本品目主要包括品目 65.02 的帽坯楦制成形后，加有帽边、衬里或装饰物制成的帽类。

帽坯通常先用明胶、浆料、树胶等使之硬挺，而后通过加压或熨烫在帽模上楦制成形。在楦制过程中，帽口按所需尺寸制成椭圆形，帽边的范围也更为明显。

楦制后，帽边按所需形状制成一定式样。

切勿将已楦制的帽坯与未楦制的帽坯（品目 65.02）相混淆，尽管后者有时不加装饰物就直接供戴用（例如，在海滩或乡村戴用）。

帽类在楦制（必要时帽边还需整形）后还可经进一步整理（例如，加衬里、帽圈、帽带、帽颏带，以及人造花、果或叶、帽针及羽毛等装饰性配件）。

除上述物品以外，本品目还包括：

一、女帽厂商用品目 65.02 未楦制及未加边的帽坯制得的各式各样的帽类。

二、用任何材料的条带直接拼制而成的帽类（品目 65.02 的帽坯经螺旋形缝合制成并可直接作帽戴用的除外）。

三、仅经楦制或加边的品目 65.02 的帽坯，以及未楦制成形和未加帽边，但已加衬里或装饰物（带有缎带、索等）的帽坯。

65.05　针织或钩编的帽类，用成匹的花边、毡呢或其他纺织物（条带除外）制成的帽类，不论有无衬里或装饰物；任何材料制的发网，不论有无衬里或装饰物

本品目包括通过针织或钩编（不论是否缩绒或毡合）直接制成的帽类，以及用成匹花边、毡呢或其他纺织物缝制而成的帽类，不论帽类是否加衬里或饰物，也不论织物是否上油、上蜡、涂橡胶或用其他材料浸渍或涂布。

本品目还包括缝制的帽坯，但不包括用缏条或其他条带缝制或其他方法拼制而成的帽坯及帽类（品目 65.04）。本品目也包括用品目 65.01 的帽身、帽兜或毡呢圆帽片制成的毡呢帽类，其中包括简单楦制成形的帽兜以及加有帽边的帽兜。

这些物品不论是否已加衬里或装饰物，均归入本品目。

它们包括：

一、有边帽，不论是否饰有缎带、帽针、带扣、人造花、果或叶、羽毛或其他任何材料的装饰物。

羽毛或人造花制的帽类除外（品目 65.06）。

二、贝雷帽、无边女帽、无沿便帽及类似品。这些帽一般经针织或钩编直接织成，且多数经缩绒（例如，巴斯克贝雷帽）。

三、某些东方式帽类（例如，圆筒形无边毡帽）。它们通常经针织或钩编直接织成，且多数经缩绒。

四、各种无舌尖顶帽（例如，制服帽等）。

五、职业帽或法帽（主教冠、教士的四角帽、学士帽等）。

六、用机织物、花边、网眼织物等制成的，具有明显帽类特征的帽类，例如，厨师帽、修女帽、护士及女服务员的帽子等。

七、用纺织物包覆的软木或木髓防护帽。

八、海员用的防水帽。

九、兜帽。

用于披肩、斗篷等可分开的兜帽，如与有关服装一同报验的，不应归入本品目，而应根据服装的材料归类。

十、大礼帽及夜礼帽。

本品目还包括发网、束发带及类似品。它们可用任何材料制得，通常所用的材料有网眼薄纱或其他网眼织物、针织物或钩编织物、人发。

65.06　其他帽类，不论有无衬里或装饰物：

10　—　安全帽

—　其他：

91　——　橡胶或塑料制

99　——　其他材料制

本品目包括所有不归入本品目以前本章各品目或第六十三章、第六十八章或第九十五章的各种帽类。本品目主要包括安全帽（例如，体育用帽、军事或消防员用的头盔、摩托车驾驶员、矿工或建筑工人用的头盔），不论是否装有防护垫或（对于某些头盔）装有话筒或耳机。

本品目还包括：

一、橡胶或塑料制的帽类（例如，女子游泳帽、兜帽）。

二、皮革或再生皮革制的帽类。

三、毛皮或人造毛皮制的帽类。

四、羽毛或人造花制的帽类。

五、金属制的帽类。

65.07　帽圈、帽衬、帽套、帽帮、帽骨架、帽舌及帽颏带

本品目仅包括下列用于帽类的配件：

一、装在帽顶里边的帽圈。它们通常用皮革制成，但也有用再生皮革、油布或其他涂布织物等制得。只有切成一定长度或经其他加工制成即可装于帽子之上的帽圈，才可归入本品目。帽圈通常带有制帽厂商的名称等。

二、帽衬及帽衬零件，通常用纺织材料制得，但有时为塑料、皮革等制得。它们一般也印有制帽厂商的名称等。

应当注意，用于附在帽顶内部等的标签不归入本品目。

三、帽套，通常用纺织物或塑料制成。

四、帽帮，可用坚挺织物（例如，硬衬布）、纸板、铸纸品、软木、木髓、金属等制得。

五、帽骨架，例如，金属丝骨架（有时用纺织材料或其他材料螺旋缠绕）及夜礼帽用的弹簧骨架。

六、帽舌（例如，用于制服帽或其他帽的）。主要用于遮光的帽檐如装在任何形式的帽类（皇冠件）上的，应按帽类归类，否则应按其构成材料归类。

七、帽颏带，用皮革、纺织物、塑料等制成的窄条或带。它们通常制成可调式，可按需要的长度进行调整。它们也可作为装饰物件。本品目仅包括即可装于帽上的帽颏带。

第六十六章　雨伞、阳伞、手杖、鞭子、马鞭及其零件

注释：

一、本章不包括：

（一）丈量用杖及类似品（品目90.17）；

（二）火器手杖、刀剑手杖、灌铅手杖及类似品（第九十三章）；或

（三）第九十五章的货品（例如，玩具雨伞、玩具阳伞）。

二、品目66.03不包括纺织材料制的零件、附件及装饰品或者任何材料制的罩套、流苏、鞭梢、伞套及类似品。此类货品即使与品目66.01或66.02的物品一同报验，只要未装配在一起，则不应视为上述品目所列物品的组成零件，而应分别归入各有关品目。

66.01　雨伞及阳伞（包括手杖伞、庭园用伞及类似伞）(+)：

10　—　庭园用伞及类似伞

—　其他：

91　——　折叠伞

99　——　其他

本品目包括各种雨伞、阳伞（例如，仪仗用伞、伞式帐篷、手杖伞及带座手杖式伞，露天餐馆、市场、庭园用伞及类似伞），不论其各部分（包括配件及装饰物）用何种材料制成，例如，伞面可用任何纺织物、塑料、纸等制成，还可刺绣，饰以花边、流苏或其他装饰物。但不包括明显专门用作玩具或用于狂欢节的伞（第九十五章）。

手杖伞为一种有一硬套，外表象手杖的物品。

伞式帐篷由一把大伞和一幅“围幕”构成，围幕可以固定在地上（例如，通过桩钉固定的钟罩形帐篷，或通过沙袋在其内部压住围幕的帐篷）。

伞杆（杖）通常是木头、藤枝、塑料或金属制的。伞柄可与杆（杖）材料相同，或全部或部分由贵金属、包贵金属、兽牙、角、骨、琥珀、玳瑁、珍珠母等制成，也可镶有宝石或半宝石（天然、合成或再造）等，还可用皮革或其他材料包覆并可带有穗缨或蝴蝶结。

本品目不包括：

（一）伞套及类似品，不论是否一同报验，但未套在伞上（它们应归入适当品目）。

（二）不具有伞或伞式帐篷特征的海滩帐篷（品目63.06）。

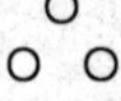

子目注释：

子目6601.10

非手持的固定式伞（例如，固定在地面、台子或支架上的伞）应作为“庭园用伞及类似伞”归类。据此，本子目包括户外座椅、画架、庭园桌、测量台等用的伞及伞式帐篷。

66.02　手杖、带座手杖、鞭子、马鞭及类似品

除下述已列明不包括的货品以外，本品目包括手杖、棍、鞭子（包括铅条鞭）、马鞭及类似品，

不论其用何种材料制成。

一、手杖、带座手杖及类似品

除普通的手杖以外，本组还包括带座手杖（其手柄张开后能形成一座位）、专供残疾人及老人使用的拐杖、童子军棍、牧羊人用的弯柄杖。

本组也包括藤枝或木头经旋切、弯曲或其他加工制成的手杖半成品，但不包括仅粗加修整或车圆，适于制手杖的藤枝或木料（品目 14.01 或第四十四章）。本品目也不包括未制成手柄的坯件（品目 66.03）。

手杖等的柄及杆（杖）部分可用各种材料制成，也可镶有贵金属或包贵金属、宝石或半宝石（天然、合成或再造），还可全部或部分用皮革或其他材料包覆。

二、鞭子、马鞭及类似品

本组包括：

（一）通常由把手及鞭条结合构成的各种鞭子。

（二）通常由把手和短皮革圈（而不是鞭条）构成的马鞭。

所有上述物品可带有任何材料制的蝴蝶结或其他配件。

本品目不包括：

（一）丈量用杖、测量杆及类似品（品目 90.17）。

（二）拐杖及拐棍（品目 90.21）。

（三）火器手杖、刀剑手杖、灌铅手杖及类似品（第九十三章）。

（四）第九十五章的物品（例如，高尔夫球棒、曲棍球杆、滑雪杖、登山用破冰斧）。

66.03　品目 66.01 或 66.02 所列物品的零件及装饰品：

20　—　伞骨，包括装在伞柄上的伞骨

90　—　其他

本品目不包括纺织材料制的零件、附件及装饰品，以及任何材料制的罩套、穗缨、鞭梢、伞套及类似品，它们即使与雨伞、阳伞、手杖等一同报验，只要未装在一起，就应分别归类。除此之外，本品目包括明显为品目 66.01 或 66.02 所列物品的零件、配件及附件。

归入本品目的零、附件等可不考虑其构成的材料（包括用贵金属、包贵金属、天然、合成或再造的宝石或半宝石制成的）。它们包括：

一、用于雨伞、阳伞、手杖、鞭子等的把柄（包括明显为未制成把柄的毛坯）。

二、骨架，包括装在伞杆上的骨架、伞骨及撑杆。

三、雨伞或阳伞的杆（杖），不论是否有把柄。

四、鞭子或马鞭的握把。

五、伞杆滑动件、伞骨头、开杯及梢杯、金属包头、弹簧、项圈、可调整伞面与伞杆角度的装置、大钉、带座手杖的地面板及类似品等。

本品目不包括：

（一）手杖半成品（参见品目 66.02 的注释）。

（二）伞骨及撑杆用的仅切割成一定长度的钢铁管及钢铁型材（第七十二章或第七十三章）。

第六十七章　已加工羽毛、羽绒及其制品；人造花；人发制品

注释：

一、本章不包括：

（一）人发制滤布（品目 59.11）；

（二）花边、刺绣品或其他纺织物制成的花卉图案（第十一类）；

（三）鞋靴（第六十四章）；

（四）帽类及发网（第六十五章）；

（五）玩具、运动用品或狂欢节用品（第九十五章）；或

（六）羽毛掸帚、粉扑及人发制的筛子（第九十六章）。

二、品目 67.01 不包括：

（一）羽毛或羽绒仅在其中作为填充料的物品（例如，品目 94.04 的寝具）；

（二）羽毛或羽绒仅作为饰物或填充料的衣服或衣着附件；或

（三）品目 67.02 的人造花、叶及其部分品，以及它们的制成品。

三、品目 67.02 不包括：

（一）玻璃制品（第七十章）；或

（二）用陶器、石料、金属、木料或其他材料经模铸、锻造、雕刻、冲压或其他方法整件制成形的人造花、叶或果实；用捆扎、胶粘及类似方法以外的其他方法将部分品组合而成的上述制品。

67.01　带羽毛或羽绒的鸟皮及鸟体其他部分、羽毛、部分羽毛、羽绒及其制品（品目 05.05 的货品和经加工的羽管及羽轴除外）

除了某些在其他品目更为具体列名的货物和以下列名不包括的货品以外，本品目包括：

一、带羽毛或羽绒的鸟皮及鸟体的其他部分、羽毛或羽绒、部分羽毛，虽未构成制品，但其加工范围已超出清洗、消毒或防腐的简单处理（参见品目 05.05 的注释），本品目的货品可经漂白、染色、卷曲或成波浪形等加工。

二、用带羽毛或羽绒的鸟皮或鸟体其他部分制成的物品，用羽毛、羽绒或部分羽毛制成的物品，即使所用羽毛或羽绒等未经加工或仅经清洗，但用羽轴或羽管制成的物品除外。据此，本品目包括：

（一）羽管用金属丝或其他材料捆绑用于妇女头饰基座等的单根羽毛，也可由单根羽毛件组合而成的物品。

（二）拼装成簇的羽毛以及用胶或其他方法固定在纺织物或其他基底之上的羽毛或羽绒。

（三）用带羽毛或羽绒的鸟体或部分鸟体制成的装饰品，用于制帽子、围巾、披肩、斗蓬、衣眼或衣着附件的其他制品。

（四）装饰性羽毛制成的扇子，其扇骨可用任何材料制成。但用贵金属制成扇骨的扇子应归入品目 71.13。

本品目不包括羽毛或羽绒仅作为饰物或填充料的衣服及衣着附件。

本品目还不包括：

（一）羽毛或羽绒制的鞋靴（第六十四章）。

（二）羽毛或羽绒制的帽类（第六十五章）。

（三）品目 67.02 的物品。

（四）羽毛或羽绒仅在其中作为填充料或衬垫物的寝具等（品目 94.04）。

（五）第九十五章的物品（例如，羽毛球、羽毛镖或钓鱼浮子）。

（六）已加工的羽管及羽轴（例如，牙签，品目 96.01），羽毛掸帚（品目 96.03）以及用于施敷脂粉或化妆品的羽绒粉扑及粉拍（品目 96.16）。

（七）收藏品（品目 97.05）。

67.02　人造花、叶、果实及其零件；用人造花、叶或果实制成的物品：

10　—　塑料制

90　—　其他材料制

本品目包括：

一、用各种零件组装（通过捆扎、胶粘、相互装镶或类似方法组装）制得，形状酷似天然产品的人造花、叶及果实。本类还包括按人造花等相同的制作方法制成的人造花、叶或果实形状的传统艺术品。

二、人造花、叶或果实的零件（例如，雌蕊、雄蕊、子房、花瓣、花萼、叶及茎）。

三、用人造花、叶及果实制成的物品（例如，花束、花环、花圈、植物）及用人造花、叶或果实制得的装饰或观赏用的其他物品。

本品目包括用大头针或其他小紧固件固定的人造花、叶或果实。

本品目的物品主要用作装饰（例如，在住宅或教堂内装饰）或作为帽、衣着等的饰物。

除下列不包括的物品以外，这些物品可由纺织材料、毡呢、纸、塑料、橡胶、皮革、金属箔片、羽毛、贝壳或其他动物质材料等制成，（例如，海生动物材料制的人造叶，用经特别加工及染色的水螅或苔藓虫柔软尸体制成）。所有这些物品如果符合以上规定，不论其加工程度如何，均应归入本品目。

本品目不包括：

（一）品目 06.03 或品目 06.04 的天然花、叶（例如，染色、涂银色或金色的）。

（二）花边、刺绣品或其他纺织物制成的花卉图案，尽管它们可用作衣着的装饰物，却不是以人造花制作方法制成的〔即将各种零件（花瓣、雄蕊、茎等）用金属丝、纺织材料、纸、橡胶等捆扎，用胶粘合或用类似方法组合而成的〕（第十一类）。

（三）人造花或叶制成的帽类（第六十五章）。

（四）玻璃制品（第七十章）。

（五）用陶瓷、石料、金属、木头等经模塑、锻造、雕刻、冲压或其他方法整件制成形的人造花、叶或果实；或者用捆扎、胶粘、相互装镶及类似方法以外的其他方法将零件组合而成的人造花、叶或果实。

（六）简单切成一定长度并用纺织材料、纸等包覆，用于制造人造花等的茎的金属丝（第十五类）。

（七）明显作为玩具或狂欢节用品的物品（第九十五章）。

67.03　经梳理、稀疏、脱色或其他方法加工的人发；作假发及类似品用的羊毛、其他动物毛或其他纺织材料

除经简单洗涤、清洁或按长度分拣（但未按发根和发梢整理）的人发及废人发（品目 05.01）以外，本品目包括经梳理或其他方法加工（例如，稀疏、脱色、染色、成波纹形或卷曲的人发）后用于制须发（例如，制造假发、卷发或假辫）或其他物品的人发。

所称“梳理”，包括将每根头发按发根和发梢进行整理。

本品目也包括用于制假发及类似品或玩偶头发的羊毛、其他动物毛（例如，牦牛毛、安哥拉山羊毛、西藏山羊毛）及其他纺织材料（例如，化学纤维）。经加工作上述用途的产品主要有：

一、通常为羊毛条或其他动物毛条在两条平行的细绳上交织，外观象一缠条的物品。这些物品（称为“绉纱带”）报验时一般有相当的长度，重约1千克。

二、制成小束的波纹（卷曲）纺织纤维条，每束为14～15米长，重约500克。

三、用经整体染色的化学纤维对折成簇，在折叠的两端用约2毫米宽的纺织纱线机织编带捆在一起的“纬纱”。这些“纬纱”外观象一长段流苏。

成团、成丝束状或经纺前加工的羊毛、其他动物毛或其他纺织纤维应归入第十一类。

67.04 人发、动物毛或纺织材料制的假发、假胡须、假眉毛、假睫毛及类似品；其他品目未列名的人发制品：

— 合成纤维纺织材料制：

11 — — 整头假发

19 — — 其他

20 — 人发制

90 — 其他材料制

本品目包括：

一、用人发、动物毛或纺织材料制的各种毛发制品。这些制品包括假发、假胡须、假眉毛、假睫毛、假辫子、假卷发、假发髻及类似品。它们通常是精工制作的，用于个人打扮或用于专业工作（例如，戏剧用假发）。

这类物品不包括：

（一）玩偶用假发（品目95.03）。

（二）通常用低档材料和粗劣手工制成的狂欢节用品（品目95.05）。

二、其他品目未列名的人发制品，特别是人发制的某种轻质机织材料。

这类物品不包括：

（一）品目59.11的毛发制滤布。

（二）发网（品目65.05）

（三）毛发制的手用筛（ 品目96.04）。

第十三类　石料、石膏、水泥、石棉、云母及类似材料的制品；陶瓷产品；玻璃及其制品

第六十八章　石料、石膏、水泥、石棉、云母及类似材料的制品

注释：

一、本章不包括：

（一）第二十五章的货品；

（二）品目48.10或48.11的经涂布、浸渍或覆盖的纸及纸板（例如，用云母粉或石墨涂布的纸及纸板、沥青纸及纸板）；

（三）第五十六章或第五十九章的经涂布、浸渍或包覆的纺织物（例如，用云母粉、沥青涂布或包覆的织物）；

（四）第七十一章的物品；

（五）第八十二章的工具及其零件；

（六）品目84.42的印刷用石板；

（七）绝缘子（品目85.46）或绝缘材料制的零件（品目85.47）；

（八）牙科用磨锉（品目90.18）；

（九）第九十一章的物品（例如，钟及钟壳）；

（十）第九十四章的物品（例如，家具、灯具及照明装置、活动房屋）；

（十一）第九十五章的物品（例如，玩具、游戏品及运动用品）；

（十二）用第九十六章注释二（二）所述材料制成的品目96.02的物品或品目96.06的物品（例如，钮扣）、品目96.09的物品（例如，石笔）或品目96.10的物品（例如，绘画石板）；或

（十三）第九十七章的物品（例如，艺术品）。

二、品目68.02所称"已加工的碑石或建筑用石"，不仅适用于已加工的品目25.15、25.16的各种石料，也适用于所有经类似加工的其他天然石料（例如，石英岩、燧石、白云石及冻石），但不适用于板岩。

总注释

本章包括：

一、加工程度超出第二十五章注释一所列范围的该章各种产品。

二、第二十五章注释二（五）所列该章不包括的产品。

三、用第五类的矿物原料制成的某些货品。

四、用第二十八章的某些材料制成的货品（例如，人造研磨料）。

上述第三或第四类所述的某些货品可用粘合剂粘聚，也可含有填料或用其他材料加强，对于研磨料或云母，还可用纺织材料、纸、纸板或其他材料作衬背或支承。

这些产品和制成品大都是通过加工（例如，成形、模制），改变了原来形状，但没有改变其原料的性质。有些货品是通过粘聚加工制得的（例如，沥青制品或砂轮等某些物品，砂轮是将粘合材料玻璃化粘聚研磨料而成的）；其他一些货品则是在高压釜内硬化而成的（灰砂砖）。本章还包括经过加工后，原材料起了根本变化的某些货品（例如，经熔炼而成的矿渣棉、熔化玄武岩等）。

*

* *

泥土经预制成形后烧制而成的物品（即陶瓷制品）通常归入第六十九章，但品目68.04的陶瓷研磨制品除外。玻璃及玻璃器，包括玻璃陶瓷制品、熔融石英制品或其他熔融硅石制品，应归入第七十章。

除随后各品目注释分别列明不包括的某些货品外，本章还不包括下列物品：

（一）第七十一章的钻石、其他宝石、半宝石（天然、合成或再造）及其制品和所有其他物品。

（二）品目84.42的印刷用石板。

（三）经过钻孔或其他加工明显用作控制板的镶板（例如，板岩板、大理石板、石棉水泥板）（品目85.38）；及品目85.46或85.47的绝缘子和绝缘零件。

（四）第九十四章的物品（例如，家具、灯具及照明装置、活动房屋）。

（五）玩具、游戏品及运动用品（第九十五章）。

（六）经加工或制成物品形状的第九十六章注释二（二）所列的矿物雕刻材料（品目96.02）。

（七）第九十七章的雕塑品原件和收藏家的收藏品和古物。

68.01　天然石料（不包括板岩）制的长方砌石、路缘石、扁平石

本品目包括通常用于铺路面、铺路缘、铺人行道及类似用途并且已加工成形的天然石料（例如，砂岩、花岗岩、斑岩），但板岩除外。这些石料即使可作其他用途的仍应归入本品目。圆石子、卵石或未经成形加工的类似铺路石料应归入品目25.17。

本品目的产品是用手工或机械将石料切割、粗劈或切成块状制得的。砌石及扁平石的石面通常是矩形（包括正方形）的，但扁平石按其长度和宽度之比，厚度要薄些。砌石略呈立方形或斜截棱锥形。路缘石可以是直的，也可以是弯的，其横截面通常是矩形（正方形除外）的。

本品目包括形状明显为砌石、路缘石或扁平石的石料，即使它们只是简单地劈成、锯成或粗切成方制成的。本品目还包括经过修琢、凿毛、砂磨、打磨、圆边、切斜角和制榫的石料及经专门加工适于某些铺路特殊需要的石料（例如，制成适于街道排水或车库出口通道用的特别形状的路缘石）。

本品目不包括用混凝土或人造石制成的路缘石等（品目68.10）及陶瓷制的地砖（第六十九章）。

68.02　已加工的碑石或建筑用石（不包括板岩）及其制品，但品目68.01的货品除外；天然石料（包括板岩）制的镶嵌石（马赛克）及类似品，不论是否有衬背；天然石料（包括板岩）制的人工染色石粒、石片及石粉：

10　—　砖、瓦、方块及类似品，不论是否为矩形（包括正方形），其最大表面积以可置入边长小于7厘米的方格为限；人工染色的石粒、石片及石粉

—　简单切削或锯开并具有一个平面的其他碑石或建筑用石及其制品：

21　——　大理石、石灰华及蜡石

23　——　花岗岩

29　——　其他石

— 　其他：
91 — — 大理石、石灰华及蜡石
92 — — 其他石灰质石
93 — — 花岗岩
99 — — 其他石

本品目包括经加工的天然碑石或建筑用石（不包括板岩），其加工程度超出第二十五章所列正常采石场产品的范围的。但在协调制度其他品目更为具体列名的某些货品不归入本品目，这些物品的具体例子，参见本注释末尾及本章的总注释。

本品目包括的石料，除经劈、锯、粗切成块、片、板状（石面为方形或长方形）以外，还须经过进一步加工。

因此本品目包括石匠、雕刻家等制作的下列形状石料：

一、粗锯坯件；非矩形薄板（具有一个或多个三角形、六角形、梯形、圆形等切面的）。

二、各种形状的石料（包括石块、石板或石片），不论是否已为制成品形状的。这些石料可经浮饰（即通过磨平边缘，但留下粗糙隆突的石面使其具有岩石表面的一种处理方法），用镐、锤、凿等修琢，用蓖式石凿等开出石沟，刨平、砂磨、打磨、抛光、切斜角、模制、车削、饰面、雕刻等加工。

本品目不仅包括经上述加工的建筑用石料（包括饰面石板），还包括制成品，例如，梯级、挑檐、三角檐饰、栏杆、梁托和支柱；门窗框架及过梁；门槛；壁炉台；窗台；门口石阶；墓碑；界石及里程碑、系缆柱；全景展示板（上釉或未上釉的）；护柱及护块；洗涤槽、水槽、喷水池；捣碎机用石球；花盘；圆柱、柱脚及柱头；雕像及其垫座；深或浅浮雕品；十字架；动物雕像；碗、花瓶、杯子；口香片盒；写字用具；烟灰缸；镇纸；人造水果及叶子等。用石料与其他材料合制的装饰物可作为首饰或仿首饰、金器或银器归类（参见第七十一章的注释）；以石料为主要材料制成的其他装饰性货品一般应归入本品目。

制成家具（餐具柜、脸盆架、桌子等）台面的石板，如果与各件家具（不论是否组装）一起报验并明显属于该家具一部分的，应归入第九十四章；但单独报验的仍归入本品目。

经加工的碑石或建筑用石制品通常是用品目25.15或25.16的石料制成的，但也可用除板岩以外的其他任何天然石料（例如，石英岩，白云石，燧石，冻石）制成。例如，冻石既可用于有耐热和耐化学腐蚀要求的工业建筑工程（如用于同流换热炉），也可用于纸浆制造设备和化工设备。

本品目也包括供各种地板或墙壁铺面用的小块镶嵌砖及类似的大理石砖，无论是否用纸或其他材料作衬背；还包括人工染色的大理石或其他天然石料（包括板岩）的颗粒片屑及粉末（例如，用于商店橱窗展览）。但未经处理的卵石、石粒、石片屑和染色的天然砂应归入第二十五章。

用水泥或其他粘合剂（例如，塑料）粘聚天然石料块制成的石板、砖瓦之类的物品及模制和粘聚石粉或石粒制成的小塑像、柱子、杯子等物品，应作为人造石制品归入品目68.10。

本品目不包括：

（一）经加工的板岩和板岩制品，但镶嵌砖及类似品除外（品目68.03、96.09和96.10）。

（二）熔融玄武岩制成的物品（品目68.15）。

（三）用冻石烧制而成的物品（第六十九章或第八十五章）。

（四）仿首饰（品目71.17）。

（五）第九十一章的物品（例如，钟和钟壳及其零件）。

（六）灯具、照明装置及其零件（品目94.05）。

（七）石钮扣（品目96.06）及品目95.04或96.09的粉笔。

（八）雕塑品原件（品目97.03）。

68.03 已加工的板岩及板岩或粘聚板岩的制品

天然板岩，如果为天然块状，或经劈、锯、粗切制成块、板、片状的，均归入品目 25.14。本品目也包括类似产品，但加工程度更高〔例如，锯或切成矩形（包括正方形）以外的形状，打磨、抛光、切斜角、钻孔、涂清漆、涂瓷釉、模制或作其他装饰〕。

本品目主要包括经抛光或其他加工的物品，例如，墙砖、石板（用于铺路、建房、建化学设备等）；石槽、石池、石盆、洗涤石槽；石制明沟；壁炉台。

本品目还包括明显用于铺屋顶、贴墙面或作防潮层用的板岩，这些板岩有的是特殊形状（多边形、圆形等）的，有的是矩形（包括正方形）的。

粘聚的板岩制品也包括在本品目内。

本品目不包括：

（一）未经人工染色的板岩粒、屑片及粉末（品目 25.14）。

（二）镶嵌砖及类似品，人工染色的板岩粒、屑片及粉末（品目 68.02）。

（三）石笔（品目 96.09）、书写或绘画用的板岩板，不论是否镶框（品目 96.10）。

68.04 未装支架的石磨、石碾、砂轮和类似品及其零件，用于研磨、磨刃、抛光、整形或切割，以及手用磨石、抛光石及其零件，用天然石料、粘聚的天然磨料、人造磨料或陶瓷制成，不论是否装有由其他材料制成的零件(+)：

10 — 碾磨或磨浆用石磨、石碾

— 其他石磨、石碾、砂轮及类似品：

21 — — 粘聚合成或天然金刚石制

22 — — 其他粘聚磨料制或陶瓷制

23 — — 天然石料制

30 — 手用磨石及抛光石

本品目主要包括：

一、通常规格较大的石磨和石碾，用于压碎、磨碎、制浆等〔例如，碾磨谷物（由上下两件构成）、将木料、石棉等物磨成浆状、造纸及混合颜料等用的石碾〕。

二、刀具、工具等磨刃用的磨石，装于手摇、脚踏或电动机器上的。

上述两项所列石磨、石碾和磨石通常是扁平的、圆筒形的或截头圆锥形的。

三、砂轮、磨头、磨盘、磨齿等，装于机床、电动手工工具或气动手动工具上，用于修整、抛光、磨刃、修正，有时也用以切割金属、石料、玻璃、塑料、陶瓷、橡胶、皮革、贝壳、象牙等。

除有些切割磨盘直径较大以外，这些物品通常比前两项所述物品小得多。它们形状各异（例如，扁平状、锥形、球形、盘形、环形、凹槽形及阶梯形）；其边缘可以是平面，也可以是特种形状的。

本品目不仅包括主要由研磨制成的工具，而且还包括在金属柄上只有极小的研磨头的工具和在硬质材料（金属、木、塑料、软木等）芯子上牢固地粘着多层紧密粘聚研磨料的工具（例如，金属等制的切割轮，配有研磨料的轮缘或其轮缘嵌有多组磨头）。本品目还包括珩磨头用的研磨件，不论其是否装有架座，以便固定在珩磨头上。

必须注意，某些研磨工具不归入本品目，而应归入第八十二章。第八十二章仅包括当附上磨料后，所具有的切齿、沟、槽等仍保持其原形和功能的工具（即这些工具不同于本品目的货品，即使不附磨料也能使用）。因此，切齿涂有研磨料的锯子应归入品目 82.02。同样，用以将玻璃片、石英片等切成圆片的顶钻，如果其工作刃未涂研磨料时是光滑的，应归入本品目；如果工作刃口呈锯齿状的（不论是否涂有研磨料），则应归入品目 82.07。

四、带柄或不带柄的抛光石、磨刀石、油石及类似品，直接用手来磨尖、磨快、擦亮或抛光金属或其他材料的。

它们具有各种形状（例如，矩形、梯形、扇形或弓形、刀片状、两头尖的椭圆形等），其横截面可以是方的、三角的、圆的或半圆的。它们也可以是一般由碳化硼粘聚而成的棱形板，作为手工工具用于磨尖、磨快人造磨料制的磨石，有时也附带用于磨快金属工具。

这类磨石主要用以磨快工具和切割工具（例如，刃具、收割机刀片、镰刀、长柄大镰刀、割草机等）或用于磨光金属等。

具有锋利刀口的器具（例如，剃刀或手术刀）是用颗粒特别细腻的石头或板岩制成的油石来磨快，这些磨石在使用前要用水或油湿润。某些磨石（例如，浮石）也用于盥洗、修指甲、修脚甲，还用于擦净、擦亮金属等。

石磨及砂轮等必须基本上用不论是否粘聚的天然石料（例如，砂岩、花岗石、熔岩、燧石、磨砾石、白云石、石英、粗面岩）、粘聚的天然或人造研磨料（例如，金刚砂、浮石、硅藻土、碎玻璃、刚玉、碳化硅、石榴石、金刚石、碳化硼）或陶土（烧过的泥土、耐火泥土或瓷）制成。

粘聚砂轮等是将磨碎的研磨料、石料与陶瓷材料（例如，粘土粉或高岭土粉，有时加有长石）、水玻璃、水泥（特别是含镁水泥）或刚性较差的粘接材料（例如，橡胶、虫胶或塑料）等粘合剂相互混合制成。有时还掺入棉花、尼龙、麻等纺织纤维。然后把上述混合物模制成形，干燥后加热（如以陶瓷作粘合剂的，必要时可加热到玻璃化程度）或熟化（例如，对以橡胶、塑料等作粘合剂的）。成品最后还要经修整成一定尺寸和形状。

制造某些抛光石（油石）所用的研磨粉是要经过洗涤的。

本品目的石磨，特别是用于磨谷或制纸浆的，它们的表面有时起棱纹。这些磨石可以是一整块的，也可以由几件组装而成，可装配有承接窝口、内箍、外箍、平衡块或浆孔，还可配有磨轴，但不得装有支架。装有支架的石磨，如果是手推或脚踏操作的应归入品目 82.05；如果是机动的则应归入第八十四章或第八十五章。

除上述完整的石磨、石碾等以外，本品目还包括明显作为这些物品的坯件；主要由石料、粘聚研磨料或陶瓷制成的上述货品的部分品、成品零件也归入本品目。

本品目不包括：

（一）品目 33.04 的制成块、片或类似形状的芳香料浮石。

（二）将天然或人造研磨粉或粒涂在纺织材料、纸、纸板或其他材料上制成的砂纸、砂布及类似品（品目 68.05），不论这种砂纸、砂布等是否粘于木轮或木条等支座上（例如，钟、表制造工业、机械工程等用的磨光棒）。

（三）牙科用圆头锉（品目 90.18）。

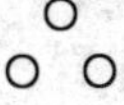

子目注释：

子目 6804.10

本子目的产品是用于磨细物料（例如，谷粒、纸浆、颜料等）的颗粒，而不是对物料进行修整、抛光、磨刃、修正或用其他方法去除部分物料。

碾磨用石磨、石碾

这些产品通常是成对的，有一个圆锥面（一个磨是凹的，另一个是凸的），向着磨心有槽沟，磨碎的谷物可顺磨心流出。

磨浆用石磨、石碾

本品较为大型，一般有好几吨重，用一块石料制成或用几块石料粘合制成，其直径超过1200毫米，厚度超过500毫米。

68.05　砂布、砂纸及以其他材料为底的类似品，不论是否裁切、缝合或用其他方法加工成形：

10　—　砂布

20　—　砂纸

30　—　其他

本品目包括将粉碎的天然或人造研磨料用胶水或塑料粘于纺织材料、纸、纸板、钢纸、皮革或其他材料之上制成的砂纸、砂布及类似品，成卷、剪切成形（片、带、条、盘、弓形等）、线状或绳状的。本品目也包括无纺织物制成的类似品，它是将研磨料均匀分布并用粘合物质固定于纺织纤维之上制成的产品。所用的研磨料包括金刚砂、刚玉、碳化硅、石榴石、浮石、燧石、石英、砂子及玻璃粉。所制成的带、盘等可以缝合、钉合、胶合或用其他方式拼合。本品目包括将砂纸或砂布永久固定在木块或木条等上制成的工具等，例如，磨光棒。但本品目不包括由一个坚实支座（例如，纸板、木、金属制的）及一层密实粘聚研磨料（而不是研磨粉或粒）构成的砂轮，以及类似结构的手工工具（品目68.04）。

本品目的货品主要用于（手工操作或机械操作）金属、木料、软木、玻璃、皮革、橡胶（硬化或非硬化）或塑料的修光或清洁；也用于清漆、真漆表面的磨光；还用于磨尖梳棉机针布。

68.06　矿渣棉、岩石棉及类似的矿质棉；页状蛭石、膨胀粘土、泡沫矿渣及类似的膨胀矿物材料；具有隔热、隔音或吸音性能的矿物材料的混合物及制品，但品目68.11、68.12或第六十九章的货品除外：

10　—　矿渣棉、岩石棉及类似的矿质棉（包括其相互混合物），块状、成片或成卷

20　—　页状蛭石、膨胀粘土、泡沫矿渣及类似的膨胀矿物材料（包括其相互混合物）

90　—　其他

矿渣棉及岩石棉（例如，花岗石、玄武石、石灰岩或白云石的矿质棉）是将一种或多种上述石料加以熔化，一般通过离心作用及用水流或气流将熔液流转换成为纤维而制得。

本品目也包括一种名为“陶瓷纤维”的铝硅酸盐。它由不同比例的矾土和硅石混合熔融后，有时还加入一定量的其他氧化物（例如，氧化锆、氧化铬或氧化硼），通过吹或拉制成纤维。

本品目的矿质棉像品目70.19的玻璃纤维一样，其外表呈羊毛状或纤维状，只是两者的化学成分不同（参见第七十章注释四），矿质棉纤维通常较短，颜色也不够白。

膨胀或页状蛭石是把蛭石（品目25.30）加热，使其极大地膨胀制得，有时加热可使其体积比原来扩大35倍。

本品目包括通过类似热处理制得的膨胀珍珠岩、绿泥石、黑曜岩等。它们一般由质量极轻的球形颗粒构成，经热处理活化的珍珠岩为闪闪发亮的微小层片状白色粉末，它们应归入品目38.02。

膨胀粘土可通过煅烧精选粘土或煅烧粘土与其他材料（例如，亚硫酸盐废液）的混合物制得。泡沫矿渣是将少量的水加入到熔融矿渣中制成的，切勿将它与密度较高的粒状矿渣相混淆。粒状矿渣是将熔融矿渣注入水中制成的，应归入品目26.18。

所有上述材料都是不燃物，是极好的隔热、隔音或吸音产品。散装报验的上述产品也归入本品目。

*

*　*

只要所含石棉不超过一定限量（参见以下规定），本品目还包括散装的隔热、隔音或吸音矿物材料混合物，例如，主要由硅藻土、硅质化石粉、碳酸镁等组成的混合物，常加有熟石膏、矿渣、软木粉、木锯屑或木刨花、纺织纤维等。上述矿质棉也可作为这种混合物的组成部分，成团的这种混合物常用作包装材料及天花板、屋顶、墙壁等的间隔材料。

本品目包括上述产品或混合物制成的低密度物品（例如，砌块、薄板、砖、瓦、管、气缸壳体、绳索、垫块等），这些物品可以人工本体染色、用防火物质浸渍、表面贴纸或以金属加固。

特别是为了使用上的方便，归入本品目的混合物和物品可含有少量石棉纤维，而石棉所占比例按重量计一般不超过 5%。本品目不包括石棉水泥制品（品目 68.11）和以石棉或石棉与碳酸镁为基本材料的混合物（及其制品）（品目 68.12）。

本品目也包括锯成块状或其他形状的硅藻土或其他硅质土。

本品目不包括轻质混凝土制成的物品（含页状蛭石、膨胀粘土或类似品作集料的混凝土）（品目 68.10）。

烧制的物品归入第六十九章。

68.07　沥青或类似原料（例如，石油沥青或煤焦油沥青）的制品：

10　—　　成卷

90　—　　其他

本品目包括用天然沥青、煤焦油沥青、石油沥青、沥青混合物等（参见品目 27.08、27.13、27.14 及 27.15）制成的物品。这些物品通常含有填料，例如，沙、矿渣、白垩、熟石膏、水泥、滑石、硫磺、石棉纤维、木纤维、锯末、废软木及天然树脂。

凡在使用前须重新熔化的沥青块，不论是否精炼、脱水或与其他物料相混合，均不归入本品目（第二十七章）。另一方面，归入本品目的货品必须已明显制成物品。

本品目包括：

一、压制或模制而成的板、砖、瓦、扁平石，用于盖屋顶、铺墙面、铺沟渠或铺路面。

二、完全用沥青或类似材料包裹或两面都盖有一层沥青或类似材料的基底材料（例如，纸板、玻璃纤维网或织物、化学纤维织物、黄麻织物或铝箔基底）制成的屋顶板。

三、完全用沥青或类似材料包裹的一层或多层织物或纸制成的建筑板。

四、浇铸或模制的管子及容器。

以金属盖面或加强的沥青管子及容器，应根据赋予货品基本特征的那种材料，作为金属制品或沥青制品归类。

以沥青等涂层的金属管子及容器（例如，铸铁制的或钢制的）仍作为金属制品归类。

本品目不包括：

（一）用焦油或类似材料涂布、浸渍或覆盖的纸，例如，包装纸（品目 48.11）。

（二）用沥青等涂布、浸渍或覆盖的纺织物（第五十六章或第五十九章）。

（三）主要用石棉水泥加沥青制成的物品（品目 68.11）。

（四）用沥青简单涂布或浸渍的玻璃纤维网式织物等（品目 70.19）。

68.08　镶板、平板、瓦、砖及类似品，用水泥、石膏及其他矿物粘合材料粘合植物纤维、稻草、刨花、木片屑、木粉、锯末或木废料制成

本品目包括用植物原料（例如，纤维素纤维、木纤维、木丝、木片屑、木刨花或其他木废料、锯末、稻草、芦苇、灯心草、植物鬃等）经矿物粘合材料，例如，水泥（包括氧氯化镁水泥）、石膏、石灰或硅酸钠粘聚或模制而成的建筑用或隔热、隔音、吸音用镶板、平板、瓦、块等，它们也可以含有矿物填料（例如，硅质化石土、菱镁矿、砂、石棉等），还可以用金属加强。

本品目的这些平板、镶板等都比较轻，但很坚硬，植物原料在粘合材料中仍保持其本身特性。

由于它们是以矿物粘合材料粘聚的，所以不应与品目44.10的木质碎料板和品目44.11的木纤维板相混淆，因为后者都是用有机粘合剂粘聚的。本品目也不包括压制软木（品目45.04）和品目68.11的物品。

68.09 石膏制品及以石膏为基本成分的混合材料制品：

— 未经装饰的板、片、砖、瓦及类似品：

11 — — 仅用纸、纸板贴面或加强的

19 — — 其他

90 — 其他制品

本品目包括着色或未着色的石膏或石膏材料制品。例如，灰泥（与胶水混合的石膏，模制后表面常似大理石），纤维灰泥（用短麻屑末等加强的石膏，一般与胶水混合）、明矾石膏（又称干固水泥或英国水泥）以及含有纺织纤维、木纤维、锯末、砂、石灰、矿渣、磷酸盐等的以石膏为基料的类似品。

这些物品可以经染色、涂清漆、涂蜡、涂真漆、上古铜色、镀金或镀银（用任何方式均可），有时涂有沥青；它们还可经加强。本品目也包括用于建筑业的镶板、平板、薄板或瓦，有时还用纸板贴面；以及模制品，例如，镶件、塑像、圆花饰、圆柱、碗、瓶、装饰品、工业用型模等。

本品目不包括：

（一）供零售用的石膏骨折绷带（品目30.05）及石膏骨折夹板（品目90.21）。

（二）品目68.06或68.08的用石膏粘聚制成的镶板等。

（三）品目90.23所列专供示范用的解剖模型、晶体模型、几何模型，立体地及其他模型。

（四）裁缝用的人体模型等（品目96.18）。

（五）雕塑品原件（品目97.03）。

68.10 水泥、混凝土或人造石制品，不论是否加强(+)：

— 砖、瓦、扁平石及类似品：

11 — — 建筑用砖及石砌块

19 — — 其他

— 其他制品：

91 — — 建筑或土木工程用的预制结构件

99 — — 其他

本品目包括用水泥（包括矿渣水泥）、混凝土或人造石经模制、压制或离心作用制成的物品（例如，某些管子），但品目68.06及68.08的物品（其中水泥仅作为一种粘合剂）或品目68.11的物品（石棉水泥制品）除外。

本品目也包括建筑或土木工程用的预制结构件。

人造石是一种天然石料的仿制品，通常用石灰、水泥或其他粘合剂（例如，塑料）将天然石料（石灰石、大理石、花岗石、斑岩、蛇纹石等）的片块或粉末加以粘聚而成。人造石制品包括“水磨石”、“人造花岗石”等。

本品目还包括矿渣水泥制品。

本品目主要包括砌块、砖、瓦；天花板或墙壁的网格或板条（由金属钢筋架与作为主要材料的混凝土相结合制成）；石板；梁；空心铺地板和其他建筑材料；墩、柱、界石；镶边石；管子；楼梯板；

栏杆；浴缸、洗涤槽、抽水马桶（便池）、槽，桶、罐；喷水池；墓碑；杆子；铁路轨枕；气垫火车导轨体段；门窗框；壁炉台、窗台，台阶；中楣、上楣；花瓶、花盆、建筑或花园装饰品；人形塑像、动物塑像；装饰品。

本品目也包括用砂、石灰和水的糊状混合物制成的砖、瓦和其他灰砂制品。这些制品模压后要放入卧式压热器内，在高压和 140℃左右的高温下进行数小时的蒸汽处理。这种制品有白色的，也有人工着色的，其用途与普通砖、瓦等完全相同。

用大小不同的石英块掺入上述混合物可制得人造石产品。将一种金属粉末掺入到上述混合物会产生气体，可制得供隔绝用的轻质多孔灰砂片。这种灰砂片不经模压，而是浇注成形后即放入压热器热压。

*
* *

本品目的物品可以套筒、打磨、抛光、涂清漆、上古铜色、上釉、仿板岩纹、经模制或用其他方法装饰、整体着色、用金属等加强（例如，钢筋混凝土或预应力混凝土）或装有其他材料制成的配件（例如，铰链等）。

本品目不包括：

（一）破碎混凝土块（品目 25.30）。

（二）粘聚板岩的制品（品目 68.03）。

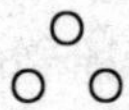

子目注释：

子目 6810.91

本子目包括建筑或土木工程用的预制结构件，例如，饰面镶板、内墙、地板或天花板、基础件、桩、坑道体段、闸门或大坝的结构件、通道、檐板。这些通常用混凝土制的结构件一般带有便于组装的装置。

68.11　石棉水泥、纤维素水泥或类似材料的制品：

40　—　含石棉的

—　不含石棉的：

81　——　瓦楞板

82　——　其他片、板、砖、瓦及类似制品

89　——　其他制品

本品目包括主要由纤维（例如，石棉、纤维素和其他植物纤维、合成聚合物、玻璃或金属纤维）和水泥或其他水硬性胶粘剂的均匀混合物组成的硬化物品，纤维在其中作补强剂。这些物品也可含有沥青、焦油等。

这些制品一般是将纤维、水泥和水混合而成的多层薄片压合在一起制成，或通过模制（可以在压力下模制）、压制或挤出制成。

本品目包括用上述方法制得各种尺寸及厚度的薄板，以及在这些薄板凝固之前通过切割、加压、模制或弯曲制成的物品，例如，屋顶、饰面或间隔用的板和瓦；做家具用的薄板；窗台；招牌板；字母和数字；栅栏杆；瓦楞片；罐、桶、盥洗盆、洗涤槽；管道接头；密封垫圈和接头；仿雕刻镶板；屋脊瓦、檐槽、窗框；花盆；通风管及其他管道、电缆导管；烟囱帽等。

所有这些物品可以整体着色、涂清漆、印制、上釉、装饰、钻孔、锉平、刨平、平整、抛光或经其他加工；也可用金属等物加强。

68.12　已加工的石棉纤维；以石棉为基本成分或以石棉和碳酸镁为基本成分的混合物；上述混合物或石棉的制品（例如，纱线、机织物、服装、帽类、鞋靴、衬垫），不论是否加强，但品目 68.11 或 68.13 的货品除外：

80　—　青石棉的

—　其他：

91　——　服装、衣着附件、鞋靴及帽类

92　——　纸、麻丝板及毡子

93　——　成片或成卷的压缩石棉纤维接合材料

99　——　其他

本品目包括除拍打、清洁、分拣或分级处理以外还经进一步加工的石棉纤维（例如，已梳理并染色的纤维），不论其用途如何（例如，供纺织、制毡等用或作过滤，隔绝、包装等材料用）。天然石棉纤维或仅简单按长度分级、拍打或清洁的石棉纤维不归入本品目（品目 25.24）。

本品目也包括石棉与下列材料的混合物：碳酸镁、纤维素纤维、锯末、浮石、滑石、石膏、硅质化石土、矿渣、氧化铝、玻璃纤维、软木等。它们用隔热填料或过滤材料，也可用作模制石棉制品的基本材料。

但本品目最主要包括石棉制品，不论是纯石棉制的或是与上述材料混合制成的。混合物中常加有天然树脂、塑料、水玻璃、沥青或橡胶等。这类制品可通过毡合、纺纱、搓捻、编结、纺织、缝合或模制而成。

青石棉的说明参见品目 25.24 注释。

石棉纸、石棉板及石棉毡通常是将石棉纤维捣成浆状，然后像制造石棉水泥片（品目 68.11）那样将其成形并压成薄片。石棉板还可用塑料将叠层石棉片粘合制成。这类产品可通过显而易见的根根石棉纤维与品目 68.11 的产品加以区别。它们可以制成卷状或板、片状，也可以剪切成条状、框状、圆盘状，环状等。

在生产石棉单纱或股纱时，先将石棉纤维加以拍打、梳理，然后再进行纺纱。由于石棉纤维不能拉伸，所以长纤维用于纺纱，而短纤维则用于制石棉板、石棉毡、石棉纸、石棉水泥以及石棉粉。

本品目包括的其他石棉制品有：绳索、缏条、衬垫；成匹或剪裁成形的织物；带、套、管（包括导管）、管子接头；容器；条、板、瓦；密封接头（品目 84.84 的用金属与石棉制成的密封垫和类似接合衬垫，以及成套的密封垫和接合衬垫除外）；滤块；桌垫；消防队员、化工人员、工人和民防人员等所用的防护衣服，鞋和帽（例如，短上衣、裤，围裙、袖套、手套、连指手套、鞋罩、兜帽、带有云母目镜的面具、头盔、石棉做鞋帮及鞋底的长统靴）；石棉褥垫；消防盾、灭火石棉片、剧场帘幕、用于煤气总管道灭火的裹石棉铁球及圆锥。

所有这些物品均可用金属（常用铜丝或锌丝）或某些其他材料（例如，纺织材料或玻璃纤维）加强；也可以用润滑油、滑石、石墨或橡胶涂面，还可以涂清漆、上古铜色、整体着色、抛光、钻孔、铣削或作其他加工。

除总注释中已列明不包括的物品以外，本品目还不包括：

（一）石棉粉或片状粉末（品目 25.24）。

（二）基本上是用塑料制成的材料和物品，即使以石棉作为填料的（第三十九章）。

（三）石棉水泥制品（品目 68.11）。

（四）以石棉为基本材料的摩擦材料（品目 68.13）。

68.13　以石棉、其他矿物质或纤维素为基本成分的未装配摩擦材料及其制品（例如，片、卷、带、盘、圈、垫及扇形），适于作制动器、离合器及类似品，不论是否与织物或其他材料结合而成：

20　—　含石棉的

—　不含石棉的：

81　——　闸衬、闸垫

89　——　其他

石棉摩擦材料通常是将石棉纤维和塑料等混合后，通过高压模制而成；也可把经塑料、沥青或橡胶浸渍的多层石棉机织物或编结物压制而成。它可以用铜丝、锌丝或铅丝加强，有时也可用裹石棉的金属丝或棉纱线制得。因其具有高摩擦系数及耐热、耐磨特性，这种材料可用作闸瓦、离合圆盘等的衬料，用于各种车辆、起重机、挖泥机或其他机器上。本品目也包括以其他矿物材料（例如，石墨、硅质化石土）或纤维素纤维作基料的类似摩擦材料。

根据本身不同用途的需要，本品目的摩擦材料可以制成片、卷、带、扇形、圆盘、环、垫圈、衬垫，或切成任何其他形状。它们也可通过缝制组合而成或经钻孔或其他加工。

本品目不包括：

（一）不含矿物材料或纤维素纤维的摩擦材料（例如，软木）；它们一般按其构成材料归类。

（二）已装配的闸衬（包括已固定在设有圆形空腔、多孔舌槽或类似配件的金属板上的摩擦材料，供圆盘制动器用）；这些物品应按其所用的机器或车辆零件归类（例如，品目 87.08）。

68.14　已加工的云母及其制品，包括粘聚或复制的云母，不论是否附于纸、纸板或其他材料上：

10　—　粘聚或复制云母制的板、片、带，不论是否附于其他材料上

90　—　其他

本品目包括除分裂和整理外还经过进一步加工（如切割成形）的天然云母，也包括由粘聚（粘合）云母或纸浆（再造）云母制成的产品，以及上述任何材料的制品。

书页云母仅经分裂和整理而得的云母薄片及厚片应归入品目 25.25。

本品目包括切割上述薄片和厚片制成的产品。这种产品因为是模冲制成的，因而边缘整齐。

天然云母薄片或厚片通常可直接使用。但由于其结晶粒度小，挠性差，成本高等原因，所以使用范围受到限制，因此在很多情况下都是使用粘聚（组合）云母（例如，层合云母板、胶合云母箔）。粘聚云母是将云母薄片层叠层或边接边用虫胶、天然树脂、塑料、沥青等粘合而成的。它可制成各种厚度的片、板、带状，通常面积较大。这些云母片等常用纺织物、玻璃纤维织物、纸或石棉在其一面，而更多的是双面作背衬。

薄片云母也可不用粘合剂制成。将废云母粉或浆通过类似造纸工艺的加热、化学及机械工序也可制得薄片云母（再造云母）。

这种薄片云母可用一种韧性粘合剂粘装于纸或纺织物衬背上；也可以把几张这种薄片叠起来，并用有机粘合剂加以粘合，即可制成规定厚度的云母板和云母带。

本品目包括一定长度的云母片、带和卷；切成矩形（包括正方形）、圆片状等的专用云母片；模制云母制品，例如，管（含导管）等。所有这些货品都可以经整体着色、上漆、钻孔、铣削或其他加工。

云母具有高耐热性和一定的半透明性，特别适用于制造烘箱炉、灶等的观察窗，不碎灯“玻璃”和风镜“玻璃”等，但云母因其有极好的介电性能，主要用于电气工业（用于制造电动机、发电机、变压器、电容器、电阻器等）。但应注意，云母绝缘子及电器设备用的其他云母绝缘零件即使是未经装配的，仍应归入品目 85.46 至 85.48；而云母电介电容器应归入品目 85.32。

本品目不包括：

（一）云母粉及云母废料（品目 25.25）。

（二）用云母粉涂布的纸或纸板（品目 48.10 至 48.14）和用云母粉涂布的机织物（品目 59.07）。这些产品不应与上述粘聚云母或再造云母相混淆。

（三）膨胀蛭石（品目 68.06）（参见有关注释）。

（四）云母风镜及其目镜（品目 90.04）。

（五）制成圣诞树装饰品的云母（品目 95.05）。

68.15　其他品目未列名的石制品及其他矿物制品（包括碳纤维及其制品和泥煤制品）：

10　—　非电器用的石墨或其他碳精制品

20　—　泥煤制品

—　其他制品：

91　— —　含有菱镁矿、白云石或铬铁矿的

99　— —　其他

本品目包括各种石制品或其他矿物制品，但本章其他品目及协调制度其他章具体列名的制品除外，例如，第六十九章的陶瓷产品。

本品目主要包括：

一、天然或人造石墨（包括核纯石墨）或者其他碳精的非电气制品，例如，过滤器；圆片；轴承；管子和套管；已加工的砖、瓦；供制造小精品（例如，硬币，奖章、作为收藏品的铅制小人等）所用的模子。

二、碳纤维及碳纤维制品。碳纤维通常是碳化有机聚合物长丝制成的，这些产品多用作加强材料。

三、泥炭制品（例如，片、气缸壳体、植物培植盆等）。但泥炭纤维纺织品不归入本品目（第十一类）。

四、用焦油粘聚白云石制成的非烧制砖。

五、经化学粘合但未经烧制的砖及其他形状的产品（特别是菱镁砖或铬镁砖）。这类制品安装在熔炉内，在熔炉首次加热时才予烘烧。报验时已烧制的类似产品不归入本品目（品目 69.02 或 69.03）。

六、非烧制的硅石缸或矾土缸（例如，用于熔化玻璃）。

七、测验贵金属的试金石。它们可用天然石料制成（例如，燧石板岩，一种坚硬细粒暗色的石头）。

八、不用粘合剂模制熔融矿渣制成的铺路石块和石板。但不包括品目 68.06 所列具有隔热性能的货品。

九、将石英或燧石精细捣碎并粘聚制成的滤管。

十、用熔融玄武岩制成的块、板、片及其他制品。它们具有高度耐磨损性能，可作管子、输送机的衬料以及焦炭、煤块，矿砂、砂砾、石料等的滑运道衬料。

本品目不包括：

（一）用人造石墨或“其他碳精”制成的块、板及类似的半制品，主要用于切割成电刷（品目 38.01）（参见相应的注释）。

（二）以含碳物质（石墨、焦炭等）和煤焦油沥青或粘土为基本原料像烧制陶瓷那样烧制的耐火货品（酌情归入品目 69.02 或 69.03）。

（三）电气设备用的碳精、碳刷、电极及其他零件或制品（品目 85.45）。

第六十九章　陶瓷产品

注释：

一、本章仅适用于成形后经过烧制的陶瓷产品。品目69.04至69.14仅适用于不能归入品目69.01至69.03的产品。

二、本章不包括：

（一）品目28.44的产品；

（二）品目68.04的物品；

（三）第七十一章的物品（例如，仿首饰）；

（四）品目81.13的金属陶瓷；

（五）第八十二章的物品；

（六）绝缘子（品目85.46）或绝缘材料制的零件（品目85.47）；

（七）假牙（品目90.21）；

（八）第九十一章的物品（例如，钟及钟壳）；

（九）第九十四章的物品（例如，家具、灯具及照明装置、活动房屋）；

（十）第九十五章的物品（例如，玩具、游戏品及运动用品）；

（十一）品目96.06的物品（例如，钮扣）或品目96.14的物品（例如，烟斗）；或

（十二）第九十七章的物品（例如，艺术品）。

总　注　释

所称“陶瓷产品”，是指用下列方法制得的产品：

一、将一般在室温下预先调制成形的无机非金属材料进行烧制。所用原料主要包括粘土、含硅材料、高熔点的材料（例如，氧化物、碳化物、氮化物、石墨或其他碳）及一些如耐火粘土或磷酸盐的粘合剂。

二、将岩石（例如，块滑石）成形后进行烧制。

以上一款所述陶瓷产品（不论其成分如何）的制造过程包括以下几个主要阶段：

（一）调制陶瓷坯泥

在某些情况下（例如，制造烧结氧化铝制品）可直接使用粉状材料并加入少量润滑剂进行调制。但在多数情况下，坯泥须首先制成膏状。这牵涉到将各种成分加以计量和混合，必要时还要研磨、过筛、压滤、揉捏、熟化和脱气。一些耐火产品是由级配集料和细砂加入少量液态胶合剂制成，胶合剂可以是水溶液（例如，焦油、树脂、磷酸、木质素溶液）。

（二）成形

将调制好的粉末或坯泥尽可能制成接近所需形状。

成形工序是通过挤出（经过挤压模）、压制、模制、浇注、手塑来完成的，有时还进行一定程度的机器加工。

（三）对成形物品进行干燥处理

（四）烧制

在这道工序中，“生陶器”加热到800℃或更高的温度，烧制温度要根据不同产品的性质而定。经过烧制，陶瓷颗粒由于扩散、化学变化或部分熔融的结果紧密地结合在一起。

为了树脂固化、加速水合作用或者除去水分或其他挥发成分等目的而将其加热至低于 800℃的物品，不应视为本章注释一所述的经过烧制的产品。这些物品不应归入第六十九章。

（五）后加工

后加工工序如何，取决于陶瓷产品的最终用途。必要时用机器对产品进行高精度加工。这道工序包括作标志、喷镀金属或浸渍等加工。

陶瓷产品也常适当采用专门调制的色料或遮光剂、玻璃化瓷漆或釉料、泥釉、光瓷等进行着色（整体或表面）、修饰或上釉。

成形后加以烧制是本章货品的主要特征，可据此与第六十八章的不加烧制的矿物制品或石制品和第七十章的玻璃原料完全熔化制成的玻璃制品加以区别。

根据其成分和所采取的烧制工序，本章产品可分为以下两类：

1. 硅质化石粉或类似硅质土制成的货品和第一分章的耐火货品（品目 69.01 至 69.03）。

2. 第二分章（品目 69.04 至 69.14）的其他普通陶器、石器、瓷器等。

本章不包括：

（一）破碎陶瓷及破碎砖块（品目 25.30）。

（二）品目 28.44 的产品。

（三）石墨、其他碳精、金属石墨或其他品种的石墨制成的块、板、条及类似半成品，用于切成电刷等（品目 38.01）（参见相应的注释）。

（四）将压电陶瓷材料（例如，钛酸钡或锆钛酸铅）切割成形但未装配的元件（品目 38.24）。

（五）品目 68.04 的物品。

（六）玻璃陶瓷产品（第七十章）。

（七）熔化贱金属粉末及贱金属不均匀紧密混合物制得的烧结混合物（第十五类）。

（八）品目 81.13 的金属陶瓷。

（九）未装配的工具用金属陶瓷板、杆、刀头及类似品（品目 82.09）和第八十二章的其他物品。

第一分章　硅化石粉或类似硅土及耐火材料制品

总　注　释

本分章包括下列物品，不论其是否含有粘土：

一、品目 69.01 的陶瓷货品是将成形后的硅质化石粉或类似硅质土（例如，大多数归入品目 25.12 的恺塞古尔硅藻土、的利波里硅藻土、代亚脱迈硅藻土）或焚烧某种植物产品（例如，稻壳灰）所得的二氧化硅烧制而成的。这些原料通常混有粘合剂（例如，粘土或镁氧），有时也混有其他物质（例如，石棉、毛发、锯末、煤粉等）。

这些物品通常很轻，具有多孔结构，是极好的建筑和包套气体管道或蒸汽管道隔热材料。在建造烘箱、工业熔炉、蒸汽发生锅炉、工业设备或其他设施中，需要使用轻质、导热性低、隔热性好的材料，某些这类货品可作为耐火产品用于这些方面。另外一些货品则在工作温度为 1000℃以下时用作隔热件。

二、品目 69.02 和 69.03 的耐火物品是指具有耐冶金和玻璃等工业高温（例如，1500℃及以上）特殊性能的烧制物品。根据不同的特定用途，耐火物品还可以经得起温度的急剧变化，是良好的隔热体或是良好的导热体，具有很低的热膨胀系数，是多孔体或紧密体，能经受与其所接触物品的腐蚀作用，具有良好的机械强度及很强的耐磨损性等。

然而，归入品目的69.02或69.03的耐火制品不但要能耐高温，而且还能在高温下工作。因此品目69.03包括用烧结氧化铝制成的坩埚，但用同样原料制成的纺织机导纱器则应归入69.09，因该器件显然不是作为耐火材料使用。

耐火材料主要品种如下：

（一）以矾土、多铝红柱石、刚玉（有时与粘土混合）、与粘土混合的蓝晶石、硅线石或红柱石（硅酸铝），或烧结矾土为基料的高铝耐火材料。

（二）矾土硅酸盐耐火材料（例如，以带有火泥或陶渣的耐火粘土为基料的）。

（三）硅石和半硅质耐火材料（以砂、碎石英、燧石等为基料并用粘土或石灰加以粘合的）。

（四）以菱镁矿、海水镁氧或白云石为基料的菱镁矿耐火材料；以铬铁矿或氧化铬为基料的耐火材料；铬镁耐火材料。

（五）以碳化硅为基料的耐火物品。

（六）通常用粘土粘聚的氧化锆或硅酸锆耐火材料；以氧化铍、氧化钍、氧化铈等为基料的耐火材料。

（七）以石墨或其他碳精为基料的耐火材料，通常用沥青、焦油或粘土粘聚而成（用于电气方面的石墨制品及其他碳精制品应归入品目85.45）。

（八）以其他材料（例如，氮化硅、氮化硼、钛酸铝及与其相关的化合物）为基料的耐火材料。

耐火材料主要用作高炉、炼焦炉、石油裂化设备、玻璃或陶瓷的熔炉和其他工业用炉的衬料，以及用于制造化学、玻璃、水泥、炼铝和其他冶金工业用的坩埚和其他设备。

品目69.02和69.03不包括那些虽有时称作耐火或半耐火材料，但实际上并不能经受上述工业高温的物品。这类物品应归入第二分章中的适当品目。

69.01　硅质化石粉（例如，各种硅藻土）或类似硅土制的砖、块、瓦及其他陶瓷制品

本品目包括用本品目所述材料制成的各种物品，不论其形状如何（例如，砖、块、厚板、镶板、瓦、空心砖、圆筒罩套、管），也不论其是否具有耐火性能。

本品目不包括：

（一）不含硅质化石粉或类似硅土的轻质非耐火砖（例如，用含有切碎稻草、锯末、泥炭纤维等的坯泥制成的砖，砖块本身的多孔结构是由于有机物质在烧制过程中烧掉后产生的）（品目69.04）。

（二）用含有硅藻土和石英的坯泥制成的过滤板（品目69.09）。

69.02　耐火砖、块、瓦及类似耐火陶瓷建材制品，但硅质化石粉及类似硅土制的除外(+)：

10　—　单独或同时含有按重量计超过50%的镁、钙或铬（分别以氧化镁、氧化钙或三氧化二铬的含量计）

20　—　含有按重量计超过50%的三氧化二铝、二氧化硅或其混合物或化合物

90　—　其他

本品目包括一组常用于建造各种烘箱、窑、炉或其他设备的耐火产品（品目69.01的物品除外），这些设备用于冶金、化学、陶瓷、玻璃等其他工业。

本品目主要包括：

一、各种形状的砖（平行六面体、楔形、圆筒形、半圆筒形等），包括拱心石和其他特殊形状的砖（例如，一面凹入而另一面为平面的流钢砖），即使它们明显制成建造第十六类所列机器设备的砖石。

二、供铺地面、墙面、壁炉膛等的耐火砖和瓦。

本品目不包括用耐火材料制成的管子（包括半圆筒形滑道）、角管、弯管以及类似的管子附件（品目 69.03）。

○
○ ○

子目注释：

子目 6902.10

物品是否归入本子目主要看其氧化镁、氧化钙或三氧化二铬的含量，即通常要确定其有关元素（即镁、钙或铬）的含量，并根据这些含量计算出相应的氧化物的含量。例如，40％的钙等于 56％的氧化钙，24％的镁等于 40％的氧化镁。据此，以硅酸钙为基料的产品如果含钙为 40％（相当于56％的氧化钙），应归入本子目。

69.03　其他耐火陶瓷制品（例如，甑、坩埚、马弗罩、喷管、栓塞、支架、烤钵、管子、护套及棒条），但硅质化石粉及类似硅土制的除外：

10　—　含有按重量计超过50％的石墨、其他碳或其混合物

20　—　含有按重量计超过50％的三氧化二铝或三氧化二铝和二氧化硅的混合物或化合物

90　—　其他

本品目包括以前各品目未列名的所有耐火制品。

这类制品包括：

一、在许多情况下不是象品目 69.02 所列的耐火产品那样永久性固定起来的物品，例如，曲颈甑、反应容器、坩埚、烤钵及工业或实验用的类似物品、马弗罩、喷管、栓塞、燃烧器喷咀及熔炉上的类似零件；陶器烧制过程中支撑或分隔陶器用的烧盆、支架及其他窑具；护套和棒条；坩埚支架；铸模等。

二、管子（包括半圆筒形滑道）、角管、弯管以及类似的管子附件，即使是用于永久性安装在建筑物上的。

但本品目不包括西格测温锥（陶瓷烧制检验器）（参见品目 38.24 的注释），它们成形后不经烧制。

第二分章　其他陶瓷产品

总　注　释

本分章包括除第一分章的硅质化石粉或类似硅土货品及耐火材料货品以外的陶瓷产品。

在本协调制度中，这些产品是根据不同品种（砖、瓦、卫生用具等）进行分类的，陶瓷原料性质或涂釉均不影响产品的归类，但下列产品除外：

（一）归入品目 69.07 未上釉陶瓷贴面砖、铺面砖、镶嵌砖及类似品和归入品目 69.08 的已上釉的同类物品。

（二）归入品目 69.11 的瓷餐具、厨房器具及其他家用或盥洗用瓷器和品目 69.12 的其他种类的陶瓷制品。

一、瓷器

瓷是指硬瓷、软瓷、素瓷（包括白瓷）和骨瓷。所有这些瓷几乎完全玻璃化，质硬，即使不上釉也具有不渗透性，色白或人工着色，半透明（很厚的除外），敲之声音清脆。

硬瓷用高岭土（或类高岭土）、石英、长石（或致密长石），有时还有碳酸钙为原料制成。该产品上有无色透明釉料，釉料与瓷坯同时烧制并熔合在一起。

软瓷含有较少矾土但含有较多硅石和助熔剂（例如，长石）。骨瓷所含矾土更少，主要含磷酸钙（例如，从骨灰中制得的磷酸钙）；产品通过低于硬瓷的温度烧制，呈半透明体。其釉面通常是在较低温度下进一步烧上的，因而可进行更大范围的釉下装饰。

素瓷是不上釉的瓷，其中巴鲁斯瓷（也称卡拉拉瓷）是一种特殊的细粒淡黄色瓷，含有较多长石，外表常似巴鲁斯岛生产的大理石，并由此而得名。

二、其他陶瓷产品

除瓷器以外的陶瓷产品包括：

（一）不同于瓷的多孔陶瓷，为液体可渗透的不透明体，易被铁器划出痕道，断裂面粘舌。这类陶瓷有：

1．用普通含铁及含钙粘土（砖土）制成的陶器，具有无光泽的土质结构，一般为棕、红或黄色。

2．范围较广的白色或着色陶瓷（精陶器、花饰陶器，荷兰白釉蓝彩陶器等）。本身多孔，必须上釉（使用透明或不透明釉料，例如，白色或其他颜色的金属氧化物）才具不渗透性。精陶器等由经过细筛的粘土加水混合制成，坯泥颗粒细腻，通过比烧制普通粘土陶器更高的温度烧制而成。其坯泥并未完全玻璃化，因而不同于瓷器。

（二）粗陶器，虽然它质地紧密，硬度高，不怕钢尖的擦刮，因其不透明，且一般只是部分玻璃化，所以与瓷不同，粗陶器可以是釉瓷质（不透水）或半釉瓷质。由于所使用的粘土中含有杂质，所以颜色为灰色或浅棕色。粗陶器通常上釉。

（三）某些名为“半瓷”或“仿瓷”的产品，有的经调剂、修饰及上釉，使其具有瓷器的商品外表。它们不象陶器那样完全不透明，也不象瓷器那样真正半透明。这些产品只是在较薄处（例如，杯子的底部）略觉半透明状，可通过它们的断裂面与真瓷加以区别，因为它们的断裂面颗粒粗糙、无光泽和非玻璃化。该产品釉面下是多孔的，断裂面也是粘舌的。再者，用钢刀很易在这些产品上划出痕道。但必须注意，某些软瓷也很易用钢器划出痕道。上述这些“仿瓷”品不作为瓷归类。

本分章还包括块滑石粉等与粘土（例如，高岭土）、长石等混合后成形烧制的某些货品。但应注意，许多这些材料制成的物品是专供电气用途的，故应归入第八十五章。冻石锯成一定形状后经过烧制所得的制品也归入本分章内。

耐火材料（例如，烧结矾土）制成的某些陶瓷产品如不作耐火物品使用的，仍可归入第二分章（参见品目 69.09 的注释）。

69.04 陶瓷制建筑用砖、铺地砖、支撑或填充用砖及类似品：

10 — 建筑用砖

90 — 其他

本品目包括一般用于筑墙、造房、建工业烟囱衬壁等的非耐火陶瓷砖（即不能耐 1500℃及以上高温的砖）。此类砖即使可以用作其他方面，仍应归入本品目（例如，缸砖既可用于铺路、作桥桩，也可用于建造房屋）。

砖通常是比较多孔的（普通陶器），但有些砖多少已玻璃化了（粗陶砖或工程用砖），这些砖多用于需较大机械强度或耐酸的建筑工程上（例如，化工厂）。

本品目包括：

一、平面或凹痕面的矩形普通实心砖。

二、有时穿了孔的曲面砖，用于工业烟囱的衬壁。

三、空心砖、排孔砖；用作地板、天花板等的长形空心铺地砌块及建筑厚板，与供建筑钢架结合使用的；支撑或填充用砖块（即砌大梁护面时用以支撑砌块的陶瓷件）。

四、面砖（例如，房屋、墙壁及门窗周围铺面用的砖，包括用于柱顶、镶边、中楣或其他供建筑装饰用的特制砖块）。

所称“双层”砖是纵向有排孔，使用时劈开即可使用的砖，如劈开后保持建筑用砖特征的，仍归入本品目。

所有这些砖，特别是面砖，可以经过磨光、用砂饰面（烧制时将砂熔结在砖的表面）、涂上一层薄薄的白色或其他颜色泥釉以掩盖砖的本色、用烟熏或用火烧、整体或表面着色（通过加入金属氧化物、使用含铁粘土或用碳氢化合物或碳在还原气层中加热进行着色）、浸焦油或上釉等，也可以在一面或两面模制、压花或压凹痕图案。

本品目还包括用含有锯末、泥炭纤维、碎稻草等的混合坯泥制成的轻质砖，其中锯末等在烧制过程中烧掉后产生了多孔结构。

本品目不包括：

（一）硅藻土制的砖（品目69.01）及耐火砖（品目69.02）。

（二）贴面砖、铺面砖，包括炉面砖及墙面砖（参见品目69.07和品目69.08的注释）。

69.05　屋顶瓦、烟囱罩、通风帽、烟囱衬壁、建筑装饰物及其他建筑用陶瓷制品：

10　—　屋顶瓦

90　—　其他

本品目包括一系列的非耐火物品，通常为普通陶器，但有的有些玻璃化。它们象砖一样用于建筑工程。

它们包括：

一、屋顶瓦（用于屋顶、墙头等处）。它们通常具有挂脚或打有用钉固定的孔眼或经模制使之相互叠接，在这方面它们与品目69.07和69.08的瓦有所不同。它们可以是平面的。半圆筒形的或制成适于装在屋檐、屋脊、屋面天沟等用的特殊形状。

二、烟囱罩、通风帽、烟囱衬壁、烟道砖等。

三、房屋、墙壁、大门等上用的建筑装饰物（例如，柱的上楣及中楣）；滴水咀；三角檐饰、圆花窗、栏杆，梁托、柱头；山墙端、屋檐、屋脊和屋顶装饰物等。

四、其他建筑用陶瓷制品，例如，通风管格栅；粘土条，用作抹泥工作的底架，由交叉处上带有烧制粘土十字件或板的金属丝网构成，以这些烧制粘土件为主要成分的。

这些物品不论是平面、砂面、涂泥釉、整体着色、用其他物质浸渍、上釉、起肋纹、带槽沟或模制成其他装饰形状的均归入本品目。

管子、明沟及类似品，例如，雨水排泄管（品目69.06），即使用于建筑上，也不归入本品目。

69.06　陶瓷套管、导管、槽管及管子附件

本品目适用于通常制成相互接合用于排泄或分流的非耐火管子等。它们有各种形状或截面（直的、弯的、分叉的、直径一致或不一的等），也有上釉的。

本品目包括：

一、将烧后会产生气孔的普通陶土仅用低温烘烧及粗略加工制成的农业或园艺用排水管。

二、其他管子、导管及明沟（例如，雨水排泄管、下水管、保护电缆但非供绝缘用的导管、明沟或滑道形状的半圆管、墙上的排水管）。

这些管子等可以是未上釉的普通陶器，但更为常见的是通过上釉或玻璃化使其具有不渗透性（例如，化学管道）。

三、用于连接或分岔的管子附件（项圈、法兰、弯管、T 形管、清除杂物用的存水弯管等）。

本品目不包括：

（一）管状烟囱零件（例如，烟囱罩、通风帽、烟囱衬壁及烟道砖）（品目 69.05）。

（二）通常由瓷制成供实验室专用的小管子（例如，燃烧管）（品目 69.09）。

（三）绝缘电导管和接头及各种电气用的管子附件（主要归入品目 85.46 和 85.47）。

69.07　未上釉的陶瓷贴面砖、铺面砖、包括炉面砖及墙面砖；未上釉的陶瓷镶嵌砖（马赛克）及类似品，不论是否有衬背：

10　—　砖、瓦、块及类似品，不论是否矩形，其最大表面积以可置入边长小于 7 厘米的方格为限

90　—　其他

本品目包括未上釉的贴面砖、铺面砖，包括缸砖，一般供铺地面或铺墙面、壁炉面等用（参见品目 69.08 关于上釉货品的注释）。

贴面砖、铺面砖，包括炉面砖及墙面砖，从其表面规格来看比建筑用砖要薄。建筑用砖在建筑工程中起重要作用，构成建筑物的框架，而贴面砖及铺面砖则多以水泥胶粘剂或其他材料贴于墙等的表面上。它们也不同于屋顶瓦，因为它们通常是平面的，不需钻孔，不带挂角，也不制成相互叠接形状，它们使用时是并排的而不是交搭的。铺面砖比贴面砖要大，通常呈矩形；贴面砖可以是其他几何形状的（六角形，八角形等）。贴面砖主要用于铺墙面、壁炉台和炉膛表面、房间地面和通道表面；铺面砖则多用于铺路或铺地板，也用作炉石板，两者均属普通陶器，但为了经磨耐用，有时品种已玻璃化，例如，用陶、瓷或烘烧块滑石制成的砖（如作碾磨机等衬里的砖）。

某些陶瓷砖仅用于铺路；它们的形状不象砖，通常为立方体或截棱锥形。实际上，它们一般为陶制的，偶尔也有瓷制的（例如，人行横道用的砖）。

本品目物品是根据其形状和规格而不是根据其成分归类的，因此，那些既适于铺路，又适于建筑的砖（例如，玻璃化砖）不归入本品目（品目 69.04）。

本品目的物品可以整体着色，上云石纹、起肋纹或带槽沟等，但不得上釉。

如符合上述条件，本品目也包括：

一、贴面、铺面等工作最后工序所需的边缘砖、压顶砖、镶边砖、中饰砖、角砖、拐角砖或其他镶嵌用的砖块。

二、使用前须经分劈的双层砖。

三、不论是否有纸或其他材料衬背的镶嵌砖（马赛克）。

另一方面，本品目除不包括上釉制品外，也不包括：

（一）专门制成供餐桌杯垫等用的陶瓷片（品目 69.11 或 69.12）。

（二）品目 69.13 的装饰物及类似品。

（三）专门制成炉用的陶瓷砖（品目 69.14）。

69.08　上釉的陶瓷贴面砖、铺面砖，包括炉面砖及墙面砖；上釉的陶瓷镶嵌砖（马赛克）及类似品，不论是否有衬背：

10　—　砖、瓦、块及类似品，不论是否矩形，其最大表面积以可置入边长小于 7 厘米的方格为限

90　—　其他

本品目包括已上釉的品目 69.07 所列制品，这些制品上釉前通常经过某些装饰（参见品目 69.07 的注释）。

本品目所称“上釉”，包括涂上品目 32.07 的珐琅、釉料等，或盐釉（即将氯化钠置入烘炉内，氯化钠挥发后其蒸汽与粘土坯件发生作用，形成釉面）等。

69.09　实验室、化学或其他专门技术用途的陶瓷器；农业用陶瓷槽、缸及类似容器；通常供运输及盛装货物用的陶瓷罐、坛及类似品(+)：

—　实验室、化学或其他专门技术用途的陶瓷器：

11　— — 瓷制

12　— — 莫氏硬度为 9 或以上的物品

19　— — 其他

90　—　其他

本品目包括通常用玻璃化陶瓷（粗陶器、瓷、块滑石陶瓷等）制成的上釉或不上釉的制品，其品种范围相当广，但不包括第一分章总注释所述耐高温的耐火材料货品。然而非供高温工作用的物品（例如，用烧结矾土制成的引线器、研磨器等），即使是用耐火材料制成的，仍归入本品目。

本品目主要包括：

一、实验室用（研究或工业等用）的陶瓷器，例如，坩埚和坩埚盖、蒸发皿、燃烧舟、烤钵；研钵和研杵；舀酸勺及刮勺；滤器和催化剂的支架；滤板、滤管、滤烛，滤锥、滤斗等；水槽；烧杯、刻度容器（厨房用的刻度量器除外）；实验用盘、汞槽；小管（例如，燃烧管，包括测定碳、硫等的分析管）。

二、其他专门技术用途的陶瓷器，例如，泵、阀；蒸馏甑、瓮、化学槽及其他单壁或双壁固定容器（例如，用于电镀、贮酸等）；酸用龙头；旋管、分馏或蒸馏盘管和柱、石油分馏器用的填充圈；研磨机上的研磨器和研磨球等；纺织机上的引线器和用于挤出化学纤维的模头等；工具用板、杆、刀头及类似品。

三、商业运输或包装货物用的各种容器，例如，用于运输酸类和其他化学产品的大型容器、坛子等；用于盛装食品（例如，果酱、调味品、肉酱、利口酒等）、药品或化妆品（润发脂、药膏、雪花膏等）及墨水等的瓶、坛、罐。

四、农业上用的槽、缸及类似容器。

本品目不包括：

（一）品目 68.04 的物品。

（二）用耐火材料制成的蒸馏甑、坩埚、马弗罩、烤钵及其他类似品（品目 69.03）。

（三）厨房或家用容器（例如，茶叶罐、面包箱、饼干桶）（品目 69.11 或 69.12）。

（四）实验室用的普通罐和容器以及用于药店、食品店等展示用的罐（品目 69.14）。

（五）金属陶瓷制品（品目 81.13）。

（六）品目 85.33 至 85.38 的电器装置（开关、接线箱、熔断器等）及品目 85.46 或 85.47 的绝缘子及绝缘附件等。

○
○ ○

子目注释：

子目 6909.12

本子目包括高性能陶瓷制品。这些制品由结晶陶瓷料（例如，矾土、金刚砂、锆土、硅的氮化物、硼或铝，或这些矿物的混合物）组成；晶须或增强纤维（例如，金属或石墨晶须或纤维）可分散于结晶陶瓷料中，构成复合陶瓷材料。

这些制品具有以下特点：其陶瓷料孔隙度极低，内部粒度极细；抗磨损、抗腐蚀、抗疲劳、抗热冲击性能好；耐高温；其强度重量比相当于甚至优于钢制品。

在有精密尺寸公差要求的机械（例如，涡轮增压发动机转子、滚动轴承及机床）应用上，它们往往用于替代钢或其他金属零件。

本子目所列的莫氏硬度是指某一材料能在另一莫氏硬度较低的材料表面刻划，留下刻痕，从而确定该材料的硬度。各种材料被分成1（滑石）到10（金刚石）级。大部分的高性能陶瓷材料接近莫氏硬度的最高一级。用于高性能陶瓷的金刚砂及氧化铝，两者的莫氏硬度均为9及以上。为了区分硬度高的材料，莫氏硬度有时将级扩大，滑石为1，金刚石为15。按扩大的莫氏硬度计，熔融矾土的硬度相当于12，金刚砂的硬度则相当于13。

69.10 陶瓷洗涤槽、脸盆、脸盆座、浴缸、坐浴盆、抽水马桶、水箱、小便池及类似的固定卫生设备：

10 — 瓷制

90 — 其他

本品目包括永久固定于房舍内或某一地点上的设备，它们通常与供水系统或下水道相连接。这些设备须经上釉或长时间烧制，以防漏水（例如，粗陶器、精陶器、耐火土制的洁具、仿瓷器或玻璃瓷器)。除已列明的设备外，本品目还包括盥洗室用的蓄水箱等。

抽水马桶的陶瓷冲洗水箱不论是否配有机械装置，仍应归入本品目。

但本品目不包括小型浴室或卫生附件，例如，肥皂碟、海绵篮、牙刷架、毛巾钩、卫生纸架等，即使它们是固定在墙上的各种装置，也不包括便携式的卫生用品，例如，使盆、尿壶和便壶；此类货品归入品目69.11或69.12。

69.11 瓷餐具、厨房器具及其他家用或盥洗用瓷器：

10 — 餐具及厨房器具

90 — 其他

参见品目69.12的注释。

69.12 陶餐具、厨房器具及其他家用或盥洗用陶器

餐具、厨房器具、其他家用或盥洗用物品，如果是瓷制的，应归入品目69.11，如果是其他陶瓷材料制的，例如，粗陶器、精陶器、仿瓷器，则应归入品目69.12（参见第二分章总注释）。

本品目包括：

一、餐具，例如，茶具或咖啡用具、盘、汤碗、沙拉碗、各种碟、咖啡壶、茶壶、糖缸、啤酒杯、其他杯、酱油碟、水果盘、调味品瓶、盐瓶、芥末瓶、蛋杯、茶壶架、餐桌垫、刀架、汤匙和餐巾环。

二、厨房器具，例如，炖锅、各种形状和规格的蒸锅、烘烤盘、盆、糕点及果子冻模子、厨用壶、腌制罐、贮存罐和箱（茶叶罐、面包箱等)、漏斗、长柄勺、刻度厨房量器、擀面杖。

三、其他家用物品，例如，烟灰缸、热水瓶、火柴盒架。

四、盥洗物品（不论是否家用)，例如，盥洗用具（大口水壶、碗等)、卫生桶、便盆、尿壶、便壶、痰盂、冲洗罐、洗眼杯；肥皂碟、毛巾架、牙刷架、卫生纸架、毛巾钩和浴室、厕所、厨房用的类似物品，不论是否固定装于或嵌入墙上的。

本品目不包括：

（一）用于盛装或运输货物的缸、坛、瓶、罐及类似品（品目 69.09）。

（二）浴缸、坐浴盆、洗涤槽及类似卫生设备（品目 69.10）。

（三）品目 69.13 的塑像及其他装饰品。

（四）贵金属或包贵金属在其中不仅只起小装饰物作用的陶瓷制品（第七十一章）。

（五）附有陶瓷容器和金属工具的咖啡磨或香料研磨机（品目 82.10）。

（六）品目 85.16 的电热器具（用于烹煮、加热等），包括电热元件（烹煮板、加热电阻器等）。

（七）第九十一章的物品，包括钟壳。

（八）品目 96.13 的打火机，以及香水喷雾器（品目 96.16）。

69.13　塑像及其他装饰用陶瓷制品：

10　—　瓷制

90　—　其他

本品目包括的陶瓷制品范围广泛，它们主要用于家庭、办公室、会议室、教堂等内部装修以及用于室外装饰（例如，花园的装饰）。

本品目不包括协调制度其他品目已具体列名的物品，即使他们的性质或加工程度都说明其用于装饰用途。例如：

（一）檐口、中楣及类似的建筑饰品（品目 69.05）。

（二）贵金属或包贵金属在其中不仅是小配件的物品（第七十一章）。

（三）仿首饰（品目 71.17）。

（四）第九十章的气压表、温度计及其他仪器。

（五）钟及钟壳，即使经过了装饰，由塑像或类似品组成，但明显用作钟壳的（第九十一章）。

（六）品目 94.05 的灯具、照明装置及其零件。

（七）玩具、游戏品及运动用品（第九十五章）。

（八）第九十六章的钮扣、烟斗、台式打火机、香水喷雾器及其他物品。

（九）油画、粉画及其他手绘画、塑像原件以及一百年以上的收藏品和古物（第九十七章）。

本品目包括：

一、仅作装饰而无实用价值的物品以及仅用于支撑、盛装装饰品或增加其装饰效果的物品，例如：

（一）塑像、半身塑像、高浮雕或浅浮雕以及其他供内部或外部装饰的塑像；装饰品（包括构成时钟零件的装饰品），供壁炉台、博古架等用（动物塑像、带象征性或寓言性质的塑像等）；运动或艺术纪念品；装有悬挂装置的墙饰（匾、盘、板）；大纪念章；火炉栏；人造花、果实、叶等；墓地用的花圈及类似装饰物；家用陈列橱、架上的小摆设。

（二）十字架及其他教堂或宗教用装饰品。

（三）纯作装饰用的盘、瓶、坛、大花瓶。

二、餐具及其他家用物品，其观赏价值明显大于其使用价值的。例如，无实际使用价值的模制浮雕盘，附带配有一只附属精致小碟或烟灰缸的装饰品，无真正使用价值的微缩品等。但一般情况下，餐具及家用器具基本上是有实用价值的，装饰也只是次要的，因而不会影响其用途。所以，带装饰性的这类物品如果使用效果不比未装饰的同类物品差，应归入品目 69.11 或 69.12 而不归入本品目。

三、家庭、办公室等装潢、修饰用的物品，但餐具及家用物品除外。例如，成套烟具、珠宝箱、口香片盒、香烟盒、香炉、墨水台、书档、镇纸及类似书桌上用品和画框。

69.14 其他陶瓷制品：

10 — 瓷制

90 — 其他

本品目包括本章其他品目或协调制度其他各章未列名的所有陶瓷制品。

本品目主要包括：

一、以陶瓷（一般为粗陶器，有时为普通陶器等）为基本材料制成的火炉及其他加热器；非耐火用的火砖颊板；火炉及壁炉的陶瓷零件、柴炉的陶瓷衬里，包括专门制成火炉用的陶瓷砖。但电热器具应归入品目85.16。

二、非装饰性的花盆（例如，用于园艺的）。

三、门、窗等的附件，例如，把手及指板等；用于盥洗塞链条的球形栓等。

四、商店标志及橱窗用的字母、数字、招牌板及类似图案，不论其是否印有图画或文字，但发光标志除外（品目94.05）。

五、主要由陶瓷制成的弹簧杆塞（例如，用于柠檬水瓶的）。

六、供实验室用的普通罐和容器以及药店、糖果店等用的展示罐。

七、其他各种物品，例如，刀柄、学生用的墨水池、用于散热器上的湿润器、鸟笼配件等。

本品目不包括：

（一）陶瓷假牙（品目90.21）。

（二）玩具、游戏品及运动用品（第九十五章）。

（三）第九十六章的钮扣、烟斗及其他物品。

第七十章　玻璃及其制品

注释：

一、本章不包括：

（一）品目 32.07 的货品（例如，珐琅和釉料、搪瓷玻璃料及其他玻璃粉、粒或粉片）；

（二）第七十一章的物品（例如，仿首饰）；

（三）品目 85.44 的光缆、品目 85.46 的绝缘子或品目 85.47 所列绝缘材料制的零件；

（四）光导纤维、经光学加工的光学元件、注射用针管、假眼、温度计、气压计、液体比重计或第九十章的其他物品；

（五）有永久固定电光源的灯具及照明装置、灯箱标志或铭牌和类似品及其零件（品目 94.05）；

（六）玩具、游戏品、运动用品、圣诞树装饰品及第九十五章的其他物品（供玩偶或第九十五章其他物品用的无机械装置的玻璃假眼除外）；或

（七）钮扣、保温瓶、香水喷雾器和类似的喷雾器及第九十六章的其他物品。

二、对于品目 70.03、70.04 及 70.05：

（一）玻璃在退火前的各种处理都不视为“已加工”；

（二）玻璃切割成一定形状并不影响其作为板片归类；

（三）所称“吸收、反射或非反射层”，是指极薄的金属或化合物（例如，金属氧化物）镀层，该镀层可以吸收红外线等光线或可以提高玻璃的反射性能，同时仍然使玻璃具有一定程度的透明性或半透明性；或者该镀层可以防止光线在玻璃表面的反射。

三、品目 70.06 所述产品，不论是否具有制成品的特性仍归入该品目。

四、品目 70.19 所称“玻璃棉”，是指：

（一）按重量计二氧化硅的含量在 60％及以上的矿质棉；

（二）按重量计二氧化硅的含量在 60％以下，但碱性氧化物（氧化钾或氧化钠）的含量在 5％以上或氧化硼的含量在 2％以上的矿质棉。

不符合上述规定的矿质棉归入品目 68.06。

五、本协调制度所称“玻璃”，包括熔融石英及其他熔融硅石。

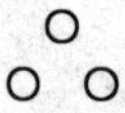

子目注释：

子目 7013.21、7013.31 及 7013.91 所称“铅晶质玻璃”，仅指按重量计氧化铅含量不低于 24％的玻璃。

总　注　释

本章包括各种形状的玻璃及玻璃制品（本章注释一所列不包括的物品或本协调制度其他品目更为明确列名的物品除外）。

玻璃（下列的熔融石英和其他熔融硅石除外）是以不同比例的某种碱金属硅酸盐（硅酸钠或硅酸钾）与一种或多种钙和铅的硅酸盐相混合，并附加钡、铝、锰、镁等组成的一种熔融均匀混合物。

玻璃按其组分不同有许多品种（例如，玻希米亚玻璃、冕牌玻璃、铅晶质玻璃、氧化铅玻璃、斯特拉斯铅玻璃）。这些不同类型的玻璃是非晶性（非晶质）的，而且是全部透明的。

本章各品目包括品目所列的相应物品，不论其为何种玻璃制成的。

制造玻璃的方法有多种，它们包括：

一、铸造（例如，制平板玻璃）。

二、滚轧（例如，制平板玻璃或嵌丝玻璃）。

三、浮法（浮法平板玻璃）。

四、模制，不论是否与压、吹或拉制方法相结合（例如，模制瓶子、杯子、某些类型的光学玻璃、烟灰缸）。

五、吹制，机械或人工吹制，不论是否使用模具（例如，制瓶、安瓿、装饰品，有时也吹制玻璃片）。

六、拉拔或挤出（特别用于制玻璃片、玻璃棒、玻璃管及玻璃纤维）。

七、压制，一般使用模具，通常用以压制烟灰缸等物品，也有与滚轧法（例如，轧制图案玻璃）或吹制法（例如，制瓶）相结合。

八、灯工法，借助于喷灯进行加工（用玻璃棒或管制造安瓿或小工艺品）。

九、切割，将各种方法制得的玻璃坯件、球体等切割成所需的物品（特别是熔融石英或其他熔融硅石制品，它们通常是用实心或空心玻璃坯件切割而成的）。

关于多孔玻璃的情况，参见品目 70.16 的注释。

在某些情况下，制作方法可决定玻璃品在本章中品目的归类，例如，品目 70.03 仅适用于铸制或轧制的玻璃，而品目 70.04 仅适用于拉制或吹制的玻璃。

本章注释五所称“玻璃”，包括熔融石英及其他熔融硅石。

本章还包括：

（一）乳白玻璃或玻璃瓷，在玻璃熔体中加入如萤石或骨灰之类的材料（约加 5%的比例）制成的半透明玻璃。所加材料在熔体冷却或再加热时可以引起部分结晶。

（二）名为微晶玻璃的特种材料。玻璃通过控制结晶的方法制成几乎全部结晶的材料。这种材料是在玻璃料中加入晶核形成剂制得的，常用的晶核形成剂是金属氧化物（例如，二氧化钛和氧化锆）或金属（例如，铜粉）。当玻璃按正常工艺制成物品后，将其置于一定的温度下，以保证其在成核晶体四周结晶（反玻璃化）。微晶玻璃可以是不透明的，有时也可以是透明的。它们比普通玻璃具有更好的机械、电气和耐热性能。

（三）具有低膨胀系数的玻璃，例如，硼硅酸盐玻璃。

70.01 碎玻璃及废玻璃；玻璃块料

本品目包括：

一、制造玻璃时产生的各种废、碎玻璃（包括溅泼在熔埚外面后经回收的废玻璃）；破碎玻璃制品。废玻璃最常见的特点是具有锋利的边缘。

二、玻璃（包括“釉彩”玻璃）块料（即基本为规则的块状），没有专门的固定用途。

“釉彩”玻璃和大多数的普通玻璃相比，其可熔性更大，密度更高。它通常是不透明的，但偶尔也有透明的；有的无色，有的为各种颜色。本品只有呈块状（成团或厚板）时才归入本品目。它用于给其他玻璃着色或遮光，也可通过灯工加工工艺制成小装饰品等，还可用于给陶器上釉等。

本品目还包括维特利特玻璃块料，一种低熔点的玻璃，用于电灯泡底座接触端点之间的绝缘。它的二氧化锰含量很高，故颜色浅黑；可将电灯泡底座内的零件加以密封。

粉状、粒状或粉片状的玻璃（包括维特利特玻璃及“釉彩”玻璃）不归入本品目（品目 32.07）。

70.02 未加工的玻璃球、棒及管（品目 70.18 的微型玻璃球除外）：

10　—　　玻璃球
20　—　　玻璃棒
　　—　　玻璃管：
31　——　熔融石英或其他熔融硅石制
32　——　温度在0℃至300℃时线膨胀系数不超过5×10^{-6}/开尔文的其他玻璃制
39　——　其他

本品目包括：

一、实心玻璃球，一般通过模制或压制而成，或用双螺杆机制成，主要用作生产玻璃纤维的原料，也可用于制平版印刷板。

二、各种直径的玻璃棒或玻璃管，一般通过拉制而成（制玻璃管时要与吹制工艺相结合）；可有多种用途（例如，用于化学及工业装置；用于纺织工业；进一步制成温度计、安瓿、电灯泡和电子管或装饰品）。某些荧光灯管（主要作广告用）是拉制而成的，其整条中有许多隔段。

本组包括“釉彩”玻璃条、棒或管（参见品目70.01关于“釉彩”玻璃的注释）。

本品目的玻璃球必须是未经加工的；类似的棒及管也必须是未经加工的（即直接从拉制工序中制得或仅切割成段，其端部可经简单磨平）。

本品目不包括成为制成品或制成品零件的玻璃球、棒和管。它们应归入与其相应的品目（例如，品目70.11、70.17、70.18或第九十章）。如已加工但不能确定其特定用途的，可归入品目70.20。

本品目包括在本体加入荧光材料的玻璃管（不论是否切割成段）。另一方面，仅在管内涂有荧光材料的，不论是否经过其他加工，均不归入本品目（品目70.11）。

具有玩具性质的玻璃球（任何包装形式的彩色条纹玻璃弹子及供儿童娱乐用的小包装各式玻璃球）应归入品目95.03。成形后经过磨光，作某种瓶子的瓶塞用的玻璃球，应归入品目70.10。

本品目也不包括球形玻璃微粒（微小圆珠，直径不超过1毫米），例如，用于制造路标牌、反光标志及电影银幕，也用于清洁飞机喷气发动机或金属表面（品目70.18）。

70.03　铸制或轧制玻璃板、片或型材及异型材，不论是否有吸收、反射或非反射层，但未经其他加工：

　　—　　非夹丝玻璃板、片：
12　——　整块着色、不透明、镶色或具有吸收、反射或非反射层的
19　——　其他
20　—　　夹丝玻璃板、片
30　—　　型材及异型材

本品目包括各种类型的铸制和轧制玻璃板片（不论厚度如何，也不论是否切割成形）、型材或异型材，不论是否具有吸收、反射或非反射层，但未经其他加工。

本品目包括：

一、未经加工的板玻璃，本品因有起粒或粗糙的表面，一般不透明；可用金属氧化物或其他金属盐进行整体着色。表面研磨或抛光的板玻璃不归入本品目（品目70.05）。

二、整体上不太透明，有时甚至完全不透明的一种非透明玻璃。它的外表通常制成类似于大理石、瓷器或雪花石膏的样子，有白色、黑色和其他颜色，无花纹或有条纹，用于铺墙面或制作盥洗盆、柜台、写字台、桌子、手术台等的台面，也用于制作墓碑、广告板、招牌等。

这种玻璃可一面或两面进行机械抛光，但抛光后的产品不归入本品目（品目70.05）。未加工的这

种玻璃带有与轧辊接触过的痕迹或留有铸砂的痕迹。为了便于安装固定，某种乳色玻璃的一面具有肋纹或较为粗糙。

三、其不规则表面是在制造过程中形成的非透明玻璃。这类玻璃包括毛玻璃、教堂玻璃、锤痕教堂玻璃等；一面压有图案（条纹、菱形、脊形等）的压花玻璃；波纹玻璃及铸制的所谓仿古玻璃（即含有气泡或表面有细裂纹或带有其他故意制成的"缺陷"）。这类玻璃也可整体着色，用于工厂、仓库、办公室、浴室的窗户和所有需要一定光线但又要有不同程度遮蔽性的房屋的窗户。

这类玻璃制作方法的性质决定了它们不需要进一步加工使其表面平整。

如上所述，本品目只包括铸制和轧制玻璃。

在铸制过程中（除生产大块玻璃以外，目前铸制工艺越来越多地被轧制工艺所取代），熔融玻璃被倒在一个固定的压铸台上，沿台面的各边都有金属凸缘，用以决定所制玻璃的厚度。坩埚里的熔融玻璃倒在一个重型金属滚筒的前面，滚筒即在凸缘上滚动，将玻璃的粘滞流体挤压成凸缘的厚度。玻璃一旦达到规定的稠度，即将其缓慢送入退火隧道窑或退火窑里，越靠窑的出口温度越低，到出口处已经凉下来了。在铸造过程中，型材及异型材（例如，U 型的）也可通过将仍处于半熔融状态的带状玻璃纵向两边折弯制得。

在轧制过程中，熔融玻璃在许多滚筒之间通过，轧成一条连续玻璃带或玻璃片、玻璃型材或异型材，然后用机械将其送入退火窑。

压花、锤痕等玻璃的表面是在铸制或轧制过程中进行压印的。在铸制中，雕有花纹的压铸台或滚筒在半熔融状的玻璃表面上印上图案。而在轧制中，图案是用最后一个雕花滚筒轧制而成的。

上述玻璃可以在制造过程中制有孔眼，也可以嵌有金属丝。平板玻璃、压花玻璃、教堂玻璃及类似玻璃为了防止玻璃破裂或打碎时其碎片造成的危险，有时也嵌丝，从而使其适合于建筑用途。嵌丝玻璃几乎全都是将一层钢丝网嵌入正在被轧制的软玻璃中而制成的。

归入本品目的玻璃可以在制造过程中加以镶色，一般是在玻璃的表面套上另一种颜色，或镀上一层吸收、反射或非反射层，但未作进一步加工。

本品目除了不包括因进一步加工而归入其他品目（例如，品目 70.05、70.06、70.08 或 70.09）的铸制或轧制玻璃，还不包括生产过程中也要轧制的安全玻璃（品目 70.07）。

70.04　拉制或吹制玻璃板、片，不论是否有吸收、反射或非反射层，但未经其他加工：

20　—　整块着色、不透明、镶色或具有吸收、反射或非反射层的

90　—　其他玻璃

本品目仅限于拉制和吹制后未经加工的玻璃片（不论是否切割成形）。

非机械吹制工艺除用于制造某些特种玻璃外，人们已极少采用。取而代之的是各种以拉制（例如，弗克法、利比-欧文斯法或匹兹堡法）或拉制与吹制相结合为主的机械加工工艺。

本品目的玻璃可以有不同厚度，但一般不如品目 70.03 的铸制玻璃厚。它可以整体着色或乳白，还可在制造过程中用其他颜色的玻璃予以镶色或镀上一层吸收、反射或非反射层。

拉制玻璃和吹制玻璃通常是生产出来后便直接使用，不需作任何进一步加工。除主要用作窗、门、陈列柜、暖房、钟、画片等玻璃之外，它还用作家具零件、照相底片、眼镜玻璃等。

本品目不包括表面经磨光、抛光或其他加工的拉制玻璃和吹制玻璃（参见品目 70.05、70.06、70.09 等的注释）。

70.05　浮法玻璃板、片及表面研磨或抛光玻璃板、片，不论是否有吸收、反射或非反射层，但未经其他加工：

10 — 具有吸收、反射或非反射层的非夹丝玻璃
　— 其他非夹丝玻璃：
21 — — 整块着色、不透明、镶色或仅表面研磨的
29 — — 其他
30 — 夹丝玻璃

本品目包括浮法玻璃片。其原料先在熔炉中熔化，玻璃液出炉后流入熔融金属浮槽内。在浮槽内玻璃在金属液面上自由摊平后，保持着液面所有的光洁面。在玻璃到达槽的终端时，它被冷却至一定的温度。这时玻璃的硬度在通过滚筒时已不会留有印记或产生变形。从浮槽出来后，玻璃进入一个退火窑。在窑的尽头，玻璃进一步冷却，并可进行切割。这种玻璃的表面未经研磨或抛光，经过浮法工艺后极为平直。

本品目也包括表面经过磨光或抛光的品目 70.03 及 70.04 所列的玻璃（磨光和抛光两种工序通常结合进行）。

在磨光过程中，玻璃在旋转的裹铁圆盘和含有磨料的水流作用下研磨玻璃的表面，使其平滑光洁。玻璃的透明度是用浸有红铁粉（氧化铁）的裹毡圆盘在机器对玻璃进行抛光后获得的。表面的磨光工序可以连续进行，双面研磨机还可以对玻璃两面同时进行加工。有时还进行最终抛光。

本品目的玻璃可以整体着色或乳白，也可以在制造过程中用其他颜色的玻璃予以镶色或镀上一层吸收、反射或非反射层。

本品目的玻璃一般用于窗、门、汽车、船舶、飞机等，也用于制造镜子、桌面、书架、橱窗等和品目 70.07 的安全玻璃。

加工方法超出本品目或本章注释二（二）所列范围的玻璃片，包括弧形玻璃，不归入本品目（品目 70.06、70.07、70.09 等）。

70.06　经弯曲、磨边、镂刻、钻孔、涂珐琅或其他加工的品目 70.03、70.04 或 70.05 的玻璃，但未用其他材料镶框或装配

本品目包括经过一种或多种下列方法加工的品目 70.03 至 70.05 所列各类玻璃。但本品目不包括安全玻璃（品目 70.07）、多层隔温、隔音玻璃组件（品目 70.08）或玻璃镜（品目 70.09）。

本品目包括：

一、弯形或曲形玻璃，例如，特种玻璃（用于橱窗），它是用热弯曲的方法（在适当的炉子里用模具）将玻璃片加工而成。但是品目 70.15 的呈弧面或弯曲的玻璃除外。

二、边缘经过加工（研磨、抛光、圆角、开槽、倒角、斜切、成形等）的玻璃。这些玻璃具有以下物品的特点，例如，桌面板、天平及其他衡器用板，观测孔板及类似品，各种招牌板、指板、相框等用的玻璃片，窗玻璃、家具用的玻璃面等。

三、制成后经打洞或开凹槽的玻璃。

四、制成后表面经过加工的玻璃。例如，经过打毛工序的玻璃（磨砂玻璃及以金刚砂或酸处理使其暗色的玻璃）；冰花玻璃；用任何方法雕刻或蚀刻的玻璃；釉彩玻璃（即以瓷漆或玻璃化颜料加以装饰的玻璃）；以任何方法（手绘、印制、加窗花等）使其具有图案、装饰和各种花纹等的玻璃，以及用任何其他方法装饰的所有其他玻璃，但用手工绘制成品目 97.01 所列绘画的玻璃除外。

本品目不仅包括作为半制成品的平面玻璃（例如，无任何特定用途的玻璃片），还包括具有特定用途的平面玻璃制成品，只要它们不带框架、背衬，也未用玻璃以外的其他材料装配的。因此，本品目主要包括斜边或穿孔玻璃制成的指板（用于门或开关）和不论是否斜边、着色、带有图案或其他装

饰的招牌板。

另一方面，装于木料或贱金属上用作相片、图画等框架的玻璃片应分别归入品目 44.14 或 83.06；单面印有图画的装饰用玻璃镜，不论是否镶框，应归入品目 70.09 或 70.13；玻璃板制成的托盘，不论是否着色、带框及带柄等，均应归入品目 70.13；用纸、纸板、毡、金属等作背衬或镶有框架的广告板、招牌板、地址板、镶板、字母、数字及类似的小块图案应归入品目 70.20（如果装有照明装置，则归入品目 94.05）。同样，用其他材料镶框或装镶的玻璃板如果构成机器、用具或家具的零件时，应与该机器、用具或家具一同归类。

用于家具上的未用其他材料装框或装镶的玻璃板，如果单独报验，应归入本品目；如与家具同时报验（不论是否已组装），并明显用于该家具上的，则应与家具一同归类。

照相用玻璃底片（未曝光、已曝光或已冲洗的）应归入第三十七章。用导电金属糊压印出电路的玻璃板和具有电阻作用的金属带或装置的加热玻璃板应归入第八十五章。

70.07　钢化或层压玻璃制的安全玻璃：

—　钢化安全玻璃：

11　——　规格及形状适于安装在车辆、航空器、航天器及船舶上

19　——　其他

—　层压安全玻璃：

21　——　规格及形状适于安装在车辆、航空器、航天器及船舶上

29　——　其他

所称“安全玻璃”，仅包括以下所列类型的玻璃，但不包括如普通夹丝玻璃和选择吸收玻璃（例如，防眩玻璃、X光防护玻璃）之类的防护性玻璃。

一、钢化玻璃，即：

（一）将玻璃件再加热，直至其变软但又不致软得变形，然后用适当方法将玻璃迅速冷却，从而制得钢化玻璃（热钢化玻璃）。

（二）用复杂的物理化学方法进行处理（例如，离子交换）使玻璃的强度、耐久性与挠性大大增强所制得的玻璃（通常称为“化学钢化玻璃”）。这项处理可以改变玻璃表面的结构。

这种玻璃由于加工时所产生的内应力，一旦制成，便不能再进行加工了。因此，在回火前，钢化玻璃总是按所需形状和规格直接制成成品。

二、层压玻璃

这类安全玻璃通常称为层压玻璃、夹层玻璃等。它是在两片或多片玻璃中间象三明治般地夹上一层或多层塑料制成。塑料夹层通常由醋酸纤维素、乙烯基或丙烯酸产品的薄片构成。层压玻璃是在高热与高压下粘合而成的，有时还用一种特殊胶粘剂涂喷在玻璃内层的表面上再进行压合。另一方法是把塑料薄膜直接制在玻璃片上，然后加热加压使玻璃片粘合在一起。

钢化安全玻璃的特点是撞击破裂后不会成为带锋利边缘的小碎块，甚至崩解，从而减少了飞出的玻璃伤人的危险。层压玻璃通常只有裂缝，并无碎片飞出。如果冲击力很大，使其破裂，飞出的玻璃片通常也很小，不会造成严重割伤。特种用途的层压玻璃可夹有金属丝网，或将塑料夹层加以着色。

因其具有上述特性，这两种玻璃多用作汽车的挡风玻璃和窗玻璃，也用作门、轮船舷窗、工人或司机的护目镜、防毒面具的目镜以及潜水员头盔的目镜。防弹玻璃也是一种特种类型的层压玻璃。

本品目的产品是不管成一定形状（例如，弯曲）或不成一定形状的。

但弧面安全玻璃如具有钟表玻璃特征或用作太阳镜片的应归入品目 70.15。安全玻璃装于其他物品之上，构成了机器、用具或车辆零件的，应与有关机器、用具或车辆一并归类；同样，用安全玻璃做镜片的护目镜应归入品目 90.04。

多层隔温、隔音玻璃，例如，两片玻璃夹有一层玻璃纤维的产品，应归入品目 70.08。

钢化（强化）玻璃与微晶玻璃的制品，除供上述用途以外，应按其各自的特征分别归类（例如，钢化玻璃制的平底无脚杯、硼硅烤盘、微晶玻璃板应归入品目 70.13）。

用作安全玻璃代用品的塑料，应按其组成材料归类（第三十九章）。

70.08 多层隔温、隔音玻璃组件

本品目包括多层隔温、隔音玻璃组件，最常见的是由两块或多块玻璃（片玻璃、板玻璃、浮法玻璃、锤痕玻璃或教堂玻璃）组成，片与片之间夹有一层干空气或惰性气体，有时中间还有多个间隔。这些玻璃片用金属、塑料或其他接合材料将其边缘密封，使其成为一个完全的密封件。

另一种类型的多层隔温、隔音板是由两片玻璃夹有一层玻璃纤维构成的。

这些玻璃用于装配在窗户、屋顶等上，可以起到一定程度的隔温、隔音作用，还可减少冷凝作用。

70.09 玻璃镜（包括后视镜），不论是否镶框：

10 — 车辆后视镜

— 其他：

91 — — 未镶框

92 — — 已镶框

所称“玻璃镜”，是指一面镀有金属（通常用银，有时用铂或铝），能清楚明亮地反照的玻璃。

镀银方法是使用硝酸银的稀释氨溶液（用酒石酸钾或转化糖为基本原料的还原性溶液相混合）。玻璃经过彻底清洁后，即将上述溶液倾倒于玻璃表面上。银盐在玻璃上还原形成经久明亮的金属银沉积层。

镀铂方法是将氯化铂的化合物刷在玻璃上，然后将玻璃加热到近于软化点，从而使金属涂层牢牢地附着于玻璃面上。

金属层（特别是银）需要有保护层，有的涂上一层或多层清漆，有的覆上一层电解沉积铜外，再涂上一层清漆保护层。

本品目包括镜片，不论是否经过进一步加工；也包括任何尺寸的成形玻璃镜，例如，用于家具、室内装饰和火车车厢等；梳妆用镜（包括手持式和悬挂式的）；袖珍镜（不论是否带保护盒套）。本品目还包括放大或缩小玻璃镜和后视镜（例如，车用后观镜）。所有这些玻璃镜可以具有背衬（纸板、织物等）或镶框（金属的、木的、塑料的等）；框架本身也可以用其他材料装饰（织物、贝壳、珍珠母、玳瑁壳等）。根据第九十四章注释一（二）的规定，落地式玻璃镜（例如，用于裁缝店试衣房或鞋店的可转动穿衣镜或旋转镜）也归入本品目。

本品目也包括单面印有图画的玻璃镜，不论是否镶框，只要它们仍具有镜子的基本特征；但这些镜子如果因印有图画而不能作为镜子使用的，则应按装饰用玻璃器归入品目 70.13。

必须注意，已制成第九十四章家具零件（例如，衣柜门）的玻璃镜应与家具一同归类。

本品目不包括：

（一）由于添加了某些附加部分成为其他物品的玻璃镜，例如，某些带柄的托盘（品目 70.13）；但另一方面，仅由玻璃镜构成的桌面中心仍归入本品目。

（二）框架或支座是用贵金属或包贵金属制成的镜子，不论是否带有天然或养殖珍珠、钻石或其他宝石或半宝石（天然、合成或再造）（仅作为小配件的除外）（品目 71.14）；或框架、支座上镶有天然或养殖珍珠、宝石或半宝石（天然、合成或再造）的镜子（品目 71.16）。

（三）经光学加工的玻璃镜（第九十章）（参见相应的注释）。

（四）与其他元件组装在一起构成玩具、游戏品、打猎或射击用品的玻璃镜（例如，哈哈镜）（第九十五章）。

（五）一百年以上的玻璃镜（品目97.06）。

70.10　玻璃制的坛、瓶、缸、罐、安瓿及其他容器，用于运输或盛装货物；玻璃制保藏罐；玻璃塞、盖及类似的封口器：

10　—　安瓿

20　—　塞、盖及类似的封口器

90　—　其他

本品目包括商业上通常用于运输或盛装液体或固体产品（粉末、颗粒等）的各种玻璃容器。它们包括：

一、各种形状及规格的坛、瓶（包括虹吸瓶）、小药瓶及类似容器，用于盛装化学产品（酸等）、饮料、油类、肉汁、香水、药品、墨水、胶水等。

以前这些容器均用吹制法生产。现在几乎全都用机器进行生产。这些机器自动地将已熔化的玻璃馈入模子，通过压缩空气的作用使其成形。这类容器通常用普通玻璃（有色或无色）制造，但有些瓶子（例如，装香水的）也可用铅晶质玻璃制造，某些大坛是用熔融石英或其他熔融硅石制成的。

上述容器一般都配有适当的塞盖；这些塞盖有的是普通的塞子（软木塞、玻璃塞等），有的是玻璃球、金属盖、螺旋盖（金属或塑料的），还有的为特制的装置（例如，啤酒瓶、汽水瓶、苏打水瓶等的瓶盖）。

这些容器即使经过研磨、切割、砂磨、蚀刻、镂刻、彩绘（特别是某些盛装香水或利口酒的瓶子）、加箍、装于柳条筐中或用各种材料（柳条、稻草、酒椰纤维、金属等）以其他方式装饰的仍应归入本品目。容器颈上可装有活动瓶盖，容器本身还可装有滴量装置或标上刻度，但未构成实验室用的玻璃器。

二、用于运输或盛装某些食品（调味品、酱油、水果、蜜饯、蜂蜜等）、化妆品或盥洗品（雪花膏、润发油等）、药品（药膏等）、擦光油、清洁剂等的广口瓶、罐及类似容器。

这类容器通常是用普通玻璃（无色或有色）在模子中加压，然后用压缩空气加以吹制而成。它们大都是大口和短颈（如果有颈）的，一般有边或凸缘，用来扣住盖子；有些容器使用软木塞或螺旋塞。

象普通瓶子一样，这类容器也可进行砂磨、切割、蚀刻或镂刻、装饰、加箍等。

三、安瓿，通常用拉制的玻璃管制成，密封后可用作血清或其他药品的包装容器，或用于装液体燃料（例如，香烟打火机汽油用的安瓿）、化学产品等。

四、供运输或盛装药品及类似用途的管状容器及类似容器，用灯工玻璃管制成或吹制而成。

本品目也包括玻璃储藏罐。

任何材料制成的容器塞盖如果随同本品目容器一起报验，应归入本品目。

本品目还包括玻璃制的盖及塞，不论是用普通玻璃或铅晶质玻璃制成的，也不论是否经研磨、切割、砂磨、蚀刻、镂刻或装饰的。本品目还包括作瓶塞用的某些玻璃球；这种玻璃球是用玻璃厚板切割制成球形后再进行机械加工制得的。

本品目不包括：

（一）全部或大部分用皮革或再生皮革包裹的瓶子（品目42.05）。

（二）保温瓶或其他保温容器用的玻璃胆（品目70.20）。

（三）作为家用玻璃器皿的带塞冷水瓶、水杯和其他玻璃容器（品目 70.13），但不包括商业上运输或盛装货品用的容器。

（四）婴儿奶瓶（品目 70.13）。

（五）实验室、卫生及配药用的玻璃器皿（品目 70.17）。

（六）商店专用的展示瓶、罐（品目 70.20）。

（七）供香水喷雾器用的瓶子等（品目 70.13）、香水喷雾器（品目 96.16）和保温瓶及其他保温容器（品目 96.17）。

70.11　制灯泡、阴极射线管及类似品用的未封口玻璃外壳（包括玻璃泡及管）及其玻璃零件，但未装有配件：

10　—　电灯用

20　—　阴极射线管用

90　—　其他

本品目包括：

一、任何形状或尺寸的不带配件未封口玻璃外壳（包括玻璃泡和管），用于制造电灯泡、电灯管、电子管等，不论是供照明用或作其他用途（白炽或蒸汽灯、X 光管、无线电真空管、阴极射线管、整流管或其他电子管、红外线灯等）。这些玻璃壳大部分是用自动化机器批量生产的，可磨砂、着色、乳色、镀金属及涂荧光材料等。

外壳的玻璃零件（例如，电视机阴极射线管的荧光屏或锥体，聚光灯泡反射器）仍归入本品目。

二、明显用于制造电灯泡的末端窄小的玻璃管，或弯曲成广告标志形状的玻璃管。

三、用荧光物质（例如，硅酸锌、硼酸镉、钨酸钙）**衬里的玻璃管。**

这些玻璃壳经一系列制作（包括嵌入灯丝或电极，抽出管中气体，注入一种或多种稀有气体或水银等，装上灯头或接头）可制成电灯泡、阴极射线管或第八十五章所列的类似物品。

所有上述物品可用普通玻璃、铅晶质玻璃或熔融石英制成。

本品目不包括：

（一）仅切割成一定长度的玻璃管，不论其两端是否用火抛光或用其他方法修整平滑；以及在玻璃本体加有荧光材料（例如，铀酸钠）的玻璃管（品目 70.02）。

（二）已封装或装配件的玻璃灯泡、灯管以及成品灯泡、灯管和电子管（参见品目 85.39、85.40、90.22 等）。

【70.12】

70.13　玻璃器，供餐桌、厨房、盥洗室、办公室、室内装饰或类似用途（品目 70.10 或 70.18 的货品除外）：

10　—　玻璃陶瓷制

—　高脚杯，但玻璃陶瓷制的除外：

22　——　铅晶质玻璃制

28　——　其他

—　其他杯子，但玻璃陶瓷制的除外：

33　——　铅晶质玻璃制

37　——　其他

—　餐桌或厨房用玻璃器皿（不包括杯子），但玻璃陶瓷制的除外：

41 ——铅晶质玻璃制

42 ——温度在0℃至300℃时线膨胀系数不超过5×10^{-6}/开尔文的其他玻璃制

49 ——其他

—其他玻璃器：

91 ——铅晶质玻璃制

99 ——其他

本品目包括下列玻璃制品（其中大部分是在模子中加压或吹制而成的）：

一、餐桌或厨房用玻璃器皿。例如，水杯、高脚杯、单把大酒杯、细颈冷水瓶、婴儿奶瓶、大水罐、带把小口的大壶、盘子、沙拉碗、糖缸、船形调味汁壶、水果架、糕饼架、拼盘碟、碗、盘、蛋杯、黄油碟、油瓶、醋瓶、分菜或烹煮等用的盘、炖锅、焙盘、托盘、盐瓶、调味糖瓶、餐刀架、搅拌器、餐桌手摇铃、咖啡壶和咖啡过滤器、糖食盒、刻度厨房用具、保温板、餐桌垫、家用搅乳器的某些零件、咖啡磨具用的杯、乳酪碟、柠檬挤汁器、冰桶。

二、盥洗用品。例如，肥皂碟、海绵篮、液皂分配器、钩和横杆（挂毛巾用）、香粉缸、香水瓶、化妆用喷雾器的零件（喷头除外）和牙刷架。

三、办公室用玻璃器具。例如，镇纸、墨水台和墨水池、书档、装大头针的容器、笔架、烟灰缸。

四、室内装饰用玻璃器及其他玻璃器（包括教堂和类似场所用的在内）。例如，花瓶、装饰性水果盘、小塑像、小精品（动物、花、叶、果等）、桌面中心（品目70.09的物品除外）、养鱼缸、香炉等以及带风景画的纪念品。

上述玻璃器具可用普通玻璃、铅晶质玻璃、低膨胀系数玻璃（例如，硼硅玻璃）或微晶玻璃制成（后两种玻璃特别用于制造厨房器具）。它们有无色的、着色的或镶色的，可切割、打毛、蚀刻、镂刻或作其他装饰，也可用镀面玻璃制成（例如，装有柄的某种托盘。但仅由一块镜子构成的桌面中心不归入本品目（参见品目70.09的注释）。

另一方面，本品目包括因印有图画而不能作为镜子使用的镜子状装饰性物品；否则，它们应归入品目70.09。

玻璃与其他材料（贱金属、木料等）组合制成的物品，如果具有玻璃制品的特征，可归入本品目。贵金属或包贵金属在玻璃器皿中仅作为微小配件的仍归入本品目；超出这个范围的则不归入本品目（品目71.14）。

本品目不包括：

（一）玻璃镜，不论是否镶框（品目70.09）。

（二）通常用于商业运输或盛装货物的玻璃瓶、坛、缸、罐以及玻璃制的保藏罐（品目70.10）。

（三）花饰铅条窗玻璃及类似品（品目70.16）。

（四）适于室内装饰用的品目70.18的物品（例如，玻璃珠制成的人造花和叶以及灯工装饰品）。

（五）钟壳（品目91.12）。

（六）品目94.05的灯具和照明装置及其零件。

（七）香水喷雾器及类似化妆用喷雾器（品目96.16）。

（八）品目96.17的保温瓶及其他保温容器。

70.14　未经光学加工的信号玻璃器及玻璃制光学元件（品目70.15的货品除外）

本品目包括下列未经光学加工的物品：

一、信号玻璃器（无色或着色），供安装于反光路标（例如，板、牌、柱等）或展示牌上，或作自行车、汽车等的简单反射器。这些物品通常是凸面的、半球形的或是具有平行槽纹平面的。它们能将射过来的光线（例如，车头灯光）加以反射，人们在黑暗中的远处就可见到。

二、玻璃制光学元件（无色或着色）。本品目包括在制作中虽未经光学加工，但能产生某种所需的光学效果的元件。这类元件主要包括汽车车头灯、停车灯、方向指示灯、自行车后灯、交通路灯、某种浮标灯、聚光灯泡、小手电、手电筒、配电盘灯或仪表板灯等的透镜及类似品，某些普通放大镜所用的镜片及类似品。

本品目还包括光学元件的毛坯和需进行光学加工的光学元件。

光学加工是先用粗磨料，然后再不断地用越来越细的磨料对玻璃表面进行研磨，其加工顺序为粗磨、修整、磨平和抛光。

经过一道或数道抛光前的工序所制得的物品仍归入本品目。但一面或多面全部或部分进行过抛光，达到了所需光学性能的玻璃件不归入本品目（根据其是否装配的情况，分别归入品目 90.01 或 90.02—参见相应的注释）。

只对玻璃圆片或镜片的边缘进行过简单的打磨，但未作进一步加工的，不能视为进行过光学加工。

本品目的物品一般是通过模制、压制或将玻璃片、带、块或板进行切割制成的。

上述物品即使已镶框、装有架座或背衬反射面，仍应归入本品目，但明显成为制成品的不包括在本品目内（例如，品目 83.10 的贱金属制的标志牌、数字、字母和其他标志；品目 85.12 的自行车或机动车辆用的前灯、车头灯或停车灯）。

本品目还不包括：

（一）视力矫正眼镜或非视力矫正眼镜用的玻璃（未进行光学加工）（参见品目 70.15 的注释）。

（二）球形玻璃微粒（参见品目 70.18 的注释）。另一方面，本品目包括用这些微粒涂面，准备装于路标或标志牌上的玻璃板。

（三）经过光学加工的玻璃光学元件或非玻璃材料制的光学元件（第九十章）。

（四）品目 94.05 的灯具和照明装置及其零件。

70.15 钟表玻璃及类似玻璃、视力矫正或非视力矫正眼镜用玻璃，呈弧面、弯曲、凹形或类似形状但未经光学加工的；制造上述玻璃用的凹面圆形及扇形玻璃：

10 — 视力矫正眼镜用玻璃

90 — 其他

本品目包括：

一、呈弧面、弯曲、凹形或类似表面的各种形状或尺寸的钟表玻璃，不论是否具有平行面。本品目还包括做相框及类似品、大奖章、湿度计、气压表及类似器具用的所有类似玻璃。换言之，本品目包括一系列通常用于保护有关物品的刻度盘、钟表面等的玻璃，这种玻璃尽管在某些情况下可用作实验室表玻璃或用于制造镜子，仍归入本品目。

不具有平行面的上述玻璃可具有某种光学性能。但品目 70.14 所列玻璃元件的主要功能是产生某种所需的光学效果，而本组所述玻璃的主要功能是起保护作用。

二、用于制造非视力矫正眼镜的弧面或类似表面的玻璃（例如，太阳眼镜和其他护目镜），这种玻璃的质量一般次于用以制作视力矫正镜片的玻璃。

这些玻璃通常具有平行面，实际上不再进行光学加工；经过光学加工的则不应归入本品目（品目 90.01）。

第一和第二部分所述的玻璃主要的加工方法如下：

（一）将玻璃吹制成一个直径通常不超过 80 厘米的空心圆球体。接着将圆球体分成三或四个部分，再将每部分用带有钻石刀头的圆规分割成若干小片，然后将小片置于模子中利用热压把边缘向里弯曲。

（二）将平面玻璃切成小方块或小圆片，然后把它们放入一个凹面模子或转环内加热软化形成弧面或在模子内用热压使其形成弧面。

（三）将熔化的玻璃直接倒入一个机械压机的模中。

（四）将一块圆形或矩形（包括正方形）平面玻璃的一面磨出一个凹窝，以供钟表指针在其中有足够的空间走动。

除了有特定用途的成形〔圆形、椭圆形或矩形（包括正方形）〕玻璃以外，本品目还包括通过上述（一）款制造方法制成的玻璃空圆球体及其小片。

三、视力矫正玻璃（包括毛坯，即简单压制或模制但未经光学加工的玻璃）。在大多数情况下，视力矫正眼镜工业所使用的玻璃，是用熔融玻璃压成的毛坯制成。这些毛坯通常呈成品眼镜片形状。在某些情况下，镜片毛坯也可通过切割轧制或拉制的玻璃片制得。切下的玻璃片先在炉中软化，然后再压制成毛坯。通过以上两种方法制得的毛坯均需再进行表面加工，主要是进行抛光，才能用作视力矫正片。

本品目包括作视力矫正眼镜片的毛坯，即简单模制成形，但未经光学加工的玻璃片。未进行模制的这些玻璃应分别归入品目 70.03、70.04、70.05 或 70.06。

本品目不包括:

（一）作同样用途的平面玻璃（特别是品目 70.05、70.06 和 70.07 的玻璃）。

（二）品目 70.14 的光学元件。

（三）实验室专用的钟、表玻璃（中间穿孔、边缘经过打磨以保证其密封性等）（品目 70.17）。

（四）经光学加工的视力矫正眼镜片或隐形眼镜（第九十章）。

70.16　建筑用压制或模制的铺面用玻璃块、砖、片、瓦及其他制品，不论是否夹丝；供镶嵌或类似装饰用的玻璃马赛克及其他小件玻璃品，不论是否有衬背；花饰铅条窗玻璃及类似品；多孔或泡沫玻璃块、板、片及类似品：

10　—　供镶嵌或类似装饰用的玻璃马赛克及其他小件玻璃品，不论是否有衬背

90　—　其他

本品目包括一系列经压制或模制（不论是否与吹制相结合）的玻璃制品。它们主要用于铺盖平屋顶、圆屋顶和拱道，也通常与混凝土一起用以铺砌地窖、地下室、地下走廊等的衬砌壁。

因此，本品目包括实心或空心玻璃砖、块、瓦、片及各种模制品（双头制品等），还包括建筑用玻璃装饰品（圆花窗、中柱等）、梯级及其竖板、栏杆球饰等。

这些制品具有不同的透明度，其边缘可以经加工或开槽，可制成一定图案，也可嵌入金属丝，与金属、混凝土或其他材料结合。

本品目进一步包括：

一、马赛克方砖，一般已着色或表面涂上一层金色，马赛克矩形砖和其他平面形状砖，不论是否带银色。它们都是用作墙壁、家具的贴面材料，不论是否用纸、纸板、纺织物或其他材料衬背都归入本品目。本品目还包括着色的玻璃（通常为乳白玻璃）碎片或片屑。它们用水泥镶嵌，用于房屋门面装饰。

二、私人房舍的花饰铅条窗、教堂等用的彩绘玻璃窗。它们呈镶板、圆花窗等形式，由各种形状的玻璃（通常为整体着色玻璃、表面着色玻墙或旧法平板玻璃）镶在有槽铅条上构成，有时还用金属条杆加强。

用有槽的其他金属条制成的类似组装玻璃窗，尤其是花饰铜条窗，其防火性能更好。

三、多孔或泡沫玻璃块、板、片或类似品，通常是在熔融玻璃中吹入压缩空气或加入充气剂制得。这些工艺使无色或有色的玻璃具有近似浮石的结构，其比重不超过0.5（因此可用作软木的代用品），易于钻孔、锯切、锉削等，它是一种隔温、隔音和吸音材料，可以上述形状用于建筑行业等。

这种玻璃还用于制造安全带、救生圈、装饰品等。但制成上述物品的形状后，这种玻璃就不能归入本品目，而应归入用其他玻璃制成的类似品的品目（特别是品目70.13、70.17或70.20）。

本品目也不包括：

（一）品目70.04至70.06的玻璃。

（二）多层隔温、隔音玻璃（品目70.08）。

（三）用马赛克方砖制成的成品镶板和其他装饰性图案（品目70.20）。

（四）超过一百年的花饰铅条窗（品目97.06）。

70.17　实验室、卫生及配药用的玻璃器，不论有无刻度或标量：

10　—　熔融石英或其他熔融硅石制

20　—　温度在0℃至300℃时线膨胀系数不超过5×10^{-6}/开尔文的其他玻璃制

90　—　其他

本品目适用于一般用于实验室（研究、配药、工业等）的玻璃器，包括特种瓶（气体洗涤瓶、试剂瓶、沃尔夫瓶等）、特种管（气体洗涤管、干燥管、冷凝管、过滤管、滴定管、试管等）、搅拌器、蒸馏瓶、刻度罐、培养瓶（克氏扁瓶、鲁氏瓶等）、各种量管、蒸发盘、量瓶、特种钟形缸和接受器（真空的、缩领的等）、特种滴瓶（带刻度等）、曲颈瓶、结晶盘、干燥筒、滤扳和滤片、勺子、保干器、渗析器、承接管、冷凝器、蒸馏器的接受器、特种漏斗（带活栓漏斗、球形漏斗等）、量筒、坩埚、滤埚、特种烧瓶（锥形、多颈形等）、特种酒精灯、研钵、称量舟皿、吸管、各种类型的专用真空器皿（品目96.17的除外）、洗瓶、活栓、刮勺、缸（过滤缸、沉淀缸、多颈缸等）、马弗罩、坩埚支座板、显微镜载片和盖片等。

关于品目90.27的理化分析仪器和器具有时也属于本品目所列的实验用玻璃器的范围，其归类规则，参见品目90.27的注释。这些规则规定，本品目包括酸液比重计（品目90.25的除外）、乳液比重计、奶油计、乳脂计及类似测验乳品的仪器；白蛋白计和尿素计；量气管；体积计、氨量计、基普发生器及基耶达尔氏定氮仪及类似品；碳酸计；确定分子量的冰点测定器和沸点测定计等。

所称“卫生及配药用玻璃器”，是指不必专业人员指导便可使用的通用器具。本品目主要包括冲洗器、喷射嘴（注射器、灌肠器等用）、盛尿器、便盆、便壶、痰盂、吸杯、胸部除痛器（有或没有橡皮袋的）、洗眼杯、吸入器和压舌板。外科用羊肠线的线轴及卷轴也归入本品目。

本品目的物品可以刻度或标量，可用普通玻璃制成（特别是配药和卫生用玻璃器具），但实验室用玻璃器常用硼硅玻璃、熔融石英或硅石制成，因这些玻璃具有化学稳定性和低膨胀系数。

本品目不包括：

（一）供运输或盛装货物用的容器（品目70.10）；有时用于实验室的普通弧面表玻璃（品目70.15，参见该品目的注释）；药房专用的陈列瓶和工业用的玻璃器（品目70.20）。

（二）第九十章的玻璃仪器及装置，例如，皮下注射器、特种插管及医疗、外科、牙科或兽医用的其他仪器和器具（品目90.18）；品目90.25的液体比重计及类似的浮子式仪器、温度计、高温计及气压计；品目90.26的仪器及装置（用于液体流量等的计量和测试）；品目90.27的供物化分析等用的仪器和装置。

70.18 玻璃珠、仿珍珠、仿宝石或仿半宝石和类似小件玻璃品及其制品，但仿首饰除外；玻璃假眼，但医用假眼除外；灯工方法制作的玻璃塑像及其他玻璃装饰品，但仿首饰除外；直径不超过1毫米的微型玻璃球：

10 — 玻璃珠、仿珍珠、仿宝石或仿半宝石及类似小件玻璃品

20 — 直径不超过1毫米的微型玻璃球

90 — 其他

本品目包括范围很广的一系列各式各样玻璃制品。它们大部分直接用作或经过加工后用作观赏和装饰用途。

它们包括：

一、玻璃珠〔例如，用于项链、念珠、假花、墓碑装饰等；用于装饰纺织制品（饰边、刺绣等）、手提包或类似品；或用作电绝缘子〕。这些玻璃珠无论是否着色，基本是圆形的，穿有小孔。它们的制法是将玻璃管切割成长度和直径大约相等的小段，然后将所得的小圆管连同一些粉状物料（木炭、石墨、熟石膏等）的混合物一起放入一个金属圆桶内，该桶在炉上不停地转动。玻璃小圆管由于受热软化，摩擦使它们基本成为圆球形，而粉状物料则防止它们互相粘结。

二、仿珍珠，空心或实心，具有各种颜色、形状和尺寸，酷似真珍珠。空心仿珍珠最普通的制法是将一个极小直径的玻璃管吹制成为一系列很薄的玻璃球，然后将这些玻璃球相互分开。这种工艺制成的珠子有两个直接相对的洞眼，细线绳可从中穿过。玻璃棒也可用以吹制空心仿珍珠。将含有珠光精（一种溶于氨液中的鱼鳞糊状物）的物料吹入玻璃珠中，有时还填入白蜡使其更为坚实。这种珠子重量轻，在很轻的压力下即可压碎，因而很容易与真珍珠加以区别。

实心仿珍珠是将玻璃粒穿在铜丝上在火焰中加以转动而制成，或将玻璃浇铸在横穿着一根细铜管的小模子中制成。冷却后，可用硝酸溶掉珠中的铜。玻璃不受侵蚀，因而具有一个径向的洞眼。将这些珠子涂上珠光精，最后包上一层透明清漆的保护层。

三、仿宝石（包括仿半宝石）。切勿将这种仿宝石与品目71.04的合成宝石或再造宝石相混淆（参见相应的注释）。这种仿宝石用高折射率的特种玻璃（例如，斯特拉斯铅玻璃）制成，有的无色，有的用金属氧化物直接着色。

仿宝石一般把玻璃块按所需尺寸切割而得，将切下的玻璃件安放在一块涂有硅藻土的金属片上，然后送进小烤箱内将其边缘修圆。这时的玻璃件可进行切割（切成钻石形状、玫瑰状钻石形等）或雕刻（浮雕宝石或仿凹雕宝石）加工。这些仿宝石也可直接模制而成（例如，制成具有一定形状的小饰物）。这种模制仿宝石的底面常涂有反射性金属涂料（宝石加工）。

四、其他的玻璃小精品，例如，仿珊瑚。

五、各种玻璃制品（仿首饰除外），用上述某些玻璃品（例如，装饰花环用的玻璃花、玻璃叶和玻璃珠；灯罩、搁架用的圆玻璃珠穗缨或喇叭形玻璃珠穗缨；玻璃圆珠或喇叭形玻璃珠串成的窗帘、门帘和用类似方法制成的桌面垫席；用玻璃珠或仿宝石、仿半宝石串成的念珠。

六、玻璃假眼〔供人使用的玻璃假眼除外（品目90.21）〕，例如，用于玩偶、机器人、填制的玩具动物上的假眼，但装有闭眼装置的玩偶假眼不归入本品目（品目95.03）。

七、小塑像及其他装饰品（仿首饰除外），用糊状玻璃通过吹管吹制而成的。这些物品用来摆放在架子上（动、植物、小人像等），一般都是用透明玻璃（铅晶质玻璃、斯特拉斯铅玻璃等）或釉彩玻璃制成的。

八、微型玻璃球，其直径不超过1毫米，用于制作路标板、反光标牌或电影银幕；也用于清洁飞机喷气式发动机或金属的表面。它们是滚圆的实心球体。

用于室内装饰和类似用途的铸制或模制玻璃花、叶和果实不归入本品目（品目70.13）。其含有的贵金属或包贵金属超出小配件范围的灯工玻璃小精品，以及构成第七十一章所述范围的灯工玻璃仿首饰，应归入第七十一章。

本品目也不包括：

（一）通常镀银或染色的玻璃粉，用于装饰名信片、圣诞树的饰物等（品目 32.07）。

（二）用小玻璃珠、仿珍珠、仿宝石或仿半宝石装饰的皮革或织物手袋及类似品（品目 42.02）。

（三）用玻璃饰边的图画明信片、圣诞卡和类似品（品目 49.09）。

（四）用玻璃珠缝成图案的纺织制品（第十一类，特别是品目 58.10）。

（五）表面涂有玻璃小珠，供电影银幕等用的织物（品目 59.07）。

（六）用玻璃珠、仿珍珠、仿宝石或仿半宝石装饰的鞋靴、帽类、手杖和伞（第六十四章、第六十五章及第六十六章）。

（七）装于或嵌于贵金属或包贵金属上的仿珍珠、仿宝石或仿半宝石（品目 71.13 或 71.14），或品目 71.17 所列范围的仿首饰（参见相应的注释）。

（八）链扣（酌情归入品目 71.13 或 71.17）。

（九）玩具、游戏品、圣诞树装饰品（包括吹制的薄壳玻璃球）（第九十五章）。

（十）钮扣及饰扣（酌情归入品目 96.06 或第七十一章）。

70.19 玻璃纤维（包括玻璃棉）及其制品（例如，玻璃纤维纱线及其织物）(+)：

— 梳条、粗纱、纱线及短切纤维：

11 — — 长度不超过 50 毫米的短切纤维

12 — — 粗纱

19 — — 其他

— 薄片（巴厘纱）、纤维网、席、垫、板及类似无纺产品：

31 — — 席

32 — — 薄片（巴厘纱）

39 — — 其他

40 — 粗纱机织物

— 其他机织物：

51 — — 宽度不超过 30 厘米的

52 — — 宽度超过 30 厘米的长丝平纹织物，每平方米重量不超过 250 克，单根纱线细度不超过 136 特克斯

59 — — 其他

90 — 其他

本品目包括玻璃纤维本身和制成各种形状的玻璃纤维（含本章注释四所述的玻璃棉），以及由于物品的性质而不能归入其他品目的玻璃纤维制品。

玻璃纤维具有如下特征：不如植物或动物纺织纤维那样柔韧（玻璃纱线很难打结）；不具延伸性；强度大（强度比第十一类的任何纺织纤维都大）；不燃烧；不腐烂、不受水和大部分酸的侵蚀；导电性能差，在某些情况下，导热和传音性能也很差；不吸湿。

玻璃纤维可以通过多种方法制取，除少数情况以外，这些方法可归纳为三大类：

一、机械拉制法

此法是将玻璃在炉中熔化，熔融玻璃流入前炉，前炉底装有可耐高温的贵金属（通常是铑或铂）合金制成的拉丝坩埚，坩埚上穿有很多小孔，漏出熔融玻璃丝线。在经过上浆处理后（例如，用聚硅氧烷处理)，玻璃丝被送到一个高速旋转的心轴上，拉制成非常细的平行玻璃长丝，这样就制成了与化学纺织长丝纱线相似的连续原丝。

用大致相同的方法可制出较粗的玻璃纤维丝；这些玻璃丝可绕成供直接使用的玻璃丝网（用作隔热或隔音毡）。

二、离心拉制法

此法是用锅将玻璃熔化后，倒在一个高速旋转的耐火粘土圆盘上，圆盘边缘密密麻麻地带有很多齿。熔化的玻璃粘附在圆盘上，由熔炉的火焰进行加热。由于加热和离心力的作用下拉成长丝。玻璃丝被吹向一个固定的台子，卷绕在一个冷却圆筒上。

这样制成的纤维比较短，称为玻璃棉，可不经纺纱而整批使用。

三、流体拉制法

这一制作方法是利用高压蒸汽或压缩空气的射流进行生产的。当熔化玻璃的单丝从熔炉的拉丝板流出时，射流就从两面喷向玻璃丝。在射流的作用下，玻璃长丝断裂为短段，并随即被涂上润滑剂。

这样制得的玻璃纤维卷绕到一个圆筒上，形成可直接使用的纤维网（例如，绝缘毯），或者绕成玻璃短纤的连续梳条或粗纱（类似于废丝的梳条或粗纱）以供嗣后纺成玻璃线。

本品目的玻璃纤维及玻璃纤维制品具有以下几种形状：

（一）散装玻璃棉。

（二）梳条、粗纱、纱线和短切纤维。

（三）薄片（巴厘纱）、纤维网、席、垫、板及类似无纺产品。

（四）机织物，包括狭幅织物。

本品目还包括帘、幕和其他玻璃纤维机织物制品。

值得指出的是，虽然用玻璃纤维线刺绣的“化学刺绣品”或无可见底布刺绣品应归入本品目，但凡采用第十一类的任何纺织品制成的刺绣品，如果仅是为了某些效果而使用了玻璃纤维绣线的，不应归入本品目（品目58.10）。

玻璃纤维的应用范围日益扩大，例如：

1. 用于装潢或室内装饰（例如，室内装潢、墙帷、帘幕、蚊帐），为织物状，可以染色或印花。

2. 用于隔热（例如，用于屋顶、烟囱、锅炉、熔炉、蒸汽管道、蒸汽涡轮、管子、冰橱及运货车等的隔热），为散装纤维、结球、毡、垫、罩套（供管子用）或编带等（不论是否用胶水、沥青或其他物质浸渍，或用纸张、纺织材料或金属丝网支撑）。

3. 用于隔音（例如，用于公寓房间、办公室、轮船舱房、剧院等），为散装纤维、毡、垫或硬板等。

4. 供绝缘用（例如，用于电线、电缆或其他电器），为长丝、纱线、狭带、编带、织物等（不论是否用天然树脂、塑料、沥青等浸渍）。

5. 用作热塑性树脂和热固性树脂的加强材料，用于制造建筑业用的门面覆盖板、镶板、圆顶、平板或瓦楞板；用于制造储存和运输液体用的槽、罐和管子；用于制造工业或农业用的机器外壳和其他模制件；用于制造汽车保险杠、履带车辆设备、铁路车厢或飞机、船壳、雪橇、网球拍及其他体育用品等。

6. 用于制造其他杂项产品，例如，空调或化学工业用的过滤产品、刷子、灯芯及打火机芯、电影银幕。

本品目不包括：

（一）将玻璃纤维压制后，或将多层玻璃纤维层叠后用塑料浸渍制成的半成品或制成品，由于它们具有结实坚硬的特征，因而失去了玻璃纤维制品的特性（第三十九章）。

（二）矿物棉（参见第六十章的注释四）以及品目 68.06 的矿物棉制品。

（三）用玻璃纤维网或织物作为芯层，用沥青或类似材料完全包裹或两面覆盖制成的屋顶板（品目 68.07）。

（四）夹有一层玻璃纤维的多层隔温、隔音玻璃（品目 70.08）。

（五）品目 85.44 的光缆，绝缘子（品目 85.46）、绝缘材料制的附件（85.47）。

（六）品目 90.01 的光导纤维、光导纤维束及光缆。

（七）玻璃纤维制的玩偶假发（品目 95.03），用人造树脂粘结玻璃纤维制成的钓鱼杆（品目 95.07）。

（八）玻璃纤维刷子（品目 96.03）。

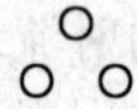

子目注释：

子目 7019.11

短切纤维是将许多并列的玻璃纤维长条原丝切短制得。它一般用来起加强作用，例如，用于塑料或灰浆的加强。

子目 7019.12

玻璃纤维粗纱由一把或多把松散的基本未加捻（捻度每米少于 5 转）的玻璃纤维长条原丝构成。它通常用于生产玻璃纤维长丝纱线，也可直接用于纺织某种玻璃纤维织物，例如，玻璃纤维帷幕。

子目 7019.19

本子目包括梳条。梳条由长度通常不足 380 毫米的短纤构成。它们松散平行排列成绳状，基本未加捻（捻度每米少于 5 转）。梳条一般用于生产短纤纱线，但也可用于生产绳或缆。

本子目的纱线已经加捻，可用长丝或短纤制成。

子目 7019.31

席是增强用的玻璃原丝平面产品，由几百根平行长丝不规则分布组成。

所用玻璃丝可经短切（原丝短纤席）或不经短切（长丝席），通过胶粘剂胶合或针织制成玻璃纤维席。

席子的长丝仍保持其平行长丝形状，这些长丝可以一根根地从席上撕下而不损坏席子。

子目 7019.32

薄片（巴厘纱）是由不规则分布的各根玻璃纤维（长丝）制成的无纺织物。这些纤维用胶粘剂粘合在一起后经加压制成，可以加有或不加增强线，增强线通常是纵向拉紧整张薄片。

与玻璃纤维席不同的是，这种产品的长丝不能单独抽出，否则会损坏薄片。

由于这种薄片的厚度很有规则，均不超过 5 毫米，故可与玻璃纤维网、垫及其他绝缘产品区别开来。

70.20　其他玻璃制品

本品目包括本章其他品目或本协调制度其他章未列名的玻璃制品（含物品的玻璃零件）。

这些制品只要仍保持玻璃制品的基本特征，即使与非玻璃材料合制的，也仍归入本品目。本品目包括：

一、工业用品，例如，用于皮张上光的玻璃缸、碗、圆筒或圆盘；安全保护罩和其他设备的保护装置；滑脂杯；导线器；观测孔和液面玻璃管；S 形管；旋管；腐蚀性产品的沟槽和排泄管（常用熔融石英或其他熔融硅石制成）；盐酸吸收筒和降流柱。

二、畜牧用品（罐、槽等）和园艺用具（钟形罩等）。

三、商店标志和橱窗用的字母、数字、招牌板及其他图案，不论是否印有图画或文字（品目70.06、70.09、70.14或品目94.05的发光标志除外）。

四、保温瓶或其他各种类型保温容器用的玻璃胆，但因装上外壳或其他任何保护性外罩（全部或部分罩着）而成为品目96.17的保温瓶或其他保温容器的产品除外。本品目的玻璃胆通常是用普通玻璃或膨胀系数较低的玻璃制成。它们一般都近似圆筒形，具有内壁镀银或镀金的双壁，并且要将双壁之间的空气抽出后进行密封。本品目仅包括玻璃胆；它们可以是制成品或半制成品，也可以带有或不带有塞子或其他盖子（不论是否已安装）。

五、杂项制品，例如，鱼网用的浮子；门、蓄水池链条等上用的球形捏手的把手；水彩颜料缸；鸟笼附件（饲料罐和饮水罐等）；商店陈列瓶；滴管、酒精灯（品目70.17的酒精灯除外）、钢琴和家具脚用的支撑碗；用玻璃马赛克方砖制成的镶板和其他装饰性图案，不论是否镶框；救生圈和安全带。

本品目也不包括：

（一）伞和手杖用的玻璃球形把手、其他把手及类似品（品目66.03）。

（二）品目85.46或85.47的绝缘子和绝缘材料的附件。

（三）第九十章的仪器、器具及其他物品。

（四）第九十一章的物品（例如，玻璃钟壳，仅起保护作用的罩子除外）。

（五）第九十二章的乐器及其零件和附件（例如，熔融硅石制的音叉）。

（六）玻璃家具及明显作为家具零件的物品（第九十四章）。

（七）玩具、游戏品、圣诞树装饰品、钓鱼或打猎用具以及第九十五章的其他物品。

（八）第九十六章的玻璃制品（例如，钮扣；钢笔架；铅笔架；笔尖；打火机、香水喷雾器；带壳的保温瓶和其他保温容器）。

（九）超过一百年的古物（品目97.06）。

第十四类　天然或养殖珍珠、宝石或半宝石、贵金属、包贵金属及其制品；仿首饰；硬币

第七十一章　天然或养殖珍珠、宝石或半宝石、贵金属、包贵金属及其制品；仿首饰；硬币

注释：

一、除第六类注释一（一）及下列各款另有规定的以外，凡制品的全部或部分由下列物品构成，均应归入本章：

（一）天然或养殖珍珠、宝石或半宝石（天然、合成或再造）；或

（二）贵金属或包贵金属。

二、

（一）品目 71.13、71.14 及 71.15 不包括带有贵金属或包贵金属制的小零件或小装饰品（例如，交织字母、套、圈、套环）的制品，上述注释一（二）也不适用于这类制品*；

（二）品目 71.16 不包括含有贵金属或包贵金属（仅作为小零件或小装饰品的除外）的制品。

三、本章不包括：

（一）贵金属汞齐及胶态贵金属（品目 28.43）；

（二）第三十章的外科用无菌缝合材料、牙科填料或其他货品；

（三）第三十二章的货品（例如，光瓷釉）；

（四）载体催化剂（品目 38.15）；

（五）第四十二章注释三（二）所述的品目 42.02 或 42.03 的物品；

（六）品目 43.03 或 43.04 的物品；

（七）第十一类的货品（纺织原料及纺织制品）；

（八）第六十四章或第六十五章的鞋靴、帽类及其他物品；

（九）第六十六章的伞、手杖及其他物品；

（十）品目 68.04 或 68.05 及第八十二章含有宝石或半宝石（天然或合成）粉末的研磨材料制品；第八十二章装有宝石或半宝石（天然、合成或再造）工作部件的器具；第十六类的机器、机械器具、电气设备及其零件。然而，完全以宝石或半宝石（天然、合成或再造）制成的物品及其零件，除未安装的唱针用已加工蓝宝石或钻石外（品目 85.22），其余仍应归入本章；

（十一）第九十章、第九十一章或第九十二章的物品（科学仪器、钟表及乐器）；

（十二）武器及其零件（第九十三章）；

（十三）第九十五章注释二所述物品；

（十四）根据第九十六章注释四应归入该章的物品；或

* 在本注释中划有黑线的条文属选择性规定。

（十五）雕塑品原件（品目 97.03）、收藏品（品目 97.05）或超过一百年的古物（品目 97.06），但天然或养殖珍珠、宝石及半宝石除外。

四、

（一）所称“贵金属”，是指银、金及铂。

（二）所称“铂”，是指铂、铱、锇、钯、铑及钌。

（三）所称“宝石或半宝石”，不包括第九十六章注释二（二）所述任何物质。

五、含有贵金属的合金（包括烧结及化合的），只要其中任何一种贵金属的含量达到合金重量的 2%，即应视为本章的贵金属合金。贵金属合金应按下列规则归类：

（一）按重量计含铂量在 2%及以上的合金，应视为铂合金；

（二）按重量计含金量在 2%及以上，但不含铂或按重量计含铂量在 2%以下的合金，应视为金合金；

（三）按重量计含银量在 2%及以上的其他合金，应视为银合金。

六、除条文另有规定的以外，本协调制度所称贵金属应包括上述注释五所规定的贵金属合金，但不包括包贵金属或表面镀以贵金属的贱金属及非金属。

七、本协调制度所称“包贵金属”，是指以贱金属为底料，在其一面或多面用焊接、熔接、热轧或类似机械方法覆盖一层贵金属的材料。除条文另有规定的以外，也包括镶嵌贵金属的贱金属。

八、除第六类注释一（一）另有规定的以外，凡符合品目 71.12 规定的货品，应归入该品目而不归入本协调制度的其他品目。

九、品目 71.13 所称“首饰”，是指：

（一）个人用小饰物(例如，戒指、手镯、项圈、饰针、耳环、表链、表链饰物、垂饰、领带别针、袖扣、饰扣、宗教性或其他勋章及徽章)；以及

（二）通常放置在衣袋、手提包或佩戴在身上的个人用品（例如，雪茄盒或烟盒、鼻烟盒、口香糖盒或药丸盒、粉盒、链袋、念珠）。

这些物品可以和下列物品组合或镶嵌：例如，天然或养殖珍珠、宝石或半宝石、合成或再造的宝石或半宝石、玳瑁壳、珍珠母、兽牙、天然或再生琥珀、黑玉或珊瑚。

十、品目 71.14 所称“金银器”，包括装饰品、餐具、梳妆用具、吸烟用具及类似的家庭、办公室或宗教用的其他物品。

十一、品目 71.17 所称“仿首饰”，是指不含天然或养殖珍珠、宝石或半宝石（天然、合成或再造）及贵金属或包贵金属（仅作为镀层或小零件、小装饰品的除外）的上述注释九（一）所述的首饰（不包括品目 96.06 的钮扣及其他物品或品目 96.15 的梳子、发夹及类似品）。

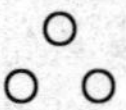

子目注释：

一、子目 7106.10、7108.11、7110.11、7110.21、7110.31 及 7110.41 所称“粉末”，是指按重量计 90%及以上可从网眼孔径为 0.5 毫米的筛子通过的产品。

二、子目 7110.11 及 7110.19 所称“铂”，可不受本章注释四（二）的规定约束，不包括铱、锇、钯、铑及钌。

三、对于品目 71.10 项下的子目所列合金的归类，按其所含铂、钯、铑、铱、锇或钌中重量最大的一种金属归类。

总　注　释

本章包括：

一、品目 71.01 至 71.04 的天然或养殖珍珠、钻石、其他宝石和半宝石（天然、合成或再造），不论是否加工，但未镶嵌或成串的，以及品目 71.05 的在加工宝石过程中所产生的某些废料。

二、品目 71.06 至 71.11 的贵金属和包贵金属，未锻造、半制成或粉末状，但未达到第三分章所述制品的加工程度，以及品目 71.12 的贵金属或包贵金属废碎料和主要用于回收贵金属的含有贵金属或贵金属化合物的其他废碎料。

根据本章注释四，所称“贵金属”是指银、金及铂。必须注意，这里指的“铂”还包括铱、锇、钯、铑及钌。

根据本章注释五的规定，含有贵金属的合金（汞齐除外——品目 28.43）应按以下规则归类：

（一）按重量计含铂量在 2%及以上的，按铂归类。

（二）按重量计含金量在 2%及以上，但不含铂或按重量计含铂量在 2%以下的，按金归类。

（三）按重量计含银量在 2%以上的其他合金，按银归类。

（四）含铂、金、银都低于 2%的所有合金按贱金属归类（第十五类）。

根据本章注释六的规定，除条文另有规定的以外，所称贵金属应包括上述（一）、（二）、（三）款所规定的贵金属合金，但不包括包贵金属，也不包括表面镀以银、金、铂的贱金属或非金属。

根据本章注释七，所称“包贵金属”是指以贱金属为底料，在其一面或多面用焊接、熔接、热轧或类似机械方法覆盖一层任何厚度的贵金属材料。

包贵金属的板、片、条等最常见的加工方法是用一层贵金属覆盖在基底金属的一面或双面并将两种金属“熔焊”在一起，然后加以滚轧。

包贵金属丝是将一条贱金属芯子插入到一个贵金属管子内并把两种金属加以“熔焊”，然后通过拉丝模板进行拉拔。

除条文另有规定的以外，镶嵌贵金属的贱金属也按包贵金属归类（例如，电气工业用的嵌有银条的铜板；嵌有金箔带或丝的所谓大马士革钢）。

切勿将本章所述的包贵金属与通过电解、蒸汽沉积、喷镀或用贵金属盐溶液浸渍等方法镀上贵金属的贱金属相混淆。这些贱金属不论所镀贵金属多厚，都应按其底料金属归入有关章内。

本章也不包括：

1. 胶态贵金属和贵金属汞齐（品目 28.43）。

2. 放射性同位素（例如，铱 192），包括含有放射性同位素的针状、线状或片状贵金属（品目 28.44）。

3. 专门配制作牙科填料用的合金（品目 30.06）。

三、全部或部分用天然或养殖珍珠、钻石或其他宝石、半宝石（天然、合成或再造）、贵金属或包贵金属制成的物品（品目 71.13 至 71.16）。本组尤其包括珠宝首饰和金器、银器（参见品目 71.13 和 71.14 的注释），但不包括：

（一）本章注释三所列的物品。

（二）其所含贵金属或包贵金属部分仅作为小配件（例如，交织字母、圈、套环）的物品，但这些物品不得含有天然或养殖珍珠、钻石或其他宝石、半宝石（天然、合成或再造）。

用贱金属或非金属制成把柄的厨房用刀、小折刀、雕刻刀、剃刀和其他刃具，即使带有贵金属或包贵金属制的交织字母、圈、套环等仍归入第八十二章（具有贵金属或包贵金属把柄的类似刃具则归入本章）。

同样，碗、瓶和其他瓷或玻璃餐具，即使带有贵金属或包贵金属的小配件或小装饰品（例如，套环），仍应归入第六十九章或第七十章。

本组也不包括以贱金属或非金属为底料镀以贵金属的制品（包贵金属制品除外）。

四、本章注释十一所述的仿首饰（品目71.17）（参见有关注释），但本章注释三所列的物品除外。

五、硬币（品目71.18），但收藏品除外（品目97.05）。

第一分章　天然或养殖珍珠、宝石或半宝石

71.01　天然或养殖珍珠，不论是否加工或分级，但未成串或镶嵌；天然或养殖珍珠，为便于运输而暂穿成串：

10　—　天然珍珠

　　—　养殖珍珠：

21　——　未加工

22　——　已加工

归入本品目的珍珠与珍珠母一样，是由各种海水或淡水软体动物（特别是珍珠牡蛎和珍珠贻贝）的天然分泌物所形成。

珍珠表面闪闪发光，基本上由一层角质物（蜗壳蛋白）包裹的多层碳酸钙所构成。碳酸盐层造成光干涉和光衍射，使珍珠具有特殊的光泽（“珠光”）；蜗壳蛋白使珍珠具有半透明性或“晶莹透亮”。

珍珠通常为白色，但也可以制成暗色或着色（例如，灰、黑、紫、红、黄、绿或蓝色）。

珍珠通常为圆形，但有时为半圆形（钮扣珍珠）或不规则形状（巴罗克珍珠或疱状珍珠），珍珠有大有小，差异甚远。珍珠母（品目05.08或96.01）的成分与珍珠极为相似，但通常呈薄片形。

本品目也包括养殖珍珠（即人工种养生产的珍珠）。养殖时将一颗珍珠母小珠固定在一个从牡蛎套膜切下的囊中，然后将这个囊殖入另一只健康牡蛎的组织中。经过数年养殖，那颗殖入的小珠就慢慢地被多层真珠层同心包裹。养殖珍珠与真珍珠外观极为相似，但通过专门仪器（内窥镜）或X光检查，可将两者加以鉴别。

本品目包括天然或养殖珍珠，不论其是未经加工，即采集和仅经清洗的（例如，用盐和水清洗），或经过加工，即磨掉瑕疵、钻孔或锯切（例如，将珠锯成一半或四分之三）。本品目的珍珠可暂时穿成珠串，以便运输。已经镶嵌或分级后制成珠串的珍珠不归入本品目（酌情归入品目71.13、71.14或71.16）。

必须注意，天然或养殖珍珠不归入第九十七章（收藏品、古物等）而仍应归入本章。

本品目不包括：

（一）仿珍珠（塑料制的归入品目39.26；玻璃制的归入品目70.18；蜡制的归入品目96.02）。

（二）未加工或简单整理的珍珠母（品目05.08），已加工的珍珠母（品目96.01）。

71.02　钻石，不论是否加工，但未镶嵌(+)：

10　—　未分级

　　—　工业用：

21　——　未加工或经简单锯开、劈开或粗磨

29　——　其他

　　—　非工业用：

31　——　未加工或经简单锯开、劈开或粗磨

39　——　其他

钻石是碳的结晶同素异形体，纯者折射率和色散率极高，是迄今为止所知道的矿物质中最硬的一

种。由于具有这些特性，钻石多用来制作装饰品，也用于工业（特别是用于拉丝）。

本品目包括未加工钻石和已加工钻石，例如，劈解、锯切、粗磨、滚抛、刻面、打磨、抛光、钻孔、雕刻（包括浮雕和凹雕）、制成一对，但未镶嵌。

本品目不包括：

（一）钻石的粉尘（品目71.05）。

（二）已加工但未装配的钻石唱针（品目85.22）。

（三）经过加工后明显作为仪表、测量仪器或第九十章所列其他物品零件的钻石（第九十章）。

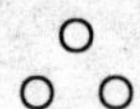

子目注释：

子目7102.10

未加工钻石在按“工业用”或“非工业用”交易之前，先由钻石专家根据技术标准将其挑选分级。技术标准包括钻石的重量（质量）和晶体的切割适应性。同时还考虑其形状、透明度、颜色以及晶体的清澈度或品质。

本子目还包括未经专家检验鉴别的整堆（即整包）或单块钻石。

本子目也包括整包的未加工钻石，它们仅经过筛分并根据钻石大小加以包装，未经专家作进一步检验鉴别。

子目7102.21及7102.29

这些子目包括下列天然钻石：

一、由于其本身的特征，一般不能用于制作珠宝首饰或金器、银器的特定钻石，即透明或半透明钻石。

二、比透明钻石更硬的黑钻石及其他多晶钻石聚合体，包括碳金刚石。

三、圆粒金刚石，即通常不适于切割的不透明钻石和其他钻石（包括加工钻石时产生的废料）。

四、由于其本身的特征（颜色、清澈度或品质、透明度等）而最终在工业上具有明确特定用途（例如，用于打磨机、拉丝模或钻石砧）的钻石，但它们也适用于制作珠宝首饰。

这些钻石一般用于制作刀具（钻石切割刀具、钻孔刀具等），或装在机器附件或机器上。

子目7102.21包括：

（一）天然状态下的钻石，即从母岩中沉淀或选粹并经过分堆或分包的钻石。

（二）仅经简单锯开（例如，锯成细条状）、劈开（沿钻石层的天然平面将其劈开）、粗磨、滚抛，或只有少量磨光面（例如，称为窗面，主要有助于专家对天然钻石的内部特征进行检验鉴别）的钻石，即仅制成暂时形状、明显需要进一步加工的钻石。也可将条状钻石切成圆盘形、长方形、六角形或八角形，只要其所有表面及脊角是粗糙、无光泽及未磨光的。

（三）经化学处理其表面已变得平滑及有光泽的滚抛钻石。这种化学处理也称化学抛光。化学抛光不同于传统的磨光，它不是将单个钻石固定在磨光轮上进行抛光，而是将其整批装在化学反应器中进行抛光处理。

（四）破碎或压碎的钻石。

子目7102.29包括已经磨光或钻孔的钻石以及已经雕刻的钻石（仅仅为了便于识别而已经雕刻的钻石除外）。

子目7102.31及7102.39

这些子目包括由于其特征（颜色、清澈度或净度、透明度等），适于制作珠宝首饰、金器或银器的天然钻石。

子目7102.31包括：

（一）天然状态下的钻石，即从母岩中沉淀或选粹并经过分堆或分包的钻石。

（二）仅经简单锯开、劈开（沿钻石层的天然平面将其劈开）、粗磨或只有少量磨光面（例如，称为窗面，主要便于专家对未加工钻石的内部特征进行检验鉴别），即仅制成暂时形状、明显需要进一步加工的钻石。

（三）经化学处理其表面已变得平滑及有光泽的滚抛钻石。这种化学处理也称化学抛光。化学抛光不同于传统的磨光，它不是将单个钻石固定在磨光轮上进行抛光，而是将其整批装在化学反应器中进行抛光处理。

子目 7102.39 包括：

（一）具有多个磨光平面或刻面的已抛光钻石，它们无需进一步加工即可用于制作珠宝首饰。

（二）已钻孔的钻石、已雕刻的钻石（包括浮雕及凹雕）以及成对的或三件一套的已加工钻石。

（三）在磨光、钻孔或雕刻过程中破碎的钻石，以及在运输或储藏期间破碎的已磨光钻石。

子目 7102.39 不包括：

（一）只有少量磨光面（例如，主要便于专家对未加工钻石的内部特征进行检验鉴别而磨制的窗面）且明显需要进一步加工的钻石。

（二）仅为了便于识别而已经雕刻的钻石。

71.03　宝石（钻石除外）或半宝石，不论是否加工或分级，但未成串或镶嵌；未分级的宝石（钻石除外）或半宝石，为便于运输而暂穿成串(+)：

10　—　未加工或经简单锯开或粗制成形

—　经其他加工：

91　——　红宝石、蓝宝石、绿宝石

99　——　其他

由于其色泽艳丽、结构稳定，也常因其产量稀少，这些通常为晶体结构的石头被首饰匠、金匠和银匠用于制作装饰品。有的由于其硬度或其他特性，还用于制钟、表或刀具或作其他工业用途（例如，红宝石、蓝宝石、玛瑙、压电石英）。

品目 71.02 注释的第二段在必要的地方稍加修改后，也适用于本品目。

但本品目不包括即使未镶嵌的下列各种宝石：

（一）已加工但未装配的蓝宝石唱针（品目 85.22）。

（二）经过加工后明显作为仪表、测量仪器、钟表或第九十章或九十一章其他物品零件的宝石；石英光学元件（品目 90.01 或 90.02）。

因此，本品目的宝石主要是用于装嵌在首饰、金器或银器上，但本品目也包括未经装配的品目 82.01 至 82.06 所列工具用的宝石或第十六类所列机器等用的宝石（例如，用于高频设备的压电石英等）。

本品目不包括已成为制成品的宝石，例如，玛瑙杵和臼、玛瑙十字架和环、石榴石无柄杯和有柄杯、玉石小雕像和装饰品、玛瑙或缟玛瑙烟灰缸和镇纸、钓鱼杆环等；这些物品一般都归入品目 71.16

为了方便运输，本品目的宝石可串在一起，但是这种方法只是临时性的，而且宝石还未分级，也不适于直接用作首饰。根据本章注释一的规定，不归入其他品目的已镶嵌宝石或半宝石应归入品目 71.13、71.14 或 71.16（参见有关注释）。

本章附录列有归入本品目的宝石或半宝石的矿物学名称和商业名称。当然，本品目仅限于其质量可用于首饰的各类石料。

本品目也不包括：

（一）尽管某些石料属于上述矿物种类，但它们不是宝石，或其质量不适用于首饰、金器或银器；

这些石料应归入第二十五章、第二十六章或第六十八章。

（二）冻石（未加工的归入品目 25.26；已加工的归入品目 68.02）。

（三）黑玉（未加工的归入品目 25.30；已加工的归入品目 96.02）。

（四）用玻璃制的仿宝石或仿半宝石（品目 70.18）。

○

○ ○

子目注释：

子目 7103.10

本子目包括仅经简单锯开（例如，锯成细条状）、劈开（沿宝石层的天然平面将其劈开）或粗制（即仅制成明显需要进一步加工的暂时形状）。也可将条状宝石切成圆盘形、长方形、六角形或八角形，只要其所有表面及脊角粗糙、无光泽及未磨光的。

子目 7103.91 及 7103.99

子目 7103.91 及 7103.99 包括已磨光或已钻孔的宝石、已雕刻的宝石（包括浮雕及凹雕）以及成对的或三件一套的已加工宝石。

71.04　合成或再造的宝石或半宝石，不论是否加工或分级，但未成串或镶嵌的；未分级的合成或再造的宝石或半宝石，为便于运输而暂穿成串(+)：

10　—　压电石英

20　—　其他，未加工或经简单锯开或粗制成形

90　—　其他

本品目的宝石与前两个品目的天然宝石或半宝石具有同样的用途。

一、合成的宝石及半宝石。这些用化工方法制成的宝石有以下特点：

——具有与天然宝石基本相同的化学成分和晶体结构（例如，红宝石、蓝宝石、绿宝石、工业用钻石、压电石英）；或

——由于其色泽艳丽、结构稳定及其硬度而被首饰匠、金匠和银匠用以替代天然宝石或半宝石使用，即使它们未具有与相应天然宝石或半宝石相同的化学成分和晶体结构。例如，钇铝石榴石及合成的氧化锆立方体，两者均用作仿钻石。

未加工前，合成宝石或半宝石的外形为圆柱形或梨状珠粒形，人们称之为“梨晶”；它们通常纵向劈开或锯成圆片。

二、再造的宝石及半宝石可通过多种人工加工方法制得，例如，将天然宝石或半宝石的碎屑（通常已碎成粉末）加以粘聚、压制或熔融（一般要借助于喷焊器）制得。

合成和再造宝石一般通过显微镜检查（最好在非空气的介质中进行），可以发现其中有小气泡和条痕，从而与天然宝石加以鉴别。

品目 71.02 及 71.03 的注释，特别是关于宝石加工范围的规定，也适用于本品目。

合成或再造宝石不应与品目 70.18 的玻璃仿宝石或半宝石相混淆（参见相应注释）。

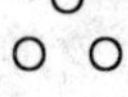

子目注释：

子目 7104.10

压电石英具有如下特性：当施以机械压力时，可产生电荷，其强度随所受压力变化而变化；相反，当受到电势差影响时则可转换成机械压力。

由于具备上述特性，压电石英在电力设备工业中具有广泛用途：用于制造麦克风、扬声器、超声波发射或接收设备、固定频率振荡仪器等。

归入本子目的压电石英一般呈薄片、板、棒等形状，可利用精密切割设备沿电轴线切锯合成石英制得。

子目 7104.20

子目 7103.10 的注释在必要的地方稍加修改后，也适用于本子目。

子目 7104.90

子目 7103.91 及 7103.99 注释在必要的地方稍加修改后，也适用于本子目。

71.05　天然或合成的宝石或半宝石的粉末：

10　—　钻石的

90　—　其他

本品目包括将前三个品目所列宝石进行打磨、抛光等加工所得的粉末，其中大多数是钻石和石榴石粉末。

天然钻石粉末主要是将"圆粒金刚石"（工业级金刚砂）压碎制得。合成钻石粉末一般是将石墨通过高温高压处理直接制得。

这些粉末与品目 71.02 和 71.04 的钻石不同，在实际使用时由于其颗粒太小，不能单独镶嵌，通常用作研磨料。其粒度一般不超过 1000 微米，粒度的测定多用筛析法，而不是逐粒测量。粉末的粒度在很大程度上与宝石、半宝石的粒度有交叉，但宝石、半宝石是通过计点颗数来确定其质量的，而粉末则是以重量计量的。

金刚石粉末用于制造砂轮、抛光轮、刀具、抛光膏等。

石榴石粉末主要用于研磨光学透镜，也用作制砂纸或砂布的研磨料。

本品目不包括人造刚玉粉末（品目 28.18）。

第二分章　贵金属及包贵金属

71.06　银（包括镀金、镀铂的银），未锻造、半制成或粉末状：

10　—　银粉

—　其他：

91　——　未锻造

92　——　半制成

本品目包括各种未锻造、半制成或粉末状的银、银合金（参见本章总注释关于合金的规定）、镀金的银、镀铂的银，但本品目不包括包其他贵金属的银。

*

*　*

银是白色金属，不受大气侵蚀，但会在大气中失去光泽；它是最好的热导体和电导体，延展性和可锻性仅次于金。纯银非常软，因此常与其他金属熔合成为合金。非合金银广泛用于电气方面（触点、保险丝等），用于化学工业、食品工业或外科的某些器具，也用作电镀金属。

根据本章注释五的规定（参见以上本章总注释），归入本品目的银合金包括：

一、银铜合金。这类合金大多用于制造硬币和金银器皿；有时也用于制造电触点。

二、银铜镉合金、银铜钛合金及银铟合金，均用于制造金银器皿。

三、银铜锌合金，有时也含镉、锡或磷，用作焊料。

四、银锑锡铅减磨合金、银铜铅减磨合金、银镉减磨合金和银铊减磨合金。

五、烧结的银钨合金、银钼合金、银镍合金和银铁合金，均用于制造电触点。

本品目包括下列形状的银和银合金：

（一）**粉末**，一般为极细的粉末，通过各种机械或化学方法制得。用于冶金、制造电子工业用的喷镀金属制剂及导电胶泥。

本品目不包括作为颜料、涂料或类似品的粉末或粉片（例如，与其他色料配制而成或混入胶粘剂或溶剂中制成液态或糊状悬浮体）；这些货品归入品目 32.06、32.07（陶瓷或玻璃工业用的液体光瓷及类似化合物）、32.08 至 32.10、32.12 或 32.13。

（二）**未锻造的银块、银粒、银锭、银铸条、小银球等**，包括从脉石中选出的团块状或晶体状等的天然银。

（三）**银条、银棒、银型材、银丝、银板、银片及银带**。通常通过轧制或拉制而成；也可将银片切成窄带和圆片等。本品目包括未与纺织纱线（第十一类）一并纺制或用其他方法组合的用于纺织工业的银线。但用于外科缝合的极细的无菌银丝应归入品目 30.06。

本品目还包括以“碳”作底料的含银金属石墨块、板、条、棒等（参见品目 38.01 的注释）。

（四）**银管**（包括盘管），未制成有特定用途的制品的（例如，化学设备的零件）。

（五）**银箔**（包银用），通常是通过捶打用金箔肠衣隔层的薄银片制得。这种银箔一般是包装成书页状，并可用纸、塑料等作背衬。

但本品目不包括由明胶、胶水或其他粘合剂粘结银粉所形成的或由沉淀在纸、塑料或其他衬背上的银所构成的压印箔（又称烫银箔）（品目 32.12）。

（六）**银绣边、银晶片、银切片**。银绣边是用于刺绣和饰边的银丝小纱线。银晶片和切片是切割成几何图形（圆形、星形等）的小银片，中间通常穿孔，与银绣边用途相同。

本品目不包括归入本章第三分章的首饰坯件状的浇铸品、烧结品、锻制品、压制品等（例如，镶嵌底座、戒指坯件、徽章、花及塑像）。

71.07　以贱金属为底的包银材料

包贵金属（包括镶嵌贵金属的贱金属）的定义，参见本章的注释七及总注释。

锡、镍、锌，特别是铜的合金有时用银包裹。非合金的铜和钢有时也包银。包银材料用于制造银器（餐具、室内装饰用品等），也用于制造化学或食品工业用的管子、容器和器械。

归入本品目的包银贱金属通常制成棒、杆、型材、丝、板、片、带、管等形状。

总之，品目 71.06 的注释在必要的地方稍加修改后，也适用于包银贱金属。

71.08　金（包括镀铂的金），未锻造、半制成或粉末状(+)：

	—	非货币用：
11	— —	金粉
12	— —	其他未锻造形状
13	— —	其他半制成形状
20	—	货币用

本品目包括各种未锻造、半制成或粉末状的金或金合金（参见本章总注释）以及镀铂的金，但本品目不包括包其他贵金属的金。

*
* *

金具有一种特有的黄色，即使在高温下也不会氧化，对绝大多数试剂，包括酸，有明显的耐化学性（王水却可浸蚀它）。它是仅次于银和铜的热和电的优良导体。在所有金属中，它的延展性与可锻性最好，但是非常软，因此除用于电镀或电解淀积以外，极少使用非合金态的金。

根据本章注释五的规定（参见总注释），归入本品目的金合金包括：

一、金银合金，根据所含金银的比例不同，颜色从黄到绿到白不等。它们用于制首饰，也用于制电触头和具有高熔点的特殊焊料。

二、金铜合金，用于制硬币、首饰，金器或电触头。

三、金银铜合金，主要用于首饰、金器、牙科用合金或焊料。这种合金可含锌或镉，也用作焊料。主要含有银和铜，名为“金银块”或“金银锭”的合金，如按重量计含金量在2%及以上的，应归入本品目，它是从某种含铜的黄铁矿中或将加工泡铜所剩的残渣加以精炼，分离出有关金属制得。

四、金铜镍合金，有时加有锌和镁，生产出一系列合金（称为“白金”，在某些国家又称为“灰金”），常作为铂的代用品。其他“白金”含钯量在2%及以上，因此不能归入本品目（品目71.10）。

五、金镍合金，用于制造电触头。

本品目包括的金和金合金与上述银的形状相同，因此品目71.06的注释在必要的地方稍加修改后，也适用于金及金合金。

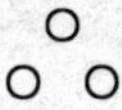

子目注释：

子目7108.20

本子目包括国家或国际金融机构或授权银行之间交易的金。

71.09　以贱金属或银为底的包金材料

包贵金属（包括镶嵌贵金属的贱金属）的定义，参见本章的注释七和总注释。包金的贱金属或银通常与包银的贱金属形状相似（参见品目71.07的注释）。

包金的贱金属（例如，铜及铜合金）或银用以制首饰（手镯、表链、耳环等）、表壳、雪茄嘴或香烟嘴、打火机、金器、电触头、化学装置等。

71.10　铂，未锻造、半制成或粉末状：

— 铂：

11 — — 未锻造或粉末状

19 — — 其他

— 钯：

21 — — 未锻造或粉末状

29 — — 其他

— 铑：

31 — — 未锻造或粉末状

39 — — 其他

— 铱、锇及钌：

41 — — 未锻造或粉末状

49 — — 其他

本品目所包括的铂及铂合金像品目71.06的银和品目71.08的金一样，其定义参见本章总注释。

*
* *

所称“铂”包括〔参见第七十一章注释四（二）〕：

一、铂，一种柔软的浅灰白色金属，具有可锻性，在室温下不失原有光泽，耐酸，但受王水的侵蚀。它通过锻造、滚轧或拉拔能制成条、片、带、管、丝和其他半制成品形状。

因其具有极好的耐腐蚀性、高熔点和高催化活性，铂和铂合金用在工业上多于用在首饰和牙科上。在工业上它们具有许多的重要用途，例如，在电气工业上用于制造热电偶、铂丝温度计、电触头和各种用途的电极；在纺织工业上用于化学纤维的喷丝头；在玻璃工业上用于熔融玻璃设备，例如，生产玻璃纤维的拉丝坩埚、搅拌器等；在石油化学工业上用作催化剂（例如，在制造硝酸的氨氧化工序中的催化剂及用作重整催化剂）；用作化学器具（例如，坩埚）；在飞机制造工业上用于点燃式内燃航空发动机的火花塞电极及燃气涡轮航空发动机的点火装置。

铂和铂合金也用于制造外科器具（特别是皮下注射针头）、某些煤气点火器和其他许多方面，例如，量杆、光学仪器上的叉线等。

二、钯，一种柔软的银白色金属，具有极好的延展性，不易变色，极耐腐蚀。溶于王水和硝酸，受热硫酸的侵蚀。它通过锻造、滚轧或拉拔能制成条、片、带、管、丝和其他半制成品形状。

钯主要用于电触点、钎焊合金、氢提纯设备、氢化催化剂、珠宝首饰，也可作为中间触层使贵金属易于涂在塑料上面。

三、铑，一种硬质的银白色金属，具有延展性。它的特点是具有高度的反射性，在所有铂族金属中它的导电、导热性能最好。不怕几乎所有的水溶液腐蚀，包括在高温下无机酸的腐蚀。

它通过锻造、滚轧或拉拔可制成条、片、带、丝及其他半制成品形状。

铑主要是作为铂的合金添加剂来使用，铑添加剂在电气工业和玻璃工业还有一些其他用途。它低阻耗、不变色，适于通过电解淀积制成电触头和需要耐磨损的接触面（例如，电机滑环）。它也用作催化剂，用于镀银、镀泿刀叉餐具以及盘碟等器皿的后处理，使其保持光泽。

四、铱，一种灰白色的硬金属，在常温和高温下都能经受各种酸的腐蚀，包括王水的侵蚀。

它通过滚轧或拉拔可制成薄带或丝。

铱可用作热电偶、坩埚所用合金的组分，也可用于航空发动机火花塞的电极。

五、锇，本品目铂族金属中耐火性能最好的金属。紧密状态的锇呈类似锌的浅蓝白色，能耐酸的腐蚀。但精研成粉末状时，锇为无定形的黑色粉末，受硝酸和王水的腐蚀，并在空气中慢慢氧化。

锇主要用于制造钢笔尖粒和器具枢轴的各种坚硬并耐腐蚀的合金，也用作催化剂。

六、钌，一种脆而硬的灰色金属，极耐腐蚀，不受王水的侵蚀，但次氯酸钠的溶液可以慢慢地腐蚀它。它可制成片、带和丝，但产量很小。

钌可用作铂、钯、钼、钨等的合金添加剂（例如，用于制造钢笔尖粒和罗经轴针）和催化剂，通过电解沉积可制成电触头和需要耐磨损的接触面。

根据本章注释五的规定（参见本章总注释），归入本品目的铂与其他金属（金、银或贱金属）的合金包括：

（一）**铂铑合金**，用于制热电偶丝、熔炉布线、玻璃工业用的部件、催化剂网纱，喷丝头。

（二）**铂铱合金**，用于制电触点、首饰、皮下注射针头。

（三）**铂钌合金**，用于制电触点。

（四）**铂铜合金**（含铜量不超过5%），用于制首饰。

（五）**铂钨合金**，用于制阀门电极丝、火花点火线。

（六）**铂钴合金**，用于制永磁铁。

（七）**钯钌合金**，用于制首饰。

（八）**钯银合金**，用于制钎焊合金、氢扩散膜、电触头。

（九）**钯铜合金**，用于制电触点、钎焊料。

（十）**钯铝合金**，用于制保险丝。

（十一）**铑铱合金**，用于制热电偶。

（十二）**铱锇合金**，用于制钢笔尖粒。

（十三）**铱钨合金**，用于制耐高温弹簧。

（十四）**金铂合金**，用于制喷丝头。

（十五）**金银钯铜合金**，用于制首饰、电触点弹簧。

（十六）**银铜钯合金**，用于制钎焊合金。

（十七）**铱锇合金（铱锇矿）**，一种含锇、铱、钌和铂的天然合金，它是锇的主要原料。

71.11　以贱金属、银或金为底的包铂材料

包贵金属（包括镶嵌贵金属的贱金属）的定义，参见本章的注释七和总注释。它们报验时的形状通常与品目 71.07 注释中所述包银形状相似。

包铂的贱金属（例如，铜、钨）、银或金主要用于制首饰和电器。

71.12　贵金属或包贵金属的废碎料；含有贵金属或贵金属化合物的其他废碎料，主要用于回收贵金属：

30　—　含有贵金属或贵金属化合物的灰

—　其他：

91　——　金及包金的废碎料，但含有其他贵金属的地脚除外

92　——　铂及包铂的废碎料，但含有其他贵金属的地脚除外

99　——　其他

本品目包括仅适于回收贵金属的金属废碎料或用作制造化学品的原料。

本品目也包括主要用于回收贵金属的含有贵金属或贵金属化合物的任何材料的废碎料。

它们主要包括：

一、焚化照相用胶片、印刷电路板等产生的含有贵金属或贵金属化合物的灰。

二、造币厂或金匠、银匠和首饰匠等在工场机械加工贵金属或包贵金属时产生的废料、残屑，例如，成形、钻孔等加工产生的地脚、粉末、锉屑、刨屑等。

三、不能再作原用途的破旧器具（餐具、金银器、丝网催化剂等）的废料。本品目不包括需要经过或不需要经过整修便能重新再作原用途使用的物品，以及不经回收加工便能转作其他用途的物品。

四、含有金属形态或化合物形态贵金属（例如，卤化银）的照相用硬片、软片、纸、纸板或纺织物的废碎料。

五、含有贵金属（例如，金或银）的电子电路板及类似载体的废碎料。

六、冶炼、电解或化学生产过程中所产生的含有贵金属的残渣（例如，电解精炼及电镀时产生的熔渣、淤渣；照相定影槽中的银渣）。

第三分章　珠宝首饰、金银器及其他制品

71.13　贵金属或包贵金属制的首饰及其零件：

—　　贵金属制，不论是否包、镀贵金属：
11　——　银制，不论是否包、镀其他贵金属
19　——　其他贵金属制，不论是否包、镀贵金属
20　—　　以贱金属为底的包贵金属制

本品目包括本章注释九规定的全部或部分由贵金属或包贵金属制成的首饰，即：

一、个人佩戴的小物品（镶嵌或不镶嵌宝石），例如，戒指、手镯、项圈、饰针、耳环、项链、表链和其他作装饰用的链；怀表链及饰物、垂饰、领带针和夹、袖扣、饰钮、钮扣等；宗教性十字架或其他十字架；奖章和勋章；帽饰（针、扣、环等）；手提包装饰品；腰带、鞋等用的扣子和滑圈；发夹、头饰、发梳和其他类似发饰。

二、通常放置在衣袋、手提包或佩戴在身上的个人用品，例如，雪茄或香烟盒、鼻烟盒、眼镜盒、香粉盒、口红管、小梳、口香丸盒、带链钱包、念珠、钥匙圈等。

归入本品目的上述物品必须是含超出作为小配件范围的贵金属或包贵金属（包括镶嵌贵金属的贱金属）；因此，带有一个金或银制的简单花押字的贱金属卷烟盒，仍应作为贱金属制品归类。上述货品只要符合这一条件，也可镶嵌珍珠（天然、养殖或仿制）、宝石或半宝石（天然、合成或再造）、仿宝石、玳瑁、珍珠母、象牙、琥珀（天然或粘聚）、黑玉或珊瑚。

本品目也包括未制成或不完整的首饰及明显作为首饰的零件，只要它们所含贵金属或包贵金属已超出作为小配件范围，例如，装镶在戒指、饰针等上的小块图案。

本品目不包括：

（一）第四十二章注释二（二）所述的品目 42.02 或 42.03 的物品。

（二）品目 43.03 或 43.04 的货品（毛皮或人造毛皮制品）。

（三）第六十四章或第六十五章的鞋靴、帽类及其他物品，带有用本章材料制成的零件。

（四）品目 71.17 的仿首饰。

（五）硬币，镶制成首饰的硬币除外（品目 71.18 或第九十七章）。

（六）第九十章的物品（例如，普通眼镜、长柄眼镜等及其框架）。

（七）表及手表带（第九十一章）。

（八）除品目 96.01 至 96.06 或 96.15 以外的第九十六章所列物品，例如，自来水笔、尖头自来水笔、钢笔杆、铅笔套和活动铅笔（包括其零件和配件）；打火机、烟斗、雪茄烟嘴或香烟嘴及其零件；香水喷雾器或类似的化妆用喷雾器及其喷头。

（九）超过一百年的首饰（品目 97.06）。

71.14　贵金属或包贵金属制的金银器及其零件：

—　　贵金属制，不论是否包、镀贵金属：
11　——　银制，不论是否包、镀其他贵金属
19　——　其他贵金属制，不论是否包、镀贵金属
20　—　　以贱金属为底的包贵金属制

本品目包括本章注释十规定的全部或部分用贵金属或包贵金属制成的金银器。这些器具一般要比品目 71.13 的首饰大，它们包括：

一、餐具，例如，餐刀、切肉刀、汤匙、叉；长柄勺；家禽夹和肉夹；托盘、盘子、盛汤或盛菜的碟和碗；船形调味汁壶；水果盘；糖缸、咖啡壶、茶壶、茶杯或咖啡杯；酒杯；蛋杯、酒壶、酒具；装面包、糕点、水果等的筐和架；鱼夹；糕点夹；冰酒桶；调味品瓶；糖钳；刀架、餐刀环；餐桌铃；

花饰瓶塞等。

二、梳妆用具，例如，有柄镜；瓶和香粉盒（品目 71.13 的物品除外）；刷子盒、衣刷、指甲刷、头发刷、梳（装饰性发梳和随身小梳除外品目——71.13）；大壶等。香水喷雾器不归入本品目（品目 96.16）。

三、办公室和写字台用品，例如，墨水瓶、墨水台、书档、镇纸、裁纸刀等。

四、吸烟用具，例如，雪茄和香烟盒、烟叶罐、烟灰缸、火柴盒架等，但不包括品目 96.13 或 96.14 的物品（香烟打火机和其他打火机、烟斗、烟嘴等）。

五、其他室内用品及类似物品，例如，室内装饰用的半身雕塑像、小雕塑像和其他雕塑像；珠宝盒；餐桌中心件、小花瓶、大花瓶；像框；灯具、灯台、烛台、枝形吊灯；壁炉台装饰品、装饰用碟盘、纪念章和大奖章（供个人佩戴的除外）；体育比赛奖品；香炉等。

六、宗教用品，例如，圣物箱、圣餐杯，荷花籽杯、圣体匣、耶稣十字架、烛台、灯具。

本品目还包括未制成或不完整的金银器及明显用于金银器的零件，例如，餐具的银柄、梳妆用刷的银刷背等。

和首饰的规定一样，本品目的货品必须含有贵金属或包贵金属，而且所含的这些金属不仅作为物品的小配件，它们也可以镶嵌珍珠（天然、养殖或仿制）、宝石或半宝石（天然、合成或再造）、仿宝石、玳瑁、珍珠母、象牙、琥珀（天然或粘聚）、黑玉或珊瑚。

本品目不包括:

（一）品目 66.01 或 66.02 的伞、杖及其他物品，装有本章所列材料制成的配件的，以及全部或部分用这些材料制成的这些物品的零件、配件及附件（品目 66.03）。

（二）第九十章的物品（例如，望远镜）。

（三）钟表和钟表壳（第九十一章）。

（四）乐器（第九十二章）。

（五）第九十三章的武器及其零件（佩剑、手枪、左轮等）。

（六）香水喷雾器及类似的化妆用喷雾器及其喷头（品目 96.16）。

（七）雕塑像或雕塑品的原件（品目 97.03）、品目 97.05 的收藏品和品目 97.06 的古物。

71.15 贵金属或包贵金属的其他制品:

10 — 金属丝布或格栅形状的铂催化剂

90 — 其他

本品目包括全部或部分用贵金属或包贵金属制成的各种制品；首饰、未制成或不完整的首饰或首饰的零件（品目 71.13）或金银器、未制成或不完整的金银器及金银器零件（品目 71.14）以及本章注释二（一）或三所列的物品除外。

例如，本品目不包括:

（一）贵金属或包贵金属只在其中作为小配件的物品。

（二）第三十章的无菌外科缝合材料、牙科填料及其他货品。

（三）品目 58.09 的机织物和第十一类的其他货品。

（四）第十六类的机器、机械用具及电气设备以及明显用于这些货品的零件（例如，铂喷丝头、减摩轴承、化学设备或工业机器的零件、电触点等）。

（五）第九十章的物品（例如，假肢、假牙及其他人造的人体部分；骨折用夹板、医疗和外科用器具、装有贵金属制热电偶的高温计；用金、银、铂制成的实验室仪器和器具及其零件）；第九十一章的物品（钟和表）或第九十六章的物品（例如，铂棉煤气点火器）。

因此，本品目主要包括技术或实验室用的物品，例如，坩埚、烤钵和某些刮勺（例如，用铂或铂族金属制成的）；作催化剂等用的铂或铂合金丝网布或格栅；未装配也不准备装配机械或热力设备的容器（不论是否衬里或隔热）；电镀阳极。金阳极可呈切成所需尺寸的纯金片状，两个角上钻有孔眼，以便用钩将其悬挂在电镀槽内。银阳极也可呈上述形状或为八字形横截面的挤压型材，其两头钻有孔眼。铂阳极通常为小块波纹铂片或带，片或带上焊有一条铂窄条，用以将其悬挂在电解电镀槽内；或为铂丝网，网上装有一根铂丝或一条铂丝网的窄条以供悬挂之用。

本品目还包括贵金属或包贵金属构成其基本特征的手提包等物品。这些物品也可镶嵌有珍珠、宝石、半宝石、玳瑁等制成的配件或装饰品。

71.16　用天然或养殖珍珠、宝石或半宝石（天然、合成或再造）制成的物品：

10　—　　天然或养殖珍珠制

20　—　　宝石或半宝石（天然、合成或再造）制

本品目包括全部或部分中天然或养殖珍珠、宝石或半宝石制成的但不含贵金属或包贵金属的〔作为小配件的除外，参见本章注释二（二）〕所有物品，但本章注释二（二）及三所列的物品除外。

本品目包括：

一、个人装饰品及其他装饰品（例如，用于手提包等的扣子和框架；梳子、刷子；耳环；链扣、饰扣及类似品），含有镶嵌在贱金属（不论是否镀贵金属）、象牙、木料、塑料等上面的天然或养殖珍珠、宝石或半宝石（天然、合成或再造）。

本品目包括根据规格、质量、色泽等分级后已可用作首饰的珍珠、宝石或半宝石制品。但本品目不包括为便于运输暂穿成串，未装配有金属或其他材料的未分级或已分级的珍珠和未分级的宝石或半宝石，它们应归入品目71.01、71.03或71.04（参见品目71.01至71.03的注释）。

根据本章注释二（二），本品目的物品可含有作为小配件的贵金属或包贵金属（例如，带有金搭扣的珍珠项链）。另一方面，本品目不包括所含贵金属或包贵金属超出小配件范围的物品（例如，带有金耳夹的耳饰）（品目71.13）。

二、全部或部分由宝石或半宝石构成的其他物品。这类物品还可含有其他物料，包括作为小配件的贵金属或包贵金属。据此，本品目可包括十字架和戒指（常为玛瑙的）、手镯（表带除外），酒杯（常为石榴石的）；小雕像和工艺品（例如，玉的）；臼和杵（例如，玛瑙的）；玛瑙或其他宝石或半宝石制的衡器用刃形支承或轴承；玛瑙制的纺纱导线器；有玛瑙头的装饰性软木塞等；镀金面或纸张、皮革等抛光用的玛瑙制抛光工具；钓鱼竿的玛瑙环、裁纸刀、墨水台、镇纸、烟灰缸（例如，玛瑙或缟玛瑙的）。

本品目不包括：

（一）第八十二章的货品，带有装在贱金属、硬质合金或金属陶瓷支座上的宝石或半宝石（天然、合成或再造）工作部件，不论是否已装配的（例如，已装配的割玻璃用金刚钻）。

（二）第十六类的机器、机械用具、电气设备及其零件〔参见本章注释三（十）〕。

（三）第九十章的物品，例如，适于安装在仪器或器具上的已装配或未装配石英光学元件。

（四）作为钟、表零件，或者既可用作钟表零件，又可用作其他物品零件的经加工的宝石或半宝石，不论是否已装配（参见第九十一章的注释四）。

71.17　仿首饰：

—　　贱金属制，不论是否镀贵金属：

11　——　袖扣、饰扣

19　——　其他

90　—　　其他

根据本章注释十一的规定，所称“仿首饰”仅限于如品目 71.13 注释第一部分所述的供个人佩戴的小件物品，例如，戒指、手镯（手表带除外）、项圈、耳环、链扣等（不包括品目 96.06 的钮扣和其他物品或品目 96.15 的发梳、发夹及类似品和发针），但这些物品不能含有贵金属或包贵金属〔电镀的或本章注释二（一）所列小配件范围的除外〕，也不能含有天然或养殖珍珠、宝石或半宝石（天然、合成或再造）。

本品目还包括未制成或不完整的仿首饰（耳环、手镯、项圈等），例如：

一、半制成的开口环，由经过阳极化处理的铝丝构成，通常经过绞扭或表面加工，不论是否配有粗制的钮扣，有时不作进一步加工即用作耳环。

二、贱金属制的装饰性小图案，不论是否抛光或用小链环连成不定长度的条状物。

必须注意，通常放置在衣服袋、手提包或佩戴在身上的个人用品，例如，品目 71.13 注释二所列的物品（香烟盒、香粉盒等），不能作为仿首饰归类。

本品目也不包括：

（一）本章注释三所列的物品。

（二）品目 83.08 的物品（扣、钩、环、眼等）。

71.18　硬币(+)：

10　—　　非法定货币的硬币（金币除外）

90　—　　其他

本品目适用于任何金属（包括贵金属）制成的硬币。这些硬币具有官方规定的份量和图案，在政府管理下作为法定货币发行。在发行国家作为法定货币的成套或不成套的硬币，即使装于礼品盒内供一般销售用的，也归入本品目。本品目还包括已不再作为法定货币的硬币，但不包括收藏品（参见品目 97.05 的注释）。

硬币的制成是先从金属片冲出坯件，然后再用印模进行冲印，使坯件的两面同时印出图案。

本品目不包括：

（一）奖章，即使其冲印方法与硬币相同：它们通常归入品目 71.13、71.14 或 71.17 及品目 83.06（参见相应的注释）。

（二）装在胸针、领带夹或其他个人装饰品上的硬币（品目 71.13 或 71.17）。

（三）只能作金属废、碎料的破碎、切碎或毁损的硬币。

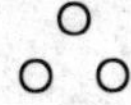

子目注释：

子目 7118.10

本子目包括：

一、已退出流通领域的法定货币。

二、在一国铸造并将在另一国投入流通领域的硬币；在过境时它们还未被主管部门作为法定货币发行。

附 录
归入品目 71.03 的宝石或半宝石清表

矿物学名称	商业名称
锂磷铝石	锂磷铝石
	磷锂铝石
闪石类	
阳起石	阳起石、软玉、碧玉
透闪石	透闪石
蔷薇辉石	蔷薇辉石
红柱石	红柱石
	宝晶石
磷灰石	磷灰石（各种颜色）
文石	文石、霰石
斧石	斧石
蓝铜矿	石青
	孔雀蓝铜矿
硅酸钡钛矿	蓝锥矿
绿柱石	绿宝石
	水蓝宝石、蓝宝玉
	透绿柱石
	黄绿柱石
	玫瑰绿柱石
	金绿柱石
	金色宝石
	绿色宝石
	红绿柱石
磷钠铍石	磷钠铍石
磷铝钠石	磷铝钠石
方解石	方解石
锡石	锡石
白铅矿	白铅矿
金绿宝石	金绿玉
	金绿猫睛石
	翠绿宝石
	翠绿猫睛石
硅孔雀石	硅孔雀石
堇青石	堇青石
刚玉	红宝石
	星彩红宝石
	蓝宝石
	星彩蓝宝石

矿物学名称	商业名称
	蓝色猫眼石
	青绿刚玉
	橙刚玉
	深色星彩蓝宝石等
赛黄晶	赛黄晶
硅硼钙石	硅硼钙石
硬水铝石	硬水铝石
蓝线石	蓝线石
绿帘石	绿帘石
蓝柱石	蓝柱石
长石类	
钠长石	钠长石
	硬玉钠长石
拉长石	拉长石
薇斜长石	天河石、微斜长石
奥长石	日长石
正长石	正长石（黄色）
	月长石
莹石	莹石
（氟石）	（氟石）
石榴石类	
铁铝榴石	贵榴石
	镁铁榴石
钙铁榴石	钙铁榴石
	翠榴石
	黑榴石
钙铝榴石	各种颜色的钙铝榴石
	铬榴石
	黄榴石
	桂榴石
镁铝榴石	红榴石
锰铝榴石	锰铝榴石
赤铁矿	赤血石
符山石	符山石
	维苏威石
	玉符山石
柱晶石	柱晶石
蓝晶石	蓝晶石
青金石	青金石
	杂青金石
	天青石

矿物学名称	商业名称
天蓝石	天蓝石
孔雀石	孔雀石
白铁矿	白铁矿
黑曜石（火山玻璃）	黑曜石
橄榄石	贵橄榄石
蛋白石	黑蛋白石
	巨砾蛋白石
	火砾蛋白石
	彩纹蛋白石
	苔藓色蛋白石、苹绿蛋白石
	蛋白石矿
	玻璃蛋白石
	木蛋白石
葡萄石	葡萄石
黄铁矿	黄铁矿（白铁矿）
叶蜡石	叶蜡石
辉石类	
透辉石	透辉石
	星形透辉石
顽辉石-紫苏辉石	顽辉石-紫苏辉石
硬玉	硬玉、玉石
	暗绿玉
锂辉石	锂辉石（各种颜色）
	紫锂辉石
	翠绿锂辉石
石英	玛瑙（不同颜色）
	火玛瑙
	缟玛瑙
	缠丝玛瑙
	紫水晶
	星彩石英
	砂金石
	蓝石英
	玉髓
	绿玉髓
	黄水晶、黄石英
	光玉髓
	绿石英、绿堇云石
	鸡血石、血玉髓
	碧玉
	彩纹碧玉

矿物学名称	商业名称
	圆碧玉
	硅石
	黑晶、烟晶
	苔藓色玛瑙
	枝状玛瑙
	带玛瑙
	葱绿玉髓
	石英猫眼石
	石英鹰眼石
	石英虎眼石
	岩晶
	蔷薇石英
	烟晶
	紫石英
菱锰矿	菱锰矿
方柱石	方柱石
蛇纹石	鲍文玉
	透蛇纹石
	古绿石
	玉蛇纹石
硼铝镁石	硼铝镁石
方钠石	方钠石
菱锌矿	菱锌矿
闪锌矿	闪锌、苹绿闪锌矿
尖晶石	尖晶石（各种颜色）
	镁铁黑尖晶石
滑石	块滑石、皂石
榍石	榍石
黄玉	黄玉（各种颜色）
电气石	电气石（各种颜色）
	斑杂闪长岩
	镁电气石
	蓝电气石
	红电气石
	猫眼电气石
图图石（Tugtupite）	图图石
绿松石	绿松石
	绿松石矿
磷铝石	磷铝石
铬云母	铬云母
锆石	锆石（各种颜色）

矿物学名称	商业名称
黝帘石	黝帘石（各种颜色） 坦桑宝石 锰黝帘石

第十五类　贱金属及其制品

注释：

一、本类不包括：

（一）以金属粉末为基本成分的调制油漆、油墨或其他产品（品目 32.07 至 32.10、32.12、32.13 或 32.15）；

（二）铈铁或其他引火合金（品目 36.06）；

（三）品目 65.06 或 65.07 的帽类及其零件；

（四）品目 66.03 的伞骨及其他物品；

（五）第七十一章的货品（例如，贵金属合金、以贱金属为底的包贵金属、仿首饰）；

（六）第十六类的物品（机器、机械器具及电气设备）；

（七）已装配的铁道或电车道轨道（品目 86.08）或第十七类的其他物品（车辆、船舶、航空器）；

（八）第十八类的仪器及器具，包括钟表发条；

（九）做弹药用的铅弹（品目 93.06）或第十九类的其他物品（武器、弹药）；

（十）第九十四章的物品（例如，家具、弹簧床垫，灯具及照明装置、发光标志、活动房屋）；

（十一）第九十五章的物品（例如，玩具、游戏品及运动用品）；

（十二）手用筛子、钮扣、钢笔、铅笔套、钢笔尖或第九十六章的其他物品（杂项制品）；或

（十三）第九十七章的物品（例如，艺术品）。

二、本协调制度所称"通用零件"，是指：

（一）品目 73.07、73.12、73.15、73.17 或 73.18 的物品及其他贱金属制的类似品；

（二）贱金属制的弹簧及弹簧片，但钟表发条（品目 91.14）除外；以及

（三）品目 83.01、83.02、83.08、83.10 的物品及品目 83.06 的贱金属制的框架及镜子。

第七十三章至第七十六章（品目 73.15 除外）及第七十八章至第八十二章所列货品的零件，不包括上述的通用零件。

除上段及第八十三章注释一另有规定的以外，第七十二章至第七十六章及第七十八章至第八十一章不包括第八十二章、第八十三章的物品。

三、本协调制度所称"贱金属"是指：铁及钢、铜、镍、铝、铅、锌、锡、钨、钼、钽、镁、钴、铋、镉、钛、锆、锑、锰、铍、铬、锗、钒、镓、铪、铟、铌（钶）、铼及铊。

四、本协调制度所称"金属陶瓷"，是指金属与陶瓷成分以极细微粒不均匀结合而成的产品。"金属陶瓷"包括硬质合金（金属碳化物与金属烧结而成）。

五、合金的归类规则（第七十二章、第七十四章所规定的铁合金及母合金除外）：

（一）贱金属的合金按其所含重量最大的金属归类；

（二）由本类的贱金属和非本类的元素构成的合金，如果所含贱金属的总重量等于或超过所含其他元素的总重量，应作为本类贱金属合金归类；

（三）本类所称"合金"，包括金属粉末的烧结混合物、熔化而得的不均匀紧密混合物（金属陶瓷除外）及金属间化合物。

六、除条文另有规定的以外，本协调制度所称的贱金属包括贱金属合金，这类合金应按上述注释五的规则进行归类。

七、复合材料制品的归类规则：

除各品目另有规定的以外，贱金属制品（包括根据"归类总规则"作为贱金属制品的混合材料制

品）如果含有两种或两种以上贱金属的，按其所含重量最大的贱金属的制品归类。

为此：

（一）钢、铁或不同种类的钢铁，均视为一种金属；

（二）按照注释五的规定作为某一种金属归类的合金，应视为一种金属；以及

（三）品目 81.13 的金属陶瓷，应视为一种贱金属。

八、本类所用有关名词解释如下：

（一）废碎料

在金属生产或机械加工中产生的废料及碎屑以及因破裂、切断、磨损及其他原因而明显不能作为原物使用的金属货品。

（二）粉末

按重量计 90%及以上可从网眼孔径为 1 毫米的筛子通过的产品。

总　注　释

本类包括贱金属（含化学纯贱金属）及许多贱金属制品。不归入本类的贱金属货品将在本注释末列出。本类还包括从其脉石中分离出来的自然金属，以及铜锍、镍锍和钴锍。但不包括金属矿砂及含有自然金属的脉石（品目 26.01 至 26.17）。

根据本类注释三的规定，本协调制度所称“贱金属”是指：铁及钢、铜、镍、铝、铅、锌、锡、钨、钼、钽、镁、钴、铋、镉、钛、锆、锑、锰、铍、铬、锗、钒、镓、铪、铟、铌（钶）、铼及铊。

第七十二章至第七十六章及第七十八章至第八十一章中的各章包括某些未锻轧的贱金属及这些金属的条、杆、丝或片等产品，也包括它们的制成品。但不包括不是以金属自然属性列出的某些贱金属制品，这些制品应归入第八十二章或第八十三章，这些章仅包括具体列名的金属制品。

一、贱金属合金

根据本类注释六规定，除条文另有规定（例如，合金钢）的以外，第七十二章至第七十六章及第七十八章至第八十一章或本协调制度其他章所称的贱金属也包括其合金。同样，第八十二章、第八十三章或其他章所称“贱金属”，包括作为贱金属合金归类的合金。

根据第七十一章注释五及本类注释五的规定，贱金属合金应按下列规则归类：

（一）贱金属与贵金属的合金

如果合金中没有任何一种贵金属（银、金、铂）的重量达到合金重量的 2%，这种合金应作为贱金属归类。否则，应归入第七十一章。

（二）贱金属与贱金属的合金

除铁合金（参见品目 72.02 的注释）及铜母合金（参见品目 74.05 的注释）以外，这类合金应按所含重量最大的一种金属归类。

（三）本类的贱金属与非金属或品目 28.05 的金属的合金

如果这类合金中本类贱金属的总重量等于或超过其他元素的总重量，则这类合金应按贱金属归类。否则，这类合金通常归入品目 38.24。

（四）烧结混合物、熔炼而得的不均匀紧密混合物（金属陶瓷除外）及金属间化合物

金属粉末的烧结混合物及熔炼而得的不均匀紧密混合物（金属陶瓷除外）应作为合金对待。上述紧密混合物主要包括熔化废碎金属而得的组分不同的锭块。

但未经烧结的金属粉末混合物应按本类注释七的规定归类（复合制品——参见下面第二部分）。

由两种或多种贱金属组成的金属间化合物也应作为合金对待。金属间化合物与合金的主要区别在于：金属间化合物晶格中不同原子的排列是有规则的，而合金晶格中不同原子的排列是没有规则的。

二、贱金属制品

根据本类注释七的规定，除品目另有规定（例如，铜头的钢铁钉应归入品目 74.15，即使所含的铜不是主要成分）的以外，含有两种或两种以上贱金属的制品，应按其所含重量最大的那种贱金属的制品归类。对于部分由非金属构成的制品，如果按照归类总规则，贱金属赋予这些制品基本特征的，也按本规定办理。

引用本规定计算各种金属的比例时，应注意下列三点：

（一）各种钢铁应视为同一种金属。

（二）作为某一种金属归类的合金，应视为一种金属（例如，由黄铜构成的铜制品应视为全部由纯铜构成）。

（三）品目 81.13 的金属陶瓷，应视为一种贱金属。

三、制品的零件

总的来说，明显为制品的零件应按有关制品的零件归入本协调制度中相应的品目。

但是，单独报验的通用零件（本类注释二所列的货品）不能作为制品的零件归类，而应归入本类中相应的品目。例如，集中供暖散热器的专用螺栓及汽车专用弹簧。螺栓应归入品目 73.18（作为螺栓）而不归入品目 73.22（作为集中供暖散热器的零件）。弹簧应归入品目 73.20（作为弹簧）而不归入品目 87.08（作为汽车零件）。

*
* *

必须注意，按照本类注释二（二）的规定，钟表发条不归本类而应归入品目 91.14。

除本类注释一所列的货品以外，本类还不包括下列货品：

（一）贱金属汞齐（品目 28.53）。

（二）贱金属胶态悬浮液（通常归入品目 30.03 或 30.04）。

（三）牙科胶粘剂及其他牙科填料（品目 30.06）。

（四）照相制版等用的照相感光金属板（品目 37.01）。

（五）品目 37.07 的摄影用闪光灯材料。

（六）含金属纱线（品目 56.05）；用含金属纱线或金属线纺成的用于衣着、家具布或类似品的机织物（品目 58.09）。

（七）用金属线制成的第十一类所述的刺绣品及其他货品。

（八）除第六十四章注释二所述货品（主要是护鞋铁掌、鞋眼、鞋钩及鞋扣）以外的鞋靴零件（品目 64.06）。

（九）硬币（品目 71.18）。

（十）原电池、原电池组及蓄电池的废碎料；废原电池、废原电池组及废蓄电池（品目 85.48）。

（十一）金属丝刷（品目 96.03）。

第七十二章　钢铁

注释：

一、本章所述有关名词解释如下〔本条注释（四）、（五）、（六）适用于本协调制度其他各章〕：

（一）生铁

无实用可锻性的铁碳合金，按重量计含碳量在2%以上并可含有一种或几种下列含量范围的其他元素：

铬不超过10%；

锰不超过6%；

磷不超过3%；

硅不超过8%；

其他元素合计不超过10%。

（二）镜铁

按重量计含锰量在6%以上，但不超过30%的铁碳合金，其他方面符合上述（一）款所列标准。

（三）铁合金

锭、块、团或类似初级形状、连续铸造而形成的各种形状及颗粒、粉末状的合金，不论是否烧结，通常用于其他合金生产过程中的添加剂或在黑色金属冶炼中作除氧剂、脱硫剂及类似用途，一般无实用可锻性，按重量计铁元素含量在4%及以上并含有下列一种或几种元素：

铬超过10%；

锰超过30%；

磷超过3%；

硅超过8%；

除碳以外的其他元素，合计超过10%，但最高含铜量不得超过10%。

（四）钢

除品目72.03以外的黑色金属材料（某些铸造而成的种类除外），具有实用可锻性，按重量计含碳量在2%及以下，但铬钢可具有较高的含碳量。

（五）不锈钢

按重量计含碳量在1.2%及以下，含铬量在10.5%及以上的合金钢，不论是否含有其他元素。

（六）其他合金钢

不符合以上不锈钢定义的钢，含有一种或几种按重量计符合下列含量比例的元素：

铝0.3%及以上；

硼0.0008%及以上；

铬0.3%及以上；

钴0.3%及以上；

铜0.4%及以上；

铅0.4%及以上；

锰1.65%及以上；

钼0.08%及以上；

镍0.3%及以上；

铌0.06%及以上；

硅0.6%及以上；

钛 0.05%及以上;

钨 0.3%及以上;

钒 0.1%及以上;

锆 0.05%及以上;

其他元素(硫、磷、碳及氮除外)单项含量在 0.1%及以上。

(七)供再熔的碎料钢铁锭

粗铸成形无缩孔或冒口的锭块产品,表面有明显瑕疵,化学成分不同于生铁、镜铁及铁合金。

(八)颗粒

按重量计不到 90%可从网眼孔径为 1 毫米的筛子通过,而 90%及以上可从网眼孔径为 5 毫米的筛子通过的产品。

(九)半制成品

连续铸造的实心产品,不论是否初步热轧;其他实心产品,除经初步热轧或锻造粗制成形以外未经进一步加工,包括角材、型材及异型材的坯件。

本类产品不包括成卷的产品。

(十)平板轧材

截面为矩形(正方形除外)并且不符合以上第(九)款所述定义的下列形状实心轧制产品:

1. 层叠的卷材;或

2. 平直形状,其厚度如果在 4.75 毫米以下,则宽度至少是厚度的十倍;其厚度如果在 4.75 毫米及以上,其宽度应超过 150 毫米,并且至少应为厚度的两倍。

平板轧材包括直接轧制而成并有凸起式样(例如,凹槽、肋条形、格槽、珠粒、菱形)的产品以及穿孔、抛光或制成瓦楞形的产品,但不具有其他品目所列制品或产品的特征。

各种规格的平板轧材(矩形或正方形除外),但不具有其他品目所列制品或产品的特征,都应作为宽度为 600 毫米及以上的产品归类。

(十一)不规则盘绕的热轧条、杆

经热轧不规则盘绕的实心产品,其截面为圆形、扇形、椭圆形、矩形(包括正方形)、三角形或其他外凸多边形(包括"扁圆形"及"变形矩形",即相对两边为弧拱形,另外两边为等长平行直线形)。这类产品可带有在轧制过程中产生的凹痕、凸缘、槽沟或其他变形(钢筋)。

(十二)其他条、杆

不符合上述(九)、(十)、(十一)款或"丝"定义的实心产品,其全长截面均为圆形、扇形、椭圆形、矩形(包括正方形)、三角形或其他外凸多边形(包括"扁圆形"及"变形矩形",即相对两边为弧拱形,另外两边为等长平行直线形)。这些产品可以:

1. 带有在轧制过程中产生的凹痕、凸缘、槽沟或其他变形(钢筋);

2. 轧制后扭曲的。

(十三)角材、型材及异型材

不符合上述(九)、(十)、(十一)、(十二)款或"丝"定义,但其全长截面均为同样形状的实心产品。

第七十二章不包括品目 73.01 或 73.02 的产品。

(十四)丝

不符合平板轧材定义但全长截面均为同样形状的盘卷冷成形实心产品。

(十五)空心钻钢

适合钻探用的各种截面的空心条、杆,其最大外形尺寸超过 15 毫米但不超过 52 毫米,最大内孔尺寸不超过最大外形尺寸的二分之一。不符合本定义的钢铁空心条、杆应归入品目 73.04。

二、用一种黑色金属包覆不同种类的黑色金属，应按其中重量最大的材料归类。

三、用电解沉积法、压铸法或烧结法所得的钢铁产品，应按其形状、成分及外观归入本章类似热轧产品的相应品目。

○
○ ○

子目注释：

一、本章所用有关名词解释如下：

（一）合金生铁

按重量计含有一种或几种下列比例的元素的生铁：

铬 0.2％以上；

铜 0.3％以上；

镍 0.3％以上；

0.1％以上的任何下列元素：铝、钼、钛、钨、钒。

（二）非合金易切削钢

按重量计含有一种或几种下列比例的元素的非合金钢：

硫 0.08％及以上；

铅 0.1％及以上；

硒 0.05％以上；

碲 0.01％以上；

铋 0.05％以上。

（三）硅电钢

按重量计含硅量至少为 0.6％但不超过 6％，含碳量不超过 0.08％的合金钢。这类钢还可含有按重量计不超过 1％的铝，但所含其他元素的比例并不使其具有其他合金钢的特性。

（四）高速钢

不论是否含有其他元素，但至少含有按重量计合计含量在 7％及以上的钼、钨、钒中两种元素的合金钢，按重量计其含碳量在 0.6％及以上，含铬量在 3～6％。

（五）硅锰钢

按重量计同时含有下列元素的合金钢：

碳不超过 0.7％；

锰 0.5％及以上，但不超过 1.9％；以及

硅 0.6％及以上，但不超过 2.3％。但所含其他元素的比例并不使其具有其他合金钢的特性。

二、品目 72.02 项下的子目所列铁合金，应按照下列规则归类：

对于只有一种元素超出本章注释一（三）规定的最低百分比的铁合金，应作为二元合金归入相应的子目。以此类推，如果有两种或三种合金元素超出了最低百分比的，则可分别作为三元或四元合金。

在运用本规定时，本章注释一（三）所述的未列名的“其他元素”，按重量计单项含量必须超过 10％。

总　注　释

本章包括黑色金属，即：生铁、镜铁、铁合金及其他原料（第一分章），也包括钢铁工业的某些铁或非合金钢产品（锭及其他初级形状产品、半制品及用它们直接生产出来的主要产品）（第二分章）、不锈钢产品（第三分章）及其他合金产品（第四分章）。

经进一步加工的制品（例如，铸件、锻件等），板桩、焊接角材、型材及异型材、铁道及电车道铺轨用材料及管材应归入第七十三章或其他章。

钢铁工业所采用的原料为品目 26.01 注释附表所列的各种天然铁矿（氧化物、水合氧化物、碳酸盐）、黄铁矿烬滓（从黄铁矿、白铁矿、磁黄铁矿等锻烧除去硫后留下的烧结铁氧化物）及钢铁废碎料。

一、铁矿砂的冶炼（还原）

铁矿砂在高炉或电炉中还原可转变成生铁，也可通过各种直接还原处理转变成海绵铁或铁团块；特殊用途的超纯铁（例如，用于化学工业）只有通过电解或其他化学方法才能制得。

（一）高炉法炼铁

从铁矿砂提取的铁大多数是通过高炉法炼得的。这种方法主要是以铁矿砂作原料，但也可以废碎金属、预还原铁矿砂及其他铁废料作为原料。

高炉还原剂主要由硬焦炭组成，有时与少量煤或者液态或气态烃相混合。

通过这种方法炼得的铁呈熔融生铁状，其副产品是炉渣、高炉气及高炉灰。

上述的熔融生铁大多数在炼钢厂中直接冶炼成钢。

有些用于铸造厂，用于制锭模、铸铁管等。

还有的铁可在铸锭机或砂床中铸成生铁锭、块；也可制成有时称作“厚板”的不规则形状的团块，或注入水后成为铁粒。

固体生铁可在炼钢炉中与铁渣一起再熔化制成钢，也可在铸铁厂的化铁炉或电炉中与铁渣一起熔化制成铸铁。

（二）直接还原法炼铁

与上述方法比较，本法所用的还原剂通常是气态或液态烃或煤，因此不需要使用硬焦炭。

在这些过程中，还原温度比较低，以致不需经熔融状态便可获得海绵状、预还原粒状或团块状产品（通常称作海绵铁）。由于这一原因，它们的碳含量通常比从高炉所得的生铁低（因为熔融铁与碳接触紧密）。大多数的这些粗制产品在炼钢厂中熔融并冶炼成钢。

二、钢的生产

熔融状或固体状的生铁或铸铁及直接还原法所得铁产品（海绵铁）与废碎铁混合组成炼钢的原料。在这些原料中再加入生石灰、萤石、脱氧剂（例如，镁铁、硅铁、铝）及各种合金元素等造渣添加剂。

炼钢方法主要分为以下两类：“气体”法，在这一方法中，熔融生铁在转炉中或靠吹气的作用下进行冶炼；及“炉膛”法，例如，平炉或电炉。

气体法不需外部热源。当原料主要为熔融生铁时即使用此法。生铁中的某些元素（例如，碳、磷、硅及锰）的氧化作用能产生足够的热量使钢保持液态，甚至可使任何添加的金属碎料熔化。这种方法包括将纯氧鼓入熔融金属的方法（氧气顶吹转炉炼钢法：LD、LDAC、OBM、OLP、卡尔多炼钢法及其他方法）及那些有时使用富集氧空气的老式法（托马斯炼钢法及贝塞姆炼钢法）。

但是平炉炼钢法需要外加热源。当原料为固体配料（例如，废碎铁、海绵铁及固体生铁）时即使用此方法。

这一炼钢法主要有两种，一是热源由重油或气体供应的马丁熔炉法，二是热源由电能提供的电弧炉法或感应电炉法。

在生产某些钢时可连续应用这两种不同的方法（双炼法）。例如，可先在马丁熔炉中冶炼然后在电炉中冶炼；或熔于电炉的钢水可转到特殊的转炉中，在转炉中吹入氧气及氩气以完成脱碳工序（例如，此法可在冶炼不锈钢中使用）。

很多新的方法已被用于冶炼特殊组分或具有特殊性能的钢。这些方法包括用电轰击进行熔炼的真空电弧熔融法及电渣法。在所有这些方法中，钢都是从一自耗电极中产生，电极熔融时会流入水冷锭模。锭模可以是完整的一件，也可以是底部活动的，以便将固化铸件从锭模下面拉出。

通过上述方法制得的需要或不需要进一步精炼的液态钢通常注入移动式前炉。固态或液态的合金元素或脱氧剂可在这一阶段加入。这一过程需于真空中完成，以免受气体杂质的影响。

根据合金元素的含量，通过上述所有方法制得的钢分为“非合金钢”及“合金钢”（不锈钢或其他钢）。根据其特性，它们还可分为易切削钢、硅电钢、高速钢或硅锰钢等。

三、锭块或其他初级形状产品及半制成品的生产

尽管熔融钢可以在铸造厂中用模具铸成最终形状（钢铸件），但是大多数熔融钢在锭模中铸成锭块。

在浇铸阶段及固化阶段，钢可分成三种主要类型：沸腾钢、镇静（或“非沸腾”）钢及半镇静钢。在沸腾阶段浇铸的钢之所以称为沸腾钢，是由于在浇铸过程及浇铸后，溶于钢中的氧化铁与碳反应而使其“沸腾”。在冷却阶段，杂质集中于锭块的中心及上半部。因为外层不受这些杂质影响，因此用这些锭块轧制的产品有较好的外观。这种较为经济的钢也用于冷窝锻。

在很多情况下，钢不适宜在“沸腾”状态下铸造。这种方法主要应用于合金钢及高碳钢。在这些情况下，钢必须镇静，即必须脱氧。脱氧工序可以部分在真空中处理来完成，但更常见的是通过加入硅、铝、钙或锰等元素来脱氧。通过这些方法，残余杂质更加均匀地分布于锭块中，对于某些用途，其质量更有保障，因整个钢的性质是完全一样的。

有些钢可以部分脱氧，因而称为半镇静钢。

在固化及温度均衡后，锭块在初轧机或粗轧机（开板坯、开方坯等）轧成半制成品（大方坯、小方坯、圆钢、厚板坯、薄板坯），或者在锤击机或锻压机中锻成半制成品。

在连续浇铸机中直接把钢铸成半成品可提高钢的产量。它们的横截面形状在某些情况下可接近制成品的形状。用连铸法制得的半制成品，其特征是外表面具有间距较为规则的彩色横向环，由于快速冷却，其切开的横截面外观通常有径向结晶现象。连铸钢都是脱氧的。

四、最终产品的生产

半制成品及在某些情况下的锭块经加工制成成品。

它们通常分为扁平材（“宽带材”，包括“齐边中厚板”、“宽带卷材”、片材、板材及带材）及长形材（不规则盘绕的热轧条、杆，其他条及杆、角材、型材、异型材及丝）。

这些产品可以通过热塑变形直接从锭或半制成品制得（通过热轧、锻造或热拉），也可以通过冷塑变形间接从热加工产品制得（通过冷轧、挤压、拉丝、光拔），在某些情况下还需后处理（例如，通过无心磨削或精密车削制得的冷加工条、杆）。

根据本章注释三，用电解沉积法、压铸法或烧结法所得的钢铁产品，应按其形状、成分及外观归入本章类似热轧产品的相应品目。

对于本条注释，有关名词解释如下：

A．压铸（模铸）法

本法是在加压下将熔融合金或合金浆注入铸模中。

这种方法有利于大批量生产及保证尺寸精度。

B．烧结法

这是一种粉末冶金加工法，即加压模制而成的压实粉末产品须在特种熔炉中进行加热。

这种方法能使烧结材料具有最终特性，但却须在规定的温度、时间和气压下进行。它使产品呈烧结固态形状。烧结也可以在真空中进行。

（一）热塑变形

1．热轧，即在快速结晶点及开始熔化点之间的某一温度下轧制。其温度范围根据各种因素（如钢的成分）而定。一般情况下，热轧的最终工作温度约为900℃。

2．锻造，即通过锤击机或锻压机使金属团块热变形，制成任何形状工件的方法。

3．热拉法，将钢加热并通过模具拉出条、管或各种形状的型材。

4．热模锻及热冲压，指通过特种工具用模具（闭合的或带毛口合缝的）通常在传送线上将已切割的坯料进行热成型，将其制成型材及异型材。在进行初步滚轧、锤击、手工锻造成弯曲加工后，通过冲或压进行的上述加工一般是连续性的。

（二）冷塑变形

1．冷轧，在室温条件下进行，即在低于再结晶温度条件下进行。

2．冷模锻及冷冲压，指通过类似于以上（一）款 4 项所述方法但却用冷加工工艺制取型材及异型材的方法。

3．挤压，通常为冷加工法，在模具及加压工具之间加以高压使块钢变形，模具与加压工具之间除材料通过的方位外其余各方位均为密闭，以形成所需形状。

4．拉丝，一种冷加工工序，在这一工序中，不规则盘绕的条或杆被高速地拉过一个或数个模口，生产出直径更小的盘卷的钢铁丝。

5．光拔，一种冷加工工序，在这一工序中，不论是否为不规则盘绕的条或杆被相对低速地拉过一个或数个模口，生产出较细或不同形状的型材及异型材。

冷加工产品与热轧或热拉产品可通过以下标准加以区别：

——冷加工产品的表面较热加工产品好，没有一层鳞皮。

——冷加工产品的尺寸公差小。

——薄扁产品（薄“宽卷材”板、片及带）通常是通过冷轧制得的。

——冷加工产品用显微镜检验时可发现其金属晶粒明显变形，晶粒取向与加工方向一致。相反，热加工产品由于重结晶作用，其晶粒几乎全都是规则的。

此外，冷加工产品及某些热轧或热拉产品同样具有下列性能：

（1）因为冷加工产品经过机械硬化或加工硬化，冷加工产品极硬且具有很大的抗拉强度，但经热处理后，这些性能便大为减弱；

（2）冷加工生产品的断裂伸长度很低；但经过适当热处理的产品，其断裂伸长度较高。

在不明显减少产品厚度条件下对某些热轧扁平产品进行极轻度的冷轧加工（称作表皮光轧或轻精冷轧），不会改变热轧产品的特点。在低压力下进行的这种冷轧主要作用于产品的表面，而真正的冷轧通过大幅度缩小工件的横截面而改变工件的晶体结构。

（三）后加工及整理

最终产品可经以下一系列工序进一步加工处理或制成其他物品：

1．机械加工，即车削、铣削、磨削、穿孔或冲孔、折叠、精压、剥皮等；但应注意，仅除去氧化皮的粗车削及粗修整不能作为引起归类变化的加工工序。

2．表面处理或用以改善金属性能及外观，防止其锈蚀等的其他加工（包括镀层）。除某些品目条文另有规定的以外，上述加工不影响货品的归类。它们包括：

（1）用以改善金属性能的退火、淬火、回火、表面硬化、渗氮及类似热处理。

（2）用以去除金属热处理过程所形成的氧化皮而进行的去皮、酸浸、刮面及其他加工。

（3）仅为防止产品生锈或其他氧化作用，防止在运输过程中打滑并有利于装卸等而进行的粗涂层，例如，含有活性颜料（铅丹、锌粉、氧化锌、铬酸锌、氧化铁、铁丹、优质胭脂）的防锈油漆，及以油、脂、蜡、石蜡、石墨、焦油或沥青为基料的非颜料涂料。

（4）表面加工处理包括：

a．抛光、磨光或类似处理；

b．人工氧化作用（通过各种化学处理，例如，浸于一种氧化性溶液中）、铜绿加工、上蓝（蓝回火)、青铜色氧化（通过各种技术）。这些工艺也能在产品表面形成一层氧化膜，用以改善产品的外观。它能提高产品防锈能力。

c．化学表面处理，例如：

——磷化，即将产品浸于酸式磷酸金属盐溶液（特别是酸式磷酸锰、酸式磷酸铁及酸式磷酸锌）中；这一加工方法称作磷酸盐被膜处理或磷酸盐处理，磷化程度取决于处理时间及浴池温度；

——草酸盐处理、硼酸盐处理等，使用方法与磷化处理相似，但应加入适量的盐或酸。

——铬酸盐处理，即将产品浸于主要成分为铬酸或铬酸盐的溶液中；这一加工方法用于镀或涂锌钢板等的表面处理。

这些化学表面处理具有保护金属表面、便于产品日后冷变形处理及涂油漆或涂其他非金属保护层等优点。

d．用金属涂布（敷金属）的主要方法有：

——浸于金属或金属合金的熔融液中，例如，热浸镀锌、镀锡、热镀铅及铝涂布；

——电镀（通过电解适当的金属盐溶液，电镀金属在阴极中沉积于待镀产品上），例如，用锌、镉、锡、铅、铬、铬/铬酸盐、铜、镍、金或银电镀；

——浸渍或扩散（将产品加热使其表面覆上一层所需的金属粉末），例如，粉末镀锌（用锌渗镀）、热镀铝（用铝渗镀）及扩散镀铬（用铬扩散）；

——喷涂（雾化熔融镀敷金属并直接喷镀在待镀产品上），例如，斯库普法、瓦斯手枪、电弧、等离子体及静电等喷涂法；

——通过在真空中蒸发镀敷金属的敷金属法等；

——用辉光放电离子轰击镀敷金属的敷金属法（离子电镀）；

——通过阴极气化电镀法（溅散）。

e．涂非金属物质，例如，搪瓷、上清漆、上大漆、涂油漆、表面印染、用陶瓷或塑料涂面，包括特种工艺，例如，辉光放电、电泳、静电喷射及在静电流浴中浸渍后再辐射烧制。

（5）包层，即不同颜色或性质的各层金属通过接触使表面分子相互渗透进行缔合。这种有限扩散是包层产品的特点，也是与以上各节所列方法制得的涂镀金属产品（例如，通过普通电镀）的不同之处。

各种包层法包括：把熔融包层金属倾注于基本金属上然后再进行滚轧；对包层金属简单热轧使其与基本金属能有效熔接；包层金属的其他沉积法或叠加法，然后再进行其他机械加工或热加工以保证熔接（例如，电包层），在这一方法中，包层金属（镍、铬等）通过电镀，使接触表面的分子相互渗透，覆于基底金属上，然后在适当的温度下进行热处理，随后再进行冷轧。

黑色金属产品包括有色金属，如果按重量计以钢铁为主，则仍应归入第七十二章的相应品目（参见第十五类注释七）。用一种黑色金属包覆不同种类的钢铁产品，根据原产品的组分或包层金属的组分，似乎可以归入两个分章（第二、三或四分章）的，也应按所含重量最大的那种金属归类（参见本章注释二）；例如，用不锈钢包层的非合金普通钢条，如果按重量计以普通钢为主，应归入第二分章，否则应归入第三分章。

（6）为了检验目的除去少量金属。

（7）迭层，例如，中间夹有一层弹性纤维材料的金属层，弹性纤维材料起到隔音等作用。

*

* *

黑色金属合金及复合材料制品的归类应按第十五类总注释的规定办理。

第一分章　原料；粒状及粉状产品

总 注 释

本分章包括：

一、钢铁冶金原料（生铁、镜铁、铁合金、直接从铁矿砂还原所得的铁产品、其他海绵铁产品、废碎铁及再熔废铁锭）及按重量计纯度不低于99.94%的铁（品目72.01至72.04）。

二、粒状及粉状的生铁、镜铁、钢铁（品目72.05）。

72.01 生铁及镜铁，锭、块或其他初级形状：

10 — 非合金生铁，按重量计含磷量在0.5%及以下

20 — 非合金生铁，按重量计含磷量在0.5%以上

50 — 合金生铁；镜铁

一、生铁

生铁的定义，参见本章注释一（一）。但含碳量大于2%的铬钢根据本章注释一（四）的规定应按其他合金钢归入第四分章。

生铁是钢铁工业的重要初级产品，主要通过在高炉中还原及熔融铁矿或在电炉或化铁炉中熔化废碎铁制得。生铁是一种铁碳合金，本身还含有象硅、锰、硫及磷等其他元素，它是用铁矿砂、废钢、助熔剂或燃料冶炼而得，有时还加入用以产生特种性能的铬及镍等其他元素。

本品目包括粗生铁及为了便于进行一定程度的精炼、混合或熔合而再熔化过的生铁，但其中的金属成分必须符合本章注释一（一）规定的范围。生铁可以呈锭、方块、团块等形状，不论是否破碎，也可以呈熔融状态，但本品目不包括已成形或已加工的物品（例如，粗的或已加工的铸件或管）。

生铁具有性脆和不可加工的特点；通过退火可起到一定程度的补救作用。退火可以使生铁的表面具有钢的一些特性，所得的产品称作“可锻铸铁”（白心或黑心）。实际上，这种处理常用于归入其他品目的铸件，但呈锭、块等初级形状的生铁，按重量计含碳量超过2%的应归入本品目。

合金生铁为按重量计含有一种或多种子目注释一（一）所列元素比例的生铁。

二、镜铁

镜铁的定义，参见本章注释一（二）。在贸易中它有时被视为一种铁合金，但由于它通常直接从矿砂制得，因此仍与生铁归入同一品目。

它主要用在炼钢工业中使铁脱氧及碳化，并用于炼制合金。镜铁因为含锰量较高，所以断面闪闪发光，其形状与生铁相同。

72.02 铁合金：

— 锰铁：

11 — — 按重量计含碳量在2%以上

19 — — 其他

— 硅铁：

21 — — 按重量计含硅量在55%以上

29 — — 其他

30 — 硅锰铁

— 铬铁：

41 — — 按重量计含碳量在4%以上

49 — — 其他

50　—　　硅铬铁
60　—　　镍铁
70　—　　钼铁
80　—　　钨铁及硅钨铁
　　—　　其他：
91　——　钛铁及硅钛铁
92　——　钒铁
93　——　铌铁
99　——　其他

铁合金的定义，参见本章注释一（三）。

铁合金与生铁不同，含铁量较小，其中的铁仅作为含量很大的合金元素（例如，锰、铬、钨、硅、硼或镍）的溶剂；其含碳量在2%及以下。

铁合金尽管有些品种具有可锻性，但通常不供轧制、锻造或其他加工用，起码在工业上不作这些用途。它们主要在钢铁工业中给钢或生铁添加一定比例的合金元素以获得特种性能，而通常在使用纯的元素本身是加不进去的或是极不经济的。某些铁合金也用作脱氧剂、脱硫剂、脱硝剂或用于镇静钢，而另一些则用于焊接或用于金属沉积。

某些铁合金直接用于铸造。归入本品目的铁合金必须是锭、方块、团块或类似初级形状、粒、粉状或通过连续铸造制得的形状（例如，坯段）。

硅铁还可在重量法分离（浮选）金属矿砂中用作一种重介质。它呈球粒粉末状，其表面已经特殊加工硬化。这些硅铁仍归入本品目。

本品目也包括预先制成粒状、粉状及用水泥或其他粘合剂（在某些情况下还加入放热添加剂）粘聚成砖头、圆筒、薄板等形状的本类产品。

尽管一些铁合金（例如，锰铁或硅铁）可以在高炉中制得，但它们一般在电炉或坩埚中用“铝热法”等制得。

铁合金的主要品种有：

一、锰铁

二、硅铁

三、硅锰铁

四、铬铁

五、硅铬铁

六、镍铁

七、钼铁

八、钨铁及硅钨铁

九、钛铁及硅钛铁

十、钒铁

十一、铌铁

十二、硅镁铁及硅钙铁

本品目不包括：

（一）与铁合金的用途及使用方式相同的化学产品，例如，氧化钼、钼酸钙及碳化硅以及按重量计含铁量小于4%的硅化钙及硅化锰（第二十八章）。

（二）铀铁（品目28.44）。

（三）各种形状的铈铁及其他引火铁合金（品目 36.06）。

（四）在某些国家有时称为镍铁或镍铬铁的产品，这些产品具有可锻性，在钢铁冶金业中通常不用作“添加剂”（品目 72.18 至 72.19 或第七十五章）。

72.03 直接从铁矿还原所得的铁产品及其他海绵铁产品，块、团、团粒及类似形状；按重量计纯度在 99.94%及以上的铁，块、团、团粒及类似形状：

10 — 直接从铁矿还原所得的铁产品

90 — 其他

本品目包括不需熔融而从矿石还原所制得的铁产品〔参见本章总注释第一部分第（二）款〕。这些产品从团块状或粒状的矿石制得或从砖块状或团粒状的精矿制得。它们通常按重量计含铁量大于 80%且具有海绵结构（海绵铁），用于炼钢。呈砖块状或团粒状的本品目产品不应与品目 26.01 的精矿相混淆；前者与后者不同，最明显的是前者的切割面光亮。

通过直接还原所得的铁产品很容易与其他海绵铁产品（通过喷雾工艺用熔融生铁制得）区分开来，前者表面粗糙多孔，而后者表面圆滑，清楚地表明它经过熔融状态。

本品目也包括极纯的铁（即杂质含量不超过 0.06%的铁）。这种铁用于实验室研究及铁冶金工业的某些部门（例如，粉末冶金），是一种很好的金属稀释剂。

本品目不包括有时称作“海绵钢”的钢丝绒等（品目 73.23）。

72.04 钢铁废碎料；供再熔的碎料钢铁锭：

10 — 铸铁废碎料

— 合金钢废碎料：

21 — — 不锈钢废碎料

29 — — 其他

30 — 镀锡钢铁废碎料

— 其他废碎料：

41 — — 车、刨、铣、磨、锯、锉、剪、冲加工过程中产生的废料，不论是否成捆

49 — — 其他

50 — 供再熔的碎料钢铁锭

一、废碎料

本品目包括符合第十五类注释八（一）所规定的钢铁废碎料。

这类钢铁废碎料有各种各样性质，通常为下列状态：

（一）从钢铁生产或机械加工所得的废碎料（例如，切头、锉屑及切屑）。

（二）因破裂、切断、磨损或其他原因而明显不能作为原物使用的钢铁制品；为了使其达到用户需要的尺寸和质量，钢铁废碎料通常要经过下列加工：

1．又长又重的要进行剪切或火焰切割。

2．用液压机等将其（尤其是轻质碎料）压缩成包。

3．将汽车车身或其他轻质碎料碎裂（切碎），然后再分离（可用磁性分离）以制取相当干净的高密度产品。

4．将钢铁锉屑及切屑压碎并粘聚成砖块状。

5．将旧铁品破碎。

废碎料通常用于熔融回收金属或用于制化学品。

但本品目不包括可以再按原用途使用或适于作其他用途使用的钢铁制品，不论是否经修补、改造方可使用的；也不包括那些不须先经回收金属即可改作其他物品的钢铁制品。例如，把损坏零件更换后仍可使用的钢制构件；可用作矿柱或可通过重轧改作其他物品的废旧铁路道轨；经过擦净磨刃后仍可使用的钢锉。

本品目还不包括：

（一）冶炼钢铁所得的熔渣、浮渣、氧化皮或其他废料，即使适于回收金属用的（品目26.19）。

（二）由于具有放射性而不能直接用于钢铁工业的废碎料（品目28.44）。

（三）生铁或镜铁的碎片（品目72.01）。

二、供再熔的碎料钢铁锭

这些产品的定义，参见本章注释一（七）。它们由高合金钢的锭块构成，通过将精细废碎料（例如，磨粉、精细切屑）再熔后浇铸制得。它们未经轧制，炼钢中用作添加产品。由于在用过的冷铸模中浇铸，它们的表面粗糙，凹凸水平，带有气泡、裂口、缝隙及收缩孔。浇铸这种锭块不需漏斗形铸口，因此，它们没有缩孔或冒口，但表面凹凸不平，有时锭块上端中心向里凹，常有些火山口状的裂缝，裂缝上可以看到有大量多孔铁渣。

72.05 生铁、镜铁及钢铁的颗粒和粉末：

10 — **颗粒**

— **粉末：**

21 — — **合金钢的**

29 — — **其他**

一、颗粒

颗粒的定义，参见本章注释一（八）。

本品目包括颗粒，即稍圆的小球粒及棱角粒。

小球粒通过将液态钢铁倾注入冷水或蒸汽射流中制得；而棱角粒则是通过将小球粒压碎制得或通过低温压碎硬化金属片等制得。

这些货品不论是否已按规格分级，均归入本品目。

小球粒及棱角粒用于金属的清洁及除氧化皮或表面硬化（喷丸处理），用于金属或玻璃表面抛光及雕刻，用于加工石料等。有时还加入到混凝土中作为硬化剂或提高其对X射线或γ射线的不可渗透度。

本品目还包括通过切割钢铁丝所得的钢铁丝丸粒，这种颗粒也用于上述用途。

二、粉末

粉末的定义，参见第十五类注释八（二）。

生铁、镜铁及钢铁的粉末是适于压坯或粘聚用的原料，可通过雾化熔融钢铁，还原铁氧化物（干法），粉碎生铁、海绵铁或钢丝，沉淀（湿法），分解羰铁基，电解铁盐水溶液或粉化钢铁（包括粉化锉屑）等方法制得。

这些粉末（包括海绵铁粉末）可以烧结成各种物品，包括电话、磁电机等用的电磁线圈铁芯。它们也用于制焊接电极及焊粉，用于化学工业（尤其是用作还原剂）、有时也用于制药品（通过将锉屑粉化而得的粉末）。

*
* *

本品目不包括：

（一）放射性铁粉（同位素）（品目28.44）。

（二）制成品目 30.03 或 30.04 所列药剂的铁粉。

（三）铁合金粒及粉（品目 72.02）。

（四）废钢铁锉屑及切屑（品目 72.04）。

（五）轴承滚珠次品，尽管与小球粒用途相同，但根据第八十四章注释六的规定，仍应归入品目 73.26。这类轴承滚珠与小球粒不同，因它更为规则，表面加工更为精细，所用的钢材质量也较好。

第二分章 铁及非合金钢

总 注 释

本分章包括下列形状的铁及非合金钢：

一、锭或其他初级形状，例如，熟铁棒、板桩、方块、团块，包括熔融状态的钢（品目 72.06）。

二、半制成品，例如，大方坯、小方坯、圆材坯、厚板坯、薄板坯、粗锻件、角材坯、型材坯及异型材坯（品目 72.07）。

三、平板轧材（品目 72.08 至 72.12）。

四、不规则盘绕的热轧条、杆（品目 72.13）及其他条及杆（品目 72.14 或 72.15）。

五、角材、型材及异型材（品目 72.16）。

六、丝（品目 72.17）。

72.06 铁及非合金钢，锭状或其他初级形状（品目 72.03 的铁除外）：

10 — 锭状

90 — 其他

一、锭状

锭块是通过本章总注释所述任何一种方法制得黑色金属后将其浇铸而成的初级形状，其横截面通常为正方形、长方形或八角形。为了便于脱模，它的一边比另一边要厚。它的表面整齐划一，基本没有缺陷。

锭块通常锻轧成半制成品，但有时直接锻轧成条、片或其他最终产品。

二、其他初级形状

除熔融状态的钢外，本品目还包括方块、团块、熟铁棒及板桩。

方块及团块主要从直接还原的铁矿或通过电解沉积所得的“聚集块”或“堆积块”制得。当团块中的大部分熔渣除去后，在浆状状态下，利用压制机或通过对其“锻压”或锤击，轧制后即得熟铁棒及板桩，由于含有熔渣，所得产品具有纤维状结构的特点。这些产品适于特种用途，例如，制锚铁及提升钩。

本品目不包括：

（一）供再熔的碎钢铁锭（品目 72.04）。

（二）通过连续铸造制得的产品（品目 72.07）。

72.07 铁及非合金钢的半制成品：

— 按重量计含碳量在 0.25%以下：

11 — — 矩形（包括正方形）截面，宽度小于厚度的两倍

12　— —　其他矩形（正方形除外）截面的

19　— —　其他

20　—　　按重量计含碳量在 0.25％及以上

半制成品的定义，参见本章注释一（九）。该注释所称“初步热轧”的产品，指经轧制后具有粗糙外观的产品。

本品目包括大方坯、小方坯、圆材坯、厚板坯、薄板坯、粗锻件、角材坯、型材坯、异型材坯及所有通过连续铸造制得的产品。

一、大方坯、小方坯、圆材坯、厚板坯及薄板坯

所有这些产品都是通过对品目 72.06 的锭块、熟铁棒或板桩进行热轧或锻造而制得的。它们是用于进一步热轧或锻造的半制成品。因此它们不需制成精确的规格；其边角位置并不十分准确，表面也通常是凹凸不平且留有生产过程所碰损的痕迹（例如，辊棒痕迹）。

大方坯的横截面通常是正方形的，比小方坯大。小方坯的横截面可以是正方形的，也可以是长方形的。两者均用于再轧制成条、杆、角材、型材及异型材，或者用于制造锻件。

圆材坯的横截面为圆形或多于四边的多边形，主要用于制造无缝钢管的中间产品。它们与条、杆不同，不仅具有半制成品的一般特点，而且通常还切成 1～2 米长，其两端经常用喷灯切割。条杆一般切割得很精确。

厚板坯及薄板坯的截面是长方形的，其宽度比厚度大得多，厚板坯比薄板坯厚。因此，厚板坯通常再轧制成板材，而薄板坯通常用于制薄片或带材。镀锡薄板坯是一种用于生产马口铁的薄板坯。厚板坯、薄板坯及某些板材之间的区别，请参见下面品目 72.08 的注释。

二、粗锻件

这些货品是外观粗糙，尺寸公差大的半制成品，将方块或锭块通过动力锤击或锻压方法制得。它们可呈制品的粗形状，以便制成品能够在制造过程中少浪费材料。本品目仅包括那些需经锻造、压印、车削等进一步深加工才能成形的粗锻件。例如，经粗锤锻成扁平 Z 字形但需经进一步加工才能制成船用曲轴的锭块，不包括锻造好的准备用于终加工的曲轴。同样，本品目也不包括用锻模锻造而成的冲锻件及压锻件，因为经过这些加工的物品即可用于终加工。

三、角材坯、型材坯及异型材坯

角材坯、型材坯及异型材坯可具有一个复杂形状的横截面，这种横截面与最终产品形状相似，适于用相应的轧制方法加工。例如，本品目包括宽缘工字梁或宽缘工字钢。

四、通过连续铸造所得的半制成品

本组包括所有的通过连续铸造所得各种形状的铁或非合金钢半制成品。

在这种方法中，钢水从分配器的铸勺中流出，送到不同的铸造流水线。这些流水线包括：

（一）配有冷却装置的无底铸模。

（二）模具外面有一套用以冷印铸件的雾化水系统。

（三）一组定期取出固化金属的输送滚筒。

（四）一套切割机械系统和一个送出装置。

连续铸造所得产品与其他产品的区分标准，参见本章总注释第三节。

72.08　宽度在 600 毫米及以上的铁或非合金钢平板轧材，经热轧，但未经包覆、镀层或涂层(+)：

10　—　　已轧压花纹的卷材，除热轧外未经进一步加工

—　　其他经酸洗的卷材，除热轧外未经进一步加工：

25　— —　厚度在 4.75 毫米及以上

26 —— 厚度在3毫米及以上，但小于4.75毫米
27 —— 厚度小于3毫米
— 其他卷材，除热轧外未经进一步加工：
36 —— 厚度超过10毫米
37 —— 厚度在4.75毫米及以上，但不超过10毫米
38 —— 厚度在3毫米及以上，但小于4.75毫米
39 —— 厚度小于3毫米
40 — 已轧压花纹的非卷材，除热轧外未经进一步加工
— 其他非卷材，除热轧外未经进一步加工：
51 —— 厚度超过10毫米
52 —— 厚度在4.75毫米及以上，但不超过10毫米
53 —— 厚度在3毫米及以上，但小于4.75毫米
54 —— 厚度小于3毫米
90 — 其他

平板轧材的定义，参见本章注释一（十）。

本品目的产品可经下列表面处理：

一、去氧化皮、酸洗、刮面及其他加工以除去金属加热过程中所形成的氧化鳞片及壳。

二、仅为防止产品生锈或其他氧化作用、防止运输途中打滑及便于搬运而进行粗涂层，例如，用含有防锈活性颜料〔如铅丹、锌粉、氧化锌、铬酸锌、氧化铁（铁丹、优质胭脂）〕的油漆涂层及用以油、脂、蜡、石蜡、石墨、焦油或沥青为基料的非颜料涂料涂层。

三、抛光、磨光或类似处理。

四、人工氧化（通过各种化学处理，例如，浸于一种氧化性溶液中）、铜绿处理、发蓝处理（蓝回火）、青铜色氧化（通过各种工艺），这些处理也在金属表面形成氧化膜，可改善产品外观。这种加工能够提高产品防锈能力。

五、化学表面处理，例如：

——磷化，即将产品浸于酸式磷酸金属盐溶液（特别是酸式磷酸锰、酸式磷酸铁及酸式磷酸锌溶液）中；这种加工称作磷酸盐被膜处理或磷酸盐处理，磷化程度取决于处理时间及浴池温度；

——草酸盐处理、硼酸盐处理等，使用方法与磷化处理相似，但应加入适量的盐或酸；

——铬酸盐处理，即将产品浸于主要成分为铬酸或铬酸盐的溶液中。

这些化学表面处理具有保护金属表面、便于产品日后冷变形处理及涂油漆或涂其他非金属保护层等优点。

本品目的平板轧材可以直接从轧制过程中轧出凸起的花纹，例如，沟纹、肋条纹、格子花纹、扁豆形花纹、凸点花纹、菱形花纹，也可以在轧制后进行加工（例如，穿孔、制成瓦楞形、切成斜边或将边磨圆），只要它们不具有其他品目所列制品或产品的特征。

但本品目不包括用金属涂层、电镀或包层的平板轧材，也不包括用非金属物质如油漆、搪瓷或塑料涂层的平板轧材（品目72.10）。

本品目也不包括用贵金属包层的平板轧材（第七十一章）。

“瓦楞形平板轧材”是指具有规则波浪形曲线（例如，正弦波）的平板轧材。在确定归类时，以带瓦楞的边的宽度作为其有效宽度。但本品目不包括具有角断面（例如，正方形、三角形或梯形）的肋形产品（通常归入品目72.16）。

本品目还包括除长方形或正方形以外任何规格的平板轧材，只要它们不具有其他品目所列制品或

产品的特征。

本品目主要包括“宽卷材”、“片材”及“板材”。

本品目还包括某些称为“宽扁材”的产品（其中一些产品在世界上一些地区称作“万能板材”）。

本品目所称的“宽扁材”，是指长方形横截面的非成卷产品，在闭合匣内或万能轧钢机中四面热轧制得，厚度不小于4毫米、宽度在600毫米及以上但不超过1250毫米。

因此，“宽扁材”比“宽卷材”、“片材”或“板材”更为平直，各边加工得更为精确，边角更为尖锐。它们不用再轧制，其边缘也不需进一步机械加工即可用作钢结构件等。

“宽卷材”、“板材”及“片材”是通过热轧锭块、厚板坯、薄板坯制得，有时还进行横向或纵向切割。

“宽卷材”不同于“片材”及“板材”，因为“片材”及“板材”是以扁平状报验的，而“宽卷材”是以几乎齐边的一层叠于另一层之上盘绕成卷报验的。

热轧“宽卷材”既可直接象“片材”及“板材”般使用，也可制成其他产品，例如，制成“片材”及“板材”、焊缝管、角材、型材及异型材。

“片材”及“板材”用于建造船舶、铁路车辆、槽罐、锅炉、桥梁及其他需要很大强度的结构件。某些“片材”及“板材”的规格类似于厚板坯及薄板坯，但它们与厚板坯及薄板坯仍有区别，因为：

1．它们绝大多数是横轧（纵向及横向）的，有时是斜轧的，而厚板坯及薄板坯仅在扁坯轧机或粗轧机中纵向粗轧。

2．它们的边缘通常经剪切或火焰切割，这些处理的痕迹显而易见，而厚板坯及薄板坯的边缘是圆的。

3．它们的厚度公差及表面缺陷是非常严格的，而厚板坯及薄板坯厚薄不一且有各种表面缺陷。

*

* *

本品目不包括：

（一）网眼钢铁板（品目73.14）。

（二）第八十二章所列物品的坯件。

○

○ ○

子目注释：

子目7208.10、7208.25、7208.26、7208.27、7208.36、7208.37、7208.38、7208.39、7208.40、7208.51、7208.52、7208.53及7208.54

除热轧外，上述子目的产品可经过下列加工或表面处理：

一、热压延。

二、退火、淬火、回火、表面硬化、渗氮及其他为改善金属特性所进行的类似热处理。

三、除条文另有规定的以外，品目72.08注释第二段的一及二款所述的表面处理。

去氧化皮可通过下列处理：

（一）通过酸洗或还原处理（采用化学或热加工方法），不论是否与石灰乳处理（浸灰法）结合进行；

（二）机械去氧化皮（刨平、粗磨、砂纸打磨、喷砂打磨等）。

机械去氧化皮产品可根据其下列特征加以识别：

1．经刨平的钢表面光亮，有连续不断的平行粗糙痕印，用肉眼辨别清晰可见，易于触觉；

2．经粗磨或砂纸打磨的钢表面一般凹凸不平，暗淡无光，研磨工具留下的研磨痕迹清晰可见。另一方面，经过精研磨后，产品表面非常光滑，甚至反光，打磨工具打磨留下的痕迹几乎看不见。

四、本章总注释四（二）款最后一段所述的表皮光轧或轻精冷轧。

五、以冲压、印刷等方式加上简单标记（诸如商标等）。

六、切割成矩形（包括正方形）。

七、仅以探伤为目的的检查。

72.09　宽度在600毫米及以上的铁或非合金钢平板轧材，经冷轧，但未经包覆、镀层或涂层(+)：

—　卷材，除冷轧外未经进一步加工：

15　——　厚度在3毫米及以上

16　——　厚度超过1毫米，但小于3毫米

17　——　厚度在0.5毫米及以上，但不超过1毫米

18　——　厚度小于0.5毫米

—　非卷材，除冷轧外未经进一步加工：

25　——　厚度在3毫米及以上

26　——　厚度超过1毫米，但小于3毫米

27　——　厚度在0.5毫米及以上，但不超过1毫米

28　——　厚度小于0.5毫米

90　—　其他

品目72.08注释的规定在必要的地方稍加修改后，可适用于本品目的产品。

本品目的冷轧产品与品目72.08的热轧产品的区分标准已在本章总注释列出——参见第四部分第（二）款。

由于本品目的产品具有特殊的性能〔较好的表面处理、较好的冷成形性、较精确的公差（一般在减少厚度时）、较高的机械强度等〕，因此它们通常与其相应的热轧产品用途不同，而且越来越多地用于取代热轧产品。它们主要用于制造汽车车身、金属家具、家庭用具、集中供暖散热器及通过冷加工（成形或仿形加工）制成角材、型材及异型材。它们易于涂镀（可镀锡、电镀、上清漆、搪瓷、上大漆、上油漆或用塑料涂层等）。

它们通常在退火、正火或其他热处理后交货。如果它们厚度极薄（通常小于0.5毫米），而且为了适于镀锡、上清漆或印花而进行表面酸洗，即使是盘卷的，人们有时也把它们称作“黑铁皮”。

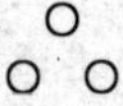

子目注释：

子目7209.15、7209.16、7209.17、7209.18、7209.25、7209.26、7209.27及7209.28

除冷轧外，这些子目的产品还可经过下列加工或表面处理：

一、压延。

二、退火、淬火、回火、表面硬化、渗氮及其他为改善金属特性所进行的类似热处理。

三、酸洗。

四、品目72.08注释第二款所述的表面处理。

五、以冲压、印刷等方式加上简单标记（诸如商标等）。

六、切割成矩形（包括正方形）。

七、仅以探伤为目的的检查。

72.10　宽度在600毫米及以上的铁或非合金钢平板轧材，经包覆、镀层或涂层(+)：

—　镀或涂锡的：

11　——　厚度在0.5毫米及以上

12 —— 厚度小于0.5毫米
20 — 镀或涂铅的，包括镀铅锡钢板
30 — 电镀锌的
— 用其他方法镀或涂锌的：
41 —— 瓦楞形
49 —— 其他
50 — 镀或涂氧化铬或铬及氧化铬的
— 镀或涂铝的：
61 —— 镀或涂铝锌合金的
69 —— 其他
70 — 涂漆或涂塑的
90 — 其他

本品目包括品目72.08或72.09所列的同类产品，但归入本品目的产品必须经包覆、镀层或涂层。

本品目所称“包覆、镀层或涂层”，适用于经过本章总注释的四（三）2（4）d、e及（5）所述任何一种处理的产品。

本品目不包括：

（一）包贵金属的扁平产品（第七十一章）。

（二）品目83.10的产品。

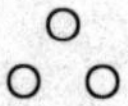

子目注释：

在考虑品目72.10的子目分类时，如果产品经过一种以上方式涂层、镀层或包覆的，应按最后加工的方式归类。但化学表面处理，例如，铬酸盐处理，不应视作最后加工。

子目7210.30、7210.41及7210.49

子目7210.30所列产品是经过第七十二章总注释四（三）2（4）d第二点所述的加工处理；子目7210.41及7210.49所列产品是经过上述总注释四（三）2（4）d所述的其他加工处理。

电镀锌产品与用其他方法镀或涂锌产品可按下列方法进行区别：

——首先通过目视或显微镜观察检查产品是否有锌结晶花存在。

——如果能检查出锌结晶花，则它们是热浸镀锌产品。如果放大50倍仍检查不出锌结晶花，则镀或涂层需经化学分析。

——如果检查出铝或检查出铅含量超过0.5%，则它们是热浸镀锌产品。否则，它们为电镀锌产品。

72.11 宽度小于600毫米的铁或非合金钢平板轧材，但未经包覆、镀层或涂层(+)：
— 除热轧外未经进一步加工：
13 —— 经四面轧制或在闭合匣内轧制的非卷材，宽度超过150毫米，厚度不小于4毫米，未轧压花纹
14 —— 其他，厚度在4.75毫米及以上
19 —— 其他
— 除冷轧外未经进一步加工：
23 —— 按重量计含碳量低于0.25%
29 —— 其他

90 —　　其他

本品目包括品目 72.08 或 72.09 所列的同类产品，但归入本品目的产品宽度必须小于 600 毫米。

品目 72.08 或 72.09 注释的规定在必要的地方稍加修改后，可适用于本品目产品，但不符合本品目宽度要求的产品除外（参见本章总注释）。

本品目产品包括宽度超过 150 毫米但小于 600 毫米的"宽扁材"（"万能板材"）、箍材及带材。

箍材及带材通常通过对品目 72.07 的半制成品进行热再轧制得。热再轧后，可将其冷轧制成较薄的产品，且有较高质量的光洁度。带材也可通过将品目 72.08 或 72.09 的"宽卷材"、"片材"或"板材"切割成条制得。

本品目的产品可经加工（例如，起波纹、起肋纹、起格子花纹、压花、切成斜边或将边磨圆），只要它们不具有其他品目所列制品或产品的特征。

本品用途广泛，例如，做箱、桶或其他容器的箍环；用作镀锡基板；制造焊缝管、工具（例如，锯片）、冷成形角材、型材或异型材、运输带、机械带；用于汽车工业及用于制其他许多物品（通过冲压、折叠等）。

本品目不包括：

（一）围篱用钢铁绞带（品目 73.13）。

（二）一边成锯齿状或斜切状的波纹带，即裁成一定长度，适于装配木制部件的波纹钉（品目 73.17）。

（三）第八十二章物品的坯件（包括带状的剃须刀片坯件）。

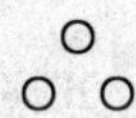

子目注释：

子目 7211.13、7211.14 及 7211.19

参见子目 7208.10、7208.25、7208.26、7208.27、7208.36、7208.37、7208.38、7208.39、7208.40、7208.51、7208.52、7208.53 及 7208.54 的注释。

子目 7211.23 及 7211.29

参见子目 7209.15、7209.16、7209.17、7209.18、7209.25、7209.26、7209.27 及 7209.28 的注释。

72.12　宽度小于 600 毫米的铁或非合金钢平板轧材，经包覆、镀层或涂层(+)：

10 —　　镀或涂锡的

20 —　　电镀锌的

30 —　　用其他方法镀或涂锌的

40 —　　涂漆或涂塑的

50 —　　镀或涂其他材料的

60 —　　经包覆的

本品目包括品目 72.10 所述的同类产品，但归入本品目的产品宽度必须小于 600 毫米。

本品目不包括绝缘扁电线（品目 85.44）。

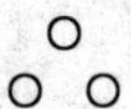

子目注释：

对于经过一种以上方式涂层、镀层或包覆的产品的归类，参见品目 72.10 的子目注释。

子目 7212.20 及 7212.30

参见子目 7210.30、7210.41 及 7210.49 的注释。

72.13 不规则盘卷的铁及非合金钢的热轧条、杆：

10 — 带有轧制过程中产生的凹痕、凸缘、槽沟及其他变形的

20 — 其他，易切削钢制

— 其他：

91 — — 直径小于 14 毫米圆形截面的

99 — — 其他

不规则盘卷热轧条、杆的定义，参见本章注释一（一）。

这些产品（也称作盘条）主要用于拉制金属丝（品目 72.17），但也用于其他用途，尤其用于建筑工程（例如，用作焊接钢筋网）、螺母及螺栓制造工业、冷拉拔工业等，还用于制焊条。

本品目也包括做混凝土钢筋用的条及杆；这类产品轧制后带有凹槽或凸缘（例如，齿、槽、凸角），但它们的基本横截面形状与本章注释一（十一）所列的任何一种几何形状相符。这些凹凸槽或凸缘必须是仅仅为了改善与混凝土等的粘合力而设计的。

本品目不包括已矫直并切成一定尺寸的条及杆（品目 72.14）。

72.14 铁或非合金钢的其他条、杆，除锻造、热轧、热拉拔或热挤压外未经进一步加工，包括轧制后扭曲的：

10 — 锻造的

20 — 带有轧制过程中产生的凹痕、凸缘、槽沟或其他变形以及轧制后扭曲的

30 — 其他，易切削钢制

— 其他：

91 — — 矩形（正方形除外）截面的

99 — — 其他

其他条及杆的定义，参见本章注释一（十二）。

本品目的条及杆通常是通过对大方坯，小方坯、熟铁棒或板桩进行热轧或锻造制得的；有的也可通过热拉拔或热挤压制得。总的来说，条及杆可与其他轧制、锻造或拉制产品区分开来，因为：

一、它们比起熟铁棒（品目 72.06）、大方坯、小方坯、圆材坯、厚板坯及薄板坯（品目 72.07）来具有更精确完美的外观，其横截面是完全相同的，对于正方形或长方形的产品，其边角尖锐。

二、按厚度与宽度的比例，它们比品目 72.08 或 72.11 所列产品更厚。

本品目的产品主要以笔直条状或折叠捆状交货的。

本品目的产品可以进行下列表面处理：

（一）除氧化皮、酸洗、刮削及其他除去金属加热过程中所形成的氧化鳞片及壳。

（二）仅仅为了防止产品锈蚀或其他氧化作用、防止在运输途中打滑及便于搬运而进行的粗涂层，例如，涂以含有活性防锈颜料〔如铅丹、锌粉、氧化锌、铬酸锌、氧化铁（铁丹、优质胭脂）等〕的油漆，以及以油、脂、蜡、石蜡、石墨、焦油或沥青为基料的非颜料涂料。

（三）为了检验目的除去少量金属。

本品目还包括：

（一）带有凹槽或凸缘（例如，齿、槽、凸角）的已轧制条及杆，但它们的基本横截面形状应与本章注释一（十二）所列的任何一种几何形状相符；这些凹槽或凸缘必须是仅仅为了改善与混凝土等的粘合力而设计的。

（二）轧制后单根绞扭的条及杆，例如，将其轧制成带有两条或两条以上纵向凸缘，然后再绞扭成螺旋形的条、杆（螺旋钢筋）；以及

（三）为运输方便而穿有单孔的条及杆。

但本品目不包括：

（一）由两根或两根以上轧制条杆相互扭绞而成的产品（品目 73.08）。

（二）从条及杆切割而成的长度不超过最大横截面直径的钢铁工件（品目 73.26）。

72.15　铁及非合金钢的其他条、杆(+)：

10　—　　易切削钢制，除冷成形或冷加工外未经进一步加工

50　—　　其他，除冷成形或冷加工外未经进一步加工

90　—　　其他

本品目包括品目 72.13 或 72.14 所列货品以外的各种条及杆。

本品目的条及杆可以是：

一、通过冷成形或冷加工制得，即可通过一个或多个模具冷加工制得（冷拉拔条），也可通过磨削或车削制得（磨削条或精压条）。

二、通过加工制得｛钻孔或精压，或除品目 72.14 所列加工方法以外的进一步表面加工，例如，镀层、涂层或包履〔参见本章总注释第四部分第（三）款〕｝，只要它们不具有其他品目所列制品或产品的特征。

冷成形或冷加工的条及杆是以笔直条状交货的，因而可以与通常呈盘卷状的品目 72.17 的钢铁丝区别开来。

本品目不包括：

（一）热轧后绞扭的其他铁或非合金钢的条及杆（品目 72.14）。

（二）空心钻钢（品目 72.28）。

（三）由两条或两条以上轧制条、杆相互绞扭而成的产品（品目 73.08）。

（四）钢铁楔杆（品目 73.26）。

子目注释：

子目 7215.10 及 7215.50

除冷成形或冷加工外，上述子目所列产品可经下列加工或表面处理：

一、矫直。

二、经品目 72.08 注释第二款所述的表面处理。

三、以冲压，印刷等方式加上简单标记（诸如商标等）。

四、仅以探伤为目的的检查。

72.16　铁或非合金钢的角材、型材及异型材(+)：

10　—　　槽钢、工字钢及 H 型钢，除热轧、热拉拔或热挤压外未经进一步加工，截面高度低于 80 毫米

—　　角钢及丁字钢，除热轧、热拉拔或热挤压外未经进一步加工，截面高度低于 80 毫米：

21　— —　角钢

22　——　丁字钢

—　槽钢、工字钢及 H 型钢，除热轧、热拉拔或热挤压外未经进一步加工，截面高度在 80 毫米及以上：

31　——　槽钢

32　——　工字钢

33　——　H 型钢

40　—　角钢及丁字钢，除热轧、热拉拔或热挤压外未经进一步加工，截面高度在 80 毫米及以上

50　—　其他角材、型材及异型材，除热轧、热拉拔或热挤压外未经进一步加工

—　角材、型材及异型材，除冷成形或冷加工外未经进一步加工：

61　——　平板轧材制的

69　——　其他

—　其他：

91　——　平板轧材经冷成形或冷加工制的

99　——　其他

角材、型材及异型材的定义，参见本章注释一（十三）。

归入本品目的最常见的型材是 H 型、工字、丁字、Ω 形、Z 形、U 形（包括槽形）、钝角、锐角、直角等形状的钢铁，其内角可以是方的，也可是圆的，突出的边缘可以是对称的，也可以是不对称的，可以是球缘的（球缘角钢或船用钢梁），也可以是非球缘的。

角材、型材及异型材通常是通过对大方坯或小方坯进行热轧、热拉拔、热挤压、热锻造或锻造制得。

本品目包括经冷成形或冷加工（通过冷拉拔等）制成的产品，也包括在辊式机器中制得的或在压力机中对片、板或带加工成形制得的角材、型材及异型材。具有角状截的所谓“起肋片及板”也归入本品目。

本品目的产品可以进行钻孔、冲孔、扭绞等加工或涂层、镀层、包履等表面处理〔参见本章总注释第四部分第（三）款〕，只要它们不具有其他品目所列制品或产品的特征。

重型角材、型材及异型材（例如，大梁、小梁、立柱及托梁）用于建造桥梁、房屋、船舶等；轻型产品用于制农具、机械、汽车、栅栏、家具、拉门或帘幕导轨、伞骨及其他很多物品。

本品目不包括：

（一）焊接的角材、型材、异型材及板桩（品目 73.01）、铁道及电车道铺轨用材料（品目 73.02）。

（二）钢铁结构体用制品（品目 73.08）。

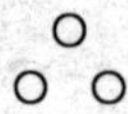

子目注释：

子目 7216.10、7216.21、7216.22、7216.31、7216.32、7216.33 及 7216.40

为了确定槽形、工字、H 型、直角形、丁字等形状的钢铁在这些子目的归类，必须按下列规定测定其截面高度：

槽形、工字或 H 型钢铁：以平行两面的外部表面之间的距离为准。

角钢铁：以最大的外边高度为准。

丁字钢铁：以横截面的总高度为准。

工字钢铁（窄边或中边）是凸缘宽度不超过横截面高度的 66%，而且总宽度小于 300 毫米的产品。

子目 7216.10、7216.21、7216.22、7216.31、7216.32、7216.33、7216.40 及 7216.50

品目 72.14 注释中有关表面处理的规定也适用于上述子目的产品。

子目 7216.61 及 7216.69

参见子目 7215.10 及 7215.50 的注释。

72.17　铁丝或非合金钢丝(+)：

10　—　未经镀或涂层，不论是否抛光

20　—　镀或涂锌的

30　—　镀或涂其他贱金属的

90　—　其他

本品目所列丝的定义，参见本章注释一（十四）。

钢铁丝大部分是将品目 72.13 的热轧条、杆通过拉丝模拉制而成的，但也可通过任何其他冷成形加工（例如，冷轧）制得。钢铁丝报验时呈盘卷状（同芯螺旋状或非同芯螺旋状，不论有无卷绕芯子）。

已经加工（例如，已卷曲）的钢铁丝仍应归入本品目，只要它不具有其他品目所列制品或产品的特征。

用纺织品之类的物料包覆的钢铁丝，如果其中的钢铁丝是起主要作用，而其他物料仅仅起包覆作用〔例如，用于制帽框的钢铁丝（女帽钢丝）、人造花茎梗或卷发器〕的，也应归入本品目。

钢铁丝的用途广泛，例如，制围篱、金属丝网布、金属网料、钉子、绳索、别针、针、工具及弹簧等。

本品目不包括：

（一）含金属的纱线（品目 56.05）、用金属丝加强的绳索（品目 56.07）。

（二）品目 73.12 的多股绞合绳、索、缆及类似品。

（三）带刺钢丝；围篱用扭绞单股扁丝（不论是否带刺）（品目 73.13）。

（四）作为制织机用的“双芯”线，这种线是通过焊合两条拉制丝线而成的。丝线的一端或两端扭绞成小孔状或小圈状，以供系结（品目 73.26）。

（五）已涂焊料的电焊条等（品目 83.11）。

（六）供针布（全钢针布）用的锯齿钢丝（品目 84.48）。

（七）绝缘电线（包括漆包线）（品目 85.44）。

（八）乐器用弦（品目 92.09）。

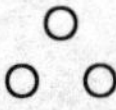

子目注释：

对于经过一种以上方式涂层、镀层或包覆的产品的归类，参见品目 72.10 的子目注释。

第三分章　不锈钢

总　注　释

耐热钢、抗蠕变钢及其他符合本章注释一（五）规定的钢应作为不锈钢归类。

由于不锈钢具有较强的抗腐蚀性，因而用途很广，例如，用于制消声器、催化转化器或变压器箱。

本分章包括品目 72.18 至 72.23 所述形状的不锈钢。

72.18 不锈钢，锭状或其他初级形状；不锈钢半制成品：

10 — 锭状及其他初级形状

— 其他：

91 — — 矩形（正方形除外）截面的

99 — — 其他

品目72.06及72.07注释的规定在必要的地方稍加修改后，可适用于本品目的产品。

72.19 不锈钢平板轧材，宽度在600毫米及以上(+)：

— 除热轧外未经进一步加工的卷材：

11 — — 厚度超过10毫米

12 — — 厚度在4.75毫米及以上，但不超过10毫米

13 — — 厚度在3毫米及以上，但小于4.75毫米

14 — — 厚度小于3毫米

— 除热轧外未经进一步加工的非卷材：

21 — — 厚度超过10毫米

22 — — 厚度在4.75毫米及以上，但不超过10毫米

23 — — 厚度在3毫米及以上，但小于4.75毫米

24 — — 厚度小于3毫米

— 除冷轧外未经进一步加工：

31 — — 厚度在4.75毫米及以上

32 — — 厚度在3毫米及以上，但小于4.75毫米

33 — — 厚度超过1毫米，但小于3毫米

34 — — 厚度在0.5毫米及以上，但不超过1毫米

35 — — 厚度小于0.5毫米

90 — 其他

品目72.08至72.10注释的规定在必要的地方稍加修改后，可适用于本品目的产品。

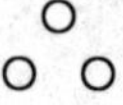

子目注释：

子目7219.11、7219.12、7219.13、7219.14、7219.21、7219.22、7219.23及7219.24

参见子目7208.10、7208.25、7208.26、7208.27、7208.36、7208.37、7208.38、7208.39、7208.40、7208.51、7208.52、7208.53及7208.54的注释。

子目7219.31、7219.32、7219.33、7219.34及7219.35

参见子目7209.15、7209.16、7209.17、7209.18、7209.25、7209.26、7209.27及7209.28的注释。

72.20 不锈钢平板轧材，宽度小于600毫米(+)：

— 除热轧外未经进一步加工：

11 — — 厚度在4.75毫米及以上

12 — — 厚度小于4.75毫米

20　—　除冷轧外未经进一步加工
90　—　其他

品目72.11或72.12注释的规定在必要的地方稍加修改后，可适用于本品目的产品。

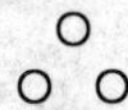

子目注释：

子目7220.11及7220.12

参见子目7208.10、7208.25、7208.26、7208.27、7208.36、7208.37、7208.38、7208.39、7208.40、7208.51、7208.52、7208.53及7208.54的注释。

子目7220.20

参见子目7209.15、7209.16、7209.17、7209.18、7209.25、7209.26、7209.27及7209.28的注释。

72.21　不规则盘卷的不锈钢热轧条、杆

品目72.13注释的规定在必要的地方稍加修改后，可适用于本品目的产品。

72.22　不锈钢其他条、杆；不锈钢角材、型材及异型材(+)：
—　条、杆，除热轧、热拉拔或热挤压外未经进一步加工：
11　——　圆形截面的
19　——　其他
20　—　条、杆，除冷成形或冷加工外未经进一步加工
30　—　其他条、杆
40　—　角材、型材及异型材

品目72.14至72.16注释的规定在必要的地方稍加修改后，可适用于本品目的产品。

子目注释：

子目7222.20

参见子目7215.10及7215.50的注释。

72.23　不锈钢丝

品目72.17注释的规定在必要的地方稍加修改后，可适用于本品目的产品。

本品目不包括供外科缝合用的极精细的无菌不锈钢丝（品目30.06）。

第四分章　其他合金钢；合金钢或非合金钢制的空心钻钢

总注释

其他合金钢的定义，参见本章注释一（六），而空心钻钢的定义则参见本章注释一（十五）。

本分章包括除不锈钢以外的各种合金钢，它们可呈锭状或其他初级形状；半制成品（例如，大方坯、小方坯、圆材坯、厚板坯、薄板坯、粗锻件）；平板轧材（即所谓宽扁材、宽卷材、片材、板材或带材），不论是否盘卷；条及杆、角材、型材、异型材或丝。

所有这些产品都可以经过加工，只要它们不具有其他品目所列制品或产品的特征（参见品目72.06至72.17的注释）。

其他合金钢所含最常见的合金金属有锰、镍、铬、钨、钼、钒及钴；最常见的非金属添加剂是硅。这些合金材料能使钢具有特种性能，例如，耐震耐磨（例如，锰钢）；改善电性能（硅钢）；增强回韧度（例如，钒钢）；或加快切割速度（例如，铬钨钢）。

其他合金钢用于需要特种性能（例如，耐久性、高硬度、高弹性、高强度）的多种用途，例如，用于军械、工具、刀具及机械。

本分章的合金钢包括：

一、通常含下列元素的合金工程钢及结构钢：铬、锰、钼、镍、硅及钒。

二、含有微量硼（按重量计0.0008%及以上）或铌（按重量计0.06%及以上），具有改良抗拉强度及焊接性能的合金钢。

三、含有铬或铜的抗大气腐蚀合金钢。

四、用于所谓“磁性”薄板（具有低磁性损耗）的合金钢，通常含有3～4%的硅及适量的铝。

五、易切削合金钢，这种合金钢不但符合注释一（六）的要求，而且至少含有下列的一种元素：铅、硫、硒、碲或铋。

六、合金轴承钢（通常含有铬）。

七、硅锰合金弹簧钢（含有锰、硅及适量的铬或钼）及弹簧用其他合金钢。

八、耐震耐磨的非磁性合金钢，这种钢中锰含量很高。

九、高速钢，这类合金钢含有钼、钨、钒三种元素中的至少二种元素且按重量计其总含量在7%及以上，0.6%及以上的碳及3%至6%的铬，不论是否含有其他合金元素。

十、不变形工具钢，按重量计通常含有12%及以上的铬及2%以上的碳。

十一、其他合金工具钢。

十二、含有铝、镍及钴的永磁合金钢。

十三、以锰或镍的含量为主要特征的非磁性合金钢，但归入第三分章的货品除外。

十四、用于制核反应堆控制棒的钢（硼的含量很高）。

本分章也包括合金或非合金钢制的空心钻钢（品目72.28）。

72.24 其他合金钢，锭状或其他初级形状；其他合金钢制的半制成品：

10 — 锭状及其他初级形状

90 — 其他

品目72.06及72.07注释的规定在必要的地方稍加修改后，可适用于本品目的产品。

72.25 其他合金钢平板轧材，宽度在600毫米及以上(+)：

— 硅电钢制：

11 — — 取向性硅电钢

19 — — 其他

30 — 其他卷材，除热轧外未经进一步加工

40 — 其他非卷材，除热轧外未经进一步加工

50 —　　其他，除冷轧外未经进一步加工

—　　其他：

91 —— 电镀或涂锌的

92 —— 用其他方法镀或涂锌的

99 —— 其他

品目72.08至72.10注释的规定在必要的地方稍加修改后，可适用于本品目的产品。

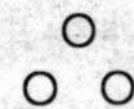

子目注释：

子目7225.30及7225.40

参见子目7208.10、7208.25、7208.26、7208.27、7208.36、7208.37、7208.38、7208.39、7208.40、7208.51、7208.52、7208.53及7208.54的注释。

子目7225.50

参见子目7209.15、7209.16、7209.17、7209.18、7209.25、7209.26、7209.27及7209.28的注释。

子目7225.91及7225.92

参见子目7210.30、7210.41及7210.49的注释。

72.26　其他合金钢平板轧材，宽度小于600毫米(+)：

—　　硅电钢制：

11 —— 取向性硅电钢

19 —— 其他

20 —　　高速钢制

—　　其他：

91 —— 除热轧外未经进一步加工

92 —— 除冷轧外未经进一步加工

99 —— 其他

品目72.11及72.12注释的规定在必要的地方稍加修改后，可适用于本品目的产品。

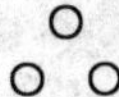

子目注释：

子目7226.91

参见子目7208.10、7208.25、7208.26、7208.27、7208.36、7208.37、7208.38、7208.39、7208.40、7208.51、7208.52、7208.53及7208.54的注释。

子目7226.92

参见子目7209.15、7209.16、7209.17、7209.18、7209.25、7209.26、7209.27及7209.28的注释。

72.27　不规则盘卷的其他合金钢热轧条、杆：

10 —　　高速钢制

20 —　　硅锰钢制

90 —　　其他

品目 72.13 注释的规定在必要的地方稍加修改后，可适用于本品目的产品。

72.28　其他合金钢条、杆；其他合金钢角材、型材及异型材；合金钢或非合金钢制的空心钻钢(+)：

10 —　高速钢条、杆

20 —　硅锰钢条、杆

30 —　其他条、杆，除热轧、热拉拔或热挤压外未经进一步加工

40 —　其他条、杆，除锻造外未经进一步加工

50 —　其他条、杆，除冷成形或冷加工外未经进一步加工

60 —　其他条、杆

70 —　角材、型材及异型材

80 —　空心钻钢

一、其他条及杆；角材、型材及异型材

品目 72.14 至 72.16 注释的规定在必要的地方稍加修改后，可适用于本品目的产品。

二、空心钻钢

空心钻钢的定义，参见本章注释一（十五）。它们也称作钻钢。

将合金或非合金钢小方坯中心穿孔后再轧制即得钻钢，其横截面通常是圆形的、六角形的、八角形的或四边八角形（截角正方形）的。这种钢可以切割成小短块，用于制归入品目 82.07 的钻头；也可以切成五或六米长，供在远处钻矿时传送动力之用。管子中心的孔道可将液体输送到钻头部位，既可供润滑用，又可减少灰尘飞扬。

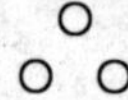

子目注释：

子目 7228.50

参见子目 7215.10 及 7215.50 的注释。

72.29　其他合金钢丝：

20 —　硅锰钢制

90 —　其他

品目 72.17 注释的规定在必要的地方稍加修改后，可适用于本品目的产品。

第七十三章　钢铁制品

注释：

一、本章所称“铸铁”，适用于经铸造而得的产品，按重量计其铁元素含量超过其他元素单项含量并与第七十二章注释一（四）所述的钢的化学成分不同。

二、本章所称“丝”，是指热或冷成形的任何截面形状的产品，但其截面尺寸均不超过16毫米。

总　注　释

本章包括品目73.01至73.24具体列名的物品以及品目73.25及73.26的既未在第八十二章或第八十三章具体列名又未归入本协调制度其他章的钢铁（包括本章注释一所述的铸铁）制品。

本章所称的“管”及“空心异型材”解释如下：

一、管

全长横截面相同并只有一个闭合空间的同心中空产品，其内表面及外表面形状相同。钢管主要是圆形、椭圆形或矩形（包括正方形）横截面，但也有等边三角形或其他规则外凸多边形横截面的。全长边角已经磨圆的横截面非圆形的产品以及带有法兰形端部的管子都应作为管归类。它们可以经抛光、涂层、弯曲（包括盘管）、攻丝及不论是否两管相接、钻孔、缩腰、胀口、成锥形或装法兰、颈圈或套环。

二、空心异型材

不符合上述定义且主要是那些内外表面形状不同的空心产品。

第七十二章总注释的规定在必要的地方稍加修改后，可适用于本章的产品。

73.01　钢铁板桩，不论是否钻孔、打眼或组装；焊接的钢铁角材、型材及异型材：

10　—　钢铁板桩

20　—　角材、型材及异型材

板桩是通过在轧机中轧制、拉拔、挤压、压折或成型制得或通过组装轧制零件（例如，通过铆接、焊接、咬边）制得。这些型材可通过简单咬合或甚至通过将其各边纵向并置后装配在一起。因此，这两种类型的板桩起码在纵向的各边都有连接装置（例如，槽沟、凸缘、锁口）。

本品目包括：

一、板桩角形片，用于构成弯角，因此，用折叠型材或沿长度切割的型材经焊接或铆接成为弯角。

二、用三到四根臂架连接支撑的板桩型材，用于制隔板。

三、连接板桩型材，这些型材的形状使它们能够用于连接不同类型的板桩。

四、板桩导管及柱，这些货品被打入地下后即可相互连接而不需强制锁口。板桩导管为波纹形。板桩柱是由两块型材焊接而成。

板桩通常用于砂地、积水地或水底土木工程项目的隔墙，例如，水闸、堤坝或壕沟用的隔墙。

本品目也包括焊接的角材、型材及异型材。品目72.16的注释在必要的地方稍加修改后，可适用于通过焊接制得的异型材。

本品目不包括：

（一）焊接空心异型材（品目73.06）。

（二）已装配成桩的板桩，这种桩没有供外部连接用的“联锁装置”（品目73.08）。

73.02 铁道及电车道铺轨用钢铁材料（钢轨、护轨、齿轨、道岔尖轨、辙叉、尖轨拉杆及其他叉道段体、轨枕、鱼尾板、轨座、轨座楔、钢轨垫板、钢轨夹、底板、固定板及其他专门用于连接或加固路轨的材料）：

10 — 钢轨

30 — 道岔尖轨、辙叉、尖轨拉杆及其他叉道段体

40 — 鱼尾板及钢轨垫板

90 — 其他

本品目包括铁道或电车道铺轨用钢铁材料，不论是标准轨距还是窄轨距的。

一、用于铁道或电车道的钢轨是热轧产品。本品目适用于各种长度的钢轨，包括圆头钢轨、宽底（或平底）轨、电车槽形轨、电车狭槽轨及导电轨等。

本品目包括通常用于铁道或电车道的各种类型的钢轨，不论其实际用途如何（如用于架空运输装置、移动式吊车等）。但本品目不包括其类型不属铁道或电车道用的钢轨（例如，拉门轨、升降轨）。

护轨，也称防护轨或安全轨，安装在铁路平交道口上及转弯处以防止火车脱轨。

齿轨，用于陡坡铁路上。第一类齿轨是由网条长条平行钢轨用密集的横杆连接而成的，这些横杆间的间距正好与火车头下面齿轮的齿相啮合。第二类齿轨是装有齿的钢轨，轨上的齿能同样地与齿轮相啮合。

所有上述这些钢轨都可以是笔直的、弯曲的或钻有螺栓孔的。

二、道岔尖轨、辙叉、尖轨拉杆及其他叉道段体，它们可以通过浇铸制得或通过其他方法制得，用于铁路的联轨点或交叉口。

三、钢铁“轨枕”，用以支承钢轨并使其保持平行状态。它们通常是在轧制后压成最终形态，但也可将几个组成部件焊接或铆接在一起而成。它们通常具有“槽”形横截面或短腿Ω形横截面，不论是否钻孔、打眼、开槽，也不论是否装有链条、底板或配有整体成形的钢轨扣件箱，均应归入本品目。

四、鱼尾板，为各种形状（扁平形、凸肩形、角形等）的热轧、锻造或铸造产品，用于两段道轨的联结，不论是否钻孔或打眼，均归入本品目。

五、轨座（通常由铸铁制得），用以将圆头钢轨固定在轨枕上；用方头螺丝或螺栓将它们固定。

轨座楔用于夹住轨座上的钢轨。

钢轨垫板（基板、轨枕垫板）用以将平底钢轨固定在轨枕上。底板能保护轨枕，一般用扣钉、螺栓、方头螺钉、道钉加以固定，如果是钢枕，则通过焊接加以固定。

钢轨夹同样用于将平底钢轨固定在轨枕上；用螺栓将钢轨夹固定在轨枕上，同时将钢轨的平底夹在轨枕上。

本品目也包括其他硬质钢轨固定装置，例如，将钢棒弯成近似角钢形状的产品，其最短的一边压住钢轨凸缘，而最长的一边，其末端稍扁平而不尖，固定于轨枕上预先钻好的孔眼内。

此外，本品目包括弹性钢轨固定装置。这些货品用弹簧钢制得，并将钢轨夹在轨枕或钢轨垫板上。其夹紧力是从“制成”状态就有的夹紧几何挠度产生的。通常用橡胶或塑料制成的垫片及绝缘体夹在紧固件与钢轨或紧固件与轨枕之间。

六、底板及固定板，用以将钢轨固定在平行位置上。

某些特殊间隔的固定板及角钢是供栓定一系列相邻排列的枕木用的；它们成直角地固定在轨枕上后，可以防止轨道在某些地方变形（或“蠕动”）。

七、其他专用轨卡，这些装置用以附着或夹固在发生纵向蠕动的钢轨上。这些轨卡靠压在轨枕或钢轨垫板上以防止这种纵向移动。

本品目不包括：

（一）铺轨时用以固定钢轨的螺丝钉、螺栓、螺帽、铆钉及道钉（品目73.17及73.18）。

（二）已装配的轨道、转车台、站台缓冲器及量载规（品目86.08）。

73.03　铸铁管及空心异型材

本品目包括符合本章注释一定义的铸铁管及铸铁空心异型材。

它们可以在铸模中浇铸而成，也可以通过离心铸造制成。在离心铸造法中，把熔融铁注入卧式圆筒内，圆筒快速转动，离心力迫使金属往壁上靠并最后固化。

这类管子及空心异型材可以是直的或弯的，光面的或翅式的。它们可以带有套管、本身带凸缘或通过焊接或螺纹配上凸缘。为了便于装配，套节管的一头较大，可将第二根管子的末端接入。凸缘管（法兰管）可以用套圈、螺帽、螺栓、卡钉等进行装配，而螺纹管或平端管可以用管接头、套环或套圈进行装配。

本品目也包括带有多口或分支口的管和空心异型材，以及用锌、塑料、沥青等盖面的管和空心异型材。

本品目的管主要用于水、污水排泄、低压气体分送的加压管道或重力自流管道，或作为排水管道。

本品目不包括：

（一）管子附件（品目73.07）。

（二）明显作为制品零件的成品管子及空心异型材，应按制品归入相应品目，例如，集中供暖散热器的部件（品目73.22）及机器零件（第十六类）。

73.04　无缝钢铁管及空心异型材（铸铁的除外）(+)：

—　石油或天然气管道管：

11　——　不锈钢制

19　——　其他

—　钻探石油或天然气用的套管、导管及钻管：

22　——　不锈钢钻管

23　——　其他钻管

24　——　其他不锈钢管

29　——　其他

—　铁或非合金钢的其他圆形截面管：

31　——　冷拔或冷轧的

39　——　其他

—　不锈钢的其他圆形截面管：

41　——　冷拔或冷轧的

49　——　其他

—　其他合金钢的其他圆形截面管：

51　——　冷拔或冷轧的

59　——　其他

90　—　其他

本品目的管及空心异型材可以通过下列方法制得：

一、热轧中间产品，中间产品可以是轧制并去皮的锭块，也可以是通过轧制或连续铸造制得的小方坯或圆材坯。制造过程包括：

（一）在斜轧机（曼内斯曼轧管法）、车轮轧机、锥型自动轧管机中穿孔，获得比最终产品壁更厚、外径更大但长度较短的空心坯件。

（二）用下列机器在芯棒上进行热轧加工：

——三辊式轧管机（阿塞尔辗轧机或德兰士瓦轧管机），这种方法主要用于制轴承管；或带导向盘的双辊式轧管机（狄舍尔法）或三斜行星式辗轧机；或

——具有多套不同轧辊的“连续轧管机”，在“全浮式”或半浮式固端芯棒上进行热轧（纽瓦尔法或达尔迈法）；或

——皮尔格无缝钢管轧机；或

——史蒂费尔自动轧管机；或

——顶管机，将坯件顶入连续轧辊中；或

——拉力减径机。这种方法制得的产品是成品管。

二、在使用玻璃（玻璃润滑剂高速挤压法）或其他润滑剂的压力机中对圆材坯进行热挤压。这种方法包括下列具体工序：穿孔（不论是否扩径）及挤压。

上述工序完了后要进行不同的后处理加工：

——热加工：在这种方法中，再加热后的坯件先通过定径机或拉伸机，然后通过矫直机；或

——在芯棒上进行冷加工；在拉拔机中冷拉拔或在皮尔格无缝钢管轧机中冷轧制（冷减径）（曼内斯曼轧管法或梅格瓦尔法）。这些加工方法可将热轧管材或挤压管材作为坯件，将其制成管壁更薄（但应注意，德兰士瓦法可直接减薄管壁的厚度）或直径更小的管子，也可制得直径或壁厚公差小的管子。冷加工方法还包括为获得光洁表面而进行搪磨及辊光的产品（粗糙度较低的管），例如，用于制造气动千斤顶或液压缸。

三、浇铸或离心铸造。

四、将管坯置于成形模中进行深拉，然后再将所得的坯件进行热拉。

五、锻造。

六、棒材切削加工后经冷拉拔或冷辊轧（冷轧）加工（不包括品目 72.28 的空心钻钢）。

有关管与空心异型材的区别，参见本章总注释。

本品目产品可经涂层，例如，用塑料或用玻璃棉与沥青混合物进行涂层。

本品目也包括翅片管及翅片空心异型材，例如，带纵向或横向翅片的整体成形翅管。

本品目包括：用于输送石油或天然气的管子；用于钻探石油或天然气的套管、标管及钻管；用于锅炉、过热器、热交换器、冷凝器、炼油加热炉、电站供水加热器等的管子；高、中压蒸汽、房屋中供气或供水用的镀锌钢管或无镀层管（所谓气体管）；也包括供水或供气的街道干管。除此之外，管子还用于制汽车或机械的零件，滚珠轴承、滚柱轴承、滚锥轴承、滚针轴承的环或其他机械用途，用于手脚架、管状结构及房屋建筑。

本品目不包括：

（一）铸铁管（品目 73.03）及品目 73.05 或 73.06 的钢铁管。

（二）铸铁空心异型材（品目 73.03）及品目 73.06 的钢铁空心异型材。

（三）钢铁管子附件（品目 73.07）。

（四）钢铁软管，不论是否带附件〔包括恒温器的波纹管及膨胀接头（品目 83.07）〕。

（五）绝缘电缆导管（品目 85.47）。

（六）已明显成为制品的管子及空心异型材，例如，用于结构体的管子（品目 73.08）、集中供

暖散热器的管式部件（品目 73.22）、内燃活塞式发动机的排气集管（品目 84.09）、其他机械零件（第十六类）、第八十七章车辆的排气箱（消声器）及排气管（例如，品目 87.08 或 87.14）、自行车等用鞍座柱及车架（品目 87.14）。

○
○ ○

子目注释：

子目 7304.11、7304.19、7304.22、7304.23、7304.24 及 7304.29

这些子目包括所列的各种物品，不论其标准及技术规格如何〔例如，美国石油学会（API）对管道规定的标准 5L 或 5LU 及对套管、标管、钻管规定的标准 5A、5AC 或 5AX〕。

子目 7304.31、7304.39、7304.41、7304.49、7304.51 及 7304.59

冷加工产品与这些子目其他产品的区别，参见第七十二章总注释第四部分第（二）款第二段。

73.05 其他圆形截面钢铁管（例如，焊、铆及用类似方法接合的管），外径超过 406.4 毫米(+)：

— 石油或天然气管道管：
11 — — 纵向埋弧焊接的
12 — — 其他纵向焊接的
19 — — 其他
20 — 钻探石油或天然气用套管
— 其他焊接的：
31 — — 纵向焊接的
39 — — 其他
90 — 其他

本品目的管是将预先制成管状但未闭合的平板轧材通过焊合或铆合而制得的产品。

这些管状产品可通过下列方法制得：

——用一套轧辊对成卷平板轧材进行纵向或螺旋形连续加工；或

——用压力机或滚轧机对非成卷平板轧材进行纵向非连续加工。

对于焊合的产品，对接边缘是不用焊料，通过闪焊、电阻焊或电感焊接合的，或用焊料及助溶剂或防止氧化的保护气体进行埋弧焊接合的。铆合的产品是通过对接边缘相叠并用铆钉接合而成。

本品目的产品可以用塑料或用玻璃棉与沥青混合物等进行涂层。

它们包括石油或天然气用的管道，油井或天然气井用的套管，远距离水管线路用管，煤或其他固体物料用的矿浆管，打桩工程或建筑柱用的管，也包括通常用加固环加强的水力发电水管。

本品目不包括：

（一）品目 73.03、73.04 或 73.06 的管及空心异型材。

（二）钢铁管子附件（品目 73.07）。

（三）已明显成为制品的成品管。

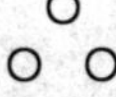

子目注释：

子目 7305.11、7305.12、7305.19 及 7305.20

子目 7304.11、7304.19、7304.22、7304.23、7304.24 及 7304.29 注释的规定在必要的地方稍加修改后，可适用于这些子目。

子目 7305.11

本子目包括通过在压力机中成形或通过滚轧，然后用金属及防止金属在熔融时氧化的助熔剂进行电弧埋焊而制得的管。

焊接后有凸起的金属焊珠，这种“焊珠”可以在成品管的外表面清楚地看到。

子目 7305.12

本子目主要包括通过用一系列成型轧辊将盘卷钢材连续成型后，不用焊料进行电阻焊接或电感焊接制得的管。焊接后的成品管外表面没有凸起的焊珠。

73.06　其他钢铁管及空心异型材（例如，辊缝、焊、铆及类似方法接合的）(+)：

—　石油或天然气管道管：

11　——　不锈钢焊缝管

19　——　其他

—　钻探石油或天然气用的套管及导管：

21　——　不锈钢焊缝管

29　——　其他

30　—　铁或非合金钢制的其他圆形截面焊缝管

40　—　不锈钢制的其他圆形截面焊缝管

50　—　其他合金钢的圆形截面焊缝管

—　非圆形截面的其他焊缝管：

61　——　矩形或正方形截面的

69　——　其他非圆形截面的

90　—　其他

品目 73.05 注释的规定在必要的地方稍加修改后，可适用于本品目的物品。

本品目还包括：

一、锻焊管，称作对缝焊管。

二、封缘管，即边缘相互搭着或覆盖的管，人们称为开缝管。但整条纵向开一槽缝的产品应作为型材归入品目 72.16、72.22 或 72.28。

三、对接边缘后夹缝的管子。

为了减小外径及壁厚并获得更紧密的尺寸容隙，本品目的某些纵向焊缝管需经热或冷的拉拔或滚轧。为了获得品目 73.04 注释所述的光洁表面，这些冷加工方法允许不同的表面加工。

关于管与空心异型材的区别，参见本章总注释。

本品目主要包括：用于输送石油或天然气的管子，用于钻探石油或天然气的套管及管子，用于锅炉、过热器、热交换器、冷凝器、电站供水加热器的管，高、中压蒸汽或房屋供水用的镀锌管及无镀层管（所谓气体管），也包括供水或供气的街道干管。除此之外，管子及空心异型材还用于制汽车、机器的零件、自行车架、童车、其他结构件、脚手架、管状结构或房屋建筑。“开缝”管用于金属家具的框架等。

本品目还包括用塑料或用玻璃纤维与沥青混合物涂层的管及空心异型材，也包括具有纵向或横向翅片的翅管。

本品目不包括：

（一）铸铁管（品目 73.03）及品目 73.04 或 73.05 的钢铁等。

（二）铸铁空心异型材（品目 73.03）及品目 73.04 的钢铁空心异型材。

（三）钢铁管子附件（品目 73.07）。

（四）钢铁软管，不论是否带附件（包括恒温器的波纹管及膨胀接头）（品目 83.07）。

（五）绝缘电缆导管（品目 85.47）。

（六）已明显成为制品的管子及空心异型材，例如，用于结构体的管子（品目 73.08）、集中供暖散热器的管式部件（品目 73.22）、内燃活塞式发动机的排气集管（品目 84.09）、其他机器零件（第十六类）、第八十七章车辆的排气箱（消声器）及排气管（例如，品目 87.08 或 87.14）、自行车等用的鞍座柱及车架（品目 87.14）。

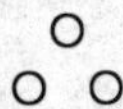

子目注释：

子目 7306.11、7306.19、7306.21 及 7306.29

子目 7304.11、7304.19、7304.22、7304.23、7304.24 及 7304.29 注释的规定在必要的地方稍加修改后，可适用于这些子目。

73.07　钢铁管子附件（例如，接头、肘管、管套）：

— 铸件：

11 — — 无可锻性铸铁制

19 — — 其他

— 其他，不锈钢制：

21 — — 法兰

22 — — 螺纹肘管、弯管及管套

23 — — 对焊件

29 — — 其他

— 其他：

91 — — 法兰

92 — — 螺纹肘管、弯管及管套

93 — — 对焊件

99 — — 其他

本品目包括主要用于连通两条管子、将管子联接于其他设备或将管口封闭的钢铁附件。但本品目不包括供安装管子用但不与管口成为一体的物品〔例如，吊钩、撑条及仅将管子固定或支撑于墙上的类似支架，用以将软管夹紧于硬管、龙头、连接件等上的紧固带或安装环（软管夹）〕（品目 73.25 或 73.26）。

管子附件可通过下列方法连接：

——使用铸铁或钢制螺纹接口时，通过拧紧法；或

——使用对缝焊接或承插焊接时，通过焊接法。在对缝焊接中，将附件及管子的末端切成斜角或直角；或

——使用可换钢制附件时，通过接触法。

因此，本品目包括平面法兰、带有锻造挡圈的法兰、肘管、弯头、回转弯头、异径接头、丁字接头、十字接头、管帽、管塞、活套接头、管状栏杆及结构件的附件、偏置管、多支管、接箍或管套、清洗存水弯管、螺纹短接管、活接头、管夹及颈圈。

本品目不包括：

（一）专供装配结构体零件用的夹子及其他附件（品目 73.08）。

（二）用于装配管子附件的螺栓、螺帽、螺钉等（品目 73.18）。

（三）恒温器的波纹管及膨胀接头（品目 83.07）。

（四）上述的吊钩、撑条及类似品；配有环、钩等的管塞。不论是否攻丝（例如用于装配冲洗管的塞子）（品目 73.26）。

（五）装有龙头、旋塞、阀门的配件（品目 84.81）。

（六）电缆导管的绝缘接头（品目 85.47）。

（七）装配自行车或摩托车车架用的连接件（品目 87.14）。

73.08　钢铁结构体（品目 94.06 的活动房屋除外）及其部件（例如，桥梁及桥梁体段、闸门、塔楼、格构杆、屋顶、屋顶框架、门窗及其框架、门槛、百叶窗、栏杆、支柱及立柱）；上述结构体用的已加工钢铁板、杆、角材、型材、异型材、管子及类似品：

10　—　桥梁及桥梁体段

20　—　塔楼及格构杆

30　—　门窗及其框架、门槛

40　—　脚手架、模板或坑道支撑用的支柱及类似设备

90　—　其他

本品目包括完整的或不完整的金属结构体及其部件。本品目的结构体具有一旦置于某一位置便一般不再改变的特点。它们通常是用条、杆、管、角材、型材、异型材、片、板、宽扁材（包括所谓万能板材）、箍材、带材、锻件或铸件通过铆接、栓接、焊接等方法制得。这类结构体有时装有其他品目的产品（例如，品目 73.14 的钢铁丝织成的网片或金属网眼板。结构体零件包括专门用于装配圆形横截面（管形或其他形状）金属结构件的夹子及其他紧固件。这些紧固件通常具有带螺纹洞的凸缘，装配时将螺钉旋入，把夹子固定在管子上。

除本品目所述的结构体及其部件外，本品目还包括下列产品：

井架及上层结构；可调或伸缩支柱、管状立柱、可伸缩格子平顶梁、管状脚手架及类似设备；水闸门、凸堤、栈桥及防波堤；灯塔上层结构；船用桅杆、舷梯、栏杆、隔板等；阳台及走廊；百叶窗、门、拉门；已装配的围栏及栅栏；道口栏路杆及类似栏障；暖房构架及培育架；在商店、工厂、仓库等装配后作为固定设施的大型货架；摊架及搁物架；由金属片、角材、型材或异型材制成的机动车道防护栅栏。

本品目也包括经加工（例如，钻孔、弯曲、开槽口）供给构件用的部件，例如，经加工的平板轧材、"宽扁材"（包括所谓万能板材）、带材、角材、型材、异型材及管。

本品目还包括用于钢筋混凝土或预应力混凝土工程的由各根辗杆相互绞扭而成的产品。

本品目不包括：

（一）已装配的板桩（品目 73.01）。

（二）具有模具特征的用于浇注混凝土的格板（品目 84.80）。

（三）明显作为机器零件的结构件（第十六类）。

（四）第十七类的结构件，例如，品目 86.08 的铁道及电车道道轨夹固件及附件以及机械信号装置；铁路车辆等或汽车用的底盘车架（第八十六章或第八十七章）、第八十九章的浮动结构体。

（五）活动式搁板家具（品目 94.03）。

73.09　盛装物料用的钢铁囤、柜、罐、桶及类似容器（装压缩气体或液化气体的除外），容积超过 300 升，不论是否衬里或隔热，但无机械或热力装置

这些容器通常固定装于加工厂、化工厂、染料厂、煤气厂、酒厂、提炼厂等供储存或生产之用，很少安装于家庭、商店等地方。本品目包括供盛装除压缩气体或液化气体以外任何物料的容器。供盛装压缩气体或液化气体用的容器，不管容量多少均归入品目 73.11。装有搅拌器、加热或冷却盘管、电气元件等机械或热力装置的容器应归入第八十四章或第八十五章。

另一方面，仅装有龙头、阀门、液面计、安全阀、压力计等的容器仍应归入本品目。

这些容器可以是敞开式或封闭式，可以用硬橡胶、塑料或有色金属衬里，也可以装有隔热层（例如，石棉层、矿渣棉层或玻璃棉层），不论这种隔热层是否装有金属外套。

本品目还包括利用双层壁或双层底进行隔温的容器，但双层壁之间不得装有加热或冷却液体的循环装置（具有这种循环装置的容器不归入本品目，参见品目 84.19）。

本品目包括：

汽油箱或油箱；麦芽酒厂浸泡大麦用的桶；液体（酒、啤酒等）发酵桶；各种液体的倾析或澄清用大桶；金属物品回火及退火用桶；贮水罐（家用或其他用），包括集中供暖设备用的膨胀箱；固体物料容器。

本品目不包括经专门设计及装备，可供一种或多种运输方式使用的运输容器（品目 86.09）。

73.10　盛装物料用的钢铁柜、桶、罐、听、盒及类似容器（装压缩气体或液化气体的除外），容积不超过 300 升，不论是否衬里或隔热，但无机械或热力装置：

10　—　容积在 50 升及以上

—　容积在 50 升以下：

21　——　焊边或卷边接合的罐

29　——　其他

前一品目包括通常作为固定装置安装于工厂等场所且容积超过 300 升的容器，而本品目包括容积不超过 300 升的用钢铁片及板制成的容器，其规格大小以易于移动或搬运为度，通常用于商业运输或包装货物；本品目也包括作为固定装置的上述容器。

归入本品目的大型容器包括焦油桶或油桶；汽油罐；有盖大牛奶桶；盛装酒精、胶乳、苛性苏打、碳化钙、染料或其他化学品用的桶及罐。小型的容器包括主要供黄油、牛奶、啤酒、蜜饯、水果或果汁、饼干、茶叶、糖果、烟草、香烟、鞋油、药品等作零售包装用的盒、听、罐等。

为了便于滚动或搬动，尤其是桶和罐可以加箍或加其他附件，或用其他物料加强。所有容器都可装有排放口、塞子、盖子或其他类似装置以便于装填及排空。

本品目也包括利用双层壁或双层底来进行隔温的桶等，但双层壁之间不得装有加热或冷却液体的循环装置（具有这种循环装置的容器不归入本品目，参见品目 84.19）。

本品目不包括：

（一）品目 42.02 的物品。

（二）粗腰饼干桶、茶叶罐、糖听及类似的家庭或厨房用容器及金属罐（品目 73.23）。

（三）香烟盒、粉盒、工具箱及供个人或专业用的类似容器（品目 73.25 或 73.26）。

（四）保险柜、钱箱或文件保险箱及类似物品（品目 83.03）。

（五）品目 83.04 的物品。

（六）首饰盒（品目 83.06）。

（七）经专门设计及装备，可供一种或多种运输方式使用的运输容器（品目 86.09）。

（八）品目 96.17 的带壳暖水瓶及其他真空容器。

73.11 装压缩气体或液化气体用的钢铁容器

本品目包括供运输或储存压缩或液化气体（例如，氦、氧、氩、氢、乙炔、二氧化碳或丁烷）用的容器，不论其容量大小。

其中一些容器是经高压测试过的坚实圆筒、管、瓶等；它们可以是无焊缝的或有焊缝的（例如，在基底上、围绕中间或整个纵向焊缝）。其他容器由一个内层容器及一个或多个外壳构成，内外层之间的空间填入隔热材料、抽成真空或装入低温液体，因此能够使液化气体在常压或低压下保藏。

这些容器可以装有控制，调节及测量装置，例如，阀门、龙头、压力表、液面指示器等。

有些容器（例如，装乙炔用的）为了便于灌入乙炔并避免乙炔单独压缩时发生爆炸，常装有硅藻土、木炭或石棉等惰性多孔物质及水泥等胶粘剂，有时这些多孔物质用丙酮浸渍。

另一些容器则可根据需要供给液体或气体，所装的液化气体仅在大气气温的影响下即能气化，并通过外壳内壁的盘管向外供出。

本品目不包括蒸汽储蓄器（品目 84.04）。

73.12 非绝缘的钢铁绞股线、绳、缆、编带、吊索及类似品：

10 — 绞股线、绳、缆

90 — 其他

本品目包括将两根或多根钢铁丝紧密绞合而成的绞股线以及用多根这种绞股线绞合而成的各种规格的缆及绳。绳及缆只要仍具有钢铁丝制品的基本特征，可以用纺织物（大麻、黄麻等）作芯子或用纺织物、塑料等包覆。

绳及缆的横截面一般是圆的，但本品目也包括将单丝或绞股线编成矩形（包括正方形）横截面的带。

本品目包括绳、缆、带等，不论是否裁切成段或装有钩、弹簧钩、转环、环、套环、夹、座圈等（但它们不得因此而具有其他品目所列物品的特征），也不论是否制成单一或复合的吊索、环索等。

这些货品用途为：在矿业、采石工程、航运等方面供提吊之用（用于起重机、绞车、滑轮车、升降机等提吊）；供牵引用；供系船、下锚等用；作传动带用；作桅杆、标杆等用的支索或牵索；作围篱的绞股线；作锯石绞股线（通常为特种钢制成的三股绞股线）等。

本品目不包括：

（一）刺钢丝及围篱用松绞无刺双股丝（“绞带”）（品目 73.13）。

（二）绝缘电缆（品目 85.44）。

（三）适于供第八十七章所列车辆用的制动索缆、油门索缆及类似索缆。

73.13 带刺钢铁丝；围篱用的钢铁绞带或单股扁丝（不论是否带刺）及松绞的双股丝

本品目包括下列类型的围篱用带及丝（丝的定义，参见本章注释二）：

一、由钢铁丝相互松绞而成的带刺钢铁丝，这些钢铁丝在短距离间装有倒刺或有时带有金属带制成的锋利小刺片。

二、在相隔一定距离带有利齿并与带刺钢铁丝用途相同的窄扁带或丝。

三、绞带或单股扁丝。这种带状围篱用的通常称作“绞带”。它们由稍加扭绞的窄条、带或扁丝构成。这些货品不论是否带刺，均归入本品目。

四、由两根钢铁丝组成且明显适于作围篱用的松绞丝，这种丝也称作“绞带”。

本品目也包括“丹纳特”铁丝网及类似的带刺钢铁丝网。这些货品有时已安装在木柱或金属柱上，供军事或围篱等用。

所用钢铁带及丝通常是电镀的或用其他方法涂层的（例如，用塑料涂层）。

本品目不包括有时也供围篱用的紧绞股线及缆（品目 73.12）。

73.14　钢铁丝制的布（包括环形带）、网、篱、格栅；网眼钢铁板(+)：

—　机织品：

12　——　不锈钢制的机器用环形带

14　——　不锈钢制的其他机织品

19　——　其他

20　—　交点焊接的网、篱及格栅，其丝的最大截面尺寸在3毫米及以上，网眼尺寸在100平方厘米及以上

—　其他交点焊接的网、篱及格栅：

31　——　镀或涂锌的

39　——　其他

—　其他布、网、篱及格栅：

41　——　镀或涂锌的

42　——　涂塑的

49　——　其他

50　—　网眼钢铁板

一、布（不包括环形带）、网、篱及格栅

本组产品主要是通过手工或机械方法将钢铁丝交织、编织等而制得的。制造方法大致类似于纺织工业所采用的方法（织造简单经纬织物、针织物或钩编织物等所采用的方法）。

本组包括钢铁丝格栅，格栅中的钢铁丝在交点处加以焊接或用外加的钢铁丝绑牢，不论格栅中的钢铁丝是否进行了交织。

所称“钢铁丝”，是指任何横截面尺寸均不超过16毫米的各种横截面形状的热成形或冷成形产品，例如，轧制的钢铁丝、钢铁盘条及从薄板切下的钢铁丝扁带（参见本章注释二）。

本品目的材料有许多用途，例如，供多种物料的洗涤、干燥或过滤用；制围栏、食品罩及防虫纱窗、机器用安全保护装置、输送带、搁板材料、床垫、家具垫、细箍及粗箍等；以及用于钢筋混凝土。

这些物料可以是成卷的、环带状的（例如，供传动带用）或成张的，不论是否切割成形；也可以是两层或多层的。

二、网眼钢铁板

网眼钢铁板是通过拉伸具有平行切割口的钢铁薄板或钢铁带材制成的呈菱形网眼的网状物。

这些网眼钢铁板相当刚硬结实，用于代替钢铁丝格栅或围篱用的多孔钢铁薄板、机器用的安全防护装置、天桥或吊车轨道用铺面板、作各种建筑材料（例如，混凝土、水泥、熟石膏、玻璃）钢筋用，等等。

*
* *

除了用钢铁丝网制成的制品一般不归入本章外，下列货品也应归入其他章：

（一）用于衣服，用作家具布或类似品的金属线机织物（品目 58.09）。

（二）用丝网增强的塑料或石棉，嵌丝玻璃（分别归入第三十九章、第六十八章及第七十章）；灰泥板（嵌于窑烘粘土内的一种丝网，供建筑用途）（第六十九章）；通常涂柏油并用丝网增强的纸质屋顶板（第四十八章）。但用塑料略略涂层的钢铁丝机织物（即使网眼被塑料填满）以及用纸张衬背供浇水泥、灰泥等用的钢铁网或格栅，仍应归入本品目。

（三）与其他材料装配后成为机器零件的钢铁丝布等（第八十四章或第八十五章）。

（四）制成手用细筛及粗筛的钢铁丝布等（品目 96.04）。

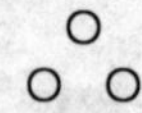

子目注释：

子目 7314.12、7314.14 及 7314.19

所称“机织品”，仅适用于用与纺织材料机织物同样方法（即两线直角交织的方法）织造而成的钢铁丝产品。

丝布通常是平纹的，但也可以是斜纹或其他织法的。纬线是一根绕着经线来回交织的长线，丝布是在连续式织布机中织得的。其中丝线的交点可以用其他物质增强(例如，可以用一根附加丝线绑紧)。这类机织物可以用相对宽间距的丝线制成，形成正方形网眼格子效果。皱纹丝布是由皱纹丝线制成的；卷曲之处相互咬着，使交点更为硬挺。另一方面，丝布也可以用直丝线机织后再经压制，使交点变形，从而固定所织式样。

丝布可以成卷，也可以裁成一定长度或一定形状的片状；丝布的边缘还可熔接或钎焊。

73.15　钢铁链及其零件：

　　—　铰接链及其零件：
11　——　滚子链
12　——　其他链
19　——　零件
20　—　防滑链
　　—　其他链：
81　——　日字环节链
82　——　其他焊接链
89　——　其他
90　—　其他零件

本品目包括铸铁（通常是可锻铸铁）链、锻钢或锻铁链，不论其规格、制造方法及实际用途如何。

本品目包括铰接链〔例如，滚子链、反齿链（“无声传动链”）及平环链〕、无铰接链（包括日字链）（不论是否锻造、铸造、焊接而成或从钢铁薄片或钢铁带材冲压而成，也不论是否用钢铁丝制得），以及球形链。

本品目包括：

一、自行车、机动车或机器用的传动链。

二、锚链；升降链、牵拖链；汽车防滑链。

三、褥式排链；用于洗涤槽塞子、盥洗室蓄水箱等的链条。

所有这些链条可以在端部装有零件或配件（例如，钩、弹簧钩、自由转环、钩环、套圈、环、开口环以及丁字件），不论是否切成一定长度或明显有特定用途。

链条专用的钢铁零件，例如，铰接链用的侧距环、滚子、转向轴等，供无铰接链用的链节、链环，也归入本品目。

本品目不包括：

（一）具有品目 71.17 仿首饰特征的链条（例如，表链及饰链）。

（二）装有锯齿等并用作链锯或切割工具的链条（第八十二章），或链条仅在其中起辅助作用的其他制品，例如，多斗挖土机的铲土链、输送机钩链或纺织物整理用的伸展器。

（三）装有链条的门户防护装置（品目 83.02）。

（四）测量链条（品目 90.15）。

73.16　钢铁锚、多爪锚及其零件

本品目仅包括供各种吨位的船舶、海上平台、浮标、信标、水雷等锚泊用的锚；但不包括有时称作“锚”的制品（例如，用于连接石方或用于将椽子安装于建筑物墙上的锚状物）。

锚可以装有横杆或锚杆，这些横杆或锚杆有时是木制的，而锚爪臂可以是硬的，也可以是软的。

本品目也包括多爪锚；多爪锚是小锚，具有两个以上爪臂（通常为四个），但没有锚杆。它们用于锚泊小型船只，抓住其他船只等，还用于打捞沉没物品及用于勾住树木、岩石等。

本品目也包括钢铁锚的零件。

73.17　钢铁制的钉、平头钉、图钉、波纹钉、U形钉（品目 83.05 的货品除外）及类似品，不论钉头是否用其他材料制成，但不包括铜头钉

本品目包括：

一、钢铁钉、平头钉、U形钉（品目 83.05 的货品除外）及类似品，一般通过下列方法制得：

（一）将一定粗细的钢铁丝冷压而成。这类铁丝钉通常具有扁平头或圆形头，而有一部分钉子是无钉头的，一端或两端是尖的。锥形钉与平头钉的制法相同，只是锥形钉要通过斜切而成。

（二）将一定粗细的铁钉杆进行手工或机械锻造，将一头锻尖后再用制钉机将钉头冲压出来。

（三）用钢铁片、带切割制成，必要时再用手工或机器进行修整。

（四）将钢铁条放入制钉机中进行热轧，同时将钉头及钉杆成形。

（五）将金属小圆片模压成钉头，同时装在预先制好的钉杆上。这种方法通常用于制圆头钉，例如，家具装饰钉。

（六）铸造而成。

这类货品种类繁多，包括：

木工等用的横截面完全一致的圆铁钉；模钉；镶玻璃用钉；补鞋钉；供电线、画框、围篱等用的两头尖的 U 形钉（不论是否绝缘）及其他不是成条状的 U 形钉；带螺杆且钉头未开槽的螺杆尖头螺钉；供修鞋、制家具等用的平头钉及无头钉；重型鞋用平头钉；供图画、镜子、围篱等用的钉；给动物装蹄铁用的无螺纹钉；动物用的无螺纹防滑大头钉；安装窗玻璃用的小三角钉等（通常用马口铁制成）；制家具用的装饰大头钉；供铁路轨枕作标记用的大头钉。

二、其他特种钉、道钉等，例如：

（一）锻造扣钉或扒钉（钉杆通常是带角的，将两头弯成直角并削尖），用于扣紧石块及粗重木材等；钩头道钉，用以将钢轨固定于轨枕上。

（二）波纹钉，一边修成齿边或斜边，供装配木材零件用；即使报验时为长条状（呈带状），也应归入本品目。

（三）钩头钉及环头钉，这些钉可以用金属片冲压制得或锻造制得。其中一头是尖的而另一头则弯成直角或弯成环状，用以悬挂各种物体。

（四）各种图钉，平头的或圆头的，供画板、办公室等用。

（五）供纺织梳棉机用及类似用途的针布钉。

所有上述货品，不论是否带有有色金属（铜及其合金除外）或其他物质（陶瓷、玻璃、木材、橡胶、塑料等）制的钉头，也不论已否电镀、镀铜、镀金、镀银、涂漆等或用其他物料包覆，均应归入

本品目。

本品目不包括：

（一）钩头螺钉、环头螺钉、钉头开槽的尖头螺钉及钝头螺钉（品目 73.18）。

（二）带钉或不带钉的鞋跟护铁；带钉图片挂钩；皮带扣（品目 73.26）。

（三）带有铜或铜合金钉头的钢铁钉、平头钉等（品目 74.15）。

（四）条状钉书钉（例如，供办公室、室内装饰或包装等用）（品目 83.05）。

（五）钢琴用弦轴（品目 92.09）。

73.18　钢铁制的螺钉、螺栓、螺母、方头螺钉、钩头螺钉、铆钉、销、开尾销、垫圈（包括弹簧垫圈）及类似品(+)：

—　螺纹制品：

11 — — 方头螺钉

12 — — 其他木螺钉

13 — — 钩头螺钉及环头螺钉

14 — — 自攻螺钉

15 — — 其他螺钉及螺栓，不论是否带有螺母或垫圈

16 — — 螺母

19 — — 其他

—　无螺纹制品：

21 — — 弹簧垫圈及其他防松垫圈

22 — — 其他垫圈

23 — — 铆钉

24 — — 销及开尾销

29 — — 其他

一、螺钉、螺栓及螺母

紧固金属（不论是否已攻螺纹）用的螺栓及螺母（包括螺栓端）、双头螺栓及其他螺钉，木螺钉及方头螺钉都是些已攻螺纹（成品状态）的产品，用于装配或紧固物品，使其容易拆开而不致于受损。

紧固金属用的螺栓及螺钉均是圆柱体形状的，具有细密且稍为倾斜的螺纹；它们很少是尖头的，但钉头带有槽沟或适合于用扳手扭拧，也可以开有凹槽。螺栓用于与螺母配套，而螺钉则通常用来旋入需要紧固的材料攻有螺纹的孔中，因此螺钉整根攻有螺纹，而螺栓的螺杆有部分是不带螺纹的。

本品目包括各种类型的紧固螺栓及钢铁螺钉，不论其形状及用途如何，包括 U 形螺栓、螺栓端（即一头攻螺纹的圆柱形杆）、双头螺栓（即两头均攻螺纹的短杆）及螺杆（即整根攻螺纹的杆）。

螺母是用以将相应螺栓固定于某一地方的金属件。它们通常整个攻有螺纹，但有时一端为盲孔。本品目包括元宝螺母、蝶形螺母等。防松螺母（通常较薄且有槽顶）有时与螺栓配用。

螺栓坯及未攻丝的螺母也归入本品目。

木螺钉与紧固金属用的螺栓及螺钉不同，木螺钉是锥形的且有尖头，有较斜的切削螺纹以便旋入木料之中。此外，木螺钉一般带有开槽钉头，从不与螺母配用。

方头螺钉（螺旋道钉）是带有正方形或六角形无槽口钉头的大型木螺钉。它们用以将钢轨固定于轨枕上并用于装配椽子及类似的大型木制品。

本品目包括自攻（帕克）螺钉；这些螺钉与木螺钉相似，具有一个开槽钉头，一条切削螺纹，其末端是尖的或锥形的。因此它们可以自行开沟并旋入金属、大理石、板石、塑料等薄板中。

本品目也包括所有钉头带槽沟的钝头螺钉及尖头螺钉。螺钉具有较斜的螺纹，常用锤子将其打入物料，但一般只能用螺丝起子才可将其取出。

本组不包括:

（一）钉头未开槽的尖头螺钉（品目 73.17）。

（二）螺塞（品目 83.09）。

（三）用以传功或以其他方式作为机械动件的车有螺纹的机件，这些机件有时称作螺钉（例如，阿基米德螺钉；压力机用蜗杆机件及螺纹轴；阀门及旋塞的关闭机件等）（第八十四章）。

（四）钢琴用弦轴及乐器用的类似带螺纹零件（品目 92.09）。

二、钩头螺钉及环头螺钉

这些货品用于悬挂或固定其他物体，与前一品目的钩头钉的不同之处在于它车有螺纹。

三、铆钉

铆钉与上面所述货品的不同之处在于它们未车螺纹；它们通常是带有圆头、扁头、圆盘头、埋头的圆柱体。

它们用于金属部件的永久性装配（例如，用于大型框架、船舶及容器）。

本品目不包括供各种用途的管状铆钉或分叉铆钉（品目 83.08），但仅有部分空心的铆钉仍归入本品目。

四、销及开尾销

开尾销通常是叉形的，用于固定在锭子、转轴、螺栓等的孔洞内以防止装在孔洞内的物体移动。

销及锥形销，用途与开尾销相似，但通常较大，开口位置更小；它们可以象开尾销一样用以穿过孔洞（这时常制成楔形），或用以装于绕心轴等开的沟槽上，在这种情况下，它们可制成各种形状，例如，马蹄形或圆锥形。

簧环，呈各种不同形状，从有一条缝的简单环状到复杂的形状（带有小眼或槽以便于用专用夹钳将其装上）。不论其形状如何，它们都用于安装在绕心轴开的槽沟上或圆筒孔眼内开的槽沟内，以防止有关零件移动。

五、垫圈

垫圈通常是中心有孔的细小薄圆片，安装于螺母及需紧固的零件之间以保护需紧固的物体。它们有平垫圈、切口垫圈、开缝垫圈（例如，格劳尔弹簧垫圈）、弧形垫圈、锥形垫圈等。

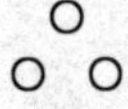

子目注释:

子目 7318.12

所称“螺钉”，不包括钩头螺钉及环头螺钉；这些货品应归入子目 7318.13。

子目 7318.14

本子目包括品目 73.18 注释第一部分第八段所述的自攻（帕克）螺钉。

73.19　钢铁制手工缝针、编织针、引针、钩针、刺绣穿孔锥及类似制品；其他品目未列名的钢铁制安全别针及其他别针:

40　—　安全别针及其他别针

90　—　其他

一、缝针、织针、引针、钩针、刺绣穿孔锥及类似品

本品目包括手工用缝针、织针、刺绣针、钩针、地毯针等。

本品目包括:

（一）缝针、织补针、刺绣针、打包针、褥垫针、缝帆针、装订针、软垫针、地毯针及厚毛毯针、补鞋针（包括带眼锥子）、补皮革用的三角针等。

（二）织针（无眼长针）。

（三）穿带子、细绳等用的各种引针（包括足球网织针）。

（四）钩针（一端逐渐缩小并带一小钩的针，供钩编用）。

（五）刺绣穿孔锥，用于刺绣织物的底布穿孔。

（六）结网针，一头尖或两头尖的。

其中有些针还装有手柄。

本品目还包括针坯，例如，未制成针的杆（不论是否有眼）；有眼但未削尖或磨光的针；未装手柄的刺绣穿孔锥及引针针坯。

本品目不包括：

（一）鞋匠用的无眼锥子及皮革加工、办公室等用的穿孔锥型穿刺工具（品目82.05）。

（二）针织机、编带机.刺绣机等用的针（品目84.48）；缝纫机针（品目84.52）。

（三）拾音器用的唱针（品目85.22）。

（四）医疗、外科、牙科或兽医用的针（品目90.18）。

二、其他品目未列名的安全别针及其他针

本组所列的别针及针可带有针头或其他贱金属、玻璃、塑料等制的其他配件，只要它们未构成装饰性物品，仍具有钢铁别针和其他针的基本特性。本组包括：

（一）安全别针。

（二）普通别针和大头针。

本组也包括供饰针、徽章（不论是否带有转节或接头）、帽针等用的尖头针杆；供固定商标、昆虫标本等用的大头针及尖头针杆。

本品目不包括：

（一）领带夹、徽章等，帽针及个人装饰用的类似品（品目71.17）。

（二）图钉（品目73.17）。

（三）发针；发夹；卷发针、卷发夹、卷发器及类似品（品目85.16或96.15）。

73.20　钢铁制弹簧及弹簧片：

10　—　片簧及簧片

20　—　螺旋弹簧

90　—　其他

本品目包括各种类型的钢铁弹簧，不管其用途如何，但品目91.14的钟表发条除外。

弹簧是用具有弹性的金属薄片、丝或杆制成的，它们具有大幅度变形后仍能恢复原状的特性。

本品目包括下列各种类型的弹簧：

一、片簧（单片或叠片），主要用于车辆（例如，铁路机车及客货运输车辆、汽车、拖车）的悬挂系统。

二、螺旋弹簧主要有下列二类：

（一）螺旋形盘簧，包括受压弹簧、拉簧及扭力弹簧，用横截面为圆形或矩形的钢铁丝、杆制成。它们用途相当广泛（例如，用于车辆及各种技术装备中）。

（二）涡旋弹簧，通常是锥形的，用横截面为矩形或椭圆形的钢铁丝、杆制成，或用钢铁扁带制成。它们主要用于减震器、车箱联接缓冲器、大剪刀、理发推子等。

三、扁簧及螺旋扁簧，用于弹簧驱动的动力装置、锁等。

四、圆盘弹簧及环状弹簧（用于铁路缓冲器等）。

为了装配或固定之用，弹簧可以装有U形螺栓（例如，供片簧用）或其他附件。

簧片也归入本品目。

本品目不包括：

（一）供雨伞或阳伞的转轴或伞杆用的弹簧（品目66.03）。

（二）弹簧垫圈（品目73.18）。

（三）弹簧与其他物品组装后制成的诸如自动关门器等的物品（品目 83.02），明显为机器的零件（第十六类）或明显为第九十章、第九十一章等所列仪器设备的零件。

（四）减震器及第十七类的扭杆弹簧。

73.21　非电热的钢铁制家用炉、灶（包括附有集中供暖用的热水锅的炉）烤肉架、烤炉、煤气灶、加热板和类似非电热的家用器具及其零件：

　　—　炊事器具及加热板：

11　——　使用气体燃料或可使用气体燃料及其他燃料的

12　——　使用液体燃料的

19　——　其他，包括使用固体燃料的

　　—　其他器具：

81　——　使用气体燃料或可使用气体燃料及其他燃料的

82　——　使用液体燃料的

89　——　其他，包括使用固体燃料的

90　—　零件

本品目包括符合下列要求的器具：

一、用于产生并利用热能进行空间供暖、烹饪或烧煮；

二、使用固体、液体或气体燃料或者其他能源（例如，太阳能），而不是使用电力；

三、通常为家庭用或野营用。

这类器具可根据其类型，按下列一个或多个方面的特征加以确定，例如，总的规格、款式、最大供热能力、固体燃料炉的炉膛或炉蓖容量、液体燃料炉的油箱规格。判断这些特征的标准是有关器具不得超出家庭使用所需的范围。

本品目包括：

（一）火炉、加热炉、壁炉及空间供暖用炉、烤炉等。

（二）装有供热元件的燃气或燃油散热器，供取暖用。

（三）厨房用的炉、灶。

（四）装有供热元件的烤箱（例如，供烘烤食物或焙烘糕点及面包用）。

（五）酒精炉或加压炉、野营用炉、旅游用炉等；煤气炉；装有供热元件的加热板。

（六）带有炉蓖或其他供热元件的洗涤用锅炉。

本品目还包括附有集中供暖用的热水锅的炉。另一方面，本品目不包括同时也可使用电供热的器具，例如，煤气－电力两用炉（品目85.16）。

上述所有物品可以搪瓷、镀镍、镀铜等，也可装有其他贱金属制的附件或镶有隔热材料。

本品目也包括明显作为上述器具的钢铁零件（例如，烤箱搁架、加热板及环、炉灰盘、活动式炉膛及火篮、煤气燃烧器、油料燃烧器、炉门、铁格子、炉脚、护杆、毛巾架及盘碗架）。

本品目不包括：

（一）品目 73.22 的集中供暖用散热器、空气加热器和暖气分布器以及它们的零件。

（二）不适宜装配供热元件的烤箱及锅炉（品目 73.23）。

（三）喷灯及轻便锻炉（品目 82.05）。

（四）工业炉用燃烧器（品目 84.16）。

（五）品目 84.17 的工业或实验室用炉及烘箱。

（六）品目 84.19 的加热、烹煮、烘炒、蒸馏等机器或设备及类似的实验室设备。它们主要包括：

1. 非电热的快速热水器或贮备式热水器（不论是否家用型）。

2. 通常不供家用的某些供热、烹饪等专用器具（例如，柜台式咖啡渗滤器；炼油锅；消毒器、加温碗碟柜、干燥杯碟柜及用蒸汽或间接加热的设备，它们常配有加热盘管、双层壁、双层底等）。

（七）品目 85.16 的电热器具。

73.22　非电热的钢铁制集中供暖用散热器及其零件；非电热的钢铁制空气加热器、暖气分布器（包括可分布新鲜空气或调节空气的）及其零件，装有电动风扇或鼓风机：

—　散热器及其零件：

11　— —　铸铁制

19　— —　其他

90　—　其他

本品目包括：

一、集中供暖用散热器，即通常由已装配的凸缘管、翅片管或空心加热板部件构成的空间供暖设备，从锅炉供给的水或蒸汽可通过这些部件循环流动。这些散热器可用木或金属外壳包住。

本组还包括由一个可供热水或冷水循环流通的散热器及多个能将已调节空气加压喷出的喷射嘴组成的设备。这两部分一起装在一个有格栅的外壳里。当散热器关闭后，这种设备便可作为调节空气的分布器。

本品目不包括空调器（品目 84.15）或电散热器（品目 85.16）。

二、明显作为散热器的部件及其他零件。

下列各项不能作为其零件：

（一）连接集中供暖锅炉及散热器的管子及附件（品目 73.03 至 73.07）。

（二）散热器台架（品目 73.25 或 73.26）。

（三）蒸汽或热水龙头、旋塞等（品目 84.81）。

三、空气加热器，使用各种燃料（例如，煤、燃料油、煤气）。

这些独立式加热器可以是固定的或移动的，主要由一个燃料室（带有燃烧器）或炉蓖、一个能将气体燃烧产生的热量传给交换器表面周围空气的热交换器（一组管子等）及一个电动风扇或鼓风机组成。这种散热器通常装有一条排放废气的管道。

空气加热器（固定的或移动的）能产生直接扩散的热空气，与装有供热元件的散热器（如品目 73.21 的注释所述）不同，空气加热器装有一个可将热空气分散或吹送到取暖地方的吹风装置（风扇或鼓风机）。

空气加热器可以装有各种辅助装置，例如，燃烧器（带泵）、给燃烧器鼓风的电风扇、调节或控制装置（恒温器、高温保持器）、空气过滤器等。

四、暖气分布器，由一个通常为一组凸缘管或翅片管构成的加热元件及一个电风扇组成，一起安装于一个带有出气口（格栅或可调百叶窗）的外壳里。

这些分布器与集中供暖锅炉连接，其款式有落地式的（放于地上）、壁式的（固定于墙上）或吊式的（悬吊于天花板、梁或柱上）等。

其中一些器具也可以吸入外部空气，这样，当供热元件关闭后，便可作为新鲜空气分布器使用。

但本品目不包括调节空气分布器，这种分布器在室内恒温器的控制下将高压输入的冷热空气混合起来。它主要由一个混合室和二个装有气动调节控制阀的进气嘴组成，整套设备安装在一个罩壳内，既不带散热器，也不带电动风扇或鼓风机（品目 84.79）。

*

* *

空气加热器及热空气分布器，不论其用途如何，均归入本品目。因此，本品目包括空间加热用及干燥各种物料（饲料、粮食等）用的空气加热器以及第十七类车辆供暖用的设备。但是利用汽车发动机产生的热量而且必须与发动机联接的热空气分布器，根据第十五类注释一（七）及第十七类注释三的规定，应归入第十七类。

五、明显作为空气加热器或热空气分布器的零件（热交换器、喷嘴、直接散热导管、风档、格栅等）。

但下列各项不得作为零件：

（一）用以连接锅炉及某些热空气分布器的管子及附件（品目 73.03 至 73.07）。

（二）风扇（品目 84.14）、空气过滤器（品目 84.21）、检测及自动控制装置（第九十章）等。

73.23 餐桌、厨房或其他家用钢铁器具及其零件；钢铁丝绒；钢铁制擦锅器、洗刷擦光用的块垫、手套及类似品：

10 — 钢铁丝绒；擦锅器及洗刷擦光用的块垫、手套及类似品

— 其他：

91 — — 铸铁制，未搪瓷

92 — — 铸铁制，已搪瓷

93 — — 不锈钢制

94 — — 钢铁（铸铁除外）制，已搪瓷

99 — — 其他

一、餐桌、厨房或其他家用钢铁器具及其零件

本组包括在协调制度其他品目未具体列名的，供餐桌、厨房或其他家用的钢铁制品，它们的范围很广，也包括供旅馆、餐厅、招待所、医院、食堂、兵营等用的上述物品。

这些制品可以铸造制得或用钢铁片、板、箍、带、丝、丝网、丝布等制得，也可以通过各种制造方法（模铸、锻造、模压、冲压等）制得。它们可以装有其他材料制的盖、柄、其他零件或附件，只要它们仍具有钢铁制品的特征。

本组包括：

（一）**厨房用具**，例如，长柄有盖的平底锅、汽锅、压力锅、熬酱锅、炖锅、焙盘、带柄的椭圆煮鱼锅；浅锅；煎锅、烘烤碟及盘；铁格架及不带供热元件的烤箱；烧水壶；滤锅；油炸篮；果冻及糕点模；大水壶；家用牛奶罐；厨房贮物听及罐（面包厢箱、茶叶罐、糖罐等）；生菜洗涤器；厨房用容量量具；餐具架、漏斗。

（二）**餐桌用具**，例如，浅盘、碟、盘、汤及蔬菜盘、调味汁壶；糖盒、奶油盘；牛奶或奶油壶；分格碟；咖啡壶及渗滤壶〔但不包括有加热源的家用渗滤壶（品目 73.21）〕、茶壶；小杯、大杯、平底无脚酒杯；蛋杯、洗手钵；面包或水果盘及篮；茶壶架或类似架；滤茶器、调味品瓶；刀架；冰酒桶等、斟酒架；餐巾环、桌布夹。

（三）**其他家用物品**，洗涤用煮锅及水锅；垃圾箱、桶、煤箱及煤斗；洒水壶；烟灰缸；热水瓶；瓶子篮；活动式靴底刮泥器；熨斗架；洗衣服、装水果、盛蔬菜等用的篮；信箱；衣架、鞋楦；饭盒。

本组也包括上面所列制品的钢铁零件，例如，盖、夹、柄、高压锅分隔格等。

二、钢铁丝绒；擦锅器及洗刷擦光用的块垫、手套及类似品

钢铁丝绒是由极细的钢铁丝或带缠结而成，通常制成零售包装。

擦锅器、洗刷擦光用的块垫、手套及类似品是由钢铁丝、带、钢丝绒等制成的，有时还装有手柄；只要这些货品以钢铁成分为主，不论其是否与纺织材料交织，均应归入本品目。

除钢铁丝绒有多种用途外，这些货品主要供家庭用（例如，用于擦洗厨房用具或卫生器具，用于洗刷金属制品，用于保养活动木地板、拼花地板、其他木地板及其他木制品）。

*

* *

本品目不包括：

（一）品目73.10的听、盒及类似容器。

（二）归入品目73.21的炉、灶等。

（三）废纸篓（酌情归入品目73.25或73.26）。

（四）具有工具特征的家用制品，例如，各种铲；螺丝起子；乳酪擦子等；嵌肥肉针；开罐刀；坚果钳；开瓶器；烫发钳、熨斗；火钳；打蛋器；烘蛋奶饼铁钳模；咖啡磨、胡椒磨；绞肉机；榨果汁机、蔬菜压榨机、蔬菜捣烂机（第八十二章）。

（五）品目82.11至82.15的刀具、匙、叉、勺等。

（六）保险箱、钱箱及契约箱（品目83.03）。

（七）装饰品（品目83.06）。

（八）家用秤（品目84.23）。

（九）第八十五章的家用电器（特别是品目85.09及85.16的器具及设备）。

（十）第九十四章的小型悬挂式菜橱及其他家具。

（十一）品目94.05的灯具及照明装置。

（十二）手用筛子（品目96.04），香烟打火机及其他打火机（品目96.13），品目96.17的保温瓶及其他真空容器。

73.24 钢铁制卫生器具及其零件：

10 — 不锈钢制洗涤槽及脸盆

— 浴缸：

21 — — 铸铁制，不论是否搪瓷

29 — — 其他

90 — 其他，包括零件

本品目包括在本协调制度其他品目未具体列名的卫生用钢铁制品，它们的范围较为广泛。

这些制品可以铸造制得或用钢铁片、板、箍、带、丝网、丝布等制得，也可以通过各种制造方法（模铸、锻造、模压、冲压等）制得。它们可以装有其他材料制的盖、柄、其他零件或附件，只要它们具有钢铁制品的特征。

本品目包括：浴缸、净身盘、坐浴盆、洗脚盆、洗涤槽、脸盆、盥洗设备；肥皂碟及海绵篮；冲洗罐、卫生桶、尿壶、床上便盆、便壶、不论是否带机械装置的抽水马桶及贮水箱、痰盂、卫生纸架。

本品目不包括：

（一）品目73.10的听、盒及类似容器。

（二）第九十四章的放药品及卫生洁具的小型悬挂式壁橱或其他家具。

73.25　其他钢铁铸造制品：

10 —　无可锻性铸铁制

—　其他：

91 — —　研磨机用的研磨球及类似品

99 — —　其他

本品目包括协调制度其他品目未具体列名的各种钢铁铸造制品。

本品目包括：下水道及供水系统等用的检查闸门、滤栅、阴沟盖及类似铸件；消防栓及盖；饮用喷泉；邮筒、火警柱、系缆柱等；檐槽及檐槽口；矿井壁；研磨机及粉碎机用的滚珠；未装有机械或热力装置的冶金用罐及坩埚；平衡块；人造花、叶等（但品目 83.06 的制品除外）；水银瓶。

本品目不包括归入协调制度其他品目的铸件（例如，明显为机械设备的零件），也不包括虽具有成品特征但需进一步加工的未制成铸件。

本品目还不包括：

（一）不通过铸造方法制得的上述货品，例如，烧结制品（品目 73.26）。

（二）装饰用的各种类型的铸像、瓶、瓮及十字架（品目 83.06）。

73.26　其他钢铁制品(+)：

—　经锻造或冲压，但未经进一步加工：

11 — —　研磨机用的研磨球及类似品

19 — —　其他

20 —　钢铁丝制品

90 —　其他

本品目包括通过锻造、冲压、切割、模压、折叠、组合、焊接、车削、铣削或穿孔等方法加工制得的所有钢铁制品，但本章其他品目所列货品、第十五类注释一所列货品、第八十二章或第八十三章所列货品或本协调制度其他品目更为具体列名的货品除外。

本品目包括：

一、蹄铁；鞋靴护铁，不论是否有尖钉；攀树用铁钉助爬器；非机械式的通风装置；软百叶帘；木桶箍；电线钢铁配件（例如，撑条、夹子、托架）；绝缘子串的悬吊或连接装置（悬杆、钩环、长臂、带接线柱的眼或环、球支座、吊夹、闲端夹等）；未校准的钢珠（参见第八十四章注释六）；栅栏柱、帐篷桩、拴畜桩等；花坛边箍、树木及香豌豆植物等的培育器；绞紧栅栏钢铁丝用的松紧螺旋扣；瓦片（归入品目 73.08 的结构体用的货品除外）及檐槽；将软管夹紧于硬管或龙头等上的夹紧带或环（软管夹）；固定管子用的挂钩、撑条及类似支撑物（专用于装配金属结构件管状元件的夹子及其他装置除外，这些货品应归入品目 73.08）；容量量具（品目 73.23 的家用量具除外）；顶针；路钉；锻造吊钩，例如，供起重机用的；各种用途的弹簧扣；梯子及台阶；支架；铸模芯用支撑物或芯撑（模工用钉除外，参见品目 73.17）；钢铁锻制的人造花或叶（但不包括品目 83.06 的制品及品目 71.17 的仿首饰）。

二、钢铁丝制品，例如，圈套、陷阱、捕鼠器、捕鳗篓及类似品；捆扎饲料等用的扎铁丝；轮胎杆；由二根钢铁丝焊合而成的用于制织机综的双股钢铁丝；动物鼻环；床垫钩、屠宰钩、挂瓦钩等；废纸篓。

三、某些箱及盒，例如，未制成专门形状或内部装有配件以适合盛装特定工具（不论是否带附件等）的工具箱或工具盒（参见品目 42.02 的注释）；植物学家等用的收集箱或标本箱、小件饰物箱；化妆品盒及粉盒；香烟盒、口香糖盒等，但不包括品目 73.10 的容器以及家用容器（品目 73.23）和装饰品（品目 83.06）。

本品目也包括由一个底座、一个手柄、一个真空杆及多个橡皮圆盘组成的真空吸取器（吸夹），用于暂时性地附着于物体（特别是玻璃）之上使之能被移动。

本品目不包括归入协调制度其他品目的锻件（例如，明显为机械设备的零件），也不包括虽具有制成品基本特征但还需进一步加工的未制成锻件。

本品目还不包括：

（一）品目 42.02 的制品。

（二）品目 73.09 或 73.10 的钢铁囤、罐、桶及类似容器。

（三）钢铁铸造制品（品目 73.25）。

（四）办公桌用具，例如，书档、墨水台、笔盘、吸墨用具。镇纸及办公室用图章架（品目 83.04）。

（五）装饰用的铸像、瓶、瓮及十字架（品目 83.06）。

（六）在商店、车间、仓库号中作为固定设备的大型搁架（品目 73.08）及品目 94.03 的搁板家具。

（七）用于制纺织品灯罩或纸灯罩的钢铁丝骨架（品目 94.05）。

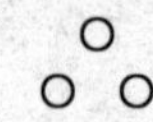

子目注释：

子目 7326.11 及 7326.19

这些子目的产品经锻造或冲压后，可以经下列加工或表面处理：

通过粗略的打磨、研磨、锤打、錾凿或锉磨去除毛刺、毛边及其他冲压缺陷；通过酸洗去除退火；简单砂磨；粗琢或粗漂及其他专门对金属探伤的工序；明显是为了防止产品生锈或产生其他氧化现象而粗略地涂覆石墨、油、焦油、红铅或类似品；冲压、模压或印制简单文字、图案，例如，商标。

第七十四章　铜及其制品

注释：

本章所用有关名词解释如下：

一、精炼铜

按重量计含铜量至少为99.85%的金属；或

按重量计含铜量至少为97.5%，但其他各种元素的含量不超过下表中规定的限量的金属：

其他元素表

元素		所含重量百分比
Ag	银	0.25
As	砷	0.5
Cd	镉	1.3
Cr	铬	1.4
Mg	镁	0.8
Pb	铅	1.5
S	硫	0.7
Sn	锡	0.8
Te	碲	0.8
Zn	锌	1
Zr	锆	0.3
其他元素*	每种	0.3

* 其他元素，例如，铝、铍、钴、铁、锰、镍、硅。

二、铜合金

除未精炼铜以外的金属物质，按重量计含铜量大于其他元素单项含量，但：

1. 按重量计至少有一种其他元素的含量超过上表中规定的限量；或

2. 按重量计其他元素的总含量超过2.5%。

三、铜母合金

含有其他元素，但按重量计含铜量超过10%的合金，该合金无实用可锻性，通常用作生产其他合金的添加剂或用作冶炼有色金属的脱氧剂、脱硫剂及类似用途。但按重量计含磷量超过15%的磷化铜归入品目28.48。

四、条、杆

轧、挤、拔或锻制的实心产品，非成卷的，其全长截面均为圆形，椭圆形、矩形（包括正方形）、等边三角形或规则外凸多边形（包括相对两边为弧拱形，另外两边为等长平行直线的“扁圆形”及“变形矩形”）。对于矩形（包括正方形）、三角形或多边形截面的产品，其全长边角可经磨圆。矩形（包括“变形矩形”）截面的产品，其厚度应大于宽度的十分之一。所述条、杆也包括同样形状及尺寸的铸造或烧结产品。该产品在铸造或烧结后再经加工（简单剪修或去氧化皮的除外），但不具有其他品目所列制品或产品的特征。

线锭及坯段，已具锥形尾端或经其他简单加工以便送入机器制成盘条或管子等的，仍应作为未锻轧铜归入品目74.03。

五、型材及异型材

轧、挤、拔、锻制的产品或其他成型产品，不论是否成卷，其全长截面相同，但与条、杆、丝、板、片、带、箔、管的定义不相符合。同时也包括同样形状的铸造或烧结产品。该产品在铸造或烧结后再经加工（简单剪修或去氧化皮的除外），但不具有其他品目所列制品或产品的特征。

六、丝

盘卷的轧、挤或拔制实心产品，其全长截面均为圆形、椭圆形、矩形（包括正方形）、等边三角形或规则外凸多边形(包括相对两边为弧拱形,另外两边为等长平行直线的“扁圆形”及“变形矩形”)。对于矩形（包括正方形）、三角形或多边形截面的产品，其全长边角可经磨圆。矩形（包括“变形矩形”）截面的产品，其厚度应大于宽度的十分之一。

七、板、片、带、箔

成卷或非成卷的平面产品（品目 74.03 的未锻轧产品除外），截面均为厚度相同的实心矩形（不包括正方形），不论边角是否磨圆(包括相对两边为弧拱形，另外两边为等长平行直线的“变形矩形”)，并且符合以下规格：

1. 矩形（包括正方形）的，厚度不超过宽度的十分之一；

2. 矩形或正方形以外形状的，任何尺寸，但不具有其他品目所列制品或产品的特征。

品目 74.09 及 74.10 还适用于具有花样（例如，凹槽、肋条形、格槽、珠粒及菱形）的板、片、带、箔以及穿孔、抛光、涂层或制成瓦楞形的这类产品，但不具有其他品目所列制品或产品的特征。

八、管

全长截面及管壁厚度相同并只有一个闭合空间的空心产品，成卷或非成卷的，其截面为圆形、椭圆形、矩形（包括正方形）、等边三角形或规则外凸多边形。对于截面为矩形（包括正方形）、等边三角形或规则外凸多边形的产品，不论全长边角是否磨圆，只要其内外截面为同一圆心并为同样形状及同一轴向，也可视为管子。上述截面的管子可经抛光、涂层、弯曲、攻丝、钻孔、缩腰、胀口、成锥形或装法兰、颈圈或套环。

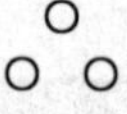

子目注释：

本章所用有关名词解释如下：

一、铜锌合金（黄铜）

铜与锌的合金，不论是否含有其他元素。含有其他元素时：

——按重量计含锌量应大于其他各种元素的单项含量；

——按重量计含镍量应低于 5%〔参见铜镍锌合金（德银）〕；以及

——按重量计含锡量应低于 3%〔参见铜锡合金（青铜）〕。

二、铜锡合金（青铜）

铜与锡的合金，不论是否含有其他元素。含有其他元素时，按重量计含锡量应大于其他各种元素的单项含量。当按重量计含锡量在 3%及以上时，锌的含量可大于锡的含量，但必须小于 10%。

三、铜镍锌合金（德银）

铜、镍、锌的合金，不论是否含有其他元素，按重量计含镍量在 5%及以上〔参见铜锌合金（黄铜）〕。

四、铜镍合金

铜与镍的合金，不论是否含有其他元素，但按重量计含锌量不得大于 1%。含有其他元素时，按重量计含镍量应大于其他各种元素的单项含量。

总　注　释

本章包括铜、铜合金以及它们的某些制品。

铜可以从各种矿石（参见品目 26.03 的注释）中提炼而得，也可以从天然状态的金属中加工制得，还可以从铜废碎料中回收获得。

铜是用干法从硫化铜矿砂中提取获得的。在提取过程中，必要时可将研成粉并且精选过的矿砂进行焙烧，以除去多余的硫，然后再置于炉中熔炼出铜锍或者粗铜块。

有时精矿无需事先经过焙烧，直接送入空气或氧气闪速熔炼炉中熔炼（“闪速熔炼”）。

铜锍经过转炉处理，可去除大部分的铁和硫，成为“泡铜”（因其表面粗糙起泡而得此名）。泡铜再经反射炉精炼，可得炉精炼铜。如果需要的话，还可进一步电解精炼。

对于氧化铜矿以及某些其他矿砂和残渣，可采用湿法（沥滤）提取（参见品目 74.01 的注释）。

*

* *

铜的延展性及可锻性极好，其导热、导电性能仅次于银。纯铜主要用于制电线或制成致冷元件的盘管或铜板，但在通常情况下，主要使用铜合金。

*

* *

根据第十五类注释五的规定（参见本类的总注释），作为铜归类的铜基合金包括：

一、铜锌合金（**黄铜**）（参见子目注释一），含有不同比例的铜和锌。例如，普通黄铜，其用途广泛；镀金黄铜（顿巴黄铜），主要用于制造仿首饰和小精品。

铜锌合金如含有少量的其他元素，则成为特种黄铜，具有特殊性能。特种黄铜包括高强力黄铜（通称为锰青铜），用于造船；还有铅黄铜、铁黄铜、铝黄铜及硅黄铜。

二、铜锡合金（**青铜**）（参见子目注释二），有时含有其他元素，从而具有特殊性能。青铜包括铸币青铜；制造齿轮、轴承及其他机器零件的硬青铜；钟青铜；法青铜；制造轴承的铅青铜；磷青铜（或脱氧青铜），用于制造弹簧及作为滤器和筛网等用的交织金属丝网布。

三、铜镍锌合金（**德银**）（参见子目注释三），它具有良好的抗腐蚀性能及强度，主要用于电讯设备（尤其用于电话业）；其他用途包括用于制仪器零件、龙头和优质管道五金件、拉链；电气方面的各种用途，例如，夹子、弹簧、接头、插座等；装饰件和建筑用金属件以及化工和食品加工设备。某些等级的这类合金还可用于制造餐具等。

四、铜镍合金（**白铜**）（参见子目注释四），通常含有少量的铝或铁。它们代表着一类以耐海水腐蚀为特征的合金，因此被广泛用于航海或造船，尤其是制造冷凝器或管道，也有用于铸币或制电阻器。

五、铝青铜，主要成分为铜和铝，用于特别需要高强度、耐腐蚀以及高硬度的工程项目。

六、铍铜（有时称作铍青铜），主要成分为铜和铍，由于它具有硬度、高强度及耐腐蚀等性能，可用于制造多种弹簧、塑料铸模、电阻焊电极以及无火花工具。

七、硅铜，主要成分为铜和硅，具有高强度和耐腐蚀性能，用于制造贮存罐、螺栓和紧固件等。

八、铬铜，主要用于电阻焊电极。

*

* *

本章包括：

（一）铜锍和冶炼铜的其他中间产品、未锻轧铜以及铜的废碎料（品目 74.01 至 74.05）。

（二）铜的粉末及粉片（品目 74.06）。

（三）品目 74.03 的铜，经过轧、挤、拔、锻加工而成的产品（品目 74.07 至 74.10）。

（四）品目 74.11 至 74.18 具体列名的各种制品及归入品目 74.19 的所有其他未列名铜制品，但第十五类注释一或第八十二章、第八十三章所列的货品，以及在协调制度其他章更为具体列名的铜制品除外。

铜的产品及制品通常经过各种处理来改善其性能和外观。这些处理一般不超出第七十二章总注释所列的范围，而且不影响货品的归类。

*

* *

关于复合货品，尤其是制成品的归类，请参见第十五类的总注释。

74.01　铜锍；沉积铜（泥铜）

一、铜锍

该产品是通过熔融焙烧过的硫化铜矿，使硫化铜从脉石和其他金属中分离制得。这些其他金属在铜硫表面形成一层浮渣。铜锍主要由铜和铁的硫化物构成，通常呈黑色或棕色小颗粒状（通过将熔融铜锍倒入水中制得）或者为一种颜色暗淡，具有金属外观的粗团块。

二、沉积铜（泥铜）

沉积铜（泥铜）是通过沉淀（置换沉淀）制得的产品，即将铁加入到某些焙烧矿石或残余物沥滤后的水溶液中而形成的产品。它是一种含有氧化物及不溶性杂质的极精细黑色粉末，有时用于防污漆和农用杀菌剂，但更多的是作为添加剂加入熔炉中，以制取铜锍。

切勿将泥铜与品目 74.06 的铜粉相混淆，铜粉是不含杂质的。

74.02　未精炼铜；电解精炼用的铜阳极

本品目包括：

一、粗铜

它是一种含有杂质的铜，通常是在高炉里通过熔炼氧化铜矿或不纯的铜碎料制得的。它的铜含量相差甚远，按重量计大约在 60～85%之间。

二、泡铜

它是一种在铜锍熔炼时吹入空气而产生的含有杂质的铜。在熔炼过程中，硫、铁及其他杂质均被氧化。它的铜含量按重量计一般达到 98%左右。

三、电解精炼用的铜阳极

铜通过完全熔化成为半精炼状态，然后浇铸成阳极以供进一步电解精炼之用。这些阳极通常是铸成带有两只吊耳的厚板，以便悬挂在电解槽内。切勿将其与电镀铜用的阳极混淆（品目 74.19）。

74.03　未锻轧的精炼铜及铜合金：

　　— 　精炼铜：
11　— — 阴极及阴极型材
12　— — 线锭
13　— — 坯段
19　— — 其他
　　— 　铜合金：
21　— — 铜锌合金（黄铜）
22　— — 铜锡合金（青铜）
29　— — 其他铜合金（品目 74.05 的铜母合金除外）

本品目包括本章注释一和二所指的未经锻轧的精炼铜及铜合金。

精炼铜按重量计含铜量至少为 99.85%。它是通过电解精炼、电解提取、化学精炼或火法精炼制得的。其他精炼铜（按重量计含铜量至少为 97.5%）一般是由上述精炼铜与一种或多种其他元素熔炼而成。这些其他元素不超过本章注释一其他元素表所列的最大含量限度。

精炼铜一般铸成锭块或供再熔（例如，合金用）的铸块，铸成供轧制的线锭、板坯，或铸成坯段（包括圆形截面的）或类似材料，以供轧、挤、拔或锻制成板、片、带、丝、管及其他产品。

电解精炼铜有时以阴极形式报验，即带有两只耳环的铜板或铜片，耳环是用来在电解槽内悬挂始极片的；有时则将耳环切下，或者切割成段。

精炼铜也可呈丸状，主要用于制合金，有时也用于磨成粉末。但铜粉末及铜粉片应归入品目 74.06。

本品目还包括铸造及烧结的板、条、杆和锭等，只要它们在生产后除简单剪修或去氧化皮（除去主要由氧化铜构成的表面层）以外未经其他加工的，或经过刮削、铲凿、磨削等以去除表面杂质或其他浇铸疵点的，或对其一面进行机械加工以便于检验（控制质量）的。

烧结产品是将铜粉末、铜合金粉末或铜和其他金属的粉末混合物，通过压制（压实）及烧结（加热至低于金属熔点的适当温度）制得。产品经过烧结后是多孔的，强度很低，一般要经过滚轧、挤压、锻制等加工使其达到有使用价值的密度。但经过滚轧等加工的产品不包括在本品目内（例如，品目 74.07、74.09）。

本品目还包括具有锥形尾端或尾端经其他简单加工，以便送入机器制成盘条或管子等的线锭或坯段。

在符合上述生产后再加工的条件下，本品目的浇铸条、杆主要包括：

一、在特殊的型模里精确浇铸的产品（有时称作“黑玉”），其横截面为圆形、方形或六角形，其长度通常不超过一米。

二、连续烧铸法制得的长条产品。该工艺是将熔化的金属不断地注入一个水冷铸模内，使之迅速凝固。

“黑玉”和连续浇铸的铜条一般与轧、挤、拔制的铜条用途相同。

74.04　铜废碎料

品目 72.04 的注释中有关废碎料的规定在必要的地方稍加修改后，可适用于本品目，但铜矿渣、铜矿灰及含铜炉渣应归入品目 26.20。本品目的铜废料包括拉丝铜泥屑，这些铜泥屑是在拉拔铜丝过程中产生的，主要由铜粉末与拉丝工艺所需的润滑油混合构成。

本品目不包括通过再熔铜废碎料制得的锭块及类似形状的未锻轧浇铸产品（品目 74.03）。

74.05　铜母合金

铜母合金的定义，参见本章注释三。

本品目的母合金是指按重量计含铜量超过 10%而且含有其他元素的合金。由于其组分的原因，性质极脆，不适于正常的金属加工。因此它们用于在冶炼黄铜、青铜或铝青铜时添加熔点高于这些合金的元素，或添加可发生高度氧化作用的元素（例如，铝、镉、砷、锰）或在熔融温度时会升华的元素。在加入脱氧、脱硫或类似元素（例如，钙）时，有利于冶炼某些合金。

铜对其他元素起溶剂或稀释剂作用，因而必须占有足够的份量，才能降低母合金的熔点，减弱母合金的氧化作用或升华作用。但如果铜的含量太高，它会过分地溶掉添加到合金中的其他元素。铜母合金的含铜量一般在 30%到 90%之间，特殊情况下，也有高出或低于这一范围。

本品目不包括任何铜镍合金，即使这些合金用作母合金。因为不论铜镍合金的成分比例如何，它都具有实用的可锻性。其他合金，例如，铜锰合金、铜硅合金，根据所含金属成分不同，可以具有或不具有实用的可锻性。因此，本品目仅包括无实用可锻性的合金。

本品目的母合金包括：铝铜、铍铜、硼铜、镉铜、铬铜、铁铜、镁铜、锰铜、钼铜、硅铜、钛铜以及钒铜。

母合金一般制成易于破碎的小块状或小饼状，或者制成脆性的小棒状或团粒状，其外观与粗铸产品一样。

按重量计含磷量超过15%的磷化铜（磷铜）应归入品目28.48。

74.06　铜粉及片状粉末：

10　—　非片状粉末

20　—　片状粉末

本品目包括符合第十五类注释八（二）规定的铜粉末，以及铜粉片，但沉淀铜（泥铜），即品目74.01所列的一种黑色粉末除外。在符合第十五类注释七规定的条件下，本品目还包括与其他贱金属粉末混合的铜粉（例如，"青铜粉"，一种与锡粉的简单混合物）。

铜粉主要是通过电沉积法或雾化法（即将熔融铜以一股细流喷入横向高速喷出的一股水、蒸汽、空气或其他气体流中）而获得。

除以上两种主要生产方法以外，亦可通过气体还原精细氧化铜，将溶液沉淀或将固体粉碎等方法小规模地生产铜粉。片层结构的粉末及粉片一般是将铜箔磨碎制成，粉片的片层结构用肉眼或通过放大镜可观察出来，而对于真正的粉末，其结构须使用显微镜才能观察到。

颗粒的大小及形状（可能有些不够规则，或呈珠状、球状或片层状）等特征是由生产的方法决定的。有片层结构的粉末往往经过抛光处理，并可留有微量在抛光处理中使用的油脂或蜡质物（例如，硬脂酸或石蜡）。

粉末通常用压制后烧结的方法制成轴承、衬套及多种工业用的其他烧结零件。它们也用作化学试剂或冶金反应剂，用于软焊或硬焊，用于生产特种粘合剂，还可作为电镀基料用于非金属表面的镀层等。粉片在油墨和油漆生产中主要用作金属颜料，它亦可直接作为金属色料，喷在清漆面上等，使之粘牢不掉。

本品目不包括：

（一）用以制备油漆的某些粉末及粉片，它们有时称为"青铜粉"或"金粉"，而实际上却是一种化合物，例如，某些锑盐、二硫化锡等（归入第二十八章，如制成油漆则应归入第三十二章）。

（二）制成色料、油漆或类似品的粉末或粉片（例如，与其他色料配制而成的，或与胶粘剂或溶剂一起制成悬浮液、弥散液或膏状的）（第三十二章）。

（三）品目74.03所列的铜丸。

（四）用铜箔切割而成的亮晶片（品目83.08）。

74.07　铜条、杆、型材及异型材：

10　—　精炼铜制

—　铜合金制：

21　——　铜锌合金（黄铜）

29　——　其他

条、杆和型材、异型材的定义，分别参见本章注释四和注释五。

本品目的产品通常经滚轧、挤压、拉拔制成，亦可经铸制（压铸或锤铸）而成。接着，它们可采用冷拉拔、矫直等工序进行冷精加工（必要时先经退火处理），其他工序的高精度加工，或其他加工（例如，钻孔、冲孔、铰孔、卷曲等），但不具有其他品目所列制品或产品的特征。本品目还包括挤压制得的空心异型材（其中包括翅管或肋形管）。但用焊接等方法装上翅片的管材不归入本品目；这些管材一般归入品目 74.19。

浇铸条、杆（包括“黑玉条”和连续浇铸条）或烧结条、杆，只要在生产后除简单剪修或去氧化皮处理外未经其他加工的，均应归入品目 74.03；经其他加工的，如果不具有其他品目所列制品或产品的特征，可归入本品目。

但具有锥形尾端或尾端经其他简单加工以便送入机器制成盘条或管子等的线锭或坯段应归入品目 74.03。

74.08　铜丝：

—　精炼铜制：

11　——　最大截面尺寸超过 6 毫米

19　——　其他

—　铜合金制：

21　——　铜锌合金（黄铜）

22　——　铜镍合金（白铜）或铜镍锌合金（德银）

29　——　其他

丝的定义，参见本章注释六。

丝是经轧、挤或拔制而成的，报验时呈盘卷状。品目 74.07 注释的第二段在必要的地方稍加修改后，也适用于本品目的丝。

本品目不包括：

（一）外科缝合用的极细无菌青铜丝（品目 30.06）。

（二）品目 56.05 的含金属纱线。

（三）用铜丝增强的绳索（品目 56.07）。

（四）品目 74.13 的绞股线、缆及其他货品。

（五）涂料电焊条等（品目 83.11）。

（六）绝缘电线及电缆（包括漆包线）（品目 85.44）。

（七）乐器用弦线（品目 92.09）。

74.09　铜板、片及带，厚度超过 0.15 毫米：

—　精炼铜制：

11　——　盘卷的

19　——　其他

—　铜锌合金（黄铜）制：

21　——　盘卷的

29　——　其他

—　铜锡合金（青铜）制：

31　——　盘卷的

39　——　其他

40　—　铜镍合金（白铜）或铜镍锌合金（德银）制

90 — 其他铜合金制

本品目包括厚度超过 0.15 毫米的本章注释七所述的产品。

铜板、铜片通常是将品目 74.03 的某些产品经热轧或冷轧而成，铜带可轧制而成或用铜片纵切制成。

本品目所列的各种货品可经加工（例如，切割成形、穿孔、制成瓦楞形、肋条形、凹槽、抛光、涂层、压花或圆边），只要这些货品不具有其他品目所列制品或产品的特征（参见本章注释七）。

厚度超过 0.15 毫米的限制包括清漆等涂层的厚度。

本品目不包括:

（一）厚度不超过 0.15 毫米的铜箔（品目 74.10）。

（二）网眼铜板（品目 74.19）。

（三）带状绝缘电导体（品目 85.44）

74.10 铜箔（不论是否印花或用纸、纸板、塑料或类似材料衬背），厚度（衬背除外）不超过 0.15 毫米:

— 无衬背:

11 — — 精炼铜制

12 — — 铜合金制

— 有衬背:

21 — — 精炼铜制

22 — — 铜合金制

本品目包括厚度不超过 0.15 毫米的本章注释七所述的产品。

归入本品目的箔是通过滚轧、锤锻或电解制成，呈极薄的片状（在任何情况下，其厚度均不超过 0.15 毫米）。用于仿金箔等的铜箔最薄，它极其脆弱，一般用纸夹着，制成小本形状。其他铜箔，例如，用以制作小精品的铜箔，通常用纸张、纸板、塑料或类似衬底材料衬背，以便搬运、运输或随后加工等。铜箔经过压花、切割成形（长方形或其他形状）、穿孔、涂层（镀金、镀银、上漆等）或印花处理的仍应归入本品目。

厚度不超过 0.15 毫米的限制包括清漆等涂层的厚度，但不包括纸张等衬底材料的厚度。

本品目不包括:

（一）压印箔（也称烫金箔），用明胶、胶水或其他胶粘剂粘聚铜粉制成，或将铜粉沉积于纸张、塑料或其他衬底之上制成，用于印制书籍封面、帽圈等（品目 32.12）。

（二）从其印刷情况可以确认为印刷物的已印制铜箔标签（品目 49.11）。

（三）品目 56.05 的含金属纱线。

（四）厚度超过 0.15 毫米的铜板、片及带（品目 74.09）。

（五）制成圣诞树装饰品形状的铜箔（品目 95.05）。

74.11 铜管:

10 — 精炼铜制

— 铜合金制:

21 — — 铜锌合金（黄铜）

22 — — 铜镍合金（白铜）或铜镍锌合金（德银）

29 — — 其他

管的定义，参见本章注释八。

品目73.04至73.06的注释在必要的地方稍加修改后，在品目范围及产品制造方法方面适用于本品目。

大多数铜管是无缝的，但有时也可将铜制带材的两边焊接起来制成铜管，或经其他方法制成铜管，无缝铜管通常是对铜坯段穿孔并挤压成管坯，然后通过管模热轧或拉拔制成成品规格。某种用途的管子亦可不经拉拔而直接挤压，制成成品规格。

铜管的工业用途很广（例如，可用于烹煮、加热、冷却、蒸馏、精炼及蒸发器具），也用作家庭或公共场所建筑物的供水、供气管道。冷凝器的铜合金管有很强的耐腐蚀（尤其是耐咸水腐蚀）性能，因而广泛用于船舶及发电站。

本品目不包括：

（一）铜制空心异型材，包括通过挤压制成的翅片铜管（品目74.07）。

（二）铜制管子附件（品目74.12）。

（三）通过焊接等方法装上翅片的铜管（品目74.19）。

（四）软管（品目83.07）。

（五）已制成明显为其他章所列物品的管子，例如，机器零件（第十六类）。

74.12 铜制管子附件（例如，接头、肘管、管套）：

10 — 精炼铜制

20 — 铜合金制

品目73.07的注释在必要的地方稍加修改后，可适用于本品目。

本品目不包括：

（一）用于组装或固定铜管的螺栓、螺母（品目74.15）。

（二）带有龙头、旋塞、阀门等的附件（品目84.81）。

74.13 非绝缘的铜丝绞股线、缆、编带及类似品

品目73.12的注释在必要的地方稍加修改后，可适用于本品目。

铜有很强的导电性，因而普遍用于制造电线及电缆；本品目的产品不论是否带有钢芯及其他金属芯，只要按重量计以铜为主，仍应归入本品目（参见第十五类注释七）。

但本品目不包括绝缘电线及电缆（品目85.44）。

【74.14】

74.15 铜制或钢铁制带铜头的钉、平头钉、图钉、U形钉（品目83.05的货品除外）及类似品；铜制螺钉、螺栓、螺母、钩头螺钉、铆钉、销、开尾销、垫圈（包括弹簧垫圈）及类似品(+)：

10 — 钉、平头钉、图钉、U形钉及类似品

— 其他无螺纹制品：

21 — — 垫圈（包括弹簧垫圈）

29 — — 其他

— 其他螺纹制品：

33 — — 螺钉；螺栓及螺母

39 ——其他

品目73.17及73.18的注释在必要的地方稍加修改后，可适用于本品目。除此之外，本品目还包括铜头铁钉或钢钉（主要用于家具或其他装饰工作）。

靴鞋护掌，不论是否带有尖钉，都不归入本品目（品目74.19）。

○
○ ○

子目注释：

子目7415.33

所称“螺钉”，不包括钩头螺钉及环头螺钉；它们归入子目7415.39。

【74.16】

【74.17】

74.18 餐桌、厨房或其他家用铜制器具及其零件；铜制擦锅器、洗刷擦光用的块垫、手套及类似品；铜制卫生器具及其零件：

10 — 餐桌、厨房或其他家用器具及其零件；擦锅器及洗刷擦光用的块垫、手套及类似品

20 — 卫生器具及其零件

品目73.21、73.23及73.24的注释在必要的地方稍加修改后，可适用于本品目。

本品目主要包括家用的铜制烹饪或加热器具，例如，象汽油炉、煤油炉、酒精炉之类的小型器具，它们通常用于旅行、野营等，也可用于某些家庭用途。本品目也包括品目73.22注释所述类型的家用器具。

本品目不包括：

（一）具有工具性质的家用器具（第八十二章）（参见品目73.23的注释）。

（二）喷灯（品目82.05）。

（三）刀、匙、叉、勺等（品目82.11至82.15）。

（四）品目83.06的装饰品。

（五）品目84.19的加热、烹饪、烘炒、蒸馏等机器设备或类似的实验室用设备，例如：

1. 非电热的快速热水器或贮备式热水器（不论家用或非家用）。

2. 柜台式咖啡渗滤壶及某些其他特制的非家用加热、烹饪等器具。

（六）第八十五章的家用设备（特别是品目85.09或85.16所列的器具及用具）。

（七）第九十四章的物品。

（八）手筛（品目96.04）。

（九）香烟打火机及其他点火器（品目96.13）。

（十）香水喷雾器及类似品（品目96.16）。

74.19 其他铜制品(+)：

10 — 链条及其零件

— 其他：

91 ——铸造、模压、冲压或锻造，但未经进一步加工的

99　——其他

本品目包括所有铜制物品，但本章其他品目所列的物品、第十五类注释一所列的物品、第八十二章或第八十三章所列的物品及本协调制度其他章更为具体列名的物品除外。

本品目主要包括：

一、其他品目未列名的铜制别针及其他针（帽针和其他装饰用针及图钉除外）。

二、盛装任何物料用的铜制囤、柜、罐、桶及类似容器，不论容量大小，也不论是否衬里或隔热，但无机械或热力装置的（参见品目73.09及73.10的注释）。

三、装压缩气体或液化气体用的铜制容器（参见品目73.11的注释）。

四、铜链及其零件（参见品目73.15的注释），但具有仿首饰特征的铜链（例如，手表链及饰链）除外（品目71.17）。

五、品目73.25及73.26的注释所列类型的铜制品。

六、铜或铜合金（例如，黄铜）制的电镀阳极板（参见品目75.08注释的第一部分）。

七、通过焊接等方法装上翅片的其他品目未列名的铜管。

八、铜丝制的布、格栅及网和网眼铜板。

九、弹簧，但品目91.14的钟表发条除外。

本品目不包括：

（一）用于衣着物品或作为家具布及类似品的金属线机织物（品目58.09）。

（二）制成的铜焊丝网板（品目83.11）。

（三）制成手用细筛及粗筛的丝网布（品目96.04）。

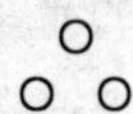

子目注释：

子目7419.91

子目7326.11及7326.19的注释在必要的地方稍加修改后，可适用于本子目的产品。浇铸或模制产品的浇口及缩孔可被除去。

第七十五章　镍及其制品

注释：

本章所用有关名词解释如下：

一、条、杆

轧、挤、拔或锻制的实心产品，非成卷的，其全长截面均为圆形、椭圆形、矩形（包括正方形）、等边三角形或规则外凸多边形（包括相对两边为弧拱形，另外两边为等长平行直线的“扁圆形”及“变形矩形”）。对于矩形（包括正方形）、三角形或多边形截面的产品，其全长边角可经磨圆。矩形（包括“变形矩形”）截面的产品，其厚度应大于宽度的十分之一。所述条、杆也包括同样形状及尺寸的铸造或烧结产品。该产品在铸造或烧结后再经加工（简单剪修或去氧化皮的除外），但不具有其他品目所列制品或产品的特征。

二、型材及异型材

轧、挤、拔、锻制的产品或其他成型产品，不论是否成卷，其全长截面相同，但与条、杆、丝、板、片、带、箔、管的定义不相符合。同时也包括同样形状的铸造或烧结产品。该产品在铸造或烧结后再经加工（简单剪修或去氧化皮的除外），但不具有其他品目所列制品或产品的特征。

三、丝

盘卷的轧、挤或拔制实心产品，其全长截面均为圆形、椭圆形、矩形（包括正方形）、等边三角形或规则外凸多边形（包括相对两边为弧拱形，另外两边为等长平行直线的“扁圆形”及“变形矩形”）。对于矩形（包括正方形）、三角形或多边形截面的产品，其全长边角可经磨圆。矩形（包括“变形矩形”）截面的产品，其厚度应大于宽度的十分之一。

四、板、片、带、箔

成卷或非成卷的平面产品（品目 75.02 的未锻轧产品除外），截面均为厚度相同的实心矩形（不包括正方形），不论边角是否磨圆（包括相对两边为弧拱形，另外两边为等长平行直线的“变形矩形”），并且符合以下规格：

1. 矩形（包括正方形）的，厚度不超过宽度的十分之一；

2. 矩形或正方形以外形状的，任何尺寸，但不具有其他品目所列制品或产品的特征。

品目 75.06 还适用于具有花样（例如，凹槽、肋条形、格槽、珠粒及菱形）的板、片、带、箔以及穿孔、抛光、涂层或制成瓦楞形的这类产品，但不具有其他品目所列制品或产品的特征。

五、管

全长截面及管壁厚度相同并只有一个闭合空间的空心产品，成卷或非成卷的，其截面为圆形、椭圆形、矩形（包括正方形）、等边三角形或规则外凸多边形。对于截面为矩形（包括正方形）、等边三角形或规则外凸多边形的产品，不论全长边角是否磨圆，只要其内外截面为同一圆心并为同样形状及同一轴向，也可视为管子。上述截面的管子可经抛光、涂层、弯曲、攻丝、钻孔、缩腰、胀口、成锥形或装法兰、颈圈或套环。

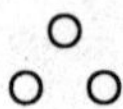

子目注释：

一、本章所用有关名词解释如下：

（一）非合金镍

按重量计镍及钴的含量至少为 99% 的金属，但：

1. 按重量计含钴量不超过 1.5%；以及

2. 按重量计其他各种元素的含量不超过下表中规定的限量：

其他元素表

元　　素		所含重量百分比
Fe	铁	0.5
O	氧	0.4
其他元素，	每种	0.3

（二）镍合金

按重量计含镍量大于其他元素单项含量的金属物质，但：

1. 按重量计含钴量超过1.5%；

2. 按重量计至少有一种其他元素的含量超过上表中规定的限量；或

3. 除镍及钴以外，按重量计其他元素的总含量超过1%。

二、子目 7508.10 所称"丝"，不受本章注释三的限制，仅适用于截面尺寸不超过 6 毫米的任何截面形状的产品，不论是否盘卷。

总 注 释

本章包括镍和镍合金及其某些制品。

镍是一种相当坚硬的银白色金属，其熔点为1453℃，具有磁性、延展性和韧性，强度高且耐腐蚀和抗氧化。

*
* *

镍主要用于生产多种合金，特别是合金钢，通过电沉积法作为其他金属的镀层，以及在许多化学反应中作为一种催化剂。经锻轧的非合金镍则广泛用于制造化工设备。此外，镍及镍合金还常用于铸币业。

*
* *

根据第十五类注释五的规定，归入本章的主要镍合金如下：

一、镍铁合金。该合金由于其磁导率高，磁滞性低，主要用于制造水底电缆、感应线圈芯、磁屏蔽等。

二、镍铬及镍铬铁合金。它是一类以高强度，在高温中抗氧化性能强，抗起皮及耐多种不同的腐蚀为特征的工业用材料。这类金属在电阻加热器中用作加热元件；在钢铁和其他金属热处理中作为马弗罩及蒸馏罐等部件的材料；或者在高温化工或石油化工加工业中用作管道材料。本类合金还应包括名为"超级合金"的特种合金，它们是为了在航空涡轮机内高温条件下仍能保持高强度而特制的，用于制造涡轮机的桨叶及轮叶、燃烧室内衬、换接部件等。这类合金通常含有少量的钼、钨、铌、铝、钛等金属元素，以便能有效提高镍基合金的强度。

三、镍铜合金。这类合金除耐腐蚀以外，还具有较高的强度，用于制造推进器的轴和紧固件，亦用于制造泵、阀、管等易受无机酸及有机酸、碱和盐腐蚀的设备。

*
* *

本章包括：

（一）镍锍、氧化镍烧结物及镍冶炼的其他中间产品、未锻轧镍和镍废碎料（品目 75.01 至 75.03）。

（二）镍粉及片状粉末（品目 75.04）。

（三）品目 75.02 的未锻轧镍经轧、锻、拔、挤等加工制得的产品（品目 75.05 及 75.06）。

（四）管子及管子附件（品目 75.07），电镀阳极及品目 75.08 的其他制品，品目 75.08 包括所有的镍制品，但第十五类注释一所列的物品、第八十二章或第八十三章所列的物品及在本协调制度其他品目更为具体列名的物品除外。

*
* *

镍产品或镍制品可经过各种处理来改善其性能和外观等。这些处理一般不超出第七十二章总注释最后一部分所列的范围，而且不影响货品的归类（但亦有例外，参见品目 75.08 对电镀阳极的注释）。

*
* *

关于复合制品的归类，请参见第十五类的总注释。

75.01　镍锍、氧化镍烧结物及镍冶炼的其他中间产品：

10　—　镍锍

20　—　氧化镍烧结物及镍冶炼的其他中间产品

一、镍锍

镍锍是通过加工（焙烧、熔炼等）镍矿砂获得的。根据不同的矿砂及加工工艺，镍锍可由镍铁硫化物、镍铁铜硫化物、镍硫化物或镍铜硫化物组成。

镍锍通常呈铸块或铸板状（为了便于包装或运输，常被打成碎块）、颗粒状或粉末状（特别是某些成分为硫化镍的镍锍）。

镍锍用于生产未锻轧镍。

二、镍冶炼的其他中间产品

它们包括：

（一）不纯氧化镍〔例如，氧化镍烧结物、粉状氧化镍（“绿色氧化镍”）〕，通过加工硫化或氧化镍铁矿石制得。它们主要用于制造合金钢。

氧化镍烧结物一般呈粉末状或直径不超过 50 毫米的团块状。

（二）不纯镍铁，由于它的含硫量（0.5%及以上）、含磷量及其他杂质含量都很高，因而未经精炼不能直接作为合金产品用于炼钢工业中。精炼镍铁几乎全都在炼钢工业中作为镍添加剂，用于生产特种钢材。根据第七十二章注释一（三）的规定，精炼镍铁应作为一种铁合金归入品目 72.02。

（三）镍黄渣，即一种块状的砷化物的混合物，目前已无多大商业价值。

75.02　未锻轧镍：

10　—　非合金镍

20　—　镍合金

未锻轧镍通常为锭、块、团粒、板、方块、结壳、砖、丸、阴极或其他电沉积形状。这些初级形状的镍主要作为一种添加剂，用于生产合金钢、有色金属合金及某些化学品。有些则装在钛篮里，用于镀镍或用于生产镍粉。

未精炼的镍常被铸成阳极，供电解时精炼用。本品目的阳极一般铸成带有两只吊耳的厚板，以便悬挂在电解槽内。切勿将其与品目 75.08 注释所述的电镀阳极相混淆。

阴极板是在精炼镍“始极片”上电解沉积制得的镍板，板上有两只镍耳环，用来悬挂在电解槽中。电解时随着镍的不断沉积，“始极片”与阴极板成为一体，无法分离。

未经修整的阴极板装运时往往不去掉耳环。这些耳环的焊接处有大量的镍沉积。但切勿将带耳环的阴极板与装有吊钩的阳极板相混淆。未经修整的阴极规格（96×71×1.25 厘米左右）一般大于电镀阳极片（宽度极少有超过 30.5 厘米的）。

仅经修整或者切成带状、矩形小块状的阴极，不论其规格、用途如何，仍应归入本品目。它们与品目 75.08 的电镀阳极不同，它们既未装有挂钩，亦无装挂钩的位置（例如，穿孔或攻丝）。

本品目也不包括镍粉及片状粉末（品目 75.04）。

75.03 镍废碎料

品目 72.04 注释中有关废碎料的说明在必要的地方稍加修改后，可适用于本品目。

本品目不包括：

（一）生产镍时所产生的矿渣、矿灰及残渣（品目 26.20）。

（二）用镍废碎料再熔炼后铸成的镍锭及类似形状的未锻轧镍（品目 75.02）。

75.04 镍粉及片状粉末

本品目包括各种镍粉及粉片，不论其用途如何。镍粉的定义，参见第十五类的注释八（二）。

根据它们不同的物理特性，镍粉及粉片可以纯镍状态制成镍镉电池的极板，也可用于制造硫酸镍、氯化镍及其他镍盐，用作硬质合金的粘合剂，用于制造镍合金（例如，合金钢），或用作催化剂。

它们还可以纯净、合金或者与其他金属粉末（例如，铁粉）混合的状态通过压制并烧结成为磁铁等某些工业用品，或者直接轧制成片、带或箔状。

本品目不包括品目 75.01 的氧化镍烧结物。

75.05 镍条、杆、型材及异型材或丝：

— 条、杆、型材及异型材：

11 — — 非合金镍制

12 — — 镍合金制

— 丝：

21 — — 非合金镍制

22 — — 镍合金制

这些产品的定义，参见本章注释一、二及三。它们的范围与铜制的类似货品基本一致，但对电镀阳极的专门规定除外（参见品目 75.08 的注释）。除电镀阳极以外，品目 74.07 及 74.08 的注释在必要的地方稍加修改后，可适用于本品目。

本品目不包括：

（一）含金属纱线（品目 56.05）。

（二）结构件的条、杆、型材及异型材（品目 75.08）。

（三）条状绝缘导体（俗称“母条”）和绝缘电线（包括漆包线）（品目 85.44）。

75.06 镍板、片、带、箔：

10 — 非合金镍制

20　—　　镍合金制

本品目所列的板、片、带、箔的定义，参见本章注释四；这些产品的范围与品目 74.09 及 74.10 注释所列铜制产品的范围一样。

镍板及镍片可通过焊接、滚轧等工艺，用于钢铁产品的包层，也可用于化工设备的建造。

本品目不包括网眼金属板（品目 75.08）。

75.07　镍管及管子附件（例如，接头、肘管、管套）：

　　　—　　镍管：

11　——　非合金镍制

12　——　镍合金制

20　—　　管子附件

管的定义，参见本章注释五。

品目 73.04 至 73.07 的注释在必要的地方稍加修改后，可适用于本品目。

基于其耐腐蚀性（耐酸、蒸汽等物质的腐蚀），镍或镍合金制的管子及其附件可用于化学、食品和造纸等工业的装置上，或用于制造蒸汽冷凝装置或皮下注射器针头等。

本品目不包括：

（一）空心异型材（品目 75.05）。

（二）组装或固定管子等用的镍制螺栓、螺帽（品目 75.08）。

（三）带有龙头、旋塞、阀门等的附件（品目 84.81）。

（四）制成明显专用于某些物品零件的管子附件，例如，机器零件（第十六类）。

75.08　其他镍制品：

10　—　　镍丝制的布、网及格栅

90　—　　其他

一、电镀阳极，包括电解阳极

本组包括通过电解沉积方式进行电镀用的精炼阳极。它们可通过浇铸、滚轧、拉拔、挤压等工艺制成，也可用品目 75.02 的阴极或其他电解沉积镍制成。这些阳极的形状如下：

（一）可为电镀件提供最大阳极面的特殊形状（星形、环形、某种异形），对于棒状阳极（横截面通常为卵形、椭圆形、长菱形或菱形），其长度应适于做阳极；

（二）板（平面或弯曲）、带、片、圆盘（平面或起波纹）、半球或圆球等形状。这些物品必须具有能确定其为电镀阳极的特征，即它们必须装有供在电解槽内悬挂用的吊钩，或制备装钩位置（例如，车螺纹、穿孔或攻丝），才能归入本品目。

这些阳极通常纯度极高，但在生产过程中仍有可能残留或人为加入少量的其他元素，目的是使阳极退极，以保证整个镀面更为均匀，避免镍在淤渣生成中损耗掉。这些特点，以及上述的辨认特征，使电镀阳极有别于品目 75.02 注释第二段所述的电解精炼用的铸造阳极。精炼用阳极不归入本品目。

镀镍用的上述传统阳极正在日益为篮式阳极所代替，即为装于钛篮中的镍结壳等未铸轧镍所代替（参见品目 75.02 的注释）。

本品目不包括下列物品，不论其是否用于镀镍或用于制成电镀阳极：

（一）电解而成的镍板（阴极），修剪或未修剪，或切成带状、矩形小块状，但未进一步加工的（品目 75.02）。

（二）未锻轧的团粒（品目 75.02）。

（三）仅经铸造、滚轧或挤压制成的镍条，其形状、长度不符合上述要求，或未经上述加工的（品目 75.02 或 75.05）。

（四）简单轧制而成的镍板（品目 75.06）。

二、其他

本组包括所有镍制品，但以上第一组和本章其他品目所列的物品、第十五类注释一所列的物品、第八十二章或第八十三章所列的物品以及协调制度其他章列名更为具体的物品除外。

本组主要包括：

（一）窗框等结构件及结构件的组装零件。

（二）囤、柜、罐、桶及类似容器，不论容量大小，但无机械或热力装置的。

（三）镍丝制的布、网、篱、格栅，以及网眼镍板。

（四）镍钉、平头钉、螺母、螺栓、螺丝钉以及品目 73.17 和 73.18 注释所列类型的其他镍制品。

（五）弹簧，但品目 91.14 的钟表发条除外。

（六）家庭用品、卫生洁具及其零件。

（七）铸币毛坯，为镍制的圆片，其边凸起。

（八）相当于品目 73.25 及 73.26 所列钢铁制品范围的镍制品。

第七十六章　铝及其制品

注释：

本章所用有关名词解释如下：

一、条、杆

轧、挤、拔或锻制的实心产品，非成卷的，其全长截面均为圆形、椭圆形、矩形（包括正方形）、等边三角形或规则外凸多边形（包括相对两边为弧拱形，另外两边为等长平行直线的“扁圆形”及“变形矩形”）。对于矩形（包括正方形）、三角形或多边形截面的产品，其全长边角可经磨圆。矩形（包括“变形矩形”）截面的产品，其厚度应大于宽度的十分之一。所述条、杆也包括同样形状及尺寸的铸造或烧结产品。该产品在铸造或烧结后再经加工（简单剪修或去氧化皮的除外），但不具有其他品目所列制品或产品的特征。

二、型材及异型材

轧、挤、拔、锻制的产品或其他成型产品，不论是否成卷，其全长截面相同，但与条、杆、丝、板、片、带、箔、管的定义不相符合。同时也包括同样形状的铸造或烧结产品。该产品在铸造或烧结后再经加工（简单剪修或去氧化皮的除外），但不具有其他品目所列制品或产品的特征。

三、丝

盘卷的轧、挤或拔制实心产品，其全长截面均为圆形、椭圆形、矩形（包括正方形）、等边三角形或规则外凸多边形（包括相对两边为弧拱形，另外两边为等长平行直线的“扁圆形”及“变形矩形”）。对于矩形（包括正方形）、三角形或多边形截面的产品，其全长边角可经磨圆。矩形（包括“变形矩形”）截面的产品，其厚度应大于宽度的十分之一。

四、板、片、带、箔

成卷或非成卷的平面产品（品目 76.01 的未锻轧产品除外），截面均为厚度相同的实心矩形（不包括正方形），不论边角是否磨圆（包括相对两边为弧拱形，另外两边为等长平行直线的“变形矩形”），并且符合以下规格：

1. 矩形（包括正方形）的，厚度不超过宽度的十分之一；

2. 矩形或正方形以外形状的，任何尺寸，但不具有其他品目所列制品或产品的特征。

品目 76.06 和 76.07 还适用于具有花样（例如，凹槽、肋条形、格槽、珠粒及菱形）的板、片、带、箔以及穿孔、抛光、涂层或制成瓦楞形的这类产品，但不具有其他品目所列制品或产品的特征。

五、管

全长截面及管壁厚度相同并只有一个闭合空间的空心产品，成卷或非成卷的，其截面为圆形、椭圆形、矩形（包括正方形）、等边三角形或规则外凸多边形。对于截面为矩形（包括正方形）、等边三角形或规则外凸多边形的产品，不论全长边角是否磨圆，只要其内外截面为同一圆心并为同样形状及同一轴向，也可视为管子。上述截面的管子可经抛光、涂层、弯曲、攻丝、钻孔、缩腰、胀口、成锥形或装法兰、颈圈或套环。

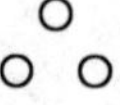

子目注释：

一、本章所用有关名词解释如下：

（一）非合金铝

按重量计含铝量至少为 99％的金属，但其他各种元素的含量不超过下表中规定的限量：

其他元素表

元　　素	所含重量百分比
Fe + Si（铁 + 硅） 其他元素[1]，每种	1 0.1[2]
（1）其他元素，例如，铬、铜、镁、锰、镍、锌。 （2）含铜成分可大于 0.1%，但不得大于 0.2%，且铬和锰的含量均不得超过 0.05%。	

（二）铝合金

按重量计含铝量大于其他元素单项含量的金属物质，但：

1. 按重量计至少有一种其他元素或铁加硅的含量大于上表中规定的限量；或

2. 按重量计其他元素的总含量超过 1%。

二、子目 7616.91 所称“丝”，不受本章注释三的限制，仅适用于截面尺寸不超过 6 毫米的任何截面形状的产品，不论是否盘卷。

总 注 释

本章包括铝、铝合金及其某些制品。

铝主要从铝土矿，一种天然水合氧化铝中提炼而得（参见品目 26.06 的注释）。提炼的第一阶段是把铝土矿变成纯氧化铝。为此，将磨碎的铝土矿锻烧后用氢氧化钠处理，从而生成铝酸钠溶液，然后将溶液中的不溶杂质（例如，氧化铁、二氧化硅等）滤去。这时，铝以氢氧化铝的形式沉淀下来，经锻烧制成白色粉末状的纯氧化铝。但氢氧化铝和氧化铝均应归入第二十八章。

第二步是通过电解，还原溶于熔融冰晶石的氧化铝，从而提炼出金属铝（冰晶石又称氟化铝钠，在此仅用作溶剂）。电解工序是在碳精衬里的槽内进行，碳精衬起阴极作用，而用碳精棒作阳极。铝沉积于槽底，用虹吸管吸出。精炼后浇铸成块、锭、坯段、板坯、线锭等形状。通过反复电解，可获得几乎完全纯净的铝。

铝还可以通过处理白榴石（铝和钾的复合硅酸盐）等某些矿石，将铝的废碎料再熔炼以及处理残渣（例如，矿渣、熔渣等）获得。

*
* *

铝是一种蓝白色金属，特点是质轻，具有较好的延展性，易于滚轧、拉拔、锻造、模压，也可用于铸造等。铝和其他软金属一样，非常适于挤压和模铸加工。现代的工艺能将铝焊接。铝是一种热和电的优良导体，也是一种极好的反射体。由于铝金属表面自然生成的氧化膜能起到保护作用，因此通常通过阳极化或化学处理，人为地增厚铝的氧化膜；在进行这些处理时，有时还给铝的表面上色。

*
* *

铝与其他元素（例如，铜、镁、硅、锌和锰）组成合金后，能极大地提高铝本身的硬度及韧度等性能。某些铝合金可经时效硬化处理使其强化。经过以上加工后，还可以进行回火处理。

按照第十五类注释五的规定（参见本类总注释），归入本章的铝合金主要包括如下品种：

一、铝铜合金，即含铜量很低的铝基合金。

二、铝锌铜合金。

三、铝硅合金（例如，硅铝明合金、高硅铝合金）。

四、铝锰镁合金。

五、铝镁硅合金（例如，阿尔梅莱克合金、奥尔德雷合金等）。

六、铝铜镁锰合金（例如，杜拉铝）。

七、铝镁合金（例如，马格纳里合金）。

八、铝锰合金。

九、铝锌镁合金。

上述合金大部含有少量的铁、镍、铬等；在贸易上往往因其原产国不同而有各种不同的名称。

*

* *

铝及铝合金的特殊性能使其具有广泛的用途。它们可用于飞机、汽车或船舶制造工业；建筑业；建造火车、电车车厢；电力工业（例如，制电缆）；制造各类容器（各种规格的罐及槽，运输用箱及桶等）；生产家庭或厨房用具；制造铝箔等。

*

* *

本章包括：

（一）未锻轧铝及铝废碎料（品目 76.01 及 76.02）。

（二）铝粉及片状粉末（品目 76.03）。

（三）品目 76.01 的未锻轧铝经轧、挤、拔、锻等加工制得的产品（品目 76.04 至 76.07）。

（四）品目 76.08 至 76.15 所列的各种制品，以及品目 76.16 包括的所有其他铝制品，但第八十二章或第八十三章所列的物品和协调制度其他章更为具体列名的物品除外。

铝和氧化铝的烧结产品应作为金属陶瓷对待，不归入本章（品目 81.13）。

*

* *

铝产品及铝制品通常经过各种处理，以改善其性能或外观，使其耐腐蚀等。这些处理一般不超出第七十二章总注释最后部分所列范围，而且不影响货品的归类。

*

* *

关于复合制品的归类，特别是制成品的归类，请参见第十五类总注释。

76.01　未锻轧铝：

10　—　　非合金铝

20　—　　铝合金

本品目包括通过浇铸电解铝或再熔铝废碎料所制得的未锻轧铝，不论其为液状、块状、锭状、坯段、板坯、凹口小锭、线锭或类似形状的。这些货品一般可供滚轧、锻压、拉拔、挤压、锤锻等加工，也可供重新熔炼，铸成制品。

本品目包括主要用于冶金的铝团粒（作为氧化剂，特别是用于钢铁生产中）。

本品目也包括某些铸造或烧结的铝条等（参见品目 74.03 的注释，该注释在必要的地方稍加修改后，可适用于本品目）。

本品目不包括铝粉及片状粉末（品目 76.03）。

76.02　铝废碎料

品目 72.04 注释中有关废碎料的规定，在必要的地方稍加修改后，可适用于本品目。

铝的废碎料是炼铝工业重要的原料来源，在冶金工业中还可用作一种脱氧剂或脱碳剂。

本品目不包括：

（一）钢铁生产时产生的矿渣、熔渣等，含有可回收铝的硅酸盐（品目26.18或26.19）。

（二）生产铝时所产生的矿渣、矿灰及残渣（品目26.20）。

（三）通过浇铸再熔铝废碎料所得的铝锭及类似未锻轧铝产品（品目76.01）。

76.03 铝粉及片状粉末：

10 — 非片状粉末

20 — 片状粉末

本品目包括第十五类注释八（二）所规定的铝粉及片状粉末。它们的范围与铜制产品的范围基本一致，因此，品目74.06的注释在必要的地方稍加修改后，可适用于本品目。而铝粉及片状粉末还可用于制烟火、发热剂（例如，用于铝热法）、保护其他金属不受腐蚀（例如，用于渗铝处理、喷镀处理）、作火箭推进剂及配制特种水泥。

本品目不包括：

（一）制成色料、油漆或类似品的铝粉及片状粉末（例如，与其他色料配制而成的，或与胶粘剂或溶剂一起制成悬浮液、弥散液或膏状的）（第三十二章）。

（二）铝团粒（品目76.01）。

（三）用铝箔切成的亮晶片（品目83.08）。

76.04 铝条、杆、型材及异型材：

10 — 非合金铝制

— 铝合金制：

21 — — 空心异型材

29 — — 其他

这些产品的定义，参见本章注释一和二，它们的范围与类似的铜制货品的范围相同。因此，品目74.07的注释在必要的地方稍加修改后，可适用于本品目。

本品目不包括：

（一）结构件用已加工的条杆、型材及异型材（品目76.10）。

（二）焊接用涂料电极等（品目83.11）。

76.05 铝丝：

— 非合金铝制：

11 — — 最大截面尺寸超过7毫米

19 — — 其他

— 铝合金制：

21 — — 最大截面尺寸超过7毫米

29 — — 其他

丝的定义，参见本章注释三。

本品目不包括：

（一）含金属纱线（品目56.05）。

（二）用铝丝加强的绳索（品目 56.07）。

（三）品目 76.14 所列的绞股线、缆及其他货品。

（四）电焊用涂料电极（品目 83.11）。

（五）绝缘电线及电缆（包括漆包线或阳极化电线）（品目 85.44）。

（六）乐器用的弦（品目 92.09）。

76.06　铝板、片及带，厚度超过 0.2 毫米：

—　　矩形（包括正方形）：

11　——　非合金铝制

12　——　铝合金制

—　　其他：

91　——　非合金铝制

92　——　铝合金制

这类产品的定义，参见本章注释四，它们的范围与类似的铜制货品相同，因此，品目 74.09 的注释在必要的地方稍加修改后，可适用于本品目。

本品目不包括：

（一）厚度不超过 0.2 毫米的铝箔（品目 76.07）。

（二）网眼铝板（品目 76.16）。

76.07　铝箔（不论是否印花或用纸、纸板、塑料或类似材料衬背），厚度（衬背除外）不超过 0.2 毫米(+)：

—　　无衬背：

11　——　轧制后未经进一步加工的

19　——　其他

20　—　　有衬背

本品目包括本章注释四所规定的产品，但其厚度不超过 0.2 毫米。

品目 74.10 关于铜箔的注释在必要的地方稍加修改后，可适用于本品目。

铝箔用于生产瓶盖及封壳，包装食品、雪茄、香烟及烟草等，也用于制造品目 76.03 的铝粉，生产隔热用的皱纹箔，仿包银材料及在兽医外科中用作包扎材料。

本品目不包括：

（一）压印箔（也称烫银箔），用明胶、胶水或其他胶粘剂粘聚铝粉制成，或将铝粉沉积于纸张、塑料或其他衬底之上制成，用于印制书籍封面、帽圈等（品目 32.12）。

（二）衬有铝箔（即铝箔形成容器内表层的），供制牛奶、果汁或其他食品包装容器用的纸或纸板，保持纸或纸板基本特征的（品目 48.11）。

（三）从其印刷情况可以确认为印刷物的已印制铝箔标签（品目 49.11）。

（四）厚度超过 0.2 毫米的铝板、片及带（品目 76.06）。

（五）制成圣诞树装饰品形状的铝箔（品目 95.05）。

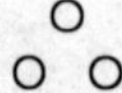

子目注释：

子目 7607.11

除冷轧或热轧外，本子目的产品还可经下列加工或表面处理:

一、热处理，例如，消除应力或退火。这些处理也可将滚轧机上残留的润滑油除去。

二、修剪、纵切或切成长方形（包括正方形），例如，将宽边带切成窄边带。

三、将层压薄片分离（展开）。当两卷或多卷铝箔在滚轧机通过终轧道次过程中同时滚轧时，需要该工序。

四、采用化学方法清洁或洗涤。当不经热处理时，一般采用这种方法除去残留的油。

76.08 铝管:

10 — 非合金铝制

20 — 铝合金制

管子的定义，参见本章注释五。

本品目的管子可经下列加工方法制得:

一、挤压空心圆铸锭或穿孔圆锭;

二、把锻成或轧成的扁平材（带材或片材）纵向或螺旋焊缝;

三、冲击挤压;

四、浇铸。

挤制或焊缝铝管可经冷拔处理，处理后管子壁薄，尺寸精度高，表面光洁度好。

本品目的管子用途很广，例如，用作油或水的输送管道、电线导管，用于生产家具，热交换器和结构件等。

本品目包括不论是否管端车螺纹或装有管套、法兰、套圈及套环等的管子。

本品目不包括:

（一）空心异型材（品目 76.04）。

（二）管子附件（品目 76.09）。

（三）软管（品目 83.07）。

（四）已明显制成物品的管子，例如，结构件（品目 76.10）、机器或车辆的零件（第十六类及第十七类）等。

76.09 铝制管子附件（例如，接头、肘管、管套）

品目 73.07 及 74.12 的注释在必要的地方稍加修改后，可适用于本品目。

本品目不包括:

（一）用以装配建筑构件的夹子或其他附件（品目 76.10）。

（二）用以支撑管道的吊钩及支架；用以组装或固定管子用的铝制螺母、螺栓（品目 76.16）。

（三）装有龙头、旋塞、阀门等的附件（品目 84.81）。

76.10 铝制结构体（品目 94.06 的活动房屋除外）及其部件（例如，桥梁及桥梁体段、塔、格构杆、屋顶、屋顶框架、门窗及其框架、门槛、栏杆、支柱及立柱）；上述结构体用的已加工铝板、杆、型材、异型材、管子及类似品:

10 — 门窗及其框架、门槛

90 — 其他

品目 73.08 的注释在必要的地方稍加修改后，可适用于本品目。

但铝制的结构件有时用合成树脂或橡胶化合物粘合组成，而不是采用一般的铆接、栓接等方法。

由于铝及其合金的质量较轻，有时可代替钢铁，用于制造结构框架、商店的上部结构、桥梁、滑门、电力网或无线电台塔、伸缩坑道支架、门窗框架、栏杆等。

本品目不包括：

（一）明显作为第八十四章至第八十八章所列物品零件的组装件。

（二）第八十九章的浮动结构体。

（三）活动房屋（品目 94.06）。

76.11 盛装物料用的铝制囤、柜、罐、桶及类似容器（装压缩气体或液化气体的除外），容积超过 300 升，不论是否衬里或隔热，但无机械或热力装置

品目 73.09 的注释在必要的地方稍加修改后，可适用于本品目。

由于铝的质量较轻，能耐腐蚀，愈来愈多地被用来代替钢铁，用于制造槽、罐等，特别是用于制造化工厂、酒厂、乳品厂和制酪厂的槽、罐。

但本品目不包括经特殊设计、装备适用于一种或多种运输方式的铝制容器（品目 86.09）。

76.12 盛装物料用的铝制桶、罐、听、盒及类似容器，包括软管容器及硬管容器（装压缩气体或液化气体的除外），容积不超过 300 升，不论是否衬里或隔热，但无机械或热力装置：

10 — 软管容器

90 — 其他

品目 73.10 的注释在必要的地方稍加修改后，可适用于本品目。

铝桶主要用于运送牛奶、啤酒、酒类等，铝听或铝盒则多用来包装食品。本品目还包括硬容器（例如，装药丸、药片等药品的容器）以及装奶油、牙膏等的软管容器。

本品目不包括：

（一）本品目 42.02 的物品。

（二）饼干桶、茶叶罐、糖盒以及类似的家用或厨房用容器（品目 76.15）。

（三）卷烟盒、粉盒、工具箱及类似的个人或专业用容器（品目 76.16）。

（四）品目 83.04 中的物品。

（五）装饰盒（品目 83.06）。

（六）经特殊设计、装备适用于一种或多种运输方式的容器（ 品目 86.09）。

（七）品目 96.17 的带壳保温瓶及其他真空容器。

76.13 装压缩气体或液化气体用的铝制容器

参见品目 73.11 的注释。

76.14 非绝缘的铝制绞股线、缆、编带及类似品：

10 — 带钢芯的

90 — 其他

品目 73.12 的注释在必要的地方稍加修改后，可适用于本品目。

由于铝的质量较轻，具有很好的导电性能，铝及铝镁硅合金，例如，“阿尔梅莱克合金”和“奥尔德雷合金”，往往可替代铜，用于生产电线或电缆。

铝制的电缆可带有钢芯或其他金属芯，只要其按重量计以铝为主（参见第十五类注释七）。

但本品目不包括绝缘电线及电缆（品目 85.44）。

76.15　餐桌、厨房或其他家用铝制器具及其零件；铝制擦锅器、洗刷擦光用的块垫，手套及类似品；铝制卫生器具及其零件：

10　—　餐桌、厨房或其他家用器具及其零件；擦锅器及洗刷擦光用的块垫、手套及类似品

20　—　卫生器具及其零件

本品目包括品目 73.23 及 73.24 注释所述的同样类型的货品，特别是厨房用具、卫生及盥洗用具。本品目还包括品目 74.18 所述类型的烹煮或加热器具。

但本品目不包括：

（一）品目 76.12 所列的罐、盒及类似容器。

（二）具有工具性质的家用器具（第八十二章）（参见品目 73.23 的注释）。

（三）品目 82.11 至 82.15 的刀、叉、匙、勺及其他物品。

（四）装饰品（品目 83.06）。

（五）品目 84.19 的快速热水器或贮备式热水器及其他器具。

（六）第八十五章的家用电器（特别是品目 85.09 及 85.16 的器具及设备）。

（七）第九十四章的物品。

（八）香烟打火机及其他点火器（品目 96.13）。

（九）品目 96.17 的保温瓶及其他真空容器。

76.16　其他铝制品：

10　—　钉、平头钉、U 形钉（品目 83.05 的货品除外）、螺钉、螺栓、螺母、钩头螺钉、铆钉、销、开尾销、垫圈及类似品

—　其他：

91　——　铝丝制的布、网、篱及格栅

99　——　其他

本品目包括所有铝制品，但本章其他品目所列的物品、第十五类注释一所述的物品、第八十二章或第八十三章列名的物品及协调制度其他章更为具体列名的物品除外。

本品目主要包括：

一、钉、平头钉、U 形钉（品目 83.05 的制品除外）、螺钉、螺栓、螺母、钩头螺钉、铆钉、销、开尾销、垫圈及品目 73.17 及 73.18 注释所列类型的类似物品。

二、织针、引针、钩针、刺绣穿孔锥、别针、其他针及品目 73.19 注释所列类型的类似物品。

三、铝制链条及其零件。

四、铝丝制的布、网、篱、格栅，以及网眼铝板（参见品目 73.14 的注释）。网眼铝板一般用于商店的陈列架、扩音器网罩，并可在运输及储存挥发性液体及气体中用作抑爆物。

五、与品目 73.25 及 73.26 注释所述钢铁制品范围一致的铝制品。

本品目不包括：

（一）金属线机织物，用于衣着物品或作为家具布及类似品（品目 58.09）。

（二）制成机器零件的铝丝网布（例如，与其他材料装配而成的网布）（第八十四章或第八十五章）。

（三）制成手用粗筛或细筛的铝丝网布等（品目 96.04）。

第七十七章

（保留为协调制度将来所用）

第七十八章 铅及其制品

注释：

本章所用有关名词解释如下：

一、条、杆

轧、挤、拔或锻制的实心产品，非成卷的，其全长截面均为圆形、椭圆形、矩形（包括正方形）、等边三角形或规则外凸多边形（包括相对两边为弧拱形，另外两边为等长平行直线的“扁圆形”及“变形矩形”）。对于矩形（包括正方形）、三角形或多边形截面的产品，其全长边角可经磨圆。矩形（包括“变形矩形”）截面的产品，其厚度应大于宽度的十分之一。所述条、杆也包括同样形状及尺寸的铸造或烧结产品。该产品在铸造或烧结后再经加工（简单剪修或去氧化皮的除外），但不具有其他品目所列制品或产品的特征。

二、型材及异型材

轧、挤、拔、锻制的产品或其他成型产品，不论是否成卷，其全长截面相同，但与条、杆、丝、板、片、带、箔、管的定义不相符合。同时也包括同样形状的铸造或烧结产品。该产品在铸造或烧结后再经加工（简单剪修或去氧化皮的除外），但不具有其他品目所列制品或产品的特征。

三、丝

盘卷的轧、挤或拔制实心产品，其全长截面均为圆形、椭圆形、矩形（包括正方形）、等边三角形或规则外凸多边形（包括相对两边为弧拱形，另外两边为等长平行直线的“扁圆形”及“变形矩形”）。对于矩形（包括正方形）、三角形或多边形截面的产品，其全长边角可经磨圆。矩形（包括“变形矩形”）截面的产品，其厚度应大于宽度的十分之一。

四、板、片、带、箔

成卷或非成卷的平面产品（品目 78.01 的未锻轧产品除外），截面均为厚度相同的实心矩形（不包括正方形），不论边角是否磨圆（包括相对两边为弧拱形，另外两边为等长平行直线的“变形矩形”）。并且符合以下规格：

1. 矩形（包括正方形）的，厚度不超过宽度的十分之一；
2. 矩形或正方形以外形状的，任何尺寸，但不具有其他品目所列制品或产品的特征。

品目 78.04 还适用于具有花样（例如，凹槽、肋条形、格槽、珠粒及菱形）的板、片、带、箔以及穿孔、抛光、涂层或制成瓦楞形的这类产品，但不具有其他品目所列制品或产品的特征。

五、管

全长截面及管壁厚度相同并只有一个闭合空间的实心产品，成卷或非成卷的，其截面为圆形、椭圆形、矩形（包括正方形）、等边三角形或规则外凸多边形。对于截面为矩形（包括正方形）、等边三角形或规则外凸多边形的产品，不论全长边角是否磨圆，只要其内外截面为同一圆心并为同样形状及同一轴向，也可视为管子。上述截面的管子可经抛光、涂层、弯曲、攻丝、钻孔、缩腰、胀口、成锥形或装法兰、颈圈或套环。

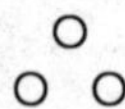

子目注释：

本章所称“精炼铅”，是指：

按重量计含铅量至少为 99.9% 的金属，但其他各种元素的含量不超过下表中规定的限量：

其他元素表

元 素		所含重量百分比
Ag	银	0.02
As	砷	0.005
Bi	铋	0.05
Ca	钙	0.002
Cd	镉	0.002
Cu	铜	0.08
Fe	铁	0.002
S	硫	0.002
Sb	锑	0.005
Sn	锡	0.005
Zn	锌	0.002
其他（例如，碲）	每种	0.001

总 注 释

本章包括铅、铅合金以及它们的某些制品。

铅主要从方铅矿中提炼而得。方铅矿是一种天然的硫化铅矿，通常含有银。通过浮选法精选的矿砂一般先进行焙烧或烧结，然后再熔炼还原。在焙烧或烧结过程中，大部分的硫化物转化为氧化物；在熔炼过程中，这些氧化物在焦炭和助熔剂的作用下还原出金属铅。用这种方法可制得“生铅”或“粗铅”，这些铅含有一些杂质，其中往往含有银，所以一般须进一步精炼，以制取出几乎完全纯净的铅。

铅也可通过再熔铅废碎料制得。

*
* *

铅是一种蓝灰色的金属，质重、延展性极好，易熔，柔软（可轻易地用指甲在铅上刮出痕迹），它不受大多数酸（例如，硫酸或盐酸）的侵蚀，因而用于建造化工设备。

*
* *

由于其熔点低，铅容易与其他元素组成合金。根据第十五类注释五的规定（参见该类总注释），可归入本章的主要铅合金如下：

一、**铅锡合金**，用于制铅基软焊料、镀铅锡钢板以及包装茶叶用箔等。

二、**铅锑锡合金**，用于制印刷铅字及减摩轴承。

三、**铅砷合金**，用于制作铅弹。

四、**铅锑合金**（硬铅），用于制子弹、蓄电池极板等。

五、**铅钙合金**、铅锑镉合金及铅碲合金。

*
* *

本章包括：

（一）未锻轧铅及铅废碎料（品目 78.01 和 78.02）。

（二）一般通过滚轧或挤压品目 78.01 的未锻轧铅制得的产品（品目 78.04 及 78.06）；铅粉及片状粉末（品目 78.04）。

（三）管子、管子附件以及未列名品目 78.06 的其他制品。品目 78.06 包括所有其他铅制品，但第十五类注释一所列的货品、第八十二章或第八十三章所列的物品及协调制度其他章更为具体列名的物品除外。

*
* *

铅产品及铅制品可以经过各种处理以改善其性能或外观。这些处理一般不超出第七十二章总注释最后部分所列范围，而且不影响货品的归类。

*
* *

关于复合制品的归类，请参见第十五类总注释。

78.01　未锻轧铅：

10　—　　精炼铅

—　　其他：

91　——　按重量计所含其他元素是以锑为主的

99　——　其他

本品目包括不同纯度的未锻轧铅，品种从不纯的生铅或含银铅到电解精炼铅不等。它们呈块、锭、坯板、饼或类似形状，也可呈铸棒状。这些形状的产品大多数都是用于滚轧或挤压加工，用于制成合金或者用于铸成有一定形状的物品。本品目也包括电解精炼用铸造阳极，以及用于诸如滚轧、拉拔或重铸为成形制品的浇铸铅杆。

本品目不包括铅粉或片状粉末（品目 78.04）。

78.02　铅废碎料

品目 72.04 注释中有关废碎料的说明在必要的地方稍加修改后，可适用于本品目。

本品目不包括：

（一）制铅时产生的矿渣、矿灰及残渣（例如，铅锍）（品目 26.20）。

（二）用再熔铅废碎料浇铸而成的铅锭及类似形状的未锻轧铅（品目 78.01）。

【78.03】

78.04　铅板、片、带、箔；铅粉及片状粉末：

—　　板、片、带、箔：

11　——　片、带及厚度（衬背除外）不超过 0.2 毫米的箔

19　——　其他

20　—　　粉末及片状粉末

铅板、片、带及箔的定义，参见本章注释四。

品目 74.09 及 74.10 的注释在必要的地方稍加修改后，可适用于本品目。

铅板、片及带主要用作屋顶材料或包层材料，用于制槽、桶、其他化工设备及 X 射线屏蔽等。

铅箔主要用于包装（尤其用于作茶叶箱及丝绸箱的衬里）。有时铅箔用锡或其他金属包层或镀面。

本品目也包括第十五类注释八（二）所述的铅粉，以及片状粉末。品目 74.06 的注释，在必要的地方稍加修改后，可适用于本品目。

本品目不包括制成色料、油漆或类似品的铅粉及片状粉末（例如，与其他色料混合制成的或用胶粘剂或溶剂制成悬浮液、弥散液或膏状的）（第三十二章）。

【78.05】

78.06　其他铅制品

本品目包括所有的铅制品，不论其是否用浇铸、压制、模压等方法制成的，但本章其他品目所列的物品、第八十二章或第八十三章所列的物品以及协调制度其他章更为具体列名的物品除外（参见第十五类注释一）。

本品目主要包括用于包装颜料或其他产品的软管；无机械或热力装置的囤、槽、罐、桶及类似容器（用于盛装酸类、放射性产品或其他化学品）；渔网的铅坠、衣着、帷幕等的铅坠；钟的摆锤以及通用法码；用于包装或管子接口堵缝的铅丝或铅线绞、束或绳；建筑结构体的零件；游艇的龙骨、潜水员的胸板；电镀阳极（参见品目75.08注释的第一部分）；本章注释一、二及三所定义的铅制的条、杆、型材及异型材和丝〔不包括用于滚轧、拉拔或重铸为成形制品等的浇铸铅杆（品目78.01）以及涂有焊剂的焊条（品目83.11）〕。

本品目也包括本章注释五所定义的铅管及管子附件（例如，接头、肘管、管套）〔不包括带有龙头、旋塞、阀门等的管子附件（品目84.81）、已制成可确定为专用物品的管子，例如，机器零件（第十六类），以及具有铅制外套的绝缘电缆（品目85.44）〕。这些物品与品目73.04至73.07注释所述及的钢铁制品相对应。

第七十九章　锌及其制品

注释：

本章所用名词解释如下：

一、条、杆

轧、挤、拔或锻制的实心产品，非成卷的，其全长截面均为圆形、椭圆形、矩形（包括正方形）、等边三角形或规则外凸多边形（包括相对两边弧拱形，另外两边为等长平行直线的“扁圆形”及“变形矩形”）。对于矩形（包括正方形）、三角形或多边形截面的产品，其全长边角可经磨圆。矩形（包括“变形矩形”）截面的产品，其厚度应大于宽度的十分之一。所述条、杆也包括同样形状及尺寸的铸造或烧结产品。该产品在铸造或烧结后再经加工（简单剪修或去氧化皮的除外），但不具有其他品目所列制品或产品的特征。

二、型材及异型材

轧、挤、拔、锻制的产品或其他成型产品，不论是否成卷，其全长截面相同，但与条、杆、丝、板、片、带、箔、管的定义不相符合。同时也包括同样形状的铸造或烧结产品。该产品在铸造或烧结后再经加工（简单剪修或去氧化皮的除外），但不具有其他品目所列制品或产品的特征。

三、丝

盘卷的轧、挤或拔制实心产品，其全长截面均为圆形、椭圆形、矩形（包括正方形）、等边三角形或规则外凸多边形（包括相对两边为弧拱形，另外两边为等长平行直线的“扁圆形”及“变形矩形”）。对于矩形（包括正方形）、三角形或多边形截面的产品，其全长边角可经磨圆。矩形（包括“变形矩形”）截面的产品，其厚度应大于宽度的十分之一。

四、板、片、带、箔

成卷或非成卷的平面产品（品目 79.01 的未锻轧产品除外），截面均为厚度相同的实心矩形（不包括正方形），不论边角是否磨圆（包括相对两边为弧拱形，另外两边为等长平行直线的“变形矩形”）。并且符合以下规格：

1. 矩形（包括正方形）的，厚度不超过宽度的十分之一；

2. 矩形或正方形以外形状的，任何尺寸，但不具有其他品目所列制品或产品的特征。

品目 79.05 还适用于具有花样（例如，凹槽、肋条形、格槽、珠粒及菱形）的板、片、带、箔以及穿孔、抛光、涂层或制成瓦楞形的这类产品，但不具有其他品目所列制品或产品的特征。

五、管

全长截面及管壁厚度相同并只有一个闭合空间的空心产品，成卷或非成卷的，其截面为圆形、椭圆形、矩形（包括正方形）、等边三角形或规则外凸多边形。对于截面为矩形（包括正方形）、等边三角形或规则外凸多边形的产品，不论全长边角是否磨圆，只要其内外截面为同一圆心并为同样形状及同一轴向，也可视为管子。上述截面的管子可经抛光、涂层、弯曲、攻丝、钻孔、缩腰、胀口、成锥形或装法兰、颈圈或套环。

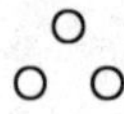

子目注释：

本章所用有关名词解释如下：

一、非合金锌

按重量计含锌量至少为 97.5% 的金属。

二、锌合金

按重量计含锌量大于其他元素单项含量的金属物质，但按重量计其他元素的总含量超过2.5%。

三、锌末

冷凝锌雾所得的锌末。该产品由球形微粒组成，比锌粉更为精细，按重量计至少80%的微粒可以通过孔径为63微米的筛子，而且必须含有按重量计至少为85%的金属锌。

总　注　释

本章包括锌、锌合金以及它们的某些制品。

锌主要是从硫化矿（闪锌矿）中提炼而得，但有时也从碳酸盐矿石及硅酸盐矿石（菱锌矿、异极矿等）中提取制得（参见品目26.08的注释）。

不论如何，矿石都要先经过精选，然后再焙烧或锻烧以产生氧化锌（从硫化矿及碳酸盐矿中提取时产生）或无水硅酸锌（从硅酸盐矿中提取时产生）。最后通过热还原法或电解法（硅酸盐矿不用此法）从氧化锌中制得金属锌。

一、热还原法是将氧化物或硅酸盐置于密闭的蒸馏罐中用焦炭加热到一定温度，使锌气化，再经过冷凝器冷结，可收集到大部分名为“粗锌”的金属锌。这种不纯的锌可直接用于镀锌，或通过各种方法加以精练。

也有一些不纯的金属锌在蒸馏罐曲颈处以极精细的粉末形式落下，人们称之为锌末或蓝粉。

经改进后的现代工艺是在竖式蒸馏罐内将氢化锌连续还原并且进行蒸馏。这种工艺可制取出适于制造压铸合金的极纯金属锌。

二、电解法是将氧化锌溶解于稀硫酸中，所得的硫酸锌溶液经过仔细提纯，除去镉、铁、铜等，再进行电解以生产出极纯的锌。

锌也可通过再熔锌废碎料制得。

*
* *

锌是一种蓝白色金属，在适当的温度下可以进行滚轧、拉拔、模锻、挤压等加工，还可用于浇铸。锌能够抗空气腐蚀，因而用作建筑材料（例如，屋顶材料），用于充当其他金属（尤其是钢铁）的保护层（例如，热浸镀锌、电解镀锌、粉末滲锌、涂层或喷层）。

*
* *

锌也可以用于生产合金，其中许多的含锌合金（例如，黄铜）是以其他金属为主的。根据第十五类注释五的规定，可归入本章的主要锌基合金如下：

（一）锌铝合金，通常加有铜或镁，用于压铸，特别是用于制汽车零件（汽化器体、散热器格栅、档泥板等）、脚踏车零件（脚踏、直流发电机壳等）、无线电零件、电冰箱零件等。锌基合金还可用于制造出比普通锌强度更大的薄板、冲压模具，也用作阴极保护阳极（防蚀消耗阳极）以保护管道、冷凝器等，使其不受腐蚀。

（二）锌铜合金（钮扣金属合金），用于浇铸、冲压等。参见子目注释一及二中有关锌与锌合金的区别。

*
* *

本章包括：

1．粗锌及未锻轧锌，以及锌废碎料（品目79.01及79.02）。

2．锌末、锌粉及片状粉末（品目79.03）。

3．通常经过滚轧、拉拔、挤压品目79.01的未锻轧锌制得的产品（品目79.04及79.05）。

4. 管子、管子附件以及未列名品目 79.07 的其他制品。品目 79.07 包括所有其他锌制品，但第十五类注释一所列的物品、第八十二章或第八十三章所列的物品以及协调制度其他章更具体列名的物品除外。

*
* *

锌产品及锌制品可以经过各种处理以改善其性能或外观。这些处理一般不超出第七十二章总注释最后部分所列范围，而且不影响货品的归类。

*
* *

关于复合制品的归类，请参见第十五类总注释。

79.01　未锻轧锌：

—　非合金锌：

11　——　按重量计含锌量在 99.99％及以上

12　——　按重量计含锌量低于 99.99％

20　—　锌合金

本品目包括不同纯度的未锻轧锌，品种从粗锌（参见上述总注释）到精炼锌不等，不论是块、板、锭、坯段、板坯及类似形状或团粒状。本品目的产品一般用于镀锌（通过热浸法或电解沉积法）、制造合金、滚轧、拉拔或挤压等加工，或用于浇铸成一定形状的物品。

本品目不包括锌末、锌粉及片状粉末（品目 79.03）。

79.02　锌废碎料

品目 72.04 注释中有关废碎料的注释在必要的地方稍加修改后，可适用于本品目。

本品目不包括：

（一）制锌或镀锌时产生的矿渣、矿灰及残渣（例如，电镀时沉积的淤渣及浸槽中的金属残渣）（品目 26.20）。

（二）用再熔锌废碎料浇铸而成的锌锭及类似的未锻轧锌（品目 79.01）。

79.03　锌末、锌粉及片状粉末：

10　—　锌末

90　—　其他

本品目包括：

一、本章子目注释三所述的锌末是通过冷凝锌雾而得的。锌雾可以直接在提炼锌矿过程中产生，也可以将含锌物料煮沸时产生。切勿将这些产品与归入品目 26.20 的烟道灰相混淆。烟道灰有各种名称，例如，“锌烟灰”、“氧化锌烟灰”或“布袋集尘器锌烟灰”。

二、锌粉〔其定义参见第十五类注释八（二）〕及片状粉末。品目 74.06 的注释在必要的地方稍加修改后，可适用于本品目。

*
* *

锌末、锌粉及片状粉末主要用于其他金属的镀锌（粉末渗锌），制造油漆或作为化学还原剂等。

本品目也不包括：

（一）制成色料、油漆或类似品的锌末、锌粉或片状粉末（例如，与其他色料配制而成的，或与胶粘剂或溶剂一起制成悬浮液、弥散液或膏状的）（第三十二章）。

（二）锌团粒（品目79.01）。

79.04　锌条、杆、型材及异型材或丝

本品定义，参见本章注释一、二及三，它们的范围与铜制的类似货品范围相同。因此，品目74.07和74.08的注释在必要的地方稍加修改后，可适用于本品目。

锌杆、型材及异型材通常用于制造活动房屋的部件（品目79.07）。锌丝的主要用途是作为氧乙炔喷枪的喷涂材料。

本品目也包括锌基合金制的焊条（通常挤压制得），不论是否切成一定的长度，但不得涂有焊剂。已经涂有焊料的焊条不归入本品目（品目83.11）。

本品目也不包括用于滚轧、拉拔或重铸为成形物品的浇铸锌杆（品目79.01）。

79.05　锌板、片、带、箔

本品目包括本章注释四所述的锌板、片、带及箔；这些产品的范围与品目74.09和74.10注释所述铜制产品范围相同。

锌板及锌片用于制造屋顶铺瓦、干电池外壳、照相凸版、平版或其他印刷用版等。

本品目不包括：

（一）网眼锌板（品目79.07）。

（二）品目84.42的已制成的印刷版等。

【79.06】

79.07　其他锌制品

本品目包括所有锌制品，但本章其他品目所列的物品、第十五类注释一所列的物品、第八十二章或第八十三章所列的物品及协调制度其他章更为具体列名的物品除外。

本品目主要包括：

一、无机械或热力装置的囤、槽、罐、桶及类似容器。

二、包装药品等用的管状容器。

三、锌丝制的布、网、篱、格栅以及网眼锌板。

四、锌钉、平头钉、螺母、螺栓、螺丝钉及品目73.17和73.18注释中所列类型的其他锌制品。

五、家庭或卫生用具，例如，桶、提桶、洗涤槽、浴盆、脸盆、洒水壶、灌洗器、搓板及壶〔但许多上述物品通常用镀锌钢、铁制成，因而不归入本品目（品目73.23及73.24）〕。

六、锌制“标签”（用于树木、植物等），不带有字母、数字或图案，或仅带有一些栏项，有关主要内容须日后填入。已填好了所有主要内容的“标签”应归入品目83.10。

七、刻花模板。

八、瓦钩及与品目73.25和73.26注释所列钢铁货品范围相对应的其他锌制杂项物品。

九、电镀阳极（参见品目75.08注释的第一部分）。

十、阴极保护阳极（防蚀消耗阳极），用于保护管道、油船等不受腐蚀。

十一、檐槽、屋顶构件、天窗框、雨水管头、门窗框、栏杆、扶手、暖房框架及与品目73.08注

释所列钢铁制品范围相对应的活动房屋的其他锌制部件。

十二、本章注释五所定义的锌管及管子附件（例如，接头、肘管、管套）〔不包括空心异型材（品目 79.04)、带有龙头、旋塞、阀门等的管子附件（品目 84.81)，以及已制成可确定为专用物品的管子，例如，机器零件（第十六类)〕。这些物品与品目 73.04 至 73.07 的注释所述及的钢铁物品相对应。

第八十章　锡及其制品

注释：

本章所用有关名词解释如下：

一、条、杆

轧、挤、拔或锻制的实心产品，非成卷的，其全长截面均为圆形、椭圆形、矩形（包括正方形）、等边三角形或规则外凸多边形（包括相对两边为弧拱形，另外两边为等长平行直线的“扁圆形”及“变形矩形”）。对于矩形（包括正方形）、三角形或多边形截面的产品，其全长边角可经磨圆。矩形（包括“变形矩形”）截面的产品，其厚度应大于宽度的十分之一。所述条、杆也包括同样形状及尺寸的铸造或烧结产品。该产品在铸造或烧结后再经加工（简单剪修或去氧化皮的除外），但不具有其他品目所列制品或产品的特征。

二、型材及异型材

轧、挤、拔、锻制的产品或其他成型产品，不论是否成卷，其全长截面相同，但与条、杆、丝、板、片、带、箔、管的定义不相符合。同时也包括同样形状的铸造或烧结产品。该产品在铸造或烧结后再经加工（简单剪修或去氧化皮的除外），但不具有其他品目所列制品或产品的特征。

三、丝

盘卷的轧、挤或拔制实心产品，其全长截面均为圆形、椭圆形、矩形（包括正方形）、等边三角形或规则外凸多边形（包括相对两边为弧拱形，另外两边为等长平行直线的“扁圆形”及“变形矩形”）。对于矩形（包括正方形）、三角形或多边形截面的产品，其全长边角可经磨圆。矩形（包括“变形矩形”）截面的产品，其厚度应大于宽度的十分之一。

四、板、片、带、箔

成卷或非成卷的平面产品（品目 80.01 的未锻轧产品除外），截面均为厚度相同的实心矩形（不包括正方形），不论边角是否磨圆（包括相对两边为弧拱形，另外两边为等长平行直线的“变形矩形”），并且符合以下规格：

1. 矩形（包括正方形）的，厚度不超过宽度的十分之一；

2. 矩形或正方形以外形状的，任何尺寸，但不具有其他品目所列制品或产品的特征。

五、管

全长截面及管壁厚度相同并只有一个闭合空间的空心产品，成卷或非成卷的，其截面为圆形、椭圆形、矩形（包括正方形）、等边三角形或规则外凸多边形。对于截面为矩形（包括正方形）、等边三角形或规则外凸多边形的产品，不论全长边角是否磨圆，只要其内外截面为同一圆心并为同样形状及同一轴向，也可视为管子。上述截面的管子可经抛光、涂层、弯曲、攻丝、钻孔、缩腰、胀口、成锥形或装法兰、颈圈或套环。

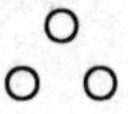

子目注释：

本章所用有关名词解释如下：

一、非合金锡

按重量计含锡量至少为 99％的金属，但含铋量或含铜量不超过下表中规定的限量：

其他元素表

元　　素		所含重量百分比
Bi	铋	0.1
Cu	铜	0.4

二、锡合金

按重量计含锡量大于其他元素单项含量的金属物质，但：

（一）按重量计其他元素的总含量超过1%；或

（二）按重量计含铋量或含铜量应等于或大于上表中规定的限量。

总　注　释

本章包括锡、锡合金以及它们的某些制品。

商业上的锡是从归入品目26.09的锡石中提炼而得的，该矿石存在于矿脉或冲积层中。

提炼锡的主要工序如下：

一、将矿砂冲洗或破碎后通过浮选进行精选。

二、通过锻烧、磁选或用酸类及其他溶剂处理氧化锡，以除去硫、砷、铜、铅、铁及钨等杂质。

三、用焦碳还原纯化的氧化锡生成粗锡。

四、用各种方法将粗锡精炼成近乎完全纯净的金属锡。

锡也可通过氯化或电解处理从废碎马口铁中回收制得，或再熔锡的废碎料回收制得。通过这些回收方法也可制得极纯净的锡。

*
* *

纯锡呈银白色，很有光泽，韧性不是很强，但具延展性，易熔且柔软（但比铅硬），可用于铸造、锤锻、滚轧或挤压加工。

锡抗大气腐蚀性能极强，但受浓酸侵蚀。

*
* *

锡主要用作其他贱金属，特别是钢铁的镀锡（例如，制造马口铁，尤其是制罐工业的马口铁），以及制造合金（青铜等）。纯锡或锡合金也可用于制造食品工业的器具及管子；蒸馏釜的顶盖；制冷设备；工业贮槽、贮罐等；焊条、焊丝等；装饰品及餐具（例如，白蜡器皿）；玩具；风琴管等。亦可用于制锡箔或软管。

*
* *

根据第十五类注释五（参见该类总注释）的规定，归入本章的主要锡合金包括：

一、**锡铅合金**，例如，用作软锡焊料；用于制白蜡器、玩具及某些量器。

二、**锡锑合金**，通常还含有铜（例如，不列颠合金），用于制餐具及轴承等。

三、**锡铅锑合金**，有时也含有铜（例如，锡基减摩合金），用于制造铸件（特别是轴承）及作密封件。

四、**锡镉合金**，有时也含有锌，用作减摩合金。

*
* *

本章包括：

（一）未锻轧锡及锡废碎料（品目 80.01 及 80.02）。

（二）一般通过滚轧或挤压品目 80.01 的未锻轧锡制得的产品（品目 80.03 及 80.07）；锡粉及片状粉末（品目 80.07）。

（三）管子、管子附件以及未列名品目 80.07 的其他制品。品目 80.07 包括所有其他锡制品，但第十五类注释一所列的物品、第八十二章或第八十三章所列的物品以及协调制度其他章更为具体列名的物品除外。

*
* *

锡产品及锡制品可以经过各种处理以改善其性能或外观等，这些处理一般不超出第七十二章总注释最后部分所列范围，而且不影响货品的归类。

*
* *

关于复合制品的归类，请参见第十五类总注释。

80.01　未锻轧锡：

10　—　　非合金锡

20　—　　锡合金

本品目包括呈块、锭、板坯、条、杆或类似形状的未锻轧锡，以及锡碎片、锡粒及类似产品。本品目的大多数产品用于镀锡，供滚轧、挤压加工，制造合金或铸造成形物品。

本品目不包括锡粉及片状粉末（品目 80.07）。

80.02　锡废碎料

品目 72.04 注释中有关废碎料的说明在必要的地方稍加修改后，可适用于本品目。

本品目不包括：

（一）制锡时产生的矿渣、矿灰及残渣（品目 26.20）。

（二）用再熔锡废碎料浇铸而成的锡锭及类似形状的未锻轧锡（品目 80.01）

80.03　锡条、杆、型材及异型材或丝

这些产品的定义，参见本章注释一、二及三，其范围与用铜制的类似货品范围相同。因此，品目 74.07 或 74.08 的注释在必要的地方稍加修改后，可适用于本品目。

本品目还包括不论是否切成一定长度的锡基焊条（一般挤压制得），但不得涂有焊剂。涂有焊剂的焊条不归入本品目（品目 83.11）。

本品目也不包括用于滚轧、拉拔或重铸为成形制品的浇铸锡杆（品目 80.01）。

【80.04】

【80.05】

【80.06】

80.07　其他锡制品

本品目包括所有的锡制品，但本章其他品目所列的物品、第十五类注释所列的物品、第八十二章或第八十三章所列的物品及协调制度其他章更为具体列名的物品除外。

本品目主要适用于：

一、囤、槽、罐、桶及其他容器（无机械或热力装置）。

二、包装牙膏、颜料或其他产品的软管。

三、家用器具及餐具（通常为白蜡器），例如，壶、盘、碟、杯、虹吸管头及啤酒罐盖。

四、容量量器。

五、电镀阳极（参见品目 75.08 的注释第一部分）。

六、锡粉〔参见第十五类注释八（二）〕及片状粉末；

七、锡板、片及带；锡箔（不论是否印花或用纸、纸板、塑料或类似材料衬背）。这些物品的定义参见本章注释四。

八、锡管（定义参见本章注释五）及管子附件（例如，接头、肘管、管套）〔不包括空心异型材（品目 80.03）、带有龙头、旋塞、阀门等的管子附件（品目 84.81），以及已制成可确定为专用物品的管子，例如，机器零件（第十六类）〕。这些物品与品目 73.04 至 73.07 的注释所述及的钢铁物品相对应。

第八十一章 其他贱金属、金属陶瓷及其制品

子目注释：

第七十四章注释中有关“条、杆”、“型材及异型材”、“丝”及“板、片、带、箔”的规定也适用于本章。

总 注 释

本章只限于下列未在本协调制度其他章内更为具体列名的贱金属、它们的合金及制品。

一、钨（品目81.01）、钼（品目81.02）、钽（品目81.03）、镁（品目81.04）、钴，包括钴锍及其他冶炼钴时所得的中间产品（品目81.05）、铋（品目81.06）、镉（品目81.07）、钛（品目81.08）、锆（品目81.09）、锑（品目81.10）及锰（品目81.11）。

二、铍、铬、锗、钒、镓、铪、铟、铌、铼及铊（品目81.12）。

本章也包括金属陶瓷（品目81.13）。

未列入本章或第十五类其他各章的贱金属归入第二十八章。

归入本章的大多数金属一般作为合金或碳化物使用为多，而较少直接使用纯金属。这些合金应按第十五类注释五的规则归类。本章不包括金属碳化物。

*

* *

关于复合货品，特别是制成品的归类，请参见第十五类总注释。

废碎料及粉末的定义，参见第十五类注释八。

81.01 钨及其制品，包括废碎料：

10 — 粉末

— 其他：

94 — — 未锻轧钨，包括简单烧结而成的条、杆

96 — — 丝

97 — — 废碎料

99 — — 其他

钨主要是从黑钨砂（铁锰钨酸盐）及白钨砂（钨酸钙）中获得。矿砂先被转化成氧化物，然后在电炉中用氢还原，或在高温坩埚中用铝或碳还原。所得的钨粉压成块状或棒状，置入电炉内在氢气环境烧结而成。这些致密烧结钨棒经机械锤锻，最后滚轧、拉拔制成薄板、截面较小的条或丝。

钨是一种钢灰色金属，其密度大，熔点高，性脆质硬，抗腐蚀性强。

钨用于制电灯泡及无线电电子管的钨丝；电炉元件；X射线管的对阴极；电触点；电气测量仪器或钟表的非磁性弹簧；望远镜透镜的瞄准线；也可用于电弧焊的焊接电极等。

钨的最重要用途（通常为钨铁，参见第七十二章）是制造特种钢，亦用于制造碳化钨。

*

* *

根据第十五类注释五的规定，可归入本章的主要钨合金是烧结制得的。它们包括：

一、钨铜合金（例如，制电触点）。

二、钨镍铜合金，用于制造X射线防护屏、某些飞机零件等。

*
* *

归入本品目的钨可呈下列形状：

（一）粉末；

（二）未锻轧形状，例如，块、锭、烧结棒及杆，废碎料（关于废碎料，参见品目72.04的注释）；

（三）已锻轧形状，例如，轧或拔制的条；型材及异型材、板、片、带或丝；

（四）制成品，但第十五类注释一所列的物品、第八十二章或第八十三章所列的物品及协调制度其他章更为具体列名的物品除外。实际上除弹簧以外的大多数钨制品是归入第十六类或第十七类的；例如，完整的电触点应归入第八十五章，而用于制造该电触点的钨板则归入本品目。

本品目不包括碳化钨，例如，用于制造切割工具或冲模工作头或工作刃。这些碳化钨的归类如下：

（一）未混合粉末归入品目28.49。

（二）未烧结的混合物（例如，与碳化钼或碳化钽混合而成，不论有无粘合剂）归入品目38.24。

（三）已烧结但未装配的工具用板、杆、刀头及类似品归入品目82.09（参见有关注释）。

81.02　钼及其制品，包括废碎料：

10　—　　粉末

　　—　　其他：

94　——　未锻轧钼，包括简单烧结而成的条、杆

95　——　条、杆，但简单烧结而成的除外；型材及异型材，板、片、带、箔

96　——　丝

97　——　废碎料

99　——　其他

钼主要从辉钼矿（硫化钼）及钼铅矿（钼酸铅）中获得。矿砂经过浮选后转化为氧化物，然后还原成金属钼。

所得金属钼可为适于滚轧、拉拔等加工的密实形状，也可为与钨相似的可烧结粉末状（参见品目81.01的注释）。

密实形状的钼外表与铅相似，但极硬，熔点高，具延展性，在常温下抗腐蚀。

钼（纯钼或第七十二章的钼铁）用于制造合金钢。金属钼也可用于制电灯泡的灯丝支架；电子管的栅极；电炉元件；电流整流器及电触点。它亦可用作牙科材料；同时，由于其不会褪色，也在珠宝首饰业上用以代替白金。

钼合金一般含钼的比例不大，根据第十五类注释五的规定，不归入本品目。

由于钼的冶炼方法与钨相同，因此，品目81.01注释的第二部分（关于钨的商品形态及其碳化物的归类）在必要的地方稍加修改后，可适用于本品目。

81.03　钽及其制品，包括废碎料：

20　—　　未锻轧钽，包括简单烧结而成的条、杆；粉末

30　—　　废碎料

90　—　　其他

钽主要是从铁矿及铌铁矿(钶铁矿)（品目26.15)中通过还原氧化钽或电解熔融的氟化钽钾制得。

所得的金属钽可为密实形状，也可为供烧结用的粉末状，与钨和钼一样。

钽粉为黑色。而其他状态的钽，抛光的为白色，未经抛光的为钢蓝色。纯钽韧性和延展性极好。钽有非凡的抗腐蚀性能，不受绝大多数酸的腐蚀。

钽用于制造碳化物以及合金钢（例如，钽铁，参见第七十二章）；也用于制造电子管的栅极及阳极、电流整流器、坩埚、热交换器及其他化学装置、化学纤维的喷丝头、牙科器械及外科工具；还可用于外科上固定骨胳等，以及制造吸气剂（在制造电子管时用以除去最后的微量气体）。

根据第十五类注释五的规定，可归入本品目的钽合金包括含钽量很高的钽钨合金，例如，用于制造电子管的钽钨合金。

本品目包括各种形状的钽，即粉末、块、废碎料；条、线、丝；片、带、箔；型材及异型材；管及其他品目未具体列名的其他制品（例如，弹簧及丝网布）。

碳化钽的归类与碳化钨相同（参见品目81.01的注释）。

81.04　镁及其制品，包括废碎料(+)：

—　未锻轧镁：

11　——　按重量计含镁量至少为99.8％

19　——　其他

20　—　废碎料

30　—　锉屑、车屑及颗粒，已按规格分级的；粉末

90　—　其他

镁是从多种矿物质中提炼而得的。这些矿物质大都不是归入第二十六章（矿砂），而是归入第二十五章或第三十一章，例如，白云石（品目25.18）、菱镁矿（品目25.19）及光卤石（品目31.04）。镁也可从海水或天然盐水（品目25.01），及含氯化镁的碱液中提炼而得。

工业上制备金属镁的第一步是根据不同的含镁原料而采用不同的方法生产氯化镁或氧化镁，然后通常经过以下两种反应之一制得金属镁：

1．用碱金属氯化物或氟化物等溶剂与氯化镁混和，电解其熔融物，分离的镁聚集在电解槽的阴极周围的表面，而氯则可通过阳极回收。

2．用碳、硅铁、碳化硅、碳化钙、铝等加热还原氧化镁。高温反应使金属镁蒸发，经迅速冷却后凝结成极纯状态的金属镁。

电解制得的金属镁一般需要进一步精炼。加热还原法制得的金属镁一般很纯，不需进一步精炼，可以直接用于熔化及铸锭。

*

* *

镁是一种银白色金属，外表象铝，但比铝还要轻。镁可具有极好的光泽，但当其暴露于空气后，光泽很快消失，这是因为它很快就形成了一层可保护金属抗腐蚀的氧化膜。镁丝、带、箔及粉末可剧烈燃烧，发出耀眼光芒，接触时必须非常小心。精细的镁粉与空气混合时，有发生爆炸的危险。

*

* *

非合金镁用于制备多种化合物，例如，冶金（例如，生产铁、铜、镍及其合金）中用作脱氧剂及脱硫剂，也用于焰火制造等。

纯金属镁的机械性能差，但与其他元素混合后可形成高强度的合金，可用于滚轧、锻造、挤压及浇铸等加工，因而在轻金属工业上有多种用途。

*

* *

根据第十五类注释五（参见本类总注释）的规定，可归入本章的主要镁合金包括：

一、镁铝合金或镁铝锌合金，通常含有锰。这些镁基合金为“埃勒克特龙”或“道氏”合金类型的金属。

二、镁锆合金，通常含有添加的锌。

三、镁锰合金或镁铈合金。

此类合金质量轻，强度大及抗腐蚀性强，因而适用于航空工业（例如，制发动机外壳、轮、化油器、磁电机座、油箱）；汽车工业；建筑业；机械零配件制造业，特别是纺织机械零配件（锭子、筒管、绕线器等）和机床、打字机、缝纫机、链锯、割草机、梯子或装卸设备等的零配件，也用作平版印刷板等。

*
* *

为了改善金属镁的性能、外观等而采取第七十二章总注释所述的方法进行处理并不影响其产品的归类。

本品目包括：

（一）未锻轧镁，呈锭、凹口小锭、板坯、棒、饼、方块、坯段及类似形状。这些货品通常用于轧、拔、挤、锻等加工或用于浇铸成形的物品。

（二）镁废碎料。品目 72.04 的注释在必要的地方稍加修改后，可适用于本品目。

本组包括未按规格大小分类的锉屑、车屑及颗粒。已按规格大小分类的锉屑、车屑及颗粒的归类，参见下列第（三）组。

（三）条、杆、型材、异型材、板、片及带、箔、丝、管、空心异型材、粉末及片状粉末、规格一致的锉屑、车屑及颗粒。

本组包括下列商品镁：

1. 第（一）组的产品经轧、拔、挤、锻等加工制得的产品（例如，锻轧的条、杆、型材、异型材、丝、板、片、带及箔）；管及空心异型材（参见有关品目关于其他贱金属制的类似产品的注释）。

这些货品可作为质轻、强度大的金属使用（参见以上注释）。

2. 规格一致的锉屑、车屑及颗粒，以及各种类型的粉末及片状粉末。这些产品用于制造烟火产品（焰火、信号等）、化学或冶金等工艺中的还原剂。锉屑、车屑及颗粒需经特殊处理并分类才能适合以上用途。

（四）其他制品。

本组包括所有镁制品，但本品目其他各组所列的物品、第十五类注释一所列的物品、第八十二章或第八十三章所列的物品及协调制度其他章更为具体列名的物品除外。

由于镁主要用于制造航空器、交通工具及机器的零件（参见以上注释），大多数的镁制品应归入其他章内（特别是第十六类及第十七类）。

归入本品目的制品包括：

（1）结构体及其部件。

（2）囤、槽及类似容器（无机械或热力装置的），桶及罐。

（3）丝网布。

（4）螺栓、螺母、螺丝钉等。

本品目不包括制镁时产生的矿渣、矿灰及残渣（品目 26.20）。

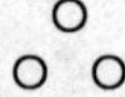

子目注释：

子目 8104.11 及 8104.19

这些子目也包括镁锭及用再熔镁废碎料浇铸而成的类似形状的未锻轧镁。

81.05　钴锍及其他冶炼钴时所得的中间产品；钴及其制品，包括废碎料：

20　—　钴锍及其他冶炼钴时所得的中间产品；未锻轧钴；粉末

30　—　废碎料

90　—　其他

钴主要是从水钴矿（水合氧化钴）、硫钴矿（硫化钴镍）及砷钴矿（砷化钴）中获得。硫钴矿及砷钴矿熔融后产生出钴锍及其他中间产品。通过处理除去其他金属后，先制得氧化钴，然后用碳、铝等进行还原制得金属钴。金属钴也可通过电解方法及处理精炼铜、镍、银等的残余物提取制得。

钴是一种银色金属，耐腐蚀性强，比镍硬，是有色金属中最具磁性的金属。

纯钴用于其他金属的镀层（用电解沉积法镀层），用作催化剂，用于制造硬质合金切割工具的粘合剂；用作制造钐钴磁体或某些合金钢的成分等。

钴合金有多种，根据第十五类注释五的规定，归入本品目的钴合金包括：

一、**钴铬钨合金**（钨铬钴合金）（通常含有少量其他元素）。因其具有耐磨损及在高温下抗腐蚀的性能，故用于制造阀门及阀门座、工具等。

二、**钴铁铬合金**，例如，低热膨胀型及强磁性的一类合金。

三、**钴铬钼合金**，用于制喷气式发动机。

本品目包括钴锍、钴冶炼的其他中间产品及各种形状的钴，例如，锭、阴极、颗粒、粉末、废碎料及未在其他品目具体列名的制品。

81.06　铋及其制品，包括废碎料

这种金属存在于自然界中，但主要是从精炼铅、铜等的残渣或从硫化矿或碳酸盐矿（例如，辉铋矿及泡铋矿）中获得。

铋是白色的，略略有点发红，性脆，难以加工，是不良导体。

铋用于制科学仪器以及药用化合物。

铋能组成易熔合金（有时可在低于 100℃时熔化），根据第十五类注释五的规定，下列合金可归入本品目：

一、**铋铅锡合金**（有时含有镉等）（例如，达氏易熔合金、利波维茨低温可熔合金、牛顿合金及伍德合金），用作焊料、浇铸合金、灭火器及锅炉的易熔元件。

二、**铋铟铅锡镉合金**，用于外科定型。

81.07　镉及其制品，包括废碎料：

20　—　未锻轧镉；粉末

30　—　废碎料

90　—　其他

镉大都是从提炼锌、铜或铅所剩残余物中获得，提取镉时通常采用蒸馏法或电解法。

镉的外观与锌相似，但较之柔软。

镉大多用于其他金属的镀层（用喷涂或电解沉积法镀层），在制铜、银、镍等中用作除氧剂。

由于镉对慢中子的吸收率非常高，因而也用于制造核反应堆中的活动控制棒及监测棒。

根据第十五类注释五的规定应归入本品目的主要镉合金是镉锌合金。该合金用作热浸耐腐蚀镀层材料、软焊料及硬焊料。

但其他含镉合金（例如，某些轴承合金）不应归入本品目。

81.08　钛及其制品，包括废碎料：

20 —　未锻轧钛；粉末

30 —　废碎料

90 —　其他

钛是从还原氧化物矿石，即金红石及板钛矿，以及从钛铁矿（含钛铁矿）中获得。根据不同的处理方法，金属钛可制成密实形状、可烧结的粉末状（与钨的状况相同）、也可制成钛铁（第七十二章）或碳化钛。

钛密实形状时为白色，闪闪发亮，粉末状时为深灰色；极纯净的钛耐腐蚀，质硬而性脆。

钛铁及硅钛铁（第七十二章）用于炼钢，钛也可与铝、铜、镍等组成合金。

钛主要用于航空工业、造船业、制造桶、搅拌器、热交换器、化学工业的阀及泵等，也用于海水的脱盐及核电站的建设。

本品目包括各种形状的钛，特别是海绵状、锭、粉末、阳极、条、杆、板、片、废碎料以及制成品，但协调制度其他章（通常为第十六类或第十七类）所列的钛制品除外，例如，直升机水平旋翼、螺旋桨叶片、泵或阀门。

碳化钛的归类与碳化钨相同（参见品目 81.01 的注释）。

81.09　锆及其制品，包括废碎料：

20 —　未锻轧锆；粉末

30 —　废碎料

90 —　其他

锆是从硅酸盐矿，即锆石中获得。它通过还原氧化锆、氯化锆等或通过电解锆石制得。

锆是一种银灰色金属，具有韧性及延展性。

锆用于制照相闪光灯泡、吸收剂或电子管中的吸气剂等。锆铁（第七十二章）用于炼钢，锆还可与镍等组成合金。

锆本身或与锡的合金（“锆锡合金”）也可用于制核燃料筒的外壳及核设备的金属结构体。锆钚合金及锆铀合金用作核燃料。应用于核反应时，必须首先将所有的微量铪完全除去。

81.10　锑及其制品，包括废碎料：

10 —　未锻轧锑；粉末

20 —　废碎料

90 —　其他

锑主要是从硫化矿，即辉锑矿中提取，其方法为：

一、精选并熔融以制得所谓“生锑”。生锑实际上是品目 26.17 的粗硫化物。

二、熔炼制得不纯的锑，称为“炼锑”（锑块）。

三、进一步熔炼制得“精锑块材”，再经精炼后制得极纯的锑，即“星锑”或“纯锑”。

锑是一种略为发蓝的白色金属，有光泽，性脆，易成粉末状。

非合金的锑用途极为有限，但制成合金后，特别是与铅及锡组成合金后，其金属坚硬，用于制造轴承合金、印刷用活字及其他铸造合金、白蜡器、不列颠金属等（参见第七十八章及第八十章，这些合金由于以铅或锡为主，在正常情况下应归入这两章）。

81.11　锰及其制品，包括废碎料

锰是通过还原氧化物矿石（软锰矿、褐锰矿、水锰矿）制得的，也可通过电解制得。

金属锰本身呈暗粉红色，质硬性脆，极少直接使用。

锰是镜铁、锰铁、硅锰及某些合金铸铁及合金钢的组成部分，这些产品一般应归入第七十二章。但如果锰铁及硅锰的铁含量很低，有时也归入本品目〔参见第七十二章注释一（三）〕。锰也可与铜、镍、铝等组成合金。

81.12　铍、铬、锗、钒、镓、铪、铟、铼、铌、铊及其制品，包括废碎料：

　　—　　铍：
12　——　未锻轧铍；粉末
13　——　废碎料
19　——　其他
　　—　　铬：
21　——　未锻轧铬；粉末
22　——　废碎料
29　——　其他
　　—　　铊：
51　——　未锻轧铊；粉末
52　——　废碎料
59　——　其他
　　—　　其他：
92　——　未锻轧；废碎料；粉末
99　——　其他

一、铍

铍几乎完全是从绿柱石（一种铍铝的复合硅酸盐）中获得。绿柱石归入品目26.17，除非其已构成宝石（例如，翡翠）（第七十一章）。

工业上提取铍的主要方法有：

（一）高温电解氟氧化铍（从矿砂中制得的）与钡或其他氟化物的混合物，用石墨坩埚作阳极，金属铍就会聚集在水冷的铁质阴极上。

（二）用镁将氟化铍还原。

*
* *

铍是一种钢灰色金属，质很轻，坚硬但极脆，只有在很特殊的条件下方能进行滚轧或拉拔加工。

*
* *

非合金的铍用于制造X射线管窗；作核反应堆的元件；用于航空及航天工业和军工业；用作回旋加速器的靶；用于霓虹灯标志的电极等；在金属冶炼中作除氧剂。

铍也可制备多种合金，例如，与钢（弹簧钢等）、与铜（例如，称为铍铜的合金，用于制造弹簧、钟表零件、工具等）以及与镍组成合金。但这些合金应分别归入第七十二章、第七十四章或第七十五章，因为它们只含有很小比例的铍。

本品目包括各种形状的铍，即未锻轧铍（块状、团块状、方块状等）、铍产品（条、杆、丝、片等）以及铍制品，但不包括已明显制成物品的货品，例如，机器零件、仪器零件等（参见第八十五章及第九十章）。

二、铬

铬主要是从铬铁矿中提取制得。先将铬铁矿转化为倍半氧化物，然后还原成金属铬。

铬未抛光时为钢灰色，但抛光后为有光泽的白色。铬极硬，耐腐蚀，但不易延展。

纯铬用作各种其他金属制品的镀层，（电解镀铬）。它的主要用途（通常为铬铁，参见第七十二章）是制备不锈钢。根据第十五类注释五的规定，大部分的铬合金（例如，与镍或钴的合金）不归入本品目。

某些铬基合金用于制造喷气式发动机、电热元件的保护管等。

三、锗

锗是从炼锌的残余物或从锗石矿（硫化锗铜）及煤气厂烟道的粉尘中提取制得。

锗是一种灰白色金属，具有特殊电离子性能，因而可用于制造电子元件（例如，二极管、晶体管、电子管），也可与锡、铝及金制成合金。

四、钒

钒主要是从绿硫钒矿或钒酸钾铀矿中提取制得。它一般通过还原氧化钒获得，也可从炼铁、镭或铀的残余物中制得。由于金属钒本身的用途极为有限，因而通常制成钒铁（第七十二章）或铜钒母合金（第七十四章）。这些合金用以与钢、铜、铝等制成合金。

五、镓

镓是作为提炼铝、锌、铜及锗的副产品获得的，也可从煤气厂烟道粉尘中获得。

镓是一种柔软的灰白色金属，约在30℃时熔化，但气化点高，它可在一般很大的温差幅度内保持液态，因而可在温度计及蒸气弧光灯中代替汞。镓也可用于牙科合金以及作特种镜的镀银。

六、铪

铪是从与锆同一种矿石（锆石等）中提取制得的，其性能与锆极为相似。

由于铪对慢中子的吸收率极高，因而主要用于制造核反应堆中的控制棒及监测棒。

七、铟

铟是从制锌的残余物中提取而得的。

铟很柔软，为银色，耐腐蚀。

它可单独使用或与锌等组成合金，用于其他金属的镀层，它也可与铋、铅或锡组成合金（用于外科定型）、与铜或铅组成合金（轴承合金）以及与金组成合金（用于制首饰、牙科合金等）。

八、铌（钶）

铌是从铌铁矿（钶铁矿）及钽铁矿中获得的，这些矿石经处理可制得氟化铌钾，然后用电解法或其他方法提取金属铌。

铌为银灰色金属，用于制造吸收剂（在制造电子管时用以除去管内残存的微量气体）。

铌及铌铁合金（第七十二章）也用于炼钢及生产其他合金。

九、铼

铼是作为提炼钼、铜等的副产品获得的。

至目前为止，铼还很少使用，但有人建议用它来镀层及作催化剂。

十、铊

铊是从处理黄铁矿或其他矿石的残余物中提炼获得。铊是一种灰白色的柔软金属，与铅很相似。

铊可与铅组成合金（能提高熔点，增加强度及耐腐蚀性能等）和与银组成合金（能保持光泽）。

81.13 金属陶瓷及其制品，包括废碎料

金属陶瓷既有陶瓷成分（耐热、熔点高），又有金属成分。其生产制造方法及其物理、化学性能均与其所含的陶瓷及金属成分相似，故称为金属陶瓷。

陶瓷成分通常为氧化物、碳化物、硼化物等。

金属成分则为一种金属，例如，铁、镍、铝、铬、钴。

金属陶瓷是通过烧结法、分散法或其他方法制得的。

主要的金属陶瓷是用以下材料制得的：

一、一种金属与一种氧化物，例如，铁与氧化镁；镍与氧化镁；铬与氧化铝；铝与氧化铝。

二、硼化锆或硼化铬；这些产品称为硼化石。

三、锆、铬、钨等碳化物与钴、镍或铌。

四、碳化硼与铝：以铝包覆的产品称为碳化硼铝金属陶瓷。

不论是未锻轧的金属陶瓷或制成协调制度其他品目未列名的金属陶瓷制品，均应归入本品目。

金属陶瓷用于航空工业，核工业以及导弹的制造。它们也用于制熔炉、金属铸件（例如，盛器、喷嘴、管）、轴承、闸衬等。

本品目不包括：

（一）含有裂变或放射性物质的金属陶瓷（品目28.44）。

（二）制造工具用板、棒、刀头及类似品，用主要成分为粘聚的金属碳化物的金属陶瓷制成（品目82.09）。

第八十二章　贱金属工具、器具、利口器、餐匙、餐叉及其零件

注释：

一、除喷灯、轻便锻炉、带支架的砂轮、修指甲和修脚用器具及品目 82.09 的货品外，本章仅包括带有用下列材料制成的刀片、工作刃、工作面或其他工作部件的物品：

（一）贱金属；

（二）硬质合金或金属陶瓷；

（三）装于贱金属、硬质合金或金属陶瓷底座上的宝石或半宝石（天然、合成或再造）；或

（四）附于贱金属底座上的磨料，当附上磨料后，所具有的切齿、沟、槽或类似结构仍保持其特性及功能。

二、本章所列物品的贱金属零件，应与该制品归入同一品目，但具体列名的零件及手工工具的工具夹具（品目 84.66）除外。第十五类注释二所述的通用零件，均不归入本章。

电动剃须刀及电动毛发推剪的刀头、刀片应归入品目 85.10。

三、由品目 82.11 的一把或多把刀具与品目 82.15 至少数量相同的物品构成的成套货品应归入品目 82.15。

总　注　释

本章包括具有工具、器具、刀具、餐具等性质的某些贱金属制品，这些制品不归入第十五类本章以前的各章，也不属于第十六类的机器或器具（参见下文）、第九十章的仪器或设备和品目 96.03 或 96.04 的制品。

本章包括：

一、除某些列名不包括的货品（例如，机动锯用的锯条）以外的手工工具（品目 82.01 至 82.05）。

二、由品目 82.02 至 82.05 中两个或两个以上品目的工具组成的零售包装成套货品（品目 82.06）。

三、供手工工具、机床或手提式动力工具用的可互换工具（品目 82.07），机器或机械器具用的刀及刀片（品目 82.08）以及工具用的板、杆、刀头及类似品（品目 82.09）。

四、利口器（不论供专业用、个人用或家庭用）、某些家用机械器具、餐匙、餐叉及类似的餐具和厨房用具（品目 82.10 至 82.15）。

总的来说，本章包括可单独使用的手工工具，不论是否装有齿轮、曲柄、活塞、螺旋装置或杠杆等简单机构。但是，对于准备装于工作台、墙壁等上的器具或由于重量、规格或使用所需力度等原因而装于底板、底座、支架等上以便放置于地板、工作台等上面的器具，一般应归入第八十四章。

因此，工人用手自由操作的无支架胸压式手摇钻，尽管装有简单的齿轮机构，仍应归入品目 82.05；另一方面，装于支座或支架上的钻机应归入品目 84.59。同样，钳式金属剪应归入品目 82.03，而配有支座或底板的闸刀式剪切机，即使是手工操作的也应归入品目 84.62。

但是，由于设备性质的不同，这条规则在两方面均有例外。例如，台钳、带支架砂轮及轻便锻炉在品目 82.05 中具体列名。同样，某些机械器具（咖啡磨、榨汁机、绞肉机等）因有专门规定（参见下面有关注释），应归入品目 82.10。另一方面，第八十四章具体列名包括某些可独立操作的手工器具，例如，液体或粉末的喷雾器具（品目 84.24）、风动工具（品目 84.67）、非手枪式办公室用钉书机（品目 84.72）——某些钉书机的体积很小，很难说其装有底板或支架。

*
* *

工具、利口器等只有在其刀片、工作刃、工作面或其他工作部件是由贱金属、硬质合金（参见品目28.49的注释）或金属陶瓷（参见品目81.13的注释）制成的情况下，才归入本章；只要符合这一条件，上述器具即使装有其重量超过金属工作部件的非金属柄、身，仍应归入本章（例如，装有金属刀片的木刨）。

本章也包括由天然、合成或再造宝石或半宝石（例如，黑金刚石）制的工作部件装于贱金属、硬质合金或金属陶瓷支架上而构成的工具；此外，在某些情况下，其工作部件可由用磨料镶嵌或包覆的贱金属制成。

这些一般规则不适用于某些在品目中已具体列名的物品（例如，轻便锻炉及带支架砂轮）。而且，归入本章的研磨工具为数不多（参见品目82.02及82.07的注释），因为品目68.04包括用天然石料、粘聚研磨料或陶瓷制成的砂轮及类似品（例如，研磨、磨刃、抛光、修整及切割用的轮、头、盘及尖），不论其是否配有其他物料制成的芯、柄、套座、轴或类似品，但不带支架。

供手工工具、机床或手提式动力工具用的贱金属制可互换工具，如果其工作部件不是用本章注释一所述的物料制成的，不应归入本章。这些物品通常应按工作部件的构成材料归类，例如，橡胶制的（第四十章）、皮革制的（第四十二章）、毛皮制的（第四十三章）、软木制的（第四十五章）、纺织品制的（第五十九章）、陶瓷材料制的（品目69.09）。机器用刷归入品目96.03。

明显作为工具、利口器等的贱金属零件（例如，锯架及刨铁），通常与其完整品归入同一品目。但这一规则不适用于已在有关品目具体列名的物品。第十五类注释二所述的链条、钉子、螺栓、螺母、螺钉、铆钉、弹簧（例如，供修枝剪刀用）及其他通用零件不归入本章，而应归入其相应的品目（第七十三章至第七十六章及第七十八章至第八十一章）。

品目82.08至82.15的利口器及其他物品可以装配有贵金属或包贵金属制的小件装饰品（例如，花押字或饰带）；但是，如果它们带有贵金属或包贵金属制的其他零件（例如，柄或刀片），或者含有天然或养殖珍珠、宝石或半宝石（天然、合成或再造）（上述工作部件除外），则应归入第七十一章。

*
* *

本章不包括：

（一）作为医疗、牙科、外科或兽医用的器械或器具的工具、剪刀或其他利口器（品目90.18）。

（二）明显具有玩具特征的工具（第九十五章）。

82.01　锹、铲、镐、锄、叉及耙；斧子、钩刀及类似砍伐工具；各种修枝用剪刀；镰刀、秣刀、树篱剪、伐木楔子及其他农业、园艺或林业用手工工具：

10　—　锹及铲

30　—　镐、锄及耙

40　—　斧子、钩刀及类似砍伐工具

50　—　修枝剪及类似的单手操作剪刀（包括家禽剪）

60　—　树篱剪、双手修枝剪及类似的双手操作剪刀

90　—　用于农业、园艺或林业的其他手工工具

本品目包括主要用于农业、园艺或林业的手工工具，尽管其中有些工具也可用于其他方面（例如，用于筑路、挖掘、采矿、采石、木工或家务工作）。

本品目包括：

一、锹及铲，包括家用煤铲及特种锹及铲（例如，野营、士兵等用的挖壕工具）。

二、叉，包括干草叉。

三、镐、锄及耙，包括草坪耙、联合锄耙、挖根锄、除草耙及耕耘耙。

四、斧子、钩刀及类似砍伐工具，包括伐木斧、手斧、短柄斧、砍刀、横口斧、长柄砍刀及大砍刀。

五、修枝剪及类似的单手操作剪刀（包括家禽剪）。这些剪通常由两支手柄铰接构成，在其长度的四分之三处有一枢轴，其中一支手柄的末端通常为凹状切割刃，而另一支则成凹状切割刃（“鹦鹉嘴”）；另外，它们不带指环，因而与品目82.13的剪刀不同。

这些工具通常装有弹簧，能使手柄剪切后分开，同时还装有一个钩或其他扣件，以便剪刀能用单手分开或闭合。剪切时用单手操作，其剪切力很强。

本品目包括园艺修枝剪、花卉或果树修枝剪；带有狭窄锥形刀片的葡萄园修枝剪等。

本品目不包括带有修枝剪刀片但具有指环的修枝剪式剪刀（参见品目82.13的注释）。

六、树篱剪、双手修枝剪及类似的双手操作剪刀，包括草剪及长柄修枝剪。

七、用于农业、园艺或林业的其他手工工具。它们包括长柄大镰刀、镰刀（包括装袋、收割或割草用镰刀）、秣刀或割稻草用的各种刀；种植器、播种器、点播器、泥铲及移植器；摘果器；牛梳、马梳及猪刮子；刮树皮器及剥树皮刀；伐木楔子、伐木工人搬运木材用的工具（木钩、木钳、木镐、翻木钩）；草坪修边刀；羊毛剪。

这些工具不论是否配有手柄均归入本品目。

本品目也包括明显作为这些工具零件的贱金属制品。

本品目不包括：

（一）绵羊耳朵及其他动物用的标记钳（品目82.03）。

（二）劈裂道路或石头用的楔子；修整大镰刀片用的铁砧（品目82.05）。

（三）整枝刀（品目82.11）。

（四）庭园滚压机、机械耙、割草机及类似器具，包括用手推或手拉的机械在内（第八十四章）。

（五）破冰斧（品目95.06）。

82.02　手工锯；各种锯的锯片（包括切条、切槽或无齿锯片）：

10　—　手工锯

20　—　带锯片

—　圆锯片（包括切条或切槽锯片）：

31　——　带有钢制工作部件

39　——　其他，包括部件

40　—　链锯片

—　其他锯片：

91　——　直锯片，加工金属用

99　——　其他

本品目包括：

一、锯木材、金属、石料或其他材料的手工锯，不论是专业用还是家庭用。

它们包括弓形木锯、弓形钢锯、钢丝锯及其他带木或金属框架的锯；板条锯、镶边短锯或榫锯、鸡尾锯；截锯（通常两端都有手柄）；园艺工或矿工用的刀形锯（折叠式或非折叠式）；钟表匠或首饰匠用的特种锯；套锯；供野营、军事等用的铰接锯；单板锯；与辅锯箱永久性组合在一起，其中锯子构成货品的主要特征的锯。

二、手工锯或机械锯的各种锯片，用于锯任何材料。它们包括：

（一）带锯片（例如，供锯木机用的锯片）。

（二）圆锯片（包括铣床用的切条或切槽锯片）。切条或切槽锯片与铣刀不同，其厚度与直径的比率要比铣刀的小，且其锯齿与普通圆锯片一样仅刻在边缘上，而铣刀的铣齿通常刻在其面上或具有凹形或凸形铣齿。

（三）供伐树、锯树干等用的链锯片（呈链条状）。这类锯片的锯齿通常由硬质合金或金属陶瓷构成。

（四）供板条锯、榫锯、弓锯等用的直锯片，包括供“金银丝细工锯”用的锯片（锯齿如锉，但象钢丝锯条一般使用的圆形锯片）。

（五）切割石料用的无齿直锯片（通过锤击或机械修整使其相当平直，或制成波纹状），但其末端必须穿孔或制成一定形状以供装配。

（六）供切割金属用的无齿切割圆盘（摩擦圆盘）。

本品目也包括锯片坯。锯片用条带（不论是否切成一定长度）及圆盘（中心有孔，供装配于主动轴上）只要带有锯齿的，可作为锯片坯归类。这些物品通常用高碳钢制成。

这些锯片可以本身带齿，也可以装配有镶嵌齿或扇形齿板（例如，某些圆盘锯）。锯齿可以全部由贱金属制成，也可以由贱金属装配或包覆上硬质合金或金刚石（主要是黑金刚石）制成，在某些情况下也有用磨料粉包覆而成。有些锯可以用装于圆盘边缘上的金刚石或硬质合金件来作为锯齿。

但是，装配有磨料轮缘的无齿圆盘（例如，供切割大理石、石英或玻璃用的磨轮）或边缘镶嵌一组磨料的无齿圆盘不归入本品目（参见品目 68.04 的注释）。

本品目包括单独报验的手工锯贱金属零件（例如，锯架、弓形锯架、锯柄及横撑支架）及供装于锯片上的贱金属齿及扇形齿板。

本品目还不包括：

（一）锯石绞线（通常为特种钢制的三股绞合线）（品目 73.12）。

（二）凿榫用链式切割工具（品目 82.07）。

（三）本身带发动机的手工锯（品目 84.67）。

（四）乐锯（品目 92.08）。

82.03　钢锉、木锉、钳子（包括剪钳）、镊子、白铁剪、切管器、螺栓切头器、打孔冲子及类似手工工具：

10　—　钢锉、木锉及类似工具

20　—　钳子（包括剪钳）、镊子及类似工具

30　—　白铁剪及类似工具

40　—　切管器、螺栓切头器、打孔冲子及类似工具

本品目包括下列手工工具：

一、各种形状（扁状、圆形、半圆形、正方形、三角形、椭圆形等）**及各种规格的钢锉、木锉及类似工具**（包括钢木两用锉），供加工金属、木材或其他物料用。

二、钳子（包括剪钳）**、镊子及类似工具**，例如：

（一）钳子（例如，封夹及封钳、绵羊耳朵及其他动物用标记钳、煤气管钳、装拆栓销用钳、打孔及封孔用钳；钳式整锯器）。

（二）夹钳（例如，钉马掌夹钳及铁工用夹钳）。

（三）镊子（例如，钟表镊子、花匠镊子、集邮镊子、拔毛镊子）。

（四）起钉器（以夹钳原理操作的颚式工具）。

三、白铁剪及类似工具，包括白铁工用的平头剪及其他金属片或金属丝的切割剪。

四、切管器、螺栓切头器、打孔冲子及类似工具，包括：

（一）钳式的切管器（带切割轮）、螺栓切头器、螺栓剪钳及链条切割器。

（二）打孔冲子，例如，钮孔冲孔器；剪票钳（不包括在票据上打印日期或其他标记的工具——品目96.11）；皮革、毡呢等冲孔用的鞍工冲子、床垫冲子等，不论是钳式的，还是锤击式的（但不包括实心铁钉冲子或类似冲子）。

本品目还不包括：

（一）机床用的冲头及锉刀（包括旋转锉刀）（品目82.07）。

（二）指甲锉、指甲钳及指甲剪（品目82.14）。

（三）糖块夹（品目82.15）。

（四）金属切割剪床（品目84.62）以及配有底座，以便将机器固定或放置于台、桌等上的办公室用打洞机（品目84.72）。

（五）用以在票据上打印日期或其他任何标记的剪票器（品目96.11）。

82.04　手动扳手及扳钳（包括转矩扳手，但不包括丝锥扳手）；可互换的扳手套筒，不论是否带手柄：

—　手动扳手及扳钳：

11　——　固定的

12　——　可调的

20　—　可互换的扳手套筒，不论是否带手柄

本品目包括下列手工工具：

一、手工扳手及扳钳（例如，带固定或可调钳口的扳手及扳钳；套筒扳手或棘轮扳手；曲柄扳手）；供自行车、汽车用或拧方头螺钉、消防栓或管道用的扳钳或扳手（包括链式管扳手）；转矩扳手。但本品目不包括丝锥扳手（品目82.05）。

二、可互换的扳手套筒，不论是否带手柄，包括扳头及加长杆。

82.05　其他品目未列名的手工工具（包括玻璃刀）；喷灯；台钳、夹钳及类似品，但作为机床附件或零件的除外；砧；轻便锻炉；带支架的手摇或脚踏砂轮：

10　—　钻孔或攻丝工具

20　—　锤子

30　—　木工用刨子、凿子及类似切削工具

40　—　螺丝刀

—　其他手工工具（包括玻璃刀）：

51　——　家用工具

59　——　其他

60　—　喷灯

70　—　台钳、夹钳及类似品

90　—　其他，包括由本品目项下两个或多个子目所列物品组成的成套货品

本品目包括本章其他品目或本协调制度其他章未列名的所有手工工具（参见本章总注释），以及本品目具体列名的其他工具或器具。

本品目包括的手工工具品种繁多（包括一些带曲柄、棘轮或齿轮等简单手工操作装置的工具）。

这些工具包括：

一、钻孔或攻丝工具，例如，手摇曲柄钻（包括棘轮式的）、胸压式手摇钻及手钻；板牙铰手、丝锥扳手及搓丝板，用于这些手工工具的互换工具，例如，钻头、钎头、丝锥及板牙不归入本品目——参见品目82.07。

二、锤子，例如，锻工、锅炉工、木工、钉马掌的铁匠、采石工人、石匠、装玻璃工、泥瓦匠及圬工等用的锤子、碎石锤、大木锤、石材修整锤以及带鹤嘴及拔钉器等附件的锤。

三、木工用刨子、凿子及类似切削工具，例如，各种刨子，包括槽刨（光刨、开槽刨、边刨、大刨等），木工、细木工、家具工、修桶工、木雕工等用辐刀、木刨刀、刻刀及拉刮刀。

四、螺丝刀（包括棘轮式的）。

五、其他手工工具（包括玻璃刀）。

本组包括：

（一）许多家庭用具，包括一些带有切割刀片的工具，但机械式的除外（参见品目82.10注释），这些用品具有工具性质，因而不归入品目73.23。例如：

熨斗（用煤气、煤油、木炭等的，但不包括品目 85.16 的电熨斗）、卷发钳；开瓶器、螺旋拔塞器、简易开听器（包括开罐钥匙）；坚果脱壳器；樱桃脱核器（弹簧式）；钮扣钩；鞋拔；“钢”磨刀器及其他金属制的磨刀器；糕点割刀及锯刀；干酪等的磨碎器；“闪电”式绞肉机（带切割轮）；干酪切片器、蔬菜切片器；蛋奶烘饼铁钳模；奶油或蛋搅拌器、切蛋器；卷黄油器；碎冰锥；蔬菜捣烂器；填肥肉馅用针，供炉、灶或壁炉用的拨火棒、火夹、火耙及揭盖器。

（二）钟表匠用工具，例如，压钻工具、摆轮平衡器、铆砧、主发条卷绕器、枢轴抛光工具、摆轮平衡螺钉安装工具及校准工具。

（三）玻璃刀，包括装有分度尺的圆规式金刚石玻璃刀（供切割外圆用）及在玻璃上画图案用的金刚石刻划刀。单独报验的金刚石不归入本品目（品目71.02）。

（四）锻工工具，例如，平头錾、陷型模、套锤、方柄凿及冲头。

（五）采矿、筑路等用的工具，例如，撬杆、钢钎、截石錾、冲头及楔块。

（六）圬工、制模工、水泥工、抹灰工、油漆工等用的工具，例如，镘刀、镘板、托盘、刮刀、铲刀、整平针及清洁器、凹纹滚子、带有切割轮的玻璃割刀、调色刀及油灰刀。

（七）杂项手工工具，例如，钉马蹄用的削皮刀、斜切刀、蹄签及蹄割刀、冷凿、冷冲子；铆工用圆凿、铆头模及冲头；非钳式拔钉器、开箱器及尖冲头；撬胎棒；皮匠锥（没有眼的）；木工及书籍装钉工用的冲头；烙铁及烙印铁；金属刮刀；非钳式锯齿修整器；铺锯箱；干酪采样器及类似品；夯土器；砂轮修整器；板条箱等用打包工具，但品目 84.22 的货品除外（参见有关注释）；供包裹、纸板等装订用的弹簧操作“手枪式”工具；铆接、打墙孔等用的药包操作工具；玻璃灯工用管子；人工吹管；油罐及油壶（包括带泵或螺旋机件的）、滑脂枪。

六、喷灯（例如，供软焊或硬焊用；供去除油漆用；供起动半柴油机用）。这种喷灯有两种类型，都是独立式的，只是所用燃料种类不同，装有一个贮存矿物油或其他液体燃料的贮存罐（常带有小泵）或一个可更换的蓄气筒。在某些情况下，喷灯顶端还装有烙铁、烙印铁或其他附件。本品目不包括气体焊接装置（品目84.68）。

七、台钳、夹钳及类似品，包括供细木工、木工、锁匠、军械师、钟表匠等用的手钳、针钳、台钳。但不包括构成机床或水射流切割机附件或零件的台钳。本组还包括象台钳一样，但用于夹持工具的夹钳及台式夹固件（例如，细木工用夹钳、紧板马铁及工具修理工用夹钳）。

本组包括为了防止被夹件受损而用非金属（木、纤维等）做钳口面的金属台钳。

但本品目不包括真空吸杯夹持器（吸夹），这种夹持器由一个贱金属底座、一个贱金属手柄、一条贱金属真空杆及多个橡皮吸盘构成，用于暂时附着于物体之上以便于物体移动（例如，品目73.25、

73.26或76.16)。

八、砧；轻便锻炉；带支架的手摇或脚踏砂轮。

本组包括：

（一）各种规格及各种用途的砧（包括双角砧），例如，锻工用砧；钟表匠或首饰匠用砧；鞋匠用鞋楦；修整大镰刀片用的手丁砧。

（二）轻便锻炉，通常装有鼓风机，有时还带铁砧；主要用于小型车间、造船厂等。

（三）带有木架或其他材料支架的砂轮（手摇式或脚踏式）。机动砂轮归入第八十四章或第八十五章。单独报验的砂轮及类似品应归入品目68.04。

含有金属材料但带有橡胶、皮革、毡呢等制的工作部件的工具，应按其构成材料归类（第四十章、第四十二章、第五十九章等）。

除上述货品外，本品目还不包括下列物品：

（一）品目73.19的手工缝纫用针及其他制品。

（二）供手工工具（不论是否机械式）、机床、手提式动力工具用的可互换工具（例如，螺丝刀头及凿岩钎头）（品目82.07）。

（三）液体或粉末的喷射、散布或喷雾器具（即使是手工操作的）（品目84.24）。

（四）手工工具用夹具（品目84.66）。

（五）手提式风动工具、液压工具及本身装有动力装置（电动或非电动）的手提式工具（品目84.67）。

（六）第九十章的划线、测量、检验或校准仪器（例如，划线规、打印冲子、中心冲孔机，中心划线器，卡尺及量规）。

82.06　由品目82.02至82.05中两个或多个品目所列工具组成的零售包装成套货品

本品目包括至少由品目82.02至82.05中两个或多个品目所列工具组成的零售包装成套货品（例如，装于一个塑料箱或一个金属工具箱中）。

本品目主要包括：

一、汽车修理工用的成套工具，包括全套套筒、扳手、棘轮扳手、螺丝刀、钳子等。

二、简单组合品，例如，成套的扳手和螺丝刀。

配有其他品目或本协调制度其他章所列无关紧要的小工具的成套货品仍应归入本品目，但这些小工具不得改变由品目82.02至82.05中两个或多个品目所列工具组成的成套货品的基本特征。

82.07　手工工具（不论是否有动力装置）及机床（例如，锻压、冲压、攻丝、钻孔、镗孔、铰孔及铣削、车削或上螺丝用的机器）的可互换工具，包括金属拉拔或挤压用模以及凿岩或钻探工具：

—　凿岩或钻探工具：
13　——　带有金属陶瓷制的工作部件
19　——　其他，包括部件
20　—　金属拉拔或挤压用模
30　—　锻压或冲压工具
40　—　攻丝工具
50　—　钻孔工具，但凿岩及钻探用的除外
60　—　镗孔或铰孔工具

70 —　　铣削工具
80 —　　车削工具
90 —　　其他可互换工具

本章前面各品目主要包括可直接使用或装手柄后即可使用的手工工具（机器用锯片等少数货品除外），而本品目则包括不能单独使用，但可装于下列货品上使用的工具：

一、手工工具，不论是否动力操作的（例如，胸压式手摇钻、手钻及板牙铰手），

二、按照第八十四章注释七规定归入品目 84.57 至 84.65 或 84.79 的机床，

三、品目 84.67 的工具，

用于对金属、硬质合金、木材、石料、硬橡胶、某些塑料或其他材料的锻压、冲压、冲孔、攻丝、钻孔、镗孔、铰孔、拉削、铣削、切齿、车削、切割、凿榫或拉拔等加工或用于上螺丝。

本品目还包括用于品目 84.30 的凿岩机或钻探机的工具。

除上述列名的货品以外，机器或器具用的模具、冲头、钻头或其他可互换工具，应按所属机器或器具的零件归类。

本品目的工具可以是单件制品，也可以是组合制品。

单件工具用一种材料制成，而且一般是用合金钢或高碳钢制成。

组合工具则是由一件或多件贱金属、硬质合金、金属陶瓷、金刚石、其他宝石或半宝石制成的工作部件通过焊接或镶嵌永久性地附于贱金属支架上，或作为可拆卸部件附于支架上构成的。可拆卸工作部件的工具是由一个贱金属基座和一个或多个工作部件（刀片、板、尖）构成，工作部件通过桥板、紧固螺钉或弹簧扁销等装置，必要时可带有断屑唇锁定在基座上。

本品目还包括由装有或包有磨料的贱金属工作部件构成的工具，这些工具所具有的切齿、沟槽等即使附上磨料之后也仍保持其特征及功能，即在没有磨料时工具仍可使用；但大多数研磨工具不归入本品目（参见品目 68.04 的注释）。

归入本品目的工具包括：

（一）凿岩或钻探工具，包括采矿、油井钻探或探测用工具（例如，麻花钻头、活钻头及扁钻）。

（二）金属拉拔或挤压用模，包括拉丝模板。

（三）锻压或冲压工具，包括金属片材冷锻压或冷冲压用的冲子及模具；锻模；冲孔或切割模、机床用冲头。

（四）攻丝工具，例如，丝锥及板牙、螺纹梳刀及螺纹梳刀盘。

（五）钻孔工具，但凿岩工具除外，包括钻头（螺旋或磨花钻、中心钻等用的钻头）、曲柄钻等。

（六）镗孔或铰孔工具，包括铰刀。

（七）铣削工具，例如，铣刀（平铣刀、螺旋铣刀、交错铣刀或斜角铣刀）；齿轮滚铣刀等。

（八）车削工具。

（九）其他可互换工具，例如：

1．磨削、刨削、开槽、研磨、修整用的工具。

2．木材凿榫或成形工具，包括木材凿榫用割链。

3．油漆、胶水、胶泥、胶粘剂及涂面泥釉的混合、搅拌等工具。

4．螺丝刀头。

拉丝模、车刀等即使制成具有放射性，也应归入本品目。

本品目不包括：

（一）带有橡胶、皮革、毡呢等工作部件的擦光球、抛光轮及其他工具，这些物品应按其构成材料归类（第四十章、第四十二章、第五十九章等）。

（二）各种锯片（品目 82.02）。

（三）刨刀及类似的工具零件（品目 82.05）。

（四）机器或机械器具用的刀及刀片（品目 82.08）。

（五）金属陶瓷制成但未装配的工具用板、杆、刀头及类似品（品目 82.09）。

（六）化学纤维喷丝头（品目 84.48）。

（七）机器或手工工具用的工件夹具和工具夹具，以及自启板牙切头（品目 84.66）。

（八）玻璃纤维拉丝用模（品目 84.75）。

（九）用作机器零件的刷子（不论是否由金属制成）（品目 96.03）。

82.08　机器或机械器具的刀及刀片：

10　—　金属加工用

20　—　木器（材）加工用

30　—　厨房器具或食品工业机器用

40　—　农业、园艺或林业机器用

90　—　其他

本品目包括未装配的机器或机械器具用的刀或刀片，矩形、圆形或其他形状的，但不包括品目 82.01 至 82.05 的手工工具用的刀片或刀（例如，刨刀）。

本品目包括下列用途的刀或刀片：

一、金属加工用：

（一）供装于机床刀具（例如，装于铰刀或铣刀）上的刀片及刀。

（二）铡刀式剪切机或机械剪用的刀片，供切割金属片、丝、杆等用。

二、木材加工用：

（一）刨床或类似木材加工机器用的刀片及刨铁。

（二）截夹板机用的刀片。

三、厨房器具或食品工业机器用，例如，家庭、屠宰场、面包店等用的器具或机器上的刀片或刀具（例如，绞肉机、切菜机、面包切片机、咸肉或火腿切片机器用的刀片）。

四、农业、园艺或林业机器用，例如，切根机、切草机等或剪草机用的刀片及刀；收割机用的刀片及其部件。但本品目不包括犁刀或耙用圆盘。

五、其他机器或机械器具用，例如：

（一）刀片及刀具，包括供皮革表面剖、削或修整机器用的圆形或杯形刀片。

（二）纸、纺织品、塑料等切割机器用的刀片及刀；烟叶切丝机等用的刀片及刀。

82.09　未装配的工具用金属陶瓷板、杆、刀头及类似品

本品目的产品通常呈板、杆、尖、棒、丸、环等形状，具有硬度大（即使在很热时）、刚性强的特点。

由于这些板、尖等具有特种性能，因此被焊于或夹于车刀、铣刀、钻头、模具或其他高速切割工具上，用于加工金属或其他硬质材料。上述货品不论是否磨刃或经其他加工，只要未装于工具上，均归入本品目；否则应按工具归入相应的品目，主要是品目 82.07。

本品目还不包括：

（一）未混合的非烧结金属碳化物（品目 28.49）。

（二）已配制的非烧结金属碳化物的混合物（品目 38.24）。

（三）工具用的陶瓷板、杆、刀头及类似品（品目69.09）。

（四）金属陶瓷制的喷砂嘴及机器用的其他耐磨零件（第八十四章）。

82.10　用于加工或调制食品或饮料的手动机械器具，重量不超过10千克

本品目包括用于加工、调制食品或饮料的非电动机械器具，它们通常为手工操作，其重量不超过10千克。

在本品目中，具有曲柄、齿轮、阿基米德螺旋装置、泵等机件的器具可视为机械器具；但是，仅具有简单杠杆或活塞机构的器具，除非是准备装于墙壁或其他表面上或装有底板等以便放置于桌面、地板等上的，否则不应视为具有机械特征而归入本品目。

因此，本品目的器具应符合下列条件，否则应归入品目82.05或第八十四章：

一、重量不超过10千克。

二、具有上面所述的机械特征。

例如，符合上述条件的下列货品应归入本品目：

咖啡磨或香料磨；切菜机、捣菜机；绞肉机、切肉片机；压肉机；干酪等的磨碎机；蔬菜或水果的切片、切碎及削皮机，包括马铃薯切片机；面包切片机；通心粉或面条切割机；水果去核器具（手持弹簧式器具除外）；开瓶器及塞瓶机；机械开听器（品目82.05的简易开听器除外）；封听器；搅乳器；冰淇淋摇桶及分配器；蛋、奶油或蛋黄酱的搅拌器及混合器；果汁或肉汁压榨机；碎冰机。

82.11　有刃口的刀及其刀片，不论是否有锯齿（包括整枝刀），但品目82.08的刀除外(+)：

10　—　成套货品

—　其他：

91　——　刃面固定的餐刀

92　——　刃面固定的其他刀

93　——　可换刃面的刀

94　——　刀片

95　——　贱金属制的刀柄

本品目包括有刃口的刀，不论是否有锯齿，但归入品目82.08的货品及归入本章其他品目的有时称作“刀”的某些工具及餐具除外（例如，品目82.01的秣刀和本品目注释末尾不包括部分所列的其他货品）。

本品目包括：

一、各种非折叠式餐刀，包括切肉刀及点心刀。其柄部及刃部可用同一片金属制成，也可另外装配贱金属、木材、角质材料、塑料等制成的刀柄。

二、厨房用、专业用或其他用途的非折叠式刀，与上一类型的餐刀相比，这些货品的外表较少装饰。本类主要包括：

屠刀；书籍装订或造纸厂用的切纸刀；制革、皮货、鞍具或补鞋用的刀，不论是否有柄；养蜂用的割蜜盖刀；园艺用整枝刀等；猎刀、鞘刀；蚝刀；水果削皮刀。

三、各种折叠式刀，带有贱金属、木材、角质材料、塑料等制的刀柄。本组主要包括：

小折刀、削鹅毛笔刀、大折刀、野营刀及运动刀（所有这些刀可装有不只一把刀片或附带有螺旋拔塞器、长锥、螺丝刀、剪刀、开听器等）；修枝、接芽、接枝等用的小折刀。

四、带有几把可互换刀片的刀，不论其刀片是否藏于手柄内。

本品目还包括用于制上述刀具的刀片，这些刀片可以是未加工或已经机械加工的坯件，也可以是已磨光或完全制成的刀片。本品目刀具用的贱金属刀柄也归入本品目。

除以上第一段所述的不包括货品以外，本品目也不包括：

（一）钩刀及大砍刀（品目 82.01）。

（二）品目 82.14 的利口器。

（三）鱼刀及黄油刀（品目 82.15）。

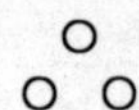

子目注释：

子目 8211.10

子目 8211.10 的范围仅限于不同品种刀具构成的成套货品或数量上以刀具为主的不同物品构成的成套货品。

82.12 剃刀及其刀片（包括未分开的刀片条）：

10 — 剃刀

20 — 安全刀片，包括未分开的刀片条

90 — 其他零件

本品目包括：

一、刀片外露式剃刀，包括单独报验的刀片（不论是否已制成）及单独报验的贱金属刀柄。

二、安全剃刀及其贱金属零件和刀片，不论是否已制成。

三、与刀片一起报验的塑料安全剃刀。

本品目还包括非电动的干剃刀及非电动剃刀的刀片、刀板及刀头。

钢制的未分开的安全剃刀刀片条，不论是否已回火，只要已经打孔，准备用于制安全剃刀刀片或已轧出刀片轮廓，稍加压力即可分开成为刀片的，也应归入本品目。

本品目不包括：

（一）不与刀片一起报验的塑料安全剃刀（品目 39.24）。

（二）电动剃须刀及其刀头、刀片和刀板（品目 85.10）。

82.13 剪刀、裁缝剪刀及类似品、剪刀片

归入本品目的剪刀是由两块叠置的刀片（有些刀片有锯齿）在接近其中心处用一个螺钉或轴钉绞接而成。本品目一般仅包括每块刀片末端配有指环的剪刀。刀片可以是整块材料制成的或由刀刃与手柄组合而成的。

本品目还包括在其中一端绞接并只有一个指环的剪刀（主要用于纺织工业）。

本品目主要包括：

一、供家庭、办公室、缝纫等用的直刃或弯刃普通剪刀。

二、专业用剪刀，例如，裁缝剪刀（包括钮孔剪刀）；理发剪刀（包括稀发剪）；剪布、剪皮革、制手套或制帽用的剪刀。

三、修指甲用的剪刀，包括刀片的一面制成指甲锉的修指甲剪刀。

四、小型折叠剪刀，例如，袖珍剪刀、刺绣剪刀；花卉剪刀；藤蔓剪刀；雪茄剪刀。

五、特种剪刀，例如，齿边布样剪刀；剪布条用的双层剪刀（四块刀片）；马鬃剪；马蹄剪；带剪刀指环的修枝剪（一块为凸面刀片及一块为凹面刀片）（例如，剪花用）。

本品目包括剪刀刀片，不论是否已制成。

本品目不包括：

（一）品目 82.01 的带刀片但无指环的树篱剪、羊毛剪，以及修枝剪和类似的单手操作剪刀（包括家禽剪）。

（二）供剪切动物蹄子专用的双手操作剪刀（品目 82.05）。

82.14　其他利口器（例如，理发推剪、屠刀、砍骨刀、切肉刀、切菜刀、裁纸刀）；修指甲及修脚用具（包括指甲锉）：

10　—　裁纸刀、开信刀、改错刀、铅笔刀及其刀片

20　—　修指甲及修脚用具（包括指甲锉）

90　—　其他

本品目包括：

一、裁纸刀、开信刀、改错刀、铅笔刀（包括袖珍式）及其刀片，但不包括品目 84.72 的削铅笔机。

二、修指甲及修脚用具，包括指甲锉（不论是否折叠式）。这类用具还包括指甲除垢刀、鸡眼刀、鸡眼拔取器、表皮削刀、表皮压具及推具、指甲钳及指甲刀。

修指甲及修脚用的成套用具通常用箱、盒等盛装，可包括剪刀、非金属指甲擦光器、拔毛镊子等，但这些货品单独报验时应归入其各自相应的品目。

三、手动理发推剪

电动理发推剪应归入品目 85.10；通常安装于台架上并配有软轴传动装置的动物用机械推剪，应归入品目 84.36。

本品目不但包括本品目所列理发推剪的零件，而且包括品目 84.36 机械推剪用的刀板及刀头。

四、屠宰场或厨房用的屠刀、砍骨刀及切肉刀、切菜刀。这些刀的形状与普通刀不同，可单手操作，也可双手操作。

82.15　餐匙、餐叉、长柄勺、漏勺、糕点夹、鱼刀、黄油刀、糖块夹及类似的厨房或餐桌用具：

10　—　成套货品，至少其中一件物品是镀贵金属的

20　—　其他成套货品

—　其他：

91　——　镀贵金属的

99　——　其他

本品目包括：

一、各种餐匙，包括盐匙及芥末匙。

二、餐叉；切肉叉、分菜叉、烹调叉；糕点叉；牡蛎叉；蜗牛叉；烧烤叉。

三、长柄勺及长柄漏勺（供烹煮蔬菜及油炸食物等用）。

四、吃鱼、糕点、草莓、芦笋用的分菜铲。

五、无刃口的鱼刀及奶油刀。

六、各种糖块夹（不论是否有刃口）、糕点夹、拼盘夹、芦笋夹、蜗牛夹、肉夹及冰块夹。

七、其他餐具，例如，家禽或肉类的夹钳、龙虾或其他食品的夹钳。

这些用具可以是用一件材料制成的，也可以装有贱金属、木材、塑料等制的手柄。

根据本章注释三的规定，本品目也包括由品目 82.11 的一把或多把刀具与本品目至少数量相同的物品构成的成套货品。

本品目不包括剪切龙虾或家禽用的剪刀式刃具（品目82.01或82.13）。

第八十三章　贱金属杂项制品

注释：

一、在本章，贱金属零件应与制品一同归类。但品目 73.12、73.15、73.17、73.18 及 73.20 的钢铁制品或其他贱金属（第七十四章至第七十六章及第七十八章至第八十一章）制的类似物品不应视为本章制品的零件。

二、品目 83.02 所称“脚轮”，是指直径（对于有胎的，连胎计算在内，下同）不超过 75 毫米的或直径虽超过 75 毫米，但所装轮或胎的宽度必须小于 30 毫米的脚轮。

总　注　释

第七十三章至第七十六章及第七十八章至第八十一章的货品均按不同的金属分类，而本章则与第八十二章一样，包括某些特定类型的物品，不论其由何种贱金属构成。

总的来说，贱金属零件应与其制品一同归类（参见本章注释一）。但本章不包括弹簧（即使制成供锁等专用）、链条、缆索、螺母、螺栓、螺钉或钉子；这些货品应分别归入第七十三章至第七十六章及第七十八章至第八十一章的相应品目（参见第十五类注释二及本章注释一）。

83.01　贱金属制的锁（钥匙锁、数码锁及电动锁）；贱金属制带锁的扣环及扣环框架(+)；上述锁的贱金属制钥匙：

10　—　挂锁
20　—　机动车用锁
30　—　家具用锁
40　—　其他锁
50　—　带锁的扣环及扣环框架
60　—　零件
70　—　钥匙

本品目包括用钥匙才能打开的锁闭装置（例如，弹簧锁、杆锁、杠杆锁或布拉曼锁）或通过字母或数字组合才能打开的锁闭装置（数码锁）。

本品目还包括电动锁（例如，供公寓街门或电梯门用的）。这些锁可以通过插入磁卡、在电子键盘上输入组合数码或通过无线电波信号等操作开启。

因此，本品目主要包括：

一、各种类型的挂锁，供门、行李箱、钱箱、袋子、自行车等用，包括用钥匙开启的搭扣锁。

二、供门、信箱、保险柜、盒或匣、家具、钢琴、行李箱、手提箱、手提袋、公文递送箱等用的锁；供汽车、铁路车辆、有轨电车等用的锁；供电梯、百叶窗、拉门等用的锁。

三、带锁的扣环及扣环框架。

本品目还包括：

（一）明显为上述制品用的贱金属零件（例如，锁壳、栓销、锁舌片及锁插座、螺纹锁眼盖、面板、锁孔榫舌、机械装置及圆筒体）。

（二）上述物品用的贱金属钥匙，不论是否已制成（包括粗铸件、锻坯件或冲压坯件）。

本品目还包括特制的铁路客车车厢门的钥匙、万能钥匙等。

但本品目不包括简单门闩、插销等（品目 83.02），也不包括手提包、公文包、公文箱等用的扣件及钩环（不用钥匙或组合数码开启的）（品目 83.08）。

○
○ ○

子目注释：

子目 8301.30

本子目不仅包括家庭用的家具锁，而且还包括办公室用的家具锁。

83.02 用于家具、门窗、楼梯、百叶窗、车厢、鞍具、衣箱、盒子及类似品的贱金属附件及架座；贱金属制帽架、帽钩、托架及类似品；用贱金属做支架的小脚轮；贱金属制的自动闭门器：

10 — 铰链（折叶）
20 — 小脚轮
30 — 机动车辆用的其他附件及架座
— 其他附件及架座：
41 — — 建筑用
42 — — 其他，家具用
49 — — 其他
50 — 帽架、帽钩、托架及类似品
60 — 自动闭门器

本品目包括主要用于家具、门窗、车厢等上面的通用贱金属附件及架座。这些通用货品即使制成供特定用途的，也应归入本品目（例如，机动车辆用的门把手或铰链）。但本品目不包括成为物品构件关键部份的货品，例如，窗架或转椅用旋转机构。

本品目包括：

一、各种铰链（例如，平接铰链、提升铰链、角铰链、带式铰链及丁字铰链）。

二、小脚轮，参见本章注释二的定义。

归入本品目的小脚轮必须带有贱金属支架，但轮子可由任何材料（贵金属除外）制成。

具有充气轮胎的小脚轮，必须将轮胎充气至标准气压时再测其直径。

具有轮辐不影响小脚轮归入本品目。

不符合本品目条文或本章注释二规定的小脚轮不归入本品目（例如，归入第八十七章）。

三、不属于第十七类所列零件或附件范围的机动车辆（例如，小客车、货车、旅行车）用附件及架座。例如，制成的串珠饰带；脚踏板；扶手杆、条及把手；遮帘用的配件（杆、托架、紧固件、弹簧机构等）；车内行李架；开窗机件；专用烟灰缸；后车厢板扣件。

四、建筑用附件及架座

本组包括：

（一）装有链、杆等的门护挡；法式窗或其他窗扉的长插销及附件；窗扉扣件及撑条；楣窗或天窗的开关、撑条及附件；门窗钩及眼；双层玻璃窗用的钩及附件；百叶窗或窗帘用的钩、扣件、止动销、托架及辊端；信箱板；门环、观察孔（已装配光学元件的除外）等。

（二）门销（包括弹珠弹簧销）、门闩、门扣、门碰锁等（品目 83.01 的用钥匙开启的门销除外）。

（三）商店、车库、棚子、机库等的拉门或拉窗附件（例如，导向槽、导向轨、导向滑轮、滚轮）。

（四）建筑物的门用的锁眼板及指板。

（五）窗帘、百叶窗或门帘的附件（例如，杆、管、圆花饰、托架、扁带、穗钩、夹子、滑动环、止动销)；窗帘绳等用的系绳钩、导向装置及结绳装置；楼梯附件，例如，楼梯踏板用护板；楼梯地毯夹、梯毯夹条、楼梯扶手的球形饰物。

适于作窗帘或梯毯夹条等用的条、管、杆如仅切成一定长度和钻孔，仍应按其构成的金属材料归类。

（六）门、窗或百叶窗用的角撑、加强板、加强角等。

（七）门用搭扣、钩环；门拉手及球形把手，包括锁或插销用的。

（八）门制止器及关门装置（下述第八款的货品除外）。

五、家具用附件及架座

本组包括：

（一）家具腿等用的保护饰钉（具有一个或数个尖头）；金属装饰附件；书橱等用的搁板调整器；碗橱、床架等的附件；锁孔板。

（二）角撑、加强板、加强角等。

（三）销（包括弹珠弹簧销）、闩、扣件、碰锁等（品目83.01的用钥匙开启的闩除外）。

（四）箱柜等用的搭扣、钩环。

（五）拉手及球形把手，包括锁或插销用的。

六、

（一）行李箱、柜、小提箱及类似旅行容器用的附件及类似物品，例如，箱盖导轨（但不包括扣件）；把手；护角；箱盖撑杆及滑动件；篮式衣箱用的闭合杆；伸缩箱附件；但手提包用装饰品应归入品目71.17。

（二）柜、行李箱、匣子、盒子、小提箱等用的角撑、加强板、加强角等。

（三）马具用的附件及类似物品，例如，马嚼子、勒马链、马鞍前穹、马蹬；缰绳、挽绳、缰环；马额缰金铜饰及其他马具附件。

（四）骨灰盒或棺木配件及类似品。

（五）船舶（船及艇）的配件及类似品。

七、帽架、帽钩、托架（固定的、铰接的或带齿的等）及类似品，例如，大衣架、毛巾架、抹布架、刷子架、钥匙架。

具有家具特征的大衣架等，例如，落地式的大衣架，应归入第九十四章。

八、弹簧式或液压式自动闭门器。

83.03 装甲或加强的贱金属制保险箱、保险柜及保险库的门和带锁保险储存橱、钱箱、契约箱及类似品

本品目包括用以保管贵重物品、珠宝首饰、文件等，可防盗防火的容器及保险库的门。

本品目的保险箱及保险柜是其壁已装甲（即用高强度合金钢铠装）的或其钢板已用钢筋混凝土等加强的钢制容器。它们用于供银行、办公室、旅馆等，配有极保险的锁并常常配有气密门及双重壁，两壁中间一般填满隔热材料。本品目包括银行、保管库、工厂等需要较大储存空间的保险库的门（不论是否具有门框）及带锁保险储存橱。

本品目还包括金属制的钱箱或契约箱（不论内部是否间隔）。它们是便携式箱子（带有钥匙锁或数码锁），有些具有双层壁，其设计及构成材料等赋予其具有一定的防盗及防火作用。收款箱、钱盒等若具有同样保险作用，也应归入本品目；否则应按其构成材料归类或作为玩具归类。

本品目不包括可防火、防震、防砸但箱壁不具有防止钻开或割开箱体功能的容器（品目94.03）。

83.04　贱金属制的档案柜、卡片索引柜、文件盘、文件篮、笔盘、公章架及类似的办公用具，但品目 94.03 的办公室家具除外

本品目包括供信件、索引卡片或其他文件存放、归档、分类用的档案柜、卡片索引柜、分类箱及类似的办公室用具，但它们不得是落地式的，也不符合第九十四章注释二的规定（品目 94.03）（参见第九十四章总注释）。本品目也包括文件分类用的文件盘、打字员用文件篮、写字台上的架子及类似的办公用具（例如，书挡、镇纸、墨水台及墨水瓶、笔盘、公章架及吸墨用具）。

但本品目不包括废纸篓，它们应按其构成金属归类（例如，归入品目 73.26）。

83.05　活页夹、卷宗夹的贱金属附件，贱金属制的信夹、信角、文件夹、索引标签及类似的办公用品；贱金属制的成条订书钉（例如，供办公室、室内装饰或包装用）：

10　—　　活页夹或卷宗夹的附件

20　—　　成条订书钉

90　—　　其他，包括零件

本品目包括供活页夹、卷宗夹用的夹子、绳、弹簧杆、环、螺钉等贱金属附件。本品目也包括供账簿或其他文具书本用的护环、护带及护角；用于文件扣扎或索引标记的办公室金属文具（例如，信夹、文件夹、文件扣件、信角、卡片索引标签、分档标签、穿钉文件夹）；钉书机用的成条订书钉，供办公室、室内装饰、包装等用。

本品目不包括：

（一）图钉（例如，品目 73.17 或 74.15）。

（二）书籍、账簿等用的夹子及扣件（品目 83.01 或 83.08）。

83.06　非电动的贱金属铃、钟、锣及类似品；贱金属雕塑像及其他装饰品；贱金属相框或画框及类似框架；贱金属镜子：

10　—　　铃、钟、锣及类似品

　　—　　雕塑像及其他装饰品：

21　——　镀贵金属的

29　——　其他

30　—　　相框、画框及类似框架；镜子

一、非电动的铃、钟、锣及类似品

本组包括非电动的贱金属铃、钟、锣。它包括宗教场所、学校、公共场所、工厂、船舶、消防车等用的铃、钟；门铃；台铃；手摇铃；牛及其他动物身上的铃；自行车、踏板车、小儿摇篮车或钓具用铃（没有附带外部夹具、夹子或其他安装器具的）；门用编钟、台锣等；用作旅游纪念品等的装饰钟。

本品目也包括铃舌、铃柄及铃碗等金属零件（包括同样适合作电铃或其他铃用的）。本品目还包括非电动台铃或门铃用的金属按钮及总控键。

本品目不包括：

（一）支撑教堂钟等用钢铁支架（品目 73.08）。

（二）机械式门铃拉绳、操纵杆及附件（例如，品目 73.25、73.26）。

（三）品目 85.31 的电铃及其他信号装置。

（四）时钟的谐音器及铃（品目 91.14）。

（五）具有品目 92.06 或 92.07 乐器性质的钟琴及锣。

（六）配有铃的物品，例如，狗颈上的项圈（品目 42.01）、某些乐器（例如，铃鼓）（第九十二章）、玩具（品目 95.03）、安装在外部夹具、夹子或其他器具上的钓具用铃（品目 95.07）。

二、雕塑像及其他装饰品

本组包括主要作装饰用的一系列贱金属装饰品（不论是否附带非金属零件），用于家庭、办公室、会议室、宗教场所、花园等。

但应注意，本类不包括本协调制度其他品目列名更为具体的物品，即使这些物品按其性质或加工可作装饰品用。

本组包括除装饰用途外没有实用价值的物品，以及只用来容纳或支撑其他装饰品或增加其装饰效果的物品，例如：

（一）半身像、小雕塑像及其他装饰人像；供壁炉台、搁架等用的装饰品（包括钟座零件）（动物、象征性或寓意性人像等）；运动奖品或艺术纪念品（奖杯等）；装配有悬挂配件的墙壁装饰品（饰板、碟、盘、非供个人佩戴的大奖章）；通过铸造或锻造金属（通常为熟铁）制得的人造花、圆花饰及类似装饰品；供书架或家庭陈列柜用的小装饰品。

（二）宗教用品，例如，圣骨箱、圣餐杯、荷花籽杯、圣物盒或十字架等。

（三）餐钵、小花瓶、壶、大花瓶（包括用景泰蓝制的）。

*

* *

本组还包括符合以下情况的下列两类物品，尽管它们具有一定的实用价值：

1．对于不论是否可归入某些具体列名品目（即品目 73.23、74.18 及 76.16）或归入“其他制品”品目（例如，此类情况主要是镍及锡制品）的家用物品。这些家用物品通常具有实用性，相比之下其装饰性通常是第二位的，因而不致影响其实用性。因此，这些经过装饰的物品如其实用性与其未装饰的同类物品相等，则应作为家用物品归类而不应归入本组。另一方面，如果这些物品的实用性明显地从属于其装饰性，则应归入本组，例如，实际上已丧失了实用价值的布满浮雕的盘子；带有纯属附件的盘或容器的装饰品，所带附件可作装饰盘或烟灰缸；没有真正使用价值的微缩模型（微型厨房用具）。

2．对于可归入贱金属各章最后非具体列名品目的非家用物品（例如，成套吸烟用具、首饰盒、香烟盒、香案、香炉、火柴盒），如果这些物品明显地主要用作装饰品，则应归入本组。

三、相框、画框及类似框架；贱金属镜子

本组包括各种形状及规格的贱金属制相框、画框及镜框等。这些货品如果装有支架或配有纸板、木板或其他材料制的背板，仍应归入本组。本组包括装有平面玻璃的框架，但不包括带金属框架的玻璃镜（品目 70.09）。

报验时用贱金属镶框的印刷图画及相片，如果其框架具有整件物品的主要特征，应归入本品目；否则应归入品目 49.11。

对于镶框油画、手绘画、粉画、拼贴画及类似装饰板，以及雕版画、印制画及石印画的原本，如何确定这些镶框物品是否作为整体归类，或者将其框架单独归类，参见第九十七章注释五及品目 97.01 及 97.02 的注释。

本组还包括金属镜（光学元件除外，参见品目 90.01 及 90.02 的注释），例如，壁镜、袖珍镜及后视镜，通常由钢或镀铬、镍、银的钢或铜制成。它们可以镶框、衬背或装配支架，也可以与皮革、纺织品或其他材料制的盒或带一起报验。

*

* *

本品目不包括：

（一）由熟铁或其他金属制的隔板及栏杆（例如，品目 73.08）。

（二）刀具、餐匙、餐叉等（第八十二章）。

（三）锁及其零件（品目 83.01）。

（四）家具、门窗及楼梯用附件及架座（品目 83.02）。

（五）第九十章的仪器及设备（例如，气压表及温度计，即使它们主要起装饰作用）。

（六）钟及钟壳，即使钟壳是作装饰用的或由明显用作钟壳的小雕像或类似物品构成的（第九十一章）。

（七）第九十四章的物品。

（八）玩具及游戏品（第九十五章）。

（九）台式打火机（品目 96.13）；香水喷雾器及类似喷雾器（品目 96.16）。

（十）艺术品、收藏品及古物（第九十七章）。

83.07　贱金属软管，不论是否有附件：

10　—　钢铁制

90　—　其他贱金属制

本品目的金属软管按其加工工序的不同主要分成下列两大类：

一、由成形的金属带螺旋盘绕制成的软管，不论带边是否固定。这类软管可裹上橡胶、石棉、纺织物等以防漏水或漏气。因此，这类软管可用作电缆或挠性传输系统的防水保护层；真空吸尘管；在发动机、机床、泵、变压器、液动或气动设备、高炉等中用作压缩空气、蒸汽、煤气、水、汽油、油类或其他液体的导管。不能防水的类似管子则用作砂、谷物、灰土、刨屑等的导管，在某些情况下，也用于保护电缆、其他挠性传送管、橡胶管等。

二、将表面平滑的管子经变形加工制得的波纹软管。这种管本身是水、气不透的，因此不须经进一步加工便可用于上述第一款所述的用途。

为了增强其耐压能力，这两种类型的软管均可用一层或数层金属丝或金属带制的编织外套进行加强或装备。这些外套有时用螺旋盘绕的金属丝保护，也可用塑料、橡胶或纺织材料包覆。

本品目也包括由金属丝紧密螺旋盘绕而成的软管（例如，用作“鲍登”索或自行车闸索的护套）。本品目不包括那些不作管子使用的类似产品（例如，窗帘牵线）（通常归入品目 73.26）。

恒温或防振用的短段软管（称作恒温波纹管或伸缩接头）仍归入本品目。

本品目也包括装配有管套、接头等的软管。

本品目不包括：

（一）其外部用金属加强的橡胶管（品目 40.09）。

（二）已制成机器或车辆零件等的软管，例如，与其他材料组合制成的软管（第十六类及第十七类）。

83.08　贱金属制的扣、钩、环、眼及类似品，用于衣着、鞋靴、天篷、提包、旅行用品或其他制成品；贱金属制的管形铆钉及开口铆钉；贱金属制的珠子及亮晶片：

10　—　钩、环及眼

20　—　管形铆钉及开口铆钉

90　—　其他，包括零件

本品目包括：

一、钩、环及眼，用于衣着、鞋靴、天篷、帐篷、风帆。

二、各种管形铆钉及开口铆钉。这些物品用于衣着、鞋靴、天篷、帐篷、旅行容器、皮革制品、带料等；它们也用于工程技术上（例如，用于建造飞机）。本品目也包括断芯埋头铆钉，这些铆钉在装配时，芯棒拉入或紧靠铆钉体，在芯棒杆与芯棒杆粗镦端相接处或附近断开。

三、钩、扣及带扣的框架，用于手提包、钱包、公事包、公文箱或其他旅行容器、书籍或手表；但本品目不包括锁（含锁扣）及带锁的扣环框架（品目83.01）。

四、环扣（带针或不带针）及扣夹，不论是否装饰性的，用于衣着、腰带、吊裤带、吊袜带、手套、鞋靴、绑腿、手表、背囊、旅行容器及皮革制品。

五、金属珠子及亮晶片，主要用于制仿首饰或供纺织品、刺绣品、衣着等装饰用。它们通常用铜、铜合金或铝制成（一般镀金或镀银），并用胶粘或缝缀等方法加以固定在所需位置上。珠子通常是球形或管形，有时为多面体；亮晶片通常呈几何形状（圆形、六角形等），用金属箔切成，一般穿有孔眼。

以上第一、三及四款所述物品只要具有贱金属制品的基本特征，可以含有皮革、纺织品、塑料、木材、角质材、骨材、硬质橡胶、珍珠母、象牙、仿宝石等制的零件。它们也可通过对本身金属进行加工后具有装饰性。

本品目不包括：

（一）供帽子、手提包、鞋、皮带等用的装饰品，但环扣除外（品目71.17）。

（二）金属片状粉末（主要归入第七十四章到第七十六章）。

（三）铆钉，但管形铆钉及开口铆钉除外；弹簧钩（通常归入第七十三章至第七十六章）。

（四）揿扣及按扣（品目96.06）。

（五）拉链及其零件（品目96.07）。

83.09　贱金属制的塞子、盖子（包括冠形瓶塞、螺口盖及倒水塞）、瓶帽、螺口塞、塞子帽、封志及其他包装用附件：

10　—　冠形瓶塞

90　—　其他

本品目包括供圆桶、琵琶桶、瓶子等塞口或封口用或供箱子或其他包装容器加封用的一系列贱金属制品（常常带有塑料、橡胶、软木等制的垫圈或其他配件）。

本品目包括：

一、金属制的塞子、盖子，例如，冠形瓶塞、皇冠盖；供啤酒瓶、矿泉水瓶、罐头瓶、管状容器或类似品封口用的螺旋式、夹箍式、杠杆式、弹簧式等类型的塞子、盖子。

但本品目不包括主要用塑料、陶瓷等制成的弹簧杆塞。

二、金属圆桶塞。

三、酒瓶、油瓶、药瓶等用的倾注塞、点滴塞及防漏塞。

四、牛奶瓶等用的手撕封盖，铅箔或锡箔制的供香槟或其他酒瓶用的组合式盖子。

五、圆形或其他形状的塞子帽，用金属片切成后固定于塞子上起保护作用。

六、系紧香槟瓶等的软木塞用的特制金属丝配件。

七、各种封志，通常用铅或锡板制成，供板条箱、包裹、房屋、火车车厢、车辆加封用，包括保险封志。

八、箱子护角。

九、密封袋、香囊或类似容器用的夹紧件，由一条或两条钢丝夹于两条塑料带或纸带中间制成。

十、贱金属材料制的带有切痕封片及拉环的盖子，饮料罐、食品罐等用。

83.10　贱金属制的标志牌、铭牌、地名牌及类似品、号码、字母及类似标志，但品目 94.05 的货品除外

除其他品目未列名的装有固定光源的发光标志、发光铭牌或类似品及其零件应归入品目 94.05 以外，本品目包括载有标志牌、铭牌、广告牌、地址牌及类似品所需基本内容的字句、字母、数码或符号（通过搪瓷、油漆、印刷、雕刻、穿孔、冲压、模制、压花、造型或其他任何加工制成）的贱金属牌。此类货品的特点是通常设计为可供永久性固定安装（例如，道路标志牌、广告牌、机器铭牌）或可反复使用（例如，衣帽间取物牌及标签）。

有些牌子除标有主要内容外，另外还有一些具体项目需日后加上（例如，在标明机器主要情况的铭牌上，再加上机器的序号）。但本品目不包括只印有次要内容而主要内容须日后用手或其他方法填入的牌、“标签”、标志及类似品。

本品目包括：

一、地区、街道等的铭牌；房屋、坟墓等用的号码牌或铭牌；公共服务单位（警察局、消防队等）用标志牌、禁令牌（“严禁吸烟”、“禁猎区”等）；指示牌或交通标志牌等。

二、旅馆、商店、工厂用招牌。

三、广告牌。

四、房屋、大门、信箱、车辆、狗颈圈等用的地址牌；园艺标签；钥匙牌、衣帽间标志牌及取物牌。

五、机器、仪表、汽车等用的类似牌子及标志（例如，汽车号码牌）。

本品目还包括准备拼成上述标志牌后供商店橱窗陈列、列车指示板等用单个字母、号码或图案（或其套件）。

但是，镂花模板应按其构成材料归类。

本品目不包括：

（一）没有字母、号码或图案的牌子或仅有一些次要内容而主要内容须日后填入的标志牌（例如，归入品目 73.25、73.26、76.16、79.07）。

（二）印刷机用活字（品目 84.42）；打字机用字粒及地址印写机用印板（品目 84.73）。

（三）品目 86.08 的信号板、信号盘及臂板信号装置。

83.11　贱金属或硬质合金制的丝、条、管、板、电极及类似品，以焊剂涂面或以焊剂为芯，用于焊接或沉积金属、硬质合金；贱金属粉粘聚而成的丝或条，供金属喷镀用：

10　—　以焊剂涂面的贱金属制电极，电弧焊用

20　—　以焊剂为芯的贱金属制焊丝，电弧焊用

30　—　以焊剂涂面或以焊剂为芯的贱金属条或丝，钎焊或气焊用

90　—　其他

本品目包括用于金属或硬质合金焊接或沉积的贱金属或硬质合金制的丝、条、管、板、电极及类似产品，这些产品以焊剂涂面，也有用焊剂做芯的。后者的外层部分通常由管子构成，有时则用带子螺旋绕裹而成。未以焊剂涂面或未以焊剂为芯的贱金属丝、条、管、板、电极等不归入本品目（第七十二章至第七十六章及第七十八章至第八十一章）。

用作焊剂的材料（例如，氯化锌、氯化铵、硼砂、石英、树脂或羊毛脂）如不作涂层或芯料，则在焊接或沉积过程中单独加入。电极等还可含有粉末状的金属添加剂。在电焊时，涂层还可含有某种耐热材料（石棉等）以使电弧直接作用于焊件上。

电弧焊使用以焊剂涂面的电极或以焊剂为芯的金属丝。以焊剂涂面的电极由一根金属芯及一层不同厚度和组分的非金属涂层构成。而以焊剂为芯的金属丝则是空心的，里面填满类似电极涂料的材料。这种焊丝报验时呈盘条状，也有绕于卷轴上的。

制成的钎焊板插于被焊接的部件之间（通常用于钢铁焊接）。这类焊板由以焊剂涂面的金属带、金属丝布或格栅构成；可根据用途将其制成特殊形状，也可呈带状，以便根据需要再行切割。

本品目还包括将贱金属粉末（通常是镍）与以塑料为基料的赋形剂粘聚后挤压成形的焊丝及焊条，它们用于各种材料（例如，金属或水泥）的金属喷镀。

本品目不包括焊料（焊剂除外）由按重量计任何一种贵金属含量在2%及以上的合金构成的带芯焊丝及焊条（第七十一章）。

第十六类　机器、机械器具、电气设备及其零件；录音机及放声机、电视图像、声音的录制和重放设备及其零件、附件

注释：

一、本类不包括：

（一）第三十九章的塑料或品目 40.10 的硫化橡胶制的传动带、输送带；除硬质橡胶以外的硫化橡胶制的机器、机械器具、电气器具或其他专门技术用途的物品（品目 40.16）；

（二）机器、机械器具或其他专门技术用途的皮革、再生皮革（品目 42.05）或毛皮（品目 43.03）的制品；

（三）各种材料（例如，第三十九章、第四十章、第四十四章、第四十八章及第十五类的材料）制的筒管、卷轴、纡子、锥形筒管、芯子、线轴及类似品；

（四）提花机及类似机器用的穿孔卡片（例如，归入第三十九章、第四十八章或第十五类的）；

（五）纺织材料制的传动带、输送带及其带料（品目 59.10）或专门技术用途的其他纺织材料制品（品目 59.11）；

（六）品目 71.02 至 71.04 的宝石或半宝石（天然、合成或再造）或品目 71.16 的完全以宝石或半宝石制成的物品，但已加工未装配的唱针用蓝宝石和钻石除外（品目 85.22）；

（七）第十五类注释二所规定的贱金属制通用零件（第十五类）及塑料制的类似品（第三十九章）；

（八）钻管（品目 73.04）；

（九）金属丝、带制的环形带（第十五类）；

（十）第八十二章或第八十三章的物品；

（十一）第十七类的物品；

（十二）第九十章的物品；

（十三）第九十一章的钟、表及其他物品；

（十四）品目 82.07 的可互换工具及作为机器零件的刷子（品目 96.03）；类似的可互换工具应按其构成工作部件的材料归类（例如，归入第四十章、第四十二章、第四十三章、第四十五章、第五十九章或品目 68.04、69.09）；

（十五）第九十五章的物品；或

（十六）打字机色带或类似色带，不论是否带轴或装盒（应按其材料属性归类；如已上油或经其他方法处理能着色的，应归入品目 96.12）。

二、除本类注释一、第八十四章注释一及第八十五章注释一另有规定的以外，机器零件（不属于品目 84.84、85.44、85.45、85.46 或 85.47 所列物品的零件）应按下列规定归类：

（一）凡在第八十四章、第八十五章的品目（品目 84.09、84.31、84.48、84.66、84.73、84.87、85.03、85.22、85.29、85.38 及 85.48 除外）列名的货品，均应归入该两章的相应品目；

（二）专用于或主要用于某一种机器或同一品目的多种机器（包括品目 84.79 或 85.43 的机器）的其他零件，应与该种机器一并归类，或酌情归入品目 84.09、84.31、84.48、84.66、84.73、85.03、85.22、85.29 或 85.38。但能同时主要用于品目 85.17 和 85.25 至 85.28 所列机器的零件，应归入品目 85.17；

（三）所有其他零件应酌情归入品目 84.09、84.31、84.48、84.66、84.73、85.03、85.22、85.29 或 85.38，如不能归入上述品目，则应归入品目 84.87 或 85.48。

三、由两部及两部以上机器装配在一起形成的组合式机器，或具有两种及两种以上互补或交替功能的机器，除条文另有规定的以外，应按具有主要功能的机器归类。

四、由不同独立部件（不论是否分开或由管道、传动装置、电缆或其他装置连接）组成的机器（包括机组），如果组合后明显具有一种第八十四章或第八十五章某个品目所列功能，则全部机器应按其功能归入有关品目。

五、上述各注释所称“机器”，是指第八十四章或第八十五章各品目所列的各种机器、设备、装置及器具。

总 注 释

一、本类的基本内容

（一）除本类注释及第八十四章、第八十五章注释规定不归入本类的货品，以及在其他各类已具体列名的货品以外，本类包括所有用机械及电气方式操作的机器、装置、器具、设备及其零件，同时也包括某些既不用机械方式，也不用电气方式进行操作的装置和设备（例如，锅炉、锅炉房设备、过滤装置等）及其零件。

不归入本类的货品主要有：

1. 任何材料制成的卷轴、纡子、筒管、线轴等（应按其构成材料归类）。但经轴不应视为筒管、卷轴或类似品，而应归入品目 84.48。

2. 第十五类注释二所指的通用零件。例如，钢铁制的丝、链、螺栓、螺丝钉及弹簧（品目 73.12、73.15、73.18 或 73.20）及其他贱金属制的类似品（第七十四章至第七十六章及第七十八章至第八十一章）；品目 83.01 所列的锁；品目 83.02 所列的门窗等用的配件及架座。塑料制成的类似品也不归入本类而应归入第三十九章。

3. 品目 82.07 所列的可互换工具；其他类似的可互换工具应按其工作部件的构成材料归类（例如，橡胶制的归入第四十章；皮革制的归入第四十二章；毛皮制的归入第四十三章；软木制的归入第四十五章；纺织材料制的归入第五十九章；研磨料等制的归入品目 68.04；陶瓷制的归入品目 69.09 等）。

4. 第八十二章所列的其他物品（例如，工具、工具刀头、刀具及切割刀片、非电动理发推子及某些家用机械器具），以及第八十三章所列的物品。

5. 第十七类所列的物品。

6. 第十八类所列的物品。

7. 武器弹药（第九十三章）。

8. 具有玩具、游戏品或运动用品性质的机器或装置，以及明显专用于或主要用于玩具、游戏品、运动用品的零件及附件（包括非电动的发动机，但不包括液体泵及液体或气体的过滤、净化机器，它们应分别归入品目 84.13 或 84.21；也不包括电动机、变压器及无线电遥控装置，它应分别归入品目 85.01、85.04 或 85.26）（第九十五章）。

9. 用作机器零件的刷子（品目 96.03）。

（二）一般来说，本类所列的货品可用各种材料制造。其中大部分是贱金属制的，但本类也包括某些用其他材料制成的机器（例如，全部用塑料制成的泵），以及用塑料、木材、贵金属等制成的零件。

但本类不包括：

1. 塑料制的传动带或输送带（第三十九章）、未硬化硫化橡胶制品（例如，传动带或输送带）（品目 40.10）、橡胶外胎、内胎等（品目 40.11 至 40.13）及垫圈等（品目 40.16）。

2. 皮革或再生皮革制品。（例如，织机用的皮结）（品目 42.05）及毛皮制品（品目 43.03）。

3. 纺织材料制品。例如，传动带或输送带（品目 59.10）、毡垫及抛光轮（品目 59.11）。

4. 第六十九章所列的某些陶瓷制品（参见第八十四章及第八十五章总注释）。

5. 第七十章所列的某些玻璃制品（参见第八十四章及第八十五章总注释）。

6. 全部用宝石或半宝石（天然、合成或再造）制成的物品（品目 71.02、71.03、71.04 或 71.16），但不包括已经加工但未装配的电唱机唱针用蓝宝石或钻石（品目 85.22）。

7. 金属丝或金属带制成的环形带（第十五类）。

二、零件

（本类注释二）

一般来说，除上述第一部分所列不归入本类的货品以外，凡明显专用于或主要用于某种机器或装置（包括品目 84.79 或 85.43 所列物品），或同一品目所列同类机器或装置的零件，均应与有关机器或装置一并归类。但下列零件则归入单独品目：

（一）品目 84.07 或 84.08 所列发动机的零件（品目 84.09）。

（二）品目 84.25 至 84.30 所列机器的零件（品目 84.31）。

（三）品目 84.44 至 84.47 所列纺织机器的零件（品目 84.48）。

（四）品目 84.56 至 84.65 所列机器的零件（品目 84.66）。

（五）品目 84.69 至 84.72 所列办公室用机器的零件（品目 84.73）。

（六）品目 85.01 或 85.02 所列机器的零件（品目 85.03）。

（七）品目 85.19 或 85.21 所列装置的零件（品目 85.22）。

（八）品目 85.25 至 85.28 所列装置的零件（品目 85.29）。

（九）品目 85.35、85.36 或 85.37 所列装置的零件（品目 85.38）。

上述规定不适用于本身已构成本类某个品目（品目 84.87 及 85.48 除外）所列物品的零件。这些物品即使用作某种机器的专用零件，仍应归入其具体列名的品目。本规定特别适用于：

1. 泵及压缩机（品目 84.13 及 84.14）。

2. 品目 84.21 所列的过滤机器及装置。

3. 起重及搬运机器（品目 84.25、84.26、84.28 或 84.86）。

4. 龙头、旋塞、阀门等（品目 84.81）。

5. 滚珠轴承、滚子轴承、滚针轴承，以及公差不超过 1% 或 0.05 毫米（以相差数值较小的为准）的抛光钢珠（品目 84.82）。

6. 传动轴、曲柄、轴承座、滑动轴承、齿轮及齿轮传动装置（包括摩擦传动装置、齿轮箱及其他变速装置）、飞轮、滑轮与滑轮组、离合器及联轴器（品目 84.83）。

7. 品目 84.84 所列的密封垫及类似的接合衬垫。

8. 品目 85.01 所列的电动机。

9. 品目 85.04 所列的变压器及其他机器及装置。

10. 组装成电池组的蓄电池。

11. 加热电阻器（品目 85.16）。

12. 电容器（品目 85.32）。

13. 电路的开关、保护等用的电气装置（例如，开关、熔断器、接线盒等）（品目 85.35 及 85.36）。

14. 用于电气控制或电力分配的盘、板、台、柜及其他装置（品目 85.37）。

15. 品目 85.39 所列的灯。

16. 品目85.40所列的电子管及品目85.41所列的二极管、晶体管等。

17. 电气设备用碳精制品（例如，弧光灯碳棒、碳电极及碳刷）（品目85.45）。

18. 各种材料制的绝缘子（品目85.46）。

19. 品目85.47所列的电气设备等用的绝缘配件。

其他可确定为机器零件，但非专用于或主要用于某种机器或某类机器（即通用于不同品目所列的多种机器）的物品，应归入品目84.87（非电气零件）或品目85.48（电气零件）；但上述各项所列物品除外。

上述零件归类的规定不适用于下列品目所列货品的零件：品目84.84（密封垫等）、85.44（绝缘电线）、85.45（电气设备用碳精制品）、85.46（绝缘子）或85.47（线路导管）；其他的这类零件一般应按其构成材料归入相应的章内。

机器零件不论是否制成成品，即可使用，均应归入本类；但钢铁制的粗锻件应归入品目72.07。

三、附属装置

〔参见归类总规则二（一）、三（二）及本类注释三及四〕

附属的仪器及装置（例如，压力计、温度计、水平仪或其他测量或检验仪器、产量计数器、时钟机构开关、控制板、自动调节器等），如果与所属机器设备同时报验，并专用于测量、检测、控制或调节某种机器或装置〔可以是组合机器（参见以下第六部分）或者功能机组（参见以下第七部分）〕，应与有关机器设备一并归类。但用以检测、控制或调节多台机器（不论是否同一类型）的附属仪器及装置应归入其所属的适当品目。

四、不完整机器

〔参见归类总规则二（一）〕

本类所指的机器或装置，不仅包括完整品，也包括不完整品（即已把有关零件装配成具有完整机器基本特征的机器）。因此，一台机器如仅仅缺少飞轮、底板、研光滚筒、工具夹具等，仍应与完整机器归入同一品目，而不应作为零件单独归类。同样，在正常情况下往往配有电动机的机器或装置（例如，品目84.67所列的手提式电动工具），即使在报验时没有带电动机，也应按相应的完整机器归入同一品目。

五、未经装配的机器

〔参见归类总规则二（一）〕

为了便于运输，许多机器或装置运输时处于未装配状态。虽然这类货品事实上只是一套零件，但仍应作为机器归类，而不应作为零件单独归类。这一规定同样适用于报验时未经装配的具有完整机器基本特征的不完整机器（参见上述第四部分，同时参见第八十四章及第八十五章的总注释）。但超过组成完整机器或具有完整机器基本特征的不完整机器所需数量的未装配零件，应归入其所属的适当品目。

六、多功能机器及组合机器

（本类注释三）

一般来说，多功能机器应按机器的主要功能归类。

多功能机器（例如，利用可互换刀具加工金属的机床），可进行不同的机械加工（例如，铣削、镗削、磨削）。

在不能确定机器的主要功能，而且根据本类注释三的规定，条文也没有列出其他要求时，可运用归类总规则三（三）进行归类。例如，当多功能机器看起来可归入品目84.25至84.30、品目84.58至84.63或品目84.69至84.72的几个品目时，可运用归类总规则三（三）进行归类。

组合机器是由两台或多台不同类型的机器或器具组成的整套设备，各台机器可同时或序贯执行各自的功能，这些功能一般是互补的，不同的功能列在第十六类的不同品目中。这种组合机器也应按其主要功能归类。

这类组合机器举例如下：配有托纸辅助机器的印刷机器（品目 84.43）；配有加印名字或简单图案辅助机器的卡纸盒制造机器（品目 84.41）；配有起重或搬运装置的工业熔炉（品目 84.17 或 85.14）；配有辅助性包装设备的香烟制造机器（品目 84.78）。

在执行上述规定时，各种不同的机器如果是一台机器装在另一台机器的内部或上面，或者两者装在同一个底座、支架之上或同一个机壳之内，应作为一个整体对待。

机器的组合体不应视为构成一个整体，除非其各台机器是永久性地连在一起，或装在同一个底座、支架或机壳内。临时组合的或通常未构成组合机器的机器组合体不包括在内。

这些机器的底座、支架或机壳可以装有轮子，以便在使用时可随意移动，但不能因此而构成协调制度某一品目具体列名的另一种物品（例如，车辆）。

地板、混凝土底座、墙、隔板、天花板等，即使经专门装配以备安装机器或器具，不能视为将有关机器或器具连成一体的共同底座。

当组合机器可归入某个特定品目时，无需引用第十六类注释三的规定。例如，某些空调器（品目 84.15）。

必须注意，多用途机器（例如，金属及其他材料的加工机床，或造纸、纺织、皮革、塑料等工业通用的打孔机），应按第八十四章注释七的规定归类。

七、功能机组

（本类注释四）

当一台机器（包括机组）由多个独立部件组成，组合后明显只为一种第八十四章，更常见的是第八十五章某个品目所列功能工作时，可运用该注释。整套设备应按有关功能归入其相应品目，不论各个部件是否为了方便或其他原因而彼此分开，或仅用管道（装有空气、压缩空气、油等）、传动装置、电缆或其他装置连接起来。

在上述注释中，所称“明显只为一种功能工作”的机器，仅包括在作为一个整体的功能机组中起主要功能作用的机器或机组；但不包括执行辅助功能而不是执行整套设备的主要功能的机器或器具。

本类注释四所指的功能机组举例如下：

（一）液压系统，由液压动力装置（主要由液压泵、电动机、控制阀及油箱组成）、液压缸及连接液压缸和液压动力装置所需的管道构成（品目 84.12）。

（二）冷藏设备，其各个构成部件并不组装成整体，而是由管道连接起来，冷却剂在管道中循环流动（品目 84.18）。

（三）灌溉系统，包括由过滤器、喷射器、计量阀等组成的控制站、地下分布支管及地面网络（品目 84.24）。

（四）挤奶机器，所配有的各个独立部件（真空泵、脉动器、奶头吸杯及奶桶）是由软管或管道加以联接的（品目 84.34）。

（五）酿酒机器，主要包括催芽机、麦芽压碎机、麦芽浆桶、滤酒桶（品目 84.38）。但辅助机器（例如，装瓶机、标签印刷机）不应归入本品目，而应归入其他相应品目。

（六）信件分拣系统，主要由编码台、预分拣信道、中间分拣机及最终分拣机所组成。整套设备是由一台自动数据处理机控制（品目 84.72）。

（七）沥青拌和设备，由各自独立的加料斗、输送装置、干燥器、振动筛、混合机、贮料箱及操纵装置并排配置而成（品目 84.74）。

（八）组装电灯泡用的机器。这种设备的各个部件是利用输送装置加以联接，并配有玻璃的热处理设备、泵及灯泡检测装置（品目 84.75）。

（九）焊接设备，由焊头或焊钳组成，配有变压器、发电机或整流器，用以供电（品目 85.15）。

（十）配有手提话筒的手提式无线电话发送设备（品目 85.17）。

（十一）配有电源、放大器等的雷达设备（品目 85.26）。

（十二）由一台接收机、一个抛物面天线反射盘、一个天线反射盘用的控制旋转器、一个喇叭天线（波导器）、一个偏振器、一个低噪声广播信号接收（LNB）降频转换器及一个红外摇控器组成的卫星电视接收系统（品目 85.28）。

（十三）由红外线灯、光电池及警铃等组成的防盗报警器（品目 85.31）。

必须注意，不符合第十六类注释四规定的各种部件应归入其所属的适当品目。本规定适用于，例如，闭路电视监视系统。这种系统由数量不等的电视摄像机、视频监视器组成，通过同轴电缆与控制器、开关、音频接收器相互连接，必要时还可与自动数据处理设备（用以储存数据）或视频录像机（用以录像）连接使用。

八、移动式机器

关于自走式机器或其他移动式机器的归类，参见有关机器所属品目的注释（例如，起重及搬运机器参见品目 84.25 至 84.28 的注释；挖掘机参见品目 84.29 及 84.30 的注释），以及第十七类中各章及各品目的注释。

九、实验室用的机器及装置

本类所包括的机器及装置，即使是实验室专用或与科学及测量仪器连用的，如果既未构成品目 90.23 所列的专供非工业性示范用的装置，也未构成第九十章所列的测量、检验等仪器，仍应归入本类。例如，实验室用的小型熔炉、蒸馏设备、研磨机、混合机、变压器及电容器等，仍应归入本类。

第八十四章　核反应堆、锅炉、机器、机械器具及其零件

注释：

一、本章不包括：

（一）第六十八章的石磨、石碾及其他物品；

（二）陶瓷材料制的机器或器具（例如，泵）及供任何材料制的机器或器具用的陶瓷零件（第六十九章）；

（三）实验室用玻璃器（品目 70.17）；玻璃制的机器、器具或其他专门技术用途的物品及其零件（品目 70.19 或 70.20）；

（四）品目 73.21 或 73.22 的物品或其他贱金属制的类似物品（第七十四章至第七十六章或第七十八章至第八十一章）；

（五）品目 85.08 的真空吸尘器；

（六）品目 85.09 的家用电动器具；品目 85.25 的数字照相机；或

（七）非机动的手工操作地板清扫器（品目 96.03）。

二、除第十六类注释三及本章注释九另有规定以外，如果某种机器或器具既符合品目 84.01 至 84.24 中一个或几个品目的规定，或符合品目 84.86 的规定，又符合品目 84.25 至 84.80 中一个或几个品目的规定，则应酌情归入品目 84.01 至 84.24 中的相应品目或品目 84.86，而不归入品目 84.25 至 84.80 中的有关品目。

但品目 84.19 不包括：

（一）催芽装置、孵卵器或育雏器（品目 84.36）；

（二）谷物调湿机（品目 84.37）；

（三）萃取糖汁的浸提装置（品目 84.38）；

（四）纱线、织物及纺织制品的热处理机器（品目 84.51）；或

（五）温度变化（即使必不可少）仅作为辅助功能的机器设备。

品目 84.22 不包括：

（一）缝合袋子或类似品用的缝纫机（品目 84.52）；或

（二）品目 84.72 的办公室用机器。

品目 84.24 不包括：

（一）喷墨印刷（打印）机器（品目 84.43）；或

（二）水射流切割机（品目 84.56）。

三、如果用于加工各种材料的某种机床既符合品目 84.56 的规定，又符合品目 84.57、84.58、84.59、84.60、84.61、84.64 或 84.65 的规定，则应归入品目 84.56。

四、品目 84.57 仅适用于可以完成下列不同形式机械操作的金属加工机床，但车床（包括车削中心）除外：

（一）按照机械加工程序从刀具库或类似装置中自动更换刀具（加工中心）；

（二）同时或顺序地自动使用不同的动力头对固定不动的工件进行加工（单工位组合机床）；或

（三）自动将工件送向不同的动力头（多工位组合机床）。

五、

（一）品目 84.71 所称“自动数据处理设备”，是指具有以下功能的机器：

1. 存储处理程序及执行程序直接需要的起码的数据；

2. 按照用户的要求随意编辑程序；

3. 按照用户指令进行算术计算；以及

4. 在运行过程中，可不需人为干预而通过逻辑判断，执行一个处理程序，这个处理程序可改变计算机指令的执行。

（二）自动数据处理设备可以是一套由若干单独部件所组成的系统。

（三）除本条注释（四）及（五）另有规定的以外，一个部件如果符合下列所有规定，即可视为自动数据处理系统的一部分：

1. 专用于或主要用于自动数据处理系统；

2. 可以直接或通过一个或几个其他部件同中央处理器相联接；以及

3. 能够以本系统所使用的方式（代码或信号）接收或传送数据。

自动数据处理设备的部件如果单独报验，应归入品目 84.71。

但是，键盘、X－Y 坐标输入装置及盘（片）式存储部件，只要符合上述注释（三）2 及（三）3 所列的规定，应一律作为品目 84.71 的部件归类。

（四）品目 84.71 不包括单独报验的下述设备，即使它们符合上述注释五（三）的所有规定：

1. 打印机、复印机、传真机，不论是否组合式；

2. 发送或接收声音、图像或其他数据的设备，包括有线或无线网络（例如，局域网或广域网）通信设备；

3. 扬声器及传声器（麦克风）；

4. 电视摄像机、数字照相机及视频摄录一体机；

5. 监视器及投影机，未装有电视接收装置。

（五）装有自动数据处理设备或与自动数据处理设备连接使用，但却从事数据处理以外的某项专门功能的机器，应按其功能归入相应的品目，对于无法按功能归类的，应归入未列名品目。

六、品目 84.82 还包括最大直径及最小直径与标称直径相差均不超过 1% 或 0.05 毫米（以相差数值较小的为准）的抛光钢珠，其他钢珠归入品目 73.26。

七、具有一种以上用途的机器在归类时，其主要用途可作为唯一的用途对待。

除本章注释二、第十六类注释三另有规定的以外，凡任何品目都未列明其主要用途的机器，以及没有哪一种用途是主要用途的机器，均应归入品目 84.79。品目 84.79 还包括将金属丝、纺织纱线或其他各种材料以及它们的混合材料制成绳、缆的机器（例如，捻股机、绞扭机、制缆机）。

八、品目 84.70 所称“袖珍式”，仅适用于外形尺寸不超过 170 毫米 × 100 毫米 × 45 毫米的机器。

九、

（一）第八十五章注释八（一）及（二）同样适用于本条注释及品目 84.86 中所称的“半导体器件”及“集成电路”。但本条注释及品目 84.86 所称“半导体器件”，也包括光敏半导体器件及发光二极管。

（二）本条注释及品目 84.86 所称“平板显示器的制造”，包括将各层基片制造成一层平板，但不包括玻璃的制造或将印刷电路板或其他电子元件装配在平板上。所称“平板显示”不包括阴极射线管技术。

（三）品目 84.86 也包括专用于或主要用于下列用途的机器及装置：

1. 制造或修补掩膜版及投影掩膜版；

2. 组装半导体器件或集成电路；

3. 升降、搬运、装卸单晶柱、晶圆、半导体器件、集成电路及平板显示器。

（四）除第十六类注释一及第八十四章注释一另有规定的以外，符合品目 84.86 规定的设备及装置，应归入该品目而不归入本协调制度的其他品目。

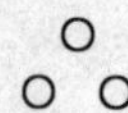

子目注释：

一、子目 8471.49 所称“系统”，是指各部件符合第八十四章注释五（三）所列条件，并且至少由一个中央处理部件、一个输入部件（例如，键盘或扫描器）及一个输出部件（例如，视频显示器或打印机）组成的自动数据处理设备。

二、子目 8482.40 仅包括滚柱直径相同，最大不超过 5 毫米，且长度至少是直径三倍的圆滚柱轴承，滚柱的两端可以磨圆。

总　注　释

一、本章的基本内容

除第十六类的总注释另有规定的以外，本章包括未在第八十五章具体列名的各种机器和机械器具及其零件。但不包括：

（一）作专门技术用途的纺织材料制品（品目 59.11）。

（二）第六十八章的石料等制品。

（三）第六十九章的陶瓷制品。

（四）品目 70.17 的实验室用玻璃器；玻璃制的机器、器具及其零件（品目 70.19 或 70.20）。

（五）品目 73.21 或 73.22 的炉、集中供暖用散热器和其他货品，以及其他类似的贱金属制品。

（六）品目 85.09 的家用电动器具；品目 85.25 的数字式照相机。

（七）非机动的手工操作地板清扫器（品目 96.03）。

总的来说，第八十四章包括机器及机械器具，第八十五章包括电气设备。但某些机器则具体列入了第八十五章的有关品目中（例如，家用电动器具）；而另一方面，第八十四章包括某些非机械设备（例如，蒸汽发生锅炉及其辅助设备，以及过滤装置）。

还须注意，第八十四章所列的机器及装置即使是用电的，仍应归入本章。例如：

1. 用电动机驱动的机器。

2. 电热机器，例如，品目 84.03 的集中供暖用的电热水锅炉、品目 84.19 的机器及装有电热元件的其他机器（例如，研光机、纺织品洗涤或漂白机器或熨烫机）。

3. 电磁式机器（例如，电磁阀）或装有电磁装置的机器（例如，装有电气自动停机装置的纺织机、装有电磁起重吸盘的起重机及装有电磁夹盘的车床）。

4. 电子操作机器（例如，电子计算器或自动数据处理装置）和装有光电装置或电子装置的机器（例如，装有光电装置的滚轧机及装有各种电子控制装置的机床）。

由于陶瓷材料制的机器或器具（例如，泵）及供任何材料制的机器或器具用的陶瓷零件（第六十九章）、实验室用玻璃器（品目 70.17）及玻璃材料制的机器、器具及其玻璃零件（品目 70.19 或品目 70.20）均不归入本章，因此，即使某种机器或机械用具的品名或属性在本章的品目中列出，但如果该种机器或机械用具具有陶瓷材料制品或玻璃制品的特征，它们仍不归入本章。

上述规定适用于装有其他材料制的非主要部件〔例如，塞子、接头、旋塞等，夹紧或固定用的圈或环，或其他紧固件或支承件（支架、三脚架等）〕的陶瓷或玻璃机器、机械器具或装置。

另一方面，下列情况通常视为已失去陶瓷制品、实验室用玻璃器、陶瓷或玻璃机器、器具及其零件的特征：

（1）由陶瓷或玻璃部件与其他材料（例如，金属）制的许多部件组合而成的物品；以及由许多陶瓷或玻璃制的部件装在永久固定在其他材料制的支架、壳罩或类似品中而组成的物品。

（2）由陶瓷或玻璃制的固定部件与其他材料（例如，金属）制的发动机、泵等机械部件组合而成的物品。

二、本章总的编排

（一）品目 84.01 包括核反应堆，核反应堆的未辐照燃料元件及同位素分离机器和装置。

（二）品目 84.02 至 84.24 包括其他机器及装置，这些机器及装置主要根据其功能列名，不论其用于哪种产业部门。

（三）品目 84.25 至 84.78 包括的机器或装置除某些情况外，不论其特定功能如何均按其所应用的产业部门进行列名。

（四）品目 84.79 包括不能归入本章该品目以前任何品目的机器及机械器具。

（五）品目 84.80 除包括金属铸造用的型箱及阳模以外，还包括模制某些材料用的手工模具或机器模具（锭模除外）。

（六）品目 84.81 至 84.84 包括某些可作为机器零件使用或可用作其他章货品零件的通用物品。

（七）品目 84.86 包括专用于或主要用于制造半导体单晶柱或晶圆、半导体器件、集成电路或平板显示器的设备及装置，以及本章注释九（三）所列的设备及装置。

（八）品目 84.87 包括其他品目未列名的非电气零件。

三、零件

零件的归类一般可参见第十六类总注释。

单独报验的电气零件一般应归入第八十五章的有关品目中。例如，电动机（品目 85.01）；变压器（品目 85.04）；电磁铁、永磁铁、起重机的电磁起重吸盘及电磁卡盘（品目 85.05）；活塞式内燃机用的电起动装置（品目 85.11）；电气开关、控制板、插头、接线盒等（品目 85.35 至 85.37）；电子管（品目 85.40）；二极管、晶体管及类似的半导体器件（品目 85.41）；电子集成电路（品目 85.42）；碳电极（品目 85.45）；绝缘子（品目 85.46）；以及绝缘材料制的某些零件（品目 85.47）。上述物品除非与有关机器的其他零件组装在一起，否则这些物品即使主要用于或专用于本章的某种机器，仍应归入以上所列的相应品目。

其他电气零件可按下列规则归类：

（一）如果符合品目 84.09、84.31、84.48、84.66 或 84.73 的规定，应归入上述品目。

（二）不符合上述品目规定的，如果主要用于或专用于本章某种机器，可归入有关机器的品目；非专门或主要用于某种机器的电气零件应归入品目 85.48。

四、可归入本章两个及两个以上品目的货品

〔本章注释二、注释七及注释九（四）〕

除第十六类注释一及第八十四章注释一另有规定外，品目 84.86 所列设备及装置，应优先归入该品目而不归入本协调制度的其他品目。

品目 84.01 至 84.24 包括的机器设备（一般按其功能列名）可用于各个产业部门。其他品目的机器或装置则大多数按其所应用的工业或其他行业列名。根据本章注释二的规定，可归入两个及两个以上品目的机器及装置，如果其中一个品目属于第一组品目范围（即品目 84.01 至 84.24）的，应归入第一组的有关品目。因此，发动机不论其用途如何，一律归入品目 84.06 至 84.08 及品目 84.10 至 84.12。这一归类原则同样适用于泵〔即使其具体用于某种特定用途（例如，纺丝泵或农用泵）〕、离心机、研光机、压滤机、熔炉、蒸汽发生器等。

但这一总原则不适用于品目 84.19、84.22 及 84.24（参见本章注释二的规定）。因而下列物品虽然看起来可归入品目 84.19，但实际上却归入本章后一组的有关品目：

（一）农用催芽装置、孵卵器及育雏器（品目 84.36）。

（二）谷物调湿机（品目84.37）。

（三）萃取糖汁的浸提装置（品目84.38）。

（四）纺织纱线、织物或纺织制品的热处理机器（品目84.51）。

（五）温度变化（即使必不可少）仅作为辅助功能的机器设备。

同样，下列物品虽然看起来可归入品目84.22，但实际上却归入本章后一组的有关品目：

（一）缝纫机（例如，缝合袋子用的）（品目84.52）。

（二）将文件或信件插入包装物或信封中并加封的机器、硬币计数及包装机（品目84.72）。

另外，下列物品虽然看起来可归入品目84.24，但实际上应归入本章后面的有关品目：

（一）喷墨印刷（打印）机器（品目84.43）。

（二）水射流切割机（品目84.56）。

优先归入品目84.01至84.24的规则仅适用于可视为一个整体的机器。组合机器或多功能机器应按第十六类注释三的规定进行归类，而功能机组则应按第十六类注释四的规定进行归类（参见第十六类总注释的第六及第七部分）。

可归入两个及两个以上品目，而又不归入品目84.01至84.24中的任何一个品目的机器，应归入对该机器列名最为具体的有关品目，或按该机器的主要用途归类。可同时用于多种不同用途或工业的多用途机器（例如，打孔机可同时用于造纸、纺织、皮革、塑料等工业）应归入品目84.79。

五、装有自动数据处理装置或与自动数据处理设备连接使用，但却从事某项专门功能的机器

〔本章注释五第（五）款〕

根据第八十四章注释五第（五）款的规定，下列归类原则适用于装有自动数据处理装置或与自动数据处理设备连接使用，但却从事某项专门功能的机器：

（一）装有自动数据处理装置，但却从事除数据处理以外的某项专门功能的机器，可按其功能归入有关品目；如无列名品目可归，则应归入未列名品目，但不能归入品目84.71。

（二）与自动数据处理设备一同报验并与其连接使用，但却从事除数据处理以外的某项专门功能的机器，应按下列规则归类：

自动数据处理机应单独归入品目84.71，其他机器归入与其功能相应的品目，除非其符合第十六类注释四或第九十章注释三的规定，则整套机器归入第八十四章、第八十五章或第九十章的其他品目。

84.01 核反应堆；核反应堆的未辐照燃料元件（释热元件）；同位素分离机器及装置：

10 — 核反应堆

20 — 同位素分离机器、装置及其零件

30 — 未辐照燃料元件（释热元件）

40 — 核反应堆零件

一、核反应堆

所称“核反应堆”，一般包括所有隔离于生物屏蔽范围以内的器具及设备，必要时还包括生物屏蔽本身。屏蔽之外的器具及设备，如构成屏蔽内器具及设备的不可分割部分也包括在内。

核反应堆通常由下列部分组成：

（一）堆芯，它包括：

1．核燃料（裂变燃料或增殖性燃料）。可熔解或分散于慢化剂中（均匀反应堆），或浓缩在燃料元件中（不均匀反应堆）。

2．慢化剂，必要时也包括中子反射层（例如，铍、石墨、水、重水；某些碳氢化合物，如联苯及三联苯）。

3．冷却剂，用于除去反应堆产生的热量（二氧化碳、氦、水、重水、熔融钠或铋、熔融钠钾混合物、熔盐、某些碳氢化合物等常用于这方面）。慢化剂也常兼作冷却剂用。

4．控制棒，用具有高度吸收中子能力的材料（例如，硼、镉、铪）或这些材料的合金或化合物制成。

（二）机械结构件〔例如，反应堆容器；燃料元件（释热元件）装料格栅；冷却剂输送管道；阀门、控制棒操作装置等〕。

（三）测量、检查及自动控制仪器（例如，中子源、电离室、热电偶、电视摄像机、压力或流量表）。

（四）热屏蔽及生物屏蔽（用钢、混凝土、铅等制成）。

某些其他机器、装置及器具也可用于核反应堆，甚至可置于由生物屏蔽隔离的范围之内。但不能因此而认为这些机器、装置及器具具有核反应堆零件的基本特征，它们仍应归入其相应品目〔参见下文本品目不包括物品部分的第（三）至（九）条〕。

不同的核反应堆，其性质、特点及构成部件的装配方式有很大的差异。各种核反应堆一般可按下列方法分类：

1．按中子增殖链式反应的能量大小分类〔例如，热中子堆（或慢反应堆）；中能中子堆及快速中子堆〕。

2．按裂变材料在核反应堆芯中的分布情况分类（例如，均匀反应堆或非均匀反应堆）。

3．按用途分类〔例如，实验研究用反应堆；同位素生产反应堆；材料测试反应堆；将增殖性材料变为裂变材料的反应堆（转换堆及增殖堆）；推进动力反应堆；热能或电力生产反应堆等〕。

4．按所用材料的性质或操作原理分类（例如，天然铀、浓缩铀、铀－钍、钠－石墨、气体－石墨、加压水、加压重水、沸水、游泳池型、有机慢化剂等形式的反应堆）。

在一般情况下，反应堆的大小至少应处于临界状态，使得任何向外消耗掉的中子数不至于达到使链式反应中断的程度。但是，在实验研究时有时使用次临界反应堆，这种反应堆需要有外加的中子源。上述反应堆也包括在本品目中。

单独报验的核反应堆零件，一般应按第十六类注释二的规定归类。

因此，控制棒及相应机构、反应堆裂变反应的起动中子源、反应堆容器、插入燃料元件用的格栅及压水反应堆的加压器，应作为核反应堆的零件归入本品目。

但下列货品不应作为核反应堆的零件：

（一）石墨块（品目38.01或68.15）、铍块（品目81.12）或氧化铍块（品目69.14）。

（二）特殊形状的金属管道，或仅制成一定形状但未进一步加工的金属管道。这些金属管道在报验时未经装配，不论是否可确定为供核反应堆结构用的（第十五类）。

（三）蒸汽锅炉（品目84.02）。

（四）热交换器（品目84.04或84.19）。

（五）汽轮机（品目84.06）。

（六）泵（品目84.13或84.14）。

（七）风机（品目84.14）。

（八）从水中提取矿物的装置（一般归入品目84.19或84.21）。

（九）更换或取出燃料元件的搬运设备及移动式起重机（一般归入品目84.26）。

（十）处理放射性产品用的遥控机械手（品目84.28）。

二、同位素分离机器及装置

本组包括所有专用于将某种化学元素或它的某种化合物浓缩于该化学元素的一种同位素之中，或将各种同位素完全分离的机械设备、热力设备或电气设备。

应用最广泛的是用于生产重水（氧化氘）或浓缩铀235的机器或装置。

用浓缩天然水的方法生产重水的设备及装置包括：

（一）由许多板成组或成阶式排列构成的特种分馏及精馏装置。这些装置利用重水与普通水在沸点上的微小差异，取得重水中不断耗尽的初馏分以及不断加浓的最后馏分。

（二）利用低温分馏方法从液态氢中分离出氘，然后再使氘燃烧，从而制得重水的装置。

（三）利用同位素交换的原理进行工作，例如，采用双重温度方法或氢的不同液相或气相接触的方法制取重水或氘化合物的装置。同位素交换有时需借助催化剂完成。

（四）通过电解水生产重水的电解槽，以及电解水和同位素交换（在已制得的氢与原来的水之间交换）相结合的装置。

以下是将铀浓缩成铀235时最常用的装置：

（一）一种叫“气体（六氟化铀）离心机”的特种离心机。这种离心机装有一个由塑料或钢铁制成的转速极高的鼓形转子（“转鼓”）。

这种离心机内部经过抗腐蚀处理，以防止六氟化铀腐蚀。通常采用大量的级联单元，并通过下沉气流或逆向气流进行工作。

（二）铀同位素分离器（气体扩散式分离器）。这种设备的扩散室（可以是圆形的）内装有一层多孔膜（阻挡层），利用铀235与原气体在质量上的微小差异，气态六氟化铀扩散穿过多孔膜时被分离成两部分。这样反复操作多次，即可获得纯六氟化铀235。

（三）“喷嘴式”分离装置（贝克尔分离法）。这种设备将一股气流（六氟化铀与氦或氢的气流）高速射入一个高度弯曲的喷嘴内；在其出口处的一根“巴宁”管将六氟化铀的浓缩部分分离出来。

电磁式同位素分离器（卡留管）也归入本品目。

除零件的归类总规则另有规定的以外（参见第十六类总注释），本组所列机器及装置的零件也应归入本品目。

三、核反应堆的未辐照燃料元件（释热元件）

核反应堆的未辐照燃料元件是将裂变材料或增殖性材料装进一个配有搬运用特殊装置的包壳中而构成的；燃料元件的鞘壳一般由贱金属制成（例如，由锆、铝、镁、不锈钢制成）。

裂变燃料元件可装有金属态天然铀或天然铀化合物（氧化铀、碳化铀、氮化铀等），呈金属态或化合物状的U235或233浓缩铀或浓缩于钚的铀，浓缩于钚的钍。增殖性燃料元件（例如，装有钍或贫化铀的）装在反应堆的外围以反射中子，在吸收了一部分中子后，可变成裂变燃料元件。

燃料元件有多种不同类型，例如：

（一）为装于贱金属包壳的易燃金属及其合金棒或管。金属包壳可带有凸缘，以利于热交换。燃料元件可装有支架及端头，以便于插入反应堆或从反应堆中取出。

（二）将裂变燃料分散于石墨中，并制成石墨包裹的棒状、板状或球状产品；或由其他类型的分散体及金属陶瓷制成。这些燃料元件带有凸缘，安装方法与上述（一）款所述的燃料元件相同。

（三）下列物品的组合体：

1．表面涂有惰性金属的一系列层叠裂变燃料或增殖性燃料板（金属或陶瓷混合物）。

2．装有二氧化铀或碳化铀小团粒的惰性金属管。或

3．由惰性金属包覆的同心裂变金属管。

所有这些类型的燃料元件均装有支架，使元件之间保持一定间隔并使之固定，通常还装有外壳。构成这些燃料元件的各个组成部分都固定在同一个底座上，并装有一个共同端头。

单独报验时，这些燃料元件的组成部分（例如，装有核燃料并密封的不锈钢包壳）应按燃料元件的零件归类。

用于球形或棱柱形燃料元件的涂有多层碳或碳化硅的微型球状核燃料，以及乏燃料（已辐照）元

件，应归入品目28.44。

*

* *

本品目也不包括：

（一）利用热冶处理方法分离已辐照核燃料的熔炉（酌情归入品目84.17或85.14）。

（二）利用分馏法分离已辐照燃料或处理废液用的分离器（制取重水的分离器除外）（品目84.19）。

（三）专门用于清除放射性尘埃的空气过滤器（物理式或静电式空气过滤器）；保留放射性碘用的活性碳净化器；用于分离放射性元素的离子交换装置，包括利用电渗析法操作的离子交换装置；分离已辐照燃料或处理废液用的分离器，不论其是利用离子交换原理工作还是利用化学方法工作的（品目84.21）。

84.02 蒸汽锅炉（能产生低压水蒸汽的集中供暖用的热水锅炉除外）；过热水锅炉：

— 蒸汽锅炉：

11 — — 蒸发量超过45吨／时的水管锅炉

12 — — 蒸发量不超过45吨／时的水管锅炉

19 — — 其他蒸汽锅炉，包括混合式锅炉

20 — 过热水锅炉

90 — 零件

一、蒸汽锅炉

本组包括产生水蒸汽或其他蒸气（例如，汞气）的设备，用以驱动原动机（例如，汽轮机）或其他使用蒸汽动力的机器（例如，汽锤及汽泵），或给加热、烹煮、消毒等设备供应蒸汽，也包括集中供暖用的蒸汽锅炉。

单独报验的锅炉（例如，铁道机车锅炉），即使在结构上明显构成某种机器、设备或车辆不可分割的部分，仍应归入本品目。

蒸汽锅炉可以用固体燃料、液体燃料或气体燃料加热，也可以利用电力加热。

为了在燃料燃烧时获得更高的热效应或更快的汽化速度，锅炉有各种不同的构造方式，其主要类型有：

（一）火管锅炉（例如，铁道机车锅炉）。这种锅炉有许多管道横贯炉身，烟气从管道中通过。

（二）水管锅炉。这种锅炉内部装有一组水管，水管周围充满烟气。有些锅炉的内壁也由水管组成。

（三）混合锅炉。一般由上述两种类型的锅炉结合而成。

有些锅炉的管道系统通过一只收集器与一个或多个圆筒体联接。该圆筒体用于储水或把水与蒸汽分开。其他一些称作强制循环锅炉的锅炉有时不设蒸发筒，而用泵来加速水的循环。

锅炉的大小差别很大。小型锅炉通常在报验时已经装配，各种部件已装在一个外壳内或安装在同一个底座上。大型的锅炉，其各个部件通常是运到工地才组装的，有的装于一个外壳内，有的装于一个砖砌的结构内。

二、过热水锅炉

这类锅炉中的水受到高压作用，水可加热到远远超过其正常蒸发点的温度（一般可达到180℃及以上）。

这种锅炉在结构上与上述第一组的锅炉很相似。工作所需压力既可从蒸发筒等内积聚的蒸汽获得，在某些情况下也可利用某种惰性气体（一般是氮）获得。锅炉内产生的过热水必须保持恒压。过热水既从锅炉内产生，最后又回到锅炉，在锅炉内进行闭路循环。

过热水锅炉一般用于远距离向工厂供热（例如，供汽车车身油漆干燥用的烘道），或者向大批建筑群或地区的供暖系统供热。在后一种情况下，过热水（一次液体）通过热交换器，把热量传送到二次液体，从而向房屋供热。

*
* *

为了增加或调节输出量或效率，本品目的锅炉常配备各种辅助设备。这些辅助设备包括品目 84.04 的节热器、空气预热器、过热器、过热蒸气降温器、蒸汽收集器、蒸汽贮存器、除灰器、气体回收器、水管锅炉炉膛壁及其他设备；以及品目 84.21 的供水净化器、除气器、气化物质去除器和软水器。

这些辅助设备如果与锅炉一同报验，应与锅炉一起归入本品目，不论其是否已经或将与锅炉组成整套设备，如果单独报验，则应归入其相应品目。

同样，与锅炉一同报验的炉栅，如果与锅炉组成整套设备的，也应与锅炉一起归入本品目。在这方面，炉栅已装在锅炉内，或准备装在锅炉的砖砌结构内，两者归类原则相同。

本品目不包括只把水加热到其正常蒸发点以下的锅炉；也不包括品目 84.03 的集中供暖热水锅炉（即使这些锅炉也能产生低压蒸汽）。

零　件

除零件的归类总原则另有规定的以外（参见第十六类总注释），本品目的锅炉也包括其零件，例如，炉身及底座、内管道、水管盖、联管箱、锅炉鼓筒、蒸汽鼓、非机械锅炉炉膛、检查盖及易熔塞组成的锅炉内部装置。

只经弯曲但未经进一步加工，报验时又未装配的金属管道，不能视为锅炉的零件，因此应归入第十五类。

84.03　集中供暖用的热水锅炉，但品目 84.02 的货品除外：

10　—　　锅炉

90　—　　零件

本品目包括使用任何燃料（例如，木柴、煤、焦炭、煤气或燃油），通过循环水向房屋、公寓、工厂、车间、温室等供暖的任何尺寸的集中供暖用热水锅炉（品目 73.21 的附有辅助锅炉的炉子除外）；还包括集中供暖用的电热水锅炉。

这些锅炉可装有压力调节器及压力表、水准器、旋塞、龙头、燃烧器及类似的零件或附件。

热水锅炉即使兼可产生低压蒸汽，也应归入本品目。

零　件

除零件的归类总原则另有规定的以外（参见第十六类总注释），本品目也包括集中供暖用热水锅炉的零件，例如，锅炉壳、炉壁、炉门、检查孔或观察孔盖等。

下列物品不作为集中供暖用热水锅炉的零件归类：

（一）连接集中供暖用热水锅炉及散热器的管道及其附件（一般归入品目 73.03 至 73.07）。

（二）膨胀槽或膨胀室（品目 73.09、73.10 或 84.79）。

（三）炉用燃烧器（品目 84.16）。

（四）蒸汽或热水龙头、旋塞等（品目 84.81）。

84.04　品目 84.02 或 84.03 所列锅炉的辅助设备（例如，节热器、过热器、除灰器、气体回收器）；水蒸汽或其他蒸汽动力装置的冷凝器：

10　—　　品目 84.02 或 84.03 所列锅炉的辅助设备

20 —　　水蒸汽或其他蒸汽动力装置的冷凝器

90 —　　零件

一、品目 84.02 或 84.03 所列锅炉的辅助设备

这些辅助设备包括：

（一）**节热器**。节热器可利用烟气的余热，某种类型的节热器还可利用废蒸汽，对锅炉给水进行预热。节热器通常为装有一套铸铁或钢制的肋形管道的联管箱。联管箱有时装在一个金属薄板制的单独容器内。烟气或废蒸汽排入节热器内。在混合型节热器中，废蒸汽直接排入装有锅炉给水的容器内。

（二）**空气预热器**。空气预热器也是利用余热进行工作。它由装有各种热交换器的空气室组成。例如，在装有管式换热器的空气预热器中，热烟气在管道内循环，即可加热空气室内的空气；在装有板式换热器的空气预热器中，空气和烟气分别从毗邻的狭窄间格空间中循环。有些空气预热器装有旋转式挡板。

（三）**过热器**。过热器为装有一组高压钢管的联管箱。过热器可对从锅炉输入的饱和蒸汽进一步加热，以除去水分并产生高温蒸汽。过热器通常是锅炉系统的一个主要组成部分，有的还配有单独的烟道系统。

（四）**过热蒸汽降温器**。它用以防止过热器内的温度过高，通常安装在过热器的两个部分之间，一般为一个铸铁箱体，蒸汽进入其中后，水流即对其加以冷却。

（五）**蒸汽收集器**，为一圆筒体，用以收集从成组锅炉中排出的蒸汽。

（六）**蒸汽储蓄器**。它是隔热的大型圆筒状钢制高压容器，供储存备用蒸汽之用。

（七）**热能储蓄器**，用以储存从蒸汽锅炉内排出的过剩热能。

（八）**管式炉壁**，即一组直立式管道，与锅炉给水的循环管道相连接，安装在锅炉内壁的前面，起着防止炉壁过热，同时又对锅炉给水进行预热的双重作用。

（九）**自动或非自动除灰器**（吹灰器）。这种装置使用喷射蒸汽或压缩空气清除蒸汽发生设备的管形部件（例如，过热器、水管、火管、节热器）上的烟灰及类似积垢。它由装有许多喷嘴的管道（固定式或伸缩式）组成，由阀门控制并与蒸汽或压缩空气管道相接。有的除灰器是伸缩式喷射器。

（十）**气体回收器**。这种设备可把排出的废气回收到炉内，以使未烧尽的微粒再次燃烧。

（十一）**泥渣刮除器**。

二、水蒸汽或其他蒸汽动力装置的冷凝器

本组包括各类蒸汽冷凝器。蒸汽冷凝器的作用是通过冷却和冷凝排出的废汽来降低蒸汽机的背压，从而增强蒸汽机的功率。它们包括：

（一）**表面冷凝器**。由内装有一组管道系统的圆筒形壳体组成，蒸汽引入圆筒后，通过在管道中循环的冷水使蒸汽冷凝。偶尔也有将蒸汽引入管道，冷水在圆筒循环的。

（二）**混合式冷凝器**。这种冷凝器直接把蒸汽与水混合。本品目包括喷射式冷凝器，这种冷凝器利用水流喷射（就象喷射泵喷射一样）在冷凝室内造成部分空间真空。

（三）**空冷式冷凝器**。这种冷凝器装有一组肋形蒸汽管道，由压入的气流予以冷却。

零　件

除零件的归类总原则另有规定的以外（参见第十六类总注释），本品目也包括上述装置及设备的零件。

只经过弯曲但未经进一步加工，报验时又未装配的金属管道，不能视为本品目所列货品的零件，因此应归入第十五类。

*

* *

本品目不包括下列各项，不论其是否用于锅炉房内：

（一）品目84.13或84.14的泵（包括用压力向锅炉供水的注水器）、风机、风扇及其他机器。

（二）炉用燃烧器、机械炉篦、机械加煤机及类似设备（品目84.16）。

（三）品目84.19所列的蒸馏设备及其他冷凝器。

（四）水、气等的过滤器及净化器（品目84.21）。

84.05 煤气发生器，不论有无净化器；乙炔发生器及类似的水解气体发生器，不论有无净化器：

10 — 煤气发生器，不论有无净化器；乙炔发生器及类似的水解气体发生器，不论有无净化器

90 — 零件

本品目包括用以产生任何气体（例如，发生炉煤气、水煤气及其混合物或乙炔）的独立式装置及设备，不论所得气体的具体用途如何（例如，用于照明、工业加热、燃气发动机的供气、金属焊接或切割、化学合成等）。

本品目也包括机动车辆用的特制气体发生器，但不包括只需装上灯头即可组成灯具的乙炔发生器（品目94.05）。

一、发生炉煤气发生器

发生炉煤气发生器通常由一个装有耐火内衬或水冷式双层内壁的封闭圆筒组成。圆筒内装有一个炉篦（固定式、震动式或旋转式的），能够通过吸风或吹风产生空气流（或空气及蒸汽流）。当厚厚的燃料在炉篦上燃烧时，用空气及蒸汽流加以调节，使燃烧不彻底。因水分解及燃料燃烧不彻底而产生一氧化碳及氢气。所生成的一氧化碳、氢与氮的混合物（发生炉煤气）从发生器的顶部排出。

在某些“倒燃”式煤气发生器中，空气从圆筒顶部吹入，沿着圆筒内侧吹至底部，然后在发生器的底部（炉篦下面）将产生的煤气加以收集，这样能使焦油等的燃烧更为彻底。

二、水煤气发生器

水煤气发生器在结构上与发生炉煤气发生器相似，但空气及水或蒸汽交替地喷入发生器中，喷水时所产生的气体为氢与一氧化碳的混合物（水煤气）。该气体的热值比发生炉煤气高。水煤气可单独从注入空气时制得的发生炉煤气中收集，也可让两种煤气混在一起。

*
* *

发生炉煤气发生器及水煤气发生器均可燃烧各种固体燃料（例如，煤、焦炭、木炭、木柴、植物或其他废料）。

在某些方面使用时，特别是供气给燃气发动机时，发生炉煤气或水煤气必须除去灰、焦油、含硫化合物等杂质，有时还必须重热或冷却。为此，发生器常装有净化器（由多孔锥体、焦床、洗涤器等组成）、冷却器、干燥器、重热器等。这些净化器及其他辅助设备如果与发生器同时报验，又明显与发生器一并使用的，应与发生器一并归类；单独报验的则应归入其相应品目（例如，净化器应归入品目84.21）。

三、水解乙炔气体发生器

这类气体发生器一般结构简单，由一个水封闭储气槽组成。当储气槽充气及放气运动时，可自动控制气体发生装置。它们有三种类型的气体发生装置：

（一）将大量的碳化钙间断地浸入水中。

（二）把碳化钙逐渐加入水中。

（三）将水滴在碳化钙上。

四、其他水解气体发生器

本组包括氧气发生器（例如，潜艇上用的氧气发生器）及乙烯发生器（例如，基于水作用于某些化学品的原理进行工作的乙烯发生器）。

零　件

除零件的归类总原则另有规定的以外（参见第十六类总注释），本品目所列设备的零件也归入本品目（例如，煤气发生器机身、炉篦、气体收集器及水－碳化物混合器）。

*

* *

本品目不包括：

（一）燃气轮机用的自由活塞气体发生器（品目 84.14）。

（二）炼焦炉（例如，城市煤气发生器）（品目 84.17）。

（三）非医疗用的电动臭氧发生及扩散装置（例如，用于工业方面或房屋的臭氧处理、用于产生诸如二氧化氮、硫化氢或氢氰酸的电解气体发生器）（品目 85.43）及臭氧治疗装置（品目 90.19）。

84.06　汽轮机：

10　—　　船舶动力用汽轮机

　　—　　其他汽轮机：

81　——　输出功率超过 40 兆瓦的

82　——　输出功率不超过 40 兆瓦的

90　—　　零件

本品目包括的汽轮机是由膨胀蒸汽作用于叶片而产生动能驱动的。汽轮机主要由以下两部分组成：

一、转子，由一个或多个轮盘装在转轴上而构成。轮盘的轮缘上装有一排紧密相依的动叶片。动叶片的横截面一般呈曲形，也称为扭叶片。

二、定子，由壳体构成，用以支承转子。转子可在定子内旋转。定子内装有一组静叶片或喷嘴，用以引导蒸汽喷向转子上的叶片。

在“冲动式”汽轮机中，定子上装有喷嘴。喷嘴内的蒸汽膨胀并沿切线方向高速喷向转子上的叶片。在“反动式”汽轮机中，转子上的动叶在与其形状相似的静叶之间旋转。静叶以与动叶相反的方式环绕装在定子的面上，使蒸汽流通过定子叶片沿轴向冲向相邻的转子叶片。

为了获得更高效益，人们常把上述两种汽轮机组成“混合式汽轮机”，但更为普遍的是将若干级轮叶装在一根共同的转轴上（多级汽轮机），以使蒸汽不断膨胀。

汽轮机的高速旋转使其特别适于直接驱动机器，例如，驱动发电机（汽轮发电机）、压缩机、通风机或离心泵。用于某些方面（例如，船舶和某些机车）的汽轮机装有换向齿轮或减速齿轮。这些换向齿轮或减速齿轮单独报验时不应归入本品目（品目 84.83）。

本品目还包括汞气轮机。它的结构和用途均与上述汽轮机相似，只是用汞蒸汽而不是用水蒸汽。

零　件

汽轮机的关键部件是调节机构，它用于调节汽轮机中水蒸汽或其他蒸汽的供给，以适应汽轮机的负荷，并使汽轮机保持匀速。

本品目包括调节器；除零件的归类总原则另有规定的以外（参见第十六类总注释），还包括汽轮机的其他零件（例如，转子、定子及其部件；转子轮叶或定子叶片）。

84.07　点燃往复式或旋转式活塞内燃发动机（+）：

10　—　　航空器发动机

　　—　　船舶发动机：

21 ——舷外发动机
29 ——其他
—　用于第八十七章所列车辆的往复式活塞发动机：
31 ——气缸容量（排气量）不超过 50 毫升
32 ——气缸容量（排气量）超过 50 毫升，但不超过 250 毫升
33 ——气缸容量（排气量）超过 250 毫升，但不超过 1000 毫升
34 ——气缸容量（排气量）超过 1000 毫升
90 —　其他发动机

本品目包括除第九十五章所列货品以外的点燃往复式活塞内燃机及旋转式活塞内燃机（汪克尔发动机具有三角形旋转活塞）。机动车辆用的此类内燃机归入本品目。

这些内燃机一般由下列零件组成：气缸、活塞、连杆、曲轴、飞轮、进气阀及排气阀等。它们是利用易燃气体在气缸内燃烧时所产生的膨胀力进行工作的。

这些内燃机的主要特点是将火花塞装进气缸盖内，另外还装有与电机同步并且可提供高压电流的电气器件（例如，磁电机、线圈及接触断路器）。

最常见的内燃机是先将燃料与空气相混合（例如，在汽化器中混合），然后再由活塞吸入汽缸内。但有些内燃机（例如，某些飞机引擎及汽车内燃机）用喷油器直接将燃料喷入气缸盖内。

最常用的燃料是汽油，也有用煤油、乙醇、氢、煤气、甲烷等。

燃气发动机大多数是由发生炉煤气发生器供气。这些发生器有时构成发动机的组成部分。但更多情况下发生器是独立的，在这种情况下，发生炉煤气发生器一律归入品目 84.05。

*
* *

这些内燃机可装有一个或几个气缸。在装有几个气缸的内燃机中，各连杆都连接在同一根曲轴上。分别供给燃料的各个气缸有多种排列方式，例如，单列式（直立式或倒立式）、对称倾斜的双列式（V型内燃机）、水平对置地装在曲轴的两边、某些飞机引擎采用星型排列方式。旋转式活塞内燃机（汪克尔发动机）的工作原理与上述传统的活塞式内燃机相同。但它并不是靠活塞及连杆的运动来带动曲轴，而是靠装于特定型面（长短辐圆外旋轮线）缸体内的一个三角形转子（“活塞”）直接带动驱动轴。

活塞将气缸（燃烧室）分成几个小腔，每转一圈，对每一凸角来说相当于完成一个四冲程循环。这些内燃机可装有一个或多个带“活塞”的气缸。

本品目的内燃机具有广泛用途，例如，用于农业机械，带动发电机、泵或压缩机，驱动飞机、汽车、摩托车、机动脚踏车、拖拉机或船舶。

本品目所列的内燃机可配有燃料喷射泵；点火元件；燃料箱或油箱；水冷散热器；油冷却器；水泵、油泵或燃料泵；风机；空气或油过滤器；离合器或动力传动装置；起动装置（电起动装置或其他起动装置）。这些内燃机还可装有变速齿轮和柔性轴。

本品目包括推动小型船舶用的“舷外发动机”。它由本品目的发动机、螺旋桨及操舵装置组成。所有上述部件构成一套独立的不可分割的装置。这些发动机用以装在舷外，可以拆卸，也就是说，它可随意装上或拆下，并可调整。机器一经装上即可启动。但固定装在船身尾部内的发动机并配有固定装在船舶外面相应位置上的操舵螺旋桨不作为舷外发动机归类。

本品目还包括将内燃机装在一个带轮底盘或滑行装置上所组成的移动式内燃机。装有机械驱动装置，使其在一定程度上可自动推进（但未构成第八十七章所列车辆）的移动式内燃机也归入本品目。

*
* *

本品目不包括专用于测定内燃机燃料的辛烷值及十六烷值的火花点燃活塞式内燃机型的可变压

缩比发动机（第九十章）。

零　件

除零件的归类总原则另有规定的以外（参见第十六类总注释），本品目所列内燃机的零件应归入品目 84.09。

○
○ ○

子目注释：

子目 8407.10

所称“航空器发动机”，是指已设计成或改装成适于装推进器（飞机螺旋桨）或转子的内燃机。

子目 8407.31、8407.32、8407.33 及 8407.34

具有多个气缸的内燃机，其气缸容量等于每一气缸内气缸底部冲程死点与顶部冲程死点之间活塞所扫过的那一部分体积乘以气缸数。

84.08　压燃式活塞内燃发动机（柴油或半柴油发动机）：

10　—　船舶发动机

20　—　用于第八十七章所列车辆的发动机

90　—　其他发动机

本品目包括压燃式活塞内燃机（第九十五章所列的内燃机除外），机动车辆用的也包括在内。

这些内燃机的机械结构与点燃活塞式内燃机相似，其主要部件也相同（即气缸、活塞、连杆、曲轴、飞轮、进气阀和排气阀等），其不同之处在于这种内燃机先将空气（有时是空气与可燃气的混合气体）送进气缸，迅速压缩，然后将雾化液体燃料喷入燃烧室内，由缸内因压缩所产生的高温自动点燃，其压缩力比点燃式内燃机的大得多。

除柴油发动机外，还有一种在较低压缩程度下工作的中压压燃式半柴油发动机。这种发动机起动时必须用喷灯预热气缸盖或使用预热塞。

压燃式活塞内燃机使用重质液体燃料进行工作，如重油或煤焦油、页岩油、植物油（花生油、蓖麻油、棕榈油等）。

*
* *

本品目所列的内燃机可装有一个或几个气缸。在装有几个气缸的内燃机中，各连杆都连接在同一根曲轴上。分别供给燃料的各个气缸有多种排列方式，例如，单列式（直立式或倒立式）、对称倾斜的双列式（V 型内燃机）、水平对置地装在曲轴的两边。

本品目的内燃机应用范围很广，例如，用于农业机械；驱动汽车、拖拉机、机车或船舶；用于发电站等。

本品目的内燃机可配有燃料喷射泵；点火元件；燃料箱或油箱；水冷散热器；油冷却器；水泵或油泵；风机；空气或油过滤器；离合器或动力传动装置；起动装置（电起动装置或其他起动装置）。这些内燃机还可装有变速齿轮及柔性轴。

本品目还包括将内燃机装在一个带轮底盘或滑行装置上所组成的移动式内燃机。装有机械驱动装置，使其在一定程度上可自动推进（但未构成第八十七章所列的车辆）的移动式内燃机也归入本品目。

*
* *

本品目不包括专用于测定内燃机燃料的辛烷值及十六烷值的压燃式活塞内燃机型的可变压缩比发动机（第九十章）。

零　件

除零件的归类总原则另有规定的以外（参见第十六类总注释），本品目所列内燃机的零件应归入品目 84.09

84.09　专用于或主要用于品目 84.07 或 84.08 所列发动机的零件：

10　—　航空器发动机用

—　其他：

91　——　专用于或主要用于点燃式活塞内燃发动机的

99　——　其他

除零件的归类总原则另有规定的以外（参见第十六类总注释），本品目包括品目 84.07 或 84.08 所列活塞式内燃机的零件（例如，活塞、气缸及气缸体；气缸盖；气缸套；进气阀或排气阀；进气或排气歧管；活塞环；连杆；汽化器；燃料喷嘴）。

但本品目不包括：

（一）喷射泵（品目 84.13）。

（二）发动机的曲轴及凸轮轴（品目 84.83）；齿轮箱（品目 84.83）。

（三）电点火或起动装置（包括火花塞及预热塞）（品目 85.11）。

84.10　水轮机、水轮及其调节器：

—　水轮机及水轮：

11　——　功率不超过 1000 千瓦

12　——　功率超过 1000 千瓦，但不超过 10000 千瓦

13　——　功率超过 10000 千瓦

90　—　零件，包括调节器

本品目包括水轮机及水轮。这些水轮机及水轮可以把流体或加压液体所蕴藏的能量（例如，水的流动或落差；水、油或特殊流体的压力）转变为动力。因此，这些发动机或动力机是通过将水流引向装在水轮上的桨叶或螺旋状部件而进行工作的。

一、水轮机

水轮机是将转子装在固定壳体内组成。固定壳体可引导水流射向装在转轮上的叶片等。

水轮机主要有以下三种类型：

（一）佩尔顿（Pelton）式。这种水轮机用于水量较小的高压水源，其转子为一个水轮，在其轮缘上呈放射状地装有许多水斗。定子则是一个坚固包壳，上面装有一个或多个喷嘴，可将水沿切线方向喷射到水斗上。

（二）弗朗西斯（Francis）式。这种水轮机可在水压一般或较低但水量较大的情况下使用。这种水轮机的转子由铸钢整铸而成，装有固定的大型螺旋状叶片。定子由导管组成，一般呈螺旋状，装有可变换角度的阔大导叶，以保证水流径向喷到转子的整个轮缘。定子还设有一个轴向出水口。

（三）卡普兰（Kaplan）式。这种水轮机适用低压水源。这种水轮机与上述两类水轮机极为相似，其定子和转子均装有可调角度的桨叶。

水轮机主要用于水力发电设备。

二、水轮

这是一种非常简单的动力机，为一个轮缘周围装有扁平状或凹形木制或金属制桨叶的巨大水轮，水轮的轴上一般装有一个步进齿轮装置。所产生的机械能一般直接用于小型车间、锯木厂及面粉厂等。

船用的明轮虽外形与水轮相似，但不应归入本品目（品目 84.87）。

测定液体比重用的蹼轮也不归入本品目（品目 90.15）。

零 件

除零件的归类总原则另有规定的以外（参见第十六类总注释），本品目所列水轮机或水轮的零件也归入本品目〔例如，转子、定子、定子或转子的叶片、螺旋导管的壳套，可按其类型自动调节水流或者自动调节转子或定子各种倾斜角度的调节器（当负载不断变化时，仍可使旋转速度保持均匀）、调节器的阀针〕。

84.11 涡轮喷气发动机、涡轮螺桨发动机及其他燃气轮机(+)：

— 涡轮喷气发动机：

11 — — 推力不超过 25 千牛顿

12 — — 推力超过 25 千牛顿

— 涡轮螺桨发动机：

21 — — 功率不超过 1100 千瓦

22 — — 功率超过 1100 千瓦

— 其他燃气轮机：

81 — — 功率不超过 5000 千瓦

82 — — 功率超过 5000 千瓦

— 零件：

91 — — 涡轮喷气发动机或涡轮螺桨发动机用

99 — — 其他

本品目包括涡轮喷气发动机、涡轮螺桨发动机及其他燃气轮机。

本品目的涡轮机一般为内燃机。这些涡轮机与汽轮机等不同，通常不需要外部热源。

一、涡轮喷气发动机

涡轮喷气发动机由压气机、燃烧系统、透平及喷管组成。喷管是一收敛管道，装在排气管内。透平喷出的加压热气通过喷管变成高速气流。这些气流作用于发动机上的反作用产生的动力可用于驱动飞机。涡轮机上最简单的压气机与透平是装在单一的轴上的。较复杂的压气机分为两部分（双转子压气机），每部分的转子通过同心轴系由各自的涡轮驱动。另一种涡轮机通常在压气机的进气口处加装一个涡轮压风机，该压风机既可由第三涡轮驱动，又可接到第一压气机的转子上，起到装有导流管的螺旋桨的作用。它所排出的大部分气体绕过压气机及透平与排气射流会合，从而产生额外推力。这种涡轮机有时叫“涡轮风扇发动机”。

所谓“加力燃烧装置”是一种辅助设备，可与某些涡轮喷气发动机装成系列，用以短时间内提高这些发动机的输出功率。这些装置装有独立的燃料供给系统，并可将涡轮喷气发动机所喷出气体中的剩余氧气进行利用。

二、涡轮螺桨发动机

这种发动机与涡轮喷气发动机相似，但在压气机涡轮的顺流处还装有与一普通螺旋桨（与活塞式引擎飞机所用的一样）连接的另一涡轮。这后一涡轮有时称为“自由涡轮”，意思是该涡轮与压气机及压气机涡轮轴无机械联系。这样，压气机涡轮排出的大部分加压热气是由自由涡轮转换成轴功率的，而不是象涡轮喷气发动机那样，因热气在喷管内膨胀而产生推力。有时，可让自由涡轮排出的气体在喷管内膨胀并产生辅助推进功率，以帮助螺旋桨推进。

三、其他燃气轮机

本组包括工业用燃气轮机设备。既包括专供工业用的燃气轮机设备，也包括具有除为飞机提供动力之外的其他用途的涡轮喷气发动机或涡轮螺桨发动机。

这些燃气轮机有两种循环形式：

（一）简单循环。压气机将空气吸入并加以压缩。压缩空气在燃烧系统内被加热，并通过透平最后排到大气中。

（二）回热循环。压气机将空气吸入并加以压缩，然后经过回热器的空气管。空气由透平排气管预热后进入燃烧系统，由添加燃料进一步加热。空气与易燃气体的混合物通过透平，经过回热器热气侧的部分，最后排到大气中。

回热式燃气轮机有两种类型：

1. 单轴燃气轮机。这种燃气轮机的压气机与透平装在单一的轴上。透平产生动力使压气机旋转，并通过联轴节驱动机器的运转部分。这种传动方式在发电设备等方面的恒速应用上效果最好。

2. 双轴燃气轮机。这种设备将压气机、燃烧系统及驱动压气机涡轮组成一体，一般称为燃气发生器；而装在另一轴上的一个第二级涡轮吸入燃气发生器排出的加压热气。第二级涡轮作为动力涡轮，与压缩机或泵之类的被驱动装置相连接。双轴燃气轮机一般适用于负荷需求变动需要燃气轮机的功率及转速有一定范围的机器设备。

这种燃气轮机用于船舶及机车、发电设备，以及在石油工业、煤气工业、管道输送和石油化学工业中用作机械驱动装置。

本组还包括不带燃烧室的其他燃气轮机。这些燃气轮机仅由定子和转子组成，利用可燃气体转换成的能量进行工作，可燃气体由其他机器或装置（例如，燃气发生器、柴油机、自由活塞式发生器）供给，或由压缩空气或其他压缩气体涡轮供给。

零　件

除零件的归类总原则另有规定的以外（参见第十六类总注释），本品目所列发动机的零件也归入本品目，例如，燃气轮机的转子、喷气发动机的燃烧室及通风道、涡轮喷气发动机的零件（定子环，不论是否带叶片；转子圆盘或轮子，不论是否带翅片；叶片及翅片）、燃料供给调节器、燃料喷嘴。

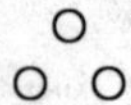

子目注释：

子目 8411.11 及 8411.12

推力是指每秒排气质量流量与排气速度和进气速度之间差额的乘积。

84.12　其他发动机及动力装置：

10　—　喷气发动机，但涡轮喷气发动机除外

—　液压动力装置：

21　——　直线作用（液压缸）的

29　——　其他

—　气压动力装置：

31　——　直线作用（气压缸）的

39　——　其他

80　—　其他

90　—　零件

本品目包括不能归入前面各品目（品目 84.06 至 84.08、品目 84.10 或 84.11）或品目 85.01 或 85.02 的发动机及动力装置。据此，除蒸汽机、点燃及压燃活塞式内燃机、水轮机、水轮、涡轮喷气发动机、涡轮螺桨发动机或其他燃气轮机以外，其他非电动发动机及动力装置均归入本品目。

本品目包括喷气发动机（涡轮喷气发动机除外）、气压发动机及动力装置、风力发动机（风车）、发条或重力原动机等、某些液力发动机及原动机，以及某些蒸汽动力装置。

一、除涡轮喷气发动机以外的喷气发动机

（一）冲压式喷气发动机

这是一种机械结构简单的发动机，仅应用于作快速运动的装置上。它没有涡轮压气机，完全依靠运动速度将空气压入，并在燃烧室内通过增压管道的作用将空气进行压缩。动力是由排气通过喷嘴扩张时的反作用产生的。

（二）脉冲式喷气发动机

这种发动机不同于冲压式喷气发动机，因为其燃烧是间歇地进行，因此，它的排气喷嘴喷出的是脉动气流而不是连续气流。与冲压式喷气发动机不同，这种发动机可通过脉动将空气吸入，从静止状态起动。

脉冲式喷气发动机在飞机中主要用作辅助起飞装置。

（三）火箭发动机

这是一种不依靠外界空气源而燃烧的喷气发动机，推进剂中既含有燃料，又含有助燃剂。

它有两种主要类型：

1．液体燃料发动机。这种发动机由燃烧室加上一个或多个火箭燃料储存器及射流管而组成。燃烧室及燃料储存器之间用管道及泵所组成的系统连在一起。泵由涡轮发动；涡轮则由一个单独的燃气发生器供气。这种火箭发动机的一个重要部件为喷射系统。所使用的燃料包括乙醇、水合肼等；助燃剂为过氧化氢、高锰酸钾、液态氧、硝酸等。

2．固体燃料发动机。这种发动机由圆柱形的压力室及射流管组成。燃烧室与火箭燃料供给装置构成一体。这种发动机的火箭推进剂由助燃剂（一般为高氯酸铵）与燃料（一般为聚氨脂）组成。某些固体燃料发动机使用具有第三十六章所列发射药性质的固体燃料。

火箭只有在构成推进装置本身时（例如，适于作飞行器的辅助发动机或起飞发动机，装于导弹之上或用于卫星或宇宙飞船的运载工具上），才归入本品目。

本组不包括：

（一）防冰雹火箭、救生火箭及类似的烟火信号火箭（品目36.04）。

（二）卫星或宇宙飞船的运载工具（品目88.02）。

（三）装有动力装置的导弹（品目93.06）。

二、液压动力装置

本组包括：

（一）除品目84.10所列水轮机或水轮以外的某些水力发动机，用于将波浪（利用带两个半圆柱形叶片的萨伏纽斯转子工作）或潮汐的能量转换成机械能。

（二）水柱压力机器，靠水压作用于活塞进行工作，利用水作用于在缸内运动的两个或多个活塞，从而把轴驱动。

（三）液压缸，由诸如铜或钢制的缸体和一个活塞构成，由液压油或其他液体压向活塞的一侧（单动式）或两侧（双动式），从而将受压液体的能量转换成直线运动的动能。这种液压缸适用于机床、建筑机械、转向机构等。

（四）单独报验的液压阀动器，由一个装有活塞的金属缸体构成，通过垂直于活塞杆的连杆将液体在压力的作用下所产生的直线运动转换成旋转运动，用于控制旋塞阀或其他带旋转机构的装置。

（五）液压伺服马达，在反馈控制系统或调节系统中起最终或中间执行器作用。这些伺服马达用于飞机等。

（六）液压系统，由液压动力装置（主要由液压泵、电动机、控制阀及油箱组成）、液压缸及连接液压缸和液压动力装置所需的管道构成，整套设备构成第十六类注释四所述的功能机组（参见本类的总注释）。这类系统应用于诸如土木工程结构上。

（七）机动船只用的喷水推进器（水力机）。这种推进器是利用一个强力泵从海上或河中吸水，并通过安装在船底或船尾的可调喷管将水高速喷出。

三、气压动力装置

这种发动机使用外部压缩空气或其他压缩气体源，大体上与蒸汽活塞式发动机或汽轮机相象。在适当情况下，这种发动机可以装有燃烧器或其他加热装置以增加空气压力（从而提高膨胀能量），并防止气缸由于温度迅速下降而结霜。

这种发动机因能防止沼气爆炸，比较安全，故主要在矿区内供牵引车及绞车使用。这种发动机还可作为内燃机的辅助起动发动机，用于某些铁道机车、飞机、潜艇等，以及用以推进鱼雷。

本组还包括：

（一）用于气动传送的叶轮液动机、齿轮动力机、轴向及径向活塞式动力机。

（二）由一个铜或钢制的圆筒及一个活塞组成的气动气缸。它通过将压缩空气压向活塞一侧（单动式）或两侧（双动式），从而将受压气体的能量转换成直线运动。这种气缸适用于机床、建筑机械、转向机构等。

（三）单独报验的气压阀动器。这种装置由装有一个活塞的金属包壳组成，利用垂直于活塞杆的一根针将压缩气体所产生的直线运动转换成旋转运动，以便操纵旋塞阀或带旋转装置的其他设备。

四、风力发动机（风车）

本组包括所有利用风力作用于螺旋桨或转子的叶片（其倾斜角度通常可调）而直接将风力转换成机械能的动力设备（风力发动机或风力叶轮机）。

风力发动机的螺旋桨或转子通常安装在相当高的金属塔架上，并具有与叶片平面相垂直的一只臂，从而形成一个导向叶片或类似装置，以便根据风向来确定桨叶或转子的方向。动力一般是由减速齿轮装置通过一个垂直传动轴传送到地面上的动力输出轴。有些风力发动机（“降压发动机”）装有空心叶片，旋转时不断减压并通过密封管道传送到地面，以驱动小型反力式涡轮。

风力发动机一般功率较低，主要在乡村设施中用以驱动灌溉泵、排水泵或小型发电机。

由风力发动机与发电机组成一体的发电机组（包括在飞机艉流中工作的发电机组）不应归入本品目（品目85.02）。

五、发条或重力原动机等

这些原动机包括象时钟机构一样，利用上足了的发条所释放的能量进行工作的机械装置，或者由重力（例如，使用砝码或类似装置）进行工作的机械装置。但装有摆轮或可装摆轮的此类装置除外（品目91.08或91.09）。

这类原动机，特别是用发条驱动的发动机，可用于驱动多种机器（例如，百音盒、自动旋转烤肉叉、橱窗陈列的旋转器具、登记器具及雕刻工具）。

六、不带锅炉的活塞式发动机

这种发动机的机械能是利用锅炉蒸汽与大气压力（不凝汽式蒸汽机）或冷凝器的较低压力（凝汽式发动机）之间的压力差使气缸内的活塞运动而产生的。活塞的往复运动或摆动可通过连杆及曲轴或飞轮转换成旋转运动。

单动式发动机是最为简单的活塞式发动机，其蒸汽压力仅作用于活塞的一端；在其他类型（双动式）的发动机中，蒸汽交替作用于活塞两端。在大功率的发动机中，蒸汽不断进入直径逐渐增大的两个或多个气缸中，各活塞的连杆都接于一根曲轴上（复合式发动机、双级或三级膨胀发动机等）。例如，机车发动机及船舶发动机即属于上述最后一种类型。

七、带锅炉的蒸汽或其他气体动力装置

这类发动机由锅炉（通常为火管锅炉）与单级膨胀或复合活塞式蒸汽发动机组成。蒸汽发动机上装有一个或两个飞轮。这些飞轮通常还作为动力输出端。

这种发动机基本上是低功率或中功率输出，适用于永久性设备，但因其结构紧凑故易于拆卸及移动。

零　件

除零件的归类总原则另有规定的以外（参见第十六类总注释），本品目发动机或动力装置的零件也应归入本品目（例如，喷气发动机的燃烧室及通风管、燃料供给调节器、燃料喷嘴、风车的空气轮、气缸、活塞、滑动阀门、离心球或风轮调速器、连杆）。

一般来说，带锅炉的蒸汽或其他气体动力装置的零件应作为锅炉零件归类（品目84.02），或作为本品目所列蒸汽动力装置的零件归类。

但传动轴及曲轴除外（品目84.83）。

84.13　液体泵，不论是否装有计量装置；液体提升机(+)：

—　装有或可装计量装置的泵：

11　——　分装燃料或润滑油的泵，用于加油站或车库

19　——　其他

20　—　手泵，但子目8413.11或8413.19的货品除外

30　—　活塞式内燃发动机用的燃油泵、润滑油泵或冷却剂泵

40　—　混凝土泵

50　—　其他往复式排液泵

60　—　其他回转式排液泵

70　—　其他离心泵

—　其他泵；液体提升机：

81　——　泵

82　——　液体提升机

—　零件：

91　——　泵用

92　——　液体提升机用

本品目包括用以提升或连续排出液体（包括熔融金属或未硬化混凝土）的大部分机器及设备，不论其是手动的或利用各种动力装置驱动的，也不论其是否一体化设备。

本品目也包括装有计量或计价装置，在修车厂等地方供应汽油及其他油类的输油泵，还包括专供其他机器、车辆等使用的泵（包括内燃机用的汽油泵、油泵及水泵，以及化学纤维纺丝机用的泵）。

根据其工作原理，本品目所列的机器可分为下列五类：

一、往复式正排量泵

这种泵利用气缸内受驱动的活塞或柱塞所产生的直线吸力或压力进行工作。泵的出入口由阀门控制。“单动式”泵仅利用活塞一端的推力或吸力；“双动式”泵则利用活塞两端的推力或吸力，从而使活塞的前进或回行冲程均可得到利用。简单的“提升泵”仅用吸力提升液体，然后顶着大气压力将液体排出。在“压力”泵中，除吸入冲程外，还需使用压缩冲程，使液位升高或对液体加压。多缸泵用于增加输出量，各缸可以排成一行，也可装成星形。

这类泵包括：

（一）**隔膜泵**。这些泵装有一片金属、皮革等制的振动薄膜（直接或通过流体传动起动），可将

液体提升。

（二）“油垫”泵（用于排水、灌溉、抽吸粘性液体及酸等）。在这些泵中，一种与被泵液体不相溶混的流体起到膜片的作用。

（三）电磁泵。在这些泵中，活塞的前进或回行冲程是由电磁作用（置于电磁场中的翼振动）产生的。

（四）利用双活塞的吸力或压力工作的机器。例如，输送未硬化混凝土的泵（混凝土泵）。但永久性装有本品目所列混凝土泵的特种车辆除外（品目87.05）。

二、回转式正排量泵

在这些泵中，液体的吸入与排出也是通过吸力和压力实现的，但其吸力和压力却是由凸轮（叶片）或类似装置在一根中轴上不断旋转而产生的。这些装置与泵缸壁发生一点或多点接触，形成封闭室，液体可从中排出。

这类泵可根据其旋转装置的性质分类如下：

（一）齿轮泵。液体由特种形状的齿轮齿排出。

（二）叶轮泵。其转子采用偏心旋转圆筒的形式，圆筒上装有凸出的叶片径向自由运转。旋转使滑动叶片与泵筒内壁保持接触，从而将液体排出。本款也包括一种泵，该泵上不装叶片而装有滚轴或带挠性小叶片的转轮，或者在泵体上装有径向滑动叶片摩擦作偏心圆旋转的光滑转子。

（三）旋转活塞式凸轮泵，其泵筒内装有两个互相作用的排液元件。

（四）螺旋泵。在这种泵中，多节螺纹相互啮合并旋转产生压力，将液体从泵体内纵向排出（带两个及以上螺杆的泵、带螺旋轴的泵、循环螺旋泵）。

（五）蠕动泵。这种泵在一根挠性管中装有一个两端带滚轴的转子，液体在挠性管管体内流动。滚轴对挠性管施加压力并利用旋转运动将液体排出。

三、离心泵

在这些泵中，轴向吸入的液体由旋转的转子叶片（叶轮）带动旋转，由此而产生离心力，使液体向外流到环形外壳的边缘，外壳有一个出口成切向配置，有时外壳装有喉管片（扩散器叶片），用以把流体的动能转换成高压。

为了获得高压，可使用多级离心泵，液体在泵中分级通过装在同一根轴上的一系列叶轮。

离心泵可由电动机、内燃机或汽轮机驱动。由于运转速度高，离心泵可与原动机直联，而活塞泵或回转泵则须通过减速齿轮驱动。

本组还包括潜水泵、集中供热循环泵、槽管叶轮泵、侧槽泵及径流式叶轮泵。

四、其他泵

本组包括下列泵：

（一）电磁泵。这种泵不带任何运动部件，它利用导电现象使液体循环。这种泵切勿与某些通过电磁效应使活塞上下活动的往复式正排量泵相混淆，也勿与利用磁感应工作的泵相混淆。

（二）喷射泵。在这种泵中，依靠一定压力的空气流、蒸汽流及水流等从管道喷出的动能，可对被输送的流体产生一股吸力和夹带效应。这种泵将一系列较为复杂的扩散管道与收敛管道装在一个封闭泵室内，形成管道系统。

根据同样原理工作的锅炉供水用的吉法德式喷射器，以及活塞式内燃机用的喷油泵也属于本款范围。

（三）乳化液泵（气体提升泵）。在这种泵中，液体与出口管道的压缩气体相混合，降低了乳化液体的浓度，以便于提升。当使用压缩空气时，这种泵便称为空气提升泵。

（四）蒸汽或气体压力直接作用于液体表面的泵。例如：

1. 燃气泵。这种泵利用适当的燃料或气体所产生的爆力将液体提升。

2．蒸汽双缸泵（蒸汽吸水机）。在这种泵中，因蒸汽进入泵室内而引起排液作用，从而完成对抽吸液体的输送。随后，由于泵室内蒸汽冷凝引起降压，产生吸力。

3．气体升液泵（蒙特贾斯泵），该泵利用压缩空气进行工作。

4．水锤泵。周期性地突然阻止供液管道中液体的流动，使流动液柱能量增加，用以抽吸泵的排出管中迅猛流动的一部分液体。

五、液体提升机

它们包括：

（一）**升运鼓轮**，装有提桶、戽斗等。

（二）**链式或缆式提升机**，装有提桶、戽斗、橡胶杯等。

（三）**带式提升机**。由纺织品或金属制的循环带（波纹形、多孔状或螺旋状）构成，利用毛细作用将水吸入，然后利用离心力将水喷出。

（四）**阿基米德螺旋式提升机**。

零　件

除零件的归类总原则另有规定的以外（参见第十六类总注释），本品目货品的零件也归入本品目。例如，泵缸或泵体；专供连接及驱动离开原动机一定距离的泵机活塞连杆（例如，抽吸杆、“活塞杆”）；活塞、柱塞、叶片；凸轮；螺杆、叶轮、扩散器叶片；戽斗及装有戽斗的链；带式液体提升机的带；压力室。

*
* *

本品目不包括：

（一）陶瓷材料制的泵（例如，用于抽吸腐蚀性流体）（品目69.09）。

（二）手动加油壶及润滑脂枪（品目82.05）及压缩空气润滑脂枪（品目84.67）。

（三）品目84.22所列的装瓶机等。

（四）液体的喷射、散布或喷雾用设备（品目84.24）。

（五）机动救火车（品目87.05）。

○
○ ○

子目注释：

子目8413.11及8413.19

这些子目仅包括各种类型装有或可装液体排出量容积测控装置的泵，不论其测控装置是否与泵同时报验。

这些测控装置可以非常简单（例如，一个标定刻度的球体或装置）；也可以由非常复杂的机械装置组成，可对泵进行自动控制，使泵在排出特定总量后停止运转〔例如，装有标定刻度的圆筒（测量圆筒）及某些控制装置的给料泵，这些控制装置一方面用以定量，另一方面在达到预定量后泵的马达停止运转〕或者完成与容积测控有关的其他操作（例如，求总量积分用的泵、预付泵、计价泵、取样检验泵、自动混合调节泵及自动测定剂量泵）。

另一方面，可简单装在管道上，由泵动的液体带动运行的测量装置，即使与泵一同报验，也应分别归入其各自品目。

这些子目包括输送汽油或其他发动机燃料及润滑剂用的泵，还包括装有计量装置，适用于食品商店、实验室及各种工业的泵。

84.14　空气泵或真空泵、空气及其他气体压缩机、风机、风扇；装有风扇的通风罩或循环气罩，不论是否装有过滤器：

10　—　真空泵
20　—　手动或脚踏式空气泵
30　—　用于制冷设备的压缩机
40　—　装在拖车底盘上的空气压缩机
　　—　风机、风扇：
51　——　台扇、落地扇、壁扇、换气扇或吊扇，包括风机，本身装有一个输出功率不超过125瓦的电动机
59　——　其他
60　—　罩的平面最大边长不超过120厘米的通风罩或循环气罩
80　—　其他
90　—　零件

本品目包括手动或动力驱动，用以压缩空气或其他气体，或者造成真空的机器及设备；也包括空气或其他气体循环用的机器。

一、泵及压缩机

一般来说，空气泵、真空泵及压缩机的工作原理与前一品目所述的液体泵（活塞泵、回转泵、离心泵或喷射泵）相同，其结构大体上也与液体泵相似。

此外，本品目还包括某些特种泵，特别是专供产生高真空用的泵，诸如扩散泵（泵液为油类或水银）、分子泵及抽气泵（吸气泵、低温泵）。但扩散泵有时是玻璃制的，在这种情况下，它不应归入本品目（第七十章）。

空气泵与真空泵具有多种用途：在减压时加速沸腾、蒸馏或蒸发；供电灯泡及电灯管、保温瓶胆抽真空等用。空气泵供在压力下充气用（例如，为气胎充气）。

与液体泵不同的是，空气或其他气体压缩机（低压或间歇工作的压缩机除外）是水冷式的，或装有空气散热（表面散热）翅片或其他装置，以驱散压缩过程中所产生的相当高的热量。

压缩机有多种类型，例如，往复活塞式、离心式、轴向式及旋转式。废气涡轮增压器是一种特殊的压缩机，用于增大活塞内燃发动机的输出功率。

压缩机广泛应用于：将气体压入气筒；化学处理；冷藏设备等；以及把空气或其他气体压入贮气槽内，以备向诸如压缩空气发动机、风动镐、卷扬机、制动器、气动输送管、潜艇压载舱等供气。

*
* *

本品目还包括燃气轮机用的自由活塞式发生器。它由两个水平对动活塞在一个共同的气缸内滑动，这一共同气缸两端经延长扩大，构成两个压缩缸，与对动活塞相连的另外两个活塞在压缩缸内滑动，产生气压反冲力。点燃的气体产生爆炸力，把对动活塞冲开，从而迫出压缩活塞。压缩活塞的回程将进入的空气压入压缩缸内，并通过排气阀将其与废气一道排出。炽热气体产生高压，用以直接驱动燃气轮机的转子。这样，燃气轮机通常使用的燃烧室及压缩机就被发生器所代替。

与品目84.13所列的泵一样，本组的空气泵及压缩机可与电动机或涡轮机装成一体。与涡轮机装成一体的最常用于高压压缩机，它利用与多级燃气轮机相反的工作原理进行工作。

二、风机及风扇

这些机器不论自身是否装有原动机，用以在气压较低的状态下送出大量空气或其他气体；或者仅使周围空气流动。

上述机器的第一种类型可以作为抽风机或鼓风机使用（例如，风道用的工业鼓风机）。这些机器在一个壳体或管道内装有旋转的螺旋桨或叶片式叶轮，并根据旋转式或离心式压缩机的原理进行工作。

第二种类型结构较为简单，仅由一个在自由空气中旋转的被驱动风扇构成。

风机及风扇主要用于矿井、各种房屋、地下室及船舶的通风；通过吸力抽出灰尘、蒸汽、烟、炽热气体等；使多种材料（皮革、纸张、纺织品、油漆等）干燥；以及作为熔炉用机械鼓风设备。

本组还包括室内用的风扇，不论是否装有倾斜或摆动装置。这些风扇有吊扇、台扇、壁扇，以及装在墙壁内或窗格玻璃上的环形风扇等。

如果风机及风扇除装有原动机或外壳以外，还装有其他品目所列更为复杂机器特征的其他装置（例如，大型的灰尘圆锥分离器、过滤器、冷却或加热元件及热交换器），则不应归入本品目。例如，非电热的空气加热器（品目 73.22）；空气调节器（品目 84.15）；吸尘器（品目 84.21）；工业上处理材料用的空气冷却器（品目 84.19）；房屋内用的空气冷却器（品目 84.79）；自身装有风扇的电气空间加热装置（品目 85.16）。

三、装有风扇的通风罩或循环气罩，不论其是否装有过滤器

本组不仅包括装有风扇，用于家庭、餐馆、食堂、医院等的抽油烟机，还包括装有风扇的实验室或工业用通风罩或循环气罩。

*
* *

构造特殊，专用于其他机器的压缩机、空气泵、风扇、鼓风机等仍应归入本品目，而不应作为其他有关机器的零件归类。

零　件

除零件的归类总原则另有规定的以外（参见第十六类总注释），本品目所列货品的零件也应归入本品目（例如，泵体或压缩机身、叶片、转子或叶轮、轮叶及活塞）。

*
* *

本品目也不包括：

（一）废气涡轮机（品目 84.11）。

（二）乳化液泵（品目 84.13）。

（三）风动升降机及输送机（品目 84.28）。

（四）种子、谷物或干豆的清洁、分选或分级机器（品目 84.37）。

84.15　空气调节器，装有电扇及调温、调湿装置，包括不能单独调湿的空调器(+)：

10　—　窗式或壁式，独立的或分体的

20　—　机动车辆上供人使用的

—　其他：

81　——　装有制冷装置及冷热循环换向阀（可逆式热泵）的

82　——　其他，装有制冷装置的

83　——　未装有制冷装置的

90　—　零件

本品目包括在密闭的空间内保持所需的温度及湿度用的某些设备。这些机器也可装有空气净化装置。

这些机器供办公室、家庭、公共大厅、船舶及机动车辆等的空气调节之用，也可用于某些有特殊空气条件要求的工业设施（例如，纺织、造纸、烟草及食品工业）。

本品目仅包括同时符合下列三个条件的机器：

一、装有电动的风扇或鼓风机；

二、既可调节空气的温度（装有加热或冷却装置或两者兼有），又可调节空气的湿度（装有增湿或干燥装置或两者兼有）；

三、上述一及二项所列装置一同报验。

在这些机器中，空气的增湿或干燥装置与加热或冷却装置可以分离。但某种类型的空调器为一单机形式，既可调节空气的温度，又可通过冷凝作用调节空气湿度。空气调节器可冷却或干燥（通过将冷却旋管上的水蒸汽冷凝）室内空气；如果装有一个室外进气管（气门），则把新鲜空气与室内空气相混合的气体加以冷却或干燥。它们通常配有盛水盘，用以收集冷凝水。

这些空调器可以是配有全部所需部件的单体式，例如，独立窗式或壁式（称为“穿墙式”）。另一种为连接在一起工作的分体式空调器，即其冷凝器装在室外而蒸发器装在室内。这种分体式空调设备是无送风管的，在每个空调区域（例如，每个房间）利用一台独立的蒸发器来调节温度。

从结构上看，本品目的空调器除了装有循环空气用的电动风扇或鼓风机以外，至少还必须配有下列装置：

一个空气加热装置（利用热水、蒸汽、热气的管道或电阻等加热）及一个空气增湿器（一般由一个喷水装置组成）或一个空气减湿器；或者

一组水冷却旋管或一个致冷装置用的蒸发器（两者均既可调节空气温度，又可通过冷凝作用调节空气湿度）；或者

配有独立的空气湿度调节器件的某种其他类型的冷却装置。

在某种情况下，抽湿器是利用吸湿材料的吸湿性能工作的。

本品目主要包括可逆式热泵。这种泵装有一个冷热循环换向阀的单体装置，具有对房屋加热及冷却双重功能。在冷循环时，换向阀可将高压热蒸汽导向室外盘管，通过风机将冷凝过程中释放的热量吹到室外空气中；然后，经压缩的冷媒流进室内盘管中蒸发并将热量吸收，从而使空气冷却，并通过风机将冷空气送到房屋内。在热循环时，冷热循环换向阀转而引导冷媒逆向流动，从而将热量释放到房屋内。

空调器的加热或冷却源可由外部供给。他们通常装有由一层或多层用油浸渍的过滤材料（纺织材料、玻璃棉、钢或铜丝绒、膨胀金属等）构成的空气净化器，空气通过时可除去尘埃等。这些空调器也可配有调节或自动控制空气温度及湿度的装置。

本品目也包括虽未配有独立的空气湿度调节装置，但可利用冷凝作用调节空气湿度的空调器。例如，前面提到的独立式空调器及利用一台独立的蒸发器来调节每个空调区域（例如，每个房间）温度的分体式空调器，以及由冷却蒸发器与马达鼓风机组成的冷藏库用空调器。本品目还包括对封闭的箱体（卡车、挂车或集装箱）进行加热／冷却的装置，这些装置一部分由压缩机、冷凝器及电动机装在一个机壳内而组成，装于货柜外部，另一部分由通风器及蒸发器组成，装于箱体内部。

但本品目不包括用以使某一封闭箱体（例如，卡车、挂车或集装箱）内的温度保持在0℃以下某一固定温度的制冷设备。此类设备还配有加热系统，当外部温度很低时，这些加热系统可在一定范围内使箱体内的温度升高。此类设备应作为冷藏或冷冻设备归入品目84.18，其加热功能对此类设备的基本功能起辅助作用，它适用于在运输过程中冷藏易腐产品。

零　件

根据第十六类注释二（二）的规定，本品目包括所列分体式空调器中单独报验的室内机和室外机。

空调器的其他零件，不论其是否装成一个独立装置，均应按照第十六类注释二（一）的规定进行归类（品目84.14、84.18、84.19、84.21、84.79等）；或者如果注释二（一）不适用，则应按照第十六类注释二（二）或二（三）的规定进行归类，这取决于这些零件是否专用于或主要用于空调器。

*
* *

本品目不包括：

（一）兼可散布新鲜空气或调节空气的品目73.22所列的空气加热器及暖气分布器。

（二）品目84.18的不可逆式热泵及空气调节器用的冷却器（品目84.18）。

（三）虽装有电扇，但只具有空气调温或调湿的其中一种功能的装置（品目84.79、85.16等）。

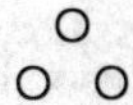

子目注释：

子目8415.10

本子目包括独立的或分体的窗式或壁式空调器。

独立式空调器是配有全部所需部件的单体式装置。

分体式空调器是无送风管的，它利用一台独立的蒸发器来调节每个空调区域（例如，每个房间）温度。

但本子目不包括利用管道将经蒸发器冷却的空气输送到若干空调区域的管道式中央空调设备。

子目8415.20

本子目包括主要用于各种机动客车上的设备，但这些设备也可装于其他机动车辆上。它们用于调节驾驶室和装载乘客的车厢的空气。

子目8415.90

本子目包括单独报验的子目8415.10项下分体式空调器的室内机和室外机。室内机和室外机通过电线和铜管连接，冷媒通过铜管在室内机和室外机之间流动。

84.16 使用液体燃料、粉状固体燃料或气体燃料的炉用燃烧器；机械加煤机，包括其机械炉篦、机械出灰器及类似装置：

10 — 使用液体燃料的炉用燃烧器

20 — 其他炉用燃烧器，包括复式燃烧器

30 — 机械加煤机，包括其机械炉篦、机械出灰器及类似装置

90 — 零件

本品目包括一系列供各种炉使用的机械或自动燃烧及加燃料装置，以及出灰、出渣装置。

一、炉用燃烧器

这些装置可把火焰直接喷入燃煤室中，不需炉篦和出灰。炉用燃烧器有以下几种：

（一）重油燃烧器（雾化燃烧器）

这类燃烧器有的利用压缩空气，有的则利用高压蒸汽或者使用机械方法，使重油雾化到空气流中（使用机械方法的通常配有发动机、泵及鼓风机）。

（二）煤粉燃烧器

这类燃烧器一般是大型的，利用空气喷射流将煤粉喷入燃烧室内，这股气流也是燃烧所需的主要空气源。这类燃烧器有时还配有送煤机及碎煤机。在其他类型的燃烧器中，烟煤经粉化后由高压或低压蒸汽交替地间歇喷入炉中。

（三）气体燃烧器

它包括采用压力鼓风的高压气体燃烧器及采用常压空气的低压气体燃烧器两种。空气及气体都是通过同心或异径管道输入的。

（四）混合式燃烧器

这类燃烧器可供同时燃烧油、气体、煤粉或其中的两种燃料。

二、机械加煤机、机械炉篦、机械出灰器及类似装置

它们是用于向炉中添加固体燃料或组成火床的各种机械装置。机械加煤机和机械炉篦常组装在一起，并配有燃烧后用以自动去除炉渣、炉灰的装置，这样就组成一套完全自动化的设备。在其他情况下，机械或自动装置也可与非机械式装置结合使用。

（一）机械加煤机

该机有多种类型，通常由装有阿基米德螺旋泵、机铲、滑动盘、推进活塞等各种装置的煤斗构成，不论是手工操作或机械式的，用以调节供煤量并将煤输送到炉床。这些装置常装有碎煤机，用以把煤轧成一样大小。本品目也包括集中供暖（包括家用）锅炉用的机械加煤机。

（二）机械炉篦

这些装置有各种类型，用以使煤分布在火床上，并在炉内向前移动，以保证均匀燃烧。最常见的机械炉篦是根据履带运行原理操作的，或采用振动倾斜阶梯的形式。这些炉篦的尽头常装有排除炉渣、炉灰的装置。在其他类型的机械炉篦中，炉渣、炉灰是由独立的机械装置予以排除的；这些装置也归入本品目。

零 件

除零件的归类总原则另有规定的以外（参见第十六类总注释），本品目所列货品的零件也归入本品目（例如，燃烧器的喷嘴；机械加煤机的推冲活塞及盘；机械炉篦的底座；连杆体段及连杆；机械炉篦的导板及滚筒）。

*

* *

本品目不包括非机械操作的炉排或炉篦，不论是工业用或具有其他用途的。由装有固定炉篦的一个金属体构成的，作为某种锅炉组成部分的炉膛，不归入本品目，而应作为锅炉零件归入品目 84.02。同样，其他类型的非机械炉篦，如可确定为专用于某种机器或设备，则应作为该机器或设备的零件归类（例如，供煤气发生器用的炉篦应归入品目 84.05）。另一方面，用于装进砖砌结构内的通用铁制炉排或炉篦，应按其不同类型分别归入品目 73.21、73.22 或 73.26。

84.17 非电热的工业或实验室用炉及烘箱，包括焚烧炉：

10 — 矿砂、黄铁矿或金属的焙烧、熔化或其他热处理用炉及烘箱

20 — 面包房用烤炉及烘箱，包括做饼干用的

80 — 其他

90 — 零件

本品目包括非电热的工业及实验室用炉及烘箱。这些炉及烘箱可通过燃料燃烧（直接在炉膛、烘室或另设的燃烧室内燃烧），从而在炉膛或烘室内产生高温高热。这种设备适用于对各种放在火床上、坩埚内、曲颈瓶内或架格上的产品进行热处理（例如，焙烧、熔化、煅烧或分解）。本品目也包括蒸汽干燥箱。

在某种类型的烘炉（隧道室）中，需要热处理的货品在烘炉内（例如，在输送带上）连续通过。

本品目包括：

一、供焙烧矿砂（含黄铁矿）用的炉及烘箱。

二、金属熔炉，包括熔铁炉。

三、淬火、退火或类似金属热处理用的炉及烘箱。

四、渗碳炉。

五、面包房用的烤炉及烘箱，包括做饼干用的在内。

六、炼焦炉。

七、木材炭化炉。

八、旋转式水泥炉或窑，以及旋转式石膏炉。

九、玻璃或陶瓷工业用炉及烘箱，包括隧道窑。

十、搪瓷烘焙炉。

十一、专用于对回收的可裂变材料进行熔化、烧结或热处理，以供再循环使用的炉；利用热冶方法分离已辐照核燃料的专用炉；专用于燃烧放射性石墨或过滤用多孔物质的炉；烧制含有放射性炉渣的陶器或玻璃的专用炉。

十二、火葬炉。

十三、专用于焚烧垃圾等的焚烧炉及类似设备。

本品目不包括主要由耐火材料或陶瓷制成的炉或烘箱，也不包括用以建造炉及烘箱或做炉及烘箱衬里用的砖块及类似的耐火材料或陶瓷材料（第六十九章）；而金属结构材料一般应归入第十五类。另一方面，本品目包括作为炉或烘箱的零件，与炉或烘箱同时报验的成品炉衬及其他耐火或陶瓷材料制的专用零件。这些炉或烘箱主要是用金属制成（不论已否装配）。

许多工业用炉及烘箱装有进料或出料装置、操纵炉门、炉盖、炉床或其他可移动部分的装置，或倾侧炉身的装置等。这些起重或搬运设备如果构成炉或烘箱不可分割的部分，可与炉或烘箱一并归类，否则应归入品目84.28。

零　件

除零件的归类总原则另有规定的以外（参见第十六类总注释），本品目所列货品的零件也应归入本品目（例如，炉或烘箱的门、风门、边罩、观察窗、鼓风炉的炉盖及风口）。

*

* *

本品目不包括：

（一）非供工业或实验室用的炉及烘箱（品目73.21）。

（二）品目84.19所列的装置，包括油裂化装置、压热器、汽蒸器及干燥设备。

（三）转炉（品目84.54）。

84.18　电气或非电气的冷藏箱、冷冻箱及其他制冷设备；热泵，但品目84.15的空气调节器除外：

10　—　冷藏－冷冻组合机，各自装有单独外门的

—　家用型冷藏箱：

21　——　压缩式

29　——　其他

30　—　柜式冷冻箱，容积不超过800升

40　—　立式冷冻箱，容积不超过900升

50　—　装有冷藏或冷冻装置的其他设备（柜、箱、展示台、陈列箱及类似品），用于存储及展示

—　其他制冷设备；热泵：

61　——　热泵，品目84.15的空气调节器除外

69　——　其他

—　零件：

91　——　冷藏或冷冻设备专用的特制家具

99　——　其他

一、冷藏箱、冷冻箱及其他制冷设备

本品目的冷藏箱及其他制冷设备是指在主机内或在成组的装置内，通过有源冷却元件连续循环，吸收液化气体（例如，氨、卤化烃等）、挥发性液体或（某种船用冷藏设备中）水在蒸发时所释放的潜热并产生低温（在0℃左右或以下）的设备。

因此，本品目不包括：

（一）冰盐冷却装置（品目82.10或84.19）。

（二）简单的热交换型水流冷却器（参见品目84.19的注释）。

（三）非供装配制冷装置用的冷箱、隔热柜等（一般归入品目94.03）。

本品目的冷藏设备有两种主要类型：

（一）压缩式冷藏设备

其主要部件有：

1．压缩机，可从蒸发器接收膨胀气体，经过加压输送到冷凝器。

2．冷凝器或液化器，可将气体冷却及液化。

3．蒸发器，即有源制冷部件，由一管道系统组成，用以把膨胀阀中放出的冷凝制冷剂迅速蒸发，从而把周围空气中的热量吸收掉；在大型冷藏设施中，则是把在蒸发旋管里不断循环的盐水或氯化钙溶液中的热量吸收掉。

船用冷藏设备的制冷剂（水或盐水）回路中不用压缩机及冷凝器。它装有喷射泵，与蒸汽冷凝器一起工作，通过产生的真空引起蒸发。蒸汽冷凝器把所产生的蒸汽加以冷凝并处理掉，使其不再回到系统中去。

（二）吸收式冷藏设备

在这类冷藏设备中，压缩机被一个“发生器”所代替。发生器内的浓氨水溶液经过煤气、油或电气元件加热，所放出的氨蒸汽在压力下积聚到冷凝器内。氨蒸汽在蒸发器内膨胀并制冷，接着又进行冷凝循环，象压缩式冰箱的那样，连续循环不已。膨胀氨蒸汽可在一个单独的吸收器内重新溶解于稀氨水中，由吸收器利用简单的压力效应或用泵供给发生器；也可直接在发生器内重新溶解在稀氨水中。有些发生器在吸热冷却的过程中起到吸收器的作用。

在某种干燥式冷藏设备中，氨气不是以溶液状而是以一种固体（例如，氯化钙或硅胶）来吸收的。

*
* *

如果符合下列形式，上述设备应归入本品目：

（1）将一个压缩机（不论是否装有原动机）与冷凝器装配在同一个底座上而组成的设备，不论是否装有蒸发器；或者独立式吸收装置（这种装置通常装配在家用冷藏箱或其他冷藏柜内）。而某些名为“液冷装置”的压缩式机器，其压缩机与一个热交换器是装在同一个底座上（不论是否装有冷凝器）。其热交换器中装有一个蒸发器，还装有管道，用以输送需冷却的液体。这后一类机器中包括名为“冷却器”的空调系统用设备。

（2）装有完整的制冷装置或制冷装置中的蒸发器的箱、柜或其他专用家具，不论是否配有搅拌器、混合器模具等辅助器具。这些设备包括家用冷藏箱、冷藏陈列柜或柜台、冰淇淋或冷冻食品贮藏容器、冰水或冷饮供应器、牛奶冷冻槽、啤酒冷冻器、制冰淇淋机等。

（3）大型冷藏设施，其部件并不装在同一个底座上，也不是独立式的，而是各部件相互配合，通过直接蒸发（将蒸发器装在“冷却”设备内），或通过将制冷装置冷却的冷冻媒质（盐水）用管道注入“冷却”设备内（间接制冷）进行工作的。这种设备用于冷藏设施及制造工业（冰块制造、食品速冻、巧克力生产过程中的速冷、石油精炼中把石蜡分离出来及用于化学工业等）。

利用上述设备产生低温所必需的辅助装置，如果与这些设备的其他部件同时报验，应归入本品目。这些装置包括：分段式或隧道式速冻器、放糖果及巧克力用的冷却盘等。

本品目也包括在封闭空间内利用液态气体的蒸发制冷的设备。这种设备通常配有一个或多个液态气体罐，还配有恒温器、电磁阀、带电气开关的控制箱及一根多孔散布管。这些部件如果同时报验，应归入本品目。

二、热泵

热泵是一种用以从适当热源（主要是地下水或地表水、泥土或空气）中吸热，再借助于辅助能源（例如，气体或电力）将其转换成温度更高的热源的装置。

传热流体一般用于将热从热源传送到热泵，然后再从热泵传送到要处理的媒质中。

热泵有压缩式及吸收式两种类型。

压缩式热泵主要由下列部件组成：

（一）蒸发器，用以从环境介质中吸取热量，再将其输送到传热流体中。

（二）压缩机，用机械方法将气化流体从蒸发器中吸出，经加压后将其传送到冷凝器。

（三）冷凝器，它是一种热交换器，用以将蒸汽液化，并将热释放到要处理的媒质中。

在吸收式热泵中，压缩机被锅炉代替。锅炉中盛有水和制冷剂，并装有燃烧器。

热泵的命名通常与两个方面有关。首先是初始热源，其次是要改变温度的媒质。热泵的主要种类有：

1. **气－水热泵或气－气热泵**。这种热泵可吸取大气中的热量，然后转换成温水或暖气的形式。

2. **水－水热泵或水－气热泵**。这种热泵可从地下热源中或从地表水体中吸热。

3. **土－水热泵或土－气热泵**。这类热泵是利用埋在地下的一组管道吸热。

热泵的各部分可构成一体，以一件单一装置的形式报验。此类装置称为整装式装置。热泵也可以几个独立部件的形式报验。某些热泵由于准备用在本身已装有蒸发器的设施中，报验时不带蒸发器。在这种情况下，上述热泵可视为已具备完整品基本特征的不完整品，仍归入本品目。

热泵主要用于向楼房供热或为家庭提供热水。不可逆式热泵一般用于这方面。

但本品目不包括可逆式热泵。这种热泵由电扇与调温及调湿装置组成。这类设备应按空气调节器归入品目 84.15。

零　件

除零件的归类总原则另有规定的以外（参见第十六类总注释），本品目所列货品的零件，不论是家用还是工业用，均应归入本品目。例如，冷凝器、吸收器、蒸发器、发生器；以及虽未装有完整的制冷装置或蒸发器，但明显用于装配上述装置的以上（2）项所列箱、柜及其他专用家具。

压缩机即使专供冷藏设备用，也应归入品目 84.14。非供专用的零件（例如，管子及罐）应归入其相应品目。

*
* *

本品目也不包括：

（一）装有制冷装置或制冷装置中的蒸发器的空气调节器（品目 84.15）。

（二）气体液化设备（例如，林德液化器）（品目 84.19）。

84.19　利用温度变化处理材料的机器、装置及类似的实验室设备，例如，加热、烹煮、烘炒、蒸馏、精馏、消毒、灭菌、汽蒸、干燥、蒸发、气化、冷凝、冷却的机器设备，不论是否电热的（不包括品目 85.14 的炉、烘箱及其他设备），但家用的除外；非电热的快速热水器或贮备式热水器：

—　非电热的快速热水器或贮备式热水器：

11　——　燃气快速热水器

19　——　其他

20 —　　医用或实验室用消毒器具
—　　干燥器：
31 — — 农产品干燥用
32 — — 木材、纸浆、纸或纸板干燥用
39 — — 其他
40 —　　蒸馏或精馏设备
50 —　　热交换装置
60 —　　液化空气或其他气体的机器
—　　其他机器设备：
81 — — 加工热饮料或烹调、加热食品用
89 — — 其他
90 —　　零件

必须注意，本品目并不包括：

（一）品目 73.21 所列的家庭用炉、灶等。

（二）品目 73.22 所列的非电热空气加热器及暖气分布器。

（三）品目 74.18 所列的家用烹饪或供暖器具。

（四）专用于分离同位素及利用“双温”方式交换同位素（例如，生产重水用）的分馏及精馏设备（品目 84.01）。

（五）蒸汽发生锅炉及过热水锅炉（品目 84.02）及其辅助设备（品目 84.04）。

（六）品目 84.03 所列的集中供暖用锅炉。

（七）工业或实验室用炉及烘箱，包括利用热冶工艺分离放射性核燃料的设备及微波炉（酌情归入品目 84.17 或 85.14）。

（八）品目 84.18 所列的制冷设备及热泵。

（九）品目 84.36 所列的催芽设备、孵卵器及育雏器。

（十）品目 84.37 所列的谷物增湿机。

（十一）品目 84.38 所列的萃取糖汁的浸提装置。

（十二）纺织纱线、织物及纺织制品的热处理机器（例如，纱线给湿机及烧毛机）（品目 84.51）。

（十三）制造半导体器件用的化学气相沉积设备（品目 84.86）。

（十四）利用感应或介质损耗对材料进行热处理的工业或实验室用设备，包括微波设备（品目 85.14）。

（十五）供餐馆或类似场所使用的工业或商业用微波炉（品目 85.14）。

（十六）加热液体、半流体（固体除外）或气体用的非固定安装的浸入式加热器，以及固定安装在水槽内的浸入式热水器（品目 85.16）。

（十七）品目 85.16 所列的电热土壤加热器、电热空间加热器及家用电热器具。

除了上述物品不归入本品目外，本品目包括用于对材料（固体、液体或气体）进行加热或冷却处理（例如，加热、烹煮、烘炒、蒸馏、精馏、消毒、巴氏杀菌、汽蒸、干燥、蒸发、气化、冷凝或冷却）以简单地改变材料的温度，或主要因改变材料温度而使材料发生变化的各种机器及设备。但本品目不包括加热或冷却作用（即使必不可少）仅辅助其主要机械功能的机器设备。例如，用巧克力涂覆饼干等的机器及制巧克力机器（品目 84.38）、洗涤机器（品目 84.50 或 84.51）、路面沥青材料的撒料及夯实机器（品目 84.79）。

归入本品目的机器设备可以带有机械装置，也可不带机械装置。

它们可用任何方式加热（煤、油、煤气、蒸汽、电力等），但电热的快速热水器及储备式热水器应归入品目85.16。

本品目仅包括非家用设备，但本品目注释随后提到的快速热水器及储备式热水器不在此限。

本品目包括的机器设备范围非常广泛，其类型如下：

一、加热及冷却机器设备

本组包括在许多产业领域中用以对材料进行加热、煮沸、烹煮、浓缩、蒸发、气化、冷却等简单处理的通用设备。它们有：

（一）各种加热或冷却罐、槽等：

1．间接加热或冷却用的罐、槽等，其壁或底部是双层的，配有蒸汽、冷却盐水或其他加热或冷却媒质的循环装置。但双壁或双底的罐、槽（例如，隔热容器）如果未配有加热或冷却媒质循环装置，应归入第十四类或第十五类（例如，品目73.09）；如果装有制冷设备的蒸发器（直接冷却），则应归入品目84.18。

2．单壁罐、槽等，装有直接加热装置（包括多孔蒸汽加热盘管），但通常供家庭用的除外（一般归入品目73.21）。一般来说，工业用设备较为大型，结构坚固，或配有过滤器或冷凝室，或配有搅拌、倾卸等机械装置，可以与非工业用设备加以区别。

这类容器不论是单壁式还是双壁式的，通常专供在高压下使用（例如，压热器），或专供在减压下使用，尤其用于化学工业及其相关工业中。

装有机械装置，但无直接或间接加热器件的容器，除非已明确列入其他品目，否则应归入品目84.79。

本组的加热容器包括巴氏杀菌器。这种装置有时在减压下工作，专用于把食品和饮料（牛奶、黄油、葡萄酒、啤酒等）加热到预定的温度，以消灭有害微生物。

（二）热交换器。这种装置内有一股热流体（热的气体、蒸汽或液体）与一股冷流体在两条平行的通路中流过，但两者流向通常相反。两条通道由一层薄薄的金属壁隔开。这样既可使热流体冷却，同时又将冷流体加热。热交换器常有下列三种结构形式：

1．同心管道系统。一种流体在同心管道内的环形间隙中流过，而另一流体则从中央的管道内流过。

2．装有一个管道系统的槽，一种流体在管内通过，而另一种流体则在槽内通过。或

3．由隔板隔开所形成的两套平行的互连狭窄室。

如本品目注释的第一段排它条款第（五）款所述，本品目不包括蒸汽发生锅炉的辅助设备（品目84.04），大部分这类设备（例如，蒸汽冷凝器、空气预热器及节热器）属于上述通用型的热交换器。

除以上另有规定的以外，本品目注释的第一部分包括下列机器设备：

（1）冰盐冷却装置（品目82.10所列货品除外）。

（2）氮或其他气体的冷凝器。

（3）牛奶的巴氏灭菌、浓缩、冷却等设备（包括装有冷却装置的储奶槽）。

（4）奶酪生产用的加工及熟化桶。

（5）果汁、酒等的浓缩、冷却等设备。

（6）农业用的设备（例如，把马铃薯等煮成饲料的压热器；蜂巢重熔用的热水浴器，包括装有压榨螺杆的）。

（7）冷却塔（例如，供粮食磨粉工业用的）。

（8）烹煮、调制、腌制食品用的高压锅及汽蒸、煮沸、烹煮、油炸等设备（例如，火腿烹煮器；炸鱼锅；水果、蔬菜等的烧煮锅或去皮高压锅等；罐头食品及腌制食品工业用的压热器及冷却器；果酱蒸煮器；糖果蒸煮器）。

（9）装有加热装置的浸渍容器或捣碎槽；啤酒花煎熬容器；啤酒巴氏杀菌器、冷却器等。

（10）制糖工业用的提净容器、糖汁浓缩设备、真空煮沸锅、碳化槽、亚硫酸化槽或精炼桶等。

从甜菜中萃取糖汁的浸提装置（浸提容器和“热法浸提器”同时报验的）不应归入本品目〔参见品目84.38注释的第五部分第（二）款3项〕；但“热法浸提器”单独报验时，应归入本品目。

（11）供熔炼动物硬脂或皂化脂肪用的压热器；人造黄油固化槽，槽内装有冷却的旋转滚筒，人造黄油可在滚筒上凝固。

（12）化学处理木浆或水解木材用的罐、槽、压热器等。

（13）配制染料用的桶等。

（14）硫化橡胶用的压热器。

（15）金属酸洗或除油用的槽等。

（16）浸入式盘管。由一组塑料管构成。这些塑料管平行并列或成编带状排列。塑料管两端是封闭的，形成蜂窝式结构，配有接头。当浸入液池中上述装置可利用管内流体或蒸汽，使液池保持恒温，或对液池进行加热或冷却。

（17）通常非供家庭用的专用加热或烹煮设备（例如，餐馆、食堂等用的柜台式咖啡渗滤壶、茶壶及奶壶、蒸汽壶等；蒸汽加热锅、加热板、加温橱、干燥箱等；油炸锅）。

（18）不带收款装置的热饮或冷饮自动配售机。

上述设备主要供工业用，但本品目也包括非电热的快速热水器及储备式热水器，还包括太阳能热水器，不论其是否家用型。然而这类热水器如果是电热的，则不应归入本品目（品目85.16）。

*

* *

必须注意，本品目不包括贱金属制的家用蒸汽锅、压力锅及某些渗滤壶（第十五类）。

二、蒸馏及精馏设备

除了陶瓷制的蒸馏器（品目69.09）或玻璃制的蒸馏器（品目70.17或70.20）以外，本组包括用以蒸馏各种物质（不论是液体还是固体）的所有设备。

（一）简单蒸馏设备

这种设备主要由曲颈蒸馏甑或蒸馏器、冷却装置及储液容器组成。曲颈甑或蒸馏器用以将其中的待蒸馏液体气化，冷却器用以冷凝从蒸馏甑输送出来的蒸汽，储液容器则用以收集馏出液。它们既可以间歇工作（例如，直接加热或由装在内部的蒸汽盘管加热的简单间歇蒸馏罐），也可以连续工作，即把液体连续不断地送入蒸馏器，通常再由蒸汽管或蒸汽盘管进行加热。连续式蒸馏器可以串连起来，第一只蒸馏器可直接加热或用蒸汽加热，其他蒸馏器的蒸馏液由前一只蒸馏器供给，并利用前一只蒸馏器所产生的蒸馏蒸汽进行加热。

（二）分馏或精馏设备

这是更为复杂的连续式设备，配有垂直的分馏塔，可将复杂的混合物一次分离。最常用的分馏塔用板分成相连的若干部分，装有泡罩及下水管。这样，从一个部分升起的蒸汽就和上一部分蒸汽的冷凝部分发生密切接触。由于蒸汽在塔内上升时温度下降，它们可在与各自沸点相应的不同水平上被分离出来。

蒸馏固体（煤、褐煤、木材等）用的设备是根据同一原理工作的，但其产品却是由品目84.17所列的炉加热的。本品目仅包括用以分离炉内产生的挥发性物质的冷凝或精馏设备。

蒸馏等设备的关键部件通常是由金属（例如，不锈钢、铜或镍）制成，但可用玻璃或耐火材料作内衬。在减压或增压的条件下进行蒸馏的设备，可配有真空泵或压缩机。

间歇蒸馏主要用于制备香精油、烈性甜酒等；连续式简单蒸馏或分馏设备适用于多种工业（例如，蒸馏工业用酒精、脂肪酸、液态空气、发动机合成燃料或化学产品，用于精炼原油，用于蒸馏木材、煤、页岩、褐煤、煤焦油)。

采用分馏工艺分离放射燃料或处理废液用的分离器也属于本组范围。

三、蒸发或干燥设备

为了适应不同类型的材料及其对热的敏感性，这些设备可制成各种类型（有的须在真空条件下工作）；可以直接加热，也可以间接加热。本品目仅包括在相对低温下工作的蒸发或干燥设备，切勿与品目 84.17 所列的工业用炉或烘箱相混淆，后者可产生相当高的温度。

本品目最为常见的工业用设备有：

（一）蒸发器，通常为容器状，能提供一个大的加热面，可利用蒸汽盘管直接或间接加热，通常还配有一个抽气机，以排出所产生的蒸汽。蒸发器有单效蒸发器和多效蒸发器，后者在操作及结构上与多效蒸馏器相似，但未配有冷凝蒸汽的同流换热装置。

（二）实验室用冻干设备。这些设备可通过对诸如抗毒素、细菌、病毒、血浆及血清等生物标本进行脱水处理，以稳定与保存生物标本。经过冷冻后，标本在极低压下缓慢地重新加热使冰升华，从而留下脱水的产品。

（三）隧道式干燥器。这是大型的干燥室，一般配有输送设备，用以运载待干燥的物品逆着热空气流以适当的速度通过干燥室，这些设备特别用于陶器制造业；玻璃制造业；食品工业（包括配有对鱼、肉等的烟熏处理装置的设备)；干燥木材、草饲料等。

（四）旋转式干燥器，由内部加热或外部加热的旋转滚筒组成，适用于多种工业（例如，造纸、制马铃薯粉片等)。

（五）板式干燥器，为装有许多水平长眼筛板或搁架的金属干燥室，有时由内部进行加热。装有格栅的中心转轴把待干燥材料分铺在炽热的板上，并通过板上的洞眼把材料漏送到下面的板上。这类设备用于处理麦芽。

（六）喷雾式干燥器。这些干燥器与蒸发器的功能相同，为内部装有一个水平高速旋转圆盘的金属干燥室，配有加热器及风扇，以提供热气流。转盘利用离心力把待干燥液体变成细雾，散布到热气流中；液体由此而立即干燥成粉末状。在另一种类型中，液体以细雾状与热气流成反向喷入干燥室内。这类干燥器尤其适于制造奶粉。

本组还包括蒸发可裂变物质或放射性物质的溶液或干燥裂变产品或放射性产品用的机器设备。

但本品目不包括：

（一）干燥放射性沉淀物用的离心机（品目 84.21）。

（二）干燥瓶子或其他容器用的机器（品目 84.22）。

（三）专供干燥纺织纱线、织物及纺织制品用的机器（品目 84.51）。

四、烘炒设备

这些设备常由旋转的圆筒形或球形容器组成。在这些容器内，待加工产品（例如，咖啡豆、可可豆、谷物或坚果）经与加热的容器壁相接触，或使空气流直接穿过加热体（例如，煤气或汽油燃烧器或焦炭火)，进行有控制的加热。这种设备常装有使产品不停翻搅的装置，以保证烘炒均匀，避免烧焦。其他类型的烘炒设备，其烘炒室内装有穿孔、倾斜或旋转的搁架，由热气供热。

本品目的货品不应与品目 84.17 所列的工业或实验室用炉及烘箱相混淆。

五、汽蒸设备

这是一种封闭式容器（一般为本品目注释中前面已提到的通用型设备)，可对容器内的各种材料进行湿热处理（例如，使用加压蒸汽或利用产品本身发出的气体的作用进行处理)。

这类设备可应用于各种制造业中（例如，加工蔬菜及动物精汁；食品工业；使用蒸汽进行脱脂或清洁处理)。某些类型的汽蒸设备由大型的汽蒸室组成，通过用蒸汽对材料较长时间的作用进行处理。这些设备用于对纺织纤维成批进行处理，以及对木材进行蒸汽处理等。

本品目不包括对纺织纱线或织物进行给湿处理或其他蒸汽处理的机器（品目 84.51）。

六、消毒设备

这些设备主要由消毒容器或消毒室组成，一般用蒸汽或沸水（有时用热空气）加热，要消毒的物品或材料在高温下存放一段时间以杀灭细菌等，但并不改变物品或材料本身的组织或物理状态。

许多液体消毒器与以上第一部分所述的设备相似（例如，巴氏杀菌器）。有些大型消毒器可配备输送装置，用以运载物品通过载热体，必要时再经过一个冷却装置。该冷却装置也是设备的一个组成部分。

本组不仅包括工业用消毒器（例如，供牛奶、酒、果汁及原棉的消毒用），也包括供手术室等用的消毒设备。

七、液化空气用的机器；实验室专用设备及器具

本品目包括液化空气用的林德式（Linde）或克劳德式（Claude）机器。

本品目也包括实验室专用的器具及设备；这类物品一般体积较小（高压锅；蒸馏、消毒或汽蒸器具；干燥器等）。但本品目不包括品目 90.23 所列的示范用仪器，以及第九十章已具体列名的测量、检验等用的仪器。

零　件

除零件的归类总原则另有规定的以外（参见第十六类总注释），本品目包括上述设备的零件。这些零件包括蒸馏器或精馏塔的某些零件，例如，蒸馏甑、蒸馏泡罩和环、板及某种管道部件；烘炒器、干燥器等用的转板及转筒等。

经过弯曲但未经进一步加工的金属管子，如报验时并未装配，则不能确定其为本品目货品的零件，因而应归入第十五类。

84.20　研光机或其他滚压机器及其滚筒，但加工金属或玻璃用的除外：

10　—　研光机或其他滚压机器

—　零件：

91　— —　滚筒

99　— —　其他

本品目包括研光机及其他滚压机器，不论其是否专用于某一行业，但不包括品目 84.55、84.62 或 84.63 所列的金属加工机器、金属滚轧机及品目 84.75 所列的玻璃加工机器。

这些机器主要由两个或多个平行的滚筒或轧辊组成。这些滚筒或轧辊旋转时，其表面较为紧密地相接触，这样在滚筒的压力下，或者压力与摩擦、加热及加湿相结合的作用下进行下列工作：

一、把可塑状态的材料喂入滚筒，滚轧成薄片（包括糕饼、糖果、饼干等、生面团、巧克力、橡胶等）。

二、薄片材料（金属或玻璃除外）从滚筒间通过时，在其表面产生某种效果，例如，压平（包括烫平）、上光、磨光、抛光、压花或起粒纹。

三、施料或表面涂料。

四、织物粘合。

这类机器应用于多种工业（例如，纸张、纺织品、皮革、塑料、橡胶或列诺伦铺地制品制造工业）。

研光机在不同的行业中具有不同的名称（例如，洗衣业中称烫平机，纺织工业中称整理轧布机，造纸工业中称高度研光机），但不论其名称如何，均归入本品目。

研光机常作为其他机器（例如，造纸机器）的辅助装置。当研光机与这些其他机器同时报验时，应按第十六类注释三及四的规定归类。

另一方面，研光机如仅配有诸如浸渍槽或轧辊、卷绕或切割装置等辅助器具时，仍归入本品目。

本品目也包括研光机类型的各种平整机或熨平机，不论其是否家用型。

零 件

除零件的归类总原则另有规定的以外（参见第十六类总注释），本品目所列机器的零件也归入本品目。这些零件包括明显用于本品目所列研光机或滚压机的滚筒。这些滚筒可以用金属、木材或其他适当的材料（例如，层压纸）制成，有各种长度和直径，可以是实心的，也可以是空心的；根据其特定用途，表面可经抛光、起波纹、起粒纹或者刻有图案；还可包以其他材料（例如，皮革、纺织物或橡胶）。金属滚筒通常使用蒸汽、气体等从内部加热。具有特定用途的研光机所使用的成套滚筒可由不同的滚筒组成。

*

* *

本品目不包括虽然与研光机或滚压机有些相似，但并非用于上述用途的机器，例如：

（一）纺织、造纸等用的滚筒干燥机（品目84.19或84.51）。

（二）葡萄酒及苹果酒压榨机等（品目84.35）。

（三）滚筒压碎机或磨粉机（品目84.36、84.37或84.79）。

（四）面粉厂用的圆筒碾磨机（品目84.37）。

（五）洗衣绞干机（品目84.51）。

（六）金属滚轧机（品目84.55）。

（七）金属薄板矫平机（品目84.62）及金属薄板压花机（品目84.63）。

（八）制造平板玻璃及其他平面玻璃用的滚轧机及玻璃加工用的研光机（品目84.75）。

84.21 离心机，包括离心干燥机；液体或气体的过滤、净化机器及装置：

— 离心机，包括离心干燥机：

11 —— 奶油分离器

12 —— 干衣机

19 —— 其他

— 液体的过滤、净化机器及装置：

21 —— 过滤或净化水用

22 —— 过滤或净化饮料（水除外）用

23 —— 内燃发动机的滤油器

29 —— 其他

— 气体的过滤、净化机器及装置：

31 —— 内燃发动机的进气过滤器

39 —— 其他

— 零件：

91 —— 离心机用，包括离心干燥机用

99 —— 其他

本品目包括：

（一）根据物质在比重上的差异，利用离心力全部或部分地将不同物质加以分离的机器，或利用离心力将潮湿物质的水分除去的机器。

（二）液体或气体的过滤或净化机器及装置，但过滤漏斗、滤奶器及油漆过滤器等除外（通常归入第七十三章）。

一、离心机，包括离心干燥机

大多数离心机主要由一个多孔板、多孔桶、多孔篮或多孔鼓等和一个收集器组成。多孔板等在一个固定的收集器（通常是圆筒形）内高速旋转，产生离心力，把排除出来的物质射向筒壁。在有些离心机中，用一组倒置的分选圆锥将具有不同比重的物质分离在不同层次上并加以收集。其他类型的离心机则把固体成分保留在旋转的多孔板、多孔篮等中，而把液体成分分离出去。后一种类型的离心机也可用以把液体完全渗透到材料中去（例如，用于染色或净化）。

本品目包括：

（一）洗衣店、染坊、纸浆厂、面粉厂等用的离心干燥机。

（二）精炼食糖用的离心机。

（三）乳品的奶油分离机及离心澄清器。

（四）澄清油、酿造酒、蒸馏酒用的离心机。

（五）石油产品脱水或脱蜡用的离心机。

（六）酒、动物脂、淀粉等的脱水离心机。

（七）制造火棉用的硝化离心机。

（八）酵母菌分离器。

（九）化学工业用离心机（例如，高速抗生素提取器）。

（十）主要供实验室用的离心机，可在叠层中把液体加以分离，以便倾析。

（十一）从血液中分离血浆用的离心机。

（十二）干燥放射性沉积物用的离心机。

（十三）提取蜂蜜用的离心机。

零　件

除零件的归类总原则另有规定的以外（参见第十六类总注释），离心机的零件也应归入本品目（例如，板、桶、篮、鼓及收集器）。

*

* *

本品目不包括根据离心分离原理工作的其他类型的某些机器，例如：

1. 分离铀同位素用的称作“气体离心机”的特种离心机（品目 84.01）。
2. 液体离心泵（品目 84.13）。
3. 离心式空气泵及鼓风机（品目 84.14）。
4. 制粉工业用的离心筛分机（品目 84.37）。
5. 金属的离心浇铸机（例如，制铸铁管用）（品目 84.54），或未硬化水泥的离心浇铸机（例如，供浇铸混凝土管道用）（品目 84.74）。
6. 离心磨矿机（品目 84.74）。
7. 制造半导体晶圆用的离心自旋干燥机（品目 84.86）。

二、液体或气体的过滤或净化机器及装置

归入本品目的大部分过滤或净化设备均是完全静止设备，无任何运动部件。本品目包括各种类型（物理、机械、化学、磁性、电磁、静电等）的过滤及净化设备，不仅包括工业用的大型设备，也包括供内燃机用的过滤器以及小型家用器具。但本品目不包括过滤漏斗、滤乳器以及简单装有金属丝网或其他过滤材料的容器或槽罐等；也不包括通用的容器或槽罐等，即使它们装上一层砾石、砂、木炭等以后可用作过滤器。

一般来说，归入本品目的过滤机器及设备，根据其用于过滤液体还是气体，可分为两种不同类型：

（一）液体的过滤及净化机器等，包括软水器

这类液体过滤机是通过一层多孔材料制的薄片、薄膜或团块等（例如，布、毡、金属丝布、皮张、石器、陶瓷、硅藻土、烧结金属粉、石棉、纸浆、纤维素、木炭、动物炭黑或沙），从液体中分离出固体、脂肪、胶体等微粒。在处理饮用水时，某些上述材料（例如，陶瓷及木炭）可在过滤过程中去除细菌等；因此使用这些材料的过滤器有时被称作“净水器”。过滤器也可用以从浆状材料（例如，陶瓷材料或精矿砂）中除去液体。本品目包括自流式、吸入（或真空）式或加压式液体过滤器。

本品目主要包括：

1. 家用型滤水器。家用加压滤水器装在总水管或龙头上，通常由一个圆筒形陶瓷过滤部件装在一个金属外壳内组成。自流式家用滤水器与之相类似，但通常体积较大。本品目不包括主要由陶瓷或玻璃制成的过滤器（分别归入第六十九章或第七十章）。

2. 制造化纤纺织材料用的滤烛。它是一个不锈的容器，内装纺织部件，用以过滤纺纱溶液。

3. 供内燃发动机、机床等用的滤油器。它们有两种类型：

（1）一种装有通常由多层毡、金属丝网纱、钢丝绒等叠成的过滤部件。

（2）一种装有永久磁铁或电磁铁，用以从油中除去铁质微粒。

4. 锅炉水过滤器，通常为一个大型容器，内装多层过滤材料。除入水管及出水管以外，它还装有一组管道及阀门，以便利用横向水流冲洗过滤部件。

5. 压滤器，由一系列平卧的过滤室组成。过滤室由易于拆卸的垂直过滤板及框架装配而成。压滤器用过滤介质（布、纤维素等）包裹，并用螺丝或压紧装置加以固定。用泵抽吸液体流过滤槽。过滤室可用蒸汽等从内部加热。滤出液从压滤器内抽出，滤渣则在滤板之间集合成块。压滤器用于过滤或净化多种液体（例如，用于化学工业、制糖工业、酿造啤酒及其他酒、油类提纯、矿砂富集、制造陶瓷、化纤工业等）。

6. 转筒式真空过滤器，由一个盖有滤布或丝网的圆筒装在盛有待过滤液体的大容器内所组成。液体被吸入转筒内，而留在容器周围的固体滤渣则由机械装置加以排除。

7. 间歇式真空过滤器，由多个“滤叶”或过滤室组成。各滤室均盖有滤布，并与一共同的真空管道连通。过滤器浸没在盛有待过滤液体的容器内，利用真空进行过滤。

8. 化学净水器。例如，滤砂或沸石软水器及石灰净水器。

9. 电磁净水器。在这些净水器中，交变磁场的作用在于防止水中的钙盐结晶，在管壁上形成沉淀物。这种净水器可将钙盐分离出来，成为淤渣而马上被除去。

本品目也包括渗析器。这是一种特殊类型的过滤器，主要有一层半渗透性薄膜。液体渗滤透过这层薄膜，可分离出胶体微粒。

（二）气体的过滤及净化机器等

这些气体过滤器及净化器用于将气体中的固体或液体微粒分离出来，以便于回收有价值的产品（例如，从炉的烟气中回收煤粉尘、金属微粒等）或除去有害物质（例如，从气体或浓烟中去除灰尘、焦油等；去除蒸汽机蒸汽中的油）。

它们包括：

1. 完全采用机械或物理方法工作的过滤器及净化器，共有两种类型。第一种类型象液体过滤器一样，其过滤元件是由多孔面层或块体（毡、布、金属、海绵、玻璃绒等）组成。在第二种类型的气体过滤器中，首先将气体中的微粒流动速度突然降低，然后利用重力使其聚集在油面等上，从而达到与气体分离的目的。这两类过滤器常装有风扇或喷水器。

第一类过滤器包括：

（1）内燃发动机用的吸气过滤器。这种过滤器常把上述两种结构结合起来。

（2）滤袋式过滤器，由一系列布制的袋形过滤元件组成，常配有振荡装置，使截留的微粒从袋底排出。

（3）网式过滤器。它装有一条环形的过滤丝网，在两个滚筒上运转，横贯气体所通过的过滤室。滤网上的污垢由一个刮板装置加以清除。

（4）转鼓过滤器，例如，喷纱设备用的过滤器。它通常配有一个滤鼓，用吸力把空气吸入滤鼓内。滤鼓紧靠着一块刮板旋转，这样刮板可将筒内的滤渣去掉。

第二种类型的过滤器包括：

（5）除尘器、滤烟器等，配有各种障碍装置，以减低气流中微粒的速度。例如，挡板、有不对称孔眼的隔板、装有挡板的环形或螺旋形管道，以及装有层叠挡环的锥形装置。

（6）旋风过滤器，一般主要由金属片制的锥形装置装在一个圆筒形的罐中构成，它通过一根切向管道，把气体送进锥形装置的狭小部分，这样就产生了湍流；当气体接近锥形装置的宽阔部分时，湍流急剧减速，从而使灰尘下降到罐底。

2．空气或其他气体的静电过滤器，其主要部件通常是带静电的一系列垂直铁丝。空气中的灰尘通过这类设备时被吸附在铁丝上，然后定期被清除掉。

3．涤气器或吸收塔。这些设备用于净化发生炉煤气或煤气等。它们由高大的金属塔组成，塔内盛有焦炭或其他填充物，顶部装有喷水器。

4．空气或其他气体的其他化学过滤器及净化器（包括可将机动车辆所排出废气中的一氧化碳进行转化的催化转化器）。

*
* *

本组还包括下列核工业用的机器：专供除去放射性尘埃用的空气过滤器（物理式或静电式）；滞留放射性碘用的活性炭净化器；分离放射性元素用的离子交换装置，包括利用静电工作的离子交换设备；分离放射燃料或处理废液用的分离设备，不论其采用离子交换方法工作，还是采用化学方法（利用溶剂或沉淀等方法）工作。

零　件

除零件的归类总原则另有规定的以外（参见第十六类总注释），本品目包括上述各种过滤器及净化器的零件。这些零件主要包括：

间歇真空过滤器的叶片；压滤器的底盘、框架及滤板；液体或气体过滤器的转鼓；气体过滤器的挡板、多孔板等。

必须注意，纸浆制的滤块应归入品目 48.12；其他许多过滤件（陶瓷、纺织品、毡等）应按其构成材料归类。

*
* *

本品目也不包括：

（一）分离铀同位素用的气体渗滤设备（品目 84.01）。

（二）品目 84.15 所列的空调机及品目 84.79 所列的空气减湿器。

（三）葡萄榨汁机、苹果榨汁机等（品目 84.35）。

（四）人造肾透析设备（品目 90.18）。

84.22　洗碟机；瓶子及其他容器的洗涤或干燥机器；瓶、罐、箱、袋或其他容器装填、封口、密封、贴标签的机器；瓶、罐、管、筒或类似容器的包封机器；其他包装或打包机器（包括热缩包装机器）；饮料充气机(+)：

—　洗碟机：

11　——　家用型

19 —— 其他

20 — 瓶子或其他容器的洗涤或干燥机器

30 — 瓶、罐、箱、袋或其他容器的装填、封口、密封、贴标签的机器；瓶、罐、管、筒或类似容器的包封机器；饮料充气机

40 — 其他包装或打包机器（包括热缩包装机器）

90 — 零件

本品目包括家用型及非家用型的洗碟机（用于洗涤盘、杯、匙、叉等），不论是否配有干燥装置，电动洗碟机也归入本品目。本品目还包括用于洗涤或干燥瓶子及其他容器，对这类容器进行装填或封口（包括饮料充气机），以及一般用于包装（包括热缩包装）商品，以便于销售、运输或储存的各种机器。这些机器包括：

一、对瓶、坛、罐、箱、桶、搅乳器、奶油分离器的回转筒或其他容器进行清洁、洗涤、冲洗、干燥用的机器（不论是否使用蒸汽工作的）。这些机器有时还带有消毒或杀菌装置。

二、装填容器用的机器（例如，桶、琵琶桶、罐、瓶、坛、管、安瓿、箱、包、袋等容器的装填机器），常配有辅助性的自动计量或计重控制装置，以及对容器进行封口的设备。

三、瓶、坛的封口、加塞或压盖机器；封罐机（包括焊接封口机在内）。

四、包装机及纸板箱装箱机。这些机器可配有定型、印刷、捆扎、装订、包边、胶贴、封口装置或对包装进行最后整理的装置。本品目包括把已装填好的罐头、瓶子等装入外包装（板条箱、箱子等）的机器。

五、贴标签机，包括装有印刷、裁切或粘贴标签装置的。

六、饮料充气机。实际上就是瓶子的灌装及封口机器，但配有用以在灌装饮料的同时充入二氧化碳气体的装置。

七、打包机及捆扎机，包括手工操作的便携式器械。这些机器装有支承板或类似装置，使用时可放置在待捆扎的包裹、箱或其他包装物上。

本品目的机器通常同时具有上述好几种功能。它们也可配有某种装置，以便在真空或其他受控大气条件下进行装填或密封操作。

除包装、捆扎等功能以外，还具有一些附属于包装等的其他附加功能的机器仍归入本品目。因此，凡把商品包装或捆扎成通常在商业上供分发销售形式的机器，不论其是否带有计重或计量装置，均应归入本品目。同样，本品目也包括配有某种辅助设备，可把已经制成的产品切割、模制或挤压成出售的形式，但并不影响商品的基本特征的机器（例如，把黄油或人造黄油模制成块等并加以包装的机器）。然而，本品目不包括其主要功能并非包装或捆扎等，而是把原料或半成品制造成为制成品的机器（例如，卷烟包装联合机）。

零 件

除零件的归类总原则另有规定的以外（参见第十六类总注释），本品目也包括上述机器的零件。但应注意，对于组合机器，如其组成的某部分机器本身并不归入本品目，则这些机器的零件也应归入其相应品目，例如，衡器的零件（品目 84.23）、制纸板箱及纸袋机器的零件（品目 84.41）、印刷机零件（品目 84.43）。

*
* *

本品目不包括：

（一）家用型装瓶机或装罐机以及其他重量不超过 10 千克的家用机械用具（品目 82.10）。

（二）草料或饲料打包机（品目 84.33）。

（三）纸袋、纸板箱的制造机器（品目 84.41）。

（四）装袋后的缝袋机（品目 84.52）。

（五）废金属的压包机等（品目 84.62）。

（六）钉箱机（品目 84.65）。

（七）将信件装入信封或用纸带包扎信件的机器（品目 84.72）。

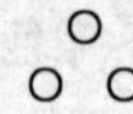

子目注释：

子目 8422.11

本子目包括家用型洗碟机，不论其是否电动的，也不论其具体用途如何。这类机器放置在地板上时，其外部尺寸为：

宽度：不超过 65 厘米；

高度：不超过 95 厘米；

厚度：不超过 70 厘米。

放置在桌子或柜台上的机器，其尺寸更小。

84.23　衡器（感量为 50 毫克或更精密的天平除外），包括计数或检验用的衡器；衡器用的各种砝码、秤砣(+)：

10　—　体重计，包括婴儿秤；家用秤

20　—　输送带上连续称货的秤

30　—　恒定秤、物料定量装袋或装容器用的秤，包括库秤

—　其他衡器：

81　——　最大称量不超过 30 千克

82　——　最大称量超过 30 千克，但不超过 5000 千克

89　——　其他

90　—　衡器用的各种砝码、秤砣；衡器的零件

本品目包括除感量为 50 毫克或更精密的衡器（品目 90.16）以外的下列器具：

一、用以直接测定物体重量的机器及器具，不论是通过电子操作（利用传感器），物体与可更换的砝码的比较，秤砣在标有刻度的秤杆上移动（提秤或其他秤）来确定物体重量，还是利用弹簧、杠杆、砝码或液压方法等在机器的标尺或指示器上自动显示物体的重量。

二、利用测定物体重量的原理进行工作，但用与重量有直接联系的其他计量单位（例如，体积、数量、价格或长度）作出自动记录的器具。

三、设定重量的衡器，可根据产品的重量检验产品是否一样，标出次品或将一定重量的货品分拣出来，以备包装。

归入本品目的衡器，包括下列各种类型：

（一）弹簧秤。

（二）家用或商店用秤。

（三）信件及包裹秤。

（四）体重秤（不论是否投币式），包括婴儿秤。

（五）便携式或移动式台秤。

（六）桥秤（液压式或其他类型）及其他平台秤。

（七）测量传送带或高架输送机等上货物用的秤。

（八）使用砝码操作的计数秤。

（九）恒重秤，例如，校核秤（根据标准重量，标明超重或重量不足）和连续衡器（用于校核纺织品及其他材料量的一致性）。

（十）料斗秤，用以对从料斗卸下的材料进行自动秤重，包括衡量从几个料斗卸下的不同配料，以便将它们组成混合物用的衡器。

（十一）把预定重量的材料装入袋子或容器用的秤，但不包括兼可把货品包装成商业上正常分发销售形式的机器。

（十二）衡量流动液体用的自动衡器。

（十三）对已经包装的物品进行称重及标明重量的全自动设备。这种设备由衡器、计数机、配有件数累加装置的打印机及重量标签推顶器组成。

上述各种衡器可配有自动打印重量标签、记录及累计一系列重量以及投射或放大读数等装置。

本品目也包括供各种衡器用的任何材料制的砝码、秤砣，不论其是否成套。供品目 90.16 所列的精密衡器用的砝码，单独报验时也归入本品目；但如与精密衡器一起报验，则应按精密衡器归类。游标砝码（包括白金制的）也应归入本品目。

零　件

除零件的归类总原则另有规定的以外（参见第十六类总注释），本品目包括本品目所列衡器的零件。这些零件包括：

秤杆，不论是否标有刻度；秤盘及秤台；底板、支架及外罩；刃形支承、枢轴及枢轴轴承（全部由玛瑙或其他宝石或半宝石制的物品应归入品目 71.16）；液压缓冲器（振荡减震器）；重量指示盘。

*

*　*

本品目不包括：

（一）比重天平（或静水天平）（品目 90.16）。

（二）机械零件的平衡试验机（品目 90.31）。

（三）专供测量牵引力或压缩力等，而非供衡量货物、人畜等用的测力计等仪器（品目 90.24 或 90.31）。

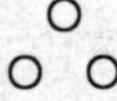

子目注释：

子目 8423.20

本子目所列的输送机上连续称货的称有累计和积算式的，用以称量和记录料斗或输送链及其他类似输送装置所盛物料通过时的重量。

84.24　液体或粉末的喷射、散布或喷雾的机械器具（不论是否手工操作）；灭火器，不论是否装药；喷枪及类似器具；喷汽机、喷砂机及类似的喷射机器(+)：

10　—　灭火器，不论是否装药

20　—　喷枪及类似器具

30　—　喷汽机、喷砂机及类似的喷射机器

　　—　其他器具：

81　——　农业或园艺用

89　——　其他

90　—　零件

本品目包括将蒸汽、液体或固体材料（例如，沙、粉末、颗粒、砂砾或金属研磨料）以射流状、

散射状（不论是否成滴）或喷雾状进行喷射、散布或喷雾的机器及器具。

但本品目不包括供精密切割各种材料（例如，石料、复合材料、橡胶、玻璃、金属）用的水射流或水加研磨料混合射流切割机。这类机器通常是在3000～4000巴的压力下，以2～3倍于音速的速度喷射出水射流或水与精细研磨料混合的射流进行切割加工（品目84.56）。

一、灭火器，不论是否装药

本组包括使用产生泡沫的药料或其他药料的灭火器，不论是否装药。装有龙头、阀门、雷管或其他开启装置的简单灭火器也归入本品目。

本品目不包括：

（一）灭火弹及灭火器的装配药（品目38.13）。

（二）消防泵，不论是否配有储水槽，非机动车辆型的归入品目84.13；机动车辆型的归入品目87.05。

二、喷枪及类似器具

喷枪及手持式类似器具通常装在压缩空气或蒸汽管道上并直接或通过导管与喷射材料的储槽相连接。这些器具装有扳机或其他阀门，以控制流体通过喷嘴。这些喷嘴通常可以调节，能喷出射流或多少有些扩散的雾状射流。这些器具用于喷射油漆或涂料、清漆、油、塑料、水泥、金属粉、纺织纤维粉末等，也可喷射出强大的压缩空气流或蒸汽流，用以在建筑、雕塑等工作中清洗石料。

本组也包括单独报验，用以装在印刷机上的手动"防污迹"喷射装置，以及应用喷焊器的工作原理进行操作的或由电热装置与压缩空气射流相结合而进行操作的手动金属喷枪。

本身装有电动机，并配有泵及喷射材料（油漆、清漆等）贮液容器的手持式喷枪也归入本品目。

三、喷汽机或喷砂机及类似的喷射机器

喷砂机及其类似品常常是重型结构，有时还装有压气机。这种设备可高压喷出砂或金属研磨料等，用以对金属制品进行除锈或清洁，或者在玻璃、石料等表面进行蚀刻或褪光处理。它们一般配有集尘器，用以清除残留的砂及灰尘。本品目也包括喷汽机械，用以除去金属机件上的油漆等。

四、喷水器、喷雾器及粉末散布器

这些器具在农业、园艺或家庭中用于喷射杀虫剂、杀菌剂等。本品目不仅包括用手操作（包括简单的活塞泵喷雾器）或脚踏型的喷射器具，还包括吹粉器、背负式喷雾器及移动式喷雾器，不论这些器具本身是否配有贮液器。本品目也包括机动喷雾机，其发动机既可用以驱动泵或喷雾器，又可通过齿轮传动装置在有限的范围内根据工作需要驱动机器。但本品目不包括已构成品目87.05所述正式车辆的机器。

本品目的喷射器具必须配有产生或散布喷雾或射流，或自动调整喷头方向的机械装置（包括由水压推动的简单机械装置）。它们包括下列喷射器具，不论其是固定式、移动式或机动的：

（一）草坪、果园等用的喷水器及喷雾器（例如，旋转喷雾器及振荡喷雾器）。

（二）水枪，可喷射强大的水柱，用以从山坡等处冲落矿物（例如，金矿砂）以及造纸用的喷水树皮剥离机。

本品目也包括汽车挡风玻璃及车头灯的冲洗机械装置，以及除草及其他农业用的火焰喷射枪。

本品目不包括：

（一）用压力灌入装有简单压力释放阀的容器的杀虫剂（品目38.08）。

（二）水龙软管喷头（归入第十五类；如装有龙头、旋塞、阀门或其他水流调节装置，则应归入品目84.81）。

（三）品目90.18所列的医疗仪器。

（四）香水喷雾器及类似的化妆用喷雾器（品目96.16）。

五、灌溉系统

这些灌溉系统由各种部件连接而成，其部件一般包括：

（一）控制站（由筛网过滤器、肥料喷射器、计量阀、止回阀、压力调节器、压力计、通气口等组成）；

（二）地下网络（从控制站把水输送到灌溉区的分布管道及分叉管道）；以及

（三）地面网络（由配有滴水器的滴水管道组成）。

这种灌溉系统应按照第十六类注释四的规定，作为功能机组归入本品目（参见第十六类总注释）。

*
* *

本品目还包括：

1．用石蜡或熔蜡喷涂各种物体（例如，杯、纸板箱、盒）的机器。

2．静电喷漆设备。该设备的喷枪既用油漆输送软管与一个油漆容器相连，又用电缆与一个高压发生器相连。待喷漆的物体与喷枪之间形成的静电场既可吸引压缩空气喷涂在物体上的油漆微粒，又可防止油漆微粒散开。

3．液体或粉末的喷射、散布或喷雾专用的工业机器人。

零　件

除零件的归类总原则另有规定的以外（参见第十六类总注释），本品目包括本品目所列机器及器具的零件。因此，归入本品目的零件主要包括：喷雾器的储液器、喷嘴、喷管下悬管以及不属于品目84.81所列的涡流喷头。

*
* *

本品目不包括：

（一）手动的加油壶及润滑脂枪（品目 82.05）、压缩空气润滑脂枪及其他压力或润滑脂注射设备（品目 84.67）。

（二）锅炉用的喷汽除烟器（品目 84.04）。

（三）炉用燃烧器（品目 84.16）。

（四）利用喷水、喷汽或喷砂等方式清洁桶或其他容器用的机器（品目 84.22）。

（五）喷墨印刷（打印）机器（品目 84.43）。

（六）香水喷雾器式的自动售货机（品目 84.76）。

（七）将砂浆、混凝土或砾石散布或喷射在路面或类似表面上的机器（品目 84.79）。

（八）可安装在卡车上，用于清除积雪的撒盐和沙砾的机器（品目 84.79）。

（九）用于蚀刻、显影、去膜或清洁半导体晶圆及平板显示器的喷射装置；在电镀加工前用以清除半导体组件金属引脚上杂质的清除机器（使用高压喷汽清除）（品目 84.86）。

（十）品目 85.15 所列的金属或金属陶瓷的电动热喷机器设备。

（十一）牙科用的喷射钻（品目 90.18）及烟雾疗法用设备（喷雾器）（品目 90.19）。

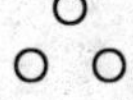

子目注释：

子目 8424.20

本子目包括品目 84.24 的注释第二部分所述的器具。

子目 8424.81

本子目包括压力喷雾器（市场上可称为“喷枪”），由一个装有漏斗及压力泵的压力罐、背带、软管及带有铜管和可调喷嘴的手持喷射装置构成，上述所有构件的物理特性均清晰表明其最适合农业或园艺用途（例如，3巴的使用压力、5升的容积及可调节的喷嘴。）

84.25　滑车及提升机，但倒卸式提升机除外；卷扬机及绞盘；千斤顶：

—　滑车及提升机，但倒卸式提升机及提升车辆用的提升机除外：

11　——　电动的

19　——　其他

—　其他卷扬机；绞盘：

31　——　电动的

39　——　其他

—　千斤顶；提升车辆用的提升机：

41　——　车库中使用的固定千斤顶系统

42　——　其他液压千斤顶及提升机

49　——　其他

本品目包括简单的起重或搬运设备。品目84.26注释中的有关规定，在细节上作必要的修改后，适用于本品目的设备，只要这些设备是自推进式或其他移动式机器，或者是多功能机器和准备装于其他机器或装于第十六类所列运输车辆及船舶上的起重、装载及搬运机器等。但如果卷扬机构成了拖拉机的正常工作部件，该整部机器（拖拉机与卷扬机）应归入品目87.01。

本品目包括：

一、滑车及提升机，但倒卸式提升机除外

本品目的滑车及提升机由一套较为复杂的滑轮、缆、链条、绳索等组成。这些机器可利用机械增益原理进行起重（例如，使用多个不同直径的滑轮、齿轮及传动装置进行起重）。

本品目主要包括：

（一）滑车及提升机，其传动链条与滑轮缘上的凸出部分啮合。

（二）滚筒式滑轮提升机，其缆索卷绕在内装有滑轮装置的一个滚筒上。这类独立式提升机通常是风动或电动的，常常装在架空导轨上运行的吊运车或吊运斗上。

（三）由一条滚子链条在装有多个链轮的齿轮装置系统上运行的提升机。这种提升机的工作原理有点象千斤顶，是由曲柄或杠杆操作的。

单独报验的滑轮及滑轮组不应归入本品目（品目84.83）。

本品目也包括吊艇架。这种装置是由两个倾斜或旋转的支架组成，可以通过滑车式提升机构将船舶上的小艇等吊起或放下。

二、卷扬机及绞盘

卷扬机由手工操作或动力驱动的卧式棘轮卷筒组成，缆索卷绕在棘轮卷筒上。绞盘与卷扬机相似，但其棘轮卷筒是直立式的。

本组包括：

（一）船用卷扬机及绞盘，用以操作货物起重装置、起锚、操纵转向装置、拉紧拖缆、渔网、疏浚缆索等。其动力装置通常装在机器内部，作为整台机器的一个组成部分。

（二）牵引车、拖拉机等用的卷扬机。

（三）矿井口卷扬设备，主要由大型动力卷扬机组成。

（四）用于操作转车台或铁道货车等转轨的绞盘。在转轨用绞盘中，缆索通常沿一系列系缆柱运行，每根系缆柱可在轴承上自由转动，以利于牵引。这些系缆柱应归入品目73.25或73.26。

（五）拉丝机用的拉丝卷筒。

三、千斤顶

千斤顶是一种把重载短距离举起的设备。本品目包括齿条式及棘爪式千斤顶、螺旋千斤顶。螺旋千斤顶可利用旋转运动使螺杆上升，也可通过旋转千斤顶底座上的螺母使螺杆上升。本品目也包括套筒螺旋千斤顶。它是由两个或多个同心螺杆操作，外面的螺杆是在千斤顶底座的螺母上旋转。

在液压千斤顶及气压千斤顶中，其起重活塞是利用泵或压缩机所产生的压力沿着一个圆柱缸体升高的；泵或压缩机可分开设置，也可以装在千斤顶的内部。

特种千斤顶包括：

（一）车辆等用的轻便千斤顶。

（二）车库用轮式千斤顶；板条箱起重千斤顶等。

（三）车库型的内装千斤顶系统，通常是液压的。

（四）卡车倾卸装置用的千斤顶。

（五）起重机、重型卡车、流动工场、大炮等加固支撑用的千斤顶。

（六）提升铁道路轨用的千斤顶。

（七）提升铁道车辆用的千斤顶。

（八）横向千斤顶，用以移动横梁、建筑结构件等。

零　件

除零件的归类总原则另有规定的以外（参见第十六类总注释），本品目所列设备的零件归入品目84.31。

*

* *

本品目不包括：

（一）品目84.12所列的液压缸或气压缸。

（二）品目86.08所列的平交道口控制装置及铁道信号设备。

84.26　船用桅杆式起重机；起重机，包括缆式起重机；移动式吊运架、跨运车及装有起重机的工作车：

—　高架移动式起重机、桁架桥式起重机、龙门起重机、桥式起重机、移动式吊运架及跨运车：

11　——　固定支架的高架移动式起重机

12　——　带胶轮的移动式吊运架及跨运车

19　——　其他

20　—　塔式起重机

30　—　门座式起重机及座式旋臂起重机

—　其他自推进机械：

41　——　带胶轮的

49　——　其他

—　其他机械：

91　——　供装于公路车辆的

99　——　其他

本品目包括多种作间歇式运动的起重或搬运机械。

自推进式及其他移动式机械

总的来说，本品目不仅包括固定式机器，还包括移动式机器，不论其是否自推进式（但下面提到的装在第十七类的运输设备上的机器除外）。

本品目不包括：

一、装在第八十六章所列车辆上的机器

起重或搬运用的机器，如已装在铁道敞车或平车上，而且具有编挂条件，可编成车列运行在任何轨距的铁道网上的，应归入品目 86.04。维护铁道和铁道车辆用的铁道抢修起重机及起重车，以及铁道装货场上用的铁道起重车，通常为上述车辆。维修保养铁道路轨用的自推进车辆也应归入品目 86.04。另一方面，安装在不符合真正铁路车辆规格的敞车或平车上的起重或搬运机器，仍应归入本品目。这通常是指承造商在建筑工地、采石场等使用的装在路轨上移动的起重机。

二、装在第八十七章所列拖拉机或机动车辆上的机器

（一）装在拖车型底盘上的机器

本品目所列机器的某些工作部件可以装在拖车上。拖车本身主要供牵引或推动其他车辆、设备或重载之用，但与农用拖拉机一样，它们都装有一些简单装置，用以操纵上述工作部件，这些工作部件只是一种辅助设备，以备不时之需。总的来说，这些部件比较轻便，工人自已在现场即可将其装上或更换。这些工作部件如果构成本品目所列的机器，则仍应归入本品目；如果作为本品目所列机器的零件，那么，即使它们与拖车同时报验（不论是否已装在拖车上），这些工作部件应归入品目 84.31：而拖车连同其操作装置应单独归入品目 87.01。

另一方面，本品目包括自推进式机器。这种机器的推进底座、控制装置、工作部件及其操纵设备组装在一起，构成一套完整的机械设备。例如，某些推进底座虽然与拖车相似，但经过专门设计、制造或加固，已成为具有一种或多种本品目所列功能（起重、搬运等）的机器不可分割的部分。这些推进底座单独报验时，可作为具有同类完整机器基本特征的不完整机器而归入本品目。可装配多种不同工作部件而可归入品目 84.25 至 84.30 中几个品目的推进底座，应按照第十六类注释三或归类总规则三（三）的规定进行归类。

区分品目 87.01 所列的拖车与本章所列推进底座的更具体标准，参见品目 87.01 注释。

（二）装在汽车底盘或卡车上的机器

某些起重或搬运机器（例如，普通起重机、轻型抢修起重机）常装于事实上是基本完整的汽车底盘或卡车上，这些汽车底盘或卡车上至少具有以下机械装备：推进发动机、齿轮箱及换挡控制器、驾驶及制动装置。由上述装置组成的设备应作为特种机动车辆归入品目 87.05，不论起重或搬运机器仅仅是装在车辆上，还是与车辆组成一套完整的机械设备。但主要供运输用的车辆，应归入品目 87.04。

另一方面，本品目包括自推进式机器，其上述的一种或多种推进或控制装置却是装在起重或搬运机器（一般是起重机）的驾驶室内；起重或搬运机器装在一个有车轮的底盘上。不论整套设备能否利用其本身动力在路面上行驶，均可归入本品目。

本品目的起重机一般不带重载行驶；如带重载行驶，其距离有限，而且仅作为起重功能的一种辅助手段。

三、装在第八十九章所列浮动结构体上的机器

安装在趸船及其他水上浮动结构体上的所有起重或搬运机器（例如，桅杆式起重机、船用起重机），不论是否自航式，均应归入第八十九章。

多功能机器

许多机器除了具有本品目或品目 84.25、84.27 或 84.28 所述的功能（起重、装载等）以外，还具有品目 84.29 或 84.30 所述的功能（挖掘、平整、钻探等）。例如，机械铲、索铲挖掘机等，只要更换机臂或机臂顶端设备，即可用作起重机、采煤装煤联合机、挖沟及吊装管道联合机等。这些机器应按第十六类注释三或归类总规则三（三）的规定进行归类。

*

* *

起重、装载、搬运等机器单独报验时，即使准备装在其他机器或第十七类所列运输车辆或船舶上，仍应归入本品目。

*
* *

本品目包括通常利用滑轮、卷扬机或千斤顶系统进行操作的起重或搬运机器，还包括有大量固定钢铁结构等的上述机器。

这些固定结构件（例如，起重机的基座及门架）如作为基本完整的搬运机器的一部分报验时，应归入本品目。

这些固定结构件单独报验时，如与使整套设备运行的运动部件所必需的机械零件（例如，轮子、滚轴、滑轮、导轨等）装在一起或准备装在一起，应归入品目 84.31；否则应归入品目 73.08。

本品目包括：

一、桥式起重机，由一个大功率起重装置挂在重型横梁或桥架上而组成。整部起重机运行于宽轨距轨道上。在核反应堆中用于更换或取出燃料元件的类似桥式起重机也应归入本品目。

二、门式起重架或高架移动式起重机。这种起重机的横梁本身可在装于墙上或适当的金属结构体上的导轨上运行。

三、桁架桥式起重机，有固定不动的，也有在轨道上运行的。它的悬臂有时很长（不论是否铰接），通常可伸展到泊位或卸货区上面。另外还配有吊运机或吊斗，可沿着整个悬臂运行。特种类型的桁架桥式起重机可用于搬运大块建筑用石料或集装箱，以及应用于造船业中。

四、带胶轮的吊运架，专供搬运集装箱之用。这些机器可以自动推进，但只能停稳不动时进行操作。有的还能够短距离运送集装箱，但也只是简单的门架结构，多数由两个垂直构件支撑一根横梁而组成。支撑构件有时是可以伸缩的。每个支撑构件均装有一组车轮。

五、跨运车，由一个跨式底盘组成，一般配有可伸缩的垂直构件，用以调节高度，该底盘一般装在四个或更多的胶轮上。这些轮子既作为驱动轮，同时又作为导向轮，操纵跨运车在小范围内移动。

这种搬运设备设计特别，可跨在货物上方，利用特制的夹紧装置将货物提起，作短距离搬运后再将其放下。这些跨运车中有些相当高大、可直接停在运输车辆的上方，将货物提起或放下。

跨运车在工厂、仓库、码头、机场等用于搬运较长的货物（型材、树干、木材等），或用于堆放集装箱。

六、塔式起重机。这种起重机主要包括塔身、水平起重主臂、平衡起重臂及回转装置。塔身通常由若干独立层架组成，具有相当高度，可以固定或在轨道上运行。水平起重主臂上装有吊运车、卷扬机、操作平台和司机室。平衡起重臂上配有平衡锤、系杆，以支撑起重臂。回转装置既可安装在顶部，也可安装在底部，以便于起重机回转。塔身可带有液压缸或千斤顶及爬升架，它可抬高起重臂，以便增加塔身层架，从而提升起重机的工作高度。

七、龙门吊车或基座起重机。这是高架在四脚基座上的港口等用动臂起重机。起重机的基座在可横跨一条或多条正常铁路轨道的宽轨距轨道上运行。

八、动臂起重机或“德立克”吊机（参见本品目注释中有关铁路抢修起重机、起重车、起重船等的解释）。该起重机适用于吊起货物，有时还可将货物横向移动。它主要配有吊杆或吊臂，可将吊杆或吊臂连接起来，以获得可调节的运转距离，便于操作。起吊缆索穿过吊臂顶部的滑轮，由卷扬机驱动。吊杆或吊臂由垂直支架支撑，有时可达到相当的高度。

九、索道或缆式起重机。这是一种悬空运输货物的设备，由一条或多条运载缆索架设在固定的或可移动的塔架上组成。运行于缆索上的吊运车内配有升降货物的装置。这种起重机适用于在大型建筑工地、水坝、桥梁、采石场等搬运材料。

十、船用桅杆式起重机，由一根固定的直立臂，在其基底上配备一根运转的起重臂所组成。起重臂可以利用滑轮系统升起（参见本品目注释中关于装在趸船等上的类似机器的解释）。

十一、装有起重机的搬运车。这种设备配有轻型的起重机，装在搬运车式底盘上。该底盘成箱状结构，其轮距较长，轮辙较宽，以保持平衡。这种设备在工厂、仓库、码头或机场供短距离搬运货物之用。

零 件

除零件的归类总原则另有规定的以外（参见第十六类总注释），本品目所列机器的零件应归入品目84.31。

*

* *

本品目不包括品目87.05所列的起重车。

84.27 叉车；其他装有升降或搬运装置的工作车：

10 — 电动机推进的机动车

20 — 其他机动车

90 — 其他车

本品目包括各种装有提升或搬运设备的车，但品目84.26所列的跨运车及装有起重机的搬运车除外。

例如，这些工作车包括：

一、叉车及其他升降或堆放用车

（一）**机动叉车**，有些叉车较大型。它的载货板可沿着立柱上下滑动，用于承载货物，其升降装置一般设置在司机座位的前面，用以在叉车移动时托住货物，并将货物提起，以便堆放或卸到运输工具上。

本组还包括侧向装载堆垛车。这种车适用于搬运长的货物（大梁、板条、管道、集装箱等），一般配有平台，用以在短距离搬运时承载货物。

上述工作车的起重装置一般由车辆本身的动力装置驱动。同时根据所搬运的不同货物，配有各种专用附件（叉、臂、铲斗、抓钩等）。

（二）**其他堆垛机械**。它们一般装在车上，配有可借助于手动或机动绞车或托架系统沿着立柱升降的平板或叉。这种设备适用于堆垛用布袋、板条箱、木桶等包装的货物。

有些利用升降机的工作原理操作的堆垛机械应归入品目84.28。

二、其他装有升降或搬运装置的工作车

本组包括：

（一）**装有机械升降平台的工作车**。这种设备适用于维修电缆、公用照明系统等（参见品目84.26注释中关于装在卡车上的升降平台的解释）。

（二）**装有升降或搬运装置的其他工作车**，包括各种行业（例如，纺织工业、陶瓷工业或乳品工业）专用的此类工作车。

零 件

除零件的归类总原则另有规定的以外（参见第十六类总注释），本品目所列工作车的零件应归入品目84.31。

84.28 其他升降、搬运、装卸机械（例如，升降机、自动梯、输送机、缆车）：

10 — 升降机及倒卸式起重机

20 — 气压升降机及输送机

— 其他用于连续运送货物或材料的升降机及输送机：

31 —— 地下专用的
32 —— 其他，斗式
33 —— 其他，带式
39 —— 其他
40 — 自动梯及自动人行道
60 — 缆车、座式升降机、滑雪拉索、索道用牵引装置
90 — 其他机械

本品目包括利用机械方式（升降、输送、装卸等设备）搬运材料、货物等的各种机械，但品目84.25至84.27所列的升降及搬运机械除外。某种工业、农业、冶金业等专用的此类搬运机械仍应归入本品目。本品目不仅包括固体材料的升降或搬运机械，而且还包括液体或气体材料的升降或搬运机械。但本品目不包括品目84.13所列的各种液体提升机；浮船坞、潜水箱及完全利用静水浮力操作的类似海上提升及打捞设备（品目89.05或89.07）。

品目84.26注释中关于自推进式及其他移动式机械、多功能机械，以及准备装在其他机器或第十七类所列运输车辆或船舶上的升降、装卸、搬运等机械，只要在细节上作必要的修改后即可适用于本品目所列设备。

*
* *

本品目包括利用滑轮、卷扬机或千斤顶机构工作，并通常带有大量固定式钢铁结构件等的升降或搬运设备。

这些固定结构件（例如，缆车专用的塔架等）如作为基本完整的搬运机械的部件报验时，应归入本品目。

这些结构件单独报验时，如与使整套设备运行的运动部件所必需的机械零件（例如，轮子、滚轴、滑轮或导轨等）装在一起或准备装在一起，应归入品目84.31；否则应归入品目73.08。

这些比较复杂的机械包括：

一、非连续运送的机械

（一）通常用卷扬机及缆索操作，或使用水压、气压或油压器件工作的升降机。这种设备可使客舱或货物平台沿直立滑动杆之间上升或降低，常配有平衡重体。升降机的控制、制动及安全设备等，不论是否电动的，如与升降机同时报验，也应归入本品目。本品目也包括人工操作的升降机。

齿条小齿轮驱动的升降机或提升机也属于此类。这种升降机及提升机由升降仓及桅杆组成。升降仓装有发动机用以驱动小齿轮。桅杆上装有齿条。当小齿轮与齿条咬合时，升降舱可沿着桅杆以可控速度上下移动。

本组还包括所谓的“升船机”，即一种利用液压或千斤顶驱动的大功率设备，可把船舶及闸室整个从运河的某一水平面提升到另一水平面，从而取代了普通船闸。

（二）**翻斗提升机**，一种沿斜井或竖井提升散装货物容器的提升机，适用于从矿井吊起煤，或把矿砂、石灰石、燃料等吊进高炉、石灰窑等。

本品目也包括此类提升机的箕斗，一种大容量金属容器或料箱，其底部往往可以自动开启。矿用箕斗常在载货舱上装有矿工座舱。

（三）某些起重机械：

1. **三脚起重机**，由装在双脚或三脚底座上的卷扬机组成。

2. **油井钻塔**，在石油钻井等中绞起钻管等（装在卡车等上面的钻塔除外，参见品目84.26注释的解释）。

3. **高架索道**。这种设备在操作上与高架移动式起重机相似，其吊运车运行在架空导轨上（有时

可运行相当距离），这些架空导轨固定在塔架上。

（四）**缆车**，一种利用卷扬机进行工作的大型设备，供山区吊运旅客或货物之用。缆车的承载索与牵引索架在两个塔架之间。缆车上有两个座舱（或吊具、箱体等），可在承载缆索上升降。

（五）**缆索铁道**，其工作原理与缆车相同，但其座舱是在导轨上运行的。本品目仅包括缆索铁道的牵引装置及卷扬机；不包括座舱（品目 86.05）及轨道（应根据不同类型分别归入品目 73.02 或 86.08）。

（六）**翻车机**，一种带导轨或凹槽的平台装置。这种设备可使轨道货车能够开进卸货地点，然后利用千斤顶或其他起重装置，把整个载货平台倾斜、翻转或旋转，从而卸空车上的货物。本品目也包括轨道货车振荡机械，这种设备供漏斗式底卸车卸货之用。

二、连续运送的机械

（一）**升降机**，用于垂直或斜向地提升连续不断的货物或人流。它们主要由一系列不同类型的承载器每隔一定距离装在一个铰节的机械装置上而组成。该机械装置可象链条一样连续不断地运转。此类机器包括提升粉状或粒状材料用的铲斗提升机；提升板条箱、包裹等用的平台提升机；提升袋装、桶装或捆装货物以及草包等用的指盘提升机；供运载乘客用的连续多箱升降机等。

（二）**自动扶梯及自动人行道**

（三）**输送机**，供输送货物用。通常采用水平输送方式，有时可作长距离输送（在矿场、采石场等）。它们包括：

1. **由连续运转的输送或推动部件操作的输送机**，例如，斗式、槽式或盘式输送机；刮板式或螺旋式输送机（材料可由推板或螺杆沿着一条槽向前推进）；带式、链板式、板条式及链式等输送机等。

2. **由一系列发动机驱动的滚轴组成的输送机**（例如，用于把钢材运进初轧机的输送机）。本品目还包括非动力驱动的滚轴输送机，其滚轴通常装在轴承上（例如，运送板条箱等用的水平滚轴滑道，以及重力滚轴输送机）；但不包括无滚轴的类似设备，例如，直线、弯曲或螺旋式滑槽（应按不同类型分别归入品目 73.08、73.25 或 73.26）。

3. **振动输送机**，利用承载货物运送槽的振动或往复运动输送货物。

（四）**气力提升机及输送机**（例如，气流管式输送机），它利用气流通过管道运送小型容器（装文件、小型加工部件等用）或散装货物（谷物、稻草、干草、锯屑、煤粉等），包括运输并净化谷物用的类似机器。

（五）**滚动支座（“自位轮”）**，一种与辊子输送机相似的设备，由一系列圆柱装在工厂地板上而组成。每根圆柱的顶部装有一个在轴承上转动的滚轮，可向任何方向旋转。这样，整套“自位轮”就组成了一台滚轮输送设备（例如，轧钢厂运送金属板材用的设备）。

（六）**缆索牵引或拖运机械**，主要由一根环形缆索或链条连续不断地运转，用以牵引货物（例如，牵引煤矿用的矿车及倾卸车）、拖带驳船、雪橇等，以及载运乘客（滑动式人员运输车）等。

三、其他特种起重或搬运机械

（一）**铁路机车或货车转车台**，供铁路机车、货车等转换轨道之用。

（二）**各种铁路货车的推车器**，例如：

1. 安装在轨道之间的装置。这种装置主要是由两个活塞组成，当挂住车轴时，利用动力驱动活塞产生往复运动，从而把货车推向前进。

2. 液压式或活塞式机械，用于把矿车推进矿井口的升降机内。

3. 在单轨上运行的自推进式独轮机械。这种设备必须要有一个步行操作者象推独轮车一样扶着，设备本身由小型汽油发动机驱动。但必须注意，有时也称作“货车推车器”的拖运用小型拖拉机不应归入本品目（品目 87.01）。

（三）**机械装载机**，用于装载煤、矿砂、挖出的泥土、卵石、沙及其他散装物料。这些机器通常与一台输送机或升降机一起使用（例如，摇动式输送装载机、轻型输送装载机等）。

（四）**操纵手提式风动、液压或电动工具（例如，钻、锤等）用的辅助机械装置**。这些机械装置用以支撑手提式风动或电动工具，或将其推入工件中。例如，气动工具的支撑或推进器具；凿岩机支架及凿岩台车（“Jumbos”）；工作中用以悬挂工具的机械式平衡器具。但本品目不包括简单的固定支撑器具等。

（五）**升降、搬运、装卸专用的工业机器人**。

（六）**机械梯**，由一个机械装置（例如，滑轮组或卷扬机）操纵多个滑动部件组成。

（七）**可调轮式机械平台**（摄影机移动车），供安装及操纵电影摄影机之用。

（八）**机械式遥控操作装置**（遥控机械手），一种用于接触放射性产品的固定式或移动式设备。这种设备由屏蔽室内外各一只的机械手组成，屏蔽室外的机械手由人工操纵；屏蔽室内的机械手可模仿操纵员的动作进行操作。动作是通过机械、液压或气压装置，或者通过电脉冲方法进行传递的。

可象手工工具那样独立用手操作的器具，应归入品目82.03、82.04或82.05。

（九）**装卸集装箱或托盘用的装卸台**，不论是否自推进的，供在机场上飞机的装货或卸货之用。这种设备主要由两个交叉横构件支承的高架装卸台组成，配有输送带用以运送货物。这种设备并非用于运输集装箱或托盘，不论运输距离多短。这种设备本身并不装载货物，仅停在飞机旁进行操作。

（十）**托盘货组组装机**，利用动力输送机或辊子输送机自动将空瓶规则地排列成行，并将排好的瓶子一层层堆放在托盘上的电气机械。这种机械不具备充灌、封口、密封、贴标签或捆包功能，可以单独使用或者与其他具备充灌或收缩包装等功能的机械一道组成流水生产线。

（十一）**病人升降机**。这种设备配有支承架和座位，用以将坐着的人抬起或放下，例如，将他们放进浴室或放上床。可移动座位是用绳索或链固定在支承架上。

（十二）**楼梯升降机**。这种升降设备配有装载平台，可固定在楼梯的扶栏、楼梯侧墙或楼梯上，用于接送残疾人或轮椅及其病人上下楼梯。

*
* *

起重及搬运设备常与熔炉、转炉、轧钢机等机器一起使用。例如，把加工件送进、移动或取出的机器；操纵门、盖、炉床等的机器；倾卸或翻转的机器。当这些设备明显地作为独立于熔炉等机器设备的独立装置时，即使与熔炉等同时报验，也仍应归入本品目。例如：

1. 焦炭炉出炭机，往返运行于成排炉子后面，装有机械活塞以打开炉门及排空炉室。
2. 活塞操作的加料机，用于西门子－马丁转炉等。
3. 供打开冶金退火炉或均热炉的顶盖，或取出锭、坯之用的特种起重机。
4. 锭、锻件等的操作机械及翻转设备等。
5. 在某种类型的熔炉中，通过操作装有活塞的圆筒，送进或取出正在熔炉内加工工件的机器。

必须注意，准备装于熔炉、转炉等机器内或与熔炉、转炉等组成整套设备的起重或搬运机械，如与熔炉等同时报验，不应归入本品目（参见品目84.17、84.54或84.55等）；但单独报验时，这些机械仍应归入本品目。

还须注意，机械加煤机、机械炉篦及类似设备也不归入本品目（品目84.16）。

零　件

除零件的归类总原则另有规定的以外（参见第十六类总注释），本品目所列机器的零件应归入品目84.31。

*
* *

本品目还不包括：

（一）斗式、链式、螺旋式、履带式或类似形式的液体提升机（品目84.13）。

（二）泥土、石子、矿砂或其他固体矿物的分类、筛选、分离或洗涤机器（品目 84.74）。

（三）旅客登机（船）桥（品目 84.79）

（四）专用于或主要用于升降、搬运、装卸单晶柱、晶圆、半导体器件、集成电路或平板显示器的机器及装置（品目 84.86）。

（五）品目 86.08 所列的转车台。

（六）自卸汽车（品目 87.04）。

84.29　机动推土机、侧铲推土机、筑路机、平地机、铲运机、机械铲、挖掘机、机铲装载机、捣固机械及压路机：

—　推土机及侧铲推土机：

11　——　履带式

19　——　其他

20　—　筑路机及平地机

30　—　铲运机

40　—　捣固机械及压路机

—　机械铲、挖掘机及机铲装载机：

51　——　前铲装载机

52　——　上部结构可旋转 360 度的机械

59　——　其他

本品目包括多种本品目明确列出的泥土挖掘或捣固机械；其共同之处是这些机械都是自推进的。

品目 84.30 注释中关于自推进式机械及多功能机器的规定在细节上作必要的修改之后，适用于本品目的自推进式机械。这些机械包括：

一、推土机及侧铲推土机，由一个通常为履带式的推进底盘和前部所安装的大型推土板组成，从而构成一套完整的机械设备。它们主要用于推开碎石及粗平土地。某种类型的上述设备则专供掘除树根及清理场地之用。

二、筑路机及平地机，一种使用一个可调平土板平整土地（在平地或河堤上）的机械设备，其平土板一般装在轮基内。

三、铲运机。它装有锋利的切土刀片，用以铲起表层泥土，然后用输送机将泥土运进铲运斗或将其卸下。

必须注意，本品目仅包括机动推进装置与铲运机构成一体的机械设备。例如，履带式铲运机，其装有切土刀片的铲运斗装在两履带之间。本品目还包括拖式铲运机，这种铲运机由机动推进装置（即使仅装有一根单轴）及装有一个固定平铲或带多个平铲的移动式辅助装置的铲运机组成。

四、捣固机，筑路时用于夯实铁路道碴等〔参见品目 84.30 注释前面不包括部分的（一）款中有关装载在第八十六章所列车辆上的机器的解释〕。

五、机动压路机，用于筑路或其他市政工程（例如，用于平整场地或压平路面）。

这种机器装有大直径重型铸铁或钢制圆柱体，圆柱体的表面平滑或装有金属支脚，以便压进泥土（“羊蹄”压路机）；这种机器也可装有车轮及重型实心或充气轮胎。

六、机械铲（悬臂式、吊杆式或缆索式）。这种机械可用铲斗、抓斗等挖掘高于或低于承机面的泥土。铲斗等既可直接在悬臂或吊杆的末端操作（例如，铲式挖掘机、拖铲挖土机等），或者为了增加操作距离，也可在缆索上操作，或利用吊杆上吊挂的液压千斤顶进行操作（拉铲挖掘机）。在长距离作业的挖土机（拖铲挖土机）中，挖斗是通过架设在相隔一段距离的两个可移动结构体之间的缆索进行操作的。

七、多挖斗挖掘机，其挖斗装在环形链或转轮上。这些机器常装有输送机，以便运走挖出的泥土。输送机装在轮式或履带式底盘上。特种挖掘机用于挖掘或清理壕沟、排水道、沟渠等，应用于露天开采的矿山等。

八、自推进式机铲装载机，一种轮式或履带式机械，前端装有铲斗，可通过开动机器，挖起物料，并将物料运走卸下。

有些机铲装载机可掘进泥土。它的挖斗平置时可降至轮子或履带地面以下，从而完成操作。

九、装载运输机，应用于矿区。这种机器主要用于搬运而非用于运输，其前端装有挖斗，可挖起散装物料，并将其卸到装载运输机的机身内。

本品目还包括配有铰接臂，铲斗装在铰接臂尾部的自推进式机铲装载机。

零　件

除零件的归类总原则另有规定的以外（参见第十六类总注释），本品目所列机器的零件，尤其是机器的工作部件（推土板、铲斗等），不论是否配有悬臂及气压缸或液压缸，只要可直接装在驱动基座上，均应归入品目84.31。

84.30　泥土、矿物或矿石的运送、平整、铲运、挖掘、捣固、压实、开采或钻探机械；打桩机及拔桩机；扫雪机及吹雪机(+)：

10　—　打桩机及拔桩机

20　—　扫雪机及吹雪机

—　截煤机、凿岩机及隧道掘进机：

31　——　自推进的

39　——　其他

—　其他钻探或凿井机械：

41　——　自推进的

49　——　其他

50　—　其他自推进机械

—　其他非自推进机械：

61　——　捣固或压实机械

69　——　其他

本品目包括用以“击进”地面表层（例如，劈开或打碎岩石、泥土、煤层等；泥土的挖掘、钻孔等）或用以整理或压实地层（例如，铲运、平整、捣固或压平）的机器，但不包括品目84.29所列的自推进式机器及农业、园艺、林业用的机器（品目84.32）。本品目也包括打桩机、拔桩机、扫雪机及吹雪机。

自推进式机器及其他移动式机器

总的来说，本品目不仅包括固定的机器，还包括移动式机器，不论其是否自推进式机器。但下列装在第十六类的运输工具上的机器除外。

本品目不包括：

一、装在第八十六章所列车辆上的机器

挖掘机等机器如已装在铁道敞车或平车上，而且具有编挂条件，可编成车运行在任何轨距的铁道网上的，应归入品目86.04。铁路道碴的挖掘筛选机常装在符合上述条件的铁路货车上。另一方面，装在不符合真正铁路车辆规格的敞车或平车上的挖掘机等机器仍应归入本品目。维修及养护铁道路轨用的自推进车辆也应归入品目 86.04。

二、装在第八十七章所列拖拉机或机动车辆上的机器

（一）装在拖车型底盘上的机器

本品目所列机器的某些工作部件（例如，平铲）可装在拖车上。拖车本身主要供牵引或推动其他车辆、设备或重载之用，但与农用拖拉机一样，它们均装有一些简单装置，用以操纵上述工作部件。这些工作部件只是一种辅助设备，以备不时之需。总的来说，这些部件比较轻便，工人自己在现场即可将其装上或更换。这些工作部件如果构成本品目所列的机器，则仍应归入本品目；如果作为本品目所列机器的零件，那么，即使与拖车同时报验（不论是否已装在拖车上），这些工作部件应归入品目 84.31；而拖车及其操作装置应单独归入品目 87.01。

另一方面，本品目包括自推进式机器。这种机器的推进底座、控制装置、工作部件及其操纵设备组装在一起，构成一套完整的机械设备。例如，某些推进底座虽然与拖车相似，但经过专门设计、制造或加固，已成为具有一种或多种本品目所列功能（挖掘、平整等）的机器不可分割的部分。这些推进底座单独报验时，可作为具有同类完整机器基本特征的不完整机器而归入本品目。因可装配多种不同工作部件而可归入品目 84.25 至 84.30 中几个品目的推进底座，应按照第十六类注释三或归类总规则三（三）的规定进行归类。

区分品目 87.01 所列的拖车与本章所列推进底座的更具体标准，参见品目 87.01 注释。

（二）装在汽车底盘或卡车上的机器

本品目的某些机器（例如，打桩机、油井钻探机）常装于事实上是一部基本完整的汽车底盘或卡车上，这些汽车底盘或卡车上至少具有以下机械装备：推进发动机、齿轮箱、换档控制器、驾驶及制动装置。由上述装置组成的设备应作为特种车辆归入品目 87.05。

另一方面，本品目包括自推进式机器，其上述的一种或多种推进或控制装置却是装在有关机器的驾驶室内；该机器则装在一个有车轮的底盘上。不论整套设备能否利用其本身动力在路面上行驶，均可归入本品目。

本品目还包括带轮的自推进式机器，其底盘及机器部分分别经过特制，可组成一套完整的机械设备。这样，上述机器部分不仅只是象本款第一段所述那样，简单装在汽车底盘上，而是完全与底盘组成为一体，不能作其他用途，同时又具有上述汽车的基本特征。

三、装在第八十九章所列浮动结构体上的机器

安装在趸船或其他水上浮动结构体上的所有机器（例如，挖泥机），不论是否自航式，一律归入第八十九章。

多功能机器

许多机器除了具有品目 84.29 或 84.30 所述的功能（挖掘、平整、钻探等）以外，还具有品目 84.25、84.26、84.27 或 84.28 所述的功能（例如，起重、装载等），例如，采煤装煤联合机、挖沟及管道吊装联合机等。这些机器应按第十六类注释三或归类总规则三（三）的规定进行归类。

*

* *

本品目包括：

一、打桩机及拔桩机

打桩机装有重锤，通常在高大的直立式导向桩架上操作。重锤通过机械动力提起，然后落下，利用重力冲击桩顶（单动式打桩机），或使用动力冲击桩顶（双动式打桩机）。

本品目还包括拔桩机。

二、扫雪机及吹雪机

装有扫雪及吹雪设备的第十七类所列运输工具不归入本品目。但本品目包括推动式或牵引式（铲刮式）扫雪机。例如，装在卡车或拖拉机上使用的扫雪机。

三、挖掘、开凿或钻探机器

这类设备主要用于采矿、钻井、开挖隧道、采石、切割粘土等。

（一）**截煤机或凿岩机**，用于劈开或击碎煤层、矿石等。这种机器由装有风镐的棒条或圆盘组成。大部分的这类机器是由一环形切割链环绕一金属臂运转，切割平面和角度均可调节（万能切割开凿机）。它们可以装在自推进的轮式或履带式底盘上。有些（例如，截装机）为大型设备，装有多条切割链，设备本身还装有输送机，用以把切割下来的材料装到工作面上的输送机、矿车等上去。

（二）**隧道掘进机**。隧盾表面光滑，前端装有锋利的切割刃，可用液压千斤顶把切割刃推进到土壤中去。

（三）**岩石、煤层等的钻孔机及冲击型开凿机**，其钻头能摆动作直线切割。但本品目不包括手提式风动、液压或电动工具（品目84.67）。

（四）**凿井机或钻探机**，用于开采石油、天然气、硫（弗拉兹开采法）等；用以在采矿及油井勘探中提取岩层样本，以及用于开凿自流井等。这类机器主要有两种类型：

1．旋转式凿井机，主要由装有滑车的钻井架、带有传动及控制装置的滚筒式绞车（旋转钻进绞车）、旋转座及转盘或大齿轮组成。

机动旋转钻进绞车通过转盘或大齿轮带动钻管旋转。钻管是吊在旋转座上的。需要时旋转钻进绞车可通过滑车把钻管提起或降下。

2．冲击式钻井机，装有偏心平衡梁，平衡梁两头上下交替运动，使钻头不断冲击井底。

必须注意，本品目仅包括上述两种类型的凿井（钻探）机。通常与这些机器一起使用，但却完全不同类型的其他机器，例如，从钻井中排出泥土、石头等的泵及压缩机（品目84.13或84.14），即使与凿井（钻探）机一起报验，也不归入本品目。

用于勘探或开采近海油田或天然气田的固定式平台也归入本品目。浮动式或潜水式平台应归入品目89.05。

（五）**螺钻机**，不论是手动还是机动的，供在地面上钻孔之用（例如，用于栽树或栽篱笆桩）。但不包括第八十二章所列的手工工具。

（六）**液压楔**，由一条装有多个侧向活塞的长形筒体组成，活塞之间沿着筒身有一定间隔。将楔子置于裂缝口或钻孔中，用泵将水泵进筒体，挤出活塞，从而劈开岩石或煤块。

（七）**刨煤机、剥离机等**，由切割刀片、煤犁、刨煤镐、楔子等组成，在压力驱动下在开采面上运转，削下煤层、泥层等，并直接装到工作面上的输送机等上去。

四、捣固或压实机器

本组包括：

（一）**推进式或牵引式压路机**。本组包括称为“羊足碾”的捣实压路机。这种压路机装有金属脚架，用以压进泥土。本品目还包括由一系列卡车车轮组成的夯捣式压路机。这种压路机的车轮配有重型充气轮胎，装在一根共同的轴上。

但是，本品目不包括机动压路机，不论其是否装有“羊蹄”脚架或者实心或充气式轮胎（品目84.29），以及农业用辗压机（品目84.32）。

（二）**非自推进的捣固机**，供筑路时铺砌铁路道碴之用。但手提式风动、液压或电动工具除外（品目84.67）。

（三）**压实堤坝等的机器**，这些机器一般是风动的。

五、泥土的挖掘、铲运或平整机械

本组包括：

（一）**非自推进的挖掘机**。参见品目84.29的注释。

（二）挖泥机（斗式挖泥机），与品目 84.29 所列的多斗挖掘机相类似。

挖泥船不应归入本品目（品目 89.05）。

（三）铁路道碴的挖掘筛选机，主要由多个挖斗装在一条环链上而组成，用于挖掘铁轨下的道碴。这种机器还装有筛选及卸下道碴的机械装置。参见本品目注释前面不包括部分第（一）款中关于装在第八十六章所列车辆上的机器的解释。

（四）松土机、掘根机及翻土机，装有齿式挖土装置，可用于重新铺设路面前耙松表层的泥土，击碎旧的路面等。

（五）刮路机，挖土机的一种，与品目 84.29 所列挖土机相似，装有一个水平臂。该机用于刮掉表层泥土。

零　件

除零件的归类总原则另有规定的以外（参见第十六类总注释），本品目所列机器的零件应归入品目 84.31。

* * *

本品目不包括：

（一）液压喷枪，可喷出强大水流，用以从山边等处开采矿物（例如，金矿砂）（品目 84.24）。

（二）农用滚压机。这是一种小直径而较长的轻型压土机。这种机器有时由一台小型内燃机推进（品目 84.32）。

（三）品目 84.67 手提式动力工具（例如，镐、夯具、钻）。

（四）利用钢铁吹氧燃烧所产生的高温切割岩石或混凝土的设备（品目 84.79）。

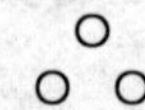

子目注释：

子目 8430.31 及 8430.39

这些子目包括本品目注释中第三部分（一）、（二）及（七）款所列的机器。

84.31　专用于或主要用于品目 84.25 至 84.30 所列机械的零件：

10　—　　品目 84.25 所列机械的零件

20　—　　品目 84.27 所列机械的零件

—　　品目 84.28 所列机械的零件：

31　— —　升降机、倒卸式起重机或自动梯的零件

39　— —　其他

—　　品目 84.26、84.29 或 84.30 所列机械的零件：

41　— —　戽斗、铲斗、抓斗及夹斗

42　— —　推土机或侧铲推土机用铲

43　— —　子目 8430.41 或 8430.49 所列钻探或凿井机械的零件

49　— —　其他

除零件的归类总原则另有规定的以外（参见第十六类总注释），本品目包括专用于或主要用于品目 84.25 至 84.30 所列机械的零件。

必须注意，许多零件不能归入本品目，因为：

（一）这些零件已在协调制度的其他品目中具体列名，例如，悬置弹簧（品目 73.20）、发动机（品目 84.07 或 84.08 等）以及电点火或起动装置（品目 85.11）；

（二）与机动车辆的零件完全相同，并且不是专用于或主要用于品目 84.25 至 84.30 所列机械的零件。因此，这些零件应作为机动车辆的零件归类（品目 87.08），车轮、驾驶及制动装置尤其应按这一规定办理。或

（三）适合专用于或主要用于单晶柱、晶圆、半导体器件、集成电路或平板显示器的升降、搬运、装卸机器及装置的零件（品目 84.86）。

本品目包括：

一、提升抓斗、戽斗、夹钳等，即带有环、钩等的简单提升戽斗；底开式料斗；由两个接合斗壳组成，用于提升粉状物料的抓斗；由两个或多个接合夹片或夹钳组成，用于搬运石块、岩石等的夹具。

用于搬运金属碎料等的电磁起重吸盘不归入本品目（品目 85.05）。

二、绞车或绞盘用的绕索筒；起重机臂；架空运送设备用的吊运车、吊机小车、吊桶、倾卸小车等；升降机等用的座舱、笼及装卸台；自动梯级；提升机及输送机用的戽斗及刮板链；输送机用的支座及滚筒或滚轴（不论是否装有驱动马达）；振动输送机及振动台用的传动及制动装置；升降机、吊斗提升机等用的安全制动装置。

三、截煤机用的刀杆、截链及截盘；铲运机、煤犁及刨煤机等用的刮刀。

本组还包括准备装在第八十七章所列车辆上作为工具使用的推土机机铲。

四、旋转式或撞击式钻井机用的回转工作台、旋转座、方钻杆、凯氏推进器、工具接头、钻环、钻杆、钻管导架、限动环、星形滚筒、拼合可换衬套、梁、旋转管筒以及钻用震击器。

五、挖掘机用的挖斗及抓斗；多斗式挖掘机的斗架；机械铲臂；打桩机桩锤。

六、装有旋转齿轮或其他旋转装置的非自推进履带式或轮式底盘。

装有配件（例如，缆夹、环、钩及弹簧钩）的缆索及链条如果与所属的配套机器一同报验的，应归入所属机器的有关品目；但如果单独报验的，则应归入第十五类（一般归入品目 73.12 或 73.15）。未装有上述配件成卷报验的缆索及链条，即使切成一定长度，并且与有关机器（例如，卷扬机、缆车、起重机、缆索操作的拖运机、拉索铲挖土机、挖掘机等）一同报验，也应归入第十五类。

*
* *

本品目也不包括：

（一）传动带或输送带，塑料制的（第三十九章）、硫化橡胶制的（品目 40.10）、皮革制的（品目 42.05）或纺织材料制的（品目 59.10）。

（二）吊索（第十一类或第十五类）。

（三）空心钻杆（品目 72.28）。

（四）套管、管道及钻管（品目 73.04 至 73.06）。

（五）可以调节或伸缩的坑道支柱（品目 73.08）。

（六）提升吊钩（品目 73.25 或 73.26）。

（七）凿岩钻头及凿尖、钻探用钻头、螺旋钻头及类似的凿岩或地面钻孔工具（品目 82.07）。

（八）电梯或货物升降机等用的锁（品目 83.01）。

（九）滑轮、滑轮组及轴承座（品目 84.83）。

84.32 农业、园艺及林业用整地或耕作机械；草坪及运动场地滚压机：

10 — 犁

— 耙、松土机、中耕机、除草机及耕耘机：

21 — — 圆盘耙

29 — — 其他

30 — 播种机、种植机及移植机

40　—　**施肥机**

80　—　**其他机械**

90　—　**零件**

本品目包括在从事一种或多种下列农业、园艺或林业工作中，用以代替手工工具的机器，不论其使用何种方式牵引：

一、整理工地（开垦、翻土、耕地、犁地、松土等），以利耕种。

二、施放肥料或其他产品，以改良土壤。

三、种植或播种。

四、在作物生长期耕作或修整（锄地、除草、修整等）。

*

* *

本品目所列机器可以由动物或车辆（例如，拖拉机）牵引，也可以装在车辆上（例如，装在拖拉机或马车上）（本文所称的“拖拉机”，包括步行操纵的拖拉机）。

拖拉机拖带的或作为可互换部件装在拖拉机上的机器

有些农业、园艺或林业用机器（例如，犁和耙）专门由拖拉机拖带或推动。这些机器与拖拉机是由连接装置连在一起的（不论是否装有起重装置）。其他机器（例如，旋转锄）是由拖拉机上的通用功率输出器操作的。这些机器可在田间、林场或农场空地上进行装配及调换。所有这些机器即使与拖拉机一起报验（不论是否已装在拖拉机上），仍应归入本品目。拖拉机本身则另行归入品目 87.01。

用另一类牵引设备（例如，品目 87.04 所列的车辆）代替拖拉机时，或者将一个旋转锄装在步行操纵拖拉机的传动轴上以代替车轮，这样该旋转锄既作为一种工具，又作为整部机器的驱动轮时，有关设备也应按上述归类原则进行归类。

自推进式农业、园艺或林业用机器

在这些机器中，牵引部分和机器本身组成一个整体（例如，机动犁）。这类机器应归入本品目。

但本品目不包括施放肥料等的卡车。这些卡车应与其他特种机动车辆一起归入品目 87.05。

*

* *

人力拖带或推动的小型农用机器（例如，犁、耙、中耕机、耕耘机、滚压机、播种机）也归入本品目。

*

* *

归入本品目的各种机器包括：

（一）**供各种土壤作业用的犁**，例如，板犁（单头犁、多头犁及翻转犁）、深耕犁（通常无犁板）及圆盘犁。

（二）**主要供犁地后翻土用的耙**。在钉齿耙中，其钉齿装在铰接或链啮合的刚性机架上，有时装在滚筒或滚轴上。在圆盘耙中，钉齿被一排或多排带有切割刃的凹面圆盘所取代。

（三）**松土机、中耕机、除草机及耕耘机**，供犁地后或作物生长期间耕作、除草及平整土地之用。这些机器通常由装有几排不同类型工具（犁铧、圆盘及钉齿等）的卧式机架组成。这些工具可以是刚性的或弹性的，固定的或可移动的，有时还可以调换。

（四）**播种机、种植机及移植机**，用于种子、球根、块茎、植物等的播种、种植或移植。这类设备由配有播撒装置的作物箱、漏斗或其他容器构成，有时装在车轮上，一般还配有田沟的开挖及覆盖装置。

（五）施肥机。粪肥或固体肥料（化肥、粪便等）的施放机，通常由装有诸如滑动底板、螺旋式排肥器、环形链或离心式圆盘等散布装置的容器所构成，有时装有轮子。具有相同用途的便携式机械设备也归入本品目。

装有切碎散布装置，以便在卸下时散布粪肥及浆状肥料的活底拖车由一带轮容器组成，一般配有散布板或散布槽。这种设备应归入品目87.16。

用以把液体肥料注入土壤的便携式喷注器也归入本品目。这种设备由一根长的空心杆组成，可通过空心杆用泵把肥料注入土壤。

（六）清除灌木丛、矮林丛、庄稼收获后留下的茎、树根等用的机器。这类机器一般由两个大型车轮及一个装有切削刀片的圆筒组成。

（七）清除碎石的机器，它与耙相似，但装有两排向一个开口式板条箱收拢的钩齿，用以收集碎石。

（八）滚压机，主要用于压实土壤。它包括平面滚压机、瓦垅滚压机、圆盘滚压机及轮式滚压机等。本品目也包括花园、草坪、运动场地、草地跑道等用的滚压机。

（九）稀疏机（例如，甜菜分选机），用于分选幼苗。它可以是由光电装置控制的非常复杂的机器。

（十）修剪植物梢或茎用的机器，用以剪去植物的过度生长部分。

零　件

除零件的归类总原则另有规定的以外（参见第十六类总注释），本品目包括上述机器的零件。这些零件主要包括：

犁杆、犁刀、犁头、犁板、圆盘刀（包括菱形刃犁头、圆盘等）；供松土机、中耕机或除草机用的工具环及钉齿（刚性或弹性的）；耙的钉齿、圆筒及圆盘；滚压机的圆筒、分隔环及部件；施肥机、播种机、种植机的散布机械装置；耕耘机的犁头、钉齿、圆盘及其他工具。

*
* *

本品目不包括：

（一）点播器、种植器、移植器及类似的手工工具（品目82.01）。

（二）液体提升机及液体泵（包括装在农用机器车轮上供喷雾等用的转轮泵）（品目84.13）。

（三）液体或粉末的散布或喷雾用农业、园艺或林业机械设备（不论是否手工操作）（品目84.24）。

（四）品目84.28所列的粪肥提升机及其他用于农业、园艺或林业的提升机。

（五）自推进式装载机及压路机（品目84.29）。

（六）泥土的挖掘、平整、钻探及开采机器，以及非自推进式压路机（品目84.30）。

（七）树桩清除机及树木移植机（品目84.36）。

（八）农用手推车及其他车辆（第八十七章）。

84.33　收割机、脱粒机，包括草料打包机；割草机；蛋类、水果或其他农产品的清洁、分选、分级机器，但品目84.37的机器除外：

—　草坪、公园或运动场地用的割草机：

11　——　机动的，切割装置在同一水平面上旋转的

19　——　其他

20　—　其他割草机，包括牵引装置用的刀具杆

30　—　其他干草切割、翻晒机器

40　—　草料打包机，包括收集打包机

	—	其他收割机；脱粒机：
51	— —	联合收割机
52	— —	其他脱粒机
53	— —	根茎或块茎收获机
59	— —	其他
60	—	蛋类、水果或其他农产品的清洁、分选、分级机器
90	—	零件

本品目包括用以替代手工工具进行下列机械作业的机器：

（一）收获农作物（例如，收割、拔取、收集、采摘、脱粒、捆扎）的机器。割草机及草料打包机也归入本品目。

（二）蛋类、水果或其他农产品的清洁、分选或分级机器，但品目 84.37 所列机器除外。

品目 84.32 的注释（例如，有关装有收割、脱粒、割草及其他可互换附件的拖拉机的部分，以及有关机动耙的部分）在细节上作必要的修改后，也适用于本品目。

一、收割机、脱粒机，包括草料打包机；割草机

这类机器包括：

（一）手工操作或机动的草坪割草机。这些机器象农用割草机那样配有一根刀杆，并装有多把旋转刀片，用以切割贴近固定平卧刀片的青草；或者配有一个转盘，其外缘装有刀片。

（二）割干草等用的割草机（包括机动割草机）。它们通常装有一个平卧式刀杆及一些部件，可利用钉齿在刀杆指头之间振动而进行切割；或者装有外缘带刀片的转盘或滚筒。

（三）装有把割下的农作物成排地堆放在田里的装置的刈割机（例如，刈割堆行机及刈割压扁机）。

（四）牧草摊晒机（例如，配有叉式起重装置或滚筒）。

（五）搂草机，通常装有一排轮式半圆形钉齿，可以自动提升。

（六）摊晒耙、堆行耙、捆扎耙。

（七）捡拾压捆机及压包机。用于将剩留在田里的草料拾起打包。

（八）联合收割机，用以把谷物收割、脱粒、扬选并卸下。

（九）玉米收割及脱粒机。

（十）永久性装于收割装置的自动装载拖车，用于收割、切碎及运输草料、玉米等。

（十一）棉花采摘机。

（十二）拔麻机。

（十三）葡萄收获机（拖带式或自推进式）。

（十四）蔬菜收获机（用于收获豆类、西红柿等）。

（十五）马铃薯挖掘机（例如，犁头式、叉式、铁格式）。

（十六）收获甜菜及类似块根植物用的块根挖掘机及收获机。

（十七）草料收割机。

（十八）摇树机。

（十九）其他农产品（例如，油籽等）的收获机器。

（二十）谷物脱粒机。本品目也包括自动脱粒机喂料器，不论其是否单独报验（这是一种辅助机器，用以把捆扎的作物打开铺平，以便均匀地向脱粒机喂料）。

（二十一）玉米棒子去叶机；玉米脱粒机。

本品目还包括乘骑式草坪割草机。它由装有三个或四个轮子的底座及一个驾驶座组成，附有一把只有在维修或保养时才拆卸下来的固定切割刀。由于其主要功能是用于草坪割草，这种割草机即使配有连接装置，用以牵引或推动轻载设备（例如，挂车），也仍应归入本品目。

但本品目不包括修剪草坪，割去沿墙壁、路缘或灌木下生长的青草等用的便携式机器。这些机器在其轻便的金属架内装有内燃发动机或在其金属手柄上装有电动机，其切割装置通常由一根或多根细尼龙丝组成。这种机器应归入品目 84.67。

二、蛋类、水果或其他农产品的清洁、分选或分级机器

本品目也包括按产品大小、形状、重量等对蛋类、水果、马铃薯、洋葱、球茎、胡萝卜、芦笋及小黄瓜等产品进行清洁、分选或分级的机器，不论其是园艺或农业用，还是工业用。这些机器不论是否用电操作（例如，光电检验器及分级器），一律归入本品目。它们也可以装有辅助装置（例如，供检验蛋类或对产品作标志之用）。

种子、谷物或干豆类的清洁、分选或分级机器不归入本品目（品目 84.37）。

*
* *

归入本品目的某些机器（例如，收割机、联合收割机、脱粒机、捡拾打包机、压包机、分级机）常装有辅助性的起重、搬运、输送等装置（例如，输送带、捆束及草料提升机及铲斗链）。这些辅助装置如果与上述机器一起报验，应一并归类；如果单独报验，则应归入品目 84.28。

零　件

除零件的归类总原则另有规定的以外（参见第十六类总注释），本品目所列机器的零件也应归入本品目。例如：

割草机或收割机的刀杆、工具提升装置及钉齿；带动割草机刀杆用的摆动连杆；收割捆扎机的分离器、隔板、耙、平台及捆扎装置；堆行机的附件；切割板；联合收割机或脱粒机用的打谷器、复打器、震荡器、出草器等；马铃薯或其他根茎作物挖掘机的锄铲、钉齿、叉及其他工具；牧草摊晒机的滚筒及叉；耙的钉齿及工具提升装置；收集机或打包机的捡拾耙。

*
* *

本品目不包括：

（一）割草机的刀片及刀具（品目 82.08）。

（二）捆、包或草料的提升机；“鼓风抛送”式草料升运机；戽斗或充气式谷物提升机；农用起重机或其他装载、起重、搬运或输送机器（品目 84.26 或 84.28）。

（三）伐木机或拔根机，以及农用切草机、根茎切片机、谷物碾磨机及蛋类检验器（品目 84.36）。

（四）品目 84.37 所列的种子、谷物或干豆类的清洁、分选或分级机，以及制粉工业用机器。

（五）轧棉机（品目 84.45）。

（六）烟叶剥离机或切丝机（品目 84.78）。

84.34　挤奶机及乳品加工机器：

10　—　挤奶机

20　—　乳品加工机器

90　—　零件

本品目包括机械挤奶机，以及其他对乳进行加工或将其制成其他乳制品的机器，不论这些机器是供农场用还是供工业用。

一、挤奶机

挤奶机配有一组挤奶杯，每只挤奶杯配有橡胶衬套。杯子的一端用软管经过一个脉动器与真空泵相连，另一端则连接于奶桶（通常是不锈钢制的）。装在奶桶盖上面的脉动器，是利用挤奶杯与衬套之间的相对真空所造成的交变气压，使挤奶杯进行工作的。由挤奶杯、脉动器及奶桶所组成的整套装置称为“挤奶桶”。

对于某些容量较小的挤奶机，奶桶和真空泵可装在同一个底座上（单桶或双桶挤奶机）。

对于容量较大的挤奶机，各种部件通常是分离的。不同数量的奶桶可通过管道与真空泵相连。某种类型的挤奶机没有奶桶，乳从挤奶杯沿着一根管道（一般是固定的）直接流到冷藏设备或贮奶罐中。这类挤奶机包括挤奶机器人，也称自动挤奶系统。这种系统装有自动挤奶所必需的所有设备，主要包括一个敏捷的机械手、电子设备、真空泵、压缩机、洗涤机、牛奶流量计等，专供奶牛自主挤奶之用。每头奶牛都戴着一个带无线电发射机应答器的项圈，它可识别其身份，以便让系统确定该奶牛应否挤奶。挤奶由装有激光辅助可视系统的机械手完成，该系统可引导牛奶抽吸设备直接吸附在奶牛的奶头上。

对于一同报验的挤奶机各种部件如果符合第十六类注释四（参见第十六类总注释）的规定，应作为一个功能机组归入本品目。但是，并不直接用于挤奶的设备及装置（例如，过滤器、冷藏设备、贮奶罐、挤奶杯及管道清洁装置等）则不归入本品目，而应归入其他各自的相应品目。

二、乳加工机器

本组包括均化器。这种设备既可把脂肪打碎成为细微的颗粒以便于消化，又能使其较长时间保持乳状而不结成奶油。

大部分的乳加工机器主要是依据热交换原理进行工作的，因而不归入本品目（品目 84.19）。例如，巴氏灭菌、加热灭菌或消毒的装置；乳的冷凝或干燥装置；乳冷却装置。

本品目也不包括：

（一）冷藏设备（不论是否专供冷却或保藏乳品用）及配有制冷设备蒸发器的乳冷却容器（品目 84.18）。

（二）奶油分离器、压滤机及其他过滤或澄清机器或设备（品目 84.21）（但简单的滤液漏斗及乳过滤器应按其构成材料归类）。

（三）盛乳容器的洗涤机及装瓶机或装罐机（品目 84.22）。

三、其他乳品加工机器

必须注意，奶油分离器不应归入本品目（品目 84.21）。但本品目包括用于制造黄油、奶酪的机器。这些机器包括：

（一）黄油加工机器

1. **搅乳机**，通常为一只不锈钢桶，其中装有许多隔板或叶片，利用人力或机械动力使隔板或叶片旋转，从而产生搅打作用，使鲜奶油逐步变硬成为泡沫进而成为黄油。

2. **搅乳／加工联合机**。这种机器用于黄油的连续生产，主要由电动机驱动带有快速转动元件的滚筒将奶油变成黄油。通过机器的工作单元将黄油挤压成连续的长条。

3. **模制黄油的机器**，用以把黄油制成销售时所需的形状。但不包括对产品进行包装或称重的机器（品目 84.22 及 84.23）。

（二）奶酪加工机器

1. **打碎及均化机**，用以把凝乳与奶油的混合体打碎及均化，以生产软质或膏状奶酪。

2. **模制机**，用以模制硬质、半硬质、软质或膏状奶酪。但不包括对产品进行包装或过秤的机器（品目 84.22 及 84.23）。

3. **奶酪压制机**（例如，机械式、气动式等类型），专用于生产硬质奶酪，既可使产品成型，又可把多余的水分压出。

*

＊　＊

必须注意，本品目不包括许多乳品工业用的机器及设备。例如，储存、熟化、加工等用的大桶及贮罐。它们主要是依靠所配备的加热或冷却装置进行操作的，因此，不论是否还装有搅拌器等机械装置，均应归入品目 84.18 或 84.19。未装有加热或冷却装置，但装有搅拌器、振动器、倾斜机构等机械装置的大桶等，如果明显是专供乳品工业用的，应归入本品目；如果不能确定其特定用途，则应归入品目 84.79。既未装有加热装置，也未配有机械装置的大桶等，应按其构成材料归类（例如，品目 73.09、73.10、74.19、76.11 或 76.12）。

零　件

除零件的归类总原则另有规定的以外（参见第十六类总注释），本品目所列机器的零件，也应归入本品目。例如：

供挤奶机用的桶、盖、脉动器、挤奶杯及其配件（但橡胶衬套等应归入品目 40.16）；黄油搅拌桶；黄油加工机的滚筒及放料盘；黄油及奶酪模制机的模具。

＊

＊　＊

本品目不包括归入品目 82.10 或 85.09 的家用器具。

84.35　制酒、制果汁或制类似饮料用的压榨机、轧碎机及类似机器：

10　—　　机器

90　—　　零件

本品目包括农业及工业上用于制葡萄酒、苹果酒、梨酒、果子汁或类似饮料（不论是否经过发酵）的机器。

本品目主要包括：

一、榨汁机，手工或动力操作的，用于榨取不准备发酵的果子汁（例如，柑橘属水果、桃、杏、菠萝、浆果或西红柿的果汁）。

二、苹果或梨的轧碎机，手工或动力操作，配有一只装料斗，用以把水果送进磨碎装置或轧碎滚筒。

三、机械式或液压式苹果汁压榨机，包括装在带轮推车上的移动式压榨机。

四、葡萄的压榨或轧碎机器，例如：

（一）葡萄轧碎机。这种机器通常配有两个有槽滚筒，或装有搅打器的单一滚筒，用以从葡萄中榨取果汁而不轧碎葡萄的籽或梗。本品目也包括捣碎机。这种机器配有一个泵，用以把所制得的果汁送进发酵槽。

（二）分离机，用于把葡萄梗从新压榨的葡萄汁中分离出来。通常由一个装有旋转搅拌器的多孔眼容器构成。有些机器还把压榨和去梗两项操作结合进行。

（三）压榨机，用于从已轧碎及粗滤的葡萄浆中或从发酵槽的余渣中提取残留的果汁。压榨机主要有两种类型：

1．间歇式机械或液力压榨机，其压头可在一个可互换的网格笼子中把果肉轧碎，笼子装在一个容器内，用以收集果汁。本品目也包括门架式液力压榨机。这种压榨机可将果汁灌入通常装在台车上的一系列容器中。

2．连续式压榨机，装有一个输送螺旋装置，用以把葡萄送进机器，加以压榨。

五、破碎或碎裂机，配有带齿的滚筒或旋转刀片，用以把压榨后的果渣块在进一步压榨前加以打碎。

加工果汁、葡萄汁、葡萄酒、苹果酒、梨酒等用的机器不归入本品目，例如：

（一）冷却装置、消毒装置、巴氏灭菌装置及浓缩装置（品目 84.19）。

（二）离心机、压滤机及其他过滤或澄清机器或设备（品目 84.21）（但简单的滤液漏斗应按其构成材料归类）。

零　件

除零件的归类总原则另有规定的以外（参见第十六类总注释），本品目所列货品的零件也归入本品目，例如：

榨汁机的压榨滚筒；苹果轧碎机的带齿滚筒及磨碎器；葡萄压榨或去梗机的滚筒；葡萄汁压榨机专用的果浆容器及装在压榨机底板上的果汁收集器；葡萄汁压榨机等的螺旋机头、压榨板及机架；水果渣块轧碎机等的带齿滚筒及刀片。

*

* *

本品目也不包括：

（一）品目 44.19、82.10 或 85.09 所列的水果榨汁机。

（二）葡萄酒、果汁、苹果汁等用的泵，即使是专用的（品目 84.13）。

（三）用以从水果渣块中分离出酒的离心机（品目 84.21）。

（四）品目 84.22 所列的装瓶机、加塞机及类似机器，包括供洗涤桶等用的蒸汽喷射器具。

（五）水果输送机（品目 84.26 或 84.28）。

（六）水果去皮机、削皮机或去核机（品目 84.38）。

84.36　农业、园艺、林业、家禽饲养业或养蜂业用的其他机器，包括装有机械或热力装置的催芽设备；家禽孵卵器及育雏器：

10　—　动物饲料配制机

—　家禽饲养用的机器；家禽孵卵器及育雏器：

21　——　家禽孵卵器及育雏器

29　——　其他

80　—　其他机器

—　零件：

91　——　家禽饲养用机器的零件或家禽孵卵器及育雏器的零件

99　——　其他

本品目包括不归入品目 84.32 至 84.35，用于农场（包括农业学校、合作社或试验站）、林业、商品菜园、家禽饲养场及养蜂场或类似场所的机器。但本品目不包括明显供工业用的机器。

一、其他农业、园艺或林业用机器；催芽设备

这些机器包括：

（一）药粉拌种机，通常装有一个或多个加料斗，用以向旋转的金属圆筒供料。种子可在圆筒中拌上杀虫或杀菌粉剂。

但本品目不包括粉末喷射机（品目 84.24）。

（二）肥料轧碎机或拌和磨粉机。

（三）葡萄藤、果树等的剪枝机。

（四）修剪树篱的机器。

（五）配制饲料等用的机器设备。例如：

1．油饼轧碎机。

2．切菜机及剁碎叶类青饲料用的其他机器。

3. 甜菜、萝卜、胡萝卜、饲料等根茎的切片机或压碎机。

4. 草料及青贮饲料的切割机，不论是否装有输送机，用以将草料送进地窖。

5. 加工燕麦、大麦等用的轧碎机。

6. 农场用小麦、玉米、大麦及其他饲料的磨碎或磨粉机；农场用辗磨面粉机。

7. 饲料混合机。

（六）自动给水槽，供牛、马、猪等饮水用。例如，由装有铰接板的金属盆组成的给水槽，动物用口鼻将铰接板压下时即可饮水。

（七）机械动物剪毛机。

普通的手持式毛发推剪不归入本品目（品目 82.14 或 85.10）。

（八）林业机械。例如：

1. 树木挖根机，装有夹爪，可利用液压千斤顶把树干夹住并连根拔起。

2. 伐木机器，装有液力剪或锯，不论是否配有砍伐枝桠及竖劈树干的装置，也不论是否配有搬运和堆放树干的抓钩。本品目也包括装在拖拉机上的伐木机。这种机器可用犁切断树根，并借助伸缩性动臂加大拖拉机的马力。

3. 树木移植机，装有把树根修剪成球形的刀片，必要时可以在短距离内运送树木。

4. 树桩挖除机，使用配有刀具的圆盘，用以把地面以下一定深度的树桩打碎。

5. 树木削枝机，使用切削刀片，在树木修剪及去除大枝之后，削去分枝、细枝等。树木碎片由鼓风机排除。

（九）催芽设备（例如，催芽器），必须装有机械装置（例如，泵、发动机或风扇）或热力装置。未装有上述设备的简单箱子，不应归入本品目（应按其构成材料归类）。

本品目不包括：

（一）根茎切片机、割草机等用的切割刀片及刀具（品目 82.08）。

（二）利用温度变化进行操作的机器设备（品目 84.19）。例如，牧草干燥机以及马铃薯、饲料等用的高压锅应归入品目 84.19。但装有热力装置的催芽设备、孵卵器及育雏器仍应归入本品目。

（三）液体或粉末的喷射、散布或喷雾的机械器具（品目 84.24）。

（四）气压或鼓风抛送升运机；挖根、拖带或装载树木、原木等的卷扬机；其他起重、搬运或输送设备（品目 84.25、84.26 或 84.28）。

（五）种树用的挖坑机；伐木或清理场地用的推土机及侧铲推土机（品目 84.29 或 84.30）。

（六）工业用甜菜切片机（品目 84.38）。

（七）木片切削机（品目 84.39）。

（八）喷水式剥树皮机（品目 84.24）及木材除皮机器（品目 84.65 或 84.79）。

（九）木材加工机床（品目 84.65 或 84.67）。

（十）马用或牛用的真空吸尘式理毛装置（品目 85.08）。

（十一）拖运原木专用的拖拉机（原木拖运机）（品目 87.01）。

（十二）牛犊助产机械设备（品目 90.18）。

（十三）防雹炮（品目 93.03）。

二、家禽饲养业用的机器、孵卵器及育雏器

这些机器包括：

（一）孵卵器，这种机器配有可使放在盘里的禽蛋在受到精确控制的温度、气流和空气湿度环境下自动翻转的装置。它们可与连接个人自动数据处理设备的控制系统一起工作，以优化孵卵结果。有些称为组合式孵卵器的孵卵器还具有孵化器的功能。

（二）孵化器，这些设备配有加热和空气循环控制装置，可将禽蛋放在篮或特制的盘内进行孵化。

（三）育雏器，配有加热和冷却装置的较大型设备，供饲养小鸡之用。

（四）饲养及产卵设备或排架式鸡笼。这是配有往饲料槽投放饲料、清扫禽舍及收集禽蛋自动装置的一种大型设备。

（五）照蛋机（或禽蛋检验器），装有机械装置（包括光电检验装置），但静止的检验灯不归入本品目。

配有分选或分级装置的照蛋机不应归入本品目（品目84.33）。

（六）分辨性别及接种疫苗机，可在孵卵场将不同性别的幼雏分开并接种疫苗。这类机器不是专供兽医使用的。

本品目不包括称为幼雏点算和装箱系统的机器，用于自动点算幼雏的数量并将其放入箱中（品目84.22）；处置幼雏是其主要功能，点算只是其附属功能，以便根据箱的尺寸确定可放入箱中幼雏的一定数量。

三、养蜂业用机器

这些机器包括：

（一）榨蜜机。

（二）巢础机，用于人造蜂巢上蜡。

本品目不包括：

（一）蜂箱。应按其构成材料归类（通常应归入品目44.21）。

（二）供再熔蜂窝用的热水池，包括装有螺旋压榨装置的热水池（品目84.19）。

（三）离心式甩蜜机（品目84.21）。

（四）品目84.24所列的液体或粉末的喷射设备或烟熏设备。

零　件

除零件的归类总原则另有规定的以外（参见第十六类总注释），本品目也包括上述机器的零件。

84.37　种子、谷物或干豆的清洁、分选或分级机器；谷物磨粉业加工机器或谷物、干豆加工机器，但农业用机器除外：

10　—　种子、谷物或干豆的清洁、分选或分级机器

80　—　其他机器

90　—　零件

一、种子、谷物或干豆的清洁、分选或分级机器

本品目包括通过风选、吹风、过筛等对谷物、干豆或种子等进行清洁、分选或分级的机器，不论是园艺或农业用，还是工业用。这些机器包括：

（一）风选机，由一个进料斗、一个鼓风机及多个筛选器（通常是振动式的）组成。

（二）分级簸扬机、旋转簸扬机及种子或谷物挑选机。这些机器较为复杂，它们利用气流进行清洁，并按重量、大小或形状进行分级。有些种子挑选机等附有为种子拌上杀虫粉等的辅助装置。

（三）筛选带，常用于清洁甜菜籽，由一组滚筒操纵倾斜的环形带在进料斗下运转。种子无阻碍地滚到带子的底部，但较轻的植物废屑则粘附于纤维带的毛绒面层上。

（四）专供对种子进行分选、分级，以备种植的机器。

本品目也包括在谷物磨粉前对谷物进行清洁、分选或分级的机器。其中有些机器的工作原理与上述风选、筛选及分级机器相同，但功率较大，并专用于磨粉工业。例如：

1．清洁谷物用的旋风分选机。

2．利用窝眼式或多孔式滚筒旋转进行工作的清洁机及分级机。

3．配备振动筛的吸气式分选机。

4．磁性或电磁分选机及分级机。

5．配有或未配有辅助干燥塔的洗选机、去石机及离心干燥分离机。

6．谷物刷光机。

7．谷物调湿机，不论是否配有加热装置或衡器。

本品目也包括同时进行清洁、分选及分级操作的联合机器，配有电磁分选装置的机器也归入本品目。

二、谷物磨粉业加工机器

除了谷物磨粉前的清洁、分选或分级机器以外（参见上述第一部分），下列机器应按磨粉工业用机器归类：

（一）在磨粉前，对谷物进行混合或调制的机器。例如：

1．对预定量的谷物进行混合的机器。

2．谷物刷洗机，其钉齿筒挨着橡胶滚筒旋转，以除去较轻的谷物。

但本品目不包括：

（1）利用温度变化工作的设备（品目84.19）。例如，品目84.19包括干燥塔或冷却塔，但配有热力装置的谷物调湿机仍应归入本品目。

（2）离心式干燥机（品目84.21）。

（3）输送机及升降机（例如，戽斗式、带式或吸气式设备）（品目84.28）。

（二）碾碎或轧碎机。例如：

1．碾磨机。

2．碾压粉碎机。这种机器配有几组有槽轧辊，有时从内部进行冷却，可将谷物轧成粗粉、粗粒粉及细粉。

3．轧粉机，其滚筒更为光滑，专用于将粗粉、粗粒粉等轧成细粉。

4．粉碎机或冲击磨粉机。它用于把前道工序中粘附在滚筒上的粗粉等磨成细粉。

5．进料机，用以把谷物正常均匀地送进轧碎滚筒。

本品目不包括农场用的小型磨粉机（品目84.36）。

（三）从粗粉或粗粒粉中分选出细粉的机器

本组包括用以把在磨粉过程中所产生的细粉、粗粉、粗粒粉等加以分离的机器。

以上分离的工作，是由下列各种机器经一系列操作后完成的，这些机器往往是相继使用的：

1．筛分机（筛选机），用以从粗粒及粗粉中分离出细粉。离心筛分机（圆筒筛）由内部装有搅拌杆，外面套上不同尺寸网眼的纱网的滚筒组成。振荡筛或平面筛则由自由摆动的叠层筛子及收集盘组成。

2．过筛机或“净化器”，用以把粗粒粉等加以分级，并通过振荡筛用气流把麸糠吹掉。

3．麸糠清洁机。

4．细粉、麸糠等的拌和机；以及用以把维生素加进细粉的机器。

但本品目不包括：

（一）细粉干燥机（品目84.19）。

（二）空气过滤器及“旋风式除尘器”，用以从分选机或筛选机所排出的废气中吸去灰尘（品目84.21）。

（三）“出粉率记录器”，用以记录面粉的出粉率；以及其他归入第九十章的细粉检测装置。

三、谷物或干豆的加工机器。

这里所指的加工一般是在预先经过清洁、分选或分级（参见上述第一部分）后进行的。

本组包括：

（一）谷物或干豆的去壳机。

（二）大米去皮或精碾机。

（三）干的豌豆、小扁豆或大豆的分瓣机器。

（四）制造燕麦片等的机器，不论是否配有辅助性加热设备。

（五）特种磨粉机，用于把谷物〔麦除外，参见上述第二部分（二）款〕或干豆磨成细粉。

（六）去芒机及剪刺机，用以除去大麦或燕麦上的芒刺。

本品目的本部分不包括：

（一）利用温度变化工作的机器设备（例如，制造膨化或烘烤谷物用的汽蒸器、干燥设备或烘烤设备：制大麦麦芽、烘烤面粉等用的设备）（品目 84.19）。

（二）超出制粉工序以外的面粉加工机器（例如，烘面包、贮藏食品或制造通心粉用的机器）（品目 84.38）。

零 件

除零件的归类总原则另有规定的以外（参见第十六类总注释），本品目所列货品的零件也归入本品目。例如：

粮食磨粉工业用的筛及筛架（筛布不论是否制成，均不应归入本品目，而应归入品目 59.11）；混合或分离滚筒；粮食磨粉机的滚筒或变换器等。

但石碾不应归入本品目（品目 68.04）。

84.38 本章其他品目未列名的食品、饮料工业用的生产或加工机器，但提取、加工动物油脂或植物固定油脂的机器除外：

10 — 糕点加工机器及生产通心粉、面条或类似产品的机器

20 — 生产糖果、可可粉、巧克力的机器

30 — 制糖机器

40 — 酿酒机器

50 — 肉类或家禽加工机器

60 — 水果、坚果或蔬菜加工机器

80 — 其他机器

90 — 零件

本品目包括未归入本章其他品目的生产或加工食品或饮料用的机器（不论其制品是用于直接消费还是贮藏，也不论是供人食用还是供动物食用）。但本品目不包括提取或加工动物油、脂或固定植物油、脂用的机器（品目 84.79）。

应该注意的是，实际上许多具有这类用途的机器不归入本品目。例如：

（一）品目 82.10 或 85.09 所列的家用器具（例如，绞肉机及切面包机）。

（二）工业或实验室用烘箱（品目 84.17 或 85.14）。

（三）烹煮、烘炒、汽蒸等的机器设备（品目 84.19）。

（四）离心机及过滤器（品目 84.21）。

（五）装瓶、装罐、包装等的机器（品目 84.22）。

（六）粮食磨粉工业用机器（品目 84.37）。

一、糕点加工机器

这类机器用于制造面包、饼干、糕点等，它们包括：

（一）**生面团或糕点料拌和机**。它们主要为旋转或固定的容器，里面装有固定或活动桨臂或叶片，用以揉捏面团。某些高速拌和机常配备水冷式包壳。

（二）**分面机**。这是一种容器，可将加料斗送进的面团分成每份大小相等的面块。这些机器有时还装有面团的过秤或滚压装置。

（三）**模制机**，把分好的每份面块模制成所需要的形状，以备烘焙。

（四）**面包、糕饼等的切片机**。

（五）**捏碎干面包用的机器**。

（六）**饼干、糕点等的切块、成形、锯开或填馅机器**。

（七）**糕点装模机**，用以把定量的糕点糊装入糕点模具内。

本品目不包括：

1. 面包、糕饼的烘箱（品目84.17或85.14）。

2. 品目84.20所列的糕点滚压机。

二、生产通心粉、面条或类似产品的机器

本组包括：

（一）**供配制通心粉糊用的拌和机**。

（二）**切块或压型机**。这种机器可把滚压成片状的糕点料切成或压成特定的形状，它们常配有滚压糕点料的装置。

（三）**连续挤出机**，专供制造通心粉、面条等之用。这种挤出机装上特定形状的印模后，可以把面团挤成各种字母、图样或其他特定形状；然后用装在印模板外的旋转刀片，把成形面团切成所需的厚度。

（四）**饺子等的填馅机**。

（五）**把通心粉、粉丝等绕成绞束等的机器**。

本品目不包括：

1. 通心粉的预干燥或干燥机（品目84.19）。

2. 把通心粉面团、糕点料等滚压成片的机器（品目84.20）。

三、生产糖果的机器

本组包括：

（一）**制糖霜用的碾磨或捣碎机**。

（二）**糖果拌和机**，通常主要由装有机械搅拌装置或碾磨装置的容器组成，常装有加热或冷却盘管或夹套。

（三）**“拉条”机**，装有曲柄形旋转臂，用以揉捏具有可塑性的糖混合物。

（四）**糖衣锅**，通常为紫铜或玻璃制的半球形锅。这种锅装在一个倾斜的轴上旋转，可在硬质夹心料（例如，杏仁）上涂上一层糖或巧克力等。这类糖衣锅不论是从外部加热（热气流、独立的煤气炉等），还是本身配有加热装置，均归入本品目。

（五）**糖果的模制、切制或成形机**。

本品目不包括熬糖锅或其他加热设备（品目84.19）或冷却设备（品目84.18或84.19）。

四、可可或巧克力的加工机器

本组包括：

（一）**脱壳、去芽或把已烘焙的可可豆碾成碎粉的机器**。

（二）**混合机、揉捏机及碾磨机**，用以把已碾的可可豆及可可膏料加以混合、揉捏及碾磨，制成可可块。

（三）**从可可块中提取可可脂的压榨机**。它们一般装有可可膏加热装置，以利于提取可可脂。

（四）**制可可粉用的机器**，用以碾磨经提取可可脂后剩下的可可饼，以加工可可粉。它们通常也把可可粉过筛及分级，有时也掺入其他产品，以提高其香味及可溶性。

（五）**可可脂、可可粉、糖等的混合机器**。这些机器常配有各种混合物的计量装置。

（六）**把上述混合物加以碾压及提炼的机器**。

（七）**制巧克力机**。这是一种主要装有加热装置及动力驱动的滚压、碾磨等装置的容器，用以使混合物的各种配料完全混合并得到热处理。

（八）**模制前对巧克力进行均化处理的机器**。它可均匀地挤出巧克力块。

（九）**压块及模制机**，通常装有振动装置。这些机器还常在倾注部分装有加热元件及冷却印模的装置。

（十）**包衣机**，主要有一输送带，用以运载饼干、糖果及其他夹心料通过喷雾设备或融池，以使其涂上一层巧克力或糖果料外衣。这些机器一般配有加热元件。

五、制糖机器

榨取糖汁的机器，根据所用榨糖原料是甘蔗还是甜菜而有所不同；至于从糖汁中制取糖用的机器则大致相同。

（一）**从甘蔗中榨取蔗汁的机器**。例如：

1．切蔗机或纤维分离机，装有一系列的双刃刀片，这些刀片高速旋转时，可把甘蔗切成蔗丝。

2．撕裂机，其两个带齿滚筒以不同的速度旋转，甘蔗在滚筒中间通过时被撕成碎片。

3．轧碎机，主要由一些可调节的金属波纹轧辊组成，有些轧碎机还把撕裂和轧碎两种操作结合起来。

4．压榨机，通常由一系列有槽滚筒组成，用以从轧碎的甘蔗中榨取蔗汁。这种机器一般配有加料及输送装置、压榨时向甘蔗喷水的设备以及浸渍池。

（二）**从甜菜中榨取糖汁的机器**。例如：

1．洗涤机，由搅拌器或类似装置组成，可在大型水箱或水槽中操作。

2．切片机。这些机器可以是大型的圆筒形容器，其底座可由转盘组成，装有切削刀片，也可由转筒组成，其内壁装有刀片，用特制的导板或利用离心力把刀片突出的甜菜切成碎片。

3．浸提装置。这种设备可利用渗透作用，从甜菜片中提取糖汁。每套浸提设备均由一个热法浸提器与一个大型浸提容器组成。热法浸提器中的水由蒸汽管加热；在大型浸提容器中，用热水把糖从甜菜片中提取出来。本品目也包括单独报验的浸提容器；但单独报验的热法浸提器却不归入本品目（品目84.19）。

4．甜菜废丝压榨机。

（三）**从糖汁中提取糖或炼糖用的机器**。例如：

1．亚硫酸盐处理容器，装有机械搅拌器的；装有热力装置的不归入本品目（品目84.19）。

2．结晶装置，装有慢速搅拌装置。通过浓缩设备制得的糖浆体（糖膏）在结晶装置中经周围的空气冷却，形成晶体。

3．把糖切成或分成糖块等用的机器。

本品目不包括：

（1）品目84.19所列的澄清容器、糖汁浓缩设备、真空煮锅或结晶锅及其他设备。

（2）离心分离器及压滤机（品目84.21）。

六、酿酒工业用的机器

本组包括：

（一）**催芽机**，装有慢速搅拌装置、转筒或类似机械部件。

（二）**转筒**，用以除去经烘干后麦芽上的根芽，以及筛选机。

（三）麦芽压榨机。

（四）麦芽浆桶，装有机械搅拌器等，但无加热装置。在麦芽浆桶中将压碎的麦芽加水磨成麦芽浆，从而把其所含的淀粉成分转化为糖（糖化作用）。

（五）泄料桶。这是装有搅拌器的大型容器，具有多孔的双层底，用以把麦芽渣从麦芽汁中分离出来。

本品目也包括第十六类注释四所述功能机组范围的酿酒机器。这些机器主要由以下部分组成：催芽机、麦芽压碎机、麦芽浆桶、泄料桶。但辅助机器（例如，装瓶机、标签印刷机）则不应归入本品目，而应归入其相应品目（参见第十六类总注释）。

本品目不包括：

1. 无机械装置或冷却装置的发酵桶：它们应按其构成材料归类。

2. 麦芽干燥设备；装有加热装置的浸渍容器及麦芽浆桶；熬啤酒花或把啤酒花熬液与麦芽汁放在一起熬煮的容器（品目 84.19）；装有冷却盘管及啤酒冷却器的发酵桶（品目 84.18 或 84.19）。

3. 压滤机（品目 84.21）。

七、肉类加工机器

本组包括：

（一）屠宰动物及进行随后加工用的机器。

（二）猪的刮毛机，由旋转支架及若干把弹性刮刀组成。旋转支架用以支承猪身。弹性刮刀的转动方向与支架旋转和方向相反。

（三）切肉机或剁肉机。用圆盘锯、旋转刀等切开整头宰好的猪等。

（四）锯骨机或砍骨机。

（五）打肉机，用带尖齿或刀片的梳刀割断肉类的神经纤维，使肉类更为鲜嫩。

（六）绞肉机及切粒机。

（七）内脏清洗机。

（八）灌肠机，主要为一个圆筒容器，用活塞把肉从容器中塞进肠衣。

（九）肉或咸肉切片机。

（十）肉或脂肪模压机。

（十一）家禽的宰杀、拔毛及取出内脏的机器及器具（电击及放血刀、高产家禽拔毛机、去内脏机器、剥胗肝机、挖肺机）。

（十二）腌肉机。这种机器带有与泵相连的手工操作盐水枪；或配有全自动的输送装置，用以把肉送进装有注盐水针的格栅。

本品目不包括品目 84.19 所列的烹煮器具、高压釜、加热橱及类似的机器设备。

八、水果、坚果或蔬菜的加工机器

本组包括：

（一）去皮机。例如：

1. 摩擦式去皮机（例如，马铃薯去皮机），由一个旋转容器构成。容器的内壁起摩擦作用。

2. 削皮机（例如，供苹果、梨去皮用）。这种机器利用可调刀片螺旋形地削去果皮。它还常装有去核、去籽等的装置。

3. 柑橘属水果的去皮机。它通常将果皮十字切开去掉，或先把水果对半切开，然后将果肉从果皮中挖出。

4. 化学脱皮机。这些机器通常有一条输送带或一个转筒。把水果或蔬菜放在输送带或转筒上，再用热水、碱液等喷射或沉浸，然后将这些水果或蔬菜放在洗涤容器内用力滚动，以达到去皮的目的。这些脱皮机不论是否配有水或碱液的加热装置，均应归入本品目。

（二）豌豆及类似蔬菜的去荚机，通常由装有拍打器的多孔转筒组成。

（三）青豆去梢机。

（四）加仑子、鹅莓、樱桃、葡萄等的去梗机等。

（五）从水果中去除核、籽等的机器。

（六）坚果等的去壳机。

（七）磨碎或切碎鲜果或干果、蔬菜、木薯等的机器。

（八）切碎或腌制卷心菜（供制泡菜用）的机器。

（九）将水果或蔬菜捣成浆状，用以加工果酱、调味酱、番茄酱等的机器，但不包括榨果汁机（例如，桃、葡萄柚及西红柿的榨汁机）（品目 84.35）。

本品目不包括：

（一）火焰或辐射热去皮机（品目 84.17）。

（二）水果的沸水去皮设备、制马铃薯粉片的加热设备以及品目 84.19 所列的其他设备。

（三）水果或蔬菜的分级机（品目 84.33）。

九、鱼、贝壳动物等的加工机器

本组包括：

（一）刮鳞、剥皮或去内脏、鱼头、鱼尾、鱼骨等的机器。

（二）鱼的开膛或切片等的机器。

（三）贝壳动物的去壳机及切肉机。

（四）把鱼干磨成鱼粉的机器。

本品目不包括油炸、烟熏或腌制设备或品目 84.19 所列的其他机器设备。

十、食品或饮料工业用的其他生产或加工机器

本组包括：

（一）醋化机械设备（制醋用）。

（二）咖啡豆的去壳机或去皮机（圆筒式、圆盘式或刀片式）。

（三）从柑橘中提取香精油的钉齿滚筒式榨取机。

（四）茶叶的切断或压实机器。

零　件

除零件的归类总原则另有规定的以外（参见第十六类总注释），本品目所列机器的零件也归入本品目（例如，连续制面包用的模具或焙锅；糖果模制机用的模具；巧克力模制机用模具；以及制造通心粉、面条或类似食品的挤出机用的铜制模具）。

84.39　纤维素纸浆、纸及纸板的制造或整理机器：

10　—　制造纤维素纸浆的机器

20　—　纸或纸板的抄造机器

30　—　纸或纸板的整理机器

—　零件：

91　——　制造纤维素纸浆的机器用

99　——　其他

本品目包括用各种纤维原料（木材、稻草、甘蔗渣、废纸等）制造纤维状纤维素浆的机器，不论所制纤维素浆是用于造纸或纸板，还是用于其他方面（例如，制造纸粘胶人造丝、某些建筑用板或炸药等）。本品目也包括用预先制备的纤维素浆（例如，机械或化学木浆）或直接用原料（木材、稻草、

甘蔗渣、废纸等）制造纸或纸板的机器。本品目还包括对纸或纸板进行整理，以备各种用途的机器，但不包括品目 84.43 所列的印刷机器。

一、纤维素纸浆的制造机器

本组包括：

（一）在制浆过程中用以对原料进行预处理的机器。例如：

1．废纸或废纸板的制浆机。

2．稻草及类似材料的打松或除尘机。

3．造纸工业用的竹材压碎机及特种稻草切碎机。

4．切木片机及木片分级用的振动式分级机。

5．原木磨碎机。

6．爆破法纤维分离机。这种机器对木片施以高压，随后突然降压，使之变成纤维。

（二）滤浆器。这种机器用筛网滤过稀释的纸浆，将研磨不足的纤维以及结块和砂土等留下。但利用离心力工作的过滤器除外（品目 84.21）。

（三）压浆机。将机械磨制或化学浸煮获得的浆状木纤维浓缩成片状。

（四）匀浆机，通常为一个锥形容器，容器内部装有旋转棒，用以将较大的纤维或结块打碎，而完全打碎的浆料则可直接通过。

（五）捣碎机及磨碎机，用以处理预先制备的纸浆，以生产具有特定用途的纤维素浆（例如，用于制造硝化纤维素）。

二、纸或纸板的抄造机器

本组包括：

（一）将浆料制成连续成张的纸或纸板的机器（例如，长网造纸机或双长网造纸机 ）。这些机器的结构很复杂，包括将浆料送往网前箱的调节器；装在网前箱出口处用以将浆料分布在环带上的堰板，其环带通常用合成纤维单丝机织物制成，支撑在胸辊或成型辊上；案板；案辊；振动装置；吸水箱；制水印的压纹辊；用以增加干的固体物含量并将纸压紧的伏辊；可形成至少一个压区的压辊，压辊可包括一个压靴及一条循环转动的环带，其将纸压在毡制环带或其他加工环带的一面或中间；烘干滚筒；蒸汽室等；通常还配有研光机及卷绕等装置。

（二）圆网造纸机。它们大体上与上述第（一）款所述的造纸机相似，不同的是它们不是将纸浆送到金属丝网环带上，而是用一个金属丝网制成的转筒从浆槽中抄起纸浆，然后通过毡带将纸浆送到压辊上（有时是吸水辊），最后送到一组干燥滚筒，制成连续卷状或成张的纸或纸板，这些机器有的在制造成张的纸板时，是将纸浆一层层绕在滚筒上，当纸浆形成一定厚度时，再用人工或机械方法沿滚筒的长度方向，将其切成纸板。

（三）制造多层纸或纸板的机器。这些机器是通过不同形式将长网成形器或双长网成形器等组合而成。这种机器可同时生产多层卷纸，并在潮湿状态下将其结合在一起，通常无需粘合剂。

（四）制造测验用样纸的抽样设备。这种机器有时称为“抽样机”供生产上控制用。

三、纸或纸板的整理机器

本组包括：

（一）卷纸机。这类机器中有些可在卷纸的同时将纸张展开弄平，并释放静电。

（二）各种表面涂料的涂布机（研光机除外），例如，涂布无机物或有机物颜料涂层、浆料、胶料、硅、蜡等的机器；复写纸或感光纸的涂布机器；把纺织纤维粉末、软木或云母粉末等涂在纸上所用的机器；墙纸涂布机器。

（三）纸或纸板的浸渍机器（用油、塑料等浸渍）**及制沥青或焦油屋面纸的机器**。

（四）划线机。这种机器是利用小圆盘或钢笔工作的，圆盘或钢笔的墨水由墨水池供给。但不包括品目 84.43 所列的印刷机器。

（五）绉纸加工机器。它们一般配有金属刮板或刮刀，用以将纸从加热滚筒上刮下来，从而使纸张起皱。但其皱褶一般是在造纸机上形成的。

（六）纸张调湿机器（也称晾纸机）。这种机器可将纸或纸板的整个表面置于潮湿空气中。

（七）压纹机及压花机（但具有同样用途的砑光机应归入品目 84.20）。

（八）瓦楞纸加工机器。这类机器可与层压装置组装在一起。

*

* *

某些纸张整理机器（例如，涂料机、层压机或卷绕机）也适用于加工金属箔、塑料片、机织物等，但只要这些机器主要用于加工纸或纸板，它们仍应归入本品目。

本品目的组合机器有时装有归入本章其他品目的某些机器（例如，品目 84.21 所列的从废水中回收纤维及填料用的过滤器；品目 84.20 所列的平整、研光或压花等用的各种砑光机；品目 84.41 所列的切纸机）。这些机器如果同时报验，应与组合机器一起归入本品目；但如果单独报验，则应归入其各自相应的品目中。

本品目也不包括：

（一）碎布、稻草等的蒸煮器；用化学方法加工木浆的浸煮器（加热浸提器）；蒸汽加热烘筒及其他干燥机器（品目 84.19）。

（二）喷水式树皮剥离机（品目 84.24）及木材除皮机器（品目 84.65 或 84.79）。

（三）印刷机器（品目 84.43）。

（四）开碎布机或碎呢开松机器（品目 84.45）。

（五）钢纸制造机器（品目 84.77）。

（六）在纸、布或木材等上面涂上研磨料的机器（品目 84.79）。

零　件

除零件的归类总原则另有规定的以外（参见第十六类总注释），本品目所列机器的零件也应归入本品目的。例如：

茅草开松机的带齿滚筒；斜坡滑道；打浆机的底刀板及打浆刀；伏辊；吸水箱；圆网造纸机的转筒；水印辊。

但下列零件不归入本品目：

（一）长网造纸机和双长网造纸机用的纺织材料制环带、毡制滚筒套（品目 59.11）。

（二）用玄武岩、熔岩或天然岩石制成的碾石、磨石、底板、斜坡滑道及其他零件（品目 68.04 或 68.15）。

（三）铜线织成的环带（例如，长网造纸机用的铜网）（品目 74.19）。

（四）机器用的刀具及刀片（品目 82.08）。

（五）研光辊（品目 84.20）。

84.40　书本装订机器，包括锁线订书机：

10　—　机器

90　—　零件

本品目包括书籍（包括小册子、单行本、期刊、写字本及类似品）的装订机器。

本品目包括：

一、装订书籍用的折页机。它们可将大张的纸多次折叠，使其大小适合作为书页。这些机器即使同时能作其他折叠之用，仍应归入本品目。

二、订书机及金属线缝合机，其中包括同时适用于制造卡纸箱或类似品的装订机器。

三、收集及缝合机。用手工将书页放在这些机器的输送链上分段收集、理顺，然后送向缝合机头。

四、滚压或锤压机。将已折叠而尚未装订的成册书页在缝合前加以压平。

五、在未缝合的书脊上进行切槽的机器，即在书脊上切出浅槽以容纳交叉线。

六、锁线订书机，包括简单的及复杂的锁线订书机。后者由送纸器及锁线装置组成。送纸器用以将折叠好的书页送进机器。锁线装置用于将书页缝合，并往往在书脊上粘上织物等加固材料。

七、在加上封面之前将书脊压平或压圆的机器。

八、在散页上粘贴纸条或布条的机器。这些机器可将散页合编成册，或将地图合编成地图册，以便装订。

九、在廉价书或小册子等上面贴上纸制封面的机器。

十、制造书籍封面的机器，一般装有将必需的纸、纸板或封面布送进机器装置、胶粘装置及压紧装置，有时还配有加热及干燥设备。

十一、将已制成的书籍封面压平的机器，由一组滚筒及多个工作台组成。

十二、用胶粘及加压等方法将已装订好的书装上封面的机器。有些机器还配有用以插入散页的图片、图样、地图及类似品的装置。

十三、将书边上色或烫金的机器。

十四、在书籍封面上压印或烫上金色字母或图样的机器。这些机器有时也可用于其他物品（例如，皮革制品）。但本品目不包括通用压机（品目84.79）及使用活字印板的印刷机（品目84.43）。

十五、纸页编码机（例如，登记簿及帐簿的纸页编码机）。

十六、采用金属或塑料螺线（或环）穿过纸页上的排孔而将纸页集合成册的机器。它们通常由穿孔器具及穿螺线装置组成。

零　件

除零件的归类总原则另有规定的以外（参见第十六类总注释），本品目所列机器的零件也应归入本品目。

*

* *

本品目不包括：

（一）手工装订书籍用的工作台，一般是木制的，配有螺旋装置，用以夹住交叉线（品目44.21）。

（二）切纸机用的刀具（品目82.08）。

（三）折叠纸或纸板用的机器（折叠书页用了除外）；纸或纸板的裁切或开槽机；修整已装订好的书本、期刊、小册子等用的机器；修整书边及书角或挖制书边标目用的机器；叠纸机；仅供制造纸板箱使用的装订机（品目84.41）。

（四）与印刷机一起使用的定边、折页或书页帖码记号机（品目84.43）。

（五）织物裁切机（品目84.51）。

（六）缝纫机针（品目84.52）。

（七）装订书籍用的皮革加要机器（品目84.53）。

（八）办公室装订文件用的订书机（品目84.72）。

84.41　其他制造纸浆制品、纸制品或纸板制品的机器，包括各种切纸机：

10　—　切纸机

20　—　制造包、袋或信封的机器

30　—　制造箱、盒、管、桶或类似容器的机器，但模制成型机器除外

40 —　纸浆、纸或纸板制品模制成型机器
80 —　其他机器
90 —　零件

本品目包括各种切纸机，以及用纸浆、纸及纸板制造纸浆制品、纸制品、纸板制品的各种机器（书籍的装订机器除外），其范围包括将纸切成所需宽度或切成商业规格的机器，以及制造各种纸制品的机器。

本品目包括：

一、修整及切割纸张的机器（包括多刀片切纸机），包括与造纸机一起使用的辊刀式切纸机及直角切纸机；书籍或小册子的切边机；修整书籍圆角及挖制书边标目的机器；纸张剪切机；闸刀式切纸机；以及裁切纸质照片用的器具，但不包括照相或电影暗室用的胶卷裁剪机器及器具（品目 90.10）。

二、模切机（用于制作五彩纸屑、标签、花边纸、索引卡、开窗信封、纸盒型等）。

三、对纸板进行剪切、打出轮廓或刻槽以制作纸板箱、纸板盒、卷宗夹等的机器。

四、制造纸袋用的机器。

五、制信封用的机器（切纸机、折叠机、制信封衬里用的机器等）。

六、制作折叠纸板箱及纸板盒的机器。

七、装订纸箱及类似物品用的机器。但既可用以订书，又可用于钉盒的简单的铁丝订书机除外（品目 84.40）。

八、制纸箱或纸盒用的其他机器。

九、卷绕机，用以制造纸管、线轴、套管、绝缘管、药筒等。

十、制作蜡纸杯及纸蜡容器等的机器，通常配有接缝及上胶装置。

十一、纸浆、纸或纸板制品模制成型机器（用以制作禽蛋的包装、装糖果及野餐用盘碟、玩具等）；这些机器即使装有加热装置，仍归入本品目。

十二、纵切复绕机，用以将卷筒纸摊开，按所需宽度切成纸带（长条），然后重新卷绕起来。

十三、堆叠机，用以将纸张、卡片等堆叠整齐。

十四、穿孔机，包括为邮票、卫生纸等制作穿孔线（针孔、长方孔或狭槽形孔等）用的机器。

十五、折叠机（不包括品目 84.40 的书页折叠机）。

十六、卷烟纸剪切、折叠、夹页及包装机器。

但本品目不包括具有同样用途的简单机械式或液压式压力机（品目 84.79）。

*
* *

归入本品目的有些机器，尤其是纸袋或纸盒的折叠机，可带有印刷装置，只要印刷功能不是机器的主要功能，根据第十六类注释三的规定，它们仍应归入本品目。

应当注意，上述的有些机器（例如，切纸机、折叠机及制纸袋用的机器）也适用于制作某些塑料制品或金属薄片制品。这些机器如在正常情况下用于制作纸制品或纸板制品的，仍应归入本品目。

零　件

除零件的归类总原则另有规定的以外（参见第十六类总注释），本品目所列机器的零件也应归入本品目。

*
* *

本品目也不包括：

（一）烘烤纸板制品用的烘干炉（品目 84.19）。

（二）兼有制作及印刷纸板容器（例如，纸板箱等）功能的包装机器（例如，巧克力包装机）（品

目 84.22)。

(三)将纸条扭成纱线的机器(品目 84.45)。

(四)制纸袋用的缝纫机(品目 84.52)。

(五)纸卡或文件的打孔机;以及办公室销毁机密文件用的碎纸机(品目 84.72)。

(六)打孔机;以及采用浸渍方法使纸杯或纸容器等上蜡的机器(品目 84.79)。

84.42　制印刷版(片)、滚筒及其他印刷部件用的机器、器具及设备(品目 84.56 至 84.65 的机床除外);印刷用版(片)、滚筒及其他印刷部件;制成供印刷用(例如,刨平、压纹或抛光)的板(片)、滚筒及石板:

30　—　机器、器具及设备

40　—　上述机器、器具及设备的零件

50　—　印刷用版(片)、滚筒及其他印刷部件;制成供印刷用(例如,刨平、压纹或抛光)的板(片)、滚筒及石板

除下文所述若干不包括的货品以外,本品目包括:

1. 印刷机的印刷零件,例如,已经镌刻或经其他加工的印刷用版(片)及滚筒,用以(通过手工或品目 84.43 的机器)印刷正文或插图;以及已制成供印刷用的石板、滚筒或板(片)〔即已加工成适于镌刻或用其他方法获得图像,以供印刷之用的石板、滚筒或板(片)等〕。

2. 用于制造上述印刷零件,或将其组合(排版)以供印刷用的机器、装置及附件,不论是用手工操作的,还是用机械方法操作的。

本品目包括用下列印刷方法将文字、插图、重复图案等印刷在纸张、织物、油漆布、皮革或其他材料上的设备:

(1)**凸版印刷**:使用照相凸版进行印刷。这种印刷方法是在字符或图像的凸出部分涂上油墨进行印刷。

(2)**平版印刷**:使用平版、照相平版或胶版印刷。油墨只施于印版等平面上的某些待定部位。这类也包括模版印刷。

(3)**凹版印刷**:使用照相凹版,或使用蚀刻或镌刻的金属版进行印刷。油墨聚集在浸蚀或镌刻部分。

一、铸字、排字用的或制印刷版(片)、滚筒及其他印刷部件用的机器、器具及设备(品目 84.56 至 84.65 所列的机床除外);

本品目包括:

(一)**直接从文件制作印版的机器**。这类机器内装有光电管,用以扫描文件。由光电管经电子装置发出的脉冲驱动制版工具镌刻塑料印版。

(二)**用酸蚀方法制版或滚筒的机器**。这是配有搅动装置的特制槽。

(三)**感光胶印锌版处理机**(卧式烘版机),一般配有电热装置。

*

* *

本品目仅包括实际排字的照相排字或排版机,即使是排字后再行拍摄的机器。但本品目不包括照相机、照片的放大或缩小机、照相接触印片机以及类似的制造印版或滚筒用的照相设备(第九十章)。例如:

(一)装在吊架(座)或伸缩机座上的立式或卧式制版照相机、用于三色印刷的照相机。

(二)照片的放大或缩小机、复制装置及晒相框。

(三)版面设计或接触印片用的看版台。

这类设备有些使用半色调网屏或精确标有十字线的玻璃或塑料制类似网屏、用于彩色印刷的玻璃或塑料制的滤色器、网屏或滤色器架。

二、印刷用版（片）、滚筒及其他印刷部件；制成供印刷用（例如，刨平、压纹或抛光）的板（片）、滚筒及石板

本品目包括：

（一）以手工或机械方法或用酸镌刻的凸版或凹版。这些印版可用木、油漆布、铜或钢等制成。

（二）平版印刷用石板。插图可以用手工绘制或照相方法转印到石板上，并进行酸蚀。

（三）胶版印刷用印版，作锌、铝或类似的挠性金属薄板制成，以平版而不是以凸版或凹版复制图样。

（四）镌刻或蚀刻的滚筒。

（五）凸版压印用的印版及印模，供压印信笺、名片等的机器使用，不论印制时是否上墨。

石印石、金属板及滚筒，只要经过加工处理使其适于镌刻或压印的，即使尚未经镌刻或压印，也应归入本品目。例如：

（六）刨平或压纹的石印石。

（七）金属板、片，已经加工（刨平、压纹或抛光），供镌刻之用。

（八）表面经高度抛光或压纹的金属滚筒。这种滚筒通常用铸铁制成，一般用铜电镀，或带有可拆除的铜制套管。

（九）办公室用胶印机的金属或塑料底板。底板的上端一般都经过加工，以便装在印刷机的滚筒上。

感光印版（例如，涂有感光照相乳剂的金属或塑料板或感光塑料薄片，不论是否装于金属或其他材料制的底板上）不归入本品目（品目 37.01）。

零　件

除零件的归类总原则另有规定的以外（参见第十六类总注释），本品目也包括本品目所列机器的零件。

*

* *

本品目不包括：

（一）模板印刷机用的锌、塑料、纸板等制的模版（应按其构成材料归类）。

（二）带有需复制文字或图案的复写纸及热敏转印纸（品目 48.16）。

（三）丝网印刷用的丝网，不论是否涂布（品目 59.11）；装在框架上的金属丝布，不论是否制成，用于网版印刷（应按其构成材料归类）。

（四）烫金机用的烙印铁（品目 84.40）。

（五）金属、石料或木材的加工机床及水射流切割机（例如，刨平或抛光字模用的机器；刨切嵌线用的机器；圆盘或圆球的压纹加工机器；镌刻机；铣刀；刻纹机；修边锯）（品目 84.56 至 84.65）。

（六）品目 84.69 至 84.72 所列打字机、计算器或其他机器的字粒或其他印字部件（品目 84.73）。

（七）模具（品目 84.80）。

（八）激光摄影测图仪，这种仪器可通过激光束在感光胶卷上生成一般为数字格式的隐像（品目 90.06）。

（九）测量或检验仪器（品目 90.17 或 90.31）。

84.43　用品目 84.42 的印刷用版（片）、滚筒及其他印刷部件进行印刷的机器；其他印刷（打印）机、复印机及传真机，不论是否组合式；上述机器的零件及附件(+)：

—　用品目 84.42 的印刷用版（片）、滚筒及其他印刷部件进行印刷的机器：

11 — — 卷取进料式胶印机
12 — — 办公室用片取进料式胶印机（以未折叠计，片尺寸一边长不超过22厘米，另一边长不超过36厘米）
13 — — 其他胶印机
14 — — 卷取进料式凸版印刷机，但不包括苯胺印刷机
15 — — 除卷取进料式以外的凸版印刷机，但不包括苯胺印刷机
16 — — 苯胺印刷机
17 — — 凹版印刷机
19 — — 其他
— 其他印刷（打印）机、复印机及传真机，不论是否组合式：
31 — — 具有印刷（打印）、复印或传真中两种及以上功能的机器，可与自动数据处理设备或网络连接
32 — — 其他，可与自动数据处理设备或网络连接
39 — — 其他
— 零件及附件：
91 — — 用于品目84.42的印刷用版（片）、滚筒及其他印刷部件进行印刷的机器的零件及附件
99 — — 其他

本品目包括：

（一）所有使用前一品目所列的印刷用版（片）或滚筒进行印刷的机器，及

（二）其他打印（印刷）机、复印机及传真机，不论是否组合式。

本品目包括用以在织物、壁纸、包装纸、橡胶、塑料板（片）、油漆布、皮革等上面印制重复图案、重复文字或全色的机器。

一、用品目84.42的印刷用版（片）、滚筒及其他印刷部件进行印刷的机器

这类机器中最普通的是轮转式印刷机。最简单的轮转式印刷机通常由装有两块半圆形印版（凸版印刷）的滚筒组成，或由镌版滚筒（凹版印刷）或压印滚筒（胶印）组成；彩色印刷用的轮转式印刷机配有几个印刷滚筒，其着墨辊相依并列。由于所有印刷、压印及上墨装置均是旋转的，因此这种印刷机既可用于连续印刷，也可用于分页印刷；既可用黑色印刷，也可用彩色印刷；既可单面印刷也可双面印刷。轮转式印刷机可分为两类：

（一）卷取进料式印刷机。有些大型轮转式印刷机将几个印刷单元装在同一个机架上，可以一次连续印刷报纸或期刊的全部版面，最后由连同印刷机一起工作的各种辅助机器把印出的各版送出、切开、折叠、收集、装订并堆放妥当。

（二）片取进料式印刷机。该种机器用抓具将片材传输到印刷单元。片取进料式印刷机有一个给料器、一个或几个印刷单元及一个输出装置。给料器从成叠的片材中抓取、排列并将片材送到印刷单元。输出装置将印好的片材堆放成叠。

本组也包括使用活动板(或压印板)的平压式印刷机及圆压式印刷机。

*
* *

上述印刷机（特别是中、小型的轮转式印刷机）可将一系列后处理装置与印刷装置装在一起，以便在一次连续操作中，将单纯的卷纸制成复杂的制品（例如，纸盒形、包装、标签、火车票）。

除一般的印刷机以外，本品目还包括特种印刷机。例如：

（1）印刷锡箔盒子或其他容器用的机器。

（2）印刷钟表盘或其他具有特殊形状的物品用的机器。

（3）在软木、管子、蜡烛等上印刷的机器。

（4）在衣服上印刷标志用的机器。

（5）印刷书页帖码用的机器。

（6）编码、日期等的印刷机（品目96.11所列手工操作的日期戳印及类似印戳除外）。这类机器用烙铁、字母带或数字带等进行印制，不论是否上墨。

（7）用印刷铅字或胶印法操作的某些办公室用小型印刷机；由于其操作原理和形状与油印机相似，故有时不恰当地被称为“油印机”。

本组也包括套色印刷机，用于印刷特制美术版、纸牌、儿童画等，在印出黑白图案以后，再通过模板或刻花模版用刷子、油墨辊或喷洒加上颜色。

在织物、壁纸、包装纸、油漆布、皮革等上面印制重复图案、重复文字或全色的印刷机包括：

（1）**刻版印刷机**。这种印刷机的印模（一般是凸版）刻有图案。当布匹、壁纸等通过印刷机时，可将印版上的图案重复印在布匹、壁纸等上面，从而产生连续性图案；这种印刷机也可用以印刷单独的图案（例如，印在围巾或手帕上）。

（2）**辊筒印花机**，通常包括一个大型中心滚筒（承压滚筒），在其周围装有一系列彩色镌刻滚筒；每个滚筒均配有印浆槽、给浆辊、刮浆刀等。

（3）**丝网印刷机**。待印刷的材料和模版丝网同时通过机器，颜色通过模版漏印在材料上。

（4）**经纱印花机**，用于在机织前，将图案印在从经轴展卷的成片平行经纱上。

（5）**纱线印色机**，供纱线（或未纺成纱线的粗纱）上色之用。

二、其他印刷（打印）机、复印机及传真机，不论是否组合式

本组包括：

（一）印刷（打印）机

本组包括在印刷（打印）介质上打印正文、字符或图像的设备，上述第一部分所列的印刷机除外。

这类设备从各种来源（例如，自动数据处理设备、平台式扫描仪、网络）接收数据，大多数都装有存储器，用以储存打印数据。

本品目的产品可通过诸如激光、喷墨、点阵或热敏打印等方法印制字符或图像。最常见的两种印刷（打印）机是：

1．**静电印刷（打印）机**。其使用的方法涉及静电、墨粉及光。用光源（例如，激光器、发光二极管）消除带正电荷的光导面（通常为鼓）具体点的电荷，留下带正电荷的图像拷贝。带负电荷的墨粉被静电吸附到光导面，重现原件的图像。静电将墨粉转移到具有比光导面更强的正电荷的印刷（打印）介质上，然后通过加压加热，即可将图像熔印到印刷（打印）介质上。

2．**喷墨印刷（打印）机**。这种机器将墨点喷射在印刷（打印）介质上，用以印制图像。

本品目包括单独报验，用以与本协调制度的其他产品联合或连接使用的的打印机（例如，品目84.70现金出纳机的收据打印机）。

（二）复印机

本组包括从原稿印制复印件的设备，例如：

1．**数字复印机**。该机通过扫描原稿，其感光面〔例如，电荷偶合装置（CCD）或光电二极管阵列〕将光学图像转换成数码电信号，储存在存贮器内。然后，由打印装置采用与本品目注释第二部分第（一）款所述打印机相同的工作方式，利用这些数据印制出所需数量的复印件。只需将原稿扫描一次，即可复制多份复印件，因为图像的数字代码储存在存贮器内。对可与自动数据处理设备或网络连接的此类设备的解释，参见下述第（四）款。

2. **感光复印机**。该机每次复印都必须将原稿的光学图像投射到感光面上。最常见的类型有：

（1）**静电感光复印设备**，其工作原理有两种：一种是将原稿影像直接影印在复印纸上（直接印制法）；另一种是将原稿图像通过中间体转印到复印纸上（间接印制法）。

直接印制法是使涂有如氧化锌或蒽等的基片（通常为纸）充上静电荷，接受原稿光学图像的投射，然后用显影色粉显影，再通过将基片加热定影而成为复印品。

间接印制法是将光学图像投射在涂布有硒或其他半导体材料并充有静电荷的鼓筒（或板片）上，当所成潜像经显影色粉显影后，在静电电场力作用下色粉图像被转印到普通纸上，并经加热定影成为复印品。

（2）**应用化学乳剂涂布层的复印设备**，涂布层通常由含银盐或重氮化合物的乳剂制成（重氮化合物的感光乳剂涂层须使用含有大量紫外线的光线进行曝光），其显影和转印方式按乳剂的特性及设备的类型不同而各异（湿法或干法显影、加热处理、氨气处理、图像转印方式等）。

本组也包括接触式感光复印设备及热敏复印设备。

（三）传真机。

传真机用于通过网络发送及接收图文，并将图文原稿的复制品打印出来。对可执行复印功能的此类设备的解释，参见下述第（四）款。

（四）打印机、复印机或传真机的组合机器

执行打印、复印或传真中两种及以上功能的机器，通常称为多功能机器。这类机器可与自动数据处理设备或网络连接。

对“可与自动数据处理设备或网络连接”标准的规定，参见下述子目注释。

零件及附件

除零件的归类总原则另有规定的以外（参见第十六类总注释），本品目所列机器的零件及附件也归入本品目。

本品目包括，例如，印刷用的辅助机器，不论其是否单独报验。这些机器经专门设计与印刷机一同工作；并在印刷时或印刷后用于给纸、收纸或对纸张或卷筒纸作进一步加工。这类机器通常与印刷机分离。它们包括：

（一）**纸张升降机及**纸盘或纸盒，用以存放空白纸张以备印刷之用。

（二）**自动给料机**，用于单页印刷。其功能是逐页将片材准确适中地送入印刷机。

（三）**片材输出装置**，其结构与给料机相似，但在操作上与给料机相反（即把印好的片材送出并堆放成叠）。

（四）**分页器**，将已印刷的多页文稿进行自动分页及堆叠。

（五）**折叠机、胶粘机、穿孔机及装订机**。这些机器常装在印刷机的输出端，用以折叠、装订印好的纸页（报纸、折叠印件、期刊等）。

但上述机器如非专门与印刷机连用的，则不应归入本品目（酌情归入品目 84.40 或 84.41）。

（六）**连续号码机**，装有数字圈的小型辅助机器。

（七）**印刷工业用的烫金机**，用以在刚从印刷机中印上媒染剂后输出的纸页上涂上金属粉。

本品目还包括静电感光复印设备用的感光鼓及感光板、导辊以及已安装的供油垫。

*

* *

本品目也不包括：

（一）纺织物、经橡胶处理的纺织物、毡、橡胶等制成的滚筒毯及套（按其构成材料归类）。

（二）瓶、罐、箱、袋或其他容器的贴标签机，及包装机（品目 84.22）。

（三）附带印刷装置的机器。例如，某些装袋及包装机（品目 84.22）；某些制造纸制品或纸板制品的机器（品目 84.41）。印刷装置如果单独报验，只要它们是按本品目所列机器的其中一种方法进行印刷，仍应归入本品目。

（四）去除污迹用的喷雾机（品目 84.24）。

（五）胶版复印机、油印机及地址印写机（品目 84.72）。

（六）图案生成装置（品目 84.86）。

（七）用于将文件缩制在缩微胶卷、缩微胶片或其他缩微品上的照相机（品目 90.06）。

（八）普通照相用的印相框（品目 90.10）。

（九）品目 90.17 的绘图器具。

（十）品目 96.11 的手工标签压印器。

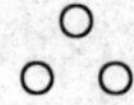

子目注释：

子目 8443.11、8443.12 及 8443.13

这些子目包括的印刷机采用既非凹版也非凸版的平版（版面为平面的印刷版）进行印刷（胶印方式），它们利用油水相斥原理将图文印成印件，印刷全都使用轮转机进行，印刷过程是将印版图文上附着的墨迹先转移到称为橡胶毯的橡胶滚筒上，然后再转移到承印物上，而不是采用直接印刷的方式将图文印在承印物上。这些机器的特征是具有橡胶毯和带有不断湿润印版空白部分的装置（该装置装在金属辊子上），胶印机有卷取进料和片取进料两种。

子目 8443.14 及 8443.15

凸版印刷是采用将活字凸起部分上的印墨经压印转移到印件表面的一种印刷工艺，活字由平面高度一致的单个字符、线条及图版组成。

这些子目不包括苯胺印刷机。

子目 8443.16

苯胺印刷是采用活版印刷方式的原理进行简单印刷（印制包装装潢、表格、小册子等）的一种印刷工艺，其印版由橡胶或热塑性材料制成并直接裹卷在印版滚筒上。苯胺印刷机比其他印刷机都更为简单轻巧，使用以乙醇或其他挥发性溶剂为基料的油墨对卷筒纸进行单色或多色连续印刷。

子目 8443.17

在凹版印刷中，印版上容量不同的雕刻或蚀刻部分所留蓄的油墨经压印转移到承印物上。这类印刷方式所用的印版是以雕刻刀或腐蚀酸在抛光铜板上雕刻或蚀刻成深浅不同的点线图文，印版表面并不着墨，仅在点线凹部留蓄有足够量的油墨以印出印件。

凹版印刷的原理与线条版或蚀刻版印刷的原理相同，但以旋转滚筒取代了版台，图文以机械或光化学工艺刻在通过电镀镀铜的印版滚筒上。

子目 8443.31 及 8443.32

“可与自动数据处理设备或网络连接”的标准，是指该类机器包含与网络或自动数据处理设备连接所必需的所有部件，它仅通过一根电缆即可实现连接。能够接纳一个附加部件（例如，一个“卡”）以便与电缆连接，并不足以满足这些子目的条件。反之，倘若这些部件已经存在，但通过电缆连接无法进入或由于别的原因不能实现连接（例如，必须先打开开关），也不足以将这些货品排除在这些子目之外。

84.44　化学纺织纤维挤压、拉伸、变形或切割机器

本品目适用于化学纺织纤维的制造机器，其中包括纤维切割机。

这些机器包括：

一、化学纺织纤维的挤压机器，用以挤出单丝或多根长丝。实际上，这类机器是由一长排多个相同但又互相独立的纺纱器并列而成。每一纺纱器主要由一个计量泵及一个过滤器组成，用以向喷丝头或喷丝嘴喂料。按所用工艺的不同，喷丝头喷出的单根或多根长丝需通过盛有化学凝结剂的浴槽（例如，粘胶法）、密封室内的喷水（例如，铜铵法）、热气流（例如，醋酸纤维素法）或冷却室。喷丝头可以单孔或多孔（孔眼有时多达数千个），以生产单丝或复丝纱线，或生产丝束以便切成短纤。有些挤压机配有一种特殊装置，将喷丝头喷出的纤维松捻成纱；其他挤压机将各种纺纱器挤出的纤维组合成粗绳状（丝束），这些丝束有时含有成千上万根纤维，以备随后切成短纤。

二、拉伸机，用以将纤维拉长至原来的 3～4 倍。这一工序可使纤维的分子沿轴向整列，从而大大提高其强度。

三、合成纺织线变形机器。大多数的变形工艺（传统的间歇法、假捻法、刀边卷曲法、齿轮卷曲法、热风或蒸汽喷气变形法、编织解编法）通过改变纱线的物理性能，以制造卷曲变形纱、“泡沫”弹力纱等。

四、短纤切断机，用以将丝束切成短纤维。

五、丝束直接成条机。这类机器也将丝束切成短纤维，但不打乱纤维束的平行排列状态，因此所得纤维条可立即用于纺纱（不必经过粗梳或精梳），而不是象上述四款所列短纤切断机那样把丝束切成松散的短纤维。这些机器有时配有纺纱机，这时人们称之为“丝束直接纺纱机”（参见品目 84.45 的注释）。

六、裂丝机，用以生产裂丝束。这类长丝的大部分纤维（但不是全部）每隔一定距离被切断，这样尽管有部分纤维仍为长丝，但纺成的纱线却具有短纤纱线的特征。

零件及附件

除零件的归类总原则另有规定的以外（参见第十六类总注释），本品目所列机器的零件及附件应归入品目 84.48。

*
* *

本品目不包括：

（一）对原料进行预处理，供随后挤压成化学纺织纤维用的机器（一般应归入品目 84.19 或 84.77）。

（二）品目 84.45 所列的成条箱及针梳机。

（三）纺制玻璃纤维长丝或短纤及其纱线用的机器（品目 84.75）。

84.45 纺织纤维的预处理机器；纺纱机、并线机、加捻机及其他生产纺织纱线的机器；摇纱机、络纱机（包括卷纬机）及处理品目 84.46 或 84.47 所列机器用的纺织纱线的机器：

— 纺织纤维的预处理机器：

11 — — 梳理机

12 — — 精梳机

13 — — 拉伸机或粗纱机

19 — — 其他

20 — 纺纱机

30 — 并线机或加捻机

40 — 络纱机（包括卷纬机）或摇纱机

90 — 其他

除下文所列不包括的货品以外，本品目包括在纺织工业中用于下列工序的机器：

（一）对纺织纤维进行预处理，使其适于：

1．纺成纱、合股线等。或

2．制成絮胎、毡、填塞材料等。

（二）用精纺、加捻、并线、捻丝等方法将各种纺织纤维纺制成纱（包括将纸条纺成纸纱），但制绳专用工艺除外（品目 84.79）。

（三）将梳条或粗纱、纱、合股线等卷绕；对品目 84.46 或 84.47 所列机器用的纺织纱线进行预处理。

一、对天然纺织纤维或化学短纤维进行纺前预处理的机器；以及将纤维加工成填塞料或制成毡或絮胎的类似机器

本组包括：

（一）气流分级机，用以对动物毛按长度进行分级。这种机器由一个具有若干横向间隔的长形箱子构成，利用气流将动物毛按不同长度分别吹入箱内各个间隔。

（二）将棉纤维与棉籽、棉籽硬壳及其他杂质分开的机器（例如，轧棉机），以及用于将棉籽绒与棉籽分开的类似机器。

（三）打麻机或类似的机器，用以从沤软的植物茎（亚麻、大麻）中分离出纤维。

（四）扯开破布、旧绳及类似废旧织物用的机器。这些机器可将上述物料扯碎成适于粗梳的纤维状（例如，扯松机及开碎布机），但不包括造纸工业用的破布切碎机（品目 84.39）。

（五）开包机，用于将机压棉花包内的棉花散开。

（六）自动喂料机，配有一个铺开装置，可将物料均匀送进开松机。

（七）用于进一步清理及展开棉网的清棉机及舒展机；铺开羊毛用的预处理机器。

（八）配有羊毛喂给装置及热水泵入装置的洗毛机；以及配有搅动装置的原毛洗涤机（例如，大型洗毛机），有时还装有干燥装置。

（九）原毛染色机，用以对未纺的羊毛纤维成批进行染色。

（十）用油或化学物质浸渍羊毛、苎麻等以便粗梳及精梳的机器。

（十一）羊毛碳化机，配有贮酸大桶以及除去多余液体、干燥及清除焦化杂质等用的装置。

（十二）各种梳理机，用于梳理棉、毛、化学短纤维、韧皮纤维（亚麻、大麻等）等。这些机器可继续进行从开棉机、清棉机开始的清理工作，将纤维分离拉直。这些机器大体上是由装有锯齿钢丝或由植有钢丝针的织物（针布）包覆的大型滚筒组成。这些滚筒向着同样包有针布的固定板或其他滚筒进行梳理。这些机器配有一种清理装置，用以清除缠在钢丝针上的纤维；梳毛机则配有除草刺的装置。在不同的梳理阶段，可用不同类型的梳理机对不同的材料进行梳理（例如，预梳机、二道梳理机、末道梳理机）。梳理机将纤维梳理成宽网状或卷状，或搓成梳条，然后绕在卷筒或线轴上，或盘绕在旋转箱内。

本组也包括用以对纤维进行预处理，使其适于制毡或用作絮胎或填塞材料的梳理机。这种梳理机一般结构较为简单，由一个包有针布的扇面滚筒组成；该滚筒在同样包有针布的平台上来回摆动。

（十三）成条箱、针梳机等。这些机器或将条子拉细、并合后，再重新拉成均匀的产品，这类机器供粗梳之后使用，有时也供羊毛精梳之后使用。

（十四）精梳机，主要用于精梳除去短纤维。这类机器用钳板将条子夹住，然后用梳子或针排加以梳理。精梳机在生产的各个阶段中均有应用；可用于处理原材料（例如，亚麻栉梳），或供粗梳或拉条之后使用。最常见的有亚麻、大麻或类似纤维用的梳麻机、间歇梳棉机（例如，法式精梳机或直行精梳机）及圆型梳毛机。

（十五）亚麻、黄麻等的成条机。这些机器将成束的亚麻或其他纤维加以并合，拉长成为连续不断的条子。

（十六）毛条复洗机。羊毛经粗梳或精梳后，用这种机器除去羊毛上的油及其他杂质。这种机器配有多个温皂水桶、导纱辊、轧水辊、干燥滚筒和一台针梳机，用以重新将羊毛开松。

（十七）拉伸或粗纱机。它把梳条或粗纱作最后拉伸及松捻，以备纺纱。

（十八）盘条机。这些机器是由转盘带动条筒旋转，将各种机器加工制得的梳条或粗纱绕进筒内；通常在其顶部配有一个盘绕装置。

二、蚕丝捻丝前的预处理机器

本组包括：

（一）去除蚕茧外皮用的机器；以及用拍打方法去除不能缫丝的蚕茧外层细丝的机器。

（二）用手工方法从蚕茧中抽丝所用的容器。它配有一种装置，用以将几根蚕丝并合松捻；有时还配有丝框，用以卷绕抽得的生丝。丝框有时是独立于容器的，但只要两者同时报验，均应归入本品目。

（三）除去生丝纱上瘤节、粗丝等用的机器。

三、用以将粗纱纺成纱线的纺线机；加捻机及制多股纱线或缆线的机器

本组包括：

（一）精纺机，可将粗纱进一步拉伸加捻成纱。精纺机的主要构成部分是纺纱机构（锭翼环、钢丝圈等）及一个直立式或倾斜式旋转定子；完整的精纺机是由许多这些部件并排配置而成。本品目包括亚麻、大麻、黄麻等的纺机；间歇精纺机（走锭精纺机等）及连续精纺机（翼锭精纺机、环锭精纺机、帽锭精纺机等），还包括手纺车。

（二）丝束直接纺纱机，这些机器可将纤维束切断，拉成粗纱，并纺成纱，从而完成全部工序。

（三）捻线机或并线机，用于增加纱的捻度，或将两根及以上的纱线加捻成为多股纱线或缆线；但制绳专用的机器除外（品目84.79）。这类机器中有些配有某种装置，用以生产花色纱线（例如，毛圈线）。

本组也包括搓捻连续蚕丝或化学纤维长丝用的捻丝机。

（四）将马毛两端相接成长条用的打结机。

四、络筒机或摇纱机

这些机器适用于将纱（或粗纱）、线绕在纱管、线轴、纡子、锥形筒管、扁锥形筒子、纸板芯等上面，或绕成球、绞或束等，不论其是供生产、商业或零售之用。整经机的归类，参见下列第5部分。卷绕绳索用的机器应归入品目84.79。

本品目还包括从针织或钩编的次品上回收及复摇纱用的机器，并包括将纬纱绕在筒管上以备织造之用的卷纬机。

五、处理品目84.46或84.47机器所用纺织纱线的机器

本组包括：

（一）整经机。用以将多根纱平行拉紧，按纱的色泽及种类排列整齐，以备织造。可以同时将所需的全部经纱统一整理，也可以分条整理（分条整经）；可直接绕在经轴上，以备装在织机上使用，也可以暂时绕在整经机滚筒或其他芯子（例如，纱筒）上。

这类机器是由夹住多个纱筒的经轴架、一系列梳子及导纱器以及大功率的鼓盘络筒装置组成；机器的各个部分通常是分开的，但如果同时报验，则应归入本品目。

（二）经纱上浆机（例如，浆纱机）。这些机器对分条或成片的平行经纱进行临时性上浆，以防止经纱在织机上磨散，并使纱光滑，便于织造。这些机器通常由浆槽、一组导纱辊、一个加热滚筒或热风干燥器以及一个摇纱装置组成；有时还配有测长打印装置（用以在边纱上，每隔一定距离标出染色记号）。

本品目不包括其他上浆机，例如，为其他成绞或每根分开的纱线（包括纬纱）上浆用的机器（品目 84.51）。

（三）穿经架及穿筘机，用以使经纱穿过织机上的各条综丝，并穿过钢箱或梳齿。

（四）经纱结接或捻接机，用以使新的经纱与织机上的经纱相连接。

本品目不包括连接织造过程中断开的经纱的结经机（品目 84.48）。

（五）将经纱从整经机聚集在经轴上用的机器。

（六）织造过程中交织及供线用的机器。

（七）刺绣用的穿线机。

零件及附件

除零件的归类总原则另有规定的以外（参见第十六类总注释），本品目所列机器的零件及附件应归入品目 84.48。

*

* *

本品目不包括：

（一）对蚕茧进行热处理以杀死蚕蛹的机器（品目 84.19）。

（二）纺织材料的干燥机器（酌情归入品目 84.19 或 84.51）。

（三）离心式脱水机（品目 84.21）。

（四）品目 84.44 所列的机器。

（五）毡或无纺织物的制造或整理机器（品目 84.49）。

（六）抛光机、上光机、烧毛机或其他整理机器；以及织物卷绕机（品目 84.51）。

（七）动物皮革剪毛机（品目 84.53）。

（八）梳齿磨床（品目 84.60）。

（九）针布植齿机（品目 84.63）。

（十）将针布装在梳理滚筒等上的机器（品目 84.79）。

84.46　织机：

10　—　所织织物宽度不超过 30 厘米的织机

—　所织织物宽度超过 30 厘米的梭织机：

21　— —　动力织机

29　— —　其他

30　—　所织织物宽度超过 30 厘米的无梭织机

本品目包括用纺织纱线（包括泥炭纤维纱线）或其他纤维纱线（例如，金属纱线、玻璃纤维纱线或石棉纤维纱线）织造织物的纺织机器。

这类机器可将经纱与纬纱直角交织成织物。

最简单的织法是把来自经轴的成片经纱交替分成两组，分别由丝综控制；丝综将经纱上下交替，使两组经纱间形成一个角（称为梭口）；纬纱（传统的织机是由梭子将纬纱引入）穿过梭口，立即用钢筘将其紧靠先前引入的纬纱；然后丝综将经纱的上下位置颠倒，将纬纱固定住，并形成新的梭口，以引入下一道纬纱。普通织机所用丝综可多达八个，以变换经纱的上下次序，从而改变所织织物的花样。

较为复杂的织机可以织造出组织复杂的织物。例如，有些织机配有控制提升经线的特殊装置（例如，多臂织机、提花机等），以控制多组经线或单股经线；或者配有织造某些特殊装置（例如，纱罗装置、经绒或毛圈装置、织造浮纹组织的转梭装置等）。其他织机配有换梭（或更换梭内纱筒）的装置；用以引入不同色泽或不同品种的纬纱。织机还常配有其他一些机械或电气装置（例如，根据需要往梭内纱筒补充纱线的装置、在经线或纬线断开时停机的装置等）。

这些特殊装置大多数是作为织机的固定部分；也有作为一种活动式的配件装在普通织机上的；作为活动式配件的特殊装置如果与所用的织机同时报验，可归入本品目，如果单独报验，则不应归入本品目（品目84.48）。

织机通常织造的是平面织物，但也有一种圆形织机，可织造管筒状织物；这种织机用机械或电磁驱动一个或多个梭子，将纬线与垂直排列成圆形的经线相交织。

不同类型的织机，可按其机构类型或所生产的织物来命名。例如，多臂织机、提花织机、自动梭箱织机、无梭织机（此类织机是利用压缩空气、喷水或长织针将纬纱引入；或用一系列抛射体从固定的纱筒上将纬纱穿过经纱）、织带机（例如，杆织机、苏黎世织机及鼓织机）、起绒织物织机、地毯织机（包括结织栽绒地毯织机）。

本品目也包括：

一、手织机。

二、用金属丝或含金属纱线织布的织机，但这类织机必须与纺织材料织机类型相同，配有纺织材料织机的主要机械部件，即配入经轴、用以形成梭口的丝综、使纬丝（线）成直角穿过梭口并嵌在经线里面的机构，以及将织成的布卷绕起来的布轴。

但本品目不包括以各种方式将金属粗丝交织成粗丝格栅或粗丝网料的机器（参见品目84.63的注释）。

零件及附件

除零件的归类总原则另有规定的以外（参见第十六类总注释），本品目所列织机的零件及附件应归入品目84.48。

84.47　针织机、缝编机及制粗松螺旋花线、网眼薄纱、花边、刺绣品、装饰带、编织带或网的机器及簇绒机：

—　圆型针织机：

11　——　圆筒直径不超过165毫米

12　——　圆筒直径超过165毫米

20　—　平型针织机；缝编机

90　—　其他

本品目包括所有采用针织、缝编、嵌编、编织、网织、簇绒等方式生产织物或装饰带的机器。或在任何底布上进行刺绣的机器，不论其使用材料是未纺的粗纱、纺织纤维（包括泥炭纤维）纱线、其他纱线（例如，金属纱线、玻璃纤维纱线或石棉纤维纱线），还是金属丝。

一、针织机

针织机包括两大类：

（一）圆型针织机，用以生产直筒形织物，或通过改变每行针脚的大小，生产各种形状的管筒状织品（例如，长袜、短袜、贝雷帽、土耳其帽或类似的针织帽子等）。

（二）平型针织机，可织造出幅宽一致的平幅织物，或通过增减行中针数生产出具有各种形状的平幅织物，以便随后缝成制品（例如，缝成长袜或短袜）。平型针织机包括普通针织机（例如，考顿式针织机）及经编机（拉舍尔式、米兰尼斯式、经平绒针式经编机等）。这些机器中既包括结构简单的针织机，也包括具有多排织针的大型针织机。这些针织机有的还配有产生各种图案的提花机构或类似装置。

本品目也包括小型家用针织机和用于补袜等仅织很少针数的机器。但仅把两块针织件穿过环线将其织边缝合在一起的机器，应归入品目84.52。

二、缝编机

本组包括采用链式针法生产织物的各种缝编机。它们有下列几种：

（一）**配有缝纫装置，用链缝法缝织经线与纬线的缝编机。**

（二）**用以将纱圈插入并用编织针法将纱圈缝于普通织机预先织造的底布上的机器。**

（三）**编缝机**，用以在其他机器（例如，梳理及扯松机）生产的疏松纤维织物上织制缝口，使用作过滤材料、地毯衬底、绝缘材料等的片状纺织材料更为结实。

三、**制造网、网眼薄纱、花边、编织带或装饰带的机器；制粗松螺旋花线的机器；制刺绣品的机器；簇绒机等**

这些机器包括：

（一）**制网机器**。织出的网可作任何用途，可为网料，也可为成品（例如，渔网）。

（二）**制素式网眼薄纱的机器。**

（三）**制花式网眼薄纱、花边等的机器。**

（四）**织制六角网眼纱、六角网眼窗帘及机织六角网眼花边的机器**。这些机器用以织制平幅网眼窗帘，或用经纱及纬纱织制机织花边。但这些机织花边并不象织布那样将经纱和纬纱直角交织而成，而是通过梭子往复运动，用小型梭子上的绞合经纱（底线）绕结而成。

（五）**刺绣机，包括手工刺绣机（带伸缩梭的刺绣机）**。这些机器用针在机织底布或别的材料上用一根或多根丝线绣出各种图案；除手工操作的刺绣机外，它们可配有提花机构或类似装置。本品目也包括抽纱机。这种机器可将某些纱线抽去，余下的纱线加以连缀，形成透空的刺绣品。

本品目不包括链缝或锁缝机（主要用于某些纺织制品的锁边，但也可以做简单的绣花）；也不包括能做普通缝纫以外的一些简单刺绣的缝纫机（品目84.52）。

（六）**制粗松螺旋花线机**。它将一根纱线紧密地旋绕在通常较粗的线芯上（例如，金属丝、橡筋线、未纺纤维、一根或多根粗纱制成的线芯）。这类机器也可用于旋绕细电线。

（七）**交织各种装饰带的机器**（例如，编带机、提花织带机等）。它可以各种复杂方式，用各种纺织材料纱线或未纺粗纱（有时经嵌芯旋绕）交织成各种装饰带。

本品目还包括编织橡胶软管、塑料软管等的金属丝铠装层或用金属丝编织管状编织带的机器，但这些机器必须具有上述纺织器所特有的主要机械部件。

（八）**用纺织线包覆钮扣、穗缨芯等的机器。**

（九）**簇绒机**，将纺织纱线的线圈或绒头插入织物底布，以织制地毯、地席或质地的物品（例如，床罩、浴衣等）。

零件及附件

除零件的归类总原则另有规定的以外（参见第十六类总注释），本品目所列机器的零件及附件应归入品目84.48。

84.48 品目84.44、84.45、84.46或84.47所列机器的辅助机器（例如，多臂机、提花机、自停装置及换梭装置）；专用于或主要用于品目84.44、84.45、84.46或84.47所列机器的零件、附件（例如，锭子、锭壳、钢丝针布、梳、喷丝头、梭子、综丝、综框、针织机用针）：

— 品目84.44、84.45、84.46或84.47所列机器的辅助机器：

11 — — 多臂机或提花机及其所用的卡片缩小、复制、穿孔或汇编机器

19 — — 其他

20 — 品目84.44所列机器及其辅助机器的零件、附件

— 品目84.45所列机器及其辅助机器的零件、附件：

31　——　钢丝针布
32　——　纺织纤维预处理机器的零件、附件，但钢丝针布除外
33　——　锭子、锭壳、纺丝环、钢丝圈
39　——　其他
—　织机及其辅助机器的零件、附件：
42　——　织机用筘、综丝及综框
49　——　其他
—　品目 84.47 所列机器及其辅助机器的零件、附件：
51　——　沉降片、织针及其他成圈机件
59　——　其他

本品目包括：

一、所有能单独或同时对品目 84.44、84.45、84.46 或 84.47 所列机器（特别是纺纱机、织机、针织机及刺绣机）起辅助作用的机器或器具。这些辅助机器可扩充主机的力能（例如，多臂机及提花机），或进行主机本身操作时所需的某项特定机械操作（例如，断经自停装置、断纬自停装置、接经机等）。

二、本品目及品目 84.44、84.45、84.46 或 84.47 所列机器的零件（参见第十六类总注释）。

三、品目 84.44、84.45、84.46、84.47 或本品目所列机器的各种附件。所称“附件”，通常是并不构成机器不可分割的部分，但可以调换而且必须经常更换的设备部件（例如，由于迅速磨损需更换的附件或因工作改变须调换不同类型的附件）。

（一）辅助机器

本组包括：

1．纺纱机的辅助机器，例如，移开完全绕满纱线的卷轴，换上空轴的自动装置；以及放置成排空轴的活动装置。

2．经轴架，用以在经纱上浆或经轴卷纱时支住经轴；在有些情况下，也用以在织造时支住经轴。

3．多臂机及提花机，用以使织机能织造比原来更为复杂的组织。多臂机用以分别控制提升数量众多的综，而提花机则用以提升各根经纱。这些机器是由链条式的多个纹钉板控制操作；或在多数情况下（特别是提花机），由穿孔纹板松散地对边串成的连续链条控制操作。这些纹钉或横针（其中有些是根据纹板上穿孔位置不同而进行操作）带动机构把经线提起。类似机构（例如，韦多尔式提花机）用连续穿孔纸带控制操作。

4．装在提花机上的机器。它可使某些纹板在织机插入多根纬线时保持原位不动，从而减少纹板的需求量和提高机织速度。

5．纹板串连机，将纹板松散地串成链条状，以备提花机使用。

6．断经自停装置及断纬自停装置。这些装置能在经线或纬线断线时使织机立即停止运行。纬管控制装置，用以在需要时更换纬管，确保连续不断地供应纬纱。这些装置不论是否电动，均应归入本品目。

7．结经器，装在织机的整片经纱上面的小型机构，用以在织造过程中连接断线的经纱。

本品目不包括品目 84.45 所列的经纱结接机或经纱捻接机。

8．织制纱罗的装置，用以在织造过程中使某些经线交叉构成线圈，以便纬纱从中穿过。这种装置用于织造纱罗及其类似织物。

9．控花小梭子装置，利用控花小梭子穿过某些经线以织制控花图案。

10．经绒织造装置，利用梳的变速运动，在织物的单面或双面形成绒圈（例如，毛圈织物等）。

11．中央布边织造机。在阔幅织机同时织造若干窄幅织物时，此种机器在纬线需剪断处，织造纱罗组织或加入对缝线，以便裁开成窄幅织物。

12．配有光电池的疵点检测装置，用于织物针织时或将纱线绕于整经木框架上时检测疵点，如果发现疵点，即可使机器停止运转。

13．织机纱筒自动调换装置。

14．将薄片插入自动停机装置的机器。

15．整经机、经纱上浆机及针织机的护经装置。

16．筒管架。

17．开棉及清棉机或机械接结机的筛网及打手（翼子板）。

18．机械接结机、粗梳机或精梳机的滚筒。

19．羊毛洗毛机或上油机的搅拌装置及滚筒。

20．拉伸机、粗纱机或连续环穿线机的拉紧装置及其滚筒。

21．六角网眼织机的简单机械分纱装置，用以除去纱线上的结头及其他疵点。

上述各项中某些可构成某一种织机（例如，提花织机、自动织机等）的不可分割部分，当它们单独报验时，这些物品可作为品目84.44、84.45、84.46或84.47所列机器的零件而不是作为这些机器的辅助装置归入本品目。

（二）零件及附件

本组包括：

1．经轴架，用以在整经时支住筒管。

2．精纺机上用的锭子及锭壳。

3．离心纺丝罐（托范式离心纺丝罐，一般用塑料制成）用以在生产化学纤维纱线时，将其盘成丝饼状。

4．精梳机用的梳；针板或针排，即针梳机内所用的针板。

5．针布（包括称为钢丝针布的窄带），植有钢丝针；以及锯齿丝状的全钢针布。

6．钢丝圈，装在精纺机经纺丝钢环上的开口环，以便在纺纱时进行必要的加捻。

7．喷丝头、喷丝咀，用以挤出化学纤维长丝，包括贵金属制的；但不包括陶瓷制的（品目69.09）或玻璃制的（品目70.20）。

8．导纱器（但不包括玻璃或陶瓷制的，参见品目69.09及70.20；也不包括全部由玛瑙或其他宝石或半宝石制的，参见71.16）。

9．经轴，用以在织造时将经纱退卷。

10．织机用筘（包括可调节的伸缩筘），用以在织造过程中，对每一行纬线进行拍打，使其靠向前一道纬线。

11．综框，用以安装织机综丝。

12．梭子，但不包括卷用的纱筒。

13．金属综丝，可呈扁条状，也可以是一段双绞丝，中间有综眼，供经纱穿过；金属通丝，用以将综框与提升装置连接起来。

本品目不包括纺纱线或绳索制的综丝或通丝（品目59.11）。

14．线锤，即薄金属锤，上端有孔眼，以便与织机上的线相连接。

15．针板及底板，即穿孔板（通常用木或钢纸制成），供提花机或类似机器使用。

16．提花机竖针，提花机用许多这些特制的舌针，将提花机上的颈线与通丝相连接。

17．针织机用针（例如，弹簧针），包括结网机用的尖头穿孔器及针、装有一个或多个针舌的铰接针（也叫阀门针或舌针）、槽针（用移动槽代替针舌）、管针、钩编机用的钩针。

18．滑板、梳、滑杆等，用于织制网眼薄纱、花边及刺绣机器。

19．针织机用的导针片。

20．塑料制的拉伸套筒。

21．织机手梭（织梭）；刺绣机及制网机用梭。

22．针织机用板。例如，制动板、成形板，下落板、钢领板、比边板、导纱板、移圈板、提花针刺机下托板。所有这些物品都是由厚度约 0.1～2 毫米的薄钢板制成，有各种形状，能帮助织针（一般是弹簧针或铰接针）形成针脚。

23．形成针迹的附件。例如，起波器件、波导管、提花机刀箱、伸张器、针槽、针销及推杆。

24．经轴、分纱轴及经轴边盘、自动车面停车及调节装置。

25．梳板及梳齿的板及吊钩。

26．织机卡板。

27．梭箱。

28．织机的成圈铁制件，包括配有割绒部件的装置。

29．钩编机用的针钩（没有梭子）。

30．织袜机用针杆，直线针织机织针用的滑板、凸轮及针板，圆型针织机织针凸轮及圆筒。

31．六角网眼纱织机用的织针及织网机用的针钩。

32．刺绣机用的绣花针及绣花架。

33．编带机及筒管编带机用的锭子。

34．整经机及机动经纱上浆机用的断线自停装置（张力制动装置）及梳子。

35．多臂机或提花机用的横针、纹板、提刀及刀箱。

36．自动换梭装置的梭库（升降梭箱、翻转梭箱等）。

37．纬管自动换纡装置的纡库。

38．自动护经装置的停经片（薄片）。

*

* *

本品目也不包括：

（一）挤出化学纤维用的泵（品目 84.13）。

（二）挤出化学纤维用的过滤器（品目 84.21）。

（三）缝纫机专用针（品目 84.52）。

（四）控制提花机或类似机器用的已录制媒体（品目 85.23）。

（五）纱条及粗纱筒（按其构成材料归类）。

（六）分经棒（为木杆或金属杆，在织机上用以限制梭口的起点）（按其构成材料归类）。

（七）筒管、纬纱管、纡子、锥形纱管、线轴及类似芯子（按其构成材料归类）。

84.49 成匹、成形的毡呢或无纺织物制造或整理机器，包括制毡呢帽机器；帽模

本品目包括制造或整理各种毡呢、无纺织物及其制品的机器；但制造缩绒织物的机器不包括在本品目内。本品目还包括帽模。

制毡前的预处理机器（例如，毛发的气流分级机、纺织材料开松机、清理机及梳理机）与纺前纤维的预处理机器一样，应归入品目 84.45。

一、制造或整理毡呢或无纺织物的普通机器

这些机器包括：

（一）**制毡机**，通常配有两块槽沟的重型板，一块固定，另一块可作往复运动。在两块板之间经

梳理的纤维网受到摩擦及高压，形成毡呢。这类机器还包括将纤维网湿润和将板加热的设备。

这类机器有些用槽沟滚筒代替槽沟板。

（二）**皂洗机**，用以对未完全制成的毡呢进行皂洗。

（三）**缩呢机**。这种机器用锤击打已经皂洗的毡片，使其完全毡化。这种机器在特殊情况下可用以对小型纺织品或针织品进行缩呢处理，但仍应归入本品目。另一方面，主要用于对机织物进行缩呢处理的旋转缩绒机则不应归入本品目（品目 84.51）。

（四）**制造强化毡呢的机器**。它使用热滚筒使毡呢与羊毛底布毡合；或用倒刺针将部分纤维刺进非羊毛底布中，然后进行毡合。

（五）**毡呢整理机**，例如，对毡呢进行平整、抛光、修剪等。

（六）**无纺织物制造机器**（例如，采用干法、湿法或直纺制造无纺织物的机器）。

二、毡帽制造机器

这类机器包括：

（一）**将动物毛毡化成帽坯的机器**。它具有一组滚筒，将动物毛送到旋转刷或回转针布上，这些机件又将毛发抛到多孔的金属锥体（或丝网锥体），利用强气流将毛发吸到锥体表面，形成纱层。

（二）**毡呢压机**，装有通常是木制的有槽面压板，其中一块或者两块压板可作往复移动，对在两块压板之间的预制帽坯进行毡化。

（三）**滚筒压机**，用以使帽坯完全毡化。

（四）**扩张机**，使锥形帽坯进一步成形，并将锥形顶端滚圆。

（五）**帽边成形机**，帽边通过锥形滚筒时，将其压制成形。

（六）**磨光机**，用浮石或纱布将毡帽坯面上突出的毛发磨去。

（七）**烧毛机**，将帽坯表面的毛发烧掉。

（八）**帽沿上浆机**，对某些帽坯用虫胶或明胶浸渍或喷射，然后用滚筒加压定形。

（九）**楦帽机**，使帽沿完全折出，并使帽坯最后定形。

（十）**沙压机**，将热沙袋紧空心帽模上的帽坯里面，以使前面各工序弄皱的毡帽表面恢复平整。

（十一）**抛光机**，用旋垫摩擦毡帽，使其表面光滑。

羊毛毡帽制造机器与上述用其他动物毛毡呢制帽的机器。除帽坯成形的第一道工序有所不同外，其余基本相同。在羊毛毡帽制造机器中，经梳毛机梳理的羊毛纤维层，是用旋转双锥形帽模组成的装置制成帽坯的。

三、帽模

帽模可用木或金属（通常用铅）制成，并与上述某些机器一起使用。

试戴用的拉撑帽模也归入本品目。试戴时用以描绘头形的机器不归入本品目（品目 90.31）。

零　件

除零件的归类总原则另有规定的以外（参见第十六类总注释），本品目也包括所列机器的零件。

*

* *

本品目不包括：

（一）毡化前压紧纤维胎用的砑光机（品目 84.20）。

（二）制针织帽（贝雷帽、土耳其帽等）用的针织机（品目 84.47）。

84.50　家用型或洗衣房用洗衣机，包括洗涤干燥两用机(+)：

　　　—　　**干衣量不超过 10 千克的洗衣机：**

11　— —　**全自动的**

12　——　其他机器，装有离心甩干机

19　——　其他

20　—　干衣量超过10千克的洗衣机

90　—　零件

本品目包括家用型或洗衣房用洗衣机（不论是否电动的，也不论其重量大小），通常在家庭、商业洗衣房、医院等场所使用，用于清洗衣物、制成品等。它们一般配有浆式搅拌器或旋转滚筒，使液体在衣物中保持环流；有时还配有某种装置，使液体产生高频振动。

本品目还包括洗涤干燥两用机。

但干洗机应归入品目84.51。

零　件

除零件的归类总原则另有规定的以外（参见第十六类总注释），本品目也包括所列机器的零件。

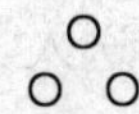

子目注释：

子目8450.11

本子目包括在设定有关程序后，无需人工干预即可自动进行洗涤、漂清和甩干的洗衣机。

84.51　纱线、织物及纺织制品的洗涤、清洁、绞拧、干燥、熨烫、挤压（包括熔压）、漂白、染色、上浆、整理、涂布或浸渍机器（品目84.50的机器除外）；列诺伦（亚麻油地毡）及类似铺地制品的布基或其他底布的浆料涂布机器；纺织物的卷绕、退绕、折叠、剪切或剪齿边机器：

10　—　干洗机

　　—　干燥机：

21　——　干衣量不超过10千克

29　——　其他

30　—　熨烫机及挤压机（包括熔压机）

40　—　洗涤、漂白或染色机器

50　—　纺织物的卷绕、退绕、折叠、剪切或剪齿边机器

80　—　其他机器

90　—　零件

本品目包括的机器范围很广。这些机器适用于：

一、对纺织纱线、织物或纺织制品进行洗涤、漂白、绞拧、清洁、熨烫、染色、干燥或类似处理，但家用或洗衣房用的洗衣机除外（品目84.50）。

二、在纺纱或织布之后，分别对纱线或织物进行上浆或整理，以使其显出某种特性或改善其外观（例如，剪毛、缩绒、上光等），或使其具有新的特性（例如，浸渍或涂布等）。但不包括整理毡呢的机器（品目84.49）。

三、对织物进行卷绕、退绕、折叠、剪切或剪齿边处理。

本品目中的许多机器仅是由桶、罐、槽或其他容器加上简单的机械部件（例如，将纱线及织物送入容器或压去多余液体的滚筒，以及搅拌桨等）配置而成。这些机器可进行洗涤、漂白、染色、清洁等各种操作，也可进行涂布或浸渍等整理工作（例如，涂浸浆料或涂浸防水剂、防皱剂、防火剂、防蛀剂、防腐剂等化合物）。归入本品目的机器必须具有上述机械部件，并明显用于处理纺织品。

（一）洗涤、绞拧、熨烫或挤压机器，不论是否配有发热装置

本组包括：

1．工业用洗涤机，供洗涤纺织纱线、织物或纺织制品之用，但品目 84.50 所列的洗衣机除外。本品目包括，例如，用以对通过该机的绞纱不断进行喷洗及干燥的隧道式洗涤机和洗涤布匹用的悬环式洗涤机。

本品目包括在织物及纺织品制造过程中使用的工业用洗涤机，主要用于成品织物的整理和去除浆料。

2．绞干机及轧液机。

3．振动摇松机，在洗衣房用以将绞扭的湿布匹摇松张开，以便熨平。

4. 烫衣服用的熨烫机及蒸汽压烫机（包括熔压机），但不包括品目 84.20 所列的轧辊式熨烫机（不论是否家用型）。

（二）漂白或染色机器

它们包括用于漂白及其他整理用的J形箱。这是一个形似字母J的立式双臂容器，内部装有蒸汽喷口及织物导引辊。织物经过漂白液池浸渍后，送入J形箱较长一只臂中，在那停留一定时间，待漂白液发生作用后，从较短的另一只臂中送出。

本组其他机器主要是上文提到的槽式机器，适于不同种类纺织品（例如，绞纱、束纱、纱球、绕在筒管等上的纱线、布匹或纺织制品）漂染之用。本组也包括平幅布匹的染色或上浆整理机；这些机器的主要特点是配有一组滚筒，用以挤出多余的液体。

（三）干洗机

这些机器用汽油、四氯化碳等液体进行清洁，而不用水清洗。它们的结构比较复杂，例如，配有使液体在被洗纺织品周围循环的洗涤器、离心脱液机、过滤器、澄清池及贮存槽。由于所用液体多具有易燃性，干洗机通常配有防爆式电动机，用以驱动洗涤器及循环泵。

（四）干燥机

这些机器只有明显专用于干燥纺织纱线、织物或纺织制品时，才能归入本品目。它们主要有两种类型：一种主要配有一个封闭室，纺织品在封闭室内受热空气作用而干燥；另一种是织物在热滚筒上经过而干燥。

本品目不包括非处理纺织品专用的干燥机（品目 84.19）；也不包括离心干燥机（品目 84.21）。

（五）上浆或整理机器

本组包括：

1．丝光机，用烧碱对纺织线或织物进行处理。

2．捶布机。该机配有一个滚筒，上面螺旋状装有成排的木锤或铸钢锤，用以捶打布匹，使其更为结实，织纹更为紧密，并具有更好的光泽。

3．滚筒式缩呢机。这种机器用以使经纱与纬纱排列更为紧密，使织物表面局部缩呢。

主要用于制造毛呢的锤打式缩呢机除外（品目 84.49）。

4．呢面清洁整理机或验布机，用以除去织物中残留的疵点或结节。

5．起绒机，用于使织物表面纤维起绒。这种机器主要配有一个大型滚筒，上面有能装起绒刺果的皮板或支架，或配有布满细金属丝套刺的多个小滚筒。

6．拍打织物背面，使其表面绒毛立起的机器。

7．织物剪毛机，用以在织物起绒之后剪平绒面；类似机器用于修整丝绒。使用齿纹托板或滚筒可产生图案效应。

8．平纹结子花呢机或波纹机，用以将纤维束滚压或卷曲在一起，使起绒织物表面形成波纹或珠状效应。它们由一个盖有长毛绒垫布的工作台构成，工作台上装有另一块包有橡胶、毡或砂布的台板作短程摆动回转运动。

9．刷毛机，配有旋转的圆柱形刷子，对起绒或剪毛后的织物进行刷毛。

10．烧毛机。这种机器将布匹迅速在加热滚筒、加热弧形板或煤气火焰上面通过，以除去纱线或布匹上的毛羽。

11．细绳、绞丝或丝织物的磨光或轧光机。

12．金刚砂磨机，用以使织物表面平滑均匀。

13．滚筒式压呢机，在扁平或半圆形的底板上操作，以使织物表面产生光泽。研光机（品目 84.20）及通用液压机（品目 84.79）也具有此种用途。

14．蒸呢机，用蒸汽对织物进行最后整理，使其定型；用蒸汽对纱线或织物进行调湿处理的类似机器也包括在内。

15．拉幅机，用以使织物回复到其应有的宽度。

16．缩水机，使纬纱紧密，织物组织密实，以后不再缩水。

17．涂布或浸渍机器，用以将特殊涂料涂在纱线或织物表面上，或用特殊制剂（例如，胶、淀粉、浆料、蜡、塑料、橡胶或防水化合物）对纱线或织物进行浸渍处理。本品目也包括对织物、纸板等进行涂布以制造亚麻油地毡及类似铺地制品的机器；以及上述（二）款末句所述的上浆机器。

18．花式纱线制造机器，用以在纺纱、并丝之后，在纱线上形成特殊效应（例如，用凝胶或蜡的小滴装饰纱线的机器）。

（六）纺织物的卷绕、退绕、折叠、剪切或剪齿边机器

本组包括：

1．折布机或卷布机，用以将布匹纵向或横向折叠，或将其卷绕在轴芯上。也包括配有折叠或卷绕装置的验布机，用以检验织物上有无疵点。这些机器均可配有测量装置。

2．裁布机或锯齿边裁切机，包括裁剪图案及衣片的机器。

*
* *

下列物品也归入本品目：

（1）汽蒸外衣用的蒸汽装置（蒸汽人像机）。

（2）已烫亚麻纺织品（例如，手帕、被单、桌布）的折叠机器及设备（工作台等）。

（3）漂白或染色前将羊毛织物煮沸洗净的机器设备。

（4）织物漂白或染色前的脱胶机。

（5）漂白或染色前用碱液或钾对织物进行处理的机器。

（6）纱绕、织物及其他纺织品的蒸汽增湿机。

（7）定形（热定形）机，包括长统袜或短袜的预成形或定形机。

（8）充气胎用织物的浸渍及拉伸机。

（9）打字机及类似机器用纺织色带上墨机器。

（10）暂停整理织物用的机器。

（11）织物植绒机，例如，静电植绒机。

（12）织物打裥机。

（13）原地清洗地毯的器具，向地毯中注入清洁溶剂，再由泵将溶剂抽出；设计供单位（家庭房舍除外）使用的，例如，供宾馆、汽车旅馆、医院、办公室、餐厅及学校使用的。

零　件

除零件的归类总原则另有规定的以外（参见第十六类总注释），本品目所列机器的零件也应归入本品目。

*
* *

本品目不包括：

（一）高压釜、带蒸汽夹层的桶以及明显不是专门对纺织品进行热处理的其他加热设备（品目84.19）。

（二）砑光机（用于丝光、上光、平整、压花、波纹轧光等）及其滚筒（品目84.20）。

（三）品目84.21所列的离心甩干机及其他离心机。

84.52　缝纫机，但品目84.40的锁线订书机除外；缝纫机专用的特制家具、底座及罩盖；缝纫机针(+)：

10　—　家用型缝纫机

—　其他缝纫机：

21　——　自动的

29　——　其他

30　—　缝纫机针

90　—　缝纫机专用的特制家具、底座和罩盖及其零件；缝纫机的其他零件

一、缝纫机

本品目的缝纫机及缝纫机头用于将两片或多片纺织品、皮革等缝合在一起。除可进行普通缝纫之外，还能进行纯装饰性工作（例如，刺绣效应）的缝纫机也归入本品目。但专门用于刺绣的机器（包括抽纱机）应归入品目84.47；锁线订书机应归入品目84.40；缝编机应归入品目84.47。

除进行某种刺绣工作之外，这些缝纫机通常用两根线进行缝纫，一根由缝纫机针刺入，一根在缝纫机板下面由摆梭带动。缝纫机通常仅用一根针及一只摆梭；但也可使用多根针及多只摆梭（以形成双线或三线缝口）。

内装电动机的电动缝纫机，不论是否家用型，均应归入本品目。

除家庭或服装裁缝等用的缝纫机之外，本品目还包括仅用于某种缝纫工作的特种缝纫机。例如：

（一）用于制造或修补靴鞋或其他皮革制品的缝纫机。

（二）缝钮门机；这种机器可配有割开钮门的装置。

（三）钉钮扣的机器。

（四）缝制草帽的机器。

（五）缝制毛皮的机器。

（六）包袋（例如，面粉或水泥袋等）装包后缝口用的机器；这类机器可以是悬挂式的，通常没有梭子。

（七）缝合麻袋裂缝用的机器。

（八）制麻袋、缝合毯子、地毯等物品边缘的对缝机。

（九）花式缝合机及毯子边锁缝机。

（十）对边缝合针织衣片用的机器。

本品目的某些机器除具有缝纫功能外，还能进行其他操作，例如，对织物、皮革、纸张等进行裁剪、锯齿边切裁、穿孔或打裥。

二、缝纫机专用的特制家具、底座及罩盖

可用作桌子或橱柜的缝纫机架及其零件（抽屉、伸缩板等）、底座及罩盖等，即使单独报验也归入本品目。但主要用于保护或携带缝纫机的箱子，如果单独报验，应按其相应的品目归类。

三、缝纫机针

本品目不仅包括上述缝纫机用针，而且包括缝纫机类型的机器用针（通常在针尖附有孔眼），即

品目84.40所列锁线订书机用针及品目84.47所列刺绣机用针。

零　件

除零件的归类总原则另有规定的以外（参见第十六类总注释），本品目也包括本品目所列机器的零件（例如，机架及摆梭），但线轴应接其构成材料归类。

*

* *

本品目不包括玩具缝纫机（品目95.03）。

○

○ ○

子目注释：

子目8452.10

子目8452.10适用于至少可进行锁式线迹缝纫操作的下列缝纫机及缝纫机头：

一、脚踏或手摇的缝纫机；

二、装有功率不超过120瓦的电动机的缝纫机；

三、报验时不带电动机且缝纫机头不超过16千克的机动缝纫机。

本子目也适用于称为“锁边机”或“包边机”的缝纫机。这种缝纫机内置输出功率不超过120瓦的电动机，可进行三线、四线或五线缝纫，其缝纫机头除采用锁线缝纫法以外，其余的结构及操作与以上所述的缝纫机头相类似，机器为家用型，其缝纫速度一般不超过每分钟1500针。

本子目还包括电池驱动的手持单线链式缝纫机。

但本子目不包括只能进行某项特定工作（例如，钮门锁眼或装袋后的封口用）的缝纫机。

84.53　生皮、皮革的处理、鞣制或加工机器，鞋靴、毛皮及其他皮革制品的制作或修理机器，但缝纫机除外：

10　—　生皮、皮革的处理、鞣制或加工机器

20　—　鞋靴制作或修理机器

80　—　其他机器

90　—　零件

本品目包括对生皮（含毛皮）进行处理以备鞣制的机器、生皮的鞣制（含羊皮化处理）机器以及后整理机器。本品目也包括制造或修补生皮或皮革制品的机器（例如，制造皮革的鞋靴、手套或旅行容器的机器）。但本品目不包括缝纫机（品目84.52）。

一、生皮或皮革的处理、鞣制或加工机器

实际上，本品目所列的许多机器适用于生皮加工过程中的几个阶段（例如，清洗、预鞣、染色及其他整理工序）。这些机器包括配有搅拌器、旋转装置或搬运生皮机械装置等的特制缸、桶、洗涤器等。

本组机器主要包括：

（一）**脱毛机**，用以将生皮上预先用化学方法松脱的毛发除去。

（二）**去肉机**，用以除去生皮上的肉、脂肪等。

（三）**锤磨机（鞣革机）及滚筒敲打机**。这种机器用锤或旋转凹槽滚筒在生皮或皮革的清洗、鞣制、上油或浸渍过程中，对生皮或皮革进行敲打。

（四）**生皮或皮革伸张机**，用以将生皮或皮革的毛孔张开，消除皱折或其他表面瑕疵；**刮皮机**，用以刮平生皮的肉面，除去异物；**柔软整理机**，用包有软木或橡胶的滚筒对皮革进行软化整理。

（五）**锤打机**，用小锤拍打皮革表面，以除去尘土及多余的水份，并恢复皮革的粒面。

（六）**锤实机**，用以锤打皮革，使其结实、坚硬、光滑（以备制鞋底或机器皮带等之用）。

（七）**修刮或剖皮机**，用刀刮皮，使整片皮革的厚度均匀，或将皮革剖分几层。

（八）**砂磨机**，用以使皮革表面毛糙，产生丝绒效应。

（九）**刷皮机**，用以清洁毛面并增强皮革砂磨后的丝绒效应。

（十）**皮革上光机**，用玛瑙抛光石或小型玛瑙或玻璃滚筒摩擦皮革，使其产生光泽。

（十一）**起粒机**。

本组也包括毛皮加工机。一般来说，毛皮是用类似于上述的机器进行预鞣或鞣制；但本品目也包括专门加工毛皮上的毛的机器（例如，将皮毛修齐、剪去长毛、对皮毛进行卷曲、梳理、刷毛或染色等）。

本品目也不包括：

（一）品目84.19所列的干燥机。

（二）研光机（例如，将皮革轧平、上光、压纹等）（品目84.20）。

（三）离心甩干机（品目84.21）。

（四）染料、清漆等的喷涂机（品目84.24）。

（五）屠宰场用的猪皮去毛机（品目84.38）。

（六）通用压力机（品目84.79）。

（七）生皮测量机（品目90.31）。

二、制造或修补鞋靴或其他生皮或皮革制品的机器

本组包括制造或修补生皮（包括毛皮）或皮革制品（例如，鞋靴、手套、茄克衫及其他衣着用品、鞍具、书籍封面、手提包、旅行容器等）的机器。

本组主要包括：

（一）**切片或削皮机**，用以将皮革的边缘或其他部分削薄，以便粘合或缝合。

（二）**将皮革切成特定形状的机器**（例如，将皮革切成鞋面、手套坯、带子等）。最常见的两种机器是带刀机及冲切机（用压模冲切）。

（三）**穿孔机**，供装饰鞋头、手套背面等用。

（四）**制鞋靴的机器**，例如：

1．切槽机，切出沟纹或槽口，用以埋入缝线（例如，绕鞋底边缘切槽），以及在缝线前后开槽或闭槽用的机器。

2．楦鞋机，用以将鞋帮套到鞋楦上，并钉在或粘在鞋内底上。

3．连续敲打机，用以在鞋帮及鞋内底装上鞋楦之后，敲打鞋帮边缘及鞋内底的底部。

4．将外底粘贴在内底及鞋帮上用的机器，例如：上胶机、贴底机。

5．将鞋跟固定上到鞋底上用的机器。

6．鞋底边缘或鞋跟边缘的修整、磨光或后处理机器。

7．拉毛机，它可用钢丝刷或研磨带除去鞋帮上的涂饰剂，使其更牢固地粘合在鞋底上。

8．磨光整理机，装有一系列磨石、抛光刷及毡，用以使鞋帮的表面光滑整齐。本品目包括鞋靴修理匠所用的类似机器。

9．鞋靴拉撑机。

必须注意，本品目所列的某些机器（例如，起粒、裁切、穿孔、刺孔的机器），甚至某些制鞋靴机器，也可用于加工皮革以外的材料（例如，纸板、仿皮革或塑料），只要它们明显主要用于加工生皮或皮革，则仍应归入本品目。

但本品目不包括：

（一）鞋靴楦（应按其构成材料归类，一般归入品目44.17）。

（二）制木屐、木鞋底、木鞋跟等的木材加工机器（品目84.65）。

（三）自动擦鞋机及打孔眼机（品目84.79）。

零 件

除零件的归类总原则另有规定的以外（参见第十六类总注释），本品目所列机器的零件，以及这些机器所用的压模和其他可互换工具，也应归入本品目。

84.54 金属冶炼及铸造用的转炉、浇包、锭模及铸造机：

10 — 转炉

20 — 锭模及浇包

30 — 铸造机

90 — 零件

一、转炉

这种设备用于吹炼或精炼金属（例如，将铁炼成钢，熔炼铜、镍锍、方铅矿等）。它通过对熔炉内已熔化或增至高温的材料吹入强空气流或氧气流，将大部分碳或锰、硅及磷等杂质氧化成气体或成为熔渣，并加以排除。氧化又进一步提高了金属的温度。

最常见的转炉（例如，氧气顶吹转炉或卡尔多旋转式转炉）为梨形圆筒形容器，用厚钢板作外壳，炉内壁衬以耐火材料。可以利用转炉顶部的喷枪〔氧气顶吹转炉（林茨-多纳维茨转炉）〕或通过转炉底部的喷嘴（氧气底吹转炉）将氧气吹入炉内。也有将两者结合的组合式转炉。

其他转炉包括侧吹转炉、圆筒形旋转炉、锥形转炉（炉内配有金属炉栅用以承托燃料，用于冶炼铜锍）。

二、浇包

它是一种用以盛接熔炉内的熔融金属，并将其倒入转炉或铸模的装置。这是一种简单的无盖容器，一般内衬耐火材料，常装有一些装置以便于倾倒，有时还装有轮子。浇包通常用机械操作（例如，用起重机操作）。但本品目也包括手工操作的铸造用铸勺。白铁工及金饰工等用的小手铸勺不归入本品目（品目73.25或73.26）。

三、锭模

锭模可以具有各种形状，有一体式或对合式锭模，用以将熔融金属暂时铸成锭、生铁块、板坯等。

其他模子（例如，浇铸物品用的铸模）一般应归入品目84.80。

本组的锭模是用金属（通常为铁或钢）制成。石墨或其他碳或陶瓷材料制的锭模不归入本品目（分别归入品目68.15及69.03）。

四、金属冶炼及铸造用的铸造机

本组包括：

（一）**逐次浇铸、冷却及脱模的机器**（一般装有传送带或输送链）。这类机器有时装有摇动或轻打铸模，使熔融金属均匀凝固装置。

（二）**压力浇铸机**，主要配有两块可调节的板，上面各装有半个铸模，利用压缩空气直接作用于储槽内液态金属的自由液面，将其压入铸模，或将活塞插入装满液态金属的密封储槽中其将压入铸模。这些机器有时装有加速金属凝固的冷却装置，以及使铸件从铸模中脱出的装置。它们主要用于浇铸小型有色金属制品。

但本品目不包括在压力下烧结模制金属粉末用的机器（品目84.62）。

（三）**离心浇铸机**。将熔融金属浇入高速旋转的圆筒形铸模；金属被甩向铸模壁并凝固成为管状。

（四）**连续铸造机**。这类设备将钢水从浇包送入分配装置，再由分配装置分送给不同的铸造流水线。这些流水线包括：

1．配有冷却装置的一个无底锭模；

2．在锭模外配有一组装置，可将水喷成雾状，以便使浇铸金属冷却；

3．一组滚轴输送装置，用以有规律地送出已凝固的金属；以及

4．一套切割设备和一个后送装置。

本组机器所用的模子一般归入品目68.15、69.03或84.80。

零　件

除零件的归类总原则另有规定的以外（参见第十六类总注释），本品目也包括本品目所列机器的零件。

84.55　金属轧机及其轧辊：

10　—　轧管机

—　其他轧机：

21　— —　热轧机或冷热联合轧机

22　— —　冷轧机

30　—　轧机用轧辊

90　—　其他零件

一、金属轧机

轧机是一种金属加工机器，主要由一系列轧辊组成，金属从轧辊中通过时，由轧辊将其压平或压成各种形状，同时改变金属结构，改善金属质量。有些轧机除具有普通的滚轧功能外，还可在金属表面轧出花纹，或将两层或多层不同的金属轧成层压金属。

滚轧非金属材料的类似机器（例如，砑光机）不应归入本品目（品目84.20）。其他滚压机器〔例如，将金属箔压粘于纸底上的机器（品目84.20）；折弯机、折叠机、矫直机或轧平机（品目84.62）〕不能视为上述轧机，因此不应归入本品目。

轧机根据以下不同用途具有不同类型，例如：

（一）将金属材料压薄，并使其长度相应增加（例如，将锭轧成钢坯、钢块或板坯；将板坯轧成薄板、带材等）。

（二）将钢坯、钢块等轧成具有特定截面的材料（例如，条、棒、角材、型材、异型材、大梁、铁路钢轨等）。

（三）滚轧管材。

（四）滚轧车轮坯或轮坯（例如，滚轧铁道车轮的凸缘）。

多数轧机用于上述（一）或（二）两个方面。轧机的主要部分称为“滚轧架”，它是由二、三或四个轧辊在一个重型金属机壳内自下而上水平排列配置而成。金属从两个轧辊之间可调节的隙缝中通过。在三辊式及两对双辊式滚轧架中，金属经过其中两个轧辊滚轧后，再用另外两个轧辊滚轧。有些滚轧架还另外加设两个或多个辅助轧辊，以加强主轧辊的压力及稳定性。

大多数轧机是由若干上述滚轧架一排并列、略为错列或成对前后排列配置而成（例如，连续薄板轧机）。轧辊的旋转速度及其相互间隙均可调节，以逐步对金属进行滚压。

有些轧机还配有侧轧辊，用以对所轧金属材料的边缘进行滚轧或轧制特种型材（例如，大梁）。

滚轧扁平轧材（板坯、薄板、带材等）的轧辊是光面的（但某些精整轧辊可轧制一些简单的肋形花纹）。在许多情况下〔例如，用于上述（二）款所列各项操作时〕，轧辊并不是全宽度地进行滚轧，而是在轧辊的表面刻有凹槽，使两个轧辊之间形成一个特殊形状的间隙孔型。金属通过这些间隙时就变成间隙的形状。经过一系列形状渐异的上述间隙，即可将金属轧制成所需面的材料。

上述轧机的大小差异甚大，从轧制贵金属用的小型轧机到巨型的轧钢机不等。

这些轧机多数是热轧机，但某些精轧机（特别是薄板及带材轧机）是冷轧机。

上述（三）及（四）两款所列的轧机包括：

1．曼内斯曼斜轧穿孔机及类似的钢坯穿轧机。这些轧机配有大型倾斜轧辊，轧辊使加热钢坯转动，并将其压向一个穿轧芯棒，粗轧成管坯。

2．滚轧已穿轧的管坯的轧机，用以减薄管壁厚度，延长管身，使管壁表面光滑。管内壁由芯棒进行滚轧，管外壁由孔型为圆型的轧辊或锥型轧辊进行滚轧。有些轧机使用带有偏心凹槽，因而具有一条可变孔型的多个轧辊（阶梯滚轧）。

3．管材精轧机，用以精整或减薄管壁、减缩管径或使管子具有正圆横截面。这种机器滚轧时可以使用或不用穿轧芯棒。

4．滚轧大直径铸钢管用的径向轧机。管外壁用多个轧辊滚轧，管内壁用同等数量的轧辊滚轧，钢管在两者之间转动。

5．车轮或圆盘轧机，由一组锥形或圆筒形轧辊以各种形式排列组合而成。粗制车轮坯在轧辊间旋转，车轮的各个部分（例如，铁路车轮的凸缘）在轧辊的压力下加工成所需形状。类似的轧机也可用以轧制铁路车轮凸缘轮箍以及某些铁路钢轨。

一般来说，轧机操作时需要大量的辅助设备，例如，导向装置、辊式摇床、搬运设备、再加热炉、酸洗槽、卷带机、剪切机及锯机、冷床、计重及印唛机、矫直及轧平机、控制装置（机械、电气或电子装置）等。

二、轧辊及其他零件

除零件的归类总原则另有规定的以外（参见第十六类总注释），本品目包括轧机的零件，其中包括轧机的轧辊。轧辊的长度及直径相差很大，轧钢用轧辊的长度约在30～520厘米之间，直径在18～137厘米之间，用铸铁、铸钢或锻钢制成，其表面通常经专门的淬火处理，并经精密加工，其尺寸精度很高。轧辊可以是光面的，也可以开有各种形状的槽口，以便形成所需的孔型。每个轧辊辊颈常具有各种形状，以适于装在轧机机壳内，辊颈外端切成梅花头状，以便于驱动。

84.56　用激光、其他光、光子束、超声波、放电、电化学法、电子束、离子束或等离子弧处理各种材料的加工机床；水射流切割机：

10　—　用激光、其他光或光子束处理的

20　—　用超声波处理的

30　—　用放电处理的

90　—　其他

本品目所列机床可用于对各种材料进行切削成形或表面加工。这些机器必须同时符合下列三个方面的要求：

一、必须是用于切削加工；

二、必须具备与配有普通刀具的机床相同的加工功能；

三、必须是采用以下七种工艺中的一种进行加工：激光、其他光或光子束、超声波、放电、电化学法、电子束、离子束或等离子弧。

本品目也包括下列第（八）款所述的水射流切割机。

然而，本品目不包括以下几种加工机器，它们应归入品目84.86：

（一）通过去除材料来加工各种材料的加工机器，专用于或主要用于制造半导体单晶柱或晶圆、半导体器件、集成电路或平板显示器。

（二）通过去除材料来加工各种材料的加工机器，专用于或主要用于制造或修补掩膜版及投影掩膜版。

（三）用干法蚀刻半导体材料的加工机器。

上述产品举例：（1）半导体晶体钻孔用的激光加工机床；（2）用于切割半导体芯片或集成电路陶瓷基片的切割或穿孔的超声波加工机床。

（一）用激光、其他光或光子束进行加工的机床

激光加工（光子加工）就是用光子轰击受击靶。本组主要包括用于打孔的加工机（用以加工金属、表用红宝石等）、金属或其他硬质材料的切割加工机及各种超耐蚀材料的雕刻机（用以雕刻图案、字母、线条等）。

（二）超声波加工机床

超声波机床利用一个受超声频振动的工具和游离于液体中的磨料进行加工，也可配有一个研磨料再循环系统。

本组包括主要用于进行下列各项加工的机床：

1．用以加工钻石或硬质合金冲模；

2．用于各种材料的打孔或切割成形；

3．用以雕刻玻璃；

4．用以磨削、扩孔或抛光。

（三）放电加工机床

这种加工方法的工作原理是通过在两个金属电极（工件工具）之间突然放电（持续时间极短，速率达到十万赫）进行金属蚀除。例如，本组包括高频电火花切割机床。

（四）用电化学法进行加工的机床

这种加工方法的工作原理是利用电蚀方法进行切削。工件（阳极）与工具（阴极）均为电导体，两者均浸没在指定的电解液中，但阴极不能产生沉积，只是阳极溶解。

本组包括：

1．电解抛光设备，用以对试料进行抛光，以供显微或冶金检查之用。

2．电解磨刃器，利用金刚石磨轮磨削刀具、断屑槽或硬质合金板。

3．用阳极溶解法除去各种齿轮毛刺的机器。

4．平面等的精密加工机器。

（五）电子束加工机床

这种加工方法是用强电场加速阴极释放出的电子，再用一组磁性或静电透镜聚焦后轰击工件上极小的工作面而进行切削加工。

（六）离子束加工机床

这种机床是利用离子束的连续作用（而不是象激光那样的脉冲束）进行加工。

（七）等离子弧加工机床

这种机床是利用高压电磁脉冲发生器产生的电流所造成的气体强电离现象进行加工的。这种机床可对板片进行高速切削，还可进行粗切削加工及粗进给螺纹车削加工。

（八）水射流切割机

本组包括水射流或研磨水射流切割机。这类机器通常以 2～3 倍音速的速度喷射出水射流或精细研磨料与水混合的射流，对材料进行切割加工。它们在 3000～4000 巴的压力下进行工作，能对多种材料进行各种各样的精密切割。水射流切割机一般用于切割比较柔软的材料（泡沫材料、软质橡胶、密封材料、金属箔等）。研磨水射流切割机一般用于切割比较坚硬的材料（工具钢、硬质橡胶、复合材料、石料、玻璃、铝、不锈钢等）。

零件及附件

除零件归类总原则另有规定的以外（参见第十六类总注释），本品目所列机器的零件及附件应归入品目84.66。

*
* *

本品目不包括：

（一）清洁用的超声波装置（品目84.79）。

（二）焊接机器设备，不论是否兼有切割功能（品目85.15）。

（三）试验用机器（品目90.24）。

84.57　加工金属的加工中心、单工位组合机床及多工位组合机床：

10　—　加工中心

20　—　单工位组合机床

30　—　多工位组合机床

本品目仅适用于可对单一的工件完成下列不同形式机械操作之一的金属加工机床〔车床（包括车削中心）除外〕（参见本章注释四）：

一、按照机械加工程序从刀具库或类似装置中自动更换刀具（加工中心）；

二、同时或顺序地自动使用不同的动力头对固定不动的工件进行加工（单工位组合机床）；

三、自动将工件送向不同的动力头（多工位组合机床）。

（一）加工中心

加工中心是独立的机器，即所有机械加工操作均是在一台独立的（多功能）机床上进行的。这类加工中心必须符合两个条件：首先，它们必须能进行多种机械加工操作；其次，它们必须配有刀具自动更换装置，可按照机械加工程序从刀具库或类似装置自动更换刀具。

据此，本组包括可利用刀具库或类似装置上的刀具自动更换，进行两种或多种机械加工操作的机床。但只能使用一个刀具或者同时或连续地使用多个刀具进行一种机械加工操作的机床（例如，多轴钻床或多刀铣床）则应归入品目84.59至84.61。

按照刀具能自动更换的技术要求，本品目不包括各种刀具不能自动更换的多功能机器（例如，能进行钻孔、镗孔、攻丝及铣削的机器）。这些机器应按第十六类注释三或归类总规则三（三）的规定，归入品目84.59至84.61，除非它们可作为多工位组合机床，即可自动将工件送向不同的动力头〔参见下列第（三）部分〕。

加工中心还可包括某些辅助装置，例如，随行夹具变换装置、随行夹具库系统或刀具库变换装置。

（二）单工位组合机床

单工位组合机床是一种多功能机器，工件夹在机上固定不动，而动力头则移到与工件相应的位置进行操作或机械加工。

动力头是这种机器的组成部分。它们装在机器上，用以夹紧、引导或操纵（转位、走刀或回刀）可互换刀具。旋转刀架一般装有电动机；而平移刀架则通常装有液压缸。上述两种刀架可结合在一起使用。

本组包括可利用两个及以上动力头进行两种或多种机械加工操作的单工位组合机床。

但使用多个动力进行一种机械加工操作的机器，或使用单一的动力头进行多种机械加工操作的机器，不应归入本品目。

（三）多工位组合机床

这类机器必须符合以下三个条件：1．它们必须可进行多种机械加工操作；2．它们必须能自动将工件送向刀具；3. 它们必需配有多种动力头。

组合机床一般可分为旋转式及直线式两种。旋转式组合机床的几个动力头呈环状装在同一机座上，进行各种不同的加工操作。工件绕动力头运转，在每一间歇（工位）由相应动力头上的刀具对其进行加工（例如，钻孔、镗孔、攻丝）。直线式组合机床的动力头呈直线装在同一机座上，当工件沿直线从一动力头运行到另一动力头时，这些动力头可逐个对其进行加工。

根据本章注释四第（三）款规定，本品目不包括将几种机器连起来，由输送机输送工件的传输生产线。

按照上述章注的有关规定，本品目也不包括柔性制造系统（FMS）。这种设备是由多台一般是数控的机器或多台机组组成，配有升降架、输送机、无人驾驶的吊运车、机械手及工业机器人等自动搬运设备，用以将工件送进机器，或在加工后将工件送走。构成可调加工系统的各种机组及搬运设备是由自动数据处理机控制的。

零件及附件

除零件的归类总原则另有规定的以外（参见第十六类总注释），本品目所列机床的零件及附件应归入品目 84.66，但第八十二章所列工具除外。

*

* *

本品目也不包括：

（一）用激光、其他光、光子束、超声波、放电、电化学法、电子束、离子束或等离子弧处理各种材料的加工机床；水射流切割机（品目 84.56）。

（二）切削金属的车床（包括车削中心）（品目 84.58）。

（三）直线移动式动力头机床（品目 84.59）。

（四）品目 84.68 及 85.15 所列的焊接机器设备。

84.58 切削金属的车床（包括车削中心）（+）：

— 卧式车床：

11 — — 数控的

19 — — 其他

— 其他车床：

91 — — 数控的

99 — — 其他

本品目所列车床（包括车削中心）是一种通过切削金属对金属进行表面加工的机器。

这些机床与品目 84.67 所列手提式（风动、液压或电动）工具的区别在于，它们一般是安装在地板、工作台、墙壁或另一台机器之上，因此通常配有底座或支架等。

本品目包括：

一、车床（不论是否自动）。其中包括滑架车床、立式车床、转塔（或六角）车床、专用（或仿形）车床。但使金属变形的旋压车床应归入品目 84.63。

二、心轴车床。这种机床可同时对称地车削大型轮轴等的两端。

三、切削金属的车削中心。

零件及附件

除零件的归类总原则另有规定的以外（参见第十六类总注释），本品目所列车床的零件及附件应归入品目 84.66，但第八十二章所列工具除外。

*

＊ ＊

本品目也不包括：

（一）用激光、其他光、光子束、超声波、放电、电化学法、电子束、离子束或等离子弧处理各种材料的加工机床；水射流切割机（品目 84.56）。

（二）加工金属的加工中心、单工位组合机床及多工位组合机床（品目 84.57）。

（三）切割机（品目 84.61）。

（四）手提式风动或液压工具及本身装有电动或非电动动力装置的手提式工具（品目 84.67）。

（五）品目 90.24 所列的试验用机器及器具。

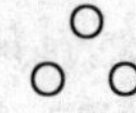

子目注释：

子目 8458.11 及 8458.91

数控机床作为一类商品，可以通过其缩写 CNC（计算机数控）或 NC（数控）加以识别。所称“计算机数控”与“数控”可视为同义词。一台机床要达到作为数控机床的要求，其机床、工具或工件必须能够按预设的程序指令执行功能及运动。通常采用数控专用语言，例如，ISO 编码进行编程。将程序和数据存储在机内以便于直接使用或随后调取。数控机床往往集成了一个控制单元（分离的“独立”式单元或内置单元），配有自动数据处理设备或微处理器及伺服系统，以便于机床、工具或工件完成预定动作。CNC 机床、CNC 车床及 NC 铣床均属数控机床。

如控制单元未与机床一同报验，而后者又具有这种机床的具体特征的，则仍应将其视为数控机床。

84.59　切削金属的钻床、镗床、铣床、攻丝机床（包括直线移动式动力头机床），但品目 84.58 的车床（包括车削中心）除外(+)：

10　—　直线移动式动力头机床

　　—　其他钻床：

21　——　数控的

29　——　其他

　　—　其他镗铣机床：

31　——　数控的

39　——　其他

40　—　其他镗床

　　—　升降台式铣床：

51　——　数控的

59　——　其他

　　—　其他铣床：

61　——　数控的

69　——　其他

70　—　其他攻丝机床

本品目包括切削金属的钻床、镗床、铣床、攻丝机床，但品目 84.58 的车床（包括车削中心）除外。

机床一般是用动力驱动的，但手动或脚踏式的类似机床也归入本品目。手动或脚踏式机床与品目 82.05 的手工工具及品目 84.67 的手提式工具的区别在于，这些机床通常是安装在地板、工作台、墙壁或另一台机器之上的，因此一般配有底座或支架等。

本品目包括：

一、直线移动式动力头机床。这类机床无附带底座，可进行钻、镗、铣、攻丝或旋压螺纹等操作。它们仅包括一个动力机“支架”及一个刀架，并配有导轨，以便放置在合适的底座上时可反复地来回移动。将工件插入独立于直线移动式动力头机床的工件夹具中，由直线移动式动力头机床作水平来回移动，进行钻孔、镗削等操作。

二、钻床。这类机床可用旋转刀具（称为钻头）在物件上钻削圆筒形孔眼（包括凹槽孔）。在加工过程中，工件是固定的，加工刀具向工件作旋转运动（钻削）或进给运动（进刀）。本品目还包括用固定刀具对旋转的工件进行加工的钻床，或两种加工方法相结合的类似机床。

钻床包括单轴摇臂钻床或其他单轴钻床和多轴钻床。

三、镗床。这类机床可进一步加工工件已有钻孔的内表面，以提高其尺寸精确度。可将镗孔镗削成圆筒形、圆锥形或球形。镗床适用于镗削活塞式内燃机或泵的缸体，使其内径尺寸精确。

可用具有固定尺寸的独立式端面刀具（例如，钻头、笔直或螺旋槽式镗孔刀具）进行镗削；也可用具有不同尺寸的上述刀具（例如，扩孔端镗刀、插入式水平镗削刀具、微调镗刀头、带插入镗削刀具的镗刀盘）进行镗削；还可用刀具沿导向槽进行镗削（可调的、扩孔或不可调的镗刀及整体式空心轴或带插入部件的空心轴）。

本品目主要包括立式镗床、卧式镗床（带固定或移动支架）、多轴镗床、空心镗轴的内壁仿形镗床，以及一般称为铣镗机床的联合机床，这种机床的镗杆由两个同心轴组成，两个同心轴均可独立工作。内轴为一根长轴套，可装配镗杆；外轴一般与一块平板刚性连接，适于装配铣刀（铣杆）。

本品目还包括主要具有镗削功能，但也可进行其他辅助性操作的机床（例如，可进行钻削、平面切削、铣削、车削，有时甚至可以螺纹切削）。另一方面，具有辅助性镗削功能的车床（包括车削中心）应归入品目 84.58。

四、铣床。这种机床可利用旋转刀具（即铣刀）铣削平面或成形表面。铣削时铣刀作旋转切削运动，工件固定于机床工作台上作进给运动。铣床主要包括卧式铣床、立式铣床、卧-立混合式铣床、带可调进刀架的铣床、龙门铣床以及万能铣床。万能铣床除具有一般的铣削功能外，还可利用装在机床上的分度头铣削轴心上的花键和正齿轮或螺旋齿轮。另外还包括仿形铣床、铣槽机或倒角铣床、雕刻铣床。

五、攻丝机床（即用以在已钻孔洞内攻刻螺纹的机床）**以及螺栓、螺丝等旋压螺纹机床**。必须注意，螺纹铣床应作为铣床归类。

零件及附件

除零件的归类总原则另有规定的以外（参见第十六类总注释），本品目所列机床的零件及附件应归入品目 84.66，但第八十二章所列工具除外。

*
* *

本品目也不包括：

（一）用激光、其他光、光子束、超声波、放电、电化学法、电子束、离子束或等离子弧处理各种材料的加工机床；水射流切割机（品目 84.56）。

（二）加工金属用的加工中心、单工位组合机床及多工位组合机床（品目 84.57）。

（三）金属切削车床（包括车削中心）（品目 84.58）。

（四）品目 84.61 所列切削金属的刨床及其他机床。

（五）手提式风动或液压工具及本身装有电动或非电动动力装置的手提式工具（品目 84.67）。

（六）品目 90.24 所列的试验用机器及器具。

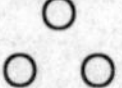

子目注释：

子目 8459.21、8459.31、8459.51 及 8459.61

参见子目 8458.11 及 8458.91 的注释。

子目 8459.51 及 8459.59

这些子目所列的机床可从其具有的一个由沿导轨在底座上作垂直运动的水平部件构成的控制台来确定。底座支承着作横向进给的工作台，控制台中通常安装有操纵铣床所需的装置。

84.60　用磨石、磨料或抛光材料对金属或金属陶瓷进行去毛刺、刃磨、磨削、珩磨、研磨、抛光或其他精加工的机床，但品目 84.61 的切齿机、齿轮磨床或齿轮精加工机床除外(+)：

—　平面磨床，在任一坐标的定位精度至少是 0.01 毫米：

11　— —　数控的

19　— —　其他

—　其他磨床，在任一坐标的定位精度至少是 0.01 毫米：

21　— —　数控的

29　— —　其他

—　刃磨（工具或刀具）机床：

31　— —　数控的

39　— —　其他

40　—　珩磨或研磨机床

90　—　其他

本品目包括对金属或金属陶瓷进行表面精加工用的某些机床；但切齿机、齿轮磨床或齿轮精加工机床除外（品目 84.61）。这些机器是利用磨石、磨料或抛光材料对金属等进行切磨加工的。本品目所述的“抛光材料”包括下列几种：

一、由硬质合金、钢、软金属、木材、毡、纺织材料或皮革制成的抛光研磨盘；

二、金属丝刷；

三、抛光衬垫。

机床一般是动力驱动的，但手动或脚踏式的类似机器也归入本品目。这些非动力驱动机器与品目 82.05 的手工工具及品目 84.67 的手提式工具的区别在于，这些机器一般是装在地板、工作台、墙壁或另一台机器上，因此配有底座、支架等。

本品目包括：

（一）**去毛刺机**，用金属刷或磨料对粗糙铸件或切削金属件的粗糙边缘进行磨毛口用的机床。

（二）**刃磨机床**（刀具磨床），包括金属陶瓷或硬质金属刀具头的研磨机床，以及钢丝刷刃机床。

（三）**各种类型的磨床**（例如，内表面磨床、无心平面磨床、平面磨床、螺纹磨床、阀门或阀门座磨床）。这些机床用于完善其他机器的加工操作，使产品达到需要的精度。

（四）**珩磨机及研磨机**，用以使磨削表面达到一定精度。

（五）**抛光机**，用以对工件表面进行磨光。

（六）**雕刻机**，但不包括品目 84.59 或 84.61 所列的机器。

零件或附件

除零件的归类总原则另有规定的以外（参见第十六类总注释），本品目所列机床的零件及附件应归入品目 84.66，但第八十二章所列工具除外。

*
* *

本品目不包括：

（一）手工工具、手动或脚踏式的砂轮（品目 82.05）。

（二）喷砂机（品目 84.24）。

（三）用激光、其他光、光子束、超声波、放电、电化学法、电子束、离子束或等离子弧等处理材料的加工机床；水射流切割机（品目 84.56）。

（四）加工金属用的加工中心、单工位组合机床及多工位组合机床（品目 84.57）。

（五）手提式风动或液压工具及本身装有电动或非电动动力装置的手提式工具（品目 84.67）。

（六）对金属货品去除磨砂、除去锈皮或进行抛光用的转筒（品目 84.79）。

（七）试验用机器及器具（品目 90.24）。

○
○ ○

子目注释：

子目 8460.11、8460.21 及 8460.31

参见子目 8458.11 及 8458.91 的注释。

84.61　切削金属或金属陶瓷的刨床、牛头刨床、插床、拉床、切齿机、齿轮磨床或齿轮精加工机床、锯床、切断机及其他品目未列名的切削机床：

20　—　牛头刨床或插床

30　—　拉床

40　—　切齿机、齿轮磨床或齿轮精加工机床

50　—　锯床或切断机

90　—　其他

本品目包括未归入其他品目的金属或金属陶瓷的切削机床。

机床一般是动力驱动的，但手动或脚踏式的类似机器也归入本品目。这些非动力驱动机器与品目 82.05 的手工工具及品目 84.67 的手提式工具的区别在于，它们一般是装在地板、工作台、墙壁或另一台机器上的，因此配有底座、支架等。

本品目包括：

一、刨床。这种机床可利用单刃刀具对工件的外表平面或其他形状表面进行切削加工。这类机床的刀具是固定的，而工作台夹紧待刨削工件作往复平面运动。但某些大型刨床（例如，地坑刨床或板边刨床）则配有固定的工作台，适用于加工很长的物品（例如，导轨）。

有些刨床可配有一到两个辅助性铣床刀架，以代替相同数量的刨床刀架。这种称为“刨铣机”的机床应作为刨床归类，尽管这种机床的工作台减速时也可用于铣削加工。这种机床不应与归入品目 84.59 的一些称为“龙门刨式铣床”的机床相混淆。这种铣床的外形与刨床相似，但仅配有铣床刀架。

刨床除配有刨床刀架之外，还可配有一到两个磨削滑座；由于配有这些磨头，使刨床可作为台面精修机床使用。有些刨床同时配有刨床刀架、铣床刀架及磨削滑座；其他刨床则配有进行插削加工的装置。

二、牛头刨床。这种机床是利用刨床的工作原理进行加工操作的。它与刨床的区别在于，在切削过程中工件是固定的，而刀具在作往复直线运动。由于刀具夹具外伸悬于工件之上，使其最大工作面受到限制。因此，牛头刨床一般仅限于加工尺寸较小的物品。

三、插床。这种机床是采用刨削方法进行加工操作的。在切削过程中，工件是固定的，而刀具作垂直或倾斜的往复直线运动。根据其用途划分，这类机床有滑动行程较短的插床；可利用滑动刀具（单刃）或冲孔工具（四刃）对超厚工件快速切削下大量金属的插削冲床；可进行横向变位滑动插削的插床；名为“开槽孔”的机床，其操作方法与拉床相似，只是所使用的刀具不同。

四、拉床。刀具（拉刀）经过工件或穿过通孔，加工工件表面或使之成形。各种拉床包括仅配有简单滑座的卧式或立式拉床；复式拉床，这种拉床配有两个滑座，每个滑座上均配有拉刀进行加工；拉压机，这是一种立式拉床，利用压刀进行拉削加工。

五、切齿机、齿轮磨床及齿轮精加工机床。本品目包括专用于对圆柱形或圆锥形金属坯件进行切削加工，制造齿轮的切齿机。

切齿机主要按下列方法进行加工操作：

（一）以圆盘铣刀或圆锥形铣刀作为刀具进行模数控制铣削加工。该加工方法广泛应用于切削正齿轮；

（二）用刨削刀具（纵向切削工具）进行仿形切齿加工。该加工方法适用于切削余齿轮及圆柱形齿轮；

（三）利用蜗杆滚刀、齿条切削刀具（或螺纹刀）或铣齿刀（圆柱铣刀用）等刀具进行啮合切削加工。这种方法适用于切削加工内接或外啮合直齿轮、螺旋齿轮及圆锥形齿轮；

（四）研磨切削。

六、锯床。根据所使用刀具的不同，这类机床可分为以下几种类型：

（一）往复式锯床或摆动式锯床。这些锯床采用直齿式刀具，作往复直线运动；

（二）圆锯。这些锯床采用回转刀具进行操作。这些刀具外缘为齿状，并高速旋转。该刀具通常称为“圆盘锯片”；

（三）带锯机。这种锯床采用一条很长的锯条，其中一边为齿状；锯条两端互相连接成环带状。

七、切断机。这类机床与锯床区别在于，它们所使用的刀具不同。切断机所使用的刀具与车刀相似，或使用砂轮或金属研磨盘作刀具。

（一）切断机的切削刀具采用下列两种方法进行操作：

一种是与滑架车床的工作方法相同，但其刀具夹具不能象滑架车床的刀架那样作纵向移动。

另一种的工作方法与心轴车床相同，即刀具本身是固定的，工件可在刀架上移动。所不同的是切断机的工件仅可作单向移动。

上述两种切断机都只能进行一种切断加工。

与滑架车床的操作方法相同的切断机配有大直径的空心轴，用以对旋转的工件进行加工。极矮的机床床身上装着一个或两个可向横向移动的刀具夹具。在与心轴车床工作方法相似的切断机中，工件是固定在滑架上，由滑架带动；刀具本身固定在机床上。刀具是一个冠轮，可作高速旋转；切削刀环状装在轮上；

（二）配有砂轮的切断机，其结构与圆锯相似，但用双刃的砂轮代替圆盘锯片进行工作；

（三）配有金属研磨盘的切断机，也称摩擦锯床。这种机床的特点是用外缘没齿的软钢研磨盘操作。金属研磨盘可刻有槽纹，旋转时可产生圆周速度，这样，如果研磨盘的外缘逐渐靠近金属工件时，金属工件与金属研磨盘还未紧密接触即会熔融变软。这种现象是摩擦加上由夹在研磨盘与工件之间空气的氧化作用所造成的。

八、锉床。这种机床与往复式锯床相似，但使用锉刀而不是锯条进行操作。

九、蚀刻机，但不包括品目 84.59 或 84.60 所列的机器。

零件及附件

除零件的归类总原则另有规定的以外（参见第十六类总注释），本品目所列机器的零件及附件应归入品目 84.66，但第八十二章所列的工具除外。

*

* *

本品目也不包括：

（一）手工工具（品目 82.05）。

（二）用激光、其他光、光子束、超声波、放电、电化学法、电子束、离子束或等离子弧等处理材料的加工机床；水射流切割机（品目 84.56）。

（三）切削金属用的加工中心、单工位组合机床及多工位组合机床（品目 84.57）。

（四）手提式风动或液压工具及本身装有电动或非电动动力装置的手提式工具（品目 84.67）。

（五）品目 90.24 所列的试验用机器及器具。

84.62 加工金属的锻造（包括模锻）或冲压机床；加工金属的弯曲、折叠、矫直、矫平、剪切、冲孔或开槽机床；其他加工金属或硬质合金的压力机(+)：

10 — 锻造（包括模锻）或冲压机床及锻锤

— 弯曲、折叠、矫直或矫平机床：

21 — — 数控的

29 — — 其他

— 剪切机床，但冲剪两用机除外：

31 — — 数控的

39 — — 其他

— 冲孔或开槽机床，包括冲剪两用机：

41 — — 数控的

49 — — 其他

— 其他：

91 — — 液压压力机

99 — — 其他

本品目包括本品目所列的某些机床，它们是通过改变金属或硬质合金的形状而进行加工的。

这些机床一般是动力驱动的，但手动或脚踏式的类似机床也归入本品目。这些非动力驱动机器与品目 82.05 的手工工具及品目 84.67 的手提式工具的区别在于，它们通常是安装在地板、工作台、墙壁或另一台机器上的，因此配有底座、支架等。

本品目包括：

一、锻造机及冲压机。一般来说，锻造法包括用冲或压的方法对加热金属进行加工，以除去搅炼炉渣（挤渣）或使金属成形的各种方法。除了挤渣时将金属加工成球形外，其他情况下，待加工金属均已制成钢锭、方钢坯或薄板坯等半制成品形状，或压制成圆弧形截面的棒条状。更确切地说，锻造法是一种不用锻模的热处理工艺。

冲压法（冲切法）是利用冲压方法充填金属模具（称为冲模）凹陷部分的一种金属锻压工艺。操作时通常需要利用压力，对硬金属（如钢）需要加热，对软金属可以不加热。

在冲压法（或冲切法）中，模具是完全包住工件的。但有时仅使用单一的金属模具对工件的某一部分进行加工。这种模具叫冲模；而这种工艺叫冲压法。

冲压机可除去冲压或冲切过程中产生的“飞边”。上述修边操作要用特制的切削模具进行。这种用精密冲压机进行的精加工称为精压，它可使工件尺寸达到所需的精度。

下列是采用上述加工方法操作的机床中的几种：

（一）锻锤、落锻机及锤击机（机械式、液压式或气压式锻锤以及蒸锻锤）。这些机器利用一系列短促而猛烈的冲击进行加工。

（二）金属加工压力机。这种机床以连续不断的压力进行加工。但非专用于加工金属的通用压力机不归入本品目（品目 84.79）。

二、折弯机。它包括加工扁平轧材（板、片及带）用的机床。扁平轧材通过机床的三至四组轧辊时，可将其扳成圆柱曲形（这时，轧辊象管材成形机一样，是平行的），或扳成圆锥形（这时，轧辊是不平行的）；也包括加工非扁平轧材（条、棒、角材、型材、异型材、管材）的机床。这类机床可利用成形辊或压弯装置进行加工操作。加工管材（特别是油管）时，用固定的圆柱体将管道的主要部分夹紧，再拉伸管道两头。

三、折叠机。这类机床包括以下几种：

（一）加工扁平轧材的折叠机。折叠扁平轧材就是使板（或带）材成直线以很小的半径永久变形但又不至于使金属断裂。可用万能折叠机或折叠压力机进行折叠操作。

（二）加工非扁平轧材的折叠机。条、棒、管、角材、异型材的折叠与折弯成形相似（参见上述第二款）；弯线就是使线材在单一平面上获得弯曲。可进行较为复杂操作的弯线机（例如，弹簧制造机器）不能视为简单的折机，应归入品目 84.63。

四、矫直机及矫平机。这些机器用以矫正丝、条、棒、管、角材、异型材等非扁平轧材或片、带等扁平轧材制成后由于搬运等原因造成的不平不直。

矫平机包括下列几种，例如：

（一）辊式矫平机，由一系列平行轧辊（或滚筒）组成。有些矫平机的轧辊较少（5～11 个），但轧辊的直径较大，刚性较高；有些矫平机则轧辊较多（一般有 15～23 个），但轧辊的直径较小，柔性较高，并且由同等数量的支轴支撑。

（二）牵拉矫平台。这些机器是通过轻微而持久的牵拉达到消除缺陷的目的。

五、剪床。剪切工艺是用两个剪切刃面在同一平面上垂直对金属进行剪切。剪切刃穿透金属，使金属产生塑性变形，金属材料在不断加压及穿透力作用下沿剪刃面直线发生断裂。

这类机器包括：平衡剪床、杠杆式剪切机、闸刀式剪切机及滚剪机。滚剪机是用圆盘形或平截头圆锥形刀具取代剪切刀片进行剪切。

六、冲孔机。这种机器是利用两个工具（其中一个工具调节到刚好冲入另一个工具内）对金属进行穿孔、切槽或切削加工（冲压工具叫冲头；而另一个工具叫冲模），从而象剪切工艺那样使金属断裂，所获得孔眼的形状取决于工具的形状。

这类机器包括用冲压方法加工齿轮的机床。

七、开槽机。这是一种小型机床，用以对各种型材（例如，角钢、T 字钢、工字钢或槽钢）及半圆材进行加工，以供装配之用（例如，凹槽、狭槽、凸榫及楔形榫），或简单进行切削或冲孔。

八、挤压机，用以挤出条、棒、丝、角材、型材、异型材、管材等。这种压机可用冲头将金属块强行压过挤型模。根据金属的延展性不同，挤压加工可分为热挤压及冷挤压两种。

九、烧结金属粉模压机。

十、金属碎料的压包机。

零件及附件

除零件的归类总原则另有规定的以外（参见第十六类总注释），本品目所列机床的零件及附件应归入品目 84.66，但第八十二章所列的工具除外。

*

* *

本品目也不包括：

（一）手工工具（品目 82.05）。

（二）切削金属用的加工中心、单工位组合机床及多工位组合机床（品目 84.57）。

（三）手提式风动或液压工具及本身装有电动或非电动动力装置的手提式工具（品目84.67）。

（四）压印地址铸板的机器（品目84.72）。

（五）碎铁机及铸铁废碎料的特种捣碎机（品目84.79）。

（六）弯曲、折叠、矫直半导体引脚用的加工机床（品目84.86）。

（七）试验用机器及器具（品目90.24）。

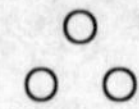

子目注释：

子目8462.21、8462.31及8462.41

参见子目8458.11及8458.91的注释。

84.63　金属或金属陶瓷的其他非切削加工机床：

10　—　杆、管、型材、异型材、丝及类似品的拉拔机

20　—　螺纹滚轧机

30　—　金属丝加工机

90　—　其他

本品目包括不用切削方法对金属或金属陶瓷进行加工的机床，但品目84.62所列的机床除外。

这些机床一般是动力驱动的，但手动或脚踏式的类似机器也归入本品目。这些非动力驱动机器与品目82.05的手工工具及品目84.67手提式工具的区别在于，它们通常是安装在地板、工作台、墙壁或另一台机器上的，因而一般配有底座、支架等。

本品目包括：

一、**拉拔机**（拉床），用以拉光棒材、管材、型材、线材或类似产品。

二、**滚丝机**。这种机器是用滚压方法而不是用切削方法在螺栓或螺丝上制得螺纹。

三、**金属丝加工机器**，例如，用线材制造弹簧、带刺钢丝、链条、图钉、圆铁钉或U形钉、钩等货品。本品目也包括专用于制造金属丝格栅或金属丝网的机器。这些机器与普通纺织机有两个方面的不同：一是操作方法不同；二是其组成部分不同。使用预制波形金属丝进行组合加工的织机不归入本品目（品目84.79等）。

用金属丝或金属丝与纺织材料混纺纱线制造绳索的机器也不归入本品目（品目84.79）。

四、**盘旋细金属丝以制造电灯丝的机器**。

五、**铆钉机**，但品目84.62所列的压力机除外。

六、**旋锻机**。这种机器可强迫管材或棒材通过旋转锻模，以减缩其直径。

七、**旋压车床**。这种车床与品目84.58所列车床的区别在于，它是利用金属变形来进行加工的。

八、**用螺旋金属带制造软管的机器**。

九、**电磁脉冲金属成形机**（或永磁式金属成形机）。这种设备不用切削金属工件，而是利用磁通量造成的压力，借助于锻模而使金属件成形。

零件及附件

除零件的归类总原则另有规定的以外（参见第十六类总注释），本品目所列机床的零件应归入品目84.66，但第八十二章所列的工具除外。

*
* *

本品目不包括：

（一）手工工具（品目82.05）。

（二）打包用的金属带捆箱机；罐或其他容器的封口机（品目 84.22）。

（三）切削金属用的加工中心、单工位组合机床及多工位组合机床（品目 84.57）。

（四）手提式风动或液压工具及本身装有电动或非电动动力装置的手提式工具（品目 84.67）。

（五）试验用机器及器具（品目 90.24）。

84.64　石料、陶瓷、混凝土、石棉水泥或类似矿物材料的加工机床、玻璃冷加工机床(+)：

10　—　锯床

20　—　研磨或抛光机床

90　—　其他

机床一般是动力驱动的，但手动或脚踏式的类似机器也归入本品目。这些非动力驱动机器与品目 82.05 的手工工具及品目 84.67 的手提式工具的区别在于，它们通常是安装在地板、工作台、墙壁或另一台机上的，因而一般配有底座、支架等。

一、石料、陶瓷、混凝土、石棉水泥或类似矿物材料的加工机器

本组不但包括天然石料的加工机器，还包括类似的坚硬材料（陶瓷、混凝土、人造石、石棉水泥等）的加工机器。虽然大多数宝石或半宝石的加工机器均有其不同的特点（例如，具有较高的精密度等），但仍归入本品目。

本品目包括：

（一）锯机或切割机，例如：

1．专用锯机（圆盘锯、带锯及往复锯，包括使用无齿锯条等进行加工的锯机）。

2．圆盘（如砂轮）切割机，包括在混凝土表面或建筑石料面上开挖或切割假接缝的机器。

3．钢丝绳锯石机，由几根螺旋绞合环形钢丝在一系列有槽滑轮引导下，进行切割。环形钢丝以砂石和水的混合研磨料作为助剂，利用摩擦切割石料。

（二）劈开或分裂机器。

（三）磨平、抛光或压纹等用的机器。

（四）钻孔及磨削的机器。

（五）车削、镌刻、雕刻、模切等的机器。

（六）切割或修整砂轮的机器。

（七）陶瓷产品的加工机床（用以钻孔、切割、铣削、抛光等），但陶瓷坯泥或陶瓷材料未烧制品的加工机器除外（例如，陶瓷坯泥的模制或成形机器应归入品目 84.74）。

二、玻璃的冷加工机床

本组包括玻璃的冷加工机床；但不包括玻璃的热加工（即将玻璃加热成为液态或使其具有塑性时加工）机器（品目 84.75）。然而在某些情况下，为了便于进行某种加工而将玻璃稍为加热，这样的机器仍应归入本品目，因为在这些机器对玻璃进行加工的过程中，玻璃仍保持其硬度。

许多这类机器的加工方法类似于上述第一部分所述对石料及类似物料的加工方法。

另一些机器则较为专用。例如，作装饰性加工或具有某种特定用途（例如，光学加工和钟表制造）。这类机器的主要品种列举如下：

（一）砂轮或金刚石玻璃切割机。

（二）玻璃刻花机，用于玻璃刻面或制雕花玻璃制品。

（三）精修机、研磨机等，用于修边、修平底座以及修整模制物品。

（四）抛光机。有时在抛光后，还要用毡盘机再进行一次精加工，称为修光；这种毡盘机也应归入本品目。

（五）砂轮或金刚石镌刻机；但喷砂镌刻机除外（品目 84.24）。

（六）光学玻璃、眼镜片或钟表玻璃的精修机或抛光机。这类机器包括切割眼镜片用的特种圆盘玻璃切割机；也包括磨蚀透镜、棱镜及眼镜片（球形、环形、圆柱形、多焦点式镜片等）的光学玻璃修整或抛光机。

零件及附件

除零件的归类总原则另有规定的以外（参见第十六类总注释），本品目所列机床的零件及附件应归入品目 84.66，但第八十二章所列的工具除外。

*
* *

本品目也不包括：

（一）手工工具及手摇或脚踏砂轮（品目 82.05）。

（二）品目 84.45 或 84.46 所列的玻璃纤维捻纱机、织机及其他机器。

（三）品目 84.56 所列的用激光、其他光、光子束、超声波或等离子弧等工艺处理材料的加工机床及其他机器。

（四）手提式风动或液压工具及本身装有电动或非电动动力装置的手提式工具（品目 84.67）。

（五）压碎、磨粉、混合、模制、粘聚、铸造、制砖等机器（品目 84.74）。

（六）半导体单晶柱或晶圆的切割、划片、划痕加工机床（例如，“晶圆切片机”），以及半导体单晶柱或晶圆或平板显示器的磨削、研磨、抛光加工机床（品目 84.86）。

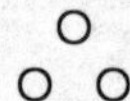

子目注释：

子目 8464.10

本子目包括品目 84.64 注释的第一部分第（一）款所列的锯机或切割机。

84.65　木材、软木、骨、硬质橡胶、硬质塑料或类似硬质材料的加工机床（包括用打钉或打 U 形钉、胶粘或其他方法组合前述材料的机器）：

10　—　不需更换工具即可进行不同机械加工的机器

—　其他：

91　——　锯床

92　——　刨、铣或切削成形机器

93　——　研磨、砂磨或抛光机器

94　——　弯曲或装配机器

95　——　钻孔或凿榫机器

96　——　剖开、切片或刮削机器

99　——　其他

本品目包括对木材及木质材料、软木、骨、硬质橡胶、硬质塑料及类似硬质材料（例如，角、象牙果、珍珠母、兽牙等）进行成形加工或表面加工的机床。

本品目不包括对加工时不具有硬质材料特征的材料进行加工的机器。即使这些材料在本品目中已经列名。因此，软塑料或未硬化橡胶的切割机或切片机不归入本品目（品目 84.77）。此外，本品目也不包括用粉状或粒状材料制造产品的机器，例如，塑料模制机（品目 84.77）、粘聚或模压木材或其他木质材料的微粒或纤维用的机器（品目 84.79）或其他类似机器。虽用以处理本品目所述的各种材料，但并非对这些材料或其表面进行加工的机床，一般也不归入本品目。例如，木材干燥机及脱水老化机（品目 84.19）；软木膨胀机（品目 84.19）或木材的压制、粘聚或浸渍机器（品目 84.79）。

机床一般是动力驱动的，但手动或脚踏式的类似机器也归入本品目。这些非动力驱动机器与品目 82.05 的手工工具及品目 84.67 的手提式工具的区别在于，这些机器通常是安装在地板、工作台、墙壁或另一台机器上的，因此一般配有底座、支架等。

一、通常非供某一特定工业专用的机器

本组包括：

（一）各种锯机，一般用齿状锯条或链条进行工作。它们有：

1．往复式锯机，例如，配有直齿锯条的原木横锯机、线锯及立式或卧式排锯。这些锯机适用于将粗锯木材锯成木板。

2．回转式锯机。本类包括链锯及带锯，例如，立式及卧式带锯、四开及对开带锯、架式或台式带锯以及制木地板用的木块、板条、缘板等的复式带锯和造纸工业用的带锯。

3．所配刀具作旋转运动的锯机。本类的锯机范围较广，包括所有利用一把或多把带齿锯片作环形运动进行切割的机器，例如，摆锯、直推式切断锯、万能圆锯、木板纵切锯、锯切原木用的圆锯、切边圆锯、台锯、滑动式台锯、切板圆锯。

（二）线条机及刨机。这些机器用刨刀刨削薄片，对工件表面进行加工。本组包括可对工件的一面或两面进行加工的机器，以及可对工件所有四面进行加工的机器等。

（三）成形机及铣削机。这些机器用异形旋转刀具切削薄片，将工件加工成形。本组包括心轴成形机、单端凸榫造榫机、鸠尾榫制榫机、开槽机、锥口孔钻孔机、模型铣削及刨槽机、仿形切削机（但仿形车床除外）、一边、双边、三边或四边成形机、异型材成形机（用上述机器加工时，工件是旋转的），以及开槽机和圆木铣削机（削棱木旋机）。本组也包括计算机数控铣床。

（四）计算机数控（CNC）加工中心。这些机器进行多种机械加工操作，并可按照机械加工程序从刀具库或类似装置上自动更换刀具。因此，本组包括通过从刀具库或类似装置上自动更换刀具，可进行两种或多种机械加工操作的机床。但只能使用一个刀具或者同时或序贯地使用多个刀具进行一种机械加工操作的机床（例如，多轴钻床或多刀铣床）仍应作为钻床或铣床归入其相应子目。

（五）磨光机、砂光机及抛光机。磨光机采用磨石进行打磨，主要用于打磨象牙果、硬质橡胶、角及兽牙等硬质产品。

砂光机是用磨料打磨精修工件表面，同时提高工件尺寸精度。本组包括摆式砂磨机、带式磨光机、圆盘磨光机、筒形及鼓形磨光机。磨平修光机也归入本组。

抛光机是用带、鼓或挠性滚子对已经光面修整的工件进行抛光处理，使其产生光泽。

（六）折弯机。这种机器可用机械方法改变工件结构，以改变其形状或物理特征。

（七）装配机器。

这些机器包括：

1．用粘结剂、胶水或胶纸将两个及多个零件装配起来的机器。本类包括薄板粘接机、木板上胶机、镶板拼合机、框架夹钳、构件夹钳、胶合板及层叠木板压机、薄板压机，这些机器可装有将胶水涂布在木材表面的装置。

2．使用钉、U 形钉、金属丝等接合零件的机器。

3．不用粘胶剂或紧固件接合零件的机器，例如，挤压机。

（八）钻孔机。这类机器是用旋转刀具（心轴或钻头）钻削圆孔。刀具的旋转心与钻孔的中心是在同一轴心上的。本组包括单轴钻孔机及多轴钻孔机、定位钻孔机及定缝销钉钻孔机。计算机数控钻床（CNC）也归入本组

（九）凿榫机。这种机器是用凿刀、凿链或刳钻开凿非圆筒形孔眼。例如，狭缝凿榫机、錾子凿榫机或链式制榫机。

（十）劈木机、冲切机、碎裂机、剖片机及切片机。上述机器均是使用非刨削木片的机械加工方法使工件改变形状。

这些机器包括：

1．楔入并分裂纤维结合部的劈木机，包括圆木劈木机、柴火劈木机、树根劈开机、柳枝、竹及藤的剖皮机。

2．冲击切割成形的冲切机。例如，薄板冲切机。

3．将木料切成类似尺寸及形状木块的碎裂机。这类机器包括长条分裂机、制粒机、木丝机、切片及削片机。

但制木浆用的纤维分离机应归入品目 84.39。

4．剖片机或切片机。这些机器可用一字形刀刃剖切薄板（如切薄板机）或薄片（如切饰面薄板或胶合板层板用的机器）。

本组还包括用直刀片进行加工操作的单板裁切机、斜接口修边机及竖框切割机。

（十一）车床。这种机器是利用车床轴运动对工件进行精加工的，车削工具是不转动的。本组包括各种车床，其中包括仿形车床。

（十二）砍伐枝桠或粗锯树木用的机器。

（十三）木材剥皮机器（原木剥皮机、拉杆去皮机等），但不包括品目 84.24 所列的喷水剥皮机及品目 84.79 所列的鼓式剥皮机。

（十四）处理原木用（如制纸浆用）的去节机。

本品目还包括可进行多种机械加工而不用更换刀具的机器。

例如：

1．细木工联合机。这是一种由多台具有不同功能并可独立使用的机器组成的整体式机组，各工序之间的衔接是由人工完成。本类包括兼可进行一种及以上其他操作的刨面机，以及锯切-成形-凿榫联合机。

2．通用机器。这类机器与上述机器有所不同，将工件送入机器后便无需用人工操作。本类包括多轴单端制榫机；双端制榫机；金属配件、定缝销钉孔等的定位机；胶粘装配及修整机（用以制饰面薄板条或用板条制镶板等）。

二、专用于某一特定工业的机器

本组包括：

（一）制桶机（例如，桶板拼接机、桶板刨平机、桶板折弯机、桶板切槽机及桶顶开槽机、圆桶组装机、上桶箍机），但本品目不包括桶或桶板的汽蒸处理装置（品目 84.19）。

（二）铅笔制造工业用的机器。

（三）铁道枕木的制榫及钻孔机器。

（四）木材雕刻机、镌刻机，包括仿形机。

（五）磨木粉用的机器，但不包括制纸浆用的纤维分离机（品目 84.39）。

（六）用钉、U 形钉、胶水等装配箱、板条箱、盒、桶等的机器。

（七）制木钮扣用的机器。

（八）制木屐、木鞋底、木鞋跟或鞋楦的机器。

（九）加工柳条、藤条等（剥皮、分切、削圆等）的机器，但编制篮筐或柳条制品的机器除外（品目 84.79）。

本品目包括加工软木（例如，锯开、切断、切割、抛光）、骨、硬质橡胶、硬质塑料及类似硬质材料用的机床。这些机床的工作原理一般与木材加工机床相同。

零件及附件

除零件的归类总原则另有规定的以外（参见第十六类总注释），本品目所列机床的零件及附件应归入品目 84.66，但第八十二章所列的工具除外。

*

* *

本品目也不包括：

（一）制纸浆用的竹材压碎机、木片切削机及圆木磨碎机（品目 84.39）。

（二）品目 84.56 所列的用激光、其他光、光子束、超声波或等离子弧等工艺处理材料的加工机床及其他机器。

（三）手提式风动或液压工具及本身装有电动或非电动动力装置的手提式工具（品目 84.67）。

（四）清除半导体封装的金属引脚上杂质的清除机器（品目 84.86）。

84.66 专用于或主要用于品目 84.56 至 84.65 所列机器的零件、附件，包括工件或工具的夹具、自启板牙切头、分度头及其他专用于机床的附件；各种手提工具的工具夹具：

10 — 工具夹具及自启板牙切头

20 — 工件夹具

30 — 分度头及其他专用于机床的附件

— 其他：

91 — — 品目 84.64 所列机器用

92 — — 品目 84.65 所列机器用

93 — — 品目 84.56 至 84.61 所列机器用

94 — — 品目 84.62 或 84.63 所列机器用

除第八十二章所列的工具及零件的归类总原则另有规定的以外（参见第十六类总注释），本品目包括：

一、品目 84.56 至 84.65 所列机器的零件。

二、这些机器的附件，即与这些机器连用的辅助装置。例如，用以改进机器，扩大其工作范围的可互换装置；用以提高精确度的装置；对机器主要功能起某种伺服作用的装置。

三、各种手提式工具的工具夹具。

归入本品目的零件及附件范围很广，它们包括：

（一）**工具夹具**，用以夹持、导行、操纵工具，并可将工具更换。工具夹具有很多品种，例如：

夹盘；螺丝攻及钻头的夹套；车床刀架；自启式板牙头；砂轮架；珩磨机的珩磨头；镗杆；六角车床的转台等。

本品目也包括各种手提式工具的工具夹具。这些工具夹具通常是供品目 82.05 或 84.67 所列工具使用的。此外，本品目还包括软轴式装置的工具夹具（参见品目 84.67 及 85.01 的注释规定）。

（二）**工件夹具**，用以夹持，有时可按工作需要操纵正在加工的工件。这些夹具包括：

车床顶尖；各种机械式或气动式车床夹盘及其夹爪；工件夹板及夹台（不论是否装有测微调节或校正装置）；夹钳及角撑板；楔子及塞块；固定、旋转或可调节的虎钳；固定支架（这是一种环状装置，用以在车削时支撑长形工件，以防止工件因工具压力而发生翘曲或振动）。

（三）**用于车削凹槽或球面等的辅助装置**。

（四）**仿形装置**（包括电气或电子操作的），用于自动按样复制产品。

（五）**装在车床、刨床、牛头刨床等机器上的表面精修装置**。

（六）**机械式或气动式自动控制装置**，用以在进行加工时，对工件及工具的进级进行自动控制。

（七）**其他特种辅助装置**，用以提高机床的精确度，但其本身并不参与加工操作，包括定心或校平装置；分度头；分度表；测微刀架制动器；刀架空位装置等。这些装置即使配有光学零件以便读出刻度或进行调节（例如，光学分度头），仍应归入本品目。但如果这种装置本身就是光学器具，例如，定心显微镜（品目 90.11）；调准或校平望远镜以及投影测试装置等（品目 90.31），不应归入本品目。

本品目也不包括：

（一）品目 68.04 所列的砂轮及类似的研磨工具。

（二）磁性或电磁滤油器（品目 84.21）。

（三）起重或搬运辅助设备（例如，在机械加工过程中支撑大型或重型工件时所用的调平千斤顶）（品目 84.25 等）。

（四）齿轮箱、其他变速装置、离合器及类似传动装置（品目 84.83）。

（五）适合专用于或主要用于品目 84.86 所列机器及设备的零件及附件，包括工件或工具的夹具及机床或水射流切割机专用的其他配件（品目 84.86）。

（六）电气或电子零件及附件（例如，磁性夹盘及数字控制板）（第八十五章）。

（七）测量或检测装置（品目 90.31）。

（八）转数计及产量计数器（品目 90.29）。

（九）机器用刷子（品目 96.03）。

84.67　手提式风动或液压工具及本身装有电动或非电动动力装置的手提式工具：

—　风动的：

11　——　旋转式（包括旋转冲击式的）

19　——　其他

—　本身装有电动动力装置的：

21　——　各种钻

22　——　锯

29　——　其他

—　其他工具：

81　——　链锯

89　——　其他

—　零件：

91　——　链锯用

92　——　风动工具用

99　——　其他

本品目包括装有电动机、气动机（或气动活塞）、内燃机或其他发动机（例如，小型液力涡轮机）的工具。气动机的压缩空气通常由外部供给；内燃机的点火电池通常是分开配置的。有些风动工具在用压缩空气进行操作时必须用液压装置加以辅助。

本品目仅包括手提式工具。所称“手提式工具”，是指用手提着进行操作的工具；也包括较重的手提式工具（例如，夯土机）。特别是在工作进行时，操作者可用手把这些工具提升搬动，并可用手工进行控制及导向。为了避免操作者在工作中不胜工具重荷，疲惫不堪，这些工具可配有辅助性的支撑装置（例如，三脚架、气腿、架空提升滑轮）。

但是，本品目的某些手提式工具可带有一些配件，以便临时固定在支撑物上。这些工具如果主要是如上文所述“用手提着进行操作的”，与支撑物一同报验时，仍应归入本品目。

本品目所包括的一些工具可配有辅助装置（例如，风轮及其集尘袋，用以在工作时清除和收集灰尘）。

本品目不包括从重量、体积等方面看明显不能如上文所述用手提进行操作的工具；也不包括配有底座或其他装置，用以装在墙壁、工作台或地板等上面的工具（不论是否手提式的）；还不包括配有可在导轨上滑行的装置的机器（例如，在铁路枕木上开槽或钻孔用的机器），以及带轮的手推式或类似手扶式机器，例如，用于打磨混凝土、大理石或木地板等的地板打磨机。

另外，本品目也不包括由装有一个或多个工具的工具夹具，以及带有一条软轴并且独立的点燃式活塞内燃发动机或独立的电动机所组成的组合装置。这些装置的工具夹具应归入品目 84.66；动力机及其软轴应酌情归入品目 84.07 或 85.01；工具则应归入其相应品目。

本品目的工具包括在各种行业中加工各种材料用的工具。

根据上述条件，本品目所列工具主要包括：

一、钻机、攻丝机或铰孔机。

二、镗孔机、岩钻及类似品。

三、扳手、机动螺丝刀、螺帽拧入或拧出器。

四、刨削、修整、磨平器具及类似工具。

五、锉机、研磨机、砂光机、抛光机及类似品。

六、金属丝刷清理机。

七、圆锯、链锯及类似品。

八、各种机动锤。例如，錾平锤、敲锈锤、堵缝锤、铆钉锤、混凝土破碎机等。

九、挤压式铆钉机、铆钉切断器及其他凿錾工具。

十、金属薄板切割机（剪刀式或步冲式）。

十一、铸造用夯砂机、从铸件中除芯的工具、铸模振动器。

十二、筑路或养路用的夯砂机。

十三、自动铲。

十四、便于混凝土浇灌及凝固的混凝土振动器。

十五、围篱整修器。

十六、液压锅炉式除垢器。

十七、车库等用的气动式油脂枪。

十八、修剪草坪或用于拐角、墙边、走道两旁及灌木丛下等修剪草丛的手提式剪草机器。这些机器有一个装于轻型金属架内的动力机及通常由一根细尼龙线组成的切割元件。

十九、便携式灌木清除机，配置有动力机、传动轴（硬轴或软轴）及工具夹具，报验时还附有各种可装于工具夹具上的可更换切割刀具。

二十、成衣工业上裁剪织物用的裁切机。

二十一、雕刻工具。

二十二、手提式电剪刀。这种工具由一块固定刀片、一块活动刀片，及一个驱动刀片的内置电动机组成，用于裁缝店、女帽制造工场及家庭等。

零　件

除零件的归类总原则另有规定的以外（参见第十六类总注释），本品目也包括本品目所列工具的零件，但品目 84.66 所列的工具夹具除外。

*

* *

本品目不包括：

（一）石料、陶瓷或粘聚磨料制的研磨、磨刀、抛光或切割砂轮及类似品（品目 68.04）。

（二）第八十二章所列的工具。

（三）空气压缩机（品目84.14）。

（四）液体或粉末喷射器、手提式喷枪、喷砂装置及类似品（品目84.24）。

（五）电动割草机（品目84.33）。

（六）家用电动器具（品目85.09）。

（七）电动剃须刀、电动毛发推剪及电动脱毛器（品目85.10）。

（八）医疗或牙科用的手提式电动器具（品目90.18）。

84.68 焊接机器及装置，不论是否兼有切割功能，但品目85.15的货品除外；气体加温表面回火机器及装置：

10 — 手提喷焊器

20 — 其他气体焊接或表面回火机器及装置

80 — 其他机器及装置

90 — 零件

本品目包括：

一、利用气体或其他方式（品目85.15所列方式除外）进行操作的锡焊、铜焊或其他焊接机器及装置，不论其是否兼有切割功能。切割专用的机器应归入其相应品目。

二、气体加温表面回火机器及器具。

（一）利用气体加工金属等用的器具

这类器具是以可燃气体在氧气或空气喷流中燃烧产生的高温火焰进行工作的。

一般来说，这些器具不仅可用于本品目所列用途，还可用于有类似高温条件要求的其他工作（例如，某些工序所需的预热，或用金属修补磨损部分或填补空洞等）。实际上，有些器具是专用于有高温条件要求的其他工作的，但只要其操作方式及操作原理与本品目所列的其他器具相同，这些器具仍应归入本品目。

所有本类器具均配有将两种气体引向喷嘴的结构。喷嘴有两个喷口（同心配置或并列配置）；其中一种气体是可燃气（乙炔、丁烷、丙烷、煤气、氢等），另一种气体则是压缩空气或氧气。

本品目既包括手工操作的器具，也包括其他机器。

1. 手工操作的气焊器具（喷焊器）等

喷焊器按所使用的是高压或低压可燃气体，称为高压或低压喷焊器。高压喷焊器是将气体压缩，使气体流速增高。从而产生喷射火焰；低压喷焊器则须配有压缩机。

但两种喷焊器在结构上是相似的。喷焊器的管柄或管身与供气管相接，在喷管出口（喷嘴）点燃气体。喷焊器一般还配有调节阀等，并以软管与外部气源相接。

为了适应工作需要（例如，高炉出铁、铆钉割除、开槽或简单加热），其管身及喷嘴往往是可互换的（可调喷嘴、多孔喷嘴、分焰喷嘴等）。有些喷焊器专用于某种特定操作，例如，配有水冷却系统的喷焊器，适于繁重的工作。

2. 焊接机器等

这些机器的操作原理与上述第1部分所列器具相同，其主要部件为固定的或可调节的喷焊器。机器的其他部分（例如，送料台、夹爪、滑板架及铰接臂）可将工件固定、导引或推进，并按工作需要调节或移动喷嘴。

3. 表面回火机器

这些机器装有多个喷嘴，可按工件的形状进行配置。喷嘴喷在回火面的火焰热度很高。使回火面迅速升至所需温度，但热度不会穿透回火面之下。当回火面达到所需回火温度后，把冷却液喷在工件之上，或将工件浸在液池内。

（二）热塑塑料的气焊器具

本品目也包括焊接或密封热塑塑料及其制品用的某些机器。这类机器是利用焊炬喷出的火焰或热空气流、热氮气流或热惰性气流进行工作。空气或其他气体在通过气体加热管时可由气体加热管加热。

（三）其他焊接机器及装置（气焊器具除外）

本类包括：

1. 用带槽滚轮或加热烙铁进行焊接的机器及机械器具，但不包括手持式烙铁（品目82.05）及品目85.15所列的电气焊接器具。

2. 摩擦焊接机。

零 件

除零件的归类总原则另有规定的以外（参见第十六类总注释），本品目也包括本品目所列机器或器具的零件。

本品目还包括支座（钢球、滚筒等）之类的附件。

*

* *

本品目也不包括：

（一）品目82.05所列的喷灯及焊灯。

（二）喷涂熔融金属用的机器及器具（品目84.24）。

（三）利用钢铁在氧气喷流中燃烧所产生的高温切割岩石或混凝土的设备（品目84.79）。

（四）同时用气体及电进行焊接的机器及装置（品目85.15）。

84.69 打字机，但品目84.43的打印机除外；文字处理机

打字机一般以配有手动键盘为特征，按键时能把相应的字符直接打印在纸上。有些打字机是用一系列拉杆及字锤操作，字符凸纹镌刻在字锤的面上。其他打字机的字符装在墨球、滚筒、菊瓣字轮或圆柱形元件（梭子）上，可将所需字符对着纸面进行打印。一般是逐字进行打印，只有在特殊情况下，才使用组合字符（例如，标准词组、单词或缩写词）进行打印。

本品目包括使用任何字符（例如，正常的字母及数码、速记符号、音符或盲文符号）进行打印的打字机。操作原理与普通打字机相同的书写代码或解码的机器，也应归入本品目。

用电动机或电磁继电器操作的电动打字机，或某种配有电子装置的自动打字机，均归入本品目。

本品目所列的打字机也可用于打印油印机用的油印蜡纸，或在塑料片或金属箔上压印文字，以供印刷机使用。另一方面，应注意到刻制地址印字机或包装箱印唛用模板的特种机器与打字机明显不同，这种机器应归入品目84.72。

本品目也包括：

一、**自动打字机**，它们有：

（一）**穿孔纸带打字机**，将预先穿孔的纸带通过机器，即可打出一段现成的文字或一封现成的信。制穿孔纸带的机器归入品目84.72。

（二）**具有有限存储能力的打字机**，通过使用附加的功能键，可自动记忆、修改及重复打出存入的文字。

（三）**无键盘机器**（打印机），它通过可互换的活字轮逐个打印字符，并以适当的连接装置与其他打字机、文字处理机、自动数据处理机等相连接。除本章注释五第（二）款另有规定的以外，符合本章注释五第（四）款第1项所列条件的打印机，应作为品目84.43的打印机归类。

二、在电线的绝缘套管上打印识别符号（有时还可用加热字符打出火印标志）**的机器。**

三、不带有计数装置，但专供会计用的打字机（例如，用以在特殊表格上打制发票、活页分户帐、日记帐或分档卡片等）。

四、带有某种装置，可将打出的数字传送到独立计算机器的打字机；或带有测速用计数装置的打字机。

五、文字处理机。这种机器除配有键盘外，还配有一个或多个大容量存储器（例如，大磁盘、小磁盘或盒式磁带）、显示装置及打印机。各种部件可装在一个机壳内，也可装在各种分立单元内用电缆连接起来。文字处理机可配有接口，以便接通其他文字处理机、照相植字设备、自动数据处理机、电信系统。文字处理机在修改写作文章上比自动打字机方便得多；但在数字运算方面却远不如自动数据处理机（其定义参见本章注释五），因此仍具有文字处理机的特征。文字处理机与品目 84.71 所列自动数据处理机的区别在于，这种机器在运行过程中不能通过逻辑判断，修改程序的执行（参见本章注释五）。

零件及附件

除零件的归类总原则另有规定的以外（参见第十六类总注释），本品目所列机器的零件及附件应归入品目 84.73。

*

*　*

本品目也不包括：

（一）会计计算机（品目 84.70）。

（二）自动数据处理机（品目 84.71）。

（三）填写及签支票用的机器（品目 84.72）。

（四）电传打字机（品目 85.17）。

（五）玩具打字机（品目 95.03）。

84.70　计算机器及具有计算功能的袖珍式数据记录、重现及显示机器；装有计算装置的会计计算机、邮资盖戳机、售票机及类似机器；现金出纳机：

10　—　不需外接电源的电子计算器及具有计算功能的袖珍式数据记录、重现及显示机器

—　其他电子计算器：

21　——　装有打印装置的

29　——　其他

30　—　其他计算机器

50　—　现金出纳机

90　—　其他

本品目的所有机器（某些现金出纳机除外）都具有一个共同的特点，即均带有一个计算装置，可把至少两个多位数相加。必须注意，仅可逐个计数或相加的装置，不能视为计算装置（例如，装在某些邮票粘贴机、转数计、产量计数器上的装置）。本品目的机器可用手工或电气操作，用机械装置、电磁装置、电子装置或射流装置进行计算。

一、计算机器及具有计算功能的袖珍式数据记录、重现及显示机器

本类包括的计算机器范围很广。最简单的计算机只会进行加减运算；比较复杂的计算机能进行算术四则运算和其他多种运算（例如，开方根、将某个数字自乘至已知乘方及进行三角函数运算等）。本品目主要包括袖珍式电子计算器和办公室用电子计算器，不论其是否可编程序。本类也包括具有计算功能的袖珍式数据记录、重现及显示机器（参见本章注释八）。

可编程序的电子计算器与自动数据处理机的区别主要在于，这种计算器在运行过程中，没有人为干预，不能通过逻辑判断，在处理程序认为必要的地方修改指令的执行。这种计算器配有一个微处理器，可进行复杂的数学运算。

计算机器的主要部件包括：

（一）**人工数据输入装置**（挡块、游标、键盘等）。它还可装有自动输入循环数据或预定数据的辅助装置（穿孔卡片或穿孔纸带、磁带等的阅读装置）。

（二）**计算装置**，用一系列按键或一个程序进行操作。程序可以是固定的，也可以通过更换程序元件或改变程序指令加以修改。

（三）**输出装置**，可用显示或打印方式表示计算结果。打印式计算机还装有一种打印装置，用以打印计算结果，有时还可打印预备数据。计算机器不论是否带有上述装置，均应归入本品目。

配有打印装置的计算机器仅使用数字或有限的符号打印计算结果。但计算机器与会计计算机不同，只能在纸带或纸卷上垂直打印。有些计算机器还配有一些辅助装置，用以把计算结果以代码形式记录在数据记录媒体上。

计算机器的有些部件（计算装置、辅助装置等）可装在机器内，也可分立配置，用电缆相连接。

二、会计计算机

这种机器适于记帐等。它不仅具有会计功能（即将一系列数字加以汇总），还可在打印数字的同时，打印字母或符号，以完成会计手续所需的内容。

会计计算机的结构与一般计算机的结构很相似。它除配备人工数据（例如，借贷数据）输入装置之外，与一般计算机器一样，还可配置穿孔卡片或纸带、磁带或磁卡等的阅读装置，以便输入循环数据（帐号、客户姓名及地址等）或预定数据（例如，帐户余额）。

会计计算机装有数字式或字母数字式打印装置，既可垂直打印，也可横向打印；这是会计计算机与一般计算机的区别之一。

多数情况下，这些机器使用专门印制的格式，如工资单、发票、活页日记帐、日记帐、分类帐及档案卡片等。有些会计计算机能同时打印在两种或多种表格上（例如，打印在发票及其相应的日记帐及分类帐上）。

这些机器常配有一些装置，以便将数据以代码形式转录到数据记录媒体上。有些会计计算机在卡片上打印的同时，还以代码形式将计算结果录在卡片边缘的磁路上。这些计算结果可作为基本数据供机器继续运算之用。

与一般计算机一样，这些机器可以是一个独立单元，也可由几个分立单元组成，以电缆相连接。

三、现金出纳机

本类包括不论是否带有计算装置的现金出纳机。

这些机器适用于商店、办公室等场所将发生的各种交易情况（销售、服务等）、每笔交易的金额、总额记录下来，有的还可记录所销售商品的编号、数量、交易时间等。

有关数据可以用人工方式通过键盘及挡块、拉杆或手柄输入，也可以使用如条形码阅读器等方式自动录入。与计算机器和会计计算机一样，有些现金出纳机也可配有辅助装置（例如，卡片或纸带阅读机），用以自动输入重复或给定数据。

现金出纳机通常在显示计算结果的同时还可将结果打印在给顾客的发票及计数纸卷上，这些计数纸卷可以定期取下作核对之用。

这些机器常配有抽屉或格子供存放现款之用。

它们还可配有各种辅助装置，例如，扩充运算能力用的乘法器、计算应找金额用的计算器、自动找零器、购物券发放器、信用卡阅读器、支票数位核对器以及把部分或全部交易数据以代码形式转录到数据记录媒体上的装置。若单独报验，这些装置应归入其相应的品目。

本品目也包括与自动数据处理机连用的现金出纳机（不论是在线连用还是离线连用）以及利用通过电缆所连的另一台现金出纳机的存储器和微处理器进行同样工作的现金出纳机。

本组也包括利用信用卡或借记卡进行电子支付用的终端机。这些终端机利用电信网络连接到金融机构，以获得授权并完成交易，记录并制发标有借贷金额的收据。

四、配有计算装置的其他机器

这些机器包括：

（一）**邮资盖戳机**，用以在信封上印出一个图样，以代替邮票。这种机器装有一种不可逆汇总装置，用以汇总邮资总额。此外，这种机器还可在信封上印出其他内容（例如，广告短语）。

（二）**售票机**，用以在售票（例如，电影票或火车票）的同时将票款加以记录并汇总。有些售票机还可印制票券。

（三）**赛马场用的赌金计算机**，用以售票，并记录、汇总赌注金额。有些较复杂的赌金计算机能按赌注算出输赢。

仅可计算售出票数而不能汇总金额的机器，不归入本品目（一般归入品目 84.72）；投币式机器则归入品目 84.76）。

零件及附件

除零件的归类总原则另有规定的以外，（参见第十六类总注释），本品目所列机器的零件及附件应归入品目 84.73。

*
* *

本品目不包括：

（一）品目 84.71 所列的数据处理机。

（二）带重量累计装置的衡器（品目 84.23 或 90.16）。

（三）计算尺、圆盘计算器、圆筒计算器及其他根据计算尺原理或其他数字计算原理工作的计算器具，包括用记录针按给定程序选择数字的袖珍式加减器（品目 90.17）。

（四）逐项计数用的器具，例如，品目 90.29 所列的转数计、产量计数器等。

84.71　自动数据处理设备及其部件；其他品目未列名的磁性或光学阅读机、将数据以代码形式转录到数据记录媒体的机器及处理这些数据的机器(+)：

30　—　重量不超过 10 千克的便携式自动数据处理设备，至少由一个中央处理部件、一个键盘及一个显示器组成

　　—　其他自动数据处理设备：

41　——　同一机壳内至少有一个中央处理部件及一个输入和输出部件，不论是否组合式

49　——　其他，以系统形式报验的

50　—　子目 8471.41 或 8471.49 所列以外的处理部件，不论是否在同一机壳内有一个或两个下列部件：存储部件、输入部件、输出部件

60　—　输入或输出部件，不论是否在同一机壳内有存储部件

70　—　存储部件

80　—　自动数据处理设备的其他部件

90　—　其他

一、自动数据处理设备及其部件

数据处理是指按预定的逻辑顺序对各种信息进行处理，既可专用于某一方面，也可用于多方面。

自动数据处理设备可根据预定指令（程序），进行逻辑上相互关联的操作，以提供可直接使用的

数据。有些数据则用作其他数据处理的依据。

本品目包括的数据处理设备可因任务不同而变换逻辑操作顺序；还可自动操作，即在操作过程中不需要人工干预。这些机器多数是利用电子信号进行工作；但也可利用其他技术进行工作。这些机器可以是独立单元，即将所有数据处理部件装在同一机壳内；也可以是由多个分立部件所组成的系统。

本品目还包括单独报验的上述自动数据处理系统的各种组成部件。

但本品目不包括配有自动数据处理装置，或与数据处理机连用，但具有特定功能的某些机器、仪器或设备。这些机器、仪器或设备应按其特定功能归入相应的品目；无特定功能的应归入未列名品目（参见本章总注释第五部分）。

（一）自动数据处理设备

本品目的自动数据处理设备必须能同时满足本章注释五（一）所列的条件，即：

1．能存贮一个或多个处理程序及执行程序直接需要的起码数据；

2．可按照用户要求随意编辑程序；

3．可按照用户指令进行算术计算；

4．在运行过程中，可不需人为干预而通过逻辑判断，执行一个处理程序，这个处理程序可修正计算机指令的执行。

因此，仅可使用固定程序（即不能由用户修改的程序）操作的机器，即使有多个固定程序可供用户选择，也不归入本品目。

这些设备具有存贮能力，可按不同的任务变换存贮的程序。

自动数据处理设备是以代码形式进行数据处理的。代码是一组限定字符（二进制代码、国际标准化组织的标准六位代码等）。

数据的输入通常是利用各种数据记录媒体（例如，磁带）或通过直接阅读原始文件等自动进行；也可由人工用键盘将数据输入；或用某些仪器（例如，测量仪器）直接将数据输入。

所输入的数据由输入部件转换成设备可以使用的信号，存入存贮部件内。

部分数据及程序可暂时存贮在使用磁盘、磁带等的辅助存贮器内。但数据处理设备必须配有一个主存贮器，可为直接执行某一具体程序服务，并具有足够容量存贮部分处理和编译程序以及当次处理运行中所必需的数据。

自动数据处理设备可以装在同一机壳内，由一个中央处理部件、一个输入部件（例如，键盘或扫描器）及一个输出部件（例如，可视显示器）组成，也可由多个分离的部件互相连接而成。对于后一种情况，这些部件至少包括一个中央处理部件、一个输入部件及一个输出部件，从而形成一个“系统”（参见本章子目注释一）。可以通过有线或无线方式互相连接。

完整的自动数据处理系统至少包括：

1．一个中央处理部件，一般包括主存贮器、运算及逻辑元件、控制元件；这些元件有时以分立单元的形式出现。

2．一个输入部件，用以接收输入数据，并将其转换成机器能够处理的信号。

3．一个输出部件，用以将机器提供的信号转换成可阅读的形式（打印文字、图表或显示等），或转换成代码数据，以便于进一步使用（处理、控制等）。

上述两个部件（例如，输入及输出部件）也可组合成一个部件。

完整的自动数据处理系统应该归入本品目，即使其中一个或多个部件在单独报验时可归入其他品目（参见下述第（二）部分——单独验报的部件）。

这类系统包括以数据终端机的形式出现的与主机相距较远的输入或输出部件。

这类系统除包括输入或输出部件以外，还包括可扩充系统性能（例如，扩充中央处理器的一种或多种功能）的部件〔参见下述第（二）部分〕。这些部件一般装在输入部件与输出部件之间（在系统的首尾部分)；但有时适配及转换部件（通道适配器及信号转换器）是装在输入部件之前或装在输出部件之后。

自动数据处理设备及系统用途很广。例如，用于工业、商业、科研、公共管理或私人管理等。{关于装有自动数据处理装置或与自动数据处理设备连接使用，但却从事某项专门功能的机器的归类〔本章注释五（五)〕，参见第八十四章总注释的第五部分。}

（二）单独报验的部件

除本章注释五（四）及（五）另有规定的以外，本品目也包括单独报验的数据处理系统的组成部件。它们可以是具有单独机壳的部件形式，也可以是没有单独机壳的部件形式，用以插入一台设备中（例如，在主机板上插入中央处理器)。作为整个系统组成部分的组成部件的定义，参见以上第（一）部分及下文。

一台装置只有符合以下条件，才能作为自动数据处理系统的部件归入本品目：

1．执行数据处理功能；

2．符合本章注释五（三）所规定的下列标准；

（1）专用于或主要用于自动数据处理系统；

（2）可以直接或通过一个或多个其他部件同中央处理器相联接；以及

（3）能够以本系统所使用的方式（代码或信号）接收或传送数据。

3．没有被本章注释五（四）及（五）的规定所排除。

根据本章注释五（三）最后一段的规定，凡是符合上述2（2）及第2（3）所列条件的键盘、X-Y坐标输入装置及盘（片）式存储部件，应一律按数据处理系统的组成部件归类。

执行数据处理以外的某项专门功能的部件，应按其功能归入相应的品目，无法按功能归类的，应归入未列名品目〔参见本章注释五（五)〕。不符合本章注释五（三）所列标准，或不执行数据处理功能的装置，应运用归类总规则一的规定，必要时结合归类总规则三（一）的规定，按其特征进行归类。

单独报验的器具，例如，测量或检测仪器，加装一些装置（例如，信号转换器）后，虽可直接与数据处理机连接使用，但这些器具不应视为自动数据处理系统的部件，而应归入其相应品目。

除中央处理部件及输入与输出部件以外，各种部件还包括：

1．外接于中央处理部件的附加存贮器〔 磁卡片机、磁盘或光盘存贮器、磁带自动加载装置及程序库、光盘驱动程序库（有时称为“自动光盘机”）等〕。本组还包括称为“专用存储格式”的附加数据存储装置，不论其用于安装在自动数据处理设备内部或供外部使用。这些装置可以是磁盘驱动器，也可以是磁带驱动器。

2．用以扩充中央处理器数据处理能力的附加设备（例如，浮点运算部件)。

3．控制及适配部件，用以使中央处理器与输入或输出部件相连接（例如，USB 插口)。但本品目不包括有线或无线通讯网络用的控制及适配部件（品目85.17)。

4．信号转换部件。输入时可将外来信号转换成机器能识别的信号；输出时可将机器处理后输出的信号转换成可在外部使用的信号。

5．X－Y坐标输入装置，即将位置数据输入到自动数据处理设备的部件。它们包括鼠标器、光笔、操纵杆、跟踪球及触感屏，其共同的特征是显示与某固定点相关位置的数据即构成（或解释为）输入，其共同的用途是控制在显示部件上光标的位置，以取代或辅助键盘的光标键。

本类也包括图形输入板，即一种可以捕获并记录曲线及任何其他几何形状的坐标的 X-Y 坐标输入装置。这种装置一般由一块带敏感触面的长方形板、绘图用的指示器或笔、以及连接到联接板的图像放大器构成，用于输入数据。

本类还包括具有与图形输入板功能相类似的数字转换器。但图形输入板用于制作艺术及图形的原本，并可选定应用菜单及控制屏幕上的目标，而数字转换器则一般用于捕获仅以硬拷贝形式存在的现有图形。数字转换器指示器可假定为任何形状，但其尺寸必须较小，以便于用手握住并在数字转换器的感触区域来回移动。十字指针为最常见的形状。

二、未列名的磁性或光学阅读机、将数据以代码形式转录到数据记录媒体的机器及处理这些数据的机器

本组包括的机器范围很广，其中许多是电磁或电子式设备；它们的作用往往是互补的，用于进行统计、会计或其他工作。本组包括磁性或光学阅读机、将数据以代码形式转录到数据记录媒体的机器以及处理数据并进行译码的机器。

本组仅包括在其他品目未列名的机器。因此不包括下列机器：

（1）上述第一部分所列的自动数据处理设备及其部件，但条形码阅读机除外。

（2）自动打字机及文字处理机（品目 84.69）。

（3）品目 84.70 所列的计算机器、会计计算机及现金出纳机。它们与本类机器的区别在于本类机器没有手工输入装置，而只能完全以代码形式将数据输入（磁带、磁盘、光盘等）。

（一）磁性或光学阅读机

磁性或光学阅读机用以阅读特殊形式的字符，并将其转换成电信号（脉冲信号）；机器可用这种电信号直接转录或处理代码信息。

1．磁性阅读机。这种设备是先用特种磁性墨水将字符磁化，再用读出磁头将其转换成电脉冲。然后通过与寄存在存贮器的数据比较或用一般为二进制的数字码对这些脉冲信号加以识别。

2．光学阅读机。这种阅读机无需使用特种墨水；它是由一组光电管直接阅读字符，并将其译成二进制代码。本组还包括条形码阅读机。这些设备通常使用光敏性半导体装置（例如，激光二极管），并作为输入单元与自动数据处理设备或其他设备（例如，现金出纳机）连接使用。它们可以是手提式或台式，也有装在机器上使用的。

上述阅读机只有在单独报验时才归入本品目；如果与其他机器（例如，将数据以代码形式转录到数据记录媒体的机器以及处理这些数据的机器）结合使用并与这些机器同时报验，则应与有关机器一并归类。

（二）将数据以代码形式转录到数据记录媒体的机器

本组包括：

1．将代码信息从一媒体转到另一媒体的机器。这些机器可用以将代码信息从一种媒体转录到另一种媒体或转录到同类型的其他媒体上。同类媒体转录机器包括将主磁带、主磁盘或主光盘上的数据全部或部分地复制在新磁带、新磁盘或新光盘（例如，DVD，CD-ROM）上所用的复制机。

2．将固定程序输入集成电路的机器（程序编制器）。这些机器用于将存于程序编制器的内存储器的数据以代码形式转到集成电路上。程序编制器根据所使用的可编程序集成电路类型，用各种不同的技术，将信息“烧录”于一片或多片集成电路上。

某些程序编制器（仿真程序器）具有附加功能，能使用户在实际将程序转到集成电路上之前，先将程序运行结果显示或模拟出来。

零件及附件

除零件的归类总原则另有规定的以外（参见第十六类总注释），本品目所列机器的零件及附件应归入品目 84.73。

*
* *

本品目也不包括：

（一）电源（品目 85.04）。

（二）调制解调器。这种装置以电话网络可传输的形式对从自动数据处理机获得信息进行调制，然后重新将其转换成数字形式（品目 85.17）。

（三）电子集成电路（品目 85.42）。

（四）模拟飞行器（例如，品目 88.05）。

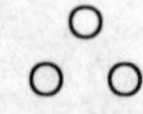

子目注释：

子目 8471.30

本子目包括便携式自动数据处理设备，重量不超过 10 千克。该设备带有一个平面屏幕，可以在没有外接电源的情况下工作，并经常带有调制解调器或其他装置，以供与网络建立连接之用。

子目 8471.90

本子目主要包括光盘文件生成系统，它通常包括键盘、显示器、光盘驱动器、扫描器及打印机。该系统可以带有一台作为控制器用的自动数据处理机，或配置成可通过一台自动数据处理机进行存取或控制。它一般有以下功能：

——通过电子扫描记录图像

——生成文件

——信息检索

——显示数据

——在普通纸上打印。

84.72　其他办公室用机器（例如，胶版复印机、油印机、地址印写机、自动付钞机、硬币分类、计数及包装机、削铅笔机、打洞机或订书机）：

10　—　胶版复印机、油印机

30　—　信件分类或折叠机或信件装封机、信件开封或闭封机、粘贴或盖销邮票机

90　—　其他

本品目包括所有未能归入上述三个品目，或在协调制度其他品目未具体列名的办公室用机器。

所称“办公室用机器”，其含义较广，包括在办公室、商店、工厂、车间、学校、火车站、旅馆等场所用于“办公室工作”（即有关书信、文件、表格、记录、帐目等的书写、记录、分类、归档等工作）的各种机器。

办公室机器必须装有底座以备安装或放置在桌上或台上等，才能归入本品目。本品目不包括第八十二章所列未装有类似底座的手工工具。

本品目所列的机器可用手工操作，也可以是机动或电动的（包括电磁继电器及电子操作的机器）。

本品目主要包括：

一、胶版复印机（例如，明胶版复印机或醇溶碳纸复印机）、**油印机**（用铁笔或打字机预先刻制的蜡纸进行复印）。本品目还包括与胶版复印机连用的小型压机。

但本品目不包括即使是办公室用的小型印刷机（例如，凸版印刷机、平版或胶版印刷机），使用凸纹塑料片或金属片进行复印的复印机（含兼可用蜡纸复印的机器），以及感光复印机、热敏复印机（品目 84.43）及缩微胶片设备（第九十章）。

二、地址印写机，一般是使用一组小纸卡、金属模板或凸纹金属模板在发票、信件、信封等上面快速印写地址。本品目也包括刻制模板或压制凸纹金属模板的专门机器，以及可在多种地址模板中进行挑选的机器。

三、售票机〔但不包括装有计算装置的售票机（品目 84.70）及投币式机器（品目 84.76）〕。本品目包括小型的手提式票券打洞机或用纸卷印发票券的机器（例如，公共汽车及有轨电车售票员使用的售票机)；也包括在票券上加盖日期的机器。

四、硬币分类机或硬币计数机（包括钞票计数及支付机）。这些机器不论是否装有硬币或钞票的包装装置（有时还装有在包装纸上印出总金额的装置），均归入本品目。

计重式硬币计数机应归入品目 84.23 或品目 90.16。

五、自动付钞机，与自动数据处理机连用，不论是在线的还是离线的。

六、自动柜员机，顾客可通过该机器对他们的帐户进行存款、提款、转帐和查询结余等操作，而无须直接与银行职员联系。

七、削铅笔机，包括手工操作的在内。

本品目不包括非机械式卷笔刀。卷笔刀应归入品目 82.14。如果具有玩具特征，则应归入第九十五章。

八、打洞机，用以在纸卡或文件上打洞（例如，供活页归档用或作简单索引或分类用）。

本品目不包括成行穿孔机（例如，供邮票穿孔用）(品目 84.41)。

九、在纸带上穿孔供自动打字机用的机器。

十、用穿孔纸带操作的机器。这种机器本身未装有打字装置，但已构成与普通打字机连用进行自动打字的分立单元。这类机器有些可按要求在穿孔纸带中进行选择，以打印某份信件或文件。

十一、订书机（用订书钉装订文件）及拆钉机。

但本品目不包括：

（一）订书枪（品目 82.05）。

（二）装订书籍用的订书机器（品目 84.40）。

（三）制纸板箱用的装订机（品目 84.41）。

十二、折信机。这种机器有时装有某种装置，可将信插入信封或用纸带包扎信件。

十三、开信机及封信机。

十四、邮票盖销机。

十五、邮局用的信件分类机，主要由编码台、预分拣信道系统、中间分拣机及最终分拣机所组成。整套设备是由一台自动数据处理机控制，从而构成一个第十六类注释四所指的“功能机组”（参见第十六类总注释）。

十六、供应包装纸或胶水纸的机器。

十七、涂湿胶水纸或邮票的机器（包括简单的滚筒式涂湿机）。

十八、销毁保密文件用的碎纸机。

十九、支票填写机。这是一种填写支票专用的小型机器。这种机器除可逐个字母填写外，一般还可同时打出整个单词或词组（例如，将支票插入机器后，可用文字打印出金额）。这种机器一般是采用消不去的特种渗透墨水填写支票；有时还需对支票穿孔或压印。

二十、支票签署机。这种机器用不能涂抹的方式自动在支票上签名，一般还有难以复制的精密背景。

二十一、自动找零机，可与现金出纳机连用，向顾客自动找零。

二十二、在办公室供文件及打印材料的分类和整理用的独立式机器。

上述第十九项及第二十项所列的机器也可用于填写与签署其他文件。

零件及附件

除零件的归类总原则另有规定的以外（参见第十六类总注释），本品目所列机器的零件及附件应归入品目 84.73。

*

* *

本品目不包括：

（一）作为品目 84.43 所列机器的零件或部件的分页器。

（二）口授机及其他声音录制或重放设备（品目 85.19）。

（三）检查钞票或其他文件用的X射线装置（品目 90.22）。

（四）时间记录器（品目 91.06）。

（五）手工操作的日期戳、封缄戳及类似印戳（品目 96.11）。

84.73　专用于或主要用于品目 84.69 至 84.72 所列机器的零件、附件（罩套、提箱及类似品除外）：

10　—　品目 84.69 所列机器的零件、附件

—　品目 84.70 所列机器的零件、附件：

21　——　子目 8470.10、8470.21 或 8470.29 所列电子计算器的零件、附件

29　——　其他

30　—　品目 84.71 所列机器的零件、附件

40　—　品目 84.72 所列机器的零件、附件

50　—　同样适用于品目 84.69 至 84.72 中两个或两个以上品目所列机器的零件、附件

除零件的归类总原则另有规定的以外（参见第十六类总注释），本品目包括专用于或主要用于品目 84.69 至 84.72 所列机器的零件及附件。

本品目所包括的附件是可互换的零件或特定装置，这些装置装上后，可以使机器适于进行某种特定操作，或进行某种与机器主要功能相关的伺服操作，或扩大其操作范围。

本品目包括：

一、连续将纸张送进打字机、会计计算机等用的表格输入装置。

二、打字机、会计计算机等用的自动定距器。

三、装在地址印写机上的造表装置。

四、制表机的辅助打印装置。

五、装在打字机上的纸张夹持器。

六、明显用于地址印写机的金属地址印板，不论是否已切割或压纹。

七、打字机、会计计算机、计算机器等用的计算装置。

八、清洁自动数据处理机等的软盘驱动器用的软磁盘。

九、适合专用于或主要用于自动数据处理设备的电子存储器模件〔例如，单列直插式内存模块（SIMM）和双列直插式内存模块（DIMM）〕，不构成第八十五章注释八（二）2 所列的分立元件，也不具有独立功能。

但本品目不包括罩套、提箱及毡垫；这些货品应归入其相应的品目。本品目也不包括家俱（例如，橱及桌），不论其是否办公室专用（品目 94.03）。但通常专用于品目 84.69 至 84.72 所列机器的台架，仍归入本品目。

本品目也不包括：

（一）适用于品目 84.69、84.70、84.71 或 84.72 所列机器的卷轴或类似芯子（按其构成材料归类，例如，归入品目 39.23 或第十五类）。

（二）油印蜡纸或胶印版纸（品目 48.16）或其他材料制的模板（按其构成材料归类）。

（三）印制的统计卡片（品目 48.23）。

（四）磁性记录用的磁盘及其他媒体（品目 85.23）。

（五）电子集成电路（品目 85.42）。

（六）转数计（例如，装在打字机上测速用的）（品目 90.29）。

（七）打字机色带或类似色带，不论是否带轴或装盒(应按其材料属性归类；如已上油或经其他方法处理能着色的，应归入品目 96.12)。

84.74　泥土、石料、矿石或其他固体（包括粉状、浆状）矿物质的分类、筛选、分离、洗涤、破碎、磨粉、混合或搅拌机器；固体矿物燃料、陶瓷坯泥、未硬化水泥、石膏材料或其他粉状、浆状矿产品的粘聚或成形机器；铸造用砂模的成形机器：

10　—　分类、筛选、分离或洗涤机器

20　—　破碎或磨粉机器

—　混合或搅拌机器：

31　— —　混凝土或砂浆混合机器

32　— —　矿物与沥青的混合机器

39　— —　其他

80　—　其他机器

90　—　零件

本品目包括：

（一）主要在采掘工业中，用以处理（分类、筛选、分离、洗涤、压碎、磨粉、混合或搅拌）泥土（包括矿物颜料）、粘土、石料、矿石、矿物燃料、矿物肥料、矿渣水泥或混凝土等固体矿产品（一般是指本协调制度第五类所列的产品）的机器。

（二）粉状或浆状固体矿产品的粘聚、模制或成形机器（例如，用于粘聚固体矿物燃料；陶瓷坯泥、未硬化水泥、石膏材料等的模制成形，不论是否加入粘胶剂或填充剂）。

（三）铸造用砂模的成形机器。

本品目所列的许多机器具有上述两种以上功能（例如，水力分类洗涤机、磨粉分类机、磨粉混合机、混合模制机等）。

某些本类机器一般用于处理矿产品。但作为次要用途，也可用于处理非矿产品（例如，木材或骨料）；这些机器仍应归入本品目。但本品目不包括专用于对非矿产品进行类似处理的机器（例如，木片筛选分类机；木材磨粉机；研磨或混合化学品或有机颜料的机器；研磨骨、兽牙等的机器；粘聚或模制软木粉的机器）。

一、上述第一类所列的机器（主要用于采掘工业的机器）

本组包括：

（一）分类、筛选、分离及洗涤机器。这些机器用于按材料粒块的大小或重量将其加以分类，或将其中杂质冲洗干净。这些机器包括：

1．滚轴分类机。这种机器配有多个平行滚轴。向同一方向旋转时，滚轴间或多或少产生接独。每个滚轴上有一些凹槽，与邻接滚轴形成一个通道。这样，经过滚轴的材料只要比较细小，即可从通道中落下。通道尺寸沿机器逐渐增大，这样当材料通过通道落下时，可按粒块大小用容器加以收集。

2．金属网或穿孔板筛选机。材料沿倾斜筛下滑；筛上的网眼或孔眼越向下越大。这种机器有两种：一种的金属网筛或穿孔板成倾斜鼓状（一般为圆筒形或六角形），并能旋转（滚筒筛）；另一种是用机器振动或摆动斜面筛或穿孔板。

3．耙式分类机。这类机器是用一组耙对材料进行分类，各耙齿间留有一定间隙。

4．从煤中除去石块等的各种专用机器。

5．水力洗涤、分离或精选机。其中有些机器单纯用以冲去杂质；其他机器则将较重的不悬浮于水中的部分加以分离或精选。

6. **浮选分离机**，主要用于精选矿石。将压碎的矿石与水及某种表面活性剂（油或各种化学品）混合，在部分矿石微粒表面形成一层薄膜，将其带到液面并加以分离。有时还将空气吹入混合物，以加速分离。

本品目也包括配有磁性或电力装置的分类或分离机器（例如，静电分离机），以及配有电子或光电探测装置的机器。例如，用放射性测量装置操作的铀或钍矿砂分类设备。

本品目不包括离心分类机，即完全根据离心原理分离材料的机器（品目84.21），在这种机器中，微粒是按不同比重聚集在离快速旋转中心远近不同的地点上。但用离心力将材料抛向金属网筛的机器仍归入本品目。

与筛选分类机连用的输送带，除非构成筛选分类机的不可分割部分，或输送带本身作为一种筛选分类装置（例如，输送带上有孔眼供筛选分类用），否则应归入其相应品目。

（二）压碎及磨粉机器。这些机器包括：

1. **立式旋转压碎机**，主要由一个容器与一个旋转锥体配置而成，锥体有时可作偏心转动，在锥体与容器内壁之间将材料压碎。

2. **各种颚式破碎机**。压碎的材料从两个直立的有槽齿板（一个固定，另一个可移动）之间落下。

3. **鼓式破碎机**。将材料提升至鼓顶，然后落到底部跌碎。

4. **滚轴压碎机或磨粉机**。材料在两个以相反方向转动的平行滚轴之间压碎。滚轴间的距离按所需材料的粗细程度而定。多数情况下，这些机器配有多对平行滚轴。

5. **撞碎机**，可将材料猛烈甩向（例如，用快速旋转臂甩出）机器的内壁。

6. **锤式破碎机**。

7. **球磨机或棒磨机**，主要配有一个转筒，内装许多球或短棒（例如，钢或陶瓷制的球或短棒）。将材料放入转筒内，利用球或棒的作用将其破碎或磨粉。

8. **磨盘式磨粉机**。

9. **落锤破碎机**（也称捣碎机），主要用于捣碎矿石。用一系列凸轮操纵的落锤（常为分级排列），将材料捣碎至所需细度。

10. **破碎捏和机**，用于陶瓷工业中将大块粘土加以破碎及搅拌，以备进一步加工。

（三）混合或搅拌机器，主要由一个容器与搅拌桨或其他搅拌装置配置而成。利用搅拌作用将两种或多种材料加以混合揉捏。这些机器包括：

1. **混凝土或灰浆搅拌机**，但不包括固定安装在铁路车辆及卡车底盘上的混凝土搅拌机（品目86.04或87.05）。

2. **将矿物（破碎的石料、砂砾、石灰石等）与沥青混合制造沥青路面材料的机器**。这些机器可采用各种配置形式，例如，由分离的各部分（加料斗、干燥器、除灰器、混合器、提升机等）装在一个共同的底盘上，组成一套设备；或简单地将各部分并列配置，构成一套功能机组（固定或可移动的沥青搅拌设备）。

3. **矿石混合机**。

4. **将煤粉等与粘结材料混合制造粘聚燃料的机器**。

5. **陶瓷工业用的混合或搅拌机器**（例如，用以将粘土与颜料混合或揉捏陶瓷坯泥）。

6. **配制铸砂用的搅拌机**。

二、粘聚、模制或成形机器

这些机器一般可分为下列三种类型：

（一）使用压模进行工作的各种压力机。将预先配制好的材料加以粘聚，并将其压成所需形状。

（二）大型滚筒，其表面有一系列凹孔或模型，用以将材料压成所需形状。或

（三）挤压机器。

本组包括：

1. 将固体矿物燃料（煤粉、泥炭纤维等）粘聚成砖、球、蛋等形状的机器。

2. 陶瓷坯泥的粘聚或成形机器。这些机器包括：

（1）模压式或挤压式制砖机，包括将挤出的条料切成砖块的机器。

（2）瓦片模压机，包括修整瓦片边缘的机器。

（3）陶管的模压或挤出机器。

（4）条形砖制造机。这种机器是将金属丝网通过滚筒，从而在丝网交点上覆上粘土。

（5）陶轮及类似机器。将陶瓷坯泥放在陶轮上旋转，并用手工或借助工具模制成形。

（6）模制陶瓷假牙用的机器。

3. **粘聚研磨料以制造砂轮的机器。**

4. **制造各种混凝土预制件的机器**（例如，用以制造铺路石、柱、栏杆、标杆等），包括制造管道用的离心式模制机。

5. **模制各种石膏、纤维灰浆、灰泥等制品的机器**（例如，用以模制玩具、小塑像及天花板装饰件等）。

6. **模制石棉水泥制品的机器**（例如，用以模制大桶、饮槽、烟囱）**及用心轴绕制石棉水泥管道的机器。**

7. **模制石墨电极用的机器。**

8. **挤出石墨铅笔芯的机器。**

9. **模制黑板粉笔用的机器。**

三、铸造用砂模的成形机器

这些机器有多种，用以将预先制备的铸砂放入型模内压成铸造用模芯，或围绕型箱中的阳模压成型模，常配有振实装置，以使砂模结实。

本类包括多种利用压缩空气作用于活塞或直接作用于砂的表面进行操作的机器，但不包括压缩空气喷砂机（品目 84.24）；也不包括砂芯或铸模烘干炉（品目 84.19）。

零　件

除零件的归类总原则另有规定的以外（参见第十六类总注释），本品目所列机器的零件也归入本品目。但球磨机用的球应按其构成材料归类。

*
* *

本品目也不包括：

（一）粉状燃料燃烧器；配有粉化或磨粉设备的机械加煤机（品目 84.16）。

（二）研光机及滚压机（品目 84.20）。

（三）压滤机（品目 84.21）。

（四）石料或其他矿物材料的加工机床，以及玻璃冷加工机床（品目 84.64）。

（五）混凝土振捣器（酌情归入品目 84.67 或 84.79）。

（六）玻璃的模制或压制机器（品目 84.75）。

（七）塑料的模制机器（品目 84.77）。

（八）通用压力机（品目 84.79）。

（九）混凝土摊铺机（品目 84.79 或第八十七章）。

（十）金属铸造型箱；本品目所列机器用的型模（品目 84.80）。

84.75　白炽灯泡、灯管、放电灯管、电子管、闪光灯泡及类似品的封装机器；玻璃或玻璃制品的制

造或热加工机器：

10 — 白炽灯泡、灯管、放电灯管、电子管、闪光灯泡及类似品的封装机器

— 玻璃或玻璃制品的制造或热加工机器：

21 — — 制造光导纤维及其预制棒的机器

29 — — 其他

90 — 零件

本品目包括白炽灯泡、灯管、放电灯管、电子管、闪光灯泡的封装机器，还包括玻璃或玻璃制品的制造或热加工机器（但品目84.17或品目85.14所列的熔炉除外）。

一、白炽灯泡、灯管、放电灯管、电子管、闪光灯泡的封装机器

本组包括：

（一）灯泡的真空封口机器。

（二）白炽灯泡或电子管的旋转自动封装机。

这类机器一般配有玻璃热加工设备（例如，喷焊器或封闭玻璃壳用的加压及闭合装置）；但即使未配有上述设备，这些机器仍应归入本品目。

本品目也包括利用输送装置使机器各部分（玻璃热加工设备、泵机及灯泡检验装置等）相互连接的白炽灯泡封装机器（参见第十六类注释四）。

但本品目不包括专用于制造作为灯泡或电子管元件的金属零件的机器〔例如，切割或深冲加工制造屏蔽、阳极或支架的机器（品目84.62）、盘旋细金属丝以制造电灯丝的机器（品目84.63）及焊接屏蔽或电极用的机器（品目84.68或85.15）〕。

二、玻璃或玻璃制品的制造或热加工机器

本品目所列的玻璃加工机器是指对受热变软或变成液状的玻璃（包括熔融石英或其他熔融硅石）进行加工的设备。这类机器主要是用浇铸、拉伸、滚压、纺丝、吹制、仿形、模制等加工方法进行操作。但不包括硬质玻璃（即使稍经加热以利于加工）的加工机器（品目84.64）。

（一）平面玻璃制造机器

本组包括：

1．用拉成的玻璃片带制造玻璃片的机器。这种机器用一个特殊装置把粗成形玻璃片提起；玻璃片通过退火炉时，由滚筒夹紧垂直或横向拉伸。最后将拉成片带状的玻璃切割（用机械方法或使用电热金属丝）成为玻璃片。

2．制造浮法玻璃用的机器。在浮法工艺中，玻璃水平地浮在一层熔融介质上，制成连续的玻璃带，在后续工序中将其切割成块。

（二）玻璃的其他热加工机器

本组包括：

1．制瓶机等，包括简单的取料吹制机械（利用吸力或压缩空气进行操作，并使用与机器分开的型模）和自动连续供料制瓶机（配有两块旋转板，其中一块配有粗铸模，另一块配有精修模）。

2．模制各种玻璃制品专用的机器及压机（例如，用以制造铺地砖、瓦、绝缘子、光学玻璃坯件及凹形玻璃器），但不包括通用压力机（品目84.79）。

3．拉制、成形或吹制玻璃管用的机器。以及拉制熔融硅管专用的机器。

4．制玻璃珠用的机器，特别是把玻璃管材切段后，将其放进加热转筒中磨圆的机器。

5．制玻璃纤维或玻璃长丝用的机器。它们主要分为三类：

（1）制织造用连续玻璃纱线的机器。这种机器配有一个可装玻璃球的小型电炉。炉底配置一块约有一百个微孔的抽丝板，玻璃丝从微孔漏出时，用油加以润滑，并由一个特殊装置将其连接成单股

玻璃纱，然后卷绕在转筒上，以便连续抽丝。

（2）制短纤维用的机器。与上款所列机器一样，这类机器同样配有电炉及抽丝板，但板的一边装有多组压缩空气集束喷射装置。压缩空气喷流具有抽丝及吹断纤维的双重作用。纤维经过油雾喷淋后落到一个多孔转筒上，由转筒内的吸引装置将纤维集合成为粗纱，卷绕在单边筒管上。

（3）制玻璃纤维填料的专用机器。将熔融玻璃倒在一个加热转盘上，使玻璃粘在转盘的槽沟上，然后利用离心力将其拉成纤维。

6．灯泡吹制机或电灯泡、电灯管、电子管等的玻璃零件制造机器（例如，用以制造基座垫块、灯丝支架、晶体管管座等）。

7．制造光导纤维及其预制棒的机器。

零 件

除零件的归类总原则另有规定的以外（参见第十六类总注释），本品目所列机器的零件应归入本品目。

*

* *

本品目也不包括:

（一）手工玻璃吹制工具（品目 82.05）。

（二）制钢化玻璃用的某些机器，该机是将普通玻璃片放在加热板之间然后突然冷却制成钢化玻璃（品目 84.19）。

（三）加工玻璃用的手工或机械模具（品目 84.80）。

84.76 自动售货机（例如，出售邮票、香烟、食品或饮料的机器），包括钱币兑换机(+)：

— 饮料自动销售机：

21 — — 装有加热或制冷装置的

29 — — 其他

— 其他机器：

81 — — 装有加热或制冷装置的

89 — — 其他

90 — 零件

本品目包括各种在投币孔中投入一个或几个硬币、辅币或一张磁卡后能供应某些商品的机器（但不包括在协调制度其他品目列名更为具体的机器，或在本类或本章的注释中规定不包括在本章范围内的机器）。本品目所称的“售货”是指购买者与机器之间进行“货币”交换以获得某项商品。本品目不包括用于分发商品但不带收款装置的机器。

不带收款装置的热饮或冷饮自动配售机不归入本品目（品目 84.19）。

本品目不但包括自动送出商品的售货机，也包括配有若干小货柜，投币后可从柜内取出商品的售货机，这种售货机配有相应小货柜的开锁装置（例如，按压相应按钮即可开锁）。

简单的投币开锁橱柜或容器（例如，用以在车站寄存行李或在戏院供应观剧望远镜）不应归入本品目，而应归入第十五类或第九十四章。

本品目包括装有加热或制冷装置或调制所售商品装置的售货机（例如，装有榨果汁器、咖啡牛奶混合器、冰淇淋搅拌器），但这种机器的主要功能及用途必须是自动售货。

本品目包括出售邮票、火车票、巧克力、糖果、冰淇淋、香烟、雪茄、饮料（例如，啤酒、葡萄酒、甜酒、咖啡及果子汁）、化妆品（包括香水喷雾器）、袜子、照相胶卷、报纸等的投币式自动售货机；也包括在细长金属片上压印铭牌用的机器。

本品目还包括钱币兑换机。

零　件

除零件的归类总原则另有规定的以外（参见第十六类总注释），本品目也包括装在店铺门面里的自动售货装置，以及本品目所列机器的零件。

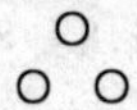

本品目不包括下列投币式机器或器具：

（一）投币开启的锁（例如，用于小橱柜或公共厕所）（品目83.01）。

（二）在汽车加油站或修理厂供应燃料或润滑油用的泵（品目84.13）。

（三）衡器（品目84.23）。

（四）打字机（品目84.69）。

（五）投币式自动擦鞋机（品目84.79）。

（六）电动剃胡刀（品目85.10）。

（七）电话设备（品目85.17）。

（八）电视机（品目85.28）。

（九）望远镜、照相机、电影放映机（第九十章）。

（十）供应煤气或电力用计量表（品目90.28）。

（十一）游戏机（品目95.04）及第九十五章所列的其他机器。

○
○ ○

子目注释：

子目8476.21及8476.29

所称“饮料自动销售机”，是指各种自动销售饮料（咖啡、茶、果子汁、酒精饮料等）的机器，它们既可以将饮料装在杯子或其他任何容器（例如，铁罐、瓶子或纸盒）里，以即可供饮用的方式提供，也可将速溶混合粉和热水或凉水分别提供。

84.77　本章其他品目未列名的橡胶或塑料及其产品的加工机器：

10 —　注射机
20 —　挤出机
30 —　吹塑机
40 —　真空模塑机器及其他热成型机器
—　其他模塑或成型机器：
51 ——　用于充气轮胎模塑或翻新的机器及内胎模塑或用其他方法成型的机器
59 ——　其他
80 —　其他机器
90 —　零件

本品目包括本章其他品目未列名的橡胶或塑料及其产品的加工机器。

本品目包括：

一、制造轮胎或其他橡胶或塑料制品用的模制机器，但不包括模具（品目68.15．69.03和84.80）。

二、内胎阀孔切割机。

三、专用于裁切橡胶线的机器及器具。

四、橡胶、塑料的成形压力机。

五、模制热塑塑料粉的专门压力机。

六、压制唱片用的压力机。

七、制造钢纸的机器。

八、挤出机。

零　件

除零件的归类总原则另有规定的以外（参见第十六类总注释），本品目所列机器的零件也归入本品目。

但是，本品目不包括组装半导体用的封装机器（品目 84.86）。

84.78　本章其他品目未列名的烟草加工及制作机器：

10　—　　机器

90　—　　零件

本品目包括本章其他品目未列名的烟草加工及制作机器。

烟叶去茎是用脱茎分选机进行的。这种机器配有转锤及各种规格的金属格栅（篮子）将烟叶打碎后吹入气流，从而使较轻的烟叶部分与较重的叶脉分离。

本品目包括：

一、烟叶去茎或切丝机器。

二、雪茄或香烟制造机器，不论是否配有辅助性的包装装置。

零　件

除零件的归类总原则另有规定的以外（参见第十六类总注释），本品目也包括本品目所列机器的零件。

84.79　本章其他品目未列名的具有独立功能的机器及机械器具：

10　—　　公共工程用机器

20　—　　提取、加工动物油脂或植物固定油脂的机器

30　—　　木碎料板或木纤维板的挤压机及其他木材或软木处理机

40　—　　绳或缆的制造机器

50　—　　未列名工业用机器人

60　—　　蒸发式空气冷却器

　　—　　旅客登机（船）桥：

71　——　用于机场的

79　——　其他

　　—　　其他机器及机械器具：

81　——　处理金属的机械，包括线圈绕线机

82　——　混合、搅拌、轧碎、研磨、筛选、均化或乳化机器

89　——　其他

90　—　　零件

本品目仅限于符合下列三个条件的具有独立功能的机器：

（一）任何类或章注释中均未规定不包括在本章内。以及

（二）未更为具体地列入协调制度其他各章的某一品目内。以及

（三）由于下列原因，不能归入本章其他品目：

1．根据其功能、品名、种类均不能归入其他品目；以及

2．根据其用途或所适用的行业，不能归入其他品目；或者

3．可同时归入两个或多个其他品目（通用机器）。

本品目所列的机器与机器零件等（应按零件的归类总原则归类）之间的区别在于它们具有独立功能。

据此，下列机械装置应视为具有“独立功能”：

1．可独立于其他机器设备之外执行其功能的机械装置（不论是否配有发动机或其他动力装置）。

例如：空气增湿或减湿是一种独立功能，可以由独立于其他机器设备的器具来执行。

单独报验的空气减湿机，即使准备装在臭氧发生器上，但因其具有独立功能，仍应归入本品目。

2．必须安装在另一台机器或器具上，或安装在一套较复杂的设备中才能执行其功能的机械装置，但其功能必须是：

（1）不同于所装机器设备的功能；以及

（2）在上述机器设备操作中并不起必不可少的和不可分割的作用。

例如：链式割线器是装在工业用缝纫机上自动割线而缝纫机无需中断操作的一种装置。这种装置在缝纫机进行缝纫操作时并不起作用，因而具有独立功能；由于没有其他列名更为具体的品目可归，故链式割线器应归入本品目。

另一方面，内燃机用汽化器（化油器）的功能与内燃机的功能尽管不同，但不能认为汽化器具有上述独立功能，因为汽化器的功能在内燃机操作中起不可分割的作用。因此，单独报验的汽化器应作为内燃机的零件，归入品目 84.09。

同样，机械式或液压式减震器构成所装机器或器具的不可缺少部分。因此，单独报验的减震器应作为所装机器或器具的零件归类（车辆或飞机用的减震器应归入第十七类）。

归入本品目的机器种类繁多，主要包括：

一、通用机器

例如，本组包括：

（一）装有机械装置（搅拌器等）的大桶或其他容器（例如，电解用的大桶或槽）。这些大桶或容器既不是专用于某一特定工业，也不是品目 84.19 所列的加热、烹煮等用的器具。仅装有旋塞、液面计、压力计或类似品的大桶或其他容器，应按其构成材料归类。

（二）非某种货品或某种工业专用的压力机、破碎机、磨粉机、混合机等。

（三）非某种工业专用的容量分配装置（例如，机械加料斗）**及连续整列送入工件以备加工的机械布料器**。

（四）适于铆接各种材料（例如，纺织品、纸板、塑料及皮革等）**的空心**（管形）**铆钉铆接机器；以及适于用 U 形钉接合纺织品、橡胶及其他材料制的机器皮带两端用的机器**。

（五）电动震抖装置，配有一个电动机，其转轴的伸出端配有偏心盘，可产生径向振动，以便传动所装装置或器具（例如，溜槽、料斗、加料斗、输送机、压实工具等）。

（六）电磁振动机。这是输送、筛选、压实等设备的辅助装置，其底板上装有一块电磁铁，两个金属棒支撑着一块金属片，与电磁铁相隔一定距离，由两组弹簧加以固定。金属片交替由电磁铁吸引，然后再由弹簧拉回。

（七）通用的工业机器人。工业机器人是一种自动机器设备，可按程序重复进行一套动作。工业机器人可利用传感器获得作业现场的有关信息，并加以分析，从而使其行动样式能适应作业现场的变化。

工业机器人可以是一个类似于人类手臂的活节式构筑物，水平或垂直装在一个底座上，在其末端装有一个活动手柄，用以夹住工具夹具（称为立式机器人）。也有一些工业机器人是一个线性构筑物

（一般可在一个立轴上移动），其抓爪构成操纵机构（一般是在一个卧轴上移动）的末端部分（卧式机器人）。这些机器人均可装在一个长臂上（长臂机器人）。

构筑物的不同部件是由电动机、液压系统或气动系统驱动的。

工业机器人用途广泛，例如，适用于焊接、喷涂、搬运、装卸、切割、装配、修剪金属等；用以代替人在有害环境下（例如，接触有毒物品或在粉尘飞扬等环境下）执行任务或从事体力劳动（移动重型物品、重复镗孔等）。工业机器人配有工具夹具及特制工具（例如，钳、抓爪、焊头等），以便进行各种操作。

本品目仅包括简单更换不同工具即可执行各种功能的工业机器人。但本品目不包括具有某种特定功能的工业机器人；这些工业机器人应按其功能归类（例如，归入品目84.24、84.28、84.86或85.15）。

二、某种工业用的机器

本组包括：

（一）公共工程用机器，例如：

1．摊铺灰浆或混凝土用的机器（不包括灰浆或混凝土的搅拌机——品目84.74或87.05）。

2．筑路机器。这些机器可用以震动混凝土使之坚实并使路面呈弧拱形，有时也可用以摊铺混凝土。

但本品目不包括品目84.29的平地机。

3．在路面或类似表面上铺撒砂砾的机器，不论是否自推进式；摊铺及夯实沥青路面材料的自推进式机器。但不包括装在汽车底盘上的砂砾摊铺机（品目87.05）。

4．在新浇的混凝土、沥青或类似未固结材料上刮平、压沟、打格子等用的机器及机械器具。

沥青等的加热设备不包括在本品目内（品目84.19）。

5．步行操纵的小型养路器具（例如，扫路机及划白线用的器具）。

连同底卸式垃圾斗及洒水系统装在有轮的汽车底盘上，并由品目87.01所列牵引车驱动的旋转式机械扫，即使与牵引车同时报验，也应作为可更换的设备归入本品目。

6．可安装在卡车上，用于清除积雪的撒盐和沙砾的机器，包括一个盛放盐和沙砾的储槽，配有可以粉碎、碾磨盐块的粉碎搅拌器，以及一个带撒布盘的液压喷射装置。该机器的各种功能可在卡车驾驶室内进行遥控操作。

（二）油类、制皂或食用油脂工业用的机器，例如：

1．专用于加工含油籽仁或含油果实的磨粉机、破碎机、碾碎机或压榨机。

2．装有机械搅拌器的槽，专用于净化油类。

3．牲油洗涤设备。

4．滚压生牛羊油以便在溶化前将细胞压碎的设备。

5．混合人造奶油各种成分用的搅乳器及混合器。

6．肥皂的切割或模制机器。

（三）处理木材或类似材料用的机器，例如：

1．利用原木互相摩擦使其剥皮的剥皮滚筒。

2．粘聚木纤维、木片、锯屑或软木粉用的特种压力机。

3．木材硬化压力机。

4．在压力下浸渍木材用的机器。

（四）用纺织纱线、金属丝或两者并用制绳或制缆的机器（搓捻或绞扭等用的机器），包括绞制电导体用的机器；但不包括纺织工业用的捻线机（品目84.45）。

本品目不包括：

（一）将纺织纱线等卷绕成球的机器（品目84.45）。

（二）对纺织纱线等作表面处理（上光、抛光）的机器（品目 84.51）。

（五）处理金属用的机器，包括电线线圈卷绕机，例如：

1．坩埚虎钳式压力机，供铁轨、机器零件等的铝热焊接之用。

2．用酸、三氯乙烯等擦光或酸洗金属的机器。包括薄板轧机用的酸洗设备，但不包括品目 84.24 的喷气机或喷砂机。

3．除砂、除锈或擦亮金属货品（例如，螺帽、螺栓或滚珠轴承）的转筒。

4．用浸入法镀锡的机器。

5．生铁击碎机及击碎废铸铁用的特种冲压机。

6．用纺织纱线、浸渍纸带、石棉带或其他绝缘或保护材料卷绕或包覆电缆的特种机器；但不包括品目 84.47 所列的嵌芯狭辫带机。

7．电线线圈卷绕机（例如，用于制造电动机、变压器或电感器的机器）。

（六）用柳条、竹料、藤、草、木条、塑料等编织篮筐等的机器，例如：

1．编织有盖提篮或类似品的机器。

2．编织装坛、瓶等的柳条筐用的机器。

3．用草编织瓶罩的机器。

4．在制帽工业中编织草帽、草帽缏及草帽带等用的机器。

本品目不包括劈木、剥柳条、削圆藤条等的机器（品目 84.65）。

（七）制造漆刷或其他刷子用的机器，例如：

1．加工（包括修边及整形）毛发、鬃毛、纤维等用以制刷的机器。

2．将毛发、鬃毛或纤维等插入刷座、刷架或刷柄的机器。

本品目不包括：

（1）将鬃毛或纤维加以消毒的机器（品目 84.19）。

（2）用木材、软木、骨、硬质橡胶或类似硬质材料制刷柄架或刷柄的机器（品目 84.65）。

三、杂项机器

本组包括：

（一）空气增湿机或减湿机，但不包括品目 84.15. 84.24 或 85.09 所列的器具。

（二）发动机启动器（机械式、液压式或气压式等），但不包括品目 85.11 所列的电气设备。

（三）液压蓄能器，用以在压力下储蓄一定量的液体，使流量保持均匀或向液压机器供压。这种蓄能器通常为一个垂直圆筒，由泵供液；内装一个重锤式活塞，可调至一定压力。

（四）泵式自动加润滑脂机。

（五）火柴浸渍机器。

（六）木桶涂焦油或涂层用的机器；但不包括品目 84.24 所列的喷涂机器。

（七）电焊条涂层机。

（八）清洗或重涂胶印墨辊的机器。

（九）在底料上涂敷光敏乳剂的机器，但不包括品目 84.86 所列的机器。

（十）用酸蚀法制毛玻璃的机器。

（十一）螺栓安装及拆除机和金属芯拔除机，第八十二章所列的手工工具以及风动、液压或本身装有电动或非电动动力装置的手提式小型工具除外（品目 84.67）。

（十二）保养管线或其他刚性管道用的机器（例如，用于清洁油管，并给油管涂上沥青或其他保护材料的小型自推进式机器；利用管内流体流动清洁管道内部的机器）。

（十三）将针布安装在梳理滚筒上的机器。

（十四）制造麻绳鞋底的机器。

（十五）对羽毛褥垫进行洗涤、冲刷、除尘的机器。

（十六）装填鸭绒被褥或褥垫的机器。

（十七）在任何底料（织物、纸等）上涂敷研磨料的机器。

（十八）卷绕软缆或软管的机器（例如，用于卷绕纺织材料或金属制的缆、绳、电缆或铅管）。

（十九）切割水草用的机械器具，它将一把卧式镰刀装在立轴上，镰刀可在立轴上旋转，立轴由一可装于小船上的支架支着，可用人工或动力驱动放在水面下进行操作。

（二十）配有机械装置的潜水箱或金属潜水衣等。

（二十一）船舶用或具有类似用途的陀螺稳定器。但不包括第九十章所列仪器的陀螺装置（陀螺罗盘等）及鱼雷的陀螺装置（品目93.06）。

（二十二）船舶驾驶及操舵设备，但不包括船舵本身（一般归入品目73.25或73.26），也不包括自动操舵机（陀螺驾驶仪）（品目90.14）。

（二十三）飞机、船舶及各种车辆用的电气、液压或气动式风挡刮水器，但自行车或机动车辆用的除外（品目85.12）。本品目也包括刮水片支架及已经安装的刮水片（只要能确定是供上述刮水器用的）。但机动车辆风挡刮水器用的除外（品目85.12）。

（二十四）清洁金属零件及其他杂项物品用的超声波装置。完整的超声波装置（不论是装在同一机壳内还是分立配置）由一个高频发生器、一个或多个换能器及储物容器所组成；报验时可配有或不配有储物容器。本品目还包括上述装置用的超声换能器。本品目不包括专用于或主要用于清洁半导体晶圆或平板显示器的超声波装置及超声换能器（品目84.86）。

（二十五）水下喷焊器，一般装有一个特别点火装置，并配有一种装置，可通过一个套着喷嘴的环形气孔另外供应压缩空气或氧气，在水中形成空腔，以便于火焰燃烧。

（二十六）利用钢铁吹氧燃烧所产生的高温切割岩石或混凝土的装置。这种装置比较简单，一般配有一个耐热手柄，上面装有一个阀门，并有一些配件与氧气源及一节钢铁管相连。操作时，氧气通过钢铁管，在钢铁管的另一端（原已加至炽热）继续燃烧，从而产生高温，使岩石或混凝土融化。

（二十七）自动擦鞋机。

（二十八）用浸渍法制蜡纸杯及蜡纸容器等用的机器。

（二十九）工业用地板擦光器。

（三十）蒸发式空气冷却器。

（三十一）旅客登机（船）桥。这些登机（船）桥允许旅客和人员在候乘大楼与停舶的飞机、游轮或渡轮之间行走，而无需穿行室外。它们通常由旋转平台、两节或两节以上的矩形伸缩通道、带行走机构的垂直升降柱及位于廊桥前端的接口舱组成，包括可使登机（船）桥呈水平、垂直和扇形移动的机电或液压装置（例如，伸缩部件、接口舱及垂直升降柱等），以便将登机（船）桥调整到处于飞机、游轮或渡轮舱门（入口）的合适位置。此外，在码头使用的旅客登船桥前端还可配有渡板，可伸入游轮或渡轮舱门（入口）。这些登机（船）桥自身不能升降、搬运或装卸任何东西。

原地清洗地毯的器具，向地毯中注入清洁溶剂，再由泵将溶剂抽出，设计供单位（家庭房舍除外）使用的，例如，供宾馆、汽车旅馆、医院、办公室、餐厅及学校使用的，应归入品目84.51。

本品目也不包括组装半导体用的封装机器（品目84.86）。

零　件

除零件的归类总原则另有规定的以外（参见第十六类总注释），本品目也包括本品目所列机器的零件，其中包括可归入其他品目（特别是归入品目84.80）以外的模具。

84.80　金属铸造用型箱；型模底板；阳模；金属用型模（锭模除外）、硬质合金、玻璃、矿物材料、橡胶或塑料用型模：

10　—　　金属铸造用型箱
20　—　　型模底板
30　—　　阳模
　　—　　金属、硬质合金用型模：
41　——　注模或压模
49　——　其他
50　—　　玻璃用型模
60　—　　矿物材料用型模
　　—　　塑料或橡胶用型模：
71　——　注模或压模
79　——　其他

本品目包括金属铸造用型箱、型模底板及阳模，除某些下文列明不包括的货品以外，本品目亦包括各种型模（不论是否铰接的，也不论是用手工操作还是供压力机或模制机使用的）。这些型模及型箱用于把下列材料模制成毛坯或成品：

（一）金属及硬质合金。

（二）玻璃（包括熔融石英或其他熔融硅石）或矿物材料（例如，陶瓷坯泥、水泥、石膏或混凝土等）。

（三）橡胶或塑料。

一般情况下，型模的主要作用在于使材料在凝固过程中，保持预定的形状，有些型模还可对材料施加一定的压力。但本品目不包括品目82.07所列的冲模，因为这些冲模主要是依靠强力冲击或压迫使材料成形（例如，冲压金属薄板制品用的冲模）。

一、金属铸造用型箱

这些型箱通常为铸铁或钢制的长方形或圆形框架，用以围绕阳模将砂压紧形成砂型。

二、型模底板

这些底板用以放在型模底部。

三、阳模

它们包括铸造用阳模、铸芯、芯箱、模板、型板等，用以预制砂型（一般是木制的）。

四、金属用型模（锭模除外）或金属碳化物用型模

本组包括：

（一）冷硬铸模（冷压铸型）。这是一只由两个或多个可调部分组成的金属铸型，在其型腔中可浇铸出所需形状的铸件。

（二）压铸模，熔融金属是在压力下浇入其中。这种铸模一般是由两个互补冷硬铸模组成，其型腔与所需铸件两面的形状相同。在某些情况下，这两个互补冷模还对熔融金属施加一定压力。

（三）模制烧结金属粉末用的型模。这种型模需要加热。有时也可用于模制硬质合金或陶瓷粉末。

（四）离心模制机器用的圆柱形型模（例如，用于浇铸铸铁管及枪炮筒）。

五、玻璃用型模

本组包括：

（一）模制铺地玻璃块、玻璃砖或玻璃厚板用的型模，以及模制玻璃瓦用的压铸型模。

（二）制瓶模，可用手工、机械或脚踏操作（例如，毛坯及成品模、环模）。

（三）制中空玻璃器皿、绝缘子等用的型模。

（四）玻璃加工车床用的成形型模。

（五）钢或铸铁制的型模，用以制造透镜或眼镜片坯等。

六、矿物材料用型模

本组包括：

（一）陶瓷坯泥用型模（例如，砖模、管模或其他陶瓷制品用型模以及制假牙用型模）。

（二）模制混凝土、水泥或石棉水泥货品用的型模（例如，用以模制管子、桶、铺地砖块、石板、烟囱顶管、栏杆小柱、建筑装饰品、墙壁、地板或天花板等），包括制作钢筋混凝土或预应力混凝土预制建筑构件（窗框、拱顶、梁构件、铁道轨枕等）用的型模。

（三）将研磨材料粘聚成砂轮所用的型模。

（四）制作石膏、纤维灰浆或灰泥制品用的型模（例如，用以模制玩具、小型塑像及天花板装饰品）。

七、橡胶或塑料用型模

本组包括：

（一）制造硫化轮胎用的囊式型模，由两个可调节的金属冷硬铸模组成，用蒸汽或电加热，内有环状的充气袋（气囊）或热水袋（水囊），以将胎坯牢牢地压向型模的内壁。

（二）模制或硫化杂项橡胶制品用的型模。

（三）制塑料制品用的型模，不论是电热或用其他方式加热的；这些型模可用重力、压注或压缩等方式操作。

本品目也包括初步压片模。这种型模用冷加工方法将压型粉按所需份量及适当形状和体积压实成片状，以便最后模制成品。

本品目不包括：

（一）用浸入液态橡胶、塑料等方法制造物品（例如，手套）的模壳（按其构成材料归类）。

（二）石墨或其他碳精制的型模（品目 68.15）。

（三）陶瓷制的各种型模（酌情归入品目 69.03 或 69.09）。

（四）玻璃制型模（品目 70.20）。

（五）锭模（品目 84.54）。

（六）制造半导体器件用的型模（品目 84.86）。

（七）制唱片用的电铸型模及母片（品目 85.23）。

（八）除上述不包括的项目以外，在压力机及其他机器上用以模制本品目未列名材料的型模（应作为有关机器的零件归类）。

84.81　用于管道、锅炉、罐、桶或类似品的龙头、旋塞、阀门及类似装置，包括减压阀及恒温控制阀：

10　—　减压阀

20　—　油压或气压传动阀

30　—　止回阀

40　—　安全阀或溢流阀

80　—　其他器具

90　—　零件

本品目包括在管道、罐、桶或类似品中，用以调节流体（液体、粘滞流体或气体）或某些固体（例如，砂）流量（供应或排放等）的龙头、旋塞、阀门及类似装置。本品目也包括用以调节液体或气体的压力或流速的装置。

这些装置通过开闭孔径（例如，门、盘、球、塞、针或隔膜）进行流量控制。它们可用手工（按键、转轮或按钮等）进行操作；或用发动机、螺线管、发条装置等进行操作；还可用弹簧、砝码、浮杆、恒温控制元件或压力传感器等自动装置进行操作。

配有上述机构的龙头、阀门等仍归入本品目。例如，配有恒温控制元件的阀门（双叶式、套管式、球式等）仍归入本品目。本品目也包括用毛细管与恒温控制元件接通的阀门等。

由龙头、阀门等与品目 90.26 或 90.32 所列恒温器、稳压器或其他测量、检验或自动控制仪器或装置所组成的部件，如果上述仪器或装置已装在或准备直接装在龙头、阀门等之上，而且该组合器件具有本品目所列物品的基本特征，仍应归入本品目。如果不符合上述条件，则应归入品目 90.26（例如，装有排水旋塞的液压表）或品目 90.32。

在遥控系统中，只有龙头、阀门等才归入本品目。

龙头、阀门等一般是用贱金属或塑料制成；但其他材料（未硬化硫化橡胶、陶瓷或玻璃除外）制的龙头、阀门等，也应归入本品目。

龙头、阀门等即使配有一些附属装置（例如，配有加热或冷却用复壁、短管、端部有喷头的短管、小型喷泉饮水器、闭锁装置等），仍应归入本品目。

专用于特定机器或装置，或专用于车辆或飞机的龙头、旋塞、阀门等仍应归入本品目。但装有完整的阀门的某些机器零件，或虽未构成完整的阀门，但在机器内起控制流量作用的机器零件，应按有关机器的零件归类。例如，内燃机的进气阀或排气阀（品目 84.09）；蒸汽机的滑阀（品目 84.12）；空气或其他气体压缩机的进气阀或增压阀（品目 84.14）；挤奶机的脉动器（品目 84.34）以及非自动油脂喷嘴（品目 84.87）。

*

* *

本品目主要包括：

一、减压阀，用以将气体压力降低，并利用一个活塞或阀瓣使已降低的压力大致保持恒定。活塞或阀瓣通常由一个配有可调节张力弹簧的压力装置（隔膜、风箱、膜盒等）加以控制。它可直接调节流经气体的压力。这些器件用于安装在压缩气缸、压力容器或有关设备的进气管道系统等上面。

本品目也包括安装在压力容器或锅炉的出口处，进气管道系统上或有关设备附近，对压缩空气、蒸汽、水、碳氢化合物及其他流体进行流量控制的减压阀（有时称为压力调节器、减压器、调压降压器）。

减压阀与压力表的组合装置如果具有龙头、阀门等的主要特征，仍归入本品目，否则应归入品目 90.26（参见本品目注释第四自然段）。

二、油压或气压传动阀。这些阀门可以是各种形式的（减压阀、止回阀等），在液压或气压系统中专用于传递“流体动力”，以加压流体（液体或气体）的形式提供能源。

三、单向阀（例如，回转止回阀及球阀）。

四、安全阀、溢流阀等，不论是否配有气笛。

在某些情况下，可用一种爆破隔膜（塑料或金属薄圆片）作为安全装置来代替阀门；这种爆破隔膜用一种特制装置装在管道系统或压力容器上，受到一定压力时会爆裂。这种器件应按其构成材料归类（品目 39.26、71.15、73.26、74.19、75.08、76.16 等）。

五、歧管阀（例如，三通阀及圣诞树形阀）。

六、液面计的控制旋塞、排放旋塞、关闭阀等。

七、散热器放水龙头。

八、内胎气门。

九、浮球控制阀。

十、疏水阀。蒸汽管道中凝结的水流入疏水阀，由疏水阀自动排出（例如，利用浮体操作）。本品目也包括这样一种疏水阀，其活塞或阀瓣由装在疏水阀内的恒温元件（双金属片或膜盒式）促动（恒温控制疏水阀）。

十一、消防栓（立管）、消防旋塞、水龙软管咀及类似品，装有旋塞或阀门使出水形成喷射或喷雾状。

灭火设备的机械喷头、园艺用的机械喷头及其类似品均不归入本品目（品目 84.24）。

十二、配有两个或多个入口及一个混合室的混合龙头及阀门。本品目也包括恒温控制的混合阀门。这种阀门配有可调压力的恒温元件，以促动活塞或阀瓣，调节不同温度的流体进入混合室。

十三、带塞头的排废孔（但手工堵塞的简单排废孔应按其构成材料归类）。

十四、船舶用通海旋塞及其他水下用阀门、旋塞等。

十五、带有软管或伸缩套管的润滑油龙头，用以润滑轮船的轴等。

十六、汽水瓶阀门。

十七、压力喷雾罐盖。这些压力喷雾罐在压力下装满液态或气态杀虫剂、杀菌剂等；它的金属盖装有一个按钮，可使阀针移位，用以开关喷孔。

十八、装在大桶、琵琶桶等桶孔的龙头及旋塞。

十九、罐瓶机用龙头，当液面达到瓶口时，该龙头可自动关闭。

二十、酒吧用的气动啤酒出售装置，主要配有一个或多个手动开关龙头，由预先注入啤酒桶的二氧化碳所产生的压力进行操作。

零 件

除零件的归类总原则另有规定的以外（参见第十六类总注释），本品目所列机器的零件也归入本品目。

*

* *

本品目不包括：

（一）下列材料制的龙头、旋塞、阀门及类似装置：非硬化硫化橡胶制的（品目 40.16）；陶瓷制的（品目 69.03 或 69.09）；玻璃制的（品目 70.17 或 70.20）。

（二）在洗涤槽、厕所、浴室及类似场所排放废水用的 U 形弯管，以及不论是否装有机械装置的冲洗水箱，应按其构成材料归类（例如，归入品目 39.22. 69.10 或 73.24）。

（三）蒸汽机的离心调速器（品目 84.12）。

（四）蒸汽喷射器或喷射泵（品目 84.13）。

（五）喷气设备等（品目 84.24）。

（六）气压加脂枪（品目 84.67）。

（七）气焊用焊炬（品目 84.68）。

（八）带有计量装置的龙头，供出售冰淇淋酒类、牛奶等用（品目 84.79）。

84.82 滚动轴承：

10 — 滚珠轴承

20 — 锥形滚子轴承，包括锥形滚子组件

30 — 鼓形滚子轴承

40 — 滚针轴承

50 — 其他圆柱形滚子轴承

80 — 其他，包括球、柱混合轴承

— 零件：

91 ——滚珠、滚针及滚柱

99 ——其他

本品目包括各种滚珠轴承、滚子轴承或滚针轴承。这些轴承用以代替光滑的金属轴承，能明显减少摩擦，通常装在轴承座与转轴之间，可起径向支承作用（径向轴承），或用以承受轴向推力（止推轴承）。某些轴承可同时起径向及推力支承作用。

正常情况下，轴承是由包含滚珠或滚子的两个同心环（套圈）所组成，并配有一个定位圈，用以固定滚珠或滚柱，并使其间距保持恒定。

归入本品目的轴承包括：

一、滚珠轴承，配有单排或双排的滚珠。本组还包括配有滚珠轴承的滑动装置。例如：

（一）由一个钢制外环与一个黄铜制内环刚性相接配置而成的滚珠轴承。内环有六条纵长狭槽，呈细长椭圆状，装有小钢珠。

（二）限定行程式钢制轴承，由刻槽圆筒、夹珠圈及轴承座组成。

（三）自由行程式钢制轴承。由一个扇形体、内装滚珠的轴承套及有槽（剖面为三角形）导轨组成。

二、滚子轴承，配有单排或双排各种不同形状（短圆柱形、圆锥形、腰鼓形等）的滚子。

三、滚针轴承。这种轴承与普通滚子轴承的不同之处在于它配有直径不超过5毫米的圆柱形滚子，且滚子长度至少是其直径的三倍。滚子端部是磨圆的（参见本章子目注释二）。这些滚子安装在轴承的两个座圈之间，大多数情况下没有夹柱圈。

由于要承受高压，因此轴承一般是用钢（特别是铬钢）制成；但具有特殊用途的轴承也可用青铜、紫铜或塑料制成。

零　件

本品目也包括滚珠轴承、滚子轴承或滚针轴承的零件。例如：

（一）抛光钢珠（不论是否用于本品目所列的轴承），其最大直径及最小直径与标称直径相差均不超过1%或0.05毫米（以相差数值较小的为准）。不符合上述要求的滚珠应归入品目73.26（参见本章注释六）。

（二）紫铜、青铜、塑料等制的轴承滚珠。

（三）各种形状的轴承滚针或滚子。

（四）环（套圈）、定位圈、固定座套等。

*

* *

本品目不包括配有滚珠轴承、滚子轴承或滚针轴承的机器零件；这些机器零件应归入其相应品目。例如：

（一）轴承座及轴承架（品目84.83）。

（二）自行车轮毂（品目87.14）。

84.83 传动轴（包括凸轮轴及曲柄轴）及曲柄；轴承座及滑动轴承；齿轮及齿轮传动装置；滚珠或滚子螺杆传动装置；齿轮箱及其他变速装置，包括扭矩变换器；飞轮及滑轮，包括滑轮组；离合器及联轴器（包括万向节）：

10 — 传动轴（包括凸轮轴及曲柄轴）及曲柄

20 — 装有滚珠或滚子轴承的轴承座

30 — 未装有滚珠或滚子轴承的轴承座；滑动轴承

40 — 齿轮及齿轮传动装置，但单独报验的带齿的轮、链轮及其他传动元件除外；滚珠

或滚子螺杆传动装置；齿轮箱及其他变速装置，包括扭矩变换器

50　—　飞轮及滑轮，包括滑轮组

60　—　离合器及联轴器（包括万向节）

90　—　单独报验的带齿的轮、链轮及其他传动元件；零件

本品目包括的货品主要有：

（1）用以将动力从外部动力装置传送到一台或多台机器的某些机械零件。

（2）在机器内部将动力传送到机器各部分的某些机械零件。

一、传动轴（包括凸轮轴及曲柄轴）及曲柄

它们通常用以传送旋转动力，品种包括：

（一）由发动机直接驱动的主轴或主动轴。

（二）副轴，用皮带、滑轮或齿轮等将其与主轴连接。用以将动力从主轴传送到多台机器或机器的各个部分。

（三）活动关节轴，用球及球关节等将两节或多节的传动轴连接而成。

（四）挠性轴，用以将动力从驱动装置传送到手工工具、测量仪器等（例如，转数表、速度表等）。

（五）曲柄及曲柄轴，可以是单件的，也可以是由几部分拼装而成的。它们可将接收到的往复运动（例如，从活塞式发动机产生的往复运动）转换成旋转运动，或者将接收到的旋转运动转换成往复运动。

（六）凸轮轴及偏心轴。

本品目不包括不具有传动作用而单纯用以支撑转轮或其他旋转部件的轴。

本品目也不包括：

（一）横截面完全一致的钢铁条（品目72.14或72.15）。

（二）制造挠性轴用的绞扭金属线，未装有联轴器的（品目73.12）。

（三）割草机上将动力传递至刀杆用的摆动连杆（品目84.33）。

二、轴承座及滑动轴承

轴承座是用以安置滑动、滚珠、滚子等轴承的架座；轴的两端可在轴承中（止推轴承则对着轴承）旋转。轴承座通常由两部分组成，合并起来形成一个轴承圈，用以夹住轴承，还可配有轴承润滑装置。

轴承座一般还配有板、垫板、搁架等，用以将其固定在机器上，或固定在墙壁或建筑物的其他部分上；但有关板、垫板、搁架等如既未装于轴承座上，本身也并非专用于安置轴承的，应按其构成材料归类（一般归入品目73.25或73.26）。

装有滚珠、滚子或滚针轴承的轴承座仍应归入本品目；但单独报验的滚珠、滚子或滚针轴承应归入品目84.82。

另一方面，滑动轴承即使在报验时不带轴承座，仍应归入本品目。它们是由减摩金属或其他材料（例如，烧结金属或塑料）制成环圈，可以是整体式的或者是由几个部件互相夹紧组成的光滑轴承，轴可在其中旋转。

本品目不包括石墨轴承或其他碳精轴承（品目68.15）。

三、齿轮及齿轮传动装置（包括摩擦轮）及链轮

一般的齿轮是带齿的轮子、圆筒、圆锥、齿条或蜗杆等。在由多个齿轮组成的齿轮传动装置中，各齿轮的齿互相啮合，用以将旋转运动从一个齿轮依次传送到另一个齿轮。按各个独立装置的齿轮齿数状况，旋转运动可以同速传送、加速传送或减速传送。按齿轮种类及其啮合角度的不间，可改变传动方向，或将旋传运动变成直线运动，反之亦然（例如，利用齿条及小齿轮进行传动转换）。

本组包括各种齿轮，包括简单的嵌齿轮、斜齿轮、锥形齿轮、螺旋齿轮、蜗杆、齿条及小齿轮、

差动齿轮等，以及由多个上述齿轮组成的齿轮传动装置。也包括用于传动链的带齿轮盘或类似轮子。

本组也包括摩擦轮。摩擦轮有轮状、盘状或圆筒状，当分别将其装在主动轴及从动轴上时，可利用互相之间的摩擦传递动力。这种装置通常是用铸铁制成，有时在摩擦面上覆以皮革、木料、粘合纤维或其他材料以加大摩擦力。

四、滚珠或滚子螺杆传动装置

滚珠或滚子螺杆传动装置是由一条刻有螺纹的转轴及一个螺母所组成，沿转轴内表面纹道装有滚珠或滚子；这种装置可将旋转运动变成直线运动，反之亦然。

五、齿轮箱及其他变速装置，包括扭矩变换器

这些装置可根据机器的不同要求，在一定范围内用手工或自动改变速度。本类主要包括：

（一）**齿轮箱**，其中有几套齿轮可供变换选择；传动的速度因此可因齿轮组的不同而变化。

（二）**摩擦圆盘或摩擦锥体联轴节及配有链条或传动带的联轴节**，其中圆盘、锥体、链条或传动带与摩擦轮接触，摩擦轮与圆盘中心或锥体两端的相对位置可以自动（或按需要）改变，从而控制所传送的旋转速度。

（三）**变速液力耦合器，包括液力扭矩变换器**。它们利用主动元件轮叶在液体（通常为油）中对着从动元件的固定或活动轮叶旋转形成变速。能量是利用压力（例如，流体静压变换器）或流体动力作用（例如，流体动压变换器或扭矩变换器）传递的。

本品目不包括与动力机装配在一起的齿轮箱或其他变速装置；这类装置应与动力机一同归类。

六、飞轮

这是较为大型而笨重的轮子，其结构一般是将质量集中到轮缘。飞轮旋转时其惯性可抵消动力机转动时的速度变化，从而使转速保持恒定。有些飞轮的轮缘有槽或有齿，或装有连杆，因此可用以传送动力（例如，用作主动滑轮或嵌齿轮）。

七、滑轮，包括滑轮组

滑轮由多个轮子构成，有些滑轮的轮缘有槽，可利用绕在滑轮上的环带或绳索，将旋转运动从一个滑轮传送到另一个滑轮。本品目包括一般滑轮、鼓轮（宽滑轮）、锥形滑轮、级轮等。

本组也包括提升机等用的滑轮组，以及本身并不传送动力而仅作为传动缆绳的导杆或转向杆的自由滑轮（例如，调节传动带松紧用的惰轮及导轮）。

但由两个或多个滑轮组组成的装置（例如，提升机）不归入本品目（品目84.25）。

八、离合器

离合器用以随意连接或切断传动。它们包括：

摩擦离合器，这种离合器的转盘、环、锥体等带有摩擦面，可以接合或分离；犬牙式（爪形）离合器，这种离合器的两个对立面有凸出部分及相应的凹槽；自动的离心离合器，这种离合器可按转速离合；压缩空气离合器；液压离合器等。

但电磁离合器除外（品目85.05）。

九、联轴器（包括万向节）

本类包括套管联轴器、凸轮联轴器、挠性联轴器、液压联轴器等，还包括万向联轴器（例如，万向节及奥尔德姆联轴器）。

零　件

除零件的归类总原则另有规定的以外（参见第十六类总注释），本品目也包括本品目所列货品的零件。

*

* *

本品目不包括：

（一）品目 72.07 所列的经锻压成型的粗坯件。

（二）专用于或主要用于车辆或飞机的上述传动设备（变速器、传动轴、离合器、差动齿轮等）（第十七类）。但必须注意，此项规定不适用于车辆或飞机发动机的零件；这些零件仍应归入本品目。

因此，曲柄轴及凸轮轴即使专用于汽车发动机，仍应归入本品目；但汽车的传动（推动）轴、变速器及差动齿轮则应归入品目 87.08。

还须注意，本品目所列的传动装置即使专用于船舶，仍应归入本品目。

（三）钟表零件（品目 91.14）。

84.84　密封垫或类似接合衬垫，用金属片与其他材料制成或用双层或多层金属片制成；成套或各种不同材料的密封垫或类似接合衬垫，装于袋、套或类似包装内；机械密封件：

10　—　密封垫或类似接合衬垫，用金属片与其他材料制成或用双层或多层金属片制成

20　—　机械密封件

90　—　其他

一、用金属片与其他材料制成或用双层或多层金属片制成的密封垫或类似接合衬垫

这些货品可用下列材料制成：

（一）将石棉芯（有时是毡呢、纸板或其他非金属材料制成）夹在两块金属片之间；或

（二）将石棉或其他非金属材料切成一定形状，并用金属片沿密封垫或接合衬垫的外缘及冲孔边缘包折起来；或

（三）用相同或不同的金属层压的金属箔。

这类货品主要用于某些发动机或泵，或用于某些管道接头。

但本品目不包括用金属丝或金属丝网加固的石棉板密封垫及接头衬垫（品目 68.12），除非这些物品构成本品目注释第二部分所列的成套或各式不同材料制成的密封垫或类似接合衬垫的一部分。

二、成套或各式不同材料的密封垫或类似接合衬垫

装于袋、套、盒等包装内的，由各种材料（粘聚软木、皮革、橡胶、纺织品、纸板、石棉等）制成的成套或各式密封垫或类似接合衬垫，应归入本品目；但这些物品不能用同一种材料制成。

因此，成套或各式密封垫或接合衬垫必须至少配有两个及两个以上由不同材料制成的密封垫或接合衬垫，才能归入本品目。例如，在袋、套、盒等包装内如有五个全部用纸板制的密封垫或接合衬垫，就不归入本品目，而应归入品目 48.23；但上述成套物品中如有一个橡胶密封垫，则整套物品应归入本品目。

三、机械密封件

机械密封件（例如，滑动密封环及弹簧密封环）是机械装配件，装于机器或装置上形成平面、旋转面的密封接合，以防止高压泄漏，抵御由于部件运动或振动等产生的压力及应力。

这些密封件的结构通常十分复杂，由以下两个部分组成：

（一）固定件：当将密封件装上后就成为机器或装置不可分割的组成部分；以及

（二）活动件：旋转件、弹簧件等。

该货品之所以称为“机械密封件”，主要是因为有上述活动件。

这些密封件起抗振装置、轴承、实际封件的作用，有时还起接头的作用，其应用范围广泛，包括用于泵、压缩机、混合器、搅拌器及汽轮机。它们用不同材料制成，外形也各不相同。

*

* *

本品目不包括：

（一）除了由复合金属片或金属箔制成的以外，不符合上述第二部分所列条件的密封垫或接合衬

垫。它们一般应按其构成材料归类。

（二）机器的垫塞料（例如，用品目 68.12 所列的石棉绳制成）。

（三）品目 84.87 的油封环。

【84.85】

84.86　专用于或主要用于制造半导体单晶柱或晶圆、半导体器件、集成电路或平板显示器的机器及装置；本章注释九（三）规定的机器及装置；零件及附件：

10　—　制造单晶柱或晶圆用的机器及装置

20　—　制造半导体器件或集成电路用的机器及装置

30　—　制造平板显示器用的机器及装置

40　—　本章注释九（三）规定的机器及装置

90　—　零件及附件

本品目包括专用于或主要用于制造半导体单晶柱或晶圆、半导体器件、集成电路或平板显示器的机器及装置。但是，本品目不包括计量、检验、检查、化学分析等用的机器及装置（第九十章）。

一、制造单晶柱或晶圆用的机器及装置。

本组包括制造单晶柱或晶圆用的机器及装置，例如：

（一）区域熔炼及精炼硅棒用的单体熔炉、对晶圆表面进行氧化处理的氧化炉以及对晶圆进行掺杂处理的扩散炉。

（二）晶体生长设备及拉晶机，用于生产切晶圆用的极纯半导体单晶柱。

（三）晶体磨削机，用于磨削晶体单晶柱，使其符合晶圆所需直径精度，并用于研磨单晶柱的平面，以显示晶体的导电类型及电阻率。

（四）晶圆切割机，用于将半导体材料的单晶柱切割成晶圆。

（五）晶圆的磨削机、研磨机及抛光机，用于加工半导体晶圆，以备制造工序之用。通过上述加工，使晶圆的尺寸达到公差范围内，最关键的是其表面平整度。

（六）化学机械抛光机（CMP），通过化学清除与机械抛光相结合将晶圆表面磨平及抛光。

二、制造半导体器件或集成电路用的机器及装置。

本组包括制造半导体器件或集成电路用的机器及装置，例如：

（一）成膜设备，在制造加工过程中，在晶圆表面形成各种薄膜。这些薄膜在器件成品上用作导体、绝缘体及半导体。它们包括基片表面的氧化物及氮化物、金属及外延层。下列工序及设备并不限于某一类型薄膜的生成。

1. 氧化炉，用以在晶圆上形成氧化“膜”。晶圆的最外层分子与外加氧气或经加热的水蒸气发生化学反应，形成氧化物。

2. 化学气相沉积（CVD）设备。在加温条件下，将反应室内混合相应气体所得到的各种薄膜加以沉积，由此构成了一个热化学气相反应。操作可在大气压下或低压下（LPCVD 低压化学气相沉积法）进行，也可利用等离子增强法进行（PECVD 等离子增强化学气相沉积法）。

3. 物理气相沉积（PVD）设备，用以将汽化固体物所得到的各种薄膜加以沉积。例如：

（1）蒸发设备，通过加热源材料产生薄膜。

（2）溅射设备，利用离子对源材料（靶材）进行轰击产生薄膜。

4. 分子束外延（MBE）设备，在超真空环境下，利用分子束在加热的单晶质基片上生成外延层。其工艺与物理气相沉积法（PVD）相似。

（二）**掺杂设备**，将掺杂质掺入晶圆表面，以改变半导体层的电导性或其他特性，例如：

1．**热扩散设备**，在高温下注入气体，用以将掺杂剂掺入晶圆表面。

2．**离子植入机**，以加速离子束的形式，将掺杂质“挤入”晶圆表面晶格结构中。

3．**退火炉**，用以修复因离子植入而受损的晶圆晶格结构。

（三）**蚀刻及去膜设备**，用以对晶圆表面进行蚀刻或清洁，例如：

1．**湿法蚀刻设备**，利用喷涂法或浸入法敷上化学蚀刻材料。喷涂蚀刻机由于每次仅对一个晶圆进行加工，其蚀刻效果比浸入蚀刻机的效果更为一致。

2．**干法等离子蚀刻设备**，蚀刻材料呈气态分布在等离子能量场内，产生一个各向异性的蚀刻剖面。干法蚀刻机采用多种不同方法，以生成气态等离子，用以清除半导体晶圆上的薄膜材料。

3．**离子束研磨设备**，将电离气体原子加速撞击晶圆表面，撞击引起晶圆表面的最外层物理性地剥离。

4．**去膜机或灰化机**。这类设备采用类似于蚀刻的技术，清除晶圆表面起“模版”作用后已失效的光刻胶。这种设备也可以清除各向同性蚀刻剖面上的氮化物、氧化物及多晶硅。

（四）**光刻设备**，用以将电路图案转印到涂有光刻胶的半导体晶圆表面，例如：

1．**在晶圆上涂布光刻胶用的设备**，包括将液态光刻胶均匀地涂布在晶圆表面上的旋转涂胶机。

2．**对已涂布光刻胶的带电路图案（或部分图案）的晶圆进行曝光的设备**：

（1）**使用掩膜版或光掩膜，并将光刻胶曝光**（通常用紫外线），有时用X射线：

①**接触式光刻机**，曝光时掩膜版或光掩膜与晶圆相接触。

②**接近式光刻机**，类似于接触式光刻机，只是掩膜版或光掩膜与晶圆之间不发生实际接触。

③**扫描光刻机**，采用投影技术，对扫过掩膜版与晶圆的一条连续运动的狭缝进行曝光。

④**分步重复光刻机**，采用投影技术，每次曝光晶圆的一部分。可将掩膜版缩小或1：1地对晶圆进行曝光。增强措施包括使用受激准分子激光器。

（2）**晶圆直接写入设备**。这类装置不使用掩膜版或光掩膜进行操作，而是采用自动数据处理设备控制的“写入电子束”〔例如，电子束或称E-束、离子束或激光〕将电路图案直接“绘制”在涂布光刻胶的半导体晶圆上。

（五）**显影曝光晶圆用的设备**，包括类似在照相暗室所用设施的化学显影浴槽。

本品目还包括：

1．**离心机**，用于将光刻胶旋转涂布在绝缘基片或晶圆上。

2．**丝网印刷机**，用抗蚀刻油墨对绝缘基片进行印刷。

3．**激光划片机**，用于将晶圆切割成片（芯片分割）。

4．**晶圆切割机**。

三、制造平板显示器用的机器及装置

本组包括将基片制成平板，但不包括制造玻璃或者将印刷电路板或其他电子元件装配在平板上。

本品目包括制造平板显示器用的机器及装置，例如：

（一）**蚀刻、显影、去膜或清洁用的装置**。

（二）**投影、绘制或喷镀电路图案用的装置**。

（三）**离心自旋干燥机或其他干燥器具**。

（四）**涂布感光乳剂用的机器（涂胶机）**。

（五）**掺杂用离子注入机**。

（六）**扩散、氧化、退火或快速加热用的炉、烘箱及其他设备**。

（七）**化学气相沉积及物理气相沉积装置**。

（八）**磨削及抛光用的机器**。

（九）**切割、划片或划痕用的机器。**

四、本章注释九（三）规定的机器及装置

本组包括专用于或主要用于下列各方面的机器及装置：

（一）**制造或修复掩膜版及投影掩膜版**（例如，摄制投影掩模版的器具（光电绘图仪）及修复掩膜版及投影掩膜版用的离子研磨机器）；

（二）**组装半导体器件或集成电路**，例如：

1. **激光雕刻机**，用于雕刻单片集成电路成品或分立半导体元件的塑料外壳。

2. **封装设备**，例如，通过挤压芯片外围塑料材料制造芯片塑料外壳用的挤压机。

3. **引线接合器**，利用超声波或电压焊将金线焊接到单片集成电路的触点上。

4. **晶圆凸点制程**。通过该工序，切片前在整块晶圆上形成所有接点。

（三）**升降、搬运或装卸单晶柱、晶圆、半导体器件、集成电路及平板显示器**（例如，用于输送、搬运及储存半导体晶圆、晶圆匣、晶圆盒及其他半导体器件用物料的物料自动搬运机器。）

五、零件及附件

除零件的归类总原则另有规定的以外（参见第十六类总注释），本品目包括本品目所列机器及装置的零件及附件。因此，归入本品目的零件及附件主要包括专用于或主要用于本品目所列机器及装置的工件或工具夹具及其他专用配件。

84.87　本章其他品目未列名的机器零件，不具有电气接插件、绝缘体、线圈、触点或其他电气器材特征的：

10　—　船用推进器及桨叶

90　—　其他

本品目包括各种非电气的机器零件，但下列各项除外：

（一）专用于或主要用于某种机器（包括品目 84.79 或 85.43. 第十七类、第九十章等所列的机器）的非电气零件；这些机器零件应与有关机器归入同一品目；如有专门列名的品目，则应归入该品目。

（二）品目 84.81 至 84.84 所列的机器零件。

（三）协调制度其他品目具体列名的零件，或按第十六类注释一或第八十四章注释一的规定不能归入本品目的零件。例如，塑料制的传动带或输送带（第三十九章）；硫化橡胶制的传动带或输送带（品目 40.10）及其他未硬化硫化橡胶制的零件（品目 40.16）；皮革或再生皮革制的零件（品目 42.05）；纺织材料制的传动带或输送带（品目 59.10）及纺织材料制的其他机器零件（品目 59.11）；陶瓷或玻璃制的零件（第六十九章或第七十章）；完全用宝石或半宝石（天然、合成或再造）制的机器零件（第七十一章）；第十五类注释二所述的螺丝、链条、弹簧及其他通用零件；刷子（品目 96.03）。

因此，一般来说，本品目的货品可确定为机器零件，但不能确定为任何一种机器的零件。据此，本品目包括非自动润滑脂壶；加脂咀；手轮、杠杆及手柄；安全防护罩及底板；油封环。油封环通常为圆形截面，结构相当简单（例如，一个软橡胶圈通过硫化与一增强用的金属结合在一起），其特征是没有活动部件。许多机器或设备的接口表面都用它来封闭，以防止油或气体的泄漏和尘埃等的进入。

本品目也包括船用推进器及桨轮。

第八十五章　电机、电气设备及其零件；录音机及放声机、电视图像、声音的录制和重放设备及其零件、附件

注释：

一、本章不包括：

（一）电暖的毯子、褥子、足套及类似品，电暖的衣服、靴、鞋、耳套或其他供人穿戴的电暖物品；

（二）品目 70.11 的玻璃制品；

（三）品目 84.86 的机器及装置；

（四）用于医疗、外科、牙科或兽医的真空设备（品目 90.18）；或

（五）第九十四章的电热家具。

二、品目 85.01 至 85.04 不适用于品目 85.11、85.12、85.40、85.41 或 85.42 的货品。

但金属槽汞弧整流器仍归入品目 85.04。

三、品目 85.09 仅包括通常供家用的下列电动器具：

（一）任何重量的地板打蜡机、食品研磨机及食品搅拌器，水果或蔬菜的榨汁机；

（二）重量不超过 20 千克的其他机器。

但该品目不适用于风机、风扇或装有风扇的通风罩及循环气罩（不论是否装有过滤器）（品目 84.14）、离心干衣机（品目 84.21）、洗碟机（品目 84.22）、家用洗衣机（品目 84.50）、滚筒式或其他形式的熨烫机器（品目 84.20 或 84.51）、缝纫机（品目 84.52）、电剪子（品目 84.67）或电热器具（品目 85.16）。

四、品目 85.23 所称：

（一）"固态、非易失性存储器件"（例如，"闪存卡"或"电子闪存卡"）是指带有接口的存储器件，其在同一壳体内包含一个或多个闪存（FLASH E^2PROM），以集成电路的形式装配在一块印刷电路板上。它们可以包括一个集成电路形式的控制器及多个分立无源元件，例如，电容器及电阻器；

（二）所称"智能卡"，是指装有一个或多个集成电路(微处理器、随机存取存储器（RAM）或只读存储器（ROM）)芯片的卡。这些卡可带有触点、磁条或嵌入式天线，但不包含任何其他有源或无源电路元件。

五、品目 85.34 所称"印刷电路"，是指采用各种印制方法（例如，压印、覆镀、腐蚀）或采用"膜电路"工艺，将导线、接点或其他印制元件（例如，电感器、电阻器、电容器）按预定的图形单独或互相连接地印制在绝缘基片上的电路，但能够产生、整流、调制或放大电信号的元件（例如，半导体元件）除外。

所称"印刷电路"，不包括装有非印制元件的电路，也不包括单个的分立式电阻器、电容器及电感器。但印刷电路可配有非经印刷的连接元件。

用同样工艺制得的无源元件及有源元件组成的薄膜电路或厚膜电路应归入品目 85.42。

六、品目 85.36 所称"光导纤维、光导纤维束或光缆用连接器"，是指在有线数字通讯设备中，简单机械地把光纤端部相连成一线的连接器。它们不具备诸如对信号进行放大、再生或修正等其他功能。

七、品目 85.37 不包括电视接收机或其他电气设备用的无绳红外遥控器（品目 85.43）。

八、品目 85.41 及 85.42 所称：

（一）“二极管、晶体管及类似的半导体器件”，是指那些依靠外加电场引起电阻率的变化而进行工作的半导体器件。

（二）“集成电路”，是指：

1. 单片集成电路，即电路元件（二极管、晶体管、电阻器、电容器、电感器等）主要整体制作在一片半导体材料或化合物半导体材料（例如，掺杂硅、砷化镓、硅锗或磷化铟）基片的表面，并不可分割地连接在一起的电路；

2. 混合集成电路，即通过薄膜或厚膜工艺制得的无源元件（电阻器、电容器、电感器等）和通过半导体工艺制得的有源元件（二极管、晶体管、单片集成电路等）用互连或连接线实际上不可分割地组合在同一绝缘基片（玻璃、陶瓷等）上的电路。这种电路也可包括分立元件；

3. 多芯片集成电路是由两个或多个单片集成电路实际上不可分割地组合在一片或多片绝缘基片上构成的电路，不论是否带有引线框架，但不带有其他有源或无源的电路元件。

本注释所述物品在归类时，即使本协调制度其他品目涉及到上述物品，尤其是物品的功能，仍应优先考虑归入品目 85.41 及 85.42，但涉及品目 85.23 的情况除外。

九、品目 85.48 所称“废原电池、废原电池组及废蓄电池”，是指因破损、拆解、耗尽或其他原因而不能再使用，也不能再充电的电池。

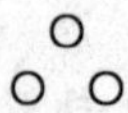

子目注释：

一、子目 8527.12 仅包括有内置放大器但无内置扬声器的盒式磁带放声机，它不需外接电源即能工作，且外形尺寸不超过 170 毫米×100 毫米×45 毫米。

总　注　释

一、本章的范围及结构

本章包括所有电机及电气设备，但下列货品除外：

（一）第八十四章所列的机器及器具。这些机器及器具即使是电气的，仍应归入第八十四章（参见该章总注释）。以及

（二）从整体上看不归入第十六类的某些货品（参见第十六类总注释）。

与第八十四章相反，本章所列的货品即使由陶瓷材料或玻璃制成，仍应归入本章；但品目 70.11 所列的玻璃外壳（包括玻璃泡及玻璃管）除外。

本章包括：

1. 发电、变电或蓄电的设备及装置。例如，发电机、变压器等（品目 85.01 至 85.04）；原电池（品目 85.06）及蓄电池（品目 85.07）。

2. 某些家用器具（品目 85.09），以及电动剃须刀、电动毛发推剪及电动脱毛器（品目 85.10）。

3. 某些利用电性能或电效应（例如，电磁效应、电热性能等）工作的设备及装置（品目 85.05、85.11 至 85.18、85.25 至 85.31 及 85.43）。

4. 声音的录制或重放设备及装置；电视图像的录制或重放设备；上述设备及装置的零件及附件（品目 85.19 至 85.22）。

5. 声音记录媒体或其他信息的类似记录媒体（包括视频信号记录媒体，但第三十七章的照相或电影用胶卷除外）（品目 85.23）。

6. 某些通常不单独使用、但可在电气设备中作为元器件起某种作用的电气物品，例如，电容器

（品目85.32），开关、熔断器、接线盒等（品目85.35或85.36），电灯（品目85.39），热电子管等各种电子管（品目 85.40），二极管、晶体管及类似的半导体器件（品目 85.41），电气设备用碳精制品（品目85.45）。

7. 某些因其导电或绝缘性能而应用于电气设备及装置的物品及材料，例如，绝缘电线及其组装件（品目85.44）、绝缘子（品目85.46）、绝缘配件及内衬绝缘材料的金属导管（品目85.47）。

除上述各种电气货品以外，本章还包括永磁铁（尚未磁化的也包括在内），以及永磁铁工件夹具（品目85.05）。

应当注意，本章仅包括某些类型的电热器具，例如，电炉等（品目85.14）；空间加热设备、家用电热器具等（品目85.16）。

此外还应当注意，既不能作为品目85.23所列产品归类，又不具有其他独立功能的某些电子存储器模件〔例如，单列直插式内存模块（SIMM）和双列直插式内存模块（DIMM）〕，应运用第十六类注释二的规定，按以下规则进行归类：

（1）仅适用于或主要适用于自动数据处理设备的模件，应按这些机器的零件归入品目84.73。

（2）仅适用于或主要适用于其他特定机器或某一相同品目项下多种机器的模件，应按该机器或该组机器的零件进行归类。

（3）无法确定其主要用途的，模件应归入品目85.48。

一般来说，电气加热器具应归入其他各章（主要是第八十四章）。例如，蒸汽锅炉及过热水锅炉（品目84.02）；空气调节器（品目84.15）；烘炉、蒸馏设备及其他设备（品目84.19）；研光机和类似的滚压机器及其滚筒（品目84.20）；家禽孵卵器及育雏器（品目84.36）；供木料、软木、皮革等用的通用烫烙机（品目84.79）；医疗器械（品目90.18）。

二、零件

零件的归类一般应参阅第十六类总注释。

本章所列设备或装置的非电气零件，应按以下规则进行归类：

（一）许多非电气零件实际上应归入其他各章，特别是第八十四章。例如，泵及风机、风扇（品目84.13或84.14）；龙头、旋塞等（品目84.81）；滚动轴承（品目84.82）；传动轴、齿轮传动装置等（品目84.83）。

（二）专用于或主要用于本章的某种电机（或用于本章同一品目中的几种设备）的其他非电气零件，应与有关设备一同归类；或者归入品目85.03、85.22、85.29或85.38中的适当品目。

（三）其他非电气零件应归入品目84.87。

85.01　电动机及发电机（不包括发电机组）：

10　—　　输出功率不超过37.5瓦的电动机

20　—　　交直流两用电动机，输出功率超过37.5瓦

—　　其他直流电动机；直流发电机：

31　——　输出功率不超过750瓦

32　——　输出功率超过750瓦，但不超过75千瓦

33　——　输出功率超过75千瓦，但不超过375千瓦

34　——　输出功率超过375千瓦

40　—　　其他单相交流电动机

—　　其他多相交流电动机：

51　——　输出功率不超过750瓦

52　——　输出功率超过750瓦，但不超过75千瓦

53　——　输出功率超过 75 千瓦
　　—　交流发电机：
61　——　输出功率不超过 75 千伏安
62　——　输出功率超过 75 千伏安，但不超过 375 千伏安
63　——　输出功率超过 375 千伏安，但不超过 750 千伏安
64　——　输出功率超过 750 千伏安

一、电动机

电动机是一种把电能转换成机械能的机器；可分为旋转电动机与直线电动机两大类。

（一）**旋转电动机**。这种电动机以旋转运动的方式产生机械能，按所用电流是直流电还是交流电、以及用途和目的的不同，它们具有多种类型和规格。电动机的外壳也因适应不同的工作环境而各异（例如，防尘式、防滴式或防爆式电动机，适用于皮带传动电动机或强振动电动机的非刚性座架）。

很多电动机装有风扇或其他装置，供电动机运转时散热之用。

除内燃机用的启动电机（品目 85.11）以外，本品目包括各种类型的电动机，从供仪表、时钟、定时开关、缝纫机、玩具等用的小型电动机到供轧钢机等用的大型电动机。

配有皮带轮、齿轮或齿轮箱，或配有软轴以驱动手工工具的电动机，仍应归入本品目。

本品目包括推动船只用的"舷外电动机"，这是一种由电动机、轴、螺旋桨及舵所组成的成套装置。

时钟机构用的同步电动机即使装有齿轮，仍应归入本品目；但如果同步电动机与时钟传动齿轮系装在一起，则不归入本品目（品目 91.09）。

（二）**直线电动机**。这种电动机以直线运动的方式产生机械能。

直线感应电动机主要由一个或多个初级部件及一个次级部件组成。初级部件一般是由叠片的磁路组成（由磁铁片叠成），磁路上装有线圈。次级部件一般是用铜或铝的板材或异型材料制成。

在次级部件存在下对初级部件通以交流电，这种电动机即可产生推动力。初级部件与次级部件之间有一气隙隔开，两者不经机械接触而能产生平移直线运动（其中一个部件移动而另一部件固定不动）。

直线感应电动机根据其不同用途而具有不同的特点：推动气垫火车〔初级部件装在火车内，跨在固定不动的铁轨（即次级部件）上〕；驱动大宗货物搬运设备（次级板装在带轮运送车的底部，可在固定于轨道间的一系列初级线圈上运行）；驱动架空输送设备（装有初级部件的吊车可在异型的次级部件底下运行）；在停车场或仓库内给车辆定位（初级部件装在地板中，可使作为次级部件的托板移动）；控制活塞泵及阀门等〔这一工作可由"多螺管"直线电动机完成，这种电动机内的轴（次级部件）可在环形的初级部件中作往复运动〕；机床定位等。

直流直线电动机是利用电磁铁的相互作用，或电磁铁与永磁铁的相互作用而进行工作的。这种电动机可用作交变或摆动电动机（例如，用于往复泵、纺织梭传动装置），或用作步进电动机（例如，用于小型输送机）等。

本组还包括：

1．**伺服电动机**，单独报验的。这种电动机主要由装有减速齿轮的电动机组成，并配有传动装置（例如，杠杆、皮带轮），适用于锅炉、熔炉或其他设备中对调控装置进行调校变位（有时还配有紧急手动轮）。

2．**自同步装置**。这种装置由定子和转子组成，定子装有成 120° 角的三个绕组；转子则装有与两个滑环相连的一个单独绕组。自同步装置可成对地（如同步发送器与同步接收器）用于遥测或遥控系统等。

3．**电动阀动器**。这种装置由装有减速齿轮及传动轴的电动机所组成；有时还装有各种装置（电启动器、变压器、手动轮等），用于操纵阀塞。

二、发电机

利用各种能源（机械能、太阳能等）产生电力的机器，凡未更为具体地列入本协调制度的其他品目的，均应归入本品目。

发电机可分为两大类：直流发电机与交流发电机。两类发电机一般均主要由定子与转子组成。定子装在机壳内。转子装在定子内的转轴上，转轴由原动机驱动。直流发电机的转轴上装有多个整流子片的整流子，一组碳刷摩擦整流子片，把所产生的电流加以汇集，并传输到外电路中。大多数交流发电机为无刷发电机，所产生的电流可直接输出到外电路中。其他交流发电机的转轴上装有滑环，所产生的电流用滑环汇集，通过一组碳刷摩擦滑环把电流输出。

定子一般由一组电磁铁组成，但某些直流发电机（永磁发电机）的定子则由一组永磁铁组成。转子一般由一组线圈装在叠片铁芯上而组成，称为电枢。某些交流发电机的旋转部分为磁场系统。

发电机可通过手动或脚踏驱动，但一般均带有原动机（例如，水轮机、汽轮机、风力机、往复式蒸汽机、内燃机）。但是，本品目仅包括不带原动机的发电机。

本品目还包括光电发电机。这种发电机由多块光电池板与其他装置〔例如，蓄电池及电子控制器（调压器、换流器等）、装有元件的板或组件，不论其多么简单（例如，用几个二极管控制电流的方向）〕组成，光电发电机可直接给电动机、电解槽等供电。

在上述光电发电机中，光电池把太阳能直接转换成电能（光电转换）。

本品目包括所有发电机：供发电站使用的大型发电机；用于激励其他发电机绕组的小型辅助发电机；各种规格及种类的发电机，适用于为各种用途提供电力（例如，用于船舶、无外界电源的农庄、化学工业的电解工艺以及柴油机电动火车等）。

本品目也不包括：

（一）装有电动机的滚筒或滚轴，适用于带式或辊式运输机（品目84.31）。

（二）品目84.79的产震马达及电磁振动器（参见该品目的注释）。

（三）与原动机装在一起的发电机（品目85.02）。

（四）高压发生器（品目85.04）。

（五）原电池及原电池组（品目85.06）。

（六）附属于内燃机的交流发电机及直流发电机，或供自行车、机动车辆的照明或信号装置使用的交流发电机及直流发电机（分别归入品目85.11及85.12）。

（七）太阳电池，不论是否装配成组件或太阳电池板，但未装有电子元件，不论这些电子元件如何简单。太阳电池可直接给电动机、电解槽等供电（品目85.41）。

（八）某些被称为发生器，但实际上是非产生电能的电气装置，例如，信号发生器（品目85.43）。

（九）第九十章的发生器，例如，X光发生器（品目 90.22）；专供示范用而无其他用途的发电机（品目90.23）。

零　件

除零件的归类总原则另有规定的以外（参见第十六类总注释），本品目所列机器的零件应归入品目85.03。

85.02　发电机组及旋转式变流机：

— 装有压燃式活塞内燃发动机（柴油或半柴油发动机）的发电机组：

11　— — 输出功率不超过75千伏安

12　— — 输出功率超过75千伏安，但不超过375千伏安

13　——　输出功率超过 375 千伏安
20　—　装有点燃式活塞内燃发动机的发电机组
　　—　其他发电机组：
31　——　风力驱动的
39　——　其他
40　—　旋转式变流机

一、发电机组

所称"发电机组"，是指由发电机与除电动机以外的任何原动机（例如，水轮机、汽轮机、风力机、往复式蒸汽机、内燃机）所组成的机器。发电机组如果由发电机及其原动机组装成（或准备组装成）整套设备或装在同一底座上（参见第十六类总注释）并且同时报验（即使为方便运输而分别包装），应归入本品目。

供焊接设备用的发电机如果不带焊头或焊接器具而单独报验，应归入本品目；如果与焊头或焊接器具一同报验，则不归入本品目（品目 85.15）。

二、旋转式变流机

旋转式变流机主要由一台发电机与一台原动机组成，其原动机为电动机。发电机与原动机永久性地装在同一底座上；但在某些情况下，两者可组成一个装有某些共同绕组的装置。它们用于变换电流的性质（将交流变为直流或直流变为交流），或改变电流的某些特性，例如，交流电的电压、频率或相位（例如，把频率从 50 赫兹变为 200 赫兹，或把单相电流变成三相电流）。另一种类型的旋转变流机（有时称为旋转变压器）用于把直流电从某一电压变为另一电压。

零　件

除零件的归类总原则另有规定的以外（参见第十六类总注释），本品目所列机器的零件应归入品目 85.03。

85.03　专用于或主要用于品目 85.01 或 85.02 所列机器的零件

除零件的归类总原则另有规定的以外（参见第十六类总注释），本品目包括上述两个品目所列机器的零件。归入本品目的零件非常广泛，包括：

一、机壳、定子、转子、集电环、集电器、电刷夹子、励磁线圈等；

二、非正方形或矩形的电机用板及片。

85.04　变压器、静止式变流器（例如，整流器）及电感器：
10　—　放电灯或放电管用镇流器
　　—　液体介质变压器：
21　——　额定容量不超过 650 千伏安
22　——　额定容量超过 650 千伏安，但不超过 10 兆伏安
23　——　额定容量超过 10 兆伏安
　　—　其他变压器：
31　——　额定容量不超过 1 千伏安
32　——　额定容量超过 1 千伏安，但不超过 16 千伏安
33　——　额定容量超过 16 千伏安，但不超过 500 千伏安
34　——　额定容量超过 500 千伏安

40 — 静止式变流器
50 — 其他电感器
90 — 零件

一、变压器

变压器是利用电磁感应原理，使用预调或可调系统，将一种交流电变换成不同电压、阻抗等的另一种交流电的装置。这种装置没有任何运动机件。变压器一般由两个或多个绝缘导线线圈以多种结构形式绕制在叠片铁芯上而组成，但某些变压器（例如，射频变压器）没有磁芯，或者以粘聚铁粉、铁氧体等作为磁芯。其中一个线圈上（初级电路）的交流电在其他线圈中（次级电路）感应产生一般为不同电流值和电压值的另一种交流电。某些变压器（自耦变压器）只有一个线圈，其中一部分为初级电路和次级电路所共用。壳式变压器的外层为一个叠压铁片组成的壳式结构。

某些变压器具有特殊用途，例如，耦合变压器能使一电路的阻抗与另一电路的阻抗相耦合；仪表变压器（电流或电压互感器、组合仪表变压器），用于升高或降低与之相连设备（例如，测量仪器、电表、保护继电器）的电压或电流。

本品目包括各种变压器，从控制流过放电灯泡或灯管的电流量用的镇流器、用于无线电信机、仪器、玩具等的小型变压器到用于发电站、联接干线的变电站、配电站及其分站的大型变压器。大型变压器可浸入油柜或配有散热器、风扇等，以供冷却之用。变压器使用的频率不一，从电力网频率至无线电甚高频率不等。本品目包括不平衡变压器（平衡装置），它可通过平衡对线中的阻抗而降低电磁干扰。

变压器的额定容量为变压器在次级额定电压（或电流强度）及额定频率条件下连续使用而温升不超过极限值时的千伏安（KVA）输出量。

电焊设备用的变压器如果不带焊头或焊接器具而单独报验，应归入本品目；如果与焊头或焊接器具一同报验，则不归入本品目（品目85.15）。

本品目还包括感应线圈。这是变压器的一种，其初级线圈上的间歇或波动直流电在次级线圈上感应产生一种相应的电流。感应线圈可使电压升高；或在电话次级电路上再生一种与初级电路上影响稳定直流电的波动相应的小波动电流。本品目包括各种类型的感应线圈，但内燃机的点火设备除外（品目85.11）。

二、静止式变流器

此类装置用于变换电能，以便进一步利用。它们装有不同类型的变流元件（例如，电子管），还可装有各种辅助器件（例如，变压器、感应线圈、电阻器、调节控制器等）。这种装置利用变流元件可交替作为导体与绝缘体的原理进行工作。

静止式变流器常装有辅助电路，以调节新生电流的电压，这种装置有时称为电压或电流调节器，但都不影响其归入本品目。

此类装置包括：

（一）**整流器**，用于把交流电（单相或多相）变成直流电，通常电压也随之改变。

（二）**逆变器**，用于把直流电变成交流电。

（三）**交流电变换器及变频器**，用于改变交流电（单相或多相）的频率或电压。

（四）**直流电变换器**，用于改变直流电的电压。

静止式变流器根据所使用变流元件的类型，主要分为以下几类：

1. **半导体变流器**，根据某些晶体间的单向导电性原理进行工作。这种变流器由作为变流元件的半导体及其他各种器件（例如，冷却器、带式导体、驱动器、调节器、控制电路）构成。

半导体变流器包括：

（1）单晶半导体整流器，使用含有硅或锗晶体的器件（二极管、可控硅、晶体管）作为变流元件。

（2）多晶半导体整流器，使用硒晶圆作为变流元件。

2. 气体放电变流器，例如：

（1）汞弧整流器，其变流元件为一个真空的玻璃管或金属槽，内装有一个汞阴极及一个或多个阳极，可让待整流的电流通过。汞弧整流器装有辅助器件，用于起弧、充电、冷却，有时还用于保持真空等。

根据起弧的机构，气体放电整流器分为两类，即“励弧管”（带有充电阳极）及“引燃管”（带有引燃极）。

（2）带有热阴极的热离子整流器，其变流元件（例如，闸流管）与汞弧管相似，不同的是以热阴极代替汞阴极。

3. 带有机械变流元件的变流器。这种装置依靠各种接触产生的单向导电性进行工作。例如：

（1）接触整流器（例如，使用凸轮轴的接触整流器），配有带多个金属触点的装置，触点的开和闭与待整流交流电的频率是同步的。

（2）汞流透平整流器，利用与交流电频率同步的水银旋转喷射，与一固定触点产生接触。

（3）振动整流器，装有一片金属簧片，当该金属簧片以交流电的频率振动时，与触点发生接触，从而把电流从电源中引出。

4. 电解整流器。用作电极的某些产品与用作电解质的某些液体的组合物只允许电流单向通过。电解整流器是利用这一原理进行工作的。

静止式变流器具有各种用途，例如：

1. 提供电源以驱动固定式机器或电力牵引机动车（例如，机车）的变流器。

2. 补给变流器。例如，蓄电池充电器（主要由配有变压器的整流器与电流控制装置组成）；电镀与电解工艺用的变流器；备用电源组；给设备提供高压直流电的变流器；供热用变流器；给电磁体供电的变流器。

归入本品目的还有称为高压发生器的变流器（特别是与无线电装置、发射管、微波管、离子束管一起使用），把各种电源（通常是主干线路电源）供给的电流变成所需的高压直流电，并通过整流器、变压器等供给有关设备。

本品目还包括稳定供电装置（装有调节器的整流器），例如，一系列电子设备用的不间断电源。

专门为放射性装置供电的高压发生器（或变压器）应归入品目 90.22；自动调压器应归入品目 90.32。

三、电感器

电感器主要由单个线圈组成。该线圈接入交流电路后，可通过其自动感应，限制或阻止交流电通过。电感器大小不一，包括用于无线电路、仪器等的小扼流圈和用于电力系统并通常安装在混凝土中的大型线圈（例如，在发生短路时用于限制电流通过）。

印制的单个电感器或电感元件仍应归入本品目。

阴极射线管用的偏转线圈应归入品目 85.40。

零 件

除零件的归类总原则另有规定的以外（参见第十六类总注释），本品目所列货品的零件也应归入本品目。特别是金属槽汞弧整流器，不论是否装有泵，均按零件归类。

但是本品目所列装置的大部分电气零件均已在本章其他品目中列名，例如：

（一）品目 85.36 的各种开关（例如，与多接点变压器一起使用的开关装置）。

（二）电子管或汞气整流管（金属槽式的除外）及闸流管（品目 85.40）。

（三）半导体二极管、晶体管及可控硅（品目 85.41）。

（四）品目 85.42 的货品。

85.05　电磁铁；永磁铁及磁化后准备制永磁铁的物品；电磁铁或永磁铁卡盘、夹具及类似的工件夹具；电磁联轴节、离合器及制动器；电磁起重吸盘：

—　　永磁铁及磁化后准备制永磁铁的物品：

11　——　金属的

19　——　其他

20　—　　电磁联轴节、离合器及制动器

90　—　　其他，包括零件

本品目包括电磁铁、本品目具体列名的利用电磁原理工作的器具、永磁铁及永磁铁工件夹具。

一、电磁铁

电磁铁根据不同用途有各种尺寸及形状，主要由一个线圈绕制于软铁芯上而构成。铁芯为单件式或叠片式。当电流通过线圈时，铁芯上产生磁性吸力或斥力。

二、永磁铁及磁化后准备制永磁铁的物品

永磁铁为经永久磁化的硬钢件、特种合金件或其他材料（例如，用塑料或合成橡胶粘聚的钡铁氧体）。永磁铁的形状因其用途而异。为了防止退磁，马蹄形永磁铁常用一根铁棒（衔铁）附在其两极之上。永磁铁不论作何种用途，包括玩具等用的小磁铁在内，均应归入本品目。

磁化后可制成永磁铁的物品可根据其形状和成分予以确定，这些货品常为立方体或圆盘形（磁片）的金属或粘聚铁氧体（例如，钡铁氧体）。

三、电磁铁或永磁铁卡盘、夹具及类似的工件夹具

这些器具主要是各种工件夹具。加工工件时，这些器具利用磁铁把工件夹紧，固定不动。本组还包括用于机器的夹具（例如，在印刷机器中用于夹紧印板的磁铁夹具），但机床用夹具除外。

四、电磁离合器及联轴节

这些器具有多种类型。它们中有些是由一个固定线圈绕在一个活动电枢上而构成。通电时，电枢被吸入线圈；断电时，电枢被弹簧拉出线圈。本品目还包括变速联轴节，其中有些是根据异步电机的原理进行工作的。

五、电磁制动器

电磁制动器一般由闸瓦组成，闸瓦受电磁感应而作用于轮圈或轨道上。另一些电磁制动器是利用电磁感应的原理进行工作的。电磁感应产生涡流并作用于装在轴上的软钢盘而使之制动。但本品目不包括利用电磁装置操纵的液力传动或气动制动器。

六、电磁起重吸盘

这种器具主要由电磁铁（一般是圆形的）组成，通常与起重机一起使用（例如，用于起吊废铁）。它们中的某些类型具有特殊用途（例如，装在打捞船上用以找回沉船上的金属物件）。

零　件

除零件的归类总原则另有规定的以外（参见第十六类总注释），本品目所列货品的零件应归入本品目。

*

*　*

本品目不包括：

（一）带粘合剂的粉状或粒状磁铁氧体（品目 38.24）。

（二）本品目所列的电磁铁、永磁铁或磁铁器具，作为机器、器具、玩具、游戏品等的部件并与其同时报验的（应按有关机器、器具等归类）。

（三）磁性记录媒体。例如，将未磁化的磁性材料叠压在两层塑料片之间而制成的卡片，主要用于开启磁性锁（品目 85.23）。

（四）眼科或外科医生专用的电磁铁（品目 90.18）。

85.06　原电池及原电池组(+)：

10　—　二氧化锰的

30　—　氧化汞的

40　—　氧化银的

50　—　锂的

60　—　锌空气的

80　—　其他原电池及原电池组

90　—　零件

这些电池通过化学反应产生电能。

原电池基本上是由一个容器装入碱性或非碱性电解质（例如，氢氧化钾、氢氧化钠、氯化铵，或氯化锂、氯化铵、氯化锌和水的混合物），再浸入两个电极而构成。阳极一般用锌、镁或锂制成，阴极（去极化电极）用二氧化锰（与碳粉混合）、氧化汞或氧化银制成。锂原电池以锂作阳极，以例如亚硫酰氯、二氧化硫、二氧化镁或硫化铁等作阴极。由于锂在水溶液中的可溶性和反应性，使用了非水电解质。锌空气原电池一般采用碱性或中性电解质，以锌作阳极，氧扩散在电池中作为阴极。每个电极用接线柱或其他接头与外电路相连。原电池的主要特点是难以有效地再充电。

原电池适于为各种用途供电（电铃、电话、助听器、照相机、手表、计算器、心脏起搏器、收音机、玩具、手提电灯、赶牛的电刺棒等）。原电池可用串联、并联或两者结合的方法组成电池组。原电池及原电池组不论其用途如何，均归入本品目（例如，供实验室用的产生已知恒压的标准电池，应归入本品目）。

各类电池包括：

一、湿电池，其电解质为液体，其流动不受抑制，因此，湿电池取向灵敏。

二、干电池，其电解质固定在吸收材料及凝胶（例如，混有琼脂、面粉等增稠剂而形成糊状物）中。其所使用的电解质可为液体，但其流动受抑制，主要用于便携式器具。

三、惰性电池，又名储备电池或电池组。这种电池必须加入水和部分或全部电解质才能使用，或必须将其电解质加热，使其变得具有离子导电性。

四、浓差电池，这种电池每个电极周围的电解质浓度互不相同。

原电池及原电池组可制成各种形状和尺寸，其外形一般为圆柱形或钮扣式。

某些电池（例如，湿电池和某些惰性电池）在报验时往往未装有电解质，但仍应归入本品目。

本品目不包括可再充电的电池及电池组，这类物品应按蓄电池归入品目 85.07。

零　件

除零件的归类总原则另有规定的以外（参见第十六类总注释），本品目包括原电池或原电池组的零件，其中也包括电池容器在内。

*

*　*

本品目不包括：

（一）端子（品目 85.36）。

（二）太阳电池（品目 85.41）。

（三）碳电极（品目 85.45）。

（四）废原电池、废原电池组及其废碎料（品目 85.48）。

（五）热电偶（例如，品目 85.03、85.48、90.33）。

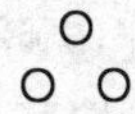

子目注释：

子目 8506.10、8506.30 及 8506.40

上述子目的归类应根据其阴极（去极化电极）的构成材料确定。但是，以二氧化锰作阴极，以锂作阳极的原电池应作为锂原电池归入子目 8506.50（参见以下子目注释）。

子目 8506.50

本子目的归类应根据其阳极的构成材料确定。

85.07　蓄电池，包括隔板，不论是否矩形（包括正方形）：

10　—　铅酸蓄电池，用于起动活塞式发动机

20　—　其他铅酸蓄电池

30　—　镍镉蓄电池

40　—　镍铁蓄电池

50　—　镍氢蓄电池

60　—　锂离子蓄电池

80　—　其他蓄电池

90　—　零件

蓄电池（蓄电池组或二次电池组）的特征是，其电化作用是可逆的，因此蓄电池可以再充电。它们用于把电能贮藏起来，当需要时再将电能释放出来。蓄电池在有直流电通过时产生某些化学变化（充电）；随后，当蓄电池的两个接线柱与外电路连接时，可使这些化学变化还原，从而在外电路中产生直流电（放电）。充电与放电的循环过程可反复进行，直到蓄电池寿命终止。

蓄电池主要是一个容器贮盛电解液，并将两个电极浸入电解液中，电极配有接线柱与外电路相连。容器往往可隔成若干部分，每一部分（电池）就是一个独立的蓄电池。通常可把这些电池串联起来以使电压增高。串联起来的多个电池称为蓄电池组，也可把多个蓄电池集装在一个较大的容器内。蓄电池可以是湿电池或干电池。

蓄电池的主要类型有：

一、铅酸蓄电池，这种蓄电池的电解液为硫酸，其电极为涂有活性材料的铅板或铅网。

二、碱性蓄电池，其电解液常为氢氧化钾、氢氧化锂或亚硫酰氯。其电极有，例如：

（一）正极为镍或镍的化合物；负极用铁、镉或金属氢化物制成。

（二）正极为锂钴氧化物；负极用石墨混合物制成。

（三）正极由碳制成；负极用金属锂或锂合金制成。

（四）正极为氧化银；负极用锌制成。

电极可由简单的板、网、棒等组成，或由填入或涂有特种活性材料膏状物的网或管组成。铅酸蓄电池的容器一般是玻璃制的；汽车蓄电池的容器则是用塑料、硬橡胶或组合材料模制而成。大型的固定式蓄电池使用有玻璃内衬或铅内衬的塑料箱或木箱作为容器。碱性蓄电池的容器一般用钢或塑料制成。碱性蓄电池可制成特定的尺寸与形状，以便作为电源与所使用的器具相匹配。它们可以装在防水容器内。许多碱性蓄电池在外形上与品目 85.06 的原电池或原电池组相同。

蓄电池可具有多种用途，例如，机动车辆、高尔夫球车、叉车、手提式动力工具、移动电话、便携式自动数据处理设备、手提电灯等供电。

某些铅酸蓄电池装有液体比重计，用于测量电解质的比重，以大致标明蓄电池的充电程度。

报验时未装有电解质的蓄电池仍归入本品目。

本品目也包括装有一个或多个电池及其互连电路的蓄电池，其通常被称为“蓄电池组”，无论其是否带有协助实现蓄电池储电和供电功能或者保护其免遭损坏的辅助元件，例如，电路连接器、温控装置（例如，热敏电阻）、电路保护装置及保护外壳。即使设计成专用于特定设备的蓄电池也归入本品目。

零　件

除零件的归类总原则另有规定的以外（参见第十六类总注释），本品目还包括蓄电池的零件。例如，容器与盖；铅板及铅网，不论是否涂有膏状物；任何材料制的隔板（由未硬化硫化橡胶或纺织材料制成的除外），包括仅切成矩形（包括正方形），达到非常精密的技术指标（孔隙度、尺寸等）并且即可供使用的平板状隔板。

本品目不包括：

（1）端子（品目 85.36）。

（2）废蓄电池及其废碎料（品目 85.48）。

85.08　真空吸尘器：

—　　电动的：

11　——　功率不超过 1500 瓦，且带有容积不超过 20 升的集尘袋或其他集尘容器

19　——　其他

60　—　　其他真空吸尘器

70　—　　零件

除第八十五章注释一（四）另有规定的以外，本品目包括各种真空吸尘器，不论是否手提式的，干式及湿式吸尘器均包括在内，不论其是否与旋转刷、地毯拍打器、多功能吸头等附件一同报验。

真空吸尘器有两个功能：抽吸物质（包括灰尘）及过滤气流。吸力是通过直接装在电动机轴上的叶轮机以高速运转产生。灰尘及其他物质收集到一个内置或外置的集尘袋或其他集尘容器内，而吸进的空气经过滤后用于冷却电动机。

本品目还包括马用或牛用的真空吸尘式理毛装置。

本品目不包括原地清洗地毯的器具，其向地毯中注入清洁溶剂，再由泵将溶剂抽出，未与干湿真空吸尘装置组合的（品目 84.51 或 85.09）。本品目也不包括用于医疗、外科、牙科或兽医的真空设备（品目 90.18）。

与本品目所列器具同时报验的器材

本品目所列的真空吸尘器可与辅助装置（附件）（用于刷洗、抛光、喷射杀虫剂等）或可互换零件（地毯拍打器、旋转刷、多功能吸头等）一同报验。此类器具与其零件及附件同时报验时，只要这些零件及附件在品种及数量上通常与有关器具一起使用，应一并归入本品目；若单独报验，应根据其特性进行归类。

零　件

除零件的归类总原则另有规定的以外（参见第十六类总注释），本品目所列器具的零件也归入本品目。

85.09　家用电动器具，品目 85.08 的真空吸尘器除外：

40　—　　食品研磨机及搅拌器；水果或蔬菜的榨汁机

80　—　　其他器具

90　—　　零件

本品目包括多种装有电动机的家用器具。本品目所称“家用器具”，是指通常在家庭中使用的器具。这些器具可根据其类型及一个或多个特征（例如，总体尺寸、设计、容量、体积）加以确定。确定这些特征的标准是有关器具的工作范围不得超出家庭需要。

除本章注释三中列名不包括的货品及超出其规定重量的货品以外，本品目包括符合上述标准的器械。本品目不包括由独立的电动机（不论是否使用软轴、传动带或其他传动装置）驱动的器具，也不包括虽在结构及用途上类似于家用器具，但显然专供工业用的器具（例如，用于食品工业、打扫烟囱、清洗机器或清洁街道等）。这些器具一般归入品目 82.10 或第八十四章。

本品目的器具可分为两组（参见本章注释三）：

一、不论其重量多少均归入本品目的物品。这类物品为数有限。

本组仅包括：

（一）地板打蜡机（不论是否装有打蜡装置，也不论是否配有使蜡液化的加热元件）。

（二）食品研磨机及搅拌器。例如，肉、鱼、蔬菜或水果研磨机；多用途研磨器（用于研磨咖啡、大米、大麦、碎豆等）；牛奶摇动器；冰淇淋搅拌器；果汁冰水搅拌器；面团揉捏器；蛋黄酱搅拌器；其他类似的研磨器及搅拌器（包括调换部件后也可进行切割或其他操作的用具）。

（三）水果或蔬菜的榨汁机。

二、重量在 20 千克及以下的本品目物品。这类物品不受种类限制。

本组主要包括：

（一）地板擦洗、刮垢、冲洗器具及擦洗后吸去污水或皂泡的器具。

（二）在擦光前往地板上喷撒上光剂的器具。这类器具通常配有加热元件，以使蜡液化。

（三）厨房废料处理器。这种器具附在厨房洗涤槽中，用于磨碎厨房废料。

（四）马铃薯或其他蔬菜的削皮机、切片机、切碎机。

（五）各种切片机（例如，肉、香肠、咸肉、乳酪、面包、水果或蔬菜的各种切片机）。

（六）磨刀器及净刀器。

（七）电动牙刷。

（八）空气增湿机或减湿机。

与本品目所列器具同时报验的器材

以上所列的许多器具可与互换零件或辅助装置同时报验，以使其适于各种用途。例如，食品搅拌器也可用于切割、研磨、掼打、绞碎等；切片机配有磨刃器件；地板擦洗器配有一套擦光刷；擦洗器配有肥皂供给器及清除污水或皂泡的吸吮器件。此类器具与其零件及附件同时报验时，如果这些零件及附件是用于有关器具，而且品种及数量正常，应一并归入本品目。在确定这些器具能否按上述第二类所列条件归入本品目时，外加的可互换零件或可拆卸辅助装置的重量可不计在内。

本品目器具可装上滑行装置、小脚轮或类似装置，以方便使用。

零　件

除零件的归类总原则另有规定的以外（参见第十六类总注释），本品目所列器具的零件也归入本品目。

*

* *

本品目不包括：

（一）风扇及装有风扇的通风罩或循环气罩，不论是否装有过滤器（品目 84.14）。

（二）冰箱（品目 84.18）。

（三）滚压机及其他熨烫机（品目 84.20 或 84.51）。

（四）离心干衣机（品目 84.21）及家用洗衣机（品目 84.50）。

（五）洗碟机（品目 84.22）。

（六）割草机（品目 84.33）。

（七）乳品厂用的搅乳器（品目 84.34）。

（八）原地清洗地毯的器具，向地毯中注入清洁溶剂，再由泵将溶剂抽出，设计供单位（家庭房舍除外）使用的，例如，供宾馆、汽车旅馆、医院、办公室、餐厅及学校使用的（品目 84.51）。

（九）缝纫机（品目 84.52）。

（十）电动脱毛器（品目 85.10）。

（十一）家用电热器具（品目 85.16）。

（十二）按摩器具（品目 90.19）。

85.10　电动剃须刀、电动毛发推剪及电动脱毛器：

10　—　剃须刀

20　—　毛发推剪

30　—　脱毛器

90　—　零件

本品目包括装有电动机或振动器的电动剃须刀及毛发推剪，不论是供人使用或用于剪羊毛、修饰马毛、剪牛毛等。

在电动剃须刀（干剃须刀）中，旋转式或往复式刀具或刀片沿一个穿孔或有槽的板片内壁滑动，从而剪去伸进孔眼或槽口内的毛发。在电动毛发推剪中呈梳形的刀片沿一个固定的金属梳子来回移动，从而剪去两梳梳齿间夹着的毛发。理发店用的理发推剪，其工作原理与羊毛剪、马毛修饰剪相类似，但规格不同。

本品目还包括本身装有电动机的电动脱毛器；它们靠一个绕自身轴旋转的微型滚子或金属螺旋装置，或者一个防护罩、一个脱毛头及一套脱毛轮进行工作，工作时将毛夹紧，连根拔起。

零　件

除零件的归类总原则另有规定的以外（参见第十六类总注释），电动剃须刀、电动毛发推剪或电动脱毛器的零件也归入本品目。这些零件主要包括刀架、刀片及梳形刀片。

*
* *

用一个独立的电动机通过软轴驱动的毛发推剪应归入品目 82.14；其电动机（不论是否装有软轴）应归入品目 85.01。

85.11　点燃式或压燃式内燃发动机用的电点火及电起动装置（例如，点火磁电机、永磁直流发电机、点火线圈、火花塞、电热塞及起动电机）；附属于上述内燃发动机的发电机（例如，直流发电机、交流发电机）及断流器：

10　—　火花塞

20　—　点火磁电机；永磁直流发电机；磁飞轮

30　—　分电器；点火线圈

40 —　起动电机及两用起动发电机
50 —　其他发电机
80 —　其他装置
90 —　零件

本品目包括各种内燃发动机（活塞式或其他类型）的电起动或电点火装置及器具，不论其用于汽车、飞机、船舶及类似的货品，还是用于固定的内燃机。本品目还包括附属于上述内燃发动机的发电机及断流器。

本品目包括：

一、火花塞

火花塞由一个绝缘的中心电极及一个或多个接触点构成。接触点固定装在壳体上。壳体下端有螺纹，用以旋在气缸盖上。中心电极上端有接线柱与电源连接。当供给高压电时，火花在中心电极与接触点之间跳过，点燃气缸中的可燃混合气体。

二、点火磁电机（包括永磁直流发电机）

这类机器可向内燃发动机的火花塞供给所需的高压电，主要用于赛车、拖拉机、飞机、汽船或摩托车的发动机。其主要类型有以下几种：

（一）**旋转电枢式磁电机**。这类磁电机装有一种交流发电机。发电机中，绕有低压初级绕组的电枢在一块永磁铁的磁极间旋转。初级绕组连接着接触断路及电容器。该绕组的电流突然接通与切断在次级绕组上感应产生很高的电压。整个装置通常装在一个机壳内。机壳顶端装有一个配电臂，将高压电轮流分送给各火花塞。

（二）**固定电枢式磁电机**。这类磁电机有两种，其电枢绕组、接触断路器及电容器都是固定的；但其中一种的磁铁是旋转的，而另一种的磁铁虽也是固定的，但软铁感应体却在磁电机与电枢绕组之间旋转。

（三）**永磁直流发电机**。这类机器把磁电机和直流发电机结合为一体，两者使用一个共同的传动装置。它们一般用于摩托车。

三、磁飞轮

磁飞轮为装有磁性装置的飞轮，可产生低压电流，用以点火。

四、分电器

分电器可把点火电流轮流分送给各火花塞，也可装上断续器，使点火线圈上初级绕组的电路断续。用发动机驱动凸轮，可使上述两种功能与气缸中的活塞冲程同步。

五、点火线圈

点火线圈是一种经特别改装的感应线圈，一般装在圆柱形的容器内。初级绕组通过一个断续器与电池组接通后，次级绕组上即产生高压电，并由分电器分送给各火花塞。

在一些点火系统中有种双重火花点火线圈，它直接连在两个火花塞上。点火线圈在每个火花塞内同时产生火花；其中一个火花塞的火花对其气缸产生动力行程，而另一个火花塞的火花对其气缸无效，因其是处于排气行程。这种系统不需要分电器，因为其点火线圈直接与火花塞相联。在这种系统中，点火线圈是由电子（半导体）线圈组件供电。

六、起动电机

这是一种小型电动机，一般为直流串绕型电动机。起动电机配有小齿轮，能在螺纹轴上来回移动；或配有某些其他机械装置，使之与内燃发动机暂时耦合，从而使内燃发动机起动。

七、发电机（直流发电机及交流发电机）

这种发电机由发动机驱动，用以给电池组充电，并为机动车辆、飞机等的照明、信号、加热及其他电气设备供电。交流发电机常与整流器结合使用。

八、升压线圈

这是一种主要应用于飞机上的小型感应线圈，在起动转速过低不能起动引擎磁电机时使用。

九、电热塞

电热塞与火花塞相类似，但电热塞不是利用电极与触点产生火花，而是在电流通过时利用小型电阻器发热。电热塞用于柴油机起动前及起动时加热气缸内的空气。

十、加热线圈

加热线圈装在柴油机的空气进气口，供起动之用。

十一、直流发电机断流器

当内燃机处于静止状态或低速运转时，这种断流器能阻止直流发电机在损耗电池组的情况下作为电动机使用。

与稳压器或稳流器结合装在同一机壳内的断流器也应归入本品目。这种装置除能保护电池组及直流发电机外，还能确保充电电流的恒定流量，或限制充电电流的强度。

零　件

除零件的归类总原则另有规定的以外（参见第十六类总注释），本品目所列货品的零件也归入本品目。

*

* *

本品目不包括：

（一）机场、汽车站等用的发动机起动器，主要由变压器及整流器组成，供内燃发动机起动用（品目 85.04）。

（二）蓄电池（品目 85.07）。

（三）仅供自行车照明用的直流发电机（品目 85.12）。

85.12　自行车或机动车辆用的电气照明或信号装置（品目 85.39 的物品除外）、风挡刮水器、除霜器及去雾器：

10　—　自行车用照明或视觉信号装置

20　—　其他照明或视觉信号装置

30　—　音响信号装置

40　—　风挡刮水器、除霜器及去雾器

90　—　零件

本品目包括专供自行车或机动车辆使用的电气照明或信号装置及器具；但不包括干电池（品目 85.06）、蓄电池（品目 85.07），也不包括品目 85.11 的直流发电机及永磁直流发电机。本品目还包括机动车辆用的电动风挡刮水器、除霜器及去雾器。

本品目主要包括：

一、直流发电机，由一只摩擦轮在自行车（或在极少数情况下在摩托车）轮胎钢圈或轮辋上运转带动发电。

二、电池座，装有开关、接线柱、触点等供自行车照明装置使用；电池灯，装于自行车上使用的。

三、各种类型的车头灯，包括装有变暗或倾斜装置的车头灯；漫射驾驶灯；防雾灯；聚光灯；警车或类似车辆用的探照灯（包括装有一节电缆，可用作手提电灯或放置在道路上使用的探照灯）。

四、边灯、尾灯、停车灯、车牌照明灯。

五、刹车灯、转向指示灯、倒车灯及类似灯。

六、由上述某些灯装配在一个壳套内组成的组合灯。

七、车辆内部照明灯。例如，顶灯、壁灯、踏板指示灯、门框灯及仪表板灯。

八、发光超车信号装置。当有车辆超车时，这种装置可自动（有时使用光电池）发出信号，告知驾驶员。

九、其他电气视觉信号设备。例如，挂有拖车的车辆用三角形发光装置；出租汽车、警车、消防车等用的发光标志（旋转圆顶式或长排灯式）。

十、停车设备。这种设备由车身外部的探测装置操纵。当探测装置触及路边或其他物体时，可发光或发出其他信号以警告驾驶员。

十一、防盗报警器，当车辆遭到偷盗时，它会通过视觉或声音信号发出警告。

十二、喇叭、汽笛及其他电气音响信号装置。

十三、倒车时就车辆附近的车辆或车后其他物体通过声音信号向驾驶员发出警告的电气装置。这种装置通常包括超音速传感器、电子控制装置、蜂鸣器或呼叫器及其配线。

十四、在机动车辆中通过视觉或声音信号警告驾驶员附近有雷达枪或激光枪等测速装置工作的电子装置。

十五、风挡刮水器，由电动机驱动的，包括双刮水器。

十六、除霜器及去雾器。这些器具是将电阻丝装在一个框架上而构成的，可安装在风挡上。

零　件

除零件的归类总原则另有规定的以外（参见第十六类总注释），本品目所列货品的零件也归入本品目。

*

* *

本品目不包括：

（一）玻璃透镜（品目 70.14）。

（二）空气调节器或设备（品目 84.15）。

（三）传声器、声频扩大器及扬声器组成的电气扩音设备。这种设备可把拖车后面的警告喇叭声或其他路面有声信号告知牵引车辆的驾驶员（品目 85.18）。

（四）装有两种或多种品目 85.36 所列装置的盘、板及其他基座（例如，装于转向柱上的组合开关）（品目 85.37）。

（五）电灯，包括封闭式聚光灯（品目 85.39）。

（六）绝缘电线及电缆，不论是否切成一定长度或装有接头，也不论是否制成布线组（例如，点火布线组）（品目 85.44）。

（七）可作除霜器或去雾器用的非电气汽车加热设备（品目 73.22 或 87.08）。

85.13　自供能源（例如，使用干电池、蓄电池、永磁发电机）的手提式电灯，但品目 85.12 的照明装置除外：

10　—　灯

90　—　零件

本品目包括依靠自供电源（例如，干电池、蓄电池或永磁直流发电机）进行工作的手提式电灯。

这类电灯由两个部分组成（即电灯本身及电源），两者通常直接相连并装于同一壳体内；但在某些类型的手提式电灯中，两者是分离的，仅以电线相连。

本品目所称"手提式电灯"，仅指使用时握在手中或随身携带，或附属在手提物品或物体上的电灯

（即电灯及其电源）。这类电灯一般均带有把柄或紧固器件，并可从其特有的外形及较轻的重量加以确认。因此，所称“手提式电灯”，不包括机动车辆或自行车用的照明装置（品目 85.12），也不包括连接于固定设施的电灯（品目 94.05）。

本品目的电灯包括：

一、手电筒。有些手电筒（“直流电灯”）依靠一个用手拨动弹簧杆操纵的磁电机进行工作。

二、其他手提电灯（包括可调光束的手提电灯）。手提电灯常装有一些简单装置，使其能暂时悬挂于墙上或放置在地上。

三、以钢笔为造型的电灯、手电筒或闪光信号灯，常配有一个夹扣以便在不用时紧固在使用者的口袋上。

四、莫尔斯信号灯。

五、矿工安全灯。矿工安全灯的照明器件通常装在矿工的安全帽上，而其电源（蓄电池）通常钩挂在腰带上。

六、通用检查电灯，装于头带（通常为弧形金属带）上。这种电灯只有在带有自供电源（例如，干电池装在使用者的衣袋中）时，才归入本品目。本品目的电灯供医生、钟表匠、珠宝商等使用。医疗专用（例如，用于咽喉或耳朵检查）的检查灯不归入本品目（品目 90.18）。

七、以手枪、唇膏等为其造型的花式电筒。电灯或手电筒与钢笔、螺丝刀、钥匙圈等组成的组合物品，如果以照明为其主要功能，仍归入本品目。

八、配有夹扣或类似品，以便附在书本或杂志上的台灯。

零　件

除零件的归类总原则另有规定的以外（参见第十六类总注释），本品目所列电灯的零件也应归入本品目。

*
*　*

本品目不包括：

（一）照相闪光灯装置（品目 90.06）。

（二）配有激光二极管的激光笔（品目 90.13）。

85.14　工业或实验室用电炉及电烘箱（包括通过感应或介质损耗工作的）；工业或实验室用其他通过感应或介质损耗对材料进行热处理的设备：

10　—　电阻加热的炉及烘箱

20　—　通过感应或介质损耗工作的炉及烘箱

30　—　其他炉及烘箱

40　—　其他通过感应或介质损耗对材料进行热处理的设备

90　—　零件

本品目包括多种工业或实验室用的电热机器、装置及器具。这些设备均是用电发热的（例如，利用电流在导体中的热效应；利用电弧）。本品目包括通过感应或介质损耗工作的炉及烘箱，以及通过感应或介质损耗对材料进行热处理的其他工业或实验室用设备（例如，工业用微波炉、烘箱及设备）。本品目不包括家用电热器具（品目 85.16）。

一、工业或实验室用电炉及电烘箱（包括通过感应或介质损耗工作的）

电炉及电烘箱主要由一个或多个具有一定封闭性并产生相当高温的空间或容器构成。这种设备用途很广（用于熔炼、退火、回火、上釉、焊接、焊件的热处理等），其主要类型有甑式炉、罩式炉、槽式炉、坩埚炉、隧道式烘炉等。这类电炉中有些设有特殊倾侧装置或设有内层容器，可在特殊气体中对金属进行处理，以防止金属氧化。

归入本组的电炉及电烘箱主要包括：

（一）**电阻加热的电炉及电烘箱**。这种设备由加热电阻器通电而发热。这些加热元件（电阻器）通过辐射和传递把热传送到炉体或待加热物体。

（二）**用于对金属棒条或粒状材料进行加热的电阻炉**。这是一个容器，容器中的待处理材料通电后，该物体的电阻即产生所需热量。

（三）**液体电阻炉**，为装有电极的熔池，操作时，熔池中盛有熔融金属、熔化盐或特种油。通过电极使液体通电，并使其保持在所需温度。把待加热物体投入池中即可对其加热。

（四）**冶炼或精炼金属用的电解炉**，这也是一种液体电阻炉，配有电极浸在熔池电解液里。融池中所盛金属含有矿石成分，融化在熔化盐中，电流经电极流过电解液引起电解，使得纯熔融金属聚集在阴极上，气体则从阳极排出。

（五）**低频感应炉**，其初级线圈上的低频交流电通过一个软铁芯与待加热的物体发生磁性联系。该物体上感应产生电流，从而使物体发热。在某些这种类型的炉中，熔化物从主坩埚流经垂直的环状管道，其加热电流是从初级电路上感应产生的。

（六）**高频感应炉**，其初级线圈上的高频（常为射频）交流电在待加热物体上感应产生旋涡电流。这类电炉没有铁芯。

（七）**介质电容炉及烘箱**。待加热物体必须是绝缘的。把该物体放在两块连接交流电源的金属板中间，实际上就成为一个电容器。这样，待加热物体中的介质损耗使该物体发热。本组包括工业用微波炉，绝缘产品在炉内受到电磁波的作用而被加热。电磁波在通过产品本体时，通过介质损耗将电磁波的能量转换成热能，确保均衡加热。这种微波炉用于烘干、除霜、模塑、焙烧陶瓷等。

（八）**电弧炉**，其热量可由两电极间触发的电弧产生，或由一个电极与待加热物体之间触发的电弧产生。这种炉用于生产生铁、各种铁合金、碳化钙；用于还原铁矿石；以及用于从空气中固氮等。某些低温电弧炉也可用于蒸馏低沸点物质（例如，锌或磷）。但如果电弧炉配有收集蒸馏液的冷凝器，则整套装置不应归入本品目（品目 84.19）。

（九）**红外线辐射烘箱**，此类烘箱由多盏红外线灯或多块辐射板加热。

某些炉或烘箱采用一种以上的加热方式〔例如，熔融及加热金属用的高低频感应或电阻加热等；红外线高频饼干烘箱；加热物体用的红外线、电阻和电容（微波）炉〕。

本品目所列的电炉及电烘箱主要包括：

1. 制作面包、点心或饼干用的电烘箱。
2. 牙科用电烘箱。
3. 火葬场用的焚尸电炉。
4. 垃圾焚化炉。
5. 玻璃退火或回火用的炉或烘箱。

本品目不包括干燥、蒸馏或类似用途的电热装置（品目 84.19）。

二、工业或实验室用其他通过感应或介质损耗对材料进行热处理的设备

本品目也包括电感应或电介质的加热设备（例如，微波设备），即使这些设备不是电炉或电烘箱形状的。这种设备（主要用于小型物品的加热处理）主要由产生高频振荡的电气装置组成，配有相应的板片或线圈。该板片或线圈往往是为待处理物品而专门设计的。

这类物品主要包括：

（一）**装有感应线圈的机器**。这种机器可利用低频、中频或高频感应对由良导体材料组成的物体进行加热处理（例如，用于曲轴、滚筒、嵌齿轮或其他金属件的表面硬化处理的机器；用于金属件的熔融、烧结、退火、回火或预热处理的机器）。

（二）装有作为电容使用的电极（例如，板状或条状）的机器。这种机器可利用高频电源，对由绝缘体或不良导体组成的物体进行电介质（电容式）加热处理（例如，木材干燥机；对粒状或粉状热固性模制材料进行预热处理的机器等）。

某些特种设备适用于对条状物件通过线圈时进行渐进加热处理或对一系列物件的反复加热处理。

旋转式变流机及高频发生器如果与加热处理设备一同报验，也应归入本品目；单独报验时，应分别归入号 85.02 或 85.43。

但是，金属焊接用的感应处理机器，以及利用介质损耗焊接塑料或其他材料的加热处理机器（例如，焊接用的高频压焊机及高领线焊机）应归入品目 85.15。配有加热装置的压机也不归入本品目（第八十四章）。

*
* *

本品目还包括利用高温冶金工艺分离放射性核燃料的专用炉及其他设备；放射性废料的处理设备（例如，用于烧制含有放射性残余物的粘土或玻璃；或对石墨或放射性过滤物进行燃烧处理）；以及用于对回收供再循环用的可裂变物质进行烧结或加热处理的设备。但用于分离同位素的设备应归入品目 84.01。

零 件

除零件的归类总原则另有规定的以外（参见第十六类总注释），本品目所列货品的零件也应归入本品目（例如，电枢、炉门、观察孔、面板及圆盖、电极架及金属电极）。

*
* *

但是，本品目也不包括：

（一）建造电炉或电炉衬里用的砖、块及类似的耐火材料制品或陶瓷制品（第六十九章）。

（二）制造半导体晶圆或平板显示器用的电炉及电烘箱（品目 84.86）。

（三）加热电阻器（酌情归入品目 85.16 或 85.45）。

（四）不论是否带金属的石墨电极或其他碳电极（品目 85.45）。

85.15 电气（包括电热气体）、激光、其他光、光子束、超声波、电子束、磁脉冲或等离子弧焊接机器及装置，不论是否兼有切割功能；用于热喷金属或金属陶瓷的电气机器及装置：

— 钎焊机器及装置：
11 — — 烙铁及焊枪
19 — — 其他
— 电阻焊接机器及装置：
21 — — 全自动或半自动的
29 — — 其他
— 电弧（包括等离子弧）焊接机器及装置：
31 — — 全自动或半自动的
39 — — 其他
80 — 其他机器及装置
90 — 零件

一、软钎焊、硬钎焊或其他熔焊机器及器具

本组包括某些软钎焊、硬钎焊或熔焊机器及器具。不论是便携式的还是固定式的。兼有切割功能的此类机器及器具也归入本品目。

焊接时可由手工进行操作，也可以是全自动或半自动操作。

此类机器或器具包括：

（一）硬钎焊或软钎焊机器及器具

其热量一般是由电感应或电传导产生的。

硬钎焊及软钎焊是用较低熔点的填充金属熔渗于底层金属而使金属焊件连接。在连接过程中，底层金属并不熔化。填充金属通过毛细吸引分布在焊接点表面之间。可根据所使用的填充金属的熔点温度对硬钎焊与软钎焊加以区分。硬钎焊的熔点温度一般在 450℃以上，而软钎焊则在较低温度达到熔点。

只有配备特殊装置（例如，焊丝进料装置），明显为专用于或主要用于硬钎焊或软钎焊的机器或器具，才可归入本组。其他器具应视为品目 85.14 所列的炉、烘箱或加热设备。

本品目还包括手工操作的电烙铁及电焊枪。

（二）金属的电阻焊接机器及器具

焊件通电时的电阻可产生焊接点所需热量（焦耳热）。焊接时，焊件在压力作用下接合在一起，而无需焊剂或填充金属。

此类机器根据焊件不同而有多种类型。它们包括对焊机或闪光对焊机；配有焊枪的单点式焊机，不论是否配有自供电源；多点式焊机及其附属设备；凸焊机；缝焊机；高频电阻焊接器具。

（三）金属的电弧或等离子弧焊接机器及器具，不论是否兼有切割功能

1. 电弧焊接

以电弧为其热源。电弧可由两电极间触发产生，也可由一电极与焊件间触发产生。

电弧焊机有多种。例如，使用涂料焊条的手工金属电弧焊机；空气屏蔽弧焊机；使用自耗电极或非自耗电极供焊接或切割用的电弧焊机或手工电弧焊机〔金属极隋性气体电弧焊（MIG）〕；金属极活性气体电弧焊（MAG）机；钨极隋性气体电弧焊（TIG）机；埋弧焊（SA）机、电渣焊机或气电焊机等。

2. 等离子弧焊

以压缩电弧为其热源。经过对备用气体进行电离和分解，可将其变成等离子体（等离子焰流）。备用气体可以是隋性气体（氩、氦）、多原子气体（氮、氢）或两者的混合气体。

（四）金属的感应焊接机器及器具

其热量是电流通过一个或多个感应线圈而产生的。

（五）电子束焊接机器及器具，不论是否兼有切割功能

由真空中产生的聚焦电子束的电子轰击焊接或切割工件，使其发热。

（六）真空扩散焊接机器及器具

其热量一般由电感应产生，但也可由电子束或电阻产生。

这类装置主要由真空室、真空泵及加压与加热设备组成。

（七）光子束焊接机器及器具，不论是否兼有切割功能

光子束焊接可分为：

1. 激光束焊接

这种焊接方法利用相干的单色辐射作为热源。单色辐射能聚焦成高强度光束，并轰击焊接部件，从而产生热能。

2. 光束焊接

以非相干聚焦光束的轰击为其热源。

（八）热塑性材料的焊接机器及器具

1. 电热气体焊接（气焊）

焊接面经电热气体（一般为空气）加热后，在压力作用下接合在一起，不论是否使用添加剂。

2．电热元件焊接

焊接面经电热元件加热后，在压力作用下接合，不论是否使用添加剂。

3．高频焊接

电介质损耗相当高的热塑性材料〔例如，丙烯酸聚合物、聚乙烯、聚氯乙烯、聚酰胺（例如，尼龙）〕，其焊接表面经高频交流电场加热后，在压力的作用下接合在一起，可以使用添加剂。

（九）超声波焊接机器及器具

焊件可在超声波振动作用下接合在一起。该焊接法可用于焊接那些普通焊接技术不能焊接的金属或合金，也可用于焊接金属箔、两种或多种不同的金属件或塑料薄膜。

*

* *

一般来说，软钎焊、硬钎焊或其他熔焊机器使用直流发电机供给的低压直流电，或者使用降压变压器供给的低压交流电。变压器等一般装在电焊机内。但在某些情况下（例如，在某些移动式电焊机中），焊头或焊接器具是以电缆与变压器等连接的。即使是在后一种情况下，只要变压器等与焊头或焊接器具一起报验，整套装置仍归入本品目；如果单独报验，变压器或发电机应归入其所属的适当品目（品目 85.02 或 85.04）。

本品目还包括焊接专用的工业机器人。

本品目不包括：

（一）配有电焊装置的包装机（品目 84.22）。

（二）热熔粘合机（品目 84.51）。

（三）只能用于切割的机器（一般归入品目 84.56）。

（四）摩擦焊接机器（品目 84.68）。

（五）专用于或主要用于组装半导体的焊接机器及装置（品目 84.86）。

二、用于热喷金属或金属陶瓷的电气机器及装置

这是一种电弧装置，能使金属或金属陶瓷熔化，并同时用压缩空气将其喷出。

本品目不包括单独报验的金属喷枪（应归入品目 84.24）。

零　件

除零件的归类总原则另有规定的以外（参见第十六类总注释），本品目所列货品的零件也应归入本品目。

这些零件主要包括焊头及焊钳、电焊条夹及金属接触电极（例如，接触头、接触滚及接触夹片）；还包括手提原子氢焊接设备用的焊枪头及其成套喷嘴。

但下列货品不归入本品目：

（一）贱金属或硬质合金制的自耗电极（应根据具体情况，按其构成材料归类或归入品目 83.11）。

（二）石墨电极或其他碳电极，不论是否带金属（品目 85.45）。

85.16　电热的快速热水器、储存式热水器、浸入式液体加热器；电气空间加热器及土壤加热器；电热的理发器具（例如，电吹风机、电卷发器、电热发钳）及干手器；电熨斗；其他家用电热器具；加热电阻器，但品目 85.45 的货品除外：

10　—　电热的快速热水器、储存式热水器、浸入式液体加热器

—　电气空间加热器及土壤加热器：

21　——　储存式散热器

29　——　其他

—　电热的理发器具及干手器：

31 —— 吹风机
32 —— 其他理发器具
33 —— 干手器
40 — 电熨斗
50 — 微波炉
60 — 其他炉；电锅、电热板、加热环、烧烤炉及烘烤器
— 其他电热器具：
71 —— 咖啡壶或茶壶
72 —— 烤面包器
79 —— 其他
80 — 加热电阻器
90 — 零件

一、电热的快速热水器、储存式热水器、浸入式液体加热器

本组包括：

（一）快速热水器，水流过热水器时即可加热。

（二）储存式热水器，（不论是否压力型）。这种热水器为配有浸入式加热元件的保温水箱，水可在其中逐渐得到加热。

（三）双系统热水器，这种热水器可用电把水加热，也可通过连接燃料热水系统把水加热。它们通常配有恒温控制装置，一旦非电力热水系统加热不足，即启动电力加热系统进行加热。

（四）电极热水锅炉。交流电通过两电极间的水，使其得到加热。

（五）浸入式加热器，根据用途具有不同的形状，一般置入箱、槽等里面，将液体、半流体（固体除外）或气体加热。它们也有设计成可在壶、盆、杯、浴缸、烧杯等容器中使用，一般带有一个隔热手柄及一个便于加热器悬挂在容器上的挂钩。

它们装有加强保护层，可抗高强度机械应力，也可防止液体、半流体（固体除外）及气体渗入。保护层内具有良好介电及导热性能的粉末（通常为氧化镁）恰当地将电阻丝（电阻器）固定住，使其与电绝缘。

由浸入式液体加热器固定装在水箱、水槽或其他容器内所组成的组合装置应归入品目 84.19；但专用于将水加热或家用的此类装置仍归入本品目。太阳能热水器也归入品目 84.19。

（六）开水供应设备。

集中供暖用的电热水锅炉应归入品目 84.03。

二、电气空间加热器及土壤加热器

本组包括：

（一）储存式电热装置。这种装置可用其电气元件将固体（例如，砖）或液体加热，并把热量储存起来，在需要时再将其释放到周围空气中。

（二）电暖炉（风扇取暖炉及辐射取暖炉），包括便携式电炉。这种电炉配有抛物柱面反射镜，有时还配有风扇。这种电暖炉中很多装有彩灯及闪烁装置，以模仿煤或木柴燃烧。

（三）电气散热器。在这种装置中，电气元件把其中的循环液体（例如，油）加热，然后把热量散发到周围空气中。

（四）对流加热器。这是使用对流气流，有时还借助于风扇以循环空气的一种装置。

（五）加热嵌板。这种装置装嵌在天花板或墙壁上，包括产生红外线辐射，用于公共场所、街道等的供暖装置。

（六）汽车、火车、飞机等用的电热装置，但除霜器及去雾器除外。

（七）道路加热设备，用以防止路面结霜；土壤加热设备，其加热元件一般埋于土中，主要用于促进植物生长。

（八）发动机加热器，装于汽车的底部以利于汽车起动。

集中供暖用的电热水锅炉应归入品目 84.03。

三、电热的理发器具及吹风机

它们包括：

（一）吹风机，包括罩式吹风机，以及带枪式握柄和机内装有风扇的吹风机。

（二）卷发器及卷发电熨器。

（三）电热卷发钳。

（四）干手器。

四、电熨斗

本组包括家庭用以及供裁缝等使用的各种电熨斗，无绳电熨斗也包括在内。无绳电熨斗由装有加热元件的熨斗及其架台组成；架台可接通电源线。该熨斗只有放在架台上时才与电源接触。本组还包括蒸汽电熨斗，不论其是配有贮水器，还是与蒸汽管道相连。

五、其他家用电热器具

本组包括通常供家庭使用的所有电热机器及器具。其中有些已在本品目注释中提到（例如，电暖炉、蒸汽快速热水器、吹风机、电熨斗等），其他产品包括：

（一）微波炉。

（二）其他电炉及电锅、电热板、加热环、烧烤炉及烘烤器（例如，对流式、电阻式、红外线、高频感应式及气电式器具）。

（三）咖啡壶或茶壶（包括渗滤器）。

（四）烤面包器，包括面包烤箱。它主要用于烘烤面包，但也可用于烘焙诸如马铃薯之类的小件食品。

（五）电热水壶、平底锅、蒸汽锅；带夹套的电热水壶，用以加热牛奶、汤及类似品。

（六）制薄饼机。

（七）蛋奶烘饼电热铁钳模。

（八）餐盘保温器及食品保温器。

（九）炒锅及土豆电炸锅（油炸锅）。

（十）咖啡烘烤器具。

（十一）暖瓶器。

（十二）制造酸乳酪及干乳酪的电热器具。

（十三）水果保藏用的消毒器具。

（十四）爆玉米花用的烹饪用具。

（十五）脸干燥器及类似品。

（十六）蒸汽美容器，配有一个面罩，从中蒸发水蒸气以对脸部皮肤进行护理。

（十七）毛巾晾干器及晾毛巾的加热横杆。

（十八）暖床器。

（十九）香水加热器或电热点香器，以及杀虫剂扩散加热器。

（二十）非机械的电热洗涤锅炉。

本组不包括：

1. 电暖的毯子、褥子、足套及类似品；电暖的衣服、靴鞋、耳套及其他供人穿戴的电暖物品（这些物品应归入其相应品目，参见本章注释一）。

2. 滚筒式熨烫机（品目 84.20）及衣服的熨平机（品目 84.51）。

3. 柜台式的咖啡渗滤器、茶壶或牛奶壶；小食店等用的炒锅、土豆片炸锅以及其他非家庭用的电热器具（归入品目 84.19 等）。

4. 工业用微波炉、烘箱及设备（例如，餐馆用微波炉）（品目 85.14）。

5. 配有加热元件的家具（例如，被服橱及服务小推车）（第九十四章）。

6. 香烟打火机、煤气打火机及类似品（品目 96.13）。

六、加热电阻器

除碳制加热电阻器（品目 85.45）以外，所有加热电阻器不论其应用于哪个品目的设备或装置上，均应归入本品目。

加热电阻器为通电时可发出高热的条、棒、板等或线段（一般绕成线圈），用特殊材料制成，所用的材料多种多样（特种合金、以碳化硅为主的合成材料等）。加热电阻器可以是印制的单个元件。

电线电阻器通常装在绝缘的线圈架上（例如，陶瓷、块滑石、云母或塑料等制的线圈架），或装在软绝缘芯上（例如，玻璃纤维芯或石棉芯）。未装配的电线只有在截成一定长度并已绕成线圈，或已制成形，可以确定为加热电阻元件时，才可归入本品目。这项规定同样适用于条、棒及板片；这些材料只有在已切成一定尺寸或长度，即可供使用时，才归入本品目。

加热电阻器即使专用于某种机器或器具，仍应归入本品目；如果除了装有绝缘线圈架和电气接头以外，还与机器或器具的零件组装在一起，则应作为有关机器或器具的零件归类（例如，电熨斗的底板及电锅用的电热板）。

本品目也不包括除霜器及去雾器，它们是一根装在框架上的电阻丝，用于安装在挡风玻璃上（品目 85.12）。

零　件

除零件的归类总原则另有规定的以外（参见第十六类总注释），本品目所列货品的零部件也归入本品目。

85.17　电话机，包括用于蜂窝网络或其他无线网络的电话机；其他发送或接收声音、图像或其他数据用的设备，包括有线或无线网络（例如，局域网或广域网）的通信设备，但品目 84.43、85.25、85.27 或 85.28 的发送或接收设备除外(+)：

— 电话机，包括蜂窝网络或其他无线网络用电话机：

11 — — 无绳电话机

12 — — 用于蜂窝网络或其他无线网络的电话机

18 — — 其他

— 其他发送或接收声音、图像或其他数据用的设备，包括有线或无线网络（例如，局域网或广域网）的通信设备：

61 — — 基站

62 — — 接收、转换并且发送或再生声音、图像或其他数据用的设备，包括交换及路由设备

69 — — 其他

70 — 零件

本品目包括通过有线网络的电流或光波，或者通过无线网络的电磁波发送或接收两地讲话或其他声音、图像或其他数据用的设备。其信号可以是模拟式的，也可以是数字式的。上述网络可以是互连

的，包括有线电话网、有线电报网、无线电话网、无线电报网、局域网及广域网。

一、电话机，包括蜂窝网络或其他无线网络用的电话机

本组包括：

（一）有线电话机

有线电话机是将声音转换成可以传送到另一台设备的信号，在接收信号后又可将信号转换成声音的通信设备。它们由以下部分组成：

1. 送话器。这是一种能将声波转换成调制电流的传声器。

2. 受话器（头戴受话器或耳机），能将已调制电流重新转换成声波。多数送话器与受话器装在同一个模制件内，称为“送受话器”。其他送话器与受话器为组合的头戴受话器及传声器，使用者可戴在头上使用。

3. 消侧音电路，能防止从送话器输入的声音在同一送受话器的受话器内产生回音。

4. 振铃器，可发出电话呼叫声。该装置既可以是发出电子铃声的音频振铃器，也可以是电铃或蜂鸣器之类的机械振铃器。有些电话机还装有灯，其与振铃器一起工作，以发出可视信号，显示有电话呼入。

5. 电键或“钩键”，用于中断或接通电话网络中的电流。一般从叉簧上提起或放下送受话器即行操作。

6. 号盘，可让通话人接通线路。号盘可以是按钮号盘或数字按键号盘（音频）式，也可以是拨号盘或旋转（脉冲）式。

单独报验时，传声器与受话器（不论是否已经组成送受话器），以及扬声器应归入品目85.18；电铃及蜂鸣器应归入品目85.31。

电话机可装有或配有：存储或重拨电话号码用的存储器；显示已拨号码、呼入号码、日期及时间，以及通话时间用的显示屏；无需送受话器即可进行通话用的额外一套扬声器及传声器；自动应答装置、已录信息发送装置、呼入信息记录装置、以及按指令重放已录信息的装置；当通话人与另一分机通话时，能保持原电话线路畅通的装置。装有这些装置的电话机还可配有按键或按钮号盘，以便于操作，其中包括一个电键，无需从叉簧上提起送受话器即可用它进行电话操作。此类装置中许多是利用微处理器或数字式集成电路进行操作的。

本品目包括各种类型的电话机，其中包括：

（1）无绳电话机，它由一个电池供电的无线电频率收发器送受话器组成，装有号盘、电键及有线接入电话网络的无线电频率收发器基座（其他无绳电话机可不配有送受话器，而是装有一个组合式头戴受器及传声器，与电池供电的便携式无线电频率收发器、号盘及电键组合装置相连接）。

（2）由一个组合式号盘及电键装置（有线接入电话网络）与一个组合头戴受器及传声器组成，并一同报验的电话机。

（二）蜂窝网络或其他无线网络用的电话机

本组包括用于任何无线网络的电话机。该类电话机可接收与发射由基站或卫星等接收及转发的无线电波。

它们主要包括：

1. 蜂窝电话机或移动电话机。

2. 卫星电话机。

二、发送或接收声音、图像或其他数据用的的其他通信设备，包括有线或无线网络（例如，局域网或广域网）用的通信设备

（一）基站

最常见的基站是蜂窝网络用的基站，用以从蜂窝电话或其他有线或无线网络接收并向其发送无线电波。每个基站覆盖一定的地域（话区）。当用户在通话时从某个话区转到另一话区时，通话也将从某个话区自动切换到另一话区而不会中断。

（二）门口电话系统

该系统通常由一个电话听筒及按键盘或一个扬声器、一个话筒和一些按键所组成，一般安装在有多个住户的建筑物的入口处。通过这种系统，来访者可以按下适当的按键呼叫某一住户，并与他们通话。

（三）可视电话

大楼用的可视电话，主要由有线电话机、电视摄像机及电视接收机（有线传输）组合而成。

（四）除品目84.43的传真机以外的电报通信设备

这类设备主要用于把字符、图形、图像或其他数据转换成适当的脉冲信号并加以传送。接收机把接收到的脉冲信号重新转换成代表字符、图形、图像或其他数据的常用符号或代号，或者转换成字符、图形、图像或其他数据本身。

例如：

1. **发报装置**，例如，拨号或键盘式发报机及自动发报机（例如，电传打字机或电传打字发报机）。

2. **收报装置**，例如，电传打字收报机。有时发报机与收报机联合构成收发报机。

3. **传真电报设备**。这种设备用的摄影辅助装置（例如，显影装置）应归入第九十章。

（五）电话或电报的交换设备

1. 自动交换机

自动交换机有许多种类型，其主要特点是能根据编码信号，自动把用户线路接通。自动交换机可通过线路转接、信息交换或信息包交换进行操作。信息包交换是利用微处理器通过电子方式把用户线路接通。许多自动交换机装有从模拟信号到数字信号的转换器、从数字信号到模拟信号的转换器、数据压缩/解压装置（编解码器）、调制调解器、多路转接器 、自动数据处理设备及其他设备，可同时通过网络传送模拟及数字信号，可对讲话、他声音、字符、图形、图像或其他数据进行集中传输。

某些自动交换机的主要部件是选线器。选线器能根据呼叫机传来的脉冲选择并接通相应的线路，其操作是全自动的，既可由呼叫机传来的脉冲直接进行，也可通过导向器等辅助装置进行。

各种选线器（预选器、中选器、终接器），必要时加上导向器，常按类别与顺序装配在底板上，然后装进金属架上的交换机中。小型交换设备的各种选线器与导向器可装配在同一金属架上，形成一部完整的自动交换机。

自动交换机还可装有缩位拨号、来电等待、呼叫转移、多方通话、语音邮件等装置。电话用户可通过电话网络使用这些装置。

自动交换机用于公共网络或专用网络。专用网络是将专用交换分机（PBX）连接到公共网络上。自动交换机还可配有类似于电话机的控制台，以便在必要时由操作员进行操作或提供服务。

2. 非自动交换机

这种交换机包括一个机架，上面装有各种手工操作的交换装置，需要操作员对交换机接到的每次来电用手工加以接通。它们包括可显示通话正在进行或通话完毕的“呼叫”或“拆线”指示器；操作员用的电话机（有时其安装方法比较特别）；交换装置（已安装的插座及与电缆相接的插头）；以及与插头及电缆连接的按键开关，操作员可用以回答呼叫人，监听通话过程及知道通话完结。

（六）无线电话及无线电报的发送与接收设备

本组包括：

1. 无线电话或无线电报用的固定设备（发送机、接收机及发送接收机）。主要用于大型台站的某些设备配有诸如保密装置（例如，频谱转换器）、多路传输装置（用以同时发送两条以上的电文）及某些称为“分集接收机”之类的接收机。“分集接收机”使用多路接收机技术，以克服衰减。

2. 多语种会议上同声传译用的无线电发送器及接收器。

3. 船舶、飞机等求救信号的自动发送机及专用接收机。

4. 遥测信号的发送机、接收机或发送接收机。

5. 机动车辆、船舶、飞机、火车等用的无线电话设备，包括无线电话接收机。

6. 利用电池工作的便携式接收机，例如，呼叫、报警或传呼用的便携式接收机。

（七）其他通信设备

本组包括可连接到有线或无线通信网络上使用的设备，或者在上述网络中传输或接收讲话或其他声音、图像或其他数据用的设备。

通信网络主要包括：有线载波通信系统、有线数字通信系统及其混合系统。例如，可将其设置成公共电话交换网、局域网（LAN）、城域网(MAN)及广域网（WAN），无论是专有的还是开放式的。

本组包括：

1. 网络接口卡（例如：以太网接口卡）。

2. 调制解调器（调制及解调组合器）。

3. 路由器、桥接器、网络集线器、中继器及通道－通道衔接器。

4. 多路转换器及相关的有线设备（例如：发射机、接收机或电光转换器）。

5. 编解码器（数据压缩器/解压器），可发送及接收数字信息。

6. 脉冲音频转换器，能将拨号脉冲信号转换成音频信号。

零　件

除零件的归类总原则另有规定的以外（参见第十六类总注释），本品目所列货品的零件也归入本品目。

*

* *

本品目也不包括：

（一）传真机（品目 84.43）。

（二）穿孔机，不论是否电动的。穿孔机可将纸带穿孔以供自动电报机使用（品目 84.72）。

（三）插入电话或电报线路使用的感应线圈（品目 85.04）。

（四）电池、电池组及蓄电池（品目 85.06 或 85.07）。

（五）电话自动应答机，与电话机一起使用，但不与电话机组装在一起（品目 85.19）。

（六）无线电广播或电视信号的发送或接收设备（品目 85.25、85.27 或 85.28）。

（七）电铃或指示器（例如，由电话拨号盘操作的发光指示器）（品目 85.31）。

（八）继电器及开关装置。例如，用于自动电话交换机的选线器（品目 85.36）。

（九）绝缘电线、电缆等，以及由单根被覆光纤组成的光缆，不论是否带有接头，包括交换机用的带插头电缆（品目 85.44）。

（十）通讯卫星（品目 88.02）。

（十一）电话通话登记器及计数器（第九十章）。

（十二）载波或其他方式的接收器及发送器，与模拟式或数字式遥测仪器及装置组成一套设备的或与后者组成第九十章注释三所称“功能机组”的（第九十章）。

（十三）时刻记录器（品目 91.06）。

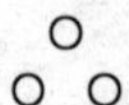

子目注释：

子目 8517.62

本子目包括单独报验的无绳电话手机或基座。

85.18　传声器(麦克风)及其座架；扬声器，不论是否装成音箱；耳机及耳塞机，不论是否装有传声器，以及由传声器及一个或多个扬声器组成的组合机；音频扩大器；电气扩音机组：

10　—　传声器（麦克风）及其座架

—　扬声器，不论是否装成音箱：

21　——　单喇叭音箱

22　——　多喇叭音箱

29　——　其他

30　—　耳机及耳塞机，不论是否装有传声器，以及由传声器及一个或多个扬声器组成的组合机

40　—　音频扩大器

50　—　电气扩音机组

90　—　零件

本品目包括单独报验的各种传声器、扬声器、耳机、耳塞机及声频扩大器，不论其实际用途如何（例如，电话传声器、耳机及耳塞机，以及收音机扬声器）。

本品目还包括电气扩音机组。

一、传声器及其座架

传声器可将声音振动变成相应的电流变化或振荡，以便于传送、广播或记录。根据其工作原理，传声器包括：

（一）**碳粒传声器**。它的工作原理是，当声波使振动膜变位时，对碳粒产生压力；碳粒的电阻随碳粒所受压力不同而有所变化，从而能够传声。碳粒（或碳粉）装在一个容器内，容器置于两个电极之间，其中一个构成振动膜或装在振动膜上。

（二）**压电传声器**。声波产生的压力通过振动膜而引起特殊晶体切片（例如，石英或其他岩晶）的应变，从而使晶体产生电荷。这种元件常用于“接触式”传声器；此种传声器用于吉他、钢琴、管弦乐器等非电声乐器的拾音器。

（三）**动圈式或带式传声器**（也称为电动传声器）。把声音振动传送到置于磁场中的线圈或铝带上，即可通过电感应而产生脉冲。

（四）**电容式或静电式传声器**。它装有两块板片（或电极），一块是固定的（后板），另一块可以振动（振膜），声波可使两块板片之间的电容产生差异。

（五）**热电偶或热线式传声器**。它装有电阻发热丝，其温度受声波的作用发生变化，并由此而引起电阻的改变。

本品目也包括无线传声器成套装置，每套装置由一个或多个无线传声器与一个无线接收器组成。无线传声器通过无线电传输电路及内置或外置的天线，传输其接收的声波信号。无线接收器装有一根或多根天线，用以接收传输过来的无线电波，并装有内置电路，用以将无线电波转换为音频电信号加以输出；无线接收器还可带有一个或多个音量控制器及输出接口。

传声器应用很广（例如，用于有线广播扩音系统、电话、录音设备、飞机或潜艇探测器、战壕监听装置、脉搏听诊器）。

传声器输出的电流一般为模拟信号形式，但有些装有模数转换器的传声器输出的电流是数字信号形式。传声器有时装有扩大器（通常是指前置放大器），使其更加灵敏；有时装有电容器，以调整音调。有些传声器工作时需要供电，可由调音台或录音设备供电，或者通过独立的外置电源供电。单独报验的外置电源不归入本品目（一般归入品目85.04）。有时传声器还装有集中声波的装置。在有线广播扩音系统中，传声器还配有特殊支架，以供放置在桌子等上面，或放置在地面上使用，也可把传声器悬挂在这些支架上。这些支架或装置如果专供传声器使用，或专供装配在传声器上，即使单独报验，也应归入本品目。

二、扬声器，不论是否装成音箱

扬声器的作用与传声器相反。扬声器可把来自扩大器的电流变化或振荡变成机械振动并传入空气中，从而重放声音。扬声器有以下几种类型：

（一）**动铁或动圈式扬声器**。在动铁式扬声器中，电枢或软铁簧片置于永磁铁的磁场中，并受通电线圈的感应。磁场随电流的变化而变化，从而使装在电枢或簧片上的振动膜在空气中产生相应振动。动圈式扬声器主要是把线圈置于永磁铁或电磁铁的磁场中，线圈励磁受电流变化的影响；线圈固定地与振动膜相连。

（二）**压电式扬声器**。某些天然晶体或人造晶体在通电时会产生机械变形。压电式扬声器是依据这一原理进行工作的。这种扬声器通常称为“晶体扬声器”。

（三）**静电式扬声器**（也称电容式扬声器）。这种扬声器利用两块板片（电极）间的静电反应进行工作，其中一块板片作振膜使用。

扬声器有时与相配的变压器及扩大器组装在一起。扬声器接收到的输入电信号一般为模拟形式，但有时其输入信号为数字形式。该类扬声器装有数模转换器及扩大器，其可把机械振动传入空气中。

扬声器可装在框架、底座上，或装在不同类型的箱体内（常按声学原理组装），甚至可以装在家具中。如果整套装置的主要功能是作为扬声器使用的，仍应归入本品目。单独报验的框架、底座、箱体等，只要能确定为主要供装配扬声器使用的，也应归入本品目；但第九十四章的家具，除其主要功用外，也适于安放扬声器的，仍应归入第九十四章。

与自动数据处理设备连接使用的扬声器单独验报时归入本品目。

三、耳机及耳塞机，不论是否装有传声器，以及由一个传声器及一个或多个扬声器组成的组合机

耳机与耳塞机是一种用于产生低强度声音信号的电声波接收机。与以上扬声器一样，它们可把电效应转换成声效应，所采用的方法也与扬声器一样，唯一的区别是两者的功率不同。

本品目包括耳机及耳塞机，不论是否带有供电话或电报用的传声器；由一个特殊的喉式话筒及固定式耳机构成的头戴送受话器（例如，航空用的头戴送受话器）；通常由电话接线员使用的装有电话用话筒/扬声器组合机的有线电话手持送受话器；供插入收音机、电视机、放音机或自动数据处理设备使用的耳机及耳塞机。

本品目也包括由一个传声器及一个或多个扬声器组成的组合机，传声器和扬声器可以装配在一起。该机可配有一个耳机或耳塞机，以供私人收听之用。这种组合机可插入或连接到带音频扩大器的中央控制系统，还可以供出席会议的代表使用。

本品目也包括通常由一个传声器、一个耳机、一个扬声器、一个锥形助听器、音量控制开关和电池盒组成的产前听诊装置。这种设备有助于听到胎儿和母亲心跳的声音，但不包括声音记录装置。该装置设计为非医疗专用的。

但医疗、外科或兽医专用的电气诊断装置应归入品目 90.18。

四、声频扩大器

声频扩大器适用于在人耳所能适应的范围内对声频电信号进行扩大。大多数声频扩大器是使用晶体管或集成电路进行工作的，但有些仍然使用热电子管。声频扩大器一般由自备电源组供电。电源组的电力可由输电线路供给，尤其是便携式声频扩大器，也可使用蓄电池或电池组作为电源。

声频扩大器的输入信号来自传声器、激光光盘阅读器、拾音器芯、磁头、无线电馈线、电影声迹头或其他声频电信号源。声频扩大器的输出信号一般馈入扬声器，但也有例外（前置扩大器可馈入继扩大器，或者装在扩大器内）。

声频扩大器常配有音量控制器，以便控制声频增益；还常配有控制频率特性变化的控制器（低音扩大、高音升高等控制器）。

本品目包括作为电话增音器或测量扩大器使用的声频扩大器。

高频或中频放大器应视为具有独立功能的电气器具归入品目 85.43。调音台及均衡器也应归入品目 85.43。

五、电气扩音机组

本品目还包括由传声器、声频扩大器及扬声器组成的扩音机组。这种设备广泛应用于公共娱乐场所、公共有线广播扩音系统、广告车、警车，也可和某些乐器一起使用等。类似的设备还用于大型货运车辆（尤其是拖带挂车的货车），以使驾驶员听到车后的不正常声响或声音信号，否则这些声音可能由于发动机的响声过大而听不到。

零 件

除零件的归类总原则另有规定的以外（参见第十六类总注释），本品目所列货品的零件也归入本品目。

*

* *

本品目不包括：

（一）装有耳机的飞机驾驶员安全帽，不论是否带有话筒（品目 65.06）。

（二）电话机（品目 85.17）。

（三）品目 90.21 的助听器。

85.19 声音录制或重放设备(+)：

20 — 用硬币、钞票、银行卡、代币或其他支付方式使其工作的设备

30 — 转盘（唱机唱盘）

50 — 电话应答机

— 其他设备：

81 — — 使用磁性、光学或半导体媒体的

89 — — 其他

本品目包括声音录制设备、声音重放设备及既能录制又能重放声音的设备。一般是将声音录制在内部存贮装置或媒体（例如，磁带、光学媒体、半导体媒体或品目 85.23 的其他媒体）上，或从这些内部存贮装置或媒体上加以重放。

声音录制设备使记录媒体发生变化，从而使声音重放设备能在随后重放原声波（讲话、音乐等）。它们包括以接收声波为基础进行录音，或通过其他方式进行录音，例如，利用自动数据处理设备把从互联网的网页或光盘上下载的数据声音文件录制到数字式音频装置（例如，MP3 播放机）的内存贮器（例如，闪存）上。将声音录制成数字代码的装置一般不能重放声音，除非它们所装有能将录音从数字代码转换成模拟信号的装置。

一、用硬币、钞票、银行卡、代币或其他支付方式操作的设备

该类设备用硬币、钞票、银行卡、代币或其他支付方式操作，允许选择并按指定的顺序或随机播放录音。它们通常被称为“自动唱片点唱机”。

二、转盘（唱机唱盘）

这种装置可用机械方法或用电转动圆盘。转盘可装有拾音器或未装拾音器，但未配有音响装置和电气扩音装置（参见下述“**电唱机**”）。转盘还可装有一个自动装置，使多张唱片能接连不断地播放。

三、电话应答机

这类设备与电话机连用（但不与电话机构成一体），以传送预先录制的信息，并可具有录制打电话者留言的功能。

四、使用磁性、光学或半导体媒体的其他设备

本组的设备可为便携式的，也可装有或设计为可配上音响装置（扬声器、耳塞机、耳机）及扩音机。

（一）使用磁性媒体的设备

本组包括使用磁带或其他磁性媒体的设备。它们通过改变媒体的磁性进行录音。媒体在拾音磁头前经过，即可重放声音。例如，盒式磁带放音机、磁带录音机及盒式磁带录音机。

（二）使用光学媒体的设备

本组包括使用光学媒体的设备。将声音从强弱不同的放大电流（模拟信号）转换成数字代码，刻录在录音媒体表面。利用激光读取该媒体，即可重放声音。例如，光盘播放器及迷你光盘播放器。此类设备还包括采用磁性及光学技术混合媒体的设备。例如，使用磁光盘的设备，这些磁光盘上具有不同反射率的区域是采用磁性技术刻制的，但通过光束（例如，激光）读取。

（三）使用半导体媒体的设备

本组包括使用半导体媒体（例如，固态非易失性的）的设备。将声音从强弱不同的放大电流（模拟信号）转换成数字代码，刻录在录音媒体表面。读取该媒体即可重放声音。半导体媒体可永久地安装在设备中，也可以是可插取的固态非易失性存贮媒体。例如，闪存音频播放器（例如，某些 MP3 播放器），为电池供电的便携式设备，主要由一个闪存（内置的或可插取的）、一个微处理器、一个包括音频放大器在内的电子系统、一个液晶显示屏及控制键组装在一个机壳内构成。微处理器已编程，用以处理 MP3 或类似文件格式。这些设备能与自动数据处理设备连接，以便下载 MP3 或类似文件。

（四）使用磁性、光学或半导体混合媒体的设备

这类设备所配装置能使用磁性、光学或半导体中的任何两种或全部进行录制或重放。

五、其他声音录制或重放设备

本组包括：

（一）电唱机。这种设备使用拾音头（拾音器芯）把机械振动变成电振动，再通过扩音机或扬声器将声音从唱片（已灌音的圆片）上播放出来。电唱机可装有一个自动装置，能接连不断地播放多张唱片。

（二）电影用声音录制设备，利用光电方法进行录音。用光电方法把声音录制在膜带上；膜带上的声迹有变积式和变密式两种。

电影用声音录制设备除录音磁头外，还配有软片暗盒、马达驱动装置以及软片运送装置。马达驱动装置可使软片转动的速度与电影摄影机的转动速度同步。

（三）电影用放音机。这种放音机装备了带有光电拾音头及电荷耦合器件的读取装置。

（四）电影用的再录设备。例如，用于以光电或数字方式对以其他方式，例如，磁性方式、光学方式或电子方式录制的音轨进行再录。

*
* *

零件及附件

除零件的归类总原则另有规定的以外（参见第十六类总注释），本品目所列设备的零件及附件归入品目 85.22。

*
* *

本品目不包括：

（一）复制已录塑料光盘用的压塑机或注塑机（品目 84.77）。

（二）与电话机组成一体的电话自动应答机（品目 85.17）。

（三）单独报验的麦克风、扬声器、音频放大器及电器扩音机组（品目 85.18）。

（四）品目 85.21 的视频信号录制或重放设备。

（五）与无线电广播接收设备组装在同一机壳内的声音录制或重放设备（品目 85.27）。

（六）与电视机组装在一起的声音录制或重放设备（品目 85.28）。

（七）与声音录制或重放装置组装在一起的电影摄影机及投影机（品目 90.07）。

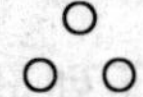

子目注释：

子目 8519.81

本子目包括使用一种或多种以下媒体的设备：磁性、光学或半导体媒体。

【85.20】

85.21　视频信号录制或重放设备，不论是否装有高频调谐器：

10　—　磁带型

90　—　其他

一、录制设备及组合的录制重放设备

在与电视摄像机或电视机连接时，这类设备可把与电视摄像机捕捉到或电视机接收到的图像及声音相对应的电脉冲（模拟信号）或由模拟信号转换成的数字代码（或两者相结合）录制在媒体上。图像及声音一般是录制在同一媒体上。可采用磁学或光学方式进行录制，记录媒体通常为带式或盘式。

本品目也包括将自动数据处理设备录入的代表视频图像及声音的数字代码录制在记录媒体（一般为磁盘）上的设备（例如，数字式录象机）。

用磁带录制时，图像及声音是录制在磁带不同的磁道上，而用磁盘录制图像及声音时，声音及图像是以磁象或磁点录制在磁盘表面的螺旋形磁道上。

以光学方式录制图像及声音时，用激光将代表图像及声音的数字数据刻录在光盘上。

用于接收电视信号的录象设备还装有调谐器，能从电视发射台发射的各种频段信号中选择有效信号（或频道）。

当用于重放图像及声音时，这类设备可把录制的图像及声音转换成视频信号。这些信号又被传送到发射台或电视机。

二、重放设备

这种重放设备只能直接利用电视机重放图像及声音。重放设备所使用的媒体是在特殊录制设备上用机械、磁性或光学方法预先录制的。重放设备有下面两种：

（一）一种是使用圆盘的重放设备。用各种方法把图像及声音信息储存在圆盘上，然后使用激光阅读系统、电容传感器、电压传感器或磁头即可拾取到储存的图像及声音信息。根据第十六类注释三的规定，同时兼可重放录像及录音节目的设备应归入本品目。

（二）一种是把录制在感光软片上的图像信息译出并转成视频信号的重放设备（声音用磁性方法录制在同一软片上）。

零件及附件

除零件的归类总原则另有规定的以外（参见第十六类总注释），本品目所列设备的零件及附件归入品目 85.22。

*

＊＊

本品目不包括：

（一）品目 85.23 的记录媒体。

（二）视频摄像机（品目 85.25）。

（三）电视接收装置（不论是否装有无线电收音装置或声音、图像录制或重放装置）、视频监示器及视频投影机（品目 85.28）。

85.22　专用于或主要用于品目 85.19 或 85.21 所列设备的零件、附件：

10　—　　拾音头

90　—　　其他

除零件的归类总原则另有规定的以外（参见第十六类总注释），本品目包括专用于或主要用于品目 85.19 或 85.21 所列设备的零件及附件。

归入本品目的零件及附件，其范围包括：

一、唱盘或声音机械录制软片用的拾音头。拾音头可将机械振动（由记录针沿着录制媒体的纹道运行所产生）转换成电脉冲。

二、激光阅读系统。

三、磁头，用于录音、放音或抹音。

四、磁带式适配器，可借助磁带播放器重放来自便携式光盘播放器的声音。

五、光电拾音头。

六、绕带或倒带装置。该装置主要由两个卷轴架组成，其中至少有一个配有使其转动的装置。

七、唱盘用的拾音臂、转盘。

八、唱针用的已加工蓝宝石及钻石，不论是否已装配。

九、唱片刻纹器。这是录制设备的组成部分，可将声音振动转换成机械振动并改变纹道的形状。

十、专用家具，专为声音录制或重放设备设计或制造的。

十一、盒式清洁带，用于清洁声音或图像录制或重放设备的磁头，不论是否和清洁溶剂配在一起作零售包装的。

十二、其他磁性录音或放声设备专用的零件及附件。例如，磁性抹音头、抹音棒及抹音机；磁性唱针头；口授时显示达到某一点的刻度盘。

十三、视图像录制或重放设备专用的零件及附件。例如，视频信号录制磁鼓；用以保持磁带与录音头或拾音器接触的真空装置；绕带装置等。

本品目不包括：

（一）卷盘、卷轴或类似芯轴，含没有磁带的录相带盒或录音带盒（按其材料属性归类，例如，归入第三十九章或第十五类）。

（二）声音录制或重放设备用的电动机，未与上述录制或重放设备的零件或附件装配在一起的（品目 85.01）。

（三）品目 85.23 的记录媒体。

（四）装有拾音头，在同步工作台上与画面取景器一同使用的装置（品目 90.10）。

85.23　录制声音或其他信息用的圆盘、磁带、固态非易失性数据存储器件、“智能卡”及其他媒体，不论是否已录制，包括供复制圆盘用的母片及母带，但不包括第三十七章的产品：

—　　磁性媒体：

21　——　磁条卡

29 — — 其他

— 光学媒体：

41 — — 未录制

49 — — 其他

— 半导体媒体：

51 — — 固态非易失性存储器件

52 — — “智能卡”

59 — — 其他

80 — 其他

本品目包括记录声音或其他信息（例如，数字数据；文本；图像、视频或其他图形数据；软件）用的各种媒体，不论是否已录制。这些媒体一般可在记录或阅读装置中插入或拔取，并可将信息从一台记录或阅读装置转到另一台装置。

本品目的媒体报验时可以是已录制的、未录制的，或虽已预录某些信息，但仍能记录更多信息。

本品目包括批量生产已录制媒体成品用的媒体中间品（例如，母片、带阴纹母盘、带阳纹母盘、压模用盘）。

但是，本品目不包括将数据记录到媒体上或从媒体上检索数据的装置。

本品目主要包括：

一、磁性媒体

本组的产品一般为磁盘、磁卡或磁带的形式。它们由不同的材料制成（一般为塑料、纸或纸板、金属），其本身具有磁性或涂有某种磁性材料。本组包括，例如，磁带式录音机用的盒式磁带或其他磁带、便携式摄录机或其他录像装置（例如，VHS、HI-8™、mini-DV）用磁带、磁盘或磁条卡。

本组不包括磁光媒体。

二、光学媒体

本组的产品一般为圆盘的形式，由玻璃、金属或塑料制成，镀有一层或多层的反光层。储存在这种圆盘上的任何数据（声音或其他信息）要通过激光束读取。本组包括已录制或未录制的圆盘，不论其是否可擦写。

例如，本组包括光盘（例如，CDs、VCDs、CD-ROMs、CD-RAMs）、数字通用光盘（DVDs）。

本组也包括磁光媒体。

三、半导体媒体

本组的产品含有一个或多个集成电路。

因此，本组包括：

（一）从外部数据源记录数据的固态、非易失性数据存储器件〔参见本章注释四（一）〕。这些器件（也称为“闪存卡”或“电子闪存卡”）用于从外部数据源记录数据，或向导航及全球定位系统、数据采集终端、便携式扫描仪、医疗监测仪器、音频记录设备、个人通信设备、移动电话、数字式照相机及自动数据处理设备等提供数据。通常，一旦与特定装置连接之后，即可将数据存储在该装置上，并可从中读取数据，也可将数据上载至自动数据处理设备，或从自动数据处理设备下载数据。

这类媒体仅需通过与之相连的装置供电，无需使用电池。

这些非易失性数据存储器件在同一机壳内包含有一个或多个闪存（“FLASH E^2PROM/EEPROM”），以集成电路的形式装配在一块印刷电路板上，并装有与主机连接的接口。它们可以包括集成电路形式的电容、电阻及微型控制器。例如，USB闪存驱动器就是一种固态非易失性数据存储器。

（二）“智能卡”〔参见本章注释四（二）〕，装有一个或多个集成电路〔微处理器、随机存取存储器（RAM）或只读存储器（ROM）〕芯片。“智能卡”可带有触点、磁条或嵌入式天线，但不包含任何其他有源或无源电路元件。

这些“智能卡”也包括符合本章注释四（二）所列条件的“邻近卡或牌”。邻近卡／牌通常由一个带只读存储器的集成电路构成，该电路连接于印制天线上。邻近卡／牌可在天线上产生一个干扰场（其性质可由只读存储器内的编码加以确认），以影响阅读器发射的信号，并反馈给阅读器。该装置不传输数据。

四、其他

本组包括唱片。

本品目不包括：

（一）带有一条或多条声道的照相或电影用胶卷（第三十七章）。

（二）光电记录感光胶卷（品目37.02）。

（三）准备制成但尚未制成声音或其他信息记录媒体的物品；这些物品应归入其各自的品目内（例如，归入第三十九章、第四十八章或第十五类）。

（四）记有数据的纸带或穿孔卡片。这些材料是使用穿孔方法进行记录的（第四十八章）。

（五）某些电子存储模块〔例如，单列直插式内存模块（SIMM）及双列直插式内存模块（DIMM）〕，它们应运用第十六类注释二的规定进行归类（参见本章总注释）。

（六）游戏机用卡带（品目95.04）。

【85.24】

85.25　无线电广播、电视发送设备，不论是否装有接收装置或声音的录制、重放装置；电视摄像机、数字照相机及视频摄录一体机：

50　—　发送设备

60　—　装有接收装置的发送设备

80　—　电视摄像机、数字照相机及视频摄录一体机

一、无线电广播或电视发射设备，不论是否装有接收装置或声音的录制或重放装置

归入本组的无线电广播设备必须是借助于电磁波发射信号的设备；所用电磁波是在自由空间中而非通过线路传播的。另一方面，不论是利用电磁波发射，还是利用线路传送的电视设备，一律归入本品目。

本组包括：

（一）无线电广播或电视发射设备。

（二）转播设备，用以接收广播后加以转播，从而增加播送距离（包括装在飞机上的电视转播设备）。

（三）电视转播发射机，利用天线及抛物面反射器，把电视节目从演播室或室外实况转播现场传送到主发射机。

（四）工业用电视发射机（例如，远距离监测仪器用或危险地区观察用的电视发射机）。这类设备通常是有线传送的。

二、电视摄像机、数字照相机及视频摄录一体机

本组包括的设备可捕获图像并将其转换为电信号，将其：

（一）作为视频图像传输到设备外部某个位置进行观察或遥控录像（即电视摄像机）；或

（二）作为静像或运动画面记录在设备内（即数字照相机及视频摄录一体机）。

本品目的许多设备在外观上与品目 90.06 的照相机及品目 90.07 的电影摄影机相似。品目 85.25 的摄像机与第九十章的照相机一般包括镜头及调节装置。镜头用以将图像聚焦在光敏介质上；调节装置用以改变进入照相机的光量。但第九十章的照相机及电影摄影机是将图像曝光到第三十七章的感光胶卷上，而本品目的设备是将图像转换为模拟或数字数据。

本品目的设备通过将图像聚焦到光敏装置，例如，互补金属氧化物半导体（CMOS）或电荷耦合器件（CCD）上来捕捉图像，由光敏装置发送电子图像，经进一步处理成为图像的模拟或数字记录。

电视摄像机不论其是否装有镜头与光阑遥控装置，也不论其是否装有摄像机水平或垂直运动遥控装置〔例如，电视演播室或电视采访用的电视摄像机；工业、科研、闭路电视（监视）或交通管理用的电视摄像机〕。这种摄像机不具备任何内设的录像功能。

有些电视摄像机也可与自动数据处理设备连用（例如，网络摄像机）。

电视摄像机用的“移动”式活动机械设备，不论是否单独报验，均不归入本品目（品目84.28）。

电视摄像机的远距离控制及调焦用的电气设备单独报验时，也不归入本品目（品目85.37）。

数字照相机及视频摄录一体机将图像记录在内置的存储装置上或记录在媒体（例如，磁带、光学媒体、半导体媒体或品目 85.23 的其他媒体）上。它们可含有模数转换器（ADC）及输出端口，以便将图像发送到自动数据处理设备的部件、打印机、电视机或其他影像设备上。有些数字照相机及视频摄录一体机含有输入端口，以便从上述外部设备上录入模拟或数字图像文件。

本组的设备一般配有光学取景器或液晶显示器（LCD），或两者兼有。许多配有液晶显示器的设备，其显示器既可在捕捉图像时作为取景器使用，又可作为屏幕，用以显示从其他设备收到的图像或重放已经录制的图像。

零　件

除零件的归类总原则另有规定的以外（参见第十六类总注释），本品目所列设备的零件归入品目 85.29。

*
* *

本品目也不包括：

（一）品目 85.17 的设备。

（二）单独报验的与转播设备合并使用的无线电广播接收设备（品目85.27）。

（三）卫星电视接收机及卫星电视接收系统（品目 85.28）。

（四）永久性装有本品目的无线电广播或电视发射机的特殊用途机动车辆（一般归入品目 87.05）。

（五）通信卫星（品目 88.02）。

85.26　雷达设备、无线电导航设备及无线电遥控设备：

10　—　雷达设备

—　其他：

91　——　无线电导航设备

92　——　无线电遥控设备

本品目包括：

一、无线电导航设备（例如，无线电信标及无线电浮标，装有固定或旋转天线；接收机，其中包括装有多路天线或定向线圈天线的无线电罗盘）。也包括全球定位系统（GPS）接收机。

二、船舶或飞机导航雷达设备（不论装在船舶、飞机等上面，还是架设在陆地上），其中包括港口雷达设备及安装在浮标、灯塔等上面的识别装置。

三、飞机场用的盲降及交通控制设备。这类设备很复杂，其中某些设备把普通的无线电、雷达及电视装置结合在一起，能在控制中心里显示出进场飞机的位置与高度，并把降落指示及附近其他飞机的雷达图像传送给该飞机。

四、雷达测高设备（无线电测高计）。

五、气象雷达，用于跟踪暴风雨云或气象气球。

六、盲目投弹设备。

七、炮弹或炸弹近爆引信用的雷达装置。

装有雷管的整套引信归入品目93.06。

八、空袭警报雷达装置。

九、海军或高射炮用雷达测距测向装置。

十、雷达发射－应答器。这种设备能接收雷达脉冲，在应答所收到脉冲时，所发送的脉冲常带有重叠信息。发射－应答器用于飞机上，使雷达操作员能对其加以识别。发射－应答器也用于仪器气球上，用以测量距离及方向，并传送气象情报。

十一、遥控船舶、无人驾驶飞机、火箭、导弹、玩具、航海模型及航空模型等的无线电设备。

十二、地雷引爆或机器遥控用的无线电装置。

零　件

除零件的归类总原则另有规定的以外（参见第十六类总注释），本品目所列设备的零件归入品目85.29。

永久性装有雷达或本品目其他设备的特殊用途机动车辆不归入本品目（一般归入品目87.05）。

85.27　无线电广播接收设备，不论是否与声音的录制、重放装置或时钟组合在同一机壳内：

—　不需外接电源的无线电收音机：

12　——　袖珍盒式磁带收放机

13　——　其他收录（放）音组合机

19　——　其他

—　需外接电源的汽车用无线电收音机：

21　——　收录（放）音组合机

29　——　其他

—　其他：

91　——　收录（放）音组合机

92　——　带时钟的收音机

99　——　其他

归入本品目的无线电播音设备必须是接收通过自由空间而不是线路所传播的电磁波信号的。

本组包括：

（一）各种类型的家庭用收音机（台式、落地式收音机；装在家具、墙壁等上面的收音机；便携式收音机，不论是否与声音录制、重放装置或时钟组装在同一机壳内的收音机）。

（二）汽车用收音机。

（三）与品目85.25所列的转播设备连用，但单独报验的接收装置。

（四）袖珍盒式磁带收放机（参见本章子目注释一）。

（五）装有收音机的立体音响系统（高保真音响系统），组合成套供零售用，由多个具有独立外壳的组合单元所组成，例如，由高密光盘播放器、盒式录音机、带调谐器的扩大器、扬声器等组合而成。收音机构成了该系统的主要特征。

零 件

除零件的归类总原则另有规定的以外（参见第十六类总注释），本品目所列设备的零件归入品目85.29。

*
* *

本品目主要不包括：

(一)品目85.17或85.25的物品。

(二)永久性装有本品目所列的无线电广播接收机的特殊用途的机动车辆(一般归入品目87.05)。

85.28 监视器及投影机，未装电视接收装置；电视接收装置，不论是否装有无线电收音装置或声音、图像的录制或重放装置：

— 阴极射线管监视器：

41 — — 专用于或主要用于品目84.71的自动数据处理系统的

49 — — 其他

— 其他监视器：

51 — — 专用于或主要用于品目84.71的自动数据处理系统的

59 — — 其他

— 投影机：

61 — — 专用于或主要用于品目84.71的自动数据处理系统的

69 — — 其他

— 电视接收装置，不论是否装有无线电收音装置或声音、图像的录制或重放装置：

71 — — 在设计上不带有视频显示器或屏幕的

72 — — 其他，彩色的

73 — — 其他，单色的

本品目包括：

（1）未带有电视接收装置的监视器及投影机。

（2）用于信号显示的电视接收装置（电视机），不论是否装有无线电收音装置或声音、图像的录制或重放装置。

（3）不具备显示功能的电视信号接收装置（例如，卫星电视广播接收机）。

监视器、投影机及电视机利用不同的技术，例如，阴极射线管（CRT）、液晶显示器（LCD）、数字镜像装置（DMD）、有机发光二极管（OLED）及等离子技术来显示图像。

监视器及投影机可以从不同的信号源接收多种信号。但如果它们带有电视调谐器，则应视为电视接收装置。

一、专用于或主要用于品目84.71的自动数据处理系统的监视器

本组包括用图示的方法显示已处理数据的阴极射线管监视器或非阴极射线管（例如，平板式屏幕）监视器。这些监视器能够与其他类型的监视器（参见下述第二部分）及电视接收装置区分开来。它们包括：

（一）只能接收自动数据处理设备的中央处理部件所给出的信号，因而不能接收广播级（NTSC、SECAM、PAL、D-MAC等）波形的合成视频信号来重放彩色图像的监视器。它们装有数据处理系统所特有的接头（例如，RS-232C接口、DIN或SUB-D接头），并且不具有声频电路。它们由装在自动数据处理设备的中央处理部件内的特种适配器（例如，单色或图形适配器）所控制。

（二）显示间距尺寸至少为0.41毫米的中分辨率阴极射线管监视器，间距尺寸越小，分辨率越高。

（三）为了适应显示小幅而清晰的图像，比下述第二部分所描述的监视器及电视接收机所采用的光点（像素）更小、聚集标准更大的阴极射线管监视器。（聚集力是指电子枪在阴极射线管面上激发一个点而不影响任何相邻点的能力）。

（四）视频（带宽）（即确定每秒传送多少光点才能形成图像的范围）一般为15兆赫及以上的阴极射线管监视器，而下述第二部分所描述的监视器，其带宽一般不大于6兆赫。这些显示器的行扫描频率根据各种不同的显示模式而有所不同，通常从15千赫到155千赫以上。它们当中许多能够采用多行扫描频率。下述第二部分所描述的监视器，其行扫描频率是固定的，一般为15.6或15.7千赫，视所适用的电视标准而定。另外，公共广播的国内或国际广播频率标准或闭路电视的频率标准不适用于本组的监视器。

本组的监视器具有低电磁场放射的特点，通常装有倾斜及旋转调节机构、无眩光表面、无闪烁屏幕，并具有其他便于延长靠近监示器观看时间的工效学设计特征。

二、非专用于或主要用于品目84.71的自动数据处理系统的监视器

本组包括的监视器为通过同轴电缆直接与电视摄像机或录像机相连接的接收器，完全不带射频电路，供电视公司或闭路电视系统（飞机场、火车站、工厂、医院等）使用。这些设备主要由能够发生光点并将其与源信号同步显示在屏幕上的装置所构成，装有一个或多个可调整光点强度的视频放大器，并能将红（R）、绿（G）及蓝（B）信号分开输入或按某一特定制式（NTSC、SECAM、PAL、D-MAC等）进行编码。要接收已编码信号，监视器必须装有一个能分开红、绿及蓝信号的解码装置。最常见的图像重显方式是可直接显示的阴极射线管或带有高达三个投射式阴极射线管的投影机；然而，其他监视器通过不同的手段（例如，液晶屏幕、将光线衍射到油膜上）亦可达到相同的目的。它们可以是阴极射线管监视器或平板显示器的形式，例如，液晶显示器（LCD）、发光二极管显示器（LED）、等离子体显示器。

三、投影机

投影机可把通常在电视接收机或监视器的屏幕上重放的图像投影到外表面上。它们可基于阴极射线管技术或基于平板技术〔例如，数字镜像装置（DMD）、液晶显示（LCD）、等离子体〕。

四、电视接收装置

本组包括下列装置，不论其在设计上是否有带有视频显示器或屏幕，例如：

（一）不带显示装置（阴极射线管、液晶显示器等）的电视广播（地面、有线、卫星）接收装置。这些装置接收信号并将其转换成一种适合于显示的信号，还可装有调制解调器，以便连接到因特网上。

这些接收装置是与图像录制或重放设备、监视器、投影机或电视机一起使用。但仅能隔离高频电视信号的装置（有时称为视频调谐器）应按零件归入品目85.29。

（二）工业用电视接收机（例如，用于远距离监测仪器或危险地区观测的电视接收机）。这类设备通常是有线传送的。

（三）各种家用的（液晶显示、等离子体显示、阴极射线管显示等）电视接收机（电视机），不论是否带有无线电广播接收装置、磁带录像装置、DVD播放装置、DVD录制装置、卫星接收器等。

零　件

除零件的归类总原则另有规定的以外（参见第十六类总注释），本品目所列设备的零件归入品目85.29。

*

*　*

本品目主要不包括：

（一）视频信号录制或重放设备（品目 85.21）。

（二）永久性装有电视接收机或本品目所列其他设备的特殊用途机动车辆（例如，广播用车）（一般归入品目 87.05）。

（三）电影放映机（品目 90.07）及品目 90.08 的影像投影仪。

85.29　专用于或主要用于品目 85.25 至 85.28 所列装置或设备的零件：

10　—　各种天线或天线反射器及其零件

90　—　其他

除零件的归类总原则另有规定的以外（参见第十六类总注释），本品目包括上述四个品目所列器具、设备的零件。归入本品目的零件包括：

一、各种发射或接收天线及天线反射器。

二、用于无线电广播或电视广播接收天线的旋转系统，该系统主要由一个电动机及一个控制盒组成。电动机装在天线杆上使之转动。控制盒则是独立的，用于天线的跟踪及定位。

三、品目 85.25 至 85.28 所列器具、设备的专用箱、壳。

四、天线滤波器及分离器。

五、支架（底架）。

*
* *

本品目不包括：

（一）天线杆（例如，品目 73.08）。

（二）高压发生器（品目 85.04）。

（三）蜂窝电话（也称移动电话）用蓄电池（品目 85.07）。

（四）能同时主要用于品目 85.17 及品目 85.25 至 85.28 所列货品的零件（品目 85.17）。

（五）耳塞机及耳机，不论是否带有传声器，用于电话或电报，或者是否与无线电或电视接收机连接使用（品目 85.18）。

（六）阴极射线管及其零件（例如，偏转线圈）（品目 85.40）。

（七）天线放大器及无线电频率振荡装置（品目 85.43）。

（八）电视摄像机用的镜头及滤色镜（品目 90.02）。

85.30　铁道、电车道、道路或内河航道、停车场、港口或机场用的电气信号、安全或交通管理设备（品目 86.08 的货品除外）：

10　—　铁道或电车道用的设备

80　—　其他设备

90　—　零件

本品目包括供铁道、气垫火车系统、道路或内河航道交通管理使用的各种电气设备。在一定程度上，类似设备也可用于对船舶（例如，在港口）、飞机（例如，在飞机场）及停车场的管理，这类设备也归入本品目。但是，本品目不包括机械操作的类似设备，即使这些设备装有辅助性的电气部件（例如，使用电气照明的机械信号设备，或用电启动的液压或气动控制设备）；这类设备归入品目 86.08。

静态的标志，即使使用电气照明（例如，用作方向标志的发光板），也不能视为交通管理设备。因此，这类标志不能归入本品目，而应归入其相应品目（品目 83.10、94.05 等）。

一、铁道或电车道设备（包括地下矿井铁道设备）**及气垫火车运输系统设备**。这些设备分为两类：

（一）**信号或安全设备**。这类设备由有形信号装置（通常为一组颜色信号灯、活动臂或活动盘，装在某种桩杆或支架上面）、执行装置及控制装置（不论是自动的还是手工操作的）所组成。

这类信号设备用于车站、交叉路口、平交道口等的交通管理；或用于控制铁路同路段多次列车的通行。后一种信号设备包括自动路段信号设备，当火车从某一路段驶进下一路段时，这种设备可自动发出必要的信号。

本品目还包括（用警铃或视觉显示器）向车站或信号塔通知关于火车的位置或抵达情况，或关于各个道岔及信号装置等状态的设备。

某些信号设备装有一些装置，这些装置可把信号直接传送到机车的驾驶室。铁路上装有接触器或传感器，当机车通过时，该接触器可驱动机车上的某个机械装置，向机车驾驶员发出视觉或听觉信号，或在某些情况下操纵机车的控制系统使机车停下。这种信号设备中装在机车上的部分不归入本品目。

（二）**轨道控制设备**。例如，道岔遥控设备。这种设备主要由实际操作设备（在某些情况下包括连锁装置）、控制板及控制设备所组成。实际操作设备安装在靠近每一道岔的轨道上；控制板及控制设备安装在中心道岔的控制点（信号箱等）上。

这类设备包括编组车场内用于铁路货车自动控制的某些复杂设备。例如，安装在大型编组车场的接续中继存储设备及铁路货车的移动控制设备（“球形自动控制器”）。

二、道路、内河航道或停车场用的设备。这类设备包括：

（一）**平交道口自动信号装置**。例如，闪烁信号灯、铃、发光停车信号灯。

操纵闸门或栏栅的电气设备也归入本品目。

（二）**交通灯**，通常由安装在交叉路口等的一组颜色信号灯组成。它们由灯具本身、控制设备及其操纵装置组成。信号灯可由手工操作（由交通警操作，或在某些人行横道上，由行人操作），或者是自动的（有些灯定时操作，有些灯利用光电池或装在路中的接触器，由通行的车辆操作）。

三、港口或飞机场用的电气交通管理设备。

零　件

除零件的归类总原则另有规定的以外（参见第十六类总注释），本品目所列货品的零件也归入本品目。

*
* *

本品目不包括装在自行车或机动车辆上的电气照明或信号设备（品目 85.12）。

85.31　电气音响或视觉信号装置（例如，电铃、电笛、显示板、防盗或防火报警器），但品目 85.12 或 85.30 的货品除外：

10　—　防盗或防火报警器及类似装置

20　—　装有液晶装置（LCD）或发光二极管（LED）的显示板

80　—　其他装置

90　—　零件

除自行车或机动车辆所用信号装置(品目 85.12)及道路、铁道等的交通管理信号设备(品目 85.30)以外，本品目包括所有其他电气信号装置，不论其是以音响（电铃、电蜂音器、电笛等）或是使用视觉显示（灯、活片、发光号码等）发出信号；也不论是人工操作（例如，门铃）或自动操作（例如，防盗报警器）。

静态的标志，即使是电气照明的（例如，灯、提灯、发光板等），也不作为信号设备归类。因此这种标志不归入本品目，而应归入其相应品目（品目 83.10、94.05 等）。

本品目主要包括：

一、电铃、电蜂音器、电门钟等。电铃主要由一个电磁装置构成。电磁装置引起一个小锤振动并敲击铃碗。蜂音器与门铃相似，但没有铃碗。两者广泛用于家庭（例如，作为门铃），也用于办公室及旅馆等。本品目还包括电门钟及教堂电钟，但不包括弹奏音乐用的电子钟琴（第九十二章）。电门钟装有一个或多个金属管，当被敲击时，可发出一种或一组音调。

电铃及电门钟一般使用低压电（原电池或原电池组），但有时装有变压器，用以降低电源电压。

二、电气音响信号装置、喇叭、电笛等，其声响由电气操作的振簧或旋转圆盘运动时或电子声响发生器发出。这类装置包括工厂用的电笛、空袭警报器、船用电笛等。

三、其他电气信号装置（例如，闪烁信号灯或间歇信号灯等），用于飞机、船舶、火车或其他运输工具（品目 85.12 的自行车或机动车辆用的电气信号装置除外），但不包括品目 85.26 的无线电或雷达装置。

四、显示板及类似物品。这类物品适于在办公室、旅馆及工厂等场所，用以呼唤工作人员，指示何处需要某人或某项服务，显示房间是否空余。这类物品包括：

（一）房间显示器。这是一种大型显示板，显示板上的号码与房间号码相同。按动有关房间的按钮时，显示板上有关房间的号码即会发光，或者使遮片或活片落下，显出号码。

（二）号码显示器，其信号以发光数字的形式在一个小盒子的面上显示出来。这种显示器中有些使用电话拨号盘操作。另有一种时钟型的号码显示器，利用一根指针绕着号码盘移动以指示号码。

（三）办公室显示器。例如，表示一个办公室内有关人员是否有空闲的显示器。这种显示器有些只是简单的“请进”或“免进”标志，这些标志可由办公室内人员随意操纵发光。

（四）电梯显示器。这种显示器可在一块发光板上显示出电梯所在的楼层及升降。

（五）船舶机舱传令装置。

（六）车站显示板，用于显示火车的时间及站台。

（七）赛马场、足球场、滚木球场等用的显示器。

在上述各类显示板等中，有些还装有电铃或其他音响信号装置。

本品目不包括道路或铁路公共地图。按动相应的按钮，地图上有关的地点、道路、路段或路线即会发光。本品目也不包括电气广告标志。

五、防盗报警器。这种报警器由两部分组成：探测装置及信号装置（电铃、电蜂音器、视觉显示器等）。信号装置由探测装置操纵自动启动。防盗报警器可利用各种方法操作。例如：

（一）电接触：当脚踩在地板上某一部分，开启门户，折断或触碰到细小的电线等的时候，即可引起电接触。

（二）电容效应：这种方法常用于保险箱防盗设备。把保险箱作为一块电容器板，当有人接近时，其电容会受影响，从而干扰电路并引发警报。

（三）光电装置：一束光线（通常为红外线光）聚焦于光电管上，当光线被遮断时，光电管线路上电流的变化可引发警报。

六、防火报警器，为自动报警器，也由探测装置及信号装置（电铃、电蜂音器、视觉显示器等）两部分组成。这类报警器包括：

（一）使用易熔制品（蜡或特殊合金）工作的装置。当温度升高到超过某一点时，该类装置中的易熔制品便会熔化，从而接通电路并引发警报。

（二）利用双金属片、液体或气体的膨胀作用工作的装置。膨胀超过某一程度时即引起警报。有一种防火报警器，其气缸内的气体膨胀时，可推动气缸内的活塞。这种报警器还装有一个阀门，从而使气体缓慢膨胀时不至于引起警报，只有在温度骤然升高，气体突然膨胀时，才引发警报。

（三）利用电阻变化工作的装置。这类装置中元件电阻的变化是由温度变化引起的。

（四）利用光电管工作的装置。一束光线聚焦于光电管。当这束光线被浓烟所遮变暗，达到预定程度时，即引起警报。装有刻度指示器或记录器的类似装置应归入第九十章。

除自动防火报警器外，本品目还包括非自动报警器，例如，安装在街道上，用于呼唤消防队的装置。

七、电气气体报警器，由探测装置及音响或视觉报警装置组成。当有毒气态混合物（例如，天然气、甲烷）存在时，可发出警报。

八、火焰报警器（火焰探测器）。它装有光电管，当火焰点燃或熄灭时，光电管可通过继电器引起警报。未装有电气音响或视觉报警装置的探测器归入品目85.36。

零 件

除零件的归类总原则另有规定的以外（参见第十六类总注释），本品目所列货品的零件也归入本品目。

*

* *

本品目不包括：

（一）开关及开关板，不论是否装有简单的指示灯（品目85.36或85.37）。

（二）装有检烟器的防火报警器，其检烟器装有放射性物质的（品目90.22）。

（三）液晶监视器或电视接收机（品目85.28）。

85.32 固定、可变或可调（微调）电容器(+)：

10 — 固定电容器，用于50/60赫兹电路，其额定无功功率不低于0.5千乏（电力电容器）

— 其他固定电容器：

21 — — 钽电容器

22 — — 铝电解电容器

23 — — 单层瓷介电容器

24 — — 多层瓷介电容器

25 — — 纸介质或塑料介质电容器

29 — — 其他

30 — 可变或可调（微调）电容器

90 — 零件

电容器主要由两层导电面组成，导电面之间隔以绝缘材料（电介质），例如，空气、纸、云母、油、树脂、橡胶及塑料、陶瓷或玻璃。

电容器在与电气有关的许多部门中具有广泛用途（例如，改进交流电路中的功率因数；在感应电动机中产生移相电流，形成旋转磁场；保护电接触不受电弧影响；储存及释放某一定量的电；用于振荡电路；用于频率滤波器；广泛用于无线电、电视或电话工业；或供工业电子设备使用）。

电容器按其不同用途，在形状、大小、电容量、电介质属性等方面各不相同。本品目包括所有电容器，不论其属何种类型和生产方法如何，也不论其用途如何（包括实验室或各种测量仪器用的标准电容器。这种电容器是特制的，数值准确，使用过程中能保持恒定）。

本品目还包括组装在一个底座上或一个容器中的多个电容器（例如，某些大功率因数电容器，以及由多个标准电容器组成的电容箱。把容器箱中的标准电容器串联或并联起来，即可获得所需的电容量）。

一、固定电容器

固定电容器为电容量不可改变的电容器，其主要类型有：干电容器；“油”浸渍电容器；充“气”电容器；充“油”电容器及电解电容器。

（一）在干电容器中，电容器电极及电介质往往为重叠状板片或成卷的条带或薄片。某些干电容器通过化学或热工艺，把固定电解质镀在金属面上。干电容器可密封于带接线端的盒子中，也可不带盒子使用。

（二）“油”浸渍电容器与干电容器相似，但其介质通常为塑料薄膜或塑料薄膜及纸。这些介质用油或其他液体浸渍过。

（三）充“气”电容器含有两个或多个电极。电极间由空气以外的其他气体隔开，起到电介质的作用。

（四）某些类型的电容器（充油电容器）密封于盛满油或其他适当液体的容器内。很多时候，这类电容器还配有压力计及安全阀等辅助装置。

（五）在电解电容器中，其中一块电容器板一般是用铝或钽制成的，另一块电容器板则为电解质，电流通过一个有时形状与铝片或钽片相似的电极进入电解质。电解作用可在铝片或钽片表面产生一层复杂的化合物薄膜，从而形成电介质。这类电容器有时装于一个容器内。但一般来说，电容器外层电极本身即构成电容器壳。这类电容器常装有针形底座，形似阀座。这类电容器有的盛有糊状电解质，也叫“干电解电容器”。

二、可变电容器

可变电容器为一种电容量随意改变的电容器。在大多数情况下，以空气作为电介质，而其电容器板则由两组金属片组成。其中一组金属片是固定的，另一组装在一根轴上，可以转动，以使其能在固定的那组金属片中通过。电容器的电容量按可移动金属片（动片）的转动程度及其与固定金属片（定片）的重叠程度不同而异。

三、预调或可调电容器

预调或可调电容器（包括微调电容器）的电容量在小范围内可调至精确的数值。电容量的调整方法有多种。有些电容器采用一根螺杆来改变各电容器板之间的距离。另一类型的电容器由两个金属圆筒组成，其中一个金属圆筒可在另一个金属圆筒内作不同程度的移动，或者两个金属圆筒相互作半圆形移动。常用的电介质为云母、陶瓷、塑料或空气等。

零　件

除零件的归类总原则另有规定的以外（参见第十六类总注释），电容器的零件也归入本品目。

*

* *

本品目不包括用于改进功率因数的某些同步电动机，尽管这些同步电动机常被称为“同步电容器”（品目 85.01）。

子目注释：

子目 8532.23

本子目包括单层陶瓷介质固定电容器，这种电容器为圆片状或管状。

子目 8532.24

本子目包括多层陶瓷介质固定电容器，这种电容器装有引线或为片状。

85.33　电阻器（包括变阻器及电位器），但加热电阻器除外：

10　—　　固定碳质电阻器，合成或薄膜式

— 其他固定电阻器：
21 — — 额定功率不超过 20 瓦
29 — — 其他
— 线绕可变电阻器，包括变阻器及电位器：
31 — — 额定功率不超过 20 瓦
39 — — 其他
40 — 其他可变电阻器，包括变阻器及电位器
90 — 零件

一、电阻器。它是一种导体，其功能是在电路中产生一定量的电阻（例如，限制电流通过）。电阻器的大小、形状及其制成材料差异很大，有用金属制作的（制成棒及各种形状，或者制成线状，常绕在线管上）；有用碳棒制作的；也有用碳、碳化硅、金属或金属氧化物的薄膜制成的；还可以是印制的单个元件。某些电阻器可配有多个接线端，使其全部或部分接入电路中。

本品目包括：

（一）**油浸电阻器**。

（二）**碳电阻灯**，其外形象电灯泡，但使用特殊碳质灯丝。照明用的碳丝灯泡除外（品目 85.39）。

（三）**稳流灯**，用铁灯丝装配在一个充满氢气或氦气的玻璃管中而构成。稳流灯可在一定范围内自动变换电阻，从而使电流保持恒定。

（四）**标准电阻器**，供比较或测量用（例如，用于实验室）；还包括电阻箱，即用多个标准电阻器装在一个箱中所构成。电阻箱配有开关或接线装置，以便把所需电阻器组合起来接进电路中。

（五）**非线性电阻器**，依靠带正负温度系数的温度工作（热敏电阻器）（通常装在一根玻璃管内）；也包括依靠电压工作的非线性电阻器（压敏电阻器 / VDR），但不包括品目 85.41 的变阻二极管。

（六）**称为“电阻应变片”的电阻器**，作为应变仪的敏感元件。

本品目不包括：

（一）加热电阻器（品目 85.16 或 85.45）。

（二）光敏电阻器（品目 85.41）。

二、变阻器，为一种可变电阻器，装有一个滑动接触器或其他装置，能随意改变电路中的电阻值。变阻器的种类有：滑线变阻器，其游标在电阻线圈上滑动；步进变阻器；液体变阻器，其可移动电极浸入液体导体中；自动变阻器（例如，配有最大或最小电流或电压操纵装置的变阻器）；离心变阻器。

某些变阻器具有特殊用途（例如，戏院中用于照明电路的减光器，可使灯光缓慢熄灭；电动机启动器及控制器，由多个电阻器组成，配有必要的开关装置，可将电动机电路中的一个或多个电阻器接上或切断）。这类变阻器仍归入本品目。

三、电位器。它由一个固定电阻器及一个滑动接头组成。固定电阻器装在两个接触器之间，滑动接头可在电阻器的任何一点上产生接触。

零 件

除零件的归类总原则另有规定的以外（参见第十六类总注释），本品目所列电阻器的零件也归入本品目。

85.34 印刷电路

根据本章注释五的规定，本品目包括采用各种印刷方法（传统印制方法或压印、覆镀、腐蚀等方法），将导线、接点或其他印制元件（例如，电感器、电阻器、电容器等“无源元件”）印刷在绝缘基

片上所形成的电路，但印制元件不包括能够产生、整流、检波、调制或放大电信号的二极管、三极管或其他“有源元件”。有些基本电路或“底”电路仅印有电导元件，这些电导元件一般由薄而且全都一致的长条或薄片组成，必要时还有接点或接触件。有些电路则根据其预定电路图含有数种上述元件。

绝缘基片一般呈扁平形，但也可呈圆筒形或截头圆锥形等形状。电路可印制在绝缘基片的单面或双面（双面电路）。几块印刷电路也可多层组装连接在一起（多路电路）。

本品目包括完全由无源元件组成的薄膜或厚膜电路。

薄膜电路是利用真空蒸发、阴极溅射或化学方法，把金属膜及介质膜沉淀在特种图形的玻璃或陶瓷板片上形成的。有关图形可用掩模沉淀法形成，或用整片沉淀后选择腐蚀的方法形成。

厚膜电路是利用丝网印刷工艺，把粉状的玻璃、陶瓷及金属与适当溶剂混合而成的浆料（或油墨）印刷在类似图形的陶瓷板片上，再把陶瓷板片置于炉中烧制而成。

印刷电路可备有孔眼或配有非经印刷的连接元件，用以安装机械元件或连接非印制的电气元件。薄膜或厚膜电路一般装在配有引线或接头的金属、陶瓷或塑料制的管套中。

印制的单个无源元件（例如，电感器、电容器及电阻器）不能作为印刷电路归入本品目，而应归入其相应品目（例如，品目85.04、85.16、85.32或85.33）。

已经装有或接上机械元件或电气元件的电路不能视为本品目所指的印刷电路。这些电路应分别按照第十六类注释二或第九十章注释二的规定进行归类。

85.35 电路的开关、保护或连接用的电气装置（例如，开关、熔断器、避雷器、电压限幅器、电涌抑制器、插头及其他连接器、接线盒），用于电压超过1000伏的线路：

10 — 熔断器

— 自动断路器：

21 — — 用于电压低于72.5千伏的线路

29 — — 其他

30 — 隔离开关及断续开关

40 — 避雷器、电压限幅器及电涌抑制器

90 — 其他

本品目包括一般用于电力分配系统的电气装置。品目85.36注释关于电路的开关、保护或连接用的电气装置的技术特性及其功能的规定，在必要的地方稍加修改后，可适用于本品目。本品目包括品目85.36注释所列的电压超过1000伏特的电气装置。

这些电气装置包括：

一、熔断器及自动断路器。当电流强度或电压超过一定限度时，这类装置可自动切断电流。

二、断续开关，专用于高压电路，其结构一般比较复杂及结实，配有防止电弧的特殊装置。断续开关可配有多个接点，或利用不同方法（例如，控制杆、伺服电动机）进行遥控。断续开关常装在金属或绝缘材料制的盛满液体（例如，油）、气体或真空的容器内。

三、避雷器，一种用以保护高压电缆或电气设备不受雷电影响的保护装置。避雷器通常由对高压线路绝缘的装置构成，遇有将毁损线路或电气设备的特殊高压电时，这个装置被击穿，将电流传入地下。避雷器有多种类型：氧化金属避雷器；碳粒避雷器；将角状放电器或保护罩装在绝缘子或绝缘链上构成的避雷器；电解避雷器等。但利用放射性原理工作的避雷器应归入品目90.22。

四、电压限幅器，用以确保两个导体之间或导体与地面之间的电位差不超过某一预定值。有的电压限制器的结构与放电灯相似，但不能用于照明，因此不能视为电灯。

但本品目不包括自动调压器（品目90.32）。

五、隔离开关，用于电路各段的隔离，为缓慢切断式开关。但隔离开关与断续开关不同，在线路有负载时一般不使用。

六、电涌或电流峰值抑制器。它是线圈、电容器等的组合体，以串联或并联的形式插入线路或电气设备中，用以吸收高频电涌。作同样用途的简单线圈或电容器仍归入其相应品目。

零　件

除零件的归类总原则另有规定的以外（参见第十六类总注释），本品目所列装置的零件归入品目85.38。

*

* *

本品目不包括上述装置的组合体（简单的组合开关除外）（品目85.37）。

85.36　电路的开关、保护或连接用的电器装置（例如，开关、继电器、熔断器、电涌抑制器、插头、插座、灯座及其他连接器、接线盒），用于电压不超过1000伏的线路；光导纤维、光导纤维束或光缆用连接器：

10　—　熔断器

20　—　自动断路器

30　—　其他电路保护装置

—　继电器：

41　——　用于电压不超过60伏的线路

49　——　其他

50　—　其他开关

—　灯座、插头及插座：

61　——　灯座

69　——　其他

70　—　光导纤维、光导纤维束或光缆用连接器

90　—　其他装置

本品目包括用于电压不超过1000伏特的电气装置。这些电气装置一般供寓所或工业设备使用。但本品目所列电器如果工作电压超过1000伏特则应归入品目85.35。本品目也包括光导纤维、光导纤维束或光缆用连接器。

本品目包括：

一、电路开关装置

这些装置主要由接通或切断相联的一条或多条电路的器件构成，或由可将一条电路转换到另一条电路的器件组成。电路开关根据所配转换电路的多少，可称为单极开关、双极开关、三极开关等。本组还包括转换开关及继电器。

（一）本品目的开关装置包括无线电装置、电气仪器等用的小型开关；家用电线开关（例如，翻转开关、杠杆操纵开关、旋转开关、悬垂式开关、按钮开关）；以及工业用开关（例如，极限开关、凸轮开关、微型开关及接近开关）。

利用开门或关门来操纵的开关及用于启动荧光灯的自动热电开关（启辉器）也归入本品目。

其他可归入本品目的装置包括：由光耦合输入输出电路构成的交流电电子开关（绝缘可控硅交流电开关）；电子开关，包括温度保护电子开关，由一个晶体管和一块逻辑集成电路（多层芯片技术）构成，用于不超过1000伏电压的电路；用于不超过11安培电流电路的机电快速开关（拨动开关）。

使用半导体元件、无触点操作的电子开关（例如，用于晶体管、可控硅、集成电路）。

配有开关的门锁不包括在本品目内（品目83.01）。

（二）转换开关，用于将一条或多条线路与另外一条或多条线路接通。

最简单的转换开关是把一条线路接在中央的接点上。该接点可通过移动臂接上其他任何一条线路。比较复杂的转换开关包括电动机用的启动开关以及电动车辆用的控制机构。这类开关不仅包括开关装置，还包括可根据需要接通或切断电路的多个电阻器（参见品目85.33的注释）。

本品目还包括收音机或电视接收机等用的复杂开关单元。

（三）继电器，一种利用相同或其他电路的变化自动控制电路的电气装置。继电器可用于通信设备、道路或铁道信号设备，以及用于机床的控制及保护等。

继电器可按以下方式分类：

1. 按电气控制的方式分为：电磁继电器、永磁继电器、热电继电器、感应继电器、静电继电器、光电继电器、电子继电器等。

2. 按其操作的预定状态分为：最大电流继电器、最高或最低电压继电器、差动继电器、高速断路继电器、延时继电器等。

接触器也视作继电器，它不用机械锁定装置或手工操作，可自动重新接通或切断电路。接触器一般可靠电流操作并保持工作状态。

二、电路的保护装置

本品目包括熔断器。这是一种装有（或可以装上）一段保险丝的器件。它插入电路后，当电流增强造成危险时，保险丝会熔化，从而切断电路。根据所使用电路及电流的不同，熔断器也有所不同。保险丝管由一个装有保险丝的管子构成，保险丝与管子两端的金属帽相接触。其他熔断器有一个底座或插座（用以插入线路），及一个装保险丝的连接器件（可用螺丝钉旋进插座，或压入两个弹簧接点之间）。本品目包括完整的熔断器，不论是否已装保险丝。单独报验的插座及连接器件也归入本品目。但这些货品如果全部由绝缘材料制成（模制时为了装配的需要而加入的少量金属件除外），则不归入本品目（品目85.47）。保险丝应根据其构成材料归类；但带有回线或其他连接器件而即可使用的小段保险丝仍归入本品目。

本品目包括防止电路过载的其他装置（例如，当电流超过某一定值时，可自动切断电路的电磁装置）。

本品目也不包括恒定电压变压器（品目85.04）及自动电压调节器（品目90.32）。

三、电路的连接装置

这类装置可把电路中的各部分连接起来。这些装置包括：

（一）插头、插座或其他接触器，用于将可移动的引线或装置与固定的设备相连接，其种类有：

1. 插头或插座（包括用以连接两个可移动引线的）。插头有一个或多个插销或侧接点，这些插销或侧接点与插座上的孔眼或接点相配。插头的边缘或其中一个插销可供接地之用。

2. 滑动接触器。例如，电动机用的电刷及电动牵引车、升降设施等用的集电器（架空或输电轨集电器等）；但碳精或石墨制品除外（品目85.45）。滑动接触器可由块状金属、丝网布或叠片条组成，即使其外表涂有石墨润滑层，仍归入本品目。

3. 灯泡或灯管插座及灯座。某些灯座的外形与蜡烛相似，以便装在灯台上，或镶在墙壁上作为壁灯托架。这些货品只要其主要作为灯座使用，仍归入本品目。

装有一段电线或电缆的插头及插座等的货品不归入本品目（品目85.44）。

（二）其他连接器、接线柱、线端条等。它们包括装有电气连接器的绝缘材料小方块（骨牌状接线器）；接线柱（接入导体的金属件）；小金属件，可装在线路末端以接通电路（铲形线端、鳄鱼夹等）。

线端条为条状绝缘材料，装有多个金属线端或连接器，用以连接电线。本品目还包括接线条或接线板。这类产品把多块金属片装进绝缘材料中，以便把电线焊接在上面。接线条用于无线电装置或其他电气装置。

（三）**接线盒**，内装有接线柱或其他器件，以便与电线连接在一起。未装有电器连接器件或预留其安装位置的盒子，不归入本品目，而应根据其构成材料归类。

四、光导纤维、光导纤维束或光缆用连接器

品目 85.36 所称“光导纤维、光导纤维束或光缆用连接器”，是指在有线数字通讯设备中，简单机械地把光纤端部相连成一线的连接器。它们不具备诸如对信号进行放大、再生或修正等其他功能。不带有光缆的光导纤维用连接器仍归入本品目，但带有光缆的光导纤维用连接器不包括在内（品目 85.44 或 90.01）。

零　件

除零件的归类总原则另有规定的以外（参见第十六类总注释），本品目所列装置的零件应归入品目 85.38。

*

* *

本品目也不包括：

（一）用作电压控制器的非线性电压电阻器（压敏电阻器／VDR）（品目 85.33）。

（二）上述所列装置的组合体（不包括简单的组合开关）（品目 85.37）

（三）作电压控制器用的半导体二极管（品目 85.41）。

85.37　用于电气控制或电力分配的盘、板、台、柜及其他基座，装有两个或多个品目 85.35 或 85.36 所列的装置，包括装有第九十章所列的仪器或装置，以及数控装置，但品目 85.17 的交换机除外：

10　—　用于电压不超过 1000 伏的线路

20　—　用于电压超过 1000 伏的线路

本品目包括前面两个品目所列装置（例如，开关及熔断器）的组合体，装在盘、板、台上面或柜子里。这类装置一般还配有仪表，有时还配有辅助装置，例如，变压器、电子管、电压调节器、变阻器或发光电路图。

本品目的货品，小至仅装有几个开关、熔断器等的小型配电盘（例如，供照明设施用的），大至供机床、轧钢厂、发电站、无线电台等使用的复杂的控制板，甚至由几个本品目所列物品组装在一起的组合体，均包括在内。

本品目还包括：

一、装有自动数据处理机的数字控制板，一般用于控制机床。

二、控制设备用的程序控制板，根据其操纵方式而有所不同。这类货品一般用于家用电气设备，例如，用于洗衣机或洗碟机。

三、“可编程序控制器”，为数字式装置。这种装置使用可编程序存储器，用于存储逻辑、顺序、计时、计数及数值运算等特定功能的执行指令，通过数字式或模拟式输入／输出组件控制各种机器。

本品目不包括品目 90.32 的自动控制设备。

零　件

除零件的归类总原则另有规定的以外（参见第十六类总注释），本品目所列货品的零件归入品目 85.38。

*

* *

本品目不包括:

（一）电话交换机（品目85.17）。

（二）简单的组合开关，例如，由两个开关及一个连接器组成的组合开关（品目85.35或85.36）。

（三）电视机、视频录像机或其他电器设备的遥控器用无绳红外器件（品目85.43）。

（四）装有钟表机构或同步电动机的定时开关（品目91.07）。

85.38 专用于或主要用于品目85.35、85.36或85.37所列装置的零件：

10 — 品目85.37所列货品用的盘、板、台、柜及其他基座，但未装有关装置

90 — 其他

除零件的归类总原则另有规定的以外（参见第十六章总注释），本品目包括前面三个品目所列货品的零件。

本品目包括配电板用的板，通常用塑料或金属制成，未装有关装置，只要这些货品能明显确定为配电板的零件。

85.39 白炽灯泡、放电灯管，包括封闭式聚光灯及紫外线灯管或红外线灯泡；弧光灯：

10 — 封闭式聚光灯

— 其他白炽灯泡，但不包括紫外线灯管或红外线灯泡：

21 — — 卤钨灯

22 — — 其他灯，功率不超过200瓦，但额定电压超过100伏

29 — — 其他

— 放电灯管，但紫外线灯管除外：

31 — — 热阴极荧光灯

32 — — 汞或钠蒸气灯；金属卤化物灯

39 — — 其他

— 紫外线灯管或红外线灯泡；弧光灯：

41 — — 弧光灯

49 — — 其他

90 — 零件

电灯是由各种形状的玻璃或石英容器，装上必要的元件制成；可将电能转换成光线（包括红外线或紫外线）。

本品目包括各种电灯，不论是否具有特种用途（包括放电闪光灯）。

本品目包括白炽灯泡、气体放电灯管及弧光灯。

一、封闭式聚光灯

封闭式聚光灯有时装在车身上，由装有透镜、反射镜及灯丝的封闭式充气灯泡或真空灯泡构成。

二、其他白炽灯泡，但不包括紫外线灯管或红外线灯泡（参见第四部分）

白炽灯泡是灯丝（金属丝或碳丝）通电后发热至白炽而发光的。它的玻璃外壳（有时是彩色的）内是真空的，或者充满低压隋性气体。灯头为必备的接触器件，可以是螺旋式或卡口式的，以便于装在灯座上。

电灯的外形多种多样。例如，球形（不论是否带有颈状部分）；梨子形或洋葱形；火焰形；管形（直的或弯曲的）；照明、装饰、圣诞树等用的各种花式。

本品目还包括卤素灯。

三、放电灯管，但紫外线灯管除外（参见第四部分）

放电灯管由一个玻璃外壳（一般是管状的）或石英外壳（一般装有玻璃外壳）装上电极而构成，壳内充有低压气体，放电时可发光，或者装有某种物质，放电时可产生具有类似光的蒸气。某些灯可同时充有气体和产生上述蒸汽的物质。有些放电灯管装有一些阀门，用以排除气体对电极起作用时产生的化合物。其他放电灯管是真空套或水冷式的。在有些情况下，放电灯管的内壁涂有一层特殊物质，可将紫外线变成可见光，从而提高放电灯管（荧光灯）的效率。有些灯使用高压电，其他灯则使用低压电。

放电灯管的主要类型有：

（一）气体放电灯管，灯管内充有氖、氦、氩、氮或二氧化碳等气体，包括摄影或频闪观测检验用的放电闪光灯。

（二）钠蒸气灯。

（三）汞蒸气灯（水银灯）。

（四）充气双重灯，可由白炽灯丝及气体放电共同发光。

（五）金属卤化物灯。

（六）氙气及字母数字灯管。

（七）光谱放电灯及辉光放电灯。

放电灯管具有广泛用途。例如，家庭照明；街道照明；办公室、工厂、商店等的照明；机器的照明及装饰或宣传广告照明。本品目包括简单的直灯管或曲灯管，还包括各种复杂形状的灯管（例如，涡卷形、字母或数字图案形状或星状的）。

四、紫外线灯管及红外线灯泡

紫外线灯管用于医疗、实验、杀菌或其他用途，通常是一种装有水银的熔凝石英灯管。这种灯有时密封于玻璃外壳中。有些紫外线灯管被称为黑光灯管（例如，舞台用的紫外线灯管等）。

红外线灯泡为专门用于产生红外线的白炽灯泡。在许多情况下，灯泡的内壁镀有铜或银的反射层。红外线灯泡可用于医疗，也可在工业上作热源用。

五、弧光灯

弧光灯是由电弧放射发光，或由保持在电极间的电弧及一个或两个白炽电极发光的。电极常用碳或钨制成。有些弧光灯配有一个自动装置，可使两个电极靠拢，从而触发电弧；随后把两个电极分开，尽管电极逐渐消耗，它们之间仍保持适当的距离。使用交流电的弧光灯装有辅助电极，以便启动。敞开式弧光灯的电弧在空气中发光；其他弧光灯的电弧是在玻璃外壳内发光，玻璃外壳配有适当的分隔板与空气相通。

必须注意，弧光灯是一种复杂装置，而不仅仅是简单的发光元件。在这方面弧光灯与本品目所列的其他货品不同。

零　件

除零件的归类总原则另有规定的以外（参见第十六类总注释），本品目所列货品的零件也应归入本品目。

它们包括：

（一）白炽灯及放电灯及灯泡用的底座。

（二）放电灯炮及灯管用的金属电极。

*

* *

本品目不包括：

（一）电灯玻璃外壳及具有外壳主要特征的玻璃零件（例如，聚光灯泡反射器）（品目 70.11）。

（二）带碳灯丝的电阻灯及带铁灯丝的各种氢气灯。（品目 85.33）。

（三）启动荧光灯用的自动热电开关（启辉器）（品目 85.36）。

（四）热电子管（品目 85.40）。

（五）发光二极管（品目 85.41）。

（六）以场致发光材料（例如，硫化锌）为基质，置于两层导电材料之间的场致发光器件，一般呈条、块或板状（品目 85.43）。

（七）弧光灯碳精制品及碳灯丝（品目 85.45）。

85.40 热电子管、冷阴极管或光阴极管（例如，真空管或充气管、汞弧整流管、阴极射线管、电视摄像管）：

— 阴极射线电视显像管，包括视频监视器用阴极射线管：

11 — — 彩色的

12 — — 单色的

20 — 电视摄像管；变像管及图像增强管；其他光阴极管

40 — 单色的数据/图形显示管；彩色的数据/图形显示管，屏幕荧光点间距小于 0.4 毫米

60 — 其他阴极射线管

— 微波管（例如，磁控管、速调管、行波管、返波管），但不包括栅控管：

71 — — 磁控管

79 — — 其他

— 其他管：

81 — — 接收管或放大管

89 — — 其他

— 零件：

91 — — 阴极射线管用

99 — — 其他

本品目仅包括利用阴极在真空或气体中发射出来的电子效应工作的电子管。这种电子管具有不同用途。

这类物品有三种类型：**热电子管、冷阴极管及光阴极管**。热电子管的阴极必须加热后才能发射出电子。光阴极管在光的作用下激发电子。这些电子管根据其电极数目而分别称为二极管、三极管、四极管等。同一电子管外壳内可装有两个或多个具有不同功能的系统（复合电子管）。电子管的外壳所用材料为玻璃、陶瓷、金属或这些材料的组合物。电子管外壳还可装有冷却装置（散热片、水循环系统等）。

电子管有多种类型，其中有些具有特殊用途，例如，微波管（例如，磁控管、行波管、返波管、速调管）、盘封（灯塔）管、稳流管、闸流管、引燃管等。

本品目包括：

一、整流管，可将交流电整流成直流电。整流管有真空式、充气式或充蒸汽式（例如，汞气），一般装有两个电极。某些类型的电子管（例如，闸流管）装有控制栅，以便调节电子管工作，还可使其性能相反（即将直流电变成交流电）。

二、阴极射线管。

（一）电视摄像管（例如，超正析像管或光导摄像管），为电子束管，一般可利用扫描方法，把光学图像转换成相应的电信号。

（二）**变像管**，为真空管，可将图像（一般为红外线辐射图像）投射到一个光电发射面上，然后在一个发光面上产生相应的视觉图像。

（三）**图像增强管**，为电子管，可将图像投射到一个光电发射面上，然后在一个发光面上产生相应的增强图像。

（四）**其他阴极射线管**，可直接或间接地将电信号转换成视觉图像。电荷贮存管是这类电子管中的一种。在电视接收机或视频监视器用的阴极射线管中，阴极放射出的电子经过聚焦、偏转等之后，形成电子束，射到涂有荧光物质的阴极射线管部分内壁上（通常在阴极射线管的末端）。涂有荧光物质的阴极射线管内壁构成荧光屏，可显示电视图像以供观看。

阴极射线管还可用于雷达、示波器及某些自动数据处理系统的终端（显示管）。

三、真空或充气的光电发射管，光电发射管是由一个玻璃或石英管装上两个电极而构成。其中阴极上涂有一层光敏材料（通常为碱性金属）；在光的作用下，阴极的光敏层放射出电子，在两个电极间形成导电性，并将电子集中在阳极上。

光电倍增管是一种光敏真空管，含有一个光电发射阴极及一个电子倍增器。

四、其他电子管。这些电子管通常为真空管，有些带有多个电极，可产生高频振荡，用作放大器、检波器、扫描变换管（无需利用光电阴极）等。

零 件

除零件的归类总原则另有规定的以外（参见第十六类总注释），本品目所列货品的零件也归入本品目。例如，电极（阴极、栅极、阳极）；电子管外壳（玻璃制的除外）；阴极射线管用的防止内爆的外壳；以及装在阴极射线管颈上供扫描用的偏转线圈。

*

* *

本品目不包括：

（一）阴极射线管外壳的玻璃荧光屏及玻璃圆锥形管壳（品目70.11）。

（二）金属槽汞弧整流器（品目85.04）。

（三）X射线管（品目90.22）。

85.41 二极管、晶体管及类似的半导体器件；光敏半导体器件，包括不论是否装在组件内或组装成块的光电池；发光二极管；已装配的压电晶体(+)：

10 — 二极管，但光敏二极管或发光二极管除外

— 晶体管，但光敏晶体管除外：

21 — — 耗散功率小于1瓦的

29 — — 其他

30 — 半导体开关元件、两端交流开关元件及三端双向可控硅开关元件，但光敏器件除外

40 — 光敏半导体器件，包括不论是否装在组件内或组装成块的光电池；发光二极管

50 — 其他半导体器件

60 — 已装配的压电晶体

90 — 零件

一、二极管、晶体管及类似的半导体器件

半导体器件的定义，参见本章注释八（一）。

这些半导体器件是依靠某些“半导体”材料的电子性能进行工作的。

这些半导体材料的主要特点是在室温下其电阻率介于导体（金属）与绝缘体的电阻率之间。这些材料为以下物质：某些矿石（例如，结晶方铅矿）、四价化学元素（锗、硅等）或化学元素的化合物（例如，砷化镓、锑化铟等三价及五价化学元素的化合物）。

含有四价化学元素的半导体材料一般是单晶体。这些材料纯净时不能使用，必须掺入极微量（以百万分之几计）的特定“杂质”（掺杂剂）之后才可使用。

掺入四价化学元素的“杂质”为五价化学元素（磷、砷、锑等）或三价元素（硼、铝、镓、铟等）。前者可得到带多余电子（带负电）的n型半导体；后者可得到所带电子不足，也就是说以空穴（带正电）为主的p型半导体。

由三价与五价化学元素化合而成的半导体材料也需掺杂。

矿石半导体材料中含有天然杂质，可作为掺杂剂。

本组的半导体器件一般在p型与n型半导体材料之间含有一个或多个“结”。

这些半导体器件包括：

（一）二极管，一种仅带有一个p－n结的半导体两端器件，可单向（正向）导电，而对另一方向（反向）的电流产生很大的阻力。二极管可用于检波、整流、开关等方面。

二极管的主要类型有信号管、整流管、调压管、基准电压管。

（二）晶体管，为半导体三端或四端器件，能对电流起放大、振荡、变频或开关等作用。晶体管是依靠其中两个电极之间电阻率的变化，并同时对第三个电极施加电场而进行工作的。所施加的控制信号或电场比因电阻变化而产生的作用更加微弱，从而起到放大的作用。

晶体管包括：

1．双极型晶体管。这是一种带有两个二极管式面结的半导体三端器件；这种晶体管依靠正电荷载流子及负电荷载流子进行工作（因而是双极的）。

2．场效应晶体管〔也称为金属氧化物半导体（MOS）场效应管〕，不论其是否带有面结，均是依靠两电极间可用电荷载流的感应衰竭（或感应增强）进行工作的。场效应晶体管的晶体管工作时仅使用一种电荷载流子（因而是单极的）。装有四个电极的MOS场效应晶体管称为四极管。

（三）类似的半导体器件。这里所称的“类似”半导体器件，是指依靠施加电场时所引起的电阻率的变化进行工作的半导体器件。

它们包括：

1．半导体开关元件。这种器件的半导体材料（带有三个或三个以上的p－n结）共有四个传导区。当控制脉冲产生传导性时，直流电可从传导区中定向通过。半导体开关元件可用作控制整流器、转换器或放大器，其性能与带有一个共集极／共基极结的两个联结互补晶体管相同。

2．三端双向可控硅开关元件。这种器件的半导体材料（带有四个p－n结）共有五个传导区，当控制脉冲产生传导性时，交流电可通过。

3．两端交流开关元件。这种器件的半导体材料（带有两个p－n结）共有三个传导区，可产生所需脉冲，以操纵三端双向可控硅开关元件。

4．可变电抗器（或称变容二极管）。

5．场效应器件，例如，栅极晶体管。

6．冈恩效应器件。

但本组不包括某些半导体器件。这些半导体器件与上述半导体器件不同，主要利用温度、压力等进行工作。例如，非线性半导体电阻器（热敏电阻器、变阻器、磁电阻器等）（品目85.33）。

利用光线进行工作的光敏器件（光敏二极管等）的归类，参见第二部分。

上述半导体器件，不论其报验时已经装配（即已装有线接头或引线），或者已装有外壳（器件），或未装配（元件），或者甚至是未切成形的薄圆片（晶片），均归入本品目。但天然半导体材料（例如，方铅矿）须经装配才可归入本品目。

本品目也不包括第二十八章的化学元素（例如，硅及硒）经过掺杂后用于电子工业的产品。它们为圆片、薄片或类似形状，不论是否已经抛光，也不论是否已经覆有均匀的外延层，均不归入本品目，除非这些货品已经有选择地掺入掺杂剂或者已经过扩散，形成分立的导电区。

二、光敏半导体器件

本组包括光敏半导体器件，这些半导体在可见光线、红外线或紫外线的作用下，利用其内在光电效应，引起电阻率的变化或产生电动势。

利用外部光电效应（光电发射）进行工作的光电发射管，应归入品目 85.40。

光敏半导体器件的主要类型有：

（一）**光电管（光敏电阻器）**，一般装有两个电极，两个电极之间为半导体（硫化镉、硫化铅等），其电阻随所受到的光照强度而变化。

光电管用于火焰探测器，自动照相机、移动物体计数器、自动精密测量装置用的曝光表，自动开门系统等。

（二）**光电池**，可直接把光变成电能，无须外部电源。用硒作阻挡层的光电池主要用于照度计及曝光表。用硅作阻挡层的光电池具有较大的输出功率，特别适用于控制与调节设备、检测光脉冲及纤维光导通信系统等。

光电池的主要类型有：

1. 太阳电池，一种硅阻挡层光电池，可直接把太阳光变成电能。太阳电池通常成组作为电源使用。例如，用于探索太空的火箭及人造卫星；山区呼救送话器。

本品目也包括不论是否装在组件内或组装成块的太阳电池。但本品目不包括配有元件，直接为电动机、电解槽等供电的电池板及电池组件，不论所配元件如何简单（例如，用于控制电流方向的二极管）（品目 85.01）。

2. 光电二极管（锗光电二极管、硅光电二极管等）。光电二极管的特点是，当光线照射到 p－n 结时，其电阻率会发生变化。它可用于自动数据处理（储存数据的读取）；在某些电子管中作为光阴极使用；用于辐射高温计等。光电晶体管及光敏闸流晶体管均属这类光电接收器件。

光电二级管装上外壳后，可根据其外壳与上述第一部分所列的二极管、晶体管及闸流晶体管相区别；光电二极管的外壳有部分是透明的，以便透光。

3. 光电耦及光电继电器，由电发光二极管与光电二极管、光电晶体管或光敏闸流晶体管组成。

光电半导体器件报验时，不论是已经装配（例如，装有线接头或引线），已装外壳或未经装配的，均归入本品目。

三、发光二极管

发光二极管，或电发光二极管（特别是使用砷化镓或磷化镓的发光二极管）是一种可把电能变成可见光线、红外线或紫外线的半导体器件，例如，可在控制系统中作显示或传输数据之用。

激光二极管。这种二极管可发射出连贯的光束，用于探测核子，也用于测高计、遥测设备或纤维光导通信系统。

四、已装配的压电晶体

压电晶体主要由钛酸钡（包括用钛酸钡制成的多晶偏光元件）、锆酸钛酸铅或品目 38.24 所列的其他晶体（参见相应的注释）、石英或电气石晶体制成，用于传声器、扬声器、超声波装置、稳频振荡电路等。只有已装配的压电晶体才归入本品目。压电晶体一般为板、棒、圆片、环等形状，并且必须装有电极或电接头。压电晶体可涂有一层石墨、清漆等，或装在支座上，常装有一个外壳（例如，金属盒、玻璃泡）。但如果装配了其他器件，整件货品（装上附加晶体）则不能作为已经装配的晶体，而应作有关机器或器具的零件并按有关机器或器具的零件归类。例如，传声器或扬声器用的压电元件

（品目 85.18）；拾音头（品目 85.22）；超声波测厚仪用的拾波元件（探针）（一般酌情根据第九十章注释二（二）归入第九十章或归入品目 90.33）；电子表用的石英振荡子（品目 91.14）。

本品目不包括未装配的压电晶体（一般归入品目 38.24、71.03 或 71.04）。

零 件

除零件的归类总原则另有规定的以外（参见第十六类总注释），本品目所列货品的零件也应归入本品目。

○
○ ○

子目注释：

子目 8541.21

把特定的工作电压施加到晶体管上，并测量其连续处理功率，当晶体管外壳的温度为 25℃时，即可测量出晶体管的耗散功率。例如，如果一个晶体管给定操作电压为 5 伏特，晶体管外壳的温度保持在 25℃时，可连续处理 0.2 安培的负载，那么，该晶体管的耗散功率即为 1 瓦特（安培数×伏特数＝瓦数）。

带有热耗散器件（例如，突片、金属壳）的晶体管，以其底部或壳子的温度作为参照温度（25℃）；而其他晶体管（例如，配有简单的塑料外壳）则以室温作为参照温度。

85.42 集成电路：

— 集成电路：

31 — — 处理器及控制器，不论是否带有存储器、转换器、逻辑电路、放大器、时钟及时序电路或其他电路

32 — — 存储器

33 — — 放大器

39 — — 其他

90 — 零件

本品目所列货品的定义，参见本章注释八（二）。

集成电路是一种由无源及有源元件或部件高密度组装而成的器件，人们把它作为单一元器件看待（参见品目 85.34 注释第一段中关于“无源”或“有源”元件或部件的解释）。但仅装有无源元件的电子电路不归入本品目。

与集成电路不同，分立元件可具有单一的有源电性能〔第八十五章注释八（一）所称的半导体器件〕，或单一的无源电性能（电阻器、电容器、电感器等）。分立元件是不可分割的，是一个系统里的多个基础电子结构元件。

然而，由多个电路元件构成并具有多种电性能的元件，例如，集成电路等，不应作为分立元件对待。

集成电路包括存储器（例如，动态随机存取存储器、静态存储器、可编程只读存储器、可擦可编程只读存储器、电可擦除只读存储器）、微控制器、控制电路、逻辑电路、开关阵列、接口电路等。

集成电路包括：

一、单片集成电路

这是将电路元件（二极管、晶体管、电阻器、电容器、电感器等）基本上整体制作在一片半导体材料（例如，掺杂硅）基片的表面，并不可分割地连接在一起的一种微型电路。单片集成电路可分为数字式、线式（模拟式）或数字模拟式几种。

单片集成电路在报验时可以是：

（一）已经装有线端或引线，不论是否装在陶瓷、金属或塑料外壳内。其外壳可呈圆筒形、平行六面形等。

（二）未经装配，即仅切成小片，一般呈长方形，边长通常只有几毫米。

（三）未切成形的圆片（即未切成小片的）。

单片集成电路包括：

（一）金属氧化物半导体集成电路（MOS 工艺）。

（二）用双极工艺制造的集成电路。

（三）用双极工艺与金属氧化物半导体工艺相结合的工艺（BIMOS 工艺）制造的集成电路。

金属氧化物半导体（MOS），特别是互补型金属氧化物半导体（CMOS），以及双极工艺是制造晶体管的“一般”工艺。作为单片集成电路的基本元件，这些晶体管赋予集成电路不同的特征。双极电路最适合需要最大逻辑速度的系统。另一方面，金属氧化物半导体电路适合于希望高组件密度，低能量要求的系统。另外，互补型金属氧化物半导体电路所需能量最低，因而适于在供电有限或冷却成问题的地方应用。双极工艺与 MOS 工艺的互补关系在两者结合的 BICMOS 工艺中得到了充分的体现，它集中了双极电路的高速度和互补型金属氧化物半导体电路的高集成度、低能耗的优点。

二、混合集成电路

这是一种在已形成薄膜或厚膜电路的绝缘基片上组合而成的微型电路。在制膜电路时，可同时制作某些无源元件（电阻器、电容器、电感器等）。但是，要制成本品目所列的混合集成电路，必须将半导体器件互相结合起来并装在基片的表面，半导体器件或呈集成电路芯片形式，不论是否已封装，或是已经封装的半导体器件（例如，封装在专门设计的微型外壳内）。混合集成电路还可装有另外制作的无源元件，这些无源元件采用与半导体器件同样的方式组装在基础膜电路上。这些无源元件一般为电容器、电阻器、电感器等芯片状元件。

基片有几层，一般是陶瓷的，经烧结后形成一个紧密的组件，即可形成本章注释八（二）2 所称的同一基片。

制成混合集成电路的元件必须是实际上不可分割地组合在一起，即尽管在理论上其中某些元件是可以取出更换的，但这样做时间长，难度大，在正常生产条件下是不经济的。

三、多芯片集成电路

这是由两个或多个相互连接的单片集成电路实际上不可分割地组合在一片或多片绝缘基片上构成的电路，不论是否带有引线框架，但不带有其他有源或无源的电路元件。

多芯片集成电路通常为以下构造：

——两个或多个单片集成电路并排安装；

——两个或多个单片集成电路一个堆叠在另一个之上；

——由三个或多个单片集成电路按上述构造组成的组合件。

将这些单片集成电路加以组合并相互连接地封装在一个单体内，也可通过封装或其他方式加以包装。它们实际上不可分割地组合在一起，即尽管在理论上其中某些元件是可以取出更换的，但这样做时间长，难度大，在正常生产条件下是不经济的。

多芯片集成电路的绝缘基片可以带有导电区。这些区域由特殊材料组成或形成特殊形状，以通过分立电路元件以外的方式而获得无源性能。当基片上出现导电区时，它们会被当作是单片集成电路相互连接的一种典型方法。当这些基片被置于最底部的芯片或芯粒上时，也可称之为“中介层”或“间隔层”。

单片集成电路可以通过诸如粘合剂、丝焊或“倒装晶片”技术等多种方式相互连接。

本品目不包括完全由无源元件构成的膜电路（品目 85.34）。

本品目不包括录制声音或其他信息用的固态非易失性存储器件、“智能卡”及其他媒体（参见品目 85.23 及本章注释四)。

*

* *

除上述第二及第三部分关于混合集成电路和多芯片集成电路的注释中提到的实际上不可分割的组合件外，本品目也不包括由以下方式组成的组件：

（一）把一个或多个分立元件装在一个支座上，例如，装在一个印刷电路上；

（二）把一个或多个其他器件（例如，二极管、变压器、电阻器）加进电子微型电路；

（三）分立元件组合件或多芯片型集成电路以外的电子微型电路组合件。

这些组件可按下列规则进行归类：

1. 构成完整的机器或器具（或可按完整品归类的机器或器具）的组件，应归入有关机器或器具的相应品目内。

2. 其他组件，按零件的归类规则〔特别是按第十六类注释二（二）及（三）的规定〕进行归类。

以上规定尤其适用于某些电子存储器模件〔例如，单列直插式内存模块（SIMM）和双列直插式内存模块（DIMM）〕。这些模件应运用第十六类注释二的规定进行归类（参见本章的总注释）。

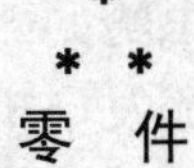

零　件

除零件的归类总原则另有规定的以外（参见第十六类总注释），本品目所列货品的零件也应归入本品目。

85.43　本章其他品目未列名的具有独立功能的电气设备及装置：

10　—　粒子加速器

20　—　信号发生器

30　—　电镀、电解或电泳设备及装置

70　—　其他设备及装置

90　—　零件

本品目包括未归入本章其他品目，也未更为具体地列入本协调制度其他各章的品目，而且第十六类或本章的法定注释也未列名不包括的所有电气器具及装置。更为具体地列入其他各章的电气产品主要是指第八十四章的电动机械及第九十章的某些仪器及设备。

归入本品目的电气器具及装置必须具有独立功能。品目 84.79 注释的导言中关于具有独立功能的机器及机械器具的规定，在必要的地方稍加修改后，可适用于本品目。

本品目所列的大部分器具是电气产品或零件（电子管、变压器、电容器、扼流圈、电阻器等）的组合装置，完全用电气操作。但本品目也包括带有机械性能的电气产品，只要这些机器的机械性能附属于这些机器的电气性能。

本品目主要包括：

一、粒子加速器，一种可使带电粒子（电子、质子等）获得高动能的装置。

粒子加速器主要用于原子核研究，但也应用于放射性材料的生产，用于医疗或工业射线照相，以及对某些产品的消毒等。

粒子加速器通常为大型设施（可重达数千吨）。这种设备由一个粒子源、一个加速室，以及产生高频电压或引起电通量或射频变化以使粒子加速的装置所组成。粒子加速器装有一个或多个靶。

粒子的加速、聚焦及偏转是用静电或电磁装置完成的；这些装置的能源由高压或高频发生器供给。加速器与发生器常密封于一个防辐射屏内。

归入本品目的粒子加速器包括范·德·格拉夫氏加速器、科克科罗夫及沃尔顿氏加速器、直线加速器、回旋加速器、电子感应加速器、同步回旋加速器、同步加速器等。

专用于产生X光射线的电子感应加速器及其他粒子加速器，包括必要时可产生β射线或γ射线的粒子加速器，应归入品目90.22。

二、信号发生器，一种以可分配频率（例如，高频或低频）产生已知波形与量值等电信号的装置。这些装置主要包括脉冲发生器、图形发生器、扫描发生器。

三、金属探测器。这种装置利用接近金属物体时产生的磁通变化进行工作。类似的探测器可用于探测装有烟草、食品的木桶及木料中的金属异物，并可用于探测埋在地下的管道。

四、调音台。这种装置可在录音时把两个或多个传声器所输出的信号混合在一起。调音台有时配有放大器。音频混频器和均衡器也应归入本品目。但本品目不包括电影摄影专用的调音台（品目90.10）。

五、降低噪音装置。这类装置可与录音装置一起使用。

六、配有电阻器的除霜器及去雾器，用于飞机、船舶、火车或其他车辆（脚踏车或机动车辆用的除霜器及去雾器除外—品目85.12）。

七、同步器。这种装置可在多个发电机供电给同一线路时使用。

八、矿用电雷管，由一个手提发电机（直流发电机）及一个电容器组成。

九、高频或中频放大器（包括测量放大器及天线放大器）。

十、电镀、电解或电泳机器及装置（但不包括品目84.86的机器及装置和品目90.27的电泳仪）。

十一、一般工业用的紫外线辐照设备。

十二、臭氧发生及扩散电气装置，用于非医疗方面（例如，供工业或房屋的臭氧处理等用）。

十三、电子音乐组件，用于装在各种日常用品或其他货品上，例如，装在手表、杯子及贺卡上。这类组件通常由一块电子集成电路、一个电阻器、一个扬声器及一个汞电池构成，带有编制好的音乐程序。

十四、电篱网激发器。

十五、电视机、视频录像机或其他电器设备的遥控器用无绳红外线器件。

十六、以场致发光材料（例如，硫化锌）为基质，置于两层导电材料之间的场致发光器件，一般呈条、块或板状。

十七、数字式飞行数据记录仪（飞行记录器），是一种防火、防撞的电子装置，用以连续记录飞行中的具体飞行数据。

本品目不包括：

（一）半导体或平板材料掺杂用的离子植入机（品目84.86）；

（二）制造半导体晶圆、半导体器件、集成电路或平板显示器用的物理气相沉积设备（品目84.86）。

（三）本章注释四（二）所定义的“智能卡”（包括邻近卡或牌）（品目85.23）。

零　件

除零件的归类总原则另有规定的以外（参见第十六类总注释），本品目所列货品的零件也归入本品目。

85.44　绝缘（包括漆包或阳极化处理）电线、电缆（包括同轴电缆）及其他绝缘电导体，不论是否有接头；由每根被覆光纤组成的光缆，不论是否与电导体装配或装有接头：

—　绕组电线：

11　——　铜制

19　——　其他

20 — 同轴电缆及其他同轴电导体
30 — 车辆、航空器、船舶用点火布线组及其他布线组
— 其他电导体，额定电压不超过1000伏：
42 — — 有接头
49 — — 其他
60 — 其他电导体，额定电压超过1000伏
70 — 光缆

本品目包括在电气机器、器具或设施中作为导体使用的绝缘电线、电缆及其他绝缘导体（例如，编结带、条、棒）。基于上述规定，本品目包括适用于内部或外部安装的电线、电缆（例如，地下、海底或架空电线或电缆）。这些货品可以是非常细小的绝缘电线，也可以是较为复杂的大型电缆。

非金属的导体也归入本品目。

本品目所列货品由下列材料构成：

一、导体，为单股线或多股线，可由一种金属或多种不同金属组成。

二、一层或多层绝缘材料包皮。这些绝缘包皮的作用在于防止导体漏电，并可保护导体不受损坏。最常用的绝缘材料有橡胶、纸、塑料、石棉、云母、人造云母、玻璃纤维纱线、纺织纱线（不论是否涂蜡或浸渍）、清漆、瓷漆、沥青、油等。在某些情况下，绝缘层可通过阳极化处理或类似工艺（例如，使表面产生金属氧化物或金属盐层）获得。

三、在某些情况下，一层金属护套（例如，铅、黄铜、铝或钢制护套）。这些护套既可用作绝缘包皮的保护层，也可用作气体绝缘或油绝缘的管道，或在某些同轴电缆中作为辅助导体使用。

四、有时还装有金属铠装层（例如，螺旋盘绕的钢铁丝或带），主要用于保护地下或海底电缆。

本品目的绝缘电线、电缆等有以下几种结构形式：

（一）单股或多股绝缘电线。

（二）把两根或多根上述电线绞扭在一起。

（三）把两根或多根上述电线组装在同一绝缘护套内。

本品目主要包括：

1. **漆包线**，一般很细，主要用于线圈绕组。

2. **经过阳极化等工艺处理的电线**。

3. **通讯电线及电缆**（包括海底电缆及数据传输电线和电缆），一般由双芯线、四芯线或电缆芯线构成，整条线（缆）通常由一护套包裹。双芯线或四芯线是分别由两根或四根绝缘电线（每根电线是由带厚度不超过0.5毫米的彩色塑料绝缘层的单根铜导线构成）绞扭而成。电缆芯线是由单根双芯线或四芯线构成，或者由多股双芯线或四芯线构成。

4. **绝缘架空电缆**。

5. **永久性长途电缆**，常使用充满绝缘气体或绝缘油的管道。

6. **地下铠装电缆**，装有防锈蚀护套。

7. **矿井用电缆**。这种电缆装有纵向铠装层以抗拉力影响。

此外，本品目包括涂漆的或装有绝缘护套的编结电线。

本品目还包括通常用于大型电机或控制设备的绝缘带。

电线、电缆等即使已切成一定长度，或在一端或两端装有接头（例如，插头、插座、接线片、插孔、套管或接线柱），仍归入本品目。本品目还包括由上述电线或电缆等制成的成组电线或电缆等（例如，连接机动车火花塞与分电器的成组电缆）。

本品目还包括光缆。光缆由单根被覆光纤组成，不论是否装有电导体或接头。纤维的包层常具有

不同颜色，以便于对电缆两头的纤维加以辨别。光缆主要用于通信，因为光缆传输数据的容量大于电导体。

本品目不包括品目 85.16 的用绝缘材料包覆的加热电阻器（例如，绕卷在玻璃纤维芯或石棉芯上的特种合金线）；品目 85.36 的光导纤维、光导纤维束或光缆用连接器。

85.45 碳电极、碳刷、灯碳棒、电池碳棒及电气设备用的其他石墨或碳精制品，不论是否带金属：

— 碳电极：

11 — — 炉用

19 — — 其他

20 — 碳刷

90 — 其他

凡可从形状、尺寸或其他特征确定为电气用的石墨制品或其他碳精制品，不论其是否含有金属，均应归入本品目。

一般来说，这些物品是通过对含有基体材料（天然碳、碳黑、气态碳、焦炭、天然或人造石墨等）、粘合剂（沥青、焦油等）及金属粉末等其他物质的混合物进行挤压或模制（一般在高压下进行），并经过加热处理而制成。

归入本品目的物品在某些情况下可经电解涂层或喷涂（例如，用铜喷涂），以增强导电性，降低磨损率。这些物品即使装有孔眼、接线柱或其他接头，仍应归入本品目。

本品目包括：

一、炉用碳电极

这种碳电极一般为圆筒状或棒状，有时在其末端刻有螺纹，以便于安装时拧紧。

二、碳焊条

碳焊条一般为棒状。

三、电解用碳电极

这种碳电极可呈板状、棒状（包括三角形截面的棒状）、圆筒状等，可装有一些配件，如钩或环等，以便装在或悬挂于电解池中。某些碳电极开有孔眼或槽口，以便把使用时产生的气体排除掉。

四、碳刷

碳刷可用作发电机、电动机等的滑动接触器，或用作电力机车等的集电器。虽然有些碳刷可直接用模制方法制成，但大多数碳刷是从品目 38.01 注释所述的“碳”块或板中切割制成的。碳刷的尺寸必须非常精确，其表面必须经过精密加工，只允许几百分之一毫米的误差。因此，碳刷可根据其尺寸、形状及其经过精加工的表面加以识别。在许多情况下，碳刷还可全部或部分涂有金属层，或装有接头（托架、电缆、接线柱、弹簧等）。

归入本品目的碳刷可由品目 38.01 注释所述的任何品级的碳制成，也可含有银。

但本品目不包括涂有石墨润滑层的金属电刷（品目 85.35 或 85.36）。碳刷座（不论是否装有碳刷）应按机器零件归类（例如，品目 85.03）。

五、弧光灯或其他灯碳棒

弧光灯碳电极一般呈棒状或铅笔状，有时有一个用特殊材料制成的芯子，以提高电弧的稳定性，并产生高强度亮光，或使火焰具有特殊色彩。本品目还包括电阻电灯用的碳灯丝。

六、电池碳棒

本组货品可呈棒状、板状、管状等，以供不同类型的电池使用。

七、传声器的碳精零件

它们包括碳精圆片及其他明显作为零件用的碳精制品。

八、石墨或其他碳精制品，例如：

（一）用以连接炉用碳的连接件（螺纹接套）。

（二）整流电子管用的阳极、栅、屏。

（三）供各种加热装置使用的加热电阻器，呈棒状、条状等。

（四）自动电压调节器用的电阻圆片或电阻板片。

（五）其他碳质接触器或碳电极。

本品目不包括：

（一）粉状或粒状的石墨或其他碳（第三十八章）。

（二）碳电阻器（品目 85.33）。

85.46　各种材料制的绝缘子：

10　—　玻璃制

20　—　陶瓷制

90　—　其他

本品目的绝缘子用于固定、支承或引导带电导体，同时使各带电导体之间及导体与地面等之间保持相互绝缘。本品目不包括供电气机械、器具或设备使用的绝缘配件（绝缘子除外），这些绝缘配件如果除了为装配需要而在模制时装入的小金属零件外，全部用绝缘材料制成的，应归入品目 85.47。

绝缘子的大小一般与电压有关（大的绝缘子用于高电压，小的绝缘子用于低电压）。同样，各种绝缘子的形状要考虑电力、热力及机械条件等因素。绝缘子外表非常光滑，以防止非绝缘物质（例如，水、盐、灰尘、氧化物及烟雾等）沉积在绝缘子上面。绝缘子常呈碗形、手风琴形、裙状、槽形、圆筒形或其他形状。某些绝缘子定位后可盛装油类，以防止导电材料污染其表面。

绝缘子可由各种绝缘材料制成，一般使用坚硬无气孔的绝缘材料，例如，陶瓷材料（瓷器、块滑石）、玻璃、熔融玄武岩、硬化橡胶、塑料或混合绝缘材料。绝缘子可装有配件，以利装配（例如，金属支架、螺丝、螺栓、夹子、系带、悬带、针销、十字构件、帽、棒、供悬挂或支承用的夹子）。装有金属角、保护铠装层或其他器件，从而构成避雷器的绝缘子不归入本品目（品目 85.35）。

绝缘子可用于户外电缆上，例如，用于电信业、供电网及电气牵引系统（火车、电车、无轨电车等），也可供户内设施或某些机器及器具使用。

本品目的绝缘子包括：

一、悬垂绝缘子，例如：

（一）链式悬垂绝缘子。这种绝缘子主要用于户外电网上，由多个绝缘元件构成。这些绝缘子悬挂在适当的支承物上（塔臂、吊缆等），电缆或电线可装在这些绝缘子的底部。

链式悬垂绝缘子包括帽罩式绝缘子、双裙式绝缘子、链式绝缘子、连杆式绝缘子。

（二）其他悬垂绝缘子（例如，球形、碗形、滑轮等形状的绝缘子）。这类绝缘子用于火车、无轨电车、起重机等的架空电路或用于天线。

二、刚性绝缘子

这类绝缘子可装有支架（例如，金属钩、针销或类似品）。有些绝缘子没有支架，但可用钉、螺丝、螺栓等装在电力或电报电线杆等上，或装在墙壁、天花板或地板等上面。装有支架的绝缘子由两个或多个元件组成。没有支架的绝缘子常为一个单一器件。刚性绝缘子有多种形状（例如，碗形、锥形、圆筒形、钮状或滑轮状）。

三、导引式绝缘子

这类绝缘子可用以导引电缆或电线穿过墙壁等，它们具有各种形状（例如，锥形或双锥形绝缘子；盘式绝缘子；套管式、管式及曲管式绝缘子）。

本品目不包括绝缘电路导管及其接头（品目 85.47）。

85.47　电气机器、器具或设备用的绝缘零件，除了为装配需要而在模制时装入的小金属零件（例如，螺纹孔）以外，全部用绝缘材料制成，但品目 85.46 的绝缘子除外；内衬绝缘材料的贱金属制线路导管及其接头：

10　—　陶瓷制绝缘零件

20　—　塑料制绝缘零件

90　—　其他

一、电气机器、器具或设备用的绝缘零件，除了为装配需要而在模制时装入的小金属零件（例如，螺纹孔）以外，全部用绝缘材料制成，但品目 85.46 的绝缘子除外

除绝缘子本身应归入品目 85.46 以外，凡同时符合下列两个条件的各种用于电气机器、器具用设备的零件，均应归入本品目：

（一）全部用绝缘材料制成，或除了为装配需要而在模制过程中装上的小金属零件（螺丝、螺纹孔、套管等）以外，全部由绝缘材料（例如，塑料）制成。以及

（二）供绝缘用，尽管同时还具有其他作用（例如，起保护作用）。

归入本组的零件一般是模制或浇铸而成；也可通过对原材料进行锯、切或其他加工制成，并可经钻孔、攻丝、锉平、开槽等。

这些零件可由各种绝缘材料制成（例如，玻璃、陶瓷、块滑石、硬化橡胶、塑料、经树脂浸渍的纸或纸板、石棉水泥或云母）。

这些零件具有各种形状。本组主要包括开关、断路器等的顶盖、底座及其他零件；熔断器用的底座及支架；灯座用的环及其他零件；电阻器或线圈用的线圈架；未装有接头的接线条或连接块；各种线圈架及绕组芯子；火花塞体。

对于虽全部由绝缘材料（或为了装配需要而在模制时装入小金属零件的绝缘材料）制成，但不是专供绝缘用的零件，例如，蓄电池用的容器、顶盖及隔板，不归入本品目（品目 85.07）。

二、内衬绝缘材料的贱金属制电路导管及其接头

本组包括内衬绝缘材料的金属导管，用于永久性电气设施（例如，屋内布线），对电线起绝缘及保护作用。通常具有同样用途的非绝缘金属管不归入本品目（第十五类）。

本组的导管有两种：一种是在绝缘材料制的内管外螺旋绕上一层金属带制成的导管；另一种为内衬或内涂绝缘材料的刚性金属导管（一般是钢铁制的）。所用的绝缘材料有特种绝缘漆、绝缘纸或纸板、橡胶、塑料等。仅涂有防锈漆的金属管不归入本品目（第十五类）。

本组还包括连接本品目所列导管用的接头，但必须是内衬或内涂绝缘材料的贱金属制接头（例如，直接头、弯接头、T 形接头及十字接头）。

装有通电用接线柱的 T 形接头、十字接头等不归入本品目（品目 85.35 或 85.36）。

本品目也不包括全部由绝缘材料制成的导管（例如，由橡胶、塑料、编织纱线或玻璃纤维制的导管）。这类导管应按其构成材料归类；如构成绝缘子，应归入品目 85.46。

85.48　原电池、原电池组及蓄电池的废碎料；废原电池、废原电池组及废蓄电池；机器或设备的本章其他品目未列名的电气零件：

10　—　原电池、原电池组及蓄电池的废碎料；废原电池、废原电池组及废蓄电池

90 — 其他

一、原电池、原电池组及蓄电池的废碎料；废原电池、废原电池组及废蓄电池

本品目包括本章注释九所述的原电池、原电池组及蓄电池的废碎料和废原电池、废原电池组及废蓄电池。

这些产品一般是生产过程中的废品，或者是因为破损、拆解、耗尽或其他原因已不能再使用或不能再充电的原电池、原电池组及蓄电池，以及这些产品的碎料。

这些产品采用代销形式推销，一般由原电池、原电池组及蓄电池的生产厂家、向生产厂家购买废碎料的废品回收商或收集并拆解蓄电池或收集原电池及原电池组的商人发货。

电池厂家代销的货物可能会是带有少量负极板的正极板、带有少量正极板的负极板、正负极板比例相同的混合品或半组装件（例如，正负极板用用织物隔开并卷绕而成的卷芯）。卷芯可以已经装在容器里，也可以和不能用的废品电池混在一起。

从拆解或回收旧电池的商人发来的货物是正负极板的混合物，带或不带隔板，它们有容器、板或卷芯。

废原电池、废原电池组及废蓄电池一般用于回收金属（铅、镍、镉等）、金属化合物或矿渣。

废蓄电池一般已除电解质，并有已耗尽的标志。

二、机器或设备的本章其他品目未列名的电气零件

除下列两项以外，机器及器具的所有电气零件均应归入本品目：

（一）专用于或主要用于某一特定机器或器具的电气零件。

（二）归入本章其他品目的零件，或第十六类注释一规定不归入本类的零件。

因此，本品目包括可确定为机器或器具的电气零件，但又不是某一特定机器或器具零件的货品。这些货品应装有电气接头、绝缘零件、线圈、接触器或其他电气元件。

第十七类　车辆、航空器、船舶及有关运输设备

注释：

一、本类不包括品目 95.03 或 95.08 的物品以及品目 95.06 的长雪撬、平底雪撬及类似品。

二、本类所称“零件”及“零件、附件”，不适用于下列货品，不论其是否确定为供本类货品使用：

（一）各种材料制的接头、垫圈或类似品（按其构成材料归类或归入品目 84.84）或硫化橡胶（硬质橡胶除外）的其他制品（品目 40.16）；

（二）第十五类注释二所规定的贱金属制通用零件（第十五类）或塑料制的类似品（第三十九章）；

（三）第八十二章的物品（工具）；

（四）品目 83.06 的物品；

（五）品目 84.01 至 84.79 的机器或装置及其零件；品目 84.81 或 84.82 的物品及品目 84.83 的物品（这些物品是构成发动机或其他动力装置所必需的）；

（六）电机或电气设备（第八十五章）；

（七）第九十章的物品；

（八）第九十一章的物品；

（九）武器（第九十三章）；

（十）品目 94.05 的灯具或照明装置；或

（十一）作为车辆零件的刷子（品目 96.03）。

三、第八十六章至第八十八章所称“零件”或“附件”，不适用于那些非专用于或非主要用于这几章所列物品的零件、附件。同时符合这几章内两个或两个以上品目规定的零件、附件，应按其主要用途归入相应的品目。

四、在本类中：

（一）既可在道路上，又可在轨道上行驶的特殊构造的车辆，应归入第八十七章的相应品目；

（二）水陆两用的机动车辆，应归入第八十七章的相应品目；

（三）可兼作地面车辆使用的特殊构造的航空器，应归入第八十八章的相应品目。

五、气垫运输工具应按本类最相似的运输工具归类，其规定如下：

（一）在导轨上运行的（气垫火车），归入第八十六章；

（二）在陆地行驶或水陆两用的，归入第八十七章；

（三）在水上航行的，不论能否在海滩或浮码头登陆及能否在冰上行驶，一律归入第八十九章。

气垫运输工具的零件、附件，应按照上述规定，与最相类似的运输工具的零件、附件一并归类。

气垫火车的导轨固定装置及附件应与铁道轨道固定装置及附件一并归类。气垫火车运行系统的信号、安全或交通管理设备应与铁路的信号、安全或交通管理设备一并归类。

总　注　释

一、本类的一般内容

本类包括各种铁道车辆及气垫火车（第八十六章）、其他陆上车辆，包括气垫车辆（第八十七章）、

航空器及航天器（第八十八章），以及船舶、气垫船及浮动结构体（第八十九章）；但不包括下列货品：

（一）某些移动式机器（参见下列第二部分）。

（二）品目 90.23 所列的供示范用的模型。

（三）玩具、某些冬季运动设备及游乐场用的车辆。例如，本类不包括供儿童乘骑的玩具脚踏车等（自行车除外）、玩具船及玩具飞机（品目 95.03）；长雪撬、平底雪撬及类似品（品目 95.06）；“碰碰车”（品目 95.08）。

此外，本类还包括与运输设备相关的某些具体列名货品，例如，经特殊设计、装备适于一种或多种运输方式的集装箱；某些铁道或电车道轨道固定装置及附件和机械（包括电动机械）信号设备（第八十六章）；以及降落伞、航空器发射装置、甲板停机装置或类似装置和地面飞行训练器（第八十八章）。

根据下列第三部分的规定，本类还包括第八十六章至第八十八章所列车辆、航空器等的零件及附件。

二、自走式机器及其他移动式机器

许多机器设备（特别是第十六类所列的机器设备）可以安装在第十七类的车辆底盘或浮动底座上；所构成的移动式机器应根据各种因素，特别是底座的种类这一因素来确定归类。

例如，装在浮动底座上的所有移动式机器（例如，起重船、挖泥船、谷物提升船等），应归入第八十九章。装在第八十六章或第八十七章所列车辆底盘上的移动式机器的归类，参见品目 86.04、87.01、87.05、87.09 或 87.16 的注释。

三、零件及附件

必须注意，第八十九章对于船舶或浮动结构体的零件（船体除外）及附件的归类未作规定。因此，这些零件及附件即使可确定为船舶等用的，仍应归入其他章的相应品目。本类其他各章对车辆、航空器或有关设备的零件及附件的归类，都作了规定。

但还必须注意，上述各章的有关品目，仅包括同时符合下列三个条件的零件及附件：

1. 它们不得列入本类注释二规定不包括的货品范围〔参见下列（一）项〕。以及

2. 它们必须是专用于或主要用于第八十六章至第八十八章所列货品的零件及附件〔参见下列（二）项〕。以及

3. 它们必须是未在本协调制度其他品目内列名更为具体的货品〔参见下列（三）项〕。

（一）第十七类注释二规定不包括的零件及附件

该注释规定下列零件及附件，不论是否可确定为供本类所列货品用的，均不归入本类：

1. 任何材料制成的接头、垫片、垫圈及类似品（按其构成材料归类或归入品目 84.84），以及硫化橡胶（硬化橡胶除外）制成的其他货品（例如，挡泥垂板及脚蹬罩）（品目 40.16）。

2. 第十五类注释二所指的通用零件，例如，钢缆、链条（不论是否切成一定长度或配有端部附件，但不包括适于供第八十七章车辆用的制动索缆、油门索缆及类似索缆）；钉、螺栓、螺帽、垫圈、销及开尾销、弹簧（包括车辆用的钢板弹簧）（这些物品如果是贱金属制的应归入第七十三章至第七十六章及第七十八章至第八十一章；塑料制的则应归入第三十九章）；锁、车身配件及附件（例如，已制成的串珠状缘饰、铰链、门拉手、手柄、脚垫、机械开窗装置）、牌照、国籍牌照等（这些物品如果是贱金属制的应归入第八十三章；塑料制的则应归入第三十九章）。

3. 第八十二章的扳手、扳钳及其他工具。

4. 品目 83.06 的铃（例如，自行车用的）及其他物品。

5. 品目 84.01 至 84.79 的机器、机械器具及其零件，例如：

（1）锅炉及锅炉设备（品目 84.02 或 84.04）。

（2）发生炉煤气发生器（例如，汽车用的）（品目 84.05）。

(3)品目84.06的汽轮机。

(4)品目84.07至84.12的各种发动机(包括配有齿轮箱的发动机)及其零件。

(5)泵、压缩机及风扇(品目84.13或84.14)。

(6)空气调节器(品目84.15)。

(7)液体或粉末的喷射、散布或喷雾机械器具;灭火器(品目84.24)。

(8)起重、搬运或装卸机器(例如,起重机、千斤顶、摇臂吊杆);泥土、矿物或矿石的搬移、铲运、平整、挖掘、捣固、压实、开采或钻探机器(品目84.25、84.26、84.28、84.30或84.31)。

(9)品目84.32或84.33的农用机械(例如,脱粒机、播种机、割草机等),专供装在车辆上使用的。

(10)品目84.74所列的机器。

(11)品目84.79的机械风挡刮水器。

6. 第八十四章的某些其他货品,例如:

(1)龙头、旋塞、阀门及类似装置(例如,散热器的放水龙头、内胎气门等)(品目84.81)。

(2)滚珠轴承或滚子轴承(品目84.82)。

(3)品目84.83的发动机内部零件(曲轴、凸轮轴、飞轮等)。

7. 第八十五章的电动机械设备。例如:

(1)品目85.01或85.04的电动机、发电机、变压器等。

(2)品目85.05的电磁铁、电磁离合器、电磁闸等。

(3)蓄电池(品目85.07)。

(4)火花点燃或压燃式内燃机用的电点火或电起动装置(火花塞、电动起动机等)(品目85.11)。

(5)自行车或机动车辆用的电气照明及信号装置、电动风挡刮水器、除霜器及去雾器(品目85.12);其他车辆(例如,火车)、航空器或船舶用的电气信号装置(品目85.31);上述其他车辆、航空器或船舶用的电气除霜器及去雾器(品目85.43)。

(6)机动车辆、铁道车辆或航空器等用的电热装置(品目85.16)。

(7)传声器、扬声器及声频扩大器(品目85.18)。

(8)无线电发射机及接收机(品目85.25或85.27)。

(9)电容器(品目85.32)。

(10)品目85.35或85.36的电力牵引车辆用导电弓架及其他集电器,熔断器、开关及其他电气器件。

(11)品目85.39的白炽灯泡及放电灯管,包括封闭式聚光灯。

(12)其他电气配件,例如,绝缘电线及电缆(包括布线组在内),以及电气用的石墨或其他碳精制品,不论是否装有接头;绝缘子、绝缘配件(品目85.44至85.48)。

8. 第九十章的仪器设备,包括用于某些车辆上的仪器设备,例如:

(1)照相机或电影摄影机(品目90.06或90.07)。

(2)导航仪器及器具(品目90.14)。

(3)医疗、外科、牙科或兽医用的科学仪器及器具(品目90.18)。

(4)品目90.22的X光射线的应用设备及其他设备。

(5)压力表(品目90.26)。

(6)品目90.29的转数计、车费计、速度计、转速表及其他仪器设备。

(7)品目90.31的测量或检验仪器、器具及机器。

9. 钟(例如,仪表板钟)(第九十一章)。

10. 武器(第九十三章)

11. 品目94.05的灯具及照明装置（例如，航空器或火车用前照灯）。

12. 刷子（例如，道路清扫车用的刷子）（品目96.03）。

（二）关于“专用于”或“主要用于”的标准

1. 既可归入第十七类，又可归入其他类的零件及附件

根据本类注释三的规定，非专用于或非主要用于第八十六章至第八十八章所列货品的零件及附件，不归入上述各章。

因此，注释三的规定列明，既可归入第十七类，又可归入其他各类的零件或附件，最终应根据其主要用途来确定归类。例如，许多第八十四章所列移动式机器用的转向机构、制动系统、车轮及挡泥板等货品，实际上与第八十七章所列卡车用的几乎完全相同，但因为它们主要用于卡车，所以这些零件及附件应归入本类。

2. 可归入本类中的两个或多个品目的零件及附件

某些零件及附件可适用于多种运输工具（汽车、航空器、摩托车等），例如，制动器、转向系统、车轮、车轴等。这些零件及附件应归入其主要用于该种运输工具的零件及附件有关品目。

（三）本协调制度其他品目列名更为具体的零件及附件

凡在本协调制度其他品目列名更为具体的零件及附件，即使能确定为用于本类所列货品的，仍不归入本类，例如：

1. 硫化橡胶（硬化橡胶除外）制的异型材，不论是否切成一定长度（品目40.08）。

2. 硫化橡胶制的传动带（品目40.10）。

3. 橡胶轮胎、可互换胎面、轮胎衬带及内胎（品目40.11至40.13）。

4. 皮革、再生皮革、钢纸等制的工具袋（品目42.02）。

5. 自行车或气球用的网（品目56.08）。

6. 拖缆（品目56.09）。

7. 纺织地毯（第五十七章）。

8. 由钢化玻璃或层压玻璃制的未镶框的安全玻璃，不论是否成形（品目70.07）。

9. 后视镜（品目70.09或第九十章，参见相应的注释）。

10. 车头灯的未镶框玻璃（品目70.14），以及一般归入第七十章的货品。

11. 速度计、转数计等用的软轴（品目84.83）。

12. 品目94.01的车辆座椅。

第八十六章　铁道及电车道机车、车辆及其零件；铁道及电车道轨道固定装置及其零件、附件；各种机械（包括电动机械）交通信号设备

注释：

一、本章不包括：

（一）木制或混凝土制的铁道或电车道轨枕及气垫火车用的混凝土导轨（品目 44.06 或 68.10）；

（二）品目 73.02 的铁道及电车道铺轨用钢铁材料；或

（三）品目 85.30 的电气信号、安全或交通管理设备。

二、品目 86.07 主要适用于：

（一）轴、轮、行走机构、金属轮箍、轮圈、毂及轮子的其他零件；

（二）车架、底架、转向架；

（三）轴箱；制动装置；

（四）车辆缓冲器；钩或其他联结器及车厢走廊联结装置；

（五）车身。

三、除上述注释一另有规定的以外，品目 86.08 包括：

（一）已装配的轨道、转车台、站台缓冲器、量载规；

（二）铁道及电车道、道路、内河航道、停车场、港口或机场用的臂板信号机、机械信号盘、平交道口控制器、信号及道岔控制器及其他机械（包括电动机械）信号、安全或交通管理设备，不论是否装有电力照明装置。

总　注　释

本章包括各种铁道或电车道（包括窄轨铁道、单轨铁道等）用的机车、车辆及其零件，以及某些轨道固定装置及附件。本章还包括经特殊设计、装备适于一种或多种运输方式的集装箱，以及各种机械（包括电动机械）信号、安全或交通管理设备（包括停车场用的在内）。

本章所称的“铁道”及“电车道”，不仅指普通的钢制轨道，还指磁力悬浮轨道或混凝土轨道等类似导轨系统。

上述各种货品分类如下：

一、各种铁道用的机动车辆，例如，机车、铁道或电车道用的机动客车及机动有轨车（品目 86.01 至 86.03）。品目 86.02 还包括机车煤水车。凡由两种动力驱动的机车，应按其所使用的主要动力归类。

二、铁道或电车道用的维修或服务车辆，不论是否机动的（品目 86.04）。

三、各种牵引车辆（铁道或电车道用的客车及行李车、铁道或电车道用的货车、敞车等）（品目 86.05 及 86.06）。

四、铁道或电车道机车及车辆的零件（品目 86.07）、铁道或电车道的固定装置和附件以及道路、铁道或其他车辆、船舶或飞机的机械（包括电动机械）信号或交通管理设备（品目 86.08）。

五、经特殊设计、装备适用于一种或多种运输方式的集装箱（品目 86.09）。

本章还包括在导轨上行驶的气垫车辆（气垫火车）、这类车辆的零件、气垫火车导轨的固定装置及附件以及气垫火车运输系统的机械（包括电动机械）信号、安全或交通管理设备（参见第十七类注释五）。

不完整或未制成的车辆，只要具有完整品或制成品的基本特征，应与相应的完整或已制成车辆一并归类。这些车辆包括：

（一）未装有动力装置、测量仪器、安全装置或维修设备的机车或铁道或电车道用的机动车辆。

（二）未安装座位的客车。

（三）已装有悬架及车轮的货车底架。

另一方面，未装在车架上的铁道或电车道用机动客车、货车、敞车、煤水车的车身，应作为铁道或电车道机车或车辆的零件归类（品目 86.07）。

本章不包括：

1. 品目 90.23 所列供示范用的铁道车辆模型。

2. 装在铁道车上的重炮（品目 93.01）。

3. 玩具火车（品目 95.03）。

4. 经特殊设计适用于装在旋转木马或其他游乐场娱乐设备上使用，但不构成正式车辆的设备（品目 95.08）。

86.01 铁道电力机车，由外部电力或蓄电池驱动：

10 — 由外部电力驱动

20 — 由蓄电池驱动

本品目包括各种电力机车，其电力是由车上的强力蓄电池供给，或由钢轨或架空电缆等外部导体供给。

86.02 其他铁道机车；机车煤水车：

10 — 柴油电力机车

90 — 其他

一、机车

本组包括各种铁道机车（由外部电源或蓄电池驱动的除外，参见品目 86.01），不论其配有何种动力装置（蒸汽机、柴油机、汽轮机、汽油机、气动机等）。

这类机车包括：

（一）**柴油机车**，有下列三种：

1. 柴油电动机车，这种机车是由柴油机驱动发电机发电，再由发电机驱动牵引电动机，从而带动车轮运转。

2. 液力传动柴油机车，这种机车是用一个液压系统将柴油机产生的动力传送到车轮。

3. 机械传动柴油机车，在这种机车中，柴油机所产生的动力是通过一个离合器或液力飞轮及齿轮箱传送到车轮。

（二）**各种蒸汽机车**，包括采用电力传动装置的涡轮机车、水柜机车及灭火机车，这类机车配有一个储汽筒，用以代替锅炉；储汽筒是由工厂充灌蒸汽的。

*
* *

本品目包括某些中级机车，这类机车并不装有转向架，一般仅装有两根驱动轴。这类机车主要供车站调度铁道货车之用，以及供与铁道相连接的工业设施使用。

二、机车煤水车

机车煤水车是挂接于蒸汽机车上的车辆，用于承载锅炉用水及燃料。机车煤水车主要是由承载于两根或多根车轴上的车架及具有密封水柜和燃煤舱或燃油舱并用薄钢板封面制成的上部结构所组成。

*
* *

兼可在道路及铁轨上行驶的牵引车不归入本品目（品目 87.01）。

86.03　铁道及电车道用的机动客车、货车、敞车，但品目 86.04 的货品除外：

10　—　由外部电力驱动

90　—　其他

铁道或电车道用的机动客车、货车及敞车与机车的区别在于它们不但配有动力装置，而且可以载运客货。这类车辆可以单独行驶，也可挂接在一辆或多辆同类型车辆或挂车上。

这类车辆的主要特点是它的驾驶室设在车辆的一端或两端，或设在车辆中部的凸起部位（驾驶指挥塔）。

归入本品目的各种机动客车、货车及敞车包括：

一、电动客车，它的电能是由固定的外部电源供给，例如，使用架空电缆的电动客车是通过导电弓架或触轮将电流输入；使用第三轨的电动客车是通过装在转向架上的集电靴将电流输入。

电车道用客车，这种客车有时使用装在轨槽中的两条导电轨，通过一种叫“犁式集电器”的特殊装置将电流输入。

二、单节轨道机动车，即装有柴油机或其他内燃机等，由自身动力驱动行驶的自给式车辆。

有些单节轨道机动车装有实心或充气轮胎；其他为齿轨式。

三、使用蓄电池的机动车辆。

本品目还包括旋翼有轨电车。这种车辆的工作原理是，利用一个快速旋转的飞轮积蓄动能，然后用发电机将动能转换成电流，输送到发动机，从而驱动车辆。这种车辆的应用范围相当有限，但适用于轻型单节轨道机动车或电车。

必须注意，本品目不包括只需更换车轮及锁上方向盘，而无需更换其动力装置即可变成单节轨道机动车的道路用机动客车（品目 87.02）。

86.04　铁道及电车道用的维修或服务车，不论是否机动（例如，工场车、起重机车、道碴捣固车、轨道校正车、检验车及查道车）

归入本品目的车辆（不论是否机动）专用于安装、维修或保养轨道及轨道旁设施。

本品目包括：

一、工场用货车或敞车，配有工具、机床、发电机、起重机械（千斤顶、提升机等）、焊接设备、链条、缆绳等。

二、抢修车及其他起重车辆；机车或客车的起重车辆；起吊或安设路轨的起重车辆；在车站月台装卸货物的起重车辆。

三、绞盘车。

四、配有清理或捣固道碴特殊设备的敞车。

五、装有搅拌轨道混凝土（例如，用以浇制电缆铁塔基础等）用机器的敞车。

六、校准桥秤用的敞车。

七、安装及维修电缆用的台架车。

八、除草用喷雾车。

九、维修轨道用的机动车辆（特别是铁道轨道校正车）。它配有一台或多台发动机，不但能开动装在车上的工作机器（例如，铺轨机、道碴捣固机等）和在机器工作时推动车辆，还能在工作机器不工作时作为推进装置使车辆在轨道上自动快速行驶。

十、铁道检验车，配有检测发动机、制动装置等的工作情况（例如，用以检验牵引载荷，检查路轨、路基、桥梁故障等）的自动检验仪器；以及能在行车过程中记录轨道不正常情况的轨道检验车。

十一、铁路工人保养路轨用的机动查道车（包括轨道机动自行车）。这种车一般装有内燃机，可以自动推进，既可快速运送维修人员，又可快速运输所载物料及沿轨道捡起的物料。

十二、查道工用的非机动查道车，包括轨道自行车（例如，手推式或脚踏式车辆）。

*

* *

各种机器、检验仪器及其他设备如果仅安装在简单的轮式平台上，而不是安装在真正的铁道或电车道用的底架上（因此不构成真正的铁道或电车道用车辆），不归入本品目，而应归入其他列名更为具体的品目（品目 84.25、84.26、84.28、84.29、84.30 等）。

86.05 铁道及电车道用的非机动客车；行李车、邮政车和其他铁道及电车道用的非机动特殊用途车辆（品目 86.04 的货品除外）

本品目包括铁道或电车道用的非机动车辆（含电车道用大客车挂车及载客缆车），这些车辆常可挂接在客运列车上。

本品目包括：

一、各种客车，包括卧车、餐车、厢式客车、娱乐车（专供娱乐、跳舞等用）。

二、载客缆车。

三、电车道用的大客车挂车。

四、地下运送矿工用的特种客车。

五、铁路工人的起居车。

六、行李车及旅客行李两用车。

七、流动邮政车。

八、救护车、医务车、X射线透视检查车及类似车。

九、囚车。

十、装甲客车。

十一、装有无线电设备或电报设备的特种车。

十二、装有仪器、机器或缩尺模型（例如，用以指导工作人员）的教导车。

十三、展览车。

86.06 铁道及电车道用的非机动有篷及无篷货车：

10 — 油罐货车及类似车

30 — 自卸货车，但子目 8606.10 的货品除外

— 其他：

91 — — 带篷及封闭的

92 — — 敞篷的，厢壁固定且高度超过 60 厘米

99 — — 其他

本品目包括在铁道网（不论轨距宽窄）上载运货物的车辆；也包括在矿区、建筑工地、工厂、仓库等处的轨道上运输货物的小型车辆或敞车。后者与真正铁路货车、客车等的区别，一般在于它们不装弹簧。

除一般敞车（平板车、自动倾卸车等）及有篷车辆之外，本品目还包括下列特种类型的车辆：

一、油罐货车及类似车（例如，油槽车、屏蔽罐车）。

二、保温或冷藏货车。

三、自动卸货车（自动倾卸车、漏斗式底卸车等）。

四、运输笨重货物的低车架平板车。

五、木材运输车。

六、装有陶瓷贮液缸等适于运输化学品的液罐车。

七、运马用厢式货车。

八、双层货车（例如，载运汽车用的）。

九、载运活家禽或活鱼用的特制货车。

十、载运卡车的平板车。

十一、各种窄轨轨道用的车辆。

十二、矿车。

十三、运输轨道、工字梁等用的货车。

十四、装有导轨以载运铁路挂车的货车。

十五、专用于运输强放射性货品的货车及敞车。

专门挂在装有导轨的特种货车上供运输用的公路有轨挂车不归入本品目（品目 87.16）。

86.07　铁道及电车道机车或其他车辆的零件：

—　转向架、轴、轮及其零件：

11　——　驾驶转向架

12　——　其他转向架

19　——　其他，包括零件

—　制动装置及其零件：

21　——　空气制动器及其零件

29　——　其他

30　—　钩、其他联结器、缓冲器及其零件

—　其他：

91　——　机车用

99　——　其他

本品目包括铁道或电车道机车或车辆的零件，但这些零件必须同时符合下列两个条件：

一、必须能确定为专用于或主要用于上述车辆；

二、不属于第十七类注释所列不包括的货品范围。

铁道或电车道机车或车辆的零件包括：

（一）配有两根或多根轴的转向架，以及由仅配有一根轴的车架构成的两轮转向架。

（二）直轴或曲轴，不论已否装配。

（三）车轮及其零件（轮心、金属轮箍等）。

（四）轴箱（又称润滑脂箱）及其零件（例如，轴箱体）。

（五）各种制动装置，包括：

1．由每一台车辆直接操纵的手刹车（操纵杆及螺杆制动器）。

2．单独控制列车各车厢的连续制动器。它们包括压缩空气制动器及真空助力制动器。

3．制动装置的零件，包括制动蹄、气缸、杠杆等。

（六）缓冲器。

（七）挂接装置（例如，钩式、螺旋式或链式车钩）；有些挂接装置是自动的。

（八）车架及其零件（大梁、横梁、轴箱导轨等）；整体铸造的车架。

（九）走廊连接装置及连接平台。

（十）铁道或电车道用机动或非机动车辆（例如，客车、敞车、货车等）的车身（未装配在底架上的）；这些车身的零件（例如，客车及敞车的车门、隔板、装有铰链的货车壁、车边支柱、脚踏板、煤水车的水柜等）。

（十一）制动及取暖系统用的带接头管道。

（十二）转向架的液压减震器。

但必须注意，贱金属角材、型材、异型材、薄板、厚板及车架的其他部分，以及贱金属管等，除非它们已加工成明显可确定为机车或车辆的专用零件，否则仍应归入第十五类。

86.08　铁道及电车道轨道固定装置及附件；供铁道、电车道、道路、内河航道、停车场、港口或机场用的机械（包括电动机械）信号、安全或交通管理设备；上述货品的零件

一、铁道或电车道轨道固定装置及附件

本组包括：

（一）**已装配的轨道**，即已装在枕木或其他支承物上的轨道。这些轨道可以是接合轨、尖轨、转线轨道、曲线轨道、直线轨道等。

（二）**转车台**，不论是否电气操纵的；通常为环绕中心旋转的圆形大平台，上面装有铁道或电车道轨道。大多数转车台的周边下面装有支承滚轮。

机车等可以在转车台上旋转，然后向新的方向驶去。本品目还包括手工操纵转车台，主要供建筑工地、采石场等处的窄轨铁路使用。

但本品目不包括可把铁道车辆从一轨道横向移送到另一轨道的机车或货车转车台。这种转车台及其他车辆搬运机器（例如，翻车机、推车机等）应归入品目 84.28。

（三）**月台缓冲器**。这是装在每条轨道端部的液压或弹簧承力停车制动设备，使车辆在抵达轨道终点前未能停车时，将震动减至最低程度。有些缓冲器装在砖石结构内（例如，在火车终点站），有些装在坚固结构上（例如，在调车场）。

（四）**量载规**。这是一个拱形结构体，用以测定在它下面通过的火车不致超过有关路线所规定的高度及宽度最大间隙。

本品目不包括枕木（品目 44.06）、混凝土轨枕（品目 68.10）；也不包括品目 73.02 所列的钢铁轨枕、路轨或其他未装配的铺轨用材料（参见该品目的注释）。

承载架空索道的铁塔或门架不作为铁道或电车道固定装置或附件，它们应按其构成材料归入品目 68.10、73.08 等。

二、供铁道、电车道、道路、内河航道、停车场、港口或机场用的机械（包括电动机械）信号、安全或交通管理设备

本组主要包括由某一控制点（一般相隔一定距离）通过调动杠杆、曲柄、棒、金属丝、链条等，或者利用液压气动装置或电动机进行操作的信号设备等。电动气动操纵设备（例如，铁道上使用的）也应归入本品目。在这种设备中，信号机或道岔是由压缩空气发动机启动的，发动机气缸的进气或排气由电磁阀控制；电磁阀则由信号房中的电控制板控制。信号机及其气动启动装置应作为本品目的机械设备，而电控制板等则应归入第八十五章。

所称“信号设备”，是指能发出两种或多种信号，每种信号均可向车辆、船舶或飞机传递指示的设备。本品目不包括没有机械部分的道路、铁路等的路标（例如，限速路标、方向标志牌、坡度标志牌）；这些物品应按其构成材料归类（例如，归入品目 44.21 或 83.10）。

用上述机械或电动机械方式操作的下列装置应归入本组：

（一）**信号箱设备**。完整的信号箱设备是由一系列带传动轮的控制杆、棒、钢缆等装在一个框架内所构成。大多数信号箱装有联锁装置，以防止各种信号机或道岔发生冲突。

（二）**信号指臂、信号盘、完整的信号灯柱或跨轨信号架**。

（三）**控制或连杆装置**，装在互相关联的信号机上，以保证协调动作。

（四）**轨道边沿装置**（杠杆式、踏板式、曲柄式或其他类型的地面控柄台等），用以操纵道岔及信号机等。

（五）**辙尖探测器**。这种装置是利用辙尖本身的移位进行操作的。辙尖的移位传动到信号箱，从而使信号员知道辙尖是否在正确的位置上。

（六）**辙尖锁及锁杆**。这种装置安装在轨道上，能在火车通过时自动锁住道岔，使信号箱在火车没有完全驶过以前无法改变道岔的位置。

（七）**轨道制动器**。这种装置用以使车辆减速或刹车（例如，使进入调车场侧线的转轨车辆减速）。它通常由装在轨道铁轨上的一对制动杆构成；这些制动杆可在液力或压缩空气控制下，对通过的车辆车轮施加制动力。

（八）**脱轨器及止轮楔**。当这种装置滑离轨道时，车辆可以通过；当这种装置滑到轨道的滚行面上时，可用作止轮楔，或用作偏向叶片，使车辆出轨。

（九）**火车止车器**。这种装置一般是由安装在轨道旁边的 T 形杆件组成，由压缩空气操作。杆件与信号机连接，当有危险信号时，杆件可上升到一定位置，从而拨动驶过信号机的火车上的制动控制杆，使其停车。

（十）**自动浓雾信号装置**。这种装置通常也是气动的。每当有危险信号时，它能自动在轨道上发出有雾信号。

（十一）**升降或开关平交道拦路杆的控制装置**。这种装置是由手工操作的曲柄轮及齿轮装置组成；或者象信号机及道岔的控制装置一样，是由信号箱控制的杠杆机构组成。

平交道拦路杆本身应按其构成材料归类（钢铁制的归入品目 73.08，木制的归入品目 44.21），但表示拦路杆开关的机械或电动机械信号装置应归入本品目。

（十二）**用以对地面及水上交通发出“停止”或“通行”信号的手动或电动机械信号装置**。

零 件

本品目包括可确定为上述装置的零件（例如，转车台的平台、信号指臂及信号盘、控制杆、辙尖锁套、联锁机构等）。

*
* *

本品目也不包括：

（一）第十五类注释二所指的贱金属链条及其他通用零件（第十五类），以及塑料制的类似品（第三十九章）；第十五类的通用材料（例如，金属线材及棒材）、金属结构体及其金属零件。必须注意，安装在路轨底下，连接轨道旁边的控制机构与尖轨的岔尖连杆，以及其他具体列名的钢铁制铁道或电车道铺轨用材料，应归入品目 73.02。

（二）信号灯（品目 85.30 或 94.05）。

（三）汽笛、雾号及其他音响信号装置（应分别归入其相应品目）。

（四）装在车辆、船舶等上面的信号装置（例如，火车上的警报信号装置、船舶的紧急停泊地点信号装置等）（应归入其相应品目）。

86.09 集装箱（包括运输液体的集装箱），经特殊设计、装备适用于各种运输方式

本品目的集装箱（包括装卸箱）是经特殊设计、装备适用于一种或多种运输方式（例如，公路运输、铁路运输、水上运输或空运）的包装容器。集装箱装有各种配件（例如，钩、环、小脚轮、撑条等），以便搬运并牢固地装在车辆、飞机或船舶上，因此，适用于无须途中重新包装的“门对门”货物运输方式。由于其结构坚固，集装箱可反复使用。

最常见的集装箱是装有门或可拆卸壁面的木制或金属制大箱，其主要类型包括：

一、搬运家具用的集装箱。

二、运输易腐食物或货物的保温集装箱。

三、运输液体或气体的集装箱（一般为圆筒形）。这种集装箱必须配有支撑物，使其适用于各种运输车辆或船舶，才能归入本品目，否则应按其构成材料归类。

四、供运输散装煤、矿砂、铺路石块、砖、瓦等用的开顶集装箱。这种集装箱的底部或侧面通常是铰接的，以便卸货。

五、运输特殊货物的特种集装箱，主要适于运输玻璃器皿、陶瓷制品等易碎货物或活动物。

集装箱有各种规格，一般容量从 4 立方米到 145 立方米不等。某些类型的集装箱容量较小，但一般不小于 1 立方米。

本品目不包括：

（一）箱子、板条箱等，它们虽可用于“门对门”货物运输，但未按上述方法特殊制造，不能牢固地装在车辆、飞机或船舶上。这些箱应按其构成材料归类。

（二）公路有轨挂车（这种车辆主要用作公路挂车，但也可用带有导轨的特种铁道货车将其运送）（品目 87.16）。

第八十七章 车辆及其零件、附件，但铁道及电车道车辆除外

注释：

一、本章不包括仅可在钢轨上运行的铁道及电车道车辆。

二、本章所称“牵引车、拖拉机”，是指主要为牵引或推动其他车辆、器具或重物的车辆。除了上述主要用途以外，不论其是否还具有装运工具、种子、肥料或其他货品的辅助装置。

用于安装在品目 87.01 的牵引车或拖拉机上，作为可替换设备的机器或作业工具，即使与牵引车或拖拉机一同报验，不论其是否已安装在车（机）上，仍应归入其各自相应的品目。

三、装有驾驶室的机动车辆底盘，应归入品目 87.02 至 87.04，而不归入品目 87.06。

四、品目 87.12 包括所有儿童两轮车，其他儿童脚踏车归入品目 95.03。

总 注 释

除第十六类所列的某些移动式机器以外，本章包括下列各种车辆（参见品目 87.01、87.05 及 87.16 的注释）：

一、牵引车、拖拉机（品目 87.01）。

二、机动客车（品目 87.02 或 87.03）、货车（品目 87.04）或特种机动车（品目 87.05）。

三、未装有提升或搬运设备，适用于工厂、仓库、码头或机场短距离运输货物的机动车辆；火车站月台上用的牵引车（品目 87.09）。

四、机动的装甲战斗车（品目 87.10）。

五、摩托车及边车；脚踏车及残疾人用车，不论是否机动（品目 87.11 至 87.13）。

六、婴孩车（品目 87.15）。

七、挂车、半挂车及其他非机动车辆，不论是人力推拉、用畜力拖拉，还是用车辆牵引（品目 87.16）。

本章还包括在陆上行驶或兼可在陆上及某些水域（沼泽地带等）行驶的气垫车辆（参见第十七类注释五）。

不完整或未制成的车辆，只要具有完整品或制成品的基本特征，应按相应的完整或制成车辆归类〔参见归类总规则二（一）〕，例如：

（一）尚未装有车轮、轮胎及电池的机动车辆。

（二）尚未装有发动机或内部配件的机动车辆。

（三）尚未装有座垫及轮胎的自行车。

除第十七类注释另有规定的以外（参见第十七类总注释），本章也包括可确定为专用于或主要用于本章所列车辆的零件及附件。

*
* *

必须注意，水陆两用的机动车辆应作为本章的机动车辆归类。但经特殊制造也可作为道路车辆使用的飞机，仍应作为航空器归类（品目 88.02）。

本章不包括：

（一）专供示范而无其他用途的剖面车辆样品及其零件（品目 90.23）。

（二）儿童乘骑的带轮玩具及儿童脚踏车（品目 95.03）。

（三）冬季运动设备，例如，长雪撬、平底雪撬及类似品（品目 95.06）。

（四）装在旋转木马上的车辆及其他作为游乐场娱乐设备用的车辆（品目 95.08）。

87.01　牵引车、拖拉机（品目 87.09 的牵引车除外）(+)：

10 —　手扶拖拉机

20 —　半挂车用的公路牵引车

30 —　履带式牵引车、拖拉机

90 —　其他

本品目所称的牵引车、拖拉机，是指主要用于牵引或推动其他车辆、器具或重物的轮式或履带式车辆。除了上述主要用途以外，它们可配有装运工具、种子、肥料或其他货品的辅助装置，也可装有作业工具，以进行辅助性工作。

本品目不包括经特殊设计、制造和加固，使其成为起重、挖掘、平整土地等机器的组成部件的推进底座，尽管这些推进底座在机器工作时起牵引或推动作用。

本品目包括各种类型的牵引车、拖拉机（例如，农业及林业用的拖拉机、道路牵引车、建筑工程作业用的重型牵引车、绞车牵引车等，但品目 87.09 所列的火车站月台上用的牵引车除外），不论其使用何种方式驱动（内燃机、电动机等）。本品目也包括既可在铁路上使用，又可在道路上使用的牵引车，但不包括专用于铁路上的牵引车。

本品目的牵引车、拖拉机可设有车厢（车身）或设有驾驶员座位或驾驶室，但没有车厢。它们可装有工具箱、农具升降装置、拖带挂车或半挂车的挂钩装置（例如，用于三轮牵引车及类似牵引车）以及驱动脱粒机、圆锯等机器的动力输出装置。

牵引车、拖拉机的底盘可安装在车轮、履带或车轮与履带的组合体上。装在车轮与履带的组合体上的牵引车或拖拉机底盘只有前轴装有车轮。

本品目也包括手扶拖拉机。这是一种小型农用拖拉机，装有单驱动轴，由一个或两个车轮支承。象普通拖拉机一样，它们使用通用的动力输出装置驱动各种可替换的农具。它们一般不设座位，由两个把手操纵行驶。但有些手扶拖拉机后部装有单轮或双轮车架，上面设有一个驾驶员座位。

类似的手扶拖拉机也可用于工业方面。

本品目包括装有绞车的拖拉机（例如，用以拖出陷入泥沼的车辆、拔起和拖走树木、远距离牵引农具等）。

本品目还包括高架式（高跨式）拖拉机，适用于葡萄园及植树造林等。

*
* *

本品目也不包括装有起重机、起重滑车、绞车等的机动抢修工程车（品目 87.05）。

装有其他工作机器的牵引车、拖拉机

必须注意，装在拖拉机上作为可互换工具的农业机械（犁、耙、锄等），即使在报验时已经装在拖拉机上，仍应归入其相应品目，而拖拉机本身则应归入本品目。

当牵引车主要用于牵引或推动其他车辆或重物，并象农用拖拉机一样装有一些简单装置用以操纵工具（升降等）时，牵引车及其加工工具也应分别归类。在这种情况下，可互换的加工工具即使是与牵引车同时报验，不论其是否已装在牵引车上，均应归入其相应的品目，而牵引车及其操纵装置则应归入本品目。

至于拖带半挂车的铰接式机动卡车、拖带半挂车的牵引车以及象拖带半挂车一样拖带第八十四章所列工作机器的重型牵引车，其牵引部分应归入本品目，而半挂车或工作机器则应归入其相应的品目。

另一方面，本品目不包括品目 84.25、84.26、84.29、84.30 及 84.32 所列机器的推进底座。在这些机器中，推进底座、操纵机构、工具及其操作装置组成一整套机械设备。例如，装载机、推土机、机动犁等。

一般来说，作为搬运、挖掘等机器组成部分的推进底座，可以根据其特别的结构特征（例如，形状、底盘、移动装置等）与本品目的牵引车、拖拉机区别开来。对于牵引车式的推进底座，归类时还要重点考虑其整套设备的构造及专门用以执行各种功能（牵引及推动功能除外）的设备的技术特征。例如，不归入本品目的推进底座往往配有坚实部件（例如，支座、支承板、梁、旋转起重机台等），构成底盘机架的一部分或固定（一般通过焊接）在底盘机架上，用以支承工具操纵装置。此外，这些推进底座还装有下列几种关键部件：内装液压系统，用以操纵工具的大功率设备；特种变速箱，例如，倒档的最高速度不低于前进档的最高速度的变速箱；液压离合器及转矩变换器；平衡锤；用以增加底座稳定性的加长履带；后置发动机的特制框架等。

○

○ ○

子目注释：

子目 8701.10

参见品目 87.01 注释的第六段及第七段。

子目 8701.30

本子目也包括同时配有车轮与履带的牵引车、拖拉机。

87.02 客运机动车辆，10 座及以上（包括驾驶座）：

10 — 装有压燃式活塞内燃发动机（柴油或半柴油发动机）的车辆

90 — 其他

本品目包括可乘载 10 人及以上（包括驾驶员）的客运机动车辆。

本品目包括公共汽车、无轨电车（由架空电线供电）及飞轮蓄能大客车。飞轮蓄能大客车是根据高速飞轮可积蓄动能，并用以驱动发电机向电动机供电的原理操作的。

本品目还包括只需要更换车轮及锁上方向盘而无需更换发动机即可改成单节轨道车的机动客车。

87.03 主要用于载人的机动车辆（品目 87.02 的货品除外），包括旅行小客车及赛车：

10 — 雪地行走专用车；高尔夫球车及类似车辆

— 装有点燃往复式活塞内燃发动机的其他车辆：

21 — — 气缸容量（排气量）不超过 1000 毫升

22 — — 气缸容量（排气量）超过 1000 毫升，但不超过 1500 毫升

23 — — 气缸容量（排气量）超过 1500 毫升，但不超过 3000 毫升

24 — — 气缸容量（排气量）超过 3000 毫升

— 装有压燃式活塞内燃发动机（柴油或半柴油发动机）的其他车辆：

31 — — 气缸容量（排气量）不超过 1500 毫升

32 — — 气缸容量（排气量）超过 1500 毫升，但不超过 2500 毫升

33 — — 气缸容量（排气量）超过 2500 毫升

90 — 其他

本品目包括各种载人的机动车辆（包括水陆两用机动车辆），但品目 87.02 所列的机动车辆除外。本品目的车辆可装有各种发动机（活塞式内燃机、电动机、汽轮机等）。

本品目也包括结构比较简单的轻型三轮车。例如：

——装有摩托车发动机及车轮等的三轮车。根据其机械结构，它们已具有普通汽车的特征，即装有汽车驾驶系统或倒档及差速器；

——装在T形底盘上的三轮车。这种三轮车底盘的两个后轮是由各自的电池电动机分别驱动的。它们通常用单一的中心控制杆操纵，驾驶员用以使车辆起动、加速、制动、停止或倒退，也可通过对主动轮施加差速力矩或摆动前轮使车辆左转或右转。

本品目的车辆可以是轮式或履带式的。

本品目还包括：

一、汽车（例如，轿车、出租汽车、运动车及赛车）。

二、特种运输车辆，例如，救护车、囚车及灵车等。

三、旅宿汽车（野营汽车等），这是一种专门配有起居设施（例如，卧室、厨房、卫生间等）的载客车。

四、雪地行走专用车（例如，雪地越野汽车）。

五、高尔夫球车及类似车辆。

六、四轮驱动汽车，装有带管式底盘和小汽车式转向机构（例如，利用阿克曼原理工作的转向机构）。

本品目所称的“旅行小客车”，是指最大载客量为9人（包括驾驶员），车内无需作结构上的变动即兼可载运客货的车辆。

本品目的某些机动车辆的归类取决于其某些特征表明这些机动车辆主要用于载运乘客，而非用于载运货物（品目87.04）。这些特征特别有助于确定机动车辆的归类，即其车辆总重一般低于5吨，而且只拥有一个单一的封闭式内部空间，其中一部分容纳驾驶员和乘客，另一部分既可载客，又可载货。这种类型的机动车辆一般称为“多用途”车辆（例如，客货两用车、运动用的多用途车辆和某些类型的轻便小货车）。归入本品目的车辆一般具有以下特征：

（一）在驾驶员和前排乘客后面的空间具有供各人乘坐的固定座位，并带有安全装置（例如，座椅安全带或安装座位安全带的定位点和配件），或具有固定的定位点和配件，以备安装座椅和安全设备；这些座椅可以是固定的、折叠的或可从定位点移走的；

（二）沿车厢两侧带有后窗；

（三）在车厢两侧或后部具有带窗的滑动式、外掀式或提升式车门；

（四）在驾驶员和前排乘客所在区间与后部区间之间没有固定隔板或屏障，其后部区间既可载客，又可载货；

（五）与乘客区间相连的整个车厢内部具有装饰精致、配置舒适的特征（例如，配置地毯、通风设备、内部照明和烟灰缸等）。

游乐园专用的车辆，例如“碰碰车”，应归入品目95.08。

87.04　货运机动车辆(+)：

10　—　非公路用自卸车

—　装有压燃式活塞内燃发动机（柴油或半柴油发动机）的其他货车：

21　——　车辆总重量不超过5吨

22　——　车辆总重量超过5吨，但不超过20吨

23　——　车辆总重量超过20吨

—　装有点燃式活塞内燃发动机的其他货车：

31　——　车辆总重量不超过5吨

32　——　车辆总重量超过5吨

90 —— 其他

本品目主要包括：

普通卡车及货车（平板式、油布篷式、封闭箱式等）；各种送货汽车、搬家具车；配有自动卸货装置的货车（自动卸货车等）；液罐车（不论是否配有泵）；保温或冷藏货车；装运酸坛、丁烷罐等用的多层卡车；配有装卸踏板的低车架重型卡车，供装运液罐、起重或挖掘机器、变压器等用；经专门设计适用于运输新拌混凝土的货车，但不包括品目 87.05 所列的混凝土搅拌运输车；垃圾收集车，不论是否配有装载、压紧、倾倒等装置。

本品目的某些机动车辆的归类取决于其某些特征表明这些机动车辆主要用于载运货物，而非用于载运乘客(品目 87.03)。这些特征特别有助于确定一般情况下其车辆总重低于 5 吨的机动车辆的归类，即这些机动车辆拥有一个通常用于载运货物的独立的封闭式后部空间或敞开式后部平板，其后部也可装有板凳式座位，但不配安全带、定位点或供乘客使用的设施，且可向车厢两侧折叠，以最大限度地利用其后部平板载运货物。这种类型的机动车辆一般称为“多用途”车辆（例如，客货两用车、轻便小货车和某些类型的运动用多用途车辆）。归入本品目的车辆一般具有以下特征：

一、在驾驶员和前排乘客后面的区间虽有板凳式座位，但不带安全装置（例如，座椅安全带或安装座位安全带的定位点和配件）或供乘客使用的设施。这些座位可以折叠或收起，以最大限度地利用其后厢（客货两用车）或独立式平板（轻便小货车）载运货物；

二、具有驾驶员和乘客用的独立车厢和带侧板和落下式后挡板的独立敞开式平板（轻便小货车）；

三、两侧板后面没有窗户；在侧板或后部具有不带窗的滑动式、外掀式或提升式车门，供装卸货物之用（客货两用车）；

四、在驾驶员和前排乘客所在区间与后部区间之间具有固定隔板或屏障；

五、与车辆乘客区间相连的装货区间内部没有装饰精致、配置舒适的特征（例如，配置地毯、通风设备、内部照明和烟灰缸等）。

本品目还包括：

一、自卸车，这种车结构坚固，配有倾卸式或开底式车身，适于运输挖掘料及其他材料。它配有固定式或铰接式底盘，一般装有越野车轮，可在软土地面上作业。本组包括重型及轻型自卸车。轻型自卸车有时设有双向座位（即有两个方向相反的座位或两个方向盘），以便驾驶员可面向车身驾驶车辆进行卸货。

二、梭式矿车，这种车适用于矿山把煤或矿物从采煤机或采矿机运到输送带上。这是一种下置式重型车辆，装有轮胎及活塞式内燃机或电动机，可利用输送带自动卸货，输送带就是车的底板。

三、自动装货车，装有绞车、提升机等装置，但主要用于运输。

四、公路铁路两用货车，这种车经特殊装备，兼可在公路或铁路上行驶。它的公路用车轮可靠在铁路轨道上，车的前部及后部都装有转向架式装置，用千斤顶将该装置举起后，这种车即可在公路上行驶。

配有发动机及驾驶室的机动车底盘也归入本品目。

*
* *

本品目也不包括：

（一）在工厂，仓库、码头或机场用于搬运长形货物或集装箱的跨运车（品目 84.26）。

（二）矿用装载搬运机（品目 84.29）。

（三）运输货物用的摩托车、踏板摩托车、机动脚踏车（品目 87.11）。

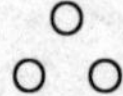

子目注释：

子目 8704.10

自卸车一般可根据其以下特征与其他货物运输车辆（特别是自动卸货车）加以区别：

1. 自卸车的车身是用高强度钢板制造的，其前部伸出，遮住驾驶室顶部，起到保护驾驶室的作用。车身底板的全部或一部分朝后部向上倾斜；

2. 有些自卸车的驾驶室仅为半宽式；

3. 没有轴悬架；

4. 制动能力强；

5. 工作速度及工作区域很有限；

6. 特种沼泽地行驶轮胎；

7. 因其结构坚固，车辆自重与其有效载重量之比不超过 1 ∶ 1.6；

8. 车身可由车辆本身所排废气加热，以防止所载材料粘附或冻结。

但必须注意，某些翻斗车的构造特殊，专门用于矿区或隧道作业，例如，开底式翻斗车。这些翻斗车具有上述某些特征，但没有驾驶室，车身也没有起保护作用的前凸部分。

子目 8704.21、8704.22、8704.23、8704.31 及 8704.32

车辆总重量是指由生产厂家规定作为车辆最大设计载重量能力的车辆使用重量。该重量为车辆自重、最大设计载荷、驾驶员及装满燃油的油箱重量的总和。

87.05　特殊用途的机动车辆（例如，抢修车、起重车、救火车、混凝土搅拌车、道路清洁车、喷洒车、流动工场车及流动放射线检查车），但主要用于载人或运货的车辆除外(+)：

10 —　起重车

20 —　钻探车

30 —　救火车

40 —　混凝土搅拌车

90 —　其他

本品目包括经特制或改装，配有各种装置，使其具有某些非运输性功能的机动车辆，也即本品目所列车辆主要不是用于载人或运货。

本品目包括：

一、机动拖修车，由货车底盘（不论是否装有底板）与非旋转起重机、支架、滑轮、绞车等提升装置配置而成，用于提升及拖带发生事故的车辆。

二、带泵机动车，装有通常由车辆本身的发动机驱动的泵（例如，救火车）。

三、装有云梯或升降平台的车辆，供维修架空电缆、路灯等用；装有可调悬臂及平台的车辆（摄影机移动车），供拍摄电影或电视用。

四、清洁街道、明沟，机场跑道等用的车辆（例如，清扫车、洒水车，洒水清扫车、粪罐车）。

五、配有内装式设备的犁雪车及吹雪车，即经特制专供扫雪用的车辆，这种车一般装有涡轮机及旋转叶片等，由车辆本身的发动机或另设的发动机驱动。

可互换的扫雪或吹雪装置，不论报验时是否装在车上，均不归入本品目（品目 84.30）。

六、各种喷洒车，不论是否配有加热设备，供摊铺沥青或砂砾用，或供农业等用。

七、起重车，这种车不适用于运货，由一个驾驶室及一个旋转起重机固定装在一个机动车底盘上所组成。但配有自动装料装置的货车除外（品目 87.04）。

八、移动式钻机（即装有钻探装置、绞车及其他设备供钻井等用的车辆）。

九、配有堆装机械装置的车辆（即这种车配有可沿垂直支柱移动的平台，该平台一般由车辆本身的发动机驱动）。但本品目不包括装有绞车、升降装置等的自动装货机动车，这种车的结构主要用于运货（品目87.04）。

十、混凝土搅拌车，由一个驾驶室及一个机动车底盘组成，混凝土搅拌机固定装在底盘上。这种车兼可用于搅拌及运输混凝土。

十一、流动发电机组，由一台发电机装在一辆载重汽车上所组成，发电机由车辆本身的发动机或专门的发动机驱动。

十二、流动放射线检查车（例如，装有检查室、暗室及整套的放射设备）。

十三、流动诊疗车（医疗及牙科用），设有手术室，并配有麻醉设备及其他外科器具。

十四、探照灯车，车上装有一部探照灯，由汽车发动机驱动的发电机供电。

十五、户外广播车。

十六、电报、无线电报或无线电话收发车；雷达车。

十七、赛马赌金计算车，装有计算机器，用以自动计算赛马场上的赢面。

十八、流动实验室（例如，用于检验农用机械的操作性能）。

十九、测试车，装有记录仪器，可测定其牵引车的牵引力。

二十、装备齐全的烘面包车（装有揉面器、烘箱等）；野外厨房车。

二十一、工场搬运车，装有各种机器及工具、焊接器具等。

二十二、流动银行车、流动图书馆车、展览货品用的流动展览车。

本品目也不包括：

（一）机动压路机（品目84.29）。

（二）农用滚压机（品目84.32）。

（三）装有辅助发动机的小型流动步行操纵器具（例如，公园、花园等场所用的清洁机及在道路上划线用的器具）（品目84.79）。

（四）旅宿汽车（品目87.03）。

装有工作机器的机动车底盘或货车

必须注意，凡带有起重或搬运机器、土地平整、挖掘或钻探机器等的车辆，至少必须配备下列机械装置，在实质上构成了一台基本完整的机动车底盘或货车，才能归入本品目：推进发动机、变速箱及换档操纵装置、转向及制动装置。

另一方面，装在轮式或履带式底盘上的自推进式机器（例如，起重机、挖掘机），如果上述一种或多种推进或中心部件装在作业机器的驾驶室内，则不论整台机器是否可以依靠自身的动力在道路上行驶，仍应归入品目84.26、84.29或84.30等。

同样，本品目不包括带有轮子的自推进式机器，它的底盘和作业机器经特制相互构成不可分割的成套机械设备（例如，自推进式平路机）。在这种情况下，作业机器不是简单地装在一个机动车底盘上，而是完全与机动车底盘组成一个整体。机动车底盘尽管可装配有上述汽车的关键部件，但只能作为机器部件使用。

但必须注意，配有内装式设备的机动犁雪车或吹雪车一律归入本品目。

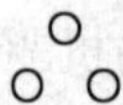

子目注释：

子目8705.10

参见品目87.05注释的第七项。

87.06　装有发动机的机动车辆底盘，品目87.01至87.05所列车辆用

本品目包括装有发动机，传动机构、转向机构及驱动桥（不论是否装有车轮），品目87.01至87.05所列机动车辆用的底盘车架或底盘车身整体式车架（单片式汽车车身或无骨架式车身）。换言之，归入本品目的货品为不带车身的机动车辆。

但本品目的机动车底盘可装有发动机罩、挡风玻璃、叶子板、脚踏板及仪表板（不论是否装有仪表）。机动车底盘不论是否装有轮胎、化油器、蓄电池或其他电气装置，仍应归入本品目。但完整的或基本完整的牵引车、拖拉机或其他车辆不归入本品目。

本品目也不包括：

（一）装有发动机及驾驶室的机动车底盘，不论其驾驶室是否完整（例如，未装有座位的）（品目87.02至87.04）（参见本章注释四）。

（二）未装有发动机的机动车底盘，不论是否装有各种机械零件（品目87.08）。

87.07 机动车辆的车身（包括驾驶室），品目87.01至87.05所列车辆用：

10 — 品目87.03所列车辆用

90 — 其他

本品目包括品目87.01至87.05所列机动车辆用的车身（包括驾驶室）。

本品目不仅包括预备装在机动车底盘上的车身，也包括无底盘车辆的车身（这种车的发动机及驱动桥由车身本身支承）。本品目还包括组合式车身，其底盘的某些部件也装在车身内。

本品目包括各种类型车辆的车身，其范围很广（例如，客车车身、货车车身及特殊用途车辆的车身）。它们一般用钢、轻型合金、木材或塑料制成。

这些车身可以配备齐全（例如，装有仪表板、行李箱、座位、坐垫、地席、行李架及电气装置等各种配件及附件）。

不完整的车身也归入本品目，例如，未装配挡风玻璃或车门等零件的车身或内部装饰及油漆作业尚未完成的车身。

驾驶室（例如，货车、牵引车及拖拉机用的）也归入本品目。

87.08 机动车辆的零件、附件，品目87.01至87.05所列车辆用：

10 — 缓冲器（保险杠）及其零件

— 车身（包括驾驶室）的其他零件、附件：

21 — — 座椅安全带

29 — — 其他

30 — 制动器、助力制动器及其零件

40 — 变速箱及其零件

50 — 装有差速器的驱动桥及其零件，不论是否装有其他传动部件；非驱动桥及其零件

70 — 车轮及其零件、附件

80 — 悬挂系统及其零件（包括减震器）

— 其他零件、附件：

91 — — 散热器及其零件

92 — — 消声器（消音器）、排气管及其零件

93 — — 离合器及其零件

94 — — 转向盘、转向柱、转向器及其零件

95 — — 带充气系统的安全气囊及其零件

99　——其他

本品目包括品目87.01至87.05所列机动车辆的零件及附件，但它们必须同时符合下列两个条件：

一、它们必须可确定为专用于或主要用于上述车辆；以及

二、它们不得列入第十七类注释规定不包括的货品范围（参见相应的总注释）。

本品目的零件及附件包括：

（一）已组装的汽车底盘车架（不论是否装有车轮，但未装有发动机）及其零件（例如，大梁、支架、横梁；悬挂装置；支撑车身、发动机、脚踏板、电池或燃油箱等用的支架及托架）。

（二）车身零件及其配套附件，例如，底板、侧板、前面板、后面板、行李舱等；门及其零件；发动机罩；带框玻璃窗、装有加热电阻器及电气接头的窗、窗框；脚踏板；挡泥板、叶子板；仪表板；散热器护罩；牌照托架；保险杠；转向柱托架；外部行李架；遮阳板；由车辆发动机供热的非电气供暖及除霜设备；固定装在机动车内用以保护人身安全的座位安全带；地毡（纺织材料或未硬化硫化橡胶制的除外）等。尚未具有不完整车身特征的组合体（包括组合式底盘车身），例如，尚未装有车门、挡泥板、发动机罩及后行李箱盖等零件的组合体，应归入本品目，而不应归入品目87.07。

（三）离合器（锥形离合器、盘式离合器、液压离合器、自动离合器等，但品目85.05所列的电磁离合器除外）、离合器外壳、离合器盘、离合器杆及已装配的离合器摩擦片。

（四）各种变速箱（机械式、超速传动式、预选式、电动机械式、自动式等）；变矩转换器；变速箱体；传动轴（但作为发动机内部零件的除外）；小齿轮；直接传动爪形离合器及变速拉杆等。

（五）装有差速器的驱动桥；非驱动桥（前桥或后桥）；差速器箱；行星齿轮机构；轮毂、短轴（轴颈）、短轴托架。

（六）其他传动零件及部件（例如，方向传动轴、半轴；齿轮及齿轮传动装置；滑动轴承；齿轮减速装置；万向节）。但本品目不包括发动机的内部零件，例如，品目84.09的连杆、推杆、气门挺杆以及品目84.83的曲轴、凸轮轴及飞轮。

（七）转向机构零件（例如，转向柱管、转向横拉杆及操纵杆、转向关节系杆；壳体；齿条齿轮传动装置；动力转向机构）。

（八）制动器（蹄式、扇形、盘式等）及其零件（盘、鼓、缸、已装配的制动摩擦片、液压制动器的油箱等）；助力制动器及其零件。

（九）悬挂减震器（摩擦式、液压式等）及其他悬架零件（弹簧除外）、扭杆弹簧。

（十）车轮（压制钢车轮、钢线辐轮等），不论是否装有轮胎；履带式车辆的履带及一组轮子；轮、轮盘、毂盖及轮辐。

（十一）控制装置，例如，转向盘、转向柱、转向器。转向轮轴；变速操纵杆及手刹车操纵杆；加速踏板、制动踏板、离合器踏板；制动器及离合器的连杆。

（十二）散热器、消音器、排气管、燃油箱等。

（十三）离合索缆、制动索缆、油门索缆及类似索缆，由一条软套管套着一条活动的索缆构成。它们报验时已切成一定长度，端部还装有配件。

（十四）带充气系统的各类安全气囊（例如，驾驶员侧气囊、乘客侧气囊、安装在门板内用于侧面撞击保护的气囊、安装在车辆顶板用以对头部进行特别保护的气囊）及其零件。充气系统包括装在一个容器内的点火器及推进剂，用来引起气体膨胀充入气囊。本品目不包括遥感器或电子控制器，因其不能视为充气系统的零件。

本品目不包括品目84.12的液压缸或气压缸。

87.09　短距离运输货物的机动车辆，未装有提升或搬运设备，用于工厂、仓库、码头或机场；火车

站台上用的牵引车；上述车辆的零件：

— 车辆：

11 — — 电动的

19 — — 其他

90 — 零件

本品目包括在工厂、仓库、码头或机场短距离运输各种负载（货物或集装箱）或在火车站月台上拖带小型挂车用的机动车辆。

这种车辆种类很多，大小各异，有些是由蓄电池供电的电动机驱动，有些则是由活塞式内燃机或其他类型的发动机驱动。

本品目的车辆区别于品目 87.01、87.03 或 87.04 所列车辆的一些共同主要特征可归纳如下：

一、这些车辆的结构及其主要设计特点是不适于在马路或其他公用道路上载运客货的。

二、满载时其最高速度一般不超过每小时 30～35 公里。

三、其转弯半径约等于车辆本身的长度。

本品目所列的车辆通常没有封闭式驾驶室，只设有一个工作台，供驾驶员站着驾驶车辆。有些车辆在驾驶员座位的上面装有保护支架及金属护板等。

本品目的车辆可以是步行操纵的。

作业区用货车是一种装有载货平板或容器供运送货物用的机动货车。

一般用于火车站的小型油槽车，不论是否装有辅助泵，也归入本品目。

火车站月台牵引车，主要用于拖带或推动其他车辆（例如，小型挂车）。这种车本身并不载货，一般比品目 87.01 所列的牵引车轻型，牵引能力也较低。这种牵引车也可用于码头、仓库等处。

零　件

本品目也包括本品目所列车辆的零件，但这些零件必须同时符合下列两个条件：

（一）它们必须可确定为专用于或主要用于上述车辆；以及

（二）它们不得列入第十七类注释规定不包括的货品范围（参见相应的总注释）。

本品目包括下列零件：

1. 底盘。

2. 车身、平板、可拆卸的侧栏板、倾卸装置。

3. 车轮，不论是否装有轮胎。

4. 离合器。

5. 变速箱、差速器。

6. 车轴。

7. 转向盘、转向操纵杆。

8. 制动系统及其零件。

9. 离合索缆、制动索缆、油门索缆及类似索缆，由一条软套管套着一条活动的索缆构成。它们报验时已切成一定长度，端部还装有配件。

本品目不包括：

1. 装有起重机的跨式运货车及工作车（品目 84.26）。

2. 装有提升或搬运设备的叉车及其他工作车（品目 84.27）。

3. 翻斗车（品目 87.04）。

87.10　坦克及其他机动装甲战斗车辆，不论是否装有武器；上述车辆的零件本品目包括坦克及其他机动装甲战斗车辆，不论是否配有武器；也包括上述车辆的零件。

坦克是装在履带上的装甲战斗车辆，配有各种武器（炮、机枪、火焰喷射器等）。这些武器通常装在一个旋转炮塔内。有些坦克装有特殊的回转稳定器，以便在坦克运动时能瞄准目标。坦克也可装有扫雷装置，例如，扫雷器（这是一个装在坦克前部悬臂上的转鼓，转鼓上附有两端为球形的链条）或装在坦克前部的一组重型滚筒。

本品目也包括水陆两用坦克。

装甲车行驶较坦克快，也较轻便，不象坦克那样装有重装甲或重炮。有些装甲车只是部分装甲。装甲车主要用于警务、侦察或在战区内供运输用。有些装甲车是履带式的，但大部分装甲车是地轮式的。装甲车可以是水陆两用的（例如，履带式装甲登陆车）。

本品目也包括：

一、装有起重机用以抢修战斗车辆的坦克。

二、装甲补给运输车，一般是履带式的，不论是否装有武器，用以在战区内运输汽油、弹药等。

三、小型遥控坦克，用以向前线战斗车辆及炮兵部队运送弹药。

四、固定装有破坏工事特种设备的装甲车。

五、载人用装甲运输车。

本品目不包括仅装有轻型装甲或可拆卸的辅助装甲的普通车辆（酌情归入品目87.02至87.05）。

自行火炮归入品目93.01；这种火炮的特点是只有在本身不运动时才能发射，火炮本身所能转动的方向也很有限。

零　件

本品目也包括上述车辆的零件，但它们必须同时符合下列两个条件：

（一）它们必须可确定为专用或主要用于上述车辆；以及

（二）它们不得列入第十七类注释规定不包括的货品范围（参见相应的总注释）。

本品目包括：

1．装甲车身及其零件（炮塔、装甲门、发动机罩等）。

2．坦克专用履带。

3．装甲车专用车轮。

4．坦克履带的驱动轮。

5．已加工成可确定为本品目所列车辆零件的装甲钢板。

6．离合索缆、制动索缆、油门索缆及类似索缆，由一条软套管套着一条活动的索缆构成。它们报验时已切成一定长度，端部还装有配件。

87.11 摩托车（包括机器脚踏两用车）及装有辅助发动机的脚踏车，不论有无边车；边车：

10 — 装有往复式活塞内燃发动机，气缸容量（排气量）不超过50毫升

20 — 装有往复式活塞内燃发动机，气缸容量（排气量）超过50毫升，但不超过250毫升

30 — 装有往复式活塞内燃发动机，气缸容量（排气量）超过250毫升，但不超过500毫升

40 — 装有往复式活塞内燃发动机，气缸容量（排气量）超过500毫升，但不超过800毫升

50 — 装有往复式活塞内燃发动机，气缸容量（排气量）超过800毫升

90 — 其他

本品目包括主要供人乘骑的两轮机动车辆。

除普通摩托车以外，本品目还包括踏板摩托车，其特点是车轮较小，车辆的前后两部分由一块踏板连接起来；配有一台内装式发动机及一个脚踏系统的机器脚踏两用车；以及装有辅助发动机的脚踏车。

本品目还包括单人用两轮电动交通工具，用于人行道、小路及自行车道等低速行驶区域。该交通工具上有一个由多个陀螺传感器和机载微处理器构成的系统，它使站立在交通工具上的骑乘者在两个独立而且是非前后串列的轮子上保持平衡。

摩托车可装有驾驶员挡风防雨的装置，也可装有边车。

三轮车（例如，送货三轮摩托车）也归入本品目，但它们不得具有品目 87.03 所列机动车辆的特征（参见品目 87.03 的注释）。

本品目还包括各种边车。这是一种专用于载运客货但不能单独使用的车辆。它的一边装一个车轮，另一边装有一些接合配件，使其附在脚踏车或摩托车上与脚踏车或摩托车并排行驶。

本品目不包括：

（一）载人用四轮驱动汽车，装有带管式底盘和小汽车式转向机构（例如，利用阿克曼原理工作的转向机构）（品目 87.03）。

（二）挂在脚踏车或摩托车上的挂车（品目 87.16）。

87.12　自行车及其他非机动脚踏车（包括运货三轮脚踏车）

本品目包括非机动脚踏车，即装有一个或多个车轮的脚踏车〔例如，自行车（包括儿童用自行车）、三轮脚踏车、四轮脚踏车〕。

除了普通脚踏车以外，本品目还包括下列各种专用车辆：

一、运货三轮车，通常为铰接式，在其两个主导车轮上装有一容器（有时是保温的）。

二、双人自行车。

三、杂技演员专用的独轮脚踏车（单轮脚踏车）及自行车，其特点是车身较轻，装有固定车轮等。

四、残废人专用自行车（例如，装有一种特殊装置，以便用一只脚也能踏动自行车）。

五、后轮轮毂上装有辅助支地轮的自行车。

六、比赛用自行车。

七、四轮车，装有几个座位及几副脚踏板，整部车装在一个轻型构件内。

八、类似自行车的脚踏式踏板车，设计为供儿童、年轻人及成年人骑乘之用，有类似自行车的可调操纵杆及把手、充气车轮、车架及手动刹车，配有一个踏板，设在一个带链条的链轮装置上。

装有边车的脚踏车仍归入本品目，但单独报验的边车除外（品目 87.11）。

本品目也不包括：

（一）装有辅助发动机的脚踏车（品目 87.11）。

（二）儿童脚踏车（儿童自行车除外）（品目 95.03）。

（三）仅适于在游乐场使用的特种脚踏车（品目 95.08）。

87.13　残疾人用车，不论是否机动或其他机械驱动：

10　—　非机械驱动

90　—　其他

本品目包括专用于载运残疾人的载运车、轮椅或类似车辆，不论是否机械驱动。

用机械驱动的残疾人用车通常由一台轻型发动机驱动，或用手操纵一个杠杆或手柄推进装置驱动。其他残疾人专用车则是用手推动或直接用人力操纵车轮推动的。

本品目不包括：

（一）经简单改装供残疾人使用的普通车辆〔例如，汽车装上手动离合器、加速器等（品目 87.03），或自行车装上一种特殊装置，以便能用一只脚踏动（品目 87.12）〕。

（二）担架车（品目 94.02）。

87.14 零件、附件，供品目 87.11 至 87.13 所列车辆用：

10 — 摩托车（包括机器脚踏两用车）用

20 — 残疾人车辆用

— 其他：

91 — — 车架、轮叉及其零件

92 — — 轮圈及辐条

93 — — 轮毂（倒轮制动毂及毂闸除外）；飞轮、链轮

94 — — 制动器（包括倒轮制动毂及毂闸）及其零件

95 — — 鞍座

96 — — 脚蹬、曲柄链轮及其零件

99 — — 其他

本品目包括摩托车（含机器脚踏两用车）、装有辅助发动机的脚踏车、边车、非机动脚踏车及残疾人用车的零件及附件，但它们必须同时符合下列两个条件：

一、它们必须可确定为专用于或主要用于上述车辆；以及

二、它们不得列入第十七类注释规定不包括的货品范围（参见相应的总注释）。

本品目的零件及附件包括：

（一）运货三轮车、边车或残疾人用车的车身及其零件（车篷、车门、底板等）。

（二）底盘车架及其零件。

（三）摩托车的齿轮传动装置、变速箱、离合器、其他传动装置及其零件。

（四）车轮及其零件（轮毂、轮箍、辐条等）。

（五）活轮链轮。

（六）变速齿轮传动机构和其他齿轮传动装置及其零件。

（七）曲柄传动机构及其零件（曲柄轮、曲柄、曲轴等）；脚踏及其零件（踏板轴等）；鞋头夹套。

（八）足蹬起动器、起动杆及其他控制机构。

（九）各种制动器（悬臂闸、夹钳式制动器、轮闸、鼓形闸、盘式制动器、倒轮闸鼓等）及其零件（闸杆、闸瓦夹持器杆、轮闸的闸轮及闸瓦，悬臂闸的轭）。

（十）车把手、车把转柄、手杆柄（用软木、塑料等制成）。

（十一）鞍座、鞍座柱；鞍座罩。

（十二）叉，包括伸缩叉及其零件（叉顶及叉叶等）。

（十三）脚踏车架的管及套接管。

（十四）液压式减震器及其零件。

（十五）挡泥板及其支撑件（支架、固定杆等）。

（十六）反射镜（已装配的）。

（十七）护衣器（品目 56.08 所列的线网除外）；传动链罩；脚踏及护腿板。

（十八）摩托车架。

（十九）踏板摩托车的倾翻罩及备用胎罩。

（二十）消音器及其零件。

（二十一）油箱。

（二十二）挡风玻璃。

（二十三）行李架、灯架、水瓶架。

（二十四）残疾人用车的驱动杆及摇手、靠背及靠背转向柱、脚垫、搁腿架、扶手等。

（二十五）离合索缆、制动索缆、油门索缆及类似索缆，由一条软套管套着一条活动的索缆构成。它们报验时已切成一定长度，端部还装有配件。

87.15　婴孩车及其零件

本品目包括：

一、婴孩车，不论是否折叠式，装有两个或多个车轮，一般用手推动（椅式手推车、手推婴孩车、折叠式婴孩车等）。

二、上述婴孩车的零件，但它们必须同时符合下列两个条件：

（一）它们必须可确定为专用于或主要用于本品目的婴孩车；以及

（二）它们不得列入第十七类注释规定不包括的货品范围（参见相应的总注释）。

本品目包括下列零件：

1. 装在底盘上的车身，包括可拆卸手推婴孩车的车身，这些车身可作摇篮用。
2. 底盘及其零件。
3. 车轮（不论是否装有轮胎）及其零件。

87.16　挂车及半挂车或其他非机械驱动车辆及其零件：

10　—　供居住或野营用厢式挂车及半挂车

20　—　农用自装或自卸式挂车及半挂车

—　其他货运挂车及半挂车：

31　——　罐式挂车及半挂车

39　——　其他

40　—　其他挂车及半挂车

80　—　其他车辆

90　—　零件

本品目包括装有一个或多个车轮，供载运客货用的非机械驱动车辆（前面各品目所列的车辆除外）；还包括未装有车轮的非机械驱动车辆（例如，滑板车、在木制滑道上行驶的特制滑橇等）。

本品目的车辆是用其他车辆(牵引车、卡车、货车、摩托车、自行车等)牵引、用手推或拉动、用脚推动或用畜力拖曳的。

本品目包括：

一、挂车及半挂车

本品目所称的“挂车”及“半挂车”，是指用特殊挂钩装置（不论是否自动）专门挂接在其他车辆上的车辆（边车除外）。

归入本组的挂车中最多的是挂接在机动车辆上使用的挂车。挂车通常装有两副或多副车轮及一个挂钩系统。挂钩系统装在能控制车辆行驶方向的回转前轮上。半挂车仅装有后轮，其前部靠在牵引车的平板上，用一种特殊挂钩装置连接起来。

以下注释中所称的“挂车”包括半挂车。

归入本组的挂车包括：

（一）供居住或野营用厢式挂车（旅行挂车）。

（二）配有自动装载装置的农用自装式挂车，有些还配有草料及玉米秆的切碎装置。

本品目不包括固定与收割设备装在一起，供切割、切碎及运输草料、玉米等用的自装式挂车（品目 84.33）。

（三）运载各种货品（饲料、粪肥等）的自卸挂车。这种挂车装有活动底板，以便卸货；它们配备各种装置（粪肥粉碎机、饲料切碎机等）后便可改装成施肥车、饲料车或运根茎作物的挂车。

（四）其他货运挂车，例如：

1. 油罐挂车（不论是否装有泵）。

2. 农业、市政工程等用的挂车（不论是否自卸式）。

3. 运输易腐货品用的冷藏或保温挂车。

4. 搬家具用的挂车。

5. 运输家畜、小汽车、自行车等用的单层或双层挂车。

6. 经改装用于运输某些货物（例如，平板玻璃）的挂车。

7. 公路铁路两用（联合运输）挂车（主要用作公路挂车，但也可将其装在有导轨的特种铁道货车上进行运输）。

8. 装有导轨用以在公路上运输铁道货车的挂车。

9. 装有装卸踏板供运输重型货物（油罐、起重机、推土机、变压器等）用的低车架挂车。

10. 搬运木材用的两轮或四轮独立式转向车。

11. 运输木材用的伐木搬运挂车。

12. 由脚踏车或摩托车拖带的小型挂车。

（五）其他挂车，例如：

1. 载客用的机动车挂车。

2. 游艺场用大篷车（品目 95.08 所列的车辆除外）。

3. 展览用挂车。

4. 图书馆挂车。

二、手或脚驱动的车辆。

本组包括：

（一）各种手推运货车，包括专用于某种工业（例如，纺织工业、陶瓷工业、乳品加工业等）的手推运货车。

（二）独轮手推车、行李手推车、斗式手推车及自卸手推车。

（三）主要在火车站上使用的食品手推车、手推餐车（品目 94.03 所列的餐车除外）。

（四）处理垃圾等用的两轮手推车。

（五）黄包车。

（六）冰淇淋摊贩用的小型保温手推车。

（七）各种商贩用手推车。这些轻型手推车有时装有充气轮胎。

（八）在山区内运输木材用的手拉雪橇。

（九）“脚蹬雪橇”（Kicksleds），骑乘者用脚直接蹬压雪地加以驱动，主要供在亚北极地区载人之用。

本品目不包括：

（一）助行器，也被称为“助行车”，一般由装有三个或四个轮子（部分或全部可旋转）的金属管框架、扶手及手刹构成（品目 90.21）。

（二）商场用小型带轮购物容器（例如，带轮购物篮），由编织材料、金属等制成，不带底盘（应按其构成材料归类）。

三、畜力拖曳的车辆

本组包括：

（一）御用（礼仪）马车、四轮马车、低轮有篷轻便马车、出租马车、有篷马车。

（二）运柩车。

（三）单座两轮轻便马车。

（四）公园、广场等处用的儿童驴车及小马车。

（五）各种送货车；搬家具用车。

（六）各种两轮畜力车，包括自卸车。

（七）畜力滑撬及雪橇。

装有机器等的车辆

凡固定装有机器或器具的车辆，应按整套设备的基本特征归类。因此，本品目包括以车辆本身为基本特征的设备；另一方面，以所配有的机器或器具为基本特征的设备，不归入本品目。

据此：

一、装有油罐的手推车、畜力车或挂车，不论其是否配有灌油或抽油的辅助泵，均应归入本品目。

二、下列设备不归入本品目，而应按有关机器或器具归类：

（一）品目 84.24 所列的手推车式、畜力车式或挂车式喷雾器。

（二）安装在简单的轮式底盘上以备拖带的机器或器具，例如，移动式泵及压缩机（品目 84.13 及 84.14）及移动式起重机及机动梯（品目 84.26 或 84.28）。

（三）牵引式混凝土搅拌机（品目 84.74）。

零　件

本品目也包括上述车辆的零件，但它们必须同时符合下列两个条件：

（一）它们必须可确定为专用于或主要用于上述车辆；以及

（二）它们不得列入第十七类注释规定不包括的货品范围（参见相应的总注释）。

本品目的零件包括：

1. 底盘及其部件（底架大梁、横梁等）。
2. 车轴。
3. 车身及其零件。
4. 木制或钢制车轮及其零件，包括装有轮胎的车轮。
5. 挂钩装置。
6. 制动器及其零件。
7. 传动轴、旋转杆及类似零件。

*
* *

冬季运动器械，例如，平底雪橇、长雪橇等，不归入本品目（品目 95.06）。

第八十八章　航空器、航天器及其零件

子目注释：

子目 8802.11 至 8802.40 所称“空载重量”，是指航空器在正常飞行状态下，除去机组人员、燃料及非永久性安装设备后的重量。

总　注　释

本章包括气球、飞艇及无动力航空器（品目 88.01）；其他航空器、航天器（包括卫星）及其运载工具（品目 88.02）；某些相关装置，例如，降落伞（品目 88.04）；航空器的发射装置、甲板停机装置及地面飞行训练器（品目 88.05）。根据第十七类注释的规定（参见第十七类总注释），本章也包括上述设备的零件。

不完整或未制成的航空器（例如，未装有发动机或内部设备的航空器），只要它们具有完整品或制成品的基本特征，应按相应的完整或制成的航空器归类。

88.01　气球及飞艇；滑翔机、悬挂滑翔机及其他无动力航空器

一、气球及飞艇

本组包括轻于空气的航空器，不论其用途如何（供军事、运动、科研、宣传等用）。它们包括自由气球或系留气球（即用缆绳系在地面上的气球）及机动飞艇。

本组还包括下列航空或气象用气球：

（一）探测气球，用于把无线电探空仪器送往高空。气球的重量可高达 4500 克，但其一般重量在 350～1500 克之间。

（二）导向气球，释放这种气球是为了表示风速及风向，其重量一般在 50～100 克之间。

（三）测云气球，这些气球较上述（一）及（二）项的气球小，其重量一般在 4～30 克之间，用以测定云的高度。

大多数情况下，气象用气球是用很薄、膨胀度很高的优质橡胶制成。但儿童用的玩具气球不归入本品目（品目 95.03）。这种气球一般可从质量次、充气管短、表面上常印有广告或装饰等方面加以识别。

二、滑翔机及悬挂滑翔机

滑翔机是一种利用气流停在空中的重于空气的航空器。但装有或可装发动机的滑翔机应归入品目 88.02。

悬挂滑翔机主要为三角翼滑翔机，可用一根吊背带将一至两名飞行员悬挂在空中，以便于飞行员进行某些特技飞行。这种滑翔机的三角翼是将材料（一般为纺织材料）绷紧在一个通常为金属管子的硬质结构体上而构成，在其中间装有一根水平的方向操纵杆。其他类型的悬挂滑翔机可以是其他形状的，但其结构和空气动力特性与三角翼滑翔机相类似。

三、其他无动力航空器

本组包括风筝式飞机，它是一种没有机械动力装置并且重于空气的航空器。风筝式飞机象系留气球那样，用一根细绳系于地面上，用以携带气象仪器等。

明显作为玩具的风筝不归入本品目（品目 95.03）。

*

* *

本品目也不包括各种模型，不论是否完全按比例制成，例如，装饰用模型（品目 44.20 或 83.06 等）、专供示范用的模型（品目 90.23）或娱乐用的玩具或模型（品目 95.03）。

88.02 其他航空器（例如，直升机、飞机）；航天器（包括卫星）及其运载工具、亚轨道运载工具：

— 直升机：

11 — — 空载重量不超过 2000 千克

12 — — 空载重量超过 2000 千克

20 — 飞机及其他航空器，空载重量不超过 2000 千克

30 — 飞机及其他航空器，空载重量超过 2000 千克，但不超过 15000 千克

40 — 飞机及其他航空器，空载重量超过 15000 千克

60 — 航天器（包括卫星）及其运载工具、亚轨道运载工具

本品目包括：

一、重于空气的机动航空器。本组包括飞机（陆上飞机、水上飞机及水陆两用飞机）、旋升飞机（配有一个或多个水平旋翼在立轴上自由旋转）及直升机（配有一个或多个机动旋翼）。

上述飞机适用于军事、载运客货或训练、航空摄影、农业工作、救援、灭火等方面，也可供气象学或其他科研用。

由地面或其他航空器控制的无线电制导航空器应归入本品目；经特制可用作道路车辆的航空器也归入本品目。

二、航天器，这是一种能在地球大气层外运行的载运飞行器（例如，无线电通讯卫星或气象卫星）。

三、航天器运载工具，其作用是将一个给定有效载荷送上绕地球运行的轨道（“卫星运载工具”）或使其在地球以外的重力场作用下降落（“航天器运载工具”）。这些运载工具在主动飞行结束时可使其有效载荷获得超过 7000 米／秒的极限速度。

四、亚轨道运载工具，它在地球大气层外沿一抛物型轨道运行，通常带有科研或其他技术用途的仪器设备，不论其有效载荷是否可回收。当有效载荷脱离后，这类运载工具就不给出 7000 米／秒的极限速度。有效载荷回落到地面时经常使用降落伞，以便回收。

但本品目不包括军用运载火箭、导弹（例如，“弹道导弹”）及其他对有效载荷不给出 7000 米／秒极限速度的类似武器（品目 93.06）。它们按一抛物型轨道运载武器（例如，炸药、次武器、化学药品），并使有效载荷与目标发生撞击。

本品目也不包括：

（一）模型，不论是否完全按比例制成，例如，装饰用模型（品目 44.20 或 83.06 等）或专供示范用的模型（品目 90.23）。

（二）娱乐用的玩具或模型（品目 95.03）。

88.03 品目 88.01 或 88.02 所列货品的零件：

10 — 推进器、水平旋翼及其零件

20 — 起落架及其零件

30 — 飞机及直升机的其他零件

90 — 其他

本品目包括归入品目 88.01 或 88.02 所列货品的零件，但它们必须同时符合下列两个条件：

一、它们必须可确定为专用于或主要用于上述品目所列货品；以及

二、它们不得列入第十七类注释规定不包括的货品范围（参见相应的总注释）。

本品目的零件包括：

（一）气球及飞艇的零件，例如：

1．吊篮、吊舱。

2．气囊及其零件（支板或蒙皮）。

3．承载铁环。

4．副气囊。

5．刚架及其构件。

6．稳定器及方向舵。

7．飞艇的推进器。

（二）航空器（包括滑翔机及风筝式飞机）**的零件**。例如：

1．飞机机身；机身体段；机身的内部或外部零件（雷达天线罩、机身末端、流线型壳罩、机身面板、隔板、行李舱、地板、仪表板、框架、门、紧急滑梯、窗、舷窗等）。

2．机翼及其部件（翼梁、翼肋、横梁）。

3．控制面，不论是否活动式（副翼、前缘缝翼、阻流板、折翼、升降舵、方向舵、稳定器、伺服调整片等）。

4．机舱、整流罩、发动机吊舱及吊架。

5．起落架（包括制动器及制动系统）及其收起设备；轮子（不论有无轮胎）；起落橇。

6．水上飞机浮筒。

7．螺旋桨、直升飞机及旋翼飞机的水平旋翼；螺旋桨叶及旋转机翼；螺旋桨及水平旋翼的桨距调节机构。

8．操纵杆（控制杆、方向舵脚蹬及其他各种操纵杆）。

9．油箱，包括副油箱。

88.04　降落伞（包括可操纵降落伞及滑翔伞）、旋翼降落伞及其零件、附件

本品目包括降落人员、军事给养及装备、气象仪器、照明弹等用的降落伞；某些降落伞可用作尾伞，以便于喷气式航空器减速。根据其用途不同，降落伞有各种规格，可用丝绸、化学纤维材料、亚麻布、棉布、纸等材料制成。

供人员降落用的普通降落伞，其上部装有一个小型引导伞，当把开伞索往下拉时，引导伞即可打开，再由引导伞把主伞伞衣打开。主伞伞衣上系有若干吊伞索，吊伞索末端集中在一起，连接在两条或多条跳伞员背带上，背带上装有带扣及弹簧钩。引导伞、主伞伞衣及吊伞索均精心装在一个伞包内，可用开伞索将其打开。

本品目也包括滑翔伞，一种设计成本身能从山上或崖顶等地飞出的物品。它是由一个折叠伞盖或大罩（翼）、数条在气流中操纵方向的吊伞索及一条飞行员用的吊带构成。

然而，尽管滑翔伞与降落伞相似，但其空气动力特性却不一样，因为在某些条件下，如果气流允许，滑翔伞可以划出一条上升弹道。

本品目也包括旋翼降落伞，这种降落伞装有一种旋翼装置，在气象学中用以控制火箭发射无线电测空仪器的降落。

本品目还包括降落伞的零件及附件，例如，伞包、降落伞背带、打开降落伞用的弹簧架以及旋翼降落伞的零件及附件。

88.05 航空器的发射装置、甲板停机装置或类似装置和地面飞行训练器及其零件：
10 — 航空器的发射装置及其零件；甲板停机装置或类似装置及其零件
— 地面飞行训练器及其零件：
21 —— 空战模拟装置及其零件
29 —— 其他

本品目包括三种类型完全不同的货品，即：

一、航空器发射装置

航空器发射装置一般适用于船上，为一个引导飞机等起飞的金属结构体。航空器起飞时所需的加速度是由压缩空气、蒸汽、筒式炸药等作用于载有飞机的起动车或弹射装置而提供的。

本品目不包括：

（一）滑翔机起飞用的机动绞车装置（品目84.25）。

（二）火箭的倾斜发射装置或发射塔。它们仅用以引导火箭起飞，并不加以推进，火箭是依靠自身的动力爬升的（品目84.79）。

二、甲板停机装置或类似装置

这类装置用于航空母舰及某些飞机场上，用以在飞机等着陆时使其减速，以便缩短飞机等降落停机所需跑道的长度。

但本品目不包括其他设备，例如，安全设备（如保护网）。

三、地面飞行训练器

训练飞行员用的地面飞行训练器有如下几种：

（一）电子式飞行模拟器。这种设备可用多种电子装置模拟各种飞行条件，把与飞行条件相关的“触觉”与读数正确加以综合，并馈入控制装置。**空战模拟装置**是指通过模拟飞行时的空战条件以训练飞机驾驶员用的任何电子或机械系统。

这种设备如装在机动车辆底盘或挂车上，则应分别归入品目87.05或87.16（参见品目87.16的注释）。

（二）名为“林克式地面飞行训练器”的设备，为装在底座上的一个小型驾驶机舱，内部装备与飞机驾驶舱一样，使学习飞行的人能作正常飞行所要求的各种飞行动作。

零　件

本品目也包括上述货品的零件，但它们必须同时符合下列两个条件：

1. 它们必须可确定为专用于或主要用于上述货品；以及

2. 它们不得列入第十七类注释规定不包括的货品范围（参见相应的总注释）。

*

* *

但本品目不包括主要用于记录飞行员在恶劣飞行条件下（例如，高速、缺氧等）所作反应的装置；这种装置（例如，装在旋转臂上模拟超音速飞行的座舱）实际上是一种反射能力测试装置，因此应归入品目90.19。

非供飞行员飞行训练专用，仅适用于对机组人员进行一般教学的设备（例如，大型回转仪模型）也不归入本品目（品目90.23）。

第八十九章 船舶及浮动结构体

注释：

已装配、未装配或已拆卸的船体、未完工或不完整的船舶以及未装配或已拆卸的完整船舶，如果不具有某种船舶的基本特征，应归入品目 89.06。

总 注 释

本章包括船、艇及其他各种船舶（不论是否自航的）和浮动结构体，例如，潜水箱、浮码头、浮筒等。本章也包括专供在水上（海洋、港湾、湖泊）行驶的气垫运输工具（气垫船），不论其是否能够在海滩或浮码头登陆，或是否能够在冰上行驶（参见第十七类注释五）。

本章还包括：

一、未制成或不完整的船舶（例如，未装配动力装置、导航仪器、起重或搬运机器、内部设施等的船舶）。

二、用各种材料制成的船体。

报验时未装配或已拆卸的完整船舶、船体，以及未制成或不完整的船舶（不论是否已装配），如果具有某种船舶的基本特征，应作为该种船舶归类；否则应归入品目 89.06。

与第十七类其他各章所列运输设备的规定相反，本章不包括单独报验的所有船舶或浮动结构体的零件（船体除外）及附件；即使它们可明显确定为船舶或浮动结构体的零件及附件，也不包括在内。这些零件及附件应归入本协调制度其他适当的品目，例如：

（一）第十七类注释二所指的零件及附件。

（二）木制的橹及桨（品目 44.21）。

（三）纺织材料制的缆绳（品目 56.07）。

（四）帆（品目 63.06）。

（五）具有品目 73.08 所列金属结构体特征的船桅、舱口、舷梯、栏杆、舱壁及船体的零件。

（六）钢铁制的缆索（品目 73.12）。

（七）钢铁制的锚（品目 73.16）。

（八）推进器及明轮（品目 84.87）。

（九）舵（品目 44.21、73.25、73.26 等）及其他船舶转向及操舵装置（品目 84.79）。

下列货品也不归入本章：

1. 观赏用船舶模型（例如，西班牙大帆船及其他帆船）（品目 44.20、83.06 等）。
2. 品目 90.23 所列的示范装置或模型。
3. 鱼雷、水雷及类似军需品（品目 93.06）。
4. 儿童乘骑的带轮玩具船舶及其他玩具（品目 95.03）。
5. 滑水橇及类似品（品目 95.06）。
6. 旋转木马或其他游乐场娱乐设备用的小船（品目 95.08）。
7. 超过一百年的古物（品目 97.06）。

兼可在陆地及某种水域（沼泽地等）上行驶的水陆两用机动车辆及气垫车辆，应作为机动车辆归入第八十七章；水上飞机及飞船应归入品目 88.02。

89.01　巡航船、游览船、渡船、货船、驳船及类似的客运或货运船舶：

10　—　巡航船、游览船及主要用于客运的类似船舶；各式渡船

20　—　液货船

30　—　冷藏船，但子目 8901.20 的船舶除外

90　—　其他货运船舶及其他客货兼运船舶

本品目包括所有客运及货运船舶，但不包括品目 89.03 所列的船舶、救生艇（划艇除外）、运兵船及医院船（品目 89.06）；上述船舶适用于海上航运或内河航远（例如，在湖泊、运河、河流、港湾等地方的航运）。

本品目包括：

一、巡航船及游览船。

二、各种渡船，包括火车渡轮、汽车渡轮及小型过河渡轮。

三、油船（用于载运汽油、甲烷、酒等）。

四、运输肉类、水果等用的冷藏船。

五、各种货船（油船及冷藏船除外），不论是否专用于运输某种货物，包括矿砂船及其他散货船（用于运输谷物、煤等）、集装箱运货船、滚装船（水平装卸集装箱船）及龙门吊式载驳货船。

六、各种驳船及客货兼运平底船。

七、水上滑翔机式船舶、水翼船及气垫船。

89.02　捕鱼船；加工船及其他加工保藏鱼类产品的船舶

本品目包括各种海上或内陆水域商业捕鱼用的捕鱼船，但不包括捕鱼用划船（品目 89.03）。这些捕鱼船包括拖网渔船及金枪鱼捕鱼船。

本品目还包括加工船（用以保藏鱼类等）。

通常在旅游季节供旅游用的捕鱼船也归入本品目。

但运动用捕鱼船不归入本品目（品目 89.03）。

89.03　娱乐或运动用快艇及其他船舶；划艇及轻舟(+)：

10　—　充气的

—　其他：

91　— —　帆船，不论是否装有辅助发动机

92　— —　汽艇，但装有舷外发动机的除外

99　— —　其他

本品目包括各种娱乐或运动用船舶，以及各种划艇及轻舟。

本品目包括游艇、喷水推进艇及其他帆船和汽艇、小艇、皮船、短桨划船、轻舟、脚踏船、运动用捕鱼船、可折叠或拆卸的充气式小艇及橡皮艇。

本品目还包括划桨救生艇（归入品目 89.06 的救生艇除外）。

但风帆滑水板不归入本品目（品目 95.06）。

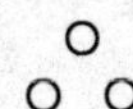

子目注释：

子目 8903.92

“舷外发动机”的解释，参见品目84.07的注释。

89.04　拖轮及顶推船

本品目包括：

一、拖轮。这种船舶主要用于拖带其他船舶，适于海上或内河航行。拖轮与其他船舶的区别在于它的船体外形特殊，并经特别加固；它的发动机功率特别大，超出船舶本身需要；它的甲板上装有各种装置，用以携带拖缆等。

二、顶推船。这种船舶专用于顶推平底船、驳船等，其主要特征是狮子鼻式的船头（供顶推用）及其高架驾驶室（有时可伸缩）。

本品目也包括兼可用作顶推船及拖轮的“顶推拖轮”。象顶推船一样，它同样有狮子鼻式的船头，但其船尾是倾斜着向外延伸的，可拖带驳船等。

救助遇险船舶用的拖轮也归入本品目。

本品目的船舶不适用于客货运输，但可装配灭火、泵送及货物加热等特种辅助设备。消防船不归入本品目（品目89.05）。

89.05　灯船、消防船、挖泥船、起重船及其他不以航行为主要功能的船舶；浮船坞；浮动或潜水式钻探或生产平台：

10　—　挖泥船

20　—　浮动或潜水式钻探或生产平台

90　—　其他

本品目包括：

一、灯船、消防船、挖泥船、起重船及其他不以航行为主要功能的船舶

这些船舶通常在固定地点执行其主要功能。它们包括：灯船；海底钻探船；消防船；各种挖泥船（例如，抓斗式或吸扬式挖泥船）；打捞沉船用的打捞船；固定停泊的航空救生船；深海生物调查潜艇；装有起重或搬运机器（例如，悬臂起重机、其他起重机、谷物提升机）的起重船及明显用作这些机器底座的浮船。

本组也包括水上住宅船、洗衣船及浮动工厂。

二、浮船坞

浮船坞是一种浮动修理厂，用以代替干船坞。

浮船坞一般为由一个平台及两个侧壁组成的U形横断面结构体，设有泵房，使其能部分浸没在水中，以便待修理的船舶驶进船坞。有些浮船坞可以拖带。

有一种浮船坞的功能与上述浮船相似，但装有大功率发动机，可自动推进，用以修理或运输水陆两用车辆及其他运输工具。

三、浮动或潜水式钻探或生产平台

这些平台一般用于勘探或开采海底储藏的石油或天然气。它们除装有悬臂起重机、其他起重机、泵、水泥灌浆设备，贮塔等钻探或生产设备以外，还设有工作人员居住区。

这些平台是被拖带（有些则可自动推进）到勘探或生产地点的，有时它也能从某一地点浮动到另一地点，其主要类型有：

（一）自升式平台。除作业平台本身以外，这种平台还配有各种装置（船体、沉箱等），以便自身浮起；另外还配有可伸缩支架，以便在工作地点降下，支撑在海床上，并使作业平台升到水平面上。

（二）潜水式平台。这种平台的底层结构在工作地点潜入水下，它的压载舱沉在海床上，以使水平面上的作业平台保持高度稳定，压载舱装有套筒或桩柱，可较深地插入海床中。

（三）**半潜式平台**。这种平台类似于潜水式平台，所不同的是其潜入水中的部分并不下沉到海床上。工作时可用锚链或动力定位设备将浮动平台保持在固定的位置上。

勘探或开采海底石油或天然气用的非浮动式或非潜水式固定平台不归入本品目（品目 84.30）。

本品目也不包括渡船（品目 89.01）、鱼类产品加工船（品目 89.02）、海底电缆敷设船及气象船（品目 89.06）。

89.06 其他船舶，包括军舰及救生船，但划艇除外：

10 — 军舰

90 — 其他

本品目包括品目 89.01 至 89.05 未具体列名的各种船舶。

它们包括：

一、各种军舰，它们包括：

（一）配备各种进攻性武器及防卸性武器，并装有防弹板（例如，装甲钢板或多层水密舱壁）或水下装置（防磁探雷器）的军用船舶。这些船舶一般还配有探测及监听装置，例如，雷达、声纳、红外线探测装置及无线电发射保密装置。

这些船舶与商船有下列区别：航速高，操纵灵活；船员多；油舱大；设有海上运输及使用弹药用的特种弹药舱。

（二）某些虽未携带武器或未装有装甲钢板，但仍可确定为完全或主要供作战用的特种船舶，例如，登陆艇、舰队辅助船只（用于运输弹药或鱼雷等）、军队运兵船。

（三）潜艇。

二、具有军舰的某些特征，但供政府部门（例如，海关及警察）使用的船舶。

三、装在船上的救生艇，以及停泊在沿海某些地点上供救助遇险船舶用的救生船。但划桨推进的救生艇应归入品目 89.03。

四、科学考察船；实验船；气象船。

五、运输及系泊浮筒用的船舶；敷设海底电信电缆等用的放缆船。

六、引航船。

七、破冰船。

八、医院船。

九、处理河港挖掘物等用的底卸式平底船。

本品目还包括“拖囊”，即（利用简单拖带）运输流体及其他货品用的可折叠漂浮运输工具，它由涂布织物制的软质容器构成，可根据其外形（一般象一支雪茄烟）及其所配有的稳定器、牵引装置及浮力管等各种装置加以确定。

本品目也不包括：

（一）驳船（运载客货用的平底船）（品目 89.01）。

（二）明显用作浮吊底座的船体（品目 89.05）。

（三）支撑临时桥梁等用的空心圆筒式浮舟，以及各种筏（品目 89.07）。

89.07 其他浮动结构体（例如，筏、柜、潜水箱、浮码头、浮筒及航标）：

10 — 充气筏

90 — 其他

本品目包括不具有船舶特征的某些浮动结构体。它们在使用时一般是固定的。它们包括：

一、支撑临时桥梁的空心圆筒式浮舟，但具有船舶特征的平底船除外（品目89.01或89.05）。

二、盛装活甲壳类动物或活鱼用的浮柜。

三、在某些港口内向船舶供应燃油、水等用的浮柜。

四、潜水箱，一种供建桥等用的浮箱。

五、浮码头。

六、浮筒，例如，系泊浮筒、标志浮标、灯标或装钟浮标等。

七、指示航道及标明航行危险等用的航标。

八、打捞沉船用的再浮器。

九、扫水雷器，一种扫雷用浮体。

十、各种筏，包括遇海水即可自动充气，适用于承载失事船舶上的人员的环形筏。

十一、作坞门用的浮动结构体。

本品目不包括：

（一）潜水钟，这是一种利用外部装置（即提升装置）升陆的金属箱。一般应归入品目84.79。

（二）安全带及救生衣（应按其构成材料归类）。

（三）风帆滑水板（品目95.06）。

89.08　供拆卸的船舶及其他浮动结构体

本品目仅包括报验时供拆卸用的品目89.01至89.07所列的船舶及其他浮动结构体。这些船舶及浮动结构体已废弃或损坏，其仪器、机器等可在报验前已经拆除。

第十八类 光学、照相、电影、计量、检验、医疗或外科用仪器及设备、精密仪器及设备；钟表；乐器；上述物品的零件、附件

第九十章 光学、照相、电影、计量、检验、医疗或外科用仪器及设备、精密仪器及设备；上述物品的零件、附件

注释：

一、本章不包括：

（一）机器、设备或其他专门技术用途的硫化橡胶（硬质橡胶除外）制品（品目 40.16）、皮革或再生皮革制品（品目 42.05）或纺织材料制品（品目 59.11）；

（二）纺织材料制的承托带及其他承托物品，其承托器官的作用仅依靠自身的弹性（例如，孕妇用的承托带，用于胸部、腹部、关节或肌肉的承托绷带）（第十一类）；

（三）品目 69.03 的耐火材料制品；品目 69.09 的实验室、化学或其他专门技术用途的陶瓷器；

（四）品目 70.09 的未经光学加工的玻璃镜及品目 83.06 或第七十一章的非光学元件的贱金属或贵金属制的镜子；

（五）品目 70.07、70.08、70.11、70.14、70.15 或 70.17 的货品；

（六）第十五类注释二所规定的贱金属制通用零件（第十五类）或塑料制的类似品（第三十九章）；

（七）品目 84.13 的装有计量装置的泵；计数和检验用的衡器或单独报验的天平砝码（品目 84.23）；升降、起重及搬运机械（品目 84.25 至 84.28）；纸张或纸板的各种切割机器（品目 84.41）；品目 84.66 的用于机床上调整工件或工具的附件，包括具有读度用的光学装置的附件（例如，“光学”分度头），但其本身主要是光学仪器的除外（例如，校直望远镜）；计算机器（品目 84.70）；品目 84.81 的阀门及其他装置；品目 84.86 的机器及装置（包括将电路图投影或绘制到感光半导体材料上的装置）；

（八）自行车或机动车辆用探照灯或聚光灯（品目 85.12）；品目 85.13 的手提式电灯；电影录音机、还音机及转录机（品目 85.19）；拾音头或录音头（品目 85.22）；电视摄像机、数字照相机及视频摄录一体机（品目 85.25）；雷达设备、无线电导航设备或无线电遥控设备（品目 85.26）；光导纤维、光导纤维束或光缆用连接器（品目 85.36）；品目 85.37 的数字控制装置；品目 85.39 的封闭式聚光灯；品目 85.44 的光缆；

（九）品目 94.05 的探照灯及聚光灯；

（十）第九十五章的物品；

（十一）容量的计量器具（按其构成的材料归类）；或

（十二）卷轴、线轴及类似芯子（按其构成材料归类，例如，归入品目 39.23 或第十五类）。

二、除上述注释一另有规定的以外，本章各品目所列机器、设备、仪器或器具的零件、附件，应按下列规定归类：

（一）凡零件、附件本身已构成本章或第八十四章、第八十五章或第九十一章各品目（品目 84.87、85.48 或 90.33 除外）所包括的货品，应一律归入其相应的品目；

（二）其他零件、附件，如果专用于或主要用于某种或同一品目项下的多种机器、仪器或器具（包括品目 90.10、90.13 或 90.31 的机器、仪器或器具），应归入相应机器、仪器或器具的品目；

（三）所有其他零件、附件均应归入品目 90.33。

三、第十六类注释三及四的规定也适用于本章。

四、品目 90.05 不包括武器用望远镜瞄准具、潜艇或坦克上的潜望镜式望远镜及本章或第十六类的机器、设备、仪器或器具用的望远镜；这类望远镜瞄准具及望远镜应归入品目 90.13。

五、计量或检验用的光学仪器、器具或机器，如果既可归入品目 90.13，又可归入品目 90.31，则应归入品目 90.31。

六、品目 90.21 所称"矫形器具"，是指下列用途的器具：

预防或矫正躯体畸变；　或

生病、手术或受伤后人体部位的支撑或固定。

矫形器具包括用于矫正畸形的鞋及特种鞋垫，但需符合下列任一条件：

（一）定制的；

（二）成批生产的，单独报验、且不成双的，设计为左右两脚同样适用。

七、品目 90.32 仅适用于：

（一）液体或气体的流量、液位、压力或其他变化量的自动控制仪器及装置或温度自动控制装置，不论其是否依靠要被自动控制的因素所发生的不同的电现象来进行工作的，它们将要被自控的因素调到并保持在一设定值上，通过持续或定期测量实际值来保持稳定，修正任何偏差；以及

（二）电量自动调节器及自动控制非电量的仪器或装置，依靠要被控制的因素所发生的不同的电现象进行工作的，它们将要被控制的因素调到并保持在一设定值上，通过持续或定期测量实际值来保持稳定，修正任何偏差。

总　注　释

一、本章总的内容及安排

本章包括范围很广的各种仪器及设备，一般来说，它们均具有深加工和高精度的特征；主要供科学研究（实验室研究工作、科学分析、天文学研究等）、各种专业技术或工业方面（计量、检验、监测等）及医疗方面使用。

本章主要包括：

（一）各种光学元件及光学仪器和器具，不仅包括品目 90.01 及 90.02 的简单光学元件，也包括从品目 90.04 的眼镜到用于天文学、照相、电影及显微观察的复杂光学仪器。

（二）某些具有特殊用途（测量、气象、绘图、计算等）的仪器及器具。

（三）医疗、外科、牙科或兽医用仪器及设备，以及与其相关的放射性治疗、机械治疗、氧气治疗、矫形和修复治疗等用的仪器及设备。

（四）测试材料用机器、仪器及设备。

（五）实验室用的仪器及设备。

（六）各种测量、检验及自动控制用的仪器及设备，不论其是光学的或电气的，特别是按照本章注释七的规定属于品目 90.32 的仪器及设备。

某些这类仪器是在有关品目中具体列名的，例如，复式光学显微镜（品目 90.11）、电子显微镜（品目 90.12）；其他仪器及设备则在有关品目中按具体学科、工业部门等作一般列名（例如，品目 90.05 的天文仪器、品目 90.15 的测量仪器及器具以及品目 90.22 的 X 光等射线的应用设备）。本章也包括用于医疗、外科、牙科或兽医的真空设备（品目 90.18）。

一般来说，本章包括的均为精密仪器及装置；但也有某些例外，例如，本章也包括普通护目镜（品目 90.04），简单的放大镜及不放大影像的潜望镜（品目 90.13），以及不论其精确度如何的分度尺和学生用尺（品目 90.17）、带装饰性的温度计（品目 90.25）。

除本章注释一另有规定的以外（例如，橡胶或皮革制的垫圈及仪表用的皮革膜片），本章的仪器、设备及其零件可用任何材料（包括贵金属或包贵金属，以及天然、合成或再造的宝石或半宝石）制成。

二、不完整或未制成的机器、设备等

〔参见归类总规则的规则二（一）〕

不完整或未制成的机器、器具、仪器或设备，只要具有相应的完整品或制成品的基本特征（例如，在报验时为未装光学元件的照相机或显微镜，以及未装累计装置的电表），即应作为完整品或制成品归类。

三、零件及附件

（本章注释二）

除本章注释一另有规定的以外，凡可确定为专用于或主要用于本章机器、器具、仪器或设备的零件及附件，应与相应的机器、器具等一同归类。

但上述的一般规则不适用于：

（一）零件及附件本身已构成本章或第八十四章、第八十五章、第九十一章某一品目的物品（品目 84.87、85.48 或 90.33 的除外）。例如，电子显微镜用的真空泵仍应作为泵归入品目 84.14；变压器、电磁铁、电容器、电阻器、继电器、电灯泡及电子管等仍归入第八十五章；品目 90.01 或 90.02 的光学元件，不论其将装配在何种仪器或设备上，均应归入前述两品目；钟表机芯则一律归入第九十一章；照相机即使其结构为专门用于其他仪器上的（例如，与显微镜、频闪观测仪等配套使用），仍归入品目 90.06。

（二）同时适用于本章不同品目的多种机器、器具、仪器或设备的零件及附件，应归入品目 90.33，除非其本身已构成其他品目具体列名的完整仪器等〔参见上述（一）款〕。

四、多功能或组合的机器、装置等；功能机组

（本章注释三）

本章注释三明确规定，第十六类注释三及四的规定也适用于本章（参见第十六类总注释的第六及第七部分）。

一般来说，多功能机器应按机器的主要功能归类。

多功能机器能够进行多种操作。

如果不能确定机器的主要功能，而且根据第十六类注释三的规定，也没有作出明确要求的条文，则可运用归类总规则三（三）进行归类。

组合的机器或装置是由两台或多台不同类型的机器或装置组成的整套设备，各台机器可同时或序贯执行各自的功能，这些功能一般是互补的，不同的功能列在本章的不同品目中。这种组合的机器或装置也应按其主要功能归类。

在执行上述规定时，各种不同的机器或装置如果是一台机器装在另一台机器的内部或上面，或者两者装在同一个底座、支架之上或同一个机壳之内，应作为一个整体对待。

对于一组机器或装置，除非其各台机器或装置是永久性连在一起，或装在同一个底座、支架上或机壳内，否则不能作为一个整体对待。临时组合使用的或通常在结构上不视为组合机器或装置的机器组合体也不能作为一个整体对待。

这些机器或装置的底座、支架或机壳可以装有轮子，以便在使用时可随意移动，但不能因此而构成本协调制度某一品目具体列名的一种物品（例如，车辆）。

地板、混凝土底座、墙、隔板、天花板等，即使经专门装配以备安装机器或装置，也不能视为是将有关机器或装置连成一体的共同底座。

当组合的机器或装置本身就可归入某个特定品目时，无需引用第十六类注释三的规定。

本章包括作为功能机组的由电气（含电子）仪器或装置构成的模拟或数字遥测系统，它们主要有：

（一）发送端的各种设备：

1. 一次探测器（变换器、发射器、模拟数字转换器等），用以将各种性质的被测参数转换成一种等比例的电流、电压或数字信号。

2. 测量放大、收发基本设备，用以在必要时将电流、电压或数字信号增大到脉冲或调频发射器所需的强度。

3. 脉冲或调频发射器，用以将模拟或数字信号传输到另一接收站。

（二）接收端的各种设备：

1. 脉冲、调频或数字信号接收器，用以将收到的信号转换成模拟或数字信号。

2. 测量放大器或转换器，用以在必要时放大模拟或数字信号。

3. 指示或记录仪器，用于标定原始参数并配有机械指针式或光电式显示器。

遥测系统主要应用于石油及天然气生产、各种生产管道、水管、煤气管及下水管设施，以及环境监测系统。

遥感脉冲信号的有线或无线收发设备仍应归入其各自相应的品目（酌情归入品目85.17、85.25、或85.27），除非它们与上述（一）、（二）两款的仪器或设备组成一体或与之一起构成第九十章注释三所述的功能机组时，才随整机或整套仪器或设备归入本章。

*

* *

除在有关注释中注明不包括的货品以外，本章还不包括下列货品：

（一）机器、设备或其他专门技术用途的某些物品，以硫化橡胶（硬质橡胶除外）制成的（品目40.16）、以皮革或再生皮革制成的（品目42.05）或以纺织材料制成的（品目59.11）。

（二）第十五类注释二所指的贱金属制通用零件（第十五类）及以塑料制成的类似品（第三十九章）。

（三）升降、搬运机械（品目84.25至84.28及84.86）；品目84.66所列的用于机床或水射流切割机上调整工件或刀具的配件，包括具有光学读度装置的配件（例如，“光学分度头”），但其本身主要是光学仪器的除外（例如，校直望远镜）；雷达设备、无线电导航设备及无线电遥控设备（品目85.26）。

（四）安装有本章所列仪器或设备的航天器（品目88.02）。

（五）第九十五章的玩具、游戏品、运动用品及其他物品，以及它们的零件及附件。

（六）容量的计量器具，按其构成材料归类。

（七）卷轴、卷筒及类似的芯轴（按其构成材料归类，例如，归入品目39.23或第十五类）。

90.01　光导纤维及光导纤维束；光缆，但品目85.44的货品除外；偏振材料制的片及板；未装配的各种材料制透镜（包括隐形眼镜片）、棱镜、反射镜及其他光学元件，但未经光学加工的玻璃制上述元件除外：

10　—　光导纤维、光导纤维束及光缆

20　—　偏振材料制的片及板

30 —　隐形眼镜片
40 —　玻璃制眼镜片
50 —　其他材料制眼镜片
90 —　其他

本品目包括：

一、光导纤维、光导纤维束及不归入品目 85.44 的光缆。

光导纤维是由折射率不同的玻璃或塑料同轴物构成，由玻璃抽丝制成的光导纤维覆有一层肉眼看不到的塑料薄层，以使纤维不易折断，光导纤维报验时通常绕于卷轴上，长度可达几公里，用于制造光导纤维束及光缆。

刚性的光导纤维束是将纤维整条用粘合剂粘合在一起，而挠性的光导纤维束则仅将纤维束的端头捆扎成束。有序排列的光导纤维束可用于传输影像，而无序排列的光导纤维束只能用于传输照明光。

本品目的光缆（可带有接头）是由有包皮的一束或多束光导纤维束构成，但其中的各单根纤维均未被覆。

光导纤维束及光缆主要用于光学设备上，特别是用于品目 90.18 的内窥镜上。

二、片状或板状偏振材料，由经特殊处理的塑料板片或在单面或双面衬有其他塑料或玻璃板片的“激活”塑料层构成。这类板片材料经裁切成形后制成下述四款（六）项的偏振元件。

三、玻璃制光学元件，经光学加工未作固定装配的。本品目的元件与第七十章的玻璃制光学元件区别在于其是否经过光学加工。

玻璃的光学加工通常分两步进行，即首先将表面加工成所需要的形状（如一定的曲面、适当的斜面等），然后进行表面抛光。加工时用研磨料研磨表面，先粗磨，再逐渐改为精磨，这一连续性的加工过程包括粗磨、精修、磨平及抛光。最后，对要求具有精确直径的镜片进行磨边，即所称的对心磨边加工。本品目仅适用于为获得所需光学性能，表面全部或部分经过了抛光加工的光学元件，因此它适用于经过上述研磨及抛光的元件，也适用于模制后抛光的元件。本品目不适用于仅经抛光前的一道或几道工序加工的未抛光元件，这些元件应归入第七十章。

四、未作固定装配的非玻璃制光学元件，不论是否经过光学加工〔例如，石英（熔融石英除外）、氟石、塑料或金属制的元件，以及以氧化镁、碱金属卤化物或碱土金属卤化物的人工培养晶体制成的光学元件〕。

由此制成的光学元件可产生所需的光学效应。它不仅限于透光（可见光、紫外线或红外线），并且所透光线必须发生某种变化，例如，经过反射、衰减、过滤、衍射、校准等。

仅为运输安全而作临时装配的光学元件，仍作为未装配元件对待。

根据上述有关玻璃制光学元件的规定，本品目包括：

（一）棱镜和透镜（包括用胶粘合的复合棱镜和透镜），不论其边缘是否经过修整。

（二）具有平面或平行面的板片及圆片（例如，用于检验表面平面度的验电板或光学测平仪）。

（三）眼科透镜，这些透镜可以是非球面、球面或圆柱面的，也可以是单焦点、双焦点或多焦点的，包括隐形眼镜片。

（四）构成光学元件的镜子，它们用于望远镜、放映机、显微镜等上，也用于医疗、牙科或外科仪器上，有时也用作汽车的后视镜。

（五）滤色镜（例如，用于照相机上的）。

（六）偏振元件（用于显微镜或其他科学仪器上，也用于太阳镜、观看立体电影的眼镜上等）。

（七）衍射光栅，它们有：

1. 高度抛光的玻璃，上面刻有等距平行的密集条纹（例如，在每毫米宽度上刻有 100 条条纹）。

2．由粘在玻璃等基片上的塑料或明胶薄膜构成的复制衍射光栅，薄膜层带有由原始刻划光栅压印上的条纹。

这些光栅的用途与棱镜一样，用于光谱研究。

（八）干涉滤光片，由极薄的相间层片构成，例如，由中间夹有氟化镁和银夹层的两块玻璃片或者两个45°角的玻璃棱镜（组成一个立方体）构成，用作滤色镜或用以将光束分成两部分。

（九）半色调网屏或类似的网目印刷网屏（照相凹版制版及凸版制版用的原始网屏），以经精密抛光的玻璃制成，其网目结构一般为圆形或矩形（包括正方形），由以下物品构成：

1．蚀刻有精细平行线并涂有使之不透明的特种清漆的两块玻璃板，彼此按平行线成直角方位密合而成；或

2．具有通常为正方形小孔的单块玻璃板片，经蚀刻并涂有使之不透明的特种清漆。

某些上述光学元器件（透镜、棱镜等）是有色的或覆有冰晶石、钙或氟化镁等的抗反射膜，这并不影响它们归入本品目。

本品目不包括：

（一）非光学元件的人工培养晶体（通常归入品目38.24）。

（二）品目70.09的镜子，即未经光学加工的镜子。因此，普通平面镜子，甚至弧面镜子（例如，刮脸镜及粉盒镜）也应归入品目70.09。

（三）品目70.14的玻璃制光学元件，即未经光学加工的元件（一般为模制的）（参见品目70.14注释）。

（四）品目70.15未经光学加工的玻璃制品（例如，隐形眼镜、视力矫正眼镜及护目镜镜片的坯片、仪表玻璃的坯片等）。

（五）非光学元件的贵金属镜（第七十一章）及贱金属镜（品目83.06）。

（六）光导纤维、光导纤维束或光缆用连接器（品目85.36）。

（七）由每根被覆光纤组成的光缆（品目85.44）。

90.02　已装配的各种材料制透镜、棱镜、反射镜及其他光学元件，作为仪器或装置的零件、配件，但未经光学加工的玻璃制上述元件除外：

—　物镜：

11　——　照相机、投影仪、照片放大机及缩片机用

19　——　其他

20　—　滤色镜

90　—　其他

本品目包括已作固定装配（即已装在底座、框架等托架上的），适于安装在仪器或装置上的品目90.01注释中第二、三及四款所列的物品，但眼镜片除外（它们一经装配即成为品目90.04的眼镜、长柄眼镜或类似品）。因此，本品目的物品主要是用于与其他零部件一起装配成某种仪器，或者仪器的部件。本品目不包括其本身已构成器具的已装配光学元件，例如，品目90.13的手持放大镜及品目90.18的医疗或牙科用镜。

根据上述条件，本品目包括：

一、照相机、电影摄影机或投影机用的物镜、附加镜、滤色镜、取景器等。

二、显微镜或偏振计用的偏振滤光镜。

三、天文仪器、双筒望远镜或折射望远镜、显微镜等用的目镜及物镜（包括偏振的）。

四、用于作理化分析的仪器或装置（偏振计等）上的已装配棱镜。

五、用于望远镜、投影仪、显微镜，医疗或外科仪器等的已装配反射镜。

六、用于灯塔或航标上，并且已安装在底板或筒鼓上的光学元件（透镜或棱镜）。

七、明显作为光具座配件的已装配透镜。

八、已装配的半色调网屏或类似的网目印刷网屏。

光学仪器上的物镜是一组透镜，当对着物体时即可通过其获得物体的影像。物镜虽然可以是单个镜头，但一般是由一组透镜组装而成的。

目镜是接近眼睛观察的光学系统，通过它可看到一个放大的影像。

本品目不包括:

（一）仅为运输安全而作暂时装配的光学元件（品目 90.01）。

（二）不能作为仪器或装置配件的已装配光学加工玻璃镜（例如，某些后视镜、烟道或排泄管道检查镜，以及风洞观察用的特殊镜子）（品目 90.13）。

（三）放置在箱内的成套验光镜，供眼镜店用以装插在特殊框架上检验视力（品目 90.18）。

90.03　眼镜架及其零件:

	—	眼镜架:
11	— —	塑料制
19	— —	其他材料制
90	—	零件

本品目包括品目 90.04 所列眼镜及其他物品的镜架及其零件（参见品目 90.04 的注释）。它们一般用贱金属、贵金属、包贵金属、塑料、玳瑁壳或珍珠母制成，也可用皮革、橡胶或织物制成。例如，护目镜的框架。

镜架零件包括眼镜脚及眼镜脚芯、铰链或接头、镜圈、鼻梁架、托叶、夹鼻眼镜的弹簧装置、长柄眼镜的柄把等。

贱金属制的螺丝、链条（无挂扣件）及弹簧不应作为镜架零件，而应归入其各自所属的品目〔参见本章注释一（五）〕。

本品目还不包括有时也称为“眼镜”，但不归入品目 90.04 所列物品的镜架及其零件，例如，眼科医生验眼用的特制眼镜（品目 90.18）。

90.04　矫正视力、保护眼睛或其他用途的眼镜、挡风镜及类似品:

10	—	太阳镜
90	—	其他

本品目包括戴置于眼前，一般用于矫正某些视力缺陷或在尘埃、烟气等环镜中或强烈阳光下保护眼睛的物品（通常是由玻璃或其他材料制成的镜片或防护片和镜架组成），还包括观看立体（三维）影像用的眼镜。

矫正视力用的眼镜、夹鼻眼镜、长柄眼镜、单片眼镜等所配的镜片一般均经过光学加工。

护目镜及风镜所配的平面或曲面镜片一般有普通玻璃制（不论是否经光学加工或着色的）、安全玻璃制、塑料（聚甲基丙烯酸甲酯、聚苯乙烯等）制、云母制或金属制（丝网或孔板）的。这类物品包括太阳镜、登山或冬季运动用护目镜，以及飞行员、汽车驾驶员、摩托车手、化学家、焊工、翻砂工、制模工、喷砂机操作工、电工、修路工、采石工等使用的护目镜。

本品目还包括水下作业用的护目镜；可加装在其他眼镜（一般为矫正视力的眼镜）上，用作防护滤光镜或在某些情况下作附加视力矫正镜的活络眼镜（例如，太阳镜）；以及装有塑料镜片，用于观看立体电影的偏光眼镜（不论其镜架是否纸板制成的）。

零　件

眼镜及类似物品的镜架和镜架零件应归入品目 90.03。未经光学加工的玻璃镜片归入品目 70.15，经光学加工的则归入品目 90.01；构成光学元件的非玻璃制镜片归入品目 90.01；否则应归入本品目。

*

* *

由于本品目只包括戴置于眼前的眼镜等物品，因此，遮护大部分脸部的物品不归入本品目（例如，焊接工的面罩、摩托车手的面罩及遮光帽檐、潜泳面罩）。

本品目也不包括：

（一）品目 90.01 的隐形眼镜片。

（二）观剧或观看比赛的带眼镜架望远镜及类似品（品目 90.05）。

（三）玩具眼镜（品目 95.03）。

（四）狂欢节用品（品目 95.05）。

90.05　双筒望远镜、单筒望远镜、其他光学望远镜及其座架；其他天文仪器及其座架，但不包括射电天文仪器：

10　—　　双筒望远镜

80　—　　其他仪器

90　—　　零件、附件（包括座架）

本品目包括：

一、双筒望远镜，例如，观剧望远镜、旅游或狩猎用双筒望远镜、军用双筒望远镜（包括夜视镜及某些潜望镜式双筒望远镜），以及眼镜式望远镜。

二、狩猎、旅游、航海、射击、疗养（观赏风景或天际）等用的望远镜，它们可以是不可调的（袖珍式或其他望远镜）或者带有调整焦距用的滑动套筒的，也可以是装在座架上的。某些望远镜附有投币装置，只有在投入硬币后才能使用。

三、天文折射望远镜。它不同于以反射镜作为物镜的反射望远镜，折射望远镜的物镜是以一组透镜构成，其中有些透镜的直径非常大。天文折射望远镜不配有会导致光通量损失的正像目镜。

本品目包括各种折射望远镜，不论其是用于单纯观察、观察及照相，或是照相观测专用的。配有作为完整仪器不可分割部分的照相机的折射望远镜仍归入本品目，但不是作为整个仪器不可分割部分的照相机应归入品目 90.06。

四、反射望远镜。这是一种重要的通用天文仪器，其成初始影像的物镜是由具有相当大直径的镀银或镀铝的凹抛物面反射镜构成。

反射望远镜通常安装在大型座架上，并配备有大量附属设备。配有作为完整仪器不可分割部分的照相机的反射望远镜仍归入本品目，但不是作为整个仪器的不可分割部分的照相机则应归入品目 90.06。

本品目包括施密特式反射望远镜，即通常所称的施密特照相机；这种装置在天文学研究中专门用来进行照相观测，它装有一个球面镜和一块置于球面镜弧心并与镜面平行的校正板，获得的影像记录在处于焦点上的凸面感光片上。

五、带有光电倍增管或变像管的天文望远镜。这类望远镜在原来目镜的位置上装上光电极板，入射光的能量能使极板受激逸出电子，这些电子经倍增和测量后即可得到被望远镜所接收到的入射光量，或者经聚焦（例如，经磁透镜）后在感光板或荧光屏上成像。

六、中星仪，用于观测天体经过观测点子午线的时刻（以地球自转为基础），主要由安装在东西向水平轴上，可以在子午面内旋转的望远镜构成。

七、赤道仪，装在一个赤道座架上，望远镜可绕一条与地球自转轴相平行的轴（极轴）及另一条与自转轴相垂直的轴（赤纬轴）转动。

八、天顶仪，即安装于座架上、能绕水平轴和垂直轴旋转的望远镜。

九、地平经纬仪或地平经度度盘，其望远镜可绕水平轴转动，而其架座则可绕垂直轴转动。这类仪器用于观测地平经度和地平纬度，经度仪是按同一原理设计的较小型仪器，但因为其是供测量用的，因此不归入本品目（品目 90.15）。

十、定天镜，天文观测的辅助仪器，专用于把部分天光反射到一个立式或卧式的固定仪器（例如，望远镜、日光摄谱仪）中去，主要由两块平面反射镜组成，其中一块由时钟机构控制并以每 48 小时一圈的速度转动。

定日镜和定星镜是用于天文方面的特殊类型的定天镜。但某些也称为定日镜的测量仪器则不归入本品目（品目 90.15）。

十一、日光摄谱仪及日光观测镜，用于研究日光的仪器。日光摄谱仪是用于以任何预定波长的光谱线拍摄太阳的照片，它具有一个取代目镜的带狭缝的分光镜，使得只有预定波长的光可以通过并照射到照相底板上。日光观测镜的工作原理和日光摄谱仪相同，但其高速摆动的狭缝却使观测者可以直接用肉眼观察太阳。也有使用其他方法获取同样效果的（例如，具有固定狭缝的旋转玻璃棱镜）。

十二、量日仪，一种物镜沿直径分为两半并可移动的望远镜，用于测量太阳的角直径及两个天体之间的角距。

十三、日冕仪及类似的仪器，用于在不发生日全食时观测日冕的仪器。

本品目还包括某些望远镜，特别是某些双筒望远镜。它们利用红外光和变像管把放大增强了的红外线图像转变成肉眼可见的图像；这类红外线仪器一般在夜间使用，特别是供军用。也包括利用光放大器（也称图象增强器）把低于视阈的图像亮度增强到可视图像的水平的望远镜、双筒望远镜及类似品。

但按照本章注释四的规定，本品目不包括装配在武器上的望远镜式瞄准具、装配在潜艇或坦克上的潜望镜式望远镜，以及装配在本章或第十六类各种机器、器具、仪器或设备上的望远镜（例如，装配在经纬仪、水平仪或其他测量仪器上的望远镜）（品目 90.13）。

零件及附件

根据本章注释一及二的规定（参见总注释），本品目包括本品目所列货品的零件及附件。这些零件及附件有：框架、外壳、管套及座架；用于测量行星直径的赤道仪上用的十字丝测微计（这种装置由装在望远镜目镜上的刻度盘和两根固定细丝及一根可移动细丝构成）；带有马达，用以驱动天文仪器的葛尔理斯氏驱动装置。

*
* *

本品目不包括：

（一）用于安装或便于操纵仪器的上部结构物（圆顶、平台、操纵台等）；它们应归入各自所属的适当品目（例如，第十五类）。

（二）单独报验的光学元件，例如，反射镜、透镜及棱镜（酌情归入品目 90.01 或 90.02）。

（三）闪视比较仪，天文研究中用来比较天区的底片，以发现新的星球（品目 90.11）。

（四）“门眼”或门上窥视透眼（品目 90.13）。

（五）用以根据星辰来确定地面方位的仪器，例如，六分仪（品目 90.14）。

（六）用于研究光谱图的显微光度计或微光密度计（品目 90.27）。

（七）天文钟（第九十一章）。

90.06　照相机（电影摄影机除外）；照相闪光灯装置及闪光灯泡，但品目85.39的放电灯泡除外：

10　—　制版照相机

30　—　水下、航空测量或体内器官检查用的特种照相机；法庭或犯罪学用的比较照相机

40　—　一次成像照相机

—　其他照相机：

51　——　通过镜头取景〔单镜头反光式（SLR）〕，使用胶片宽度不超过35毫米

52　——　其他，使用胶片宽度小于35毫米

53　——　其他，使用胶片宽度为35毫米

59　——　其他

—　照相闪光灯装置及闪光灯泡：

61　——　放电式（电子式）闪光灯装置

69　——　其他

—　零件、附件：

91　——　照相机用

99　——　其他

一、照相机（电影摄影机除外）

本组包括各种照相机（电影摄影机除外），不论是专业用或是业余用，也不论报验时是否带有光学元件（镜头、取景器等）。照相机内含化学基料（如，卤化银）的胶卷、底片或纸张经与来自照相机光学系统的图像或光曝光，引起这些胶卷、底片或纸张的化学变化。需要作进一步的处理，才能得到看得见的图像。

照相机有多种类型，但传统类型的照相机基本是由不透光的机箱、镜头、快门、光圈、照相底片或胶卷暗盒及取景器构成，这些基本部件的差异构成了各种不同的照相机，例如：

（一）**暗箱式照相机**，这是最简单的机型；

（二）**折叠式照相机**，为照相馆或业余摄影者使用；

（三）**反光式照相机**，大部分这类照相机是把由物镜接收到的影像通过一个作为反射镜的特殊棱镜反射至取景器（单镜头反光式），其他这类照相机则有两个物镜，通过取景物镜接收到的影像经反射后投影到照相机顶部的屏上（双镜头反光式）；

（四）**袖珍照相机**，一般使用盒式胶卷，但也有使用圆盘式胶片的。

这种照相机还可装有自动聚焦系统、胶卷卷饶驱动器、内置闪光灯及液晶显示器，它们全部由微处理器控制。

本组包括的照相机有：

1．**立体照相机**，具有两个匹配的镜头和一个能使两幅底片同时曝光的快门。

2．**全景照相机**，用于拍摄宽广的全景照片或长列的人物集体照。这类照相机以恒速围绕垂直轴转动，使垂直窄缝经过底片或胶卷，使之曝光。

3．**记录照相机**。这类照相机一般无快门，通过使胶卷在镜头后连续行进的方式进行拍摄。它们通常与其他仪器连用（例如，阴极射线示波器），以记录瞬间或超速现象。

4．**一次成像照相机**（便携式或箱式），这种照相机在感光片完成曝光后自动进行冲洗，因此在短时间内即可取得拍成的照片。用硬币、代币或者磁卡操作的一次成像箱式照相机应归入本品目，而不归入品目84.76。

5．**配有可拍摄大视场角景像的广角镜头的照相机**，特殊的广角镜头可用于摄取地平线上全方位

的景像。最大视角的广角照相机可在按动快门进行曝光的同时转动镜头。

6.**“一次性”照相机**，也称“单次性使用”或“一次性使用”照相机，其预先装入的胶卷使用后一般不能更换。

7.**观察照相机**。这种照相机由可伸缩皮腔连接于前面板和后面板而构成，前面板和后面板可在固定的基座上转动。前面板用以夹住镜头使之安装在镜头板上，后面板装有底片夹。利用皮腔使镜头板与底片夹相连接，并使其相互能自由移动。

8.**配有气密或水密罩的照相机**，用于水下摄影。

9.**带快门自动释放装置的照相机**（例如，有电子操纵快门的照相机）。它们用时钟机构进行控制，可有规律地在每段时间里进行一连串的拍摄。这类照相机还包括专门用于进行偷拍的照相机，其快门释放装置的电路中装有一只光电管，有的外形就像一只小手表。

10.**航空测量照相机**，可按预定的时间间隔进行连续拍摄，用重叠拍摄的方法获得条幅式地形像片。某些航空测量照相机配备有几个镜头，可进行垂直或倾斜航空拍摄。这类摄影机也包括用于航空摄影测量的。

11.**大地摄影测量用照相机**，由固定在三角架上的两部相联照相机构成，用于进行同步拍摄。这类照相机主要用于考古学研究、古迹维修及道路事故拍摄等。

12.**供法庭或犯罪学用的比较照相机**，这种照相机可同时拍摄两个物体并进行图像比较，它们用于鉴定指纹、查验伪造文件等。

13.**医疗或外科用照相机**，例如，可插入胃中，用于检查并诊断胃病的胃镜照相机。

本品目不包括用于上述用途的视频摄像机（品目85.25）。

14.**缩微照相机**。

15.**复制文件**（信函、收据、支票、汇票、定单等）**用的照相机**，也包括将文件照相记录到缩微胶卷、缩微胶片或其他缩微品以及感光纸上的摄影仪。

16.**通过激光束在感光胶卷上生成一般为数字格式的“印刷电路板”隐像**（随后用于生产印刷电路板）**的激光摄影测图仪**。它由键盘、屏幕（阴极射线管）、光栅图像处理器及图像重放设备组成。

17.**以照相制版法制取印版或印版滚筒用的照相机**，这类设备的体积一般都较大，并且与上述其他类型的照相机有较大差别。它们包括：

（1）立式及卧式制版照相机、三色照相机等。

（2）拍摄预先以手工或机械方式排好的活字版面的照相机。

（3）插图（照片、幻灯片等）三原色分色设备，主要由一个光学装置和一台电子计算器组成，以照相方式生产用于制版的网点负片及校正负片。

（4）通过激光束在感光胶卷上生成一般为数字格式的隐像（例如，用以重放连续色调的数码艺术品的彩色幻灯片）的激光摄影测图仪。在重放图像时，首先选定原色（青绿色、品红色及黄色），然后通过自动数据处理器或光栅图像处理器将每一种颜色分别转换为光栅数据。光栅图像处理器可装配在摄影测图仪中。

以照相复印或热敏复印方法制作印版或印版滚筒的设备不归入本品目，而应归入品目84.43。照相放大或缩小设备归入品目90.08。

二、照相闪光灯装置及闪光灯泡

本组货品包括供专业或业余摄影、照相室或照相凹版制版车间用的照相闪光灯装置及闪光灯泡。

这类装置能发出瞬间强光（闪光），因而可与品目94.05的照相照明装置加以区别。

照相闪光可以由电气或机械点燃的装置或放电灯产生（参见品目85.39的注释）。

它们包括：

（一）单独的闪光灯泡

这种灯泡内装有活性材料及点燃装置（灯丝或电极），由电流引发化学反应，产生闪光。它只能使用一次。

闪光灯泡最常见的种类有：

1．充氧灯泡，内装铝、锆、铝镁合金或铝锆合金等的丝或细箔条。

2．在灯泡电极上粘附有由一种或多种金属粉末（例如，锆粉）与氧化剂混合而成的糊状圆球的灯泡。

（二）方形闪光灯

这种方形装置有四个闪光灯泡和四个反光碗，它们依次由以通电或机械方式引发的导火材料点燃。

（三）电池闪光灯

这种灯装有电池和以放电激发的闪光灯泡或闪光灯管，并通常由照相机快门内的同步装置控制。

使用放电灯的这些装置比较复杂。但不论是单个还是由几个元件组成的，它们一般都是由以下几部分构成：

1．电源，电池或蓄电池组；它们利用电容器充放电原理进行工作，并通常由与照相机快门连在一起的同步装置控制，有些还带有变换闪光强度及持续时间的装置。

2．放电灯及其灯座和反射镜。

3．控制灯。

4．连接附加闪光灯的插座。

不带闪光灯灯座及反射镜的电源装置，如带有放电元件和闪光触发装置及可能附有的变换闪光强度及持续时间的辅助装置，可视为已具备完整品基本特征的不完整品归入本品目。

零件及附件

根据本章注释一及二的规定（参见总注释），本品目包括本品目所列货品的零件及附件。这些零件及附件有：照相机机身、皮腔、三角架、球窝式云台、快门及光圈、自拍机（包括延时释放器）、底片或胶卷暗盒、遮光罩、法医摄影上用以固定照相机的专业支架或底座（其常配有放电灯，并装有可调校准杆，用以改变照相机的高度）。

*
* *

本品目不包括配有以照相方式记录影像的装置，它们主要用于其他用途，例如，用于望远镜、显微镜、摄谱仪、频闪观测器。单独报验的照相机，即使是某一设备（望远镜、显微镜、摄谱仪、摄影经纬仪、频闪观测器等）的专用附件，仍应归入本品目，而不作为该设备的零件归类。

本品目还不包括：

（一）半色调网屏或类似的网目印刷网屏（酌情归入品目37.05、90.01、90.02等）。

（二）感光复印或热敏复印设备（品目84.43）。

（三）数码照相机（品目85.25）。

（四）数码照相机后背（品目85.29）。

（五）放电灯管（品目85.39）。

（六）品目90.08的照片放大及缩小机。

（七）电子衍射装置（90.12）。

（八）照相测距器（品目90.15）及测光表（品目90.27），不论其是否可装于照相机上使用的。

（九）X射线衍射照相机（与X射线设备配套，用于检验晶体）及射线照相设备（品目90.22）。

90.07　电影摄影机、放映机，不论是否带有声音的录制或重放装置：

10　—　　摄影机
20　—　　放映机
　　—　　零件、附件：
91　——　摄影机用
92　——　放映机用

本品目包括：

一、电影摄影机（包括拍摄显微电影的摄影机），它们在工作原理上与品目 90.06 的照相机相类似，但又具有快速连续拍摄连贯影像的特点。

二、可将影像和声音记录在同一胶片上的电影摄影机。

三、固定或便携式电影放映机，用于透射放映电影片（不论影片上是否录有声迹）。电影放映机具有一个主要由光源、反射镜、聚光及投影透镜构成的光学系统，还有一个一般由马氏间隙机构构成，用于拉动影片间歇地通过光学系统的机械部分。影片的移动速度通常与原摄制时的速度相同，并且在通过片门时光路会被遮断。电影放映机的光源一般为电弧灯，但也有使用白炽灯的。它们可配有倒片装置及风扇。有些放映机可配有冷冻水冷却系统。

本品目包括特殊类似的电影放映机，例如，为了对拍摄到的现象进行科学研究，把经放大到各种不同倍数的影像放映到平面光学屏幕上的放映机。它既可以进行单幅画面投射观察，也可以以每秒若干幅画面的走片速度进行连续投射观察。但另一方面，影片剪辑专用的活动影片观察器不应归入本品目（品目 90.10）。

电影放映机可装有录音或还音机构，它们装有带光电拾音头及耦合器的阅读器。大多数商业电影的声轨都是以双重格式(即模拟格式及数字格式)拷贝的。模拟格式声轨拷贝在画面与齿孔之间，而数字格式声轨则可拷贝在胶卷边缘、齿孔之外或齿孔之间。有些商业电影仅在胶卷边缘印有模拟式声轨及数字式时间码信息，数字式声轨并不拷贝在胶卷上，而是单独记录在光盘驱动器上。当电影胶卷通过阅读器时，由光电拾音头读出模拟声轨，由耦合器读出数字声轨；耦合器还可读出时间码信息，以确保光盘驱动器放出的声音与放影移动画面同步。双重格式音轨的印拷贝到在其中一种声轨格式受损或声音重放设备没有双重格式阅读功能的情况下，仍可重放声音。

其他电影放映机按影片声轨的录制方式装有光电或磁性拾音头，或者同时装有两种拾音头以供选择使用。

本品目包括不论是电影业还是业余爱好者使用的活动画面摄影机等，还包括特种电影摄影机，例如，安装在飞机上的航空摄影机；用于在水中拍摄电影的防水摄影机；彩色电影、三维（立体）电影或全景电影的摄影机及放映机。

在报验时未带有光学元件的电影摄影装置仍归入本品目。

零件及附件

根据本章注释一及二的规定（参见总注释），本品目包括本品目所列货品的零件及附件。这些零件及附件包括：摄影机机身、三脚架及云台、球窝式云台、用于消除电动机噪声的壳套（防声罩）（但以纺织材料制成的应归入品目 59.11）；可作为放映机座架的便携式放映机的箱壳；影片清洁装置（实验室设备用的这类装置应归入品目 90.10）。可同时将胶卷送入或倒出电影放映机用的多层胶卷卷轴。

*
* *

对于配有以电影摄影方式记录影像的仪器及设备（例如，显微镜、频闪观测器）的归类，参见品目 90.06 注释中的有关部分。

*
* *

本品目不包括:

（一）第八十四章的升降、搬运机械（例如，摄影机移动车）。

（二）非与本品目仪器同时报验并构成不可分割部分的传声器、扬声器及声频扩大器（品目85.18）。

（三）声音的录制或重放设备及电视音像的录制重放设备（品目85.19或85.21）。

（四）光电拾音头（品目85.22）。

（五）电视摄像机（品目85.25）。

（六）视频投影机（品目85.28）。

（七）电影实验室用设备，例如，接片机、剪辑台等（品目90.10）。

（八）玩具电影放映机（品目95.03）。

90.08 影像投影仪，但电影用除外；照片（电影片除外）放大机及缩片机：

50 — 投影仪、放大机及缩片机

90 — 零件、附件

一、前一品目所列的设备是将活动影像放大投影到屏幕上，而本品目的设备则用于投影静止的影像，其中最常见的是幻灯机（透射幻灯机），用于投影透明物体（幻灯片或透明画片）的影像。它有两组透镜：一组聚光镜和一组投影镜，透明画片放置在两组透镜之间，聚光镜将光源成像在投影镜上，而投影镜将透明画片成像在屏幕上。幻灯机使用一个强力光源，发出的光经一个反射镜聚集；放映的幻灯片可以手工更换，也可以由操纵者控制的电磁体或电动机驱动的半自动或由定时装置控制的全自动方式进行更换。

某些类型的幻灯机（字幕片投影仪）具有屏面宽大的物镜，用于投影书写或绘制在透明正片上的内容。

反射投影仪是一种把强光照射下的不透明物体放大影像投射到屏幕上去的投影仪。光束照射在物体的表面，再由物体表面反射出来经透镜投射到屏幕上。

透反射两用幻灯机是一种既可作为透射幻灯机，也可作为反射投影仪使用的投影仪。

本品目包括用于学校、课室等的幻灯机和其他静止影像投影仪；光谱投影仪；投影射线照片的仪器；放大缩微胶卷、缩微胶片或其他缩微品的阅读机（不论是否具有感光复制这些缩微品的辅助功能）；以及用于制作印版或印版滚筒的投影装置。

本品目还包括带有小屏幕，可将幻灯片的放大影像投射在上面的投影仪。

二、本品目包括照片放大机和缩片机（电影用的除外）。它们通常由光源、漫射屏或聚光镜、底片夹持器、一个或多个具有调焦装置（大多为自动的）的物镜以及夹持感光纸的纸夹构成；这些部件均安装在一个可进行垂直或水平调整的座架上。

印刷工业中用来制作印版或印版滚筒的照相放大机和缩小机也归入本品目。

*
* *

所有上述设备不论在报验时是否带有光学部件均归入本品目。但单独报验的光学元件则不归入本品目（酌情归入品目90.01或90.02）。

零件及附件

根据本章注释一及二的规定（参见总注释），本品目包括本品目所列货品的零件及附件，这些零件及附件包括机身、框架及支座、放大机遮光框、缩微胶卷或单片缩微胶片馈入器。

*
* *

本品目还不包括：

（一）半色调网屏或类似的网目印刷网屏（酌情归入品目 37.05、90.01、90.02 等）。

（二）带有光学系统并配有一个小的玻璃影像定位屏的缩微胶卷感光复印设备（品目 84.43）。

（三）将电路图投影到感光半导体材料上的装置（“投影掩模重合”）（品目 84.86）。

（四）投影仪、投影板、显示装置或监视器（品目 85.28）。

（五）电影片的缩小及放大印片机（例如，用于从不同规格的原底片印制拷贝的设备）（品目 90.10）。

（六）可进行影像投影的复式光学显微镜（品目 90.11）。

（七）用于检查反转片的单镜头幻灯片放大观察器（品目 90.13）。

（八）摄影测量失真校正（“矫正”）设备（品目 90.15）。

（九）轮廓投影仪（品目 90.31）。

（十）玩具幻灯机（品目 95.03）。

【90.09】

90.10　本章其他品目未列名的照相（包括电影）洗印用装置及设备；负片显示器；银幕及其他投影屏幕：

10　—　照相（包括电影）胶卷或成卷感光纸的自动显影装置及设备或将已冲洗胶卷自动曝光到成卷感光纸上的装置及设备

50　—　照相（包括电影）洗印用其他装置及设备；负片显示器

60　—　银幕及其他投影屏幕

90　—　零件、附件

一、本章其他品目未列名的照相（包括电影）洗印用装置及设备

本组包括：

（一）自动冲洗胶卷或将已冲洗胶卷曝光到成卷感光纸上用的机器。

（二）专用胶片显影槽，用金属、塑料、陶瓷等制成，一般均带有支杆、把胶片从冲洗液中取出的篮子等的装置，有些显影槽还可对胶片进行漂清、定影及水洗。

（三）明显专门用于照片洗印的特制盘（用塑料、不锈钢、搪瓷等制成），但不包括也可作其他用途的盘子（例如，也可供实验室或医院用的普通盘）。

（四）底片冲洗槽，包括旋转式冲洗设备。

（五）照片干燥器、上光器、干燥上光器（单面、双面、旋转式等）；干燥机（手动式等）；橡皮滚子；明显装于上述器具或单独使用的抛光不锈钢板片及镀铬板片。

（六）接触式印相用的印相框，包括真空印相框（用金属或金属和木料制成）；印相机（供专业或业余摄影者等使用）；以及不带显影器，仅作曝光用的受照夹架。

（七）照相及电影制片用的胶片剪切器及设备。

（八）修饰底片用的专用底片夹。

（九）照相用干粘贴夹。

（十）电影制片厂的专用机器及设备，例如：

1. 不论是否全自动的洗片机。

2. 胶片分裁机（例如，用于把 35 毫米胶片裁成两条 16 毫米胶片）。

3. 印片机及电影片缩印和放大印片机（光学印片机）。

4. 光学技巧机。

5. 用于编辑和调节声片同步的配音控制设备。

6. 将影片上的声迹影像“延迟”和放大后转到一条纸带上供同步和配音使用的录音设备。

7. 影片清洁机；对需复制的残旧负片进行修补的机器；清洁修补联合机；负片清洁机。

8. 上蜡机，用于在涂布有乳剂的影片面的两边涂上一层薄蜡。

9. 接片机（手动式或脚踏式等）。

10. 影片剪辑设备，可带有画头和拾声头，用于进行声像同步编辑等。

单独报验的画头，以及带有拾声头并且与装在同步台上画面取景器配用的装置也归入本品目，但单独报验的拾声头除外（品目85.22）。

11. 影片穿孔编号机。

12. 加工处理影片的剪辑台（配有卷轴倒片器）、用于卷绕底片的专用倒片机（例如，印片后使用的）、检测胶片长度的量片机和长度计数器（单独报验的计数机械装置除外，参见品目90.29）。

13. 影片字幕放映设备。

14. 对印好的电影片进行编辑的看片器，这类看片器可带有声音录制或还音设备。

（十一）照相馆用于检查照片底片的静止影像看片器。

（十二）用于复制图样的专用设备（品目 84.43 的感光复制设备除外），例如，以氨熏法使特殊晒图纸显影的设备。

二、负片显示器

负片显示器主要在医学上用于检视射线照片或无线电传真照片；各种类型的负片显示器差异较大，既有墙挂式灯箱，也有射线照片自动供片观察器。

三、银幕及其他投影屏幕

本类屏幕用于电影院、学校、课堂等，也包括放映三维影像用的投影屏幕，以及平时卷折起放置于套子或箱中的便携式屏幕。便携式屏幕可安装在三角架上、竖立在桌上或悬挂在天花板上。

投影屏幕通常由涂布成白色或银色，或者涂布有玻璃微粒（微球体）的织物制成，也有以塑料片制成的；这些织物或板片一般穿有排孔。归入本品目的物品必须具有投影屏幕的明显特征（例如，经折边或卷边，或带孔眼）。

零件及附件

根据本章注释一及二的规定（参见总注释），本品目也包括可确定为专用于或主要用于本品目器具或设备的零件及附件。

*

* *

本品目不包括：

（一）摄影（包括电影摄影）工作间的设备，例如，照明设备、反射器、聚光灯、各种电灯泡及电灯管、音响效果设备、话筒吊架、布景等，它们均应归入各自所属的相应品目中。

（二）半色调网屏或类似的网目印刷网屏（酌情归入品目 37.05、90.01、90.02 等）。

（三）各种纸或纸板的裁切机器（品目 84.41）。

（四）将电路图投影或绘制到感光半导体材料上的装置（品目 84.86）。

（五）扬声器、传声器及声频放大器，但报验时已构成本品目装置不可分割的部件除外（品目 85.18）。

（六）将文件照相记录到缩微胶卷、缩微胶片或其他缩微品上的摄影仪（品目 90.06）。

（七）X射线荧光增感屏（品目 90.22）。

（八）曝光计算盘及计算尺（品目 90.17）；曝光表、光度计、光密度计、色温计（品目 90.27）。

（九）手动数码打印机（品目 96.11）。

90.11　复式光学显微镜，包括用于显微照相、显微电影摄影及显微投影的：

10　—　立体显微镜

20　—　显微照相、显微电影摄影及显微投影用的其他显微镜

80　—　其他显微镜

90　—　零件、附件

品目 90.13 的放大器具仅作一级放大，其放大率较低，而本品目的复式光学显微镜具有用以观察已放大物体影像的第二级放大透镜系统。

复式光学显微镜通常具有：

一、光学系统，主要由一个形成物体放大像的物镜和一个再将物镜所成的像加以放大的目镜构成，该光学系统一般还带有从待察物体下方进行照明的装置（用反射镜反射内部或外部光源的光照明），以及一组用于把反射镜反射的光束聚集到待察物体上的聚光镜。

二、一个检件台、一个或两个目镜筒（视单目或双目显微镜而定），以及一个物镜座（一般为旋转式）。

整个显微镜安装在一个配有支架及各种调节机构的机座上。

本品目包括业余、教学、工业或科研所使用的显微镜，它们在报验时不论是否带有光学元件（物镜、目镜、反射镜等）均归入本品目。这些显微镜有：通用显微镜、偏光显微镜、金相显微镜、立体显微镜、相衬及干涉显微镜、反射显微镜、带绘图装置的显微镜、检验钟表宝石的专用显微镜、带加温或冷冻检件台的显微镜。

特殊用途的显微镜包括：

（一）毛线虫镜，一种用于检查疑有毛线虫的猪肉的投影显微镜。

（二）某些制造工序中所用的测量或检验用显微镜，它们既有常规类型的，也有供装于机器上用的特殊类型的。这类器具包括：比较显微镜（用于比较精密工件和标准件的表面光洁度）、座标显微镜（用于钟表零件的定位）、工具显微镜或其他测量显微镜（用于测量工件的螺纹、轮廓、齿轮刀具或其他刀具的轮廓等），可直接放置于待察物体上的小型便携式显微镜（进行布里奈尔氏硬度检验、字模印版的检验等）、定心显微镜（安装在机床装刀具的轴上，用于工件的定位）等。

某些上述定心显微镜（例如，用于检验工件轮廓的显微镜）可带有通常是装在显微镜顶部的小圆形屏幕投影装置。

（三）实验室测量显微镜，例如，用于测量光谱图谱线间距的显微镜。

（四）外科医生对身体的细微处施行手术时用的外科显微镜。其光源产生的独立光路能形成一个三维象。

*

* *

本品目还包括：

1．显微照相及显微电影摄影用显微镜，除用于对标本作目视观察外，还可将放大了的影像拍摄下来。这类装置既有由显微镜与照相机或电影摄影机固定装配在一起构成的（通常是为此专门设计的），也有将普通显微镜与照相机或电影摄影机用简单的适配器临时装配在一起而构成的。

单独报验的显微照相机或显微电影摄影机不归入本品目（分别归入品目 90.06 或 90.07）。

2．以复式放大的方式进行显微投影用的显微镜，用于将经过装置中的显微镜放大了的影像进行垂直或水平投影。这种装置所配备的特殊显微镜可进行焦点快速变换，应用于教学、科研及医学示范室、技术实验室等。

零件及附件

根据本章注释一及二的规定（参见总注释），明显专用于或主要用于显微镜上的零件及附件仍归入本品目。它们包括：

镜架（镜筒架、底座等）、目镜筒及旋转式物镜筒（不论是否装有透镜）、检件台（包括加温或冷冻台）、标本导轨、描绘影像的光学装置、光阑调节杆等。

*

* *

本品目还不包括：

（一）玻璃制载物片或盖片（品目 70.17）。

（二）眼科用双目显微镜（品目 90.18）。

（三）供显微镜观察用的制成标本玻片（品目 90.23）。

（四）检镜用切片器；折光仪（品目 90.27）。

（五）非显微镜或显微投影设备的轮廓投影仪及其他带光学装置，用于检验加工工件的设备，例如，光学比较仪、测量台等（品目 90.31）。

90.12　显微镜，但光学显微镜除外；衍射设备：

10　—　显微镜，但光学显微镜除外；衍射设备

90　—　零件、附件

本品目包括：

一、电子显微镜。与光学显微镜不同，这种显微镜是以电子束代替光束。

普通类型的电子显微镜是由下列装置封闭在一个共同机座内构成：

（一）电子发射和加速装置（通称为电子枪）；

（二）由静电或电磁“透镜”（由充电极板或带电流线圈构成）组成的系统，其作用与普通显微镜的光学系统相同；上述“透镜”起到聚光镜、物镜及投影镜的作用。在该系统的物镜和投影镜之间通常还装有称为“场镜”的装置，在不改变扫描幅度的情况下调整放大倍率；

（三）检件台；

（四）保持电子管真空用的真空泵装置，有些为独立装置，通过管道与电子显微镜相联接；

（五）进行目视观察的荧光屏及图像照相机构等部件；

（六）装有控制及调整电子束元器件的控制台及控制板。

本品目还包括扫描电子显微镜，它是用一束很细的电子束不断扫描样品的不同点，通过对透射电子、产生的次级电子或光频射线进行测定而获得信息，并转换成图像在显微镜的监视荧屏上显示出来。

电子显微镜在理论科学（生物学或医学研究、分析物质成分等）和工业技术（分析烟尘、纺织纤维、胶体等，以及检验金属、纸张等的结构）上有着广泛的用途。

二、质子显微镜。它不使用电子，而是使用波长比电子束短四十倍的质子束来获得更佳的分辨能力和放大倍数更高的图像。

质子显微镜的结构及功能与电子显微镜的差别不大，不同的是以质子枪代替电子枪及以氢气作为气源。

三、电子衍射设备。该设备将电子束投射到检件，产生衍射图样并将其拍摄下来。通过对衍射图所呈的一系列光环的直径、强度和清晰度进行计算，即可测定检件晶体的大小、取向及原子排列。

这类主要用于研究腐蚀、润滑、催化现象等的设备在原理上与电子显微镜区别不大，并具有相同的主要部件（电子枪、阴极射线管、电磁线圈、检件夹等）；需要注意的是某些电子显微镜也装有衍射暗箱，这样它们就具有双重功能（目视观察和获得衍射图样）。

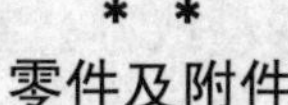

零件及附件

根据本章注释一及二的规定（参见总注释），本品目包括专用于或主要用于显微镜或衍射设备的零件及附件，但光学显微镜用的除外。例如，镜架、镜筒及检件台。另一方面，本品目不包括真空泵（品目 84.14）、电池、整流器等电气设备（第八十五章），以及电压表、毫安计等电测量仪表（品目 90.30）

90.13　其他品目未列名的液晶装置；激光器，但激光二极管除外；本章其他品目未列名的光学仪器及器具：

10　—　武器用望远镜瞄准具；潜望镜式望远镜；作为本章或第十六类的机器、设备、仪器或器具部件的望远镜

20　—　激光器，但激光二极管除外

80　—　其他装置、仪器及器具

90　—　零件、附件

按照本章注释五的规定，计量或检验用的光学仪器、器具及机器不归入本品目，而应归入品目 90.31；但本章注释四却规定，某些折射望远镜归入本品目而不归入品目 90.05；另须注意，光学器具及仪器不仅有归入品目 90.01 至 90.12 的，也有归入本章其他品目的（特别是品目 90.15、90.18 或 90.27）。本品目包括：

一、液晶装置，由液晶层夹于两片玻璃或塑料板片中制成，不论是否装有电气连接件，但报验时已为片状或切成特殊形状，而且未构成在本协调制度其他品目更为具体列名的物品。

二、激光器，它可通过控制受激发射方式产生或放大波长在一毫微米到一毫米范围内（紫外、可见光及红外光谱区）的电磁辐射。当激光工作物质（例如，晶体、气体、液体、化学品）被电光源发出的光或外来能量的加入所激励时，即在工作物质中产生光束并被不断反射和放大，成为一道相干光束（可见或不可见的），从激光器具有部分透射性能的一端射出。

激光头的基本元件包括激光工作物质、激励（泵浦）系统和光学共振腔（反射镜系统），也可能装有法布里-珀罗干涉仪、干涉滤光片及分光镜。除此之外，激光器通常还带有某些辅助部件（例如，电源、冷却系统、控制装置，以及气体激光器所带的气体供给系统或液体激光器所带的盛装染料溶液的带泵容器）。这些辅助部分，或是与激光头装在同一壳体内（小型激光器），或是独立装置，靠电缆等和激光头相连（激光器系统）；对于激光器系统，如果是整套系统一起报验的，则仍归入本品目。

本品目不仅包括供装配在机器或器具上的激光器，也包括单独使用（例如，用于科研、教学、实验检测等各种目的，例如，激光笔）的小型激光器或激光器系统。

但是，本品目不包括已改装为具有专门功能的激光器，由于这些激光器加有特殊装置（例如，工作台、工件夹具、工件进给及定位装置、对操作进程观察和检测的装置等），因而应作为加工机器、医疗设备、控制装置、计量装置等归类。带有激光器的机器和器具也不归入本品目。这类机器和器具如果在本协调制度中未具体列名，则应与具有类似功能的机器和器具一并归类。例如：

（一）以激光切割方式加工各种材料（例如，金属、玻璃、陶瓷或塑料）的机床（品目 84.56）。

（二）不论是否具有切割功能的激光焊接机器及装置（品目 85.15）。

（三）用激光束进行管道准直定位的仪器（品目 90.15）。

（四）医学方面专用的激光装置（例如，眼科手术用的）（品目 90.18）。

根据本章注释一及二的规定，激光管等的激光器零件及附件也归入本品目。但本品目不包括作为泵浦源的电弧灯，例如，氙灯、碘弧灯及汞气灯（品目 85.39），激光二极管（品目 85.41）及激光晶体（例如，红宝石），激光反射镜及透镜（品目90.01或90.02）。

三、手持式放大镜及放大器（例如，袖珍型或办公室用型）、织物分析镜（这些放大器可配有照明灯或与照明灯组合成一体。如照明灯增强了放大器的使用性能，则它们仍归入本品目）、双目放大镜（通常安装于座架上）。双目放大镜和品目90.11的立体显微镜不同，只有目镜而没有物镜。

四、朝门外观察用的“门眼”及装有光学系统的类似物品。

五、单独报验的折射式或反射式武器用望远镜瞄准具；已装配于武器上或与配用的武器一起报验的光学装置，则应与武器一同归类〔参见第九十三章注释一（四）〕。

六、作为本章其他品目所列仪器的部件（例如，作为测量仪器的部件）**或第十六类机器的部件的望远镜。**

七、工业用纤维内窥镜。医用纤维内窥镜（内诊镜）除外（品目90.18）。

八、体视镜（包括手动式体视镜），可使彩色照相反底片显现三维视觉效果，由装有两个固定透镜和一个摇把卷绕机构的塑料壳组成（用于转动装在可更换转盘上的胶卷，更换画幅）。

九、万花筒，但玩具万花筒除外（第九十五章）。

十、潜艇或坦克用放大潜望镜，以及非放大潜望镜（例如，在战壕里使用的潜望镜）。

十一、不适于装在仪器设备上的，经过光学加工并已装配的玻璃镜（例如，某些后视镜，烟囱及下水道检视镜，以及风洞观察用的特种镜）。

非经光学加工的后视镜或其他镜（包括不论是否可进行放大的修脸镜）除外（品目70.09或83.06）。

十二、光学光束信号设备，用于进行远距离光束信号的传递（例如，使用莫尔斯电码）。

十三、幻灯片观片器，装有一个放大透镜，用于检查幻灯片。

零件及附件

根据本章注释一及二的规定（参见总注释），本品目所列设备及器具的零件及附件仍应归入本品目。

90.14　定向罗盘；其他导航仪器及装置：

10　—　定向罗盘

20　—　航空或航天导航仪器及装置（罗盘除外）

80　—　其他仪器及装置

90　—　零件、附件

一、定向罗盘

本组包括各种定向罗盘，从供徒步或自行车旅行者等使用的简单类型到采矿、导航等专用类型不等（例如，磁罗盘、陀螺罗盘、陀螺磁罗盘、航海罗经、定位罗盘）。

二、其他导航仪器及装置

本组包括：

（一）船舶定位仪器，例如，六分仪、八分仪、方位角仪等。

（二）其他海洋或内河航行专用导航仪器，例如：

1．自动操舵仪（陀螺操舵仪），这是一种复杂的仪器，它可根据陀螺罗盘的示数控制船舵。

2．航线记录装置，用于在船舶航行中对航线（及航线的任何改变）作精确记录。

3．倾斜仪，用于测量摇摆度。

4．计程仪，通过测算给定时间内的相对流速给出航速的仪器，现在这种仪器都是自动的；有一种计程仪是利用转子或螺桨（将转子置放于相对于船舶航行的水流中并与船上的指示器相连）；还有一种是按压差原理，根据水流速度产生的动压力变化工作（通常装有皮托管），由船上的指示器给出航程和航速。

本品目还包括带有计数器的计程仪，其计数器以记录电路中断次数（例如，计程仪的转数）的方式给出船舶航程。

5. 测深锤（人工收放铅锤及绞车收放的深海铅锤），用于测量水深及海底地形。

6. 回声测深仪器，由船上的高灵敏度微音器探测海底反射回来的声波，其结果从一个电流计上显示出来。

7. 超声波探测或搜索设备，例如，防潜仪、声纳及类似设备，用于普通测深、海底地貌测绘、搜索潜艇、失事残骸、鱼群等。

（三）航空专用仪表，例如：

1. 高度表，一种标有高度单位的气压表，根据气压随高度增加而降低的现象进行工作。

2. 空速指示器，这种仪器通过测量飞机艉流所形成的压差显示飞机相对周围空气的运动速度。

3. 升降速度表，指示飞机下降或上升时的垂直速度的压差式仪表。

4. 仿真地平仪或陀螺地平仪及转弯倾斜仪，它们都是利用陀螺特性工作，前者参照横轴或纵轴指示飞行角度，后者则参照飞机竖轴指示飞行角度。

5. 马赫计，显示真实空速与飞机所在高度上的音速之比的仪器，该比值称为“马赫数”。

6 加速度计，用于检测飞机在高速运动时由加速度所产生推力的最大值（不能超过的值）。

7. 自动驾驶仪，用于暂时代替驾驶员，保持稳定飞行以及使飞机按给定参数（高度、航向等）飞行的装置，主要由直接操作或伺服马达控制机构（通常为替代驾驶员动作的液压马达）以及调整仪表读数和伺服机构动作的自动感应装置（高速陀螺仪）构成。

零件及附件

根据本章注释一及二的规定（参见总注释），本品目所列设备及装置的零件及附件仍归入本品目。

*
* *

本品目也不包括：

（一）雷达设备、无线电导航设备〔例如，全球定位系统（GPS）接收器〕及无线电遥控设备（品目 85.26）。

（二）航行时绘制航线用的比例缩放仪和图画缩放仪（品目 90.17）。

（三）气压计及温度计（包括水下研究用的倒置温度计）（品目 90.25）。

（四）品目 90.26 的压力表、液位计及其他仪器。

（五）转数计（品目 90.29）。

（六）品目 90.30 的电流表、电压表及其他电量测量或检验装置。

（七）航海时计及计时装置（第九十一章）。

90.15 大地测量（包括摄影测量）、水道测量、海洋、水文、气象或地球物理用仪器及装置，不包括罗盘；测距仪：

10 — 测距仪
20 — 经纬仪及视距仪
30 — 水平仪
40 — 摄影测量用仪器及装置
80 — 其他仪器及装置
90 — 零件、附件

一、大地测量、地形测量、水准测量或普通测量用的仪器及装置

这些仪器及装置一般为野外作业所用，例如，绘图（地形图或水道图）、平面制图、三角测量、土地面积测量、相对某一基准水准面的高度测量，以及为建筑工程（筑路、筑坝、建桥等）、采矿、军事行动等所进行的各种类似测量作业。

本组包括：

（一）光学或光电经纬仪〔游标读数经纬仪、显微经纬仪、悬挂式（挂墙式）经纬仪、通用经纬仪及矿山经纬仪等〕、光学或光电视距仪（带测距仪的经纬仪）、转镜经纬仪、陀螺经纬仪、罗盘测角器、测量或炮兵射击等用的瞄准测斜仪。

（二）光学水准仪（酒精式、自动安平式、伸缩式、准直式、激光式等），通常安装在三角架上使用。

（三）照准仪（不论是否带有望远镜）、光学直角器及直角仪（不论是否带有棱镜）、万能测角仪（不论是否带有瞄准望远镜）、测量仰角或倾角的测斜仪（带有准直器或瞄准望远镜）、矿用罗盘、半圆测角器、三角测量用的回照器等。

（四）测量用的平板仪、测链及其他专用量器（包括上述仪器专用的带状量具及矿井用绞盘式量器等），不论是否有刻度的标桩或测量标杆（金属、木料等制），水准标尺（自读式、伸缩式、折叠式等），电磁测距设备（EDM）的反射棱镜及标杆。

本品目不包括：

（一）全球定位系统（GPS）接收器（品目 85.26）。

（二）由钢带、防水带等制成的测量器具以及类似的其他品目未列名直线测量器具（品目 90.17）。

（三）转数计、里程计及类似仪表（品目 90.29）。

（四）泥瓦工、木工或技工从事建筑或结构工程用的水平尺（气泡式等），以及铅锤线（品目 90.31）。

二、摄影测量用仪器及装置

本类设备主要用于地形、考古等的地图测绘，但也可用于其他方面（例如，研究潮汐、海涌等）。它们根据由已知相距距离的两个不同摄影站点所摄取的照片或数码图像进行地图等的测绘。这些照片在拍摄后必须经过修正（以获得所摄图像或照片目标物的准确形貌、大小及坐标）。

这些设备主要包括：

（一）正像设备，主要由投影仪（带有光源）、底片夹、物镜及投影台构成，可以进行比例变换和对航摄像片的底片进行矫正，消除在拍摄过程中因地形起伏而造成的透射误差。

（二）量测转绘设备（立体测图装置或光电测角计），即称为立体地形测图仪、精密立体测图仪、自动绘图仪、立体影像绘制仪及立体坐标量测仪等的各种设备。它们都是复杂的仪器设备，用于将平面断层影像信息及轮廓线绘成地图或平面图，，整个测绘过程一般是连贯的，无需另作测算。

（三）与上述量测转绘设备配套的坐标制图器。这种仪器是通过由立体地形测图仪或者精密立体测图仪控制的绘图头制图。

（四）解析立体测量系统，由进行摄影测量的光学机械设备和程序控制计算机组成，用于摄影或数码图像的直观或分析判读。

本品目不包括航空测量照相机（品目 90.06）及不是供摄影测量用的坐标制图器（品目 90.17）。

三、水道测量仪器

水道测量是对水道、水深、潮汐水位等进行的科学测绘，作此用途的大部分仪器在前述各段中已有说明。

四、海洋水文及其他水文仪器

（一）专用水位计，用于记录江河湖泊水位的涨落，主要由浮子和记录仪组成。

（二）旋杯式及旋桨式流速仪，用于测量河流、运河等的水流速度。

（三）涌浪或潮汐观测仪器。

根据上述（一）及（二）款所述仪器的工作原理制成的工业仪器（例如，液面指示器、流量计等）不归入本品目（品目 90.26）。

五、气象观测仪器

必须注意，本组不包括温度计、气压计、湿度计及干湿球湿度计，也不包括这些仪器的组合装置（品目 90.25）。

但本组包括下列仪器：

（一）风向指示器，不论是否装有度盘。

（二）风速计，测定风速的气象仪器。常见的一种是由装在一根竖轴上的有三个杯形轮叶的转子构成，风速由计数器读取。另一种则是由带风标的导管构成，由标有风速单位的压差计测定风压。这里还包括电机式风速计，它是通过电压表所显示的由电机产生的波动电压值得出风速。

必须注意，本组不包括主要由特殊叶轮及度盘构成的专用风速计，用于测量矿井、隧道、烟囱、炉膛或其他气流通道中气流速度（品目 90.26）。

（三）蒸发计（皮歇式、蒸发器式等）。

（四）日照记录仪（玻璃球式、感光纸式等）。

（五）测云仪，用于指示云的运动速度及方向。

（六）云高计，用于测量云底离地高度。它是将一束强光射向云底，使其出现光点，在测得光点仰角后利用三角原理即可自动计算出云高。

（七）能见度仪，用于测定大气能见度和透明度。

（八）雨量器及雨量计，用于测量某一局部地区的降雨量。最简单的是由装有一定口径的受水漏斗的盛水器构成，收集到的雨量用量筒量出。

（九）日光辐射计、日射总量计及日温计，用于测量太阳辐射的强度或天空的总辐射量。

必须注意，本品目不包括作相同用途的简单或组合温度计（品目 90.25）。

（十）悬挂于气球或降落伞上的高空探测设备（无线电探空仪或无线电测风装置），这类用于高空气象研究，由各种仪器（温度计、气压计及湿度计）组成的设备配有无线电发射机，可将测得的仪表读数自动传回地面记录下来。本类设备如果分开报验，气球及降落伞应归入其他品目（第八十八章）。

（十一）用于记录探空气球持续位置的经纬仪。

六、地球物理仪器

有许多地球物理仪器不属本品目范围之内，例如，气体、泥浆、土壤的分析仪器，使用紫外光对各种物质进行分析检验的光电荧光计及荧光检定仪（品目 90.27），电气或电子测量仪器（例如，测量电阻值的仪器、放射性强度计数器、温差电偶仪表）（品目 90.30）等。

下列仪器仍归入本品目：

（一）用于记录地壳上某一点运动的发生时间、持续时间及强度的地震仪和测震仪，以及可同时用于记录地震发生时所产生的各种现象和勘探石油的地震仪和测震仪。这类仪器将地震或爆炸产生的地震波转换成电脉冲。

（二）用于勘探矿藏、石油等的磁力或重力地球物理仪器，这类高灵敏度的仪器包括磁力天平、磁力计、磁经纬仪和重力仪、扭秤。

（三）用于测量地球磁场梯度的梯度计（也称“质子地磁仪”）。

（四）圆周声学扫描工具，通过对工具头中旋转传感器所发出的超声波信号的声波运行时间进行测量，以了解钻孔的情况。

（五）钻孔倾度测量设备。

七、测距仪

它包括各种用于测定给定目标与测距仪之间距离的光学或光电测距仪，用于测量、照相及电影摄影，也用于军事测距等。

零件及附件

根据本章注释一及二的规定（参见总注释），本品目也包括本品目所列货品的零件及附件。这些零件及附件包括：大地测量地形测量等仪器专用的三角架、光学直角器的支架、标杆三角架、测链的测针。

90.16　感量为50毫克或更精密的天平，不论是否带有砝码

本品目包括感量为 50 毫克或更精密的天平，包括电子天平。与天平一起报验的砝码应归入本品目。但单独报验的砝码即使是贵金属制的，也不包括在内（品目 84.23）。

本品目的天平主要是作精密计量用，以抗腐蚀金属或轻合金制成，装有玛瑙制的刀口、轴承及平面。为防止气流及尘埃的影响，天平常放置在玻璃或塑料外罩内，或者安装在主要由玻璃或塑料构成的箱体内，通过箱体外的操纵杆和其他装置进行操作；有的还带有光学装置（例如，放大透镜）和照明装置，帮助读取标牌上的数值，以及水平校正装置（三脚台、调节螺旋、酒精水准器等）。

某些扭力天平是以游丝扭力与被称物质质量达到平衡的方式测重。

某些电子天平是在真空或受控气压下工作，记录被称物质在受到特殊处理时（加热、冷却、气体作用、真空处理、光照等）的质量变化。质量变化是通过记录磁性平衡线圈中的电流变化得出的。

本品目包括：

一、分析天平（例如，微量化学天平、微量天平、阻尼分析天平），主要用于定量化学分析。

二、试金天平，用于贵金属检验。

三、宝石称量天平，以克拉为称量单位。

四、药物天平、纱线天平、样品天平（用于确定纸张、纺织品等的重量）。

五、静水（或比重）天平，用于确定液体或固体的比重。

零件及附件

根据本章注释一及二的规定（参见总注释），可以确定为专用于或主要用于本品目天平的零件及附件（包括已装配或未装配的玛瑙刀口、轴承、平面）仍归入本品目（例如，横梁、称盘、箱体、刻度盘、三脚台、摇摆阻尼器）。

*

* *

本品目不包括感量低于50毫克的天平（品目 84.23）。

90.17　绘图、划线或数学计算仪器及器具（例如，绘图机、比例缩放仪、分度规、绘图工具、计算尺及盘式计算器）；本章其他品目未列名的手用测量长度的器具（例如，量尺、量带、千分尺及卡尺）：

10　—　绘图台及绘图机，不论是否自动

20　—　其他绘图、划线或数学计算器具

30　—　千分尺、卡尺及量规

80　—　其他仪器及器具

90　—　零件、附件

本品目包括手用绘图、划线或数学计算器具，也包括手用长度测量器具。

但本品目不包括:

（一）辅锯箱及书画刻印艺术用的工具（例如，凿、弧口凿、蚀刻针）（第八十二章）。

（二）图形输入板及数字转换器（品目84.71）。

（三）用以从涂布光刻胶的基片上制作掩膜版及投影掩膜版的图案生成装置（例如，光学、E-束、聚焦离子束、X射线或激光束装置）（品目84.86）。

（四）摄影测量用的坐标制图器（品目90.15）。

本品目物品包括:

一、绘图用具

（一）**缩放仪和缩放绘图仪**，用于地图、设计图、图样、加工工件图纸等的缩小、放大或等比例复制。本品目还包括航行用的航线标绘器具。

（二）**绘图机**，一般是通过平行机构进行绘图，带或不带图板或绘图台。

本品目也包括带有自动数据处理机或与这类机器配用的绘图机。

（三）**绘图圆规、分规、比例规、弹簧圆规、直线笔、虚线轮等**，不论盒装（例如，套装绘图仪器）或单件的。

（四）**标准三角板及画影线、木工或金工用三角板、活动角尺、丁字尺**（标准式或铰接式）、**曲线板、画线尺**〔扁平尺、直角尺、影线尺（平行线规）、标准尺等〕。

（五）**分度规**，包括从作为绘图器具的普通分度规到工程技术等所用的复杂分度规。

（六）**明显可确定为专作绘图用具的模板**，非专作绘图用具使用的模板应按其构成材料归类。

二、划线用具

划线是在需作切削、锯开等加工的工件表面上划出加工界线等。

（一）**长臂圆规**，（划线用、木工用等），不论其长臂是否有刻度。

（二）**划线器及中心冲**。

（三）**平台**，用作划线或检验平面等的基准面。有一精确平面的检验直尺及矩尺（铸铁、石料等制）。

（四）**V型块、X型块**，用于支承圆柱体工件。

本品目不包括本身带动力装置的手提式雕刻工具（品目84.67）。

三、数学计算器具

计算尺、盘式计算器、圆柱计算器及其他根据计算尺或其他数学计算原理制成的计算器具，例如，以按给定程序用一个触针选择数码的方式进行操作的袖珍式加减器，以及按不同的天气条件、拍摄时间、预定光圈大小、景物状况及乳剂感光度等参数计算照相曝光时间的计算尺及计算盘。

但本组不包括计算机器或会计计算机器（品目84.70）。

四、手用长度测量器具

这类器具用以指示被测量物体的长度，即线尺寸，例如，该物体上的虚实线段（直线或曲线）。因此，这类器具可用于测量直径、深度、厚度和高度等尺寸，以长度单位（例如，厘米）加以标出。这类器具必须具有一些特征（大小、重量等）以便在进行测量时可以将其握在手中。

本组不包括固定装配在一个台座或其他支架上，以及通过软管或电缆与机器或其他装置相联的专用测量仪器（品目90.31）。

本组包括:

（一）**千分尺**，具有一个螺杆式或非螺杆式的微调头（非螺杆式微调头配有滑动部件，通常由电子操纵），用于测量外径、内径、厚度、螺纹间距等，测量结果既可通过螺杆位移得出，也可由刻度盘或数字显示器读出。

（二）**卡尺**（**游标卡尺、千分表卡尺或电子卡尺**），用于测量直径、深度、厚度等。

（三）配有可调节测量装置的量规。

本组不包括没有调节装置，仅用于量测零件或检验角度、形状等的量规（例如，柱形测孔规、环规）（品目 90.31）。

（四）**比较仪**（刻度盘式），用于测量工件尺寸的内外公差（例如，用于铰削或修正后的检测），这种仪器装有测杆、放大指示表及传动系统（齿条、齿轮、杠杆、弹簧、气动或液压传动装置等）。

（五）**量杆**（有或没有刻度，直杆或折叠式）**及量尺**（例如，弹簧尺、带尺、卷尺），还包括标准量杆、丈量尺及类似品。

本品目不包括专用于大地测量的测量器具（测链、水准标尺、测量标杆等）及矿井用绞盘式量器（品目 90.15）。

（六）**刻度尺**（学生尺等），包括测量凸圆体直径的 V 形尺及带有活动十字头的垂直测量器具。

（七）**量图器**（计图器），带或不带刻度盘的小器具，用于在图上量取路线长度。

零件及附件

根据本章注释一及二的规定（参见总注释），本品目也包括可确定为专用于或主要用于上述机器、器具及仪器的零件及附件，例如，千分尺的加长测砧及尺架、滑规架、折尺的铰链或接头。

90.18　医疗、外科、牙科或兽医用仪器及器具，包括闪烁扫描装置、其他电气医疗装置及视力检查仪器(+)：

— 电气诊断装置（包括功能检查或生理参数检查用装置）：

11　— — 心电图记录仪

12　— — 超声波扫描装置

13　— — 核磁共振成像装置

14　— — 闪烁摄影装置

19　— — 其他

20　— 紫外线及红外线装置

— 注射器、针、导管、插管及类似品：

31　— — 注射器，不论是否装有针头

32　— — 管状金属针头及缝合用针

39　— — 其他

— 牙科用其他仪器及器具：

41　— — 牙钻机，不论是否与其他牙科设备组装在同一底座上

49　— — 其他

50　— 眼科用其他仪器及器具

90　— 其他仪器及器具

本品目包括种类繁多的仪器及器械，这些仪器及器械主要是供各专科医务人员（例如，医生、牙医、兽医、助产士等）专门用于疾病的预防、诊断、医治或手术治疗等；本品目也包括解剖实验、解剖检验等用的仪器及器械，以及符合某些条件的牙科诊疗仪器及器械（参见下述第二部分）。本品目的仪器及器械可以用任何材料（包括贵金属）制成。

本品目不包括：

（一）作为外科缝合线的无菌肠线及其他无菌材料、无菌昆布及无菌昆布塞条（品目 30.06）。

（二）品目 38.22 的诊断或实验用试剂。

（三）品目 40.14 的卫生及医疗用品。

（四）品目70.17的实验、卫生及医疗用玻璃器皿。

（五）贱金属制的卫生用具（主要归入品目73.24、74.18及76.15）。

（六）修整手脚指（趾）甲的用具（品目82.14）。

（七）病残人用车（品目87.13）。

（八）视力矫正、眼睛保护等用的眼镜、护目镜及类似品（品目90.04）。

（九）照相机（品目90.06），但固定装配在本品目仪器或器械上的除外。

（十）品目90.11或90.12的显微镜等。

（十一）品目90.17的用于计算肺功能和身体整体指标等的盘式计算器。

（十二）品目90.19的机械疗法、氧疗法、臭氧疗法、吸入疗法、人工呼吸以及按摩等用的设备装置。

（十三）矫形用具、人造假肢及骨折用具，包括兽用的（品目90.21）。

（十四）品目90.22的X射线设备等（不论是否医用）。

（十五）体温计（品目90.25）。

（十六）化验室中用于检验血液、组织液、尿液等的仪器设备，不论这些检验是否供诊断用（一般归入品目90.27）。

（十七）医疗或外科用家具，包括兽医用的（手术台、检查台、病床），以及未带有本品目牙科器械的牙科椅（品目94.02）等。

另一方面，本品目包括医学专用的特殊测量仪器，例如，测颅器、测量颅脑损伤的量规、妇产科所用的骨盆测量器等。

还必须注意，一些医疗或外科（包括兽医的）器械实际上和普通工具或刃具没有多大区别（例如，锤、槌、锯、凿、钳、镊、压舌板、剪刀、刀具等），这些器械只有通过如形状上的某些特殊之处、宜于拆卸消毒、生产质量上乘或者所用金属材料的性质及其配套组成（常常是装于箱盒中的接生、解剖、妇科、耳外科及牲畜生产等专用的成套器械）等情况，可确定为明显用于医疗或外科方面的，才能归入本品目。

本品目的仪器及器械可带有光学装置，可以是电气装置（原动的或传动的），也可以是作疾病预防、治疗及诊断等各种用途的。

本品目还包括以激光、其他光或光子束进行工作的仪器及器械，以及超声波仪器及器械。

一、医疗或外科用仪器及器械

本组包括：

（一）具有相同名称但用途不同的器械，例如：

1．针（缝合针、结扎针、接种针、验血针、皮下注射针等）。

2．柳叶刀（接种用、放血用等）。

3．套针（穿刺用套针、胆囊套针、普通套针等）。

4．各种外科手术刀及解剖刀。

5．探子（前列腺探子、膀胱探子、尿道探子等）。

6．窥器（鼻窥器、口腔窥器、喉镜、直肠窥器、阴道窥器等）。

7．检镜及反光镜（用于检查眼、喉、耳等）。

8．剪、钳、平头镊、凿、锤、槌、锯、刮器、压舌板。

9．套管、插管、导管、吸管等。

10．烙器（热烙器、电烙器以及微型烙器等）。

11．尖头镊子；敷料夹、拭子夹、海绵夹或持针器（包括镭针持器）。

12．牵开器（唇、颌、腹部、扁桃体、肝等的各种牵开器）。

13．扩张器（喉、尿道、食管、子宫等的各种扩张器）。

14．用于放置导液管、针、组织扩张器、内窥镜及粥样斑切除器用的金属丝导子。

15．夹子（缝合用夹等）。

16．各种注射器（玻璃、金属、玻璃及金属、塑料等制），例如，普通注射器、穿刺注射器、麻醉注射器、冲洗注射器、伤口清洗注射器、吸引器（带或不带唧筒）、眼、耳或喉的注射器、子宫及其他妇科注射器。

17．包埋缝钉用以缝合伤口的外科用缝合器。

（二）诊断专用仪器及器械。

它们包括：

1．听诊器。

2．用于测定基础代谢率的呼吸率检测仪器。

3．血压计、表面张力计及示波计（用于测量血压）。

4．测定肺活量的肺量计。

5．测颅器。

6．骨盆测量器。

（三）眼科仪器，分下列各类：

1．手术仪器，例如，角膜环钻、角膜刀。

2．诊断仪器，例如，检眼镜；头戴式双目放大镜及双目显微镜（由显微镜、带裂隙器的电灯及头托组成，整个仪器安装在可调节的机座上，用于检查眼睛）、眼压计（用于测量眼球内压）、开睑器。

3．视轴矫正或视力检查用设备，包括弱视镜、眼膜曲率器、视网膜镜、斜视镜、角膜散光计、角膜镜、测量瞳孔之间距离用的眼量计、放置验光镜片的验光镜箱、支承验光镜片的试镜架、视力测定尺、测试表；但印制在纸张、纸板或塑料膜片上，用于色盲检查的色觉测定图卡除外（第四十九章）。

本品目也包括眼科治疗用的电热敷布及吸出眼内金属碎屑用的电磁铁。

（四）耳科仪器，例如，耳镜；但各种不论是否医用的音叉不归入本品目（品目92.09）。

（五）麻醉器械及仪器（面罩、面具固定套、气管插管等）。

（六）鼻、喉或扁桃体的医疗仪器：夹具（用于夹直鼻软骨）、透照器具（用于窦道及鼻前庭）、扁桃体刀及铡除刀、喉镜、喉刷等。

（七）咽喉、食道、胃或气管医疗仪器：食管镜、支气管镜、胃唧筒、插管等。

（八）尿道或膀胱医疗仪器：尿道刀、碎石仪器、膀胱碎石吸引设备、前列腺切除术所用仪器。

（九）人工肾（透析）装置。

（十）妇产科医疗仪器：阴道牵开器、切除子宫用仪器、产科听诊器、检查生殖器官的专用光学仪器、钳、穿孔器、碎胎仪器（用于毁胎）、碎颅钳（用于钳碎子宫内死胎的头颅）、体内量器等。

（十一）便携式人工气胸装置、输血装置、人工吸血器。

本品目也包括无菌密闭式塑料容器，这类抽真空容器装有少量抗凝剂并带有输血管和静脉穿刺针，可用于全血的采集、贮存及输送；但专用玻璃血瓶除外（品目70.10）。

（十二）治鸡眼用的电动研磨器。

（十三）针灸用针（金、银或钢制）。

（十四）内窥镜：胃镜、胸腔镜、腹腔镜、支气管镜、膀胱镜、尿道镜、前列腺切除器、心脏镜、结肠镜、肾镜、喉镜等。这些仪器或器械当中许多具有足够大的手术通道，以便通过遥控设备施行手术）。但非医用的内窥镜除外（品目90.13）。

（十五）带有自动数据处理机，专用于计算放射治疗的剂量及分布情况的设备。

（十六）高压室（也称减压室），专门装有压力容器以便在高压水平下给氧。它们用于对潜水减压病、气栓塞、气性坏疽、一氧化碳中毒、骨髓炎顽疾、皮肤移植及移植用瓣、放射菌病及异常失血贫血症等症状的治疗。

（十七）**诊断、探查及放射治疗等专用的灯**。不包括钢笔形状的手电筒（品目 85.13）及不能明确识别专供内科或外科使用的其他灯具（品目 94.05）。

二、牙科仪器及器械

除本组及前一组的通用器械外（例如，面罩及其他牙科麻醉器械），本组所包括的仪器及器械主要有：

（一）**外科医生用指套**（不论是否有活关节的）**及张口器、颊或唇牵开器、压舌器及夹子**。

（二）**各种镊子、牙挺、牙钳**（用于拔除错位牙、矫直桩牙等）、**切割器**（用于剖割、敷裹、充填及刮削等）、**根钳**。

（三）**牙髓治疗用器械**（拔髓针、扩孔锥、锉刀、充填器、扩张器等）。

（四）**骨剪及骨锉、用于切除颌骨及上颌窦的骨凿和骨锤、骨刮、手术刀、特种刀剪、牙医专用镊、"挖匙"及探针**。

（五）**清洁牙龈及牙槽的专用器械、治疗牙石、牙垢的牙刮器、刮匙及牙釉质凿**。

（六）**各种探子、针**（脓肿针、皮下注射针、缝合针、棉花针等）、**棉卷夹及拭子夹、吹入器、口腔镜**。

（七）**填充金用的器械**（充填器、锤等）、**填充用器械**（粘固剂或树脂调拌刀、汞合金充填器及锤、汞合金输送器等）、**印模托盘**。

（八）**牙钻机或手工补牙机专用的牙钻、金刚砂片及刷子**。

本品目还包括假牙修复时牙科医师本人或技工所用的工具和器械。例如，刀具，调拌具及其他模制工具，各种钳子及镊子（用于固定夹具和假牙冠、切割柱牙冠等）、锯、剪、锤、锉、凿、刮具、磨光器、锤打制造金属牙冠的金属成模器。本品目还包括铸牙机、铣牙机及修整牙模用的牙齿修整器。但本品目不包括通用工具或物品（炉具、铸模、焊接工具、熔勺等），它们应归入其各自相应的品目中。

下列物品也归入本品目：

1. 带有旋转伸臂的牙钻机，不论是安装在分离的基座上、墙壁上或者以下第 2 项所述的设备上的。

2. 安装在一个台体上的综合牙科治疗台（固定式或移动式），一般在台体中装配有空气压缩机、变压器、控制板及其他电气装置，并且通常还装有下列器械：带旋转伸臂的牙钻、痰盂及漱口杯、电热器、热风吹入器、喷雾器、烙器盘、冷光手术灯、无影灯、通风机、透热治疗装置、X射线装置等。

某些类型的这种设备使用研磨料（一般为氧化铝）代替牙钻，研磨料通常是用压缩气体（例如，二氧化碳）喷射到牙齿上。

3. 通常连有温水给水装置的漱具，不论是安放在座架、支架或者旋转支臂上的。

4.（光或热）聚合设备、汞合金搅拌机、超声洁治器、电子外科设备等。

5. 利用激光工作的牙科治疗设备。

6. 带有牙科医疗设备或其他任何可归入本品目的牙科器械的牙科椅。

本品目不包括未带有本品目所列牙科器械的牙科椅，不论其是否带有照明器具等的装置，这类牙科椅均应归入品目 94.02。

必须注意，本品目不包括单独报验的上述第 2 项所述的某些牙科设备装置，它们应归入其各自相应的品目中，例如，压气机（品目 84.14）、X射线等装置（品目 90.22）。品目 90.22 也包括安装在分离的基座或墙上的牙外科用X射线等装置。但单独报验的透热疗法用设备作为电气医疗设备仍归入本品目（参见下述第四组）。

还必须注意，牙科粘固剂及其他牙科填充材料归入品目 30.06；成套、零售包装或制成片状、马蹄形、条状及类似形状，通称为“牙科蜡”或“牙科造形膏”的制品，以及以熟石膏（煅石膏或硫酸钙）为基本成分的牙科用其他制品归入品目 34.07。

三、兽医仪器及器械

本组包括与以上第一或第二组所述物品相类似，但属兽医用的各种物品，例如：

（一）**通用器械**（例如，针、柳叶刀、套针、凿、窥器、探子、剪、钳、锤、刮器、牵开器、注射器等）。

（二）**专用仪器及器械**，例如，检眼镜、开睑器、喉镜、听诊器、镊、碎胎刀。

（三）**牙科仪器**。

本组也包括兽医专用的仪器及器械，例如：

1．牛羊等牲畜乳房疾病的治疗仪器及器械，例如，乳头扩张器和穿刺探针（用于母牛乳头开口）及用于治疗母牛产褥热和生乳热的器械。

2．阉割用仪器及器械，例如，去势器、阉割夹钳（用于雄性生殖腺萎缩手术）、阉割虎钳及镊子、卵巢切除器械等。

3．牲畜生产用仪器及器械，例如，产科的专用索带、头围、钳子及钩子、机械助产器等。

4．各种其他仪器：人工受精器；剪尾器；截角器；治疗动物呼吸、消化、泌尿、生殖等器官疾病的喷雾器；专用控制器械，即在手术时防止挣扎用的开口器、脚枷等；药物特殊注射器以及准备装填麻醉药或其他药剂（抗血清、疫苗等），用于对一定距离之外的野生动物进行注射的注射器（例如，通过气手枪或气步枪发射的）；投药器械；专门的灌药用嚼子；治疗蹄裂病的钩子（用于闭合蹄裂）；用于检查鸡雏雌雄的内窥器等。

本品目不包括毛线虫镜（用于检查猪肉的光学仪器）（品目 90.11）、兽医用矫形器具（品目 90.21）及兽医用手术台（品目 94.02，参见相应的注释）。

既可作为兽医手术器械，也可用作铁工工具的物品应归入第八十二章（例如，蹄尖锉、蹄甲剪、削皮刀、夹钳、锤子等），第八十二章还包括给牲畜打烙印用的工具（打印器、灼去蹄表皮等的烙铁）和剪切工具。

四、闪烁扫描设备

这种设备用于扫描身体的各部位，并生成某个器官的图像或对其功能进行记录。包括带闪烁计数器的设备，可将所测数据转换成模拟信号供医疗诊断用（例如，γ射线照相机、闪烁扫描器）。

五、其他电气医疗设备

本品目包括除品目 90.22 的 X 射线等设备以外的各种防治或诊断用电气医疗设备，这类货品包括：

（一）**电气诊断设备**，它们包括有：

1．心电图记录仪（利用心肌收缩产生的电流把心动状况以心电图的形式记录下来）。

2．心音描记器（以心音图形式记录心脏声音的专门仪器，也可作为心电图记录仪使用）。

3．心脏检查器（与前述两种仪器连用，用以同时观察心电图和心音图）。

4．心电阻描记器（测量由心功能所引起的电阻变化用的电气设备）。

5．脑电流描记器（用于检查脑部）。

6．脉博描记器（用于记录动脉压和血容量）。

7．电子眼压描记器（用于记录眼动脉压、眼静脉压或眼内压的变化）。

8．视网膜电描记器（用于测定视网膜的动脉压）。

9．听力计及类似设备（通过频率变化的方式进行听力测验）。

10．带有或与自动数据处理机连用的诊断设备，用于处理和显示临床检查的数据结果等。

11．超声波诊断设备，利用超声波在显像管上所成的脏器影像进行诊断。

12. 核磁共振（NMR）装置，利用人体原子（例如，氢原子）的磁性进行体内组织及脏器状况的成像诊断。

（二）**电疗设备**，除用于诊断外，这些设备也用于治疗如神经炎、神经痛、偏瘫、静脉炎、内分泌、贫血等疾病，其中某些设备可与下述（七）款的电外科设备配用。

（三）**离子电渗治疗设备**，通过电流将活性药物（水杨酸钠、水杨酸锂、碘化钾、组胺等）透过皮肤导入病灶。

（四）**透热治疗设备**，用于医治某些可采用热作用治疗的疾病（例如，风湿病、神经痛、牙科疾病），采用高频电流（短波、超声波、超短波等电流）和使用各种形状（例如，片状、环状、管状）的电极进行工作。

（五）**电击治疗设备**，用于治疗精神或神经疾病。

（六）**心脏除颤器**，可利用电流停止心脏纤维性颤动。

（七）**电外科设备**，利用高频电流工作，并以针、探子等作为电极之一；可用于组织切除〔使用高频手术刀（电刀）所施行的电切术〕及止血（电凝法），某些组合设备可通过脚踏控制器进行功能转换，既可用作电切割器械，也可用作电凝器。

（八）**射线疗法设备**，这类设备使用可见光，但更多的是使用非可见光（红外光、紫外光）进行某些疾病的放射性治疗或诊断（使用特种光源进行皮肤病检查），它们一般装有灯具，红外光射线装置则配有带反射器的热电阻器或电热极板。

（九）**婴儿人工保温箱**，主要由透明塑料制的箱体、电气加温装置、安全报警装置、氧气及空气过滤和调节装置组成。它们大部分是安装在推车上并内装婴儿磅称。

装有供上述设备使用的电极及其他装置的箱子也包括在本组货品中。

本品目也不包括品目 85.18 的非医疗专用的产前听诊装置（参见该品目的注释）

零件及附件

根据本章注释一及二的规定（参见总注释），本品目所列设备及器具的零件及附件仍归入本品目。

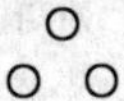

子目注释：

子目 9018.12

本子目包括电子诊断超声波扫描装置。该装置将高频声波通过传感器发射到人体内，传感器与人体接触，交替发射超声短脉冲并接收其回声波。回声波由被体内器官反射的声波产生。根据回声波的特点可判断有关组织的位置、大小、形状及构造。分析判断通常由自动数据处理机进行，其输出信息是有关组织的视频影像。

这种人体扫描的方法用于检查孕妇的胎儿，也很适合检查乳房、心脏、肝脏及胆囊。

子目 9018.13

核磁共振成像（MRI）的原理是氢原子核受到强磁场时将会排列成行，如果在这时用一射频瞄准这些原子，排列成行的核子将会发生偏移，将无线电波关掉后，核子会自行恢复排列，并在回转过程中产生一个小的电信号。因为人体主要是由氢原子组成的，所以通过回转脉冲对人体几乎是任何部位都可成像。由于氢原子是水的组分，回转脉冲能够用来鉴别人体组织。用它还能获得骨髓及组织的图像。

本子目的电子诊断核磁共振成像装置由一个巨大的电磁体、一个射频发生器及用以进行数据分析的自动数据处理机组成。它必须安装在一个完全不受外部射频干扰的房间里。为了获得所需的强磁场，电磁体要用液态氦来过冷。

氢之所以被选作核磁共振成像的基础，是因为其在人体中大量存在，而且还具有显著的磁特性。该原理也可用其他元素，例如，钠或磷等。

子目 9018.14

本子目的电子诊断装置是用于获得人体内γ射线的分布图像。该图像是用闪烁扫描仪及更重要的是γ照相机等相应装置制得的。

这类核扫描仪需要给病人口服或注射能被所要诊断的器官迅速吸收的放射性化合物（示踪剂），然后用γ计数器对人体进行扫描，记录示踪剂渗透目标器官（例如，大脑）时所产生的幅射量，从而确定吸收放射性同位素的部位。

自动数据处理机对所测定的辐射进行分析后生成视频图像，这是一张光暗区或对比色混杂在一起的图像，显示出器官吸收放射性同位素的部位。这样，扫描提供了有关该器官的构造及功能的信息。

正电子发射式计算机断层（PET）扫描仪是一种闪烁摄影装置，它把核医学原理与用于X射线断层（CT）扫描仪的成像技术结合起来了（参见子目 9022.12 的子目注释）。

90.19 机械疗法器具；按摩器具；心理功能测验装置；臭氧治疗器；氧气治疗器、喷雾治疗器、人工呼吸器及其他治疗用呼吸器具：

10 — 机械疗法器具；按摩器具；心理功能测验装置

20 — 臭氧治疗器、氧气治疗器、喷雾治疗器、人工呼吸器或其他治疗用呼吸器具

一、机械疗法器具

这类器具主要通过机械模仿各种运动形式来治疗关节或肌肉疾病。必须注意，这类治疗通常是在医生的指导下进行的，因此必须把本品目的器具和在家中或健身房中使用的普通体育或健身器械（品目 95.06）（例如，弹力索扩胸器或拉力器、各种弹簧握力器、模仿划船运动的“划船”机、训练或锻炼腿肌用的固定式单轮脚踏车）区别开来。

由于机械疗法仅是借助机械的运动来治疗人体关节等的疾病，因此本品目不包括没有活动部件的器械（例如，阶级、竖梯、双杠），尽管它们也用于肢体的康复，这些物品应归入其各自相应的品目；另一方面，即使仅为非常简单的机械活动装置（例如，弹簧、轮子、滚筒等）构成的治疗器具，仍归入本品目。

按照上述条件，本品目包括：

（一）旋转活动腕部的器具。

（二）手指功能恢复器具。

（三）旋转活动脚部的器具。

大部分上述三种器具都是由连着旋转杆的操纵把、可调节的平衡锤及夹持肢体的装置构成，所有这些部分安装在一个底座上并且是手动的。

（四）同时弯曲及伸展膝部和髋部的器具。

（五）活动躯干的器具。

（六）练习行走的器具，由带支器和扶手并装在轮子上的托架构成。

（七）改善循环、强化心肌及恢复下肢功能的器具，由固定在底座上的无轮脚踏车构成，患者既可用坐姿，也可用卧姿蹬踏。

（八）机动式多功能器具，通过更换各种配件可进行各种机械疗法治疗（例如，治疗颈、肩、肘、腕、指、髋、膝等部位的关节或肌肉疾病）。

二、按摩器具

以按摩、震颤方法按摩人体各部位（腹、脚、腿、背、臂、手、脸等）的器具，有手动式、机动式及在工作部分装有电动机的电动式（震颤按摩器）；其中特别是电动按摩器具，可配有如刷状头、海绵头、扁平头及齿状圆盘等的互换配件（通常是橡胶制的），用以进行多种方式的治疗。

本组器具包括简单的橡胶滚筒或类似的按摩器具，还包括利用水流或加压水与空气混合对全身或局部进行按摩的旋水按摩器。所包括的这类器具举例如下：水涡浴缸，连同泵、涡轮或送风机、输送管、控制器及所有配件一起报验的；乳房按摩器，其按摩头紧贴乳房，按摩头内部装有一组小喷水头，喷头在软管所供水流的驱动下旋转，在喷水的作用下进行按摩。

另外，通过不断变换病人躺卧重心位置以预防或治疗褥疮的褥垫也属于本品目所称按摩器具范围之内，这种褥垫还可通过对皮肤的按摩效果预防组织坏死。

三、心理功能测验装置

这类装置是医生等用于测验反射动作的速度、动作的协调或其他生理或心理反应的仪器，特别是用于对其职业需要有特殊体能的人员（飞行员、司机等）进行测验，也可用于青少年学习领会能力或职业技能掌握能力的测验。

本品目包括各种类型的有关装置（例如，测验下意识反应能力或肢体灵巧程度的装置，具有变速及突然停止功能以测验飞机驾驶员反应能力的旋转椅）。

必须注意，本品目不包括一般在医疗上用于诊断视力、听力、心脏功能等的装置（品目 90.18）。同样，既可用来娱乐.也可用于智力测验的积木及建筑玩具等物品，应作为游戏品或玩具归类（第九十五章）。

四、臭氧治疗器

利用臭氧（化学式 O_3）治疗特性（例如，通过吸入的方式）治疗呼吸器官疾病的器具。

五、氧气治疗器、人工呼吸器或其他治疗用呼吸器具

这些器具用于抢救及治疗溺水、触电及急性中毒（例如，一氧化碳中毒）者、体弱新生儿、手术后休克、小儿麻痹症（脊髓灰质炎）、急性气喘及肺不扩张等患者，它们包括有：

（一）代替徒手施术法进行人工呼吸的器具，例如，通过压迫患者胸廓、摆动身体、强迫吸气等进行人工呼吸的机械装置。

（二）氧气治疗器，通过面具供氧或氧和二氧化碳的混合气体，或将氧气输进由挂在患者病床上的透明塑料罩幕构成的呼吸室。

（三）俗称“铁肺”的器具及类似装置，主要由下列部件构成：

1．可容纳患者躯体（头部在外）的金属、木料或玻璃纤维箱罩，或者仅可容裹患者胸部的小型透明塑料箱罩；

2．一个由气体抽吸系统和机动或手动的辅助压气机组成的独立单元；

3．一条连接压气机系统和箱罩的气密粗管。

某些上述氧气治疗器（例如，氧幕）也可用于喷雾给药，患者可同时吸入氧气和从一个微型喷雾器喷出的气雾药剂（参见以下第六组）。

本品目不包括高压室或减压室（品目 90.18）。

六、喷雾治疗器

这类器具将各种药物（肾上腺素、维他命、抗菌素、支气管扩张药、精油等）的溶液混合剂雾化后给药（喷雾法），用于治疗肺病、皮肤病、耳鼻喉及妇科等疾病。

有些这类器具是连接在氧气瓶或压缩空气瓶上。或者安装在前述第五组的氧幕中的独立喷雾器；还有一些这类器具是供诊所或医院用的烟雾发生器，由装在机柜内的电动空气压缩机、计算仪器、发声器及各种给药装置（面具及鼻、口、妇科等专用喷嘴）构成。本品目包括气溶胶式手按喷雾器，通过压迫管内的压缩气体对牙齿或齿龈进行喷射；所使用的药物能起到清洁口腔和治疗牙周炎等疾病的作用。

零件及附件

根据本章注释一及二的规定（参见总注释），本品目装置或器具的零件及附件仍归入本品目。这些零件及附件包括氧气治疗器的帷幕及帷幕固定装置。

90.20　其他呼吸器具及防毒面具，但不包括既无机械零件，又无可互换过滤器的防护面具

一、呼吸器具

本品目包括如飞行员、潜水员、登山运动员或消防队员所使用的呼吸器具。这些器具既有自备式（通过自带氧气瓶或压缩空气瓶供气），也有以导气管连接空气压缩器、压缩空气输送管、贮气瓶或者外界大气（例如，某些近距离供气器具）进行呼吸的。

本品目还包括与气密潜水服配套的潜水头盔，以及带呼吸装置的辐射防护服和防污染保护服。

二、防毒面具

这类器具使佩戴者能在被灰尘、毒气、烟雾等污染的空气中呼吸，用于某些工业产业或战争中（防止毒气伤害）。

通过这些器具，供呼吸的空气直接由外界进入并通过一个过滤元件将毒气净化或滤去灰尘。它们主要由罩体、供佩戴者观察用的眼窗、带呼气和吸气阀门的金属框架，以及一个连接过滤元件，或者连接通往背负式或胸挂式过滤系统软管的接插头构成。更为简单的面具只罩住口鼻部分，这类口罩用一根或多根松紧带系戴，并填装有过滤或吸收材料（石棉绒、海绵橡胶、棉絮胎料等，它们可以是经过或未经浸渍的），这些材料用后即可更换。

下列物品不作为本品目的呼吸器具或防毒面具：

（一）仅由多层重叠纤维织物构成并不带可更换过滤元件的隔绝灰尘、气味等用的口罩，不论其是否经活性碳处理或具有合成纤维中间层的；以及外科医生、护士等在对病人进行诊治时所用的纺织材料制口罩（品目63.07）。

（二）不带过滤元件，仅由金属丝网罩和一层纱布构成的防尘罩（第十五类）。

（三）麻醉用面罩（品目90.18）。

（四）不连氧气瓶或压缩空气瓶的潜水呼吸面具，以及游泳和潜泳用的水下呼吸管（通常所称的“通气管”）（品目95.06）。

零件及附件

根据本章注释一及二的规定（参见总注释），本品目设备或器具的零件及附件仍归入本品目。

90.21　矫形器具，包括支具、外科手术带、疝气带；夹板及其他骨折用具；人造的人体部分；助听器及为弥补生理缺陷或残疾而穿戴、携带或植入人体内的其他器具：

10　—　矫形或骨折用器具
　　—　假牙及牙齿固定件：
21　——　假牙
29　——　其他
　　—　其他人造的人体部分：
31　——　人造关节
39　——　其他
40　—　助听器，不包括零件、附件
50　—　心脏起搏器，不包括零件、附件
90　—　其他

一、矫形器具

矫形器具的定义参见本章注释六。这些器具用于：

——预防或矫治躯体畸变；或

——生病、手术或受伤后躯体部位的支撑或固定。

这类器具包括：

1. 治疗髋部疾病（髋痛等）的器具。

2. 肱骨夹（伸展夹，代替被切除臂部的功能）。

3. 颌骨治疗器具。

4. 手指牵引器等器具。

5. 治疗脊椎结核病用器具（用于挺直头部及脊椎）。

6. 用于矫正畸形的矫形鞋及特种鞋垫，但需符合下列任一条件：（1）定制的；或（2）成批生产的，单个报验、不成对，且设计为左右两脚同样适用。

7. 矫正畸形牙齿的牙科用具（牙箍、圈环等）。

8. 脚部矫形器具（畸形脚器具、带或不带脚部弹簧支撑的腿支具、外科矫形靴等）。

9. 疝带（腹股沟疝带、股疝带、脐疝带等）及疝气治疗器具。

10. 矫治脊柱侧凸和脊柱弯曲的器具，以及由于以下特征而确定为医疗（含外科）用的各种胸衣和束带（包括某些托带）：

（1）可按病人需要进行调节的特殊垫托、弹簧等；

（2）由皮革、金属、塑料等材料制作的；或

（3）带有加固件、织物制的硬件或各种宽度的条带。

矫形治疗专用的特制物品由于其结构特别，不同于普通胸衣和束带，尽管后者也有起托承或夹持作用的。

11. 矫形悬吊器具（但针织物、钩编织物或网状材料等制的简单悬吊器具除外）。

本组也包括拐杖及支杆〔必须注意，即使是为残疾人特制的普通手杖也不归入本品目（品目66.02)〕。

本组还包括助行器，也被称为“助行车”，为推行助行器的使用者提供支撑。它们一般由装有三个或四个轮子（部分或全部可旋转）的金属管框架、扶手及手刹构成。“助行车”的高度可以调节，在扶手之间可装有坐椅和用于装载个人物品的金属篮筐。必要时，使用者可坐在座椅上短暂休息。

本品目不包括：

1. 治疗静脉曲张的长袜（品目 61.15）。

2. 用于减轻脚部某一部位压力的简单保护器或装置（塑料制的应归入品目 39.26，用橡皮膏将纱布贴在海绵橡胶上制成的应归入品目 40.14）。

3. 本章注释一（二）所称的承托带及其他承托物品，例如，产妇或孕妇用的承托带（一般归入品目 62.12 或 63.07）。

4. 内底弓起以减轻平跖者不适的批量生产的鞋子（第六十四章）。

本组也包括兽用矫形器具，例如，疝气带、腿脚固定器具、防牲畜咬槽癖等的特制带子及管筒、内脏托带（器官、背侧肛、子宫等固位用）、兽角支持器等；但不包括具有普通鞍具、挽具（例如，马腿护垫）性质的防护装置（品目 42.01）。

二、夹板及其他骨折用具

骨折用器具可用于身体受伤部位的固定（作牵引或保护用）或断骨对接，也可用于脱臼及其他关节损伤的治疗。

它们有些是安装在病人身上（例如，金属丝、夹持肢体的锌或木制支架、石膏绷带夹板、肋骨驳接用具等），有些则是安装在病床、台或其他支撑物上的（用于代替夹板或支架的床上防护支架、管

子骨折延长器等)。但如果是作为病床、台或其他支撑物上不可分离的部件，就不应归入本品目。

除本章注释一第（六）款另有规定的以外，本品目还包括通过外科手术安装在人体内，用于连接断骨或进行类似骨折治疗的板、钉等。

三、人造假肢、义眼、假牙及其他人造人体器官

这些物品用于部分或全部代替人体的残废部分，其外观通常与原器官相似。它们包括：

（一）人造视器

1．义眼，通常塑料或玻璃制成，材料中渗有少量金属氧化物以模仿眼球各部分（巩膜、虹膜、瞳孔）的外观和颜色，其壳件有单层或双层两种。

2．人造眼内椎晶状体。

装在服装人体模型、毛皮制品等物品上的假眼不归入本品目（一般归入品目 39.26 或 70.18)，可确定为作玩偶或玩具动物零件用的假眼应归入品目 95.03，玻璃制的则应归入品目 70.18。

（二）假牙及其固定件，例如：

1．实心假牙，通常用瓷料或塑料（特别是丙烯酸聚合物）制成，有带有一些孔眼以备灌注固定材料的“无钉”假牙（一般为磨牙），也有带两根固定用金属针或牙板金属脊拉槽的假牙（一般是切牙或尖牙)。

2．空心假牙，也是用瓷料或塑料制成，并具有牙齿（切牙、尖牙或磨牙）的外形。按其固定方式称为“桩牙”（装在小金属针或柱桩上，以镶嵌于预先处理好的牙根上）或“牙冠”（用人造树脂粘固于修磨成一定形状的残牙上)。

3．托牙（全口或部分)，由一块装有假牙的硫化橡胶、塑料或金属板制成。

4．其他物品，例如，用于保护真牙的预制金属牙冠（金、不锈钢等制)、用于托牙加重和增强稳定性的锡铸条（“重质连接杆”、用于增强硫化橡胶牙托的不锈钢杆，以及各种明显可确定为牙科用配件的物品（例如，用于制作金属牙冠或托牙的插件、圈环、柱桩、钩子、孔眼等)。

必须注意，牙科粘固剂及其他牙科填料归入品目 30.06；通称为“牙科用蜡”或“牙科造形膏”的制品，成套、零售包装或制成片状、马蹄形、条状及类似形状的以及以熟石膏（锻石膏或硫酸钙）为基本成分的牙科用其他制品应归入品目 34.07。

（三）人造的其他人体部分，例如，臂、前臂、手、腿、脚、鼻、人造关节（例如，髋关节及膝关节)，以及代替血管的合成纤维织物制管子及心脏瓣膜。

本品目不包括装在无菌容器中供移植用的骨或皮肤（品目 30.01）及骨骼粘固剂（品目 30.06)。

四、助听器

一般是由带一个或几个传声器的电路（有或没有增音器)、耳机以及电池组成的电气器具。耳机可戴在耳内、耳后或以手持方式置于耳旁。

本组所包括的物品仅限于帮助克服失聪用的器具，因此不包括在会议室或话务员用于改善可听度的器具，例如，耳机、扩音器及类似品。

五、为弥补生理缺陷或残疾而穿戴、携带或植入人体内的其他器具

本组包括：

（一）助语器，供因受伤或手术而丧失声带发音功能的人使用。它主要为一种电子脉冲发生器，受到颈部压迫时，能在喉腔发生振动，使用人可将振动调为语音。

（二）起博器，用于刺激有缺陷的心肌，其大小及重量与怀表相当，通过手术植入患者胸部皮下。它们装有电池，通过电极与心脏相连，以所产生的规律的电脉冲来维持心博。另外还有其他类型的起博器，用以刺激各种器官（例如，肺、直肠或膀胱)。

（三）导盲器，主要由以电池为能源的超声波发射和接收装置构成，利用发射的超声波在遇到障碍物后反射回来所需时间产生的回波频率变化，使盲人通过适当的装置（例如，内置耳机）感知到障碍物并判断出其大致的距离。

（四）**植入体内，用于辅助或代替人体某个器官的化学功能**（例如，分泌胰岛素）**的器具。**

零件及附件

根据本章注释一及二的规定（参见总注释），本品目所列装置或器具的零件及附件仍应归入本品目。

90.22 X射线或α射线、β射线、γ射线的应用设备，不论是否用于医疗、外科、牙科或兽医，包括射线照相及射线治疗设备、X射线管及其他X射线发生器、高压发生器、控制板及控制台、荧光屏、检查或治疗用的桌、椅及类似品(+)：

— X射线的应用设备，不论是否用于医疗、外科、牙科或兽医，包括射线照相或射线治疗设备：

12 —— X射线断层检查仪

13 —— 其他，牙科用

14 —— 其他，医疗、外科或兽医用

19 —— 其他

— α射线、β射线、γ射线的应用设备，不论是否用于医疗、外科、牙科或兽医，包括射线照相或射线治疗设备：

21 —— 医疗、外科、牙科或兽医用

29 —— 其他

30 — X射线管

90 — 其他，包括零件、附件

一、X射线应用设备

这类设备的基本部分是带有一个或多个X射线管的部件，这个部件通常是悬置或安装在一个带转向或升降机构的托架或其他座架中，其所需电压是由一个变压器、整流器等组成的专用设备供给；其他各种部件结构则按X射线设备用途的不同而各异，例如：

（一）**诊断用X射线设备**。这些设备是根据X射线能穿透一般光线所不能穿透的人体，并且透射部位的密度越大，其吸收率越高这一原理工作的。它们包括：

1．X射线（荧光）检查设备，使X射线透射过被检查的器官并在荧光屏上成像，所成图像明暗程度的不同即表示了该器官的状况。

2．X射线照相设备，X射线透射过被检查部位后照射到感光硬片或软片上，从而把影像记录下来，这些设备既可用于射线检查，也可用于射线照相。

3．由带有特种照相机的X射线装置构成的设备，这种设备可将在照相机所装X射线荧光屏上产生的影像拍摄下来。这类设备如果和配套的特种照相机同时报验，即使为了运输方便而分别包装的，仍应一起归入本品目；但单独报验的照相机则应归入品目90.06。

（二）**X射线治疗设备**，利用X射线的穿透力和对某些活组织的破坏作用治疗多种疾病（例如，某些皮肤病及肿瘤等），这类治疗按射线透射的深度分为“浅表”或“深部”治疗。

（三）**工业用X射线设备**。X射线在工业领域中的用途很广，例如，在冶金工业中用于检查气泡位置或合金的均匀性、在机械工程中用于检查装置的精确性、在电气工业中用于检查重型电缆或磨砂玻璃灯泡、在橡胶工业中用于检查橡胶轮胎内夹层的应力（例如，帆布的绷紧状况）、在各种工业中用于检查或测量材料的厚度等。所有这些用途各异的设备一般都与上述诊断用设备基本相似，只是按各自的特定用途附加有适配器及辅助装置。

本品目还包括：

（1）用于检验晶体结构及材料的化学成分的专用设备（X射线衍射及光谱设备），其工作原理是X射线透射过晶体后产生衍射，再使衍射X射线落到感光胶片或电子计数器上。

（2）利用X射线检验钞票或其他证券的设备。

二、α、β或γ射线的应用设备

α、β或γ射线是由具有从原子核自发放出射线特性的放射性物质所产生，这类放射性物质通常是盛装在覆铅的钢制炸弹型容器中，容器一端开孔，使射线只能向特定方向射出。γ射线的用途与X射线非常相似。

按照所采用的不同射线源和特定用途，本类设备可分为以下几种：

（一）治疗设备，它们所使用的放射源有镭、放射性钴或某些其他放射性同位素。

（二）射线检验设备，主要在工业上用于对金属零件作无损探伤。

（三）作为测量仪器的设备，例如，用于测量材料（片材、衬料及类似品）厚度的β及γ射线厚度计、探测包装物品的内容（医药品、食品、猎枪弹药、香水等）的设备以及电离风速计。这些设备一般都是通过对作用于被检因素的辐射强度变化进行测定来求得所需数据的。

（四）带射线烟雾探测器的火灾报警器。

本品目不包括本身不带射线源，仅用于探测射线的仪器及设备，即使其已标有各种刻度（品目90.30）。

三、X射线管及其他X射线发生器、高压发生器、控制板及控制台、荧光屏、检查或治疗用的桌、椅及类似品

本组包括：

（一）X射线管，用于将电能转换成X射线的装置。

这些管子的特性按用途的不同而各异，内部主要由产生电子源的阴极和接受电子轰击而放射X射线的靶（对阴极或阳极）构成。某些X射线管还加有若干中间电极，用以对电子流进行加速。电极通常封装在玻璃管壳内并带有相应的电气接头，整个管子再安装在盛满油的绝缘金属容器中，有些X射线管内部是充气的，但更普通的还是抽成高真空的。

本品目不包括X射线管的玻璃管壳（品目70.11）。

（二）其他X射线发生设备，例如，装有电子感应加速器的设备，该加速器将电子流加速至极高速度，从而产生极强穿透力的X射线。但本品目不包括既不用于产生X射线，也不装于X射线设备上的电子感应加速器及其他电子加速器（品目85.43）。

（三）X射线荧光屏，该射线屏上的荧光层可接收辐射，荧光层一般为氰亚铂酸钡、硫化镉或钨酸镉等物质，屏壁通常还覆有一层铅玻璃；某些种类的荧光屏，如所称的增光屏，可产生一个光化射线影像以增加完全由X射线形成的摄影影像的密度。

（四）X射线高压发生器，带有安装在绝缘屏蔽物内的变压器及整流管，还配有连接X射线管用的可拆卸高压接触元件。但必须注意，本品目仅包括专供X射线设备用的发生器。

（五）X射线设备的控制板及控制台，装有控制辐射时间及电压等的装置，并且通常还带有作为设备组成部件的射线剂量计。但必须注意，本品目仅包括专供X射线设备用的控制板及控制台。

（六）进行X射线检查或治疗专用的台、椅及类似品，不论是作为X射线设备的配件或是独立的器具，只要它们是专门或主要与X射线设备配套使用的；这些台、椅等即使是单独报验的，也仍归入本品目，但非专用的除外（一般归入品目94.02）。

本品目还包括根据放射学原理制成的避雷器。

零件及附件

根据本章注释一及二的规定（参见总注释），可确定为专用于或主要用于X射线设备等的零件及附件仍应归入本品目。这些零件及附件包括：

1. **通常带有铅衬的放射器**，用于安装在X 射线管口或放射“炮”上，有时也称为“定位器”。

2. **白炽灯对中装置**，主要用于X射线治疗，通过直接照射表皮检查治疗部位。与前述附件一样，这种装置通常也是安装在X射线管或放射“炮”的射线出口上。

3. **防护外壳**，用铅玻璃或其他X射线不能穿透的某些盐类物质制成，用于套住X射线管，使操作者免受有害射线的伤害。

4. **防护屏或罩**，用覆铅材料或铅玻璃制成，放置在操作者和X射线管之间作防护用。

本品目不包括操作者穿着在身上的防护装具，例如，以含铅橡胶制成的防护围裙及手套（品目40.15），或者铅玻璃制成的护目镜（品目90.04）。

*
* *

本品目还不包括：

（一）镭针及其他含放射性物质的针、管及类似品（第二十八章）。

（二）感光硬片及软片（第三十七章）。

（三）用于X射线设备电源装置中的高压整流二极管及其他整流管（品目85.40）。

（四）射线照片的检视设备（包括影像投影仪）（品目90.08或90.10），以及X光片或其他射线照片的洗印设备（品目90.10）。

（五）紫外线或红外线医疗设备（射线疗法用）（品目90.18）。

（六）探测α、β、γ或X射线的仪器，它们归入品目90.30，除非其已装配在放射线设备上。

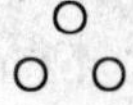

子目注释：

子目9022.12

本子目包括所谓X射线全身断层检查仪。这是一种无线电诊断系统，应用电子人体断面射线摄影技术（X射线断层摄影技术）对全身进行检查。病人躺在圆筒形通道内的检查台上，人体部位用X射线分步分层进行扫描，在该通道上环形布满了数百个探测器，测量X射线在人体内的不同衰减量。

系统自身的自动数据处理机将传感器送来的数据转换成图像，显示在系统的监视器上。X射线断层图像通常是用系统内装的特种照相机拍摄的，必要时还可用电磁方式存储起来。

90.23 专供示范（例如，教学或展览）而无其他用途的仪器、装置及模型

本品目包括各种专供示范（例如，学校、教室及展览会中所用）而无其他用途的仪器、装置及模型。

按照上述条件，本品目包括：

一、专供示范用的机器或装置，例如，维姆休斯特起电机（做电气实验用）、阿特伍德机械（用于演示重力加速运动的规律）、马德堡半球（作大气压力效应示范用）、格氏环（用于演示热膨胀现象）、牛顿盘（用于演示白光的色彩合成效应）。

二、人体或动物解剖模型（不论是否有活关节或装有电气照明装置），用水晶等制成的立体物体模型，以及通常用塑料或以石膏为基料的混合物制成的这类模型。

三、充气式人体模型，尺寸与真人大小一样并带有模仿人体呼吸器官而制成的零件，用于口对口人工呼吸抢救方法的训练。

四、船舶、机车、发动机等的剖面模型，用于演示它们的内部运行机制或重要零件的功能；立体

教学图板，例如，收发讯机的元件电路教学演示图板（通讯学校所用）及发动机油路系统示意图板，不论是否带有电光系统。

五、样品箱、展示板等，用于展示原材料样品（纺织纤维、木材等）或者产品各制造加工阶段的状况（供技术学校教学用）。

六、炮兵室内训练课程使用的模型等。

七、供显微镜观察用的制成标本载片。

八、城镇、纪念碑、房屋等的模型（石膏、纸板、木料等制）。

九、小型展示模型（飞机、船舶、机械等），通常用金属或木料制成（例如，作广告用途的）。必须注意，专作装饰用的模型应归入其各自相应的品目中。

十、立体地图（省份、市镇、山脉等的地图）、**立体市政建设规划图以及立体地球仪或星象仪**，不论是否印制的。

十一、训练坦克驾驶员用的模拟坦克驾驶装置（包括高级培训用的），它们一般由以下主要部分组成：

（一）安装在活动台架上的驾驶舱；

（二）由地形缩尺模型和安装在行走架上的电视摄像机组成的观察系统；

（三）教练员控制台；

（四）计算机；

（五）液压系统；

（六）电源柜。

零件及附件

根据本章注释一及二的规定（参见总注释），本品目所列装置或器具的零件及附件也归入本品目。

*

* *

本品目不包括：

（一）印刷图纸、图表、插图等，即使是作教学、广告等用途的（第四十九章）。

（二）品目 88.05 的地面飞行训练器。

（三）既可供娱乐，也可供示范用的物品（例，某些成套的机械部件模型、机械或电动玩具机车、锅炉、起重机、飞机等）（第九十五章）。

（四）品目 96.18 的自动模型。

（五）品目 97.05 的珍藏品。

（六）超过一百年的古物（例如，立体图及地球仪）（品目 97.06）。

90.24　各种材料（例如，金属、木材、纺织材料、纸张、塑料）的硬度、强度、压缩性、弹性或其他机械性能的试验机器及器具：

10　—　金属材料的试验用机器及器具

80　—　其他机器及器具

90　—　零件、附件

本品目包括各种材料（例如，金属、木材、混凝土、纺织纱线及织物、纸或纸板、橡胶、塑料、皮革）的硬度、弹性、抗张强度、可压缩性或其他机械性能的试验机器或器具，它们的范围极为广泛。据此，本品目不包括：

（一）检验材料微观结构的仪器或器具（例如，品目 90.11 或 90.12 的金相或其他显微镜），以及用于材料分析或检测孔隙率、热膨胀率等特性的仪器或器具（品目 90.27）。

（二）仅用于一般测量或检验宽度、厚度等的仪器或设备（例如，用于检测加工工件、金属丝、金属货品等）（品目 90.17 或 90.31）。

（三）检验材料暇疵、裂缝、断裂或其他缺陷的仪器（品目 90.31）。

本品目的机器及器具一般在工业或科研中用于测试制成品（通常为抽样或标准样品），也供生产加工过程、建筑工程（在车间、建筑工地等）或仓库发货中作检验用。

它们的体积大小差别悬殊，从重达数吨的大型机械、电气、液压操作机器到小型便携式，乃至袖珍式的器具都有。某些通用型设备（例如，金属材料试验机）可通过所附各种配件进行硬度、拉伸、弯曲等试验。虽然多数这类仪器是根据“起-止”机械原理工作，但也有一些是自动或半自动的装置（例如，安装在装配线上对批量生产的产品进行抽检的设备）。

试验结果既有直接从仪器上读出的（有时借助于放大镜、内装显微镜或轮廓投影仪等的简单光学装置读出），也有通过分离的显微镜检查而获得（例如，观测金属被测材料上的球印试验压痕）。此外，有些试验机带有记录试样应力、张力等的装置。

一、金属试验机器及器具

本组机器及器具用于：

（一）对试样、棒材、线材、缆绳、弹簧等进行抗拉试验，以测定金属弹性、破坏应力及其他许多重要性能。拉伸试验机有各种类型（例如，立式或卧式、蜗杆式或水力负荷式），但基本上都具有夹持试样进行试验的夹紧装置。

（二）对试样、棒材、机械加工工件等进行硬度试验。金属硬度通过对该种金属抗压痕强度的测定而获得，这类试验包括：

1．钢球压痕硬度试验（淬火钢或金属碳化物制的钢球）或布氏硬度试验。被测件上的压痕由通过杠杆、弹簧或活塞施于钢球上的持续压力（非通过冲击力或反复撞击力）所形成，再通过显微镜检测压痕的直径。

2．金刚石棱锥压头压痕硬度试验，可采用洛氏硬度试验法（用表盘比较器检测压痕深度）或维氏硬度试验法（用显微镜检测压痕表面积），但也可采用其他方法（莫氏、肖氏、努氏等硬度试验法）及使用通过钢制压痕工具检测软金属硬度的仪器（例如，洛氏法）。以上所列举的几种试验方法可使用同一部机器进行。

3．回跳硬度试验，使用回跳硬度显示器或记录器进行测试，使一个带金刚石棱锥头的小锤从预定高度上落到被测件的表面，金属硬度越大，锤子回跳就越高。

4．摆测硬度试验，通过摆锤摆动撞击被测件进行试验，摆锤是呈倒 U 型的铸铁体，中间装有一个钢球。

（三）弯曲试验。

1．冲击试验，用于对金属棒材（不论是否有凹口）进行测定，对架在两个支座上的金属棒反复撞击直至断裂，由此测出其极限弯度。

2．压力试验（主要用于对金属棒材进行测定）、弯曲试验（用于对弹簧进行测定）。

（四）延性试验，主要是试验金属板片，使用通常在端头装有钢球的压凹工具逐渐压入板片直至穿孔为止，记录下初始数据后即可测出其应力和挠度。

（五）折叠试验（用于金属片、条及丝）。压缩试验及剪切试验（主要用于铸铁）。

（六）疲劳试验，在试验中被测件不仅受上述的简单应力试验，还要进行综合及变动应力试验。这些试验通过旋转弯折试验机（使被测件高速旋转）、反转扭力试验机（其扭力方向交替变换）或电磁疲劳试验机等进行。

二、纺织品测试机器及器具

利用本组装置进行的主要试验包括：

（一）测定拉伸性质及抗断裂性质的断裂测试、测定弹性或抗张强度的张力测试以及类似的其他测试（包括上述性质的综合试验）。试验所用材料为原纤维或纱线、绳索、普通织物、带条等。

上述试验使用各种测力计，这些测力计通常按工作原理（例如，摆锤式或平衡杠杆式）或试验的材料（例如单纱、加捻纱或绳、玻璃纤维、纱束或绞丝、织物等）命名，类似的试验也可使用伸长计进行。有些测力计装有钢球装置以测定织物的顶破强力。

（二）织物样品尺寸变化试验，织物样品经在干、湿状态下伸张后进行伸缩测定。

（三）耐磨及抗撕裂试验，测试易受磨损的纺织物（被单、布匹、亚麻台布等），有时也测试纱线本身。

这类试验利用耐磨试验仪、织物平磨仪等进行，试验是将布条用适当张力绷紧，再用耐磨仪对其进行逐渐磨损（磨具有圆盘磨头、带金属凸缘的滚筒、钢磨轮等），耐磨损及抗撕裂性能通过耐磨仪将织物磨损至断裂时的转数测得。

本品目不包括用于检验纺织材料的仪器（例如，纱线均匀度检验仪、测定纱线在整经木框架、络纱机等机架上的拉力的应变仪，以及测定纱线扭力的纱线扭力计及扭矩仪（品目90.31）。

三、纸张、纸板、漆布、软塑料或软橡胶的试验机器及器具

这类器具主要是用于进行抗拉强度试验（测定伸长率、断裂载荷等）及顶破强力试验，其工作原理与用于纺织品试验的测力计基本相同。

本组仪器包括：破裂强度试验仪、折叠试验仪等（例如，用于纸张）、弹力计、回弹计、拉伸试验仪、耐磨试验机、塑度计（例如，用于橡胶或塑料）。

四、其他材料的试验机器及器具

大部分的有关材料（木材、混凝土、硬塑料）是使用工作原理与金属试验机具相类似（通过球印、冲击等）的机器及装置进行拉伸、弯曲、硬度、压缩、剪切、耐磨等试验的。

本品目还包括种类繁多，用于测定砂型铸造试样的拉伸强度、抗弯强度、抗压强度等的小型仪器，以及测定成型铸型或型芯的表面硬度的仪器。

零件及附件

根据本章注释一及二的规定（参见总注释），本品目所列机器或器具的零件及附件仍应归入本品目。

90.25 记录式或非记录式的液体比重计及类似的浮子式仪器、温度计、高温计、气压计、湿度计、干湿球湿度计及其组合装置：

— 温度计及高温计，未与其他仪器组合：

11 — — 液体温度计，可直接读数

19 — — 其他

80 — 其他仪器

90 — 零件、附件

一、比重计及类似的浮子式仪器

这类仪器一般可从刻度杆上直接读数以确定固体或液体的比重，或者确定与比重有关的某一任意值（例如，烈性酒的浓度），所得示值有时也可按换算表转换成其他单位的参数值。

本类仪器通常用玻璃制成〔也有一些是用金属（例如，镍银合金、银等）制成的〕，其一端为充有水银或细微铅粒的泡装配重，重物重量一般是固定的，但也有一些用于测定不同比重液体的密度的仪器可改变重物重量或加重重物重量。有些比重计（例如，测试蓄电池酸液浓度的比重计）是封装在玻璃注射器内的，还有一些则是配有温度计的组合仪表。

大多数比重计的名称根据其用途而定，例如，酒精比重计、糖量计（用于酿酒业或制糖工业）、盐液密度计、乳比重计或乳重计、酸量计（用于测定蓄电池或其他酸性物的比重）、尿比重计等，其他一些则根据发明者的姓名（例如，波美、白利、巴林、贝茨、盖-吕萨克、里克特、特拉勒斯、席克斯、斯托帕尼等）来命名的。尼克尔森比重计用于测定固体的比重。

本品目不包括:

（一）以其他方法测量比重的仪器，例如，比重瓶（品目 70.17）、比重天平或比重器（品目 90.16）。

（二）某些非浮子式仪器的分析装置，例如，乳脂计（用于测量黄油中脂肪含量）、尿素计（用于检测尿素含量），它们应归入品目 70.17。

二、温度计、温度记录器及高温计

本组包括:

（一）**带充液玻璃管的玻璃温度计**，包括家用温度计（室内、窗台温度计等）、浮子式温度计（浴用温度计等）、体温计、工业用温度计（用于锅炉、熔炉、蒸压釜等）、实验用温度计（用于量热学等）、专用气象温度计（例如，用于测量太阳或地面辐射温度）、水文学用温度计（例如，深海测温用的颠倒温度计），本品目还包括用于指示其所记录的最高和最低温度，名为最低值最高值温度计的玻璃温度计。

（二）**金属温度计**（例如，以膨胀系数不同的两条金属片焊接组成的元件制成的双金属温度计），主要应用于气象学、空气调节装置及其他科研或工业用途，汽车上用于指示水箱水温的温度计通常也是这种类型的。

（三）**由金属元件系统构成的膨胀式温度计或压力温度计**。这类温度计的膨胀介质（液体、蒸气、气体）产生压力，使波尔登管或类似的压力检出元件产生位移驱动指示盘上的指针，它们主要应用在工业方面。

（四）**液晶温度计**，其液晶物理特性根据温度的变化而改变（例如，颜色）。

（五）**电测温度表及高温计**，例如:

1. 电阻温度计及高温计，通过金属（例如，铂）或半导体的电阻变化进行工作。

2. 热电偶温度计及高温计，根据两种不同电导体的接点受热时会产生与温度相应的电动势的原理制成；构成电偶的导体金属有：铂与铂铑合金、铜与铜镍合金、铁与铜镍合金、镍铬合金与镍铝合金。

3. 各种类型的辐射（包括光学）高温计，例如:

（1）带有一凹镜的高温计，凹镜可将炽热物体等发出的热辐射汇聚在处于凹镜焦点的热电偶热接点上。

（2）隐丝高温计，以利用变阻装置调节白炽灯灯丝的亮度，使其与被测热源的亮度相同来测量温度。

有些电测温度表及高温计带有控制熔炉、烘箱、发酵槽等工作的自动调节部件，这类组合装置应归入品目 90.32。

（六）**带有光度块的光学高温计**，由棱镜提供一视场，现场中央部分经标准白炽灯照明后成为亮点，周边部分被高温物体发出的光照亮。当一块涂覆有密度不一的乳剂的玻璃圆片旋转时，造成高温物体光密度的变化，再通过观测相应于视场内外部分亮度的圆片旋转度数即可测得温度。

（七）**隐丝式光测高温计**，通过一组烟色玻璃的插入或者相应于特定温度的吸收玻璃制分度光楔的转动，使炉膛反射影像的亮度与标准参比灯亮度相当以测得炉膛的温度。

（八）**根据旋光偏振现象制成的望远镜式高温计**，由两个尼科耳棱镜构成，中间放置一块校准石英晶体，通过计算其中一个棱镜为获得某一色泽所转动的角度得出温度值。

（九）**根据某些固体物质（例如，粘土）的收缩率制成的高温计**，由一根摆杆制成，杆的一头在度盘前摆动，另一头与测温棒相连。

本品目包括“接触式温度计”，它们除指示温度外，还带有控制电气信号灯、报警器、继电器或开关的辅助装置。

本品目还包括金属及蒸气压力温度计，也有人称它们为“高温计”，能测量高达 500～600℃的高温。

温度记录器也归入本品目，这种仪器由温度计与带有一个可将温度变化记录在鼓筒上的指示器构成，并通过机械或电气时钟机构，或者同步电机控制运转。

本品目不包括测定粘土等收缩率的“测温熔锥”，一种卡尺式仪器，用于在烧制陶瓷时根据从陶瓷窑中取出的试样确定烧制进程（品目 90.17 或 90.31）。

三、气压表及气压记录仪

本组仪器是供测定大气压力用的，用于测定液体或气体压力的类似仪器（压力表）不归入本品目（品目 90.26）。

常见的气压表有两种——水银气压表和膜盒式气压计。

普通的水银气压表由内贮水银、上端封闭的玻璃管构成，其中一种是将管子下端插在水银槽内，另一种则将管子下端弯成虹吸管状，大气压力作用于管子的开口一端。两种类型均使管内水银柱高度与气压相当，根据水银柱的升降（通过刻度标尺或度盘上的指针显示）即可测定大气压力。水银气压表包括福丁式气压表（带有可调节水银槽）、虹吸气压计，（带有可调整标尺）及船用气压计（用常平架固定）。

膜盒式气压计是通过大气压力作用于一个或多个抽空的波纹金属膜盒或一根薄壁金属弯管来测定气压，膜盒或弯管受气压影响产生形变，形变的位移经放大后传到标尺上的表针指示气压，或者被转换成电信号。

本品目还包括：

（一）不仅可指示气压，还可指示高度的气压测高计。必须注意，本品目不包括只能指示高度的航空专用测高计（品目 90.14）

（二）弯管流体压力计，这种仪表以油等液体代替水银来压缩管内的气体。

气压记录仪是象温度记录器记录温度那样记录大气压力的仪器（参见上述第二组）。

四、湿度计及湿度记录仪

本类仪器用于测量空气或其他气体的湿度，其主要类型有：

（一）化学湿度计，用化学物质吸收水分，然后称其重量。

（二）冷凝式湿度计，采用“露点”方法测定（即水蒸汽开始冷凝的温度）。

（三）毛发湿度计，根据一根或多根毛发或塑料带在干湿不同环境下长度会发生变化的现象进行工作。毛发或塑料带绷张在一个配重并装有滑轮的框架上，滑轮的轴上连有可在刻度盘上摆动的针。有的这类装置将针的摆动转换成电信号。

（四）环状玻璃管湿度计，管的一部分充有水银并用对大气水蒸汽具有半透性的隔膜封其一端，当水蒸汽压力作用于水银时，环绕于一根轴上的管子产生位移，位移由与轴相连的刻度盘指针显示出来。有的这类装置将管子的位移转换成电信号。

（五）金属条湿度计，绕成螺旋状的金属条上涂布有受湿度影响会起变化的物质，受潮后金属条长度发生变化并传至所连轴杆，使轴杆上的指针在度盘上移动。有的这类装置将指针的移动转换成电信号

（六）电湿度计，一般是根据受湿度影响，特殊的吸收性盐（例如，氯化锂）的导电率或电气元件的电容量会发生变化的现象进行工作（有的这类仪器刻有标度，用来显示被测因素的露点）。

装饰性湿度计也归入本品目，它们由多少具有装饰性质的物品（农舍式小屋、塔楼等）和根据预

测天气的好坏而进出的小塑像构成。另一方面，浸渍有化学物质，其颜色可根据大气湿度不同而发生变化的纸不归入本品目（品目 38.22）。

同样归入本品目的湿度记录仪与毛发湿度计相类似，但可以通过与温度记录器记录温度一样的方式记录相对湿度的变化（参见上述第二组）。

本品目不包括用于测量固体物质湿度的仪器（品目 90.27）。

五、干湿球湿度计

这是一种特殊类型的湿度计，它们通过参照不同的温度来测定湿度，其温度是由一支记录气温的干温度计和一支通过浸透水的材料保持球部湿润，以水蒸发吸收热量的湿温度计来显示。

电测干湿球湿度计通常采用电阻温度计或半导体件代替普通干湿球湿度计的非电测温度计。

*

* *

湿度计和干湿球湿度计具有广泛的用途，例如，应用于气象观测（气象站观测用及家用等）、实验室实验、冷冻加工、人工孵化及空气调节（特别是在纺织厂中）。

组合装置

本品目包括上述仪表的组合装置（例如，比重计、温度计、气压表、湿度计及干湿球湿度计的组合装置），除非加装的一种或多种其他装置使其具有其他品目更为具体列名的设备或器具的特征，（例如，品目 90.15 的气象观测仪器）。下列装置应归入本品目：

1．温湿记录仪、气压温湿记录仪及日光辐射计（仅由两支特殊温度表组合构成的仪器）。

2．测霜仪，即作霜冻预报的仪器，特别是应用于园艺方面，这也是一种主要由两支温度表构成的组合装置。

另一方面，本品目不包括大气探测用的无线电探测器（参见品目 90.15 的注释）。

零件及附件

根据本章注释一及二的规定（参见总注释），单独报验的本品目所列装置或仪表的零件及附件仍应归入本品目（例如，度盘、指针、箱盒、刻度标尺）。

90.26 液体或气体的流量、液位、压力或其他变化量的测量或检验仪器及装置（例如，流量计、液位计、压力表、热量计），但不包括品目 90.14、90.15、90.28 或 90.32 的仪器及装置：

10 — 测量、检验液体流量或液位的仪器及装置

20 — 测量、检验压力的仪器及装置

80 — 其他仪器及装置

90 — 零件、附件

在本协调制度其他品目中更为具体列名的仪器或装置不应归入本品目，例如：

（一）减压阀及恒温控制阀（品目 84.81）；

（二）风速计（风速表）及水位计（品目 90.15）；

（三）温度表、高温计、气压表、湿度计、干湿球湿度计（品目 90.25）；

（四）理化分析等仪器及装置（品目 90.27）。

本品目包括液体或气体的流量、液位、压力、动能或其他过程变量的检测仪器及装置。

本品目的仪器及装置可带有记录、信号或光学读度装置，或者电动、气动、液动输出量的变送器。

检测装置一般均采用对检测量的变化非常敏感的元件（例如，波登管、膜片、真空膜盒、半导体）来使指针或游标移动，有些装置则把发生的变化量转换成电信号。

带有旋塞、阀门等的本品目检测仪器或装置应按照品目 84.81 注释的规定进行归类。

一、检测液体或气体流速及流量的装置

（一）**流量计**，用于指示流速（单位时间内的体积流量或质量流量）及测量明渠（河流、水道等）及管道（输送管等）中的流量。

有些流量计是根据品目90.28的流体测量仪表（涡轮式、活塞式等）的原理工作的，但绝大部分还是利用差压法进行测量的，它们包括：

1．差压式（固定孔径）流量计，主要由以下两种部件构成：

（1）产生压差的主要装置（例如，皮托管或丈丘里管、简单膜片、孔板、特定形状的喷嘴）；以及

（2）差压计（浮子式、膜片式、差压式、摆动环秤式、流量变送器等）。

2．可变截面（可变孔径）流量计，主要由内有重浮子的带刻度锥形管构成，被测流体流过管壁与浮子之间的环隙时托起浮子向上，直到浮子两边压差所形成的力与浮子重力相等。测量高压液体的有磁场流量计（非磁性管内的铁浮子位置由管外的磁体显示）或阀式流量计（内装有膜片的管子与小流量计并联相接）。

3．应用磁场、超声波或热量进行测量的流量计。

本品目不包括：

（1）用于测量河流、运河等水流速度的测流桨轮，应作为水文仪器归入品目90.15。

（2）仅用于指示一定时间内输送液量的装置，应作为计量仪表归入品目90.28。

（二）**风速计**，专用于记录矿井、坑道、烟囱、炉窑及导管中的风速，主要由风叶和分度盘构成。有些这类装置将示值转换成电信号。

二、检测液体液位或气体体积量的仪表及装置

液位指示器及贮罐贮气量指示器。

液位指示器包括：

（一）**浮子式**，它可从安装在浮子上的带刻度立柱上直接读出液位，也可将示值通过导线和鼓筒传至分度盘上的指针或转换成电信号。

（二）**气压或液压式**，通过差压计测量压力罐中的液位。

（三）**双色光式**，专用于蒸汽锅炉，根据水和蒸汽的折射率不同进行工作，由一组灯、彩色屏、光学系统以及通过不同颜色指示相应水汽位置的液面指示器构成。

（四）**电气式**，根据电阻量、电容量、超声波等的变化进行工作。

本品目不仅包括密闭槽、罐的液位指示器，也包括明露液池或明渠（水电工程、灌溉系统等）的液面指示器。

贮罐贮气量的测量是直接或通过分度盘指针（指针以导线和鼓筒与浮钟相连）测定浮钟的漂浮位置获得。

检测固体材料物位的仪表不归入本品目（酌情归入品目90.22或90.31）。

三、检测液体或气体压力的仪表及装置

压力表（例如，压力计）是用于测量液体或气体压力的装置，其不同于气压表之处在于后者是测量大气压力的，而压力表则是测量密闭空间中的液体或气体压力的。压力表的主要类型有：

（一）**液体压力计**，充于玻璃或金属管内的工作液体有水银，水及其他液体，或者不相混溶的两种液体。这类仪表有单管压力计、U形管压力计、斜管压力计、多管压力计以及摆动环秤式压力计。

（二）**金属压力表**，类似于膜盒式气压计，这种仪表也是由一片或多片膜片、膜盒、波登管或螺旋金属管以及其他直接驱动指针或使电信号发生变化的压敏元件构成。

（三）**活塞式压力计**，这种仪表是使压力直接或通过膜片传至由弹簧顶压或夹住的活塞上。

（四）**电测式压力表**，这类仪表根据电现象（例如，电阻量、电容量）的变化或者使用超声波进行工作。

测量极低压的真空计，包括使用热离子真空管（三极管）的电离真空计，通过电子与残余气体的分子碰撞，从而产生被阴极板吸引的阳离子这种现象来进行工作的。单独报验的热离子真空管不归入本品目（品目85.40）。

本品目还包括极值压力表和测量差压的差压压力表；差压压力表有以下几种类型：双液式、浮子式、摆动环秤式、膜片式、膜盒式、球式（无液）等。

四、热量计

热量计用于测量一个系统装置（例如，热水供热系统）的热量消耗，主要由一个液量测量仪表、分别安装于管道出入口的两支温度计及计数和累计机械装置构成。本组仪表也包括热电偶热量计。

安装于公寓楼各单元取暖器上的小型热量计与温度表相似，它们内充有遇热时蒸发的液体，用于使集中取暖系统的费用得以合理地分摊。

零件及附件

根据本章注释一及二的规定（参见总注释），单独报验的本品目所列仪表或装置的零件及附件仍应归入本品目，例如，不论是否带有信号、预选或控制功能的单独报验的自动记录部件（包括记录多个检测仪表所得示值的）。

90.27　理化分析仪器及装置（例如，偏振计、折光仪、分光仪、气体或烟雾分析仪）；测量或检验粘性、多孔性、膨胀性、表面张力及类似性能的仪器及装置；测量或检验热量、声量或光量的仪器及装置（包括曝光表）；检镜切片机：

10　—　气体或烟雾分析仪

20　—　色谱仪及电泳仪

30　—　使用光学射线（紫外线、可见光、红外线）的分光仪、分光光度计及摄谱仪

50　—　使用光学射线（紫外线、可见光、红外线）的其他仪器及装置

80　—　其他仪器及装置

90　—　检镜切片机；零件、附件

本品目包括：

一、偏振计，用于测定偏振光经过旋光性物质后其振动面的旋转角度。主要由光源、装有起偏振和检偏振棱镜的光学装置、放置待分析物质的管座、观察目镜及测量刻度盘构成。

对于电子偏振计，除具有传统偏振计的基本光学元件外，还装有光电管。

二、半阴旋光计，用于分析偏振面或椭圆偏振光。

三、糖量计，一种用于测定糖溶液浓度的特殊偏振计。

四、折光仪，用于测定液体或固体折射率（检验物质纯度的最重要指数之一）的仪器，主要由棱镜光学系统、观察和读值用的目镜以及控制温度的装置（因为温度对折射率的影响极大）构成。其用途极广，特别是用于食品工业（检验食用油、黄油及其他油脂，分析果酱、果汁等）、玻璃工业、炼油工业及生物学研究等方面（检验血浆及排泄物等中的蛋白质含量）。

大部分折光仪是安装在底座或支架上，另外一些是手持式的，还有一些则可安装在生产槽桶的壁上。

五、分光仪，用于测量放射及吸收光谱的波长，主要由一个可调节狭缝准直器（待测光束由此入射）、一个或多个可调节棱镜、一个望远镜和一个棱镜台构成。某些分光仪（特别是红外或紫外光谱分光仪）装有多个棱镜或衍射光栅。

本类仪器包括：用于观测光谱的分光镜；将光谱照相记录在感光硬片或软片上（谱图）的摄谱仪；单色器（用于从线状光谱中分离出某种谱线或从连续光谱中分离出某些区段的光谱的仪器）。

但本品目不包括用于太阳观测的日光摄谱仪和日光观测镜（品目 90.05），用于检验投射在屏幕上的光谱放大影像的光谱投影仪（品目 90.08），利用光学观测方法对光谱图进行比较检验的测微显微镜及带有显微镜的光谱比较仪（品目 90.11），以及测量电量的光谱分析仪（品目 90.30）。

六、质谱仪及类似仪器，用于分析元素的同位素结构等。但本品目不包括用于同位素分离的电磁同位素分离器（品目 84.01）。

七、比色计。所称"比色计"是指两类完全不同的仪器，一类是通过将某种物质（液体或固体）的颜色与三原色（红、绿、蓝）按适当比例混合产生的颜色比较来测定该物质的颜色，另一类比色计用于化学和生物化学分析中，它通过将溶液中物质颜色（或该物质与试剂反应后的颜色）与标准色板或色液作比较来测定溶液中该种物质的浓度。在后一类比色计中有一种是将待测溶液和标准溶液加入两支玻璃管中，并通过一个目镜和两个棱镜对其进行观测。某些比色计利用光电管工作；还有一些则通过带试剂的纸条与某种气体产生反应而变色的方式工作，它们利用两个光电管测量与气体反应前后的颜色。

本类还包括其他光学分析仪器，例如，比浊计和浊度计（用于测定溶液的浊度）、液体溶气计、荧光计（用于测定荧光，广泛应用于维生素、生物碱含量等的分析）、白度计和不透明度测试仪（专门用于测定纸浆、纸张等的白度、不透明度或亮度）。

八、气体或烟雾分析仪，用于分析炼焦炉、煤气发生炉、高炉等的可燃气或燃烧副产品（燃烧过的气体），特别是用于测定其二氧化碳、一氧化碳、氧气、氢气、氮气或碳氢化合物等的含量。电子式气体或烟雾分析仪主要用于检测下列气体的含量：二氧化碳、一氧化碳及氢气、氧气、氢气、二氧化硫、氨气。

有些本类仪器或设备是通过测定待测气体被适当的化学物质吸收掉或者燃烧掉的体积进行工作，它们包括：

（一）奥萨特气体分析器，主要由一个吸气瓶、一根或多根吸收球管及一根量管构成。

（二）燃烧或爆炸气体分析器，这种仪器是在上述仪器上加装一个燃烧或爆炸球管（连有感应点火器等的铂毛细管、铂或钯电线导管）。

上述不同种类的仪器也可以组合使用。

其他类型的仪器有根据气体的密度，或者通过分凝及蒸馏（裂化）作用工作，还有的是利用下列原理工作：

1. 某些气体的热导率。
2. 作用于电极的可燃气体热效应（例如，烟道气中的一氧化碳及氢气）。
3. 气体对紫外光、可见光、红外光或微波辐射的选择吸收。
4. 气体磁导率的差异。
5. 气体与一适当辅助气体成分发生的化学发光反应。
6. 碳氢化合物在氢火焰中的火焰电离。
7. 某一适当液体试剂与气体反应前后的传导率差异。
8. 气体在测定池中与固体（特别是氧分析用的氧化锆）或液体电解发生的电化学反应。

必须注意，应用于工业生产中的气体或烟雾分析仪（即直接与高炉、煤气发生炉等相连的仪器）也包括在本品目内。但仅由实验玻璃器皿构成的装置应归入品目 70.17。

九、电子烟度检测器，用于炉窑等。利用诸如以光束（或红外光线）直接照射光电管的方式工作。由于烟的浓度不同，通过透过烟的光束受其影响而使光电管电路中的电流发生变化，从而使标度指示器或记录系统工作，或者调节阀门。这种仪器还可带有报警装置。

只装有报警装置的电子烟度检测器应归入品目 85.31。

十、沼气检定器及其他检定器（例如，二氧化碳检定器），包括在矿井或隧道中作瓦斯检查以及作管路渗漏检修等用的便携式气体检定器。

十一、分析气体中尘埃的仪器，它们是使一定量的气体流过一个滤片，通过称量检测前后滤片的重量进行工作。本类仪器包括检测空气中尘埃量及试验防尘面罩、滤器等的廷氏测尘器。这种仪器由用黑玻璃封盖的尘埃箱、光源、带有棱镜测量装置的光度头以及测量旋转角度的刻度圆盘标尺构成。

十二、溶解氧测定仪，利用极化槽或通过溶解氧与铊的化学反应（测定电解电导率的变化）来测量液体中的溶解氧值。

十三、极谱分析仪，通过对浸入溶液中的电极所获得的相关电流／电阻量的测算来测定液体组分，例如，水中的微量溶解金属。

十四、湿化学分析仪，用于测定液体中的无机或有机组分，例如，微量的金属、磷酸盐、硝酸盐、氯化物或积分参数〔例如，"化学需氧量（COD）"及"总有机碳量（TOC）"〕。这种分析仪由试样制备装置、分析装置（例如，离子灵敏电极）、光度计或旋光计构成。如果是自动仪器，还装有控制装置。

十五、粘度计及类似仪器，用于测定粘度（即液体的内摩擦系数）。

它们可利用以下方式工作：

（一）毛细管原理，即测量在恒定压力下特定液体通过毛细管所需的时间（例如，奥斯特瓦尔德、恩格勒等粘度计）；

（二）固体与液体之间的摩擦效应；或

（三）一个球体在液体中的沉降时间。

十六、偏振光镜（应变观察器），用于测量玻璃的内应变（例如，在硬化、退火、熔接等过程中产生的应变，它们会使玻璃易于破裂）。这类仪器主要由装在一个壳体内的电灯、光线漫射装置、偏振器及偏振望远镜组成。玻璃内的应力分布以明亮晕色的形式显示出来。

十七、膨胀计，用于测量钢、合金、焦炭等因温度变化所引起的膨胀或收缩。这类仪器大多是记录式的（以机械记录方式绘图或者作照相记录）。

十八、测定孔隙率或渗透率（对于水、空气或其他气体等）**的仪器**，例如，孔率计或渗透仪（不要将其与测量物质磁导率的磁导计相混），可用于测量纸张、纺织纤维、织物、塑料、皮革、沙子等。

十九、测量液体表面或界面张力的仪器（例如，扭秤）。液体表面或界面张力一般通过下列三种因素之一进行测定：从特定毛细管流出的一滴液滴重量（或者给定液量的液滴数）（滴重法）；液体在一定直径毛细管中的自由上升高度（毛细管上升法）；以及从液面移离一只圆环所需的力。

二十、测量渗透压力的仪器（渗压计），即用对两种液体具有部分但不相等的渗透性的膜片将两种可混液体隔开时所产生的压力。

二十一、检验矿物油及其衍生物（例如，焦油、沥青、柏油等）**的仪器**，包括有测定矿物油的闪点、凝固点、流点及滴点等，石蜡的熔点，油脂及焦油的水分、杂质、硫含量及稠度，以及浊点、冻点等的仪器。

二十二、pH 计及 rH（氧化还原值）计。pH 计用于测量表示溶液或混合剂酸碱度（以纯水为中性标准）的因素，rH 计用于测量溶液的氧化或还原能力。本类仪器的工作原理各异，但最常见的是采用电测系统，其电极产生的电势差与溶液的 pH 值或 rH 值成一定比例。除用于测量外，本类仪器还可用于自动控制。

二十三、电泳仪，利用直流电流通过溶液所造成的浓缩度变化进行工作，溶液中的带电粒子根据生成物的性质而具有不同的迁移速率。

本类仪器通常装有光度测量装置，该装置由光电管及直接以光密度单位刻度的毫安计构成。它们用于各种溶液（蛋白质、氨基酸等）的分析，各种物质（血浆、激素、酶、病毒等）的检验以及聚合现象的研究。

二十四、色谱仪（例如，气相、液相、离子或薄层色谱仪），用于测定气体或液体组分。待分析气体或液体通过吸附物质形成的色谱柱或薄层，再利用检测器进行测定。待分析气体或液体的特征是以其本身通过色谱柱或薄层所需时间来表示，而它们的不同组分的定量分析则依据检测器给出的信号强度来表示。

二十五、电子滴定计，利用测量电极对水、银盐、卤素等进行滴定测量。

二十六、分析仪器，有时也称为“固体湿度计”，根据物质的介电常数、电导率、对电磁能量或红外辐射的吸收进行测量。

二十七、电导率计，用于测定溶解于液体的盐、酸或碱的电解电导率或浓度。

二十八、光电池密度计及显微光密度计，用于测量摄谱仪所拍照片的密度及分析其他任何记录于照相乳剂上的现象。

二十九、光度计，通过将待测量光与标准光源光从一定位置上以同等强度投射在固定面积上来测量光的强度。如果仪器不是比较两种光的强度而是比较它们的光谱，则称为分光光度计。

光度计在各种光学工程及分析中有着广泛的用途〔例如，用于测定浓缩程度、固体物质的亮度和透明度、感光板或胶片的曝光度（光密度计）、透明或不透明固体物质及溶液的颜色深度等〕。

应用于照相或电影摄影的某些光度计称为“曝光表”，用于测定曝光时间长短或光圈大小。

三十、照度计（用于以“勒克司”为照度单位测定光源照度）。

三十一、量热器，用于测量固体、液体或气体吸收或放出的热量，其主要类型有：

（一）本生冰量热器，利用冰融化引起的体积变化工作，由一个被冰块包围、放置于水槽中的试验管和带刻度的水银管构成。

（二）贝特洛量热器，根据热传递原理工作，主要由一个盛有水并放置在另一个同样盛有水的大筒中的热量筒构成，水中插有搅拌器和温度计。目前，有两种量热器是根据同样的原理工作的，即：

1. 测定气体或液体燃料比热的量热器，该仪器使水流过有一定量的气体或燃料在其中燃烧的燃烧室，通过测量流入和流出的水的温差进行工作。

2. 弹式量热器，用于测定物质的燃烧热值。它有一个盛放一定量的待测固体或液体样品并装有加压氧气的钢制容器（弹式容器），利用适当装置点燃处于氧气中的试样，然后把弹式容器放置在水量热器中测出所产生的热量。

本品目还包括安装在生产气体并产生一定热值的发生器上的工作用量热器，但如果它们连接有将混合气体保持在给定热值水平上的调节装置则不包括在内（一般归入品目 90.32）。

三十二、冰点测定器及沸点测定器，但具有实验用玻璃器皿特征的除外（品目 70.17）。

*

* *

本品目还包括检镜切片机，在显微观察中用于从待检物体上切下特定厚度的极薄检片标本。检镜切片机有多种类型，例如，手动式（一种直锋刀片）、旋转式、滑动式（水平或倾斜滑动）等。

零件及附件

根据本章注释一及二的规定（参见总注释），本品目也包括可以确定为专用于或主要用于上述仪器、设备的零件及附件。

*

* *

本品目不包括：

（一）耐火材料制的实验用器具（甑、罐、坩埚、烧杯、浴器及类似品）（品目 69.03），以及其他陶瓷制的类似物品（品目 69.09）。

（二）实验用玻璃器皿（品目 70.17）（详见下文）。

（三）显微镜（品目 90.11 或 90.12）。

（四）精密天平（品目 90.16）。

（五）X射线等设备（品目 90.22）。

（六）品目 90.23 的示范装置。

（七）某些材料试验机器及器具（品目 90.24）。

（八）品目 90.25 的比重计、温度计、湿度计及类似仪表，不论是否供实验用。

（九）品目 90.26 的仪器。

*

* *

既可归入本品目，又可归入品目 70.17（实验用玻璃器皿）的货品的归类

在这种情况下，应按照下述规则进行归类：

1．如果物品具备玻璃器皿的基本特征（不论是否刻度、标度，也不论是否附带有橡胶等材料制的塞头、接头等），即使通常可作为某种仪器或装置看待，也不应归入本品目。

2．一般来说，仅部分以玻璃制成，而主要还是以其他材料制成，或者虽以玻璃制部件构成，但带有固定安装在框架、台座、箱壳及类似品上的即不视为具备玻璃器皿的基本特征。

3．对于带有测量仪（例如，压力计、温度计）的玻璃组件，即可作为本品目的仪器进行归类。

因此，下列有简单刻度的玻璃器皿应作为器具归入品目 70.17：

检验乳制品的奶油计、乳脂计及类似仪器；清蛋白计及尿素计；量气管；体积计；基普或克耶达器具及类似品；碳酸计；测定分子量等用的冰点及测定器及沸点计。

*

* *

本品目也不包括属于第十六类的机器设备（不论是否电气的），即使其因功率或尺寸小以及结构一般而明显用于实验的（例如，供制作或加工标本用的）。它们有：烘箱、高压釜、干燥及蒸汽炉或柜、干燥器、破碎机及搅拌机、离心机、蒸馏釜、压榨机、过滤器及压滤机、搅拌器等。

同样地，加热器具（本生灯、蒸汽加热槽等）、工具、实验用器具（例如，实验台、显微镜台、通风橱等）以及刷子应归入其各自相应的品目中（第十五类、第九十四章或第九十六章）。

90.28 生产或供应气体、液体及电力用的计量仪表，包括它们的校准仪表：

10 — 气量计

20 — 液量计

30 — 电量计

90 — 零件、附件

这些仪表一般均装有与被测流体或电量成比例的速度运转的装置。它们通常安装于总管道或干线的分路或旁路上，或者与测量变换器相连接，因此所测量的仅是通过的那部分流量。仪表上有刻度，可给出用户管道或干线的总流量。

生产或供应气体、液体及电力的计量仪表，不论其是否带有计时记录装置，或者带有使器具得以控制或发生信号等的简单机械或电气装置，均归入本品目。

一、生产或供应气体、液体的计量仪表。

这类仪表是用体积单位测量流经一管道的流体总量。测量流体流速的流量计不归入本品目（品目 90.26）。

本品目包括家庭和生产用仪表以及标准仪表（用于校准普通仪表的精度）。除简单仪表外，本品目也包括具有限量、预付价款、计价等功能的特种仪表。

生产或供应用计量仪表主要由测量装置（涡轮、活塞、膜片等）、流体流量的调节装置（通常为滑阀)、传动装置(蜗杆、凸轮轴、齿轮及其他系统),以及记录或显示(指针式或转筒式)或两种功能兼有的装置构成。

(一)气体生产或供应用计量仪表

1. **湿式仪表**——其测量装置一般由一个分隔成若干间隔的转筒或叶轮构成。通过进入仪表气流的推动,转筒或叶轮在一个盛有液体(水、油等)过半的鼓筒内转动,并在气体充入浸在液体中的间隔后浮出液面,转筒的转数由计数装置显示。

另一种这类仪表(章动钟罩式计量仪表)是由一个钟罩物构成,气流通过钟罩物中连续相通的多个气室,使有中心导柱的钟罩物绕一倾斜轴章动并通过曲柄带动计数装置的驱动轴。

2. **干式仪表**——这类仪表有多种类型,它们的测量装置一般由活塞、膜片或叶轮构成,通过气压驱动并与计数装置相连。常见的本类仪表是由一个被间隔成两部分的气盒构成,气盒每一部分又由隔膜从中分成二个气室,顺序通过四个气室的气流使隔膜产生交替运动从而带动计数装置。

(二)液体生产或供应用计量仪表(冷热水、矿物油、酒精、啤酒、葡萄酒、牛奶等),但不包括品目84.13的液体泵(即使装有计量装置)。

本类仪表包括:

1. **叶轮或叶片式仪表**,由于是利用液体的流速推算出液体的体积量,这种仪表也称为间接式仪表。其测量装置由与液体流速成比例的速度旋转的叶轮或叶片构成并由其带动计数装置。

2. **隔膜式仪表**,它们类似于上述的干式气体计量仪表,由一个被可伸缩隔膜分为两部分的铸铁液缸构成,当两个空腔交替地充满和排空液体时,使隔膜伸缩并带动计数装置。

3. **往复活塞式仪表**,这种仪表由在液缸中作往复运动的一个或多个活塞构成。象蒸汽机一样,滑阀系统使被测液体交替地流过活塞上部和下部并开闭旋塞,活塞的往复运动通过齿轮传递给计数装置。

4. **盘形活塞式仪表**,这种仪表由旋转圆盘代替活塞将一个圆形小室分为两半,流体交替的充满和排空使圆盘摆动,摆动通过齿轮传递给计数装置。

5. **旋转活塞式仪表**,这类仪表有一种是由装有被一径向分隔片部分隔开的圆柱形工作室构成,其测量装置是塞壁开有裂口的圆柱形活塞,它装于分隔片之上。间隔被流体交替地充满和排空使活塞产生摆动(半旋转)并通过齿轮传递给计数装置。

再有一种则在工作室内没有分隔片,而由一个作全旋转的椭圆形活塞代替。另外有些仪表在球型工作室内装有一个章动圆椎体。

上述第2项至第5项所列仪表称为容积式仪表。

二、生产或供应电力的计量仪表

这类仪表用于计量电量的消耗(以"安培小时"或其倍数为单位)(电量仪表)或电能的消耗(以"瓦特小时"或其倍数为单位)(电能仪表)。当电压恒定时,电量仪表也能以"瓦特小时"(或其倍数)进行计量。它们中有些供直流电用,有些则供交流电用。

本品目不包括诸如伏特计、安培计、瓦特计等仪表,它们只测量电参量而不用于记录消耗电量或电能的总量(品目90.30)。

本品目包括下列主要类型的供电仪表:

(一)电动式仪表

这种仪表主要由一个或多个电感线圈,一个旋转速度与电路中消耗的电能成比例的转子(电枢),一个计数装置及一个指针或鼓筒式指示器(或两者兼有)构成。

电动式仪表通常装有一个涡流闸式测功器,通过一个金属制动盘在一个或多个永磁铁的磁极间转动而产生涡流电流。

(二)静电式仪表

这种仪表主要由电子静电组件（例如，带有指示装置的倍增器或计量器）构成，它们可产生与所耗电能成比例的电流或电阻；指示装置有机械式（装有指针或鼓筒指示器）或电子式的。

它们包括：

1. 预付费电度表。

2. 复式费率仪表（以两种或两种以上不同费率计算所供电能）。

3. 最大值仪表（指示一定时间内平均负载的最大值）。

4. 峰值仪表（指示超过某一峰值的电能消耗）。

5. 超量电度表（与峰值仪表相类似，但还可指示消耗电能的总量）。

6. 脉冲仪表（装有一个脉冲变送器）。

7. 无功仪表。

8. 示范仪表。

9. 直流仪表〔伏特小时（Vh）仪表、安培小时（Ah）仪表、瓦特小时（Wh）仪表〕。

10. 用于与脉冲仪表相连的脉冲输入仪表，装有一个电能消耗记录器及一个累计或最大值（指示或记录）装置，或者过载装置等。

11. 标准仪表，用于检验和校准其他仪表。

零件及附件

根据本章注释一及二的规定（参见总注释），单独报验的本品目所列仪表的零件及附件仍应归入本品目。

90.29 转数计、产量计数器、车费计、里程计、步数计及类似仪表；速度计及转速表，品目 90.14 及 90.15 的仪表除外；频闪观测仪：

10 — 转数计、产量计数器、车费计、里程计、步数计及类似仪表

20 — 速度计及转速表，频闪观测仪

90 — 零件、附件

本品目包括：

（一）显示以各种计算单位（转数、次数、长度等）计得的累计数或应付款额的计数器。但不包括归入品目 84.73 的累计装置、品目 90.28 的生产或供应气体、液体及电力用的计量仪表以及品目 90.17 或 90.31 的曲线计或面积仪。

（二）显示相对于时间因素的转速或线速度的仪表（速度计或转速表），但品目 90.14 及 90.15 的仪表除外。

（三）各种频闪观测仪。

上述仪器仪表不论是否装有时钟记录装置，也不论是否装有用以驱动信号机构、机械控制或制动等装置的简单机械或电气部件，均归入本品目。

一、计数装置

（一）转数计

这种仪表用于计算某一机械零件（例如，机械轴）的转数，它们主要由一个和指针或鼓筒指示器相啮合的驱动轴构成，并通常带有复位回零的装置。转数计既可以直接（直接由转动部件驱动转数计的齿轮转动装置），也可以通过遥控装置与转动部件耦合，其驱动轴可通过转动部件（例如，号码机）的旋转、交变或脉冲运动来驱动。

必须注意，本品目不包括带有转数计的纱线分级卷线筒、扭力计及类似的检测仪器（品目 90.31）。

（二）产量计数器

这种仪表的结构与转数计类似，主要用于测量长度（例如，用于纺纱机或捻丝机上）、计算机器（自动天平、泵、纺纱机上的投梭等）的动作次数或者计算物品的数量（轮转印刷机送出的印页张数，输送带上传送的物品件数、钞票数等）。实际上，用于此类用途的装置一般都是改装的转数计，通过驱动轴的旋转计算长度或其他计量单位的数值。

电子产量计数器是通过照射在光电管上的光束被阻断进行计数，再由一个记录装置计算出通过光束的物品数量。

本组也包括复式计数器（例如，用于计算使用同一部机器的多个工人的产量的计数器）。

本组还在自动电话交换机上记录用户通话次数的电磁计数器。电磁计数器通常带有一个电磁体，当有脉冲电流通过其绕组时，它便推动记录机构（跳字计数器式滚轮等）进一位。

（三）显示机器、马达等工作时间的计数器（时间或计时仪器）

实际上，这种计数器是以工作时数为计算单位的转数计。

（四）入场计数器

这种计数器安装在博物馆、公园、运动场等的入口处，通过转栅或其他装置控制，用以记录入场人数。

（五）台球计分器

通常为手动式的机械计数器（滚筒型或类似的装置），用于记分。

本品目不包括利用时钟机构来显示比赛时间或需付费用的仪表（品目 91.06）以及归入品目 95.04 的球式或滑动式台球计分器。

（六）不具有钟表机构（包括同步机构），**通过计数方式测量短时间隔的仪器或装置**（不归入第九十一章），**以及电子脉冲计数器**（例如，客车、火车等的乘客计数器）

（七）车费计

它们通常带有一个时钟机构，根据时间和里程计算应付车费。

（八）里程计

它们为用于车辆上的转数计，通常按长度单位（英里、公里等）刻度。多数里程计是和速度表连在一起的。

（九）步数计

它们为手表式机械装置，用于对距离作粗略测量。这种仪表具有一个摆锤，每走一步就带动齿轮系进位一格，通过所走的步数和每步跨度计得距离的长短。

（十）手揿计数器

这种计数器所统计的数值通常不超过四位数，使用者通过揿按钮使其计数和显示累计数值。

二、速度计及转速表

这类仪表和上述第一部分的转数计及产量计数器不同，它们显示单位时间内的转数、速度、产量等（例如，每分钟转数、每小时英里数、每小时公里数、每分钟米数等），通常安装于车辆（小汽车、摩托车、自行车、牵引机车等）或机器（马达、涡轮机、造纸机、印刷机械、纺织机械等）上。

归入本品目的速度计及转速表一般根据下列原理之一工作：

（一）精密计时系统

其测量机构与一个钟表机构组合在一起。有的是通过一个独立的精密计时仪测时，在这种情况下，两部分仪器应分别归入其各自相应的品目中。

（二）离心式系统

用弹簧拉住的直立式调速器臂随驱动轴转动，调速器臂上的一对重块因离心力而外张，外张程度与速度对应成比例并传至仪表的指针。

（三）振荡式系统

这种测速系统用于诸如汽轮机、泵、压缩机、电动机等高速运转的机器。通过机器框架或支承振动所引起的机械共振使分度簧片产生振荡，其频率相应于机器转数。

（四）磁性（感应）式系统

随驱动轴旋转的永磁体使置于磁场中的铜或铝盘上产生与磁体转速成正比的涡流，这一涡流“拖”或带着铜或铝盘转动，但盘子的转动又受到抑制弹簧的约束。盘子与指示转速的指针是相连的。

（五）电气式系统

这类仪表通过光电管或安装在机器上的脉冲发生器工作。

本品目的速度计及转速表可以是固定式或便携式、单功能或多功能（例如，最大值或最小值）、差速（以百分比值给出两种速度的差）的，还可以是带有累计、计时或自动记录等装置的。本品目还包括某些可同时记录速度、哩数及运行或停止时间的仪器。

三、频闪观测仪

频闪观测仪使正在运转的机器看上去象在缓慢运动或静止不动，以便对其进行观测，也可用来测量旋转或往复运动的速度，在后一种情况下，它被称为频闪转速表。频闪观测仪通过以有固定时间间隔的连续闪光照明使被观察机构产生形同静止或减速的现象这一方式进行工作；被观察机构可以被持续照明，通过一个能阻断视线的光学仪器（一个上面沿径向开有一条或多条狭缝或“窗口”的圆盘）来进行观测；也可以被置于黑暗中而在极短的时间间隔被断续照明（闪光），将其旋转或往复运动速度调至与圆盘转速或闪光频率一致，使机构看上去呈静止状态。

以持续照明原理工作的频闪观测仪主要由开有一条或多条缝隙的圆盘驱动的时钟机构、速度调节器、目镜及分度鼓筒（通常以每分钟转数为刻度单位）构成。

而各种以断续照明原理工作的频闪观测仪则按产生闪光装置的不同而有明显差别。最简单的由一个普通灯泡、一个带速度调节器以控制闪光频率的电动机及一个刻度盘构成。闪光也可由一个气体放电灯产生，这种气体放电灯频闪仪在结构上更加复杂，可以用于照相或摄制电影，它们有时还安装在脚轮或滚轴上。观测旋转或往复运动机构所需的闪光可由该机构自行控制，利用弹簧式阻断器、光电管、电磁继电器等即可实现同步。

照相机或电影摄影机除非与频闪观测仪固定装配在一起，否则应归入其各自相应的品目中。

频闪观测仪主要用于观察或测量发动机、传动齿轮、纺织机械（诸如主轴、绕线器、梳子、梭子等零件）、造纸机械、印刷机械或机床的运行速度，还可在医学上用于检查声带的振动。

零件及附件

根据本章注释一及二的规定（参见总注释），单独报验的本品目所列仪器、仪表的零件及附件仍应归入本品目

90.30　示波器、频谱分析仪及其他用于电量测量或检验的仪器和装置，不包括品目 90.28 的各种仪表；α射线、β射线、γ射线、X射线、宇宙射线或其他离子射线的测量或检验仪器及装置：

10　—　离子射线的测量或检验仪器及装置

20　—　示波器

　　—　检测电压、电流、电阻或功率的其他仪器及装置：

31　——　万用表，不带记录装置

32　——　万用表，带记录装置

33　——　其他，不带记录装置

39　——　其他，带记录装置

40　—　通信专用的其他仪器及装置（例如，串音测试器、增益测量仪、失真度表、噪声计）

— 其他仪器及装置:
82 — — 测试或检验半导体圆片或器件用
84 — — 其他，带记录装置
89 — — 其他
90 — 零件、附件

一、α射线、β射线、γ射线、X射线、宇宙射线或其他离子射线的测量或检验仪器及装置

本类仪器及装置应用于科学研究、工业生产（冶金、石油勘探等）、生物学及医学（和放射性示踪物一起使用）等方面。它们包括:

（一）带有电离室的检测仪器。它的工作原理是使电离室中的两个电极形成电势差，当辐射线进入电离室时所产生的离子被电极吸引，从而引起电势差的变化，此变化可被放大和测量出来。

（二）盖革计数器。计数器两个电极之间保持着巨大的电势差，入射辐射线所产生的离子被大大地加速，从而使计数器管内气体电离，形成可计数的输出脉冲。

本品目的电离室和盖革计数器等设备一般由电离室或计数器、放大器、电离室或计数器的高压电源、计数电路或显示仪器等部件组成，所有这些部件通常都安装在同一个机壳内。有时电离室或计数器并不安装在同一机壳内，这类装置（必须配上电离室或计数器才成为完整的设备）仍应归入本品目（按已具有完整设备的基本特征归类），而对于单独报验的各个部件则应按照本章总注释的规定进行归类。

某些用于测量相当长时间（例如，二十四小时）内的辐射总量的电离室不需要任何附加放大器等，但要装有一个可在显微镜下读出通过电离室的辐射总量的小型活动指示器。电离室（外表通常像自来水笔）本身已构成完整的测量仪器，因此应归入本品目。

本品目还包括闪烁计数器。它是一个主要以光电管和电子放大器组成的装置（光电倍增器），根据射线本身能激发某些晶体（硫化锌、铊激活碘化钠、蒽、掺有丁二烯四苯基的塑料等）产生荧光这一原理探测或测量射线。这些晶体是放置在射线源和计数器的一个电极之间。

本类仪器设备还包括:

1. 应用辐射学中用于检测X射线光强和穿透力的辐射剂量仪及类似设备。

2. 测量宇宙射线或类似射线的设备。

3. “热电堆”中子探测器及测量或探测仪器，装有中子探测器计算管（充硼、氟化硼或氢，或者使用可裂变放射性元素）。

4. 装有液体或固体闪烁体的射线测量或探测仪器。

本品目不包括:

（一）装有闪烁计数器的设备，其数据可转换成模拟信号，用于医学诊断（例如，伽马照相机、闪烁扫描仪）（品目90.18）。

（二）可装射线源（特别是人造同位素射线源）的测量或检测设备，例如，用于测量材料厚度（板片、衬层或类似品）的设备，用于检查封装物品的设备及用于测量低速气流的设备（电离风速计）等（品目90.22）。

二、示波器、频谱分析仪及其他用于电量测量或检验的仪器和装置

示波器和录波器分别用于观测或记录电量（电压、电流等）的瞬间变化，它们可分为三种主要类型:

（一）**杜德尔示波器**，一个附有小镜的紧丝线圈在电磁场中运动而进行工作，所研究的周期性现象可直接从一块磨砂玻璃屏上观察，或者记录在感光带上。

（二）**软铁及刻划式录波器**，它通过线圈的作用，使处于恒磁场中的一根软铁条利用固定于其上的一根小针将被测信号刻划下来（例如，在一条经涂布的乙酸纤维素带子上刻划记录）。

（三）**阴极射线示波器及录波器**，它们是通过记录阴极射线束在静电或电磁力作用下发生偏转的过程进行工作，这些仪器可以是独立式或组合式，主要由阴极射线管、馈电装置及变压器、放大器、扫描系统及其他辅助装置构成，有时还带有电子开关。用于检测孤立瞬变动态过程的记忆示波器装有记忆阴极射线管或带数字存储器的阴极射线管，前一种类型可将信号图像显现并保留在阴极射线管屏上，后一种则将信号记录在存储器中并可在需要时显现在屏幕上进行观察。

*
* *

频谱分析仪，通过识别输入电信号中的各个差频分量进行工作，它们主要用于分析电量信号，在配有辐射探测器或其他可探测非电量并将其变换成电信号的装置时，也可用于分析致电离辐射、声波等其他非电量现象。

*
* *

本品目包括瞬变现象记录仪。这种仪器可俘获电信号并将其记录下来，供以后以适当形式显现在显示装置（例如，电视监视器）上。主要由半导体装置组成并用于检测电路的“逻辑分析器”也归入本品目。

*
* *

检测电量的仪器及设备可分为指示型或记录型。

根据其工作原理还可再划分为多种类型，例如：

1．**动圈式仪表**，被测电流通过一个线圈，使线圈在由永磁铁形成的磁场中自由活动而工作，指针装于可动线圈上。

2．**动铁式仪表**，受电磁线圈作用，装在指针轴上的软铁芯带动指针偏转。

3．**电动系仪表**，被测电流通过定圈和动圈，指针装于受定圈磁场作用的动圈上。

4．**感应系仪表**，其指针轴上装有扁平圆盘或鼓筒，并安装在具有一个或多个线圈的电磁体的空气隙中。

5．**热电系仪表**，利用被测电流所通过的加热器加热双金属热电偶的热端来测量电动势。

6．**电子系仪表**，利用半导体技术制成的仪表，测量结果以表盘指针给出或以模拟或数字示值读数的形式在光电显示器上给出。

除上述直接测量的仪表外，本品目还包括能给出据以计算所测参量的某些数据（比较法）的仪表装置，特别是测量电桥和电位差计，它们通常安放在箱盒内，箱盒内还装有一个或多个检流计、标准电阻器、标准电容器、标准电感器、标准电池、变压器、转换元件、开关等。测量电桥通常按发明者的姓氏命名（惠斯登、汤姆逊、安德森、麦克斯韦、苏蒂、西林、科尔劳施、维因等电桥），其他按进行比较测量的电桥网络类型来命名（十进电桥、双电桥、T 型电桥等），或者以电桥的用途来命名（阻抗电桥、电阻电桥、电容或接头电桥、通用电桥等）。

单独报验的下列物品不应归入本品目（第八十五章）：变压器、标准电阻器、标准电容器、标准电感器、标准电池等；以及头戴式耳机（在某些类型的测量电桥中用以代替目视零位指示器）。

*
* *

电测量中测量的电参量主要有：

（1）**电流测量**，主要用电流计或安培计测量。

（2）**电压测量**，用伏特计、电位差计、静电计等进行，静电计利用静电来测量高压，它与普通伏特计的不同之处在于其绝缘柱上装有电球或电板。

（3）**电阻及电导率测量**，主要用欧姆计或测量电桥测量。

（4）**功率测量**，用瓦特计测量。

（5）**电容及电感测量**，用测量电桥测量，以法拉或亨利为单位。

（6）**频率测量**，用以赫兹（周／秒）为刻度单位的频率仪测量。

（7）**波长或射频测量**，用波长计、开槽测量线或开槽波导管测量仪测量。

（8）**相位角及功率因数测量**，用以功率因数（cos phi）为刻度单位的相位计测量。

（9）**两个电量比值的测量**，用比值计测量。

（10）**磁场或磁通的测量**，用检流计或磁通计测量。

（11）**材料的电磁特性测量**，用磁滞测试仪、磁导计或类似仪器测量。

（12）**同步测试**，用同步示波器及指示两个周期性电信号的相位关系及频率差异的仪器进行测量，这类仪器可从其表盘上所带的“高速”和“低速”标志（有相应箭头）辨别出来。

（13）**瞬变电量的测量和记录**，用前述示波器和录波器进行。

*
* *

某些电参量测量仪表具有多种用途，例如，称为“通用检测器”（如万用表）的电气或电子仪器可用于快速测量电压（直流或交流）、电流（直流或交流）、电阻及电容。

本品目包括种类繁多、用于无线电或有线电通信测量的电气或电子仪器，这些仪器除了上述的伏特计、电位差计、测量电桥、安倍计、瓦特计、相位计及频率仪以外，还包括下列仪器：

（1）**阻抗测试器及阻抗测量电桥**，用于测定电路中的阻抗，还可测量电容和电感。

（2）**电感电桥及类似仪器**，根据惠斯登电桥原理测量环路电感。

（3）**奈培表及分贝计**，用于测量长途电话线路衰减。测量声量的仪器设备归入品目 90.27。

（4）**衰减指示器**，与奈培表（利用一个补偿系统进行测量）不同，它直接给出衰减量。

（5）**串联测试器**，用于在电话线路中测量各种参量。

（6）**传输电平计**。

（7）**噪声计**，用于高频线路上。

（8）**增益测量表**，用于测量长途电话线路中增音设备的增益。

（9）**用于测量干扰的仪器**，例如，测量长途电话设施中的噪声电压及邻近高压电路的干扰。

（10）**杂音计**，用于测量传输线干扰（即电流产生的电动势，电话电路中的感应电压也会产生类似的干扰）。

（11）**峰值指示器**，用于记录传输系统（例如，长途电话传输电缆、无线电传输电路、短波线路等）中产生的瞬间电压峰值。

（12）**回声测试器**，根据以奈培或分贝为单位的回声读数表示划定线路中的回声时差。

（13）**失真度表**，用于测量复传输中的谐波失真。

某些上述仪器，特别是用于电声测量的，是以奈培或分贝为刻度单位的。

本品目还包括具有本品目所列测量功能的其他仪器及设备。它们包括真空管测试仪器，特别是测量无线电真空管的仪器，这些仪器有时是通过在示波器屏幕上显示的真空管特性曲线进行检测的。

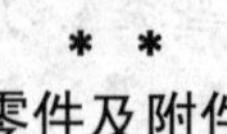

零件及附件

根据本章注释一及二的规定（参见总注释），单独报验的本品目仪器、设备的零件及附件仍归入本品目。例如，用于盖革-弥勒计数器或正比计数器的电子重合部件，已装配或金属铠装并专供探测仪器用的晶体或塑料固体闪烁器，利用硼、三氟化硼、氢或可裂变元素制成的中子探测器管。

90.31 本章其他品目未列名的测量或检验仪器、器具及机器；轮廓投影仪(+)：

10　—　机械零件平衡试验机
20　—　试验台
　　—　其他光学仪器及器具：
41　——　制造半导体器件时检验半导体晶片、器件或检测光掩模或光栅用
49　——　其他
80　—　其他仪器、器具及机器
90　—　零件、附件

除轮廓投影仪外，本品目还包括不论是否光学式的测量或检验仪器、器具及机器。但必须注意，这些货品不包括归入品目90.01至90.12或90.15至90.30的仪器、设备等，特别是下列货品应予除外：

（一）品目90.05的天文仪器。
（二）显微镜（品目90.11或90.12）。
（三）品目90.15的大地测量等仪器及器具。
（四）手用测量长度的器具（品目90.17）。
（五）品目90.18的医疗、外科等仪器及器具。
（六）材料机械性能的试验机器或器具（品目90.24）。
（七）品目90.26的流量计等。
（八）测量或检验电量及测量或探测离子射线的仪器及设备（品目90.30）。
（九）自动调节或控制仪器及装置（品目90.32）。

一、测量或检验仪器、器具及机器

（一）

它们包括：

1. **机械零件平衡试验机**（动平衡机、静平衡机或带电子平衡装置的平衡机），用于对转子、叶轮、曲轴、连杆、传动轴、摆轮、飞轮等进行平衡试验。

动平衡机通过零件在两个支承架上或顶尖中旋转来对其不平衡量进行机械测量（记录盘上的描迹图、弹性平衡原理等）。

静平衡机利用倾斜现象进行测量，不平衡量从标尺或度盘上读得，它与动平衡机的不同之处在于进行平衡试验的零件处于不旋转状态。

不平衡量通过增加或减少量进行校正。

带电子平衡装置的平衡机是使不平衡所引起的振动由特殊的敏感元件测出并予以放大测得。

本品目还包括带有机床（例如，钻床），专门用于校正不平衡的平衡试验机。

2. **发动机、电动机、发电机、泵机、示速器或转速计等测试台**，由一个台架和测量或校正仪器构成。

3. **用于测定燃料性能的实验室器具**，特别是测定石油辛烷值或柴油机油十六烷值的设备，这些设备通常由内燃机、直流发电机、点火电动机、加热电阻器、测量仪器（温度计、压力表、伏特计、安培计等）构成。

4. **车辆发动机的测试及调整设备**，用于检查点火系统的各种部件（线圈、火花塞、电容器、电池等），通过对排出废气的分析将化油器调到最佳状态或者测定气缸压力。

5. **面积仪**，用于测量平面面积（例如，图样、图形或皮张的面积），通过连有测量装置的描迹针描绘被测平面的边界进行工作。

积分器、谐波分析仪及其他类似仪器也是基于平面测量的原理对其他因素（例如，体积、惯性矩）进行测算。

6．**制帽用的头形量器**，数据用凿孔卡片记录。

7．**带测微装置及电子、光电子或气动传感器的千分表式比较仪**，不论是否自动的；以及使用类似传感器测量长度、角度或其他几何量的各种装置或仪器。本品目还包括记录式比较仪以及装有将批量生产的零件送至比较仪检验并除去不合格品的机械装置的比较仪。

本品目不包括品目90.17注释第四组第（四）款所述的手用刻度盘式比较仪〔参见以上不包括货品的第（四）项〕。

8．**柱式测量仪表**，用于检验精密三角板、高度及在加工过程中进行的其他检测。

9．**用于检测角度的正弦规及可调台式正弦规。**

10．**各行业用的气泡水平仪**，包括可调测微水平仪（带内装测微器的气泡水平仪）、工程技术上用的平放水准仪（金属框架上有两个水准仪）及根据连通器原理工作的液体水平仪。

必须注意，本品目不包括专用于大地测量的水平仪（品目90.15）。

11．**测斜仪**（指针式或分度镜式、尺式或量角器式）通过与一水平面比较来检验平面度或测量表面倾斜度。

大地测量中用于测量地面高度，也称为测斜仪的仪器除外（品目90.15）。

12．**铅垂线。**

13．**测量球面**（透镜、反射镜、眼镜片等）**曲率的球径仪**，主要由一个三足成等边三角形的底座、一个分度尺及一个带有测头的测微计构成。有些类型的球径仪（例如，眼镜店用的镜片测量器）可装有刻度盘以直接指示曲率。

14．**校验标准器。**

15．**多维测量设备**，包括坐标测量仪（CMMs），用于对各种机器零部件进行手动或自动控制的尺寸测量检验。

16．**光学加工用中心仪**，用于测定透镜的光轴及中心。

17．**根据测微计原理制成的测微式标准测量机**，由固定的后顶尖座（装有接触显示器）及带测微螺旋的可调前顶尖座构成。

18．**测定振动、膨胀、冲击或抖动的设备**，用于测量机器、桥梁、堤坝等。

19．**检验纺织材料的设备**，例如，用于获取确定长度纱线或条子的纱线分级卷取机（卷绕机）（带或不带拉力调节器、计数器及信号铃）；测试纱线扭力的扭力计及扭力记录器；用于测定纺织机械（整经机、络纱机、纺织机等）上纱线拉力的拉力计；通过将纱线卷绕在卷筒或线板上来检验其均匀度的仪器（通常带有测定两线间距的装置）。

20．**表面光洁度检验仪器及测量表面状况的机器。**

机械式或气动式装置是利用触针或喷射气流进行测量。

电气式装置则是利用蓝宝石或钻石拾感头沿被测表面滑行并将表面不规则度转换成电势。拾感头纵向位移，通过压电晶体转换成电势，或者以间接方式转换成电容器或电感器的电量变化，电势经放大和测量，再将所得的值与从表面粗糙度比较样块（专作此用途的小金属板块）读得的数值比较，即可获得被测表面的状况测度。

21．**齿轮试验机**，利用杠杆放大系统检验齿轮的齿廓形状、齿轮节径、齿距及滚动接触等（正齿轮及锥齿轮）、齿轮导程角等（斜齿轮及蜗轮）。

22．**测定粘土等收缩率的仪器**，用于在烧制陶瓷时根据从陶瓷窑中取出的试样确定烧制过程（测温熔锥）。这类仪器一般与卡规类似，但可以任意标定刻度。

23．**测量不规则表面积**（例如，皮张）**的仪器**，利用光电现象工作（它是根据光亮度均匀的玻璃片被不透明待测物体掩挡而产生光电管电流的差异进行工作的)。

24. **纱线直径测量仪器**，利用以上第23款所述光电现象工作。

25. **轧钢厂等用于对金属板材、带材厚度进行连续测量或检查的仪器。**

26. **超声波厚度测量仪器**，它仅需在材料一面进行测量即可测定材料厚度。

27. **检测材料**（棒材、管材、型材以及螺丝、针等机械加工物品）**中断层、裂缝、裂纹或其他缺陷的仪器**，检测结果可从阴极射线荧光屏上因电磁变化所形成的图形获得或直接从刻度标尺所指示的磁导率变化值获得。本类仪器也有应用超声波的，其中包括用于检验焊口的超声波仪器，它们是根据超声波在媒质中传播时会因异质界面使波束偏转的现象工作，材料缺陷可通过观测波束的衰减或利用回波探测法测出，并显示在阴极射线管荧光屏上。

28. **检验手表或手表零件的专用仪器**，它们包括：

（1）**检验游丝的仪器。**

（2）**振幅计**，用于检查摆轮摆动的振幅，它是利用摆轮运动遮断照射在光电管上的光路来对振幅进行测量。

（3）**检测手表机芯的电子校表仪**，它是将手表机芯放置在一个传声器上，受机芯行走产生的滴答声激发而产生电势并经过放大施加到两个电极上，其中一个电极上装有针头，可在纸带上作穿孔记录。

（4）**对手表作最后检查的仪器**，它们的工作原理和电子校表仪一样（记录放置在传声器上手表行走的滴答声)，但有的带有阴极射线示波器。

29. **用于测量应力及应变的特殊电测量仪器**，它们根据以下原理进行工作：

(1)金属丝拉紧时引起其电阻发生变化(应变计),但也称为“应变计”的电阻器应归入品目85.33;

（2）特殊结构电极间的电容变化；

（3）石英或类似晶体受到压力时产生的电势。

本类货品还包括测力计，用于测量液压机、轧机、材料试验机等的机械力，也可用于载荷试验（飞行器)。它们通常由一个承受应力的金属体（圆柱、圆环等）和一个以重量单位标度、用以记录金属体产生的任何形变的测量装置构成。

但用于测试材料性能的测力计除外（品目90.24）。

30. **负荷传感器**，用于将受力（包括重力）变化转换成相应的电压变化，这些电压变化一般由测量、控制、测重等的仪器测出，并以需要的量值单位显示出来。

31. **电子记时计及计时仪**，用于测量一个电触点的持续时间，由利用触点接通时产生的高阻抗进行充电的电容器构成，测量结果由一个以时间单位分度的电子管电压计给出。

（二）

本品目还包括光学检测仪器及设备，例如：

1. **光学或分度尺比较仪**，用于对照着标准件检验正在加工的零件的尺寸，工作时通过光学装置放大探测头的位移（旋转反射镜原理)。

2. **用于检验伸张度、长度、表面等的比长仪工作台**，具有工作台、框架、导轨及两台测微显微镜。

3. **用于测量大型工件、螺纹规、齿轮刀具、车床的螺纹轴、横构件等的测量工作台**，具有框架及工作台、观测显微镜、两台测微显微镜及投影装置。

4. **用于检验平面的干涉仪**，根据光波干涉原理工作，由标准平晶及用于测量干涉条纹、带有测微十字线的透镜构成。但本品目不包括标准平晶（品目90.01）及测量折射率的干涉仪（品目90.27)。

5. **光学表面检查仪**，由棱镜和透镜组合而成的装置，用于测量物体表面状态。

6. **装有快速差动脉冲传感器及光学观察器的设备**，用于以照相方式记录和测量表面轮廓及状态。

7. 校直望远镜，用于检验工作台或机器导轨的直线度及测量金属结构，以准直或自动准直法工作，由一个望远镜和准直光管或反射镜组成。

8. 用于测量平面误差的光学尺，由两头各装有棱镜和透镜的中空尺以及连有探测头的目镜测微装置构成。

9. 测微读数装置，用于检验机床工作台的位移，具有一个用于读取分度尺上的毫米刻度的测微装置。

10. 光学测角仪或角规，用于在磨削加工中检验切齿或刀片的锐角（前倾角），具有一个由透镜、反射镜和读取倾角角度的度盘构成的光学装置，或者一个由反射镜和可调目镜构成的光闸系统。

11. 焦距计，用于测量眼镜片焦距。

上述仪器装置不论是否适于装配在机器上，均应归入本品目。

必须注意，品目 84.66 包括机床或水射流切割机上用于调整工件或工具的配件，也包括装有便于读度或调整等光学装置的“光学”配件（例如，“光学分度头”和“光学转台”）。

二、轮廓投影仪

轮廓投影仪用于检查各种物品（切削成形的工件、小型机械装置的齿轮及齿杆、螺丝、螺丝攻、螺纹梳刀等）的形状、尺寸或者表面。大部分这类投影仪是将光源发出的光通过聚光镜聚光，然后再照射到放置于工作台上的被测件上，在经过数次反射的光束照射下，被测件的轮廓影像最后通过一组棱镜被投射到通常是安装在投影仪中的屏幕上。有些投影仪带有一个放置标准件的中间载物台。

零件及附件

根据本章注释一及二的规定（参见总注释），本品目也包括可确定为专用于或主要用于上述机器、装置及仪器的零件及附件，例如，面积仪测臂、千分表比较仪的座架及检验工作台。

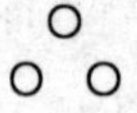

子目注释：

子目 9031.49

本子目不仅包括直接帮助或提高人眼视觉的仪器及器具，还包括须通过使用光学元件或光学技术才能工作的仪器或装置。

90.32　自动调节或控制仪器及装置：

10　—　恒温器

20　—　恒压器

　　—　其他仪器及装置：

81　——　液压或气压的

89　——　其他

90　—　零件、附件

按照本章注释七的规定，本品目包括：

（一）液体或气体的流量、液位、压力或其他变化量的自动控制仪器及装置或者温度自动控制仪器及装置，不论其是否依靠要自动控制的因素所发生的电现象来进行工作，这些仪器将自控因素调到并保持在一设定值上，通过持续或定期测量实际值来保持稳定，修正任何偏差；

（二）电量自动调节器以及自动控制非电量的仪器或设备，依靠要控制因素所发生的电现象来进行工作，这些仪器将控制因素调到并保持在一设定值上，通过持续或定期测量实际值来保持稳定，修正任何偏差。

一、液体或气体的流量、液位、压力或其他变化量的自动控制仪器及装置或温度自动控制仪器及

装置

液体或气体的自动控制装置以及温度的自动控制装置是完整控制系统的部件，主要由以下装置构成：

（一）测量要控制因素参量（槽罐中的压力或物位、室内温度等）的装置，在某些情形下，一个对参量变化十分敏感的元件（金属或双金属条、内装膨胀液体的膜盒或波纹管、浮子等）即可代替测量装置。

（二）将测量值与期望值比较，并使下述（三）款的装置产生相应动作的控制装置。

（三）启停或操作装置。

符合本章注释七（一）定义的液体、气体或温度自动控制设备由上述三部分装置组成，构成独立机构或构成符合本章注释三规定的功能机组。

某些仪器及装置不带有将测量值与期望值进行比较的装置，它们通过开关直接进行控制，例如，在达到设定值时打开开关。

液体或气体的流量、液位、压力或其他变化量以及温度的自动控制仪器或装置与执行机构（泵、压缩机、阀门、炉膛燃烧器等）相连接，以使变化量（例如，槽罐中被测液量或房间中被测温度）回复到设定值；如果用于安全系统中，则使受控机器或设备停止运转。这些一般通过机械式、液动式、气动式或电动式遥控方式控制的执行机构应归在其各自相应的品目中（泵或压缩机归入品目 84.13 或 84.14，阀门归入品目 84.81 等）。如果自动控制设备与执行机构组装在一起，整个装置则应按照归类总规则的规则一或规则三（二）的规定进行归类（参见第十六类总注释的第三部分及品目 84.81 的注释）。

本组包括：

1．**压力控制器或调节器**（也称为恒压器），主要由压敏装置、用于比较（例如，利用可调节弹簧）控制压力和设定压力的控制装置以及控制伺服电路的电接触器或小型阀门构成。

上述设备可用于控制压力容器的输送泵或压缩机、控制气动阀阀位控制器或者和阀门一起对液体或气体的流量、压力等进行调节。

这里的压力调节器不同于品目 84.81 的减压阀（有时也称作“压力调节器”）。

2．**液位调节器或控制器**，用于液位的自动控制。

其中的浮子式液位控制器是通过与浮子相连的鼓膜、磁铁或其他装置控制泵、阀等的电气开关通断。

在电极控制系统中是将贮液接地以构成电路的一部分，变压器的一极也接地，当液面接触到电极时，电路接通，继电器即开始工作。

3．**湿度调节器**，有时也称为恒湿器，是一种自动控制蒸汽室、炉窑、车间、仓库等湿度的仪器。

它们是利用一束毛发的长度变化或其他一些对湿度敏感的元件进行工作，启动信号装置或控制调节湿度的设备（蒸汽输送阀、增湿器或减湿器、风扇等）。

4．**用于自动控制温度的恒温器**，其主要元件有：

（1）对温度变化敏感的元件，它们的工作方式有：

① 双金属带（平直形、U 形或螺旋形等）的变形；

② 液体的蒸汽压力；

③ 液体或金属棒的膨胀；

④ 热电阻或热电偶。

双金属带恒温器的金属带固定在一个保护管或壳内；金属棒恒温器的金属棒装在保护管内；充蒸汽式或充液式恒温器的敏感元件由密封液体的褶皱膜片构成，或者是由膜片、毛细管及温包或弯管组成的系统。

（2）预置期望温度用的鼓筒、刻度盘或其他装置。

（3）触发或启动装置，按照采用的传递方式（机械式、伺服液动式、电动式）不同，其主要部件有：杠杆机构、弹簧等，以及阀或电气开关。它们能发出控制信号或使诸如蒸汽或热水输送阀、锅炉燃烧器、空气调节装置、风扇等设备工作（通常是遥控的），以调节温度。

恒温器主要用于控制房屋或其他建筑物、恒温箱、饮具、锅炉、热水器、冷藏设备、烟囱或烟道、汽蒸设备或汽蒸室，以及其他工业或实验设备的温度。

5. 温度调节器，用于调节或保持电热器具（炊具、烧烤架、渗滤器等）的设定温度，主要是利用双金属带被电源电路上的并联电阻加热产生翘曲来控制电源电路开关的通断，电路接通及断开时间（由此而决定加热元件的温度）通过一个手控刻度盘设定；在设定“满”位时双金属组件是不工作的，因此，特别是在初始加热阶段，加热元件要连续工作。

本品目不包括：

（一）以恒温器保持温度恒定的恒温汽蒸器、箱柜等，它们应归入其相应的品目中。

（二）恒温控制阀（品目 84.81）。

6. 炉膛气流调节器，用于诸如集中供暖或空气调节装置中参照温度、压力等参量进行送风量的自动控制。

二、电量自动调节器，以及自动控制非电量的仪器或设备，依靠要控制的因素所发生的电现象来进行工作的

本品目的自动调节器用于全自动控制系统。这些系统可将某一电量或非电量调到并保持在一设定值上。它们通过持续或定期测量实际值来保持稳定，修正任何偏差。它们主要由以下装置构成：

（一）**测量装置**（传感装置、转换器、电阻测温器探头、热电偶等），用于测定受控变量的实际值并将其转换成相应的电信号。

（二）**电气控制装置**，用于比较测定值和给定值并发出信号（通常为已调电流）。

（三）**启停或操作装置**（一般为接触器、开关或断路器、换向开关，有时为继电器开关），它根据控制装置发出的信号启动执行机构。

符合本章注释七（二）款规定的自动调节器由上述（一）、（二）及（三）款所述装置组成，不论其构成独立机构，还是构成本章注释三的功能机组。

如果不符合上述规定，这些装置应按以下规定进行归类：

1. 电气测量装置一般归入品目 90.25、90.26 或 90.30。

2. 电气控制装置应作为不完整自动控制仪器或设备归入本品目。

3. 启停或操作装置一般归入品目 85.36（开关、继电器等）。

自动调节器均连有电动、气动或液动执行机构，这些机构可将控制参量控制在设定值内，它们有用于调节电弧炉电极间隙的夹头、控制送入锅炉、熔炉、捣碎机等的水或蒸汽的电动阀。

各种执行机构应归入其各自相应的品目中（可调夹头归入品目 84.25；电动或电磁阀归入品目 84.81；电磁定位器归入品目 85.05 等）。如果自动调节器是与执行机构组装在一起的，整个装置则应按照归类总规则的规则一或规则三（二）的规定进行归类（参见第十六类总注释的第三部分及品目 84.81 的注释）。

电子调节器是完全依赖电学原理而不是电机原理工作的装置，其特征是整个装置由半导体（晶体管）或集成电路元件组成。

本类调节器不仅应用于电压、电流、频率及功率等电量的调节，也可应用于非电量（例如，每分钟转速、扭矩、牵引力、物位、压力、流量或温度）的调节。

本品目也不包括：

（一）与内燃活塞发动机连用并在同一机壳内装有稳压器或稳流器的断流器应归入品目 85.11。

（二）品目 85.37 的“可编程序控制器”。

零件及附件

根据本章注释一及二的规定（参见总注释），本品目所列仪器或装置的零件及附件仍应归入本品目。

90.33 第九十章所列机器、器具、仪器或装置用的本章其他品目未列名的零件、附件

本品目包括本章所列机器、器具、仪器或装置用的各种零件及附件，但下列各项除外：

（一）本章注释一所列的，例如：

1. 未经光学加工的玻璃光学元件（第七十章）。

2. 机器、设备、仪器或装置的某些零部件，以硫化橡胶（硬质橡胶除外）制的，如橡胶垫片、垫圈及类似品（品目 40.16）；以皮革或再生皮革制的，如气量计上的皮制膜片（品目 42.05）；或者以纺织材料制的（品目 59.11）。

3. 第十五类注释二所列的贱金属制通用零件（第十五类）及类似的塑料货品（第三十九章）。

（二）本章注释二（一）所列的，本身已构成第八十四章、第八十五章、第九十章或第九十一章中任一品目（品目 84.87、85.48 或 90.33 除外）所列机器、器具、仪器或装置的物品，单独报验的这类物品必须归入其各自相应的品目中，例如：

1. 真空泵（品目 84.14）、龙头或阀门（品目 84.81）及齿轮（品目 84.83）。

2. 电动机（品目 85.01）、变压器（品目 85.04）、永磁铁及电磁铁（品目 85.05）、原电池（品目 85.06）、音频扩大器（品目 85.18）、电容器（品目 85.32）、电阻器（品目 85.33）、继电器（品目 85.36）、电子管（品目 85.40）、光电池（品目 85.41）、高频或中频放大器（品目 85.43）。

3. 品目 90.01 或 90.02 的光学元件。

4. 照相机（品目 90.06）、温度计及湿度计（品目 90.25）。

5. 钟表机构（品目 91.08 或 91.09）。

（三）可确定为专用于或主要用于某种机器、器具、仪器或装置的或者本章同一品目中的数种机器、器具、仪器或装置的零件及附件；按照本章注释二（二）的规定，它们应与有关机器、器具、仪器或装置归入同一品目。

第九十一章 钟表及其零件

注释：

一、本章不包括：

（一）钟表玻璃及钟锤（按其构成材料归类）；

（二）表链（根据不同情况，归入品目 71.13 或 71.17）；

（三）第十五类注释二所规定的贱金属制通用零件（第十五类）、塑料制的类似品（第三十九章）及贵金属或包贵金属制的类似品（一般归入品目 71.15）；但钟、表发条则应作为钟、表的零件归类（品目 91.14）；

（四）轴承滚珠（根据不同情况，归入品目 73.26 或 84.82）；

（五）品目 84.12 的物品，不需擒纵器可以工作的；

（六）滚珠轴承（品目 84.82）；或

（七）第八十五章的物品，本身未组装在或未与其他零件组装在钟、表机芯内，也未组装成专用于或主要用于钟、表机芯零件的（第八十五章）。

二、品目 91.01 仅包括表壳完全以贵金属或包贵金属制的表，以及用贵金属或包贵金属与品目 71.01 至 71.04 的天然、养殖珍珠或宝石、半宝石（天然、合成或再造）合制的表。用贱金属上镶嵌贵金属制成表壳的表应归入品目 91.02。

三、本章所称“表芯”，是指由摆轮及游丝、石英晶体或其他能确定时间间隔的装置来进行调节的机构，并带有显示器或可装机械指示器的系统。表芯的厚度不超过 12 毫米，长、宽或直径不超过 50 毫米。

四、除注释一另有规定的以外，钟、表的机芯及其他零件，既适用于钟或表，又适用于其他物品（例如，精密仪器）的，均应归入本章。

总 注 释

本章包括主要用于计时或进行与时间有关的某些操作的器具，其中包括适于个人随身佩带的时计（手表及秒表）、其他时计（普通钟、装有表芯的钟、闹钟、航海时计、机动车辆用钟等）、时间记录器、时间间隔测量仪以及定时开关；通常还包括它们的零件。

这些物品可用各种材料（包括贵金属）制成，也可以用天然或养殖珍珠，或者用天然、合成或再造的宝石或半宝石进行装饰（参见品目 91.11 及 91.12 的注释）。

与某些其他物品（例如，家具、灯具、墨水台、压纸器、拍纸薄、烟草罐、香烟或雪茄烟打火机、手提包、脂粉盒、烟盒、活动铅笔、手杖等）组装在一起的钟表应按归类总规则的规定进行归类，但其内部装有照明装置的钟表仍应归入本章。

除在各品目注释中具体列出不包括的货品以外，本章还不包括：

（一）日晷仪（日规）、沙漏及水漏（按其构成材料归类）。

（二）音乐自动装置（机械鸣禽及类似品）及没有钟表面的百音盒（品目 92.08）。

（三）玩具钟表及制成钟表状的圣诞树装饰品，例如，没有钟表机芯的钟表饰物（品目 95.03 或 95.05）。

（四）商店橱窗装饰用的自动模型及其他活动陈列品（品目 96.18）。

（五）艺术品、收藏品及古物（第九十七章）。

钟表主要由两大部件组成：机芯及装机芯用的容器（盒、壳等）。

机械钟表的机芯由下列零件组成：

一、芯体或框架，通常由夹板及横担构成。夹板是机芯的主要支架，用螺钉及销钉将横担固定于夹板上。有些芯体或框架除了有横担及夹板外，还装有一个或多个用以固定机芯某些零件（走针机构、闹机构等）的附加板（例如，钟表面板、下托板盖）。

二、驱动机芯的装置，通常由摆锤或发条构成；也可用电能或利用温度变化或气压变化作为能源。

三、齿轮系，即连接驱动装置及擒纵器并使时间得以计量的齿轮系统。

四、走针机构，即将分针的转动与时针的转动连接起来的一系列零件。在带钟表面的机芯中，走针机构通常安装在面板及夹板之间。

五、擒纵机构，它向摆锤或摆轮及游丝提供必要的动能并控制齿轮系统的转动。

最常见的擒纵机构是锚式或叉瓦式、销钉式、工字轮式及棘爪式擒纵器。

六、调节机构，调节驱动机构所产生的运动。它包括摆锤、摆轮及游丝的组合体、音叉、压电石英晶体或其他能确定时间间隔的装置。

七、上发条及拨指针机构（通过按销、拉销或摇杆等进行操作）。

已装配的机芯与面板及指针一起安装于容器或壳子内。

摆轮、擒纵器零件及齿轮系零件精密地装于枢轴上。在廉价钟表中，它们直接装于夹板及横担的金属上，但在较高级的钟表中，轴承均用耐磨宝石制成。

钟表可配有报时装置、闹机构或一组钟乐装置。这些装置等均需使用特种机芯。

机械钟表可手动或电动上发条，也可自动上发条。

*
* *

本章的钟表可以是电气的（包括电子的），例如：

（一）使用干电池或蓄电池的钟，持续回转时间较短（每次几分钟）。这类钟具有传统的摆轮及游丝组合体或摆锤，并通过电磁装置定时上发条。

（二）与供电网连接的钟，持续回转时间较长（每次几小时）。这类钟也装有传统的摆轮及游丝组合体或摆锤，并通过电动机（同步电动机、异步电动机）定时上发条。

（三）用干电池、蓄电池或供电网驱动的摆钟，摆锤在电磁装置的作用下不断摆动。

（四）用干电池或蓄电池驱动的钟、表，它们带有调节装置（音叉、压电石英晶体等）。这种调节装置在电子电路的作用下不断振荡。

（五）同步电钟。这类钟接上稳频电流，因此它们仅由马达及齿轮系构成，不带控制装置。

电钟系统的说明，参见品目91.05的注释。

有些电钟配有校正时间的遥控装置。

*
* *

根据本章注释三对表芯的规定，其尺寸应按下列方法计算：

1．厚度计算

表芯厚度是从表面支架的外平面（若表面支架装于表芯中的，则为显示板的可见表面）至相对另一边的最远外平面的距离，但突出于平面上的螺钉、螺母或其他紧固件的高度不计在内。

2．宽度、长度或直径的计算

相应地，计算宽度、长度或直径（通过其对称轴进行测量）时，也不包括上弦芯轴或表柄头的长度。

91.01　手表、怀表及其他表，包括秒表，表壳用贵金属或包贵金属制成的：

—　电力驱动的手表，不论是否附有秒表装置：
11　——　仅有机械指示器的
19　——　其他
—　其他手表，不论是否附有秒表装置：
21　——　自动上弦的
29　——　其他
—　其他：
91　——　电力驱动的
99　——　其他

品目91.02的注释在必要的地方稍加修改后可适用于本品目。

根据本章注释二的规定，本品目的表必须具有贵金属或包贵金属制的表壳。它们可以装有宝石或者天然或养殖珍珠，还可以配有由贵金属（不论是否镶宝石）制成的表盖或表链。

根据第七十一章注释七的规定，所称“包贵金属”，是指在贱金属基底上通过软焊、硬焊、其他方法焊接、热轧或类似机械方法在其一面或多面包覆上一层贵金属。

但是，具有贵金属或包贵金属表壳的表，如果其背面是用钢制成的，则应归入品目91.02；具有镶嵌贵金属的贱金属制表壳的表，也应归入品目91.02。

91.02　手表、怀表及其他表，包括秒表，但品目91.01的货品除外：
—　电力驱动的手表，不论是否附有秒表装置：
11　——　仅有机械指示器的
12　——　仅有光电显示器的
19　——　其他
—　其他手表，不论是否装有秒表装置：
21　——　自动上弦的
29　——　其他
—　其他：
91　——　电力驱动的
99　——　其他

本品目包括具有表壳及表芯的机械及电气（大部分是电子）计时器具，不论其表芯厚度如何。它可供人佩带，从各种方位指示时间或测量时间间隔。这类器具包括手表、怀表、腰袋表、用手提包携带的表、镶嵌在饰针、戒指上的表。

但装有支架的时计，不论其多么简单，也不能作为表归类。

本品目不仅包括装有简单表芯的表，而且还包括带复杂机构的表（即除简单指示时、分及秒的部件外，还装有其他附加部件），例如，记时表、闹表、打簧表或报时表、自动表、日历表及指示工作间歇时间的表。

本品目包括经特别装饰或有特种性能的表，例如，防水表、防震表或防磁表；八天表；自上发条表；表盘及表针会发光的表；具有中心秒针或特种表面的表；无针表；运动表（例如，潜游运动员用的表，带深度指示器的）；布莱叶盲人表。

测天表是一种经过了不同位置及温度条件下测试的高精度表。本组还包括舱面值班表，但不包括航海时计及类似品（品目91.05）。

记时表不但可以表示一天的时间，而且还可用于测量较短一段时间。带指针的记时表除了通常的三根指针（用于指示时、分、秒）外，还有两根特殊指针，即一根每分钟转一周并能用按扭使之启动、停止、复位的中心秒针，另一根针用以记录中心秒针所走的分钟数。某些记时表还有另一根秒针。

本品目还包括秒表。这类表与上述记时表的不同之处在于秒表没有普通时针、分针及秒针，而只有中心秒针（不论是否还有另一根秒针）及记录分针。但电子秒表常常带有用以指示一天时间的附加装置。

记时表及秒表可有五分之一秒、十分之一秒、百分之一秒及千分之一秒的刻度。它们常装有特殊装置，不需计算即可测定赛跑运动员、汽车、声音等的速度；或脉博率、机器的生产率等。其中某些表还装有录时装置。

与表一起报验的表带（不论是否已装在表上）也应归入本品目。

本品目不包括单独报验的下列货品：表壳及其零件（品目 91.11）、表芯（品目 91.08 或 91.10）、表带（品目 91.13）及表芯零件（通常归入品目 91.10 或 91.14）。

本品目还不包括：

（一）步数计（品目 90.29）。

（二）带表芯的钟（品目 91.03）。

（三）供车辆、航空器、航天器或船舶用的仪表板钟及类似钟（品目 91.04）。

91.03　以表芯装成的钟，但不包括品目 91.04 的钟：

10　—　电力驱动的

90　—　其他

本品目包括用表芯装成的并主要用以指示一天时间的钟（包括闹钟，但不包括品目 91.04 的钟）。根据本章注释三的规定，本品目所称的“表芯”，是指由摆轮及游丝、石英晶体或其他能确定时间间隔的装置来进行调节的机构，并带有显示器或可装机械指示器的系统。表芯的厚度不得超过 12 毫米，长、宽或直径不得超过 50 毫米。

但必须注意，本品目不包括：

（一）供车辆、航空器、航天器或船舶用的仪表板钟及类似钟；这些钟不管其钟芯的类型或厚度如何，均应归入品目 91.04。

（二）不符合上述第一段规定条件的钟（包括闹钟），例如，摆钟；带有其他可确定时间间隔的调节装置且其钟芯厚度超过 12 毫米或长、宽、直径超过 50 毫米的钟；钟芯没有调节装置的钟（例如，同步马达驱动的钟）。这些钟应归入品目 91.05。

闹钟装有报时机构（通常用钟壳作铃碗），在事先用专门指针拨定的时间发声。这种报时机构有时用音乐装置代替。

本品目主要包括装有表芯的下列钟：

一、家用或办公室用的落地式、台式等类型的钟（包括闹钟）。

二、带罩壳的旅行钟。

三、日历钟。

四、八天钟。

五、报时钟。

六、钟盘及指针会发光的钟。

本品目不包括单独报验的下列货品：表芯（品目 91.08 或 91.10）、钟壳（品目 91.12）及表芯零件（通常归入品目 91.10 或 91.14）。

91.04　仪表板钟及车辆、航空器、航天器或船舶用的类似钟

本品目包括专供安装于车辆（汽车、摩托车等）、航空器、航天器或船舶的仪表面板、方向盘、后视镜等上的各种钟，它们带有钟壳及钟芯，不论钟芯的类型及厚度如何。它们通常是电钟（大部分是电子钟）、自动上弦钟或机械八天钟。

本品目还包括车辆用记时钟，这类钟除了通常的指针外，还有一根记时针、一根记分针及一根行驶时间记录针。

本品目不包括单独报验的下列货品：钟表机芯（品目 91.08 至 91.10）、钟壳（品目 91.12）及钟表机芯零件（通常归入品目 91.10 或 91.14）。

91.05　其他钟：

　　—　闹钟：

11　——　电力驱动的

19　——　其他

　　—　挂钟：

21　——　电力驱动的

29　——　其他

　　—　其他：

91　——　电力驱动的

99　——　其他

本品目包括本章其他品目未列名的主要用于指示一天时间的时计；因此，它们必须装有表芯以外的机芯。装有表芯的钟及闹钟（参见本章注释三）不归入本品目（品目 91.03）。

归入本品目的钟可以是由摆锤、发条、电气或电子驱动的；通常用摆锤、摆轮及游丝、音叉或压电石英晶体进行调节。它们一般装有报时机械装置，每隔一小时、半小时或一刻钟敲击一次铃或锣，或引发一次多铃的谐音机构。

根据上述条件，本品目包括：

公共场所用钟；商店、家庭等用钟；周期钟；带地区色彩的特别装饰钟（纳沙泰尔钟、巴黎钟、布谷鸟钟、威斯敏斯特谐音钟等）；“木偶”钟；投币钟；天文台用钟；自上发条钟（例如，利用温度或气压变化自动上发条的钟）；闹钟；中心秒钟；电子钟；压电石英晶体钟。

本品目还包括城镇、工厂、电话局交换机房、车站、机场、银行、旅馆、学校、医院等处的电钟系统用钟。这些系统包括一只精确校准的母钟及通过遥控装置驱动的一系列子钟。母钟通常有一个机械或电气钟芯及一个用以将驱动脉冲传送给子钟的接触装置。子钟可显示时及分，在每分钟或每半分钟接受从母钟发出的驱动脉冲。它们有一个装有旋转或振荡电枢的电磁装置，用以驱动齿轮系走针机构；母钟每发出一次脉冲即将分针推进一分钟或半分钟。齿轮系也可由电动上弦的发条驱动或直接用马达驱动，可指示秒时的子钟除了时针及分针外还必须配有中心秒针。这样，母钟除了有分钟接触装置外，还必须具有每秒发生脉冲的专门装置。但必须注意，本品目不包括仅具有分针及秒针的钟或只有秒针的钟（供调校表等用）；这些钟应归入品目 91.06。

子钟可以在室内使用，也可以在室外使用，可带两个或两个以上钟面，并可以安放在桌子等平面上。

母钟有时用以控制其他电气器具，例如，记时器、值班员考勤钟、开关设备、记录器、信号器（铃、报警器、灯）、信标或地灯。

本品目还包括由电力网驱动的同步群钟，以及由压缩空气驱动并用以时间中继和同步的气动设备。

本品目还包括航海用或类似用途的精密时计，即高精度的固定时计，主要供在船上计时之用，但有些也供科研之用。这些时计通常比测天表大型，并安装于盒子内。它们有的装于平衡环上，也有不装的。上一次发条通常可持续走二天或八天，一般装有天文钟擒纵机构、均力圆锥轮、将主发条的弹力转换成均匀压力的装置及表明时间间隔的指示器。

本品目不包括单独报验的下列货品：钟壳（品目 91.12）、机芯（品目 91.09 或 91.10）及机芯零件（通常归入品目 91.10 或 91.14）。

本品目还不包括：

（一）舱面值班表（品目 91.01 或 91.02）。

（二）车辆、航空器、航天器或船舶用的仪表板钟及类似钟（品目 91.04）。

91.06 时间记录器以及测量、记录或指示时间间隔的装置，装有钟、表机芯或同步电动机的（例如，考勤钟、时刻记录器）：

10 — 考勤钟、时刻记录器

90 — 其他

本品目包括由钟表机芯（包括辅助或同步马达钟芯）驱动的或由同步马达（不论有无减速齿轮）驱动的下列货品：

一、用以记录某一动作或操作发生时刻的器具；以及

二、用以测量、记录或其他指示时间间隔的其他品目未列名的器具。

这些器具可具有指示时、分或秒的面板。但本品目的某些器具，例如，考勤钟、值班员考勤钟及信鸽记时器，有时则没有表示时间的面板。

本品目包括：

（一）考勤钟，用于记录雇员到、离工厂、车间等的时间。这类钟是由一只内装有时钟、由钟芯驱动的日戳、撞针及色带的箱子构成。雇员将其卡片插入机器，撞针即在机械或电力驱动下将准确的日、时及分打印在卡片上。雇员的出勤时间可以从卡片上计算出来。机械八天钟及电钟是最常用的钟。它们可以是独立的或需与母钟连接的，也可以本身就做为母钟。在后一种情况下，它们有时装有报时装置或警报器（参见品目 91.05 的注释）。

（二）时刻记录器，类似于上述（一）款的考勤钟，但还可将月份、年份、编号或其他项目记录下来；其中有些记录器还装有可将工作时间（例如，每日或每周）累加起来的装置。这类记录器还可用于加盖邮件、帐单、费用单等的日戳。

（三）值班员考勤钟，通常是手提式的。它们具有一个用以驱动纸制钟面或日戳装置的钟芯。值班员用特制钥匙在考勤点记录其定时巡逻值班地点的时间（时、分、地点编号），记录方法是在旋转钟面上打孔、盖戳或用色带打印在纸条上。

（四）信鸽记时器，用以记录信鸽到达比赛终点的时间。这类记时器是一个手提式箱子，箱内装有一个钟、一个鸣铃鼓筒及一个用以记录到达日期、时、分及秒的装置，可通过在纸带上打印或者在圆盘或纸带上穿孔来记时。

（五）主振频率控制器，与同步电钟、定时开关等系统一起使用。这些器具具有用以指示标准时间、同步电钟时间及两者时差的钟面。它们主要由指示时差的机构、由母钟控制并指示标准时间的子钟芯、同步电钟芯、各种触点、信号装置或调节装置组成。

（六）量时器，用以测量电触点开、关之间短时现象的持续时间。这些量时器用以检测供电仪表、

测量人的反应速度等。其主要部件是一个同步马达、一个电磁耦合器及一个带有可以表示秒及百分之几秒钟面的计量表，所有这些部件均装于一个盒子里。当量时器工作时，同步马达持续地转动，并与测量现象持续时间的计量表耦合。

没有钟芯或同步马达的电气或电子量时器不归入本品目（品目 90.30）。

（七）运动会用的台式计时器或运动场用计时器，用分和秒表示到达或比赛时间。

带钟面的体育运动钟不归入本品目（品目 91.05）。

（八）用以测量某一进程持续时间的秒钟及其他计时器。这些计时器具有一个秒针钟面、一个累计分钟总数的钟面及一根用以开关的拉杆。

（九）记录电话通话持续时间的计时器，这类计时器象秒钟一样操作并可带报时机构。

（十）运动会用的时间记录器，带有同步马达机芯，通常用石英晶体振荡器控制。它们记录时间的精确度可达百分之一秒，还可记录到达或出发的次序；它们可以通过照相记录，也可通过在匀速运动的纸带上打印或穿孔进行记录。

运动会计时器用的辅助装置（计时器用座架及夹件、启动门、光电池、声频、电频或无线电报传输设备等）应归入它们各自的相应品目。

（十一）短时间进程计时器。这种器具在规定的分钟（通常最长为 60 分钟）到后即自动打铃；它们装有一个闹钟机芯及一个一般标有 0～10、0～30 或 0～60 数字的钟面。它们用于进程需加控制的各个领域中。

但定时开关不归入本品目，定时开关与进程计时器不同之处在于到了给定时间不是驱动报时装置，而只把电路“接通”或“断开”（品目 91.07）

（十二）子钟（通过母钟操作），只有分针及秒针或只有秒针（供调校手表等用）。

（十三）台球计，它利用钟芯来指示打球时间或根据打球时间指示应付费用。

（十四）奕棋者用的时钟，由两只带有指示时及分钟面的钟芯或表芯及两个用以开、关机芯的按纽或拉杆组成。

本品目不包括单独报验的下列货品：上述器具用的外壳（归入品目 91.12 或归入它们各自的相应品目，参见品目 91.12 的注释）、钟表机芯（品目 91.08 至 91.10）及钟表机芯零件（通常归入品目 91.10 或 91.14）。

本品目也不包括：

（一）第九十章的仪器及器具，不论是否装有表芯或钟芯，但未带有指示时间的板，例如，潮标记录器及地震仪（品目 90.15）；气压记录仪及温度记录仪（品目 90.25）；压力计（品目 90.26）；供应或生产气体、液体或电力用的计量仪表（品目 90.28）；转数计、生产计数器、速度计、转速计、车费计、里程计及通过计数法测量短暂时间间隔的仪器及器具（品目 90.29）；量距仪表（品目 90.31）。

（二）测天表、记时表及秒表（品目 91.01 或 91.02）。

（三）节拍器（品目 92.09）。

91.07　装有钟、表机芯或同步电动机的定时开关

本品目包括不具备品目 91.05 所列钟的特点，但主要能在给定时间（通常根据每日或每周预先设定程序所规定的时间）自动接通或断开电源的装置。归入本品目的装置必须具有一个钟表机芯（包括子钟芯或同步电钟芯）或同步马达（不论是否有减速齿轮）。

定时开关用于控制照明电路（供公共场所、商店橱窗、楼梯、发光标志等用）、加热电路（热水器等）、冷却设施、泵、双额电表等。它们主要由下列部件组成：一个机械或电气的钟表机芯或一个同步马达、通常还有一个带或不带指针的钟面、一个时间调节装置（拉杆或销钉），还有一个驱动继

电器、开关及换向器系统。以上所有部件都装于一个有接线柱的箱子内。钟面上一般标有时数，有时也标有日期及月份；钟面周围的拉杆或销钉到设定时间便驱动接触装置。

定时开关也可通过恒温器、压力调节器、水面调节器进行操作。

本品目还包括用于接通或关闭电气设备（电视接收机、电熨斗、洗衣机、台球台灯等）电源电路的开关，投入硬币时开关开启并通过同步马达的作用将开关关闭，间隔时间取决于投入硬币的数目。

本品目不包括单独报验的下列货品：上述器具用外壳（归入品目 91.12 或归入它们各自的相应品目，参见品目 91.12 的注释）、钟表机芯（品目 91.08 至 91.10）及其零件（通常归入品目 91.10 或 91.14）。

91.08 已组装的完整表芯：

— 电力驱动的：

11 — — 仅有机械指示器或有可装机械指示器的装置的

12 — — 仅有光电显示器的

19 — — 其他

20 — 自动上弦的

90 — 其他

本品目包括不带表壳的已组装表芯，也就是说可即供使用的完整品。这些表芯有下列五种主要类型：

一、机械表芯；

二、摆轮游丝式电子表芯；

三、弯曲共振式（音叉）电子表芯

四、带模拟时间显示器（指针）的石英表芯；

五、带有电子数字时间显示器〔发光二极管（LEDs）或液晶显示器（LCD）〕的石英表芯。

带有模拟时间显示器的机械或电子表芯报验时可以不带表面或指针。带数字时间显示器的电子表芯（固体电路），其显示管与机芯组合成一体；缺少显示管，表芯即不能起作用，因而不能作为本品目所指的已组装的完整表芯。

根据本章注释三的规定，本品目所称的“表芯”，只指通过摆轮及游丝、石英晶体或其他能够确定时间间隔的器具来进行调节，并带有一个显示器或能将机械显示器装入系统内的装置。这种表芯厚度不得超过 12 毫米，宽度、长度或直径不得超过 50 毫米。因此，这些表芯主要供品目 91.01 至 91.03 的钟、表使用，但即使它们用于装在本章其他物品上或装在其他章的仪器或器具（测量仪表或精密仪表、里程计、爆破装置等）上，也仍应归入本品目。

本品目不包括不符合上述条件的表芯（品目 91.01 或 91.10）及品目 84.12 的发条动力装置。

本品目的表芯可以是未抛光的、已抛光的、镀镍的、镀铑的、镀银的、镀金的、涂漆的等。

原电池或蓄电池驱动的表芯也应归入本品目，不论是否与原电池或蓄电池一同报验的。

91.09 已组装的完整钟芯：

10 — 电力驱动的

90 — 其他

本品目包括各种已组装的钟芯，也就是说可即供使用的完整品；这些货品具有模拟时间显示器（或指针），可以带有或不带有钟面或指针。

本品目的钟芯主要供品目91.04至91.07的货品使用，但即使用于装在其他章的仪器或器具（测量仪表或精密仪器、爆破装置）上的，也应归入本品目。

本品目不包括：

（一）品目84.12的弹簧或重锤操作的动力装置等，未装配并且也不适于装配擒纵机构的（例如，供百音盒操作用的动力机）。

（二）本章注释三所述的表芯（参见品目91.08的注释）。

因此，本品目主要包括通过摆轮及游丝或通过可以确定时间间隔的调节系统进行调节，并且厚度超过12毫米或宽度、长度、直径超过50毫米的钟芯；摆钟钟芯；带或不带调节器的电钟钟芯（子钟钟芯、同步钟钟芯等）。

归入本品目的同步钟钟芯或子钟钟芯除装有同步马达或电磁机构外，还必须具有钟的齿轮系，即包括一轮、二轮、三轮、四轮、分轮及时轮等零件的齿轮系。单独报验的电磁机构或同步马达应归入其各自的相应品目，不论它们是否装有调节钟轴速度的减速齿轮。

这些钟芯可以是未抛光的、已抛光的、镀镍的、镀铑的、镀银的、镀金的、涂漆的等。

91.10　未组装或部分组装的完整钟、表机芯（机芯套装件）；已组装的不完整钟、表机芯；未组装的不完整钟、表机芯：

—　表的：

11　——　未组装或部分组装的完整机芯（机芯套装件）

12　——　已组装的不完整机芯

19　——　未组装的不完整机芯

90　—　其他

机芯套装件是指钟表机芯各部分的整套散件，未组装或已部分组装的（以此形状销售）。对于机械显示机芯，可以带有或不带有钟表面及指针。

不完整的机械钟表机芯是指除钟表面、指针或上弦芯轴以外还缺少一些零件（例如，擒纵器或条夹板）的已组装机芯。

不完整的全电子钟表机芯是指除干电池外还缺少某些零件（例如，显示器、部分电子电路及其他零件）的已组装机芯。

带有机械显示器的不完整电子钟表机芯是指除钟表面、指针、调校轴或干电池外还缺少一些零件（例如，电子电路及其零件、马达）的已组装机芯。

未组装的不完整机芯是指由夹板（及任何辅助板）、横担、齿轮、走针机构、上弦和调校机构，以及自动上弦装置、日历机构、记时器、闹铃机构等附加机构构成的钟表机芯未装配件，但这类未装配件不包括擒纵器、摆轮及游丝或其他调节装置、主发条、钟表面或指针。上述不完整机芯报验时可带或不带装发条的条盒。

91.11　表壳及其零件：

10　—　贵金属表壳或包贵金属表壳

20　—　贱金属表壳，不论是否镀金或镀银

80　—　其他表壳

90　—　零件

本品目包括：

一、品目91.01或91.02所列表（怀表、手表、记时表等）的外壳，不论是否带表面玻璃，但不带表芯的。

二、表壳零件包括：

（一）壳体，即表壳的框架。它可带壳底铰链，怀表壳体还具有内盖铰链及镶表玻璃沟缘。

（二）表链杆，焊于表壳体上并带有耳环（怀表用）及衬套。

（三）表背内盖，保护表芯的内盖（普通表没有内盖）。

（四）表壳前圈，用以固定玻璃件。夹持玻璃的边缘专称为嵌槽。

（五）后盖，在表玻璃的另一面将表封闭。普通表只有一个后盖，但狩猎用表有第二个类似的盖，用以保护表玻璃。

手表壳没有链杆或表耳环，但具有装表带用的表耳。这些表耳由几个零件组成，包括固定的装有弹簧的横杆。有些女装表没有表耳而由系结细绳的爪代替。

手表壳通常仅由两部分组成，即组装在一起的壳体及后盖。有时，后盖与表玻璃缘框各承载表背内盖的一部分，有时表壳前圈和壳体制成一体。在高度精密加工的手表中，表芯首先密封于保护性表背内盖中。

表壳及其零件可用任何材料制成。它们主要用贱金属（抛光、镀铬、镀银或镀金的钢、镍等）、贵金属、包贵金属制成；有时也用塑料、兽牙、玛瑙、贝壳或玳瑁壳制成，还可进行装饰（车刻；雕刻；镂刻；用天然或养殖珍珠或者用天然、合成或再造宝石或半宝石等饰边）。

本品目不包括：

（一）简单的保护性表罩壳或表玻璃，它们应归入各自的相应品目；

（二）第十五类注释二所指的贱金属制通用零件（包括表壳用弹簧）（第十五类）及塑料制的类似品（第三十九章）。

（三）钟壳和本章其他货品用的类似壳以及它们的零件（品目91.12）。

91.12　钟壳和本章所列其他货品的类似外壳及其零件：

20　—　　壳

90　—　　零件

本品目包括钟壳及本章其他货品用的类似壳。据此，本品目包括闹钟、航海时计、机动车用钟、考勤钟、时间记录器或记时打印机、计时器（分时计、秒时计等）或本章其他钟用的外壳。这类钟壳不论是否带钟面玻璃，也不论是否加工制成，均应归入本品目。但本品目不包括与普通钟壳不同，类似于供科学仪表、电表等用的外壳（计时器、时间记录器或定时开关用外壳有时属于此种类型）；这类外壳应归入它们各自的相应品目。

归入本品目的钟壳可制成各种各样形式，通常用金属（包括贵金属）、木材、塑料、皮革、玳瑁壳、贝壳、大理石、雪花石膏、陶瓷、缟玛瑙、玛瑙或兽牙制成。它们可以用天然或养殖珍珠或者用天然、合成或再造宝石或半宝石进行装饰或饰边，也可配上花纹图案、雕塑品、人像、动物形象等。

本品目还包括钟壳零件，例如，钟壳前圈、框架、支座、支架及脚架。

本品目不包括：

（一）单独报验的保护盖，通常由玻璃制成（品目70.20）。

（二）第十五类注释二所指的贱金属制通用零件（包括钟壳用弹簧）（第十五类）及归入第三十九章的塑料制类似品。

（三）表壳（品目91.11）。

91.13　表带及其零件：

10　—　贵金属或包贵金属制

20　—　贱金属制，不论是否镀金或镀银

90　—　其他

本品目包括各种表带，即用以将手表系紧于手腕上的装置。

表带可用任何材料制成，例如，用贱金属、贵金属、皮革、塑料或纺织材料制成。它们还可以明显具有装饰品的特征，这并不影响其归入本品目。

本品目还包括用任何材料制成的可确定为表带的零件。

本品目不包括：

（一）其他佩带装置（项链、吊带、表链、环、饰针等），它们应归入其各自的相应品目。

（二）贵金属或包贵金属制的扣环及扣钩（品目 71.15）或贱金属制的扣环及扣钩（品目 83.08）。

（三）与表一起报验但未装在一起的表带（品目 91.01 或 91.02）。

91.14　钟、表的其他零件：

10　—　发条，包括游丝

30　—　钟面或表面

40　—　夹板及横担（过桥）

90　—　其他

本品目包括所有钟表零件，但下列货品除外：

（一）本章注释一所列的零件：

1. 摆锤、钟表玻璃、表链、滚珠轴承及轴承滚珠（例如，供自上发条表用的）。

2. 第十五类注释二所指的贱金属制通用零件，例如，贱金属制的螺钉（横担、冠顶、钟表面、棘轮、棘爪、托钻帽或指示盘、叉臂、拨时杆等用）、锥销、钟链、钟表面数字（第十五类）或塑料制的类似品（第三十九章）或者贵金属或包贵金属制的类似品（通常归入品目 71.15）。

这些零件应归入其各自的相应品目。但钟表发条（主发条、游丝等）仍应归入本品目。

（二）本章其他品目具体列名的零件（例如，品目 91.08 或 91.09 所列的已组装的完整钟表机芯；品目 91.10 所列的钟表机芯套装件、已组装的不完整钟表机芯或未组装的不完整钟表机芯；品目 91.11 或 91.12 所列的钟表壳及品目 91.13 所列的表带）。

除上述（一）或（二）款所列的货品外，凡既适于用作钟表，也适于用作其他物品的零件，例如，可用于玩具、仪表、测量仪器或精密仪器上的零件（发条、齿轮系、宝石轴承、指针等），均应归入本品目（参见本章注释四）。但本品目不包括并不明显用于钟表的零件（例如，记时器用打印或累计装置及品目 91.06 或 91.07 所列物品的某些其他零件）。

本品目包括可确定为钟表零件的毛坯，但本品目不包括不能确定为钟表零件的金属件（例如，直接从车床加工出来或粗切成形，尚未钻孔、挖空等的板、片）。这些物品应按其构成材料归类。

本品目的钟表零件可以是未抛光的、已抛光的、镀镍的、镀铑的、镀银的、镀金的、涂漆的或镶宝石的。

根据上述规定，归入本品目的钟表零件主要有：

一、表芯零件（不论是否复杂机构）

这些零件包括：

（一）**框架：**夹板（及其他附加板）、横担〔条盒、中心轮、三轮、四轮、摆轮（惰轮）、擒纵机构、拨时轮等用的横担〕。

（二）驱动机构：主发条、条盒、条盒盖、条盒芯轴、棘轮、棘爪、棘爪簧。

（三）齿轮系：中心轮及小齿轮、三轮及小齿轮、四轮及小齿轮。

（四）走针机构：空心轴小齿轮、分轮小齿轮及分轮、时轮。

（五）擒纵机构（卡摆或擒纵叉、销钉式擒纵叉、圆筒、棘爪等）：擒纵轮及小齿轮、擒纵叉、棘爪杆、滚轮、叉瓦钻、冲击销、圆筒。

（六）调节装置：摆轮、摆轮杆、游丝（扁簧、挑框游丝、圆筒形弹簧）、音叉、游丝桩、夹头、调节器、指示柱、托钻帽或指示盘、调节器弹簧、下帽钻端片，包括防震装置专用零件。

（七）上发条及拨时装置：冠顶、上条柄轴及小齿轮、离合轮、调拨轮、冕状棘轮、小钢轮座、叉臂（摇杆）、调拨杆、调拨杆弹簧及叉臂簧。

（八）电子钟表芯零件：表电路可由印制有连线及配上非印制的其他分立元件的（例如，线圈、电容器、电阻器、二极管及半导体管）绝缘基板组成，也包括带集成电路的。

（九）单独的擒纵调速组件：由夹板、横担、擒纵器、摆轮及游丝、钟表机芯调节器组成，不论有无齿轮系。与已调好的擒纵器组装在一起的或未组装的上述组件，仍应归入本品目。

已装配的上述擒纵调速组件可装于使用钟表机芯的各种设备（考勤钟、定时开关等），有时也装于小型钟或闹钟上。

二、钟或闹钟机芯的零件

这类机芯的很多零件在原理上与表零件相似，但体积较大。

钟芯专用零件包括：钟锤鼓、钟摆〔包括补偿摆（水银或铟钢杆等）〕、叉柱、心轴、心轴轮、反冲擒纵器、不摆式（格拉哈姆式）擒纵器等、单独的上弦钥匙。闹钟机芯零件包括固定的上弦钥匙及调拨钮。

三、报时装置零件

（一）闹钟报时装置零件：制动销或定位爪、槽咔圈、释放轮、擒纵轮、指示杆、棘爪、报时槌等。

（二）钟报时装置（记数轮式、齿条式等）：鼓轮或条盒及条盒轮、记数轮、二轮、针轮、三轮、闹时轮、摆轮、掣子、杠杆或跳簧、打簧架、蜗轮、敲槌、提升片、心轴、飞轮、齿板、齿条、铃、锣、谐音器。

四、宝石轴承

本类仅包括已加工的宝石，即已经过车削、切割、抛光、钻孔、挖空等加工或已装配（装于镶嵌底座上或螺丝上）的宝石。未经加工或仅经粗锯的宝石不归入本品目（第七十一章）。钟表宝石通常体积极小，其直径及厚度分别极少超过 2 毫米及 0.5 毫米。

用于钟表的宝石主要有天然或合成的红宝石、蓝宝石、石榴石，偶尔也有钻石。在低档钟表中，有时也用玻璃珠或用金属帽代替宝石。

钟表宝石轴承取其所支撑零件的名称，例如，中心轮宝石、三轮宝石、四轮宝石、擒纵轮宝石、棘爪杆宝石及摆轮宝石。圆筒形枢轴的轴承由一粒钻孔宝石构成或由一粒钻孔宝石及一粒实心宝石（托钻）构成。另外还有由锥形空心宝石构成的轴承。

除圆形宝石用作轴承外，叉瓦式擒纵机构的钟表通常还装有三粒特种宝石：两粒叉瓦钻（叉瓦两端各装一粒斜边宝石）及一只冲击销（横截面通常为半圆形或三角形的宝石，供滚轮用）。

装配宝石的方法有用手工装配、使用已装配宝石或最常见的冲压装配。

五、钟面或表面

钟表面通常刻有用以指示时、分及秒的分度或数字。它们可以是平面的，也可以是弧面的。它们通常有镀银的、镀金的、涂漆的、氧化的或用其他方法镀黄铜的、上釉铜的、金的、银的，有时是纸的、玻璃的、塑料的或陶瓷的。钟表面的数字或标记可通过各种方法（移印、绘画、冲压等）产生。钟表面也可带发光数字或符号。

钟表面用螺钉、销子或金属外环固定于夹板上（或固定于称作“钟表面板”的附加板上）。

六、指针

指针用来指示时、分及秒。本品目还包括记时表用的特种指针及闹钟用的指针等。钟表指针可以是平的，也可以是弧形的，可用钢、黄铜或紫铜制成，通常经过抛光、氧化、镀镍、镀铬、镀银、镀金或涂漆；有时用金甚至用骨制成。发光指针具有“窗口”，里面填装以放射性盐为基本成分的化合物（放射性钍、新钍等）。为了与钟表面的式样配套，指针有各式各样。

第九十二章　乐器及其零件、附件

注释：

一、本章不包括：

（一）第十五类注释二所规定的贱金属制通用零件（第十五类）或塑料制的类似品（第三十九章）；

（二）第八十五章或第九十章的传声器、扩大器、扬声器、耳机、开关、频闪观测仪及其他附属仪器、器具或设备，虽用于本章物品但未与该物品组成一体或安装在同一机壳内；

（三）玩具乐器或器具（品目95.03）；

（四）清洁乐器用的刷子（品目96.03）；或

（五）收藏品或古物（品目97.05或97.06）。

二、用于演奏品目92.02、92.06所列乐器的弓、槌及类似品，如果与该乐器一同报验，数量合理，用途明确，应归入有关乐器的相应品目。

品目92.09的卡片、盘或卷，即使与乐器一同报验，也不视为该乐器的组成部分，而应作为单独报验的物品对待。

总　注　释

本章包括：

一、乐器（品目92.01至92.08）；

二、乐器的零件及附件（品目92.09）。

某些乐器（钢琴、吉他等）可以带有电气拾音器及扩音器，只要它们在没有电气装置时仍可象普通的同类乐器一样演奏，则仍应归入本章的相应品目。而这类电气设备本身除非已构成乐器的不可分割部分或与乐器装于同一机壳内，否则均不应归入本品目（品目85.18）。

没有电气或电子设备时即不能演奏的电气或电子乐器（品目92.01的自动钢琴除外）应归入品目92.07（参见相应的注释）。因此，品目92.07包括静电或电子的吉他、风琴、钢琴、手风琴、钟琴及类似乐器。

本章的乐器可用任何材料制成，包括用贵金属或包贵金属制成，也可镶嵌宝石或半宝石（天然、合成或再造的）。

根据本章注释二的规定，用于演奏品目92.02弦乐器的弓及拨子以及用于演奏品目92.06打击乐器的棒（包括软头棒）及槌，如果与该项乐器一同报验且数量合理，用途明确的，可归入有关乐器的相应品目而不归入品目92.09。但是，品目92.09所列的卡片、盘或带卷，即使与乐器一同报验，也不应视为该乐器的组成部分，而应作为单独报验的物品对待。

除在以下注释中专门列名的不包括货品以外，本章还不包括：

（一）电子音乐组件（品目85.43）。

（二）由于所用材料的性质、粗糙的加工、音质的次劣或其他特征而可明显确定为作玩具用的乐器（第九十五章）。例如，某些口琴、小提琴、手风琴、小喇叭、鼓、百音盒。

（三）收藏品（品目97.05）（例如，具有历史学或人类学研究意义的乐器）或超过一百年的古物（品目97.06）。

92.01　钢琴，包括自动钢琴、拨弦古钢琴及其他键盘弦乐器(+)：

10 —　竖式钢琴
20 —　大钢琴
90 —　其他

本品目包括：

一、钢琴，带有键盘及用槌敲击的弦，不论是否装有电气拾音器及扩音器。这些钢琴有：

（一）**竖式钢琴**，它具有一块共鸣板，琴弦垂直装于共鸣板上，当琴弦上紧时，低音弦与其他弦相交。

（二）**大钢琴**（大三角钢琴及小三角钢琴），其琴弦水平安装于一个长形琴体内。

本组包括自动钢琴，不论是否装有键盘，这种琴用穿孔纸带或纸板等进行演奏；它们可以是机械、气动或电气操作的。

但“电子琴”及可装于钢琴上，当钢琴演奏时可获得其他乐器音响效果的电子乐器应归入品目92.07（参见本章总注释）。

二、大键琴以及如古钢琴、翼琴等的其他键盘钢琴。

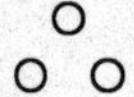

子目注释：

子目9201.10及9201.20

这些子目也包括自动钢琴。

92.02　其他弦乐器（例如，吉他、小提琴、竖琴）：

10 —　弓弦乐器
90 —　其他

本品目包括：

一、用弓演奏的乐器

这类乐器主要有小提琴、六弦提琴及中提琴（中提琴比普通小提琴稍大）、大提琴、低音古提琴及低音提琴。

二、其他弦乐器

本组包括：

（一）**拨弦乐器**。这种乐器的琴弦成直线排列，用手指或小尖片（拨子）拨动琴弦使其瞬间变位，即可发生声振动。拨子可用木料、兽牙、玳瑁壳、塑料等制成。这种乐器有：

1．曼陀林琴（深度弓背的那不勒斯曼陀林琴、平背曼陀林琴、大曼陀林琴等）。

2．吉他。

3．日尔曼琵琶（曼陀林琴的一种）。

4．班卓琴（一种琴颈窄长的乐器，其琴身是圆的，具有扁平的背及用鼓皮制成的扁平腹板）。

5．尤克里里琴（粗颈小吉他）。

6．古瑟尔琴（或齐特拉琴）。这类乐器具有一个状似梯形的共鸣箱及数量众多的金属琴弦。

7．巴拉莱卡琴。

8．竖琴。竖琴是用于弹拨的弦乐器，它们具有一个三角形架及按一定长度顺序排列的弦。

（二）**其他乐器**，例如：

1．风鸣琴。它们用于花园等处。由一系列的弦安装于共鸣箱上构成，当放于风流动处时便可发生天然的谐音。

2. 辛巴洛琴，它们具有一个框架，钢弦装于架上。演奏时用软头槌敲打，用于吉普赛管弦乐队。

对于一些乐器，尤其是吉他，声音可用电子扩音器扩大，也仍可归入本品目；但是，有些电子乐器，例如，没有共鸣箱的吉他，应归入品目 92.07（参见本章总注释）。

【92.03】

【92.04】

92.05　管乐器（例如，键盘管风琴、手风琴、单簧管、小号、风笛），但游艺场风琴及手摇风琴除外：

10　—　铜管乐器

90　—　其他

本品目包括未列入品目 92.08 的管乐器（例如，游艺场风琴、机械手摇风琴、声音信号乐器等），尽管这些乐器在某些方面也可视为是管乐器。

本品目包括：

一、铜管乐器

所称“铜管乐”，是指管弦乐队所用特种乐器的音质，而不是乐器的构成材料。本组包括的乐器通常由金属（黄铜、镍银、银等）制成，形状为一根锥形管，管子末端为喇叭形；管身可进行不同程度卷曲。它们配有空心吹口，用嘴唇发声并通常用阀控制。它们包括：短号、小号（简单小号、管弦乐队小号等）、军号、萨克号、上低音号及低音军号、低音大号、低音苏萨大号、长号（阀门式或滑动式）、供管弦乐队演奏用的号角（例如，法国号）及管弦乐队用无阀号角（例如，狩猎号）。

二、其他管乐器

本组包括：

（一）键盘管风琴（教堂风琴型）。它们是管乐器，其各个键的动作通过电信号、电一风动信号或机械信号传给风管。

本品目还包括与风琴一同报验的落地式支架及风琴箱（即存放风琴且通常具有装饰图案的木制品）。单独报验时，这些物品不归入本品目（品目 92.09）。

本品目不包括机械风琴、手摇风琴及类似管乐器，它们没有键盘，但可自动演奏或用手柄摇奏（品目 92.08）。电子风琴应归入品目 92.07。

（二）簧风琴及类似的游离金属簧片键盘乐器，但它们没有琴管。

（三）手风琴及类似乐器、六角手风琴、班多尼昂琴及脚踏风琴。

本品目不包括电子手风琴（参见品目 92.07 注释及本章总注释）。

（四）口琴。

（五）所谓的“木管乐器”。这些乐器主要由多孔管子（由木材、芦苇、金属、塑料、硬橡胶、玻璃制成）配上音键及音环构成。它们通常用簧片发音。本组包括：长笛、萧、短笛、竖笛、双簧管、单簧管、中音双簧管、巴松管、萨克斯管及萨路管。

本组还包括奥卡利那笛（用金属或粘土制成并发出长笛般声音的小型蛋形乐器）及滑动笛（用金属或硬橡胶制成）。

（六）其他管乐器（例如，风笛、布列塔尼风笛或小风笛，它们用皮张或动物膀胱制成风箱或风囊并带有三至五根管子，其中一根是指管而其他是单音管）。

92.06　打击乐器（例如，鼓、木琴、钹、响板、响葫芦）

打击乐器是用同类物体进行打击演奏，或用棒或类似器具演奏，也有直接用手演奏。这些乐器统称为“鼓”。

本品目的主要乐器有：

一、用皮革绷面的乐器，例如：

（一）小鼓及长鼓。

（二）鼓（浅边鼓、大鼓等）。这些鼓是在木或金属鼓筒的各端绷上羊皮或羔皮后制成（双头鼓）。它们用一支或两支鼓棒或皮头槌敲打而发音。

（三）定音鼓及铜鼓。这些鼓是在铜制空心半球形鼓体（规格各不相同，通常放置在地上）上绷上羊皮后制成。它们被校准为一定音调，并用鼓棒敲打发音。

（四）带铃当的铃鼓。这些鼓是用圆箍覆盖上皮革并配上铃当或铜舌制成，演奏时用不同方式摇动或用手掌、指尖等敲击发音。

（五）印度手鼓。

二、其他打击乐器，例如：

（一）钹。这些乐器是圆板，一般通过相互敲击或摩擦而发音；有时，也可以用软头槌敲击单片钹发音。

（二）锣（例如，中国锣）。这些乐器是金属板，通常是用槌头包以皮革或毡呢的重槌敲击而发音的。

（三）三角铁。这些乐器是用钢条弯曲成等边三角形制成。它们用铁条敲打发音。

（四）中国亭形串铃（中国月牙铃、土耳其月牙铃）。这些乐器配有铃当及小铃，当摇动装于乐器上的支杆时，即可发出声音。

（五）响板。它们是用木材、骨材或兽牙制成的凹形或贝壳形小型乐器，可以戴在手指上或安装于手柄上，相互敲打而发音。

（六）木琴，由一系列按一定长度排列的小木条板装于两条支架上组成，用槌敲击演奏。

（七）金属琴。这种琴与木琴相似，但用金属条板（钢条板或硬铝条板）代替木条板；（木琴和金属琴常常在琴台下装上金属共鸣舌片或管子）。本品目还包括带玻璃条板的类似乐器。

（八）钢片琴及类似琴，在打击乐器中用以代替普通钟乐器。这些琴的外形与具有踏板及制音器的小钢琴相同，通过键盘操作使机械槌打击特制厚钢片而发音。

（九）铃、套铃、钟及管铃（由悬吊于框架上的一系列管子构成，演奏时可直接用手敲打，也可用槌敲打）。

（十）响葫芦及类似乐器，由空心铃或管构成，通过摇动发音。

（十一）“音棒”，由一对硬木条构成。

（十二）挠片声锤（Flexatones），由一块金属板装于手柄上并在金属板的两端各装上两个木球构成。摇动乐器时，木球打击金属片使其振动发音，音调可通过拇指弯曲金属片加以控制。

上述一些乐器有时可以组合在一起，使一个演奏者可同时演奏几种乐器。在伴舞乐队中，用以敲打大鼓的软头槌是通过踏板操作的，另外，鼓还与钹、锣、木鱼装在一起（装有铃或者构成木琴用的木制共鸣箱型组合件）等。

公共建筑物用的可奏乐钟琴也归入本品目。

但是电子打击乐器应归入品目 92.07。

本品目还不包括：

（一）不属乐器范围的门铃、台铃、门钟等（品目 83.06 或 85.31）。

（二）时钟的谐音器及其他报时机构（品目 91.14）。

92.07 通过电产生或扩大声音的乐器（例如，电风琴、电吉他、电手风琴）：

10 — 键盘乐器，但手风琴除外

90 — 其他

本品目包括通过电气（含电子）产生或扩大声音的乐器（即如果没有电气或电子组件即不能发出声音，进行演奏的乐器，包括其振动装置可以产生微弱声音的乐器）。在这一方面，它们与某些其他乐器（例如，钢琴、手风琴、吉他）不同，后者虽然装有电气拾音器及扩音器，但它们如果没有这些电气装置也仍可与类似的普通乐器一样独立进行演奏。电气操作的自动钢琴不归入本品目（品目92.01）。

本品目的乐器一般主要使用以下器件：

一、电磁发生器。

其中一种系统是基于下列原理进行工作：发生器的传动轴通过弹性接头与同步马达连接，同步马达以恒定速度驱动传动轴。整条传动轴上成对地装有规格不同的齿轮，每一齿轮再带动名为“音调”轮的有齿轮子。当乐器接通电源后，同步马达即驱动音调轮，驱动速度根据齿轮直径的大小而不同。在每个音调轮附近平行地装上一端带有线圈的永磁铁。当音调轮转动时，其轮缘所带的规则间距的齿子便通过磁铁极，引起磁场的变化。这个变化又在线圈中产生微弱的电流变化。这种具有预定频率的电流经电气扩大后传送到扬声器中。

这一原理尤其用于“风琴”式乐器。

在另一种系统中，簧风琴式“游离簧片”在永磁铁的磁极中振动，引起绕在磁铁上线圈的磁场变化，所产生的电流经电气扩大后传送到扬声器中。

二、静电发生器，它有下列几种类型：

（一）张拉钢丝发生器。在这种发生器中，当一根带电的金属丝被槌敲击时产生振动，从而使金属丝与附近金属件（枢轴）之间的电容量发生变化。这种电容量的变化完全相当于音弦的振动，因此在扩音后可准确地重放声音。

（二）振动簧片发生器，在这种乐器中，电流通过簧片而不是通过音弦。

（三）可变电容发生器，在发生器中，电容器在马达的驱动下按恒定速度转动。

三、振荡电子管发生器，包括气体放电管振荡器。

四、光电发生器，在光电发生器中光束通过穿孔圆盘射向光电池。通过精确计算圆盘上孔洞的数目即可求得电流变化的相应数目，将这种变化电流放大后即可产生所需的声音。

它们中的一些乐器也称作电磁式、静电式、电子式、无线电式、光电式钢琴、风琴、手风琴、钟琴等，但人们总是喜欢用它们的注册商标名称。只要简单地改变乐器的音域，它们便可准确地演奏大多数乐器的声音。这类乐器如只能连续发生单音，则称作“单音”乐器，如能同时发生多种音调，则称作“多音”乐器（例如，风琴）。

一些乐器可以单独演奏，而其他一些乐器则可与普通钢琴伴奏，演奏时用右手演奏这种乐器，而左手演奏钢琴。这类乐器不论是否与钢琴一同报验，仍应归入本品目。

尽管电气或电子器具（特别是扩音器及扬声器）一般在本品目乐器的正常演奏中是至关重要的，但它们如果不是装在乐器中，则不应入本品目而应归入其相应的品目（第八十五章）；如果它们与乐器装于同一机壳内，即使是为了运输方便而分开包装的，也应与有关乐器归入同一品目。

本品目不包括传统式钟（带有指示小时的钟面），这种钟使用某些电子谐音器，能在一小时、半小时等时间间隔自动报时（第九十一章）。

92.08 百音盒、游艺场风琴、手摇风琴、机械鸣禽、乐锯及本章其他品目未列名的其他乐器；各种

媒诱音响器、哨子、号角、口吹音响信号器：

10　—　　百音盒

90　—　　其他

一、本章其他品目未列名的乐器

它们包括：

（一）百音盒。它们是装于盒子或其他容器内，能够自动奏乐的小型机械机构，其主要部件是带有突起销子（根据要演奏曲子的音调设置）的一个圆筒；当圆筒转动时，销子便与排列如梳齿的金属簧片接触，使其振动发出所需声调。这些部件装在一块底板上，其圆筒可用一个需要钥匙上发条的弹簧动力装置驱动旋转，也可直接用手柄摇转。有些类型的百音盒用按垂直录音原理制成的薄金属圆盘代替圆筒。

虽装有音乐机械机构，但是主要具有实用价值或装饰用途的物品（例如，钟、小型木制器具、插有人造花卉的玻璃花瓶、陶瓷小塑像等）不作为本品目所称的百音盒归类，它们应按不带音乐机械机构的相同物品归入相应的品目。

同样，装有电子音乐组件的手表、杯子及贺卡等物品也不作为本品目的货品归类。它们也应按不带电子组件的相同物品归入相应的品目。

（二）游艺场风琴，例如，机械风琴及类似乐器。有些游艺场风琴是大型乐器，配有两面仿真键盘，其中一面与钢琴键一样作用于金属弦上，而另一面控制风琴管；另外，还装有机械弓演奏的肠线弦。这些乐器可装配有鼓、钹、手风琴等以便产生管弦乐队般的音响效果。它们主要用于娱乐场或游艺场等。它们可用手操作，也可用动力操作，并用穿孔的纸带卷或卡片演奏。

（三）手摇风琴，由一只内装带铜销的圆管（或圆筒）的盒子构成，当手柄转动时，销子便开启木制或金属制管子上的阀门。

（四）机械鸣禽。这些乐器是一类小型的自动乐器，一般装于鸟笼内。装在鸟笼底部的发条动力装置驱动一组活塞及风囊，从而产生调制音调并使笼内假鸟的头部和身体活动。

（五）乐锯。这种乐器具有一片特制钢片，演奏时用弓或毡头槌使其振动发音。

（六）其他花式乐器，例如，沙锤及口吹笛。

卡片、圆盘及带卷，不论是否与本品目的乐器一同报验，均归入品目92.09（参见本章注释二）。

二、各种媒诱音响器及口吹音响信号器

（一）媒诱音响器及效果器等，它们是小型的口吹或手动乐器。可模仿鸟类或动物的叫声以吸引猎物。

（二）口吹音响信号器，例如：

1．号角，用角、骨、金属等制成。

2．金属、木材等制的哨子（口吹式），供发信号等用。

本品目不包括：

（一）门铃、台铃、自行车铃等（品目83.06或85.31）。

（二）球按喇叭及警告喇叭（例如，供车辆用的）、船用汽笛、手提式或固定式手操作屋顶警报器；这些器具应按其构成材料归类或酌情归入第十六类或第十七类。

（三）电动的声音信号设备或器具（酌情归入品目85.12或85.31）。

92.09　乐器的零件（例如，百音盒的机械装置）、附件（例如，机械乐器用的卡片、盘及带卷）；节拍器、音叉及各种定音管：

30　—　　乐器用的弦

— 　其他：

91 —— 钢琴的零件、附件

92 —— 品目92.02所列乐器的零件、附件

94 —— 品目92.07所列乐器的零件、附件

99 —— 其他

本品目包括：

一、节拍器、音叉及定音管

本组包括节拍器、音叉及定音管，不论其是否供演奏音乐用或其他用途的。

节拍器是小型的机械装置，用以指示演奏音乐的准确速度；它们通常装于角锥体形的盒子内，还可配有铃。其主要零件是下端装有枢轴的打拍棒；打拍棒的动作快慢可通过装在棒后面的标尺进行调节。

本组还包括工业用途的节拍器，这些节拍器装有电触点。

音叉通常是小型U字形金属棒，振动时发出一个音符；本组还包括音乐厅用的大型音叉，这种音叉是由装于共鸣箱上的金属舌片构成，并用槌打击发音。

定音管是口吹发音的，由一个或多个簧片或簧管组成，它们通常可发出几个（4个或6个）音调。

本组还包括在医学上供频闪观测用的音叉（尤其用于听力测试。测听力时，它们能按预先的调整发出宽带的声音振动，通常与多种仪器一起装于同一盒子内）。有些医用音叉还装有电气装置，以维持振动。

二、百音盒的机械装置

参见品目92.08的注释。

三、乐器用弦

本组包括真弦乐器（钢琴、竖琴、小提琴、大提琴、曼多林琴等）用弦。这些弦通常用下列材料制成：

（一）肠线（通常用羊肠制）。肠线弦根据所需粗度由若干股肠线制成，每股线可由肠纵长切割而成的肠条或整条肠子构成。

（二）丝。丝弦通常由140股丝线构成，其外观与肠线弦相同。它们薄薄地涂上一层阿拉伯树胶并用白蜡抛光。

（三）化学纤维单丝（通常是尼龙的）。

（四）钢丝（通常是不锈钢丝），铝丝、银丝、铜丝等。金属丝可以是单股金属丝，也可以是外包金属丝（沿金属芯线卷绕）的金属芯线，这种弦称作“金属绕线弦”。

（五）外包金属丝（铝丝或其他贱金属丝，不论是否镀银；银丝等）的肠丝、尼龙丝。金属丝沿芯线卷绕的称作肠绕线弦、丝绕线弦或尼龙绕线弦。

乐器用弦可以根据其加工状况加以识别。（钢丝弦由抛光金属制成，其直径经精确测量。肠线弦规格完全相同且直径是一致的；有些肠线弦是白色半透明的，而其他弦（如竖琴弦）有时也染成红色或蓝色等）。乐器用弦还可从其包装情况（用小纸袋、封袋及类似品包装，常印有使用说明）进行识别。此外，有些弦（尤其是金属弦）带有环或小金属球，以便装于乐器上。

本品目不包括不能确定为做乐器弦用的金属丝、肠线及合成纺织纤维单丝（不论是否切成一定长度）（应归入它们各自的相应品目）。

四、其他零件及附件

本组包括乐器的零件及附件（上述第二、第三组所述货品除外），但不包括扬声器及声频放大器（品目85.18）。一般来说，本组也不包括未与乐器零件及附件组装在一起的电子器具（电动机、光电

池等）。

本组包括：

（一）钢琴、风琴、簧风琴及类似乐器的零件，例如：

完整的键盘（即装于框架上的全套音键）；钢琴的机械装置（即连同音槌的多键控制器，包括制音器）；钢琴或簧风琴的琴壳；共鸣板；木架或铸铁架；踏板机械装置及踏板；校音弦轴；簧风琴的金属舌片（或簧片）；键盘用的键；音槌等用的槌、制音器、杆及音叉；风琴的风琴管、风箱、风囊及其他零件（包括琴壳）。

手风琴的按键、音栓、风箱及键盘也归入本品目。

但本品目不包括仅经简单切割成长方形的小片兽牙、骨或塑料，这些小片需经抛光、圆角或进一步加工后才能作乐器按键的套壳；这些片应归入其各自的相应品目（品目96.01或第三十九章）。

（二）品目92.02所列乐器（弦乐器）的零件及附件，例如：

曼陀林琴、吉他或类似乐器的琴体；吉他或曼陀林琴的“机构”（即装在琴颈两端卷耳上用以适当绷紧琴弦的弦轴、蜗杆及齿轮）；小提琴、大提琴或类似乐器的零件，例如，琴背、琴腹、琴颈（不论是否已组装）、指板、琴马、琴桥、系弦板（装弦用板）及系弦钮、弯边（琴腹与琴背之间）、弦轴（装于涡卷形头用以调整琴弦张力的键钮）、琴弦校正器等；大提琴及低音提琴用支柱（供支撑放置于地上的乐器用）；弓及弓零件（棒、弓把、夹线螺钉等），包括弓用马鬃束、拨子、弱音器、颏托。

（三）品目92.07所列乐器的零件及附件，例如：

风箱（供电子钢琴、电子风琴及电子钟琴用的）、踏板机械装置及踏板、键盘、音调轮（专用风琴用）。

关于电子零件及附件，请参见品目92.07的注释。

（四）品目92.05所列“木管乐器”的零件及附件，例如：

供所谓“木管乐器”（竖笛、横笛及类似乐器）用的车削而成的木制零件；乐器的金属管体；调音短管；延伸管；各种类型的乐器吹口及吹口盖；簧片；阀门及阀门控制钮；按键、环、箍、铃、弱音器；键垫（供横笛、竖笛等用）。

（五）打击乐器的零件及附件，例如：

棒，不论是否带软头的；各种类型的木槌；鼓刷；伴舞乐队用的踏板；钹架；鼓筒及背带等；木琴或类似乐器的板、片、台及支架；切成圆形或近似圆形并可明显确认作为鼓皮及类似品用的皮张；用以绷紧某种乐器（例如，鼓）的皮面用的带（通常由大麻、黄麻或剑麻制成）；明显用于穿过小鼓下方鼓面的肠线或金属线（响弦）。

*
* *

本品目还包括：

1．固定乐器用的乐架。安放乐器（例如，小鼓或萨克斯管）用的架座（三角架等）。

2．演奏乐器用的机械装置。它们是使用卡片、圆盘、带卷进行机械操作，演奏键盘乐器的辅助装置，可以手摇、脚踏或用风囊操作，也可以靠机械或电气驱动。这些装置可装于乐器（一般为钢琴或簧风琴）的内部或外部。

3．自动乐器用的卡片、圆盘、带卷，不论其是否与有关乐器一同报验的均应归入本组（参见本章注释二）。

*
* *

本品目也不包括：

（一）第十五类注释二所指的贱金属制通用零件，例如，铰链、手柄、配件（例如，供钢琴用）；及塑料制的类似品（第三十九章）。

（二）调音工具（品目 82.05）。

（三）供百音盒或机械鸣禽用的未与其他零件组装在一起的弹簧动力装置（时钟机构）（品目 84.12）。

（四）未装配乐器零件或附件的钟表机芯（品目 91.08 至 91.10）。

（五）钢琴凳（94.01）、落地式乐谱架或乐谱台（品目 94.03）及钢琴用蜡烛托架（品目 94.05）。

（六）模制成一定形状的弓弦用松香（品目 96.02）。

（七）供长笛、双簧管等用的清洁刷（品目 96.03）。

第十九类　武器、弹药及其零件、附件

第九十三章　武器、弹药及其零件、附件

注释：

一、本章不包括：

（一）第三十六章的货品（例如，火帽、雷管、信号弹）；

（二）第十五类注释二所规定的贱金属制通用零件（第十五类）或塑料制的类似品（第三十九章）；

（三）装甲战斗车辆（品目87.10）；

（四）武器用的望远镜瞄准具及其他光学装置（第九十章），但安装在武器上或与武器一同报验以备安装在该武器上的除外；

（五）弓、箭、钝头击剑或玩具（第九十五章）；或

（六）收藏品或古物（品目97.05或97.06）。

二、品目93.06所称“零件”，不包括品目85.26的无线电设备及雷达设备。

总　注　释

本章包括：

一、军事武装部队、警察或其他有组织的机构（海关、边防部队等）在陆、海、空战斗中使用的各种武器。

二、个人自卫、狩猎及打靶用的武器（例如，用于小型靶场、室内靶场或游乐场射击台的）。

三、靠爆炸药进行发射的其他装置（例如，抛缆枪及维利式信号枪）。

四、弹药及导弹（第三十六章的物品除外）。

除少数例外情况以外（参见品目93.05及93.06的注释），本章也包括武器的零件、附件及弹药零件。

望远镜瞄准具及其他光学装置，如果适合武器使用并能装在武器上或与有关武器一同报验的，应与武器一并归类。单独报验的此类光学装置不归入本章（第九十章）。

任何运载工具，即使是军事专用的，不论是否装有武器，均不归入本章。因此，本章不包括铁路装甲车辆（第八十六章）、坦克及装甲车（品目87.10）、军用飞机（品目88.01或88.02）及军舰（品目89.06）等。但这些运载工具上使用的武器（枪炮、机枪等）如单独报验，应归入本章（参见品目93.01关于安装在铁路或陆地车辆上的某些武器的注释）。

本章也不包括下列货品：

（一）钢盔及其他军用帽类（第六十五章）。

（二）人体防护服，例如，护胸铁甲、铠甲衣、防弹衣等（按其构成材料归类）。

（三）弩、弓和箭以及玩具武器（第九十五章）。

（四）收藏品及古物（品目97.05或97.06）。

本章所列武器及其零件可含有贵金属、包贵金属、天然或养殖珍珠、宝石及半宝石（天然、合成或再造）、玳瑁壳、珍珠母、兽牙及类似品。

93.01　军用武器，但左轮手枪、其他手枪及品目 93.07 的兵器除外：

10　—　火炮武器（例如，大炮、榴弹炮及迫击炮）

20　—　火箭发射器；火焰喷射器；手榴弹发射器；鱼雷发射管及类似的发射装置

90　—　其他

本品目包括各种军用武器，但品目 93.02 的左轮手枪和其他手枪及品目 93.07 的武器除外。本品目还包括单独报验以备作为部件安装在舰艇、装甲列车、飞机、坦克及装甲车辆上的武器及火器。

本品目包括：

一、各种火炮（固定的或装在轮子或履带等上的），例如，野战炮、中型炮、重炮及超重炮、远程炮、高射炮、反坦克炮、榴弹炮及迫击炮。

安装在铁路车辆上的远程大炮应归入本品目，而不归入第八十六章。移动火炮和自行火炮与品目 87.10 的坦克及其他装甲战斗车辆不同，它们也应归入本品目。

二、能作连射和速射的武器，有些可由单人操纵。

这类武器包括机枪、冲锋枪（轻型自动枪）及其他连射武器。

三、军用火器，例如，步枪、卡宾枪等。

四、其他军用发射器，例如，军用火箭发射器（但品目 93.03 的货品除外）、深水炸弹发射装置、鱼雷发射管、火焰喷射器（向敌人喷射燃烧挥发性液体的装置），但不包括除草专用的喷火枪（品目 84.24）。

93.02　左轮手枪及其他手枪，但品目 93.03 或 93.04 的货品除外

本品目包括任何口径的左轮手枪及其他手枪。这些枪械可通过爆炸药发射除信号弹以外的各种子弹，它们是握在手中射击的武器。

左轮手枪是带有旋转弹膛的单枪管火器。

手枪有一支或多支枪管，也可以配有可替换的枪管。半自动手枪带有一个可装数发子弹的弹夹，但每发射一发子弹都必须扣动一次扳机。

本品目包括微型的左轮手枪及其他手枪，也包括制成其他形状（例如，铅笔、小刀或烟盒形状）的类似武器，只要它们实际上仍是火器。

本品目不包括连射武器（即某种使用手枪子弹，但每当扣动扳机就可作连射直至子弹耗尽或松开扳机为止的火器），此类武器应作为冲锋枪（轻型自动枪）归入品目 93.01。这些武器可握在手中射击，但通常加有折叠枪柄。

本品目不包括：

（一）弩枪式无痛捕杀器、发射信号弹用的维利式信号枪、发射空包弹的赛跑起步左轮手枪及其他手枪（使用实心或封口枪管或者使用锥形弹膛）、舞台用道具枪、不能发射子弹的前装火药手枪（品目 93.03）。

（二）弹簧枪、气手枪（品目 93.04）。

93.03　靠爆炸药发射的其他火器及类似装置（例如，运动用猎枪及步枪、前装枪、维利式信号枪及其他专为发射信号弹的装置、发射空包弹的左轮手枪和其他手枪、弩枪式无痛捕杀器、抛缆枪）：

10　—　前装枪

20　—　其他运动、狩猎或打靶用猎枪，包括组合式滑膛来复枪

30　—　其他运动、狩猎或打靶用步枪

90 —　其他

本品目包括除品目93.01及93.02所列货品以外的各种火器。某些不属于武器，但是靠爆炸药发射的器具也应归入本品目。

本品目包括：

一、各种口径的运动、狩猎及打靶用步枪、卡宾枪和其他枪械，不论是滑膛式或来复式。运动及狩猎用枪常配有一支以上的枪管，有时是一支滑膛管和一支来复管，还可配有互换枪管（滑膛式和来复式）。这些枪械的金属部件和枪托常带有装饰性雕刻。打靶用枪一般只配有一支枪管。

这些枪械有的每次只能发射一发子弹并在每次射击后需手工重新装弹，有的则装有弹夹，可以连续射击，还有的装有半自动速射装置。

类似手杖形状的运动用枪也应归入本组。

二、野鸭枪（猎船枪），专为打水鸟而设计的枪。这类枪通常安装在一个可固定在船上的支架或底座上。

三、不能用于发射子弹的前装火药枪。

四、维利式信号枪及专为发射信号弹的其他装置。

五、专门用于发射空包弹的假左轮及假手枪或安全左轮及安全手枪。这些枪的枪管可以是实心或封口的，只留有一个排气孔。某些左轮手枪的旋转弹膛可以是圆锥形的。而有些赛跑起步枪或舞台道具枪则没有枪管。赛跑起步枪可以装有电气装置用以促动精密计时设备。

六、弩枪式无痛捕杀枪，即类似发射空包弹的手枪。它通过爆炸力使弩箭从枪管射出，用以杀死或击昏动物。弩箭是栓住的，不会脱离枪体并可收回供再次使用。

本品目不包括偶尔用于屠宰动物的子弹式手枪（通常是大口径的）（品目93.02）。

七、抛缆枪，主要在船上或救生站上用于建立救生方面的联系。

八、捕鲸炮，通过发射带索鱼叉以捕捉鱼类、海洋哺乳动物、海龟等。

九、报警枪、炮及类似装置，能发射空包弹用以报警（例如，在救生艇上），以及用于庆祝活动或对偷猎、偷渔进行报警等。

十、防雹炮，其炮身为截头的铁片圆锥体，用以向雹云射击，使其变成雨。

本品目不包括以炸药作为动力的铆接工具以及打墙孔工具等（品目82.05）。

93.04　其他武器（例如，弹簧枪、气枪、气手枪、警棍），但不包括品目93.07的货品

本品目包括除品目93.01至93.03的火器以及品目93.07的武器以外的其他武器。

本品目包括：

一、警察等用的警棍、护身棒、加重笞杖和类似品，以及灌铅手杖。

二、指节铜套，即握拳时套在手指上的金属套，用以进行搏击等。

三、弹射器，用于射鸟或虫，包括制成手杖形状的弹射器。

弹射玩具不归入本品目（品目95.03）。

四、气枪、气步枪、气手枪。这些枪类似于普通步枪和手枪，但这类枪装有空气压缩筒，扣动扳机时压缩气体进入枪管把子弹射出。

利用同一原理但不用空气而使用其他气体发射子弹的气枪、气步枪及气手枪也应归入本品目。

五、以强力弹簧作为动力的类似武器。

六、以压缩二氧化碳为动力的枪及手枪，用于远距离向野外动物发射装有麻醉剂或药剂（抗血清、疫苗等）的自动注射器。

七、装有催泪性毒气的烟雾喷射罐。

93.05　品目 93.01 至 93.04 所列物品的零件、附件：

10　—　　左轮手枪或其他手枪用
20　—　　品目 93.03 的猎枪或步枪用
—　　其他：
91　——　品目 93.01 的军用武器用
99　——　其他

本品目的零件及附件包括：

一、军用武器的零件、附件。例如，各种枪炮的套管（即炮身内管）、反冲机械装置及枪炮闩；机枪、冲锋枪及其他枪炮的活动炮塔、炮架、枪架及其他特种架座，不论是否配有瞄准及装填装置。

二、军用小型武器、运动枪、打靶枪、左轮手枪及其他手枪等的金属铸件、冲压件及锻件，例如，枪管、枪闩、枪机、扳机护圈、机枪机芯、快慢机、撞针、击铁、扳机、击发阻铁、退壳器、推顶器、手枪的枪身、金属护板、枪托板、保险机、左轮手枪的旋转弹膛、前后瞄准器、弹夹。

三、枪托、瞄准器、枪管或枪闩的防护套及保护盒。

四、莫里斯管等（供插入大口径枪及步枪的小膛管，在小型靶场射击训练时使用）。

五、步枪、卡宾枪或其他长枪的枪托和其他木制零件以及左轮枪或其他手枪的枪托和板（木、金属、硬橡胶等制的）。

六、步枪、卡宾枪或其他枪的带、叉架或支架、枪托旋轴及回旋带。

七、消音器（声音减弱器）。

八、运动及打靶用枪的活动后坐力缓冲器。

本品目不包括：

（一）第十五类注释二所指的贱金属制通用零件，例如，螺丝钉、铆钉及弹簧（第十五类），以及塑料制的类似品（第三十九章）。

（二）枪盒（品目 42.02）。

（三）由发射系统控制的机用空中照相机（品目 90.07）。

（四）武器用望远镜瞄准具及类似瞄准器（品目 90.13）。

（五）协调制度中其他品目更为具体列名的附件。例如，枪管清扫绳、通条及其他武器清洁工具（品目 82.05、96.03 等）。

93.06　炸弹、手榴弹、鱼雷、地雷、水雷、导弹及类似武器及其零件；子弹、其他弹药和射弹及其零件，包括弹丸及弹垫：

—　　猎枪子弹及其零件；气枪弹丸：
21　——　猎枪子弹
29　——　其他
30　—　　其他子弹及其零件
90　—　　其他

本品目包括：

一、弹药。例如：

（一）炮弹（炸弹、子母弹、穿甲弹、照明弹、闪光弹、曳光弹、燃烧弹、烟雾弹等）及枪炮用的其他弹药。

（二）各种子弹：空包弹（包括用于铆焊机的或用以启动压燃式活塞内燃发动机的空包弹）、弹头子弹、曳光子弹、燃烧子弹、穿甲子弹、运动枪等用的实心子弹。

（三）以压缩气体或弹簧为动力的卡宾枪、其他长枪式手枪用的子弹、弹丸（空心、球形、缩腰的等）及镖，但品目 95.03 的玩具子弹除外。

二、弹道导弹，当有效负载到达远地点后回落到地球表面时，导弹落速不超过每秒 7000 米的。

三、装有发射后可自动推进的武器。例如，鱼雷、飞弹（类似于飞机的飞弹）、空中导弹及火箭弹。

四、其他军火。例如，地雷及水雷、深水炸弹、手榴弹及枪榴弹、空投炸弹。

五、捕鲸炮用鱼叉，不论是否带有爆炸弹头。

六、军火、弹药的零件。例如：

（一）手榴弹、地雷、炸弹、炮弹及鱼雷的弹体。

（二）子弹壳及其他子弹零件。例如，底座（黄铜制）、内杯、内底及内衬（金属或纸板制）、弹垫（毡、纸或软木等制）。

（三）制弹药用的弹头和铅弹。

（四）炸弹、鱼雷等用的引信（点及基面起爆），不论是定时、碰击或近发引爆（电子控制的）；引信零件，包括保险盖。

（五）某些军火零件。例如，鱼雷用的特种推进器及陀螺仪。

（六）鱼雷的弹头及浮箱。

（七）手榴弹的撞针、安全销、杠杆及其他零件。

（八）炸弹的弹翼。

本品目不包括：

（一）制成的炸药及发射药，即使制成可供装入军火弹药中的形状（品目 36.01 及 36.02；安全导火索、导爆索、火帽及引信、引爆器及电子雷管，包括炮弹的火帽（品目 36.03）。

（二）信号弹及降雨火箭（品目 36.04）。

（三）灭火弹及灭火器的装填药（品目 38.13）。

（四）火箭、鱼雷及类似导向炸弹的原动机（品目 84.11 或 84.12）。

（五）品目 85.26 的无线电及雷达装置（参见本章注释二）。

（六）装于军火或军火零件用的钟表机芯及其零件（例如，引信）（品目 91.08 至 91.10 及 91.14）。

93.07　剑、短弯刀、刺刀、长矛和类似的武器及其零件；刀鞘、剑鞘

本品目包括剑（包括藏有剑的手杖）、短弯刀、刺刀、长矛、梭镖、戟、曲刀、短剑及匕首等武器。这些武器通常用优质钢作刃，有时还配有精致的护罩或护手板。

这些武器即使只作仪仗或装饰用，或只用作舞台道具，也应归入本品目。

这些武器的刀片大部是固定的，但有些匕首及短剑具有活动刀片，通常藏于刀柄内，可用手或弹簧装置将其打开或锁住。

本品目还包括本品目兵器的零件。例如，剑身（包括坯件，即使只经锻制的）、柄、护罩、把手，以及剑、刺刀、短刀等的鞘和套。

本品目不包括：

（一）佩挂剑、刺刀等用的挂带及类似装备，皮革制的（品目 42.03）或纺织材料制的（品目 62.17）；剑结（一般归入品目 42.05 或 63.07）。

（二）作为刃具的狩猎、露营以及其他用途的刀（品目 82.11）及其刀鞘（通常归入品目 42.02）。

（三）贵金属或包贵金属制的鞘和套（品目 71.15）。

（四）钝头击剑（品目 95.06）。

第二十类　杂项制品

第九十四章　家具；寝具、褥垫、弹簧床垫、软座垫及类似的填充制品；未列名灯具及照明装置；发光标志、发光铭牌及类似品；活动房屋

注释：

一、本章不包括：

（一）第三十九章、第四十章或第六十三章的充气或充水的褥垫、枕头及座垫；

（二）落地镜〔例如，品目 70.09 的试衣镜（旋转镜）〕；

（三）第七十一章的物品；

（四）第十五类注释二所规定的贱金属制通用零件（第十五类）、塑料制的类似品（第三十九章）或品目 83.03 的保险箱；

（五）冷藏或冷冻设备专用的特制家具（品目 84.18）；缝纫机专用的特制家具（品目 84.52）；

（六）第八十五章的灯具及照明装置；

（七）品目 85.18、85.19、85.21 或品目 85.25 至 85.28 所列装置专用的特制家具（应分别归入品目 85.18、85.22 或 85.29）；

（八）品目 87.14 的物品；

（九）装有品目 90.18 所列牙科用器具或漱口盂的牙科用椅（品目 90.18）；

（十）第九十一章的物品（例如，钟及钟壳）；或

（十一）玩具家具、玩具灯或玩具照明装置（品目 95.03）、台球桌或其他供游戏用的特制家具（品目 95.04）、魔术用的特制家具或中国灯笼及类似的装饰品（电气彩灯串除外）（品目 95.05）。

二、品目 94.01 至 94.03 的物品（零件除外），只适用于落地式的物品。

对下列物品，即使是悬挂的、固定在墙壁上的或叠摞的，仍归入上述各品目：

（一）碗橱、书柜、其他架式家具（包括与将其固定于墙上的支撑物一同报验的单层搁架）及组合家具；

（二）坐具及床。

三、

（一）品目 94.01 至 94.03 所列货品的零件，不包括玻璃（包括镜子）、大理石或其他石料以及第六十八章及第六十九章所列任何其他材料的片、块（不论是否切割成形，但未与其他零件组装）。

（二）品目 94.04 的货品，如果单独报验，不能作为品目 94.01、94.02 或 94.03 所列货品的零件归类。

四、品目 94.06 所称“活动房屋”，是指在工厂制成成品或制成部件并一同报验，供以后在有关地点上组装的房屋，例如，工地用房、办公室、学校、店铺、工作棚、车房或类似的建筑物。

总　注　释

除本章注释所列不包括的货品以外，本章包括：

一、各种家具及其零件（品目94.01至94.03）。

二、弹簧床垫、床褥及其他寝具或类似用品，装有弹簧、内部用任何材料填塞、衬垫或用海绵橡胶或泡沫塑料制成，不论是否包面（品目94.04）。

三、用各种材料制成的（第七十一章注释一所列的材料除外）未列名灯具和照明装置、装有固定光源的发光标志、发光铭牌和类似品；上述货品的未列名零件（品目94.05）。

四、活动房屋（品目94.06）。

本章所称的“家具”，是指：

（一）任何“可移动”的物品（不包括协调制度中其他品目更为具体列名的货品），它们的主要特征是供放置在地上，并具有实用价值，它们用于民宅、旅馆、戏院、电影院、办公室、教堂、学院、咖啡馆、饭店、实验室、医院、牙医诊所等，以及船舶、飞机、铁道车厢、机动车辆、拖挂蓬车及其他运输工具。必须注意，有些用螺栓等固定在地板上的物品，例如，船用椅子，也可作为“可移动”的家具归入本章。用于庭园、广场、散步场所等地方的类似品（凳子、椅子等）也归属于本类。

（二）下列物品：

1．悬挂的、固定在墙壁上的、叠摞的或并置的碗橱、书柜、其他架式家具（包括与将其固定于墙上的支撑物一同报验的单层搁架）及组合家具，供放置各种物品（书籍、陶器、厨具、玻璃器皿、织物、药物、梳妆用具、收音机或电视机、装饰品等），以及单独报验的组合家具各件。

2．悬挂或固定在墙壁上的坐具或床。

除上述（二）款所列的货品以外，所称“家具”，不适用于虽作家具使用，但其结构只适于放置在其他家具上或架子上，或悬挂在墙壁或天花板上的物品。

因此，本章不包括其他固定在墙上的装置，例如，衣帽架及类似品、挂匙板、衣刷挂钩及报纸架；也不包括陈设品，例如，散热器屏罩。同样，本章还不包括非落地式的以下货品：小型精细木器及小型木制装饰品（品目44.20）、塑料或贱金属制的办公室设备（例如，文件分类箱、文件格）（品目39.26或83.04）。

已安装于或准备安装于品目94.06的活动房屋内，并与之成为一个整体的设施（橱柜、散热器屏罩等），如果与活动房屋一同报验，也应归入本品目。

品目94.01至94.03包括任何材料（木、柳条、竹、藤、塑料、贱金属、玻璃、皮革、石、陶瓷等）制成的家具。这些家具不论是否内部填料或外部包面，也不论是否已作表面加工、雕刻、镶嵌、油漆装饰或装有镜子、其他玻璃配件及脚轮等，均应归入上述各有关品目。

但应注意，如果家具中配有的贵金属或包贵金属超出小配件（例如，小标志、条纹、套圈等）范围的，该家具则不可归入本章（第七十一章）。

报验时已拆卸或未组装的家具，如果其零部件是同时报验的，可作为组装家具归类。本规定同样适用于不论是否装有玻璃、大理石或其他材料制的板片、配件或其他零件的家具（例如，装有玻璃台面的木台、装有镜子的木制衣橱、装有大理石台面的餐具柜）。

零　件

本章只包括品目94.01至94.03及94.05所列货品的零件，不论是否坯件，但根据其形状或其他特征可确定为专用于或主要用于上述品目所列家具的零件。如果没有其他更为具体列名的品目，它们应归入本章。

品目94.06所列活动房屋的部件，如果单独报验，均应归入其各自适当的品目中。

除了下列各品目注释中所列不包括的货品以外，本章还不包括：

（一）品目44.09的串珠状缘饰及装饰线条。

（二）用塑料或其他材料包覆的带槽木质碎料板条，经切槽后可沿切口折成U形以构成家具的零件（例如，抽屉隔板）（品目44.10）。

（三）玻璃片（包括镜片）、大理石板、其他石板或第六十八章或第六十九章所列其他材料的板片，不论是否切割成形，除非它们与其他零件组合并明显作为家具的零、部件（例如，衣橱的镶镜橱门）。

（四）第十五类注释二所指的贱金属制弹簧、锁和其他通用零件（第十五类）以及塑料制的类似品（第三十九章）。

（五）作玩具用的家具及灯具或照明装置（品目95.03）。

（六）收藏品及古物（第九十七章）。

94.01　坐具（包括能作床用的两用椅，但品目94.02的货品除外）及其零件(+)：

10　—　飞机用坐具

20　—　机动车辆用坐具

30　—　可调高度的转动坐具

40　—　能作床用的两用椅，但庭园坐具或野营设备除外

—　藤、柳条、竹及类似材料制的坐具：

51　——　竹制或藤制的

59　——　其他

—　木框架的其他坐具：

61　——　装软垫的

69　——　其他

—　金属框架的其他坐具：

71　——　装软垫的

79　——　其他

80　—　其他坐具

90　—　零件

除了以下列明不包括的货品以外，本品目包括所有坐具（含车辆用的坐具，只要其符合本章注释二的规定）。例如：

躺椅、扶手椅、折叠椅、帆布睡椅、幼童高脚椅及专供挂于其他坐具背面的童椅（包括车辆座椅）、高背椅、长凳、长沙发椅（包括配有电热装置的）、长靠椅、沙发、有垫矮凳及类似品、凳子（例如，钢琴凳、绘图凳、打字凳及坐具梯级两用凳）。

扶手椅、长沙发椅、长靠椅等即使可作床用，仍应归入本品目。

但本品目不包括：

（一）梯级（通常归入品目44.21及73.26）。

（二）带座手杖（品目66.02）。

（三）品目87.14的货品（例如，鞍座）。

（四）可调整速度的反射试验用旋转椅（品目90.19）。

（五）品目94.02的椅子及坐具。

（六）用以搁脚的凳及脚凳（不论是否摇动式）及可兼作坐具用的内衣箱及类似箱子（品目94.03）。

零　件

本品目包括明显为椅子或其他坐具的零件。例如，靠背、座面及扶手（不论是否衬有稻草或藤料，

内部填充或装有弹簧），以及制软座垫用的已组装螺旋弹簧。

单独报验的软座垫及褥垫，不论是否装有弹簧，内部用任何材料填塞、衬垫，或用海绵橡胶或泡沫塑料制成，也不论是否包面，即使它们明显作为坐具（例如，长靠椅、长沙发椅、沙发）的软垫，也不归入本品目（品目94.04）。但如果这些物品与坐具的其他零件组装在一起，或与有关坐具一同报验，它们仍可归入本品目。

○
○ ○

子目注释：

子目9401.61及9401.71

"装软垫的坐具"是指填有一层柔软材料，例如，填絮、落纤、动物毛发、泡沫塑料或海绵橡胶的坐具。它们制成坐具形状（不论是否已固定装在坐具上），外面套有机织物、皮革或塑料布等套子。对于其填料没有外套或只有白布套，本身还准备再套外套的坐具，带有可拆卸的座垫或靠垫，使用时一定要有座垫或靠垫的坐具以及垫内装有螺旋弹簧的坐具，均可作为软垫坐具归类。另一方面，如果只是一组水平拉伸的弹簧，即使要装于钢丝格架或绷紧的布带等上，也不能将其作为软垫坐具归类。同样，用织物、皮革、塑料布等材料直接包面，中间没有填料或弹簧的坐具，或者用织物包面，里面只有薄薄的一层泡沫塑料的坐具，均不能视为装软垫坐具。

子目9401.80

本子目包括机动车或其他交通工具内用于携带婴幼儿的安全座椅。它们可以通过座椅安全带和特制系带固定在车辆座位上，但可以拆卸。

94.02　医疗、外科、牙科或兽医用家具（例如，手术台、检查台、带机械装置的病床、牙科用椅）；有旋转、倾斜、升降装置的理发用椅及类似椅；上述物品的零件：

10　—　牙科、理发及类似用途的椅及其零件

90　—　其他

一、医疗、外科、牙科或兽医用家具

本组包括：

（一）通用或专用外科手术台，可以通过调校、倾斜、旋转或升高以使病人按各种不同手术的要求而处于适当的位置。

（二）特种矫形手术台，供复杂手术（例如，臀部、肩部、脊柱手术）之用。

（三）动物的活体解剖台及类似手术台，通常装有束缚装置。

（四）临床检查、医疗治理、按摩等用的台、床及类似家具；产科、妇科、泌尿科、膀胱镜等检查或手术用的以及耳、鼻、喉或眼科治疗用的床及坐具。

但应注意，本品目不包括X光治疗专用的台及坐具（品目90.22）。

（五）医生（包括外科医生）用的特制坐具。

（六）分娩用床（有时称为接生床），一般在下部装有一只盆，盆子可在床的上部下面滑动。

（七）装有机械装置的床，以抬高伤、病员而不振动其身体，或无须移动伤、病员而帮其清洁卫生。

（八）装有绞链床垫的床，专用于治疗肺结核或其他疾病。

（九）装有夹板或其他治疗骨折、脱臼用具及类似品的床。

但如果这些用具并非固定在床上而仅是简单地附在床上，它们则应归入品目90.21。无机械装置的床应归入品目94.03。

（十）供医院、诊所等运送病人用的担架或装有脚轮的架床。

在街上运载残疾人的车不包括在内（第八十七章）。

（十一）供放置器械、绷带、医疗或外科用品或麻醉设备用的小桌子、台型柜及类似品，不论是否装有轮子；手推式器械消毒车；特制消毒脸盆、自动开启的消毒敷料箱（通常装有轮子）及已污敷料垃圾箱（不论是否装有轮子）；药瓶架、冲洗器或灌洗架及类似品，不论是否装有转向轮；特制器械或敷料柜和箱。

（十二）没有装上品目 90.18 所列牙科器械的牙科用椅（包括麻醉椅床），但它们带有装在中心支架上作升降、倾斜，有时还能旋转的机械装置，不论是否装有照明器具等装置。

牙科漱口盂，不论是否有架座，以及装有品目 90.18 所列牙科器械的牙科用椅，不应归入本品目（品目 90.18）。

必须注意，本组仅限于医疗、外科或兽医专用的家具，不具有这些特征的通用家具不归入本组。

二、有旋转、倾斜或升降装置的理发用椅及类似椅

本组包括装有旋转、倾斜或升降装置的理发用椅及类似椅。

但应注意，本品目不包括钢琴凳、机械式摇椅、转椅等（品目 94.01）。

三、零件

本品目包括明显用作上述货品的零件。

这些零件包括：

（一）安装在手术台上专门用于防止病人身体挪动的物品（例如，肩、小腿或大腿的扣夹、腿垫、固定头部的头靠、臂或胸的支架及类似品）。

（二）某些明显用于牙科椅的零件（例如，头靠、靠背、搁脚板、扶手、肘靠等）。

94.03　其他家具及其零件：

10　—　　办公室用金属家具

20　—　　其他金属家具

30　—　　办公室用木家具

40　—　　厨房用木家具

50　—　　卧室用木家具

60　—　　其他木家具

70　—　　塑料家具

**　　—　　其他材料制的家具，包括藤、柳条、竹或类似材料制的：**

81　——　竹制或藤制的

89　——　其他

90　—　　零件

本品目适用于不归入上述各品目的家具及其零件，不但包括通用家具〔例如，橱柜、陈列柜、桌、电话架、书桌、组合写字台、书柜及其他架式家具（包括与将其固定于墙上的支撑物一同报验的单层搁架）等〕，也包括有特殊用途的家具。

本品目包括下列用途的家具：

一、住宅、旅馆等用的家具。例如，橱柜、被服箱、面包箱、木柴箱；五斗橱、高脚柜；各种底座、花木架；梳妆台；台座式桌子；衣柜、衣橱；衣帽架、伞架；餐具柜、食具柜、碗碟橱；食物橱；床头柜；床（包括衣柜床、行军床、折叠床、帆布床等）；刺绣桌；脚凳、壁炉防火屏；屏风；落地式烟灰缸；乐谱柜、架或台；婴儿围栏；食物推车（不论是否装有加热板）。

二、办公室用的家具。例如，衣帽柜、文件柜、档案推车、卡片索引柜等。

三、学校用的家具。例如，课桌、讲坛、黑板架（挂黑板等用）。

四、教堂用的家具。例如，圣坛、忏悔厢、布道坛、教友长凳、读经台等。

五、商店、车间等用的家具。例如，柜台、服装架、组合货架、装有分格或抽屉的橱、工具橱等、印刷用特制家具（带有柜架或抽屉）。

六、实验室或技术室用的家具。例如，显微镜台、实验室工作台（不论是否装有玻璃箱、气体喷嘴、龙头装置等）、排烟橱、无绘图仪器的绘图台。

本品目不包括:

（一）不具备家具特征的旅行箱、衣箱及类似品（品目 42.02）。

（二）不具备家具特征的梯子及梯级、支架、木工凳及类似品，它们应根据其构成材料归类（品目 44.21、73.26 等）。

（三）壁柜等用的配件（例如，框架、门及搁架）（木制的应归入品目 44.18）。

（四）废纸篓（塑料制的应归入品目 39.26；篮筐编结品应归入品目 46.02；贱金属制的应归入品目 73.26、74.19 等）。

（五）吊床（一般归入品目 56.08 或 63.06）。

（六）落地镜，例如，鞋店、时装店等用的穿衣镜、旋转镜（品目 70.09）。

（七）装甲或加强的保险箱（品目 83.03）。另一方面，其结构仅能防火、防撞、防压，但尤其是箱壁不能防钻、防切等破坏性开启的箱柜，仍应归入本品目。

（八）电冰箱、雪糕机等（即既具备家具特征，内部又装有制冷装置或制冷装置的蒸发器，或者可供安装有关设备的箱柜）（品目 84.18）〔参见本章注释一（五）〕。但未装配或不能装配有源制冷装置，而仅用玻璃纤维、软木、羊毛等使之隔热的冷藏箱、柜及隔热柜，仍应归入本品目。

（九）作为缝纫机台架用的家具，不论在缝纫机不使用时是否可作为家具用；这种家具的盖、抽屉、延长板或其他零件（品目 84.52）。

（十）机器设备专用的家具，品目 85.18 所列设备用的，归入品目 85.18；品目 85.19 或 85.21 设备用的，归入品目 85.22；品目 85.25 至 85.28 用的，归入品目 85.29。

（十一）装有缩放仪等仪器的绘图台（品目 90.17）。

（十二）牙科用漱口盂（品目 90.18）。

（十三）弹簧床垫（品目 94.04）。

（十四）落地灯、其他灯具及照明装置（品目 94.05）。

（十五）品目 95.04 的桌球台及其他专供游戏用的特制家具，以及品目 95.05 的魔术用台。

94.04　弹簧床垫；寝具及类似用品，装有弹簧、内部用任何材料填充、衬垫或用海绵橡胶、泡沫塑料制成，不论是否包面（例如，褥垫、棉被、羽绒被、靠垫、座垫及枕头）：

10　—　弹簧床垫

—　褥垫：

21　——　海绵橡胶或泡沫塑料制，不论是否包面

29　——　其他材料制

30　—　睡袋

90　—　其他

本品目包括：

一、弹簧床垫，即床上装有弹簧的部分，通常为装有弹簧或钢丝网络的木制或金属制框架（弹簧垫或钢丝垫），或是内部装有弹簧及填充材料并以纺织物包面的木制框架（弹簧座）。

但本品目不包括供椅子或其他坐具用的已组装螺旋弹簧垫（品目 94.01），也不包括未组装的钢铁丝网（品目 73.14）。

二、寝具及类似用品，它们装有弹簧或内部填充、衬垫任何材料（棉花、羊毛、马毛、羽绒、合成纤维等），或以海绵橡胶或泡沫塑料制成（不论是否用机织物、塑料等包面）。例如：

（一）褥垫，包括装有金属框架的褥垫。

（二）被褥及床罩（包括童车被褥）、鸭绒被（不论是否用羽绒或其他任何填料制）、褥垫护罩（一种置于褥垫及弹簧床垫之间的薄褥垫）、长枕、枕头、靠垫、座垫等。

（三）睡袋。

这类物品不论是否电热式，均应归入本品目。

本品目也不包括：

（一）水褥垫（一般归入品目 39.26 或 40.16）。

（二）充气褥垫或枕头（品目 39.26、40.16 或 63.06）或充气靠垫（品目 39.26、40.14、40.16、63.06 或 63.07）。

（三）座垫的皮革套（品目 42.05）。

（四）毯子（品目 63.01）。

（五）枕头套及鸭绒被套（品目 63.02）。

（六）靠垫套（品目 63.04）。

关于具有坐具零件特征的靠垫或褥垫的解释，参见品目 94.01 的注释。

94.05　其他品目未列名的灯具及照明装置，包括探照灯、聚光灯及其零件；装有固定光源的发光标志、发光铭牌及类似品，以及其他品目未列名的这些货品的零件：

10 —　枝形吊灯及天花板或墙壁上的其他电气照明装置，但不包括公共露天场所或街道上的电气照明装置

20 —　电气的台灯、床头灯或落地灯

30 —　圣诞树用的成套灯具

40 —　其他电灯及照明装置

50 —　非电气的灯具及照明装置

60 —　发光标志、发光铭牌及类似品

—　零件：

91 ——　玻璃制

92 ——　塑料制

99 ——　其他

一、其他品目未列名的灯具及照明装置

本组灯具及照明装置可以用任何材料制成（不包括第七十一章注释一所述的材料），使用任何光源（烛、灯油、汽油、煤油、煤气、乙炔、电等）。本品目的电气灯具及照明装置可以配有灯座、开关、花线及插头、变压器等。对于荧光灯，还可有启辉器或镇流器。

本品目主要包括：

（一）通常用于室内照明的灯具及照明装置。例如，吊灯、碗形灯、棚顶灯、枝形吊灯、壁灯、落地灯、台灯、床头灯、书桌灯、夜间灯、防水灯。

（二）户外照明用的灯具。例如，街灯、门廊及大门灯、专门用于公共建筑、纪念碑、公园的照明灯。

（三）**特殊用途灯**。例如，暗室灯、机器用灯（单独报验的）、摄影室用灯、检查用灯（品目 85.12 的物品除外）、飞机场用的不闪灯标、橱窗用灯、电气彩灯串（包括装有花灯，供狂欢节、娱乐或圣诞树装饰用的灯串）。

（四）**飞机、船舶或第八十六章所列车辆用的灯具及照明装置**。例如，火车前灯、机车及铁路车辆用灯、飞机前灯、船舶用灯。但应注意，密封式聚光灯应归入品目 85.39。

（五）**便携式灯具**（品目 85.13 的物品除外）。例如，防风灯、马厩灯、手提灯、矿灯、采石矿工用灯。

（六）**枝形烛台、烛台、烛架**，例如，弹钢琴用的烛台。

本组也包括探照灯及聚光灯。它们用反射镜及透镜，或只用反射镜把聚焦的光束（通常可以调节）投射到一定距离以外的某一点或面上。反射镜通常用镀银玻璃制成，也有用抛光、镀银或镀铬的金属制成。透镜通常是平凸的或阶梯形的（菲涅耳透镜）。

探照灯是供防空等用，而聚光灯则供舞台布景及照相馆或电影制片厂用。

二、发光标志、发光铭牌及类似品

本组包括用各种材料制成的广告灯、牌、发光铭牌（包括路标）及类似广告牌及门牌等的物品，只要它们装有永久性的固定光源。

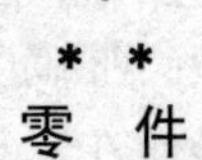

零　件

本品目包括灯具及照明装置、发光标志、发光铭牌及类似品的其他品目未列名零件。例如：

1. 吊灯用吊件（刚性或链式）。
2. 球形玻璃灯罩座。
3. 手提灯的底座、把手及外壳。
4. 灯口、纱罩托。
5. 提灯灯架。
6. 反射镜。
7. 玻璃灯罩（瓶颈式等）。
8. 矿工安全灯用厚玻璃小圆筒。
9. 反光罩（包括乳白玻璃反光罩）。
10. 碗形、杯形、球形灯罩（包括制作灯罩用的金属丝架）及类似品。
11. 从其规格大小及固定件或安装件可以确定为枝形吊灯饰件的物品，例如，小球、梨形坠、花形件、垂饰、小板片及类似品。

本品目所列物品的非电气零件，如果与电气零件组合在一起的，仍应归入本品目。单独报验的电气配件（例如，开关、灯座、花线插头、变压器、起辉器、镇流器）应归入第八十五章。

本品目不包括：

（一）蜡烛（品目 34.06）。

（二）树脂火炬（品目 36.06）。

（三）不发光或不是通过永久性固定光源发光的标志、铭牌及类似品（品目 39.26、第七十章、品目 83.10 等）。

（四）内装有照明装置的印刷球仪（品目 49.05）。

（五）用纺织材料机织、编织或针织而成的灯芯（品目 59.08）。

（六）用串成的玻璃圆珠或喇叭形珠制成的玻璃珠串及花式玻璃品（例如，缘饰），供装饰灯罩用（品目 70.18）。

（七）自行车及机动车辆用的电气照明及信号装置（品目85.12）。

（八）白炽灯泡、放电灯管〔包括制成各种复杂形状的灯管（例如，盘卷形、字母形、图案形、星形等）〕及弧光灯（品目85.39）。

（九）照相用闪光灯（包括电气点火的照相闪光灯泡）（品目90.06）。

（十）光学光束信号装置（品目90.13）。

（十一）医疗用诊断、探查、照射用灯（品目90.18）。

（十二）装饰品，例如，中国灯笼（品目95.05）。

94.06 活动房屋

本品目包括各种材料制成的活动房屋，也称为“工业化房屋”。

这些房屋可适于各种用途。例如，住房、工地住所、办公室、学校、商店、货棚、车房及温室。它们通常以下列形式报验：

——完整的房屋，已完全装配好可即供使用；

——完整的房屋，但未装配；

——不完整的房屋，不论其是否装配，但已具备了活动房屋的基本特征。

未装配的房屋，其关键部分可以部分装配好（例如，墙壁、房屋构架）或切成一定尺寸（特别是大梁及小梁），有时也可以未切成一定长度，以便在工地上再作裁切（槛、间隔等）。

本品目的房屋可以配有其他设备，但只有作为正常应固定装在房屋里的设备才能与房屋一同归类。这些设备包括电气配件（电线、插座、开关、断路器、门铃等）、暖气及空调设备（锅炉、暖气散热器、空调机等）、卫生设备（浴缸、淋浴器、热水器等）、厨房设备（洗涤槽、抽油烟罩、炉灶等）及固定装于或准备装于房屋内的家具（橱柜等）。

组装或装修活动房屋用的材料（例如，钉、胶水、石膏、灰浆、电线及电缆、管道、油漆、壁纸、地毯），只要与活动房屋一同报验并数量合理，可与活动房屋一并归类。

单独报验的活动房屋零件及设备，不论其是否明显用于活动房屋，均不能归入本品目，而应归入各自相应的品目。

第九十五章　玩具、游戏品、运动用品及其零件、附件

注释：

一、本章不包括：

（一）蜡烛（品目 34.06）；

（二）品目 36.04 的烟花、爆竹或其他烟火制品；

（三）已切成一定长度但未制成钓鱼线的纱线、单丝、绳、肠线及类似品（第三十九章、品目 42.06 或第十一类）；

（四）品目 42.02、43.03 或 43.04 的运动用袋或其他容器；

（五）第六十一章或第六十二章的纺织品制的运动服或化妆舞会服装；

（六）第六十三章的纺织品制的旗帜及帆板或滑行车用帆；

（七）第六十四章的运动鞋靴（装有冰刀或滑轮的溜冰鞋除外）或第六十五章的运动用帽；

（八）手杖、鞭子、马鞭或类似品（品目 66.02）及其零件（品目 66.03）；

（九）品目 70.18 的未装配的玩偶或其他玩具用的玻璃假眼；

（十）第十五类注释二所规定的贱金属制通用零件（第十五类）或塑料制的类似货品（第三十九章）；

（十一）品目 83.06 的铃、钟、锣及类似品；

（十二）液体泵（品目 84.13）、液体或气体的过滤、净化机器及装置（品目 84.21）、电动机（品目 85.01）、变压器（品目 85.04）；录制声音或其他信息用的圆盘、磁带、固态非易失性数据存储器件、"智能卡"及其他媒体，不论是否已录制（品目 85.23）；无线电遥控设备（品目 85.26）或无绳红外线遥控器件（品目 85.43）；

（十三）第十七类的运动用车辆（长雪橇、平底雪橇及类似品除外）；

（十四）儿童两轮车（品目 87.12）；

（十五）运动用船艇，例如，轻舟、赛艇（第八十九章）及其桨、橹和类似品（木制的归入第四十四章）；

（十六）运动及户外游戏用的眼镜、护目镜及类似品（品目 90.04）；

（十七）媒诱音响器及哨子（品目 92.08）；

（十八）第九十三章的武器及其他物品；

（十九）各种电气彩灯串（品目 94.05）；

（二十）球拍线、帐篷或类似的野营用品、分指手套、连指手套及露指手套（按其构成材料归类）；或

（二十一）餐具、厨房用具、盥洗用品、地毯及纺织材料制的其他铺地制品、服装、床上、餐桌、盥洗及厨房用的织物制品及具有实用功能的类似货品（按其构成材料归类）。

二、本章包括天然或养殖珍珠、宝石或半宝石（天然、合成或再造）、贵金属或包贵金属只作为小零件的物品。

三、除上述注释一另有规定的以外，凡专用于或主要用于本章各品目所列物品的零件、附件，应与有关物品一并归类。

四、除上述注释一另有规定的以外，品目 95.03 主要适用于该品目所列的物品与一项或多项其他货品组合而成的物品，只要这些物品为零售包装，且组合后具有玩具的基本特征。这些组合物品不能视为归类总规则三（二）所指的成套货品，如果单独报验，应归入其他品目。

五、品目 95.03 不包括因其设计、形状或构成材料可确认为专供动物使用的物品，例如，"宠物

玩具”（归入其适当品目）。

°
° °

子目注释：

一、子目 9504.50 包括：

（一）在电视机、监视器或其他外部屏幕或表面上重放图像的视频游戏控制器；或

（二）自带显示屏的视频游戏设备，不论是否便携式。

本子目不包括用硬币、钞票、银行卡、代币或任何其他支付方式使其工作的视频游戏控制器或设备（子目 9504.30）。

总 注 释

本章包括各种玩具，不论是供儿童或供成人娱乐用，还包括户内及户外游戏用设备，运动、体操、竞技用具及器械，某些钓鱼、狩猎或射击用具，旋转木马和其他游乐场用娱乐设备。

本章各品目也包括明显为专用于或主要用于本章所列货品的零件、附件，只要它们不是本章注释一所列不包括的物品。

本章物品一般可用各种材料制成，但天然或养殖珍珠、宝石或半宝石（天然、合成或再造）、贵金属或包贵金属除外。装有上述材料制的小配件的物品仍可归入本章。

除了各品目注释中所列不包括的物品以外，本章还不包括：

（一）品目 36.04 的烟花及其他烟火制品。

（二）品目 40.11、40.12 或 40.13 的橡胶轮胎及其他物品。

（三）帐篷及露营用品（一般归入品目 63.06）。

（四）液体泵（品目 84.13）、液体或气体的过滤、净化机器及装置（品目 84.21）、电动机（品目 85.01）、变压器（品目 85.04）；录制声音或其他信息用的圆盘、磁带、固态非易失性数据存储器件、“智能卡”及其他媒体，不论是否已录制（品目 85.23）；无线电遥控设备（品目 85.26）或无绳红外线遥控器件（品目 85.43）。

（五）第九十三章的武器及其他物品。

【95.01】

【95.02】

95.03 三轮车、单脚滑行车、踏板车及类似的带轮玩具；玩偶车；玩偶；其他玩具；缩小（按比例缩小）的模型及类似的娱乐用模型，不论是否活动；各种智力玩具

本品目包括：

一、带轮玩具

这些玩具通常用脚踏板、手摇杆或其他简单装置通过链条或连杆把动力传送到轮子上去等方式推进。某些单脚滑行车直接由人用脚蹬地推动。其他带轮玩具则可由他人推动或拉动，或由马达驱动。

这些玩具包括：

（一）儿童脚踏三轮车及类似品，但品目 87.12 的自行车除外。

（二）两轮或三轮踏板车，供儿童乘骑，同时也可供青少年及成人乘骑之用。它们带有可调或不可调的操纵杆及实心或充气的小车轮，有时装有自行车式的把手、手动或脚动的后轮刹车装置。

（三）动物形状的脚踏或手摇带轮玩具。

（四）脚踏车，通常为微型运动车、吉普车、卡车等形状。

（五）手杆摇动的带轮玩具。

（六）靠推动或拉动的其他带轮玩具（未装有机械传动装置），其大小足可供儿童乘骑。

（七）马达驱动的儿童玩具车。

二、玩偶车（例如，手推玩偶车），包括折叠式的

本组包括玩偶车，无论是否折叠式，装有两个或多个轮子。例如，椅式手推车、手推玩偶车等。本组还包括玩偶车的寝具，类似于玩偶床上的用品。

三、玩偶

本组不仅包括儿童娱乐用玩偶，而且还包括装饰用玩偶（例如，闺房玩偶、吉祥玩具）、普通木偶戏及提线木偶戏用的玩偶或滑稽玩偶。

玩偶通常用橡胶、塑料、纺织材料、蜡、陶瓷、木材、纸板、铸纸品制成或用多种上述材料制成。它们可以装接有肢体、头或眼部活动机械装置以及人造发音装置等，还可以穿上衣服。

本品目玩偶的零件及附件包括头、身体、四肢、眼（但未装配的玻璃眼珠应归入品目70.18）、眼睛活动装置、发音装置或其他机械装置、假发、玩偶衣服、鞋及帽。

四、其他玩具

本组包括主要供人（儿童或成人）娱乐用的玩具。但是，根据其设计、形状或构成材料可确认为专供动物（例如，宠物）玩赏的玩具不归入本品目，而应归入其各自的相应品目。本组包括：

除上述第一部分至第三部分以外的所有各种玩具。本品目的玩具大部分是机动或电动的。

它们包括：

（一）动物或非人类生物形状的玩具，即使明显带有人的物理特征（例如，天使、机器人、魔鬼、妖怪）也属于本组，包括木偶戏中用的玩具动物。

（二）玩具手枪及其他枪炮。

（三）建筑玩具（建筑套具、积木等）。

（四）玩具车辆（上述第一部分所列的货品除外）、火车（不论是否电动）、飞机、船舶等及其附件（例如，火车轨道、信号）。

（五）供儿童乘骑但不装轮子的玩具，例如，摇摆木马。

（六）非电动玩具马达、玩具蒸汽机等。

（七）玩具气球及风筝。

（八）锡制玩具兵及类似品、玩具武器。

（九）玩具运动器材，不论是否成套（例如，成套的高尔夫球、网球、射箭、台球用具、棒球棒、板球棒、曲棍球棒）。

（十）玩具工具及器具、儿童独轮手推车。

（十一）玩具电影放影机、幻灯机等，玩具眼镜。

（十二）玩具乐器（钢琴、喇叭、鼓、留声机、口琴、手风琴、木琴、音乐盒等）。

（十三）玩偶房屋及家具，包括床上用品。

（十四）玩偶茶具、咖啡具、玩具商店及类似品，农场用具等。

（十五）玩具计算器（算盘）。

（十六）玩具缝纫机。

（十七）玩具钟表。

（十八）玩具教具（例如，化学、印刷、缝纫及编织的成套玩具）。

（十九）铁球、跳绳、抖空竹用的空竹及棒、旋转及嗡声陀螺、球（品目95.04或95.06的货品

除外）。

（二十）主要为图画、玩具、模型的书及单页，供剪裁及组合用；有“站立”或活动人物的书，以玩具为其主要特征的（参见品目 49.03 的注释）。

（二十一）玩具弹子（例如，各种形状的条纹玻璃弹子或供儿童娱乐用并已装成小包的各种玻璃球）。

（二十二）玩具钱箱、婴儿摇鼓、玩偶盒、玩具戏院，不论其是否带有人物等。

（二十三）儿童用的室内或室外玩具帐篷。

以上某些物品（玩具枪、工具、园艺用具、锡制玩具兵等）通常是成套包装的。

某些玩具（例如，电熨斗、缝纫机、乐器等）可具有极为有限的“实用价值”，但它们一般以其规格及有限的实用性与真正的缝纫机等物品相区别。

五、按比例缩小的模型及类似娱乐用模型。

本品目包括主要供娱乐用的模型，例如，按比例缩小的船舶、飞机、火车、车辆等的工作模型或其他模型，以及制造这些模型的套装材料及零件，但品目 95.04 的具有竞技游戏性质的套装件除外（例如，遥控赛车及其轨道的套装件）。

本组也包括与实物大小相同或放大了的模型，只要它们主要是供娱乐之用。

六、各种智力玩具。

*
* *

成套货品的某些物品如果单独报验，应归入协调制度的其他品目，但包装成套，明显用作玩具（例如，化学、缝纫等的成套教学玩具）的，则应归入本品目。

同样，根据本章注释四的规定，除本章注释一另有规定的以外，本品目包括本品目所列的物品与一项或多项其他货品（如果单独报验，应归入其他品目）组合而成的物品，只要：

（一）这些组合物品为零售包装，但这些组合物品不能视为归类总规则三（二）所指的成套货品，且；

（二）组合后具有玩具的基本特征。这些组合物品一般由本品目所列的一项物品与一项或多项搭配物品（例如，促销用小商品或者少量糖果）组成。

*
* *

零件及附件

本品目也包括明显专用于或主要用于本品目货品的零件、附件，只要它们不是本章注释一所列不包括的物品。这些零件及附件包括：

1. 音乐盒机构，根据其外形、构成材料及简单设计不能用于品目 92.08 的音乐盒的。

2. 小型活塞式内燃发动机及其他发动机（品目 85.01 的电动机除外），例如，用于飞机、船舶模型，其主要特征是气缸容量小、马力小、重量轻、体积小。

本品目不包括：

（一）儿童用颜料（品目 32.13）。

（二）儿童娱乐用塑型膏（品目 34.07）。

（三）品目 49.03 的儿童图画书。

（四）转印贴花纸（品目 49.08）。

（五）品目 83.06 的铃（包括三轮车或其他带轮玩具用的铃）、锣或类似品。

（六）配有玩偶人像的音乐盒（品目 92.08）。

（七）纸牌游戏品（品目 95.04）。

（八）纸帽、“射出”玩具、面具、假鼻及类似品（品目 95.05）。

（九）品目 96.09 的儿童用粉笔及彩色蜡笔。

（十）品目 96.10 的石板及黑板。

（十一）人体活动模型及橱窗装饰用的自动模型（品目 96.18）。

95.04　视频游戏控制器及设备、游艺场所、桌上或室内游戏用品，包括弹球机、台球、娱乐专用桌及保龄球自动球道设备（+）：

20　—　台球用品及附件

30　—　用硬币、钞票、银行卡、代币或任何其他支付方式使其工作的其他游戏用品，但保龄球自动球道设备除外

40　—　扑克牌

50　—　视频游戏控制器及设备，但子目 9504.30 的货品除外

90　—　其他

本品目包括：

一、各种类型的台球桌（不论是否带脚）及其附件（例如，击球杆、击球架、球、台球粉、球式或滑动式记分牌），但本品目不包括机械记分器（滚筒式及类似型式的记分器）（品目 90.29）、装有钟表机芯用以表示游戏时间或根据游戏时间支付费用的记录器（品目 91.06），以及台球杆架（归入品目 94.03 或根据其构成材料归类）。

二、本章子目注释一所述的视频游戏控制器及设备。

视频游戏控制器和游戏机，如果其客观特性及主要功能均显示其专供娱乐（游戏）用，无论其是否符合第八十四章注释五（一）所列关于自动数据处理设备的条件，仍应归入本品目。

本品目也包括视频游戏控制器和游戏机的零件及附件（例如，磁带盒、游戏卡、游戏操纵杆、游戏控制器、方向盘等），只要其符合本章注释三所列条件。

但本品目不包括：

（一）符合第八十四章注释五（三）所列条件的选配外围设备（键盘、鼠标、盘（片）式存储部件等）（第十六类）。"

（二）录制了游戏软件并仅用于本品目所列游戏机的光盘（品目 85.23）。

三、专供游戏用的家具式桌子（例如，有跳棋盘桌面的桌子）。

四、赌博及室内游戏专用桌（例如，用于轮盘或微型赛马游戏）；赌博用的钱耙等。

五、桌式足球或类似游戏用具。

六、在娱乐室、咖啡馆、游艺场等地方，用硬币、钞票、银行卡、代币或其他支付方式使其工作，通过技巧或碰运气来进行游戏的机器（例如，旋转游戏机、各种弹球游戏机）。

七、保龄球自动球道设备，不论是否装有马达及电动机械装置。

本品目所称的"保龄球自动球道设备"，不仅适用于把木柱排成三角形的设备，也适用于把木柱排成其他形式的设备（例如，把木柱排成方形的设备）。

八、九柱戏及室内槌球游戏用具。

九、带有竞技性质的遥控赛车及轨道成套设备。

十、投镖及投镖板。

十一、各种纸牌游戏用品（桥牌、图纸牌、"词汇游戏"等）。

十二、用于象棋、跳棋、骨牌、麻将、骰子游戏、蛇梯棋等的棋盘或棋子（例如，象棋子、跳棋子等）。

十三、本品目所列多种游戏的通用附件，例如，骰子、骰子盘、计数器、纸牌花色显示器、专供游戏用的特制布（例如，供轮盘游戏用的）。

但本品目不包括：

（一）彩票、“刮擦幸运卡”、销售抽彩券及奖券（通常归入品目 49.11）。

（二）第九十四章的玩牌桌。

（三）智力游戏（品目 95.03）。

○
○　○

子目注释：

子目 9504.50

本子目不包括用硬币、钞票、银行卡、代币或任何其他支付方式使其工作的视频游戏控制器或设备；这些物品应归入子目 9504.30。

95.05　节日（包括狂欢节）用品或其他娱乐用品，包括魔术道具及嬉戏品：

10　—　　圣诞节用品

90　—　　其他

本品目包括：

一、节日（包括狂欢节）**用品或其他娱乐用品**。由于其特定用途，这些货品通常不用耐用材料制成。它们包括：

（一）用于装饰房间、桌台等的节日装饰品（例如，花环、灯笼等）；圣诞树用装饰品（金属箔、彩球、动物或其他公仔等）；传统上伴随某一特定节日使用的蛋糕装饰品（动物、旗帜等）。

（二）圣诞节传统用品。例如，人造圣诞树、耶稣圣诞图、圣诞人物和动物、天使、圣诞爆竹、圣诞袜、仿圣诞炉柴、圣诞老人。

（三）化装舞会及类似场合用品。例如，面具、假耳朵、假鼻子、假发、假胡子（不包括品目 67.04 的假发等物品）及纸帽，但本品目不包括第六十一章或第六十二章的纺织品制的化妆衣着。

（四）纸或棉毛制的抛球、纸飘带（狂欢节纸带）、纸板喇叭、“射出”玩具、五彩纸屑、狂欢节用伞等。

本品目不包括用于装饰礼拜场所的小塑像、大塑像及类似品。

本品目也不包括含有节日设计、装饰、象征或图案并具有实用功能的物品，例如，餐具、厨具、盥洗器具、地毯及其他由纺织材料制成的铺地制品、服装、床上、餐桌、盥洗及厨房用的织物制品。

二、魔术道具及嬉戏品。例如，专用于魔术表演的纸牌、桌、屏风及容器；喷嚏粉、神奇糖果、喷水钮孔及“日本花卉”等嬉戏品。

本品目也不包括：

（一）天然圣诞树（第六章）。

（二）蜡烛（品目 34.06）。

（三）节日用的塑料或纸制包装品（按其构成材料归类，例如，归入第三十九章或第四十八章）。

（四）圣诞树座架（按其构成材料归类）。

（五）品目 63.07 的纺织材料制的旗帜。

（六）各种电气花灯串（品目 94.05）。

95.06　一般的体育活动、体操、竞技及其他运动（包括乒乓球运动）或户外游戏用的本章其他品目未列名用品及设备；游泳池或戏水池：

—　　滑雪屐及其他滑雪用具：

11 —— 滑雪屐
12 —— 滑雪屐扣件（滑雪屐带）
19 —— 其他
— 滑水板、冲浪板、帆板及其他水上运动用具：
21 —— 帆板
29 —— 其他
— 高尔夫球棍及其他高尔夫球用具：
31 —— 棍，全套
32 —— 球
39 —— 其他
40 — 乒乓球运动用品及器械
— 网球拍、羽毛球拍或类似的球拍，不论是否装弦：
51 —— 草地网球拍，不论是否装弦
59 —— 其他
— 球，但高尔夫球及乒乓球除外：
61 —— 草地网球
62 —— 可充气的球
69 —— 其他
70 — 溜冰鞋及旱冰鞋，包括装有冰刀的溜冰靴
— 其他：
91 —— 一般的体育活动、体操或竞技用品及设备
99 —— 其他

本品目包括：

一、一般的体育活动、体操或竞技用品及设备，例如：

吊架及吊环、单杠及双杠、平衡木、鞍马，跳马、跳板、爬绳及爬梯、墙杠、火棍、哑铃及杠铃、实心皮球、划船器、骑车器及其他锻炼用器械、扩胸器、握力器、助起跑器、跳栏、跳高架及架座、撑杆跳高撑杆、落地保护坑垫、标枪、铁饼、链球、铅球、拳击练习用吊球及吊袋、拳击或摔跤台、训练用攀登墙。

二、其他运动及户外运动用具（品目95.03的单独或成套报验的玩具除外）。例如：

（一）滑雪屐及其他滑雪设备〔例如，滑雪屐扣件（绑带）、制动器、滑雪杖〕。

（二）滑水板、冲浪板、帆板及其他水上运动用具。例如，跳水台（平台）、滑水梯、潜水用橡皮脚掌及不带氧气或压缩空气瓶的呼吸面具，以及游泳或潜水用的简单水下呼吸管（一般称为通气管）。

（三）高尔夫球棍及其他高尔夫球用具。例如，高尔夫球及球座。

（四）乒乓球运动用品及设备。例如，球桌（不论是否带脚）、球拍（球板）、乒乓球及网。

（五）网球、羽毛球拍或类似的球拍（例如，小橡皮球网拍），不论是否拉线。

（六）各种球，但高尔夫球及乒乓球除外，例如，网球、足球、橄榄球及类似球（包括这些球的球胆及外壳）；水球、篮球及类似的有气门阀的球；板球。

（七）溜冰鞋及旱冰鞋，包括装有冰刀的溜冰靴。

（八）曲棍球、板球、长曲棍球等球类使用的棍和拍；柳条勺（回力球勺）；冰球用的球；溜石游戏用的石墩。

（九）各式球赛用的网（网球、羽毛球、排球、足球、篮球等）。

（十）击剑用具、击剑用钝头剑、军刀、轻剑及其零件（例如，剑片、护手、手柄及端头）等。

（十一）射箭用具，例如，弓、箭及箭靶。

（十二）儿童游乐场设施（例如，秋千、滑梯、翘翘板、旋转秋千）。

（十三）体育运动及比赛用保护用具（例如，击剑面具及护胸、护肘及护膝、板球护垫、护胫和内置护具及护垫的冰球裤）。

（十四）其他用品及设备。例如，甲板网球、抛圈游戏、滚木球用品、滑板、球板夹、马球或槌球用木槌、飞镖、破冰斧、泥制蝶形靶及其发射器具、长雪橇、单人平底雪橇及供滑雪或滑冰用的非马达驱动的类似车辆。

三、游泳池及戏水池。

本品目不包括：

（一）供草地网球拍及其他球拍用的线（第三十九章、品目42.06或第十一类）。

（二）品目42.02、43.03或43.04的运动用袋及其他容器。

（三）运动用分指手套、连指手套及露指手套（一般归入品目42.03）。

（四）围栏用网及装足球、网球等用的网兜（一般归入品目56.08）。

（五）第六十一章或第六十二章的纺织材料制的运动服装（例如，击剑服或足球守门员球衣），无论是否附带有保护配件，例如，肘部、膝部或腹股沟部位的保护垫或填充物。

（六）品目63.06的供船、帆板或滑行车用的帆。

（七）第六十四章的运动鞋靴（但装有冰刀的溜冰靴或装有轮子的旱冰靴除外）及第六十五章的运动帽。

（八）手杖、鞭子、马鞭及类似品（品目66.02）及其零件（品目66.03）。

（九）第十七类的运动用的船艇（例如，海上喷汽艇、独木舟及轻舟）及车辆（长雪橇、平底雪橇及类似品除外）。

（十）供蛙人及其他方面使用的护目镜（品目90.04）。

（十一）品目90.18的电气医疗装置及其他仪器和器具。

（十二）机械疗法器具（品目90.19）。

（十三）与氧气或压缩空气瓶一起使用的呼吸器具（品目90.20）。

（十四）第九十一章的运动用品。

（十五）各种保龄球用具（包括保龄球自动球道设备）及其他室内、桌上及游乐场游戏用设备（品目95.04）。

95.07　钓鱼竿、钓鱼钩及其他钓鱼用品；捞鱼网、捕蝶网及类似网；囮子“鸟”（品目92.08或97.05的货品除外）以及类似的狩猎用品：

10 —　钓鱼竿

20 —　钓鱼钩，不论有无系钩丝

30 —　钓线轮

90 —　其他

本品目包括：

一、**各种类型及规格钓鱼钩**（例如，带有单倒钩或多倒钩的鱼钩）。它们通常用钢制成，但亦可以镀铜、镀锡、镀银或镀金。

二、**捞鱼网、捕蝶网及类似网具**，它们通常由纺织材料纱线或绳索制成的网兜构成，装在金属丝框架上并带有手柄。

三、钓鱼杆及其他钓鱼用具。钓鱼杆有各种不同规格，可用各种材料（竹、木、金属、玻璃纤维、塑料等）制成，可以是一整根材料制成，也可以几根套接而成。钓鱼用具包括绕线轮及线轮架；人造诱饵（例如，假鱼、假蝇、假虫或假蚯蚓）及装有此类诱饵的钓鱼钩；旋转饵；装好的线及投掷器；钓鱼浮子（软木、玻璃、羽毛管等），包括发光浮子；绕线架；自动拉钓装置；装配好的钓鱼环（宝石或半宝石镶嵌的环除外）；坠子及安装于或附在外部夹具、夹子或其他器具上的钓杆铃。

四、某些狩猎或打猎用品。例如，囮子“鸟”（不包括品目92.08的各种媒诱音响器或品目97.05的剥制鸟）及诱鸟镜。

但本品目不包括：

（一）制造假蝇用的羽毛（品目05.05或67.01）。

（二）切成一定长度但未制成钓鱼线的纱线、单丝、绳及真、假肠线（第三十九章、品目42.06或第十一类）。

（三）品目42.02、43.03或43.04的运动用袋及其他容器（例如，钓鱼杆袋及狩猎袋）。

（四）未装配的环（归入适当的品目）。

（五）陷阱、捕捉器等（按其构成材料归类）。

（六）未安装于或附在外部夹具、夹子或其他器具上的贱金属制非电动钓具用铃（品目83.06）。

（七）泥制蝶形靶（品目95.06）。

95.08　旋转木马、秋千、射击用靶及其他游乐场的娱乐设备；流动马戏团及流动动物园；流动剧团：

10　—　流动马戏团及流动动物园

90　—　其他

游乐场、流动马戏团、流动动物园及流动剧团，只要其带有正常开业所必需的关键项目，就可归入本品目。本品目还包括与上述游乐场等同时报验并作为它们的一个组成部分的附属设备。如果这些附属设备（例如，帐篷、动物、乐器、发电机、马达、灯具、座位、武器及弹药）单独报验，则应归入协调制度的其他品目。

除了本章注释一另有规定的以外，其他专用于或主要用于上述设备的零件、附件（例如，秋千船及滑漕船），即使单独报验，也仍应归入本品目。

本品目的娱乐设备包括：

一、各种旋转木马。

二、碰碰车设备。

三、滑漕。

四、观景铁路及滑道。

五、秋千船。

六、射击廊及击椰子游戏。

七、迷宫。

八、杂耍道具。

九、中彩游戏（例如，幸运转轮）。

本品目不包括：

（一）流动的售货亭（销售糖果及其他产品等）、广告亭、教育点或展览会。

（二）牵引车及其他运输车辆，包括挂车，但专供游乐场娱乐用的除外（例如，环座挂车）。

（三）用硬币、钞票（纸币）、圆形代币或类似品使其工作的游戏机（品目95.04）。

（四）作为奖品分发的货品。

第九十六章　杂项制品

注释：

一、本章不包括：

（一）化妆盥洗用笔（第三十三章）；

（二）第六十六章的制品（例如，伞或手杖的零件）；

（三）仿首饰（品目 71.17）；

（四）第十五类注释二所规定的贱金属制通用零件（第十五类）或塑料制的类似品（第三十九章）；

（五）第八十二章的利口器及其他物品，其柄或其他零件是雕刻或模塑材料制的；但品目 96.01 或 96.02 适用于单独报验的上述物品的柄或其他零件；

（六）第九十章的物品，例如，眼镜架（品目 90.03）、数学绘图笔（品目 90.17）、各种牙科、医疗、外科或兽医专用刷子（品目 90.18）；

（七）第九十一章的物品（例如，钟壳或表壳）；

（八）乐器及其零件、附件（第九十二章）；

（九）第九十三章的物品（武器及其零件）；

（十）第九十四章的物品（例如，家具、灯具及照明装置）；

（十一）第九十五章的物品（玩具、游戏品、运动用品）；或

（十二）艺术品、收藏品及古物（第九十七章）。

二、品目 96.02 所称"植物质或矿物质雕刻材料"，是指：

（一）用于雕刻的硬种子、硬果核、硬果壳、坚果及类似植物材料（例如，象牙果及棕榈子）；

（二）琥珀、海泡石、粘聚琥珀、粘聚海泡石、黑玉及其矿物代用品。

三、品目 96.03 所称"制帚、制刷用成束、成簇的材料"，仅指未装配的成束、成簇的兽毛、植物纤维或其他材料。这些成束、成簇的材料无需分开即可安装在帚、刷之上，或只需经过简单加工（例如，将顶端修剪成形）即可安装的。

四、除品目 96.01 至 96.06 或 96.15 的货品以外，本章的物品还包括全部或部分用贵金属、包贵金属、天然或养殖珍珠、宝石或半宝石（天然、合成或再造）制成的物品。而且，品目 96.01 至 96.06 及 96.15 包括天然或养殖珍珠、宝石或半宝石（天然、合成或再造）、贵金属或包贵金属只作为小零件的物品。

总　注　释

本章包括雕刻和模塑材料及其制品、某些扫把、刷子和筛、某些缝纫用品、某些书写及办公用品、某些烟具、某些化妆用具、某些具有吸收性的卫生产品〔任何材料制的卫生巾（护垫）及止血塞、婴儿尿布及尿布衬里和类似品〕及协调制度其他品目未具体列名的其他物品。

品目 96.07 至 96.14 及 96.16 至 96.18 所列物品可以全部或部分由天然或养殖的珍珠、宝石或半宝石（天然、合成或再造）制成，或由贵金属或包贵金属制成。但品目 96.01 至 96.06 及 96.15 所列物品可以装有上述材料制成的小配件。

96.01　已加工的兽牙、骨、玳瑁壳、角、鹿角、珊瑚、珍珠母及其他动物质雕刻材料及其制品（包括模塑制品）：

10　—　**已加工的兽牙及其制品**

90　—　**其他**

本品目适用于已加工的动物质材料（不包括品目 96.02 所列的材料）。这些材料主要通过雕刻或切割进行加工，其中大多数也可以通过模塑进行加工。

本品目所称的“已加工”，是指其加工程度超出了某些品目所允许对有关原材料进行简单整理的范围（参见品目 05.05 至 05.08 的注释）。据此，本品目包括已切割成形（包括正方形和长方形）、抛光或用磨、钻、铣、车等方法制成板、片、棒等形状的兽牙、骨、玳瑁壳、角、鹿角、珊瑚、珍珠母等。但明显作为某些制品的零件，如果为协调制度的其他品目所包括，则不能归入本品目。因此，钢琴键板和用于镶嵌在枪托上的板块应分别归入品目 92.09 和 93.05。如果不能确定是否某种物品零件的已加工材料，仍应归入本品目（例如，简单的圆片、镶嵌用或加工后方可用于制作钢琴键的板或条）。

本品目包括下列已加工或制成物品形状的货品：

一、兽牙。协调制度所称兽牙，包括象牙、河马牙、海象牙、一角鲸牙、野猪牙、犀牛角和其他所有动物的牙齿（参见第五章注释三）。

二、骨，即许多动物身上的坚实部分，基本上只经过切割加工。

三、玳瑁壳，绝大部分从玳瑁身上获得。玳瑁壳呈淡黄色、浅棕色或黑色，加热后韧性极好，可塑性特强，冷却后变硬定形。

四、角和鹿角，长于反刍动物的额头上（角柱不能用作雕刻或模塑材料，基本上只能用于生产明胶）。

五、天然珊瑚（即海洋珊瑚虫的石灰质骨架）和粘聚珊瑚。

六、珍珠母，即某些贝壳上具有珍珠般的虹彩光泽的内层。它看起来呈波浪起伏状，而实际上却十分平滑。

七、蹄、甲、爪及喙。

八、骨及从水生哺乳动物身上获得的类似材料。

九、羽毛管。

十、甲壳动物及软体动物的壳。

本品目包括：

（一）已加工的动物质雕刻材料

本品目所列的雕刻材料，只要经过超出洗涤或刮擦、简单锯切以除去无用部分或切割（有时候还要经过粗刨），有时还要漂白、矫平、修整或剖切等加工范围的，均可归入本品目。

因此，玳瑁壳如果没有超出矫直及表面鳞片平整加工范围（这最后一道工序是很特别的，因为未经加工的玳瑁壳几乎总是厚薄不均，表面为弧形的）（参见品目 05.07 第二部分的注释），则不能归入本品目。本品目同样也不包括仅仅只去掉了外壳的珊瑚（品目 05.08）。

本品目还包括任何形状的模制产品，它们用玳瑁壳鳞片、板或爪或用本品目所列雕刻材料的粉末及废料重新合成的材料制成。

玳瑁壳的特征之一是加热后不用任何粘合剂能粘合在一起，利用这一特性，可以把较薄的鳞片一层层地粘合在一起，形成较厚的板，用于制作物品。角的特性是加热后变软，从而把它矫平或制成膏状，然后就能像玳瑁壳一样进行模塑加工。

经过抛光或未经抛光但不具有钮扣毛坯片（参见品目 96.06 的注释）和耶路撒冷珍珠（即不规则的珍珠母珠子，只是中间穿孔，但未经抛光、分级或进一步加工）特征的圆片，即使已暂时串在一起，仍应归入本品目。

（二）本品目的动物质雕刻材料制品

本组包括：

1．雪茄烟盒或香烟盒、鼻烟盒、脂粉盒、扣子、钩子、口红盒。

2．单独报验的刷子把柄或座架。

3．各种盒子、口香片盒子、表的保护盖。

4．单独报验的第八十二章所列工具、刀、叉、须刨等用的手柄。

5．裁纸刀、开信刀、书签。

6．相框及画框。

7．书套。

8．宗教用品。

9．钩针和织针。

10．小饰物（例如，小雕件，但品目97.03所列货品除外）。

11．鞋拔。

12．餐具，例如，刀架、小汤匙和餐巾环。

13．固定在衬板上的装饰用角和鹿角（陈列用鹿头等）。

14．不构成珠宝首饰的浮雕和凹雕品。

本品目还包括特殊贝壳制品和羽毛管制品（例如，牙签和特殊的雪茄烟嘴），但不包括只是切成一定长度而没有进一步加工的羽毛管（品目05.05）和用作浮子的羽毛管（品目95.07）。

覆有或镶有动物质雕刻材料的物品，只要其覆有或镶有的动物质雕刻材料构成了物品的基本特性，就应归入本品目。它们有用兽牙、骨、玳瑁壳或角覆面或镶嵌的木盒子、木箱子等。

本品目也不包括：

（一）第六十六章的物品（雨伞、阳伞、手杖等的零件，例如，柄、杆、头）。

（二）镶框的玻璃镜（品目70.09）。

（三）动物雕刻材料与贵金属、包贵金属、天然或养殖珍珠、宝石或半宝石（天然、合成或再造）组合制成的物品（第七十一章）。但是，如果天然或养殖珍珠、宝石或半宝石（天然、合成或再造）、贵金属或包贵金属只构成物品的小配件的（例如，花押字、首字母、环、圈等），这些动物质雕刻材料制品仍应归入本品目。

（四）仿首饰（品目71.17）。

（五）手柄或其他零件用雕刻或模塑材料制成的刀具或第八十二章的其他物品，但如果这些手柄或其他零件是单独报验的，则应归入本品目。

（六）第九十章的物品（例如，双筒望远镜、普通眼镜、夹鼻眼镜、长柄眼镜、护目镜及类似品用的框架及其零件）。

（七）第九十一章的物品（例如，钟壳、表壳），但表的保护盖仍应归入本品目。

（八）第九十二章的物品，例如，乐器及其零件（猎号、钢琴或手风琴键、琴栓、琴马等）。

（九）第九十三章的物品（例如，武器零件）。

（十）第九十四章的物品（例如，家具、灯具及照明装置）。

（十一）第九十五章的物品（例如，玩具、游戏品及运动用品）。

（十二）品目96.03的物品（例如，扫帚和刷子）和品目96.04的物品。如果刷子把柄或座架单独报验，则应归入本品目。

（十三）品目96.05、96.06、96.08、96.11或96.13至96.16的物品（例如，钮扣和钮扣坯；自来水笔、笔杆等；烟斗、烟斗头、烟斗柄及其他烟斗零件；雪茄和香烟的烟嘴及其零件；梳子）。

（十四）第九十七章的物品（例如，雕塑品原件；具有动物学意义的收藏品）。

96.02　已加工的植物质或矿物质雕刻材料及其制品；蜡、硬脂、天然树胶、天然树脂或塑型膏制成的模塑或雕刻制品以及其他品目未列名的模塑或雕刻制品；已加工的未硬化明胶（品目35.03的明胶除外）及未硬化明胶制品

关于"已加工"的定义，品目96.01注释的第二段在必要的地方稍加修改后，可适用于本品目（同时参见品目14.04、15.21、25.30、27.14、34.04、34.07、35.03等的注释）。

一、已加工的植物质或矿物质雕刻材料及其制品

（一）已加工的植物质雕刻材料

本组包括本章注释二（一）所述的已加工的植物质雕刻材料，它们包括象牙果（也称作"植物象牙"）、棕榈果（塔希提棕榈果、扇叶树头榈果等）、椰子壳、美人蕉的种籽（美人蕉子）、相思豆（或红豆）、椰枣核、橄榄核、巴西棕树籽和刺槐籽。

本组还包括用植物质雕刻材料粉模塑制成的物品。

（二）已加工的矿物质雕刻材料

本组包括本章注释二（二）所述的矿物质雕刻材料。

本品目不包括品目25.30所列的下列物品：

1．未经琢磨的海泡石块或琥珀块。

2．用天然海泡石和琥珀的废碎料经过粘聚或模制而成的板、棒、条及类似形状的粘聚海泡石和琥珀，成形后未经加工的。

（三）植物质或矿物质雕刻材料的制品

除了以下所列不包括的货品外，本组包括植物质或矿物质雕刻材料的各种制品，例如：

1．小饰物（例如，小雕像）。

2．小盒子和小箱子之类的小物品。

3．抛光或未经抛光的圆片（不包括钮扣坯，参见品目96.06的注释）。

二、蜡、硬脂、天然树蜡、天然树胶或塑型膏制成的模塑或雕刻制品以及其他品目未列名的模塑或雕刻制品，已加工的未硬化明胶及未硬化明胶制品

本组包括各种材料制成的协调制度其他品目未列名的模塑和雕刻制品（但塑料制品归入第三十九章或硬橡胶制品归入第四十章）。本组还包括已加工的未硬化明胶及其制品（品目35.03或第四十九章的货品除外）。

上述材料的"模塑制品"，是指按其特定用途模塑成一定形状的物品。然而仅模制成锭块、方块、板、棒、条等形状的材料，不论在模制过程中是否压花，均不归入本品目。

除了下文所列不包括的货品以外，本组包括：

（一）模塑或雕刻的蜡制品。

1．人造蜂窝。

2．电镀用模型。

3．人造花、叶或果、整件模制成形或用非品目67.02所列方法（例如，捆绑、粘合或类似方法）组合而成的。

4．半身像、头像、全身像或小雕像，但不包括裁缝用的人体模型（参见品目96.18的注释）及雕塑品原件（参见品目97.03）。

5．蜡珠。

6．以蜡为基本材料制成的T形管，用于某些外科手术。

7．用于橱窗摆设的蜡制糖果、巧克力和其他仿造品。

8．装在棉毛垫上的蜡制耳塞。

9. 外面包着纺织材料的蜡条，用于填塞木制翻砂模型内的空隙。

（二）**模塑或雕刻的石蜡制品**（尤其是装氢氟酸的容器）。

（三）**模塑或雕刻的硬脂制品**。

（四）**模塑或雕刻的松脂制品**（例如，小提琴弓用的松脂）。

（五）**模塑或雕刻的硬树脂制品**（通常为仿琥珀制品）。

（六）**模塑或雕刻的塑型蜡制品**（例如，整件模制成形的花卉或植物，人物雕像、小雕像和类似装饰品）。

（七）**用以面粉或淀粉为基料并加有胶水和真漆的材料模塑或雕刻而成的制品**（整件模制成形的人造花或果，小雕像等）。

（八）**切成正方形或长方形以外其他形状的未硬化明胶片**。切成长方形和正方形的明胶片，不论其表面是否已加工，均归入品目35.03或第四十九章（例如，明信片）（参见品目35.03的注释）。未硬化的明胶制品包括：

1. 用于粘在台球球杆末端的小圆片。
2. 药用胶囊和机械打火机燃料盒。

*
* *

覆有或镶有植物质或动物质雕刻材料或模塑材料的制品，只要其覆面或镶嵌材料构成物品的基本特征的，应归入本品目。这也适用于用本品目所列材料覆面或镶嵌的木盒子、木箱子等。

*
* *

品目96.01注释中规定不包括的物品，也不归入本品目。

本品目还不包括：

（一）封蜡，包括封瓶蜡（品目32.14或34.04）。

（二）用石蜡或其他蜡、硬脂等为材料制成的各种蜡烛（品目34.06）。

（三）塑型膏，包括儿童娱乐用塑型膏，牙医用的牙模蜡或牙模混合物，成套或零售包装，或制成板形、马蹄形、条形或类似形状的（品目34.07）。

（四）以明胶为基本材料的复印膏（品目38.24）。

（五）模制泥炭制品（品目68.15）。

（六）示范用模型（品目90.23）。

96.03　帚、刷（包括作为机器、器具、车辆零件的刷）、非机动的手工操作地板清扫器、拖把及毛掸；供制帚、刷用的成束或成簇的材料；油漆块垫及滚筒；橡皮扫帚（橡皮辊除外）：

10 —　用枝条或其他植物材料捆扎而成的帚及刷，不论是否有把

—　牙刷、剃须刷、发刷、指甲刷、睫毛刷及其他人体化妆用刷，包括作为器具零件的上述刷：

21 ——　牙刷，包括齿板刷

29 ——　其他

30 —　画笔、毛笔及化妆用的类似笔

40 —　油漆刷、涂料刷、清漆刷及类似的刷（子目9603.30的货品除外）；油漆块垫及滚筒

50 —　作为机器、器具、车辆零件的刷

90 —　其他

一、用枝条或其他植物材料捆扎而成的帚及刷，不论是否有把

这些制品比较粗糙，不论是否有把，主要用于扫地（街道、庭院、马厩、车辆地板等）。它们通常由单束植物材料（枝条、稻草等）粗略地捆扎而成，或以一束或多束密实的稻草或芦苇作芯，并用线在其周围缚上稀疏但较长的草秆而成。这些线同时又可形成装饰性花纹。这些物品供使用时一般都装有把。

本组还包括蝇拂，其制法相同但所用材料质地较轻。

这些帚及刷通常以桦树、榛树、冬青、石南或金雀树的枝条，高粱、小米、山茶等的花序，芦苔、椰子（壳）、棕榈（特别是巴西棕榈等）的纤维或荞麦茎杆制成。

二、其他帚及刷

本组包括材料不同，形状各异的制品。它们用于化妆、家庭清洁、涂刷油漆和其他粘性和液态产品；以及某些工业用途（清洁、抛光等）。

本组的帚及刷一般用小束或小簇有韧性或弹性的纤维或细丝安装在帚或刷的柄上或背上制成，或在制油漆刷时，则用整捆的兽毛或纤维牢固地安装在短杆或手柄一端上，不论其是否带有金属箍或其他扣环装置。

本组还包括用橡胶或塑料整件模制而成的帚及刷。

上述物品可用各种各样的原材料制成，成簇的材料有：

（一）动物质材料：猪及野猪的鬃毛；马、牛、山羊、獾、貂、臭鼬、松鼠、鸡貂等的毛；角的纤维；羽毛杆。

（二）植物质材料：茅根、龙舌兰纤维（或称坦皮科纤维）；椰壳纤维或巴西棕榈纤维、针茅草、高粱花序、竹篾。

（三）化学纤维材料（例如，尼龙或粘胶人造丝）。

（四）金属丝（钢丝、黄铜丝、青铜丝等）或其他材料丝（棉纱线或羊毛纱线、玻璃纤维）。

架、座的材料包括：木料、塑料、骨、角、兽牙、玳瑁壳、硬橡胶、某些金属（钢、铝、铜等），有些刷（例如，机器用的圆形刷及特种清扫机用刷）还使用皮革、纸板、毡及机织物做架座。某些油漆刷则用羽毛管做架座。

带有天然或养殖珍珠、宝石或半宝石（天然、合成或再造）、贵金属或包贵金属小配件（例如，花押字或套环）的刷子，仍应归入本品目。

所含的天然或养殖珍珠、宝石或半宝石（天然、合成或再造）、贵金属或包贵金属超出小配件范围的刷子，不能归入本品目（第七十一章）。

本组包括：

1．牙刷，包括齿板刷。

2．剃须刷。

3．化妆用刷（例如，发刷、须刷、睫毛刷、指甲刷、染发刷等）；理发用颈刷。

4．用橡胶或塑料整件模制而成的刷，用于盥洗（洗手等）及用于清洁盥洗盘等。

5．衣刷、帽刷、鞋刷；梳子清洁刷。

6．家庭用刷（例如，硬毛刷、洗碗刷、洗涤槽刷、盥洗间刷、家具刷、暖气管刷、面包屑刷等）。

7．扫马路及地板等用的帚及刷。

8．纺织材料制的车辆清洁用特制刷，不论是否用清洁剂浸渍。

9．动物（马、狗等）整理用刷。

10．武器、自行车等加油用刷。

11．唱片清洁刷，包括装在唱臂上自动清洁唱片的刷。

12．打字机字头、字杆清洁用刷。

13．火花塞、锉、烧焊件等用的清洁刷。

14．用于刷除树木或灌木上的苔藓或树皮的刷。

15．模印用刷，不论是否带有油墨筒及油墨控制装置。

16．油漆刷及其他刷子（圆形或扁形），供泥瓦匠、房屋油漆工、装修工、家具木工、艺术家等用，例如，清除漆用的刷、水浆涂料刷、糊墙纸用刷、清漆刷等；油画及水彩画笔、上色薄用笔；陶瓷上釉用笔、涂金用笔等；办公用毛笔。

本组还包括：

（1）用金属丝装配的刷（一般由多股金属丝绞扭而成），例如，烟道刷、洗瓶或洗筒形玻璃灯罩用刷；管道等清洁用刷；烟斗清洁刷；步枪、左轮手枪及其他手枪清洁用刷；乐器管刷等。

（2）用作机器零件的刷，例如，用于扫路机、针织或纺织机、研磨、抛光或其他机床、磨粉或造纸机、钟表车床或珠宝首饰车床、皮革、毛皮或制鞋业用机器。

（3）家用电器（例如，擦地板机、打蜡机、吸尘器）用刷。

本品目不包括：

（一）刷架或刷柄（按构成材料归类）。

（二）纺织材料制的抛光圆盘及衬垫（品目 59.11）。

（三）针布（品目 84.48）。

（四）清洁自动数据处理设备的磁盘驱动器用的软磁盘（品目 84.73）。

（五）牙科、医疗、外科、兽医等专用的刷（例如，喉刷及安装在牙科钻上的刷）（品目 90.18）。

（六）具有玩具性质的刷（品目 95.03）。

（七）施敷脂粉或化妆品用的粉扑及粉拍（品目 96.16）。

三、无动力驱动的手动机械扫地器

这些简单器械通常由一个内装有一个或多个圆筒刷的带轮外壳组成，圆筒刷通过轮子转动带动工作。它们靠人工推动手柄工作，主要适用于清洁地毯。

本品目不包括装有马达装置的扫地机（品目 84.79）。

四、拖把、抹子及毛掸

拖把、抹子由成捆的纺织绳索或植物纤维装于柄杆上制成。某些其他类型的拖把、抹子是将纺织物或其他材料制的拖把（抹子）头垫固定于或附在与柄杆连接的框架或其他基架上而制成。它们包括除尘拖把（抹子）、吸水拖把（抹子）及干湿两用的海绵拖把（抹子），供清除污迹或溅落的液体、清洁地板及洗碗等用。

毛掸由成束的羽毛装于柄杆上制成，供打扫家具、架子、橱窗等用。其他类型的毛掸是用羊毛、纺织材料等替代“羽毛”固定或环绕在柄杆上。

本品目不包括单独报验的用作手抹布或附在拖把（抹子）头框架或其他基架上的纺织材料制擦拭用布（第十一类）。

五、成束或成簇的材料

根据本章注释三的规定，本组物品仅限于未经安装的成束、成簇的动物毛、植物纤维、化学纤维等。它们无需分开即可安装在帚、刷上，或末端只需稍加修剪即可供安装之用。

因此，本品目不包括未经整理准备装于帚、刷上的成捆（或类似商业形式）兽毛、植物纤维或其他材料。本品目也不包括虽经整理但尚需分成小簇才能安装在帚、刷之上的动物毛、植物纤维等。

本组的已整理备装的成束、成簇材料主要用于制剃须刷、油漆刷及油画或绘画笔。

为了使成束、成簇的纤维能紧密地聚在一起，它们通常需要浸入清漆或其他涂敷材料中，其浸入部分约为长度的四分之一，有时还需加入锯屑以增加强度。但装在通常由金属制成的套圈内的成束、成簇材料不属本组（归入上述第二组）。

成束或成簇的材料在装上把柄以后仍需作整理加工的（顶端修圆、把纤维顶端研磨使其柔软等），仍应归入本品目。

六、油漆块垫及滚筒；橡皮扫帚（橡皮辊除外）

油漆滚筒同包有羔羊皮革或其他材料并装于手柄上的滚筒制成。

油漆块垫的表面是平的，例如，用机织物附于通常是塑料制的硬底垫制成，可配有把柄。

橡皮扫帚通常是用塑料条、橡皮条或毡呢条装在两片木片或金属片等之间构成。它们装在一块木料或金属等上，用以在潮湿的表面上扫刷。

但本组不包括照相业用的由一只或多只滚筒装于手柄上组成的橡皮辊（品目 90.10）。

96.04　手用粗筛、细筛

本品目所称的"手用粗筛、细筛"，是指用结实的网布或其他网眼材料（包括各种网眼规格）装于长方形或圆形的框架（一般为木或金属的）上制成的物品，供按颗粒大小筛选固体物质用。

筛网所用的材料多为马毛、化纤单丝、丝线、纺制肠线、金属丝（钢、铁、黄铜丝等）。

本品目包括：

用于煤碴、砂子、种子、园艺土壤等的手用粗筛及细筛；绢网筛子（例如，用于筛面粉）、家用筛子（例如，用于筛面粉）、实验室用筛子（用于检验水泥、翻砂、肥料、木粉等的细度），包括连接成套的系列筛子；用于分选宝石或半宝石（例如，钻石）的精密筛子。

本品目不包括：

（一）具有固定性质的粗筛及细筛（例如，放于地上供筛选泥土、砂砾用的网筛一般归入品目 73.26）。

（二）由底部装有排孔金属薄片的容器组成的简单滤器（例如，制奶酪用）；装有滤器装置的漏斗；牛奶滤器；油漆、白灰水、杀菌溶液等的滤器（一般归入第七十三章）。

（三）装在机器或用具上的粗筛及细筛（例如，用于磨粉业、农业、选石、选矿业等）。按照第十六类注释二的规定，这些筛子应作为机器等的零件，一般与专用或主要使用筛子的机器一同归类（例如，品目 84.37 或 84.74）。

96.05　个人梳妆、缝纫或清洁鞋靴、衣服用的成套旅行用具

本品目包括成套旅行用具，它们由归入协调制度不同品目的物品或同一品目但不同品种的物品组成。

本品目包括：

一、成套梳妆箱，由模制塑料盒、刷子、梳子、剪子、镊子、指甲锉、镜子、剃刀架及修剪指甲工具组成，装于皮革、织物或塑料等制的箱子内一同报验。

二、针线盒，由剪刀、卷尺、穿针器、缝纫针、线、别针、顶针、钮扣及按扣组成，装于皮革、织物或塑料等制的盒子内一同报验。

三、擦鞋套具，由刷子、盒装或支装鞋油及擦鞋布等组成，装于皮革、织物、塑料或过塑纸板等制的箱子内一同报验。

本品目不包括修剪指甲套具（品目 82.14）。

本品目也不包括（在其飞行途中或到达目的地后取回行李前）由航空公司分发给乘客的成套物品，这类成套物品装于纺织纤维制的袋内，由上述第一至第三项所列物品、化妆品、芳香料制品或盥洗用品、纤维素絮胎制的手帕，以及制成的纺织品（例如，睡衣裤、汗衫、长裤、短裤等）组成。这类成套物品应分别归入各自的适当品目。

96.06　钮扣、揿扣、钮扣芯及钮扣和揿扣的其他零件；钮扣坯：

10　—　**揿扣及其零件**
　　—　**钮扣：**
21　——　**塑料制，未用纺织材料包裹**
22　——　**贱金属制，未用纺织材料包裹**
29　——　**其他**
30　—　**钮扣芯及钮扣的其他零件；钮扣坯**

本品目包括用以扣紧或装饰衣服、家用织物制品等的钮扣、领扣及类似品。这些物品可用各种材料制成，并可以含有天然或养殖珍珠、宝石或半宝石（天然、合成或再造）、贵金属或包贵金属，只要所含的贵重材料仅作为本品目物品的小配件，超出这个范围的应归入第七十一章。

制造钮扣、领扣等的主要材料是贱金属、木料、象牙果、埃及棕榈果、骨、角、塑料、陶瓷、玻璃、硬橡胶、压制纸板、皮革、再生皮革、兽牙、玳瑁壳或珍珠母，也可以由上述材料组合而成，还可用纺织物包面。

本品目包括：

一、穿孔钮扣及有脚钮扣。这些钮扣可以根据其用途具有不同规格及形状（用于内衣、外衣、靴鞋等）。

球形钮扣与珠子的不同之处在于其线孔不在钮扣的中心。

有些有脚钮扣的脚为弹簧式绞链，用以将钮扣装在衣服上而无需缝缀。其他的一些钮扣（例如，“懒人扣”）可通过卡扣装置装在衣服上。

二、按钮、揿钮。这些钮扣由两个或多个部分组成，以卡扣装置扣紧，这种钮扣可缝在服装上或用“铆钉”钉上（例如，手套上的按钮）。

按钮及类似品的零件，即使分开装在条带上供应的，仍应归入本品目。

本品目也包括：

（一）**钮扣芯**，这些物品是某种类型钮扣的内在部分或“钮扣身”，它们要用纺织材料、纸、皮革等包面。这些物品只有是明显用于制造钮扣，才可归入本品目。它们可以用木料、菖蒲根等制成，但最常见的是由两个金属部分组成，一部分以纺织物等包面，另一部分塞入第一部分并把纺织物固定住。

（二）**明显为钮扣用的其他零件**（例如，钮脚、钮座、钮头）。

（三）**钮扣坯**。它们包括：

1. 模制坯，模制而成，尚不能用作钮扣。这些坯件通常需要修整、穿孔及抛光，但明显用于加工钮扣的。

2. 压制金属坯，它们由可套在一起的两个部分（面部及底部）组成。

3. 已加工的珍珠母坯、象牙果坯、木坯等（例如，制成圆形、一面或两面挖空或其他形状，已修边、抛光或穿孔），明显用于制造钮扣。另一方面，仅经锯、切或抛光但未进一步加工的圆片，不能视为钮扣坯，而应按其构成材料归类。

本品目不包括袖扣（品目71.13或71.17）。

96.07　拉链及其零件：

　　—　**拉链：**
11　——　**装有贱金属制咪牙齿的**

19 — — 其他
20 — 零件

本品目包括：

一、各种规格及用途的拉链（用于服装、鞋靴、旅行用品等）。

大多数的拉链由两条纺织狭带组成，每条带的一边都装有咪牙齿（金属、塑料等制），用拉链头可将咪牙齿交扣起来。另一种拉链是由两条塑料带组成，每条具有特别形状的边，用拉链头可把两边交扣起来。

二、拉链零件，例如，咪牙齿、拉链头、端头，以及边上镶有咪牙齿的各种长度的狭条。

96.08 圆珠笔；毡尖和其他渗水式笔尖笔及唛头笔；自来水笔、铁笔型自来水笔及其他钢笔；蜡纸铁笔；活动铅笔；钢笔杆、铅笔套及类似的笔套；上述物品的零件（包括帽、夹），但品目 96.09 的货品除外：

10 — 圆珠笔
20 — 毡尖和其他渗水式笔尖笔及唛头笔
30 — 自来水笔、铁笔型自来水笔及其他钢笔
40 — 活动铅笔
50 — 由上述两个或多个子目所列物品组成的成套货品
60 — 圆珠笔芯，由圆珠笔头和墨芯构成
— 其他：
91 — — 钢笔头及笔尖粒
99 — — 其他

本品目包括：

一、圆珠笔。这些笔的笔杆内通常带有一支内装有油墨及笔头装有圆珠的管子。

二、毡尖或其他渗水式笔尖及唛头笔，包括自来水笔型的笔。

三、自来水笔、铁笔型自来水笔及其他钢笔（泵式、芯筒式、柱塞式、真空式等），不论是否装有笔头或笔尖粒。

四、蜡纸铁笔。

五、活动铅笔，单芯或多芯式，包括置于笔内的正常备用笔芯。

六、钢笔杆，不论是否整体成形，带或不带笔头和笔帽。

七、铅笔套及类似笔套（例如，颜色铅笔套、绘画炭笔套）。

零　件

本品目还包括本协调制度其他品目未更为具体列名的专用零件。例如：

各种类型的笔头，包括仅粗切成型但未完成的笔头；笔夹；圆珠笔芯，由圆珠笔头和墨芯构成；圆珠笔头及唛头毡笔尖的笔杆；墨水流量调节器；本品目所列钢笔及铅笔的笔管；装铅芯或推进机械装置；橡胶或其他材料制的墨水囊；笔尖保护器；供替换用的笔头套件，由笔头、进墨水器及套圈组成；笔尖粒，为铂合金或某种钨合金制成的小圆珠，用于装在笔头的尖端，能经磨耐用。

本品目不包括：

（一）自来水笔的装有墨水的芯（品目 32.15）。

（二）圆珠笔的笔尖钢珠（品目 73.26 或 84.82）。

（三）数学绘图笔（品目 90.17）。

（四）铅笔芯（品目 96.09）。

96.09 铅笔（品目 96.08 的铅笔除外）、颜色铅笔、铅笔芯、蜡笔、图画碳笔、书写或绘画用粉笔及裁缝划粉：

10 — 铅笔及颜色铅笔

20 — 铅笔芯，黑的或其他颜色的

90 — 其他

本品目的物品有两大类：

一、裸身或只包有一层保护性纸带的货品（例如，粉笔、图画炭笔、铅笔芯、某些彩色笔、蜡笔及石笔）。

二、铅笔及彩色铅笔，其铅芯装于木、塑料或多层纸制成的笔杆之中。铅笔芯、粉笔、蜡笔及彩色铅笔芯等的成分根据用途不同而各异。

本品目包括：

（一）**石笔**，以天然或粘聚的板石制成。

（二）**棒状的天然粉笔**（锯成或切成）。

（三）**制成的粉笔**，通常以硫酸钙或硫酸钙和碳酸钙为基料制成，有时加入色料。

（四）**图画炭笔**，一般通过锻烧卫矛树木制成。

（五）**彩色笔及蜡笔**，通常用白垩或粘土、色料、虫胶或蜡、酒精及松节油的混合物制成。

（六）**铅笔及彩色铅笔**，将铅芯装入硬质笔杆之中制成。

（七）**铅笔芯**（例如，黑色铅芯，用石墨和粘土混合制成；彩色铅芯，用金属氧化物或其他矿物颜料与粘土、白垩或蜡混合制成；笔迹难擦掉的或复写用的铅芯，以粘土加苯胺或品红等染料制成）。

（八）**平版修涂笔**，以灯黑、蜡、肥皂及牲油的混合物为基料制成。

（九）**“陶瓷”彩色笔**，以玻璃化色料、油脂、可可脂、蜡等为基料制成。

本品目包括装有橡皮擦或其他配件的铅笔。

本品目也包括裁缝用划粉（用块滑石制成）。

本品目不包括：

（一）天然白垩（品目 25.09）。

（二）药用笔（例如，用以治疗周期性偏头痛的笔）（品目 30.04）

（三）化妆或盥洗用笔（例如，眉笔、止血笔）（品目 33.04 或 33.07）。

（四）台球粉块（品目 95.04）。

96.10 具有书写或绘画面的石板、黑板及类似板，不论是否镶框

本品目包括明显属于用石笔、粉笔、毡尖或纤维笔头的唛头笔书写或绘画的石板、黑板及类似板（例如，小学生用的石板、黑板及某种记事板）。

这些物品不论是否装框，可以用板石（包括粘聚板石）制成，也可以在各种材料（木料、纸板、纺织材料、石棉水泥等）的单面或双面涂上板石粉剂或其他可用于书写的涂层制成，或装上塑料薄片制成。

黑板和石板等可带有永久性标记（线条、方格、商品表等），也可装有算盘。

本品目不包括不能即供使用的书写或绘画石板（品目 25.14 或 68.03）。

96.11 手用日期戳、封缄戳、编号戳及类似印戳（包括标签压印器）；手工操作的排字盘及带有排字

盘的手印器

本品目包括完全用手工操作的日期戳、封缄戳及类似印戳和排字盘，但不包括配有底座以备安装在台子、书桌等上或需置于架座上才能操作的日期戳、封缄戳及类似印戳（参见品目84.72的注释）。

这些物品包括：

一、使用火漆的封缄戳，不论是否带有图案或是否装有手柄。

二、各种印戳，不论是否配有印带或自供油墨装置。例如，日期戳、多格式戳、文件及票证戳、编号戳（不论是否自动换号）、滚筒印戳、袖珍印戳（通常由装于盒子内的印戳及印台组成）。

三、盛装可更换活字的排字手托或排字托盘。某些排字盘可有固定的文字和图案（例如，只变换日期的邮局用排字盘）。

四、小型手印器（玩具除外），即内装有手工操作的排字手托或排字托盘、可互换的活字、镊子及印台的箱子。

五、手工操作的票证印戳，用以在票证上加盖日期或其他符号，甚至还可以打孔。

本品目不包括：

（一）铅封或封口钳子及动物标记钳子（品目82.03）。

（二）烙印记的烙铁及标记打孔器（品目82.05）。

（三）用于印刷机上的未装配的字母、数字或其他符号（品目84.42）其他未装配的活字按其构成材料归类。

（四）装有凸版印刷底板的手工操作印戳（品目84.72）。

（五）装有钟芯用以打印记录时间的装置。例如，用于印记收到信件的时间（品目91.06）。

96.12 打字机色带或类似色带，已上油或经其他方法处理能着色的，不论是否装轴或装盒；印台，不论是否已加印油或带盒子：

10 — 色带

20 — 印台

本品目包括：

一、色带，不论是否装轴或装盒，用于打字机、计算机或其他任何有色带印字装置的机器（自动天平、制表机器、电传打字电报机等）。

本品目也包括用于气压、温度等记录仪器并上有油墨等的色带，通常附有固定用金属配件，用以把记录仪指针的活动记录印制下来。

这些色带通常用机织物制成，但有时也可用塑料或纸制成。归入本品目的色带必须上有油墨或经其他加工，使其能留下印记（例如，把织物带子浸渍，或把塑料或纸制的带子涂上色料、油墨等）。

本品目不包括：

（一）成卷的碳纸带或其他复写纸带，不适于作为打字机等使用的色带，但可用于记帐机、现金出纳机上复制副本。这些带子通常比打字机色带宽，一般宽度超过3厘米，应归入第四十八章。

（二）未上油墨，也未经浸渍、涂层等加工，不能留下印记的带子，应按其构成材料归入第三十九章或第十一类等。

（三）空卷轴（按其构成材料归类）。

二、日期戳等用的印台，不论是否上油墨。它们一般用毡、机织物或其他吸收性材料制成，并装于通常具有盒子形状的木料、金属或塑料制的盛器中。

手工操作的油墨辊不归入本品目，它们应按其构成材料归类。

96.13　香烟打火机和其他打火器（不论是机械的，还是电气的）及其零件，但打火石及打火机芯除外：

10　—　袖珍气体打火机，一次性的

20　—　袖珍气体打火机，可充气的

80　—　其他打火器

90　—　零件

本品目包括：

一、机械打火机

这种打火机通常是通过一个有纹缘的轮子旋转与“打火石”接触摩擦而产生火花（打火石一般用铈铁合金制成）。

二、电气打火机

通过市电电源或电池供给的电流产生火花，有些打火机则通过电阻而产生高温。

三、化学打火机。

这种打火机使用一种催化剂（通常为海绵铂），在某种气体的存在下，催化剂起催化作用而产生高温。

四、非机械打火机

这种打火机中的一种由一个贮存燃料的容器及一支可拆装并带有钢尖的小金属棒（撞针）组成。通过撞针钢尖撞击装于容器外的“打火石”产生火花，从而点燃撞针尖周围的易燃材料。

本品目的打火机有袖珍式或台式，也可安装于墙上或煤气炉内等。本品目也包括汽车或其他车辆用的点烟器。

与其他物品（例如，香烟盒、香粉盒、通常装有数字显示器的手表、电子计算器）组合而成的打火机应按归类总规则的规定归类。

本品目也包括明显作为打火机的零件（例如，外壳、有纹缘的轮子、空的或灌满燃料的燃料筒）。

本品目不包括品目36.03的点火器，打火石（品目36.06），打火机芯（品目59.08或70.19）或用于香烟打火机及类似点火器充气的盛有燃料的容器（安瓿、瓶或罐等）（一般归入品目36.06）。

96.14　烟斗（包括烟斗头）和烟嘴及其零件

本品目包括：

一、各种烟斗（包括印第安烟袋、土耳其旱烟筒、水烟筒等）。

二、烟斗头。

三、雪茄烟或香烟的烟嘴。

四、制造烟斗用的木料或欧石南根烟斗毛坯。

制造上述物品及它们的柄、嘴或其他零件最常用的材料有赤陶及其他陶瓷、木料（黄杨木、樱桃木等）、欧石南根、琥珀、海泡石、硬树脂、兽牙、珍珠母、硬质橡胶、块滑石及粘土。

本品目也包括下列零件：烟斗的柄及嘴；烟斗盖；吸收性烟斗头；烟斗衬；内部零件（包括过滤芯）等。

本品目不适用于附件（例如，烟斗刮子及烟斗清洁器），它们应归入其各自适当的品目。

96.15　梳子、发夹及类似品；发卡、卷发夹、卷发器或类似品及其零件，但品目85.16的货品除外：

—　梳子、发夹及类似品：

11　——　硬质橡胶或塑料制

19　——　其他

90　—　　其他

本品目包括：

一、各种盥洗用梳子，包括用于动物的梳子。

二、各种梳妆用梳子，不论是用于个人打扮或保持发型。

三、发夹及类似品，用以夹住头发或作装饰用。

这些物品通常用塑料、兽牙、骨、角、玳瑁、金属等制成。

四、发卡。

五、卷发夹、卷发器及类似品，不论是否带有纺织物、橡胶或其他材料制的套或配件，但品目 85.16 的货品除外。

这些物品通常用贱金属或塑料制成。

上述物品如含有超出小配件范围的贵金属或包贵金属、天然或养殖珍珠、宝石或半宝石（天然、人造或再造），一律归入第七十一章。

本品目不包括纺织材料制的束发带（第十一类）。

96.16　香水喷雾器或类似的化妆用喷雾器及其座架、喷头；粉扑及粉拍，施敷脂粉或化妆品用：

10　—　　香水喷雾器或类似的化妆用喷雾器及其座架、喷头

20　—　　粉扑及粉拍，施敷脂粉或化妆品用

本品目包括：

一、香水、润发油及类似化妆品的喷雾器，不论是台式或袖珍式，也不论是个人用或专业用。它有一个装有架座的通常为瓶状的贮液容器（用玻璃、塑料、金属或其他材料制成）；座架上装有喷头（喷头上配有喷雾机械装置）及一个气压球（有时球上罩有纺织物制的网）或活塞装置。

二、化妆喷雾器的架座。

三、化妆喷雾器的喷头。

四、粉扑及粉拍，用以施敷各种脂粉及化妆品（脸香粉、胭脂、爽身粉等）。它们可以用各种材料制成（天鹅绒或鸭绒、毛皮、动物毛、长毛绒织物、海绵橡胶等），不论是否装有手柄或兽牙、玳瑁壳、骨、塑料、贱金属、贵金属或包贵金属等制成的小饰物。

本品目不包括：

（一）单独报验的香水喷雾器用贮液容器（普通瓶、长颈瓶等）（按其构成材料归类）。

（二）橡皮球（品目 40.14）。

（三）品目 84.24 的散布或喷雾器具。

（四）品目 84.76 的香水喷雾机。

96.17　带壳的保温瓶和其他真空容器及其零件，但玻璃瓶胆除外

本品目包括：

一、保温瓶和其他类似真空容器，但它们必须带有外壳。这类物品包括可在相当的一段时间里使液体、食品或其他产品保持恒温的真空罐、壶及瓶等。它们由一个通常用玻璃制成的双壁容器（瓶胆）构成，两壁之间为真空，并罩以金属、塑料或其他材料制成的保护性外壳，有时则包上纸、皮革、漆布等。在瓶胆与外壳之间的空隙中可以填塞隔热材料（玻璃纤维、软木或毡）。保温瓶的盖子通常还

可作杯子使用。

二、保温瓶或其他真空容器用的金属、塑料等制成的外壳、瓶盖及杯子。

本品目不包括单独报验的玻璃瓶胆（品目70.20）。

96.18　裁缝用人体模型及其他人体活动模型；橱窗装饰用的自动模型及其他活动陈列品

本品目包括：

一、裁缝用的人体模型

这些人体模型用于成衣时量体裁衣，其形状一般仅是人形躯体。它们通常以造型纸、石膏、塑料等模制而成，但有些是用某种编结材料（例如，藤、芦苇、柳条）制成。这些模型常以纺织材料包面，而且一般装在底座上，以使其离地面的高度可以调节。

二、其他人体活动模型及类似品

这些物品包括人体或人体各部分（例如，头、躯体、腿、臂或手）的模型，用以陈列服装、帽子、袜子、手套等物品。这类模型用上述一款所列的材料制成。对于全身模型，其四肢一般都装有关节，能摆成各种姿态。这些模型也可用作艺术家或雕刻家的模特儿，亦可供医科学生作练习绑绷带、夹板等用。

这些物品不包括剪影式或轮廓式人体模型，虽然它们有时用于陈列商品，但更多是用作指示标志。它们通常用木料、纸板或金属材料制成，应按其构成材料归类。

三、橱窗装饰用的自动装置和其他活动陈列品

这些物品的范围包括从人体或动物的活动模型到其他众多的自动操作器具，其用途是作商品陈列或广告宣传。它们可用各种材料制成，一般是通过电气或机械进行操作。尽管这些物品本身往往带有新奇性，但它们的主要作用是用新奇的方法引起人们对橱窗内陈列的商品或某种特定展品的注意。它们可以根据所宣传的商品性质或服务项目而设计成各种不同形式。除了有吸引力以外，它们有时也可以通过其适当的运动起到展示陈列品质量及操作方法等的作用。

本品目不包括：

（一）品目90.23的专供示范用的装置或模型。

（二）玩偶及玩具（第九十五章）。

96.19　任何材料制的卫生巾（护垫）及止血塞、婴儿尿布及尿布衬里和类似品

本品目包括任何材料制的卫生巾（护垫）及止血塞、婴儿尿布及尿布衬里和类似品，也包括具有吸收性的卫生护理垫、用于大小便失禁的成人尿布以及内裤衬垫。

通常，本品目的物品是一次性使用的。大部分物品的组成包括：（1）内层（例如，无纺织物制的），通过毛细作用从使用者皮肤上带走液体以防止皮肤发炎；（2）吸收性内芯，用来收集和储存液体直至产品被丢弃；以及（3）外层（例如，塑料制的），用以防止吸收性内芯的液体渗漏。本品目的物品通常经过成形以便舒适地贴合人体。本品目也包括完全由纺织材料制成的类似传统物品，其洗涤后通常可重复使用。

本品目不包括一次性外科手术铺单及病床、手术台、轮椅用的吸收垫、非吸收性的护理垫或其他非吸收性的物品（通常应按其组成材料归类）。

第二十一类　艺术品、收藏品及古物

第九十七章　艺术品、收藏品及古物

注释：

一、本章不包括：

（一）品目49.07的未经使用的邮票、印花税票、邮政信笺（印有邮票的纸品）及类似的票证。

（二）作舞台、摄影的布景及类似用途的已绘制画布（品目59.07），但可归入品目97.06的除外；或

（三）天然或养殖珍珠、宝石或半宝石（品目71.01至71.03）。

二、品目97.02所称"雕版画、印制画、石印画的原本"，是指以艺术家完全手工制作的单块或数块印版直接印制出来的黑白或彩色原本，不论艺术家使用何种方法或材料，但不包括使用机器或照相制版方法制作的。

三、品目97.03不适用于成批生产的复制品及具有商业性质的传统手工艺品，即使这些物品是艺术家设计或创造的。

四、

（一）除上述注释一至三另有规定的以外，可归入本章各品目的物品，均应归入本章的相应品目而不归入本协调制度的其他品目；

（二）品目97.06不适用于可以归入本章其他各品目的物品。

五、已装框的油画、粉画及其他绘画、版画、拼贴画及类似装饰板，如果框架的种类及价值与作品相称，应与作品一并归类。如果框架的种类及价值与作品不相称，应分别归类。

总　注　释

本章包括：

一、某种艺术品：完全用手工绘制的油画、绘画及粉画；拼贴画及类似的装饰板（品目97.01）；版画、印制画及石印画的原本（品目97.02）；雕塑品的原件（品目97.03）。

二、使用过或未使用过的邮票、印花税票及类似票证、邮戳印记、首日封、邮政信笺（印有邮票的纸品）及类似品，但品目49.07的货品除外。

三、具有动物学、植物学、矿物学、解剖学、历史学、考古学、古生物学、人种学或钱币学意义的收集品及珍藏品（品目97.05）。

四、超过一百年的古物（品目97.06）。

但应注意，这些物品如不符合本章注释或本章内各品目所列的条件的，应归入本协调制度的其他章。

品目97.01至97.05的物品即使超过一百年，也仍应归入这些品目内。

97.01　油画、粉画及其他手绘画，但带有手工绘制及手工描饰的制品或品目49.06的图纸除外；拼贴画及类似装饰板：

10　—　油画、粉画及其他手绘画

90　—　其他

一、油画、粉画及其他手绘画，但带有手工绘制及手工描饰的制品或品目 49.06 的图纸除外

本组包括完全用手工绘制的油画、粉画及其他画（不论是古代或是现代的）。这些画包括在各种材料上绘制的油画、蜡画、蛋白彩画、丙烯酸画、水彩画、树胶水彩画、粉画、袖珍画、带饰字和饰画的手稿、铅笔画（包括孔泰蜡笔画）、木炭画或钢笔画等。

由于这些画必须完全用手工绘制，因此全部或部分用其他方法制作的画不归入本品目。例如，用照相制版方法制作的画（不论是否在帆布上制作）；在用普通雕版或其他印刷方法印制的轮廓或素描上用手工描绘的画，用一组蒙片或蜡纸制成的所谓“真品复制件”的画，即使这些复制件已被艺术家鉴证为真品。

但完全用手工绘制的画的复制品，不论其艺术价值如何，仍应归入本组。

本组也不包括：

（一）手工绘制的工业、建筑、工程用的设计图纸原件（品目 49.06）。

（二）手工绘制的时装、珠宝首饰、壁纸、织物、家具等用的设计图纸原件（品目 49.06）。

（三）作舞台、摄影的布景及类似用途的已绘制画布（品目 59.07 或 97.06）

（四）手工描饰的制品，例如，用手绘画织物制成的糊墙品、旅游纪念品、小箱子及首饰盒、陶瓷器皿（盘、碟、花瓶等），它们应分别归入各自适当的品目。

二、拼贴画及类似装饰板

此类拼贴画及类似装饰板是靠各种动物、植物或其他材料的片、块用胶粘或其他方法在木、纸、纺织材料等基底上拼装成图画、装饰图案或花纹制成。基底可以是空白的，也可以用手画或印制上图案或图画，与整个画面构成一体。拼贴画的质量各有不同，有批量生产、价格低廉的纪念品，也有做工精湛的真正工艺品。

此类物品中，所谓“类似装饰板”不包括由一件材料制成的物品，即使其附有衬底。这种物品在本协调制度的其他品目已作为塑料、木、贱金属等制的“装饰品”列名，因此，应按其各自适当的品目归类（品目 44.20、83.06 等）。

*

* *

已装框的油画、绘画、粉画、拼贴画或类似装饰板，如果其框架的种类及价值与作品相称，应与作品一并归类；否则应将框架按木制品、金属制品等分别归入相应的品目中（参见本章注释五）。

97.02　雕版画、印制画、石印画的原本

本品目包括版画、印制画及石印画的原本（不论是古代或是现代的），即指以艺术家完全用手工制作的单块或数块印版直接印制出来的黑白或彩色原本，不论其使用何种方法或材料，但不包括使用机械或照相制版方法制作的（参见本章注释二）。

只要符合上述所规定的条件，本品目也包括用转印技术制作的作为艺术品原本的石印画。在这一转印技术中，平版艺术家先在特种纸张上绘画，然后把绘画转印到石板上。

印制上述雕版画的印版可用各种方法制成，例如，线雕、铜版针雕、凹版腐蚀（酸蚀法）或点刻。

印制的原本即使经过修描，仍应归入本品目。

要把原本与副本、赝品或复制品区别开来往往是比较困难的，但数量少、纸质好是鉴别原本的有效标志。另一方面，在副本或复制品上可以发现使用网目铜版（照相制版及照相凹版）印制的痕迹，而原本则往往带有印版留下的印记。

已装框的雕版画、印制画或石印画，如果其框架的种类及价值与作品相称，应与作品一并归类；否则应将框架按木制品、金属制品等分别归入相应的品目中（参见本章注释五）。

但应注意，本品目不包括印刷版画等用的铜版、锌板、石板、木板或其他板（品目 84.42）。

97.03 各种材料制的雕塑品原件

本品目包括古代或现代的雕刻品及塑造品原件。它们可以用各种材料（石、再造石、制陶赤土、木、兽牙、金属、蜡等）制成圆雕、浮雕或凹雕（塑像、半身像、小人像、群像、动物像等，包括建筑用的浮雕）。

这些艺术品可用各种方法制成，其中一种是艺术家直接用坚硬材料雕刻，另一种则由艺术家将柔软的材料模制成塑像，然后用青铜或石膏浇铸这些塑像，或通过烧制及其他方法使其硬化，也可由艺术家用大理石或其他坚硬材料复制。

采用后一种方法时，艺术家通常按下列程序进行制作：

首先用粘土或其他可塑材料按自己的设想粗制成模型坯（通常按比例缩小），模型坯也称为初步设计模型；然后在此基础上将其塑成“粘土模型”。这种“粘土模型”极少出售，通常在用其按照艺术家事先确定的数目浇铸出一定数量的模型后即予销毁，或将其放置在博物馆内供研究用。浇铸出来的模型首先包括从“粘土模型”直接生产出来的“石膏模型”。这类“石膏模型”用于制作石雕或木雕艺术品的模型，或用于浇铸金属或蜡的模型。

同样的雕塑品可用大理石、木料、蜡、青铜（有时则用制陶赤土或石膏）等复制出两个或三个“复制品”。构成艺术品原件的不仅是最初的模型，还包括“粘土模型”、“石膏模型”及“复制品”。但事实上这些模型绝不会完全相同，因为在每次制作中，艺术家在各个阶段都要对其进行修改，而且每件模型的特色也各不相同，一般情况下，这些复制品的总数极少有超过一打的。

因此，本品目不仅包括雕塑家制作的模型原件，而且也包括按上述第二种方法制作的复制品，不论是否由同一雕塑家或由其他艺术家制作的。

本品目不包括下列物品，即使它们是艺术家设计或创造的：

（一）具有商业性质的装饰用雕塑品。

（二）个人装饰品及其他具有商业性质的传统手工艺品（装饰品、宗教雕像等）。

（三）用石膏、纤维灰浆、水泥、造型纸等制的批量生产的复制品。

以上物品除了可归入品目 71.16 或 71.17 的装饰品以外，其余各项应按其构成材料归类（木制的归入品目 44.20，石制的归入品目 68.02 或 68.15，陶瓷制的归入品目 69.13，贱金属制的归入品目 83.06 等）。

97.04 使用过或未使用过的邮票、印花税票、邮戳印记、首日封、邮政信笺（印有邮票的纸品）及类似品，但品目 49.07 的货品除外

本品目包括下列使用过或未使用过的产品，但品目 49.07 的货品除外：

一、各种邮票，即通常贴在信件或包裹上的票证；欠资邮票等。

二、各种印花税票，即收据税票、登记税票、流通许可税票、领事税票、印花税票带等。

三、邮戳印记，即在邮票使用以前盖有邮戳但没有邮票的信件。

四、附在信封和明信片上的邮票，包括首日封（这些信封上注有“首日”字样，附有一枚邮票或一套邮票并盖有发行当天的邮戳）及集邮大型张（即附有一枚邮票及该邮票图案复制品的卡片，邮票上盖有标明设计地及发行日的普通或特别日期邮戳）。

五、邮政信笺（印有邮票的纸品），即盖有免费邮戳的信封、封缄信片、明信片、邮寄报纸的包皮等。

本品目的物品可以呈散装形式报验（零散邮票、盖有日期邮戳的信角、整张的物品），或成套报

验。内装有成套上述物品的集邮簿，如其具有收藏价值的，可作为上述物品的组成部分归类。

本品目不包括：

（一）未附有邮票的集邮大型张及首日封（不论是否有插图）（品目 48.17 或第四十九章）。

（二）在承认或将承认其面值的国家流通或新发行并且未经使用的邮票、印花税票、邮政信笺（印有邮票的纸品）或类似票证（品目 49.07）。

（三）私人团体或商业团体对顾客发行的“储蓄邮票”及零售商有时发给顾客的优惠货券（品目 49.11）。

97.05 具有动物学、植物学、矿物学、解剖学、历史学、考古学、古生物学、人种学或钱币学意义的收集品及珍藏品

这些物品通常没有什么内在价值，但由于其稀少、类别或外观而具有意义。本品目包括：

一、具有动物学、植物学、矿物学、考古学意义的收集品及珍藏品。例如：

（一）通过干燥或液体浸泡保存的各种动物标本；作为收集品的剥制动物。

（二）吹或吸空的蛋；装在盒子、框架等内的昆虫（作为仿首饰及小饰物的除外）；空贝壳（供工业用的除外）。

（三）干的或液体浸泡保存的种子或植物；植物标本集。

（四）矿物标本（归入第七十一章的宝石或半宝石除外）；化石标本。

（五）骨学标本（骨骼、颅骨、骨）。

（六）解剖学及病理学标本。

二、具有历史学、人种学、古生物学、考古学意义的收集品及珍藏品，例如：

（一）供研究古代人类活动用的人类活动遗物，如木乃伊、石棺、兵器、偶像、衣着、著名人物的遗物。

（二）供研究原始人的活动、礼仪、习惯及特点的物品，如工具、兵器或偶像。

（三）研究化石用的地质标本（即已灭绝的生物在地质层中留下的残骸或印迹），不论是动物的还是植物的。

三、具有钱币学意义的收集品及珍藏品。

这类物品报验时为成套的或零散的硬币、不再作为法定货币使用的钞票（品目 49.07 所列货品除外）及纪念币。对于零散的硬币及纪念币，每批货物通常只有少量几个某种硬币或纪念币的样品。这些样品只有明显作为收集成套使用才能归入本品目。

本品目不包括不属于收藏品和不具有钱币学收集意义的硬币及纪念币（例如，一种硬币或纪念币的大宗货）；它们通常归入第七十一章，但那些破旧不堪并只能作金属回收等用的“硬币”及“纪念币”，则可归入金属废碎料的品目。

在发行国作为法定货币使用的硬币，即使置于礼品盒中供正常销售用，也应归入品目 71.18。

本品目不包括装镶成为首饰的硬币或纪念币（第七十一章或品目 97.06）。

不再作为法定货币且既非珍藏品，又非收集品的钞票应归入品目 49.07。

*

* *

作为商业行为，为纪念、庆祝、展示或描述某一事件或其他事情而生产的物品，不论其产量多么有限，也不论其是否流通，均不能作为具有历史学意义或钱币学意义的收集品或珍藏品而归入本品目，除非这些物品由于本身生产的年份或稀少而具有历史学意义或钱币学意义。

97.06 超过一百年的古物

本品目包括所有超过一百年的古物，但品目97.01至97.05的物品除外。它们的价值在于本身的年代久远，因而十分珍稀。

根据上述规定，本品目包括：

一、古家具、框架及镶板。

二、印刷业的产品：古版书（尤指十六世纪前的书）及其他书、乐谱、地图、版画（品目97.02的除外）。

三、花瓶及其他陶瓷产品。

四、纺织品：地毯、装饰毯、刺绣、花边及其他织物。

五、珠宝首饰。

六、金银器皿（水罐、杯子、烛台、盘子等）。

七、铅条或染色玻璃窗。

八、枝形吊灯及灯具。

九、小五金及锁头等物品。

十、玻璃柜内的小饰物（盒子、糖果盒、鼻烟盒、烟草磨、首饰盒、扇子等）。

十一、乐器。

十二、钟表。

十三、宝石雕刻品（浮雕、石刻）及印鉴（印章等）。

本品目包括经过修理或修复但仍保持其原有特性的古物。例如，本品目包括：带有现代零件（例如，加固件及修补件）的古家具；装镶在现代木架上的古壁毯、皮革或织物。

本品目不包括品目71.01至71.03的天然或养殖珍珠、宝石或半宝石，不论其年代多么久远。

《商品名称及编码协调制度的国际公约》

1983年6月14日订于布鲁塞尔

前　言

本公约在海关合作理事会主持下制定。缔约各国：

切望便利国际贸易；

切望便利统计资料，特别是国际贸易统计资料的收集、对比与分析；

切望减少国际贸易往来中因分类制度不同，商品需重新命名、重新分类及重新编号而引起的费用，以及便利数据的传输和贸易单证的统一；

考虑到由于技术的发展与国际贸易格局的变化，必须对1950年12月15日在布鲁塞尔签署的海关税则商品分类目录公约进行全面修改；

考虑到上述公约所附的商品分类目录远不能达到各国政府和贸易界在关税及统计方面要求的详细程度；

考虑到准确、可比的数据对国际贸易谈判的重要性；

考虑到各种运输方式的运费计价和运输统计准备采用协调制度；

考虑到协调制度旨在最大限度地和商业上的商品名称与编号制度结合起来；

考虑到协调制度旨在促进进出口贸易统计与生产统计之间建立尽可能接近的相互对应关系；

考虑到协调制度与联合国的国际贸易标准分类之间仍应保持接近的相互对应关系；

考虑到希望有一部可供国际贸易有关各界人士使用的税则／统计合并目录以满足上述需要；

考虑到保证协调制度不断适应技术的发展和国际贸易格局的变化的重要性；

考虑到海关合作理事会设立的协调制度委员会在此方面已完成的工作；

考虑到上述商品分类目录公约已证明是达到某些所述目标的有效手段，因此，达到这方面预期效果的最好方法是缔结一个新的国际公约。

为此，经协商同意如下条款：

第一条　定义

本公约中：

（一）“商品名称及编码协调制度”（以下简称“协调制度”）是指作为本公约附件的商品分类目录，它包括有税目和子目及其相应的数字编号，类、章和子目的注释以及协调制度的归类总规则。

（二）“税则目录”是指缔约国为征收进口货物的关税按其法律制定的商品分类目录。

（三）“统计目录”是指缔约国为了收集进出口贸易统计资料数据而制定的商品分类目录。

（四）“税则／统计合并目录”是指缔约国为进口货物申报，依法制定的税则目录和统计目录合一的商品分类目录。

（五）“关于创立理事会的公约”是指1950年12月15日在布鲁塞尔制定的关于创立海关合作理事会的公约。

（六）“理事会”是指上述（五）项所述的海关合作理事会。

（七）“秘书长”是指理事会的秘书长。

（八）“批准”是指批准、接受或同意。

第二条　附件

本公约附件为公约不可分割部分，本公约所有解释同样适用于公约附件。

第三条　缔约国的义务

一、除第四条各款所规定的情况外：

（一）缔约各国，除本款（三）项另有规定的以外，必须保证从本公约在本国生效之日起使其税则目录及统计目录与协调制度取得一致。为此，它必须保证在其税则目录及统计目录的制订中：

1．采用协调制度的所有税目和子目及其相应的编号，不得作任何增添或删改；

2．采用协调制度的归类总规则以及所有类、章和子目的注释，不得更改协调制度的类、章、税目或子目的范围；

3．遵守协调制度的编号顺序。

（二）缔约各国应按协调制度六位数级目录公布本国的进出口贸易统计资料，在不影响商业秘密、国家安全等特殊情况下，还可主动公布比上述范围更为详细的进出口贸易统计资料。

（三）本条规定并不要求缔约各国在其税则目录中必须采用协调制度的子目，但要求缔约各国在编订其税则 / 统计合并目录中履行上述（一）项 1、2 及 3 规定的义务。

二、缔约各国只要履行本条第一款（一）项规定的义务，为适应本国立法的要求，可以对协调制度的文字进行必要的改动。

三、本条规定不影响缔约各国在本国的税则目录或统计目录中，增列比协调制度目录更为详细的货品分类细目，但这些细目必须在本公约附件所规定的六位数级目录项下增列和编号。

第四条　发展中国家对协调制度的部分采用

一、发展中国家缔约国可以根据其国际贸易格局或行政管理能力，延期采用部分或全部的协调制度子目。

二、发展中国家缔约国按本规定部分采用协调制度，须同意尽最大努力在本公约对本国生效之日起五年内或由于本条第一款所述原因在本国认为合适的更长期限内全部采用六位数的协调制度。

三、发展中国家缔约国根据本条规定部分采用协调制度，应对任何一个五位数级子目项下的六位数级子目全部采用或全部不采用；对任何一个税目项下的五位数级子目，也应全部采用或全部不采用。对于部分采用协调制度的，其不采用的第六位数或第五、六两位数编号，应分别用“0”或“00”代替。

四、发展中国家根据本条规定部分采用协调制度，应在成为缔约国时，将本国在本公约对其生效之时不准备采用的子目通知秘书长。同时，它还应将准备采用的子目一并通知秘书长。

五、发展中国家根据本条规定部分采用协调制度，可在成为缔约国时通知秘书长，它正式保证在本公约对其生效之日起三年内全部采用六位数的协调制度。

六、发展中国家缔约国根据本条规定部分采用协调制度，对其不采用的子目，不承担第三条规定的义务。

第五条　对发展中国家的技术援助

发达国家缔约国应向提出要求的发展中国家，按照双方所同意的条件，提供技术援助，特别是在人员培训，现行目录向协调制度转化，对已转换的目录如何不断适应协调制度的修改提出建议，以及在实施本公约各项规定等方面提供技术援助。

第六条　协调制度委员会

一、根据本公约建立一个委员会，称为协调制度委员会，委员会由缔约各国的代表组成。

二、协调制度委员会在正常情况下每年至少召开例会两次。

三、会议由秘书长负责召集，除缔约国另行决定外，会议应在理事会的总部举行。

四、每一缔约国在协调制度委员会内有一票表决权。但是，在本公约中（不影响此后签署的其他任何公约），关税或经济联盟以及它的一个或几个成员国如果同是缔约国时，这些缔约国应合起来只有一票表决权。同样，对按第十一条（二）项规定可以成为缔约国的关税或经济联盟，如果它的所有成员国都是缔约国，这些成员国也只能合起来有一票表决权。

五、协调制度委员会选举主席一名，副主席一名或若干名。

六、委员会的议事规则须由有权表决的缔约国三分之二以上多数赞成票通过制定。该议事规则应报请理事会批准。

七、委员会可邀请有关的政府间组织及其他国际组织以观察员身份参加它的工作。

八、鉴于第七条第一款（一）项的规定，委员会必要时可设立若干分委会或工作小组，这些机构的人员组成、表决权及议事规则由委员会决定。

第七条　委员会的职权

一、协调制度委员会根据第八条规定，行使下列职权：

（一）根据用户需要、技术发展以及国际贸易格局的变化对本公约提出必要的修正案。

（二）起草“注释”、“归类意见”及其他解释协调制度的指导性意见。

（三）提出建议，确保协调制度的解释和执行的一致性。

（四）整理并交流协调制度执行情况。

（五）向缔约国、理事会成员国以及委员会认为有关的政府间组织和其他国际组织主动或根据要求提供协调制度中各种有关商品归类问题的情况或意见。

（六）向理事会每届大会提交工作报告，其内容包括修正案、注释、归类意见及其他建议。

（七）行使与协调制度有关而且理事会或缔约国也认为必要的其他各种职权。

二、协调制度委员会牵涉行政预算的决定须报请理事会批准。

第八条　理事会的作用

一、理事会负责审议协调制度委员会拟定的本公约修正案，并按第十六条规定的程序向缔约各国推荐，除非有既是本公约缔约国又是理事会成员国的国家要求有关修正案全部或部分送回委员会重新审议。

二、协调制度委员会按第七条第一款规定在会议中拟定的注释、归类意见、其他解释协调制度的意见以及为保证协调制度统一解释和执行的建议，如果在会议闭幕后第二个月末前没有本公约的缔约国通知秘书长，要求将问题提交理事会审议，均应视为已经理事会批准通过。

三、如果问题按本条第二款规定提交理事会，除非有既是本公约缔约国又是理事会成员国的国家要求将问题全部或部分交回委员会重新审议外，理事会应批准通过上述注释、归类意见、其他意见或建议。

第九条　关税税率

缔约国加入本公约并不承担关税税率方面的任何义务。

第十条　争议的裁决

一、缔约国间对本公约解释或执行方面有任何争议应尽可能通过争议各方之间协商解决。

二、协商无法解决的争议应由争议各方提交协调制度委员会审议并提出解决建议。

三、协调制度委员会无法解决的争议，由委员会将问题提交理事会，由理事会按“关于创立理事会的公约”第三条（五）项的规定提出建议。

四、争议各方可事先商定同意接受委员会或理事会的建议并遵照执行。

第十一条　缔约资格

下列国家（联盟）有资格成为本公约的缔约国：

（一）理事会成员国；

（二）有权缔结与本公约部分或全部问题有关的条约的关税或经济联盟；

（三）秘书长按理事会指示邀请加入本公约的其他国家。

第十二条　缔约程序

一、任何具备缔约资格的国家及关税或经济联盟，经履行下列手续，均可成为本公约的缔约国：

（一）在公约上不须经批准签字；

（二）在公约上签字后（须经批准方可生效）递交批准书；

（三）公约停止开放签字后加入公约。

二、本公约于1986年12月31日前在布鲁塞尔的理事会总部对第十一条所列国家及关税或经济联盟开放供签署；此后，将开放供加入。

三、批准书或加入书向秘书长递交。

第十三条　生效日期

一、在至少有十七个第十一条所列国家及关税或经济联盟在本公约上不须经批准签字或递交了批准书或加入书之日起十二个月以后二十四个月以内的1月1日，本公约正式生效，但生效之日不得早于1987年1月1日。

二、在本条第一款规定的最低限额数达到后，任何国家及关税或经济联盟在本公约上不须经批准签字或递交批准书或加入书之日起十二个月以后二十四个月以内的1月1日，公约对其即行生效，除非该国或该关税或经济联盟规定更早的生效日期。但是，本款规定的生效日期不得早于本条第一款规定的生效日期。

第十四条　关于附属领土采用协调制度

一、任何国家在成为本公约缔约国之时或之后，可书面通知秘书长，声明本公约同样适用于所有或某些其国际关系由它负责的领土，并在通知中列出有关领土的名称。通知书的生效日期，除通知中规定更早日期外，应为秘书长接到通知书之日起十二个月以后二十四个月以内的1月1日。但是本公约不得在有关国家实施之前对其附属领土先行适用。

二、对于上述附属领土，在有关缔约国不再负责它的国际关系之日起，或在此日期之前按第十五条的程序通知秘书长之日起，本公约即行失效。

第十五条　退约

本公约有效期不受限制，但任何缔约国有权退约。除退约书规定了更迟的失效期外，秘书长接到退约书一年后，退约即行生效。

第十六条　修改程序

一、理事会可向缔约各国提出本公约修正案。

二、任何缔约国均可通知秘书长，对某项提出的修正案表示反对，并且可以在本条第三款规定的期限内撤回反对意见。

三、任何提出的修正案在秘书长发出通知之日起六个月后，只要没有仍未解决的反对意见，即视为已被接受。

四、已被接受的修正案对缔约各国生效之日为：

（一）提出的修正案若在 4 月 1 日前发出通知，于通知的后两年 1 月 1 日起生效；

（二）提出的修正案若在 4 月 1 日或 4 月 1 日之后发出通知，于通知的后三年 1 月 1 日起生效。

五、缔约各国的统计目录、税则目录或者按第三条第一款（三）项规定制定的税则 / 统计合并目录，应从本条第四款所规定修正案生效之日起与修改后的协调制度保持一致。

六、已在本公约上不须经批准签字，或已批准或加入本公约的任何国家及关税或经济联盟，于成为公约缔约国之日起，应视为接受了在此以前按本条第三款规定已经生效或已被接受的所有修正案。

第十七条　缔约国对协调制度享有的权利

对于任何涉及协调制度的问题，缔约各国在如下方面享受第六条第四款、第八条及第十六条第二款中规定的各项权利：

（一）其按本公约规定采用的协调制度的全部内容；

（二）在本公约按第十三条规定对其生效之前，其所承诺按本公约规定日期采用的协调制度的全部内容；

（三）正式保证按第四条第五款规定的三年期限内全部采用六位数的协调制度的，于期满前，对协调制度的全部内容。

第十八条　保留条款

本公约不允许有任何保留。

第十九条　秘书长的通知

秘书长应将下列情事通知全体缔约国、其他签约国、非本公约缔约国的理事会成员国及联合国秘书长：

（一）第四条规定的通知；

（二）第十二条所述的签字、批准及加入；

（三）按第十三条规定本公约生效的日期；

（四）第十四条规定的通知；

（五）第十五条规定的退约；

（六）第十六条规定的本公约修正案；

（七）按第十六条规定对提出的修正案的反对意见及有关反对意见的撤回；

（八）按第十六条规定已被接受的修正案及其生效日期。

第二十条　在联合国注册问题

本公约应理事会秘书长要求，按照联合国宪章第一〇二条规定，向联合国秘书处注册。

经正式授权的公约签署人签字于后以资证明。

1983 年 6 月 14 日订于布鲁塞尔，以英文和法文两种文字写成，两种文本具有同等效力。正本共一份，由理事会秘书长保存。秘书长应向第十一条所列所有国家及关税或经济联盟分送经核证与正本相符的副本。

缩略语及符号

AC	交流电
ASTM	美国材料试验学会
Bq	贝尔勒尔（放射性强度单位）
℃	摄氏度
cc	立方厘米（毫米）
cg	厘克
cm	厘米
cm^2	平方厘米
cm^3	立方厘米
cN	厘米顿
cP	厘泊
DC	直流电
eV	电子伏特
GHz	千兆赫
g	克
Gen	总注释
Hz	赫兹（频率的表示单位）
INN	国际非专利药品名称
INNM	经修订的国际非专利药品名称
IR	红外
IUPAC	国际理论和应用化学协会
kcal	大卡（热量单位）
kg	千克
kgf	千克力
kHz	千赫
km	千米
kN	千牛顿
kPa	千帕（压力单位）
kV	千伏
kVA	千伏安
kwar	千乏
kW	千瓦
l	升
MHz	兆赫
m	米

m-	间—
m^2	平方米
μCi	微居里（能量单位）
max	最大值
mg	毫克
min	最小值
mm	毫米
mN	毫牛顿
MPa	兆帕
N	牛顿
No.	序号
O-	邻-
p-	对-
Pa.s	帕·秒（粘度单位）
s	秒
sec.	秒
t	吨
UV	紫外
V	伏特
vol.	容量
W	瓦
wt.	重量
%	百分比
X°	x 度（旋光读数）

举例：

1500g/ m^2	指 1500 克/平方米
1000m/s	指 1000 米/秒
15℃	指 15 摄氏度

注：凡在本书中，品目加方括号的，表示其相应品目及其注释条文已被删除（例如：【25.27】）；对于包含子目注释的品目注释，均在该品目条文之后标注（+）号。